泉州年鉴

2019

（总第19卷）

中共泉州市委党史和地方志研究室　编

方志出版社
Publishing House of Local Records

图书在版编目（CIP）数据

泉州年鉴. 2019 / 中共泉州市委党史和地方志研究室编. -- 北京 ：方志出版社，2019.10
ISBN 978-7-5144-3951-9

Ⅰ. ①泉… Ⅱ. ①中… Ⅲ. ①泉州—2019—年鉴
Ⅳ. ①Z525.73

中国版本图书馆CIP数据核字（2019）第298810号

泉州年鉴（2019）

编　　者：中共泉州市委党史和地方志研究室
责任编辑：王　娜
出 版 者：方志出版社
地址　北京市朝阳区潘家园东里9号（国家方志馆4层）
邮编　100021
网址　http://www.fzph.org
发　　行：方志出版社图书经销中心
电话（010）67110500
经　　销：各地新华书店
印　　刷：福州报业鸿升印刷有限责任公司
开　　本：889×1194　1/16
印　　张：35
字　　数：1186千字
版　　次：2019年10月第1版　2019年10月第1次印刷
印　　数：0001～1000册
ISBN 978-7-5144-3951-9　定价：320.00元

泉州市地方志编纂委员会
暨《泉州年鉴》编辑委员会

《泉州年鉴》总编室

编 辑 说 明

一、《泉州年鉴》是由中共泉州市委、泉州市人民政府主办，中共泉州市委党史和地方志研究室组织编纂的年度地方资料性文献，创办于2000年，2019卷为第19卷。

二、《泉州年鉴》以马克思列宁主义、毛泽东思想、邓小平理论、“三个代表”重要思想、科学发展观、习近平新时代中国特色社会主义思想为指导，坚持辩证唯物主义和历史唯物主义的立场、观点和方法，实事求是地记载泉州市2018年经济、政治、文化、社会和生态文明建设发展状况，反映物质文明、精神文明、政治文明、生态文明建设的新成就、新经验以及出现的新情况、新问题，为社会各界和海外人士了解泉州、研究泉州、置业泉州、旅游泉州提供尽可能全面、翔实的地情资料。

三、《泉州年鉴》2019卷设有图说泉州、大事记、专记、市情概况、人口资源、中共泉州市委员会、泉州市人民代表大会、泉州市人民政府、政协泉州市委员会、纪检监察、民主党派、社会团体、外事 侨务 港澳台事务、法治、军事、退役军人事务、应急管理、自然资源管理、民企与泉商、经济管理与监督、经济开发合作与产业园区、市场监督管理、财税 金融、农业 农村、工业、信息业、交通、商贸流通服务业、旅游业、口岸综合管理、城乡建设、生态环境、教育、科学技术、社会科学、文化 体育、卫生和计划生育、民生及社会保障、县（市、区）、荣誉 人物、附录等类目，个别类目下设分（子）目，条目为内容的基本载体形式。

四、《泉州年鉴》2019卷记述的时限为2018年1月1日至12月31日，选介资料、相关链接及部分图表跨年度选编。

五、《泉州年鉴》文字、标点符号、计量单位均依国家现行规范；文中凡简称“党员”均指中国共产党党员，“省、全省”均指福建省，“市、全市”均指泉州市。对于缩略语、简称、术语，出现频率较少的，随文注释，出现频率较多的，在书后“相关名词解释”中统一解释。

六、《泉州年鉴》全市统计数据采用《泉州统计年鉴》的数据；业务部门的数据出自各供稿单位，如个别数据与统计部门提供的数据有差异，以统计部门提供的为准。全文中除特别注明外，泉州市统计数据不含金门县。

七、《泉州年鉴》资料除了由全市各级机关、社会团体、企事业单位提供外，部分由编辑人员采编。

泉州市地图

图例
设区市行政中心
县级行政中心
乡、镇、街道办事处
村委会、社区居委会
自然村
开发区
设区市行政区域界
县级行政区域界
高速公路
在建高速
铁路及车站
在建铁路
国道及编号
省道及编号
其他道路
主要旅游资源
民用机场
自然保护区
河流及水库
高速公路出入口
审图号：闽S〔2019〕17号
比例尺 1:870 000
福建省制图院 编制
资料截至2017年12月
注：本图界线为权宜画法，不作划界依据。
三明市
福州市
莆田市
龙岩市
漳州市
厦门市
台湾海峡
德化县
永春县
安溪县
南安市
晋江市
石狮市
惠安县
泉港区
洛江区
鲤城区
丰泽区
泉州经济技术开发区
泉州台商投资区
金门县
永泰县
大田县
仙游县
莆田市
同安区
翔安区
湖里区
长泰县
泉州市

城市名片

国务院首批公布的历史文化名城

首届东亚文化之都

“海上丝绸之路”起点城市

闽南文化生态保护核心区

全国文明城市

全国卫生先进城市

中国优秀旅游城市

国家森林城市

国家园林城市

全国文化模范城市

国家环保模范城市

全国绿化模范城市

国际花园城市

国家生态市

最佳中国魅力城市

国家创新示范区

全国科技进步先进城市“九连冠”

全国综合配套改革试点城市

全国金融服务实体经济综合改革试验区

中国工艺美术之都

中国十大品牌城市

中国品牌经济城市

全国改革开放18个典型地区之一

共和国60年中国最具投资潜力城市

国家民营经济综合改革试点地区

国家知识产权示范城市

中国优秀创新型城市

全国技术创新工程示范城市

全国制造业信息化工程重点城市

全国十佳和谐可持续发展城市

国家行政服务标准化试点城市

国家公共文化服务体系示范区

中国民族民间文化保护工程综合性试点城市

“中国制造2025”唯一地方试点城市

大陆居民赴台湾地区个人旅游试点城市

国家电子商务示范城市

“宽带中国”示范城市

国家信息消费试点城市

信息惠民国家试点城市

两岸冷链物流产业合作城市

服务型制造示范城市

“一带一路”建设案例城市

全国未成年人思想道德建设工作先进城市

中国快递示范城市

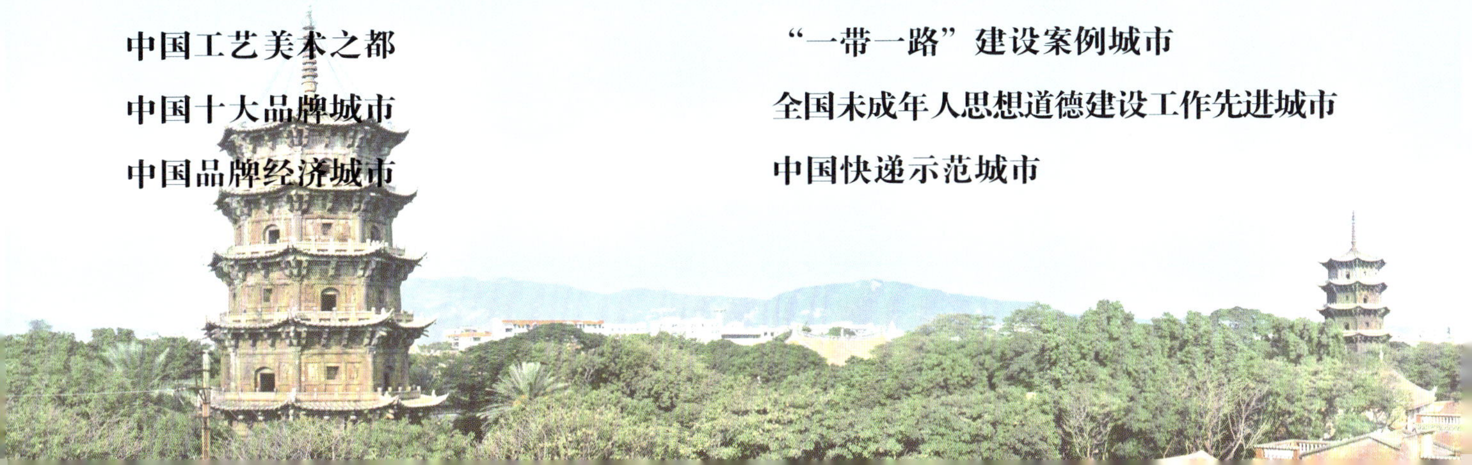

康涛任中共泉州市委书记

2018年3月27日，郑新聪（右）与康涛（左）在全市领导干部大会上

2018年3月28日，全市领导干部大会召开，宣布省委关于中共泉州市委主要领导调整变动的决定。省委决定：郑新聪不再担任中共泉州市委书记、常委、委员职务，不再担任泉州市人大常委会主任职务；康涛任中共泉州市委书记。

康涛，男，江苏镇江人，1963年4月出生，中共党员，在职研究生学历。1980.09 南京大学经济系经济管理专业学习；1984.08 福建省厦门市计划委员会综合处干部（其间：1987.03—1988.03在厦门卷烟厂实践锻炼）；1989.04 福建省厦门市计划委员会工业处副处长、综合规划处副处长、处长（其间：1997.05—1998.06在福建省厦门市集美区挂职任区长助理）；2002.04 福建省厦门市发展计划委员会副主任（2000.09—2003.01参加福建省委党校党政干部研究生班中共党史与党的建设专业学习）；2005.12 福建省厦门市发展和改革委员会副主任；2008.05 福建省厦门市发展和改革委员会副主任、代主任、党组副书记；2008.12 福建省厦门市发展和改革委员会主任、党组副书记；2011.09 福建省厦门市委常委、市发展和改革委员会主任；2012.01 福建省厦门市委常委、副市长；2014.12 福建省厦门市委常委、常务副市长；2015.06 福建省泉州市委副书记；2015.07 福建省泉州市委副书记，市政府市长、党组书记；2018.03 福建省泉州市委书记，市政府市长、党组书记；2018.07 福建省泉州市委书记。

王永礼当选泉州市人民政府市长

2018年8月10日，康涛（右）与王永礼（左）在市十六届人大三次会议上

2018年7月18日，全市领导干部会议召开，宣布省委关于泉州市政府主要领导调整变动的决定。省委决定：王永礼任中共泉州市委委员、常委、副书记。8月10日，市十六届人大三次会议第二次全体会议召开。大会采用无记名投票方式，补选王永礼为泉州市人民政府市长。

王永礼，男，福建仙游人，1966年9月出生，中共党员，在职研究生学历，管理学博士，经济师。1983.09—1987.07 安徽财贸学院计划统计系计划统计专业学习；1987.07—1991.02 福建商业专科学校教师；1991.02—1994.04 福建省人大常委会财经委秘书处科员；1994.04—1995.06 福建省人大常委会财经委秘书处副主任科员；1995.06—1999.08 福建省人大常委会财经委秘书处主任科员；1999.08—2001.11 福建省人大常委会财经委业务处副处长；2001.11—2002.06 福建省人大常委会法工委经济立法处处长；2002.06—2005.12 福建省人大常委会财经委预算审查监督处处长；2005.12—2013.09 福建省财政厅副厅长、党组成员；2013.09—2016.07 福建省政府副秘书长、办公厅党组成员；2016.07—2016.09 福建省财政厅党组书记；2016.09—2018.06 福建省财政厅厅长、党组书记；2018.06—2018.07 泉州市委副书记；2018.07— 泉州市委副书记，市政府党组书记；2018.08— 泉州市政府市长。

（本版图片／陈英杰）

【泉州在全国首创“生态连绵带”】

“生态连绵带”是泉州城市规划建设的创新型思路，它将依托泉州自然山水脉络，用绿道串起山林、水体、湿地、田园等自然资源。2018年3月9日，泉州市城乡规划局召开《泉州市生态连绵带统筹实施规划》工作部署会议，把市政府关于生态连绵带的工作任务布置到各县（市、区）。图为市区北滨江公园城市滨水生态绿廊

（图/泉州晚报社）

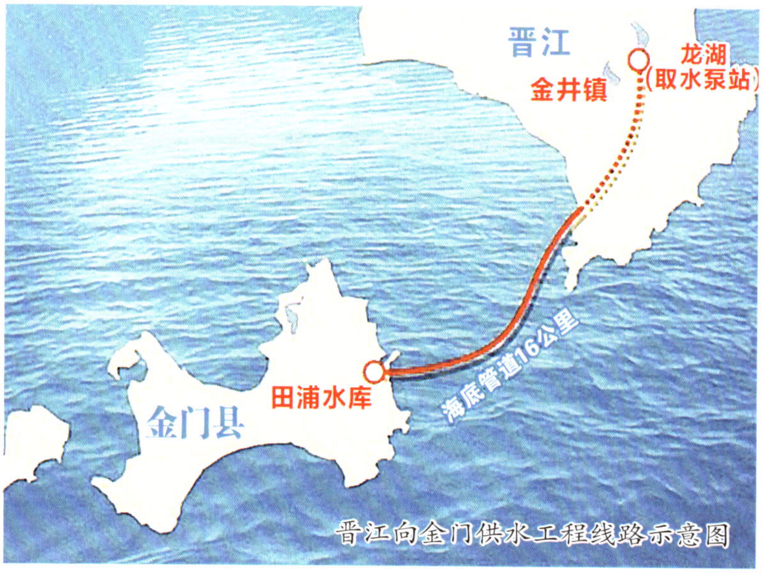

晋江向金门供水工程线路示意图

【晋江向金门供水工程通水】

2018年8月5日，晋江向金门供水工程通水现场会在晋江龙湖举行，晋江向金门供水工程实现正式通水。供水工程由晋江龙湖取水泵站、陆地输水管道和跨海输水管道三部分组成，线路总长约28千米。图为通水当天拍摄的福建泉州晋江龙湖 （图/张九强）

【泉州获“中国工艺美术之都”称号】

2018年10月30日，由中国轻工业联合会主办，泉州市城镇集体工业联合社协办的中国工艺美术大师工作委员会成立大会在泉州召开。会上举行“中国工艺美术之都·泉州”授牌仪式

（图／吴寿民）

【2018环泉州湾国际公路自行车赛举行】

2018年11月9—11日，由中国自行车运动协会、省体育局、市政府主办的2018环泉州湾国际公路自行车赛举行，欧洲、亚洲、大洋洲的18支参赛队伍参赛。图为比赛现场　　（图／吴聪伟）

【泉州市市级机构改革实施方案出台】

2018年12月15日，泉州市机构改革工作大会召开，按照中央、省委部署要求，对泉州市机构改革工作进行动员部署。市委办、市政府办印发《泉州市市级机构改革实施方案》，推动各项改革任务落地见效。图为泉州市行政服务中心新址　　（图／吴寿民）

2018年1月18—19日，市委书记郑新聪（前排左二）到晋江市、泉州台商投资区、泉港区，检查“大干40天 比拼开门红”项目建设推进情况。图为郑新聪在晋江市调研（图/陈起拓）

2018年5月5日，市委书记、市长康涛（前排左二）到德化县和永春县调研跨越发展和管党治党落实情况。图为在九牧永春智慧制造产业园调研（图/陈起拓）

2018年8月16日，泉州市党政代表团到厦门学习考察。代表团到园博苑等地考察，并与厦门市党政代表团座谈，围绕城市规划等课题面对面交流（图/泉州晚报社）

2018年8月28日，市委书记康涛（前排右三）、市长王永礼（前排右二）到市防汛抗旱指挥部，了解暴雨趋势，部署全市防御强降雨工作

（图/市防汛办）

2018年8月28日，市委书记康涛（前排右三）到泉州晚报社、泉州广播电视台调研宣传思想工作

（图/陈英杰）

2018年9月28日，市长王永礼（右二）到南安市开展“领导干部一线办公”活动周调研，并召开现场办公会，帮助协调解决困难和问题

（图/陈晓东）

创 新 泉 州

【创新泉州·政策服务】

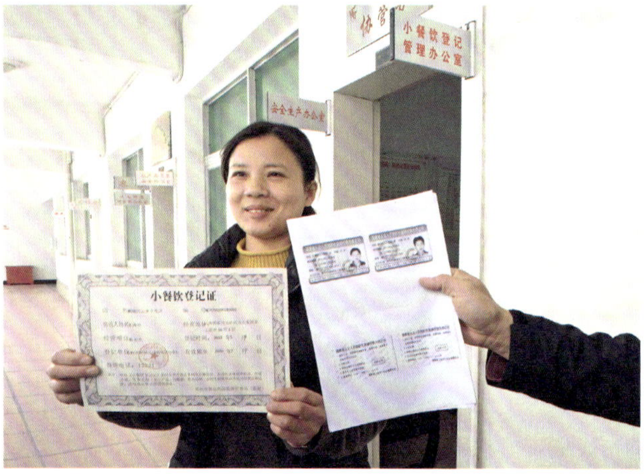

2018年1月1日，鲤城区江南街道办事处颁出全市首张小餐饮登记证 （图/陈云青 陈 翔）

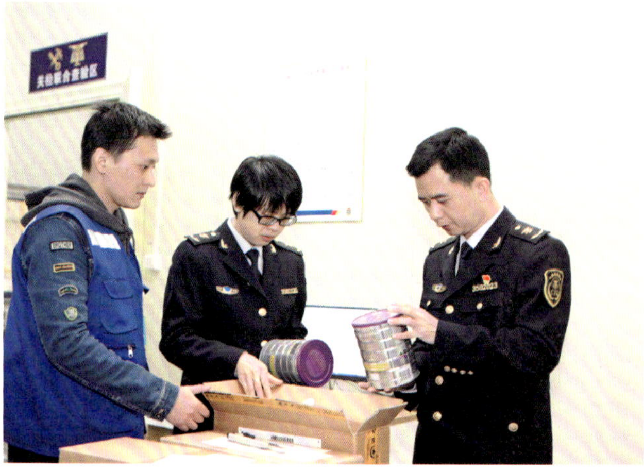

2018年1月23日，泉州检验检疫局工作人员在石狮快件中心对入境快件进行查验（图/林劲峰）

2018年2月9日，晋江国际陆地港跃升为全国第二大国际陆港。图为进驻晋江国际陆地港的泉州海关工作人员 （图/刘 倩）

2018年3月29日，在泉州市地税局办税大厅，工作人员为环保税纳税人办理基础信息采集业务 （图/泉州晚报社）

【创新泉州·政策服务】

2018年4月24日，泉州市工商局丰泽分局开展“红盾助双创”个体工商户手机微信年报服务活动 （图/张九强 陈云青）

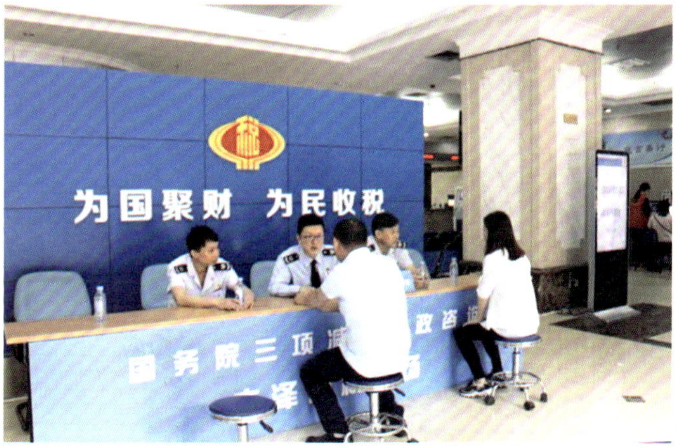

2018年5月6日，由泉州市国税局和丰泽区国税局组成的专家咨询组，现场接受国务院三项减税新政咨询 （图/王树帆 傅晓玲）

2018年7月12日，德化在全省率先推出行政审批改革举措——在县行政服务中心设立乡镇便民服务专窗 （图/陈小阳 王双季）

2018年9月5日，泉州市国税局举办“媒体记者体验行”活动。图为纳税人正在办理涉税业务 （图/泉州晚报社）

【创新泉州·双创样板】

2018年3月2日，“泉州智造与一带一路”高峰对话探讨新时代下泉州企业如何抢抓机遇，深度参与“一带一路”合作　　（图/李芸生）

2018年4月20日，泉州海关工作人员在晋江国际陆地港开展入境快件监管工作
（图/黄忠族）

2018年5月26日，中国城市品牌（地级市）综合分值前100名城市名单发布，泉州位居全国百强榜第三。图为中国城市品牌评价发布（地级市）颁奖典礼　　（图/泉州品牌发展中心）

2018年7月31日，泉州电商创意创新创业大赛启动现场　　（图/刘　倩　刘龙真）

2018年8月2日，全市提升跨境贸易便利化水平专项行动业务培训会暨新海关政策宣讲会现场　　（图/泉州海关）

2018年12月1日，泉州“企业家精神与互联网创新”高端论坛活动现场　　（图/洪　旭）

【创新泉州·品牌之都】

2018年4月18日，第四届中国（泉州）海上丝绸之路国际品牌博览会、第二十一届海峡两岸纺织服装博览会在石狮市开幕

（图/吴寿民）

2018年4月19日，第二十届中国（晋江）国际鞋业暨第三届国际体育产业博览会

（图/李芸生）

【创新泉州·品牌之都】

2018年9月7日，第十一届海峡两岸农产品采购订货会开幕式
（图/陈龙山）

2018年11月8日，第十九届中国（南安）水头国际石材博览会开幕式 （图/林劲峰）

2018年12月21日，首届中国（德化）茶具文化产业博览会
（图/泉州晚报社）

【创新泉州·“金改”大戏】

2018年4月26日，农业银行泉州分行在南安市举行服务“乡村振兴战略”金融产品推介会　（图/泉州晚报社）

2018年5月23日，2018年中国金融发展与泉州金融改革论坛在泉州举办　（图/郑　言）

2018年8月29日，晋江市对外贸易企业银企对接会现场　（图/王宇静 林珊珊）

智造泉州

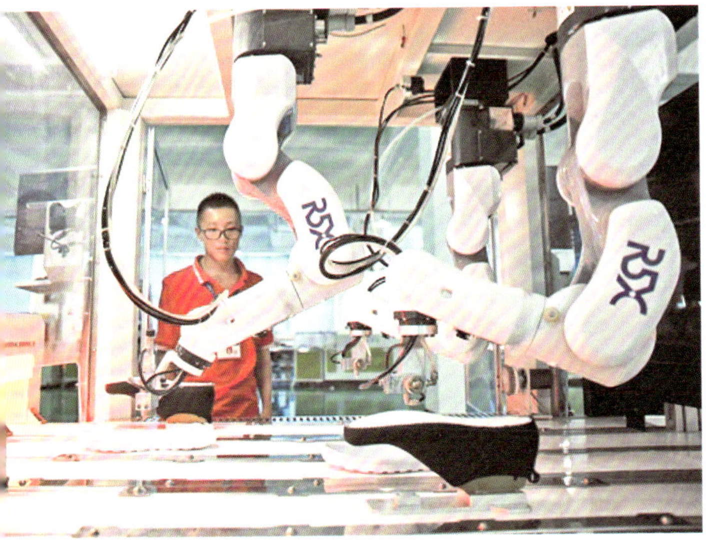

2018年，泉州开发区内的任我行科技公司采用先进自动化制鞋设备极大地节省人工成本

（图/陈晓东）

2018年，泉州市机械制造产业致力转型升级，加大智能终端产品研发投入，建设智能生产车间。图为石狮市高新区的福建省富达精密科技有限公司智能生产车间

（图/李荣鑫）

2018年7月27日，作业中的太阳能电池生产线

（图/陈晓东）

2018年10月25日，泉州市出台《泉州市石墨烯产业发展路线图》，依托石墨烯产业培育经济增长新动能、打造新引擎。图为石墨稀产品展示现场 （图/林劲峰）

【智造泉州·产业转型】

2018年7月26日，安溪县通过“贫困户+大学生+合作社+企业”模式推进电商扶贫项目。图为某电商物流企业

（图/安溪县委宣传部）

2018年9月6日，南安阳光中科（福建）能源股份有限公司生产线 （图/陈晓东）

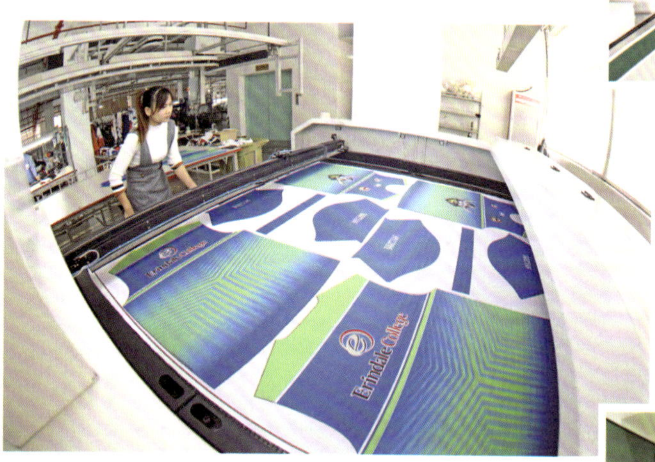

2018年12月2日，位于石狮市的泉州鹏泰服饰有限公司生产车间，工人在操作智能化设备

（图/詹伟志 洪泓塬）

2018年12月27日，福建省职业院校技能大赛部分赛项在泉州黎明职业大学举行。图为比赛现场 （图/骆方舟）

【智造泉州·人工智能】

2018年2月24日，晋江市某鞋企员工正在智能化生产车间作业

（图/泉州晚报社）

2018年12月26日，石狮龙峰纺织公司智能化车间，每100台喷水织机仅需一名工人管理，生产效率较此前传统模式提升27%。图为员工正在操作喷水织机

（图/林劲峰）

“海丝”泉州

【“海丝”泉州·史迹申遗】

天后宫

磁灶窑系金交椅山窑址（资料图片）

六胜塔

草庵摩尼光佛造像（资料图片）

● 古泉州（刺桐）史迹16个遗产点　展示泉州古代海丝贸易的盛世辉煌

古泉州（刺桐）史迹，是公元10世纪到14世纪产生并留存到现代的一系列文化遗产，分布于以今天泉州城区为核心的泉州湾地区，包括16个遗产点，具有鲜明的海上贸易和东西方文明交融特征，见证了"刺桐"这座古代东方大港的地位、奉献和风韵。

【"海丝"泉州·史迹申遗】

德济门遗址

万寿塔

老君岩造像

洛阳桥

（本版图片/吴寿民，2018年拍摄）

【“海丝”泉州·史迹申遗】

开元寺

真武庙

九日山祈风石刻

江口码头

【“海丝”泉州·史迹申遗】

府文庙

伊斯兰教圣墓

清净寺

石湖码头

（本版图片/吴寿民，2018年拍摄）

【“海丝”泉州·文化传承】

2018年元旦助力申遗骑行活动现场，骑行队伍到达申遗点西街开元寺门口。车队每到一个申遗点，都停留参观，相互交流，增加对申遗点的认知　　（图／泉州晚报社）

2018年11月18日，第三届海丝古城徒步穿越活动现场
（图／张九强）

2018年11月30日，第四届“海上丝绸之路”（福州）国际旅游节泉州展馆迎接游客参观 （图／泉州晚报社）

美丽泉州

【美丽泉州·城市建设】

泉州湾畔日渐成型的海丝新城风貌（2018年拍摄）

晋江两岸高楼鳞次栉比（2018年拍摄）

【美丽泉州·城市建设】

泉州江滨两岸的夜景，成为城市建设的一道靓丽风景线（2018年拍摄）

道路改造提升后的丰泽区田淮街（2018年拍摄）

晋江五店市的闽南传统建筑展现出和谐的城市风貌（2018年拍摄）

（本版图片/泉州晚报社）

【美丽泉州·美丽乡村】

安溪铁观音秋茶采摘景象（2018年拍摄） （图/张九强）

德化县雷峰镇上寨村丰产的秋季水稻（2018年拍摄） （图/潘 登）

【美丽泉州·美丽乡村】

①	②
③	④

①晋江梧林传统村落（2018年拍摄） （图/陈金展）
②洛江区虹山乡远眺（2018年拍摄） （图/吴筝云）
③南安英都樱花园（2018年拍摄） （图/林劲峰 陈鑫炜）
④安溪云岭茶庄园（2018年拍摄） （图/林清锻 刘伯怡 谢伟端）

【美丽泉州·生态泉州】

德化县开发丰富的生态旅游资源。图为南埕镇竹林民宿（2018年拍摄） （图/泉州晚报社）

安溪重视茶园管理，不断改进管理方式。图为安溪某茶园（2018年拍摄） （图/陈小阳）

整治后的永春县蓬壶镇丽里溪（2018年拍摄） （图/林铭珊 刘诗雄）

【美丽泉州·生态泉州】

永春县桃城镇南星社区，塑造融入水生态保护和水环境治理内涵的水文化，提升经济和社会效益。图为南星社区一隅（2018年拍摄）
（图/姚德纯）

石狮环湾生态公园三期项目“海丝湖”（2018年拍摄）
（图/詹伟志 许晓城）

泉州台商投资区打造富有特色的生态新区。图为海丝艺术公园周边一片绿意盎然（2018年拍摄）
（图/陈桂生 陈凤阳）

幸　福　泉　州

【幸福泉州·文化繁荣】

2018年1月29日，花灯艺人正为元宵节赶制花灯

（图/林劲峰）

2018年3月15日，丰泽区首届“海丝·蟳埔”民俗文化节举行祭海祈福仪式

（图/王盼琛）

【幸福泉州·文化繁荣】

2018年4月14日，全国画院院长中国画（丰泽）邀请展现场　　（图/陈小阳）

2018年4月17日，海内外客商为泉州工艺美术点赞　　（图/林志伟 李宏图）

2018年4月29日，金鱼巷“古城匠艺市集”展示众多非遗项目，吸引市民和游客参观体验　　（图/何国辉）

2018年11月25日，东亚文化之都·中日韩城市美术作品邀请展现场　　（图/吴寿民）

【幸福泉州·教育均衡】

2018年4月21日,全市各地开展形式多样的全民阅读活动。图为洛江区双阳中心幼儿园举行“读书传家,德厚流光”读书节主题活动 （图/马昕桐 陈智富）

福州大学晋江科教园区（2018年拍摄） （图/张九强）

【幸福泉州·教育均衡】

2018年6月，泉州市第十五中学更名为福建师大泉州附中，与福建师范大学合作办学。图为福建师大泉州附中校门 （图/福师大泉州附中）

2018年10月31日，“书香家庭 阅读泉州”颁奖典礼暨阅读分享会现场 （图/陈小阳）

2018年1月15日，市民游览泉州鲜花港
（图/卢吉勇）

2018年1月26日，石狮首批新能源纯电动公交车投入试运行　（图/颜华杰）

2018年2月21日，游客们参加古城免费游活动　（图/张素萍 许小程）

2018年8月17日，第五届海峡两岸七夕返亲节开幕式　（图/刘志家）

【幸福泉州·民生保障】

2018年9月23日，乘坐首趟高铁从香港直达泉州的港澳居民受到泉州人民欢迎

（图/郭雅莹）

2018年12月6日，泉州晋江国际机场旅客吞吐量首破700万人次。图为记者正在机场采访

（图/廖平和）

【幸福泉州·宜居宜业】

安溪李光地文化园（2018年拍摄） （图/林劲峰）

2018年，永春县城镇居民生活区屋顶经过绿化，成为一道别致的景观 （图/康庆平 陈小阳）

【幸福泉州·宜居宜业】

方便快捷的社区巴士“小白”（2018年拍摄） （图/吴寿民）

2018年，丰泽区潘山安置房项目同步建设商业及配套用房，改善片区居民生活环境

（图/吴丽娇 陈小阳）

【幸福泉州·宜居宜业】

2018年，新社会阶层人士服务社区的联络平台——金山社区同心服务站，志愿者正在整理图书角　　（图/王树帆）

永春大鹏生态公园迎接游览者（2018年拍摄）　　（图/姚德纯）

目　　录

大事记

Chronicle of Events

专　记

Articles

市情概况

General Information of Quanzhou City

人口 资源

Population, Resource

中共泉州市委员会

The CPC Quanzhou Municipal Committee

泉州市人民代表大会

The People's Congress of Quanzhou

泉州市人民政府

The People's Government of Quanzhou

政协泉州市委员会

Quanzhou Municipal Committee of the CPPCC

纪检监察

Disciplines Inspection and Supervision

民主党派

Democratic Parties

社会团体

Social Organizations

外事 侨务 港澳台事务

Foreign Affairs, Overseas Chinese Affairs, Hong Kong, Macao and Taiwan Affairs

法 治

Rule by Law

军 事

Military Affairs

退役军人事务

Veterans Affairs

应急管理

Emergency Management

自然资源管理

Natural Resources Management

民企与泉商

Private Enterprises and Quanzhou Merchants

经济管理与监督

Economic Management and Supervision

经济开发合作与产业园区

Economic Development and Cooperation and Industrial Parks

市场监督管理

Market Supervision Management

财税 金融

Finance and Taxation, Finance

农业 农村

Agriculture, Rural Area

工 业

Industry

信息业

Information Industry

交 通

Traffic

商贸流通服务业

Commercial Circulation, Service Industry

旅游业

Tourism Industry

口岸综合管理

Port Comprehensive Management

城乡建设

Urban-rural Construction

生态环境

Ecological Environment

教 育

Education

科学技术

Science Technology

社会科学

Social Science

文化 体育

Culture, Sports

卫生和计划生育

Hygiene and Family Planning

民生及社会保障

Livelihood and Social Security

县（市、区）

County (City, District)

荣誉 人物

Honors, Persons

附 录

Appendix

大　事　记

1月

4—7日　中国人民政治协商会议第十二届泉州市委员会第二次会议召开。受市政协第十二届常委会委托，市政协主席陈灿辉向大会作工作报告。

5—8日　泉州市第十六届人民代表大会第二次会议召开。市长康涛代表市政府向大会作工作报告。市人大常委会主任郑新聪作市人大常委会工作报告，市中级人民法院代院长陈明作市中级人民法院工作报告，市人民检察院检察长高扬捷作市人民检察院工作报告。经选举，温惠榕当选泉州市监察委员会主任，陈明当选泉州市中级人民法院院长。

7日　中央电视台《新闻联播》栏目以《福建泉州：除陈规陋习倡文明新风》为题，报道泉州市在推进移风易俗工作中涌现的好经验、好做法。

9日　台商投资区公安服务中心进驻台商投资区行政服务中心，成为全省首个县级全警公安服务中心。

10日　省教育厅公布福建省首届100名“最美学生”名单，其中小学生40名、中学生40名、大学生20名，泉州市21名学生入选。

11日　泉州市监察委员会挂牌成立，标志泉州市监察体制改革试点工作完成前期筹备、人员转隶、机构组建等工作任务，进入制度建设、业务运行的关键节点。

11—13日　金门自晋江引水（输水管）工程入海管最后一个管道接头熔接完毕，随后进行金门自大陆引水（输水管）工程联合通水洗管水压试验。经过试验，结果符合设计及规范要求，标志整条输水管线已全线贯通，具备通水条件。

18日　泉州南京大学环保产业研究院揭牌，此系泉州市“大院大所大平台”战略引进的又一重大科研平台。

福建省集成电路产业园区龙头项目之一——矽品电子（福建）项目开工仪式在晋江举行。矽品电子（福建）项目是晋江打造集成电路千亿产业集群的重点项目，主要开展存储芯片和逻辑芯片封测业务，并建设成为具有国际先进水平的集成电路及相关产品封装测试基地。

19日　一辆中国邮政配送车满载300余件快件驶出石狮国际快件监管中心卡口。首批进口快件顺利通关，标志石狮国际快件监管中心启动。此系继晋江陆地港后在泉州设立的第二个国际快件监管中心，意味着泉州又增加一个服务“海丝”先行区的外贸新平台。

23日　由团省委、团市委和台湾“中华杰出青年交流促进会”主办的“探寻文化遗产·品味刺桐古城”第四届海峡两岸高校大学生记者挑战赛在中国闽台缘博物馆启动。23—28日，海峡两岸高校大学生记者在泉州携手进行史迹考察、文化体验、新闻竞赛和协作交流。台湾世新大学等20余所台湾高校和中国人民大学等10余所大陆高校约90名青年媒体人参赛。

29日　截至是日，全市各县（市、区）、台商投资区全面推行农村公路路长制，成立县、乡（镇）两级路长办公室，负责路长制管理和考核，协调督促建好、管好、护好、运营好农村公路（即“四好农村路”）。

1月　为提高城乡困难群众保障水平，泉州市施行新的城乡低保标准，提高城乡居民生活保障标准。城市低保标准方面，鲤城、丰泽、洛江、泉港、南安、惠安、泉州台商投资区提高至600元/月，石狮、晋江为630元/月，安溪、永春、德化提高至560元/月。农村低保方面，石狮、晋江为630元/月，洛江、泉港、南安、惠安、安溪、永春、德化、泉州台商投资区提高至460元/月。

2月

2日 国际大学生体育联合会、全国青少年校园足球工作领导小组办公室、中国大学生体育协会与晋江市政府在北京人民大会堂举行新闻发布会宣布，经国际大体联执委会批准，晋江获得2019—2025年连续4届的国际大体联世界杯举办权，并获得2027至2031年共3届的优先举办权。

3日 2018年泉商新春座谈会暨回归项目专场对接会举行，现场签约项目16个，投资总额75.65亿元。签约项目主要涉及机械装备、智能制造、文化旅游、养生医疗等领域，包括11个侨资项目和5个民企项目，单个项目投资总额均超亿元，其中超5亿元项目8个、超10亿元项目3个。

5—9日 中国常驻联合国教科文组织代表团与联合国教科文组织阿拉伯组在联合国教科文组织巴黎总部举行“海上丝绸之路：连接中国和中东”圆桌会议。其间，泉州海外交通史博物馆承办“远方的故乡：10—14世纪阿拉伯侨民在中国”展览，向参观者展示中国与阿拉伯世界的历史联系与文明对话。

8日 全省首个航空医疗救援联盟在福建医科大学附属第二医院（简称福医二院）东海院区成立，福医二院联合泉州41家医联体单位、中国人保财险泉州分公司、上海金汇通航，共同开启泉州地区航空应急救援服务。

13—17日 全国党员电化教育微信公众号“先锋微视”以“丰丫头带你秒懂党内组织生活那些事儿”为主题，连续五天单条推送《阿丰成长记》系列动漫短片。该部动漫短片由泉州市委组织部、丰泽区委组织部、安溪县委组织部和泉州晚报社新媒体中心制作。

21日 泉州木偶剧团在埃及阿斯旺国际艺术节闭幕式上表演“闹元宵”，受到上千名当地观众和游客的欢迎。

27日 新华社播发通稿《严把“入门关” 打通监察监督“最后一公里”——泉州监察体制改革调查》。记者在泉州调查发现，围绕监察体制改革人员转隶、机构组建、工作衔接等关键环节，当地严把入门关，配齐配强监督执纪力量，打通监察监督“最后一公里”。

3月

1日 由市委宣传部、市发改委、市经信委、市金融局、市总工会、市工商联（总商会）、市城联社、泉州晚报社等主办的2017泉州经济年会年度峰会在泉州万达文华酒店举行。年会围绕主题“新时代新发展”展开由点及面的交流。

为完善泉州市多层次城乡居民医疗救助体系，解决城乡困难群众因病致贫、因病返贫问题，泉州市出台《泉州市人民政府办公室转发市医保局等部门关于完善城乡居民医疗救助体系的实施意见》，实行全市统一的医疗救助政策，实现医疗救助市级统筹，扩大医疗救助对象、提高医疗救助比例和医疗救助限额。

9日 市规划局召开《泉州市生态连绵带统筹实施规划》工作部署会议，把市政府关于生态连绵带的工作任务布置到各县（市、区），统筹推进连绵带的规划建设。按照“全市统筹、分级落实、分期实施”思路，泉州市设立“生态连绵带”建设领导小组，各县（市、区）也分别设立。

国家质检总局公布新一批进口肉类指定口岸名单，泉州石湖港区上榜。此系泉州首个获批的肉类进口口岸。

10日 全国城市信用状况监测平台公布的最新数据显示，依据过去一年的信用信息监测，泉州城市综合信用指数达80.89，在全国261个地级市中排名第28名，持续位居福建省地级市之首（福州、厦门参评省会及副省级以上城市排次）。

12日 全国爱卫会通报2017年国家卫生城市（区）和国家卫生县城（乡镇）复审结果，泉州再次获得“国家卫生城市”称号，并因巩固国家卫生城市工作方面成效显著，在复审中成绩突出，成为全省唯一一个获全国通报表扬的城市。

15日 首届“海丝·蟳埔”民俗文化旅游节在市区真武庙开幕。文化节的重头戏是祭海祈福仪式，该仪式以传统颂典表演的形式展现祭海的场景，通过“祀海祈祥”“祭海纳福”“海风旌旗”3个环节，集中展示传统祭祀典礼与具有海洋文化内涵的传统文化。

集美大学财经学院、南安市国税局、南安市石材工业协会共建签约仪式举行，泉州市首个“政产学”三方共建诞生。

17日 为打破行政区域界限，加强卫生应急合作，建立区域联动机制，泉厦漳三地急救中心签署跨区域突发重大事件紧急医学救援合作协议。

21日 由印度驻广州总领事馆

与泉州市外事侨务办公室、市总商会、市贸促会、海陆丝绸之路城市联盟工商理事会主办的中国—印度贸易投资推介会在泉州举行。泉州市纺织、服装、机械、石材等行业的160多家企业代表参加推介会。

22日 人民日报官方微信头条推送《今天头条，留给泉州这个背影》，全文转发泉州晚报社东南早报关于泉州七中学生黄伟旭在大雨中为老人撑伞的报道。

27日 德化县医院利用直升机转运一名呼吸困难的患者到福建医科大学附属第二医院东海院区。原本至少要1.5个小时的车程，搭乘直升机只花了26分钟。此次转运救援是泉州引入直升机医疗救援，开启“空中120”以来首次转运病患，也是省内由县级医院向上级医院空中转运病患的首航。

28日 全市领导干部大会召开。省委决定：郑新聪不再担任中共泉州市委书记、常委、委员职务，不再担任泉州市人大常委会主任职务，人大常委会主任的免职，按有关法律规定办理；康涛任中共泉州市委书记。

30日 由省侨办、市委统战部、市外事侨务办主办的第三届“海丝情·中国梦”港澳青年精英故乡行活动在泉州启动。活动以“回归故里共叙海丝情，创新创业共圆中国梦”为主题，吸引香港、澳门28个主要社团86名青年精英参与。

4月

2日 科技部、国家发改委发文，支持全国17个城市开展创新型城市建设，泉州名列其中。

12日 作为省发改委批准成立的重点领域大数据研究所之一，数字福建智能制造大数据研究所落户泉州师范学院。

13日 “太平洋拉文”号油轮运载9万吨柴油从泉州肖厝口岸起锚，前往荷兰鹿特丹港，标志泉州向欧盟国家出口的首票成品油起航。

13—15日 宁夏回族自治区政府主办的2018中国西北旅游营销大会在宁夏银川国展中心举行，泉州入选“2018畅游中国100城”。

15日 泉州市禁毒宣传形象大使聘请仪式举行，石狮籍影视明星龚蓓苾受聘成为泉州市禁毒宣传形象大使。

18日 第四届中国（泉州）海上丝绸之路国际品牌博览会（简称海丝品博会）、第二十一届海峡两岸纺织服装博览会（简称海博会）在石狮开幕。海丝品博会18—22日举行，展区面积2.6万平方米，吸引全球近40个“海丝”沿线国家和地区的参展企业318家。海博会18—20日举行，展区面积6.5万平方米，参展企业580多家。

由华侨大学、泉州师范学院等17所高校科协发起的泉州高校科协联盟在泉州信息工程学院成立，系全省首家高校科协联盟。

19日 第二十届中国（晋江）国际鞋业暨第三届国际体育产业博览会（简称鞋博会）在晋江开幕。该届鞋博会以“魅力体博盛会，丰富晋江经验”为主题，以鞋为擎、以展会友、以体兴城，全面打造国际化、专业化、创新性博览会。

21日 由泉州晚报社指导，泉州市城市管理行政执法局台商投资区分局、泉州台商投资区教育文体旅游局主办的“和谐城管·美丽台商”暨台商区城市管理艺术团成立晚会在泉州台商投资区张坂中学举行。以成立艺术团的形式，拓展宣传城市管理工作，在全国城管系统中还是首创。

5月

1日 市公安局出入境管理支队实行办理护照等出入境证件“只跑一次”制度。“只跑一次”制度最核心的内容就是优化办证流程，将原来办理证照需要的制证照片采集、指纹采集、申请材料提交、面见核查、证件缴费5个环节集中在同一时间、同一场所一次全部申办完成，为群众办证提供最大便利。

9日 北京时间9日凌晨3时30分（当地时间8日20时30分），第17届世界中学生运动会闭幕式在摩洛哥马拉喀什体育馆举行。闭幕式上，泉州晋江作为第18届世界中学生运动会的举办城市，接过世界中学生运动会（简称世中运）会旗，标志世中运进入“晋江时间”。

由国家市场监督管理总局指导，经济日报社、中国国际贸易促进委员会、中国品牌建设促进会主办的“2018中国品牌价值评价信息发布”活动在上海举行。泉州市32个品牌登上“五亿榜单”。

11日 国务院政策例行吹风会召开。工信部总工程师陈因介绍，年初工信部组织开展2017年工业稳增长和转型升级成效明显市（州）评审推荐工作，成都、大连、泉州等14个市（直辖市辖区）入选。

17日 省质监局批复同意泉州市成立福建省能源计量中心（泉州），此系全省唯一获批筹建的省级能源计量中心。

17—31日 由中国建筑学会、中国文物学会主办，中国文物学会20世纪建筑遗产委员会、泉州古城保护发展工作协调组办公室承办，中国文物学会20世纪建筑遗产委员会策展的

“致敬中国经典”中国20世纪建筑遗产项目展在市区威远楼举行。展览通过图片和文献记录的形式，展示20世纪中国建筑的百年风采。

18日　《新加坡华人通史》全国首发式在泉州华侨历史博物馆举行。《新加坡华人通史》是新加坡开埠以来，由新加坡华社编撰的第一部完整的华人通史著作。

19日　由中国建筑学会主办，市住建局、城乡规划局、古城保护发展工作协调组办公室承办，泉州市土木建筑学会协办的2018中国建筑学会学术年会在泉州开幕。年会以“新时代本土建筑文化的融合与创新”为主题，8位中国工程院院士、11位全国工程勘察设计大师参会，并吸引大量行业人士参与，共同就当下建筑及相关行业前沿学术思想、科技成果与社会热点问题进行探讨。

20日　2018年中国金融发展与泉州金融改革论坛在泉州举办，国内外金融专家学者，以及泉州市银行、证券、企业代表参加论坛，就泉州金改、金融开放、金融科技和区块链技术应用等议题展开讨论。

23日　省委书记于伟国带领省委、省政府工作检查组到泉州开展工作检查。检查组到晋江、石狮、泉州开发区等地，检查泉州市贯彻落实习近平新时代中国特色社会主义思想和中共十九大精神、习近平关于福建工作指示精神，推动高质量发展与落实赶超目标、全面从严治党等方面工作情况。

24日　人民日报新媒体等发起的“崇尚英雄　精忠报国”网络互动活动推出专题《英雄，就是普通人拥有一颗伟大的心！》，泉州消防支队战士温景豪高空速降救下轻生男孩的事迹被录选。

26日　由人民日报社、中国品牌建设促进会指导的2018中国城市大会暨中国城市品牌评价排名试发布（地级市）在北京人民日报社举办。根据财政部重大经济类专项国家品牌价值提升工程和《品牌评价城市》（GB）国家标准，大会首次试发布中国城市品牌（地级市）综合分值前100名城市名单。泉州市名列该名单第三，仅次于苏州和温州。

6月

1日　“台湾关帝庙千年联合世纪大谒祖”活动在泉州举行，400余名台湾信众组团到泉州谒祖。

3日　由福建日报社（报业集团）旗下海峡都市报社主办的“2017年度感动福建十大人物”颁奖典礼在福建大剧院举行。在3年多的时间里勇救43名落水者及遇险人员的泉州台商投资区海上见义勇为工作室救援队，入选2017年度“感动福建十大人物”。

7—8日　2018年福建省普通高考举行，泉州市41533人报考，设12个考区，45个考点，1433个考场。

9日　由市文化广电新闻出版局和泉港区政府主办的泉州市2018年全国“文化和自然遗产日”活动启动仪式在泉港文化中心举行。全市各地举行丰富多彩的主题活动，加强文化遗产的传播与传承，提高人民群众对非物质文化遗产的保护意识，营造保护文化和自然遗产的社会氛围。

10日　由国家发改委指导，新华通讯社和福州市政府主办，中国经济信息社、福州市发改委、福州市数字办和京东金融集团承办的2018年中国城市信用建设高峰论坛在福州海峡国际会展中心举办。国家发改委下属的国家信息中心在论坛上发布《中国城市信用状况监测评价报告2018》蓝皮书，泉州2017年多项城市信用指标进入全国261个地级市前10名行列。

12日　中宣部组织的“壮阔东方潮　奋进新时代——庆祝改革开放40年”大型主题采访活动第二站在晋江启动。中央和地方30多家主流媒体的100多名编辑记者围绕“晋江经验”展开集中采访报道。

14日　由中国纺织科学研究院有限公司、泉州市发改委、泉州市经信委主办的2018中国纺织科技成果对接峰会暨第五届“中国十大纺织科技”发布会在晋江举行，现场发布30项行业科技成果，其中，获评年度“中国十大纺织科技奖”的3个项目与泉州本土企业成功“牵手”。

14—16日　2018海峡科技专家论坛之海峡两岸美丽乡村融合发展研讨会在晋江举行，海峡两岸“三农”领域的专家学者与会。研讨会以“两岸融合发展　共谋乡村振兴”为主题。

18—20日　作为第十届海峡论坛两岸青年交流与文化交流的重要配套活动，由省委文明办、泉州市精神文明建设指导委员会、石狮市政府主办的福建省“我们的节日·端午”——第十二届闽台对渡文化节暨蚶江海上泼水节在石狮市蚶江镇举行。台湾鹿港文教基金董事会参与组织协办。

21日　第十六届中国·海峡项目成果交易会闭幕，泉州市通过省组委会审核的对接合同项目938个，总投资615亿元，项目数量和投资总额均居全省设区市第一位。

22日　由2018年“创响中国”活动组委会主办，省发改委、市政府指导，丰泽区政府承办，国际数字商业创新协会（IECIA）、ECI Awards国际艾奇奖组委会、泉州环湾体育文化投资有限公司、福建省领秀文旅集团协办的2018年“创响中国”泉州丰泽站暨海上丝绸之路国际数字商业创新节在市区领SHOW天地开幕，海上丝绸之路沿线30个国家（地区）的300余个海内外创业项目、60余家一线投资机构、500余位知名业内人士参会。

22—23日 由福建省教育国际交流协会主办、黎明职业大学承办的福建省教育国际交流协会第五届会员代表大会第四次会议、第二次理事会暨“海上丝绸之路”职业教育国际化联盟成立大会在黎明职业大学举行。

23—24日 由中央网信办网络新闻信息传播局主办、福建省网信办承办的“新时代·新平台·新机遇”——“一带一路”大型网络主题活动到泉州采访。

24日 2018年高考成绩揭晓。泉州市考生高考总体成绩较好，取得大面积丰收，文理科前50名占全省比重大。晋江养正中学的黄亦陈以原始分687分获全省文科第一名、泉州市第一名；晋江一中丁泓馨以原始分705分获全省理科第三名、泉州市第一名。

28日 亚马逊在杭州发布《亚马逊全球开店中国出口电商城市发展趋势报告》，并揭晓“亚马逊全球开店中国出口电商城市发展20强”城市榜单，泉州、福州、厦门三大海西重点城市均入围。

29日 第42届世界遗产委员会会议在巴林首都麦纳麦召开，审议中国申报的“古泉州（刺桐）史迹”文化遗产项目。多个委员国在讨论中肯定该项目具有列入《世界遗产名录》所需的“突出普遍价值”。最终，委员会未采纳评估机构此前作出的“不予列入”的建议，一致决定将该项目“发还待议”，即缔约国需要补充有关信息后重新提交申请并接受审议。

7月

6日 晋江市国际人才交流协会成立。协会由菲律宾、新加坡、马来西亚、泰国、美国、日本、德国、韩国等30个国家和地区的312名理事成员组成，涉及30个行业15个外语语种。此系泉州市首个国际人才交流协会。

由安溪县委、县政府与中化集团打造的全省首个新农村综合服务站在该县虎邱镇落成。

10日 财富中文网发布最新的《财富》中国500强排行榜，考量全球范围内最大的中国上市企业在过去一年的业绩和成就。2018年《财富》中国500强排行榜上榜公司的年营收门槛为138.64亿元，继2017年首次突破百亿之后，提升22.44%。9家泉州籍企业上榜，包括5家房地产公司、1家食品企业、1家体育用品、1家纺织企业、1家生活用品行业。

12日 市人大常委会党组书记陈万里代表泉州，与俄罗斯迈科普市市长安德烈·盖特曼诺夫在阿迪格共和国大学图书馆会议室，签署友好城市协议书。迈科普市成为泉州在俄罗斯缔结的首个正式友好城市。

15日 第十三届两岸青年联欢节·2018两岸青年人才文创设计邀请赛在安溪县蓬莱镇清水岩启动，中国美术学院、台北商业大学及网络报名的19支文创团队近百名青年设计师参赛。赛事以“清水祖师文化”为主题，内容包括清水祖师文化旅游伴手礼设计与清水岩旅游景区纪念门票设计两个项目。

16日 全省首个台资企业工会联合会在泉州台商投资区成立。该工会联合会有台资企业18家，会员职工1177人，其中台湾职工百余人。

18日 全市领导干部会议召开。省委决定：王永礼任中共泉州市委委员、常委、副书记。随后，市政府党组召开扩大会议，宣布市委的研究决定：王永礼任市政府党组书记；康涛不再担任市政府党组书记。

中国海军陆战队在石狮将军山海域举行“国际军事比赛—2018”“海上登陆”陆战队分队比赛誓师动员大会。

23日 市十六届人大常委会第十三次会议召开，审议决定任命王永礼为泉州市人民政府副市长；接受康涛辞去泉州市人民政府市长职务，报泉州市第十六届人民代表大会第三次会议备案；决定泉州市人民政府副市长王永礼代理泉州市人民政府市长职务。

25日 第18届亚运会中国体育代表团礼服交接仪式在北京举行，“蓝色梦想”亚运会礼服首发。该礼服的设计制作方是泉州市商务休闲男装品牌企业九牧王。

全省首批共享法律云服务亭落户石狮市区，先行试点的3台共享法律云服务亭分别安放在石狮市人民广场、石狮市行政服务中心和石狮市人力资源大厦内。

25—31日 由福建省青年联合会、福建省学生联合会、华侨大学、台湾中原大学主办的第八届海峡两岸高校文化与创意论坛在泉州举办，两岸18所高校百余名大学生参加。论坛以“濡文化底蕴，创新意光辉”及“传统文化发展与产业升级”为活动主题，促进两岸创意产业人才及文化交流合作，搭建两岸大学生文化创意及情感交流平台。

29日 “国际军事比赛—

2018”海上登陆赛开幕式在石狮将军山赛场举行。海军和地方党政领导、各国参赛队员、裁判员以及当地民众3000余人参加开幕式。

31日 由市商务局、市委人才办等主办的“2018泉州人才港湾计划·电商创意创新创业大赛”启动，电商领域的专家、学者以及行业领军人物、企业精英与会。“2018泉州人才港湾计划·电商创意创新创业大赛”以“聚产业优势，创电商强市”为主题，重点关注运用电子商务在技术创新、管理创新、机制创新、业态创新等方面具有前瞻性和创新性的项目。

8月

1日 市人社局发布泉州市2018年企业工资指导线。2018年泉州市企业货币工资增长上线为13%，基准线为8%，下线为3%，且企业支付职工工资不得低于泉州市的最低工资标准。

3日 “国际军事比赛—2018”海上登陆赛求生赛第二轮比赛在石狮举行，中国队获求生赛团体第一名。

厦门航空泉州分公司揭牌成立，泉州市政府与厦门航空有限公司签订加强战略合作深化协议，加深双方合作，推动泉州民航事业持续发展。

4日 为规范石狮旅游民宿业管理，促进旅游民宿业健康有序发展，结合石狮本土民宿产业实际情况，《石狮市关于发展永宁镇旅游民宿的实施意见（试行）》正式通过。此系泉州市首个旅游民宿新规，也是全省第二个以县（市）级政府的名义单独制定通过的旅游民宿新规。

5日 晋江向金门供水工程通水现场会在晋江市龙湖水库金门供水泵站举行。中共中央台办、国务院台办主任刘结一，省委书记于伟国、省长唐登杰，水利部副部长周学文，省领导周联清、李德金，金门县政界人士洪丽萍出席现场会。刘结一、于伟国、周学文、洪丽萍按下启动按钮，开机送水，标志晋江向金门供水工程通水。

9日 “国际军事比赛—2018”海上登陆赛在石狮完成全部项目比赛，中国队获团体冠军。

10日 市十六届人大三次会议第二次全体会议召开。大会补选王永礼为泉州市人民政府市长。

11日 “国际军事比赛—2018”海上登陆赛闭幕式在石狮市将军山赛场举行，赛事组委会宣布此次比赛的团体、单项和个人奖项并向获奖人员颁奖。

12日 《中国海关》杂志公布“2017年中国外贸百强城市”名单，泉州外贸综合竞争力得分70.5，位列全国第63名。

13日 福建省个体工商户全程智能化登记系统在泉州试点上线运行，首批发放4张通过智能化登记的个体工商户营业执照。

17—19日 由省妇联、泉州市妇联、晋江市政府主办的第五届海峡两岸（晋江金井·围头）七夕返亲节在晋江市金井镇围头村举办，海峡两岸600多位姻亲代表参加活动。

25日 泉州在国家发改委国际合作中心召开专家研讨会，对泉州开发区与意大利打造“两国双园”课题项目进行探讨。

26日 12时15分，集装箱运输船“恒辉6号”轮靠泊泉州港围头作业区10万吨级泊位，成为泉州港建港史上靠泊的最大尺度集装箱运输船，也是泉州港围头作业区10万吨级泊位投产以来靠泊的最大尺度和吨位的船舶。

29日 全国工商联发布2018中国民营企业500强榜单及分析报告。20家福建企业上榜。泉州上榜企业3家，数量仅次于省会福州，分别是排名385位的恒安集团、排名386位的达利食品、排名463位的安踏体育。

9月

4日 商务部、国务院台办决定将泉州、平潭等8个城市（区）列为新一批“两岸冷链物流产业合作城市（区）”。

6日 泉州城建集团发行中期票据5亿元（债券名称：2018泉州城投MTN001），系市属国有企业整合重组后的首次发债。

7—9日 阿拉伯工会国际联合会及下属成员埃及、巴林、黎巴嫩、摩洛哥、苏丹、叙利亚、巴勒斯坦等国的成员组织主要领导人一行13人到泉州访问交流。

8日 泉州市在厦门举行2018年外资专场招商推介会，与22个国家和地区的250多名客商和企业家代表共叙情谊、共话合作、共谋发展，现场签约20个项目。

8—10日 由海峡两岸经贸交流协会、闽台经济合作促进委员会、泉台经济合作促进委员会、台湾农会、台湾渔会、台湾农业合作社联合社主办的第十一届海峡两岸（泉州）农产品采购订货会（简称农订会）在南安成功国际会展中心举行。该届农订会设有800个国际标准展位。

9日 由东亚文化之都·中国泉州和韩国光州广域市主办，泉州市文广新局和韩国光州广域市光州文化财团承办，泉州市闽南民间歌舞传承中心、晋江市文体新局、福建省梨园戏传承中心、晋江市文化馆、晋江市高甲柯派表演艺术中心协办的泉州·光州2018郑律成音乐会在泉州梨园古典剧院举行。

9—10日　韩国光州广域市市长李庸燮带团到泉州访问。

11日　第二十届中国国际投资贸易洽谈会（简称投洽会）在厦门闭幕。泉州在投洽会上签约外资项目64个，投资总额39.59亿美元，拟利用外资22.91亿美元，比上届增长19.6%。其中，合同项目52个，投资总额31.64亿美元，合同外资16.09亿美元，比上届增长26.8%；意向项目12个，投资总额7.95亿美元，拟利用外资6.82亿美元。

13日　香港居民陈某在鲤城公安分局鲤中派出所，从鲤城公安分局负责人手中接过她的港澳居民居住证。此系全市发出的首张港澳居民居住证。

16日　由市体育局、丰泽区政府、泉州文化旅游发展集团有限公司主办的助力2018环湾赛·“邮储银行”杯海峡两岸骑游活动在闽台缘博物馆启动。海峡两岸800多名骑友参赛，骑行线路全程29.8千米。

17—20日　第三届中法文化论坛在陕西西安举办。论坛以“一带一路：文明互鉴与创新”为主题，旨在实现丝路的东方起点与西方终点跨时空牵手合作，传承丝路精神，携手“一带一路”建设，促进东西方文明交流与互鉴。泉州与西安、苏州、珠海等作为中国城市代表参会交流。

20—21日　由福建省金门同胞联谊会等主办的2018年两岸金门乡亲中秋联谊活动在泉州举行，海峡两岸金门籍乡亲共庆中秋节，共话两岸融合发展。

22日　世界晋江东石青年联合会、晋江市东石镇侨界青年联合会成立大会暨首届理监事就职仪式在晋江侨声中学举行，成为全省首个镇级侨界青年组织。

23日　广深港高铁香港段通车，成为香港直通内地高铁网的首条高铁。泉州与香港进入高铁互通互联时代。

26日　由泉州市跨境电子商务协会编写的2018泉州跨境电商发展报告发布，系泉州首次发布跨境出口相关趋势报告。

30日　中共泉州市委十二届七次全会召开，审议通过《中共泉州市委关于深入贯彻习近平总书记重要指示精神坚持高质量发展落实赶超的意见》和《中国共产党泉州市第十二届委员会第七次全体会议决议》。

10月

8日　《2018年中国中小城市科学发展指数研究成果（一）》在《人民日报》发布，内容包括2018年度“全国综合实力百强县”“全国绿色发展百强县”“全国投资潜力百强县”榜单等，泉州市7个县（市、区）上榜。其中，晋江、石狮、南安、惠安、安溪入选2018年全国综合实力百强县。

10—14日　中国第十九届工艺美术大师作品暨手工艺精品展在厦门会展中心举行。活动期间，泉州市挑选近百件作品参评，共有45件作品脱颖而出，其中9件作品获金奖。

12—13日　由工业和信息化部、中国工程院、福建省政府共同指导，泉州市政府等主办的第二届中国服务型制造大会在泉州举行。全国服务型制造领域政、产、学、研、用等各界共700余位代表参加大会。大会以“赋能制造　服务未来”为主题，采取全体大会、专题论坛、企业培训、专题调研、展览展示相结合的方式，推动“政产学研用”跨界交流与合作，共谋中国服务型制造发展新蓝图。

22—24日　第四届中国县域电商大会在安徽铜陵举行，阿里研究院发布“2017—2018年电商示范百佳县”排行榜。福建省12个县上榜电商示范县百强，其中安溪县位居全国第三。

24日　全国工商联在北京举行新闻发布会，发布由中央统战部、全国工商联推荐宣传的“改革开放40年百名杰出民营企业家”名单。4位福建籍企业家入选，其中包括1位泉州籍企业家：恒安集团有限公司董事局副主席、CEO许连捷。

30日　由中国轻工业联合会主办、泉州市城镇集体工业联合社协办的中国工艺美术大师工作委员会成立大会在泉州召开。会上举行“中国工艺美术之都·泉州”授牌仪式、中国轻工业联合会与市政府战略合作框架协议签字仪式等。

11月

5日　第十一届海峡两岸文化产业博览交易会在厦门闭幕。泉州市签订19个项目，签约总金额67.2亿元，大部分为亿元项目，涵盖文化旅游、影视演艺、文化产业园区、工艺美术、工业设计等众多领域。

8—11日　第十九届中国（南安）水头国际石材博览会在南安市

石材产业展示中心举行。展会设9个展区，包括1个主展区以及8个常年展区，总展示面积92.3万平方米，还设有11个企业固定体验馆。

9—11日　由中国自行车运动协会、省体育局、市政府主办的2018环泉州湾国际公路自行车赛举行。赛事全程分为三个赛段，途经鲤城、丰泽、洛江、泉港、永春5个区（县），总里程267.4千米。欧洲、亚洲、大洋洲以及国内的18支参赛队伍参赛。

11—12日　新华社、《参考消息》陆续以专题、专版形式报道泉州“海丝”风采及边海防建设新貌。

18日　由市古城办、市旅发委、市体育局、市文广新局、鲤城区政府主办的“穿越百里　探寻千年”2018年第三届泉州海丝古城徒步穿越活动举行。海内外超过5000人参加活动。

23日　福建省第十三届人民代表大会常务委员会第七次会议对泉州市人民代表大会常务委员会报请批准的《泉州市中山路骑楼建筑保护条例》进行审查，决定予以批准。

24日　外交部驻香港特别行政区特派员公署举行庆祝改革开放40周年大型开放日活动，邀请香港50余所学校1800多名师生及青年参加。泉州市提线木偶和刻纸两个非遗项目参加开放日活动，向香港青少年展示提线木偶表演和刻纸技艺。

“第三批中国20世纪建筑遗产项目”在江苏南京东南大学公布，华侨大学陈嘉庚纪念堂由于其突出的历史价值、艺术价值、科学价值，及其对中国社会发展所产生的深远影响入选名录。

11月25日至12月2日　由泉州市政府和中央美术学院主办，市文广新局承办，泉州画院和泉州海外交通史博物馆协办的“东亚文化之都·中日韩城市美术作品邀请展”在泉州海外交通史博物馆举行。此系泉州市首次举办东亚文化之都美术作品专题展，共展出近百幅美术作品。

27日　在2018年福建省交通运输现代服务业项目对接会上，泉州市与南方航空货运物流（广州）有限公司（简称南航）签署战略合作意向书，双方将共同推动南方航空（泉州）城市货站项目。此系南航全球第一个落地的城市货运站，标志泉州被纳入全球航空货运枢纽节点。

“闽晋渔05669”渔船在航行至台湾海峡时，一名大陆籍船员突然中风。福建省海上搜救中心协调台湾方面出动直升机展开紧急救援，最终将该船员送往台湾高雄落地就医。

12月

9日　全省首个地市级文艺评论家协会——泉州市文艺评论家协会成立。

由中国田径协会、省体育局、晋江市政府主办的2018晋江国际马拉松赛举行。埃塞俄比亚、肯尼亚、印度、菲律宾等近20个国家和地区的12000多人参赛。赛事以“爱拼才会赢，晋马斗阵行（闽南语，意为‘一起走’）”为主题，设置全程马拉松（42.195千米）、半程马拉松（21.0975千米）与健康跑（7.8千米）三个项目。

13—14日　由市政府主办，市人力资源和社会保障局、市委人才办、市经信委、市科技局承办的2018年泉州民营经济与人力资源服务峰会举行。此次峰会是泉州市贯彻落实习近平在全国民营企业座谈会上的讲话精神，纵深实施泉州市人才“港湾计划”、主动服务民营企业的一项重要举措。峰会以“创业泉州·才聚港湾”为主题，旨在搭建国内外知名人力资源服务机构和泉州市重点产业、企业的人才供需对接平台。

14日　由市产业股权投资基金、惠安县惠东工业园开发建设有限公司与中科鑫通创业投资管理（北京）有限责任公司发起成立的泉州市中科鑫通融合产业投资基金签约。

15日　泉州市机构改革工作大会召开，贯彻习近平关于深化党和国家机构改革的论述精神，按照中央、省委部署要求，对泉州市机构改革工作进行动员部署。标志泉州市机构改革进入全面实施阶段。

市委办、市政府办印发《泉州市市级机构改革实施方案》（简称“方案”），推动各项改革任务落地见效。方案明确泉州市党政机构改革的总体部署、机构设置等内容。同时，方案明确要统筹推进市人大、政协和群团组织，以及事业单位、审批服务便民化、综合行政执法等其他各项改革任务。

21日　2019年中央电视台戏曲春晚泉州分会场节目在市区府文庙录制。该节目计划在2019年春节期间正月初二晚上在央视戏曲频道播出。

22—27日　第四届海峡两岸雕刻艺术大赛（泉州赛区）在泉州台商投资区举行。海峡两岸约200名雕刻艺术家近500件作品参赛。大赛旨在推动海峡两岸雕刻艺术界之间的互动与交流，培养两岸雕刻艺术高级人才、繁荣与发展海峡两岸雕刻艺术产业。

29日　中共泉州市委十二届八次全会召开。市委书记康涛代表市委常委会向全会作报告。市委常委会向全会报告一年来工作情况。全会审议并表决通过《中国共产党泉州市第十二届委员会第八次全体会议决议》。

晋江向金门供水工程通水

2018年8月5日，晋江向金门供水工程通水现场会举行 （图/泉州晚报社）

2018年8月5日，晋江向金门供水工程通水现场会在晋江市龙湖水库金门供水泵站举行。中共中央台办、国务院台办主任刘结一，省委书记于伟国、省长唐登杰，水利部副部长周学文，省领导周联清、李德金，金门县政界人士洪丽萍出席现场会。刘结一、于伟国、周学文、洪丽萍按下启动按钮，开机送水，标志晋江向金门供水工程通水。泉州市领导康涛、王永礼、陈奕辉、翁祖根、肖汉辉，晋江市有关负责人出席现场会并介绍金门供水工程建设概况，三百多位两岸嘉宾参加活动。

刘结一表示，该供水工程实施，为金门民生需求、建设发展解燃眉之急，免后顾之忧，是金门发展史上的一件大事、喜事，是两岸同胞共同庆贺的一件大事、喜事，更为两岸关系史册增添同胞情谊水乳交融的又一佳话。2月，我们发布促进两岸经济文化交流合作的“31条措施”，备受广大台胞欢迎。“31条措施”承载着“两岸一家亲”理念，体现出“以人为本”“同等待遇”“排忧解难”的深刻内涵，紧扣台企台胞实际需要，为大家扩大发展机遇和空间。大陆愿率先与台湾同胞分享大陆巨大的发展机遇，欢迎台湾同胞搭乘民族复兴快车，在这一伟大征程中实现更好更快发展。

刘结一指出，两岸关系好，台湾老百姓才会好，台湾才有前途。台湾某些人出于阴暗的政治目的，竟然对老百姓尽早解决吃水问题横加阻挠，无理取闹。这些人把台湾同胞的福祉、切身利益和生活必需置于何处？两岸同胞看得一清二楚。民心不可逆，民意不可违！这些人无视台湾同胞民意，背离台湾民众的利益，必然自食其果。台湾民众一定会做出正确的抉择。两岸同胞要团结一心，坚持体现一个中国原则的“九二共识”，坚决反对和遏制“台独”分裂活动，顺应历史大势，共担民族大义，共同推动两岸关系和平发展、推进祖国和平统一进程，共圆中华民族伟大复兴的中国梦。

刘结一在讲话中肯定福建省委、省政府对向金门供水工程高度重视，多次研究解决方案，克服种种困难，坚持不懈推进工程建设。“31条措施”发布后，福建省和厦门市结合本地实际先行先试，发布实施惠及台企台胞的进一步政策措施。相信福建省有关部门将在供水各个环节严把质量关，确保金门乡亲喝上、用上放心水。

唐登杰表示，该供水工程实现通水，展现福建省委、省政府对金门人民的深情厚谊，承载两岸人民对和平统一的企盼、对美好生活的共同追求。福建将完善引供水网络，加强水源调度和水源地保护，保障供应充足，保障供水水质，让金门乡亲共享清洁水、安全水、生态水。福建省要贯彻落实习近平对台工作重要思想，落实中央促进两岸经济文化交流合作的“31条措施”和福建省“66条实施意见”，深化闽台各领域交流合作，打造两岸交流合作的“桥头堡”和“试验田”。

周学文代表水利部向晋江向金门供水工程实现通水表示祝贺。周学文表示，该工程通水标志晋江向金门供水工程进入正常运行管理、全面发挥效益的新阶段。希望两岸加强合作、强化管理，确保工程科学稳定运行，持久发挥工程的民生效应。

洪丽萍表示，金门民众对来自家乡的水期盼已久，“两岸一家亲、共饮一江水”终于成为现实。感谢大家为金门通水作出的不懈努力。以优质、优先、优价向金门供水，金门同胞感念在心。希望我们手牵手、心连心，共同推动两岸关系和平发展。

晋江向金门供水工程由晋江龙湖取水泵站、陆地输水管道和跨海输水管道三个部分组成，线路总长约28千米，设计流量为3.4万立方米/日，工程总投资3.88亿元，水费按9.86元新台币/立方米计价。

2018年8月5日，海峡两岸及东南亚的金门乡亲代表参加晋江向金门供水工程通水现场会

（图/泉州市金门同胞联谊会）

“项目攻坚年”活动

2018年，泉州市围绕高质量发展落实赶超，组织实施项目攻坚年活动，步步升级、战役叠加，加码加力、冲刺奋战，超额完成年度项目攻坚任务。

“五个一批”总投资全省第一

分主题连续组织一系列专项攻坚，包括年初发动春节“大干40天、比拼开门红”，清明实施坟墓征迁专项行动，年中组织审批服务月，年底开展“百日大会战”等等，战役不断升级，保持项目攻坚的气势与热度。2018年征迁房屋、征地征海量均为2017年的两倍多；项目签约转开工率从20%提升到48%，全年组织项目集体开工557个、竣工394个，平均一天近2个项目开工、1个以上建成；全市亿元以上“五个一批”入库管理项目总投资3.2万亿元，位居全省首位；423个在建重点项目完成投资1579亿元，完成年度计划的115%。

新增签约项目总投资全省第一

坚持把招商选资作为“一把手”工程，完善工作机制，县域主战场作用得到充分发挥，以商招商、以侨招商、产业链招商得到推进。2018年，新增签约项目451个，总投资4388亿元，投资额全省最大。其中，总投资超100亿元项目10个，50亿～100亿元的有11个；产业项目总投资3666亿元，占新增签约项目总投资的83.3%。

制造业投资全省第一

围绕传统、高新、重化三大板块，加快产业龙头和配套项目落地建设，促进产业链条延伸补齐。“五个一批”中制造业项目1480个，总投资1.14万亿元，投资额全省最大，分别占“五个一批”项目的41.3%、36.2%。其中，传统优势板块项目603个，总投资1965.2亿元，分别占制造业项目的40.7%、17.2%；高新板块项目575个，总投资4773.5亿元，分别占制造业项目的38.9%、41.8%；重化板块项目302个，总投资4679.8亿元，分别占制造业项目的20.4%、41%。三安高端半导体、安踏一体化、通达三期等项目建成或部分建成，HDT高效太阳能电池、国脉生物科技、美的智慧家居等项目开工，中化化纤、“三一”建筑科技产业园、电咖新能源汽车等项目签约落地。2018年全市工业投资增长33.3%，传统、高新、重化产业产值比例为59∶16∶25。

项目考评全省第一

开展“领导干部一线办公”活动周，领导带头、市直部门跟进、各县域联动，引导党员干部扑在一线，对在一线涌现出来的先进典型给荣誉、给奖励、给位子，形成互学互比、你追我赶的氛围。2018年活动周协调问题334个、解决253个。在省级考评方面，2018年第四季度全省“五个一批”正向激励考评中，泉州市名列第一，泉港、晋江、南安、惠安、安溪进入全省前10。在市级考评方面，实行“自主申报+专业抽查+综合评比”，上半年表彰泉港、晋江、南安、惠安4个综合先进集体，惠安、石狮、洛江3个招商先进集体，晋江、丰泽、泉港3个征迁先进集体；还表彰47名先进典型个人。

2018年9月8日，第20届中国国际投资贸易洽谈会泉州市外资专场招商推介会签约仪式

（图/市商务局）

泉州国家自主创新示范区建设

2018年，泉州市“国字号”创新平台（10个）、省级以上企业工程技术研究中心（85个）及重点实验室（13个）、万人发明专利拥有量（10件）、科技小巨人领军企业（493家）、省级众创空间（31个）等重要创新指标提前完成示范区2020年目标任务。4月，科技部、国家发改委发函支持泉州市开展国家创新型城市建设。

先行先试、改革创新

出台以建设示范区为核心的“1+16”政策体系，推出42项全国、全省首创的创新举措。其中7项2018年被福建省列入第二批向全省推广清单，包括推动两岸青年创新创业交流合作、引进国家大基金共建高新技术产业园区、组建人才创新共享联盟、设立重大发明专利奖、设立知识产权仲裁院、设立高层次人才编制“周转池”、创新实行高层次人才职称直聘机制等。

高新园区和产业发展

泉州高新区“一区十园”2018年完成工业总产值1960亿元，同比增长15%；泉州“芯谷”一区三园集成电路、化合物半导体项目顺利推进。

培育新型创新主体

围绕新一代数字通信技术、物联网、工业设计等重点领域，联合重点高校、科研院所按“政府引导、实体办院、市场化运作、专业化运营”和“以项目为核心组建创新团队”等创新方式，建设硬脆光电材料晶圆加工技术研究院等40家新型科研机构，投入研发资金5亿多元。同时，通过创新高新技术企业梯度培育和奖补机制、实施“瞪羚企业”培育计划、鼓励企业建设各级各类研发中心等举措，推动示范区创新主体发展。全市培育高新技术企业508家；创新型（试点）企业228家；科技小巨人领军企业493家；工程技术研究中心286个；行业技术开发中心239个；建成35家科技孵化器（国家级2家、省级21家）、53家众创空间（国家级7家、省级31家）、9家国家级星创天地，集聚创业团队971个，初创企业797家。

泉州市高新技术企业孵化基地（2018年拍摄） （图/吴寿民）

“四心工程”与“XIN行动”

市委“四心工程”

2017年，中共泉州市委十二届四次全会提出，实施教育舒心工程，卫生与健康暖心工程，养老贴心工程和民生基础设施安心工程。其中，教育舒心工程由市教育局牵头统筹协调，对小区配套建设幼儿园、办学场所被挪用、幼儿园办证、老城区教育资源盘活等问题，开展专项行动，紧盯工作进展，办好让人民满意的教育。卫生与健康暖心工程由市卫计委牵头，统筹布局医疗资源和项目，鼓励和引导民间资本进入健康医疗领域，提高资源的利用率，有针对性地策划实施一批大项目、好项目，解决好医疗卫生资源结构性、区域性不均衡问题，至2020年人均床位数争取达到全省平均水平。养老贴心工程由市民政局牵头，研究制定扶持政策，吸引有信誉、有能力、有技术的专业化养老服务组织进入泉州市，加强居家养老日间照料中心等服务体系建设，推进多层次、多形式的医养结合，力争实现养老机构医养结合全覆盖。民生基础设施安心工程统筹推进图书馆等公共文化场所建设，在符合安全的前提下，尽量利用现有的设施改造提升，合理布局图书分馆、借阅点，满足群众阅览需求。

民生“XIN”行动

为推动解决民生热难点问题，市委、市政府决定于2017—2019年开展为期三年的民生“XIN”行动。聚焦群众反映强烈、历史遗留、存在体制机制障碍、涉及多部门多地区、需要2～3年才能做成的民生实事。

2018年民生“XIN”行动十大项目，共安排66个子项目：中心城区防洪排涝。组织霞美排洪渠、火车站周边排水系统、法石排涝泵站等整治项目50个，2017—2018年完成30个、在建6个，还将实施14个。内沟河整治提升。主要是对中心城区范围内的13条内河及其附属水体进行综合整治，采用PPP模式组织实施，已完成370多个孔钻探、文物考古、排放口普查等工作。中心城区农贸市场升级改造。对东菜、金山、东美、东湖、万安、旺角、龙宫、北峰、双阳、城口10个农贸市场进行标准化改造。中心市区历史遗留安置房不动产权办证。制定安置房办证工作实施方案，已办结泉州“XIN”行动计划提出的10个安置房项目。服务“全面二孩”，加大教育、医疗服务资源配置。2017—2018年，全市幼儿园建设投入10.75亿元，新改扩建校舍面积53.5万平方米，新增学位2.1万个；出台推进中小学教师“县管校聘”管理体制改革意见，加大编内编外教师补充力度，建立退休教师资源库，加强师资储备。全市产科、儿科床位分别新增853张和915张，三级综合医院产科、儿科床位数分别占总床位数12.4%、9.1%，二级综合医院为17.1%、12.5%，县域产科平均床位数达19张/千分娩量。老城区背街小巷破损修补。鲤城、丰泽、洛江三个区投入6000多万元，完成12.1万平方米背街小巷整治。其中，鲤城区完成对23条小街巷、约10千米提升改造；丰泽区完成160条道路街巷整修任务，修补破损硬化道路4.9万平方米，提升改造道路2.3万平方米，埋设管道2400多米，增设检查井150多个、雨水口170多个；洛江区对万安、双阳街道部分社区道路进行硬化及排水、排污管道进行整治。中心市区小区物业管理逐步规范。2017—2018年新增市级以上物业示范项目35个，成立24个小区物业纠纷调解委员会，物业小区成立业委会占比达71%，物业管理覆盖率达到85%。工程文明施工与文明行车。制定文明施工条件审查、施工领域大气污染防治职责分工等系列政策措施，规范提升工程文明施工管理标准，2个项目通过全国3A安全文明标准化工地评审。完善渣土车运输企业名录库管理，在中心市区全面普及新型环保智能渣土车、共计487部，实现施工现场、路面运输、消纳处理资源化利用全过程闭环管理，泉州市被确定为全国建筑垃圾治理试点城市。农村生活污水垃圾治理。投入2.07亿元、实现全市所有2060个行政村生活垃圾常态化治理，投入780万元、实现所有乡镇建成生活垃圾转运系统。完成752个村庄的生活污水深度处理项目建设，77%的行政村覆盖生活污水处理设施。提升便民服务水平。市级新行政服务中心投用，82个单位、2115个事项进驻，推行“一门一号一窗一网”改革，梳理发布“一趟不用跑”“最多跑一趟”清单。整合市直机关效能、国土资源、城市管理等40条热线，建设统一、便民、高效的政务咨询投诉举报平台，实现便民咨询“12345”一号通。

“21世纪海上丝绸之路先行区”建设

2018年，泉州市委、市政府贯彻省委、省政府关于“海丝”核心区建设决策部署，主动融入国家“一带一路”布局和福建省“海丝”核心区建设，全力建设“海丝”重要门户城市。

构建“海陆”互联互通新通道

拓展门户通道。截至2018年，泉州晋江国际机场执行国际（地区）航班7204架次，运送国际（地区）旅客83.3万人次，分别比上年增长23.2%和24.3%，通航马尼拉、新加坡、巴厘岛、香港、澳门、台北、高雄、曼谷、岘港、芽庄、达沃11个“海丝”航点；辖区港口与“海丝”国家的货运量完成373.66万吨，比上年增长3.77%，集装箱吞吐量完成6.44万TEU；泉州—金门客运航线运载两岸旅客124.51万人次。推进兴泉铁路等一批重大基础项目。兴泉铁路泉州段完成部分路段路基、桥梁、隧道工程；泉州秀涂港铁路专用线完成可研、规划选址、勘察设计，正进行初步设计及用地预审；泉厦漳城市联盟路泉州段已按建设程序完成预可、工可、相关评价评估等前期工作；泉州围头湾石井航道二期工程完成施工图设计调整编制；石湖作业区5号、6号泊位进行基床抛石、沉箱预制安装；锦尚作业区2号泊位扩建及4号泊位工程完成2号泊位基槽施工，4号泊位陆域形成；中化泉州乙烯及炼油改扩建项目配套码头工程开始进行混凝土预制件及钢管桩预制。提升跨境通关和海空运输便利化水平。泉州晋江国际机场已开通8个国际（地区）航线，并受理国际航空货邮运输业务。主动融入全省开行“丝路海运”项目建设，“泉州—马尼拉”航线纳入“丝路海运”首批开行航线，鼓励港航企业加入“丝路海运联盟”，开辟国际集装箱新航线、探索海铁联运新途径、创新航运服务模式。制定出台《关于进一步促进集装箱从泉州港进出的若干意见实施意见》，引导本地航运企业增开航线。2018年，泉州港新开通直达越南胡志明港的快速航线，“海丝”沿线国家集装箱班轮航线达到5条，与印度、印度尼西亚、马来西亚、菲律宾、越南、泰国等通航，增强泉州港口的吸引力和货源辐射力，优化泉州港外贸集装箱班轮航线的整体布局。

深化“海丝”经贸产业合作

持续深化经贸交流。2018年泉州与“海丝”沿线国家年贸易总额891亿元，比上年增长23.7%，约占全市贸易总量的48.1%。截至2018年，“海丝”沿线国家地区在泉州设立企业1589家，实际利用外资24.7亿美元。支持匹克、安踏、九牧等大中型民营企业在境外并购或设立办事处和营销中心等。加快“海丝”经贸平台建设。推动泉州综合保税区、晋江陆地港、泉州购跨境电商平台、中兴海丝路跨境电商服务平台等平台建设。泉州综合保税区推动保税维修发展，创新“交换件”与“周转件”模式，拓展企业在国内航空领域的市场；陆地港跨境电商板块依托泉州国际快件监管中心和泉州跨境电商监管中心“双中心模式”开展对外贸易。国际邮件互换局兼交换站获批设立，晋江陆地港成为全国业务量第二的国际陆港。举办第四届中国（泉州）海上丝绸之路国际品牌博览会，组织相关企业参加第十六届中国海峡项目成果交易会。组织开展泉州品牌“境外行”“海丝行”“香江行”等境外展会活动64场。组织企业参加中国—印度贸易投资与产能合作推介会、中国（福建）—越南经贸合作论坛、埃塞俄比亚—中国（福建）投资合作论坛、中国（福建）—白俄罗斯投资环境暨中白工业园推介会、闽茶海丝行等各类国际合作经贸论坛等国际经贸推介会、洽谈会。推动投资贸易自由化便利化。主动复制推广自贸区制度创新经验，全市分五批复制推广181项（其中省政府部署5批78项）自贸区改革创新成果。加快实行“单一窗口”和“三互”大通关，推动泉州综合保税区先行先试发展模式，推动保税加工、保税物流、保税研发、保税维修、融资租赁、跨境电商等业务拓展，打造“海丝”先行区开放型综合保税服务平台。推动民企抱团“走出去”，加快国际产能合作步伐。支持纺织服装、鞋业、箱包等劳动密集型企业抱团到东南亚、中东、东欧、俄罗斯等国家或地区投资建设泉州海外纺织服装、鞋业、箱包等集散地和交易中心，如峰亿轻纺，在柬埔寨设立泉州峰亿产业园，打造成为纺织品原料一条龙的供应链，推动企业转型升级和优化组织结构、盈利模式；百宏聚纤实业控股有限公司在越南设立越南百宏实业公司，投资3.5亿美元在越南西宁省鹅油县福东工业区建设年产70万吨的聚酯工程已开工建设；恒安集团以1166万欧元认购芬浆发行股本36.46%的股份，与中国中运集团、俄罗斯东方投资公司在俄罗斯合作设立运营公司，推动尿不湿产品进入俄罗斯市场；盼盼集团在韩国、日本、意大利设立3个海外研发中

2018年4月18日，泉州市政府与香港贸发局签订《共同建设21世纪海上丝绸之路合作备忘录》。图为签约仪式

（图/市商务局）

心，打造多元化国际性研发团队。支持建筑建材、机电企业抱团到中东、东南亚投资设立境外泛家居产销基地，建设泉州海外建材、机电集散地和交易中心，南安泛家居联盟整合厨卫、建材、石材、照明和消防等行业，以产业+联盟+公司的模式走出去，泛家居产业联盟龙头企业九牧厨卫股份有限公司入驻约旦安曼泛家居产业联盟体验中心。支持企业并购国际知名品牌，提高泉州品牌国际影响力，如鼓励支持福建泉工股份有限公司并购德国老牌砖机企业策尼特公司等，提高企业国际竞争力。支持泉州市远洋渔业与"海丝"沿线国家合作，在海洋经济专项补助资金中对远洋渔业发展给予重点扶持。全市已发展远洋渔业企业6家，远洋渔船58艘。2018年全市远洋捕捞总产量8.3万吨，产值近10亿元。经国家农业部审批同意，中际远洋渔业有限公司收购连江县远洋渔业有限公司旗下13艘二手远洋渔船，石狮市港顺远洋渔业公司投资1.1亿元新建两艘远洋运输船，已建成并投产1艘。推动"海丝"金融合作。落实《金融支持企业"走出去"的七条措施》，统筹产业与金融联动，支持泉州民营企业在"一带一路"沿线国家和地区开展品牌收购兼并、重组、股权置换、境外上市、品牌推广和高新技术合作。

深化国际文化旅游交流合作

推动"海丝"古城提质、新城集聚。按照市委、市政府提出的"古城要更有古早味"的工作要求，结合泉州第一批生态修复城市修补项目工作部署，明确"七个一"重点项目，把握好"双修"工作主线，强化古城基础设施配套建设，加快树立古城保护整体形象，突出古城品位品质，提高古城承载力和宜居度。突出服务、加强统筹，协调推动"海丝"新城加快环湾向湾生长，人气、业态、服务加速集聚。重点推进东海国际会展中心、泉州公共文化中心等"海丝"新城标志性项目加快推进，力争打造"会展中心—滨海公园—后渚片区—城东南江滨"的沿江滨海城市展示面。深化"海丝"国际文化交流。到迪拜举办2018世界闽南文化节。活动包括开幕式、文艺演出、闽南文化报告会、闽南传统技艺及文创产品展洽会、"家在闽南"摄影作品展和泉州文化旅游推介会。参加第三届中法文化论坛。第二届"中国白"国际陶瓷艺术大奖赛在"遇见大师•匠心传承"交流活动上启动。"中法教育与创新论坛"活动中，里昂商学院和泉州师院、泉州企联签订三方合作备忘录，将在体育管理、体育人才培养等方面展开交流合作。举办2018环泉州湾国际公路自行车赛，这是全球唯一以“海丝”和“环湾”为主题的专业自行车赛，吸引欧洲、亚洲、大洋洲以及国内的18支参赛队伍。全年组织策划6个团组41人到法国、意大利、阿尔巴尼亚、埃及等国开展文化交流。泉州市木偶剧团应埃及文化部邀请，到埃及参加“第六届阿斯旺国际民间文化艺术节”系列演出活动；梨园戏实验剧团应邀到法国巴黎参加La petite mélancolie（中意小闷）音乐会，与法国艺术家们共同演绎法国版梨园戏传统折子戏经典曲目《鸳鸯绣帷》；泉州市闽南民间歌舞传承中心应邀到阿尔巴尼亚参加第十届“奥隆那”国际民间交流艺术节，获演出最高奖——“第十届奥隆那国际民间交流艺术节年度奖”。推进“古泉州（刺桐）史迹”申遗工作。围绕做好联合国教科文组织、国家文物局现场评估，按照时间节点推进16个遗产点本体修缮和环境整治工作，做好申遗和保护宣传等系列工作。第42届世界遗产委员会会议审议“古泉州（刺桐）史迹”文化遗产项目，被确定为“发还待议”，即缔约国需要补充有关信息后重新提交申请并接受审议。实施“海丝”文艺精品工程。推动全市各文艺院团加快艺术创作生产，鼓励民间创作。加快推进高甲戏《李光地》、梨园戏《太后贺寿》、音乐舞蹈诗《向大海》、木偶戏《洛阳桥传说》等剧目创作生产。办好市第33届戏剧会演，搭建艺术交流展示平台，促进泉州戏曲传承弘扬。完成文艺精品公益性演出任务，办好府文庙百姓大舞台和木偶体验馆展示等文化惠民演出，满足市民群众精神文化需求。讲好“海丝”故事。加强“海丝”和“文都”文化交流合作，做好韩国光州艺术团来泉举办郑律成音乐会相关工作，组织艺术团到光州参加2019光州世界游泳锦标赛国民庆典活动、横滨舞蹈节等东亚文化之都年度交流活动，组织泉州南音乐团到波兰开展文化交流演出。办好与四大洲最大华文媒体的合作专版，每月刊发2期“海上丝绸之路•泉州”专版。继续加强与汉雅星空传媒公司、美国斯科拉卫星电视台、菲中电视台等媒体的合作，扩大泉州对外影响。

凝聚侨力共建“海丝”门户城市

拓展海陆丝绸之路友好城市。组团访问俄罗斯迈科普市、菲律宾怡朗市、韩国光州市，与俄罗斯迈科普市签署建立友好城市关系协议书，与菲律宾怡朗市、韩国光州市签署建立友好城市关系意向书。组团到摩洛哥参加第二届“中国摩洛哥友谊论坛”，与摩洛哥马拉喀什大区（第十七届世中运举办地）、丹吉尔市（伊本·白图泰家乡）代表团座谈交流，探讨建立友好城市关系。支持各县（市、区）做好友城拓展工作，晋江市与菲律宾达沃市、卡兰巴市，南安市与巴西卡舒埃罗市、菲律宾曼达威市签署建立友好城市关系意向书。安溪县与马来西亚亚庇市开展友好交流。做好侨务统战工作。加快建设南洋华裔寻根谒祖服务平台，已征集、扫描族谱6200多册（190万页），涵盖85个姓氏。筹建展示体验馆，展示前期阶段性成果，让公众沉浸式体验一键寻根、海内外播迁等内容。到马来西亚马六甲、吉隆坡举办族谱展和泉籍宗亲寻根谒祖恳谈会、现场寻根服务等活动，受到海外乡亲欢迎。继续深化海外泉州籍精英接引活动，推进民企、侨企项目合作，做好二、三代青年华裔工作，推动参与“海丝”先行区建设。做好招商对接工作。继续利用好中欧（福建）商务技术合作网、21世纪海上丝绸之路商务理事会泉州工作站、泛家居产业工作站等平台，精准开展招商选资和对接服务。发挥海陆丝绸之路城市联盟平台作用。通过平台作用，组织“瑞士—通往欧洲市场的门户”福建企业路演活动、2018中国纺织科技成果对接峰会暨第五届“中国十大纺织科技”发布会，组团到印度新德里、泰国曼谷、柬埔寨暹粒省和金边市考察访问，与联合国有关机构、有关国家政府部门和商协会召开12场贸易与投资推介会、经贸合作交流会与产能合作对接会。依托工商理事会在与印中商务理事会、印尼福建商会、厦门中央直属企业投资协会开展的产业合作对接交流会，促进泉州市企业开展对外交流合作。截止2018年，泉州市批准台资企业1700家，投资总额42.12亿美元，其中合同台资28.79亿美元。与香港贸发局签订《共同建设21世纪海上丝绸之路合作备忘录》，组织开展第三届“海丝情•中国梦”港澳青年精英故乡行活动，组织港澳28个主要社团的86名青年精英到泉州进行考察交流，引导港澳青年支持、参与“海丝”先行区建设。借助旅港乡亲联谊会、“活力澳门推广周”等活动，寻求泉州与香港、澳门在商贸物流、服务制造业、金融业、旅游业等方面的合作空间。

“中国制造2025”试点示范城市建设

2016年11月30日工信部批复同意泉州开展“中国制造2025”城市试点示范工作，泉州市以此为契机，推进创建工作，并取得明显成效。2018年4月，泉州市实施“中国制造2025”成效明显，获得国务院的通报激励。

推进“个十百千万”工程

争创“中国制造2025”国家级示范区。在装备制造业中实施十个以上重大专项和首台（套）。组织华中智造院、哈工大工研院、永信数控等实施机械装备重大专项7项，休闲鞋智能成型生产线、智能植物工厂生产系统成套设备等10个产品被确认为省级首台（套）重大技术装备（含智能制造装备）。推广应用数字化生产线一百条。推进以数字化、智能化为重点的新一轮技术改造，实施市级重点技术改造项目247个，总投资309.67亿元，2018年推广应用数字化生产线127条。推广智能装备和工业机器人1000台（套）。2018年分行业、分地区推广智能装备和工业机器人1330台（套）。培训一万名智能制造技术人才。落实“人才港湾”计划和企业家素质提升计划，通过开展“数控一代”、智能制造技术人才专题培训活动，培训人员1.25万人。

发展服务型制造

2018年泉州市被工信部列入首批服务型制造示范城市，举办第二届中国服务型制造示范大会、服务型制造“万里行——走进泉州”。全市拥有国家级服务型制造示范平台4个、国家级工业设计中心5个，数量均居全国地级市首位。新增AAA级及以上物流企业14家，累计达94家，数量全省第一。

提升质量品牌

以获批创建“全国质量强市示范城市”为契机，培育一批“百年老店”、国际品牌，推动泉州产业品牌、企业品牌转化为城市品牌。2018年，泉州市企事业单位新增完成国际标准2项，国家标准126项，行业标准106项。国家燃香类产品质量监督检验中心（福建）顺利通过国家质检总局现场验收，国家水暖洁具产品质量监督检验中心通过实验室资质认定及CNAS三合一现场评审，国家特种机器人产品质量监督检验中心（福建）获国家质检总局批准筹建。全市有效注册商标30万件、中国驰名商标156件、马德里商标国际注册808件，分别居全国地级市第二位、第二位和第三位。启动实施“泉州老字号振兴计划”，全市中华老字号、福建老字号企业达17家。

2018年4月18日，第二十一届海峡两岸纺织服装博览会（简称海博会）在石狮开幕。图为海博会智能制造馆 （图/吴寿民）

文化强市建设

文艺事业

泉州提线木偶亮相2019新年戏曲晚会，习近平等党和国家领导人出席观看。晋江高甲柯派表演艺术中心参加中共中央、国务院春节团拜会文艺演出。央视再度在泉州府文庙设置戏曲春晚分会场，在晋江录制《唱响新时代》专场，泉州戏曲、民俗等活态传统文化在央视上大放异彩。木偶戏剧团、歌舞剧团分别受邀参加凤凰卫视2019华侨华人春节大联欢、2019福建电视台春节联欢晚会演出录制。举办泉州市第33届戏剧会演，推荐11个优秀剧目参加第七届福建艺术节展演，其中梨园戏《陈仲子》、音乐舞蹈史诗《向大海》、高甲戏《浮海孤臣》《李光地》4个剧目获一等奖，梨园戏《太后贺寿》、高甲戏《柯贤溪》、南音与交响《晋水向海流》、布袋木偶小戏专场4个剧目获二等奖，高甲戏《清客》、掌中木偶戏《洛阳桥传说》、提线木偶小戏专场3个剧目获三等奖，此外还获单项一等奖18个。组织2018年地方戏曲保护与传承专项资金申报，全市16个单位28个项目获扶持资金500万元。实施戏曲名家收徒传艺工程，曾静萍、陈娟娟、李白燕、王仁杰、沈苏苹5位名家首获扶持并设立4个名家工作室。《爱拼才会赢》《旅行的味道》《镜鹭之语》《雪域歌谣》4部广播电视作品获国家广电总局扶持，《守护》等4部作品获省级扶持，《爱，别等待》入选全国敬老养老助老公益广告扶持项目。征集推选2018年“弘扬社会主义核心价值观·共筑中国梦”主题原创网络视听节目和优秀网络视听作品78部。《分家家书背后的故事》《林友达：用心“雕琢”追求完美》《茶球联姻“王”者荣耀》《世界安溪乡亲联谊会宣传片》4个作品获全国市县电视台推优展播评选活动一等奖。

遗产保护

古泉州（刺桐）史迹突出普遍价值得到第42届世界遗产委员会的肯定，为继续争取列入世界文化遗产名录打下基础。起草并以市政府名义印发《关于进一步加强文物保护和安全工作的通知》，调整充实泉州市文物管理委员会，文物工作力量和抓手得到全面加强。全市各级文物保护单位修缮、安防等48个项目获国家和省专项补助资

2019年12月21日，2019年央视戏曲春晚泉州分会场节目录制现场　　（图/林劲峰　陈英杰）

金5885万元。组织开展泉州旧人民医院、东海通道工程等11个重点项目考古调查勘探。夯实常态化巡查机制，会同公安消防部门开展83处国保省保和15家备案博物馆安全联合大排查。全市新增省级文物保护单位17处，获省文物局推荐上报第八批全国重点文物保护单位22处。德化窑考古遗址公园、永春苦寨坑考古遗址公园入选首批省级考古遗址公园。建成29个市级非遗生产性保护示范基地，分别有15人和29人被授予第五批国家级和第四批省级非遗代表性传承人。推动非遗项目活态传承展示和生产性保护，组织泉州漆线雕、江加走木偶头雕刻、泉州锡雕、泉州木雕、德化瓷塑、惠安石雕等20件“非遗”手工艺精品参加福建省优秀民间艺术作品展，德化县泰峰瓷坊、惠安尚艺古建、涂岭红茶叶合作社等入选省级首批非遗生产性保护重点单位，并分别与3个乡村共建“文化传习所”。举办“文化和自然遗产日”主题活动、泉州市第28届中小学生南音比赛和第29届“威远楼之夏”戏剧节。实施“闽籍书画名家抢救工程”，举办张瑞图书法艺术展，在书画界引起热烈反响。通过国家博物馆年度评估定级工作，全市国家三级以上博物馆的数量达到8个。推动新设立备案非国有博物馆2家。全市博物馆举办126场次展览活动，接待中外游客240万余人次。在“第四届海丝品博会”“国际军事比赛——2018海上登陆”等重大活动中，推出泉州古韵及海丝文化旅游主题展，吸引众多海内外宾客参观参与，共同领略体验泉州历史文化之美。

公共文化服务

国家公共文化服务体系示范区创建5大类30项具体创建任务全面铺开，项目建设快速推进，市图书馆新馆、大剧院等正加紧装修，泉州非物质文化遗产馆和泉州歌舞剧院按时序推进，第二批24个村（社区）综合性文化服务中心示范点改造提升完成。“泉州文化云”项目启动，“读者点读平台”运行，市直新建成开放“百姓书房”德济门、笋江公园阅读点，全市百姓书房总数达73家。实施“百姓大舞台”公共文化示范工程，在府文庙开展“放歌新时代 你我一起来”主题演出52场；全市开展文艺精品公益性演出1623场，完成农村电影放映24957场；泉港广播电视台开播，建成南安市南山转播台，提升广播电视节目收听收看质量。出台《泉州市乡村旅游提质升级助推乡村振兴三年行动方案》《泉州市乡村文化振兴工作方案》。举办2018年全省村级文化协管员、综合文化站长暨文化志愿者骨干培训班，提升基层文化人才队伍业务水平。

文化产业

创意产业转型升级路线图稳步推进，第八批23家市级文化产业示范基地挂牌，全市各级文化产业示范基地达162个；3家企业入选第二届“福建省十佳影视节目创作机构”；组织69家企业188个展位参加海峡两岸文化产业博览会，签约18个项目，总金额67.2亿元。全市新增互联网文化、网吧、娱乐场所、营业性演出等文化市场经营主体103家，举办大型商业营业性演出活动100场，涉外驻场演出66批次。

文化交流合作

实施文化“走出去”“请进来”，组织策划25团342人次到13个国家和地区开展文化交流，邀请8个团队236人次到泉州交流。完成文化和旅游部下达的到马耳他、黑山、保加利亚和泰国“欢乐春节”文化交流任务；国家艺术基金资助项目“泉州提线木偶数字人偶交互表演与推广”受邀到美国交流展示，中国传统戏剧文化与现代科技融合广受赞誉；策划开展8个“文都”交流项目，以市政府名义与中央美院举办东亚文化之都·中日韩城市美术作品邀请展、穿越大马——中国油画名家马来西亚写生作品展。推出包括在巴黎联合国教科文组织总部展出的“远方的故乡——10至14世纪阿拉伯侨民在中国展”等4个展览。泉州市广播影视协会、晋江市广播电视台合作在泰国BTU卫星电视台、泰国中央电视台开设常态化栏目《丝路·晋江》，播出57期节目；一批外宣专题片在美国斯科拉电视台《中国泉州》专栏播出。选派文化艺术交流团参加“外交部驻港公署庆祝改革开放40周年公众开放日活动”。泉·澎“乞龟”、郑成功文化节、闽台对渡文化节等各类民俗活动拉近两岸民心。南安郑成功故里获批设立海峡两岸交流基地。泉州广播电视台举办第九届海峡两岸闽南语歌星选拔赛、两岸闽南人春晚、中秋博状元电视大奖赛和台湾青年学生“我的海丝行”文化交流活动。

闽南文化生态保护

2007年6月，文化部批复设立闽南文化生态保护实验区，泉州市、厦门市、漳州市成为第一个国家级文化生态保护实验区，泉州市为闽南文化生态保护实验区的核心区域。根据《闽南文化生态保护区总体规划》，泉州市制定《〈闽南文化生态保护区总体规划〉泉州市实施方案》，规划期从2011年至2025年，分近期（2011—2015年）、中期（2016—2020年）、长期（2021—2025年）三个阶段实施，将保护区范围内包括34项国家级非物质文化遗产名录、53位国家级非遗代表性传承人在内的各级非物质文化遗产代表性项目以及代表性传承人作为核心保护对象。

非物质文化遗产资源基础工作

开展“非遗”全面普查。通过广泛发动、深入调查，投入专业普查人员2332人，社会力量参与8807人，掌握“非遗”线索143444条，项目调查18312项，普查成果汇编成11套、177册，并于2017年出版《泉州非物质文化遗产普查资源实录》，展示泉州市非物质文化遗产的种类、数量、分布状况、生存环境和保存现状。鼓励开展非物质文化遗产申报工作。全市已建立起非物质文化遗产四级名录体系，拥有县级以上代表性项目461个（其中包括国家级代表性项目34个、省级代表性项目98个、市级代表性项目224个）。

传承人保护

制定《泉州市非物质文化遗产项目代表性传承人认定与管理暂行办法》，审核认定公布七批市级非物质文化遗产项目代表性传承人。支持传承人开展传承活动，支持建立非遗传习所，由市级以上非遗项目代表性传承人领衔，承担传承义务，打造传承平台。利用元宵节、端午节等传统文化节日等，举办元宵灯会、对渡文化节等民俗活动，为传承人提供发挥才能的空间和展示平台。为国家级传承人发放工作津贴每人每年2万元、为60岁以上的省、市级传承人发放补贴每人每年3000元、60岁以下的每人每年2000元，鼓励传承人开展传承活动。同时，通过以奖代补方式，每年给予市级非遗传习所2万～5万元奖励，对市级传承人每培养1名徒弟奖励1.5万元。全市拥有国家级“非遗”传承人53人，省级“非遗”传承人169人，市级“非遗”传承人603人，形成家族传承、师徒传承、学校教育传承等传承模式。坚持“政府主导，社会广泛参与”，政府扶持建立传习机构100个，其中传习机构设在“非遗”企业占50%。民间团体也积极参与传承保护工作，仅南音民间社团就有200多个。

重点区域保护建设

泉州市选择21个传统文化生态保持较为完整、自然生态环境基本良好的街道、社区或乡镇、村落等，作为实施整体性保护的重点区域。重点区域建设与历史文化名城名镇名村保护、传统村落保护、美丽乡村建设、文化旅游区建设、乡村振兴战略紧密结合，制定21个重点区域的文化生态保护专项规划，纳入当地的经济社会发展等规划，由市政府、县（区）政府组织实施，层层落实，解决文化部门“小马拉大车”问题，将重点区域保护落到实处，实现“多规合一”“一张蓝图干到底”。在重点区域内实践非物质文化遗产、物质文化遗产、自然遗产相结合的整体性保护理念，提升重点区域的文化内涵、激活文化表现形态，将重在文物和历史建筑单项、静态保护的历史文化名镇名村等打造成为升级版的“见人见物见生活”活态、整体文化空间。经过活态整体保护，21个整体性保护重点区域从一般的街区、村镇逐步升格为省级、国家级历史文化名镇名村、传统村落等。

非物质文化遗产基础设施建设

实施闽南文化生态保护区“十百千基础工程”，建立1个闽南文化生态中心园，10个南音、民俗、木雕、陶瓷、茶、石雕、蟳埔女等专题馆、100个非物质文化遗产传习所（传习中心，其中50%的传习所设在企业），1000个非物质文化遗产展示点，规模不一的民间非遗企业、协会的专题展示馆星罗棋布。近年来，建成中国闽台缘博物馆、泉州市博物馆、梨园古典剧院、南音艺苑、木偶剧院、图书馆新馆和泉州大剧院等文化场馆，建设世界闽南文化展示中心；加快建设泉州非物质文化遗产馆、泉州市歌舞剧院等一批文化设施。其中，2017年开工建设的泉州非物质文化遗产馆，建筑面积9152平方米，总概算5053万元，预计2019年11月建成投入使用，建成后将成为集非遗保护、传承、展示、传播、交流于一体的闽南文化生态保护实验区综合展示馆。

闽南文化进校园进社区

在全市20多所中学（中职）、

小学建设闽南文化传承基地学校，南少林五祖拳、拍胸舞、李尧宝刻纸、高甲戏、泉州歌诀、水密隔舱福船制作技艺、铁观音茶艺、德化瓷烧制技艺等项目进入中小学课堂，由各级非物质文化遗产传承人定期到学校授课，并组织编撰《泉州闽南文化校本系列教材》，以闽南民系与文化、闽南方言、闽南民俗、闽南名胜、闽南建筑、传统技艺、闽南先贤、闽南民间戏曲、闽南民间信仰等方面为主要内容，让学生认知、体验闽南传统文化。开展文化“三下乡”活动，南安石井镇岑兜村高甲戏项目被定为“福建省社区教育示范品牌培育项目”和全国“终身学习品牌项目”。泉州市非遗保护中心自2008年起每年举办公益性非遗培训班，每期课程时间为每个项目48课时，开设的培训项目包括南音、木偶、南少林、花灯、刻纸、装糕人、闽南舞蹈等10多个。各县市区进校园进社区“非遗”展览展示、讲座、培训等年均上百场。

2018年11月24日，外交部驻香港特别行政区特派员公署举行庆祝改革开放40周年大型开放日活动，泉州市提线木偶和刻纸两个“非遗”项目参加活动。图为香港青少年在活动现场观看提线木偶戏《小沙弥下山》 （图/泉州晚报社）

文化交流与合作

利用台湾同胞祖籍地、侨乡和海丝起点城市的区位优势，通过多渠道开展泉州市闽南文化生态保护实验区非物质文化遗产的文化交流。中共十八大以来，共组织实施310个非物质文化遗产的对外和对港澳台文化交流项目，其中“走出去”文化交流项目162个3118人次，到六大洲的40多个国家和地区，“请进来”项目148个2272次。此外，加强“非遗”项目的国内交流，组织优秀的泉州非遗项目参加国内各大“非遗”博览会、文博会、艺术节等展览展示展演，学习借鉴其他省市优秀保护实践。

闽南文化“出版工程”

实施闽南文化生态保护实验区出版工程，编辑出版近60本资料性或学术性著作。其中市文旅局出版“泉州市闽南文化生态保护区丛书”，包括《泉州非物质文化遗产图典》《泉州歌诀图典》《泉州非物质文化遗产保护60年》《闽南文化生态保护区泉州古城区图典》《泉州漆线雕》《泉州非物质文化遗产大观》《泉州市非物质文化遗产资源实录》《泉州闽南文化生态保护区展示点图览》等，泉州“非遗”保护中心出版《泉州非物质文化遗产博物馆藏品图集》《泉州花灯图集》等。

闽南文化生态保护区中心数据库建设

2005年起，泉州市筹建闽南文化生态保护区中心数据库，投入近300万元，已建数字资源总量达13TB，文献类型涵盖图书、期刊、报纸、音视频、图片等，建有泉州非遗数据库、泉州文史资源全文库、闽台谱牒库、闽南文化专题书库、泉州图库、地方戏曲库等。特别是开展南音记录工程，将南音的65套“指”“谱”和1000首优秀“曲”录制成DVD，抢救与记录濒于消亡的曲目，将老唱片清洗翻录，出版有声书籍《听见南音历史的声音》，建立泉州南音记录档案馆，进行专项保存。支持采用新科技制成唱音与曲词每个字都可以同步显示的“智能曲谱”，制成南音曲目500首。同时，将智能曲谱制成相应的二维码，可用手机的微信“扫一扫”播放。

“非遗”生产性保护

发挥文化遗产资源大市的优势，合理开发利用，推动文化创意、文化旅游、工艺美术、演艺娱乐、动漫游戏等文化产业发展。如陶瓷、石雕、木雕、藤铁竹编等“非遗”项目，形成传统工艺美术产业，全市工艺美术企业6000多家，从业人员40多万人。其中德化县泰峰瓷坊、尚艺古建筑工程有限公司、泉港涂岭红茶叶专业合作社3家入选福建省首批“非遗”生产性保护传承重点单位，泉州吴氏花灯工艺有限公司、泉州市春生堂酒厂有限公司等29家企业入选泉州市级“非遗”生产性保护示范基地。逐步打造惠安雕艺、德化陶瓷、安溪铁艺、永春香道等特色区域品牌。

乡村振兴战略实施

2018年10月19日，全省实施乡村振兴战略现场推进会在永春县举行。图为与会人员听取仙夹镇"全镇无裸房"攻坚行动简介
（图/永春县委史志研究室）

2018年下半年，泉州市开始实施乡村振兴战略。召开实施乡村振兴战略暨脱贫攻坚工作会议、市委实施乡村振兴战略领导小组会议和市政府党组专题会议，贯彻落实习近平总书记在中共中央政治局第八次集体学习时的讲话精神和省委常委会、省政府党组会、全省实施乡村振兴战略工作会议以及全省实施乡村振兴战略现场推进会精神，研究泉州市具体贯彻意见。调研指导推动各项重点任务：夯实产业振兴基础、推进农村人居环境整治、深化移风易俗工作、加强自治组织建设、加大精准脱贫力度、探索开展乡村振兴示范项目创建、创新精准扶贫模式实现"脱真贫、真脱贫"、强化农村环卫考评促进乡村全域整治、注入新理念新模式开启乡村"微时代"。

建立领导机构和工作机制

成立由市委书记康涛任组长、市长王永礼任第一副组长的市委实施乡村振兴战略领导小组。领导小组下设办公室和12个专项组。实行市委统一领导、县（市、区）推进落实、乡村组织实施、部门合力共为、责任层层压实的工作机制。

制定出台政策文件

市委、市政府出台《关于实施乡村振兴战略的意见》《乡村振兴战略规划（2018—2022年）》。市直相关部门制定19个实施乡村振兴战略的三年行动方案，以及12个专项小组工作方案，整体推进乡村振兴战略实施。

人居环境整治和村容村貌提升

乡镇公厕、农村公厕建设任务超额完成。完成20个乡镇镇区、486个行政村生活污水处理设施建设，新建改造三格化粪池80925户。全市2060个行政村生活垃圾治理实现全覆盖。村容村貌提升行动完成投资3.22亿元，超额完成年度计划任务。推进永春省级、晋江市级农房整治试点县（市）建设，"两违"治理"百日拆违行动"完成省下达目标进度155.38%。

乡村管理

全市移风易俗工作形成上下齐治、左右共治、德法兼治的新格局。加强自治组织建设。完成村委会选举一次性成功率达95%以上，村"两委"一肩挑比例达35%以上的目标任务。确定30个乡村振兴基本点和9个乡村振兴示范点，培育"滨海旅游型""城郊休闲型""特色产业型""生态康养型""村落保护型"5种乡村振兴典型。

生态修复城市修补

2018年末环泉州湾建成区面积226平方千米，城镇化率66.7%，其中中心市区建成区面积154.5平方千米，常住人口150.2万人。中心市区建成区新增园林绿地面积241.8公顷，绿地率、绿化覆盖率、人均公园绿地面积分别达40.3%、43.2%、14.6平方米。泉州市以“亮点在古城、厚度在山海、空间在生态连绵带”为特点，推进项目实施。在规划区2980平方千米范围内实施“生态连绵带+”，统筹山水林田湖海系统治理，打造山水田园城市，强化生态文明建设，提升城市环境品质；同时重点围绕古城6.41平方千米，注重保护城市文化，改善人居环境，传承历史文脉，彰显文化特色，打造古城保护3.0版本。

生态+城乡

泉州立足实际，贯彻落实习近平倡导的生态文明理念，推动生态环境保护，推进生态与产业、城乡、民生等融合发展。制定《泉州市生态连绵带统筹实施规划》，策划生成生态连绵带项目22个，按照规划要求，在三个层面上推进项目实施。

生态屏障区　“以山为屏”建设城市生态屏障。贯彻落实“创新、协调、绿色、开放、共享”的新发展理念，环泉州湾周边策划建设多个生态郊野公园，做好城市背景山体、林地的保护和提升，扎牢城市生态屏障。从管理上强制实施全市域范围内封山禁采，逐步开展“青山挂白”修复，已完成矿山生态恢复治理313万平方米。石狮市宝盖山石窟公园将两个废弃石窟改造为“落英幽谷”，打造集景区绿化、休闲观光、健身为一体的石窟矿山公园改造示范区，让市民从多角度感受生态美。此外，将六胜塔旁废弃石窟改造成景点小品、永宁院东废弃石窟变成城市垃圾固化飞灰填埋场，废弃石窟“变废为宝”，成为生态“正资产”。

生态廊道区　山海连“廊”打造城乡生态廊道。围绕泉州自然山脉水系，特别是戴云山、清源山、晋江、洛阳江的山水肌理，构建环泉州湾区域“一湾一环十廊”、串起“居民常走、客人常到”的山海联“廊”，就地取材恢复绿化荒杂地，把农田、湖面、鱼塘、湿地及林地汇聚成整体风景。相继建成16.5千米、西起黄龙大桥终至晋江出海口的水线绿道；建设22.5千米、起于西湖公园终至滨海公园的山线绿道。

生态体验区　构建生态网络满足百姓宜居需求。坚持“生态优先、因地制宜、市民导向、量力而行”的原则，建设生态体验区，实施“山水园林”“文化园林”“百姓园林”三大工程，在“少花钱、巧用劲、见成效”上下功夫，大力度拆墙增绿、破硬复绿，实施37个园林绿化项目，提升面积超55.9万平方米；突出“一路一景一特色”，打造多处花海景观，满足市民“四季有花”的出行需求；实施“针灸式”绿化，新增街头绿地、小游园等小微绿地83处，中心市区“300米见绿、500米见园”覆盖率从不足20%跃升至近70%。在无街无巷不商的泉秀路、津淮街等繁华街头，通过拆除违章搭盖、违章建筑还绿于民。同时将政府土储用地、企业闲置地块等用于临时绿化，在绿地改造提升过程中，对现状大树和长势良好的树木就地保留不折腾，对长势不良确需移植的树木逐一登记造册，移植到苗圃继续培育或作为在建绿地的背景林再利用。抓紧开展“古城植绿行动”，拟全面补绿提彩82处，营造“长街深巷、花漾泉

丰泽区法石片区花海　　（图/市城市管理局）

州”的意境，提升古城宜居品质。

古城提质

泉州市落实习近平在广东考察时关于历史文化保护工作的讲话精神，按照市政府工作报告提出的“古城要更有古早味”要求，委托中规院领衔编制《泉州古城生态修复城市修补规划》等一系列专项规划，以古城为“双修”重点，多措并举，收集利用闽南传统建筑构件及旧材料，采用微改造的“绣花”功夫，“修旧如故”保护历史建筑实体，既改善人居环境，又传承历史文脉，彰显文化特色，让泉州古城保护“留人留形留乡愁”。

实施“七个一”示范项目。落实住建部指导意见，从丰富绿地、盘活片区、保护水环境、提升街巷环境、保护民居建筑、利用古城厂房资源等方面，打造“一园、一区、一河、一街、一路、一厝、一站”等示范工程。

保护古泉州（刺桐）申遗史迹。按照世界文化遗产的标准对文化遗产实施保护，启动古城文化整体性保护利用提升工程，分期分批修缮提升古城文物保护单位，守住城市的长远价值。完成16个申遗点500多个环境整治项目周边建筑物综合环境整治，文物周边环境明显改观，受到群众好评。

保护修缮历史建筑。按照习近平“保护好古建筑、保护好文物就是保存历史，保存城市的文脉”要求，泉州古城挂牌保护669幢历史建筑和风貌建筑，保护修缮西街116号洋楼等一批历史建筑和台魁巷7号等闽南传统古大厝，重视文物保护与工程推进，做到既依法保护又采用适宜当地居民生活要求的技艺和材料，按照“历史记录”恢复建筑风貌，彰显古城韵味，展示古城风采，突出原真性保护、活态化利用、功能性提升。

2018年2月24日，经过“微改造”后的市区金鱼巷　　（图/吴宗宝）

工业遗存活化利用。近年来，泉州市按照“保护性开发、创意性改造、传承性融合”的思路，对旧厂房、旧建筑等闲置资源进行改造，打造六井孔、甲第门、领SHOW天地等一批文化、休闲旅游产业园，源和1916文创园获评国家级AAAA旅游景区、“中国十大文创园”称号。将工业元素与闽南地区独特的“红瓦坡顶、出砖入石”建筑文化特色相融合，抓紧实施泉州美食城（内燃机配件厂改造）、东亚之窗文创园（中侨电子厂改造）等旧厂房改造项目。

实施民生基础设施补短板。提升街巷环境。通过脚步丈量，发现问题、解决问题，打通爱国路、奎霞巷等断头路，修复县后街支路、护城河支路等183条背街小巷，提升群众“双修”积极性。首个古城背街小巷“微改造”项目——金鱼巷，“修旧如旧”恢复传统风貌、提升街巷功能，使市民游客既能直观感受泉州传统建筑技艺的魅力，又能体会文创生命力，还能品尝泉州美食，271米长的街巷变身浓缩体现泉州文化精粹的“大观园”，成为“网红打卡点”。提升交通环境。为让古城交通实现“微循环”，纯电动公交“小蓝”、块状运营的社区巴士“小白”、自行车“小黄人”、三轮车“小红”构成的多彩交通体系登上舞台，重构与古城相适应的交通方式。倡导慢行、漫游的理念，历史文化街区古城西街实行分时段步行化、中山路示范段抓紧实施步行化提升，古城尽量减少机动车通过，避免街区文物、路面破坏，还原古城慢生活的形态，更符合其气质。完善市政设施。推进“四心工程”，关注民生、服务民生，解决污水处理、老旧小区整治等民生热点难点问题。开展地下管网普查，建立数据库，编制古城市政管线、绿地等专项规划。提升古城供电质量，增设小型消防站，完善消防通道和设施，系统性提升古城防灾能力。实施“城市修补”以来，中心市区修复供水管道超100千米，新建供水管道72.2千米；修复雨水口560处，整修城市积水点125处；修复污水管道2106米，整修、新增检查井216座；新增改造燃气管道77千米，中心市区气化率从95.39%提高到97.59%；新建改造公厕90座，中心市区实现每万人4.6座公厕，改善中心市区公厕卫生环境。

古城保护发展

古城“双修”示范项目方案报批

2018年，泉州市古城保护发展工作协调组办公室完成古城涉及文物保护修缮及环境整治项目的报批、审批项目17处，实施报批、审批项目7处，对中山路示范段步行化改造工程进行初审，对旧汽车站改造为古城旅游集散中心项目明确审核意见。

古城“双修”重点区域考古调查

完成泉州龙头山片区改造项目用地范围文物调查勘探、泉州鲤城区站前大道西侧棚户区（石结构房屋）改造及基础设施建设项目用地范围文物调查勘探、泉州工人文化宫改建项目用地范围文物调查勘探、泉州旧人民医院和小山丛竹周边区域范围文物调查勘探、泉州旧车站片区初步考古调查5个考古调查勘探项目的报审工作。

古城文物修缮

开展古城文物点情况普查工作，古城范围内有全国重点文物保护单位6处、省级文物保护单位17处、市级文物保护单位55处，另有历史文化保护区泉州中山路和涂门八卦沟排水系统2处，共计80处。完成泉州德济门遗址保护展示工程、泉州府文庙大成殿维修工程、泉州府文庙泮宫、明伦堂环境整治及东西书斋维修工程、泉州府文庙东西两庑及东厢房维修工程、泉州府文庙保养维护和环境提升工程、泉州天后宫西厢房修缮工程、清净寺门楼保养维护工程、锡兰侨民旧居环境整治工程、泉州开元寺——镇国塔、仁寿塔勾缝修缮工程、锡兰侨民旧居环境整治工程、泉州府文庙之崇圣祠环境整治工程、泉州府文庙安全防范系统工程13个保护修缮项目。加快推进泉州天后宫防雷工程、李贽故居、黄氏宗祠、万正色故居、安礼逊图书楼、花桥慈济宫等修缮保护项目、相关展示及市舶司环境整治工作。

古城文物合理利用

以文物惠民，让文物活起来，发挥社会服务功能为导向，实施文物保护利用项目。在府文庙设立教育史话展示馆、国学讲堂、戏曲精品展演、百姓大舞台、百姓书房，在天后宫设立妈祖文化展示馆、百姓书房，在清净寺设立伊斯兰文化展示馆。

2018年10月20日，第三届泉州海丝古城徒步穿越活动启动，活动现场用3D全息技术重现宋元时期德济门的模样

（图/殷斯麒）

市情概况

责任编辑：刘楷彬

基本市情

【建置沿革】 泉州古时有温陵、刺桐、清源、泉南等别称。早在旧石器时代，泉州就有人类生息繁衍。随着经济的发展、政治制度的变革，建置代有变化。夏、商两代，泉州在地理区划上属扬州。周朝为七闽地。秦属闽中郡。汉初属闽越国地，后属冶县地。三国吴永安三年（公元260年），析侯官县地置东安县（治所在今南安市丰州镇），至2018年有1758年历史。西晋末年，中原五胡乱华，河洛人衣冠南渡，定居于晋江、洛阳江两岸，泉州自此兴起。唐久视元年（公元700年），置武荣州，辖南安、莆田、龙溪、清源4个县。景云二年（公元711年），武荣州改为泉州，隶属闽州都督府，仍辖南安、莆田、龙溪、清源4个县，泉州建制自此开始，以后凡称“泉州”即指今泉州。元代，泉州设有行省，辖南安、晋江、永春、同安、德化、安溪、惠安7个县。明代，设泉州府，辖晋江、南安、同安、惠安、安溪、永春、德化7个县。清代，设有泉州府、永春州，分别辖晋江、南安、同安、惠安、安溪5个县和德化、大田2个县。民国时期，设有行政督察区，辖永春、安溪、金门、南安、晋江、惠安、莆田、仙游、同安9个县。1949年8月31日，泉州城解放，同年9月设立地委、行署，辖晋江、南安、同安、惠安、安溪、永春、仙游、莆田、金门9个县。1971年改为地区，辖泉州市和晋江、惠安、南安、同安、安溪、永春、德化、金门8个县。1985年5月，国务院批准撤销晋江地区，泉州市升为地级市。1986年1月，泉州市人民政府正式成立。2018年辖鲤城、丰泽、洛江、泉港4个区，石狮、晋江、南安3个市，惠安、安溪、永春、德化、金门（待统一）5个县和泉州经济技术开发区、泉州台商投资区。

表1　　2018年泉州市行政区划情况简表　　单位：个

	土地面积（平方千米）	街道办事处	镇	乡	社区居委会	村委会
全市合计	11015	30	108	25	467	2055
鲤城区	53.53	8	—	—	81	—
丰泽区	108	8	—	—	80	—
洛江区	381.74	2	3	1	19	67
泉港区	306.03	1	6	—	9	92
泉州经济技术开发区	5.5	—	—	—	—	—
泉州台商投资区	190.9	—	3	1	—	78

续表1

	土地面积（平方千米）	街道办事处	镇	乡	社区居委会	村委会
石狮市	159.9	2	7	—	27	101
晋江市	642.36	6	13	—	102	293
南安市	1984.98	3	21	2	45	379
惠安县（不含台商投资区）	481.2	—	12	—	11	207
安溪县	3057.28	—	13	11	43	438
永春县	1456.87	—	18	4	27	209
德化县	2232	—	12	6	23	191
金门县	149.1	—	—	—	—	—

注：该表合计的数据除面积外，其余不含金门县

【地理位置】 泉州市地处福建省东南沿海，东与台湾省隔海相望，南与厦门市的同安区、翔安区接壤，西与漳州市的华安县、长泰县和龙岩市的漳平市毗邻，北与三明市的大田县、尤溪县和福州市的永泰县以及莆田市的仙游县界连，是福建省三大中心城市之一。陆地辖区东西最大距离149.3千米，南北最大距离158.6千米。

【地形地貌】 按全国地貌区划位置，泉州市西部及西北部山地属闽浙火山岩中—低山亚区的一部分，东南部属闽粤沿海花岗岩丘陵亚区的一部分。东部海岸线曲折，发育有半岛、岛屿和港湾。泉州市地势西北高、东南低，由内地至沿海逐渐下降。即由中山—低山—高丘陵—低丘陵—台地—平原递变，至半岛、岛屿上出现地貌逆差现象，即由平原—台地—丘陵升高。泉州市地貌类型复杂多样，山地及丘陵约占总土地面积79%，平原及台地约占21%。地貌以山地、丘陵为主。山地均属戴云山山脉及其延伸的支脉、余脉，构成西北及中部的大山带。西北部戴云山盘踞德化县全境，海拔1856米，山脊走向为北东—南西向或北西—南东向，大部分地区海拔700米，千米以上山峰多达258座（其中高于1500米的有22座），素有闽中屋脊之称。西部有香岭尖—同发山—妙高山山脉（海拔多数在500～800米）、鼎山—大雾山山脉（海拔800～1000米）、天湖山—鹅角冠山脉。中部有梦仙山—天柱山—朝天山山脉、天马山—玳瑁山山脉（海拔800～1000米）。东部有石印山脉（海拔800～1000米）、园林山—五台山山脉、大磨山—大雾山山脉。丘陵分布于山地外侧及河流两岸或河谷盆地的边缘，在沿海一带也有广泛分布，并逼近海岸或伸入海中，组成半岛和岛屿。泉州市东濒海洋，海岸线总体呈北东—南西向，迂回曲折，实际总长度541千米（全省第四位）。港湾众多，大小港湾约有49个，其中较大的港湾自北而南有湄洲湾、大港、泉州港、深沪湾、围头湾和安海湾等。这些港湾大致呈西北—东南向内陆深入21～35千米，深度一般较大，掩护条件好，水域广阔，湾内包含若干支港、支湾，建港条件甚为优越。湄洲湾的秀屿和肖厝港，为不可多得的深水良港；泉州湾内的秀涂、蟳埔、石湖等港口具备深水条件，可建万吨级码头。此外湾内有282.65平方千米的海滩，沿海0～20米等深线的浅海面积739.77平方千米，分布有51个岛礁，总面积11.98平方千米。

【气候特征】 泉州市地处低纬度，东临海洋，属亚热带海洋性季风气候，气候条件优越，气候资源丰富，为人民生活生产和经济发展提供了良好的环境。气温高，光热丰富。年太阳辐射总量120～140千卡／平方厘米，大部分地区年平均气温19.5℃～21.0℃（仅西北部的山区低于18℃），最热月平均气温26℃～29℃，最冷月平均气温9℃～13℃。全年无霜期长，沿海地区基本无霜。气温≥10℃的有效积温为5610℃～7250℃。年日照时数1800～2200小时。降水充沛，但时空分布不均匀。全市年降水量1000～1800毫米，自东南部向西北部递增，内陆地区比沿海地区多1倍左右。干、湿季甚为分明：3—9月降水量占全年的80%，为湿季；10月至次年2月仅占全年的20%，为干季。降水量年际间变化率大，少雨年份降水量不及多雨年份的一半。季风气候显著。冬半年主要受蒙古冷高压楔控制，盛行偏北风，气温低，干燥少雨；夏半年主要受副热带高压影响，盛行偏南风，气温高，湿润多雨。冬、夏半年的气候特征截然不同。由于季风活动的不稳定性，造成各种气候要素年际

间变化大，也是自然灾害频繁发生的根本原因。

【自然资源】　泉州市土地资源丰富，耕地有限。2018年，全市耕地面积145174.35公顷，园地面积110910.81公顷，林地面积561024.17公顷，草地面积34638.67公顷，城镇村及工矿用地面积144545.21公顷，交通运输用地面积32637.56公顷，水域及水利设施用地面积60805.08公顷。泉州市境内溪流密布，发源于本市境内流域面积100平方千米以上的河流有34条，总长度1549千米，其中晋江水系15条，九龙江水系5条，闽江水系9条，单独入海5条；流域面积50平方千米及以上河流81条，总长度2156千米。晋江、洛阳江为泉州市主要河流，全市多年平均水资源总量96.13亿立方米。2018年全市平均年降水量1657.3毫米，比2017年多27.5%，比多年平均多2.2%。2018年全市地表水资源量78.32亿立方米，地下水资源量23.13亿立方米，水资源总量78.51亿立方米，人均拥有水资源量908立方米。泉州市已发现各类矿产46种，地质勘查探明资源储量的矿种29种。其中，能源矿产2种，金属矿产8种，非金属矿产18种，水气矿产1种。主要矿产包括铁、锰、铜、铅、锌、钼、金、银、煤、硫铁矿、水泥用灰岩（大理岩）、叶蜡石、硅灰石、明矾石、萤石（普通）、石墨、长石、高岭土、陶瓷土（瓷石）、伊利石、水泥用黏土、建筑用花岗岩（凝灰岩）、饰面用及雕刻用辉绿岩（花岗岩、闪长岩）、冶金用石英、玻璃用砂、铸型用砂、建筑用砂、地热、矿泉水等。2018年，泉州市土地总面积1099710公顷，其中林业用地684777公顷，占全市土地总面积的62.3%，森林覆盖率58.7%。泉州市野生动植物资源丰富，记录有两栖类2目7科32种，爬行类3目13科61种，鸟类19目51科260种，哺乳类6目14科32种；记录有野生维管束植物212科903属2201种（包括逸生和归化种），其中蕨类植物42科84属199种，裸子植物8科15属20种，被子植物162科804属1982种。

【面积人口】　2018年，泉州市总面积22375平方千米。其中，陆域总面积11015平方千米（包括金门县），占49.23%；海域面积11360平方千米，占50.77%。2018年年末全市常住人口870万人，比2017年末增加5万人。65岁及以上老年人口占8.3%。人口出生率12.1‰，死亡率6.7‰，自然增长率5.4‰，常住人口城镇化率66.6%。年末全市户籍人口755.12万人。

【历史文化】　泉州历史悠久，经济开发早在周秦时期就已开始。西晋末年，中原战乱，中原士族大批进入今泉州地域，多沿江而居，晋江由此得名。他们带来先进的生产工艺和文化知识，使晋江两岸得到迅速开发。泉州是国务院首批历史文化名城、东亚文化之都、古代“海上丝绸之路”起点城市，文化积淀深厚，素有“海滨邹鲁”“世界宗教博物馆”“光明之城”美誉。2018年，全市有各级文物保护单位909处，其中31处全国重点文物保护单位、103处省级文物保护单位。其中极负盛名的有中国现存最早的伊斯兰教清真寺、世界唯一的摩尼光佛像石刻、中国最大的老君石刻造像、葬有唐代到泉州传教的穆罕默德门徒三贤四贤的灵山圣墓、千年古刹开元寺及东西塔、记载古代海上交通和贸易的九日山祈风崖刻、广受台胞和海外侨胞信众膜拜的天后宫妈祖、民族英雄郑成功史迹与陵墓、宋代蔡襄修建的洛阳桥、号称“天下无桥长此桥”的安平桥，以及与惠东民俗、海滨风光、石雕艺术融于一体的崇武古城等。丰富的人文景观、别具一格的民俗风情和秀出东南的自然风光交相辉映，使泉州成为一个全国乃至国际性的旅游胜地。2018年，泉州市有国家级非遗代表性项目名录4批34项（位居全国地级市前列，全省首位），涵盖民间文学、传统音乐、传统舞蹈、传统戏剧、曲艺、传统体育游艺与杂技、传统美术、传统技艺、传统医药、民俗10个类别。泉州有丰富的戏曲文化遗产，包括梨园戏、高甲戏、打城戏、“嘉礼”戏等剧种，其中蜚声海内外的有：晋唐士乐余韵南音、宋元南戏“活化石”梨园戏和中国一绝“提线木偶”。泉州是中国历史上对外通商的重要港口，有上千年的海外交通史。自唐代开始，即为中国南方四大对外通商口岸之一。宋元时期，泉州港跃居四大港之首，以“刺桐港”之名驰誉世界，成为与埃及亚历山大港媲美的“东方第一大港”，呈现“市井十洲人”“涨海声中万国商”的景象。

【经济发展】　1978年改革开放以前，由于泉州地处海防前线，国家投资少，经济长期处于以农业为主的自给、半自给状态，经济总量居全省地市倒数第二。改革开放以来，泉州人民抓住机遇、扭住中心、爱拼敢赢、大胆实践，经历“三来一补”起步、乡镇企业铺路、三资企业上路、成片开发迈大步、区域经济展宏图的经济发展阶段，走出一条“以市场化为制度基础、民营经济与外向型经济互相促进为最大特色、县域经济发达为突出亮点、品牌化为突出优势”的具有侨乡特色的经济建设路子，创造了“泉州模式”。经济实力每隔几年便上一个台阶，成为福建省乃至全国发展最快、最具活力的地区之一，创造泉州发展历史的新辉煌，也成为全国18个改革开放典型地区之一。1978年全市地区生产总值7.79亿元，1992年突破100亿元，2002年突破1000亿元，2013年突破5000亿元，2018年达8467.98亿元，连续20年保持全省第一；人均地区生产总值由1978年的171元增至2018年的97614元；一般公共预算总收入由1978年的0.8亿元增至2018年的861.05亿元。泉州人民立足实际，奋力打造地域特色经济，促进泉港“石化基地”、丰泽“中国树脂工艺之乡”、晋江“中国鞋都”、石狮“中国服装名城”、南安“中国建材之乡”、惠安“世界石雕之都”、德化“世界陶瓷之都”、永春“芦柑之乡”、安溪“乌龙茶之乡”等特色经济的形成并驰名海内外。泉州市是全国首批沿海开放城市之一，被列为全国18个改革开放典型地区之一。获批国家“金改区”“民综改革试点”。2018年，泉州民营经济的优势和活力继续提升，全市实现民营经济增加值6951.27亿元，占全市经济总量的82.1%，比上年增长9.5%，对全市经济增长的贡献达88.2%。专业化、基地化、区域化、集群化的生产加快城乡一体化进程，带动大泉州城市建设与繁荣，城乡面貌发生巨变。一个以中心城市为核心，沿海次中心城市为骨干，立体交通网络完备、市政设施完善，具有闽南侨乡特色的泉州湾都市群雏形初现，泉州以组团式、海湾型的城市形态进入全省三大中心城市行列。

【民族宗教】 泉州市人口以汉族为主。根据2010年第六次全国人口普查数据，少数民族有53个，以回族、土家族、苗族和畲族居多。泉州是古代海上丝绸之路的重要起点城市之一，伴随着泉州经济和海外贸易的发展，世界各大宗教从陆路和海路传入泉州，使泉州云集多种宗教。各种外来宗教与本土的道教，长期共存，互相渗透，共同创造泉州丰富的宗教文化。

泉州的宗教有佛教、道教、伊斯兰教、景教（古天主教的一个支派）、天主教、印度教（婆罗门教）、基督教、摩尼教（明教）、拜物教、犹太教等诸多宗教，其历史悠久、史迹丰富，在海内外有很大影响，被誉为“世界宗教博物馆”。

【华侨华人】 泉州市是全国著名地级市侨乡，有1700多年的华侨史。分布在世界130个国家和地区的泉州籍华侨华人有948万人，90%居住在“海上丝绸之路”沿线，其中100万人以上的有印度尼西亚、马来西亚、菲律宾、新加坡。泉州人出国历史悠久。早在三国吴永安三年（260年），已有域内居者移居菲律宾。隋朝灭陈（589年）后，闽浙动乱，引发今泉州地区历时近30年的第一次出国潮。唐武德五年（622年）后，泉州人口开始剧增。地不足耕和拥有良好港湾、罕有台风登陆，使泉州港逐渐成为“海上丝绸之路”重要起点。至唐大历年间，泉州涌现“市井十洲人”“还珠入贡频”的兴盛景观。随泉州海商船舶出国未归者渐多。唐乾符五年（878年），黄巢义军入闽，破惠安、驻南安、攻泉州城，城郊多残破；泉州人出现大规模移居东南亚浪潮。此后，泉州人出国经商、谋生潮流延续千年之久。仅明、清厉行“海禁”期间，1942—1945年东南亚沦陷日军期间，以及1966年7月至1971年5月对出境严格限制时期，泉州人移居国外人数较少。1972年1月，泉州地区恢复出境审批，泉州再现新移民出国高潮。其后，泉州人出国潮一浪高过一浪。旅外泉州籍乡亲在当地具有很强的经济实力、政治影响力和社会活动能力，成为推动中国与“海丝”国家开展经贸文化交流合作的纽带和桥梁。

【泉州与台湾关系】 泉州是台湾汉族同胞主要祖籍地，根据1926年台湾地区人口调查数据，台湾汉族同胞中44.8%祖籍属泉州府。台湾地名与泉州相同的有180多处。泉州与台湾两地有地缘相近、血缘相亲、文缘相承、商缘相连、法缘相循的密切关系。地理位置咫尺相望，地缘相近。地缘是泉州与台湾之间一切渊源的基础和前提，泉州位于福建沿海中部，与台湾地缘的关系最近。地理位置上，泉州市是大陆陆地距离台湾最近的区域。人口地理祖地根源，血缘相亲。历史上泉州曾有三次移民台湾的高潮，仅民国34年（1945年）前后泉州人赴台就有10万余人，一大批泉州籍人士在岛内各界和台湾民众中有举足轻重的影响。文化地理共性突出，文缘相承。两地有共同的方言、相似的建筑风格、相同的戏曲艺术和民间信仰。经济地理互通互补，商缘相通。泉州一直是两岸经济往来最靠前的连接点，据记载，早在隋朝，泉州与台湾两地就有商贸往来。宋元时期，台湾作为泉州海上交通的中转站，通商贸易络绎不绝。即使在两岸关系处在紧张时期，泉州与台湾的民间贸易也未曾停止。政治地理历史归属，法缘相循。宋代，中央政府曾将澎湖划归泉州晋江县管辖；元代在澎湖设置巡检司，隶属泉州同安县。金门县历来都属泉州所辖。因泉州与台湾渊源关系的特殊性，泉州曾在两岸交往史上创下不少“第一”，如第一艘台轮停靠，第一次进行两岸小额贸易，第一个设置台轮停泊点，第一家台资企业上市等，曾被誉为两岸关系的“晴雨表”和“窗口”。全国性对台宣传基地、祖国大陆唯一的对台博物馆——中国闽台缘博物馆，在泉州建成开馆，比较系统地印证泉州与台湾两地关系的历史渊源脉络，更加凸显泉州市对台文化交流的窗口地位。

【地方特产】 泉州地方特产众多。其中，茶叶类主要有安溪铁观音（中国十大名茶之一）、本山茶、黄金桂、毛蟹茶、永春佛手等。果蔬类主要有泉州龙眼、永春芦柑、永春岵山荔枝、德化梨、安溪长坑淮山、红心地瓜、南安洪濑紫薯、德化十八格黄花菜等。畜禽类主要有德化黑鸡、德化黑兔、德化黑羊、永春白番鸭等。特色美食类主食主要有咸饭、泉州烧肉粽、萝卜饭、芥菜饭、花菜饭、卤肉饭、芋仔饭、壶仔饭、泉州炒饭、鱼仔粥、鸭仔粥、卤面、面线糊、湖头米粉、豆签、浮粿、粉团、豆粽、甜粽、肉粽、番薯粉粿条、澳茄粿、酸菜鸡丝面等；汤类主要有永春白鸭汤、黑豆龙骨汤、苦菜大肠汤、马鲛羹、香菇豆猪舌汤、灌肠仔汤、石狮牛肉羹、藕段排骨汤、萝卜排骨汤、玉米排骨汤、水豆腐汤、七彩干贝汤、肉燕汤、猪血汤等；包子主要有水晶包、肉夹包、东方包、菜包、水煎包等；素菜主要有安溪水瓮菜、嫩饼菜、窖菜、凉拌苦瓜、辣油笋菜、蒜泥茄子、香油拌海带等；荤菜主要有洪濑鸡爪、崇武鱼卷、西街田螺、姜母鸭、鳗鱼干炖猪脚、焖猪肘、烘猪脚、牛排（有别于西餐牛排）、水门巷炖羊肉、猪血小肠、蚝、清蒸金枪鱼、文蛤蒸蛋、酱香花蛤、蒸油蛤、炒泥蚶、蒸苦螺、炒竹蛏、炒大头螺、沙鱼冻、芥菜炒虾皮、十香全鸭、香芋焖鸭等；甜品主要有满煎糕、石花膏、茜草粿（仙草密）、橘红糕、绿豆饼、粕丸、麻糍、榜舍龟、碗糕、花生汤、豆沙饼、石狮塘头甜粿、石狮芋圆、芋饼、芋蓉（芋泥）、土笋冻、柿饼、菜头酸、糖醋莲藕片、贡糖、椰子饼、雪拉膏等。

经济社会发展概述

【综合】 2018年，泉州市实现地区生产总值（GDP）8467.98亿元，按可比价格计算，比上年增长8.9%，经济总量连续20年保持全省第一。按常住人口计算，人均地区生产总值97614元（按年平均汇率折合14751美元），比上年增长8.1%。城镇新增就业人员12.65万人，年末城镇登记失业率1.29%。居民消费价格总水平比上年上涨1.5%。全市一般公共预算总收入合计完成861.05亿元，比上年增收52.86亿元，增长6.5%。一般公共预算支出632.38亿元，比上年减少5.42亿元，下降0.9%。

【农业】 2018年，泉州市农林牧渔业完成总产值364.23亿元，比上年增长1.0%。粮食种植面积8.54万公顷，比上年减少847公顷，下降1%。粮食总产量48.5吨，比上年增加0.97万吨，增长2.0%。肉蛋奶总产量26.02万吨，下降4.8%。水产品总产量107.83万吨，比上年增长1.8%。

【工业和建筑业】 2018年，泉州市全部工业实现增加值4346.46亿元，比上年增长8.9%，工业对经济增长的贡献率达53.2%。其中规模以上工业增加值13626.35亿元，比上年增长13.6%。规模以上工业实现销售产值15994.79亿元，其中出口交货值2590.68亿元，比上年增长18.7%。拥有超亿元企业2692家，比2017年增加169家，其中超10亿元企业281家，比上年增加35家。全市工业用电量339.65亿千瓦时，比上年增长5.7%。全社会建筑业实现增加值540.45亿元，比上年增长6.8%。全市资质等级以上的建筑企业有719个，完成建筑业总产值1783.53亿元，现价增长17.0%。

【固定资产投资】 2018年，泉州市固定资产投比上年增长14.2%。房地产开发投资额791.41亿元。商品房销售面积1415.77万平方米，比上年增长13.8%。商品房销售额1227.39亿元，比上年增长30.5%。

【对外经济】 2018年，泉州市进出口总额1853.7亿元，比上年增长18.2%。其中，出口1192.6亿元，比上年增长14.0%；进口661.1亿元，增长26.7%。新签外商直接投资合同项目280个，比上年增长42.9%，投资总额41.32亿美元，比上年增长158.2%；合同外资金额18.16亿美元，增长164%；按验资口径，实际利用外资6.35亿美元，增长12.4%。新批外商投资超千万美元（含增资）的项目由2017年的30个增长到50个。外商投资企业当年累计开业投产164家。签订对外经济技术合作合同金额6821.76万美元，比上年下降38%；完成营业额5589万美元，增长11.1%。批准境外投资企业20家，境外投资金额17.94亿美元。

【金融】 2018年，泉州市金融机构本外币各项存款余额6947.84亿元，比上年末增长0.8%，其中人民币各项存款余额6867.04亿元，比上年末增长1.3%。全市金融机构本外币各项贷款余额6393.05亿元，比上年末增长5.3%，其中人民币各项贷款余额6375.46亿元，比上年末增长5.5%。证券市场通过发行、增发、配售股票共筹集资金6.6亿元，比上年减少12.1亿元。截至年末，累计境内上市公司（A、B股）20家，总市值807.73亿元，比上年末下降49.6%；累计境外上市公司84家。保险业实现各项保费收入213.87亿元，比上年增长8.4%。

【人民生活与社会保障】 2018年，泉州市居民人均可支配收入36088元，比上年增长8.5%；人均消费支出23273元，增长8.1%；人均住房建筑面积72.2平方米。农村居民人均可支配收入20277元，增长9.0%，人均消费支出15511元，增长6.6%，人均住房建筑面积75.0平方米。全市年末参加养老保险人数530.49万人，比上年新增6.55万人。年末全市收养性社会福利单位有469个。全市社区服务机构和设施2363个。城市有9196人、农村有58856人享受到最低生活保障救助。

人口 资源

人口

【概况】 2018年末，泉州市常住人口870万人，比2017年末增加5万人。65岁及以上老年人口占8.3%。人口出生率12.1‰，死亡率6.7‰，自然增长率5.4‰，常住人口城镇化率66.6%。年末全市户籍人口755.12万人。

2018年泉州市年末人口数及其构成表

表2

市、县、区	常住人口(万人)	出生率(‰)	死亡率(‰)	自然增长率(‰)	城镇化水平(%)
泉州市	870	12.1	6.7	5.4	66.6
鲤城区	40.1	11.4	9	2.4	100
开发区	4.2	11.5	6.5	5	100
丰泽区	58.3	12.6	5.8	6.8	100
洛江区	21.8	14	6.3	7.7	58.6
泉港区	33.6	12.8	6.5	6.3	52.5
台投区	25.8	14.3	7.5	6.8	57.9
惠安县	76.1	13.4	7.6	5.8	59.4
安溪县	102.5	11.2	5.2	6	47.9
永春县	46.8	11.3	6.9	4.4	59.7
德化县	29.6	13.7	6.3	7.4	75.4
石狮市	69.3	11	6.9	4.1	79.8
晋江市	211.1	11.9	6.9	5	67
南安市	150.8	12	6.6	5.4	59.8

注：表中数据不含金门县

表3

2018年泉州市户籍人口表

地区	年末总户数（户）	年末总人口（人）									本年度人口变动（人）										
		合计	合计中：		性别		年龄				出生			死亡			迁入		迁出		
			城镇人口	乡村人口	男	女	18岁以下	18—34岁	35—59岁	60岁及以上	合计	男	女	合计	男	女	省内迁入	省外迁入	迁往省内	迁往省外	多报删除
泉州市	2089646	7551224	3790291	3760933	3911240	3639984	1751153	1981141	2735904	1083026	165498	89029	76469	28973	17221	11752	100968	22465	110089	20492	1441
鲤城区（含开发区）	87435	265611	265611	0	130016	135595	52688	53346	105636	53941	4729	2604	2125	1445	801	644	9243	1081	5977	561	22
丰泽区	89094	272218	272218	0	131719	140499	65276	61733	106874	38335	6128	3282	2846	489	277	212	14874	2103	6208	1025	42
洛江区	53803	202067	59119	142948	105135	96932	48334	50136	76599	26998	4164	2331	1833	834	504	330	3945	976	2774	276	25
泉港区	109939	420724	200327	220397	215988	204736	96340	118280	147362	58742	12502	6579	5923	1692	1007	685	4546	906	6741	738	141
台商区	61213	223701	94208	129493	112526	111175	47436	60517	81850	33898	4265	2324	1941	727	435	292	1793	438	1995	297	30
惠安县（不含台商区）	237727	816183	385447	430736	412395	403788	182436	219324	297399	117024	18208	10076	8132	2711	1584	1127	10021	1544	11723	1064	99
安溪县	321076	1219532	290100	929432	650422	569110	324332	326601	413934	154665	30213	15666	14547	5363	3213	2150	6015	2461	22806	5397	227
永春县	168932	605478	289185	316293	320120	285358	136941	149959	227785	90793	10178	5385	4793	1355	880	475	3025	883	7600	1054	49
德化县	100295	348644	115947	232697	184890	163754	81624	86687	134331	46002	9487	5176	4311	845	500	345	9364	462	10699	399	44
石狮市	99408	345500	256591	88909	175718	169782	72201	90153	132187	50959	6964	3836	3128	1048	650	398	7097	1799	5048	1130	202
晋江市	322366	1176326	668218	508108	601501	574825	255533	314516	431206	175071	23892	13079	10813	4901	2907	1994	18784	5105	10354	3111	225
南安市	438358	1655240	893320	761920	870810	784430	388012	449889	580741	236598	34768	18691	16077	7563	4463	3100	12261	4707	18164	5440	335

注：表中数据不含金门县

2018年泉州市常住人口年龄构成表

表4

年龄	2018年		
	合计	男	女
总计	100	50.88	49.12
0～4岁	7.10	4.07	3.03
5～9岁	6.57	3.73	2.84
10～14岁	5.40	2.92	2.49
15～19岁	7.38	3.45	3.93
20～24岁	4.44	2.29	2.16
25～29岁	8.60	4.22	4.38
30～34岁	9.57	4.87	4.71
35～39岁	7.65	3.94	3.72
40～44岁	8.66	4.36	4.29
45～49岁	9.03	4.54	4.50
50～54岁	7.62	3.81	3.82
55～59岁	5.05	2.54	2.51
60～64岁	4.65	2.32	2.33
65～69岁	3.34	1.69	1.65
70～74岁	1.90	0.89	1.01
75～79岁	1.27	0.59	0.68
80岁及以上	1.76	0.68	1.08

资 源

【土地资源】 泉州市土地总面积为1128865.06公顷，其中耕地面积145174.35公顷，占土地总面积的12.86%；园地面积110910.81公顷，占土地总面积的9.82%；林地面积561024.17公顷，占土地总面积的49.70%；草地面积34638.67公顷，占土地总面积的3.07%；城镇村及工矿用地面积144545.21公顷，占土地总面积的12.80%；交通运输用地面积32637.56公顷，占土地总面积的2.89%；水域及水利设施用地面积60805.08公顷，占土地总面积的5.39%；其他土地面积39129.21公顷，占土地总面积的3.47%。

耕地。全市水田面积99655.22公顷，占耕地总面积68.65%；水浇地8693.89公顷，占耕地总面积5.99%；旱地36825.24公顷，占耕地总面积25.36%。

园地。全市果园面积46257.83公顷，占园地总面积41.71%；茶园面积62398.53公顷，占园地总面积56.26%；其他园地2254.45公顷，占园地总面积2.03%。

林地。全市有林地面积480231.35公顷，占林地总面积85.60%；灌木林地面积4292.1公顷，占林地总面积0.77%；其他林地面积76500.72公顷，占林地总面积13.63%。

草地。全市天然牧草地面积6.93公顷，占草地总面积0.02%；人工牧草地面积10.39公顷，占草地总面积0.03%；其他草地面积34621.35公顷，占草地总面积99.95%。

城镇村及工矿用地。全市城市用地16944.93公顷，占城镇村及工矿用地的11.72%；建制镇用地33751.52公顷，占城镇村及工矿用地的23.35%；村庄用地84546.13公顷，占城镇村及工矿用地的58.49%；采矿用地4425.16公顷，占城镇村及工矿用地的3.06%；风景名胜及特殊用地4877.47公顷，占城镇村及工矿用地的3.38%。

交通运输用地。全市铁路用地942.4公顷，占交通运输用地2.89%；公路用地18542.68公顷，占交通运输用地56.81%；农村道路用地12131.07公顷，占交通运输用地37.17%。机场用地230.88公顷，占交通运输用地0.71%；港口码头用地778.25公顷，占交通运输用地2.38%；管道运输用地12.28公顷，占交通运输用地0.04%。

水域及水利设施用地。全市河流水面面积14169.51公顷，占水域及水利设施用地面积23.30%；全市湖泊水面面积143.25公顷，占水域及水利设施用地面积0.24%；水库水面面积5846.05公顷，占水域及水利设施用地面积9.61%；坑塘水面面积5355.9公顷，占水域及水利设施用地面积8.81%；沿海滩涂面积27155.86公顷，占水域及水利设施用地面积

44.66%；内陆滩涂面积2333.58公顷，占水域及水利设施用地面积3.84%；沟渠面积4564.24公顷，占水域及水利设施用地面积7.51%；水工建筑用地面积1236.69公顷，占水域及水利设施用地面积2.03%。

其他土地。全市设施农用地面积4057.34公顷，占其他土地面积10.37%；田坎面积22538.34公顷，占其他土地面积57.60%；无盐碱地0和沼泽地；沙地68.2公顷，占其他土地面积0.17%；裸地面积12465.33公顷，占其他土地面积31.86%。

【矿产资源】 2018年，泉州市已发现各类矿产46种，已探明资源储量的矿种29种，其中：能源矿产2种，金属矿产8种，非金属矿产18种，水气矿产1种。是年，全市矿山企业总数100家，开发利用矿产包括煤、地热、铁、铜、锌、金、普通萤石、冶金用脉石英、石墨、硅灰石、叶腊石、水泥用灰岩、高岭土、陶瓷土、矿泉水、建筑用砂岩、建筑用花岗岩、建筑用凝灰岩等18种，矿业产值12.36亿元。

【海洋资源】 泉州市大陆海岸线541千米，海域面积11360平方千米。海岛293个，其中，500平方米以上的无居民海岛162个。拥有湄洲湾、大港湾、泉州湾、深沪湾、围头湾五大海湾。

【水资源】 泉州市境内溪流密布，发源于本市境内流域面积100平方千米以上的河流有34条。其中晋江水系15条，九龙江水系5条，闽江水系9条，单独入海5条。晋江、洛阳江为泉州市主要河流，全市多年平均水资源总量98.22亿立方米，其中主要供水水源晋江为福建省第三大河，流域面积5629平方千米，河长182千米，多年平均水资源总量50.81亿立方米，洛阳江（含黄塘溪）流域面积371平方千米，河长39千米，多年平均水资源总量2.32亿立方米。2018年，全市平均降水量

永春桃溪沿岸风光（2018年拍摄）（图/林焕强）

1657.3毫米，折合年水量186.28亿立方米，比2017年偏多27.5%，比多年平均偏多2.2%，属平水年。全市最大点降水量为南安市向阳乡巷仔站2251.5毫米；最小点降水量为晋江市安海镇安海站981.0毫米。全市地表水资源量78.32亿立方米，地下水资源量23.13亿立方米，地表水和地下水不重复量0.190亿立方米，水资源总量78.51亿立方米，人均拥有水资源量为908立方米。

截至2018年底，全市20座大中型水库总蓄水量6.89亿立方米，占正常蓄水量的65.92%，比多年同期偏多1.02亿立方米，比2017年偏多1.73亿立方米。其中：山美水库水位89.54米，蓄水量为3.44亿立方米，占正常蓄水量的72.91%，比多年偏多0.26亿立方米；惠女水库水位73.03米，蓄水量为0.64亿立方米，占正常蓄水量的80.38%，比多年偏多0.1亿立方米。全市建成各类水利工程6万多处，其中，水库463座（大型2座、中型18座、小型443座），总库容15.68亿立方米；泵站94处，水井工程2万多口，各类堤防总长714千米。初步形成以山美水库为主要水源、以龙门滩引水为补充、以各大中型水库为支撑、以金鸡拦河闸为分水枢纽、以南北渠和湄南工程为主要输水通道的沿海配供水网络体系。

【林业资源】 2018年，泉州市有土地总面积1099710公顷，其中林业用地684777公顷，非林地414930公顷，森林覆盖率58.7%。在林业用地面积中，乔木地面积527133公顷，占林业用地面积的78.0%，竹林地面积30434公顷，占4.4%，疏林地12268公顷，占1.8%，灌木林地7939公顷，占1.2%，未成林造林地7939公顷，占1.16%，苗圃地112公顷，无林地16705公顷，占2.4%。全市区划生态公益林面积268626公顷，占全市林地面积的39.2%。

野生动物资源。泉州市野生动物资源丰富，记录有两栖类2目7科32种，爬行类3目13科61种，鸟类19目51科260种，哺乳类6目14科32种。国家一级重点保护野生动物有鼋、蟒蛇、黑鹳、黄腹角雉、华南虎、豹、云豹、金斑喙凤蝶、中华白海豚、中华鲟、红珊瑚等11种。国家二级重点保护动物有蛇雕、大灵猫、黑熊、穿山甲等57种。

野生植物资源。泉州市野生植物资源丰富，记录有野生维管束植物212科903属2201种（包括逸生和归化种），其中蕨类植物42科84属199种，裸子植物8科15属20种，被子植物162科804属1982种。其中，国家一

级重点保护野生植物有银杏、南方红豆杉、水松、伯乐树等4种。国家二级重点保护植物有半枫荷、花榈木、桫椤等17种，省级重点保护植物有油杉、长苞铁杉、福建青冈等11种。

自然保护区（保护小区）。泉州市按照“全面保护、生态优先、合理利用、良性发展”的原则，在典型的森林、湿地和野生动植物重点分布区和生物多样性富集区，建立包括地质遗迹、森林、湿地和野生动植物等类型的省级以上自然保护区5个，分别是福建深沪湾海底古森林遗迹自然保护区、德化戴云山国家级自然保护区、永春牛姆林省级自然保护区、安溪云中山省级自然保护区、泉州湾河口湿地省级自然保护区，总面积27667.05公顷，自然保护小区总面积18018.93公顷。自然保护区及保护小区的建设基本涵盖生物多样性最丰富的精华地带，东南沿海典型的山地森林生态系统、泉州湾河口湿地生态系统、晋江源头森林生态系统得到有效保护。全市的自然保护区有效保护高等植物212科2201种，其中国家Ⅰ级重点保护野生植物有银杏、南方红豆杉、水松、伯乐树等4种，国家Ⅱ级重点保护植物有半枫荷、花榈木、桫椤等17种，省级重点保护植物有油杉、长苞铁杉、福建青冈等11种；有效保护脊椎动物99科420种，其中，国家一、二级保护动物40种，省级保护动物29种。福建深沪湾海底古森林遗迹自然保护区位于晋江，是国家级海洋自然保护区。主要保护对象为距今7500多年历史的海底古森林遗迹、距今9000～25000多年的古牡蛎礁遗迹和深沪湾典型海岸带地质地貌。戴云山是中国东南地区重要的昆虫和植物模式物种产地，保存有最完好的原生性黄山松群落，是中国单位面积生物多样性程度最高的保护区之一，是闽中重要水源涵养区及重点生态功能区。泉州湾河口湿地地处东亚到澳大利亚候鸟迁飞的大通道上，良好的生态每年吸引着成千上万的水鸟在这里越冬、觅食、停歇，成为鸟类的乐园，是泉州市野生动物疫源疫病的重要监测区域。云中山主要保护对象为晋江、九龙江源头生态系统及珍稀濒危动植物物种，被誉为“天然植物园”、“珍稀濒危野生动物的基因库”。牛姆林有着“闽南西双版纳”的美誉，是一座天然绿色基因库。

湿地资源。经初步调查，全市湿地面积96171.67公顷。根据《全国湿地资源调查技术规程（试行）》划分的5类34型湿地中，泉州仅有近海与海岸湿地、河流湿地和人工湿地这3大湿地类型分布。其中，近海与海岸湿地面积69711.98公顷，占全市湿地总面积的72.49%，河流湿地面积11279.84公顷，占全市湿地总面积的11.39%，人工湿地15179.85公顷，占全市湿地总面积的15.43%。

泉州湾河口湿地自然保护区近景（2018年拍摄） （图/连玲玲）

中共泉州市委员会

责任编辑：谢晓艺

综　述

【市委工作概况】　2018年，中共泉州市委全面贯彻习近平新时代中国特色社会主义思想和中共十九大、十九届二中、三中全会精神，学习贯彻习近平总书记对福建工作的一系列重要指示批示精神，统筹推进“五位一体”总体布局，协调推进“四个全面”战略布局，坚持稳中求进工作总基调，牢固树立和践行新发展理念，主动融入新福建建设大局，落实“五个泉州”建设，集智聚力作答“再创‘晋江经验’新辉煌、跑好转型升级‘后半场’、勇当高质量赶超主力军”三个时代命题，稳增长、控风险、谋长远，推动经济、政治、文化、社会、生态文明和党的建设等各项工作取得新进展新成效。全年围绕习近平新时代中国特色社会主义思想和十九大精神主题开展中心组学习23场次，围绕新修订宪法、践行“晋江经验”等主题研讨5场次，举办五期市管干部和乡镇（街道）党政主要领导干部“深入学习贯彻习近平新时代中国特色社会主义思想”专题研讨班，各级党组织举办近平新时代中国特色社会主义思想培训2120班次、培训党员12.8万人次。

【习近平新时代中国特色社会主义思想“大学习”】　2018年，泉州市委坚持把学习习近平新时代中国特色社会主义思想作为长期的首要政治任务，组织多轮、多形式学习宣传贯彻活动，推动一轮比一轮深入、一轮比一轮更加联系实际，往深里走、往实里走、往心里走。

推动学懂弄通做实。从市委班子做起，落实省委“学出忠诚、学出信仰、学出理论思维、学出责任、学出宗旨、学出本领”要求，树牢“四个意识”，坚决维护习近平总书记党中央的核心、全党的核心地位，坚决维护党中央权威和集中统一领导，强化对习近平总书记的政治认同、思想认同、情感认同。坚持常学常新、常讲常新，先后召开市委全会、市委常委会会议等学习贯彻，市委中心组每月开展专题学习，每周常委会均安排学习议题。全年围绕近平新时代中国特色社会主义思想和十九大精神主题开展中心组学习23场次，围绕新修订宪法、践行“晋江经验”等主题研讨5场次，交流学习《习近平谈治国理政》（第一、二卷）、《习近平新时代中国特色社会主义思想三十讲》等重要读本心得体会。举办深入学习贯彻习近平新时代中国特色社会主义思想厅级领导干部专题研讨班、全市专题研讨班，市委主要领导作辅导报告。坚持学思用贯通、知信行统一，从新思想中找方向、找方法、找路子，细化专题研究，推动转化为经济社会发展和管党治党的规划计划、思路举措。

拓展“大学习”广度深度。召开市委“大学习”汇报会，总结交流学习宣传贯彻的体会和成效，有计划、分步骤、大力度地组织“大学习”活动，推动形成深入学、长期学、持久学的长效机制和浓厚氛围。举办五期市管干部和乡镇（街道）党政主要领导干部“深入学习贯彻习近平新时代中国特色社会主义思想”专题研讨班，各级党组织举办近平新时代中国特色社会主义思想培训2120班次、培训党员12.8万人次。组织开展对象化、分众化、互动化宣讲，组建农民、民企、渔排、台胞、“五老”等10支小分队+文艺宣传小分队+N支各地特色宣讲小分队，推动全市各个领域、各条战线、各行各业“大学习”，确保新思想在泉州落地生根、开花结果。2018年全市累计宣讲1万多场次，听众80多万人次。

组织庆祝改革开放40周年活动和“晋江经验”宣传报道。深入学习领会习近平总书记在庆祝改革开放40周年大会的重要讲话精神，

2018年6月12日，“庆祝改革开放40年”大型主题采访活动在泉州举行。图为采访团参观晋江市城市展馆（图/陈晓东）

贯彻落实省委十届七次全会精神，召开市委十二届八次全会，传承弘扬“晋江经验”，在更高起点上推动改革开放再出发。主动对接中宣部组织“壮阔东方潮 奋进新时代——庆祝改革开放40年”大型主题采访，配合中央和地方30多家主流媒体开展“晋江经验”集中采访，《人民日报》、新华社、中央电视台等陆续推出系列报道1200多篇（条）。开设“壮阔东方潮 奋进新时代——庆祝改革开放40年”“将改革开放进行到底”等专题宣传，推出《新老图片看泉州》《古城文创秀》短视频展播等系列报道，全方位多角度讲好改革开放的泉州故事。

【高质量发展落实赶超】 2018年，泉州市委贯彻省委十届六次全会精神，对接落实省委“七个着力”重点部署和“十项行动”重点任务，吹响决战决胜高质量发展落实赶超冲锋号。

开展系列专题调研。提前跟进省委省政府工作部署，研究冲刺赶超的重点专项、工作抓手。召开全市务虚会，以及行业龙头企业、留学人员联谊会、青年企业家协会、青年商会等座谈会，多轮组织产业、城市、政企互动、担当作为、人才创新等专题研究，集思广益，做足思想和组织动员。

召开市委十二届七次全会。把握坚持高质量发展落实赶超这一鲜明主线和根本战略，提出作答“再创‘晋江经验’新辉煌、蹚好转型升级‘后半场’、勇当高质量赶超主力军”三个时代命题，部署细化落实三方面工作：即打好转型组合拳，重点进军新价值制造、拉开新产业板块、汇聚新平台经济、升级新载体空间、探索政企互动新模式，展示泉州制造新印象；建好城市展示面，重点抓好古城提质、海丝新城、城市经济、创新中心、山水田园、文明友好六个展示面，逐步解决城市与产业不匹配问题；造好活力大环境，重点激励干部担当作为、建设一流营商环境、实施人才“港湾计划”，更好地调动干部、企业家、人才的智慧和力量。出台《关于深入贯彻习近平总书记重要指示精神坚持高质量发展落实赶超的意见》，组织实施7个专项行动。

专项化组织推进。按照边谋划边收账，把决战决胜高质量赶超部署，细化为打造全国重要半导体产业基地、巩固提升传统产业领先优势、发展工业互联网、建设泉州科技城、促进人才与发展相匹配等10个重点专项，设定“有限目标、明确目标、落实目标”，由市领导牵头，一刻不停抓落地见效，确保为2020年实现赶超做贡献。

激发干部担当作为。贯彻省委“马上就办、真抓实干”若干规定，逐条细化实施方案，督促63个单位承诺305条“马上就办”具体措施，并由市纪委监委、效能办督促落实。召开新时代激励干部新担当新作为动员会，全面贯彻落实新时代党的组织路线，出台落实关心关爱基层干部市委“十条意见”，公开表扬考核为“好”的班子和干部，通报提醒“差”的市管干部，并限期整改到位。成立激励干部担当作为领导小组，出台进一步落实党委（党组）干部培养主体责任意见，健全干部日常考核、非领导职务干部管理、容错纠错机制等，激励干部一线建功。

【转型升级组合拳】 2018年，泉州市委贯彻新发展理念，坚持稳中求进工作总基调，落实“六稳”工作要求，坚守实体经济根基，多措并举强化运行调度，经济走出低谷，步入良性轨道，回升态势持续优化。

推动民营经济创新发展。学习贯彻习近平总书记在民营企业座谈会上的重要讲话精神，出台进一步支持民营企业健康发展行动方案及系列配套措施。深化构建“亲”“清”新型政商关系，创新政企互动新模式，建立企业家恳谈会、重点民营企业直接联系服务等制度，设立民营经济发展顾问、涉企政策咨询委员会等，开设民营企业服务热线和诉求受理服务窗口。切实强化政策帮扶，叠加落实中央、省政策，出台鼓励用电、扶持产业龙头和高新高成长企业、鼓励未分配利润再投资、研发费用税前加计扣除等针对性措施。

加快三大板块成形成势。把

握结构调整窗口期，抓紧传统产业智能化高端化、高新技术产业链贯通发展、重化精细化延伸，展示泉州制造新印象。加快进军新价值制造，推动实施“中国制造2025”、促进工业稳增长和转型升级方面成效明显，获国务院通报表扬。深化“机器换工”“数控一代”应用，完成智能化改造“个十百千万”工程，出台智能装备制造、数字经济发展等专项政策，扶持高端装备、工业机器人、新型材料、高端面料开发，建成恒安、安踏、九牧等智能生产一体化项目。加快新产业板块发展，以福厦泉国家自主创新示范区建设为抓手，集成电路产业链基本覆盖设计、制造、封测、终端应用，三安高端半导体进展顺利。创新石化项目和园区运作模式，联合中化推进专属园区建设招商，中化炼化一体化加快推进，精细化工、化工新材料等中下游产业链集聚发展。

抓服务制造融合。深化“第三产业提升年”活动，推进百大项目建设。入选工信部服务型制造示范城市，第二届中国服务制造大会在泉州召开，扶持第三方第四方平台，出台主辅分离发展服务型制造实施意见和4个配套措施，全市拥有国家级服务型制造示范平台4个、国家级工业设计中心5个。文化旅游加快聚人气、赚效益，出台加快“六大旅游产品”培育三年实施方案，全市旅游总人数和总收入均保持20%以上增长。

防范化解金融风险。完善市场化处置机制，堵入口、疏出口、增分母，银行不良率逐步压降。出台支持上市公司化解流动性风险八条措施，推动设立总规模30亿元纾困基金。严厉打击恶意逃废债、集资诈骗等非法金融活动，抓好互联网金融清理整顿，进一步健全政府债务风险防控机制。

【项目攻坚】 2018年，泉州市委掐紧赶超节点，组织重点项目、城乡建设、招商引资大会战。全年新增“五个一批”项目1992个，总投资1.67万亿元、比上年增长42.3%，其中产业项目数和总投资均占新增项目的七成以上。全省“五个一批”正向激励考评中，泉州二季度排名第2、三季度第3、四季度第1。

保持长年攻坚气势和热度。开展市县“单兵教练”，与县（市、区）主官逐一项目对表、核实赶超支撑。每季度召开项目攻坚部署会，分级分类抓好重大项目协调调度，开展“大干40天、比拼开门红”和年底“百日攻坚”等，形成项目攻坚浓厚氛围。采取“自主申报+专业抽查+综合评比”，定期考评晾晒，公开表扬先进集体和个人，通报进度慢、不作为的项目和单位，市委主要领导逐一约谈后3名方块主官。紧密跟进国家加大基础设施补短板政策，及早梳理74个重大项目、总投资5200亿元，主动赴京对接争取。

专项破解项目建设“卡脖子”问题。开展春节前“拔钉清障”，解决37个拖延多年的最后“1%”难题。清明借助乡贤返乡之机，尊重民风民俗，组织迁坟1.6万座，相当上年全年70%。针对跨县区、线性工程等难点，分季节下达攻坚任务，敲定节点计划，采取工地党建引领、成建制大兵团突破、法律顾问全程跟进、“一把钥匙开一把锁”包户攻坚等措施，破除制约，集中突破法石、龙头山片区和昌盛渔业等一批历史遗留老大难问题。开展为期两月的审批服务攻坚月，全面梳理审批服务及前期工作存在问题，分清市县两级、相关部门责任，挂牌督办“清零”。

强化大招商招大商。坚持“常年对接、持续推进”，突出“一把手”抓招商，开展招商活动月、招商突破专项行动。建立“三个三”工作机制，三位副市长负责重化、化合物半导体、集成电路三条产业链招商。组织开展央企、民企、外资专场招商，“五个一批”新签约项目356个，总投资3662亿元、比上年增长2.58倍，包括总投资33亿元的电咖汽车、125亿元的HDT高效太阳能、230亿元的美的智能制造小镇。

【城市格局功能颜值提升】 2018年，泉州市实施国家生态修复城市修补试点，加快规划蓝图落地，古城新城齐头并进、焕发新颜，环湾建成区面积226平方千米，城镇化率66.6%。

做好“古泉州（刺桐）史迹”申遗。健全完善“古泉州（刺桐）史迹”保护管理和周边环境优化提升长效机制，常态化开展巡查监测。高标准高质量完成16个遗产点文物修缮、环境整治、遗产展示、监测档案系统和标识体系建设，通过文本递交、资格审查、现场评估、专业对话等环节。“古泉州（刺桐）史迹”申遗突出普遍价值得到第42届世界遗产委员会20个委员国肯定。

统筹共聚环湾组团发展。坚持环湾、向湾、同城化，强化战略、规划、重大平台、基础设施“四个统筹”，同心同向规划、拼图作业。福厦客专、兴泉铁路、厦漳泉城市联盟路、城东至北峰快速通道等加快实施，建成火车站交通枢纽，推进东海、金屿、百崎、武荣等跨江通道前期工作。树牢“一盘棋”思想，融入闽西南协同发展区，对接R1线、泉州芯谷等重大项目，充实“同城化+山海协作”内容，共同推动高新技术带连片发展。

推进古城提质新城集聚。实施“一园一区一河一街一路一厝一站”七个一示范工程，完成金鱼巷等街巷改造，启动小山丛竹公园、中山路整治提升示范工程，基本建成“东亚之窗”文创园、泉州美食城，挂牌保护669幢传统历史建筑。开展“美丽古城、家园共造”活动，举办“润物无声”系列主题展览、古城徒步穿越活动。实施海丝新城建设三年行动，开展六大专项攻坚，策划项目129个、总投资1389亿元。聚焦晋江洛阳江入海口区域，联动建设晋江两岸城市新中心，启动西华洋、后埔、后渚、城东南江滨等九大片区改造，既建好城市，又发展现代服务业，带出商务办公、金融、会展、休闲体育等服务业态。

打造山水田园城市。顺应城市天然组团格局，依托已有山水脉络，以田园风光和生态绿地衔接各组团，打造“都市田园、万亩碧浪、稻荷花海”样板。推进“一环一湾十廊道”建设，从“市民常走、客人常到”门户廊道入手，策划生态连绵带项目87个、倒排推进19个，打造山线绿道精品示范段4千米，建成开放白水营、笋江、石笋等9个水线公园，以及城东片区口袋公园群、法石“百亩花田”等。打好改变城市形象“翻身仗”，以“拆、清、整、绿”为重点，全速推进88千米高铁、87千米高速公路和37条城乡重要通道沿线整治。市委、市政府主要领导带队赴外考察和实地检查指导，市县成立指挥部，各级“一把手”压上去，突出抓阶段性成果，至2018年底，“拆”“清”基本完成，进入“整”“绿”阶段，全面启动裸房整治工作，“百日拆违”完成143.4%。

【改革开放不断深入】 2018年，泉州市委贯彻落实中央和省委关于深化改革的重要部署，主动融入国家“一带一路”和省海丝核心区建设，坚定不移地把改革开放推向深入。

推进重点领域改革。召开13次市深改领导小组会议，贯彻习近平总书记关于新型城镇化、社会事业、农业农村、林权、金融、国企、群团等领域改革的重要论述，市县两级抓好47项重点改革项目，逐一明确责任单位、节点安排、具体抓手，落实跟踪督查。召开全市人才工作专题会，深入实施人才“港湾计划”，推进人才总量倍增专项行动，修订高层次人才认定标准，在全省率先推出企业自主评价人才试点，探索建立人才住房、子女教育、医疗保健等公共服务资源共享机制，设立市级人才创新创业投资基金。推进产教深度融合，全年新增市级以上高层次人才1368人，福州大学晋江科教园建成投用，南京大学泉州环保产业研究院正式揭牌。周密组织推进机构改革，成立市委工作协调小组，市委主要领导担任“施工队长”，召开常委会会议、专题会、推进会和集体约谈会等，制定实施《泉州市机构改革方案》，市县统筹推进，严明纪律规矩，做到思想不乱、工作不断、干劲不减。

优化提升营商环境。以新行政服务中心搬迁为契机，导入厦航“双引擎四系统”质量管理模式，推行“人性化服务、规范化管理”。推广“一门一号一窗一网”、窗口办事台账记录，加快“互联网+政务”服务一体化平台建设，24小时自助行政服务平台覆盖中心市区，实现网上申报事项占比超九成。推行审批服务标准化改革，打造规范行政审批自由裁量权“泉州标准”，把体制外、有余地的环节变成刚性规范、“不能商量”。深化商事制度改革，实施“住所申报制”“简易注销”“多证合一”等便利化举措，2018年全市市场主体突破80万户。

拓展开放新空间。出台稳外贸稳外资若干措施。举办海丝国际品牌博览会，组织泉州品牌“境外行”“海丝行”等展会64场，主动复制推广自贸区制度创新203项，石狮服装城获批国家市场采购贸易方式试点，晋江践行“晋江经验”推进商务创新发展获国务院办公厅通报表扬。2018年，与海丝国家地区实现贸易总额849亿元，比上年增长20.3%。组织参加世界闽南文化节、第三届中法文化论坛等，与俄罗斯迈科普市建立友城关系。筹办世中运等系列重大赛事，举办亚洲大体联足球亚洲杯、环泉州湾国际公路自行车赛、国际女子网球巡回赛。南洋华裔寻根谒祖服务平台加快建设，征集、扫描族谱6200多册，涵盖85个姓氏。2018年，泉州晋江国际机场旅客吞吐量744万人次，比上年增长39.4%，港口吞吐量1.28亿吨，集装箱吞吐量240.4万标箱。

2018年10月13日，市委书记康涛（右四）、市长王永礼（右三）为泉州市行政服务中心东海新址揭牌后走访、检查办事窗口 （图/陈起拓）

【社会主义民主政治建设】 2018年，泉州市委坚持党的领导、人民当家做主、依法治国有机统一，推进社会主义民主政治制度化、规范化、程序化，支持人大、政协和统一战线履行职能、开展工作、发挥作用，巩固和发展生动活泼、安定团结的政治局面。

完善党委领导人大工作机制。召开市委人大工作会议，出台《关于进一步做好新时代人大工作的若干意见》，得到中央政治局常委、全国人大常委会委员长栗战书的肯定。坚持把人大工作纳入总体工作布局，支持市人大及其常委会依法行使立法、监督、决定、任免等职权，注重发挥代表主体作用。发挥人大立法主导作用，科学确定8个年度立法计划项目，制定《泉州市中山路骑楼建筑保护条例》。

做好新时代人民政协工作。贯彻中办《关于加强新时代人民政协党的建设工作的若干意见》，发挥人民政协作为协商民主重要渠道和专门协商机构作用，市委、市政府主要领导带头与基层委员零距离对话、面对面交流。支持政协改进民主监督工作，围绕城市建设与产业提升、乡村振兴、民生补短板等开展专题协商、视察调研、建言献策。支持完善委员履职量化考评管理，加强委员培训，提升履职水平。

巩固和发展爱国统一战线。坚持用习近平新时代中国特色社会主义思想教育引领广大统一战线成员，多形式、多渠道举办专题讲座、观摩学习、主题教育、宣讲活动等，开展"新思想进泉商全国行"大型宣讲活动，覆盖全国泉州商会257家、港澳社团21家。深入践行新型政党制度，多党合作制度效能不断提升。依法妥善解决宗教领域突出问题，推动宗教活动场所规范化管理，引导与社会主义社会相适应。构建完善党外知识分子和新的社会阶层人士联谊组织。拓展港澳台和海外联络联谊，抓好华侨华人新生代工作。深化同心"3+2"系列工程，活动开展以来全市统一战线成员累计捐赠超19亿元。完成市工会、妇联、共青团、科协、侨联、文联、残联等换届工作，支持各人民团体依法按照各自章程开展工作、履行职责。

【意识形态和宣传思想文化建设】 2018年，泉州市委贯彻全国、全省宣传思想工作会议精神，举旗帜、聚民心、育新人、兴文化、展形象，加强对宣传思想文化阵地的有效管理，推动全市广大党员、干部群众在理想信念、价值理念、道德观念上团结在一起，掌握意识形态工作的领导权和主导权。

加强思想理论武装。落实各级党委（党组）中心组学习通报制度，加强督促检查，把理论学习的"软"任务变成"硬"指标。市委班子带头学，突出抓好党员领导干部这一"关键少数"的理论学习，发挥党校、行政学院主渠道主阵地作用，通过中心组学习、"华大讲堂""东海干部学堂"、思想政治建设专题培训班、学习网站等，多渠道、多层次、多形式轮训干部，用共同理想凝聚广大党员干部共识。

落实意识形态工作责任制。抓好意识形态中央巡视反馈整改，常委会会议多次专题研究意识形态工作，推动"六个纳入"落细落实，层层压实工作责任制，意识形态领域总体保持平稳。规范各类阵地建设管理，建立健全意识形态领域综合分析、舆情监测研判机制，落实主管主办和属地管理，抓好高校及社科社团研讨会、报告会、讲座、论坛等管理。出台落实《关于在突发事件敏感舆情应对处置中落实意识形态工作责任制的工作方案》，完善事件依法处理、舆论引导、社会面管控"三同步"机制。

落实社会主义核心价值观。实施公民道德建设工程，加强和改进思想政治工作。召开推进全国文明城市创建常态化工作会议，出台专项工作实施意见，修订建制区、市直部门文明城市创建考核办法等。采取宣讲、辅导和讲故事等方式，讴歌先进人物和感人事迹，开展"家+文化"建设、"身边故事、共同铭记"活动，组织"情满旅途""春暖泉州红"等主题志愿服务，实施"诚信经营示范街区"创建，弘扬好时代新风正气。抓好关心下一代工作，开展青少年党史国情教育，建好用好儿童之家、心理健康辅导站（室）、青少年社会教育活动中心等。

深化移风易俗专项治理。制定实施"一县一方案"，整治中心城区占道治丧、噪声扰民，沿海"黄金新娘"、丧期超长，山区神事大操大办等陋习，全市婚丧民俗活动花费大多减少一半以上，群众支持率99.6%、满意率99.5%，中央主流媒体集中宣传泉州典型做法。

提升舆论引导水平。落实网络意识形态和网络安全工作责任制，开展打击整治网络违法犯罪、打击网络政治谣言和有害信息等专项行动，进一步清朗网络空间。坚持党管媒体，实施"一报一台一网（端）"建设工程，加快推进县级融媒体中心建设，做好差异化、分众化、精准化传播。围绕高质量发展落实赶超、扫黑除恶专项斗争、项目攻坚2018、安全生产等主题，争取中央和省级主要媒体到泉州采访，组织市直媒体策划专题宣传、节点造势，调动氛围士气，营造社会正能量。

抓好文化惠民乐民工程。获批创建国家公共文化服务体系示范区，建成"百姓书房"近百家，改造提升24个村（社区）综合性文化服务中心示范点。开展文化进万家、"欢乐泉州"、"三下乡"等系列活动，开展各类展览、展示、展演、展播及文体活动，让市民就近享受文化福利。加强文化遗产保护利用和传承发展，组织寻访泉州好家风，深化开展闽南传统优秀文化进校园、进课堂，推动健全长效机制。加快文化事业和文化产业发展，一批文艺精品在全国、全省获奖，建设“文化泉州云”平台，实现文化资源的合理配置和精准配送，满足群众日益增长的多元文化消费需求。

【乡村振兴战略实施】 2018年，泉州市按照“产业兴旺、生态宜居、乡风文明、治理有效、生活富裕”要求，拎出具体抓手，调动资源力量，加快推进乡村振兴和脱贫攻坚各项工作。

系统谋划组织。成立市委实施乡村振兴战略领导小组，实行市委统一领导、县（市、区）推进落实、乡村组织实施、部门合力共为、责任层层压实的工作机制。召开全市农村工作会、实施乡村振兴战略暨脱贫攻坚工作会和脱贫攻坚工作推进视频会，突出规划先行、因地制宜、示范引路，研究编制乡村振兴战略五年规划，制定具体实施意见，实施19个专项三年行动方案，并逐项细化到具体项目、配套措施和年度计划，抓出阶段性成效。全省实施乡村振兴战略现场推进会在永春召开。

盯紧节点推进。铺开农村产权制度改革，基本完成农村土地承包经营权确权登记颁证工作和国有农场改革。聚焦特色农业发展，创建一批国家级现代农业产业园和农业产业化龙头企业，示范推广新技术新品种新成果170多项。实施农村人居环境整治、“一革命四行动”，建设省级“千村整治、百村示范”美丽乡村131个，所有乡镇建成生活垃圾转运系统，所有行政村实现生活垃圾常态化治理，完成农村路网建设与改造338千米。

精准发力脱贫攻坚。全市农村建档立卡贫困户33620人都达到脱贫线以上，人均收入10410元，较2017年增长36%，181个建档立卡贫困村全部退出。市级财政扶贫资金投入1.69亿元，用于产业发展、教育补助、危房改造以及老区村、少数民族村改善提升等方面扶贫开发建设，加强贫困线边缘群体产业扶持、劳动培训。实施“三百工程”，落实帮扶资金3.8亿多元。创新“双拥+扶贫”，搭建驻军与贫困镇村的帮扶机制、产销平台，结对帮扶24个村62户贫困户。开展村集体经济“消薄倍增”专项行动，“一村一策”探索入股优质国有企业、建设新农村综合服务站、集体资源流转入股等办法，上年152个经营性收入1万元以下的空壳村全部消除。

【民生改善保障和社会稳定维护】 2018年，泉州市聚焦如期全面小康，推动新增财力优先保障基本公共服务，让改革发展成果更多更公平地惠及全体人民。

倒排补齐公共服务短板。突出保基本、兜底线、补短板，实施“四心工程”、XIN行动。优先发展教育事业，新增公办幼儿园学位1.1万个、中小学学位1万个，在全省率先实现政府购买普惠性民办幼儿园服务县域全覆盖，开展城区义务教育学校“小片区管理”、农村薄弱学校“委托管理”、集团化办学等行动。推进“健康泉州”建设，市妇产医院一期开诊，老年医院完工，全市新增医疗机构床位2550张；深化医药卫生体制改革，启动组建市第一医院医疗集团，7家三级医院试点建立现代医院管理制；实施新一轮提升城乡医疗服务三年行动，创建国家级群众满意乡镇卫生院29家、优质服务示范社区卫生服务中心5个；开展医疗“暖心服务”行动，医疗服务总体满意度位居全省前列。完善社会保障体系，全市新增城镇就业12.7万人，全民参保计划全面实施，城乡低保标准和补助水平进一步提高，城乡居民医疗报销水平提高9个百分点。加强老龄、老干部工作，基本实现一县一福利中心、一乡镇一敬老院。制定实施促进房地产市场持续健康稳定发展八年规划，住房价格保持合理平稳，有力保障住房刚需，实现房地产健康发展、实体转型升级、市民住房改善“三赢”。

开展扫黑除恶专项斗争。党政主要领导靠前指导、协调、督办，多次召开常委会会议、领导小组会议、专题会议研究部署推进，不折不扣抓好中央、省委督导反馈问题整改。建立“五个一批”滚动机制和高效联动机制，重点突破一批大案要案，侦破全省首起黑社会性质犯罪组织案件，集中办理中央督导组、公安部、省纪委监委等挂牌督办的案件，2018年打掉涉黑涉恶团伙76个。创新机制深挖彻查，全省首个市县两级“打伞”清零，侦破、宣判全省首起黑社会性质犯罪组织案。强化治理铲除土壤，市县联手打击整治电信诈骗，推动安溪开展扫除电信诈骗“百日会战”。建立以职能部门为主体的治乱责任体系，聚焦“村霸”“砂霸”“渣霸”“套路贷”“保健品”和黄赌毒等突出问题，组织开展各类专项打击整治，推动完善市场准入、规范管理、重点监控等机制，社会治安秩序持续好转，群众安全感和满意度进一步提升。

维护社会安定稳定。加强党委对政法综治、公共安全工作的领导，召开常委会会议听取汇报、分析形势、部署工作，现场办公解决实际困难。加强和创新社会治理，开展“社会化治理活动年”，深化“雪亮工程”实战应用，规范提升网格化服务管理，探索创新公安“互联网+警媒寻人”、检察院“亲清护企”、法院“家+闽南文化”家事审判、“数字”型综治中心等模式。打造新时代“海上枫桥”，推进自治、法治、德治“三治融合”，扎实做好矛盾纠纷排查化解，开展信访违法行为集中整治行动经验做法被中央信访联席会议推广。制定《党政领导干部安全生产责任制实施细则》，绷紧拉紧安全生产“党政同责、一岗双责、齐抓共管、失职追责”链条，有效处置泉港化学品泄漏事故，在全市范

2018年9月14日，泉州市防御第22号台风“山竹”会商分析部署会召开
（图/市防汛办）

围开展警示教育，开展隐患排查专项行动，狠抓监管责任、主体责任落实，加强应急管理能力建设，健全联动机制，提升突发事件舆情应对能力。做好防灾减灾工作，防范应对12场强降水和“玛莉亚”“山竹”台风。推进食品安全“一品一码”全过程追溯体系建设，管控食品药品安全风险。加强党管武装工作，落实双重领导、党委议军和现场办公等制度，完善军人优待政策，落实“十项拥军”举措。配合海军成功举办国际海上登陆赛。

【对台交流交往】 2018年，泉州市贯彻落实中央“惠台31条”及省“惠台66条”，制定实施促进以对台经济文化交流合作“73条”，发放港澳台居民居住证，发挥祖地文化优势，搭建载体平台，促进互惠互利。

经贸合作有效提升。全市新批台资企业76家，引入台湾葳格教育、台中产业小镇、安溪国宇医院等项目。深化对台经贸活动，举办第二十一届“海博会”、第二十届“鞋博会”、第十一届“农订会”等展会。

对台交流深入拓展。打造一批国家级、省级对台交流基地，举办郑成功文化节、台湾青年“海丝泉州行”、海峡两岸高校文化与创意论坛等系列交流活动，促进台湾民众对泉州根、祖、脉的认识。拓展民俗文化、村镇对接和宗亲联谊，开展联络工作，组织对口交流67团4865人。实施深化与台湾人才交流合作专项行动，成立泉州市台湾青年就业创业服务中心，吸引台湾青年到泉州创业就业实习实训915人。

直接往来更加便捷。历时23年的向金门供水工程正式通水，专题研究供水安全保障工作，严把供水各环节质量关，确保水质优良、水量充足。2018年，泉金航线运营2744航次，运送两岸旅客16.3万人次；泉台空中直航飞行898架次，运送两岸旅客10.7万人次；泉台货运直航货运量53.9万吨。

【生态文明建设持续推进】 2018年，泉州市召开全市生态环境保护大会暨国家生态文明试验区建设推进会，坚决担负起生态文明建设政治责任，把生态环保工作作为硬指标、硬任务，保持生态环境质量持续向好。

层层压实“党政同责、一岗双责”。年初与各地签订党政责任书，市党政主要领导多次带队开展“四不两直”环保检查，通报生态环境质量和存在突出问题整改情况。出台《泉州市生态文明建设目标评价考核办法》和《泉州市党政领导生态环境保护目标责任书考核办法》，严格落实生态环境保护工作职责规定，将环保工作目标、职责纳入市、县两级年度绩效管理，进一步健全“管发展、管行业、管生产经营必须管环保”的工作格局。

狠抓环保督察反馈问题整改。市委、市政府多次召开专题约谈、整改推进会，集中攻坚中央、省级环保督察整改滞后项目，挂牌督办突出生态环境问题，一件一件盯紧抓实。30项中央环保督察整改任务按序时推进、已完成整改18项，125项省级环保督察整改任务完成96项，党政领导生态环保目标责任书、省委省政府挂牌督办、“三合一”督察、市级饮用水源地反馈问题整改有序有力推进。开展环保督察“回头看”自查及推行环保督察整改举一反三“五步七法”，得到上级批示肯定。

深化生态文明试验区建设。上年完成污染物排海总量控制、用能权有偿使用交易、城市开发边界划定等13项改革任务，三年累计完成33项改革任务。河湖长制、垃圾分类、流域补偿、自然资源资产审计、晋江自然资源确权登记、永春全域生态综合改革等多项改革经验获中央、省里复制推广。

打好污染防治攻坚战。实施大气污染防治行动计划、环境质量提升整改方案，强化燃煤锅炉、燃煤电厂、建陶业和挥发性有机物工业污染源整治及扬尘污染管控，中心市区空气质量改善幅度全省首位。全面执行最严格水资源管理制度，统筹山水林田湖草系统治理，持续推进小流域综合整治，完成植树造林10.9万亩（0.73万公顷）、水土流失治理40.1万亩（2.67万公顷）、矿山生态修复208万平方米，县级以上集中式饮用水水源地和主要流域水质达标率保持100%。建成4个危险废物处置项目，开展“清废行动”，完成固废存量清查、源头排查、能力调查。深化环保设施与能力建设“大会战”，2018年完成投资45.9亿元，完成工程包1个、项目55个。

全面实施河湖长制。建立完善治水长效机制和责任体系，创新协调推进、督导检查、监测监控、执法联动、考核评比和宣传引导“六项机制”，以河长制促进“河长治”。推进重点流域攻坚治理，流域生态环境有效提升。河湖长制工作经验获中央改革办总结推广，先后应邀到全国河长制专题研究班作经验介绍、到山东省作河长制专题授课。

【全面从严治党向纵深发展】 2018年，泉州市委落实新时代党的建设总要求，学习贯彻中央纪委、省纪委全会精神，按照省委“八个坚定不移”要求，层层压实管党治党责任，把从严管理贯彻落实到领导班子和干部队伍建设的全过程，以永远在路上的执着把全面从严治党引向深入。

坚持把政治建设摆在首位。贯彻《中共中央政治局关于加强和维护党中央集中统一领导的若干规定》，把“两个维护”作为最高政治原则、根本政治规矩、严肃政治纪律，教育引导各级党组织和党员干部树牢“四个意识”、坚定“四个自信”，始终在政治立场、政治方向、政治原则、政治道路上同以习近平同志为核心的党中央保持高度一致，贯彻落实党中央各项决策部署。贯彻落实习近平总书记重要指示批示精神，汲取秦岭违建别墅问题教训，对习近平总书记每一件重要指示批示贯彻落实情况，专门开展“回头看”，特别是高质量发展落实赶超、传承弘扬“晋江经验”、推进新型城镇化试点、古泉州（刺桐）史迹申遗等涉及泉州的事项，进行全面梳理，再细化再落实，并在市委全会上作了针对性部署，确保不折不扣落地见效。

担起全面从严治党政治责任。抓好省委责任制检查整改，15个整改项目全部落实，32个具体问题全部整改到位；健全主体责任检查工作机制，由市委常委、党员副市长带队，采取重点、交叉、委托的检查方式，对各地各部门2017年度主体责任落实情况全覆盖检查，移交511个问题和30条问责建议，逐一督促整改落实。严格执行新形势下党内政治生活若干准则，坚持民主集中制，修订《中国共产党泉州市委员会工作规则》，发挥集体领导作用，召开市委务虚会、市四套班子务虚会集体研讨谋划发展。建成泉州市党内政治生活体验馆，用小场景、声光电体验等形式，把党内政治生活具体化、形象化、生活化，市委常委班子到体验馆参观学习、接受党性教育、召开民主生活会。各级党员领导干部在本单位党委常委会（或党组）扩大会议上述责述廉、接受评议，深入开展整改、报告反馈。

提升基层组织组织力。完成村级组织换届，市委先后4次专题部署，市县主要领导全程盯紧抓牢，提前整顿难点村，“两委”换届选举一次性成功率均100%，“一肩挑”41%。实施“领头雁”培养工程，市委主要领导给新一届村党组织书记上党课，举办村干部培训班361期、培训3.3万人次。深化党员“三诺”活动，全市27万多名党员作出公开承诺，领办具体项目62万多个。推动非公党建工作法定化制度化，3000多家非公企业探索推行党建工作要求写入公司章程。建立市城市基层党建工作联席会议，推行在职党员到社区报到、党员志愿服务制度。

建设高素质干部队伍。开展系列干部教育培训，突出思想政治教育重点，举办县处级和乡科级干部主体培训班、中青年干部培训班、专业化能力提升专题培训班等。推行量化考评，突出“担当作为”“政治生态”等内容，坚持“两个优先”原则，以干部信息的分类精准化、管理科学化确保干部选准用好。从严从实加强干部教育管理监督，推动管好关键人、管到关键处、管住关键事、管在关键时，建立完善市管干部日常监督管理信息库。执行领导干部任期经济责任审计、因公因私出国（境）管理等制度，开展领导干部有关事项报告抽查核实、巩固“三超两乱”整治成果。

严格正风肃纪。落实中央八项规定及实施细则精神，制定出台泉州市实施办法，开展“1+X”专项督查，查处违反中央八项规定精神问题190个、处理240人。集中整治形式主义官僚主义，重点整治“文山会海”、不作为、慢作为、乱作为和群众反映强烈的问题，查处68起、处理145人，实名通报13批17起典型案例。传承和弘扬“四下基层”“马上就办、真抓实干”等优良作风，统筹规范各类督查考核工作，防止重“痕”不重“绩”、留“痕”不留“心”，让基层腾出更多时间精力抓落实。

保持惩治腐败高压态势。抓好新修订的《中国共产党纪律处分条例》学习宣传和贯彻执行。坚持精准有力惩治腐败，加大纪律审查力度，全市处置问题线索5642条，立案1504件，给予党纪政务处分1452人，移送司法机关处理59人。坚持行贿受贿一起查，查处行贿人员35人。追逃防逃两手抓，全市追回在逃人员21人，追回赃款838万元及扣押、查封一批车辆、房产。深化监察体制改革，完成市县机构组建、人员转隶、挂牌运转，推进纪法贯通、法法衔接，实现对所有行使公权力的公职人员监督全覆盖。强化派驻监督“探头”作用，在全省率先开展市直派驻纪检组绩效考评，率先将经费预算、后勤保障、工资福利、档案管理等全部纳入市纪委管理。制定市委巡察工作实施办法，市级全年完成3轮8批、对33个单位党组（党委）的巡察，各县（市、区）完成3轮以上、对938个党组织（含村级组织）的巡察。从机制体制、责任传导、制度规范等入手，推行“五统一”规范化建设，提升乡镇纪委履职能力水平。

【巡视整改】 2018年，泉州市委学习贯彻习近平总书记关于巡视工作重要论述，接受中央巡视、省委巡视监督检查，支持配合巡视组开展工作。对中央巡视反馈涉及泉州的问题、省委巡视二组反馈的意见，市委全面整改，推动巡视整改见真章、动真格、求实效。

扛起巡视整改重大政治责任。成立市委巡视整改工作领导小组，召开市委常委会会议、市委巡视整改工作领导小组会议、专题会议等22次，研究细化整改措施，协调解决重点难点问题，一体推进中央巡视、省委巡视问题整改。摒弃“过关”心态，对中央、省委巡视反馈问题分解成379条细化措施，市级班子成员牵头认领。市委书记当好“施工队长”，直接负责一半以上巡视整改任务，带动督促全市各级各部门坚决抓好整改。市四套班子成员先改实改，协调推进各自责任领域整改工作。全市各级党委（党组）及其书记担负起主体责任、第一责任人责任，定方案、定措施开展整改。

推动整改落地见效。对照中央、省委巡视组反馈问题和整改要求，分别制定《整改任务分解方案》《巡视整改任务细化措施》，建立巡视整改组织领导、责任落实、工作推进、督促检查等四项机制，列出问题清单、责任清单、任务清单，每项整改任务由至少一名市领导担任责任人。坚持“赶前不赶后”推进整改工作，每周至少召开一次会议研究推进，落实“一周一报告”制度，强化台账跟踪督办，一个个问题击破、销号，推动集中整改取得阶段性成果。巡视整改落实情况报告按期报送省委巡视工作领导小组。

推进整改常态长效。坚持把落实巡视整改和深化标本兼治结合起来，把抓好巡视整改与解决全面从严治党要求不相符的各类问题相结合，与破解历史遗留问题、民生短板问题相结合，从源头上补齐短板、建章立制。扎紧制度笼子，强化刚性约束，严格监督执行，构建不敢腐、不能腐、不想腐的体制机制。建立对县（市、区）巡视整改跟踪督办机制，梳理十届省委巡视泉州市7个县（市、区）反馈的落实民主集中制不够到位、抓基层党委（党组）规范运作不够有力、村级组织建设不得力、工程招投标不规范等8个共性问题，督促各级党委（党组）对照查摆、举一反三，一体整改落实，推动建立健全制度67项。

【市委常委会会议】 2018年，中共泉州市第十二届常委会召开第73～128次会议。

2018年泉州市委十二届常委会会议情况表

表5

时间	次	议题内容
1月2日	第73次	传达全省社会治安综合治理表彰大会精神，研究泉州市贯彻意见
		研究《泉州市事业单位公务用车制度改革实施方案（送审稿）》、《泉州市国有企业公务用车制度改革实施方案（送审稿）》
		传达贯彻省委常委、纪委书记刘学新蹲点调研石狮讲话精神
		学习《中共福建省纪委 中共福建省委组织部关于开好2017年度全省县以上党和国家机关党员领导干部民主生活会的通知》，研究开好市委常委班子民主生活会有关事宜
1月9日	第74次	宣读《中共福建省委关于刘建军同志任职的通知》
		听取市人大常委会党组、市政府党组、市政协党组、市法院党组、市检察院党组工作情况汇报
		学习贯彻《福建省进一步贯彻落实中央八项规定精神实施办法》（闽委办发〔2017〕50号），研究《泉州市进一步贯彻落实中央八项规定精神实施办法》
		学习贯彻《中国共产党党务公开条例（试行）》
		传达贯彻习近平总书记关于推进“四好农村路”建设的重要批示
1月16日	第75次	学习贯彻习近平总书记“1·5”重要讲话精神和省委常委会会议精神
		研究《中共泉州市委 泉州市人民政府关于深化集体林权制度改革加快生态文明建设的实施意见（送审稿）》
		研究《中共泉州市委 泉州市人民政府关于加快深化市属国有企业改革的实施意见（送审稿）》
		研究市关工委领导班子和组成人员调整充实方案

续表5

时 间	次	议　题　内　容
1月22日	第76次	传达贯彻中共十九届二中全会精神和省委常委会（扩大）会议精神
		传达贯彻全国宣传部长会议、省委常委会和全省宣传思想文化系统专题会议精神
		传达贯彻十九届中央纪委二次全会、省纪委十届三次全会精神，研究召开市纪委十二届三次全会有关事宜
		研究泉州中华职教社第二届社务委员会换届人事安排
		研究泉州市推荐参评全省基层理论宣讲先进集体事宜
2月1日	第77次	听取2017年度泉州市生态环境保护督察督查工作情况汇报
		传达贯彻省十三届人大一次会议、省政协十二届一次会议精神
		传达贯彻全省金融工作会议精神
		传达贯彻中央、省委农村工作会议精神
		研究《泉州市贯彻落实〈关于完善福建省审计制度若干问题的实施意见〉的意见（送审稿）》和《关于深化泉州市国有企业和国有资本审计监督的实施意见（送审稿）》，听取一年来审计工作情况汇报
		传达贯彻省委2017年度市委书记抓基层党建述职评议会议精神
		听取2017年度市委常委班子民主生活会准备工作情况汇报，研究民主生活会有关材料
2月9日	第78次	传达习近平总书记重要指示精神和中央、省委政法工作会议以及全国、全省扫黑除恶专项斗争电视电话会议精神，研究泉州市贯彻意见
		传达全国、全省统战部长会议和全省贯彻落实中央和省委关于宗教工作重大决策部署经验交流会暨新疆若干历史问题研究座谈会精神，研究泉州市贯彻意见
		传达全国、全省组织部长会议精神，研究泉州市贯彻意见
		研究“大干40天、比拼开门红”活动点评会暨城建项目攻坚2018动员部署会议方案及在项目攻坚活动中开展干部专项考核办法
		研究《中共泉州市委 泉州市人民政府关于稳步推进农村集体产权制度改革的实施意见（送审稿）》
		学习《中央办公厅关于印发〈中央巡视工作规划（2018　2022）〉的通知》和《中共福建省委办公厅印发〈关于建立市县党委巡察制度的实施意见〉的通知》，研究《中共泉州市委巡察工作实施办法》和2018年市委巡察工作计划
		研究《中共泉州市委常委会2018年工作要点》
2月26日	第79次	学习贯彻习近平总书记2018年新年贺词、在2018年春节团拜会上的重要讲话和在打好精准脱贫攻坚战座谈会上的重要讲话精神以及省委常委会会议精神
		听取2017年安全生产工作情况汇报，研究部署当前安全生产工作
		传达全省档案工作会议精神，研究泉州市贯彻意见
		学习《中共中央关于加强和改进党的新闻舆论工作的意见》，传达全省宣传部长会议精神，研究泉州市贯彻意见
		研究2017年度市委书记抓基层党建述职评议有关问题整改方案
		研究《泉州市关于规范党员和公职人员操办婚丧喜庆事宜的规定（试行）（送审稿）》
		研究金门同胞联谊会第八届理事大会换届方案
3月1日	第80次	学习贯彻党的十九届三中全会公报和习近平总书记在中央政治局第四次集体学习时的重要讲话精神
		研究省委巡视泉州市部分县（市）反馈的有关共性问题整改工作
		研究泉州市推荐参评全国五一劳动奖章、全国工人先锋号人选有关事宜
		研究有关干部事项
3月5日	第81次	学习人民日报《习近平同志在福建宁德工作时反腐倡廉的生动实践》及省委常委会会议精神

续表5

时间	次	议题内容
3月14日	第82次	研究省委检查组移交的泉州市2017年度落实全面从严治党主体责任问题清单整改工作
		听取2017年度市委常委述责述廉评议结果和整改情况报告
		传达全省对台工作会议精神，研究泉州市贯彻意见
		研究《泉州市生态文明建设目标考核办法（送审稿）》
		传达学习中共中央办公厅《关于严明纪律切实保证党和国家机构改革顺利进行的通知》
		通报有关纪律处分事项
3月22日	第83次	传达全省机关党的工作暨省直机关纪检工作会议精神，研究泉州市贯彻意见
		研究《泉州市文联深化改革方案》
		研究泉州市推荐参评2018年福建省劳动模范和先进工作者表彰对象有关事宜
		传达省委常委、组织部部长胡昌升到泉州调研讲话精神，研究泉州市贯彻意见
		研究《关于“攻坚2018•一线工作法”的指导意见》和《关于开展2018年第一季度“领导干部一线办公”活动周的通知》
		研究有关干部事项
3月29日	第84次	传达省委常委、组织部部长胡昌升在泉州市领导干部会议上的讲话精神，研究有关工作
		听取泉州市2017年度落实全面从严治党主体责任检查情况汇报
4月8日	第85次	传达学习习近平总书记在中央全面深化改革委员会第一次会议上的重要讲话精神和省委全面深化改革领导小组会议精神，研究泉州市贯彻意见
		传达学习习近平总书记在中共中央政治局会议听取2017年省级党委和政府脱贫攻坚工作成效考核情况汇报时的重要讲话精神和省委常委会会议精神，研究泉州市贯彻意见
		研究《中共泉州市委 泉州市人民政府关于实施乡村振兴战略的具体意见（送审稿）》
		学习《中共中央关于深入学习宣传贯彻实施〈中华人民共和国宪法〉的意见》
		研究2018年度市委党建工作重点项目
		传达全省高校思想政治工作座谈会精神，研究泉州市贯彻意见
		研究2018年泉州市劳动模范和先进工作者表彰对象
4月18日	第86次	学习贯彻习近平总书记在博鳌亚洲论坛2018年年会开幕式、庆祝海南建省办经济特区30周年大会和中央财经委员会第一次会议上的重要讲话精神以及省委常委会会议精神
		传达贯彻省委省政府推进高质量发展和落实赶超工作督查视频会议精神
		研究《泉州市全面深化改革领导小组2018年工作要点（送审稿）》和《关于组织实施2018年全面深化改革重点项目的通知（送审稿）》
		研究《泉州市党政领导生态环境保护目标责任书考核办法（送审稿）》
		研究《泉州市赶超发展行动计划（2018—2020年）（送审稿）》
		听取全市政府性债务管理工作情况汇报
		听取有关支前保障工作情况汇报
		研究《泉州市旅游发展委员会委员单位及其工作职责（送审稿）》
		研究《泉州市关于贯彻〈福建省关心关爱基层干部二十条措施〉的十条意见》和《泉州市关心关爱基层干部和党员专项资金管理试行规定（送审稿）》

续表5

时间	次	议　题　内　容
4月25日	第87次	传达福建省扫黑除恶专项斗争领导小组成员（扩大）会议精神，研究泉州市贯彻意见
		传达全省村级组织换届选举工作视频会议精神，专题研究泉州市村级组织换届选举工作
		传达全省市级纪委监委机关干部专题培训班开班式暨全省基层纪检组织建设工作会议精神，研究泉州市贯彻意见
		听取泉州市委党校新校区设计方案汇报
		研究有关干部事项
4月28日	第88次	学习贯彻习近平总书记在全国网络安全和信息化工作会议上的重要讲话和致首届数字中国建设峰会的贺信精神以及省委常委会会议精神
		学习贯彻习近平总书记关于建设生态宜居美丽乡村的重要指示精神和省国家生态文明试验区建设领导小组暨省中央环保督察整改工作领导小组会议精神
		传达习近平总书记关于安全生产的重要指示和省委常委会会议精神，学习中办国办印发的《地方党政领导干部安全生产责任制规定》，研究泉州市贯彻意见
		研究配合省委巡视工作有关事项
		研究召开市文联第三次代表大会有关事项
		传达贯彻中办、国办有关文件精神（规范津补贴）
5月7日	第89次	传达学习省委宣传部《当前我省意识形态领域形式的通报》，研究《当前我市意识形态领域形势的通报（送审稿）》，部署下一阶段工作
		学习贯彻《中共中央办公厅关于加强调查研究提高调查研究实效的通知》
		研究《泉州市贯彻落实创新政府配置资源方式的实施方案》
		研究《泉州市人民政府2018年立法计划》
		研究《健康泉州2030行动规划》
		研究市委提交省委巡视二组的工作汇报材料
5月13日	第90次	研究康涛同志在中央党校学习期间有关工作安排
		学习贯彻习近平总书记在中共中央政治局第五次集体学习时和纪念马克思200周年诞辰大会上的重要讲话精神以及省委常委会会议精神
		学习贯彻习近平总书记在第十九届中央国家安全委员会第一次会议上的重要讲话精神和省委常委会会议精神
		研究有关干部事项
5月27日	第91次	学习贯彻习近平总书记在全国生态环境保护大会上的重要讲话精神和省委常委会会议暨省国家生态文明试验区建设领导小组会议精神
		学习贯彻《中共福建省委关于在全省进一步兴起习近平新时代中国特色社会主义思想“大学习”热潮的通知》
		传达贯彻2018年省委省政府工作检查精神
		传达贯彻省政府唐登杰省长到泉州调研精神
		研究泉州市推荐参评全国侨联系统先进集体有关事项
		研究有关干部事项
6月4日	第92次	学习贯彻习近平总书记在两院院士大会上的重要讲话精神和省委常委会会议精神
		学习贯彻习近平总书记在中央审计委员会第一次会议上的重要讲话精神和省委常委会会议精神
		研究《泉州市武警部队兵力需求军地对接工作方案（送审稿）》
		研究《中共泉州市委关于加强党领导立法工作的实施意见（送审稿）》
		研究有关干部事项

续表5

时间	次	议题内容
6月20日	第93次	学习贯彻习近平总书记对脱贫攻坚工作重要指示和在中央政治局会议上的重要讲话精神及省委常委会会议精神
		学习贯彻习近平总书记在中央全面深化改革委员会第二次会议上的重要讲话精神和省委常委会会议精神
		传达贯彻福建省党政代表团赴宁夏、广东考察精神
		传达贯彻“全省传达贯彻省区市纪检监察工作座谈会精神电视电话会议”精神
		传达贯彻省委常委、宣传部部长梁建勇到泉州调研精神
		听取关于规范市级干部挂职锻炼项目汇报
7月3日	第94次	通报“古泉州（刺桐）史迹”申报世界文化遗产有关情况，研究部署下一步工作
		传达贯彻习近平总书记在中央政治局第六次集体学习时的重要讲话精神
		传达贯彻省委常委、省纪委书记、省监委主任刘学新到泉州调研精神
		研究《2018年泉州市21世纪海上丝绸之路先行区建设工作要点（送审稿）》
		传达全省基层党建工作重点任务推进会和发展壮大村级集体经济及村级组织活动场所建设现场会、全省激励干部担当作为和选调生工作座谈会主要精神，研究泉州市贯彻意见
		研究《关于加强城市基层党建工作的实施意见（试行）（送审稿）》和《泉州市城市基层党建工作联席会议制度（送审稿）》
		研究《泉州市直从事生产经营活动事业单位改革实施方案（送审稿）》
		传达《中共福建省委办公厅关于我省机构改革期间进一步严肃纪律的通知》
7月12日	第95次	研究《关于促进房地产持续健康稳定发展的若干意见（2018—2020）（送审稿）》
		学习新华社长篇通讯《习近平同志推动厦门经济特区建设发展的探索与实践》和省委常委会会议、省委《通知》精神，研究泉州市贯彻意见
		学习习近平总书记关于禁毒工作的重要指示精神和省委常委会会议精神，传达福建省扫黑除恶专项斗争领导小组成员（扩大）会议精神，研究泉州市贯彻意见
		学习中央办公厅印发《关于当前意识形态领域情况的通报》，传达全省网络安全和信息化工作会和数字福建建设推进会精神，研究泉州市贯彻意见
		传达全省生态环境保护大会和国家生态文明试验区建设推进会精神，研究泉州市贯彻意见
		传达中共福建省委《关于把党的政治建设摆在首位落深落细落实全面从严治党主体责任的意见》和《关于福建省2017年度落实全面从严治党主体责任检查情况的通报》，研究泉州市贯彻意见
7月16日	第96次	集中学习“壮阔东方潮 奋进新时代—庆祝改革开放40年”大型主题采访活动晋江经验系列报道
		听取各民主党派对上半年全市经济运行情况的意见建议
		学习习近平总书记在中央外事工作会议、中央外事工作委员会第一次会议上的重要讲话精神和省委常委会会议精神，研究泉州市贯彻意见
		学习习近平总书记与团中央新一届领导班子成员集体谈话时的重要讲话精神和省委常委会会议精神，研究泉州市贯彻意见
		研究《泉州晚报社、泉州广播电视台深化干部人事制度改革工作方案（送审稿）》
7月18日	第97次	研究任命市委副书记王永礼为市政府党组书记、免去康涛市政府党组书记职务

续表5

时间	次	议题内容
7月23日	第98次	研究召开十六届人大三次会议有关事项
		研究召开市委人大工作会议有关事项及会议文件
		传达学习习近平总书记对推进中央和国家机关党的政治建设的重要指示和省委常委会会议精神以及省直机关党的政治建设推进会精神，研究泉州市贯彻意见
		传达全省统战部长、民族宗教局长会议精神，研究泉州市贯彻意见
		研究《关于泉州市信访工作责任制实施意见（送审稿）》
		传达全国、全省维稳工作视频会议精神，研究泉州市贯彻意见
		研究落实省委巡视组对泉州市党政车改工作整改要求
8月2日	第99次	传达习近平总书记、李克强总理和省委书记于伟国关于防汛抢险救灾工作的重要指示精神，研究泉州市贯彻意见
		传达习近平总书记关于巡视工作的重要指示和省委有关会议精神，研究泉州市贯彻意见
		传达中共中央政治局常委、全国人大常委会委员长栗战书到泉州调研时的重要讲话精神，研究泉州市贯彻意见
		传达中央巡视工作五年规划专题培训班暨第二期全国巡察干部培训班精神，学习《中共福建省委巡视工作规划（2017—2021年）》，研究《中共泉州市委巡察工作规划（2017—2021年）（送审稿）》
		传达学习省纪委监委半年工作会议精神，研究泉州市贯彻意见
		研究召开市十六届人大三次会议有关事项
8月6日	第100次	传达7月31日中央政治局会议和习近平总书记在中央财经委员会第二次会议上的重要讲话精神，研究泉州市贯彻意见
		传达全国、全省组织工作会议精神，研究泉州市贯彻意见
		传达省委习近平新时代中国特色社会主义思想学习汇报会和全省精神文明建设工作暨先进命名表彰大会精神，研究泉州市贯彻意见
		研究《泉州市提升营商环境行动实施细则（送审稿）》
		研究《关于建设更高水平“平安泉州”的实施意见（送审稿）》
		传达全省政协系统学习贯彻习近平总书记关于加强和改进人民政协工作重要思想理论研讨会主要精神，研究泉州市贯彻意见
		听取泉州市机构改革工作有关事项汇报
8月17日	第101次	研究落实《中央第一巡视组关于巡视福建省反馈意见》涉及泉州市问题整改工作
		听取泉州市开展2017年度落实全面从严治党主体责任“回头看”检查情况汇报
		研究福建向金门供水安全保障工作
		传达省纪委督导组到泉州州市开展扫黑除恶专项斗争督导工作情况，研究泉州市贯彻意见
		研究《泉州市中山路骑楼建筑保护条例（草案）》
		研究干部有关事项
8月21日	第102次	研究闽西南经济协作区建设有关工作
		听取当前安全生产工作情况汇报，研究市领导安全生产工作责任分工
		传达全省抓党建促脱贫攻坚工作现场推进会精神，研究泉州市贯彻意见

续表5

时间	次	议题内容
8月27日	第103次	研究有关干部事项
		传达学习省委常委班子落实中央巡视组巡视整改意见专题民主生活会会议精神，听取中共泉州市委常委班子落实中央巡视组巡视整改意见专题民主生活会准备情况汇报
		学习省委巡视整改工作领导小组关于印发《巡视整改任务细化措施》的通知，研究泉州市贯彻意见和整改情况进度表（同时作为市委巡视整改工作领导小组会议）
8月30日	第104次	研究《落实〈中央第一巡视组关于对福建省委巡视工作开展专项检查的情况报告〉涉及我市问题的整改任务与分解方案》和《落实〈中央第一巡视组关于巡视福建省委落实意识形态工作责任制情况报告〉涉及我市问题的整改任务与分解方案》
		研究中央第一巡视组反馈惠安县22名科级干部主动要求改任非领导职务或调整到轻松岗位任职问题专项整改工作
		听取创建国家公共文化服务体系示范区工作汇报，研究《关于泉州市创建国家公共文化服务体系示范区实施方案（送审稿）》
		听取《中国共产党泉州历史》第二卷（送审稿）编撰情况汇报
		研究召开共青团泉州市第十七次代表大会有关事宜
		研究泉州半导体高新技术产业园区管理机构有关事项
		研究有关干部事项
9月6日	第105次	传达中央扫黑除恶第四督导组到泉州督导精神，研究泉州市贯彻意见
		研究“项目攻坚2018”活动上半年遴选表扬工作考评结果
		研究有关干部事项
9月10日	第106次	学习习近平在推进“一带一路”建设工作5周年座谈会上的重要讲话和省委常委会会议精神，研究泉州市贯彻意见
		学习习近平总书记在中央全面依法治国委员会第一次会上的重要讲话和省委常委会会议精神，研究泉州市贯彻意见
		研究中央巡视福建反馈意见涉及泉州市整改任务落实情况
		学习《中国共产党纪律处分条例》
		传达全省实施乡村振兴战略工作会议精神，研究泉州市贯彻意见
9月17日	第107次	学习贯彻习近平总书记对信访工作重要批示精神，听取泉州市信访工作汇报
		听取2018年以来泉州市河长制工作情况汇报，研究部署下一步工作
		研究《关于驻泉部队参与打赢脱贫攻坚战的实施方案（试行）》
		传达贯彻省委常委会研究全省关心下一代工作有关精神，听取市关工委工作汇报
		传达贯彻省委于伟国书记在学习贯彻习近平新时代中国特色社会主义思想专题班上的报告精神
		研究《关于加强和改进党的新闻舆论工作的实施方案》
		通报省委巡视整改工作专题督查组到泉州督查情况，研究部署下一阶段整改落实工作
		研究开展市、县中青年干部双向交流挂职工作方案
		研究落实省委关于选派干部到平潭综合实验区任职有关工作
		研究有关干部事项
9月26日	第108次	研究做好通勤交通补贴清退工作有关事项
		学习习近平总书记关于宗教问题和宗教工作的重要论述，传达全省宗教工作自查电视电话会议精神，研究泉州市贯彻意见
		传达第十次全国归侨侨眷代表大会和省委常委会会议精神，研究泉州市贯彻意见

续表5

时间	次	议题内容
9月29日	第109次	传达学习习近平总书记在全国教育大会上的重要讲话和福建省庆祝2018年教师节暨优秀教师表彰大会会议精神，听取泉州市实施教育舒心工程进展情况汇报，研究部署下一步工作
		传达贯彻省委十届六次全会精神，研究召开市委十二届七次全会有关事项及会议文件
		传达全省组织系统参与扫黑除恶专项斗争专题会议主要精神，研究泉州市贯彻意见
		研究《进一步落实党委（党组）干部培养主体责任的意见（送审稿）》
		研究有关纪律处分事项
		研究有关干部事项
9月30日	第110次	研究确定李伙金为市政府党组成员
10月9日	第111次	宣布省委有关任免决定（游宇飞、温惠榕）
10月11日	第112次	宣布省委有关任免决定（刘文儒）
		传达学习习近平总书记和中央、省委领导同志关于打击破坏生态环境违法违规行为背后的黑恶势力和保护伞的重要批示精神，研究泉州市贯彻意见
		研究落实市委十二届七次全会重点任务分解方案
		研究《关于贯彻落实〈福建省弘扬“马上就办、真抓实干”优良传统作风若干规定（试行）〉的实施方案（送审稿）》
		研究《泉州市国民经济和社会发展第十三个五年规划纲要实施中期评估报告（送审稿）》
		研究《泉州市市与县财政事权和支出责任划分改革实施方案（送审稿）》
		研究推荐参评全省侨务系统先进集体事宜
		研究HDT高效太阳能项目投资协议
		听取泉州市政府、南安市政府与三安集团关于项目合同实施推进备忘录有关情况的备案报告
		研究有关干部事项
10月15日	第113次	研究落实中央、省委领导批示精神抓好崇武城墙及崇武古城保护工作
		研究《中共泉州市委 泉州市人民政府关于深入开展公益诉讼工作的意见（送审稿）》
10月18日	第114次	宣布省委有关干部任免决定（陈铁晗）
10月23日	第115次	传达学习习近平总书记在中央政治局第八次集体学习时的重要讲话、对脱贫攻坚工作的重要指示精神和省委常委会会议精神以及全省实施乡村振兴战略现场推进会精神，研究泉州市贯彻意见
		传达学习习近平总书记在中央财经委员会第三次会议上的重要讲话和省委常委会会议精神，研究泉州市贯彻意见
		听取进一步落实通勤交通补贴清退工作有关事项汇报
		传达全省天主教专项工作会议精神，研究泉州市贯彻意见
11月1日	第116次	研究修订《中国共产党泉州市委员会工作规则》
		传达学习省委《关于巡视整改进展情况的通报》（闽委〔2018〕55号），研究泉州市贯彻意见
		传达省委常委、省纪委书记、省监委主任刘学新到泉州调研精神，研究泉州市贯彻意见
		研究泉州市推荐参评全省水利系统和全省科协系统先进集体有关事项
		研究有关专项工作（晋华公司）

续表5

时间	次	议　题　内　容
11月8日	第117次	传达全国、全省扫黑除恶专项斗争推进会和中央扫黑除恶督导组督导福建省情况反馈会议精神，研究泉州市贯彻意见
		传达全国、全省宣传思想工作会议和全省促进文化产业高质量发展座谈会、全省县级融媒体中心建设推进会精神，研究泉州市贯彻意见
		研究组织开展党委（党组）落实意识形态工作责任制专题督查方案
		学习《党政领导干部选拔任用工作条例》
		传达十九届中央第二轮巡视工作动员部署会、十届省委第五轮巡视工作动员部署会暨全省设区市巡察办主任座谈会主要精神，研究泉州市贯彻意见
		研究《关于落实〈省委巡视二组关于巡视泉州市的反馈意见〉的整改任务与分解方案》，部署巡视整改工作
		传达中央政治局10月31日会议和习近平总书记在民营企业座谈会上的重要讲话精神以及省委理论学习中心组学习会精神，研究泉州市贯彻意见
		研究有关干部事项
11月9日	第118次	宣布省委有关干部任免决定（陈灿辉、李转生）
11月14日	第119次	传达贯彻省人大常委会深入学习贯彻习近平总书记关于坚持和完善人民代表大会制度的重要思想交流会精神，研究召开市十六届人大四次会议、市政协十二届三次会议有关事项
		学习传达中央巡视工作领导小组署名文章《巡视整改落实是“四个意识”的试金石》、省委常委会和省委巡视整改领导小组《通知》精神，研究泉州市贯彻意见
		传达习近平总书记重要指示、全国党委秘书长会议和全省党委秘书长、办公厅（室）主任会议精神，研究泉州市贯彻意见
		传达习近平总书记同中华全国总工会新一届领导班子成员集体谈话时的重要讲话、中国工会十七大和省委常委会会议精神，研究泉州市贯彻意见
		学习《中国共产党支部工作条例（试行）》
		研究泉州市推荐参评2014—2017年度全省住房和城乡建设系统先进集体有关事项
		研究有关纪律处分事项
		研究有关干部事项
11月24日	第120次	研究泉港东港石化公司裂解碳九泄露事故调查责任认定及问责处理事项
11月27日	第121次	研究市委《巡视整改任务细化措施》
		传达学习贯彻习近平总书记在首届中国国际进口博览会开幕式上的主旨演讲精神和参观“伟大的变革——庆祝改革开放40周年大型展览”时的重要讲话以及省委常委会会议精神，研究泉州市贯彻意见
		传达学习习近平总书记同全国妇联新一届领导班子成员集体谈话时的重要讲话、中国妇女十二大和省委常委会会议精神，研究泉州市贯彻意见
		传达全省党校行政学院校院长会议精神，研究泉州市贯彻意见
		传达全省组织系统参与扫黑除恶专项斗争推进会议精神，研究泉州市贯彻意见
		研究召开落实省委巡视二组巡视整改意见专题民主生活会方案
		研究有关机构事项（设立退役军人事务局）
		研究有关纪律处分事项
		研究十二届市政协委员、常委事宜

续表5

时间	次	议　题　内　容
12月2日	第122次	传达贯彻省委专题会议精神（泉港碳九泄漏事故）
		听取省委巡视整改专题民主生活会筹备情况汇报，研究市委班子对照检查材料
		研究《泉州市机构改革方案（送审稿）》和县（市、区）机构改革方案
		研究泉州市推荐参评全省台办系统先进工作者事宜
		传达省纪委有关处分决定
12月6日	第123次	传达贯彻纪念毛泽东同志批示学习推广“枫桥经验”55周年暨习近平总书记指示坚持发展“枫桥经验”15周年大会和省委常委会会议精神，研究加强泉州市社会治理工作
		传达学习习近平总书记在中共中央政治局第九次集体学习时的重要讲话和省委常委会会议精神，研究泉州市贯彻意见
		研究召开泉州市推进民营经济高质量发展大会有关事宜
		传达贯彻全省脱贫攻坚现场推进会精神，研究《中共泉州市委 泉州市人民政府关于打赢脱贫攻坚战三年行动的实施意见（送审稿）》
		研究《中共泉州市委办公室 泉州市人民政府办公室关于加强乡镇政府服务能力建设的实施方案（送审稿）》
		研究有关干部事项
		研究2019年央视戏曲春晚泉州分会场有关工作
12月11日	第124次	研究有关干部事项
		研究《泉州市党政领导干部安全生产责任制实施细则（送审稿）》和《泉州市推进城市安全发展实施方案（送审稿）》，听取1—11月安全生产工作汇报，部署下一步工作
		研究《关于促进泉台经济文化交流合作的若干措施》
		研究召开市十六届人大四次会议、市政协十二届三次会议有关事项及市人大常委会工作报告、市政协常委会工作报告
		研究市政协委员推荐增补事宜
		传达全省城市基层党建工作推进会、全省互联网企业党建工作现场推进会及省互联网企业党建工作联席会主要精神，研究泉州市贯彻意见
		学习《干部人事档案工作条例》
		研究2019年度泉州市、县两级党委政府表彰项目有关事宜
12月21日	第125次	传达学习习近平总书记在中共中央政治局第十次集体学习时的重要讲话和省委常委会会议精神，研究泉州市贯彻意见
		研究泉州市人大常委会2019年立法计划草案（建议稿）
		听取泉州市国有企业党建工作情况汇报
		研究推荐参评全省重点项目建设功臣人选事宜
		研究《关于制定市级党政工作部门“三定”规定的通知（送审稿）》
		传达学习深化全省巡察工作专题会精神，研究泉州市贯彻意见
		研究有关干部事项
12月25日	第126次	2018年度市委常委专题议军（传达上级会议精神，听取一年来泉州市国防动员与后备力量建设情况汇报，研究推进泉州市国防动员与后备力量建设的意见）
		研究市政府工作报告、法院工作报告、检察院工作报告、计划报告、预算报告等文稿
		研究2019年市委、市政府为民办实事项目
		听取全市党委（党组）意识形态工作责任制专题督查情况汇报，部署下一阶段工作
		研究泉州市民营企业家接受人民网专题采访对象

续表5

时间	次	议　题　内　容
12月28日	第127次	传达贯彻省委十届七次全会和省委经济工作会议精神，研究召开市委十二届八次全体会议有关事项及市委全会、市委经济工作会议文件
		研究《泉州市深化农村人居环境整治三年行动方案（送审稿）》
		研究《泉州市关于推动构建亲清新型政商关系的意见（试行）》
12月28日	第128次	宣布省委有关干部任免决定（张永宁）

组 织

【概况】 2018年，泉州市委组织部践行新时代党的组织路线，开展“组织工作提升年”活动。坚持把学习习近平新时代中国特色社会主义思想作为干部教育培训的重中之重，作为各级党校、行政学院的必修课，纳入培训计划和教学布局，办好重点班次，分类分级抓好理论武装。举办6期“深入学习贯彻习近平新时代中国特色社会主义思想”专题研讨班，采取主题报告、专题讲座、研讨交流、现场教学等方式，先后培训县乡领导干部1500多名。推进“两学一做”学习教育常态化制度化，分领域、分类别举办基层党组织书记、党员和党务骨干培训班，开展“不忘初心、牢记使命”全市学习新思想和中共十九大精神知识竞赛，指导各地各部门抓好集中轮训，全市各级共举办培训班3000多期、培训党员近15万人次。坚持学用结合，围绕传承弘扬“晋江经验”，深化党员“三诺”工作，首批开展党建教学6个理论专题和14个现场教学专题研究，引导党员干部坚定理想信念、践行初心使命。

2018年10月30日，泉州市党内政治生活体验馆开馆，市委书记康涛（中）在体验馆内为党员上党课 （图/陈起拓）

【党员干部政治生活】 2018年，泉州市委组织部规范全市党员干部政治生活，落实好“三会一课”、民主生活会等基本制度。

从严规范党内政治生活。执行新形势下党内政治生活若干准则，落实好“三会一课”、民主生活会等基本制度。以党内政治生活为主题，创建泉州市党内政治生活体验馆，把庄重严肃的党内政治生活具体化、形象化、生活化，让党员身临其境接受党性教育，开馆近两个月来，已有300多个单位团体、1.6万多名党员进馆参观体验。针对民主生活会党风党性问题“年年相同、反复发作”等情况，开展专题调研和统计分析，研究提出4个方面13条对策建议，形成的报告获评中组部2018年党内统计、干部统计选题分析报告一等奖。

扛起巡视整改政治责任。把巡视整改作为检验“四个意识”的试金石和“两个责任”的重要标尺，抓好中央和省委巡视反馈问题的整改落实。制定《部机关巡视整改工作领导小组工作规则》《部机关落实〈省委巡视二组巡视反馈意见〉的整改任务与分解方案》等规章制度，对省委巡视反馈涉及组织部门的16项整改问题，细化为46条措施和98个项目，明确整改的目标要求、完成时限、责任领导、责任科室和责任人员，实行清单对账，逐一抓好落实。组织召开落实巡视整改意见专题民主生活会，督促指导相关单位对照反馈意见深刻剖析、举一反三，切实做到真认账、真反思、真整改、真负责。

【干部新时代新担当新作为】 2018年，泉州市委组织部激励全市干部在新时代实现新担当新作为。

组织开展市管领导班子和领导干部年度考核。制定差异化考核指标，设置考核主体不同权重，通过“上评下、下评上、左右互评、专业评”方式，切实考准考实干部现实表现，相关做法在《党建要报》《学习与研究》上刊发。市直单位被评为“好”的班子20个，评为“一般”的班子4个；评为“好”等次的干部119人，评为“差”等次的干部77人。强化考核结果反馈，对考核被评为“好”的干部，组织集体谈话，肯定“好”干部的成绩，并在一定范围内通报表扬；对于少数考核反映一般的干部，通过函询、关爱帮扶、提醒谈话、结对帮带等，让考核一般的干部感受组织的良苦用心和关爱，主动认识问题和差距，积极改进并迎头赶上。

树立鲜明选人用人导向。坚持党管干部原则，坚持先定规矩再定人，坚持“两个优先”，对考核被评为“好”的班子，优先使用其推荐的干部；对考核被评为优秀等次的干部，优先考虑培养和提拔使用。严格执行《党政领导干部选拔任用条例》，坚持按标准、原则和程序办事，把好干部动议、推荐提名、考核考察、酝酿讨论、公示任免等各个环节，全年调配市管干部17批次456人次。突出基层导向、一线导向，制定出台《泉州市关于贯彻〈福建省关心关爱基层干部二十条措施〉的十条意见》，强化正向激励、待遇倾斜，真正为基层干部暖心提劲。

压实主体责任强化干部培养锻炼。制定《关于进一步落实党委（党组）干部培养主体责任的意见》，明确“两个建设，三个作用”责任清单，落实党委（党组）干部培养目标任务，着力解决“重选拔轻培养、重推荐轻管理”问题。强化“好班子才能带出好队伍、好土壤才能培育出好干部”理念，制定《市级干部挂职锻炼项目建库管理办法》，搭建干部实践锻炼平台，先后选派900多名干部到急难险重的岗位挂职锻炼。灵活采取“下派、上挂、异地”等方式，组织开展市县中青年干部双向交流、选派干部到“世中运”执委会等挂职锻炼项目。实行党组织推荐与点名调训相结合，累计调训县处级干部1600多名、市管后备干部120多名、科级年轻干部400多名、选调生和大学生村官260多名。强化后备干部动态管理，探索在教育培训中考察发现干部。

从严从实加强干部监督管理。开展领导干部个人有关事项报告集中填报和查核工作，严格对查核发现存在填报不一致情况的报告对象进行处理，批评教育、责令作出检查22人次、诫勉13人次、取消考察对象资格1人次。开展选人用人专项检查，制定实施《关于规范领导干部任前有关工作的意见》，落实干部任前监督工作。严把国家工作人员出国（境）管理工作，组织开展领导干部转移工资关系清理工作，对62名存在调出尚未转移工资关系情况的干部进行限期清理规范。探索实行市管干部日常管理监督信息沟通制度，创建“泉州市市管干部日常管理监督信息库”，每月形成专报报送部领导和市委领导参阅。深化提醒函询诫勉工作，制定《全市组织人事部门对领导干部进行提醒、函询和诫勉的工作流程》，对县处级干部进行提醒66人次、函询45人次、诫勉26人次。制定下发《关于进一步从严控制和规范领导干部在社会团体、基金会兼任职务的通知》，清理违规兼任社团职务的领导干部80人。

健全完善干部宏观管理。做好挂职干部选派和管理服务工作，择优选派10名干部到平潭交流任职，顺利完成第八批援藏、第七批援疆专技人才中期轮换、第十一批援宁挂职干部选派工作。做好军转干部安置工作，安置军转干部副师职2名、正团职9名、副团职20名。推进干部人事档案信息化管理工作，完成1300多名市管干部人事档案和1300多名市直党群机关在职科级及以下干部人事档案的分类、编码、查缺工作。做好选调生和大学生村官分配安排、教育培训、调动管理、期满考核、分流安置等工作，全年接收应届选调生62名、大学生村官89名，妥善安置聘任期满大学生村官94名。组织党群机关公务员考试录用工作，全年共招考录用公务员103名。推进择优选升工作，择优选升三级高级法官8名、三级高级检察官12名，四级高级法官41名、四级高级检察官35名。

【党的组织体系织密建强】 2018年，泉州市委组织部织密建强党的组织体系。

抓好村级组织换届选举工作。成立市村级组织换届选举工作领导小组，建立市领导挂钩联系重难点村、市级巡回督查等制度，压紧压实换届主体责任。建立乡镇初审、县级全面联审机制，制定出台严肃村级组织换届选举工作纪律、责任追究暂行规定、防止和查处拉票贿选行为、严禁公职人员干涉村级换届等文件，从严审核把关人选资格，坚决把涉及“黑、恶、刑、黄、赌、毒、恶意失信”的人选挡在门外，全市否决村（社区）“两委”人选1630名，《长安》杂志专题报道泉州相关经验做法。实行程序要求、竞职承诺、票箱选票、场所设置、人员配备及着装、工作证件等“六个统一”，增强村级组织换届选举工作的严肃性和规范性。换届选举产生新一届村（社区）“两委”成员16869名，村（社区）党组织和村（居）委会一次性选举成功率均为100%，村（社区）主干“一肩挑”比例达41%，相关做法在《八闽快讯》《省村级换届工作简报》等刊物上刊发。

抓实党建促脱贫攻坚、促乡村振兴。整顿软弱涣散党组织，宣传发动党员群众参与扫黑除恶专项斗争，开展政策宣讲1386场，编发“村霸”整治等宣传资料80多万份，建立市县乡问题线索周报制度，全市摸排“村霸”、村干部涉黑涉恶问题线索54条。实施“发展壮大村级集体经济三年行动”，坚持“县乡统筹、抱团发展、市场运作”工作思路，采取“建设新农村综合服务站、入股优质国有企业、购买银行股权、集体自然资源流转入股”等措施，引导各地因地制宜发展壮大村级集体经济，全市全部消除经营性收入1万元以下的“空壳村”，相关做法得到省委领导的批示肯定。南安市梅山镇壮大村集体经济《一张蓝图绘到底》经验做法，被中组部编写的《发展壮大村级集体经济案例选》收录。加快完善村级组织活动场所建设，全市38个无活动场所的村全部建成，实现村级组织活动场所“空白点”全面消除。

抓牢城市基层党建工作。制定《关于加强城市基层党建工作的实施意见（试行）》及6份配套文件，推动全市各级成立城市基层党建联席会议536个，协调有关部门将城市基层党建纳入各地综治（平安建设）、各单位“平安单位”考评内容。开展“城市基层党建增效提质”专项行动，实施“红色业委会建设”“党群+医疗服务”“商圈市场党建”等23个重点项目，健全共驻共建、互联互动的城市基层党建工作机制。制定《关于建立城市基层党建专职工作者队伍的实施意见（试行）》，公开招聘城市基层党建专职工作者516名，通过专业培养、考核奖惩、规范管理等措施，切实提升城市基层党建专职工作者职业化水平。

抓强非公企业党建工作品牌。实施 “两个覆盖”提质增效工程，坚持“一企一策”分类指导，推动全市306家有党员的“三有”但未建立党组织的非公企业党组织实现全覆盖，新成立8家市级社会组织行业党委，完成495家“空壳化” “半空壳化”非公党组织整顿转化。持续推进“党建入章”工作，推动党组织融入非公企业公司法人治理结构，强化党对非公企业的领导，全市将党建工作写入公司章程的存量企业3541家，相关做法在《党建要报》专期刊载，得到省委主要领导的批示肯定。开展“新思想进泉商全国行”宣讲活动，覆盖全国257家泉州商会。开展助推非公企业“强党建 促发展”联合行动，组织实施“非公经济人士综合评价”“法律援助服务”“审批服务改革”等26个服务项目，有效服务保障民营企业健康发展。

抓严党员队伍教育管理。把政治标准放在首位，通过精准总量调控、加强入党积极分子队伍建设等措施，全市发展党员7002名。开展基层党支部“海丝先锋”达标创星活动，推动全面从严治党落实到每个支部、每名党员。制发《关于加强和改进流动党员管理工作的通知》，完善定期联系、流入登记等制度，重新发放《流动党员管理证》6000多本。制定实施《泉州市关心关爱基层干部和党员专项资金管理规定》，成立市级关心关爱专项资金，发放帮扶资金214.5万元，慰问帮扶干部党员665名，相关做法在中组部《组工通讯》上刊发。制定实施《泉州市中国共产党党员档案管理规定（试行）》，从填写内容、整理规范、保管要求、转递、补办程序等7个方面对党员档案进行规范，相关做法在《中国档案报》刊载报道。组织摄制村级组织换届公益宣传片《好班子，村民好》《投好神圣一票，选好一方未来》，报送的电教片《我的方程式》《领跑》获评全国第十四届党员电教片观摩交流活动一等奖，“三会一课”电教片《阿丰成长记》入选全国党员干部现代远程教育中心资源库。统筹推进各领域党建工作。

【人才“港湾计划”推进】 2018年，泉州市委组织部加强人才队伍建设，推进人才“港湾计划”。

推进人才分类评价改革。修订《泉州市高层次人才认定标准》，单列外籍人才、港澳台人才以及战略性新兴产业、县域特色产业人才认定条款，并将高层次人才由5个层次延伸至7个层次，人才评价的精准度、受惠面进一步提高。坚持“谁用人、谁评价”原则，首批确定恒安、安踏、九牧、达利等31家纳税额超千万元龙头企业开展自主评价人才试点。落实专家举荐人才制度，累计聘请18名两院院士或相应层级顶尖专家举荐人才。推行人才“以赛代评”，举办3D打印创新创业大赛、电商创意创新创业大赛等活动，支持获奖项目负责人直接认定市高层次人才。

开展人才总量倍增专项行动。建立常态化人才需求征集机制，发布周期由两年调整为按季度发布。围绕促进人才与发展相适应，落实方块、部门人才总量倍增责任清单，扎实推进实体产业人才“领跑”、技能人才“支撑”、社会事业人才“保障”、特色文化人才“传承”四大工程，促进人才规模稳步壮大。全年新增市级以上高层次人才1368人，比上年增长43.9%。实行招商引才联动机制，推动招商谈判、项目落地、人才引进一体化，成功引进人才创业项目7个。策划重大引才活动，举办国家“千人计划”专家泉州芯谷行等人才对接活动15场次，初步打响“港湾计划”引才IP。

深化对台人才交流合作。举办2018年海峡两岸人工智能与光电产业人才项目合作对接大会、泉台人才项目交流对接大会等活动，推动设立台湾青年就业创业服务中心、台湾青年人才驿站、台湾人才之家、台湾大学生实践基地等平台，组织各类台湾青年人才交流活动30余场次，全年引进700多名台湾人才到泉州创业就业发展。建立涉才部门一线调研办公制度，妥善协调解决台湾人才反映的在泉州购房、子女教育、金融信贷、执业资格互认等问题，得到省委领导批示肯定。

筑优人才发展生态。坚持引进高端平台、集聚创新人才，全年新增5家院士工作站、2家国家级博士后科研工作站。福州大学晋江科教园区建成投用，南京大学泉州环保产业研究院正式揭牌，中国科学院大学福建智能制造学院意向落地。推动市属五大国有集团牵头注资，设立总规模10亿元的市级人才创新创业投资基金，促成14个高层次人才创业项目实现初步对接。构建人力资本市场化平台，出台《鼓励中介机构引才奖励规定》，承办“2018泉州民营经济与人力资源服务峰会”，吸引41家海内外知名机构、高端猎头到泉州，37家签订落地意向，人力资源服务全产业链初具雏形。推动产教深度融合，全市探索设立24个产业学院，获批省级“二元制”、现代学徒制试点65个。

强化人才政治引领吸纳。开展“弘扬爱国奋斗精神、建功立业新时代”活动，举办“爱国奋斗·价值实现”高层次人才研修班，激发人才的报国情怀、奋斗精神和工作激情。整合创客空间、城市“会客厅”、闽南古厝、园区党群活动中心等阵地，首批命名23个市级“人才之家”，打造功能化、阵地化的人才团结教育服务平台。强化人才政治激励，累计推选306名高层次人才担任各级“两代表一委员”、人才顾问、参评劳动模范、兼任群团组织副职，人才政治荣誉感不断提升。

宣传

【概况】 2018年，泉州市宣传思想文化工作围绕学习宣传贯彻习近平新时代中国特色社会主义思想和中共十九大精神这一主线，推动习近平新时代中国特色社会主义思想深入人心，建设具有强大凝聚力和引领力的社会主义意识形态，提高新闻舆论传播力引导力影响力公信力，培育和践行社会主义核心价值观，推动文化繁荣发展，提升泉州文化软实力，推动全市宣传思想文化工作创新发展，为坚持高质量发展落实赶超、作答“新时代命题”和推动“五个泉州”建设

2018年12月10日，“新时代 新征程”泉州市宣传中共十九大精神暨庆祝改革开放40周年“开展移风易俗 倡导文明新风”文艺志愿服务活动在泉港区前黄镇政府广场举行 （图/钟 鸣 庄燕红）

提供强有力的思想舆论保证和精神文化条件。

【习近平新时代中国特色社会主义思想学习宣传贯彻】 2018年，泉州市委宣传部开展习近平新时代中国特色社会主义思想的学习宣传贯彻系列活动，推动习近平新时代中国特色社会主义思想深入人心。

兴起“大学习”热潮。印发《关于全市宣传思想文化战线学习宣传贯彻党的十九大精神和习近平新时代中国特色社会主义思想的实施方案》《关于在全市进一步兴起习近平新时代中国特色社会主义思想“大学习”热潮的工作方案》，召开习近平新时代中国特色社会主义思想学习汇报会，组织通读学习《习近平谈治国理政》第一卷、第二卷和《习近平新时代中国特色社会主义思想三十讲》，兴起学习宣传贯彻热潮。印发《2018年全市理论学习安排意见》，指导全市各级党委（党组）科学制定专题学习计划，丰富学习形式，引导党员干部围绕学习宣传贯彻习近平新时代中国特色社会主义思想和中共十九大精神。持续深入开展理论宣讲工作，通过对象化、分众化、互动化宣讲的方式，推动习近平新时代中国特色社会主义思想和中共十九大精神在头脑中扎根、在工作中体现、在实践中落实。

主题宣传氛围浓厚。开辟《新时代新作为新篇章》《学习贯彻十九大精神泉州行》《为了人民对美好生活的向往》《十九大精神在身边》等专题专栏，组织推出一批理论文章、社论、评论员文章，报道全市各级各部门深入学习宣传贯彻习近平新时代中国特色社会主义思想和中共十九大精神的火热实践。组织“弘扬新时代奋斗精神”主题宣传，举办十九大精神进网站主题活动，全方位、多层次进行宣传解读，让习近平新时代中国特色社会主义思想和中共十九大精神“天天见”“天天新”“天天深”。2018年全市新闻媒体共刊发相关宣传报道1200多条。

主题宣教活动形式多样。制定进一步兴起习近平新时代中国特色社会主义思想“大学习”热潮社会宣传方案，组织泉州市中共十九大精神知识竞赛、演讲比赛、公益广告征集、征文等活动，把中共十九大精神融入学校教育、核心价值观教育、精神文明创建、道德模范和最美人物评选等，不断推动习近平新时代中国特色社会主义思想和中

共十九大精神深入人心。开展“新时代、新风采——学习宣传贯彻党的十九大精神文艺巡演”，启动实施“新时代 新征程——宣传党的十九大精神文艺志愿服务活动”，通过艺术表演形式生动宣传中共十九大精神。组织协调引进豫剧现代戏《焦裕禄》《朝阳沟》到泉州巡演，借助艺术形式开展“不忘初心，牢记使命”党性教育。开展“开启新时代、亮出新作为——学习贯彻党的十九大精神系列巡展”活动，掀起有声势、有力度的学习宣传热潮。

【意识形态工作领导权把握】2018年，泉州市委宣传部制定印发加强意识形态领域管理相关文件，抓好中央巡视检查福建省委落实意识形态工作责任制中涉及泉州市问题的整改落实。建立健全意识形态领域综合分析、舆情监测研判机制，加强对全市社科活动的监管，指导全市各相关单位主动担起意识形态阵地管理职责。强化媒体导向管理，加强对全市各地各单位自办媒体及民办新媒体的指导、管理。落实网络意识形态工作责任制，开展信息系统等级保护测评和备案工作，强化网络安全责任意识，落实主体责任。

【思想理论阵地夯实】 2018年，泉州市委宣传部落实中心组学习制度，夯实思想理论宣传阵地。

落实中心组学习制度。坚持以上率下，突出抓好党员领导干部这一“关键少数”的理论学习，持续把泉州市委中心组学习和“华大讲堂”结合起来，制定《2018年市委中心组学习计划》，设置12个选题方向，全年安排20场学习、研讨活动。坚持和落实泉州市各级党委（党组）中心组学习通报制度，加强检查和督促，不断强化党委中心组学习。

构建“10+1+N”大宣讲格局。打造“10+1+N”宣讲小分队（农民、市民、民营企业、渔排、台胞、侨乡、机关、军营、高校、“五老”等10支小分队+文艺宣传小分队+N支各地特色宣讲小分队），深入基层开展对象化、分众化、差异化宣讲。2018年，全市宣讲2000多场次，听众17万多人次。启动“大宣讲”工作，着手建立“一库一单”（宣讲员库和宣讲菜单），形成《2018年全市理论和时事“大宣讲”专题目录》（一）（二）供全市各地各单位学习辅导选课。泉州市委讲师团获评福建省“基层理论宣讲先进集体”、1人获评福建省“基层理论宣讲先进个人”，安溪、南安入选福建省“乡村讲师团”试点县市。

深化理论研究调研和社科普及工作。配合中国社科院课题组开展“晋江经验的实践与发展”课题调研有关工作，协同做好中宣部“百城百县百企”（泉州市、晋江市入选）调研各项工作，邀请中央党校课题组到泉州市开展《扶贫攻坚的泉州经验》课题调研，开展全市宣传思想文化战线大调研工作，以大调研促宣传思想文化工作大发展。修订泉州市社科规划项目管理办法，做好社科研究规划和资助项目组织实施。继续办好“刺桐讲坛”，推进社科理论普及宣传。做好社科类高层次人才的认定初审工作，加强社科人才队伍建设。

【主流舆论氛围营造】 2018年，泉州市委宣传部组织全面深化改革和改革开放40周年专题报道，营造浓厚主流舆论氛围。

组织全面深化改革和改革开放40周年专题报道。制定印发《庆祝改革开放40周年工作方案》，下发《关于组织开展庆祝改革开放40周年群众性主题宣传教育活动的通知》《庆祝改革开放40周年宣传报道方案》，开设《壮阔东方潮，奋进新时代——庆祝改革开放40周年》《将改革开放进行到底》等宣传专题，全方位、多角度地宣传泉州市改革开放40周年成就和“晋江经验”，讲好改革开放的泉州故事。做好中央宣传部组织的“壮阔东方潮 奋进新时代——庆祝改革开放40年”晋江经验大型主题采访活动的服务保障工作，人民日报、新华社、中央电视台等重点媒体陆续推出“晋江经验”系列报道1200多篇（条），累计报道阅读数达9000多万人次，得到中央、省、市领导的肯定。

舆论引导能力有力提升。宣传报道全国、省、市“两会”和省委十届六次全会、市委十二届七次全会精神。发挥“报、台、网、端”全媒体优势，组织好“转型攻坚、聚力跨越”、项目攻坚2018、高质量发展落实赶超、“真抓实干、马上就办”、产业转型升级、供给侧结构性改革、创新驱动发展、人才港湾计划、新时代新担当新作为、优化营商环境、中国制造2025城市试点示范、城市“双修”、泉州“XIN”行动等泉州市委、市政府中心工作和阶段性重点工作的系列宣传报道。2018年接待《人民日报》、新华社、中央电视台、《经济日报》等到泉州采访主流媒体80多批次，记者700多人次；据不完全统计，中央、省级各类主要媒体（含网络新媒体）刊发（播）有关泉州的重头报道20000多条次。

媒体融合发展步伐加快。实施“一报一台一网（端）”建设工程，泉州晚报社融媒体平台、泉州广播电视台新媒体平台建设取得阶段性进展。抓住中宣部推动县级融媒体中心建设的契机，建好用好融媒体中心，推动传统媒体和新兴媒体深度融合，至年底，全市各县（市、区）全部完成融媒体中心挂牌工作。

网络环境清朗有序。实施网络公益工程，开展泉州市网络公益扶贫“暖冬行动”和“缅怀先烈、文明祭扫”公益志愿服务活动，传播向上向善公益正能量。在全市范围内开展为期两年的打击整治网上涉枪爆违法犯罪有害信息专项行动，加强网络舆情监测、分析、研判，做好突发舆情事件应急处置。开展网络生态综合治理，推进“清朗”、网上“扫黄打非”、打击网络侵权假冒等系列专项行动，规范网上新闻报道，对全市新闻网站、网络直播平台、网络直播答题平台等进行摸底调查。

【社会主义核心价值观建设】 2018年，泉州市委宣传部推进社会主义核心价值观培育，加强公民思想道德建设。

推进社会主义核心价值观培育。推动“家+文化”建设、“身边故事、共同铭记”活动试点深入开展。依托网站、微信公众号、媒体客户端等载体，常态化开展“两项活动”宣传，活动品牌效应逐渐显现。深化“我推荐、我评议身边好人”活动，2018年泉州市3人次、7人分别入选中国好人榜、福建好人榜。落实道德模范、身边好人帮扶礼遇措施，市县两级共走访慰问困难道德模范238人次、发放慰问金17.16万元。加强省、市级爱国主义教育基地和全市名人故居开发建设与管理，发挥其社会效益。

加强公民思想道德建设。制定泉州市“诚信经营示范街区”创建活动实施方案，开展“公共生活好言行•诚实守信我践行”主题宣传。将移风易俗工作纳入泉州市乡村振兴战略总体规划，出台泉州市移风易俗工作三年行动方案，组织实施“一县一方案”，开展全市“移风易俗树新风”公益微视频大赛，推动移风易俗成为群众的自觉行动。《人民日报》、新华社、中央电视台等国家级主流媒体集中宣传推广泉州市的典型做法。探索“互联网+精神文明建设”新领域、新方法，先后开展“美好•幸福”“名书店”“小城故事”等线上线下联动的“微公益”活动。泉州市推荐的2部道德模范主题微电影、2部城市主题宣传片在中国文明网展播。

【社会主义文化繁荣发展】 2018年，泉州市委宣传部加强传统文化传承保护，开展文化惠民工程，创作文艺精品，繁荣发展社会主义文化。

传统文化传承保护。推进优秀传统文化传承发展各项工作，设立500万元泉州市优秀传统文化传承发展专项资金，召开优秀传统文化传承发展工作推进会。举办泉州《南音记录工程》成果展示、非遗展示展演活动。2018年泉州市15人被授予第五批国家级非遗传承人，29人被授予第四批省级非遗传承人。中宣部《时事报告》第5期专版刊发泉州市优秀传统文化传承发展的经验做法和成效。制定出台《泉州“戏曲进校园工程”实施方案》，组织开展各种戏曲进校园活动，推动泉州戏曲名家、非物质文化传承人、戏曲表演类民间艺人走进课堂，开展戏曲通识教育等，推动建立并形成长效机制。

文化惠民乐民工程。春节元宵期间，泉州市开展各类展览、展示、展演、展播及文体活动2000多场，其中开展 “春联进万家 万家挂春联”活动350多场，送出春联17.6万副，营造浓厚的节日氛围。泉州市书法家协会获评中国书协2018年“送福进万家”公益活动先进集体。全年举办24场2018年泉州市文化科技卫生“三下乡”集中服务活动，送去250多万元的物资、项目和资金，受惠群众6万人次。举办“新时代 新征程”文艺志愿服务活动，组建泉州市文艺小分队，先后到南安、开发区、鲤城、“项目攻坚”一线工地、武警泉州支队等地开展文艺演出，宣传习近平新时代中国特色社会主义思想和中共十九大精神。

文艺精品创作。组织开展重大革命历史题材和现实题材主题文艺创作，推进电视剧《晋江 晋江》、纪录片《光明之城》、报告文学“晋江经验”等组稿拍摄。推荐3首歌曲参加中宣部第六批“中国梦”主题歌曲评选。《海门深处》《番薯浇米》《爱拼才会赢》《旦后》《天涯芬芳》等多部院线电影先后在泉州市开机拍摄，微电影《戴云山上我的家》获全国生态文明微电影评选“优秀影片”，泉州皇品文化传播公司等3家公司机构荣获福建省十佳影视创作机构。泉州市作家协会创作的4部作品入选2017年福建作家中长篇小说出版扶持项目，泉州市书法家协会2人获得“八闽丹青奖”——第二届福建省书法双年展金奖，泉州广播电视台等单位共21个节目获评福建省广播电视艺术奖。

文化改革发展。制定《2018年泉州市深化文化体制改革工作要点》《泉州市2018年文化改革发展工作要点及分工安排》，确定30项改革任务，并细化工作措施，狠抓督查落实。出台《关于进一步深化全市文化市场综合执法改革的实施意见》，推进泉州市和市辖区文化综合执法体制改革，推动建设文化综合执法机构“同城一支队伍”。出台《泉州市文化产业重点园区管理暂行规定》，进一步推动全市文化产业园区强化管理运营。开展2018年泉州市市级文化产业发展专项资金和文化产业重点园区申报工作，注重政策资金扶持引导。加快省、市重点项目建设，纳入泉州市文创产业路线图跟踪管理的33个项目总投资196亿元，完成投资100.7亿元，完成进度51.4%。开展对外招商活动，组织沉瑜香、如瓷、大千雕刻等3家泉州企业前往深圳参加第十四届中国（深圳）文博会，达成多项合作意向。2018年泉州市新增文创类招商项目20个，其中11个项目入选2018年福建文化产业招商手册。

【对外宣传深化拓展】 2018年，泉州市委宣传部推进重大活动对外宣传，深化对外宣传交流，拓展对外宣传渠道，深化拓展对台对外宣传。

推进重大活动对外宣传。2018

年，围绕海丝海博会、鞋博会、晋江向金门供水工程、2018海上登陆陆战分队比赛、“9·8”投洽会等一系列泉州市委、市政府中心工作和重大经贸文化活动，组织开展多场对外宣传和新闻发布活动，发挥境内外主流媒体的传播作用，对外讲好泉州故事，传播好泉州声音。其中，新华社先后刊发《第四届海丝品博会在福建举行》《世界中学生运动会正式进入“晋江时间”》《福建晋江将举办第18届世界中学生运动会》等报道；中央电视台《海峡两岸》栏目播出《石狮：海丝品博会和海博会开幕》，新闻频道《新闻直播间》《共同关注》《朝闻天下》，以及军事频道《军事报道》等多个栏目连续刊出《福建石狮：国际军事比赛——2018石狮赛区“海上登陆”项目明日开赛》等多篇报道。

深化对外宣传交流。以世界闽南文化节纳入“感知中国”项目为契机，邀请菲律宾、泰国、越南、新加坡、印度尼西亚、马来西亚等国代表到泉州共襄盛举，宣传展示泉州的文化魅力。借力“清新福建”图片世界巡回展，征集筛选凸显泉州特色的代表性图片近200张，以“图说泉州”形式对外宣传展示泉州魅力。组织泉州市部分县（市、区）参与国务院新闻办五洲传播中心的《中国推介》系列节目的录制和展播，向世界推介泉州。

拓展对外宣传渠道。制定印发《2018年泉州市外宣工作要点》，安排部署2018年全市对外宣传工作，策划对外宣传项目，统筹新闻外宣、旅游外宣、文化外宣、经贸外宣、外事外宣，整合全市外宣资源，构建大外宣工作格局。加强与境外华文媒体《欧洲时报》《美国侨报》《华侨新闻报》《大洋日报》《菲律宾商报》合作办报，定期刊发泉州专版。通过汉雅星空传媒公司魅力中国网络电视台（IPTV）的50多个频道，在北美、欧洲、澳洲和东南亚等地播出闽南语电视节目10多档。在美国斯科拉卫星电视台开设《中国泉州》栏目，播出泉州外宣专题片。同时，发挥泉州市21家侨刊乡讯外宣作用，2018年全市侨刊乡讯发刊70多期，海外发行30多万份。

统一战线

【概况】 2018年，泉州市委统战部推进“三个五”（依托“五个一”载体，推动“五进”，力促“五个转化”），全市统一战线举办《画出最美最大同心圆》等学习新思想专题讲座223场次，1.56万人次参与；组织学习“晋江经验”、高新技术重点项目建设、美丽乡村建设、精准扶贫等现场观摩学习109场次、2900人次参与；开展“不忘合作初心 继续携手前进”“跟党迈进新时代，同心共筑中国梦”“坚持和发展中国特色社会主义”等主题教育，举办中共中央发布“五一口号”70周年系列纪念活动等87场次、8200多人次参与。联合省社会主义学院、市委组织部、市工商联、市社会主义学院开展“爱学会赢闯天下——全面推动习近平新时代中国特色社会主义思想进泉商全国行”大型宣讲活动，对全国257家泉州商会和21家市、县两级港澳社团进行全覆盖宣讲，同时开展招商引资、引进人才、政策宣传解读等服务在外泉商活动，实现“举旗帜、树信心、鼓干劲、促发展”的目标。结合“大调研改进作风、大联络广交朋友、大服务融入大局、大培训提升能力”活动，全市统战系统分领域分批次深入民主党派基层组织、民族乡村、宗教活动场所、非公企业（商会）、新阶层组织以及港澳台海外社团宣讲新思想935次、2.1万人次参与，收集意见建议549条。

年内，在市社会主义学院举办党外知识分子代表人士、民主党派基层组织负责人培训班等5期、调训280人次，选调14名干部参加市委党校（行政学院）主体班培训。市委常委、统战部长林万明为全市统战系统科级干部培训班学员作《深入学习贯彻习近平总书记统一战线新理念新思想新战略 奋力开创新时代泉州统战事业新局面》专题讲座。推动落实党外人才工作，成立西安市泉州人才工作联络站、泉州市人才工作香港联络站，指导北京泉州商会举办北京高校泉州毕业生座谈会。协同侨办、侨联等单位制定《泉州市海外高层次人才服务管理若干措施》。

【统战工作服务经济社会发展】 2018年，泉州市委统战部深化回归工程，融入“一带一路”建设，开展同心“3+2”系列工程和“三百工程”，服务经济社会发展。

助力招商引资。全市统一战线持续深化回归工程，发挥好联合国海陆丝绸之路城市联盟工商理事会和各级工商联、商会组织的平台载体作用，组织民企参加2018年泉商新春座谈会暨回归项目专场对接会、第四届中国（泉州）海上丝绸之路国际品牌博览会等对接会20多场次，帮助引进项目324个、投资额超1600亿元。

建言献策服务决策参考。各民主党派市委会撰写考察调研报告及社情民意信息880多篇。全市民主党派成员为各级“两会”提交建议、提案1200多件。“中小学课后延时服务”“提升古城城市管理水平”“落细落实泉州市惠台政策措施”等专题调研得到市委、市政府主要领导的批示肯定，有的建议已进入市委、市政府工作决策部署。

融入“一带一路”建设。以乡情为纽带，以泉州籍商会、港澳台和海外泉州同乡社团为依托，以“9·8”投洽会、重点县（市、区）世界恳亲大会等为平台，推动海内外泉商交流协作、抱团发展、融合发展。在“一带一路”沿线国家成立斯里兰卡泉州总商会暨斯里兰卡泉州同乡会等4家泉州商会（社团）。推进“南洋华裔族群寻根谒祖综合服务平台”建设，共征集85个姓氏6400多册族谱，筹建寻根平台展示体验馆。指导市侨联组织成立“一带一路”法律服务团，聘请7个国家和地区的法律专业人士为成员。海丝沿线国家累积到泉州投资设立企业1612家，实际利用外资24.77亿美元；泉州企业累计赴海丝沿线国家投资或设立办事机构63个，投资总额7.5亿美元。

同心“3+2”系列工程。全市统一战线组织开展义诊赠药活动678场次，诊疗群众10.3万人次，节省医药费用167.91万元。捐赠救助基金、病房大楼、医疗设备、救护车等价值3.04亿元。帮扶困难学生1.23万人，发放助学金9742.5万元，捐赠教学楼、教学设备等价值11.04亿元。深入开展单位及领导干部挂钩帮扶贫困户（村）、挂钩帮扶少数民族村等帮扶活动，落实帮扶资金9458.3万元，帮扶困难群众2.88万人次（不含“三百工程”）。开展文化服务、拥军爱军、无偿献血等活动205场次，受益群众4.02万人次。开展文明创建、志愿服务等367场次，服务群众3.07万人。围绕生态文明建设建言献策616篇，开展种植“同心林”行动，种植香樟、桂树等7270多棵，推动宗教界开展生态寺观建设、香炉改造工程等环保行动。

“三百工程”。“百企帮百村”“百会帮百村”精准扶贫行动，发动参与企业和商会1002家，帮扶贫困村540个，落实帮扶资金2.82亿元，受帮扶群众23000多人（含非建档立卡贫困村），其中2018年落实资金8000多万元，帮扶群众1.1万人。“百侨帮百村”精准扶贫工作，发动侨商190人、侨企33家，结对帮扶贫困村96个，实施帮扶项目194个，落实帮扶资金1.043亿元，帮扶困难群众29785人。其中，2018年落实帮扶资金1685万元，帮扶困难群众5015人。

【新型政党制度践行】 2018年，泉州市委统战部学习贯彻习近平总书记关于新型政党制度的重要讲话精神，贯彻落实习近平总书记对新时代多党合作提出的“四新”总要求。协助市委制定泉州市《2018年政党协商计划》，牵头做好市委常委班子民主生活会征求党外人士、部分政协委员意见座谈会，实施乡村振兴战略参政调研工作政党协商会等5场专题政党协商会议。开展脱贫攻坚民主监督活动，各民主党派市委会深入25个乡镇、58个行政村，走访360多户贫困户，召开62场座谈会，向地方党委、政府提出意见建议180多条，整理工作中发现的共性问题21条。推荐10位民主党派、无党派人士担任市检察院第六届特约检察员。做好丰泽区、南安市等9个民主党派基层组织换届主委人选的推荐考察工作，指导各党派做好2018年组织发展工作，推进民主党派基层组织建设有序、健康发展。完成泉州中华职教社换届工作。

【党外和新社会阶层人士团结服务】 2018年，泉州市委统战部成立泉州市留学人员暨归国创业人员联谊会（简称留联）和新社会阶层代表人士联谊会（简称新阶联）兼合式党支部。成立泉州市党外知识分子联谊会，构建1个县级党外知识分子联谊会，7个留联和5个新阶联的组织网络，指导市新阶联成立新媒体人士、财税金融、建言献策3个专业委员会，发挥联谊组织在团结引导党外知识分子和新的社会阶层人士中的积极作用。指导市新阶联建立领SHOW天地、伯勒小镇、德润产业园等3个市级实践创新基地，“风雅颂”读书基地等5个活动点以及13个同心图书角。在鲤城区金山社区、台商区张坂镇仑前村设立2个新的社会阶层人士“同心服务站”。组织18位留学归国人员参加泉州市留联、青商会代表座谈会，围绕助力高质量发展落实赶超建言献策。市留联、市新阶联举办“海丝连我心 从XIN出发”主题年会、“海丝新力量 筑梦新征程”首届泉州新阶层人士嘉年华等一系列活动，在创新创业、助力晋江世中运、传承保护古城文化和弘扬“海丝文化”等方面发挥重要作用。市新阶联与市广播电台FM889联合推出 “学习新思想，弘扬晋江经验”系列访谈节目36期，覆盖听众超过2000万人次。

2018年6月15日，新的社会阶层人士服务社区的联络平台——金山社区同心服务站成立。图为志愿者在服务站图书角登记图书信息

（图/王树帆）

【非公经济健康发展促进】 2018年，泉州市委统战部组织广大非公经济人士学习习近平总书记在民营企业座谈会上的讲话精神，号召民营企业家争当爱国敬业、专注实业、创新创业、回报社会的典范。泉州市工商联原主席、恒安集团有限公司董事局副主席许连捷被中央统战部、全国工商联评为“改革开放40年百名杰出民营企业家”。

推动政企互动。牵头做好《关于营造企业家健康成长环境弘扬企业家精神更好发挥企业家作用的实施方案》等4份文件起草工作，推动政企良性互动。联合市经信委、市信访局等共同设立民营企业服务热线，并在市行政服务中心服务大厅开设“民营企业诉求受理服务窗口”，受理4类事项5个工作日内反馈。深入全市重点行业、重点领域进行调研，了解民营企业生产经营情况，及时形成《打造一流营商环境的几点建议》等10多篇调研报告，向市委、市政府反映企业家的意见和建议。

“亲”“清”护企。联合市法院、检察院、公安局、国税局等单位举办观摩庭审及司法答疑会等“亲”“清”护企主题活动10多场次，联手打造快速维权协作机制，持续完善商事调解、警企协作、“亲”“清”商检等法律服务机制，为非公企业健康发展营造良好法治环境。

异地泉州商会组织建设。指导成立宁德市泉州商会等3个泉州商会，推动做好西安市泉州商会等20多个商会换届工作。举办华东片区泉州商会第五届联谊会、全国泉州商会会长联谊会等，推动异地泉州商会交流协作，促进异地商会规范化建设。推进新社会组织党的组织和党的工作“两个覆盖”，成立泉州市工商联社会组织行业党委。在27个异地商会合作设立异地医保代结服务站，主动为泉州籍从商人员医保服务，在深圳、云南等地开展政策宣传20场次，提供医保报销服务168人次、报销费用87.06万元。

【民族宗教团结稳定局面巩固】 2018年，泉州市委统战部推进民族团结进步工作，争取中央、省级民族补助512万元，市级落实民族补助款460万元。举办第十一个民族团结进步宣传月活动，营造良好民族团结进步氛围。组团参加福建省少数民族传统体育运动会，获得竞赛项目7枚金牌、6枚银牌、6枚铜牌，表演项目2个金奖、1个银奖的好成绩。召开市委统一战线工作领导小组扩大会、宗教工作联席会议、宗教工作专题会10次，市、县两级党委常委会专题研究宗教工作25次，党委中心组学习习近平总书记关于宗教工作重要论述和党的宗教工作方针政策法规16次，及时贯彻落实上级重要精神，妥善解决宗教领域突出问题。

【港澳台统战工作】 2018年，泉州市委统战部引导广大港澳泉州乡亲学习习近平总书记在会见香港澳门各界庆祝国家改革开放40周年访问团重要讲话精神，推动香港澳门融入国家发展大局。组织6批32人次参加港澳社团的换届、成立庆典活动。组织石狮市旅港同乡总会青委会2018“一带一路家乡行”访问团等14个青少年访问团980多人次回乡交流研学，举办第三届“港澳青年精英故乡行”培训班、泉州与香港青少年学生“三比一”互动交流等活动，加深港澳青年对国家的认同、对家乡的感情。

保 密

【概况】 2018年，泉州市委把保密工作纳入协调推进“四个全面”战略布局之中，坚持党管保密根本原则，确保保密工作方向正确、行稳致远。省联合调研督查组对泉州市贯彻落实中央、省委关于保密工作决策部署的实地调研督查，提出整改方案。市委保密委召开专题会议进行研究，要求各级各部门召开专题会议，进行再学习再部署，对存在问题限期整改，对重点环节重要工作进行补缺补漏，筑牢保密防线。市委举办中心组（扩大）学习会，邀请省国家安全厅技术保卫办相关负责人作网络安全防范专题讲座。市委办、市政府办下发《泉州市保护国家秘密应急预案》《泉州市涉密领域国产化替代工程实施方案》《关于进一步落实网络安全保密工作责任制的通知》。泉州市首次将市直单位领导班子和市管干部落实保密工作责任制情况列入年度考核内容，在建立领导干部履行保密工作责任考核机制上迈出重要一步。年内，简化行政审批流程，缩短审批时限，将涉密信息系统审批、涉密载体印制资质初审时限压缩65%。深入基层调查研究，帮助保密资质单位解决申报中遇到的困难。强化业务建设，提升专业素质和履职能力。组织市、县保密部门领导赴山东青岛参加全国保密技术交流大会暨产品博览会，了解网络安全最新趋势，现场感知网络安全前沿技术，拓展深化网络安全管理思路。

【两大重点工作】 2018年，泉州市聚焦把密定准、把人管好两大重点工作，精准发力，抓出成效。市国家保密局聚焦不懂保密范围、不懂定密权限、不懂定密程序这一普遍性现象，把规范定密与做好党务公开、政务信息公开保密审查结合起来，贯穿于保密宣传教育、保密督促检查、保密指导管理过程中，针对具体问题答疑解惑，增强定密责任意识和定密知识水平，初步扭转定密管理乱象，为确保国家秘密安全和方便信息资源合理利用打下基础。市国家保密局针对涉密人员上岗、在岗、离岗及脱离期管理过程中存在的突出问题，扎紧制度链条，防止管理断档、工作脱节。针对涉密岗位人员分类确定不够准确规范、后续管理没有跟进等薄弱环节，从组织培训、通报案例、实地检查入手，敲警钟、立规矩、压责任、促规范，严防“灯下黑”。市国家保密局组织市直单位涉密人员集中培训1场，各相关单位自行组织培训32场，培训4260多人。抽查26个机关、单位涉密人员管理档案，现场纠正涉密人员保密教育提醒未开展、保密承诺书执行情况未考核等问题，推动机关、单位逐步实现保密管理制度化、规范化。

【保密督查检查】 2018年，泉州市规范和改进检查内容、形式、手段，发挥“推土机”作用。市国家保密局抽调人员，用半年多时间对市、县机关单位保密自查自评工作进行督查。坚持把专项督查与电子邮箱保密管理结合起来，会同市国家安全局技术人员，对遭受境外攻击的单位和个人电子邮箱进行检查。检查单位139个，电子邮箱113个，计算机1475台（其中涉密计算机53台，内部计算机625台，互联网计算机797台），下发整改通知书31份。此外，根据省国家保密局统一部署，对7个单位17个涉密项目进行检查。配合省国家保密局做好对保密资质单位现场保密审查和“双随机”抽查。保密检查的持续高压态势，增加机关、单位工作人员的保密意识，落实保密主体责任。

【网络保密管理】 2018年，泉州市完成20个单位涉密网络测评审批并颁发运行许可证。启动市直机关互联网敏感信息平台建设，完成53个单位1104个互联网络终端安装配置工作，初步实现互联网保密管理实时监测。全市涉密领域国产化替代工作开始实施，完成市直涉密网络、涉密单机数量摸底。市国家保密局会同市采购办转发涉密信息专用设备目录，为规范涉密设备采购提供基本依据。

【保密指导管理】 2018年，泉州市委保密办、市国家保密局下发《关于切实加强市县机构改革中保密工作的通知》，从严明纪律、严格管理、压实责任、强化保障等方面提出要求，并加强督促指导，确保机构改革中保密工作不断不乱、有序衔接。配合有关部门做好高考、研究生考试、公务员录用考试、法律职业资格统一考试等重要活动保密管理工作。用好全市绩效评估和市直平安单位创建中的保密工作分值，扣除2个地方保密工作分值，倒逼保密管理措施落实。查处违规和涉嫌泄露国家秘密行为，教育警示相关单位和人员。

【保密服务保障】 2018年，泉州市做好保密服务保障。为保证晋江向金门供水工程通水现场会，市国家保密局运用专用设备对会议场所进行严格检测，确保保密工作不出纰漏。做好重要涉密会议手机存放、手机信号屏蔽等服务保障工作。加强对涉密载体销毁定点单位指导管理，销毁166块涉密硬盘、78吨内部文件资料，没有发现违规行为。

【保密宣传教育】 2018年，泉州市做好“七五”保密法治宣传教育中期督导工作，及时补缺补漏。市委保密委印发《市直机关单位2018年保密“两识”教育实施方案》，相关市直单位召开专门会议研究实施步骤。市国家保密局、市国家安全局、市司法局、泉州军分区保密办密切配合，开展军事设施安全保密法治宣传教育活动。在“泉州司法在线”开辟保密法、国家安全法、反间谍法、国防法、军事设施保护法宣传专栏。运用现代传媒，增强视觉效果，使保密宣传教育接地气、有人气。采用广告投放方式，通过移动电视终端在市区1300多辆公共汽车上滚动播放保密宣传标语。市、县两级党校开设保密课291课时，市直单位开设保密讲座41场，参加人员3800多人，邀请市国家保密局领导授课。泉州市对《保密工作》杂志的通联发行工作受到各级肯定和表彰。市国家保密局干部撰写的2篇研讨文章分别发表在《保密工作》2018年第3期、第8期。

深化改革（政策研究）

【概况】 2018年12月，《泉州市市级机构改革实施方案》出台，明确市委全面深化改革委员会办公室（以下简称市委改革办）与市委政研室实行一个机构、两个牌子。市委改革办作为市委全面深化改革委员会的常设办事机构，为市委工作机关。市委政研室是市委主管政策研究工作、服务市委决策的职能部门。中共泉州市委财经委员会办公室（以下简称市委财经办）是中共泉州市委财经委员会的办事机构，设在市委改革办。

2018年，市委改革办（政研室）统筹推进改革、政研、财经三大主业，完成市委决策参谋助手和服务好全市改革发展等中心任务。获得省重点课题优秀调研成果特别奖、二等奖和三等奖各1篇；牵头或参与起草市委、市政府重要政策文件8份，起草市委领导讲话稿、工作文稿42份，“河长制”改革案例获中央改革办《改革情况交流》刊发，多篇调研课题在省委政研室《政研专报》《调研文稿》上刊发，多次得到省、市领导的充分肯定。

【改革协调深化】 2018年，泉州市委改革办（政研室）做好改革协调、改革重点项目跟进，以及督察迎检工作。

有序协调推进改革。拟订全年深改工作重点任务，年初协调推动各领域、各方块及早谋划全年改革工作思路和重点举措，研究提出10个方面65项重点改革任务，起草市全面深化改革领导小组2018年度工作要点、重点项目，形成全年改革工作施工图、责任书。做好市深改领导小组会议的组织筹备，全年服务市委召开领导小组会议13次、专题工作会议1次，听取集体林权制度改革、农村集体产权制度改革等相关情况汇报14项，研究出台国企改革、优化营商环境等方面改革文件37份。准备议题议程和领导讲话素材，对上会的文稿文件严格把关，会后及时编发会议纪要，并做好相关材料归档。组织召开改革办专题会议2次，传达、部署、落实省委改革办关于推进改革督察工作、加强改革办机构和工作力量配备的要求。跟踪改革进展情况，完善与各专项工作小组联络员单位、各县（市、区）改革办的常态化工作联络机制，实现工作信息及时沟通。

跟进抓实重点项目。完善改革项目化管理机制，从各领域征集梳理出47个年度改革重点项目，通过任务分解、台账管理、领导挂钩、挂图作业等方式推动改革落实，运用项目化管理手段构建起有效的跟踪推进机制。健全改革试点跟进机制，注重对试点台账的动态管理，2018年下半年对全市承担的改革试点情况进行摸底更新，梳理出目前泉州市承担的国家级试点41项、省级试点32项，定期汇总了解改革试点进展情况和试点推进中的问题，及时向省委改革办、市深改领导小组反映。

做好督察迎检。2018年，中央改革办两次到泉州，分别对文化综合执法改革、生态文明改革开展专项督察。市委改革办精心组织迎检工作。泉州市文化综合执法改革、“河长制”等工作得到中央改革办督察组的肯定。开展全面改革督察，组织市、县两级对贯彻落实中共十八大以来中央和省委全面深化改革重大决策部署的情况开展全面自查，对2018年中央和省委改革督察重点开展专项督察，汇总形成《泉州市落实党的十九大以来省委主要领导改革部署要求的情况报告》《2018年泉州市党政主要负责同志领衔抓改革落实情况的报告》《2018年泉州市改革督察工作总结报告》《重点督察的35份改革文件落实情况》等“3+1”汇报材料，客观反映泉州市近年来的改革进展和成效，展示各领域各方块改革创新亮点和好经验好做法，并针对突出问题提出整改意见建议。完善改革督察机制，达到出经验、找差距、补短板、促落实的良好效果。

总结改革成果。完善改革信息报送机制，推动各领域、各部门、各方块总结提炼改革工作经验，挖掘改革典型并做好复制推广，先后向省委改革办报送《助力乡村振兴：泉州市深入推进农村“两权”抵押贷款改革》等35篇改革案例，其中《泉州市建立六项机制扎实推进河长制工作》在中央改革办《改革情况交流》第42期刊发。加强对县（市、区）改革办的业务指导，关注基层特色主题改革探索，总结基层经验，挖掘成效亮点，推动晋江农村集体产权制度改革和永春综合治水工作典型入选省第二批改革复制推广典型。加强改革工作宣传，在《泉州通讯》增设“县域特色改革”专栏，聚焦县域改革创新，扩大社会参与面，提升群众改革获得感。同时，有重点地向相关新闻媒体推介泉州市改革典型案例10多篇。

【改革调研强化】 2018年，泉州市委改革办（政研室）开展重点课题调研，起草改革相关文件，推进改革深化。

起草改革相关文件。根据市委的决策部署，开展决策调研，推动调研成果转化。牵头或为主参与起草了一批对全市工作具有重要指导作用的政策性文件。比如，围绕高质量赶超，起草市委十二届七次全会主文件《中共泉州市委关于深入贯彻习近平总书记重要指示精神坚持高质量发展落实赶超的意见》《落实市委十二届七次全会重点任务分解方案》，明确赶超目标任务并将责任进行细化分工。围绕营商环境建设，起草《中共泉州市委泉州市人民政府关于持续打造一流营商环境的实施意见》，作为全市推进营商环境建设的统领性文件。协助市经信委起草泉州市《“中国制造2025”国家级示范区创建方案》，为泉州市推进“中国制造2025”国家级示范区创建工作列出时间表、路线图。协助市委人才办起草《关于改进人才服务促进人才发展的若干措施》，进一步营造近者悦、远者来的人才生态环境。

开展重点课题调研。围绕市委中心工作，制定下发《关于组织2018年市重点课题调研的通知》，推动全市各级各部门加强重点领域课题研究和成果转化，形成一批具有较大影响力的研究成果。抓住纪念改革开放40周年的重要节点，围绕作答三大时代命题，调研泉州如何再创“晋江经验”新辉煌，参与起草综合材料《泉州市践行“晋江经验”情况汇报》，派员参加中宣部“晋江经验”大型采访活动，形成《“晋江经验”大型采访随队观察和思考》。完成市重点课题《新时代践行“晋江经验”增创泉州改革开放新优势的研究》，撰写《新时代传承弘扬“晋江经验”的路径建议》，获市委主要领导批示肯定。开展市委重点专项调研，围绕产业、城市、政企互动、担当作为、人才等5个专题，形成5篇调研报告，提出5个方面、70多个大项、110多个小项的具体抓手，以市委名义分发相关单位作深入研究。谋划热难点专题调研，如：专题调研泉州市智能激光显示产业集群发展情况，形成《培育发展智能激光显示产业集群的分析与建议》，刊发于省委政研室《政研专报》2018年第18期，获省委主要领导批示；专题调研村级党组织换届选举工作，撰写《选情复杂村通过践行群众路线推进村级党组织换届选举的实践与启示——以南安市翔云镇为例》，刊发于省委办公厅《八闽快讯（专报件）》；针对国内一、二线城市纷纷开展“抢人大战”，开展对比研究，撰写《“抢人大战”，泉州跟进吗？》；联合市委组织部共同开展“市行政服务中心常驻窗口工作人员精气神提振”专题调研，为营商环境优化打下良好基础；与市住建局联合开展全市建筑业转型升级调研，撰写《泉州市建筑业增速放缓的成因与对策》；撰写《加快泉州台商区开发建设的几点意见》《推进市域公共交通战略性整合的建议》《加快供水市场整合推动全域供水一体化的建议》等，为市领导、有关部门和方块提供有针对性、建设性的建议参考。

【文稿服务】 2018年，泉州市委改革办（政研室）起草市委主要领导在深改组会议上的讲话素材6篇、起草泉州市落实上级改革会议精神的贯彻意见4份，起草市委领导参加省委深改联络员会议的书面发言材料和市改革办会议讲话稿，撰写改革相关汇报材料10余篇。落实省委改革办交办的文稿任务，撰写报送《泉州市深化改革扩大开放的主要举措》《泉州市新一轮改革开放措施》《泉州市2018年改革工作亮点》等材料，为省上调研和重要文稿起草提供素材。牵头开展营商环境建设专项调研，与市委组织部联合开展窗口工作人员激励机制的调研，赴浙江台州、宁波学习“最多跑一趟”等改革经验，深入审批服务窗口和重点项目、园区、企业一线开展专题调研，“一对一、面对面”听取各方的意见建议，形成一系列调研报告、调研日记，并在此基础上起草形成《关于持续打造一流营商环境的实施意见》。同时，做好市委、市政府领导主持召开营商环境工作会、碰头会、协调会的文稿和会务服务等工作，协调推动营商环境建设落细落实。

把文稿服务作为决策参谋的抓手，起草领导讲话稿、汇报材料，为市委决策谋划和工作部署服务。参与市委十二届七次、八次全会和市委经济工作会议讲话稿等重要文稿起草工作。参与起草全省拉练“十个专题素材”，为主起草“营商环境之自由裁量权”“古城提升、新城集聚”文字材料。参与全市推进民营经济高质量发展大会筹备工作，对会议配套文件、企业家文稿进行把关修改，文稿服务得到市委、市政府领导的肯定和好评。同时，配合上级提供重要文稿，如：服务省委政研室到泉州开展经济运行分析调研，撰写《泉州市1—9月经济运行情况》；服务中宣部庆祝改革开放40周年“百城百县百企”调研活动，撰写泉州市总结汇报材料《深化“放管服”改革激发“双创”活力》，助力泉州成功入选“百城百县百企”调研活动名单。

【市委内刊编辑】 2018年，泉州市委改革办（政研室）发挥主办《泉州通讯》《泉州改革情况》《泉州调研》和《决策参考信息》等市委内部刊物的主渠道作用，组织编发一大批观点新、分量重的信息，供领导决策参考。2018年编发《泉州通讯》12期、《泉州改革情况》35期、《泉州调研》22期、《泉州调研》送阅件6期、《决策参考信息》8期。《泉州通讯》等四大内刊注重面向基层，及时刊发、宣传基层改革发展的新成效、新经验。《泉州通讯》开辟《县域特色改革》专栏，聚焦县域改革创新，集中宣传县域新经验、新成效，强化宣传效果。

党史

【概况】 2018年，泉州市委党史研究室统筹做好党史征集、研究、编纂、宣传等工作，筑牢党史事业高质量发展根基。提出“打造提升一批红色教育基地”，并成为市委2018年党建重点项目，完成泉州市革命遗址的普查调研。编纂完成《泉州社会主义时期党史专题研究文集第一辑（1949—1978）》，研著出版《中国共产党福建省泉州市历史》（第二卷），编纂出版《中国共产党泉州市历次代表大会重要文献选编第二辑（1986—2016）》。同时推进县（市、区）级党史正本编撰。12月，《泉州市市级机构改革实施方案》出台，市委党史研究室与市地方志编纂委员会整合，设置市委党史和地方志研究室。

【中国共产党泉州市历史第二卷出版发行】 2018年11月，《中国共产党福建省泉州市历史》（第二卷）出版，成为继厦门、漳州之后出版发行的省内第三本市级党史二卷著作。研著《中国共产党福建省泉州市历史》（第二卷）是十二届泉州市委决定、由市委党史研究室承担的一项重要任务，在上年完成送审稿的基础上，进行修改完善，经市委第104次常委会研究通过、省委党史研究室审核和中共党史出版社审定后出版。

【党史专题研究文集第一辑编纂完成】 2018年，泉州市委党史研究室在上年发动各有关部门参与撰写72个专题以及老一辈党史工作者撰写的50多个专题基础上，从中选择史实较清楚、体例较完善的党史专题19个，经过审核、修改后，编纂成《泉州社会主义时期党史专题研究文集第一辑（1949—1978）》。

【党代会重要文献选编第二辑出版】 2018年，泉州市委党史研究室编纂出版《中国共产党泉州市历次代表大会重要文献选编第二辑（1986—2016）》。该书采用编年体方式，以届次和时间先后为序，主要收录中国共产党泉州市第六次至第十二次代表大会的党委工作报告及其决议、纪委工作报告及其决议和党代会选举结果等，为研究泉州改革开放时期的党史和撰写泉州党史三卷打下重要基础。

【红色教育基地打造提升】 2018年，泉州市委党史研究室从泉州丰富的红色资源和“不忘初心，牢记使命”主题教育活动需要出发，提出“打造提升一批红色教育基地”，并成为市委2018年党建重点项目。按照市委党建项目化管理要求，完成全市405个革命遗址的普查调研，形成《泉州市革命遗址保护管理和开发利用的调研报告》。制定全市红色教育基地入选标准，为打造提升红色教育基地提供参考依据。完成全市重要遗址分布图的绘制，厘清全市重要红色资源分布情况。提出5个红色教育基地圈理念，为加强革命遗址保护修缮、更好建设红色教育基地明方向、打根基，该项目被市党建办评为良好等次。

【县（市、区）级党史正本编撰推进】 2018年，泉州市委党史研究室督促指导鲤城（含丰泽、洛江）、南安、惠安（含泉港、台商区）、安溪、永春等县（市、区）全力推进党史正本编撰，督促各县（市、区）党史研究室聚力攻坚，高标准加速完成党史二卷任务。各县已正式出版4本，南安、惠安已形成初稿，安溪完成送审稿。

网络安全和信息化

【概况】 2018年，泉州市学习贯彻全国和全省网络安全和信息化工作会议、宣传思想工作会议精神，统筹推进落实市委网络安全和信息化领导小组各项任务部署，坚持创新发展、依法治理、保障安全、兴利除弊、造福人民，加强网络内容建设，建立网络综合治理体系，提升网络安全保障能力，加强网信系统党的建设和干部队伍建设，推进网络强市工作，为开创“五个泉州”建设新局面提供强大网上舆论支持、可靠网络安全保障、有力信息化支撑。12月，市委批准成立网络安全和信息化委员会及其办公室，调整优化市委网信办的机构职能设置，明确网信委贯彻落实中央、省委关于网络安全和信息化工作的方针、政策，研究泉州市网络安全和信息化重大事项，根据中央和省委统一部署统筹协调、整体推进、督促落实泉州市网络安全和信息化工作的职责。市委网信办作为网信委的常设办事机构，担负牵头抓总、统筹协调全市网络安全和信息化的工作职能，加挂市互联网信息办公室牌子。

【网上正面宣传和舆论引导】 2018年，泉州市网络安全和信息化委员会办公室加强和改进网上主题宣传，开展网络文化建设，加强网络舆情引导，强化网上正面宣传和舆论引导。

推动习近平新时代中国特色社会主义思想深入人心。组织开展习近平新时代中国特色社会主义思想网上学习宣传，市直和各级网络媒体开辟专题专栏27个，刊发文章、消息、图片等2000多篇（幅），兴起习近平新时代中国特色社会主义思想“大学习”热潮。开展“网聚新媒体 共话十九大”十九大精神进网站主题活动，举行“迈入新时代，喜说新变化——泉心泉意来打call！”启动仪式，组织政务微传播亮点点评、主题分享、政务创新传播沙龙等相关活动，并发布2017泉州政务微信影响力榜单，发挥主流新闻网站及新媒体平台在创新宣传中共十九大精神的积极作用，在全市营造学习宣传习近平新时代中国特色社会主义思想和中共十九大精神的浓厚氛围，推动习近平新时代中国特色社会主义思想在泉州落地生根。

加强和改进网上主题宣传。统筹全市网络媒体、政务类“两微一端”、核心骨干网评员，重点做好“五个泉州”建设、“大干40天、比拼开门红”、“转型攻坚 聚力跨越——项目攻坚2018”、泉州“XIN”行动和民生补短板“四心工程”、“纪念改革开放40周年”等各项中心任务的主题宣传，组织全市各类网络媒体，开辟宣传专栏，加强议题设置，提升网上正面宣传到达率、阅读率、点赞率，着力营造氛围。全年各类网络共报道文章、图片等近3000篇（幅），生动展现全市“五个泉州”建设的新进展、新成效、新风貌，全力营造经济社会发展的良好舆论氛围。

开展网络文化建设。组织“新时代、新梦想”网络媒体新春走基层活动，邀请新华网等16家网络媒体采编人员深入基层、反映泉州各界贯彻中共十九大精神的生动实践和改革开放以来的新作为、新气象、新亮点，讲好泉州故事。先后发表原创稿件42篇，在新华网、人民网、中国网、东南网、闽南网等各大网络新媒体平台中刊载传播，形成良好的宣传声势。开展“学习先进事迹 凝聚奋进力量”最美人物网络宣传活动，组织泉州网、泉州通、泉州经济网、无线泉州、闽南网5家属地网络媒体，开设网络专题，采访泉州市2018年度践行社会主义核心价值观“最美人物”30名正式候选人，综合运用文字、视频、海报等表现形式讲好泉州“最美人物”故事，在网站、微信、微博、新闻客户端、抖音、今日头条、直播平台等渠道进行宣传，营造崇德向善、见贤思齐的浓厚氛围。举办“与改革开放共成长 与五个泉州共奋进”纪念改革开放40周年网络文化系列活动，全面展示改革开放以来泉州市高质量跨越发展取得的成就和变化，讴歌新时代、传递新思想、颂扬新成就、展现新面貌、激发新动力。

加强网络舆情引导。建立舆情会商研判和信息共享联动机制，提高网络重大、突发舆情的发现力和处置力，提升舆情应急处置工作科学化、专业化、规范化水平。2018年6月，在全省网络安全和信息化工作会议和数字福建建设推进会上，泉州市相关工作经验和机制举措作为书面交流材料在全省网信系统宣传推广。

【网络空间治理加强】 2018年，泉州市网路安全和信息化委员会办公室构建全市互联网综合治理工作格局，规范互联网平台阵地建设管理，提升网络阵地导向管理水平。

推进构建全市互联网综合治理工作格局。会同政法、公安、通管、金融、商务、工商、扫黄、禁毒等有关单位和部门，组织深入开展"清网"、"清朗"、"扫黄打非"、净化网上舆论环境专项整治、扫黑除恶专项斗争、清理整治违法违规网站账号和有害信息、网络直播等专项整治行动，加强职能部门联动、强化网上网下统筹、完善协同工作机制，探索建立部门协调、属地监管、企业履责、行业自律、社会监督相结合的网络综合治理格局，推动构建网络综合治理"一盘棋"工作合力。同时，加大行政执法力度，加强对属地影响力较大网站的监管力度，要求网站切实履行主体责任，全面排查网络信息安全风险隐患，防止互联网违法不良信息扩散传播。2018年，全市清理低俗信息等各类有害信息979条，依法关停网站7个、账号166个，依法约谈网站或账号负责人78次。

规范互联网平台阵地建设管理。落实"两个所有"要求，加强新闻信息服务许可管理，把所有从事新闻信息服务、具有媒体属性和舆论动员功能的传播平台纳入有效管理范围。规范移动APP应用程序等新媒体平台管理，加强移动互联网应用程序等新媒体平台服务管理，对泉州市网络直播平台、网络短视频应用程序、互联网应用商店、网络直播答题平台等进行摸底调查，对相关10余款违规产品进行下架处理。加强属地微博、微信账号管理，根据注册主体、账号粉丝数、用户活跃度实行分级分类管理，全面梳理排查，形成重点账号台账，包括341个重点微博、微信账号。

提升网络阵地导向管理水平。印发《关于加强我市党政机关、企事业单位开设的新兴媒体导向管理工作的意见》，建立泉州市市直有关单位官方新兴媒体账号管理台账，包括网站158个、微博119个，微信公众号319个。建立健全不良、非法网站投诉举报机制，指导和督促全市政务、新闻网站进行自查，针对未在网站首页设置举报专区或举报渠道、信息不全等情况进行整改，补缺补漏，加大对非法网站和有害信息的举报力度。落实网络意识形态工作责任制，强化主体责任，加大对假冒新闻网站、政务网站的巡查打击力度，全面巡查发现假冒网站，共发现非法假冒、仿冒网站20家，对本地的假冒网站予以关停处理，对异地或境外假冒网站提请上级网信部门封堵、关停。

【网上网下"同心圆"构建】 2018年，泉州市网路安全和信息化委员会办公室为互联网企业装上"引擎"，发挥好网上网下"同心圆"积极作用，构建网上网下"同心圆"。

为互联网企业装上"引擎"。根据泉州市实际情况，从全市139家互联网企业中，确定重点互联网企业37家，作为党建工作重点单位加强指导。其中，成立党支部企业20家，设立联合党支部企业12家。互联网企业党建为深化泉州市网络社会宣传工作奠定群众基础，提供坚实政治保障。

发挥好网上网下"同心圆"积极作用。发挥网络社会组织作用，开展网络公益扶贫"暖冬行动"，推动泉州市网络公益扶贫事业发展。春节前，联合泉州微公益、泉州互联网文化协会在网络媒体新春走基层活动中结合开展网络公益扶贫"暖冬行动"。由网络公益组织筹集善款、购买物资，并征集网络公益志愿者，深入乡村、社区群众家中，为100余户贫困家庭献爱心送温暖。清明期间，联合多部门共同发起"缅怀先烈、文明祭扫"公益志愿服务活动。协调新华网、中国网、新浪网、东南网、闽南网、泉州网、泉州通、无线泉州等网络媒体发布志愿招募信息，招募近500名志愿者配合泉州革命烈士陵园管理所开展奉茶清理、秩序维持、志愿讲解等志愿服务，累计服务近10万人次。

机构编制

【概况】 2018年，泉州市机构编制工作以推进市县机构改革、事业单位改革、"放管服"改革等重点改革工作为抓手，不断加强和改进机构编制管理，促进各项工作顺利推进，为建设"五个泉州"提供体制机制保障。

【市县机构改革】 2018年，泉州市成立以市委主要领导为组长的市委机构改革工作协调小组，切实加强对市县机构改革的全面统筹协调。深入调查研究，印发实施《市直机关事业单位机构编制调研评估方案》，围绕新一轮机构改革目标任务，对市直机关事业单位职能职责履行、职责划分、管理体制和运行机制、人员编制配置等方面进行全面调研评估，厘清市级党政群机构改革框架思路。根据市委、市政府关于统筹泉州高质量赶超发展战略实施支撑需要，围绕全面深化改革，构建"1234"现代产业体系，大力发展数字经济、军工产业，强化人才科技保障等重大决策部署，坚持突出改革特色，因地制宜综合机构设置。制定《泉州市市级机构改革工作实施方案》，协调研究制定严肃机构改革纪律、印章衔牌制作使用和文件发送、国有资产管理、人员转隶、临时人员安置和离退休人员服务管理、档案管理、保密、宣传报道等方面工作的市级机构改革相关配套文件，有效地保障机构、职责、人员、资产、档案等按要求、按时限及时调整到位，完成转隶交接。开展市级党政部门“三定”规定制定工作。

【行政管理体制改革】 2018年，泉州市机构编制委员会办公室深化“放管服”改革，统筹推进重点领域改革。

深化“放管服”改革。统筹年度重点任务，制定实施《泉州市深入推进审批服务便民化的实施方案》（泉委办〔2018〕89号）和《泉州市2018年深化“放管服”改革转变政府职能重点任务分工方案》（泉政办〔2018〕73号）等制度性文件，强化改革的系统性和集成度。减权放权，动态调整市直部门权责事项410项，下放县（市区）审批服务事项28项，市级保留权责事项6057项。探索推进改革试点，指导完成《泉州市台商投资区相对集中许可权改革试点方案》并上报省政府，推进泉州经济技术开发区和泉州高新技术产业开发区“证照分离”改革试点，规范完善全市“多证合一”改革工作并实现“35证合一”。强化事中事后监管，积极探索推进“双随机一公开”监管改革，牵头梳理部门随机抽查事项344项和多部门监管事项42项，推动各部门开展“双随机”抽查230次覆盖市场主体2.7万户，首批梳理公布119项取消事项和85项下放事项监管责任清单，会同工商部门在商场超市行业试点跨部门随机联查综合监管模式。优化政府服务，建立健全“马上办、网上办、就近办、一次办”办事机制，推进行政审批和服务事项“四级四同”，试点开展台商投资区审批服务“一窗办”改革。营造改革宣传氛围，举办全市“放管服”专题培训班，开展《改革：直通“放管服”》主题新闻宣传活动，牵头起草纪念改革开放40周年《深化“放管服”改革 激发“双创”活力——福建省泉州市“放管服”改革实践》专题调研报告，并入选全国“百城百县百企”大调研专题，推动市、县两级深化“放管服”改革优秀案例分获全省一、二、三等奖。

统筹推进重点领域改革。推进监察体制改革、环保机构监测监察执法垂直管理体制改革、旅游管理体制改革等重点改革事项，做好监察委员会人员编制统筹分配和检察系统人员转隶工作，印发实施《泉州市环保机构监测监察执法垂直管理制度改革工作方案》并做好县级环保机构编制上收市级管理工作，制定《关于印发泉州半导体高新技术产业园区党工委管委会主要职责内设机构和人员编制规定的通知》完成园区机构编制设置。推进事业单位改革，印发并抓紧实施《泉州市直从事生产经营活动事业单位改革实施方案》，推进泉州展览城管理处、泉州市住宅建筑设计院等7家转企改制事业单位改革任务落实。推进承担行政职能事业单位改革，梳理市直事业单位承担的行政职能并提出划转初步意见。推进综合行政执法改革，梳理各部门综合执法机构编制事项，为下一步改革打基础。

【机构编制管理】 2018年，泉州市机构编制委员会办公室严格机构编制管理，推进机构编制挖潜创新，优化事业单位登记服务。

严格机构编制管理。抓好《泉州市控编减编工作实施意见》的组织实施，协同组织、人社等部门分成4个检查小组，对全市11个县（市、区）、泉州开发区、泉州台商投资区和部分市直单位机构编制执行情况进行专项检查，巩固和扩大控编减编工作成果，确保全市行政编制不突破中央核定的总额，事业编制不突破2012年底总量，机关工勤人员编制只减不增。创新日常检查制度，每月定期按比例随机抽检3～5个党政机关或事业单位开展信息“随机”抽检，建立机构编制问题整改台账管理机制，将严控机构编制纳入各县（市、区）年度绩效评估内容，纳入各级地方党委、政府主要领导干部实绩考核和经济责任审计范围，强化机构编制刚性约束。

推进机构编制挖潜创新。提出教育卫生重点民生领域机构编制调整意见，落实泉州五中合并泉州三中后内设机构和人员编制调整、市直学校教师岗位用编条件优化、泉州传染病防治医院经费渠道确定等专题工作。创新中小学校幼儿园教职工编制管理方式，联合市教育局等部门出台文件推行“县管校聘”改革，推动教育资源均衡配置。探索公立医院机构编制管理改革，研究提出《泉州市直公立医院人员总量控制备案管理暂行规定》，推动公立医院保留事业单位性质不再纳入编制管理。规范市直单位编外用工管理，起草《泉州市直机关事业单位编外人员聘用管理的实施意见》按程序上报，严格控制编外聘用人员。完成信息化机构整合后数字办人员分流安置任务，配合市委宣传部推进泉州晚报和泉州广播电视台人事制度改革，做好泉州半导体高新技术产业园区服务机构更名、市政府投资项目评审中心主要职责优化等专项工作。参与人才“港湾计划”工作，落实高层次人才编制周转池制度助推人才强市战略。

优化事业单位登记服务。提升登记业务档案电子化建设水平，完成事业单位法人登记、中文域名注册、机关群团赋码等近1000卷的档案卷宗分类整理、归档扫描和数据对接，推动事业单位登记业务实现“最多跑一趟”提供数据支撑。强化事业单位监管，省内首创市县联动“双随机、一公开”抽查机制，完成75家事业单位互查工作，全市抽查234家，提前完成4457家事业单位法人年度报告公示工作，会同社会信用体系监管职能部门合力推进联合惩戒，推动实现事业单位网上登记管理系统与最高人民法院的线上实时联网对接，强化对事业单位法定代表人的信用监管。加强信息公开公示，通过门户网站增设“双随机公示”和“双公示”专栏定期公示结果，完成与“信用泉州”平台的数据链接，方便公众一并查询“行政许可和行政处罚等信用信息公示专栏”信息，切实发挥失信被执行人信用监督、警示和惩戒作用。加强党政机关事业单位网上名称管理，做好市直党政机关、事业单位到期中文域名续费申报，加强域名数据库动态管理，保护机关、事业单位在互联网空间的合法性、权威性。

机关党建

【概况】 2018年，泉州市机关各级党组织以学习贯彻习近平新时代中国特色社会主义思想和中共十九大精神为主线，贯彻落实习近平总书记对推进中央和国家机关党的政治建设的重要指示精神，推动新时代党的建设总要求在机关落地落效，奋力作答市委“三个时代命题”，贯彻执行市委决策部署，促进机关党的工作更好服务保障高质量发展落实赶超。

【政治建设统领机关党建】 2018年，泉州市机关各级党组织树立并践行“旗帜鲜明讲政治、理直气壮抓党建”理念，以突出党组织的政治功能、强化机关的政治属性为根基，对机关党建工作进行谋划、统筹、部署、督促、落实，根据新形势提出年度工作任务、活动主题和具体措施，把政治建设摆在首位，推动增强“四个意识”、坚定“四个自信”，做到“两个维护”。7月12日习近平总书记对推进中央和国家机关党的政治建设作出重要指示后，中央和省上相继召开会议贯彻，市直机关工委及时向市委常委会汇报并提出贯彻意见，召开政治建设推进会，部署机关政治建设工作，力促市直机关践行“一个带头、三个表率”，建设“模范机关”。结合机关党的工作基础、资源禀赋、重点项目，组织到基层宣讲解读工作任务并督促落实，到76个党组织调研，召开76场各个层面座谈会，检查152个党支部“三会一课”落实情况，督促指导工作推进。加强与各级党组织书记、党务干部、党员面对面交流互动，宣讲新时代党的建设总要求，宣讲“抓好党建是最大政绩”和“没有脱离政治的业务，也没有脱离业务的政治”，增强机关党组织的政治功能。

【新思想指导新实践】 2018年，泉州市机关各级党组织注重思想理论建设，兴起“大学习”热潮，推动基层用新思想武装头脑、指导实践、推动工作，力促将党的创新理论转化为党员的共同意志。把意识形态工作责任制落实到党的建设工作中，制定完善实施方案和责任清单。加强宣传阵地建设，办好“泉州机关党建”网站和微信公众号，打造成市直机关党的工作学习交流综合平台。督促并通报理论学习中心组学习情况，力促成为“大学习”的“示范组”。举办学习党的十九大精神理论骨干培训班和13期“机关大讲堂、东海干部学堂”，组织“开启新时代、亮出新作为”系列活动巡展，在《泉州晚报》上开设《学习贯彻十九大 机关党建走前头》专栏，推动党员干部学懂弄通做实。市直机关工委与市纪委、市委组织部、宣传部等联合举办学习新思想知识竞赛活动，线上线下、电视展播共78万人次互动参与；举办学习新思想骨干研讨班，市委书记康涛点题，市委分管领导进行动员并授课，参训1700余人次；市直党工委联合市委宣传部、市社科联开展“改革开放40周年”理论征文活动；会同市委组织部对30个市直单位开展“两学一做”学习教育情况专项核查，督查问题整改，推动市委巡视整改任务落实。

【机关党组织组织力提升】 2018年，泉州市机关各级党组织通过落实“三会一课”、主题实践活动、调研督查等途径，引导基层党组织管党治党从党内政治生活管起严起，增强党内政治生活的政治性、时代性、原则性、战斗性，致力提高党内政治生活质量。推广实施“亮灯领航”工程，开展机关特色党建竞赛活动，筛选生成40个党建重点项目并推动落实，着力破解机关党建“灯下黑”问题。抓好《中国共产党支部工作条例（试行）》的学习宣传贯彻，召开党支部“5433”工作法推进会，展示交流经验做法，明确进一步落实措施。开展党支部达标创星和“五好”创建活动，推动规范化建设。加强和规范市直机关党费收缴、使用和管理工作，全年收缴党费1043.16万元，全额上缴。督促指导29个直属党组织换届。派员参加36个市直及省部属单位处级领导班子民主生活会。举办各类培训班9个班次，参训1888人次。

【全面从严治党主体责任落实】 2018年，泉州市机关各级党组织逐步形成并完善以述职评议、主体责任检查、巡察整改为常态抓手的全面从严治党主体责任落实和压力传导机制，推动各级党组织想抓敢抓善抓。年初、年底两次召开部分党组（党委）书记抓机关党建工作述职评议会，市委领导逐一点评并提要求，现场代表进行评议，会后反馈督促整改。组织52个直属党组织书记述职并接受评议，指导各级党组织开展述职工作，力促责任落实，初步形成党组书记、机关党委书记、支部书记“三级书记”齐抓共管的工作格局。对28个部门单位进行主体责任落实情况检查，梳理汇总问题清单133条，及时反馈并督促整改。市直机关工委落实与市委巡察办对接、交办、督促整改机制，指导推动市委巡察发现的机关党建工作存在问题的整改。特别是市委巡视整改工作启动以来，针对存在问题，责任市领导集体约谈10个被点名部门党组书记，召开党组书记专题会议，指出存在问题，纠正思想偏差，敦促履行“第一责任人”职责；开展机关党建压力传导暨“下基层、抓落实、促赶超”调研活动，推动全面从严治党在机关落地落实。

【机关党风廉政建设推进】 2018年，泉州市机关各级党组织在重要节日节点，及时组织学习有关典型案例、责任追究等违纪情况的通报，持续敲响警钟。元旦、春节前，通报违反中央八项规定精神等典型问题案件3件，并抽调9名干部组成3个组对20个市直部门下属单位开展明察暗访，汇总上报问题清单13条。有效运用“四种形态”，市直机关工委加大与市委巡察办的协作配合力度，对检查中发现的问题清单，及时移交，推动奖优惩劣、整改落实。加强与纪委监委机关各部门、派驻纪检组的沟通协调，协助市纪委审理室研究制定《纪检监察工作模拟案卷》有关党纪处分内容，规范案件审查审理工作。坚持实事求是，敢于坚持原则，守住案件质量底线，指导市直单位开展违纪党员案件审查及处分相关工作，累计提出审理建议132条，受理案件16件、审结16件，其中涉刑案件4件。

【党建引领带动机关各项工作】 2018年，泉州市召开市直机关统战工作务虚会，谋划推动市直机关统战工作的发展思路和举措，开创市直统战工作格局。动员和组织机关党组织和党员参与新一轮创建全国文明城市活动，亮旗帜亮身份亮作为，市直机关工委获市委表彰为创建全国文明城市工作先进集体。组织开展第十四届（2018—2020年度）全国、省级文明单位申报工作、第十五届（2017—2019年度）市级文明单位的届中初评和第七届（2016—2018年度）市直机关文明单位届终总评。办好《闽南好家风》电视节目，开展“身边故事·共同铭记”试点活动，弘扬社会主义核心价值观。常态化开展访贫问苦、义务植树、爱心助残等“学雷锋”活动，打造“点亮微心愿”机关志愿服务品牌。开展职工建功立业活动，表彰“福建省劳动模范”“福建省五一巾帼标兵”“泉州市劳动模范（先进工作者）”“泉州市优秀工会工作者”42人次。激发机关文化建设活力，开展迎新春乒乓球比赛、庆“三八”趣味运动会暨工间操展示、“巾帼心向党　建功新时代”合唱邀请赛、庆“五一”国际劳动节象棋比赛、“我与改革开放40年”市直机关主题演讲比赛等群众性文体活动，增强机关干部职工凝聚力。

【机关党建工作水平提升】 2018年，泉州市直机关工委与有关部门联合征集评选全市机关体制机制创新案例，其中19个案例分获全省一、二、三等奖，获奖数量居全省设区市首位并获优秀组织奖。年底，全省机关体制机制创新现场交流会在晋江召开。注重在实践中不断丰富完善“1263”这一牵头抓总工作机制，推广实施机关党支部“5433”工作法，开展“机关党旗红，‘五个泉州’在行动”主题实践活动，形成“一个总机制、一个总载体、一个工作法”“三合一”的机关党建工作体系，增强工作系统性，形成的案例受省上表彰，得到省直机关工委主要领导的肯定性批示。主题实践活动得到中央和国家机关工委领导的关注肯定，《中直党建》2018年第10期专题报道并配权威点评，市直机关工委受邀参加2018年全国机关党建工作研讨会并作交流发言。协同市财政局制发《泉州市市直机关基层党组织党建活动经费管理规定》，规范党建经费的使用管理。

【市县机关党建工作推进】 2018年，泉州市直机关工委指导县（市、区）直机关工委工作，召开3场市、县（市、区）机关工委联动的党建工作推进会、座谈会，深入13个县（市、区）调研指导，到有关县、乡机关讲党课，组织县（市、区）直机关工委干部参加省、市工委开展的培训28人次。各县（市、区）机关工委聚焦主责主业，着力推进机关党建高质量发展，在服务中心、建设队伍上取得新的成绩。在机关体制机制创新案例征集评选中，各县（市、区）14个案例获全省表彰，34个案例获全市表彰，6个县（市、区）直机关工委获优秀组织奖；各县（市、区）评出37个特色党建项目参加全市竞赛，16个项目分获一、二、三等奖。

巡察工作

【概况】 2018年，泉州市委巡察机构把握政治巡察定位，深化巡视巡察上下联动、县级交叉巡察、重点领域专项巡察、对村（社区）延伸巡察，巩固发展监督同向、力量互补、成果共用的工作格局，推动全面从严治党向纵深发展、向基层延伸。省委巡视办、巡视组对泉州市开展联动巡察、专项交叉巡察等工作给予肯定。《中国纪检监察报》《华东之窗》《八闽快讯》和省纪委监委网站多次宣传报道泉州市巡察工作。

年内，按照省委《关于加强巡察机构和队伍建设的意见》，建立健全巡察干部管理体制和激励约束机制，抓好巡察干部的日常监督管理。开展践行“两个维护”等主题交流研讨和违纪违法典型案例警示

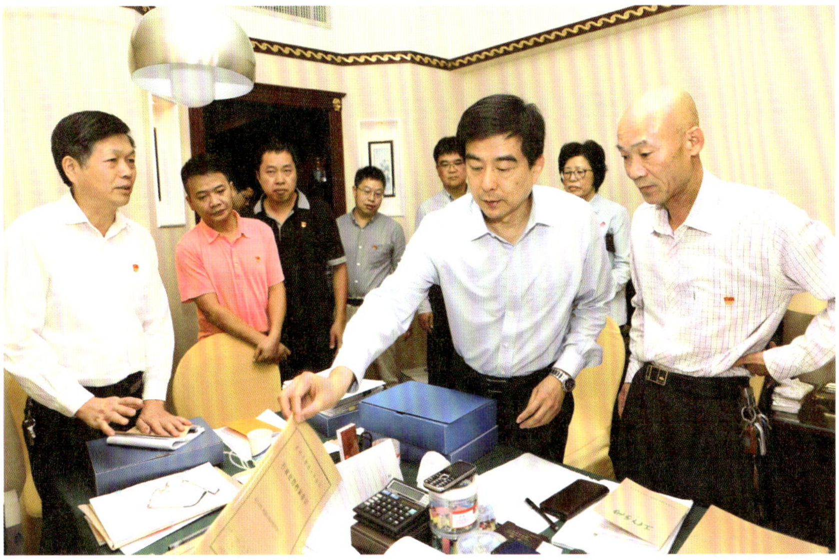

2018年11月6日，市委常委、市纪委书记、市巡察领导小组组长游宇飞（前排右二）走访一线巡察干部 （图/市纪委）

教育，组织3场巡察干部全员专题培训和4场巡察组组长“以老带新”调研座谈，深入县（市、区）举办“市县巡察工作解读”讲座，提高巡察干部政治素质和履职能力。

【市县两级巡察】 2018年，泉州市完成3轮8批、对33个单位党组（党委）的常规巡察，对各县（市、区）、泉州台商投资区开展生态环保领域扫黑除恶专项交叉巡察。组织指导各县（市、区）完成3轮以上、对938个党组织（含村级组织）的巡察。市县两级巡察发现问题4305个，移交问题线索748条，立案174人，给予党纪政务处分 116人，移送司法机关14人，推动建立健全1000多项制度。

【巡察制度完善】 2018年，泉州市研究修订《市委巡察工作规划（2017—2021年）》，完善党委书记专题会议听取巡察情况汇报报备制度，出台《市委巡察工作实施办法》、《被巡察党组织配合巡察工作实施细则》、《推进巡察整改常态化长效化的实施办法》和交叉巡察“一方案两意见两清单”（一份交叉巡察总体工作方案，市委授权和县级党委授权交叉巡察指导意见，交叉巡察小城镇、扶贫领域共性问题清单）等制度文件。制定市委巡察机构与纪检监察机关、组织部门和审计机关等的协作配合机制，以及巡察向村级组织延伸工作计划和实施方案，全面推行巡察底稿制度。

【巡察整改落实】 2018年，泉州市建立落实“四跟进一报告”制度，对2017年以来市委巡察反馈整改情况开展“回访”检查，向14个被巡察单位开出需进一步整改的问题清单，督促抓好后续整改，发挥巡察震慑遏制治本作用。市纪委监委和组织部门将巡察整改落实情况纳入日常监督的重要内容，市纪委监委有关纪检监察室对市委巡察反馈整改情况开展全面核查，市委组织部将巡察情况运用于干部考察、考核工作中。

【巡察成果运用】 2018年，泉州市根据市委“五人小组”会议要求，向有关部门移交涉及市直单位经营性资产管理、意识形态工作、村级“三资”管理、人才工作等方面事项17件，推动解决重点难点问题。市政府针对巡察发现的市县两级人防地下室易地建设费征收管理漏洞问题，专题研究部署、强化督促检查，推动解决512个历史遗留问题，追缴易地建设费1.5亿元，责令补建人防地下室10万平方米，建立人防工程审批、执法和沟通协作制度，有关做法在全省人防系统推广。市县两级针对巡察发现的经营性资产管理不到位等问题全面开展核查，完善资产管理、租赁等方面20多项制度，挽回经济损失4000多万元。针对巡察发现的村级组织“三资”管理不到位、党内政治生活不严肃、村级工程项目违规招投标、扶贫政策不落实等方面问题，组织开展专项整改，建立健全村务公开、工程监管等70多项制度，推动对村监督管理经常化、规范化、制度化。

老干部工作

【概况】 2018年，泉州市入贯彻全国、全省组织部长会议和老干部局长会议精神推进离退休干部政治思想和组织建设，做好离退休干部服务保障工作，结合纪念改革开放40周年深化老干部正能量活动，为助力“新福建”和“五个泉州”建设作出新业绩。市委书记康涛主持召开老干委会议，研究落实老干部工作重要事项。书记、市长分别向老干部通报全年工作和上半年工作，市委、市政府3次向老干部征求意见。春节期间，市四套班子领导分别走访慰问离退休干部。重阳节前夕，四套班子主要领导为市直老干部集体祝寿。市委颁发新一轮《老干部工作领导责任制》，将老干部工作和离退休干部党建工作纳入年度党建工作重要内容。市委、市政府召开全市老干部工作会议，传达贯彻上级会议精神，总结部署年度全市老干部工作；召开第24、25次市涉老组织联席会议，统筹涉老工作和活动。

【离退休干部党建工作推进】 2018年，泉州市新增党支部75个

（总数达到424个），推进离退休干部党建由“有形覆盖”向“有效覆盖”转变。推荐174名在职党员兼任各离退休干部党组织班子成员或联络员，举办全市离退休干部党支部书记暨专兼职党务干部培训班。制定《泉州市离退休干部党支部“1359”工作法》等文件，推进离退休干部党建工作精准化、规范化。培育“桑榆党旗红”离退休干部党建典型项目被评为全市年度实施党建工作项目化管理优秀项目，培育首批市级离退休干部示范党支部40个、离退休干部先锋党员50名、桑榆志愿服务示范驿站30个。印发《关于加强“老党员之家”“老党员服务站”建设的意见》，构建“1335”服务模式，依托各级老干部活动中心建成“老党员之家”69个，实现活动中心“党建+多面融合”，省委老干部局推广泉州建设“老党员之家”的经验做法，《中国老年报》头版头条、《福建日报》分别作了报道。

【老干部服务管理优化】　2018年，泉州市巩固离休干部离休费保障、医药费保障、财政支持“三个机制”，市委老干局会同市财政局等相关部门出台《关于进一步做好离休干部医疗费保障工作的通知》《泉州市重大节日走访慰问离退休干部的实施细则》和《精准服务走访工作手册》等政策措施。开展“四下基层”“三帮三在”等活动，推行政府购买服务，推进医养结合，完善失能亲情帮扶，全省精准服务离休干部工作现场推进会在泉州召开。深化社区“四就近”服务工作，全市“省级社区服务老干部工作示范点”增至26个、“市级社区服务老干部工作示范点”增至39个。

【老干部优势作用发挥】　2018年，泉州市策划开展“筑梦新时代·助力‘五个泉州’新发展”主题活动，组织开展老干部学习宣传习近平新时代中国特色社会主义思想和“我看改革开放新成就”的各类座谈访谈、学习宣讲、宣传演出等活动近300场次，座谈访谈老干部、老专家1300多位。评出正能量特色活动和为老干部办实事品牌项目各12个，第二批“最美老干部”50人。“老干部之声”“时政沙龙”2个正能量品牌获评“全省离退休干部十佳正能量活动精品”，全市成立139支2852人组成的离退休干部桑榆志愿服务队，开展12场“千名离退休干部志愿服务走基层”大型主题志愿活动。

【关心下一代工作】　2018年，泉州市老干局落实市委、市政府关于加强关心下一代工作要求，管好用好119个青少年社会教育活动中心，开展“传承红色基因，争做时代新人”主题教育，开展精准关爱行动，为广大青少年办实事解难事，提升“百万大手牵小手”关爱活动品牌，筹集发放助学金4000多万元，资助贫困大中小学生1.5万多人次，为刑满释放少年犯在家乡建立安置就业帮教基地。2018年，泉州市关工委开展“传承红色基因，争做时代新人”主题活动，以精准关爱提升“百万大手牵小手”关爱活动品牌，抓好“基层工作创新年”各项工作，以市关工委成立30周年为契机，探索党建带关工委建设新路子，推动全市关心下一代工作的新发展、新提升。召开农村与科技工作指导委年会，贯彻落实中共十九大精神和中央农村工作会议提出的“乡村振兴”战略，交流、部署农村和科技工作。会同市委党校、市委讲师团，邀请各县（市、区）关工委报告团精干力量，调整充实市关工委报告团队伍，下发《关于开展党的十九大精神宣讲报告活动的通知》，组织报告员深入各中小学开展“党的十九大精神”巡回宣讲。与泉州经贸职业技术学院等高校联合举办“新时代青年的担当与使命”座谈会，老少共谈十九大，高校学生畅谈对“新时代担当与使命”的理解与感悟。开展“青少年所思所想所盼”专题调研，全面了解当前青少年思想状况及现实需求，为做好新时代关心下一代工作打下坚实基础。各级关工委举办以学习十九大精神为主题的图片展、书法比赛、征文比赛等，推动新思想进基层、进校园，增强广大青少年听党话、跟党走的行动自觉。

2018年5月31日，市关工委联合市老促会、市质监局到泉港、惠安山区慰问革命老区青少年　（图/市关工委）

2018年3月5日，泉州市关工委在晋江围头举行海峡两岸家庭教育协作联盟厦漳泉三市第五次交流座谈年会（图/市关工委）

【老干部学习活动阵地建设加强】 2018年，泉州市贯彻落实全国、省、市三级老年教育“十三五”规划，发展“互联网+”老年教育，拓展老年远程教育云平台的功能，老年远程教育经验在中国老年大学协会代表大会上介绍经验。泉州老年大学城东新校舍项目建设有序推进。巩固“全国敬老文明号”“全省敬老文明号”创建成果，推进泉州市老干部（老年）活动中心新一轮改造提升工作，融入离退休干部党建工作大局，提升阵地功能内涵，为市直离退休党员学习活动提供服务保障。“扶持建设20个老年文化养老示范点”市委、市政府为民办实事项目胜利完成。

精神文明建设

【概况】 2018年，泉州市推进创建评选全国文明城市工作先进集体、先进个人工作。出台深化创建全国文明城市常态化工作实施意见，修订建制区、市直部门文明城市创建考核办法，召开推进全国文明城市创建常态化工作会议、全国文明城市实地测评培训会等，对文明城市创建继续组织周考评，实行月通报，开展问卷调查，推动创文明城工作即时整改、落到实处；组织对惠安、永春、德化3个全国文明城市提名城市（县级）进行对口帮建，推进环泉州湾文明城市群创建一体化。安溪、鲤城、泉港、丰泽获评2015—2017年度省级文明县城（城区）。

【城市文明建设】 2018年，泉州市加快古城提质，开展国家“城市双修”试点，实施古城“七个一”示范工程，完成金鱼巷整治，开工中山路保护提升等示范工程，基本建成“东亚之窗”文创园、泉州美食城。推进新城集聚，启动东海后埔等片区建设，城东至北峰快速通道等加快推进，泉州火车站综合交通枢纽、市公共文化中心春节前可正式投用；开展高速铁路、公路沿线环境综合整治，推进37条城乡重要通道景观提升，水线9个公园建城开放。加强城市治理，规范中心市区共享单车管理，开展工地文明施工、渣土车文明行车等综合整治；实施内涝治理项目18个，改造中心市区易积水点45处；垃圾分类处理利用取得初步成效，中心市区大件垃圾、园林垃圾初步实现“大分流”，泉州开发区、市直机关和事业单位实现生活垃圾分类全覆盖，各县（市、区）试点扎实推进。

【基层基础文明创建】 2018年，泉州市落实深化群众性精神文明创建活动实施方案、创建文明行业活动意见、市级文明校园测评细则等，新确定10个文明社区示范点；组织全市894所公办中小学、中职学校、幼儿园参与文明校园创建，发动泉州市3所学校参与全国“文明校园风采”网上展示、文明校园巡礼等，规范群众性精神文明创建，提升创建水平。完成全国文明单位培育对象、全国文明校园先进学校和2018—2020年度省级文明村镇、文明单位、文明校园创建申报，完成2017—2019年度市级精神文明建设各类创建对象初评。85个村镇、319个单位（含社区、风景旅游区和设区市行业）、81所学校、12户家庭分别获评2015—2017年度省级文明村镇、文明单位、文明校园、文明家庭。

【核心价值观主题公益广告阵地建设】 2018年，泉州市推动媒体刊播“中国梦”“图说我们的价值观”“讲文明树新风”等主题公益广告，制作主题公益微视频2个。运用91座公益广告平台、460座公交候车亭灯箱和侨乡体育馆、海峡体育馆等户外广告平台进行公益广告宣传，推动各级各地在城市主次干道、商业街区、公园广场、景区景点、车站码头、商场医院、政务大厅、银行网点、通信网点等利用实体墙、LED屏等设置发布主题公益广告，设立与环境相容的“创文明城、遵德守礼”提示牌等，实现主题公益广告上街、上墙、上屏、上栏。在市行政中心设立主题宣传牌8座。

【时代新风行动】 2018年，泉州市制定“诚信经营示范街区”创建活动实施方案，开展“公共生活好言行·诚实守信我践行”主题宣传，鲤城区涂门街、石狮市振兴路、晋江市塘岸街获首批福建省“诚信经营示范街区”。完善旅行社行前教育、旅行团文明督导、游客不文明行为记录、旅游“红黑榜”等制度，组织2018“文明旅游为中国加分”主题晚会，举行“全域旅游、美好生活”主题骑游攻略赛，设置“文明旅游、为中国加分、绿色出行”签名留言板，制作《“八不”行为规范》《文明安全出国》宣传片、发放文明旅游宣传资料等，引导游客文明旅游、低碳消费、爱护环境、安全出游。实施传统节日振兴工程、“我们的节日”主题活动，春节、元宵、清明、端午、中秋、重阳等主题活动活跃，承办福建省“我们的节日·端午”主场活动暨第十二届闽台对渡文化节活动，举办原创春联评选大赛等，推动主题活动不断深化。

【农村移风易俗全国试点】　2018年，泉州市将移风易俗工作纳入市乡村振兴战略总体规划，落实规范党员和公职人员操办婚丧喜庆事宜的规定，出台节俭办婚丧喜庆等事宜工作实施意见，召开移风易俗工作专题会议、现场（观摩）推进会，推进实施“一县一方案”，组织专项工作月督查、年度调研，举办首期业务骨干培训班，赴福州长乐考察，征集展播移风易俗树新风公益微视频，开展十大不文明行为评选、十大文明金点子征集等，巩固提升全国农村移风易俗工作试点市成效，推动移风易俗成为群众的自觉行动。泉州移风易俗工作成效引起广泛关注，新华社、《人民日报》、中央电视台、《光明日报》、《福建日报》等一大批全国、省级主流媒体聚焦泉州，集中宣传推广泉州典型做法；上报泉州全国农村移风易俗工作试点城市典型案例，讲述经验做法的《保持常态固新风：泉州多措并举立良俗》入围改革开放40周年“福建影响力”民生工程类优秀案例。

【公民道德建设工程】　2018年，泉州市举办“弘扬雷锋精神·传播道德力量”主题文艺会演，推动道德模范、身边好人基层巡讲巡演常态化，以“德行泉州”为主题拍摄制作道德模范公益微视频，宣扬10个市级道德模范先进事迹。深化“我推荐、我评议身边好人”活动，泉州市5人次、16人分别入选中国好人榜、福建好人榜。落实道德模范帮扶礼遇措施，市县两级共走访慰问困难道德模范、身边好人238人次、发放慰问金17.16万元。举办市道德讲堂总堂活动4期。

【家风家训文化活动】　2018年，泉州市坚持全民行动、干部带头，从家庭做起、从娃娃抓起，开展“家+文化”、寻访泉州好家风活动，摄制播出《闽南好家风》电视系列片10期，其中《书香》获省广播电视艺术奖电视艺术片一等奖，《闽南好家风》获“广电宽带杯·弘扬社会主义核心价值观”泉州市主题原创网络视听节目一等奖；新建2个省级家风家训乡贤文化馆示范点、8个市级家风家训馆。开展“身边故事、共同铭记”活动，印发深化开展试点活动的意见，召开试点活动现场交流会，宣扬推广十佳试点活动单位经验，将活动纳入文明创建和考评加分内容，把活动选树对象作为道德典型评选的前置条件。

【网络精神文明建设】　2018年，泉州市运用“互联网+精神文明建设”新方法，依托泉州文明网及其官方微信、微博，开展“美翻了，我的村”“美好·幸福”“我在博物馆等你”“名书店”“小城故事”“泉州身边暖心事”等主题“微公益”活动，传播弘扬正能量，让网络舆论空间更加清朗。推荐2部道德模范主题微电影、2部城市主题宣传片在中国文明网展播。

【未成年人课外活动阵地建设】　2018年，泉州市完成市委、市政府为民办实事项目“20个城区社区未成年人文体活动设施场所建设”。强化乡村（城市）学校少年宫建、管、用，不断提升活动成效，在安

2018年12月2日，由市委文明办主办的泉州市中学生“生涯规划教育”心理辅导公益巡讲首场暨启动仪式举行　（图/市委文明办）

2018年12月29日，由市委文明办主办的2018年泉州市乡村（城市）学校少年宫成果展示活动举行　　（图/市委文明办）

溪举办市乡村（城市）学校少年宫特色活动项目展演，推动80所省级以上文明校园与49所乡村学校少年宫结对共建帮扶，2所学校少年宫闽南特色活动项目代表福建省参与央视系列专题宣传展示，3所学校的少年宫、12人分别获评省优秀乡村学校少年宫、省优秀乡村学校少年宫辅导员。举办心理健康辅导人员儿童感觉统合专项培训班4期，完成福建省未成年人心理健康知识百场公益巡讲（泉州专场），组织"做智慧父母 育健康孩子"家庭教育进学校公益巡讲、"阳光心灵 亲近父母"未成年人心理健康团体辅导进校园进社区、中学生家长"生涯规划教育"公益巡讲等活动，强化泉州市未成年人心理健康辅导工作。

【"志愿情·泉州红"活动】 2018年，泉州市开展"共话十九大•志愿助老行"新春祝福、"情满旅途"、"春暖泉州红"、"缅怀先烈•文明祭扫"、"点亮留守儿童微心愿"、"助力新泉州 建功新时代"、"纪念国际志愿者日"、"爱心午餐"五周年纪念等主题志愿服务活动，提升志愿服务覆盖面。组织志愿者参与元宵灯会，参与首届泉州•北滨江公园时光主题运动嘉年华、第三届泉州海丝古城徒步穿越活动等大型赛会志愿服务，提升志愿服务品牌影响力。发动参与2018年全国社区网络春晚，获奖节目数再获全省第一、实现"五连冠"。

【"扣好人生第一粒扣子"主题教育实践活动】 2018年，泉州市发动未成年人参与网上清明祭英烈、"十一"向国旗敬礼集中活动，实施市立德树人三年行动计划，组织"新时代好少年"学习宣传、传承红色基因、传承中华优秀传统文化、学雷锋志愿服务、"劳动美"社会实践、"阳光成长"系列主题活动，推动未成年人思想道德建设工作向上发展。继续征集推广优秀童谣，征集评选的30首优秀童谣，有4首入选省优秀作品。举办全市中小学生"童心向党"歌咏活动展演，承办全省中小学"品味经典 传承美德 争做新时代好少年"经典诵读展演惠安、永春、德化专场。

【志愿服务组织建设】 2018年，泉州市推进全国志愿服务信息系统运用，在线注册志愿者101.3万人（占全省的1/4）、注册团队7026个、发起项目45632个。宣传、培育志愿服务典型，丰泽区埭头社区入选全国社区学雷锋志愿服务联络工作示范点（全省设区市唯一）、"刺桐花"公益协会获评全国最佳志愿服务组织，获省最美志愿者、最佳志愿服务组织、最佳志愿服务项目各3个（人），获省最美志愿服务社区5个，入选省优秀志愿服务组织9个，第二批被认定为省五星级志愿者7人，4个个人（组织、项目、社区）入围2018年全国学雷锋志愿服务"四个100"先进典型，《八闽快讯》对泉州市志愿服务特色做法作专题推广。完成市委、市政府为民办实事项目"30个志愿服务驿站"建设。开展年度市志愿服务组织负责人培训。省级试点晋江市新时代文明实践中心正式成立。

党校

【概况】 2018年，市委党校（泉州行政学院、市社会主义学院）深入学习贯彻习近平新时代中国特色社会主义思想和党的十九大精神，以推进"一流党校"建设为目标，以开展"质量提升年"活动为抓手，坚持党校姓党、从严治校，全力履行干部培训、思想引领、理论建设、决策咨询职能，各项工作有序开展，总体上呈现出"'大学习'活动稳步开展、质量稳步提升、项目稳步推进"的特点。全年共举办各级各类培训班103期，培训干部7029人次（教务处办班38期，培训3292人次；公培处办班23期，培训2237人次；继教处办班42期，培训1500人次）。

【教学工作】 2018年，市委党校（泉州行政学院、市社会主义学院）坚持围绕中心，服务大局，推进学习贯彻习近平新时代中国特色社会主义思想"大学习"活动。举办泉州市厅级领导干部深入学习贯彻习近平新时代中国特色社会主义思想专题研讨班，邀请中央党校、中国纪检监察学院、省委党校知名教授授课，市四套班子厅级干部，市人民法院院长、市人民检察院检察长参加研讨班学习；举办泉州市领导干部学习贯彻党的十九大精神、深入学习贯彻习近平新时代中国特色社会主义思想等专题研讨班，共培训全市县处以上干部和乡镇（街道）主要负责人1500多人次。联合福建省社会主义学院、泉州市委组织部、市委统战部、市工商业联合会开展“爱学会赢闯天下——全面推动习近平新时代中国特色社会主义思想进泉商全国行”活动，依托北京泉州商会、杭州泉州商会、银川泉州商会、深圳泉州商会等，分5个片区5站对全国257家泉州籍商会进行全覆盖宣讲。组织市县两级教师组成若干宣讲小分队开展进企业、进机关、进农村、进校园、进社区、进军营、进“两新组织”（新经济组织和新社会组织）等“七进”活动200多场次；组织召开鲤城区开元街道东片区党建联席会，引领推动社区 “大学习”。坚持把高标准办学作为重要抓手，狠抓教学质量提升。全年开展新课试讲3次，共32个新课参加试讲，准入24个，淘汰旧课9个。实现结构化研讨全覆盖，所有主体班、专题培训班均根据不同主题开展结构化研讨。通过组织学员赴延安、寿宁下党乡等开展党性教育等，丰富党性教育内容形式。对教学评估中的“遵守政治纪律”进行单列，实行一票否决。加大问题导向、理论阐述的分数比重，通过调整评估体系更好树立“用学术讲政治”导向。开展党校系统第四届精品课评选活动。选派2名教师参加全省校院系统理论教育精品课评选活动，均获得一等奖（连续两届获一等奖）。对学员在校表现、考勤、学习情况进行量化考核，与学员签订《遵守培训纪律承诺书》。

【科研咨政】　2018年，市委党校（泉州行政学院、市社会主义学院）在省级以上CN刊物发表学术论文24篇，其中五类以上刊物17篇。入选全省校院系统2018年度学术年会的论文篇数17篇，居全省设区市党校首位；7个项目入选全省校院系统首次实施的2018年度科研与决策咨询项目，占全省三分之一强。各类课题项目立项33项，其中获省校院基地课题立项16项，立项数继续位居全省设区市党校首位。全年共结项各类课题35项，其中8项课题获省校院基地课题结项“优秀成果”，获奖数继续位居全省设区市党校首位。编发《泉州党校》学报4期，《市情调研报告》3期，《泉州市情研究》7期。编纂《刺桐求是文库》系列文集1册，收录20万字30篇决策咨询报告。2篇咨政报告获得市领导批示肯定，其中咨政报告《贵州经验对我省发展大数据产业的启示》被省委党校、福建行政学院《决策参考件》采用并报送省委有关领导，系福建省设区市党校首次。举办学习习近平新时代中国特色社会主义思想暨第十一届党校市情论坛。

2018年5月31日，以“传承经典 不忘初心”为主题的纪念马克思诞辰200周年经典诵读音乐会在市委党校举行　（图/吴宗宝）

【学校建设和师资培养】　2018年，市委党校连续4届举办泉州市党校系统高级师资人才研修班，选派全市党校系统42名教师赴阳泉市委党校进行原著学习和党性教育。启动中层干部适岗调配工作，校内调配交流干部6人次。组织推荐系统2名教师参加高级职称评审，1名评审通过。修订出台《关于实行聘用制事业单位专业技术人员奖励性绩效工资分配方案》。加强信息工作，印发《党校简讯》8期，月志10期，被各类网站、报刊采用信息50多则；撰写工作专报20多份，获有关领导签批10多份。投入建设数字图书馆文献知识管理平台，新购电子图书1万多册。对5间电教室进行投影机改造升级，采购2套现场教学设备。在新校区建设方面，基本完成征迁任务，初步设计和概算获主管部门批复同意，启动PPP项目第二阶段公开招标。

【非公企业和社会组织党建培训实践基地】　2018年，市委党校对非公党建展馆进行全面提升完善，更新展出内容和布展形式，接待18个省市46个团体1162人次的参观学习。举办非公党建培训14班次，培训人数655人，其中承办省委组织部培训2班次，举办市委组织部、市工商局及县区组织部培训6班次，其他省市培训6班次。北京、苏州等经济发达地区首次组织到泉州市学习培训。举办和承办对外培训6班次，培训人数212人。接待老挝、纳米比亚、南苏丹3个考察团93人。其中，纳米比亚考察团参观非公党建展馆并听取泉州市委党校关于《泉州市非公党建的典型做法和经济启示》的专题课。

泉州市人民代表大会

综 述

【人大工作概况】 2018年，是泉州市十六届人大及其常委会履职的第二年，在中共泉州市委的坚强领导下，市人大常委会坚持党的领导、人民当家做主、依法治国有机统一，忠实履行宪法和法律赋予的职责。在市委重视支持下，市人大在全省率先召开市委人大工作会议，出台《关于加强新时代人大工作的若干意见》，得到全国人大常委会委员长栗战书的肯定。出台《关于发挥“两个机关”作用助力“五个泉州”建设的意见》，省人大常委会党组主要领导将该意见批转全省各设区市人大常委会和平潭综合实验区人大工委。推动各县（市、区）党委、人大召开专题会议，出台加强新时代人大工作意见。市人大常委会维护市委统揽全局、协调各方的领导地位，贯彻落实市委重大决策部署。定期向市委汇报常委会党组工作情况，先后27次就人大工作中的重大事项及时向市委请示报告。站位全局谋划人大工作，紧扣市委“转型攻坚、聚力跨越”工作主线谋划人大工作，及时对市县两级人大作答“再创‘晋江经验’新辉煌、踢好转型升级‘后半场’、勇当高质量赶超主力军”三个时代命题进行动员部署。深入总结以“晋江经验”推动人大工作实践的做法与成效，在全省人大系统纪念改革开放40周年研讨会上作典型介绍。聚焦市委工作重点，依法行使重大事项决定权，在全省人大系统率先作出《关于依法推动打好防范化解重大风险、精准脱贫、污染防治三大攻坚战的决定》。牵头完成市委重点课题《推进泉州经济高质量发展的重点与路径研究》。坚持党管干部与人大依法任免相统一，召开市十六届人大三次会议，补选市人民政府市长；先后召开常委会，决定市第十六届人大常委会代理主任、市监察委员会代理主任人选，补选3名省第十三届人大代表，依法任免地方国家机关工作人员66人次。

【宪法权威维护】 2018年，泉州市人大及其常委会领会和把握宪法修正案的核心要义和精神实质，肩负起人大在深入推进宪法宣传教育和贯彻实施中的重要使命，作出决定，号召全市人民、国家公职人员特别是领导干部树牢宪法意识，坚定宪法自信，维护宪法权威。丰富和发展宪法实施实践，组织第一个“宪法宣传周”和第五个“国家宪法日”活动，组织人大及其常委会选任的33名国家机关工作人员进行宪法宣誓。发挥执法检查“法律巡视”功能，开展执法检查3次，配合全国人大常委会、省人大常委会开展执法检查9次，纠正有法不依、执法不严、违法不究现象。开展规范性文件备案审查工作，先后对市政府报送的1件规章和87件规范性文件进行备案审查，维护国家法制统一。

【政治建设】 2018年，泉州市人大及其常委会树牢“四个意识”，坚定“四个自信”，做到“两个维护”，始终在政治立场、政治方向、政治原则、政治道路上同以习近平同志为核心的党中央保持高度一致。常委会党组发挥把方向、管大局、保落实的作用，组织学习贯彻习近平总书记在第十三届人大一次会议、庆祝改革开放40周年大会等重要会议和活动上发表的重要讲话精神，恪守全国人大常委会关于做好新时代人大工作“五个牢牢把握”基本遵循，执行省委“八个坚定不移”要求，制定新时代加强人大机关党的政治建设实施意见，落实全面从严治党主体责任和意识形态工作责任，配合省委巡视组开展巡视工作，做好巡视反馈问题整改，支持派驻人大机关纪检监察组履行监督职责，营造地方国家权力机关风清气正的政治生态。

【立法质量提升】　2018年，泉州市人大及其常委会加强和改进立法工作，以良法促进发展、保障善治迈出坚实步伐。《泉州市中山路骑楼建筑保护条例》由常委会“三审”通过，经省人大常委会批准，于2019年1月1日起施行。“立法保护骑楼”入选2018年度泉州十大时政要闻。全国人大常委会委员长栗战书对泉州三部实体法予以肯定，认为“很有特点、很有针对性”。

立法工作格局逐步完善。始终坚持党对立法工作的领导，对年度立法计划、法规草案、立法中的重要问题，由常委会党组向市委请示报告。发挥人大在立法中的主导作用，加强立法工作统筹协调，落实提前介入机制，动态掌握立法进度，协调突破立法难点。发挥市政府在立法中的重要作用，依托政府的专业力量和行业优势有序做好法规草案起草工作，进一步凝聚共识。坚持立法从群众中来、到群众中去，综合运用座谈会、论证会、网络发布等形式，听取代表、专家、社会各界和人民群众的意见建议，确保地方立法符合宪法精神，反映人民意志，得到人民拥护。

立法务实管用更加突出。主动适应改革发展需要，在2017—2021年立法规划的基础上，确定8个立法计划项目。针对骑楼建筑亟须保护而上位法对历史风貌建筑保护没有明确规定的难题，《泉州市中山路骑楼建筑保护条例》探索创制性立法，注意把握和处理好私人权益与公共利益、保护骑楼建筑与保持街区整体风貌、保护从严与合理改善群众居住环境等方面的关系，对解决长期影响骑楼建筑保护的瓶颈问题逐一进行制度设计，对接城市“双修”工作，为守住不可再生的历史文化遗产提供法治保障。

立法工作机制不断健全。制定常委会立法评估工作规定、法制委员会议事规则以及开展法规实施情况调研、检查、评估有关时间安排的规定，确保立项评估、统一审议、监督法规实施等重点工作有章可循、有规可依、有据可考。建立基层立法联系点，注重发挥立法顾问和咨询专家“外脑”作用。督促政府及相关部门做好法规的宣传贯彻实施，加强舆论引导，提升法规社会认知度，强化法规贯彻执行力。

【经济社会发展推动】　2018年，泉州市人大及其常委会组织召开民营企业界人大代表座谈会，学习习近平总书记在民营企业座谈会上的重要讲话精神，强调真正把民营企业和民营企业家当作自己人，确保民营经济在高质量发展落实赶超中发挥更大支撑作用。听取和审议泉州市国民经济和社会发展计划执行情况、“十三五”规划实施情况的中期评估、全面深化改革、国有企业发展、建设新型研发机构等情况报告，开展企业国有资产法执法检查，调研检查泉州市信贷风险和互联网金融风险防控、国家知识产权示范城市建设、发展花卉产业等情况，跟踪督促常委会关于深化“放管服”审议意见落实情况，强调深入贯彻落实新发展理念，有为应对中美贸易摩擦，不断放大“五区”叠加效应，推动经济发展质量变革、效率变革、动力变革。对发挥泉州“申遗”效应打造特色文化旅游品牌、实施城市“双修”促进古城保护发展、实施“海丝”史迹保护条例和泉州市三类语言城市达标创建情况进行调研检查，综题询问环湾城市规划建设管理情况，推动古城提质新城集聚。关注泉州市海外华文教育、华侨权益和台资企业权益保护等工作情况，促进泉州市开放平台更加完善、对台合作空间更加广阔。

2018年12月20日，泉州市人大常委会、市政府举行《泉州市中山路骑楼建筑保护条例》新闻发布会。图为发布会现场　（图/王虎文）

【民生福祉增进】　2018年，泉州市人大及其常委会听取和审议市政府2018年为民办实事项目进展情况专项报告，推动项目加快落地，确保实事办实。对市农业局精准扶贫、市教育局新改扩建幼儿园工作进行专项评议，督促实行最严格的考核评估制度，确保如期做到脱真贫、真脱贫；更加重视学前教育工作，落实城镇新建小区配套幼儿园建设“三同步”，努力破解群众高度重视的“入园难、入园贵”问题。对泉州市深化医疗制度改革情况进行专题询问，督促落实政府办医责任，破除公立医院逐利机制，推进“三医”联动改革，确保群众看得起病、看得好病。把做好人大信访工作作为听民声、解民忧的重要渠道，全年办理群众来信来访565件次，促使群众合法诉求得到有效解决。对泉州市少数民族特色村寨发展与保护、白濑水利枢纽工程建设、革命老区发展、灾后重建、教师法执法检查审议意见落实等情况进行调研检查，交办、督办民生类代表建议298件，努力让人民群众在共建共享发展中拥有更多获得感。

【生态建设】 2018年，泉州市人大及其常委会对该届人大一次会议作出的《关于加快全市垃圾分类处理利用的决议》《关于进一步加强全市流域水环境保护的决议》的执行情况进行考察，督促加快建立政府管理、市场运行、社会参与的垃圾分类处理体系，坚持控源、截污、清淤、调水和管理“多管齐下”，垃圾分类处理利用和全市流域水环境保护取得阶段性成效。听取和审议2017年度全市环境状况和环境保护目标完成情况报告，开展水土保持法执法检查，督促统筹推进大气和水污染防治、土壤污染管控和修复、农村人居环境整治，做好水土流失预防保护和综合治理工作，推动天蓝地绿水清气净的“美丽泉州”建设。

【预算监督】 2018年，泉州市人大及其常委会开通人大预算联网监督系统。按照全口径审查和全过程监管要求，加强对预算特别是支出预算的审查监督，推动预算管理规范透明、标准科学、约束有力。听取2017年预算执行和2018年预算编制的汇报，对预算执行情况报告及本级预算初步方案进行审查。审查批准市政府关于2018年市本级政府性基金预算和地方政府债券转贷收支市本级预算调整方案。听取和审议2017年市本级决算草案报告、2017年市本级预算执行和其他财政收支的审计工作报告，改进审计查出突出问题整改情况向人大报告机制，对市市政公用事业管理局整改情况进行满意度测评。听取和审议2018年1—7月预算执行情况报告，督促进一步拓宽财源渠道、严格预算约束、增强绩效意识、健全监督机制。

【司法监督】 2018年，泉州市人大及其常委会听取和审议市法院关于推进以审判为中心的刑事诉讼制度改革及金融诈骗审判工作情况报告，要求主动配合扫黑除恶专项斗争，统一黑恶势力犯罪案件证据标准，确保有效打击黑恶势力犯罪；关注金融领域新型犯罪，增强调查研判和司法应对能力，维护泉州的金融秩序和安全。听取和审议市检察院公益诉讼情况专项报告，要求坚持以保护公益为核心，加大办案力度，维护国家和社会公共利益。开展人民调解法执法检查，督促加强对人民调解工作的支持和保障，将民间纠纷和社会矛盾化解在基层，解决在萌芽状态。跟踪检查市法院、市检察院研究处理市人大常委会关于执行工作、民商事审判工作、反渎职侵权工作情况等审议意见情况，并进行满意度测评，有力地促进社会公平正义。

【监督实效增强】 2018年，泉州市人大执法检查采取人大检查与政府部门自查、分组检查与集中座谈、全面检查与随机抽查、明察与暗访、市人大检查与委托县（市、区）人大检查等“五个相结合”，形成“组合式”监督；坚持在深入开展调研、听取专项工作报告的基础上进行专（综）题询问，并对一府两院及相关部门研究处理常委会询问意见情况进行满意度测评，构建“链条式”监督；紧扣群众反映的热点问题，综合运用专题询问、执法检查、工作评议等方式，开展“聚焦式”监督；对跨届跨年度的重大监督事项紧盯不放，锲而不舍促整改，不达目的不罢休，强化“跟踪式”监督。至年底，人大监督实现被动监督向主动监督、事后监督向全程监督、年度监督向持续跟踪监督有效转变。

【履职能力建设】 2018年，泉州市人大及其常委会增强履职能力，举办市县乡三级人大学习新思想交流会、中心组学习和专题讲座等活动49次，把学习贯彻习近平总书记关于坚持和完善人民代表大会制度的重要思想作为首要任务，在学懂弄通做实上下功夫。锲而不舍推进“五型”机关和“五型”队伍创建活动，促使能力建设由“过得去”向“过得硬”转变。围绕增强泉州综合竞争力、社会创新力、文化软实力、风险管控力、环境营造力、法治公信力深入开展重点课题调研。弘扬“马上就办、真抓实干”优良传统作风，参与一线办公“活动周”、“项目攻坚年”等重点工作，深入挂钩乡村、重点企业和在建重点项目，推动一批问题得到妥善解决。健全上下联动工作机制，注重发挥县（市、区）人大常委会参与地方立法、联动开展监督等作用，增强人大工作合力。适应形势发展需要，对常委会组成人员参加会议、开展调研、联系代表等严格规范。修订常委会及机关工作规章制度，新制定出台常委会关于加强作风建设、缔结友好城市工作暂行规定等7项制度。深化绩效考评工作，健全人大机关干部日常教育监督管理制度，常委会各项工作规范、顺畅、高效开展。坚持正确舆论导向，讲好人大故事，《泉州人大》杂志、泉州人大网站和公众号、《人大在线》访谈节目的影响力不断提升，有关人大宣传工作经验在全省人大新闻舆论工作培训会上作典型介绍。参与省人大年度课题调研，10篇调研文章获全省人大系统优秀调研成果奖。其中《着力建设代表履职工作平台，拓展发挥代表作用的新途径》获一等奖。

【人大调研】 2018年，泉州市人大常委会开展调研20多次，市人大常委会领导带领调研组调研环境状况和环境保护、国有企业发展情况、重点项目建设进展情况、垃圾分类处理利用情况、环湾城市规划建设管理工作情况等事项。

表6

2018年泉州市人大常委会调查研究情况表

时间	带队领导	调研地点	会议内容
3月12—16日	市人大常委会副主任朱团能	晋江、南安、泉州台商投资区、惠安	开展2017年度全市环境状况和环境保护目标完成情况调研
3月13—15日	市人大常委会副主任朱团能	永春、晋江、市直部分国有企业	开展国有企业发展情况调研
3月15—16日	市人大常委会副主任张建生	丰泽、晋江、安溪	开展建设和发展新型研发机构工作情况调研
3月20—21日	市人大常委会副主任许文贵	南安、晋江、永春	开展流域水环境保护2017年重点项目建设进展情况调研
4月9—10日	市人大常委会副主任许文贵	南安、洛江、丰泽	开展花卉产业发展情况调研
5月10—11日	市人大常委会副主任张建生	晋江、德化、丰泽	开展国家知识产权示范城市创建工作情况专题调研
5月14—16日	市人大常委会副主任张建生	安溪、永春、石狮、泉港	开展少数民族特色村寨保护与发展情况专题调研
5月17—18日	市人大常委会副主任蔡思红	泉州台商投资区、惠安、南安、中心市区	开展加快垃圾分类处理利用情况调研
6月上中旬	市人大常委会党组书记陈万里，副主任张建生、朱团能、曾巍、许文贵、吴友才、蔡思红，秘书长欧阳秋虹	所督办的代表建议涉及地点	开展市十六届人大二次会议代表建议办理情况专题调研
6月13—14日	市人大常委会副主任许文贵	惠安、石狮、南安	开展发展壮大村集体经济情况调研
7月10—12日	市人大常委会副主任朱团能	永春、德化、晋江、丰泽	开展国民经济和社会发展计划、预算执行情况调研
7月12日	市人大常委会副主任蔡思红	环泉州湾地区现场	开展环湾城市规划建设管理工作情况调研
7月17—19日	市人大常委会副主任朱团能	石狮、惠安、南安、洛江	开展现代产业体系建设情况专题调研
7月19日	市人大常委会副主任许文贵	安溪县	开展泉州白濑水利枢纽工程建设进展情况调研
7月27—30日	市人大常委会副主任吴友才	市中级人民法院和晋江、丰泽、惠安等市（区、县）法院	开展推进以审判为中心的刑事诉讼制度改革及金融犯罪审判工作专题调研
8月15—16日	市人大常委会副主任许文贵	石狮、晋江、鲤城、丰泽、市人民银行	开展防控信贷风险互联网金融风险专题调研

续表6

时间	带队领导	调研地点	会议内容
9月5—6日	市人大常委会副主任张建生	市区、晋江、南安等地学校及教育基地	开展海外华文教育工作情况调研
9月6日	市人大常委会副主任朱团能	室内汇报座谈	开展打好“三大攻坚战”情况专题调研
9月11—13日	市人大常委会副主任张建生	市第一医院城东院区、石狮、市医保中心、安溪、丰泽	开展深化医改工作情况调研
9月12—13日	市人大常委会副主任吴友才	泉港、南安、安溪	开展市人民检察院公益诉讼工作情况专题调研
12月5日	市人大常委会副主任朱团能	室内汇报座谈	开展2018年计划、预算执行情况和2019年计划、预算编制情况进行调研
12月6日	市人大常委会副主任蔡思红	鲤城、丰泽	开展《泉州市市区内沟河保护管理条例》实施情况调研

【人事任免】 2018年，泉州市人大常委会任免地方国家机关工作人员61人次。具体是：

经泉州市第十六届人大常委会第九次会议于2018年1月10日审议通过：决定任命邓安娜、许锦聪、苏双喜为泉州市监察委员会副主任；决定任命张维劲、许振煌、洪进星、黄志强、郭宁为泉州市监察委员会委员；免去邓安娜的泉州市监察局局长职务；接受许锦聪辞去泉州市第十六届人民代表大会常务委员会委员职务的请求，报本级人民代表大会备案。

经泉州市第十六届人大常委会第十次会议于2018年2月28日审议通过：免去张维劲的泉州市人民检察院检察委员会委员职务；免去朱国专的泉州市人民检察院检察员职务。

经泉州市第十六届人大常委会第十一次会议于2018年4月26日审议通过：免去庄源美的泉州市中级人民法院审判员职务；免去邱仲华的泉州市人民检察院检察委员会委员、检察员职务。

经泉州市第十六届人大常委会第十二次会议于2018年6月28日审议通过：决定任命李宏绪为泉州市人民政府副市长；决定任命李伯群为泉州市旅游发展委员会主任，免去其泉州市旅游局局长职务；免去郑泽阳的泉州市中级人民法院审判员职务；免去吴新建的泉州市中级人民法院审判员职务。

经泉州市第十六届人大常委会第十三次会议于2018年7月23日审议通过：决定任命王永礼为泉州市人民政府副市长，代理泉州市人民政府市长职务。决定免去卢炳椿的泉州市人民政府副市长、市公安局局长职务；决定接受康涛辞去泉州市人民政府市长职务的请求，报泉州市第十六届人民代表大会第三次会议备案。

经泉州市第十六届人大常委会第十五次会议于2018年8月29日审议通过：决定接受郑新聪辞去泉州市第十六届人民代表大会常务委员会主任职务的请求，报泉州市第十六届人民代表大会第四次会议备案；决定朱团能代理泉州市第十六届人民代表大会常务委员会主任职务。

经泉州市第十六届人大常委会第十六次会议于2018年10月25日审议通过，决定任命李伙金为泉州市人民政府副市长、市公安局局长职务；任命游宇飞为泉州市监察委员会副主任、代理泉州市监察委员会主任职务；接受温惠榕辞去泉州市监察委员会主任职务的请求，报泉州市第十六届人民代表大会第四次会议备案；免去周玉华的泉州市人民检察院检察员职务。

经泉州市第十六届人大常委会第十七次会议于2018年11月27日审议通过：决定免去潘新雅的泉州市交通运输委员会主任职务。

经泉州市第十六届人大常委会第十八次会议于2018年12月28日审议通过:决定任命黄世界为泉州市教育局局长；决定任命黄国富为泉州市工业和信息化局局长；决定任命刘文发为泉州市自然资源和规划局局长；决定任命李国坤为泉州市生态环境局局长；决定任命刘锦川为泉州市农业农村局局长；决定任命陈惠平为泉州市文化广电和旅游局局长；决定任命叶一帆为泉州市卫生健康委员会主任；决定任命陈金忠为泉州市退役军人事务局局长；决定任命刘烨明为泉州市应急管理局局长；决定任命蔡天守为泉州市市场监督管理局局长；决定任命陈德庆为泉州市地方金融监督管理局局长；决定任命林强为泉州市政府信访局局长；决定任命陈进平为泉州市城市管理局局长；决定任命施国宾为泉州市数字泉州建设办公室主任。决定免去廖伏树的泉州市教育局局长职务；决定免去王洪海的泉州市人民政府国有资产监督管理委员会主任职务；决定免去黄国富的泉州市经济和信息化委员会主任职务；决定免去赖开族的泉州市国土资源局局长职务；决定免去王天祥的泉州市市政公用事业管理局局长职务；决定免去陈进平的泉州市城市管理行政执法局局长职务；决定免去刘锦川的泉州市农业局局长职务；决定免去陈惠平的泉州市文化广电新闻出版局局长职务；决定免去叶一帆的泉州市卫生和计划生育委员会主任职务；决定免去李国坤的泉州市环境保护局局长职务；决定免去施国宾的泉州市物价局局长职务；决定免去李伯群的泉州市旅游发展委员会主任职务；决定免去柯跃峰的泉州市粮食局局长职务；决定免去温锦辉的泉州市政府外事侨务办公室主任职务；决定免去刘烨明的泉州市安全生产监督管理局局长职务；决定免去黄继业的泉州市人民政府法制办公室主任职务；决定免去陈德庆的泉州市金融工作局局长职务；决定免去蔡天守的泉州市食品药品监督管理局局长职务；决定免去陈开基的泉州市工商行政管理局局长职务；决定免去庄冰心的泉州市质量技术监督局局长职务。

重要会议

【市十六届人大二次会议】 2018年1月5—8日，泉州市十六届人大二次会议在泉州影剧院召开。此次大会的主要议程：听取和审议泉州市人民政府工作报告。审查和批准泉州市2017年国民经济和社会发展计划执行情况及2018年国民经济和社会发展计划草案的报告；批准泉州市2018年国民经济和社会发展计划。审查和批准泉州市2017年预算执行情况及2018年预算草案的报告；批准泉州市2018年市本级预算。听取和审议泉州市人民代表大会常务委员会工作报告。听取和审议泉州市中级人民法院报告。听取和审议泉州市人民检察院工作报告。选举事项。

2018年1月5日，泉州市第十六届人民代表大会第二次会议召开。图为会议现场 （图/陈小阳）

1月5日上午，泉州市第十六届人民代表大会第二次会议开幕，市长康涛代表市人民政府向大会作工作报告。下午，出席市十六届人大二次会议的代表分组审议市政府工作报告，泉州市2017年国民经济和社会发展计划草案的报告，泉州市2017年预算执行情况及2018年预算草案的报告。

1月6日下午，市十六届二次会议举行第二次全体会议。市人大常委会主任郑新聪作市人大常委会工作报告，市中级人民法院代院长陈明作市中级人民法院工作报告，市人民检察院检察长高扬捷作市人民检察院工作报告。7日，出席市十六届人大二次会议的代表，分组审议市人大常委会工作报告、市中级人民法院工作报告、市人民检察院工作报告。

1月8日下午，市十六届人大二次会议举行第三次全体会议，选举游宇飞为泉州市监察委员会主任、陈明为泉州市中级人民法院院长，选举泉州市第十六届人民代表大会常务委员会个别委员，以及福建省第十三届人民代表大会代表。

此次大会收到代表建议、批评和意见449件。

【常委会会议】 2018年，泉州市十六届人大常委会召开常委会会议9次。会议听取和审议市政府研究处理《市人大常委会关于泉州市加强创新创造创业人才队伍建设情况专题询问的审议意见》情况的报告，市中级人民法院研究处理《市人大常委会关于全市民商事审判工作情况的审议意见》情况的报告，市人民检察院研究处理《市人大常委会关于反渎职侵权工作情况的审议意见》情况的报告；听取和审议市政府关于2017年度全市环境状况和环境保护目标完成情况的报告；会议审议表决通过关于批准泉州市人民政府提出的2017年市本级决算的决议；会议听取市人大常委会关于《泉州市中山路骑楼建筑保护条例（草案二审稿）》修改情况的报告；会议听取和审议市政府关于《泉州市国民经济和社会发展第十三个五年规划纲要》中期评估的报告和市人大常委会调研组调研报告、关于贯彻执行市十六届人大一次会议《关于进一步加强全市流域水环境保护的决议》情况的报告；听取和审议市政府对《市人大常委会关于〈泉州市海上丝绸之路史迹保护条例〉实施情况的审议意见》研究处理情况的报告等。会议开展各种满意度测评。决定任免国家工作人员等主要事项。

2018年泉州市十六届人大常委会常委会议情况表

表7

时间	会议名称	参加人员	会议内容
2018年2月28日	市十六届人大常委会第十次会议	受市人大常委会主任郑新聪委托，副主任张建生主持会议。副主任朱团能、曾巍、许文贵、吴友才、蔡思红，秘书长欧阳秋虹出席会议。副市长吕刚、市监察委员会、市中级人民法院、市人民检察院相关负责人列席会议	会议听取和审议市政府研究处理《市人大常委会关于泉州市加强创新创造创业人才队伍建设情况专题询问的审议意见》情况的报告，市中级人民法院研究处理《市人大常委会关于全市民商事审判工作情况的审议意见》情况的报告，市人民检察院研究处理《市人大常委会关于反渎职侵权工作情况的审议意见》情况的报告，并对以上三份报告办理情况开展满意度测评，测评结果均为满意。会议表决通过有关人事任免事项。市人大常委会法工委书面报告关于2017年度规范性文件备案审查工作情况
2018年4月26日	市十六届人大常委会第十一次会议	受市人大常委会主任郑新聪委托，副主任朱团能主持会议。副主任张建生、曾巍、许文贵、蔡思红，秘书长欧阳秋虹出席会议，副市长肖汉辉，市监委、市中级人民法院、市人民检察院相关负责人列席会议	会议听取和审议市政府关于2017年度全市环境状况和环境保护目标完成情况的报告，市政府关于泉州市国有企业发展情况的报告，市政府研究处理《市人大常委会关于泉州市灾后重建工作审议意见》情况的报告，并对审议意见办理情况进行满意度测评，测评结果为满意。会议表决通过有关人事任免事项
2018年6月28日	市十六届人大常委会第十二次会议	受市人大常委会主任郑新聪委托，副主任曾巍主持会议。副主任张建生、朱团能、许文贵、吴友才、蔡思红，秘书长欧阳秋虹出席会议，副市长季翔峰，市监委、市中级人民法院、市人民检察院相关负责人列席会议	会议审议表决通过关于批准泉州市人民政府提出的2017年市本级决算的决议。《泉州市人民政府关于提请审议2018年地方政府债券转贷收支市本级预算调整方案的议案》的决议。会议听取和审议市政府关于加快全市垃圾分类处理利用情况的报告。关于泉州市2017年市本级财政收支决算报告与2017年市本级预算执行和其他财政收支审计工作报告，市人大常委会执法检查组关于检查《企业国有资产法》《人民调解法》《水土保持法》等实施情况的报告，市人大常委会调研组关于泉州市少数民族特色村寨保护与发展工作调研情况的书面报告。会议还审议《泉州市中山路骑楼建筑保护条例（草案二审稿）》，并表决通过有关人事任免事项
2018年7月23日	市十六届人大常委会第十三次会议	受市人大常委会主任委托，副主任许文贵主持会议。副主任张建生、朱团能、曾巍、吴友才、蔡思虹，秘书长欧阳秋虹出席会议。副市长洪自强，市监委负责人、市中级人民法院院长陈明，市人民检察院检察长高扬捷列席会议	会议经审议决定，任命王永礼为泉州市人民政府副市长，免去卢炳椿泉州市人民政府副市长职务，泉州市公安局局长职务；接受康涛辞去泉州市人民政府市长职务，报泉州市第十六届人民代表大会第三次会议备案；决定泉州市人民政府副市长王永礼代理泉州市人民政府市长职务。会议决定泉州市第十六届人民代表大会第三次会议于2018年8月9—10日在泉州市区召开，将补选泉州市人民政府市长

续表7

时间	会议名称	参加人员	会议内容
2018年8月2日	市十六届人大常委会第十四次会议	受市人大常委会主任委托，副主任吴友才主持会议。副主任张建生、朱团能、曾巍、许文贵，秘书长欧阳秋虹出席会议。副市长李宏绪，市监委、市中级人民法院、市人民检察院相关负责人列席会议	会议听取市人大常委会代表资格审查委员会关于个别代表的代表资格的审查报告，审议表决通过市人大常委会公告稿、市十六届人大三次会议的日程安排和各项建议名单
2018年8月29—30日	市十六届人大常委会第十五次会议	副主任张建生、朱团能、曾巍、许文贵、吴友才、蔡思红，秘书长欧阳秋虹出席会议。市委常委、常务副市长张永宁，副市长吕刚，市监察委员会、市中级人民法院、市人民检察院相关负责同志列席会议	8月29日，会议接受郑新聪辞去泉州市第十六届人大常委会主任职务，任命朱团能代理主任职务。会议听取市人大常委会关于《泉州市中山路骑楼建筑保护条例（草案二审稿）》修改情况的报告，并进行分组审议；听取和审议市政府关于泉州市环湾城市规划建设管理工作情况的报告；听取和审议市政府研究处理《市人大常委会关于泉州市行政审批改革、加快简政放权、规范行政自由裁量权情况综题询问的审议意见》情况及《市人大常委会关于特色现代农业发展情况审议意见》情况的报告；听取和审议市农业局关于精准扶贫工作情况的报告并开展工作评议；听取和审议市教育局关于2018年新改扩建幼儿园工作情况的报告；听取和审议市政府关于2018年为民办实事项目进展情况的报告和市人大常委会有关视察报告，市政府关于2018年1—7月国民经济和社会发展计划执行情况、关于2018年1—7月预算执行情况的报告，及泉州市中级人民法院推进以审判为中心的刑事诉讼制度改革及金融犯罪审判工作情况的报告。8月30日，常委会会议继续召开，市人大常委会代理主任朱团能主持会议，会议通过了《泉州市中山路骑楼建筑保护条例》，对市政府研究处理《市人大常委会关于泉州市行政审判改革、加快简政放权、规范行政自由裁量权情况综题询问的审议意见》情况及《市人大常委会关于特色现代农业发展情况审议意见》情况进行满意度测评，测评结果均为满意。对市教育局关于2018年新改扩建幼儿园工作情况开展工作评议，评议测评结果为基本满意。对市政府关于泉州市环湾城市规划建设管理工作情况进行综题询问

续表7

时间	会议名称	参加人员	会议内容
2018年10月25—26日	市十六届人大常委会第十六次会议	市人大常委会代理主任朱团能主持会议，副主任张建生、曾巍、许文贵、吴友才、蔡思红，秘书长欧阳秋虹出席会议。副市长吕刚、肖汉辉，市监察委员会、市中级人民法院、市人民检察院相关负责同志列席会议	10月25日会议审议决定，任命游宇飞为泉州市监察委员会副主任，并代理泉州市监察委员会主任职务；任命李伙金为泉州市政府副市长，泉州市公安局长；接受温惠榕辞去泉州市监察委员会主任职务的请求，报泉州市第十六届人民代表大会第四次会议备案。会议听取和审议市政府关于《泉州市国民经济和社会发展第十三个五年规划纲要》中期评估的报告和市人大常委会调研组调研报告、关于贯彻执行市十六届人大一次会议《关于进一步加强全市流域水环境保护的决议》情况的报告，关于泉州市深化医改工作情况的报告；市政府研究处理《市人大常委会关于〉中华人民共和国教师法〉执行情况的审议意见》情况的报告，并对审议意见办理情况进行满意度测评，测评结果为满意；关于市十六届人大二次会议第1440号和第1279号代表建议办理情况的报告，并对办理情况开展满意度测评，测评结果为满意；市中级人民法院研究处理《市人大常委会关于全市法院执行工作情况的审议意见》情况的报告，并对审议意见办理情况开展满意度测评，测评结果为满意；市人民检察院关于泉州市检察机关开展公益诉讼工作情况的报告。会议还审议和表决通过市政府关于2018年市本级政府性基金预算调整方案的议案，市人大常委会关于依法推动打好防范化解重大风险、精准脱贫、污染防治三大攻坚战的决定。10月26日，市十六届人大常委会第十六次会议就泉州市深化医改工作情况开展专题询问
11月27日	市十六届人大常委会第十七次会议	市人大常委会代理主任朱团能主持会议，副主任张建生、曾巍、许文贵、吴友才、蔡思红，秘书长欧阳秋虹出席会议。市政府副市长李宏绪，市监察委员会、市中级人民法院、市人民检察院相关负责同志列席会议	会议审议表决通过市人大常委会关于召开泉州市第十六届人民代表大会第四次会议的决定，有关人事任免事项；听取和审议市政府全面深化改革情况的报告，市人大常委会有关课题组提交的关于“六力”专题调研情况（书面）和关于《泉州市中山路骑楼建筑保护条例》施行日期的调整情况（书面），决定《泉州市中山路骑楼建筑保护条例》2019年1月1日起正式施行

续表7

时间	会议名称	参加人员	会议内容
2018年12月28日	市十六届人大常委会第十八次会议	市人大常委会党组书记陈灿辉参加会议，代理主任朱团能、副主任张建生、曾巍、许文贵、吴友才、蔡思红，秘书长欧阳秋虹出席会议，市政府副市长周真平、吕刚，市监察委员会，市中级人民法院、市人民检察院相关负责人列席会议	会议听取和审议市政府、市中级人民法院、市检察院关于市十六届人大二次会议代表建议办理工作是报告和市人大常委会视察组综合报告；市人大常委会代表资格审查委员会关于个别代表资格的审查报告；听取和审议市政府对《市人大常委会关于〉泉州市海上丝绸之路史迹保护条例〉实施情况的审议意见》研究处理情况的报告，并进行满意度测评，结果为满意；听取和审议市政府对2018年1—7月国民经济和社会发展计划执行的审议意见研究处理情况的报告，并进行满意度测评，结果为满意；听取和审议市政公用事业局关于2017年度审计查处问题整改情况的报告，并进行满意度测评，结果为满意。会议审议、表决通过泉州市人大常委会公告稿，市十六届人大四次会议的日程安排及各项建议名单，有关人事任免事项；审议通过泉州市人大常委会工作报告稿。会议补选省十三届人大代表，雷春美、王永礼、陈灿辉当选为省人大代表

【主任会议】　2018年，泉州市十六届人大常委会召开15次主任会议。会议讨论并通过关于开展泉州市地方性法规实施情况调研、检查和立法后评估有关时间安排的规定（草案），讨论市人大常委会关于市十六届人大二次会议代表建议重点办理件督办安排（草案），讨论关于开展《中华人民共和国企业国有资产法》执法检查方案、开展《中华人民共和国水土保持法》执法检查方案，讨论《泉州市中山路骑楼建筑保护条例（草案表决稿）》等，讨论关于市十六届人大二次会议代表建议办理工作视察方案、关于市教育局新改扩建幼儿园工作情况的评议意见稿、关于市农业局精准扶贫工作情况的评议意见稿等，讨论市政府关于提请审议《泉州市晋江洛阳江流域水环境保护条例（草案）》的议案，讨论市人大常委会关于“六力”专题调研报告，讨论有关人事任免。

【市十六届人大常委会第三十一次主任会议】　2018年11月16日召开。泉州市人大常委会党组书记陈灿辉列席会议。代理主任朱团能，副主任张建生、曾巍、许文贵、吴友才、蔡思红，秘书长欧阳秋虹参加会议。会议讨论有关人事任免事项，市人大常委会关于“六力”专题调研报告，关于全面深化改革情况调研报告和审议意见稿，关于召开泉州市第十六届人民代表大会第四次会议的决定（草案），关于充分发挥泉州“申遗”效应打造特色文化旅游品牌工作调研报告，讨论通过市人大常委会关于缔结友好城市暂行规定。会议确定市十六届人大常委会第十七次会议召开时间和建议议程，提出第三十二次主任会议建议议题，初定市十六届人大常委会第十八次会议召开时间和建议议程。

2018年泉州市十六届人大常委会常主任议情况表

表8

时间	会议名称	参加人员	会议内容
2018年2月23日	市十六届人大常委会第十七次主任会议	市人大常委会党组书记陈万里列席会议。副主任张建生、朱团能、曾巍、许文贵、吴友才、蔡思红，秘书长欧阳秋虹参加会议	会议讨论有关人事任免，讨论并通过2018年市人大常委会工作要点（草案）。会议还讨论了市人大常委会关于2017年度规范性文件备案审查情况的报告稿，关于开展泉州市地方性法规实施情况调研、检查和立法后评估有关时间安排的规定（草案），关于泉州市国有企业发展情况的调研方案，关于开展2017年度环境状况和环境保护目标完成情况调研方案等。会议确定市十六届人大常委会第十次会议的召开时间和建议议程，并提出第十八次主任会议建议议题

续表8

时间	会议名称	参加人员	会议内容
2018年3月19日	市十六届人大常委会第十八次主任会议	市人大常委会党组书记陈万里列席会议。副主任张建生、朱团能、曾巍、许文贵、吴友才，秘书长欧阳秋虹参加会议	会议讨论市人大常委会关于市十六届人大二次会议代表建议重点办理件督办安排（草案），关于开展调解法执法检查方案。会议还提出第十九次主任会议建议议题，初定市十六届人大常委会第十一次会议召开时间和建议议程
2018年4月20日	市十六届人大常委会第十九次主任会议	市人大常委会党组书记陈万里列席会议。副主任张建生、朱团能、曾巍、许文贵、吴友才，秘书长欧阳秋虹参加会议	会议讨论有关人事任免事项，市人大常委会关于2017年度环境状况和环境保护目标完成情况的审议意见稿，关于泉州市国有企业发展情况调研报告和审议意见稿，关于开展《中华人民共和国企业国有资产法》执法检查方案、开展《中华人民共和国水土保持法》执法检查方案，关于开展“六力”专题调研方案，开展加快全市垃圾分类处理利用情况调研方案等。会议还确定市十六届人大常委会第十一次会议召开时间和建议议程，提出第二十次主任会议建议议题
2018年5月18日	市人大常委会第二十次主任会议	市人大常委会党组书记陈万里列席会议。副主任朱团能、曾巍、许文贵、吴友才、蔡思红，秘书长欧阳秋虹参加会议	会议讨论市人大常委会关于开展市十六届人大二次会议代表建议办理情况（上半年）专题调研方案，市人大常委会农工委书面报告泉州市花卉产业发展情况。会议提出第二十一次主任会议建议议题，初定市十六届人大常委会第十二次会议召开时间和建议议程
2018年6月22日	市人大常委会第二十一次主任会议	市人大常委会党组书记陈万里列席会议。副主任张建生、朱团能、曾巍、许文贵、吴友才、蔡思红，秘书长欧阳秋虹参加会议	会议讨论有关人事任免事项，《泉州市中山路骑楼建筑保护条例（草案）二审稿》，关于加快全市垃圾分类处理利用情况调研报告和审议意见，关于泉州市2017年市本级财政收支决算报告与2017年市本级预算执行和其他财政收支审计工作报告的审议意见稿，关于2018年地方政府债券转贷收支相应调整市本级预算的审查报告，关于检查《中华人民共和国企业国有资产法》《中华人民共和国人民调解法》《中华人民共和国水土保持法》实施情况的报告和审议意见稿，关于开展推进以审批为中心的刑事诉讼制度改革及金融犯罪审判工作调研方案，关于开展泉州市环湾城市规划、建设管理工作情况综题询问工作方案，关于开展市农业局精准扶贫工作情况评议调查方案，关于开展市教育局新扩建幼儿园工作情况评议调查方案，关于开展泉州市2018年为民办实事项目进展情况考察方案等。会议确定市十六届人大常委会第十二次会议召开时间，并提出第二十二次主任会议建议议题
2018年7月23日	市十六届人大常委会第二十二次主任会议	市人大常委会党组书记陈万里列席会议。副主任张建生、朱团能、曾巍、许文贵、吴友才、蔡思红，秘书长欧阳秋虹参加会议	会议讨论有关人事任免事项。讨论关于市十六届人大二次会议代表建议，批评意见办理情况（上半年）的调研报告，市人大常委会关于召开泉州市第十六届人民代表大会第三次会议的决定（草案），关于市人大常委会审议泉州市“十三五”规划实施情况中期评估报告的工作方案等。会议确定了市十六届人大常委会第13次会议召开时间和建议议程，提出第二十三次主任会议建议议题。初定市十六届人大常委会第十四次会议召开时间和建议议程

续表8

时间	会议名称	参加人员	会议内容
2018年7月23日	市十六届人大常委会第二十三次主任会议	市人大常委会党组书记陈万里列席会议。副主任张建生、朱团能、曾巍、许文贵、吴友才、蔡思红，秘书长欧阳秋虹参加会议	会议讨论市人大常委会关于接受康涛辞去泉州市人民政府市长职务的请求的决定（草案），关于提请审议决定王永礼代理泉州市人民政府市长职务的议案（草案）和关于王永礼代理泉州市人民政府市长职务的决议（草案）
2018年8月2日	市十六届人大常委会第二十四次主任会议	市人大常委会党组书记陈万里列席会议，副主任张建生、朱团能、曾巍、许文贵、吴友才，秘书长欧阳秋虹参加会议	会议听取市人大常委会代表资格审查委员会关于个别代表的代表资格的审查报告，讨论市十六届人大三次会议的日程安排（草案）和各项建议名单，确定市十六届人大常委会第十四次会议的召开时间和建议议程，提出第二十五次主任会议建议议题，初定市十六届人大常委会第十五次会议召开时间和建议议程
2018年8月21日	市十六届人大常委会第二十五次主任会议	市人大常委会党组书记陈万里列席会议。副主任张建生、朱团能、曾巍、许文贵、蔡思红，秘书长欧阳秋虹参加会议	会议讨论《泉州市中山路骑楼建筑保护条例（草案三审建议稿）》，关于考察2018年为民办实事项目进展情况的报告及2018年1—7月国民经济和社会发展计划，预算执行情况等审议意见稿，关于市教育局新改扩建幼儿园工作及市农业局精准扶贫工作情况评议等调研报告，加快泉州市环湾城市规划建设管理工作情况、全市法院推进以审判为中心的刑事诉讼制度改革及金融犯罪审判工作情况的调研报告和审议意见稿，关于开展全市流域水环境保护情况检查，市检察院公益诉讼工作情况的调研方案及市十六届人大二次会议代表建议办理情况满意度测评实施方案；讨论通过市十六届人大二次会议代表向原选举单位报告履职情况的暂行规定，书面报告泉州白濑水利枢纽工程建设进展调研情况。会议确定市十六届人大常委会第十五次会议召开时间和建议议程，提出第二十六、二十七次主任会议建议议题
2018年8月29日	市十六届人大常委会第二十六次主任会议	市人大常委会党组书记陈万里列席会议。副主任张建生、朱团能、曾巍、许文贵、吴友才，秘书长欧阳秋虹参加会议	会议讨论有关人事任免事项等
2018年8月30日	市十六届人大常委会第二十七次主任会议	市人大常委会代理主任朱团能，副主任张建生、曾巍、许文贵、吴友才、蔡思红，秘书长欧阳秋虹参加会议	会议讨论《泉州市中山路骑楼建筑保护条例（草案表决稿）》等
2018年9月17日	市十六届人大常委会第二十八次主任会议	市人大常委会党组书记陈万里列席会议。代理主任朱团能，副主任张建生、曾巍、许文贵、吴友才、蔡思红，秘书长欧阳秋虹参加会议	会议讨论关于市十六届人大二次会议代表建议办理工作视察方案，关于市教育局新改扩建幼儿园工作情况的评议意见稿，关于市农业局精准扶贫工作情况的评议意见稿，市人大常委会关于决定授予地方荣誉称号的暂行规定（草案）等。会议还讨论通过市人大常委会关于贯彻落实《福建省人民代表大会常务委员会关于深入学习宣传和贯彻实施中华人民共和国宪法的决定》的实施意见。会议提出第二十九次主任会议建议议题，初定市十六届人大常委会第十六次会议召开时间和建议议程

续表8

时间	会议名称	参加人员	会议内容
2018年10月17日	市十六届人大常委会第二十九次主任会议	市人大常委会代理主任朱团能，副主任张建生、曾巍、许文贵、吴友才、蔡思虹，秘书长欧阳秋虹参加会议	会议讨论有关人事任免事项。市政府关于提请审议《泉州市晋江洛阳江流域水环境保护条例（草案）》的议案，关于泉州市国民经济和社会发展第十三个五年规划实施及其中期评估情况，加强全市流域水环境保护检查情况。市人民检察院公益诉讼工作情况调研报告和审议意见稿，关于市十六届人大二次会议第1440号和1279号代表建议办理情况的调研报告，关于2018年市本级政府性基金预算调整方案的初步审查报告和决议（草案），关于依法推动打好防范化解重大风险、精准脱贫、污染防治三大攻坚战的决定等。会议确定市十六届人大常委会第十六次会议召开时间和建议议程，提出第三十次、第三十一次主任会议建议议题，初定市十六届人大常委会第十七次会议召开时间和建议议程
2018年10月25日	市十六届人大常委会第三十次主任会议	市人大常委会代理主任朱团能，副主任张建生、曾巍、许文贵、吴友才、蔡思红，秘书长欧阳秋虹参加会议	会议讨论市人大常委会关于市监察委员会主任辞职请求（草案）和提请审议代理市监察委员会主任职务的决定（草案）
2018年11月16日	市十六届人大常委会第三十一次主任会议	市人大常委会党组书记陈灿辉列席会议。代理主任朱团能，副主任张建生、曾巍、许文贵、吴友才、蔡思红，秘书长欧阳秋虹参加会议	会议讨论有关人事任免事项，市人大常委会关于“六力”专题调研报告，关于全面深化改革情况调研报告和审议意见稿，关于召开泉州市第十六届人民代表大会第四次会议的决定（草案），关于充分发挥泉州“申遗”效应打造特色文化旅游品牌工作调研报告，讨论通过市人大常委会关于缔结友好城市暂行规定。会议确定市十六届人大常委会第十七次会议召开时间和建议议程，提出第三十二次主任会议建议议题，初定市十六届人大常委会第十八次会议召开时间和建议议程
2018年12月25日	市十六届人大常委会第三十二次主任会议	市人大常委会代理主任朱团能，副主任张建生、曾巍、许文贵、吴友才，蔡思红，秘书长欧阳秋虹参加会议	会议讨论有关人事任免事项，市人大常委会工作报告稿，关于市十六届人大二次会议代表建议办理工作综合报告稿，市人大常委会代表资格审查委员会关于个别代表建议办理工作综合报告稿，市十六届人大四次会议的日程安排（草案）及各项建议名单，补选省十三届人大代表事项，“七五”法治宣传教育中期评估调研情况；讨论通过市人大常委会2019年立法计划。会议确定市十六届人大常委会第18次会议召开时间和建议议程

代表工作

【代表平台建设】 2018年，泉州市人大及其常委会把加快建设人大代表联系群众平台作为重点，力促打通代表联系群众的“最后一公里”。各县（市、区）均建立“代表之家”，全市设立“人大代表网上联络站”241个，163个乡镇（街道）均建立“人大代表联系群众活动室”，并延伸到385个村（社区）及部分工业园区、高校、居住小区。在此基础上，将全市五级人大代表混合编组，就近编入活动室定期开展活动。全年全市各级人大代表通过履职平台参加学习交流、

2018年6月15日，泉州市人大常委会组织开展对市十六届人大二次会议代表建议（教科文卫类和侨台民宗类）及重点督办件办理情况进行专题调研。图为调研组在惠安县螺城镇社区卫生服务中心调研 （图/王虎文）

法制宣传、接待选民、述职评议等活动11909人次，收到群众提出的意见建议3893条，落实反馈3255条，架起党和政府联系群众的“连心桥”。全省“人大代表联系群众活动室”建设推进会在泉州市召开，会上推广泉州市的典型做法和经验。

【代表建议督办】 2018年，泉州市人大及其常委会会同市政府召开代表建议交办会，将本届人大二次会议代表提出的452件建议交由91个单位办理。加强跟踪督办，将建议内容及办理情况在泉州人大门户网站进行公开公布。筛选“严格控制、减量使用农药”“加强基层全科医生队伍建设”等11件事关民生的建议进行重点督办。通过常委会领导领衔督办、各工委对口督办，以及开展代表建议办理专题调研、集中考察和“回头看”，推动老旧小区天然气管道建设、加强外卖快餐食品监管、壮大村集体经济、传统特点村镇建设、加快城中村改造、政府购买普惠性民办幼儿园服务和严打恶意贷款、关爱青少年成长等方面工作取得明显成效。代表对建议办理的答复表示“满意”（含“基本满意”）100%。

【代表履职保障】 2018年，泉州市人大及其常委会制定代表五年培训计划，首次采取“走出去”的方式，组织120名市人大代表到厦门国家会计学院进行履职培训。拓展闭会期间代表活动，组织代表围绕构筑“1234”现代产业体系、推进民生事业“补短板”、打好防范化解金融风险攻坚战等开展年中专题调研和年底视察活动，先后邀请297名代表列席常委会会议、参加常委会和专委会组织的调研视察、专项评议、执法检查等活动，扩大代表参与常委会监督、立法工作的广度和深度。

【代表监督管理】 2018年，泉州市人大及其常委会制定市人大代表向原选举单位报告履职情况暂行规定，促进市人大代表自觉接受原选举单位的监督。严格执行代表请假制度，及时通报代表参加代表大会、列席常委会会议情况。完善代表履职登记，将市人大代表的履职情况全部录入“福建省三级人大代表履职服务平台”，并在代表所在活动室进行公开，接受群众监督。

2018年11月15日，市人大常委会召开民营企业家人大代表座谈会，听取企业家代表对发展壮大泉州市民营经济的意见建议 （图/王虎文）

泉州市人民政府

责任编辑：谢晓艺

综述

【市政府工作概况】　2018年，泉州市人民政府学习贯彻习近平新时代中国特色社会主义思想和中共十九大精神，落实中央、省和市委决策部署，执行市人大及其常委会决议决定，坚持稳中求进，落实新发展理念，传承弘扬“晋江经验”，深化供给侧结构性改革，制定实施赶超三年行动计划，打好三大攻坚战，做好“六稳”工作，推进产业升级、城乡统筹、民生改善，高质量赶超迈出坚实一步。

【经济运行稳中向好】　2018年，泉州市推进“项目攻坚2018”。分主题连续开展“大干40天、比拼开门红”、审批服务月、招商突破行动、年底的“百日大会战”等活动。列入省“五个一批”项目3580个、总投资3.2万亿元，居全省第一；新签约产业项目356个、总投资3662亿元。423个在建重点项目完成投资1579亿元。全市固定资产投资比上年增长13.1%。

精准帮扶企业。出台稳定外资外贸、稳定工业、奖励工业用电等扶持政策，开展“领导干部一线办公”活动周，建立企业诉求“周收集、旬解决、月反馈”制度，兑现企业扶持资金47亿元，落实税收减免115亿元，“清费减负”40亿元。稳妥应对中美经贸摩擦影响，举办泉州商品博览会等系列展销活动，全年出口完成1180亿元、比上年增长13%。

打好防范化解重大风险攻坚战。健全政府债务风险防控机制，加强增量债务控制和存量债务化解。完善不良贷款市场化处置机制，化解重点大户资金链、担保链风险，打击恶意逃废债、非法集资等行为，开展互联网金融风险专项整治，实现不良贷款率“三连降”。

2018年9月8日，第20届中国国际投资贸易洽谈会泉州市外资专场招商推介会举行。图为签约现场　（图/刘泽阳）

【产业转型步伐加快】　2018年，泉州市工业投资比上年增长28%，150个制造业龙头项目完成投资600亿元，安踏一体化、晶安光电三期、通达三期等建成或部分建成，中化乙烯、九牧智慧制造等加快推进，三安高端半导体、美的智慧家居等开工，HDT高效太阳能电池、国脉生物科技等签约落地。传统、高新、重化产业产值比例为

59∶16∶25，“三大板块”成形成势格局日益显现。

推进国家自主创新示范区建设。实施42项创新举措，新认定高新技术企业218家、科技小巨人领军企业132家。实施人才“港湾计划”，开展企业人才自主评价试点，修订高层次人才认定办法，新认定高层次人才1087人；入选国家“万人计划”、国务院特殊津贴各4人。

推进制造业数控化智能化改造。推广应用数字化生产线127条、智能装备和工业机器人1330台（套），新增国家级智能制造项目3个、服务型制造示范项目4个，被授予国家级服务型制造示范城市。成立军民融合产业投资基金，新增“民参军”企业30家。

推进“第三产业提升年”活动。服务业百大项目完成投资182亿元，新增服务业营收超百亿企业2家、限额以上商贸企业290家。完成快递业务量9.6亿件、比上年增长30%，新增3A级以上物流企业14家，国际邮政互换局投入试运营。网商产业园新增入驻市场主体3.5万户。全市接待游客6613万人次、旅游收入1063亿元，分别比上年增长20.8%、26%。

推进特色现代农业提质增效。完成农林牧渔业总产值358亿元，划定水稻生产功能区3.99万公顷。实施现代农业建设项目66个，完成年度投资15.9亿元。新增国家级农业龙头企业2家、“三品一标”认证46个，新建农业标准化示范基地300个，培育农业物联网示范企业19家。基本完成农村土地承包经营权的确权登记和国有农场改革。

【营商环境优化】 2018年，泉州市推进41项国家级改革试点任务，落实打造一流营商环境的意见及细则。

深化“放管服”改革。推进证照分离、相对集中行政许可权改革试点，实行个体工商户全程智能化登记。企业开办登记压缩至5个工作日内，全年市场主体比上年增长57%，平均每天新增874户。新行政服务中心投用，92个单位进驻，医保、社保、燃气、水、电等1090个便民服务事项全部纳入；推行“一门一号一窗一网”改革，梳理发布“一趟不用跑”“最多跑一趟”清单；深入开展规范行政服务自由裁量权改革，形成市县对接的标准体系。

推动民营经济高质量发展。制定支持民营企业健康发展行动方案及配套措施，出台加大信贷投放、无还本续贷管理、政策性融资担保机构绩效考核等举措，全市贷款余额比上年增长5.3%；通过工业用地弹性出让、失业保险金支持企业稳岗等，降低企业用地用工成本；发布鼓励民营企业投资项目清单，支持民营企业未分配利润再投资，引导社会资本参与政府项目，累计落地PPP项目43个、总投资520.7亿元。

推进国资国企改革。市级国资集团公司加快实体化、市场化运作，资产总额突破1300亿元。

加快海丝先行区建设。对接外资项目262个，总投资267.5亿元，实际利用外资41.9亿元，比上年增长9.4%，与海丝沿线国家和地区贸易额达911亿元，获“一带一路”建设案例城市称号。获批国家级市场采购贸易方式试点。泉州晋江机场新增国际及地区航线5条，全年旅客吞吐量744.3万人次，比上年增长39.4%；港口货物吞吐量1.3亿吨、集装箱239万标箱。举办联合国教科文总部“远方的故乡”阿拉伯文化展览、2018世界闽南文化节（迪拜）等对外文化交流活动24场，与俄罗斯迈科普市结为友好城市。出台促进泉台经济文化交流合作73条措施，金门供水工程建成通水，泉金航线运送旅客突破16万人次。密切与港澳侨合作，“泉籍青年精英故乡行”成为品牌，海外重点侨社、侨领联络联谊得到拓展，侨务工作基础更加扎实。

【城市面貌提升】 2018年，泉州市环湾建成区面积226平方千米，城镇化率66.7%。加快古城提质。开展国家生态修复、城市修补试点，实施古城“七个一”示范工程；完成金鱼巷整治，开工小山丛竹公园、中山路保护提升示范工程，基本建成“东亚之窗”文创园、泉州美食城。常态化举办“润物无声”系列主题展览。推进新城集聚。启动东海后埔、台商区白沙、晋东新区等片区建设。推进福厦客专、兴泉铁路、厦漳泉城市联盟路、城东至北峰快速通道等项目建设，泉州火车站综合交通枢纽、市公共文化中心计划春节前投用。开展高速铁路、高速公路沿线环境综合整治，推进37条城乡重要通道景观提升，水线9个公园陆续建成开放。加强城市治理。规范中心市区共享单车管理，开展内沟河、工地文明施工、渣土车文明行车、老旧小区等综合整治。实施浦西滞洪区二期等内涝治理项目18个，改造中心市区易积水点45处。执行市人大《关于加快全市垃圾分类处理利用的决议》取得初步成效，中心市区大件垃圾、园林垃圾初步实现“大分流”，泉州开发区、市直单位实现生活垃圾分类全覆盖，中心市区参与居民2.4万户，各县（市、区）试点也扎实推进。开展国家“智慧汽车基础设施和机制建设试点”。实施“百日拆违行动”，全年拆除“两违”594万平方米。

【惠民利民】 2018年，泉州市实施市委“四心”工程、民生“XIN”行动，完成36件为民办实事项目。

落实乡村振兴战略。组织实施19个专项行动方案。开展“千村整治、百村示范”美丽乡村建设131个；新增486个行政村建设1个以上生活污水深度处理设施，新改建三格化粪池8.1万户；所有乡镇建成生活垃圾转运系统，所有行政村实现生活垃圾常态化治理。改建农村路网355.3千米、公路安全生命防护工程530千米。打好脱贫攻坚战，农村建档立卡贫困人口实现稳定脱贫，152个“空壳村”全部消除，2436户贫困户住房条件得到改善，造福工程搬迁1443人。

优先发展教育事业。新增公办幼儿园学位1.1万个，普惠性幼儿园覆盖率75%。基本完成全面改薄五年规划，开展城区义务教育学校“小片区管理”、农村薄弱学校“委托管理”、集团化办学，推进教师“县管校聘”改革，新增中小学学位1万个。支持4所应用型本科高校和23所优质职业院校发展，福州大学晋江科教园投用。鲤城、丰泽获评教育强区。抓好关心下一代工作，强化青少年社会教育活动中心校外阵地作用。

推进健康泉州建设。市妇产医院一期开诊，老年医院完工，全市新增医疗机构床位2550张。组建市第一医院医疗集团，在石狮、永春、德化试点建设县域紧密型医共体，7家三级医院建立现代医院管理制度。创建国家级基层卫生机构34家。开展医疗“暖心服务”三年行动，医疗服务总体满意度居全省前列。获全国基层中医药工作先进单位。新建基层老年体育活动中心10个。

提升文化实力。“古泉州（刺桐）史迹”申遗取得阶段性成果。实施“万千百十”文化惠民服务，建成“百姓书房”73个、村（社区）综合性文化服务中心示范点24个，举办公益性专业剧团演出1332场，启动“文化泉州云”项目，获批创建国家公共文化服务体系示范区。新增国家级非物质文化遗产传承人15名，获评中国工艺美术之都。成功举办国际大体联亚洲杯、环泉州湾国际公路自行车赛。第十六届省运会收获金牌208枚。

完善社会保障体系。新增城镇就业12.7万人。建立全市统一的城乡医疗救助制度，城乡居民基本医保住院实际报销比率提高9个百分点。实现城乡低保标准一体化，低保标准和补助水平进一步提高。城市、农村社区居家养老设施覆盖率分别达100%和57%，新增养老床位3840张。老龄、老干部工作得到加强，慈善事业稳步发展。制定实施促进房地产市场持续健康稳定发展八年规划，基本建成保障性安居工程1.5万套，安置房办证历史遗留问题有序解决，住房价格保持平稳。

打好污染防治攻坚战。贯彻落实国家大气、水、土壤“十条”及省、市实施方案，执行市人大《关于进一步加强全市流域水环境保护的决议》。集中攻坚中央、省环保督察整改项目，石狮和晋江飞灰填埋场、城镇生活污水处理厂提标改造等一批重难点项目完工。完成污染物排海总量控制、城市开发边界划定等13项改革任务。河湖长制工作经验获中央改革办总结推广，县级以上集中式饮用水水源地和主要流域水质达标率保持100%，建设安全生态水系49千米，基本建成流域环境生态样板工程7个，彭村水库建成投用。加大海漂垃圾综合治理，近岸海域优良水质面积比例达97.1%。深化环保设施与能力建设大会战，完成投资54.8亿元，市工业废物综合处置中心投入试运行。开展生猪养殖和农业面源污染整治。完成植树造林5300平方米、水土流失治理2.71万公顷、矿山生态修复228万平方米。永春成为国家生态文明建设示范县。

维护社会安全稳定。开展扫黑除恶专项斗争，推进电信网络犯罪综合整治，做好矛盾纠纷排查调处，信访违法行为集中整治经验被中央信访联席会议推广。加强食品药品监管，建设食品安全“一品一码”全过程追溯体系。完善安全生产风险分级管控和隐患排查治理双重预防机制，安全生产形势总体稳定。推动双拥工作迈上新台阶。健全军人优待政策，完善十项拥军举措，解决驻泉州部队军改需求和军人“三后”问题。完成“国际军事比赛—2018海上登陆赛”支前保障工作。民族宗教、统计、粮食、物价、方志、档案、人防、海防、气象、地震以及妇女儿童、青少年、残疾人、红十字会、工会等工作都取得新成效。

【理政从严】　2018年，泉州市政府系统兴起“大学习”热潮。落实中央八项规定及实施细则精神和省、市实施办法，弘扬“马上就办、真抓实干”优良作风，驰而不息纠正“四风”，坚决整治“为官不为”“庸懒散拖”等问题，狠抓巡视巡察发现问题整改。自觉接受市人大及其常委会监督，落实政府重大决策出台前向人大报告制度，主动配合市人大依法履职，认真办理人大代表建议444件。支持市政协履行职能，主动接受民主监督，加快协商成果转化落实，认真办理政协提案668件。推进依法行政，实施政府机构改革。加大审计监督力度，推进政府廉政建设。

2018年市委、市政府为民办实事项目完成情况表

表9

序号	项目	责任单位	目标任务	完成情况
1	在中心市区建设24小时自助行政服务区	市行政服务中心管委会	建立覆盖中心市区的24小时自助行政服务平台，在行政服务中心或人群密集的公共场所开辟自助服务区，设置自助服务一体机，配备社保、出入境等自助服务设施，将与群众最密切相关的便民服务事项投放到自助服务区，为市民提供全天候开放的服务通道	基本完成。鲤城区自助服务区等10个服务区12月底可建成投入使用；东海泰禾广场等3个服务区已取得业主同意，12月中旬已进场施工，计划1月份完成建设

续表9

序号	项目	责任单位	目标任务	完成情况
2	拓展完善全市公共自行车租赁系统	市交通发展集团 鲤城区政府 洛江区政府 泉港区政府	2018年继续推动泉州市公共自行车项目建设，在中心市区已建成站点的基础上，继续加密站点，合计新增站点142个，投入4544辆公共自行车。其中，中心市区新增50个站点，增加投入1600辆自行车；鲤城江南新区新增50个站点，增加投入1600辆自行车；洛江区新增27个站点，增加投入864辆自行车；泉港区新增15个站点，增加投入480辆自行车	已完成。市交发集团已建成中心市区50个站点并投入使用；鲤城区已建成江南新区50个站点并投入使用；洛江区已建成27个站点并投入使用；泉港区已建成30个站点（超额完成）并投入使用
3	新建旅游景区道路交通指引标志牌	市旅游局 市交通运输委	2018年建设从全市高铁车站、高速公路、国省道等通往2015年以来泉州新增的6家AAAA级旅游景区的旅游交通道路指引标志牌	已完成。2018年全市新增的57面旅游交通标志牌已于8月份提前完成，实际完成投资约145.2万元
4	完善提升中心城区体育健身设施	市体育局	①在中心市区新建60条（鲤城、丰泽、洛江、泉港4个区和市直各建设12条）全民健身路径，安装在社区（村），便于群众就近健身。②在中心市区新建15座（鲤城、丰泽、洛江、泉港4个区和市直各建设3座）多功能运动场	已完成。60条全民健身路径和15座多功能运动场已全部建成，总投资780万元
5	创建15家“放心肉菜示范超市”	市食安办 市食品药品监管局	2018年在全市创建“泉州市放心肉菜示范超市”15家，对每个示范超市予以经费奖励，创建经费用于创建过程场地改造、源头把控、食品安全检验等费用，推动食用农产品各环节强化规范管理，提升食用农产品质量安全水平，构建诚信经营、放心消费的市场环境	已完成。15家创建单位已按照创建标准完成“放心肉菜示范超市”改造并全部通过验收，共下达相关县（市、区）资金150万元
6	继续实施重点区域重点品种食品安全风险评价监测	市食安办 市食品药品监管局	2018年投入300万元，针对关系民生的重点品种食品开展食品安全快速检测3万批次，并针对筛查结果开展针对性监督抽检	已完成。开展蔬菜、水果、水产品、畜禽产品四类重点食用农产品风险评价监测31118批次，实行检测结果每日公示制度，共检出阳性样品44批次，超额完成3万批次的快检任务。结合检测结果，组织专家论证研讨，对重点食用农产品质量安全进行风险评价，开展针对性监督抽检2300批次，检出不合格产品5批次。已按合同支付三家第三方检测公司共计303.99万元（其中：项目资金300万元，自筹3.99万元）
7	完善“菜篮子”工程体系建设	市商务局	2018年全市新增或优化无公害蔬菜或畜禽基地15个；提升农产品批发市场基础设施建设，开展2个农产品批发升级改造；推进“菜篮子”基地直销体系建设，新建或改造5个基地直销网点；建立健全重要“菜篮子”产品储备制度，开展市级生猪活体储备1.2万头，建立蔬菜市场价格异常波动应急储备调控，切实保障副食品市场供应	已完成。2018年度全市新增蔬菜畜禽基地14个，优化蔬菜畜禽基地20个，开展3个农产品批发市场升级改造，推动5个基地直销点建设，完成市级生猪活体1.2万头储备工作

续表9

序号	项目	责任单位	目标任务	完成情况
8	扩大中心城区垃圾分类试点	市市政公用事业局（市垃圾分类办公室） 鲤城区政府 丰泽区政府 洛江区政府	2018年，中心城区在2017年基础上进一步扩大垃圾分类处理试点范围，其中鲤城区扩大4000户，丰泽区扩大5000户，分别由鲤城区政府、丰泽区政府负责组织实施；鲤城区、丰泽区各选择1个农贸市场、中学、小学、幼儿园、酒店、医院、商业综合体等作为试点，由辖区政府负责组织实施；鲤城区、丰泽区、洛江区共18个党政机关大院实施垃圾分类试点；市直党政机关和事业单位全面开展生活垃圾分类，由市机关事务管理服务中心组织实施	已完成。鲤城、丰泽、洛江区、市直党政机关和事业单位列入为民办实事的项目均已完成。总投入约819万元，其中，鲤城区项目资金324万元，丰泽区项目资金293万元，洛江区项目资金2万元，市机关事务管理服务中心项目资金200万元
9	建设30个“共建共享”新型示范社区	市民政局	在全市选取30个条件比较成熟的社区开展“共建共享”新型社区试点建设。按照“多元主体、多元治理、多元服务”为特征的新型社区治理模式，把城乡社区建设成为管理有序、服务完善、生态宜居、文明和谐的新型社区	已完成。30个“共建共享”新型示范社区已按要求落实试点建设任务，试点社区治理模式呈现多元化发展。累计投入资金300万元
10	建设30个志愿服务驿站	市文明办	2018年，在各县（市、区）所辖城区建设30个志愿服务驿站（鲤城、丰泽各4个，南安3个，洛江、泉港、石狮、晋江、惠安、安溪、永春、德化、台商投资区各2个，泉州开发区1个）	已完成。30个志愿服务驿站全部建设完成并进入常态化运行，总投入资金199.1万元
11	实施中心城区供水旧管网改造及水质优化工程	泉州水务集团 泉州市自来水有限公司	2018年完成辖区内部分小区和社区（中升雅园、碧水湾、金崎社区、宝山社区霞露村等）给水管道改造工程、洛江区科技园2号路及万亩工业园区一期部分市政道路旧给水管道改造工程	已完成。累计改造给水管道20.9千米（管径DN75以上），超额超量完成建设任务。累计完成投资约1534万元，占年度计划投资的127.8%
12	完善提升城市安全信息系统	市综治办 市公安局	①扩建约10000路前端智能感知设备，在中心市区各主要路口路段建设各类违法抓拍监控设备2000路，扩大前端视频监控点位的覆盖面，提高图像清晰度和分辨率；②拓展视频监控技术与其他物联网技术的融合应用，实现人脸识别、车辆分析、多维数据融合碰撞分析；③建设各级综治中心，升级视频联网及共享平台，为政府各单位、各警种提供分级、分权限的应用管理门户；提供应用统计分析、运行监控、安全审计等配套支撑能力	已完成。①已完成扩建12000路前端智能感知设备（含高清视频监控、治安卡口、人脸卡口、人证合一安检设备，其中违法抓拍监控设备2000路）主体工程；②已优化升级感知大数据平台，实现人脸识别、车辆分析、多维数据融合碰撞分析；③已完成市、县两级综治中心建设及视频联网及共享平台的升级改造
13	建设100个微型消防站	市消防支队	2018年由政府统一采购100辆微型消防车，按照消防基础薄弱、距离现役消防队和乡镇专职队路程较远等原则，为100个亟需微型消防站力量覆盖的乡镇（街道）、村（社区）各配置一辆微型消防车	已完成。全市各县（市、区）共投入1653.78万元，新建100个微型消防站，微型消防车辆到位100辆

续表9

序号	项目	责任单位	目标任务	完成情况
14	实施自然灾害避灾点提升工程	市民政局	2018年选择100个自然灾害避灾点以A类避灾点标准建设和提升，县级A类避灾点可容纳300人以上、乡（镇、街道）级A类避灾点可容纳200人以上、村（居）级A类避灾点可容纳100人以上	已完成。全部100个自然灾害避灾点得到改造提升，市、县两级共投入500万元，避灾物资已按要求配备到位，随时可以启用
15	提升全市疾控机构检验检测能力	市卫计委	2018年，采用市级补助、县级配套的办法，总投入1400万元，支持市、县两级疾控机构更新、添置实验室检验检测仪器设备	已完成。全市计划采购设备57台，已全部完成。总投入1400万元，其中市级596万元（33万元/市），县级804万元（67万元/县）
16	实施乡村医疗卫生服务提升工程	市卫计委	①乡镇卫生院设施设备提升工程。在全市选择20家中心卫生院，补助设施设备提升建设（包括DR、心电或全自动生化仪）及建设卫生院“健康自测小屋”。②建设100个示范村卫生所，村卫生所业务用房面积要求不少于60平方米，标准设置三室（诊疗室、注射室和观察室），配备基本设备和急救设备；同时，标配健康自测小屋，配置健康一体机、身高体重计、自动血压计等设备，方便村民健康检测和数据采集。③在全市基层医疗卫生机构（乡镇卫生院、社区卫生服务中心）新建28个中医药综合服务区（中医馆）	已完成。①乡镇卫生院设施设备提升工程。20家中心卫生院项目建设已全部完成，DR、全自动生化和心电“三大件”已配备到位，院内“健康自测小屋”完成装修并按照要求配备仪器设备。已到位资金600万元。②建设100个示范村卫生所。全市100家示范村卫生所均完成建设任务，并标配“健康自测小屋”。已到位资金1000万元。③28家中医馆已全部完成建设并投入使用，总投资1344万元（每家建设资金48万元）
17	实施社区居家养老服务工程	市老龄办	①以“特困供养人员、低保对象、建档立卡的贫困人口、重点优抚对象、计划生育特殊家庭成员、重度残疾人”中的老年人和80周岁以上老年人为对象，按照每人每月不低于20元的标准，通过政府购买服务方式，引进居家养老专业化服务组织，提供居家养老基础服务。②继续为中心市区（鲤城区、丰泽区）符合条件的特困失能老人提供每人每月50元的居家养老实体援助服务。③在全市选择10个街道和重点乡镇新建居家社区养老服务照料中心，对建设主体实施奖补	已完成。居家养老服务已由2家机构承办，实现12个县（市、区）全覆盖，全市已为约7000名对象购买居家养老实体援助服务。10个街道和重点乡镇新建居家社区养老服务照料中心已全部完工，并逐步投入使用
18	新建150个农村居家养老服务站（农村幸福院）	市民政局	在全市范围内选取150个条件较好的农村，建设150个农村居家养老服务站（农村幸福院），整合现有的老年活动中心、托老所、老年灶、日间照料室等公共服务设施和场所，为农村老年人提供生活照料、家政服务、短期托养、文化娱乐等服务，重点为留守老年人、空巢老人及其他老年人提供服务，实现农村老年人老有所养、老有所乐的目标	已完成。全市150个农村居家养老服务站（农村幸福院）已全面完工投入使用，市、县两级共投入2250万元

续表9

序号	项目	责任单位	目标任务	完成情况
19	扶持建设20个老年文化服务示范点	市老干局	①培育10个海丝文化传承推广服务站。依托各级老干部、老年活动中心（站）和青少年社会教育活动中心等，培育十个“海丝文化传承推广服务站”示范点。② 建设10个老年人（老党员）服务站。依托现有的文化活动场所，设立老年人（老党员）服务站示范点	已完成。20个老年文化服务示范点已全部建成并投入使用，市级专项经费及县（市、区）配套经费共投入400万元
20	改造提升泉州市老干部（老年）活动中心	市老干局	2018—2019年对市老干部、老年活动中心进行改造提升，包括全面实行适老化改造，进行场馆与防水改造，陈旧设备更新与活动器材添置，拓展老年人活动项目与兴趣团队等	已完成。市老干部、老年活动中心已完成全部改造提升项目并通过验收，100万元专项经费全部用于改造提升项目
21	新建10座村级老年体育活动中心	市老体协	在全市新建10座村级老年体育活动中心，配套室外门球场、气排球场和地掷球场。其中：泉港区2座，永春县2座，安溪县2座，晋江市、石狮市、南安市、德化县各1座	已完成。10座村级老年体育活动中心已全部建设完成，投入市级财政补助资金400万元
22	为低保重度肢体残疾人发放居家养护补贴	市残联	对具有本市户籍，持有第二代《中华人民共和国残疾人证》，未在托养机构中托养，当年度未享受省级居家养护补助的低保重度肢体残疾人发放居家养护补助	已完成。按照每人1000元的标准，共为4066名低保重度肢体残疾人发放居家养护补贴资金406.6万元
23	继续为“一户多残”家庭残疾人发放生活补贴	市残联	2018年继续为具有泉州市户籍，一本户口簿内家庭成员有2人（含2人）以上持有第二代《中华人民共和国残疾人证》，且共同生活、具有法定的赡（抚、扶）养关系家庭中的残疾人发放生活补贴	已完成。按照每人每月50元的标准，共为全市2.1万名“一户多残”家庭残疾人，发放补贴资金1257.6万元
24	实施农村低保（含特困人员）安居工程	市民政局	2018年计划帮助不少于212户农村低保户、特困人员新建或修缮住宅。对新建项目，低保家庭安居工程建设应与正在进行的旧村改造、新村建设相结合，充分利用原有旧宅基地或空闲地，由乡镇政府（街道办事处）、村（居）委会负责协调解决。对修缮项目，在对象筛选时要严格按照保障住房安全、修复住宅破损、完善功能需求的顺序进行，不得将相关资金用于非必要的装饰性支出和立面改造。2019年新年春节前迁入新居	基本完成。全部212个项目已有183个全面完工，困难群众已完成入住；29个正抓紧完成内装修（简装），可按计划于春节前全部迁入新居。项目总投入资金454万元
25	持续开展“计生特殊家庭”关爱行动	市计生协会	采取上门走访慰问、办理住院补助保险、志愿者服务等一系列关爱措施，全方位、多渠道帮助计生特殊家庭解决生活、生产、医疗等实际问题。其中，对新发生的独生子女死亡家庭，每户给予一次性抚慰金5000元，对新发生的独生子女伤残家庭，每户给予一次性抚慰金3000元	已完成。①关怀慰问。对103户新增失独家庭进行关怀慰问，共发放一次性抚慰金51.5万元；慰问独生子女伤残家庭27户，发放慰问金8.1万元；②开展“两节”慰问活动。市卫计委、计生协会联合开展全面走访慰问失独家庭活动，共发放慰问金66.7万元；③为失独家庭提供医疗保障。投入12.61万元为1355人办理住院护理补助险，投入28.83万元为1234人办理住院医疗补充险。④为部分贫困失独家庭修缮房屋。投入30万元为15户经审核后经济比较困难、住房破损的失独家庭修缮房屋

续表9

序号	项目	责任单位	目标任务	完成情况
26	持续开展“救急难”工作	市民政局	市级财政筹集150万元“救急难”资金，用于对突遇各类困难的“急难”对象进行救助、帮扶或慰问；制定专项管理办法，完成“社会救助综合施救平台”建设。各县（市、区）在当地行政服务中心、各乡镇（街道办事处）全面建立“社会救助综合受理窗口”，在市本级完成社会救助综合施救平台（“救急难”信息交换平台）后，整合社会救助项目，逐步实现信息化一门受理、协同办理	已完成。已对3批次共348名“急难”对象实施再救助，发放救助金156.85万元。“社会救助综合施救平台”已初步开发完成并于泉港进行运行测试，调试完善后将及时投入使用
27	改造提升24个村（社区）综合性文化服务中心示范点	市文广新局	2018年在全市11个县（市、区）和泉州台商投资区建设24个村（社区）综合性文化服务中心示范点（每地各2个）。各示范点主要是以村（社区）党组织活动场所、城乡社区综合服务设施、文化活动室、闲置中小学校、新建住宅小区公共服务配套设施以及其他城乡综合公共服务设施为基础，采取盘活存量、调整置换、集中利用等方式进行建设	已完成。24个村（社区）综合性文化服务中心示范点均已建设完成
28	开展文艺精品公益性演出350场	市文广新局	2018年全市各文艺院团开展公益性文艺演出350场，其中市直文艺院团演出150场，晋江市、惠安县、安溪县文艺院团共演出100场，鲤城、丰泽、洛江、泉港、石狮、南安、永春、德化、泉州开发区、台商投资区演出100场	已完成。全市已演出376场，超额完成演出任务，超15万名市民群众观看演出。其中：市直剧团演出150场，晋江、惠安、安溪等3个县（市、区）演出107场，其余8个县（市、区）及泉州开发区、台商投资区演出119场
29	扶持新建20所公办幼儿园	市教育局	2018年在全市扶持新建20所公办幼儿园，工程规划建设面积约6万平方米，计划总投资约1.8亿元，2018年完成投资1.3亿元，2019年秋季开学前交付使用	已完成。20所幼儿园全部开工建设，完成年度开工计划；累计完成投资1.35亿元，完成年度投资计划的103.8%；竣工4所，新增学位1440个
30	继续实施呵护母婴健康工程	市卫计委	①2018年为2万名农村适龄（35～64岁）妇女免费提供宫颈癌、乳腺癌检查。②2018年为1万名孕妇免费提供产前筛查诊断	已完成。①为2万名农村适龄（35～64岁）妇女免费提供宫颈癌、乳腺癌筛查。已完成宫颈癌筛查2万人（完成率100%）、乳腺癌筛查2万人（完成率100%）。共到位资金400万元，其中市级200万元，县级配套200万元。②为1万名孕妇免费提供产前筛查诊断。完成血清学检查1万人（完成率100%）、完成超声检查1万人（完成率100%）。共到位资金435万元，其中市级220万元，县级配套215万元

续表9

序号	项目	责任单位	目标任务	完成情况
31	建设提升33个“妇女儿童之家”	市妇联	①提升13个“妇女援助中心”服务能力。在2017年新建的13个“妇女援助中心”的基础上，继续整合公安、检察、法院、司法、妇联以及社工机关、志愿者等各类资源，协同提供面向弱势妇女群体的专业化、社会化、人性化援助服务。②建设20个“儿童之家”。在各县（市、区）儿童较聚集（特别是留守流动儿童较多）、有一定条件的20个城乡社区建设“儿童之家”	已完成。①“妇女援助中心”项目：13个项目点全部投入使用，总投资130万元。全市共举办普法宣传、维权微课堂等150多场次；受理妇女法律援助案件1219件；解答妇女来访咨询1351人次；为妇女免收法律服务费227.65万元，挽回损失2263.81万元。②“儿童之家”项目：20个项目点全部建成并投入使用，150万元项目经费及时全额到位。全年共开展主题活动、公益讲座及其他服务项目活动385场次，共有60665人次的儿童及家长受益
32	继续实施“关爱女孩”五项工程	市卫计委	2018年继续实施关爱女孩“五项工程”（安居、成才、致富、保障、亲情），帮助贫困计生女孩家庭解决住房、就学、生产、生活、就医等方面遇到的困难，帮扶335425人（户）次	已完成。2018年市县两级共投入1.2多亿元，帮扶贫困计生女孩家庭39.97万人（户）次。其中：①“安居工程”竣工561户，完成计划的103.31%；投入资金1648.55万元，完成计划的102.05%；②“成才工程”帮扶和减免23296人次，完成计划的136.43%；投入资金1811.69万元，完成计划的117.59%；③“致富工程”帮扶1672户，完成计划的124.22%；投入资金602.43万元，完成计划的119.93%；④“保障工程”帮扶359380人次，完成计划的118.82%；投入资金7538.18万元，完成计划的125.62%；⑤“亲情工程”帮扶14823人次，完成计划的105.94%；投入资金480.08万元，完成计划的127.11%
33	建设20个社区未成年人文体活动设施场所	市文明办	2018年，继续以全面深化全国文明城市创建活动，推进泉州城区社区未成年人宣传栏、图书角、文体活动场（室）、绿色网吧、心理咨询室、青少年科技工作室（科技小制作室）、志愿服务点（小小志愿者之家）、特色文化活动项目建设为重点，扶持20个社区（鲤城区10个、丰泽区10个）开展项目建设，以点带面，全面提升城区社区未成年人文体活动设施、场所建设水平	已完成。20个项目点全部完成建设和考评验收工作，共投入资金410万元
34	继续实施公路安全生命防护工程和农村公路危（病）桥改造工程	市交通运输委	①实施公路安全生命防护工程300千米。②改造农村公路危（病）桥15座以上	已完成。①安全生命防护工程累计完成530千米，占计划300千米的176%，完成投资4700万元。②危桥改造工程累计完成改造33座，占计划15座的220%，完成投资7993万元

续表9

序号	项目	责任单位	目标任务	完成情况
35	继续实施水土流失治理工程	市水利局	2018年完成南安、安溪、永春、德化等4个重点县水土流失治理4333.33公顷	已完成。累计完成水土流失治理面积4400公顷，占计划治理面积的101.5%，清淤12.79千米，护岸护坡14.93千米，治理崩岗53个。共完成投资3259.79万元，占计划投资3250万元的100.3%
36	扶持10个老区村农民专业合作社特色产业项目	市民政局（老区办）	2018年继续扶持10个老区村发展农民专业合作社特色产业项目，要求具有一定的科技含量和经济、社会效益，能带动相关产业发展和周边农户共同脱贫致富，增加老区村财收入，提高村民收入	已完成。全部10个项目均已按要求落实到位，总投入100万元，扶持项目包括畜牧养殖、中草药、油茶、茶叶、淮山种植加工等，扶持资金主要用于扩大生产、购买加工器械等

支前

【概况】 2018年，泉州市为全面贯彻落实《东部战区与七省市建立拥军支前军地协调机制的实施意见》，成立服务东部战区军事行动拥军支前保障小组，负责协调解决东部战区军事斗争准备中需要地方帮助解决的实际困难和问题，做好重大训练演习、非军事行动和作战任务中相关服务保障工作等，确保完成东部战区相关军事行动的支前保障任务。全市各级支前部门主动对接，发挥协调、组织、服务的桥梁和纽带作用，依靠党委、政府及相关部门，发扬全民支前积极性，做好主副食品的供应及部队宿营、供水供电、交通、通信、演训场所等各项支前保障工作，确保部队军事行动的顺利完成。泉州市各级支前部门按照“驻泉部队军事行动到哪里，支前保障就延伸到哪里”的要求，及时组织对演练和执勤部队进行走访慰问。利用“春节”、“八一”中国人民解放军建军节、部队演练等时机进行海训及双拥共建单位慰问。发挥泉州社会拥军支前传统优势，引导民营企业、企业协会、商会、女企业家协会等民间组织参与军民共建“三挂钩”活动，对部队进行走访慰问，营造全社会支前拥军的浓厚氛围。

【配合海军举办“国际军事比赛—2018”海上登陆赛】 “国际军事比赛—2018”海上登陆赛是中国海军首次承办的国际性军事竞赛，于2018年7月29日至8月11日在泉州市举办，中国、俄罗斯、伊朗、委内瑞拉、苏丹等5个国家代表队参加比赛。市委、市政府担好政治责任，国防动员和支前保障力量全面跟进，地方累计直接投入5000多万元，完成部队交办的12方面58个赛事支前保障及地方配套任务，保证赛事顺利举行，得到海军司令员沈金龙、副司令员丁毅等首长和中外官兵、社会各界的赞誉，取得良好社会反响。赛后军地双方利用比赛场地共建“将军山海军公园”，巩固办赛成果。

【支前动员体系保障能力提高】 2018年，泉州市加强支前信息网络建设和支前物资供应站规范化建设，发挥支前快速食品供应网络的作用，提高支前动员体系保障能力。

支前信息网络建设。省支前动员工作指挥系统3月升级试运行后，市县两级支前办积极运用，提出合理化意见建议，进行市县两级支前系统“福建省支前动员工作指挥系统”培训。为多渠道传达信息，在确保安全、保密的情况下，市支前办协商在市政府内网系统基础上建立全市支前信息网络，并与省支前办相链接。

支前物资供应站规范化建设。全市8个支前物资供应站调整充实管委会成员和供应站组成人员，及时组织学习培训，让相关人员掌握支前物资保障业务，确保工作不断档。各支前物资供应站重视平时的管理，按照规范化的要求，加强软硬件建设，完善《支前应急保障预案》，完成与供应商签订保障协议，保证支前物资供应站各项工作的开展。按照年度训练计划，组织丰泽、石狮、晋江、南安支前物资供应站进行实务演练任务。通过各种形式的演练，探索、总结“应急”、“应战”支前物资保障服务的方法和途径，提升支前保障实战能力，确保支前物资供应站随时“拉得出”“供得上”，促进泉州市支前保障体系建设水平再上一个新台阶。

发挥支前快速食品供应网络的作用。按照省支前办《进一步搞好物资供应站规范化建设的实施意见》要求，开展支前快速食品供应点的整顿工作，对不符合条件的及时调整，使供应网络布局更加合理，供应能力、供应质量进一步提高，确保随时“供得上”的要求。

支前物资潜力调查工作。根据省支前办和市国动委潜力调查任务部署会议要求，市支前办组织市经信、统计、农业、粮食、商务、海洋渔业、盐务等多个行业主管部门召开专题会议，研究部署年度支前物资潜力调查工作。在调查统计过程中，以市、县支前办为依托，坚持市、县两级及行业主管部门调查统计条块结合、数据相互补充比对、自下而上、逐级落实，确保统计数据真实有效，按时完成潜力调查工作。

【部队实际问题解决】　2018年，泉州市级投入520万元专项资金，帮助驻泉州部队建设生产生活项目，县级配套资金813万元，省上给予资金支持65万元。各县（市、区）协调粮食部门做好驻军的粮油供应工作，并根据国家政策及时给予兑现粮油差价和燃料补贴。在解决官兵切身利益问题方面，帮助安置部队随军随调家属，落实待业生活补贴，解决部队子女入学入园。

人事管理与人才工作

【概况】　2018年，泉州市实施人才总量倍增行动。全市人才资源总量145万人，居全省首位。新认定市高层次人才1164人，其中引进人才132人；入选省级以上人才465人，其中国务院特殊津贴10人、省引进高层次人才70人、省引进台湾高层次人才178人。新增国家级博士后科研工作站2家、省级博士后创新实践基地5家。按照市县机构改革有关要求，做好涉改部门编外人员安置、离退休人员服务管理等工作。出台加强市直机关事业单位编外用工管理、市直从事生产经营活动事业单位改革人员安置等文件，规范编外用工管理，深化事业单位改革。

【干部队伍管理】　2018年，泉州市录用政府系统公务员251人，招聘事业单位工作人员4425人。完成年度军转干部安置任务，企业军转干部总体保持稳定。组织人事考试近3万人。考核、聘任机关事业单位工勤人员453人。

【职称制度改革】　2018年，泉州市实施高层次人才职称直评直聘，直聘高层次人才13人，直接跳评正高级职称14人，实行特设岗位管理18人。在全省率先开展高层次人才职称直聘被确定为福厦泉国家自主创新示范区第二批改革创新举措，在全省复制推广。出台泉州市深化职称制度改革贯彻意见和下放中级职称评审权限指导意见，先后承接卫生、中学副高级职称和小学（幼儿园）高级教师职称评审权下放事项。新增高、中级职称5962人，其中正高50人、副高1213人。

【年度考核创新】　2018年，泉州市首次在市直机关及参公单位推行年度量化考核，完成市本级134家机关（含参公单位）5278人、283家事业单位16605人的年度考核工作，给予记三等功奖励180人。

【人才分类评价改革行动】　2018年，泉州市修订出台高层次人才认定规定，把光电、半导体、人工智能等“高精尖缺”产业人才纳入认定范围，单列“港澳台人才”“外籍人才”认定标准，将县级第六、七层次纳入全市高层次人才体系。开展企业人才自主评价试点，确定首批试点企业31家。建立人才需求信息定期征集制度，全年征集人才需求岗位519个，人才需求总量1231人。

【高技能人才培养】　2018年，泉州市实施高技能人才振兴计划，举办省、市级职业技能竞赛28场，评选省、市技术能手110名；出台技能大师工作室扶持措施，新增国家级高技能人才培养基地1个、技能大师工作室国家级2个和省级13个、市技能大师30人、高技能人才6371人。加快技工教育改革发展，抓好技工学校危房改造建设，启动创建技师学院。

【人力资源服务业加快发展】　2018年，泉州市制定中介机构引才奖励规定，举办2018泉州民营经济与人力资源服务峰会，现场意向签约45个。支持各地建设人力资源服务产业园，晋江市人力资源服务产业园运营良好，海峡人力资源服务产业园石狮分园建成运营。

【劳动权利维护】　2018年，泉州市指导晋江、石狮开展省级和谐劳动关系综合实验区试点建设，晋江的浔兴拉链公司、石狮的宝盖鞋业工业园区申报全国模范劳动关系和谐企业、和谐工业园区通过公示，石狮新市民积分管理入选全国中小城市综合改革试点典型经验案例。加强用工信息管理。劳动就业用工管理信息职工有效入库数26.87万人，超额完成省下达任务。303个政府投资项目全部创建“无欠薪项目部”。全市治欠保支呈现“五个下降”态势，协调处理欠薪案件720件、立案处理欠薪案件97件、为4812名劳动者追发劳动报酬4162万元、移送拒不支付劳动报酬案件18件，分别比上年下降49%、22%、69%、72%和25%。创新构建“3+5”治欠保支机制被省人社厅列入综治（平安建设）典型案例报省综治办推广。保障农民工工资支付工作全省考核被评为A级，居全省第二位。强化调解仲裁和工伤权益保障，劳动争议“五级联调”体系建设被市综治办列入“社会化治理活动年”创新项目。德化县在全省率先推行劳动人事争议调解仲裁审查确认模式被省人社厅推广。处理争议案件1.13万件、调解成功率77%，受理仲裁案件3874件、当期结案率95%。妥善解决涉及864人的市公交公司集体争议案件。完成工伤认定5141件、劳动能力鉴定2396件，依法保障落实工伤职工待遇。

信　访

【概况】　2018年，泉州市围绕贯彻落实中办国办《信访工作责任制实施办法》《关于进一步加强信访法治化建设的意见》，以推动落实信访工作责任制为抓手，以重点领域、重点群体、重点问题、重点人员四大攻坚战为主线，推进阳光信访、责任信访、法治信访。全市信访态势保持平稳，呈现“一上升三下降一好转”的特点，即全市信访总量29595件（人）次，比上年上升1.5%；群众到国家信访局上访150批次，下降4.5%；到省集体上访129人次，下降9.8%；进京到非接待场所96人次，下降57.1%。省联席办、省信访局对泉州市信访工作年度考核成绩为优秀。12月，《泉州市市级机构改革实施方案》出台，明确市信访局作为市政府工作部门（市委信访局与其合署办公）。

【信访工作责任落实】 2018年，泉州市委、市政府领导就信访工作和重要信访事项作出批示103件次，其中主要领导批示32件次。市委书记康涛逐一与各县（市、区）党委书记、各县（市、区）党委书记分别与各乡镇（街道）主官签订信访工作责任书，逐级压实信访工作责任。印发实施《泉州市信访工作责任制实施意见》，着力构建“有权必有责、权责相一致，有责要担责、失责必追究”的信访工作责任体系。为做好中央信访工作督察迎检工作，市委、市政府主要领导多次作出重要批示，要求开展自查自纠，推动泉州市信访工作上新台阶；分管领导召开会议进行专题部署。各级各部门围绕贯彻落实“三个文件”“两个方面八项工作”等情况，进行全面自查自纠，推动信访工作制度改革和矛盾化解攻坚战的落实。

【信访攻坚战活动】 2018年，泉州市制定实施《泉州市信访矛盾化解攻坚战方案》，明确攻坚战活动的指导思想、目标任务、方法步骤、工作内容和工作要求。成立由市委常委、政法委书记林锦明担任组长的泉州市信访矛盾化解攻坚战领导小组，下设房地产、集资融资、“三农”、环保等九个专项工作小组。通过召开工作部署会、推进会、实地督查、定期分析通报等形式，推进攻坚战有序开展。使用特殊疑难信访问题专项资金35.5万元，推动化解信访积案4件。召开公开听证评议27件，开展专案评审56件。全市共排查重点领域信访问题56件、基本化解52件；交办省级信访积案15件，市、县自行排查信访积案80件，全部办结化解、息诉息访。

【信访基层基础建设】 2018年，泉州实行领导干部接访群众“三固定”机制，全市领导干部参加接访19875人次，接待群众来访1461批4571人次，共受理信访事项942件，其中当场解决289件、落实责任单位804件、落实领导包案307件。其中市级党政领导参加接访91人次，接待群众来访69批165人次。及时分析预判，共制作信访专报49期、泉州信访14期、季度分析报告4件。每季度在市委政法委召开的社会稳定形势分析会上通报信访形势，提出工作意见。着力督查督办推动化解，赴丰泽、南安等地开展扶贫领域、拆迁安置、土地征收、劳资纠纷、移民安置、涉港信访事项督查，推动办结化解信访突出问题296件。市联席办、市综治办联合下发创建“三无”县、乡、村活动三年行动方案，推广“三访四解”“四进三解五服务”等基层工作经验，详细了解群众诉求，将群众矛盾纠纷化解在基层和萌芽状态。

【信访业务规范】 2018年，泉州市做好国家信访局基础业务规范化迎检工作。检查组肯定泉州市在组织开展督导检查、筛选典型案件报送曝光台等方面经验做法，提出进一步夯实基层基础、运用满意度评价倒逼规范化建设、加大考核力度等工作要求。组织对各县（市、区）逐一开展信访基础业务规范化检查，召开有县（市、区）信访局和职能部门、乡镇（街道）负责人参加的反馈会，以图文并茂的形式进行现场解说，点明检查发现的问题和不足，提出整改的办法和措施，通过以干代培、以会代训的方式，着力提升全市信访基础业务规范化水平。信访机构、有权机关及时受理率分别为100%、99.9%，按期办结率100%，信访机构群众评价满意度参评率86.3%、满意率90.2%，有权机关群众评价满意度参评率31%、满意率70.5%。推进网上受理信访制度，呈现“访降信升邮升”的良好局面，全市受理群众来访总数3525批10557人次，分别比上年下降11.9%、26.6%；来信9236件，上升16.9%；来邮总数9802件，上升78.1%。全市网上信访占比46.1%，其中办理省长信箱来邮2312件，比上年上升18.2%；市长信箱来邮1892件，上升2%；人民网地方领导留言板247件。泉州市信访局被人民日报社人民网评为“2018年人民网网民留言办理工作先进单位”。泉州市“12345”便民服务平台受理群众诉求108452件，比上年上升147.2%，群众满意率98.6%。其中网站受理13166件，占12.1%；热线电话受理94995件，占87.6%；微信公众号受理291件，占0.3%。推进泉州“XIN”行动热线整合项目，整合机关效能、国土资源、城市管理等40条热线。市信访局和市综治办联合在泉州市城乡社区网格化服务管理信息平台增加便民服务诉求应用。启用泉州“12345”微信公众号，开通“随手拍”业务，为群众诉求提供方便、快捷的服务。

【信访诉讼分离】 2018年，泉州市实行信访诉访分离制度，全市信访部门向政法机关转送信访事项3196件。市、县两级有权处理机关完成分类处理信访投诉请求事项628件。开展依法分类处理信访诉求案例收集和编写工作，筛选10件办理过程较完整、文书格式较规范、较具有代表性的案例，整理编印成案例集，下发各地各相关部门参照执行。全市办理信访事项复查案件181件，比上年下降23%；办理复核案件91件，下降46.8%。通过市政府复查复核纠错机制，引导信访人通过法定途径反映诉求27件。市信访局与市司法局联合出台《在全市开展律师参与接访工作的实施方案》，实行每周一和每月15日由律师轮值在市群众来访接待室参与接访制度，接待来访群众119批186人次。市信访局与市依法治市办联合组织开展信访法规宣传月活动，以信访工作制度改革、依法分类处理信访诉求等为主题，营造依法文明上访的社会氛围。全市制作、分发宣传材料

17.2万份，出动信访宣传车下乡宣传428次，悬挂宣传横幅、张贴标语和图片3300份，设置宣传专栏650个，开展上街咨询宣传活动220次，利用报刊、广播、电视等开展宣传活动690条。

【信访工作探索创新】 2018年，泉州市开展信访违法行为集中整治行动，对信访活动中或以信访为名实施的违法犯罪行为予以严厉打击。全市公安机关刑事立案24件，法院作出刑事判决10件。省联席办、省信访局行文向全省推广学习泉州市开展信访违法行为集中整治行动经验做法。中央信访工作联席会议简报第107期刊发泉州市经验做法的文章《福建泉州市着力维护信访秩序助推信访矛盾化解攻坚》。写入市《政府工作报告》。与市司法局联合制发《关于进一步加强“访调对接”工作的实施意见》，探索矛盾纠纷化解新路径，打造泉州版“枫桥经验”新模式，逐步构建具有泉州特色的“访调对接”工作机制。石狮祥芝渔业协会调解委员会打造专业调解队伍，化解涉渔纠纷，探索出“各方力量广泛参与，多元调解和海上救助双修、政府规范指导并重，小事不出船，大事不出港”的经验做法，得到省联席会议《简报》和省委办公厅《八闽快讯》刊发推广。

【信访工作应急建设】 2018年，泉州市在全国、省、市“两会”、首届“数字中国”建设峰会、上合组织青岛峰会等重大会议期间，开展矛盾纠纷排查化解活动，推动及时就地解决群众合理诉求、维护群众合法权益，做好各类矛盾风险防范、疏导化解工作。开展扫黑除恶专项斗争，成立扫黑除恶线索摸排工作小组，制定工作方案，建立每月一次的线索摸排、分析研判和汇总上报机制。向市摸排打击工作组移交195件线索，移交村居换届选举信访问题线索50件，移交涉保护伞（纪检）问题线索2件。各县级信访局累计排查移送涉黑涉恶线索355件。结合信访法规宣传月活动，采取分发宣传手册、现场答疑、在市群众来访接待室LED屏幕滚动播放宣传信息等方法，组织开展扫黑除恶专项斗争知识宣传，发动群众举报涉黑涉恶问题线索。组织全体干部职工签署扫黑除恶“七不”承诺书、集中学习扫黑除恶应知应会知识、开展扫黑除恶知识测试。

发展研究

【概况】 2018年，泉州市政府发展研究中心针对泉州经济社会发展的重点难点问题，开展一系列专题调研并提出政策建议。按照国家制造强国建设领导小组办公室要求，参与起草《“中国制造2025”国家级示范区创建方案》；参与起草《泉州市建设21世纪海上丝绸之路先行区需争取国家、省支持的政策》；参与起草《进一步支持民营企业健康发展行动方案》；参与起草《实施城市品质三年提升行动计划》、《实施“家园共造三年行动”，提升城市管理的精细化水平》政策，深入南安、泉港、永春等地调研，与市旅发委联合出台《提质升级助推乡村振兴三年行动方案》，参与起草2019年泉州市《政府工作报告》等，在泉州相关政策的制定和实施的过程中发挥作用。

【专题调研】 2018年，泉州市政府发展研究中心联合泉州文旅集团开展推进国有企业混合所有制经济改革专题调研，参与撰写《基于泉州经济结构转型的混合所有制改革》调研报告，获得省国资委“贯彻十九大精神，推动国有企业高质量发展”理论研讨论文二等奖，是泉州市唯一获奖论文，并得到市委常委杨晓山肯定批示。弘扬“晋江经验”，高站位提出再创“晋江经验”新辉煌战略性建议。参与撰写《新时代践行“晋江经验”增创泉州改革开放新优势研究》年度重点课题，获得2018年省重点课题优秀调研成果一等奖；参与撰写《再创“晋江经验”新辉煌的内涵及实现路径》汇报材料；参与协同省政府发展研究中心开展《晋江传统产业转型升级之路》调研，协同市委宣传部做好中央媒体关于“晋江经验”的报道。聚焦典型，对乡村振兴战略进行一系列深入的调研和思考。撰写《泉州市发展乡村旅游助推乡村振兴战略的若干思考》专题调研报告；参与撰写《共建生态永春 共享美好生活》调研报告，系统总结永春乡村振兴战略的实践与经验；赴浙江省湖州市考察学习乡村振兴战略先进经验，撰写《考察学习湖州市实施乡村振兴战略先进经验的调研报告》。对国家级示范区和海上丝绸之路先行区提出前瞻性政策意见，撰写《关于复制推广自贸区政策的建议》。针对实体经济，参与撰写《以创新引领实体经济转型 加快培育壮大泉州高新技术产业的思考》重点课题，完成《关于落实打造一流营商环境的工作情况报告》。辅佐参谋，完成市委市政府领导指示的调研报告及临时性发言材料。完成《深圳湾创业广场考察报告》、起草永春召开全省乡村振兴现场会的发言材料；完成课题《首届数字中国建设峰会给泉州的启示》等。

【调研成果刊发】 2018年，泉州市政府发展研究中心汇总出版《泉州发展研究》10期。参与市委深改组工作，谋划全年改革工作思路和重点举措，完成各类综合汇报材料二十余篇。编发《泉州改革情况》35期，向省上报送典型案例40余篇，多篇获省上刊用，其中《泉州市建立六项机制扎实推进河长制工作》在中央改革办《改革情况交流》第42期刊发。

行政服务

【概况】 2018年，泉州市行政服务中心践行“规范、便民、廉洁、高效”的宗旨，围绕打造一流营商环境目标，建设全新中心，创新服务机制，改革服务方式，提升服务效能，优化营商环境，致力塑造泉州市“政务之窗”新品牌、新服务、新形象。至12月，市行政服务中心总办件量254949件，平均日办件1019件，当场即办率58.09%，各项服务指标走在全省前列。

【“政务超市”建设】 2018年，泉州市行政服务中心以搬迁新办公大楼为契机，对标武汉、厦门等先进城市，强化事项进驻管理，建设进驻齐全的“一门式”综合政务大厅，变群众“满城跑”为“一楼办”，提升政务服务能力。坚持便民事项“应进必进”，除原中心整体平移外，新增进驻医保、社保、出入境等30个单位，进驻单位92个，进驻事项1090项，进驻工作人员1100多名，建设规模和服务能力全面看齐福州和厦门。坚持服务配套“能进则进”，将与群众生活关系密切的水电、公交、燃气、有线电视等引进中心，实行多部门“链条式”联动服务，企业和群众办事基本实现“进一个门、办百样事”，形成强大的服务合力。

【“一窗式”办件模式建设】 2018年，泉州市行政服务中心在提升审批速度上下功夫，全面推开“一窗式”审批服务模式改革。按群众“办成一件事”为标准，将窗口整合为“市场准入、投资建设、社会民生、便民服务、中介服务”五个主题式办事体验厅。着眼办好“五件事”，即“申办一个工程项目审批”“申请开办一家企业”“办一本不动产产权证”“办理医社保手续”“办理出入境手续”，实施“一窗受理、集成服务”改革，改变原来按部门按业务类别设置窗口的模式，整合为按咨询、综合受理、发证三大类别设置窗口，改群众“往返跑”为信息“自动跑”，极大压缩了审批时限。开办企业注册登记全部压缩到5天以内，2018年度投资建设类专窗共收件322件、办结261件，比原先预计审批时间提速435个工作日。

【行政审批“泉州标准”】 2018年，泉州市行政服务中心为解决行政审批“中心之内跑一趟、中心之外跑N趟”的难题，深化规范行政服务自由裁量权改革，真正做到“审批更简、监管更强、服务更优”。向上提升标准化水平。邀请省标准化研究院对泉州市规范自由裁量权的经验做法进行标准化提升，中心被列为省行政审批服务办事指南及审查细则起草单位，将泉州市规范自由裁量权的经验做法推广到全省。向下形成市县对接的标准体系。指导13个县（市、区）共梳理鼓励允许类事项6951项、限制类事项4141项、禁止类事项36项，分别细化领导授权，形成统一的“泉州标准”。向内推进审批服务“快道”建设，建立大数据审批服务台账分析平台，健全窗口办件、项目审批“两个全过程台账”，2018年台账管理系统咨询服务登记270次，纳入台账管理的项目更新操作1047次，坚持每周组织台账分析，解决审批服务“堵点”“痛点”问题82个，提升“泉州标准”精确性。

【全流程项目管控机制构建】 2018年，泉州市行政服务中心围绕“项目攻坚”工作主线，建立一套“月嫂”式服务机制，推动项目攻坚落地。建立重点项目“月会商”联审制，中心牵头每月梳理解决重点项目审批服务存在的困难问题。建立大数据审批服务台账分析机制，健全窗口办件、项目审批“两个全过程台账”，2018年台账管理系统咨询服务登记364次，纳入台账管理的项目更新操作1634次，坚持每周组织台账分析；解决审批服务“堵点”“痛点”问题82个，提升“泉州标准”精确性。推行“绿色通道+容缺预审”办法，项目只要申报材料主件齐全、窗口先予收件办理，其他申报材料在90天内补齐补正即可。

【“四办”服务体系建设】 2018年，泉州市行政服务中心打造实体大厅与网上审批、集中服务与同城通办、24小时自助服务与移动客户端相融合的线上线下一体化服务体系，努力“为市场主体添活力，为群众生活增便利”。大力推行“四办”：推行实体大厅“马上办”，进驻中心审批服务事项全部压缩至法定时限的35%以内，不需组织专家论证、现场踏勘的简易事项做到“马上即办”；推行可上网事项“网上办”，网上申报事项1790项，占到全部事项的93%，让“数据跑路”替代群众“跑腿”；推行简易事项“一次办”，梳理1532项“最多跑一趟”和58项“一趟不用跑”事项，嵌入邮政EMS快递上门服务，减少百姓“跑”的次数；推行便民服务事项“就近办”，对与群众息息相关的如水、电、气、闽通卡等高频事项实行同城通办，建设15个24小时自助服务区，打造百姓15分钟办事圈。

【审批服务监督平台建设】 2018年，泉州市行政服务中心围绕审批服务标准化重抓制度建设，强化对审批服务的监督。一健全正向激励机制，对在服务企业和群众过程中受到表扬、有突出表现的工作人员，在每季度优质服务窗口评比中给予加分、通报原单位予以表彰鼓励。引入第三方调查评议机制，采取不定期作风暗访、流程细查，对窗口服务效率、服务质量、服务水平进行全方位监督测评，2018年汇总整改214个问题，正规窗口工作纪律。健全视频效能监察机制，实行专人值守，通过效能远程视频监督系统全面抽查各部门、各分中心窗口单位实时服务情况，加强对窗口工作纪律的全面监督，2018年集中通报窗口工作纪律情况8次，立行立改21个突出问题，及时改进服务质量，第三方组织业主满意度测评达到90%以上。

政协泉州市委员会

综　述

【政协工作概况】　2018年，政协泉州市委员会坚持以习近平新时代中国特色社会主义思想和中共十九大精神为指导，深入学习贯彻习近平总书记关于加强和改进人民政协工作的重要思想，在中共泉州市委坚强领导下，准确把握新时代人民政协性质定位，突出政治引领、突出围绕大局、突出以人为本、突出党的建设，推进政协各项工作。把市政协各项工作置于中共泉州市委的领导之下，坚持向市委请示报告制度，定期汇报政协党组和常委会工作情况，坚决贯彻落实市委各项决策部署。深入贯彻执行中办《关于加强新时代人民政协党的建设工作的若干意见》，压实全面从严治党政治责任，建立健全党组主体责任、纪检组监督责任、党组书记第一责任、班子成员“一岗双责”的协同机制；修订完善《中共泉州市政协党组工作规则（试行）》，发挥好政协党组把方向、管大局、保落实的重要作用；成立党组巡视整改工作领导小组，坚决扛起巡视整改政治责任，确保政协工作坚定正确的政治方向。

按照全国政协和省政协的部署要求，组织全市政协系统深入开展习近平总书记关于加强和改进人民政协工作的重要思想理论研讨，探索交流新时代政协履职新成果新途径新方法。市政协以《发挥优势、突出特色，扎实做好政协同港澳台同胞和海外侨胞团结联谊工作》为题，在省政协理论研讨会上作交流发言。坚持把学习新思想与学习新修订的《中华人民共和国宪法》《中国共产党章程》《中国人民政治协商会议章程》结合起来，与学习中央和省委、市委重大决策部署结合起来，与政协的履职实际结合起来，把讲政治融入政协委员和政协干部的思想认识和履职实践中，在事关道路、制度、旗帜、方向等根本问题上立场坚定、旗帜鲜明。

按照政协工作高质量履职要求，坚持务实创新，把学习成效体现在政治担当、服务大局、转变作风上。全市广大政协委员、政协机关干部牢牢把握新时代政协工作根本遵循，按照“项目化”运作模式推动履职工作落实，提高履职水平，提案工作更重质量，调研视察更加扎实，协商建言更有成效，反映社情民意更加客观真实。2018年，市政协收到提案791件、调研报告120多篇、社情民意信息300多件；省、市领导在政协报送的《政协专报》《重要提案摘报》《发言摘报》，以及调研报告上作出批示110多件次，许多履职成果进入党政决策视野，得到转化应用。《人民日报》《人民政协报》等中央媒体70多次报道泉州市政协工作的做法和成效。

【参政议政】　2018年，泉州市政协领导带队深入民营企业宣传政策措施，了解困难诉求。召开民营企业政协委员座谈会，围绕弘扬“晋江经验”、加快转型升级、勇当高质量发展主力军等主题，听取意见建议，共商发展“良方”。及时反馈减轻企业税费负担、精准落实帮扶政策、妥善处理用地、产权历史遗留问题等民营企业反映强烈问题，专报件得到市委主要领导批示。围绕产业转型升级和经济高质量发展，组织开展“加快高新产业发展”“实施独角兽企业培育工程”“扶持文化创意产业”等调研视察、对口协商，委员提出深化“互联网+放管服”改革、完善人才港湾计划、创新中小微企业融资获得率、加快推进物联网产业健康发展等意见建议，市委市政府领导批示有关部门认真研究吸纳。围绕古城提质、新城集聚和产城融合发展，组织督办《以“双修”试点驱动古城提质和转型发展的建议》《关于做好海丝泉州城市营销工作的建议》重点提案，组织委员围绕“推动泉州创新转型与产城融合发展”“加强城市公共基础设施建设”等课题深入调研分析，提出意见建议，推动相关工作。

贯彻落实中央和省、市乡村振兴决策部署，开展“实施乡村振兴战略，提升农村文化事业发展水平”专题调研，市县两级政协组织党派委员、专家学者、基层干部，深入100多个具有代表性的特色乡村调查研究、召开10多场调研座谈会，提交调研报告28篇。召开市委、市政协专题协商会议，提出树立乡村文化品牌、构建文化共建共享机制、激发古城名镇活力、创新金融服务乡村文化建设等100多条建议，市委主要领导到会听取委员建言，充分肯定协商成果。创新少数民族村帮扶工作，按照打造一个可借鉴、可复制的乡村振兴案例要求，协调市直有关部门、有关宗教团体、重点民间信仰场所筹措资金，深入洛江区马甲镇的两个畲族自然村，帮助规划建设六大公建工程，打造集“农业、旅游、养老、民宿”于一体的田园综合体，推动充满活力、生态优美、功能完备、富有特色的少数民族村建设。

【民主监督】 2018年，泉州市政协围绕“推进石化园区环境治理”议题，多次深入泉港、泉惠两个石化园区开展专题调研视察，紧盯引发环境污染各个环节，深入查找问题原因，形成《泉州石化园区环境治理》主题报告和《湄洲湾石化园区对近海生态的影响》子报告。与市政府召开民主监督专题协商会，委员们围绕落实企业主体责任和政府监管责任、加强监测监管和应急处理能力建设、加快石化安全控制区建设等提出意见建议。市政府出台《关于加强石化工业园区环境保护工作的通知》，要求相关部门和属地政府及时抓好转化落实。组织委员听取市纪委监委、市中级人民法院、市人民检察院工作情况通报，围绕党风廉政建设和反腐败工作、强化法律监督、维护公平正义等议题建言献策。组织引导委员参与全市扫黑除恶专项斗争和移风易俗工作，为推进法治泉州和文明泉州建设献计出力。组织开展“执行难”多元破解机制建设专题调研，部分调研成果被市委市政府出台的《关于进一步支持法院决胜“基本解决执行难”的实施意见》吸纳，中央媒体刊发《福建泉州市政协建言“执行难”，让正义在“最后一公里”提速》，取得良好社会反响。发挥社情民意信息在民主监督方面的作用，《加快推进福建省殡葬管理规定立法的建议》《破解棚改资金来源困难的几点建议》等30多件专报件得到全国政协采用和省市领导批示。

针对大病患者报销比例较低、医疗费用居高不下、因病致贫返贫等群众期盼解决的实际问题，组织政协委员深入有关部门、医院、患者家庭，开展“实施卫生健康暖心工程、探索大病统筹解决途径”专题调研，察实情、听民意，掌握第一手资料。在民主监督专题协商会上，围绕加强医保控费、避免大病过度医疗、健全多层次大病医疗保险体系、建立大病救助长效机制等方面提出对策建议，报送《关于城乡居民大病统筹解决途径的建议》专报件，市委、市政府主要领导批示有关部门研究采纳。回应人民群众对美好生活的新期待，召开“居家社区养老服务”提案办理协商会，助推养老补短板贴心工程。紧紧围绕教育均衡发展、城区交通拥堵、社区物业管理等群众普遍关注的热点问题，通过调研视察、协商座谈、反映社情民意等履职活动提出意见，《关于加快泉州市民办幼儿园和早教机构等学前教育机构改革的建议》等一批民生建言得到市委市政府领导批示办理。

组织委员围绕为民办实事项目进展情况、进一步发挥博物馆作用、公安信息化建设、地下管网数字建档与管理等议题开展视察调研，提出监督意见。针对群众反映强烈的安置房办证难题，组织开展“加快推进泉州市安置房不动产登记办证工作”对口协商，就完善政策措施、加强联动协调、构建一体化信息共享平台等方面提出意见建议，促进工作落实。针对“电梯安全监管”“健康泉州建设”等涉及民生的重点提案，市政府、市政协领导领衔督办，有力推动相关问题解决。加大《提升殡葬服务品质的建议》提案督办力度，市政府主要领导批示和督促办理，相关部门出台《泉州市殡葬领域突出问题专项整治行动实施方案》，在全市范围开展专项整治，受到群众欢迎。组织发动政协委员、社会力量开展对口帮扶，筹措资金慰问少数民族困难家庭、帮扶困难大学生、慰问孤残儿童。组织医卫界、基督教“两会”义诊队深入贫困山区和企业开展义诊施药活动，为基层群众送温暖。

【政治协商】 2018年，泉州市政协发挥人民政协在坚持和发展新型政党制度中的重要作用，健全合作共事工作机制，拓宽知情明政渠道，确保各民主党派、工商联和无党派人士在政协履职有平台、优势能发挥、意见受重视。落实挂钩联系制度，市政协领导带头走访党派、界别、常委和委员，深化沟通协商，广泛凝聚共识；搭建履职活动平台，通过安排大会发言、联合开展调研、督办重点提案等，为各参加单位参政议政创造条件。2018年，各党派团体提交发言材料48篇，提出集体提案197件，反映社情民意信息100多件。《在稳金融上下功夫，不断提升金融市场创新力》《加快我国建筑垃圾资源化再利用的建议》《让社交媒体成为网络教育的前沿阵地》等30多件党派委员参政议政成果得到转化。

【海内外联谊交往】 2018年，泉州市政协组织部分港澳委员赴外地学习考察，开展互动学习交流，探索合作创业渠道。组团参加港澳地区泉籍社团的庆典活动，鼓励港澳委员支持特区政府依法行政，在关系国家核心利益问题上发挥作用。接洽海外重要社团和侨亲，增进乡亲情谊。开展《做好华侨新生代工作，服务海丝先行区建设》课题调研，助推海外新生代参与“一带一路”建设。组织华侨大学境外新生开展“看海丝·爱泉州”活动，激发他们对祖国的向心力和凝聚力。坚持走访侨资和台资企业，关注生产经营情况，协调解决实际困难。开展“推动泉台农业交流合作”对口协商，组织参与全国“海峡论坛—两岸基层治理研讨”，配合《人民政协报》到泉州开展“两岸青年走进福建”主题活动，增进两岸交流与合作。发挥泉台民间交流协会作用，为到泉州考察访问、投资兴业、寻根谒祖的台湾同胞提供帮助。倾听台湾各界人士呼声，及时收集和反映涉台信息，《建议为台湾同胞建立中国“数字公民”身份证申领和体验平台》等专报件被全国政协采用。

【正能量发展凝聚】　2018年，泉州市政协坚持走访重点宗教活动场所和民族宗教界代表人士，宣传解读相关政策法规，加强团结教育和服务引导。配合省政协开展“福建祖庭名刹文化研究”专题调研，完成泉州开元寺、承天寺等9个佛寺概览资料的编撰工作。组织开展“少数民族乡村卫生事业发展情况”“少数民族特色村寨建设情况”“新修订《宗教事务条例》贯彻落实情况”等考察调研，关注民族宗教界利益诉求，促进民族团结、宗教和睦。发挥泉商发展促进会的作用，组织召开“回归家乡投资创业”为主题的异地商会座谈会，宣传优惠政策、开展项目推介、引导回归创业。发挥政协文史资料“存史、资政、团结、育人”作用，出版发行《泉州市政协志》，编辑出版《刺桐博物》文史资料，组织对历年《泉州文史资料》进行电子扫描和数字化加工存档，配合省政协完成《亲历福建改革开放40年》史料征编任务。开展“中医药事业发展”课题调研，完成编修《新编泉州本草》，助力泉州市打造“闽南中医药名城”。

【委员履职水平提升】　2018年，泉州市政协修订完善委员履职情况量化考评管理规定，提高委员队伍管理水平。强化“委员主体、服务至上”意识，坚持为委员订阅履职相关的报纸杂志，定期编发学习资料，及时向委员传递政协的重要活动、重点工作，引导委员加强学习、拓宽视野，提高履职能力。组织委员听取市政府及有关部门工作情况通报，为委员知情明政创造条件。建立完善协商会议、调研视察、专题座谈、民主监督、提案办理等工作机制，为委员参政议政搭建平台，有效激发委员履职积极性、主动性和创造性。2018年，委员参加各种履职活动3000多人次，履职考评优秀率85.7%。

【专委会和界别建设】　2018年，泉州市政协注重发挥专委会的基础作用，依托专委会设置界别委员活动组，发挥各自优势开展调研视察、座谈协商、学习联谊等活动。全年各专委会组织界别委员分别围绕“大数据应用”“生态环保建设”“民办教育发展”“海丝史迹保护”等10多个议题，开展20多场次界别协商、对口协商，协力推动相关事业发展。

重要会议

【市政协十二届一次会议】　2018年1月4—7日，中国人民政治协商会议第十二届泉州市委员会第二次会议在泉州市区举办。本届市政协委员共有495人、特邀委员55人。开幕式由市政协副主席李冀平主持。市政协主席陈灿辉作政协第十二届泉州市委员会常务委员会工作报告，市政协副主席骆沙鸣作政协第十二届泉州市委员会常务委员会关于十二届一次会议以来的提案工作情况报告，市科技局、国土资源局作提案办理工作交流发言，各专委会以书面形式向大会呈递工作报告。大会提案工作组共收到委员们提交的提案775件，其中，市各民主党派、工商联、人民团体和政协专委会提案205件，委员提案570件。提案内容涉及经济、政治、社会建设等多个领域。经过初审立案695件，立案率89.68%。1月7日，市政协十二届二次会议完成各项议程胜利闭幕。市政协主席陈灿辉作闭幕讲话，副主席洪川夫主持。会议听取十二届市政协二次会议提案初审情况的报告，通过十二届市政

2018年1月4日，中国人民政治协商会议第十二届泉州市委员会第二次会议召开。图为会议现场　（图/陈晓东）

协二次会议决议。

【常委会会议】 2018年，十二届泉州市政协常委会召开7次常委会议。会议协商并通过十二届市政协二次会议选举办法（草案），审议通过市政协十二届二次会议决议（草案），与市政协联合开展“围绕赶超战略加快军民融合产业发展”专题协商，围绕“实施乡村振兴战略，提升农村文化事业发展水平” 召开专题协商会议展开专题协商会议，讨论修改十二届市政协《常委会工作报告（讨论稿）》和《提案工作报告（讨论稿）》等相关事项。

表10

2018年十二届泉州市政协常委会会议情况表

时间	会议名称	参加人员	会议内容
2018年1月4日	十二届市政协常委会第五次会议	市政协主席陈灿辉主持会议，副主席骆沙鸣、陈铭福、王祖耀、李冀平、王瑞强、陈益、洪川夫、林志建，秘书长陈伟平出席会议。市委组织部负责人应邀参加会议	协商十二届市政协二次会议选举办法（草案）和大会选举总监票人、监票人名单（草案）；协商增补常务委员候选人名单（草案）。会议决定，将以上表决的有关事项（草案）提交各委员小组协商酝酿
2018年1月4日	十二届市政协常委会第六次会议	市政协主席陈灿辉主持会议，副主席骆沙鸣、陈铭福、王祖耀、李冀平、王瑞强、陈益、洪川夫、林志建，秘书长陈伟平出席会议	审议通过选举办法（草案）和大会选举总监票人、监票人名单（草案），确定大会总计票人、计票人名单（草案）；审议通过常务委员候选人名单（草案），并决定提交市政协十二届二次会议第二次全体会议进行选举
2018年1月7日	十二届市政协常委会第七次会议	市政协主席陈灿辉主持会议，副主席骆沙鸣、陈铭福、王祖耀、李冀平、王瑞强、陈益、洪川夫、林志建，秘书长陈伟平出席会议	听取各组召集人汇报各组讨论市政协十二届二次会议决议（草案）情况；审议通过市政协十二届二次会议决议（草案），并决定提请市政协十二届二次会议闭幕大会进行表决
2018年3月28日	十二届市政协常委会第八次会议	市政协主席陈灿辉主持会议，副主席骆沙鸣、陈铭福、王祖耀、李冀平、王瑞强、陈益、洪川夫、林志建，秘书长陈伟平参加会议	传达学习习近平总书记重要讲话精神和全国政协十三届一次会议精神，协商通过《泉州市政协常委会2018年工作要点（草案）》
2018年6月19日	十二届市政协常委会第九次会议	市政协主席陈灿辉主持会议，市委常委、副市长杨晓山，副市长卢炳椿、肖汉辉应邀出席会议，市政协副主席骆沙鸣、陈铭福、王祖耀、李冀平、王瑞强、陈益、洪川夫、林志建，秘书长陈伟平参加会议	与市政府联合开展重要产业发展专题协商。市政协课题组和10位委员分别作主题发言和建言献策
2018年9月13日	十二届市政协常委会第十次会议	市领导康涛、陈灿辉、翁祖根、温惠榕、林万明、张永宁、林锦明、杨晓山、肖汉辉、骆沙鸣、王瑞强、陈益、洪川夫，市政协秘书长陈伟平等参加会议	与市委围绕“实施乡村振兴战略，提升农村文化事业发展水平” 召开专题协商会议展开专题协商会议。会上，市政协课题组和委员、民主党派人士、基层干部代表等围绕主题分别作汇报发言，从不同层面提出建议

续表10

时间	会议名称	参加人员	会议内容
2018年12月27日	十二届市政协常委会第十一次会议	市政协党组书记李转生，副主席骆沙鸣、陈铭福、王祖耀、李冀平、王瑞强、洪川夫，秘书长陈伟平参加会议。副市长肖汉辉应邀参加会议	副市长肖汉辉通报市政协十二届二次会议以来提案办理情况。协商通过有关人事事项；讨论修改十二届市政协《常委会工作报告（讨论稿）》和《提案工作报告（讨论稿）》；协商通过市政协十二届三次会议相关事宜。接受陈灿辉因工作变动原因辞去泉州市政协主席职务。协商通过政协第十二届泉州市委员会第三次会议召开时间及主要议程建议。会议还通知其他事项

【重要专题会议】 2018年8月15日，泉州市政协召开会议听取市人民检察院工作情况通报。市政协主席陈灿辉，副主席骆沙鸣、王祖耀、王瑞强、洪川夫、林志建，秘书长陈伟平参加。市人民检察院检察长高扬捷通报2018年以来全市检察机关的工作情况。与会委员围绕履行检察职能、强化法律监督、维护公平正义等相关议题建言献策。

2018年9月7日，市委、市政府与市政协召开会议，围绕“实施卫生与健康暖心工程、探索大病统筹解决途径”与“推进石化园区环境治理”民主监督议题进行专题协商。市领导王永礼、陈灿辉、陈奕辉、周真平、洪自强、骆沙鸣、陈铭福、王祖耀、王瑞强、陈益、洪川夫等参加会议。市政协课题组作课题总报告，10位委员就两个议题分别发言，从不同角度提出意见建议。

2018年9月7日，市政协召开会议听取市中级人民法院工作情况通报。市政协主席陈灿辉，副主席骆沙鸣、陈铭福、王祖耀、王瑞强、陈益、洪川夫，秘书长陈伟平参加。市中级人民法院院长陈明通报2018年以来全市法院主要工作情况。与会委员就进一步服务发展大局、攻坚决胜执行难、深化司法改革等相关议题建言献策。

2018年11月20日，市政协召开民营企业政协委员座谈会，学习贯彻习近平总书记在民营企业座谈会上的重要讲话精神及省委、市委有关会议精神，听取企业家代表对发展壮大泉州市民营企业经济的意见和建议，共商推动鼓励支持引导民营经济发展“良方”。市政协党组书记李转生，副主席骆沙鸣、李冀平、王瑞强、林志建，秘书长陈伟平参加。与会企业家畅所欲言说问题、谈感受、提建议，座谈会气氛热烈。

2018年11月15日，市政协召开专题会议，听取市纪委监委工作情况通报。市政协党组书记李转生，市委常委、市纪委书记游宇飞，市政协副主席陈铭福、王祖耀、李冀平、王瑞强、洪川夫、林志建，秘书长陈伟平参加会议。游宇飞交流对中共十八大以来全面从严治党的认识和体会，并通报全市纪检监察工作情况。2018年，全市纪检监察机关按照中央、省、市纪委全会的部署要求，围绕中心任务，聚焦主责主业，稳步推进监察体制改革，坚定不移正风肃纪反腐，坚决惩治群众身边腐败和作风问题，全面加强干部队伍建设，各项工作取得明显成效。

各专委工作

【经济和农业农村工作】 2018年，泉州市政协经济和农业农村工作委员会发出《关于征集“围绕赶超战略，加快军民融合产业发展”发言材料的通知》。发动市政协参加单位围绕协商议题，开展专题调研，共提交26篇调研报告。邀请军事科学院军民融合研究中心研究人员到泉州调研，研究中心主任于川信作专题辅导报告。带领课题组成员到企业、高校、科研单位调查研究。先后到23家企业，召开11场调研座谈会。带领市政协委员、专家学者、企业家先后到长沙、绵阳、西安、龙岩等地考察，探讨项目对接，及时形成考察报告。做好大会发言，提高建议质量。选择行业代表、界别委员聚焦某个问题撰写稿件，沟通好发言内容，突出行业领域优势，使发言有针对性。围绕党委、政府中心工作聚焦问题，围绕“五个泉州”建设，紧扣“供给侧结构性改革、补齐民生短板、创新转型、海丝建设、军民融合、生态文明”等重大课题，并提供113个参考题目（方向），三次大会发言，委员提交大会发言材料111篇。开展“实施独角兽企业培育工程”重点调研，开展推进高新技术产业发展视察调研，根据泉州市政协办公室关于开展2018年市直市政协委员年度视察活动的通知精神，组织市直委员年度考察活动，指导经济活动组开展考察调研，组织召开异地商会委员座谈会。定期走访民主党派、工商联等团体，征求意见，交流信息，提高共识。做好全国政协及省政协到泉州调研活动服务保障工作。

【社会和法制工作】 2018年，泉州市政协社会和法制工作委员会组织到市直各相关部门、各县（市、区）基层一线调研，如到石狮、德化法院及浙江宁波、温州等地考察调研，通过座谈、个别访谈等方式，多次召集调研组成员进行研究分析，梳理泉州市法院执行工作薄弱环节，借鉴外地法院的经验做法和亮点特色，提出符合泉州实际的有针对性的意见建议四方面12条，得到市委、市政府的参考采纳。就大数据时代公安科技信息化建设工作议题，组织调研组到丰泽新村、晋江市社会治理便民服务中心、应急指挥中心等地开展专题调研考察。分析探讨存在的困难和问题，并提出相应对策和措施，为公安工作信息化、智能化、现代化水平提高和“平安泉州”建设献计出力。组织市直政协社法组委员到泉港福建天骄化学材料生产项目、台商投资区烯石新材料科技项目，组织德化县市政协委员到南安泛家居展馆、九牧卫浴进行调研考察，让委员们从不同角度了解全市经济社会各项事业发展情况，知情明政。坚持泉州市特色通报机制，举办法院、检察院、纪委监委专题协商通报会，积极服务法治泉州建设，为委员知情明政、开展民主监督、对口界别协商、履行职能创造条件。动员社会和法制界别政协委员积极参与综治维稳工作，推荐和选聘法制宣讲员、特邀监督员、陪审员、调解员等，共参与各类调解、民主监督50余人次，提升委员服务泉州建设的能力和水平。组织委员针对泉州市居家社区养老特别是社区日间照料养老服务还停留在传统福利型的养老服务模式上，康复护理、失能照料、个性化服务等基本空白的问题撰写提案，掌握提案办理动态，开展提案办理调研活动。9月19日，市政府、市政协分管领导参与重点提案“居家社区养老方面”督办活动，听取市民政局的汇报，委员们提出有针对性的建议意见，提案单位表示满意，推动提案办理工作的有效落实。承办有关社法调研。以调研课题为纽带，加强与各级政协的上下联动，共同研讨交流具有共性和突出特点的问题，使调研成果更具指导和借鉴意义。配合江苏省政协就福建省“保障和改善民生、推动人民生活高质量”情况、广西壮族自治区政协就福建省“加快推进相对集中行政许可权改革试点工作”开展调研；同时，配合省政协妇联界别委员就优秀女性进村“两委”工作、漳州市政协就泉州市“妈妈小屋”建设工作等开展调研。密切与法院、检察院、公安局、司法局、民政局和有关群团、民主党派的沟通、联系，取得工作上的支持和配合。完成十二届第二次全会的安保、道路交通、信访等工作，确保会议期间无上访、闹访事件发生，确保委员有序、准时地出席会议。

【教科卫体工作】　2018年，泉州市政协教科卫体工作委员会组织专题调研、视察、协商，为乡村文化振兴、“海丝”史迹保护和民企创新发展建言出力。以“实施乡村振兴战略，提升农村文化事业发展水平”为主题，协同市政协研究室，发动市各民主党派、工商联和市政协委员活动组及各县（市、区）政协，围绕推进乡村思想道德、优秀传统文化、公共文化、移风易俗建设和打造乡村特色文化品牌等，到9个县（市、区）乡村调研，召开10多场座谈会，形成28篇有较高质量的调研报告，提出100多条意见建议。结合市政协常委会第十次会议，在市委市政协专题协商会上，组织11位市政协课题组成员和委员、民主党派人士、基层干部代表围绕“乡村文化发展”主题发言，从不同层面提出28条建议，并形成“政协专报”，提升协商的层次和实效。围绕“海丝”史迹保护，为助力“一带一路”建设建言。以“‘海丝’史迹保护”为主题，发动政协委员、民主党派人士和文化艺术界专家参与调研，撰写《我市“海丝”史迹保护和利用的建议》《加强“古泉州”（刺桐）史迹保护基础研究的建议》等9篇提案和调研报告，为协力推进“海丝”史迹保护，助力“古泉州（刺桐）史迹”申报世界文化遗产提出34条建设性意见。召开“‘海丝’史迹保护”专题对口协商座谈会，听取市文广新局工作通报。以“新型研发组织建设”为主题，组织委员到洛江、晋江，通过考察泉州装备制造研究所、嘉泰数控科技股份有限公司，了解泉州市发展智能制造，特别是新型研发机构建设情况，共商推动泉州市产业创新发展的新路径。以“新兴产业发展”为主题，协同洛江区政协，组织委员视察安溪国心绿谷茶叶庄园、三安幸福小镇、天电光电等，了解光电、现代农业、美丽乡村、文化旅游等新兴产业发展情况。围绕市政协“健康泉州建设”重点提案，配合市政府市政协分管领导组织视察安溪县医院、中医院，并召开提案办理协商会。围绕“加快中医药事业发展”主题，持续3年组织调研、视察、提案督办，撰写调研报告和“政协专报”，两度支持委员在市政协全会作《关于着力打造“闽南中医药名城”的建议》等专题的大会发言。围绕市政协“加快发展民办教育事业”重点调研课题，深入丰泽、晋江、泉州台商投资区10多所民办学校，召开多场座谈会。聚焦地方“本草”编修，助力中医药事业发展。发动政协委员、民主党派人士及专家学者，组建涵盖药学、医学、植物学的高层次专家团队，搭建交流与鉴定平台，研究和总结我市药学家和地方名医长期应用天然药物防治疾病的理论和实践，经过3年的努力，征集和精选地方性本草图谱和本地出产、经临床运用的代表性中草药1100多种及方例13000多个，完成公益性项目和科技立项课题——120多万字《新编泉州本草》的编修工作。发挥书画魅力，扩大政协联谊，加强书画交流，举办专题展览。打好爱心品牌，持续开展帮扶，组织专家义诊，开展“精准”帮扶工作。

【港澳台侨和外事工作】 2018年，泉州市政协港澳台侨和外事委员会组织“做好华侨新生代工作，服务海丝先行区建设”重点课题调研。协商侨办、致公党、侨联、侨青会和留联会等相关单位成立课题调研组，采取“走出去”“请进来”方法，结合市领导组团赴外活动、海外社团到泉州访问、走访在泉州回归企业和微信互动平台，了解华侨华人新生代实际状况、华侨华人新生代优势特点、开展华侨华人新生代工作面临的问题困难，研究探讨如何引导华侨华人新生代增强家乡情怀、融入家乡建设，为海丝先行区建设添砖加瓦。协调市农业局、商务局、林业局、海洋与渔业局等部门和部分政协委员、特邀嘉宾组成课题组，到洛江、泉港区和惠安、永春县等台农创业园和台农种苗培植基地，了解泉州与台湾农业合作交流、引进台湾农业技术和优质品种的种培养植情况，讨论分析制约泉台农业合作交流的瓶颈问题，研究探讨对策措施。从市政协委员中挑选出12名相对专业委员组成课题组，多次走访提案单位、提案人和提案主、协办单位，组织课题组委员到鲤城、丰泽、洛江区和安溪、永春县的新老居民社区和房产开发区，了解掌握泉州市新旧特别是老旧电梯安全管理状况，分析电梯管理安全隐患，为委员调查研究和建言献策提供良好的服务平台。组织港澳委员、特邀嘉宾围绕泉州市经济社会发展焦点和社会热点问题开展调查研究，引导委员分析新情况，探讨新对策，建诤言献良策。“全会”期间，港澳委员提交提案43件，2篇大会发言材料被采用汇编，市政协常委许清水撰写的《关于更好地讲好泉州古城故事的建议》在大会上作典型发言。组织参加市委市政府召开的港澳委员、异地商会委员和特邀嘉宾座谈会，委员嘉宾们围绕推动泉州经济跨越发展、加快文明城市规划建设、强化企业健康稳定发展发言献策。拓宽服务委员渠道，了解委员在泉企业的开工建设和发展状况，帮助解决困难问题，并向委员通报市委、市政府、市政协新年度工作规划，共同探讨如何更好地组织港澳委员参政议政、发挥港澳委员作用、助推泉州经济建设和社会发展的好办法好举措。注重与台湾各界的联系互动。加强与泉州台商协会联系，参加台商协会的重大活动，走访台商特邀嘉宾在泉州企业，协助解决困难问题。注重与海外社团和华侨新生代的联系，拓展市政协与海外社团及重要人士的联络联谊、交流互动，传播祖国家乡发展变化，激发乡贤爱国爱乡热情。加强与泉台民间交流协会和“五侨”“六台”部门的联系沟通，参加侨台部门组织的相关活动，协力做好相关外事接待工作。

【民族宗教工作】 2018年，泉州市政协民族宗教工作委员会开展“新修订《宗教事务条例》贯彻执行情况”专题调研，推动宗教事务法治化进程。与市民宗局联合组成调研组，赴各县（市、区）宗教事务管理部门、宗教团体、宗教活动场所，通过实地察看、听取汇报、讨论交流、座谈访谈等形式，基本摸清泉州贯彻执行条例的基本情况和存在的突出问题和主要困难，形成《新修订〈宗教事务条例〉贯彻执行情况调研报告》。开展“泉州佛教祖庭名刹文化研究”专题调研，响应“一带一路”倡议。开展“少数民族特色村寨建设”视察活动，建言少数民族乡村振兴。实地察看国家民委命名的“少数民族特色村寨”——泉港区涂岭镇小坝蒙古族村、山腰街道钟厝畲族村。通过实地察看、听取情况介绍、座谈研讨交流，委员们对泉州少数民族特色村寨保护和发展情况有了直观全面的了解，对面临的主要困难和问题进行深入分析研究，建言特色村寨保护与发展。开展“驻县（市、区）省、市政协委员”视察活动，建言古城保护与建设。针对古城独具地方特色的民间传统艺术未完全转化为古城的旅游资源加以利用，缺乏可以吸纳游客的“过夜游”品牌项目，创收空间受限等问题，建议借鉴丽江、平遥等古城“旅游+文化+演出”的成功模式，培育古城旅游文化演出市场，形成旅游品牌，为旅游者提供休闲娱乐、文化体验，吸引游客、留住游客，将古城由旅游过境地变成旅游目的地。开展“市直市政协委员年度视察”活动，建言泉州“赶超跨越”发展。开展“居家养老服务方面”重点提案督办协商，助推“民生补短板”工程。开展帮扶少数民族村活动，助力乡村振兴战略。开展关爱弱势群体活动，助力“脱贫攻坚”战略。委员会立足增进民生福祉，抓住人民最关心最直接最现实的利益问题，发挥界别优势，组织宗教界委员参与。

【人口资源环境工作】 2018年，泉州市政协人口资源环境工作委员会组织开展专题协商活动，推进生态环境保护。探讨推进石化园区环境治理的意见与建议，形成《泉州石化园区环境治理》主题调研报告和《湄洲湾石化园区对近海生态的影响》子报告以及5位委员的专题发言材料。协商成果得到市政府重视，准备以《泉州市人民政府办公室关于加强石化工业园区环境保护工作的通知》形式，分解细化到相关部门和属地政府的工作中。组织开展对口协商活动，促进民生工程落实。组织部分委员就“加快城市公共基础设施建设”与市住建局、规划局、市政公用事业局、交通委开展对口协商活动。在察看城东至北峰快速通道项目、晋江下游生态整治工程（一期）两个现场后，召开协商座谈会。组织开展重点视察活动，推动热点问题解决。组织部分委员对泉州的地下管网的数字建档与管理工作开展视察。在察看两个相关现场后，召开视察座谈会对这项工作建言献策。会上，市规划局、住建局、市政公用事业局、文广新局、中国电信泉州分公司、国网泉州供电公司等相关单位汇报工作情况，八名委员发表意见建议。会后，整理《推动城市地下管网数字建档与管理工作的几点建议》的专报件报送市委、市政府主要领导参阅。组织开展年度视察活动，建设委员履职平台。组织活动组委员围绕市委、市政府推进“五个泉州”建设开展年度视察活动，视察福州大学晋江科教园建设项目、晋江百宏差别化化学纤维项目、石狮通达三期项目以及南安水头镇的规划建设发展情况。参与环保督查工作，参加政府部门研究制定迎接督查的方案措施，多次组织政协委员协同市政府相关部门到基层进行明察暗访，开展督查，并就明察暗访中发现的突出问题提出意见与建议，协助市委、市政府制订整改措施，协力推进泉州市环保工作通过中央督查。参与政风行风建设评议活动，选派活动组委员和本委工作人员担任市计生协会、计生委、市人防办等职能部门的效能监督员和政风行风评议代表，参加市政府组织的计生工作巡查和明察暗访活动。开展走访交流活动，增进团结协调与配合。加强与市住建局、规划局、市政公用事业局、水利局、环保局等职能部门以及所联系的民主党派的沟通与联系，了解工作情况、工作重点，通过上门走访、列席会议、参加各种主题活动、通报情况等形式，促进交流。

【文化文史和学习工作】 2018年，泉州市政协文化文史和学习工作委员会做好文史资料征编，完成省政协《亲历福建改革开放40年》文史资料征稿任务，完成《“海丝”泉州扬新帆》《恒安集团与“晋江经验”进行时》《德化陶瓷：中国白再出发》三篇征稿任务。其中《恒安集团与“晋江经验”进行时》还被全国政协《纵横》、省政协《政协天地》杂志刊用。编辑出版《刺桐博物》文史资料专辑。结合开展“促进博物馆健康发展，提升公共文化服务职能”课题调研，组织编印文史资料专辑《刺桐博物》一书。该书精选泉州市23家比较有代表性的国有和非国有博物馆，以图文并茂的形式，讲述泉州文物故事，展示文物精品。对历年《泉州文史资料》进行数字化加工。联合市方志委对市政协成立以来（包括县级市、地级市）出版的所有《泉州文史资料》进行电子扫描和数字化加工存档。开展学习宣传活动，精选材料每季度定期编印《学习资料》，提供给市政协委员和机关干部学习参考，为委员知情明政、提高参政议政能力创造条件。加强政协履职宣传，加强与有关新闻媒体协作，报道泉州市政协重要工作和重大活动开展情况，宣传政协组织和委员的履职成效，2018年被《人民政协报》、人民政协网等中央媒体采用稿件40多篇。做好全会简报工作，整理《泉州市政协十二届二次全会期间委员们的意见建议》专报件，报市委、市政府领导参阅；整理《泉州市政协十二届二次全会期间委员们对政协工作提出的意见建议》，送市政协领导和机关各委室参阅。开展“促进博物馆健康发展，提升公共文化服务职能”课题调研，提出促进博物馆事业健康发展的对策建议，为市委、市政府决策提供参考。开展“加快文化创意产业发展”对口协商活动，组织委员到丰泽区、惠安县、台商投资区等地调研文化创意产业发展情况，完成建言材料12篇，并与市文改办、发改委、经信委、文广新局、旅发委、工商局、城镇集体工业联合社等单位召开对口协商座谈会。配合开展“城市双修”重点提案督办。配合开展诗词吟诵活动，联合泉州诗词学会开展以“纪念泉州改革开放40周年”为主题的诗词吟诵会。

2018年5月10日，泉州市政协组织到汉侯博物馆开展“促进博物馆健康发展，提升公共文化服务职能”专题调研 （图/汉侯博物馆）

纪 检 监 察

责任编辑：谢晓艺

综 述

【纪检监察概况】 2018年，泉州市纪委监委履行党章和宪法、监察法赋予的职责，以党的政治建设为统领，深化纪检监察体制改革，全面加强纪律建设，从严整治群众身边腐败和作风问题，巩固发展反腐败斗争压倒性态势，严格执行监督执纪工作规则，加强领导班子和干部队伍建设，一体推进不敢腐、不能腐、不想腐，健全和完善监督体系，推动新时代纪检监察工作高质量发展，为作答时代命题、建设“五个泉州”提供坚强纪法保障。

【服务中心大局】 2018年，泉州市纪委监委立足全市经济社会发展大局，贯彻落实党中央、省委、市委和上级纪委监委各项决策部署。牵头制定《推动构建亲清新型政商关系的意见》，为非公有制经济健康发展和非公有制经济人士健康成长进一步营造优质环境。回应社会关切，先后对泉州湾河口湿地遭人为破坏、崇武古城文物保护不力、泉港区化学品泄漏等事件相关人员进行问责，督促整改落实，维护发展稳定大局。监督推动巡视整改，协助市委抓好中央和省委巡视反馈意见的整改落实。中央巡视组移交信访件办结484件；省委巡视组移交信访件办结231件，依规依纪依法处理95人，党纪政务处分42人。针对巡视反馈的执行津贴补贴政策不规范、不严格问题，督促市直各部门清退1.7亿多元。

2018年10月31日，省委常委、省纪委书记、省监委主任刘学新（右三）在泉州调研时看望慰问纪检监察干部 （图/市纪委）

正风肃纪反腐

【党风政风监督】 巩固拓展落实中央八项规定精神成果，强化“1+X”专项督查，共查处190起240人，给予党纪政务处分149人，通报62批130起典型案例。部署开展领导干部利用名贵特产类特殊资源谋取私利问题集中整治，督促自查自纠。集中整治形式主义、官僚主义，共查处68起145人，给予党纪政务处分60人，实名通报13批17起典型案例。深化重点领域专项治理，整治群众身边腐败和作风问题，推进脱贫攻坚作风建设年活动，强化对民生领域突出问题线索的管理督查和交办督办，在全省率先实现所有县（市、区）均突破涉黑涉恶“保护伞”零立案，修订出台《关于规范党员和公职人员操办婚丧喜庆事宜的规定》，移风易俗工作成效得到中央有关领导的关注和肯定。

2018年1月10日，市监察委领导班子向宪法宣誓　　（图/市纪委）

【信访举报处理】　发挥信访举报问题线索主渠道作用，定期分析研判信访工作形势，全面履行信访举报监督职责，全市纪检监察机关共接收处置信访举报件11663件次，研判筛选办理检控类初信初访件4246件。规范流程操作，编印《信访举报工作规范》手册，制定乡镇（街道）纪（工）委信访举报工作要求，开展信访政策业务宣讲培训，配合推进检举平台建设，建立全市信访部门涉黑涉恶腐败初信件台账。落实开门接访，市、县两级纪委监委全部设立面向群众完全开放的来访接待场所；实行全员接访，机关及派驻纪检监察组干部到信访窗口轮流接访；开展带信下访、入户走访，对部分重复举报件及越级重复访件分别开展“带信下访”、联合会审活动，推动部分长期信访事项化解。

【“四种形态”贯通运用】　全市共运用监督执纪“四种形态”处理6190人次，其中第一、二种形态占比89.6%，巩固“管住大多数”态势。坚持抓早抓小，对反映干部存在的苗头性、倾向性问题，及时谈话函询2412人次。落实函询了结情况反馈制度，共向95名被函询市管干部反馈函询了结情况，督促200多名被谈话函询市管干部在民主生活会上作说明。坚持动态分析“树木”与“森林”关系，建立健全干部廉政档案10391份。严肃村级组织换届选举工作纪律，对拉票贿选、操纵破坏选举等违反换届纪律行为加大监督查处力度。

2018年1月3日，泉州市纪委监委转隶人员全员到岗后，泉州市360多名纪检监察干部重温入党誓词　　（图/市纪委）

【审查调查工作】　全市纪检监察机关共立案1504件，涉及处级22件、科级153件；给予党纪政务处分1452人，移送司法机关处理59人。全市共依法留置39人、移送审查起诉31人，严肃查处泉州台商投资区原党工委委员、管委会副主任（正处长级）邱某某，泉州市发展和改革委员会原党组成员、副主任、调研员黄某某，泉州市食品药品监督管理局原党组成员、药品总监、调研员蔡某某等严重违纪违法案件。稳步推进追逃追赃工作，全市追回在逃人员21人，追回赃款838.59万元，追回党员和国家工作人员数、追赃金额居全省第一位。制定完善留置措施流程、审查调查组管理暂行办法等制度，组建审查调查监管组、专业化留置看护组、固定安全员等三支队伍，规范留置场所、市县乡三级谈话室建设，全市所有谈话、审查调查工作均实现“双安全”。

【案件审理工作】　坚持案件审理程序与实体并重，全市共受理案件30件，审结29件，涉及处理干部52人，包括处级干部31人、乡科级干部19人。按照《中华人民共和国监察法》及中央纪委国家监委、省纪委监委有关办理职务犯罪案件工作衔接办法等规定要求，探索实践公职人员涉嫌职务犯罪案件办理流程，全年共审理涉嫌职务犯罪案件2件。审理监察体制改革以来全省首例适用违法所得没收程序案件，提请检察院对福州市公安局原局长徐聪荣涉嫌受贿罪、巨额财产来源不明罪案依照法定程序，向法院提出没收违法所得申请。

深化全面从严治党

【“两个责任”落实】 2018年，泉州市纪委监委协助市委履行全面从严治党主体责任，抓好省委主体责任检查反馈“问题清单”和“问责建议”的整改、落实。协助市委制定落实全面从严治党主体责任清单等规范性文件、组织开展全面从严治党主体责任落实情况检查，坚持问题导向，突出“关键少数”，共对83名领导干部进行责任追究，给予党纪处分26人，通报27件典型案例，推动主体责任落深落细落实。坚决落实习近平总书记关于“首先从政治纪律查起”的要求，强化政治监督，发现并严肃查处违反政治纪律问题21件21人，进一步严明政治纪律和政治规矩。

【纪检监察体制改革深化】 2018年，泉州市市县两级党委落实主体责任，纪委履行专责，一体推进市县两级监委组建挂牌、人员转隶工作，划转编制316个，两批转隶干部234人。实行纪委监委合署办公，推动职能、人员、工作融合，依法履行监察职能，向163个乡镇（街道）和10个特殊区域派出监察机构，实现对全市所有行使公权力的公职人员监察全覆盖。持续深化“三转”，调整优化内设机构设置、职能权限配置、人员编制配备，实现权力分解和内部制衡。按照分办、处置、了结三次会商机制办理问题线索729条，加强与公检法等部门的协调配合，促进纪法贯通、法法衔接。全要素运用12项调查措施，办理全省首例留置案件、首例移送审查起诉案件。

2018年3月26日，鲤城区纪委监委工作人员对《中华人民共和国监察法》进行解读，便于基层干部群众更加直观地学习理解

（图/张九强 庄志阳）

【“五统一”“五个必”推行】 2018年，泉州市推进乡镇纪检组织“五统一”（即统一调配使用、统一考核待遇、统一硬件配备、统一经费保障、统一工作标准）规范化建设，制定出台“五统一”实施意见，在晋江、安溪试点基础上进行全市统一部署，实现全市163个乡镇（街道）100%配备3名专职纪检干部、100%有自办案件、专职纪检干部100%参加业务培训。推行乡镇（街道）纪检监察干部进村（居）入户“五个必”（即必访、必谈、必讲、必核、必查）工作法，弘扬“四下基层”“马上就办、真抓实干”优良传统作风，推动问题在一线化解、矛盾在基层解决。

【反腐倡廉宣传教育】 2018年，泉州市纪委监委深入基层宣讲新修订纪律处分条例，推动学习宣传贯彻监察法，引导党员干部增强反腐倡廉意识。优化市纪委监委官网官微建设，加强涉腐涉纪网络舆情应对处置，探索面向公众“家风+旅游”廉洁教育模式，推出“寻访泉州好家风”等专栏，牵头策划完成中央媒体“晋江经验”大型报道活动“亲清政商关系”专题。加大违纪违法案件通报曝光力度，组织党员干部旁听庭审3272人次、参观警示教育基地4.1万人次，进一步增强警示教育实效。

民主党派

中国国民党革命委员会泉州市委员会

【概况】　2018年，民革泉州市委会团结带领全市各级民革组织和广大民革党员，全面加强自身建设，努力提升履职能力。据不完全统计，2018年，泉州民革各级组织及民革党员获国家级表彰5次，省级表彰17次，市级表彰43次。至年底，全市有民革党员957人，大学及以上学历698人，占73%；中高级职称488人，占51%；副科级以上干部72人，副处级以上干部14人；各级人大代表、政协委员133人。

【参政议政】　2018年，民革泉州市委会落实“一支部一提案”“一专委一调研”和“一党员一建言”等制度，提炼形成广泛征题、培训商题、调研组题、完善报题的提案征集“四步法”，强化基层组织参政议政职能。各级“两会”期间，共提交人大建议和政协提案212件。其中，在泉州市政协十二届二次会议上，民革泉州市委会及民革党员提交市政协集体提案35件、个人提案48件、大会发言5件，《加强电梯安全监管　消除事故隐患风险》的提案被列为2018年市政协重点提案，《关于加快泉州市民办幼儿园和早教机构等学前教育机构改革的建议》等4件提案作为重要提案摘报获市领导批示。各基层组织在各县（市、区）“两会”上均有提案被列为重点提案或优秀提案。在中共泉州市委、市政府、市政协召开的政治协商会、征求意见会、情况通报会，以及泉州市“十三五”规划实施及中期评估情况调研座谈会、城市“双修”促进古城保护发展工作情况调研等活动中，提出可行性意见和建议。在中共泉州市委书记康涛走访市各民主党派机关召开的座谈会上，围绕城市建设、文化旅游、经济发展等提出建议，得到有关部门的重视采纳及办理落实。与市政协围绕“实施乡村振兴战略，提升农村文化事业发展水平”召开专题协商，提交的《构建城乡文化共建共享机制，助推乡村文化振兴》得到肯定和好评。市委会参加人大、政协、法院、检察院等视察、检查、通报工作，先后参加市人大对泉州市计划及预算执行情况、泉州市为民办实事项目进展情况等视察活动共计19场。在政府、法院、检察院等工作报告征求意见、工作情况通报会上积极提出有针对性的意见建议。做好提案跟踪落实工作，先后与60多个办理单位进行答复协商，跟进督办，反馈建议，协调解决有关问题，推进议案提案的办理落实。2018年“两会”期间提交的建议和提案，对承办单位的答复满意率100%。

【社会服务】　2018年，民革泉州市委会探索做好新时代民革组织开展社会服务工作的新思路、新方法，以实际行动共襄善举，展现泉州民革的良好形象。汇聚企业界民革党员的力量，实施定点扶贫、精准扶贫，帮助品学兼优的贫困生完成学业，响应中共泉州市委统战部开展“同心松柏成长助学行动”的号召，发动捐资10万元，帮扶10名贫困学子。民革党员蔡清淳捐资5万元跨区域助力贵州精准扶贫工作。举办乡村振兴研讨活动，组织经济界民革党员与农业、林业专家实地走访、考察调研，共同为乡村经济发展和乡村振兴出谋献策。持续开展“下沉帮扶送健康三年行”活动，组织民革党员医疗专家到德化县上涌镇为建档立卡贫困户及留守老人、留守儿童等社会群体开展健康体检义诊服务，发放价值2万元的药品和生产生活用品。积极参与永春县东关镇扶贫活动，送去扶贫款3万元。捐资3000元帮助南安石井镇“同心书屋”建设，发动民革党员张美玉、林韶阳捐资8万元帮扶该镇10户特困户。依托志愿福建平台，开展义诊送药、义务植树、讲文明树新风、垃圾分类等志愿服务活动。通过“博爱·牵手”“春蕾计划”“救助贫困母亲”“六一关爱儿童”“结对帮扶”等各类公益活动，帮助困难群众、贫困学生100多名，捐助爱心款项50多万元，赢得社会各界的赞誉。民革南安市委开展“同心博爱•情系群众”义诊、“同心·博爱”中秋敬老慰问活动；晋江市委设立“博爱助学基金”、开展“精准助学”“一对一”结对帮扶慰问活动；鲤城工委开展“法治进校园”活动、联合市直企业支部开展“送温暖、献爱心”慰问活动；石狮总支部开展“金秋助学·走进政和一中”暨学习廖俊波精神主题活动、连续第六年开展慰问孤儿活动；惠安总支部联合中医院支部开展“守护生命、关爱健康”义诊送药活动；洛江支部坚持“同心法律援助工作站”轮值，免费提供法律援助服务；泉港支部开展金秋助学活动；市直第二综合支部到平和五中开展捐资活动；其他市直各支部也发挥自身优势和特点，结合自身实际，开展捐资助学、爱心义诊、法律援助等活动，产生了良好的社会反响。据不完全统计，2018年泉州民革各级组织及民革党员向社会捐资捐物折合人民币1000万元。

【民主监督】 2018年，民革泉州市委会通过调研，抓住制约脱贫攻坚的关键环节和问题，制定《脱贫攻坚民主监督工作方案》，与中共德化县委统战部、德化县扶贫办建立日常联系、信息通报、成果会商机制，深入德化县雷锋镇、上涌镇、南埕镇等处贫困家庭实地考察慰问，举行民革泉州市委会精准扶贫民主监督对口县（德化县）工作推进会，提出《关于德化县脱贫攻坚民主监督中发现的问题的建议》等对策建议，被中共泉州市委统战部采纳，助推德化县打好脱贫攻坚战。

【宣传调研】 2018年，民革泉州市委会围绕全市中心工作和重点任务开展宣传调研活动，反映社情民意，为全市重大工作决策提供高质量的参考意见。鼓励基层组织和专委会参与调研课题申报立项，“金点子”案由评选活动，依托和发挥各基层组织的各领域人才等优势，策划生成重点课题10个，形成调研报告25份，提交民革中央、省政协、民革省委，市政协、市委统战部等部门。向各级各有关部门提交社情民意96件，被中央办公厅采用2条、中央统战部和民革中央录用3条，被中共福建省委和省委统战部录用4条、民革省委录用23条，被市政协、市委统战部录用24条。其中，《党外人士建议在南方省市增植抗雾霾植物》被中共中央办公厅采用，并得到中央领导的批示；《党外人士建议设立法律实施评估委员会》被中共中央办公厅采用，《党外人士建议打造我省龙头企业品牌效应》被《八闽快讯》采用，《党外人士建议加快破除信访“灰色产业链”，全面整治信访乱象》被福建信息采用。民革泉州市委会获“民革福建省信息工作先进集体”和“泉州统战系统信息工作先进集体”称号。重点强化对各类热点、重点问题的信息收集报送，在自办刊物《泉州民革》的基础上，做好泉州民革微信公众号。加强信息员队伍培训，选送信息员参加福建民革信息培训会。全年推送宣传消息200多条，阅读量近10万人次，扩大民革组织的社会影响力。

【对台交流合作】 2018年，民革泉州市委会在常态化开展“三个一”（举办一次涉台专题讲座、进行一次座谈交流、开展一次台企调研）活动的基础上，注重挖掘和发挥民革组织在对台交流交往中的独特资源与优势，拓宽交流平台与渠道，开创祖国统一工作新局面。探索打造对台服务品牌，指导成立泉州民革台湾同胞法律服务中心，促成台湾首家大陆同胞法律服务中心成立，主动为泉州与台湾两地同胞提供优质高效的属地化法律服务。举办“泉台两地法律服务中心工作交流探讨会”，邀请泉州市台办领导讲解“惠台31条措施”，搭建泉州台湾两地律师实务交流平台。加强涉台参政议政，关注台商、台生、台胞等群体到大陆的工作生活学习情况，完成2件涉台调研成果、4件涉台社情民意。做好台湾青年工作，加强与高校合作，组织台湾大学生联谊、座谈、调研，加强与台湾青年一代的沟通交流，推进两岸交流合作。

中国民主同盟泉州市委员会

【概况】 2018年，民盟泉州市委会团结带领全市各级盟组织和广大盟员，秉承民盟优良传统，加强自身建设，提高履职能力，参与“五个泉州”建设。7月，成立民盟全国第一家机器人科普基地。11月，南安水头沿海支部“盟员之家”被评为“民盟中央优秀盟员之家”。先后成立10个专门工作委员会，民盟南安市总支部升格为基层委员会，新成立书画总支并分设3个支部，新成立民盟丰泽区法律支部和城建支部，并按要求推进丰泽区工委会和高甲戏剧团支部、法律支部、电力学院支部、九中支部、东海中学支部和城东中学支部等6个基层组织的换届工作。选派1人次参加全市中青年干部双向交流挂职，推荐18人次骨干盟员参加各级社院和培训班培训学习。全年发展新盟员87名，发展率4.3%，净增率3.86%，其中教育界34人（高教11人，普教23人），新社会阶层人士22人。截至2018年12月底，全市有盟员2097人，地方组织2个、区工委2个、基层委员会1个、总支7个，支部89个，小组1个，专门工作委员会13个。

【参政议政】 2018年，民盟泉州市委会在泉州市“两会”上提交市人大建议20件；提交市政协集体提案35件，个人提案48件，大会发言7件。其中，集体提案《关于建设泉州市电梯安全公共服务平台的建议》确定为市政协十二届二次会议重点提案。集体提案《关于建立泉州古代海上丝绸之路文献数据库的建议》得到时任市委书记郑新聪批示，集体提案《关于推进产教整合提升我市民办高校教育质量的建议》《关于设立传感器及物联网产业投资基金的建议》得到中共泉州市委、市政府主要领导批示，《关于构建泉州市电梯安全智能监管预警平台的建议》得到市政府主要领导批示。参加中共泉州市委、市政府、市政协召开的政党协商、专题协商、征求意见会和市检察院、法院、纪委工作情况通报会等，就经济、社会和民生发展等问题提出多项建议。

【调查研究】 2018年，民盟泉州市委会向民盟中央、民盟福建省委会，市政协、市委统战部等提交各类调研报告、论文50多篇。其中，《高校在科技创新中发挥功能与作用的思考》获盟中央优秀论文奖；《以建立文明城市长效机制为契机 深化泉州市未成年人思想道德建设》，在中共泉州市委文明办组织开展的精神文明建设优秀论文征集活动中获一等奖。8月，围绕学生接送难问题开展调研，撰写《关于推进泉州市小学和幼儿园开展课后延时服务工作的几点建议》，通过政党协商方式以书面材料报市委统战部后，得到市委书记、市长等的批示。开展小学课后延时服务工作试点，写入2019年泉州市政府工作报告。参加市政协二季度、三季度常委会暨专题协商议题。完成《构建泉惠、泉港石化园区的污染防控协同协作长效管理机制》《以“乡愁园”为抓手整合闽南文化资源，实施泉州乡村振兴战略》等7篇调研文章。组织开展以“关爱学生身心健康”为主题的基础教育论坛，分设幼教、小教、中教、高教、医疗、法律等6个专题，筛选9篇调研文章汇编成册。邀请市政协、文明办、教育局、妇联等部门参加。

【民主监督】 2018年，民盟泉州市委会围绕市政协大病统筹和石化园区治理专项民主监督，作《构建泉港、泉惠石化园区的污染防控协作长效管理机制》《湄洲湾石化园区对近海生态的影响》《关于避免大病患者过度医疗的建议》专题发言。做好脱贫攻坚民主监督工作，把参政议政、盟务工作、社会服务等融入脱贫攻坚民主监督工作中，先后提出《关于打造优质义务教育、推进优质教育资源共享的建议》等对策建议。盟员人大代表、政协委员、特约监督员等围绕“高新产业发展”“城市地下管网数字建档与管理”议题进行视察监督。

【信息工作】 2018年，民盟泉州市委会向各级部门提交社情民意信息100多篇。《以智慧海洋建设为抓手全面提升我省海洋治理能力》被省主要领导批示；《“课后服务”亟待列入〈福建省定价目录〉》被省委《八闽快讯》专报件采用；《建立身份证信息更新系统，避免居民换新证后为更新信息“跑断腿”》被省政协领导批示；《突破专利瓶颈做大做强我省机械装备产业》《建议将地铁标识列入国家强制性统一标识》《我省水产品质量安全监督机制存在关键性空白亟须填补》3篇信息获评“2017年度民盟福建省优秀社情民意信息”。

【社会服务】 2018年，民盟泉州市委会开展社会服务。1月，在泉州西街肃清门广场举行“翰墨迎新春 同心送祝福——2018年迎新春送春联活动”。2月，到泉州宝秀社区开展“喜迎新春 乐送春联”及送蔬菜、送牛奶等社区志愿服务活动。4月，组织民盟泉州师院总支20名志愿者到石狮祥芝镇祥农码头开展“爱护环境 美丽海岸”净滩公益活动。5月，组织幼教支部、二院支部盟员前往洛江区罗溪中心幼儿园开展义诊教育咨询活动。5月，组织中建名城支部与经开区支部到泉州花桥宫开展义诊活动，并捐款1.2万元帮助泉州花桥宫义诊赠药。7月，民盟石狮市总支举行“不忘初心 携手同行——民盟石狮总支爱心助残药品捐赠仪式”。8月，民盟泉港总支深入界山镇大前村开展扶贫义诊和应急救生培训活动。12月，在泉港区峰尾镇郭厝村举办“义诊送药、法律援助”活动。盟市委志愿服务队还依托志愿福建平台，广泛开展义诊送药、义务植树、讲文明树新风、垃圾分类等志愿服务活动。各级盟组织和盟员在各种爱心公益活动中共捐款1000多万元。6月，发动经济专委会成员向市委统战部“同心松柏成长助学行动”捐款10万元，定向帮扶10名贫困学子。8月，民盟惠安县委会财经支部在崇武镇海门村举行“金秋助学”，向18名学生资助3.4万元。9月，捐资3000元助力南安石井镇“同心书屋”建设。9月4日，第一届“泉州民盟书香校园”活动在南安市官桥镇五峰中学举办，捐赠价值两万元的图书和价值1万元的书包。盟员戴宽南先后向集美大学捐资1000万元设立“戴宽南奖教助学基金”，向市委统战部赴南安精准扶贫活动捐款3万元，向东田中学捐款3万元用以购买图书，向西藏昌都捐款2万元。

中国民主建国会泉州市委员会

【概况】 2018年，民建泉州市委会有委员39人（其中主委1人，副主

2018年11月7日，民建福建省委会、民建泉州市委会召开泉州民建会员企业家座谈会，学习贯彻习近平总书记在民营企业座谈会上的讲话精神

（图/民建泉州市委会）

委5人，常委18人），下辖晋江市委会、南安市委会、市直工委会、鲤城区工委会、丰泽区工委会、洛江区总支部、惠安县基层委员会、石狮市总支部、泉港区支部、永春县支部等组织。设有八个专门委员会，共有会员1509人，主要分布在公有制经济、新社会阶层、教育、医卫、机关单位等部门，经济界人士占71.5%，累计1049名；中高级职称占33%，累计476名；新社会阶层和非公有经济人士占54%，累计783名；会员各级人大、政协委员占9.2%，累计135名。2018年，民建泉州市委会前移入会关口，出台《民建泉州市委关于组织发展工作的实施意见》，规范会员发展的具体流程。以创建“会员之家”为抓手，打造会员学习交流平台和参政履职的阵地，建立13 个“会员之家”。开展各类讲坛、骨干会员培训班、新会员培训班等，多次组织会员参加各级民建组织的骨干会员培训班，提升会员的政治素质。与东莞、中山、常州、玉林、龙岩、三明、河源等地的民建组织开展交流活动，组织会员参加学习互动、共同发展。

【参政议政】 2018年，民建泉州市委会成员中担任省人大代表2人、市人大代表10人，全国政协委员2人、省政协委员3人、市政协委员28人。在2018年市“两会”上，民建泉州市委会共提交人大代表议案建议和政协提案71件，其中《关于实施乡村振兴战略进一步改善我市农村人居环境的建议》等4件入选重要提案摘报，《关于泉州“古城”、“新城”城市双修工作的建议》等被确定为重点提案，《关于深化泉州“中国快递示范城市”建设的建议》入选政协大会发言摘报，《打通河道治理最后一公里，推动“河长制”全面实施》等2篇调研成果入选政协大会发言材料汇编。在2018年省“两会”上，民建泉州市委会报送的3件提案作为民建福建省委集体提案提交省政协大会，其中《关于改善我省农村人居环境的建议》被省政协确定为重点提案；在反映社情民意方面，《关于准许特定现代服务业适用差额方式计算缴纳增值税的建议》被民建中央采用。《关于在我省成立金融博物馆的建议》通过省民建提交省政府，得到省长唐登杰的批示，在福州实现成果落地。

【社会服务】 2018年，民建泉州市委会坚持以特色活动为载体，拓展社会服务领域，在脱贫攻坚、公益助学助医等方面取得新成效，获2018年度全省民建社会服务工作先进单位一等奖（第一名）。2018年开展扶贫脱贫社会服务25场次，捐资总额7701.13万元；结合“不忘合作初心，继续携手前进”主题活动，赴南平市政和县外屯村开展“三下乡”活动；参与中共泉州市委统战部“同心工程”，民建泉州市委会及各级地方组织和会员企业累计为泉州市第一医院同心楼捐资1802万元；参与“同心助学 松柏成才”行动，资助10万元帮助10名贫困大学生完成学业；参与市委统战部“践行新思想，携手新作为”系列活动，牵头组织石井镇古山村“同心书屋”的书籍捐赠活动，助力乡村文化振兴，并帮助石井镇低保户解决住房困难问题；响应民建中央号召，吕少阳、杨文峰捐资20万元用于贵州大湾村的精准脱贫工作。民建泉州市委会努力为会员搭建交流、学习、服务、合作平台。开展各类讲座论坛，多次组织会员赴外地考察，组织会员参加“非公有制经济发展论坛”“风险投资论坛”等活动，助力会员企业发展。

【宣传调研】 2018年，民建泉州市委发挥会刊、网站、微信公众号等平台的作用，在民建中央网站刊发文章200余篇，在民建福建省委网站刊发文章243篇。在微信公众号上开设学习贯彻中共十九大和民建十一大精神、纪念“五一口号”发布70周年、庆祝改革开放40周年、“两会”直通车等专栏，编发6个系列报道95篇，营造浓厚的学习宣传氛围。组织精干力量配合省政协、民建省委做好《应用大数据助推乡村振兴战略》课题调研工作，课题成果获得全国人大常委会副委员长、民建中央郝明金主席，中共福建省委书记于伟国、省长唐登杰等领导的批示。与泉州市社科联联合开展“快递行业与泉州大中专院校产学融合应用研究”专题调研。在2018年福建统一战线建言献策论坛上，民建泉州市委会报送的《关于促进福建民营资本参与政府引导基金的建议》和《关于支持福建民营企业参与军民融合产业发展的建议》分别获得优秀论文一等奖和二等奖。承办中共泉州市委统战部“统战大讲堂”活动，邀请省社会主义学院党组书记李韧作《画出最美最大同心圆——学习习近平新时代中国特色社会主义思想》专题辅导报告，举办“纪念中共中央发布‘五一口号’70周年座谈会暨文艺演出”、“不忘合作初心，继续携手前进——庆祝改革开放40周年文艺演出”等主题活动，不断扩大影响力。

中国民主促进会泉州市委员会

【概况】 2018年，民进泉州市委会下辖工委会2个、总支4个（直属1个）、县域支部2个、县域小组2个、市直属支部11个。设有9个专门委员会，全市会员707人，主要分布在教育、文化、出版等部门。民建泉州市委会围绕服务“五个泉州”建设主线和全市统一战线“五个五”工作规划，以思想政治教育和组织建设为年度工作主题，从支部抓起，从基层抓起，履行参政党职责，塑造民进新形象。举办“不忘初心，共筑梦想”纪念“五一口号”70周年歌咏晚会。举办“古街深巷 刺桐故事”征文大赛，征得海内外来稿521篇，并将参赛作品汇编成册，举办作品朗诵会。利用“互联网+”，以公众微信号为主，2018年编发15期260篇文稿，开展宣传工作。

【参政议政】 2018年，泉州民进会员中担任福建省政协委员1人、市人大代表4人（副主任1人），泉州市政协委员14人（常委3人）。在省政协十二届一次会议上提交提案8件，在市十六届人大二次会议上提交建议6件，在市政协十二届二次会议上提交集体提案24件、委员提案17件。新成立9个专委会，打造参政议政核心团队。发挥专委会和专业人员的专业特长，调动人员积极性，提高参政议政质量；探索民主党派参与基层联合调研、协商等履行职能的新途径。在2018年度第一批立项的17个调研课题中，专委提出16个课题，占比94%。突出问题导向，用专家当“后盾”，集智聚力，提高调研的专业性、科学性。与政府相关部门联合开展调研，发挥政府在基层的优势，共同破解改革过程中出现的问题。分别与市发改委、农业局、民政局、卫计委、鲤城区政协开展军民融合、农产品电商发展、古城管理、医养结合联合调研，取得良好效果。其中，古城管理能力提升调研得到多位市领导的签批。破解事关群众切身利益的民生难题，着力于民众关心的大病统筹、医养结合、幼儿学前等教育、民生方面存在的问题通过联合调研、申报提案、社情民意等多种方式建言献策。在年中经济分析会上发言提出几点建议：要破解企业融资难题和加大创新科研投入，转变增长方式。在乡村振兴专题协商会提出要在各县（市、区）建立健全三权分置的工作受理平台；加大农村幼儿园，小学扶持力度；推进粪污资源化治理。在政府工作报告征求意见会上提出发展高科技型中小型企业等九条建议，得到市委、市政府领导的充分肯定。参加市政协组织的“泉州市实施低保兜底扶贫情况”专题民主监督，提出《关于加强医保经费与监管建议》的监督方案，并带会员慰问贫困户。参加省政协为期一周的精准扶贫第三方评估民主监督，取得预期效果。

【社会服务】 2018年，民进泉州市委会组织参与中共泉州市委统战部“同心助学”工程，共捐款7万元；民进同心书屋活动捐款2.7万元；“走进南安”资助石井困难户2万元；“走进泉港 送医送教 扶贫扶弱”活动筹资12.7万元。春节期间组织到鲤城、晋江、南安多地开展义写春联活动；与鲤城通政社区结对开展精神文明共建活动，重阳节赠送社区高龄孤寡病残老人慰问品；组织民进会员分赴各地开展民进讲堂，传授急救、农业等实用知识。各基层组织发挥自身优势，开展各种形式的社会服务活动，丰泽工委会分别在晋江陈埭湖中社区、灵源灵水社区、池店社区、安海等地开展社区公益健康教育讲座，有200多人次参加；鲤城工委联合泉州花桥宫在泉郡接管亭举行义诊赠药活动，捐赠药品2万元（此举已坚持10多年）；民进南安支部联合中共南安市委统战部走访、慰问南安市儿童福利院孤残儿童，支部捐赠空调和衣物等价值1万多元。

中国农工民主党泉州市委员会

【概况】 2018年，农工党泉州市委会有委员37人，常委17人，辖21个基层组织及6个专委会。全年发展党员77人，截至12月，全市农工党党员数1574人，其中：医卫界别781人，占49.6%；教育界别432人，占27.4%；人口资源与生态环境界别40人，占2.5%。

【参政议政】 2018年，农工党泉州市委会完成省、市“两会”提案建议工作，以大会发言材料、提案等形式建言献策，向泉州市政协十二届二次会议报送大会发言材料2篇，集体提案29件。其中，《关于打造“闽南中医药名城”的建议》被选为市政协十二届二次会议的大会发言，并被市政协选编为《发言摘报》，得到时任中共泉州市委书记郑新聪的批示；同时，大会发言《关于打造“闽南中医药名城”的建议》转化为提案，经市政协主席会议研究确定为市政协重点提案。政协全会期间，集体提案《关于加快绿色物流业发展的建议》被市政协选编为《重要提案摘报》。2018年，农工党泉州市委会共收到各级组织、党员报送的社情民意信息400多件，经编辑整理，通过农工党中央、省委会、市政协、统战部等信息渠道向各有关单位报送反映社情民意信息225件次，被上级部门采用77件次。其中，《十三价肺炎疫苗接种年龄范围过窄亟待引起重视》被全国政协信息局采用，《濒危物种“混血”现象应引起重视》等5件被农工党中央采用，《关于打赢三大攻坚战的建议》等3件被中共中央统战部采用。此外，福建省政协采用4件、中共福建省委统战部采纳8件，农工党福建省委采纳77件。

【社会服务】 2018年，农工党泉州市委会开展义诊20多场次，扶贫助学活动6次，到南安眉山乡、向阳乡和乐峰镇以及德化盖德镇开展慰问；开展法治、科普、安全、健康保健知识讲座宣传13场次，活动服务群众4000多人次，捐资、赠药折合30多万元，扶贫助学30多万元，发放宣传材料3500多份。5月19日，农工党泉州市委会、泉港总支与泉州市医保局、泉港区残联、泉港区前进中医院等单位联合在泉港区开展“第二十八次全国助残日”助残关爱活动，为残障儿童行进义诊，提供免费常规体检并分发慰问品，呼吁社会各界加强对残疾儿童、残疾儿童家庭的关注。6月5日，农工党泉州市委会联合泉州市环保局在泉州市区府文庙广场开展2018年“六五”世界环境日“美丽中国，我是行动者”宣传活动，吸引近200人参与到此次活动中。6月16日，农工党泉州市委会与泉州市第一医院基层委员会在惠安县紫山村开展“情系基层群众，共创健康中国”医疗义诊健康咨询活动，现场为群众诊病并免费赠送药品，当日共义诊200多人次，测量血压、血糖上百人次，免费赠药价值5000多元。11月3日，农工党泉州市委会携丰泽区工委会、一院基层委员会赴安溪龙涓乡开展“同心助医”义诊助学活动，活动有来自内分泌科、骨科、耳鼻喉科等多个专业学科的20多名医生参与，为前来咨询的群众提供义诊赠药和健康咨询等方面服务，合计赠送药品价值4000多元，发放宣传材料200多份，并前往龙涓乡中心小学开展捐资助学活动，提供助学金5000元。12月4日，农工党泉州市委会联合国网福建省电力有限公司泉州分公司、泉州市经信委综合行政执法支队、福建省立行律师事务所举办2018年“12·4”国家宪法日宣传活动，以“尊崇宪法、学习宪法、遵守宪法、维护宪法”为主题，为群众提供宪法、法律知识方面的现场咨询服务，发放《中华人民共和国宪法（最新修正版）》等宣传材料，同时做好答疑解惑工作，现场还分发《福建省电力设施建设保护和供用电秩序维护条例》《电气火灾案例警示》等读本和小册子，为群众普及电气防火安全知识。

中国致公党泉州市委员会

【概况】 2018年，致公党泉州市委会成立监督委员会和法治建设委员会；出台基层组织经费管理办法；对丰泽区工委会领导班子进行调整，晋江市委会委员增补、支部改选，成立留学归国总支部，完成建设系统基层委员会、市中医院总支部的改选，通信科技支部委员增补等工作；发展82名致公党新党员，其中女党员36人，海外高层次引进人才2人，博士2人，研究生15人，中级职称以上38人，高级职称8人，平均年龄35.7岁，全市致公党党员1619人。完善全市致公党党员信息库建设，举办骨干党员培训班和新党员培训班，共有100多名致公党党员参加培训。全年选派18人次参加省、市社会主义学院、省委会举办的各类培训。

【参政议政】 2018年，致公党泉州市委会出台《致公党泉州市委会加强和改进调研、反映社情民意信息以及宣传工作方案》，完善“一支部一提案”的量化考核标准。编印《致公党泉州市委会2017年参政议政优秀成果汇编》。依托留学归国总支部成立“福建致公侨情研究基地”。2018年完成并验收课题127篇。其中《“一带一路”视野下城市群发展模式思考》《以海洋文化为根基，构建特色城市群——以福建省泉州市城市化建设模式探

2018年9月30日，致公党福建省委会侨情研究基地在泉州揭牌

（图/致公党泉州市委会）

索为例》2篇调研课题入选致公党中央《中国发展论坛2018》文集；《新时代乡村振兴难点分析和建议举措》作为致公党长三角区域合作发展论坛主讲发言，并被致公党福建省委评为2018年重点调研课题。省“两会”期间，提交《闽南侨批亟待抢救性保护》等建议案。所提《关于进一步加强特色小镇建设的建议》被列为省人大重点督办建议案。市十六届人大二次会议和市政协十二届二次会议上，提交政协大会发言材料2篇，党派集体提案16件，致公党员中的人大代表、政协委员提交建议案、提案37篇。《关于引导非公有制经济人士弘扬企业家精神的建议》在政协会上作口头交流发言。《关于利用产业优势配套建设知识产权快速维权中心的建议》入选《发言材料汇编》。《加快泉州服装产业供给侧改革的思考》入选《2017年度议政建言材料选编》。集体提案《关于提升我市社区养老服务质量的建议》被列为市政协2018年重点提案，《关于深化泉州市“互联网+放管服”改革的建议》等入选《重要提案摘报》，得到中共泉州市委、市政府有关领导的批示。围绕“实施卫生与健康暖心工程、探索大病统筹解决途径”与“推进石化园区环境治理”参与民主监督议题专题协商。向市政协提交《关于泉州市建设北斗导航军民融合产业的建议》等5篇调研材料，并在市政府、市政协专题协商会上做口头交流发言。参加政党协商座谈会，针对泉州实施乡村振兴战略提出意见建议。向党外人士建言献策论坛提交《以乡村振兴为契机，构建现代乡村治理体系》等5篇调研文章。全年向各级各部门报送社情民意信息80多条。其中《基层反映“三保合一”造成“医保使用难”现象亟待关注》等信息获省领导批示，《破解司法案件执行难的几点建议》等被省政协、中共福建省委统战部采用。致公党泉州市委会被致公党中央评为“参政议政先进集体”，2名致公党党员被致公党中央评为“参政议政先进个人”。《关于打造“中医云库”平台助力〈中医药法〉落地实施的提案》等4篇入选致公党中央优秀参政议政成果。

【对外联络】　2018年，致公党泉州市委会主办“新时代·新征程——一带一路任我行”刘海翔丝路骑行摄影展；协办“一带一路”商事法律服务高峰论坛；接待以吴光级为团长的菲律宾中国洪门致公党商务考察参访团一行；应邀出席第二届世界侨青论坛，并作主旨演讲。接待出席第十届海峡论坛·两岸社区服务恳谈会的来自台湾各方面的专家学者50多人，让其体验泉州“海丝”文化。派员参加致公女校“健康身心·携手同行”海峡两岸妇女论坛。

【社会服务】　2018年，致公党泉州市委会与社区开展结对共建慰问帮扶活动。慰问泉淮社区、华丰社区20户困难家庭。参与全市“同心助学　松柏成才”行动，募捐助学金5万元，资助5名品学兼优的学生圆大学梦。捐赠南安市石井镇古山村3000元，建设“同心书屋”。社会服务工作委员会在永春县仙夹镇认捐贫困家庭学生2名，帮助他们完成学业。妇女工作委员会开展“泉州致公爱心妈妈”关爱服刑人员子女活动。联合致公党福建中医药大学总支部、致公党福建省委会医卫工委会赴永春北硿华侨农场举行“致力为公　善行大闽”慰侨义诊活动。服务当地归侨侨眷200多人次。开展慰问困难归侨侨眷活动，为12位困难归侨侨眷，送去价值3000多元的慰问品。办好“社区致公学校”，开展社区义务家电维修、慈孝生日会、春节爱心慰问等活动10多场。致公党中央和中共泉州市委领导先后实地调研“四点半致公学校”和“梅峰社区致公学校”，对民主党派与社区、学校共建创办致公学校的形式与成绩给予肯定。

九三学社泉州市委员会

【概况】　2018年，九三学社泉州市委会加强理论研究和宣传工作，完成《九三学社传承和发扬“五四”精神的路径探析》《民营经济领域政协“亲清”工作的晋江实践与思考》等理论研究，参加九三学社中央社章社史知识竞赛活动和“我与改革开放40年——九三学社的故事”征文活动、“天下·苍生——九三人眼里的改革开放40年”摄影作品征集活动，1人获竞赛一等奖、1人获二等奖、3人获三等奖，1件征文获优秀奖、2件获入围奖，1件摄影获优秀奖、2件获入围奖。另有1件获省委统战部“不忘合作初心、继续携手前进”征文活动三等奖，9件入选《九三学社福建省委员会纪念改革开放40周年书画摄影优秀作品集》，10件入选《泉州市各民主党派纪念中共中央“五一口号”发布70周年书画邀请展作品集》。贯彻落实中央八项规定精神和省、市纪委监委“三个专项治理工作”通知精神，加强组织建设和机关工作，承办统战大讲堂，举行读书分享会，创建示范支社，与社漯河市委、东莞市委等地方组织进行社务交流，获九三学社全省气排球比赛组织奖、“我身边的九三人”演讲比赛优秀奖。

【参政议政】　2018年，九三学社泉州市委会落实“大调研、大联络、大服务、大培训”活动精神，完成《关于加快我省技术转移体系建设的建议》《关于进一步促进我省茶旅产业融合的建议》《福建省农村集体经济发展现状分析与优化路径探索》《乡村振兴背景下福建传统村落文化保护与旅游扶贫开发》等九三学社省委及其他立项课题，《关于加强医疗机构药品储存规范管理的建议》作为九三学社中央提案提交全国政协十三届一次会议，《关于促进我省义务教育城乡均等化的建议》作为九三学社省委发言材料提交省政协十二届一次会议。在中共泉州市委、市政府召开的协商会、座谈会上，就实施乡村振兴战略、经济运行暨项目攻坚、传承弘扬“晋江经验”、政府工作报告等提出意见和建议。市政协十二届二次会议期间，提交2件发言材料和21件集体提案，其中《关于加快社区养老服务建设的建议》《关于进一步做好“家庭医生签约服务”的建议》列为市政协重点提案，《关于加强泉州城市地下管线工程档案管理的建议》入选《重要提案摘报》并得到时任市委书记郑新聪批示。《关于推动军民融合产业发展的对策建议》《实施乡村振兴战略 发展乡村文创产业》《关于加强乡村文化市场监管的建议》《关于对因病致贫患者精准扶助的建议》等进入市政协常委会及市政协与市委、市政府专题协商。参加市政协征求意见座谈会和市法院、检察院、纪委监委工作情况通报会，“居家社区养老”“健康泉州建设”重点提案督办，“推动科技创新工作”“公安信息化建设工作”“加快发展民办教育事业”重点考察活动和“实施卫生与健康暖心工程，探索大病统筹解决途径”“推进石化园区环境治理”等民主监督活动，并对口南安市深入开展脱贫攻坚民主监督。召开参政议政和信息工作会议，收集、报送30件反映社情民意信息，其中《关于加快办理村委会统一社会信用代码证照的建议》《关于完善环卫保洁考核机制加强专项资金管理的建议》等被全国政协办公厅、九三学社中央、省政协办公厅采用。

【社会服务】 2018年，九三学社泉州市委会开展“同心•健康服务”和“同心•科技服务”，参与市统一战线同心“3+2”系列工程，募集21万元赞助泉州市第一医院“同心楼”建设和“同心助学 松柏成才”“同心书屋”行动，捐赠10万元为洛江区虹山乡中心小学添置一体式触控多媒体教学设备，资助10万元在德化县雷峰镇潘祠村建立“乡村振兴帮扶基地”。在市区西湖公园举行植树活动并安放“纪念第40个植树节”景观石刻，与市住建局等单位联合举办庆祝“七一”暨“安全生产月”宣传活动。据不完全统计，全年全社捐资100多万元、捐物10多万元、赠书500多册；举办义诊29次、诊察患者3000多人、施药4万多元，咨询18场、服务2000多人，讲座20场、2000多人听讲，展览8次、2000多人观看，发放材料4000多册。社员赖礼同获第7届“中国工艺美术大师”称号，《了不起的泉州工匠——赖礼同》获金鸡百花电影节第3届国际微电影展映优秀奖；梁双升《自然神曲》获第11届中国陶瓷艺术大展铜奖，《天外来客》获福建省“闽艺杯”陶瓷创新设计大赛银奖；庄黎明当选第2届全国中西结合耳鼻咽喉眩晕组委员，郑向阳当选第2届海峡两岸医药卫生交流协会台海医学发展委员会委员；沈谢林获省电力公司科技进步二等奖和市人民政府科技进步三等奖；尤怡红编导的《山岭悦动竹音来》《茶与心的呼唤》获省第9届少数民族传统体育运动会表演项目金奖；王诗榕创建的信和新材料股份有限公司获福建省制造业单项冠军和第19届国家专利奖优秀奖；余雄智旗下的华润东大（福建）医药有限公司被评为泉州服务百强企业；许泽润、罗春珍获市“五一劳动奖章”。

台湾民主自治同盟泉州市委员会

【概况】 2018年，台盟泉州市委会下辖丰泽区工委会、鲤城区支部、晋江市支部、石狮市支部、南安市支部、永春县支部和华大支部，并设有参政议政、社情民意信息、经济与社会服务、青年工作、妇女工作、老年工作、文化教育、医药卫生、台情研究等9个专门工作委员会。全市有盟员174人，盟员中担任台盟中央委员2人（其中常委1

2018年8月3日，台盟泉州市委会参与举办2018泉州海峡两岸大学生设计工作坊 （图/台盟泉州市委会）

人），盟省委委员7人（其中副主委1人、常委1人）；担任全国政协委员1人、省人大常委会委员1人、市政协副主席1人。

【参政议政】 2018年，台盟泉州市委会围绕市委、市政府中心工作，参加政党协商，及时反映社情民意信息。全年完成各种专题调研成果25件，有2件获评盟省委优秀调研成果，有3件成果获市主要领导批示，助推泉州市恢复涉台工作单位联席会议等制度的落实。向各级政协大会提交党派提案15件、大会发言20件，其中2件提案分别列为全国、市重点提案，3件大会发言或提案得到市主要领导批示。向各级各有关部门报送社情民意信息112件，其中4件被全国政协办公厅采用，28件被台盟中央采用，11件次分别被省委办公厅《八闽快讯》、省政协和省委统战部采用，2件得到省领导批示。盟市委通过建立参政议政人才信息库等办法，为提升参政议政能力奠定基础。

【对台工作】 2018年，台盟泉州市委会继承和发扬台盟爱国爱乡、反对“台独”的优良传统，将“两岸一家亲”理念与亲情乡情优势有机结合，创新对台交流平台载体，推动对台经贸文化交流合作，促进两岸经济社会融合发展。通过邀请专家作专题辅导报告，开展涉台“盟员议政日”活动，帮助盟员更加有效地做好新时代对台工作。深化和拓展海峡两岸（泉州）闽南童谣暨少儿闽南语主持大赛、海峡两岸闽南语歌星选拔赛等两岸交流品牌活动。参与举办“泉州海峡两岸大学生设计工作坊”“当代两岸大学生养老问题调研成果新闻发布会”等涉台活动，并以此为契机做好首次来大陆的台湾青年工作，增进两岸同胞的情感交流和文化认同。加强与台商、台生、台湾教师的联络联谊，为对台招商引资、招才引智牵线搭桥。

2018年7月16—26日，由台盟泉州市委会指导的当代两岸大学生养老问题调研活动在泉州举行 （图/台盟泉州市委会）

【社会服务】 2018年，台盟泉州市委会聚力脱贫攻坚，推进脱贫攻坚民主监督工作。深入泉州台商投资区百崎乡莲埭村、后海村，实地考察台商区脱贫攻坚工作进展情况，走访慰问少数民族贫困户。牵线搭桥，邀请台湾农业专家学者深入泉州农村帮助指导“三农”工作，助力实施乡村振兴战略。响应市委统战部“同心助学 松柏成才”活动号召，鼓励、引导台湾同胞参与开展爱心帮困活动，资助贫困大学生。组织妇委会盟员到泉港区开展“关爱留守儿童 弘扬良好家风”活动，向涂岭樟脚小学10名农村留守儿童发放慰问金5000元。

2018年11月14日，台盟泉州市委会组织到泉州台商投资区德润产业园开展以“落实惠台政策，服务台湾人才”为主题的“盟员议政日”活动 （图/台盟泉州市委会）

社 会 团 体

泉州市总工会

【概况】 2018年，泉州市总工会实施思想引领、改革创新、建功立业、维权帮扶、固本强基“五项工程”，工会各项工作呈现新面貌、展现新作为，建设“四点半课后服务班次”、发挥劳模示范引领作用等工作获全总领导、省领导和市委主要领导批示肯定。市县两级工会投入500万元扶持市级农民工创业项目100个，创造产值2.81亿元，吸纳周边劳动力近2000人；探索实施“农民工创业联盟行动”，持续助力乡村振兴。

【职工劳动竞赛】 2018年，泉州市总工会在重点工程、重点项目和支柱产业开展较大规模劳动竞赛526场，在数控、机器人、雕艺等重点行业105个工种举办市级以上技能竞赛32场，参加竞赛总人次突破120万，1500多人晋升技术等级，80名职工获“泉州市技术能手”，98名职工通过审核被认定为市高层次人才；做好职工技术创新项目的培育、展示、转化工作，2018年全市350项职工技术创新成果获省级以上奖励，成绩居全国设区市前列。

【职工教育培训】 2018年，泉州市总工会开展“中国梦·劳动美”“送文化进企业”“职工网络春晚”“手机摄影大赛”系列活动，组织广大工会干部和劳动模范进企业、进车间、进项目，把课堂搬到车间，把宣讲植入基层，教育引导广大职工高举旗帜、维护核心、努力奋斗。先后开展“农民劳模践行乡村振兴”“劳模投身‘项目攻坚2018’”“劳模助推高质量赶超跨越”主题活动，新命名市级劳模创新工作室31家，推动近5000对师徒结对，评选表彰“好师傅”100名，劳模精神、工匠精神得到弘扬。依托“泉工e家”网上工会平台，集中开展“大学习 大提升 大走访 大帮扶”等多场主题活动，推送各类微信、网页100多条（个），职工互动总量突破30万人次，网上工会对职工的引领作用充分彰显。

【职工权益维护】 2018年，泉州市总工会建立困难职工三级档案、依档帮扶、动态管理制度，开展为期3年的工会机关、事业单位全员结对挂钩帮扶困难职工活动；深入德化杨梅乡开展挂钩扶贫活动，帮助32户贫困户全部脱贫；应对贸易摩擦、经济结构调整对企业职工的影响，开展职工队伍状况线上线下协同调研，健全工会劳动法律监督机制，做好劳资矛盾排查和信访调解工作，切实维护职工队伍和谐稳定。

【职工帮扶服务】 2018年，泉州市总工会推动建设职工子女四点半课后服务班次342个，服务学生11290人，中华全国总工会领导、泉州市委主要领导先后批示肯定该项工作；建成“妈妈小屋”251家，开辟“缘在工会·泉州相亲角”专栏，为青年职工婚恋交友搭建平台。大幅提高医疗互助和金秋助学补助标准，2018年第十二期医疗互助筹集58.7万名职工共4271万元互助金，补助14836人次2753.4万元；金秋助学筹集助学资金475.6万元，资助643名困难学子助学金317.8万元；2018年“两节”为4202户困难职工家庭发放帮扶金1133.5万元；开通2趟外来工返乡动车专列，帮助10万名外来工春节期间免费游泉州。

【网上工会建设】 2018年，泉州市总工会基本建成网上服务职工、网上办公、网上宣传、网上普惠“四大体系”，新闻管理、OA办公、组织建设、创业创新、权益维护、阵地导航、帮扶救助、素质提升、特色服务、惠工商城、数据分析、互动交流等“十二平台”。2018年10月“泉工e家”平台上线试运行，先后举办“女职工权益保护有奖竞答”“外来工‘幸福返泉’交通补助”“会员日抽奖”等多场活动；推动发放“泉工惠”职工服务卡，推出公交出行、景区门票系列优惠、福利；组建网上工会专业技术团队，医疗互助、困难帮扶等核心业务即将实现线上办理；截至年底，网上工会吸粉7.4万人，发行职工服务卡近10万张，录入会员实名制信息超130万条，职工参与热情高涨。

共青团泉州市委员会

【概况】 2018年，共青团泉州市委推进“凝聚青年、服务大局、当好桥梁、从严治团”四维工作，团结带领泉州广大团员青年投身“五个泉州”的现代化建设。推进市县两级共青团改革工作，指导鲤城、洛江、泉港、石狮、永春等县（市、区）团委完成换届工作。发挥团市委协管作用，督促各县（市、区）团委在坚持“党建带团建”的同时，以村“两委”换届为契机，在做好前期摸底调查的基础上，争取党组织支持，推进全市村级团组织换届。2018年，全市 2153个村级团组织全部完成换届。

【市县团委改革推进】 2018年，共青团泉州市委推进市级共青团改革工作，制定《泉州共青团改革推进落实计划表》，对改革方案中提出的改革目标任务进行细化分解、明确时限、责任到人，确定24个改革重点项目，严格按照时间表、路线图，做到分类开展、精准实施。以泉州市第十七次团代会为重要契机，完成市团代会、团市委员会、团市委常委会中基层和一线代表的比例分别不低于80%、50%、30%的工作目标，同时市团代会、团市委员会的基层和一线代表中有一定比例的非公有制企业和社会组织代表。完成挂职副书记1人、兼职副书记3人、挂职干部4人、兼职干部3人的选任工作，并出台《挂职、兼职团干部管理办法》，规范和加强基层团干部协管工作。同时，跟进、督促和指导县级团委改革方案制定进度情况。全市11个县（市、区）团委全部推动出台本地区县级团委改革方案。推进市级少先队、中学共青团、高校共青团、学联、青联、中长期青年发展规划等改革工作，带动全市各级团组织共同建设思想政治坚定、组织体系健全、运行机制科学、工作方式创新、联系青年密切、作风扎实过硬，更加充满活力、更加坚强有力的共青团组织。

【思想引领载体建设】 2018年，共青团泉州市委以“身边人、身边事”为主线，组织开展“我的中国梦”“红领巾相约中国梦”“青年大学习”“青春建功新时代·聚力跨越新征程”“青春建功新时代·奋斗青春最美丽”等主题教育实践活动1000多场次。策划制作《青春喜迎十九大“五个泉州”立新功》《永远跟党走》等主题视频。发起“为团团打CALL”抖音话题，吸引75万人次受众观看。对“泉州青年五四奖章”、十大杰出青年企业家、“两红两优”、“优秀青年志愿者”等先进典型予以表扬，引导青少年见贤思齐、向上向善。

【教育阵地资源拓展】 2018年，泉州市团属新媒体和《泉州青年》坚持正确导向，联合东南网，筹建泉州共青团新媒体中心，加强团属新媒体平台的专业化、规范化运营，增加对青少年吸引力。构建以“泉州共青团”网站、“青年之声·泉州”平台、“青春泉州”微博、“青春泉州”微信公众号、“青春泉州”抖音号、《泉州青年》等舆论平台为核心，以县级、高校、市直等团属“网站+微博+微信”为依托的矩阵体系。2018年，全市团属网站27个、官方认证微博42个（累计吸引粉丝380多万人）、微信公众号34个（累计关注人数50万多人）、抖音号3个（累计关注人数7万多人）。

【城市区域化团建深化】 2018年，共青团泉州市委融入城市基层党建格局，找准切入点和着力点，推动团委工作与城市基层党建工作有机结合。以街道团组织为枢纽，以组织区域共建为基础，推行“1+N+X”区域化团建模式。通过依托街道社区服务中心、社区服务站、创客空间、闽南古厝、园区党群活动中心等公共基础设施，采取共建、转型和改造等方式深化建设“青年之家”，打造“青年之家”综合服务平台。2018年推报四家平台开展“共青团在我身边”青年之家主题活动季项目，其中石狮狮城创新创业孵化中心青年之家获得国家级资金补贴。

【青年人才交流服务】 2018年，共青团泉州市委建设“青年人才之家”，为各类高层次人才提供资源信息共享、创新创业服务、学习培训交流等服务，搭建高层次人才项目与青年企业之间共享互动平台。成立“台湾青年就业创业服务中心”，依托市青年社会组织服务中心、市青商会、市青创会等人力资源和办公场地进行实体运作，借助泉州民营经济发达的独特优势和辐射大陆的网络资源，发挥泉州作为青年创业热土的创业活力，为台湾青年提供在泉州创业就业信息、培训、辅导、帮扶等全方位服务。

【青年创新创业】 2018年，共青团泉州市委推动“银团合作”工作，发挥“银团合作”品牌效应，创新运用“泉州农商银行青年支行”工作载体，拓展“青创卡”功能，2018年全市各级团组织为各类创业青年申请贷款总额2.37亿元。推动

“福建省青年创业板”在晋江的试点工作，推荐优质企业在“青创板”挂牌，帮助优质企业进一步转板到交易板、新三板、创业板、主板等资本市场，推动青年创新创业事业跨越发展。

【志愿泉州名片】　2018年，泉州市有实名注册的青年志愿者726157人，志愿服务组织3107个。团市委开展青年志愿者实名注册活动，培育打造专业志愿服务队，先后成立“青春之光”专业助老、“暖冬行动”春运服务、“文明交通”、“防灾减灾”、“应急救援”、“古城护遗队”、“爱眼护眼”、“禁毒防艾”等10多支专业志愿服务队伍。打造关爱农民工子女活动，开展2018年“大手牵小手·共筑中国梦”暑期社会实践活动，组织近500名高校大学生青年志愿者，为广大农民工子女、留守儿童、残疾青少年、社区闲散青少年等开展义务帮扶陪护活动。2018年，全市有76所农民工子女学校完成结对，结对人数10733人，建立关爱农民工子女志愿服务阵地总数12个。开展助学助困活动，2018年帮扶困难大学生220名，帮扶资金超30万元。

【与台港澳青年交流合作】　2018年，共青团泉州市委邀请来自台湾的23所高校和15所大陆高校86名青年媒体人参加以“探寻文化遗产·品味刺桐古城”为主题的第四届海峡两岸大学生记者挑战赛。与香港国民教育促进会联合开展“香港青少年红色之旅福建行”活动，让香港青少年体验泉州民俗风情，近距离互动交流，增进两地青少年的友谊。开展2018年“神州大地展潜能”香港青年泉州实习计划，加强香港大学生和内地的交流联系。接待澳门“千人计划”青年公务员参访团一行32人到泉州进行学习参观，并举行泉州“海丝文化”专题讲座及学习“晋江经验”专题讲座。通过专题讲座、实地考察、交流互动等环节，让澳门青年朋友亲身感受泉州市经济发展面貌和海丝文化魅力。

2018年1月23日，由团省委、团市委和台湾“中华杰出青年交流促进会”主办的第四届海峡两岸高校大学生记者挑战赛在中国闽台缘博物馆启动（图/黄宝阳）

【青年人才培养】　2018年，共青团泉州市委创办“青创学院”，协调开展青年企业家培训活动。实施“泉州新生代企业家素质提升培训计划”，2018年举办5期超级公开课，覆盖近2000人次青年创业者参加公开课培训。泉州青年创业人才培养计划——“鸿鹄班”启动招生工作。建立青年创业人才管理机制。出台《泉州市促进青年人才创业若干措施》，从青年创业平台建设、创业融资、创业辅导及创业人才队伍建设、创业人才住房保障等方面制定具体服务措施，聚集创新要素，强化创业保障力，为泉州创新转型、跨越发展源源不断的注入活力、动力和新生的力量。

【青少年合法权益维护】　2018年，共青团泉州市委支持泉州市青少年事务中心、青少年心理咨询体验中心发展，形成“父母成长沙龙”、“12355关爱身心健康”公益讲座、“青少年团体素质拓展”、“儿童团体沙盘游戏”、“12355心理辅导公益巡讲”等5大品牌活动，年均开展活动300场次，直接服务青少年3万多人次。采用“社工+心理咨询师+志愿者”的运作模式，提升泉州社工队伍的服务能力，截至2018年底全市成立市级团属社工中心1个，县级团属社工中心11个（实现团属社工中心全覆盖），拥有青少年事务社工164名，各县（市、区）团委累计购买社工项目47个。联合相关预青成员单位，通过法治讲座、进校园巡讲、模拟法庭、知识竞赛、主题班队会等形式，开展青少年法治宣传教育活动，全市青少年法治教育基地有158个，开展各类法制宣传活动1632场次，覆盖青少年78万人次。部署推进青少年毒品预防教育，截至年底开展“健康青春·绿色无毒”戒毒人员“现身说法”进校园巡讲等各类青少年毒品预防教育活动97场次，覆盖青少年2.78万人，实现各县（市、区）禁毒宣教活动的全覆盖。

【共青团助力扶贫攻坚行动】　2018年，共青团泉州市委落实共青团助力脱贫攻坚“扶志、创业、助学、关爱、聚力、强基、助力”等七大行动，泉州市6个项目入选省“青春扶贫”大赛决赛。以体验教育为载体，举办漫画赛、微视频等主题活动211场次，培养农村青年致富带头人211人，带动贫困青年313人创收，帮扶贫困户89人，建立就业辅导基地59个，新建青年就业创业中心6个。开展“青耕创业计划”泉州农村青年电商创业培训班，培训农村青年电商创业者5907人，引领青年就业创业。组织7个县（市、区）团委对接省级扶贫开发工作重点县，在共青团组织和广大团员青年中营造关注贫困、关爱贫困、关心扶贫的良好氛围。开展“2017—2018年泉州市青年文明号爱心助力脱贫攻坚号户结对”活动，以“号户结对·青春护航”为主题，组织156个国家、省、市级青年文明号单位与贫困青少年结对帮扶，该项目被团省委评为优秀奖。

【青少年成长成才】　2018年，共青团泉州市委开展以“见习助就业·牵手毕业生”为主题的见习岗位对接活动22场，全市200个见习基地提供885个见习岗位，为756名青年提供见习机会。开展“高校毕业生创业政策宣讲团”进校园活动，举办宣讲会32场，覆盖5000多人次，帮助青少年解各项就业创业政策。对“古城匠心”泉州市传统工艺青年传承人、第四届泉州市十大杰出（优秀）青年企业家予以表扬，为创业青年树立正向激励榜样。指导泉州市青年创业促进会成立“泉州青创学院”，为青年就业创业创造条件。开展“点亮‘启明星’·为青春护航”爱心公益培训、“青少年心理健康团队建设”、“情暖青春　快乐成长”——青少年心理素质提升课堂进社区、“轻松备考12355与你同行”阳光行动等活动，有效服务青少年健康成长。

【团属事业发展】　2018年，共青团泉州市委发挥青少年宫作为校外教育活动阵地的职能，开设公益培训科目60多个，开设联合办学基地10个，打造跳蚤市场、流动青少年宫、公益课堂等品牌项目，参与青少年10多万人次。2018年泉州市希望工程办公室接受社会各类捐款208.56万元，资助贫困学生323名，援建永春南阳希望小学，援建资金40万元。援建3所农村学校“希望工程乔丹快乐体育园地”，援建资金30万元，开展青年文明号结对帮扶事实孤儿170人，发放慰问金20.4万元。《泉州青年》编辑部坚持正确的舆论导向，围绕市委中心工作，服务“五个泉州”建设大局，聚焦泉州共青团工作和青少年成长成才需求，创新工作方法、丰富报道形式、打造特色版面、推出互动内容，使办报质量和影响力得到提升，截至2018年12月，累计出刊870期。

泉州市妇女联合会

【概况】　2018年，泉州市各级妇联以深化“三个年”（妇联改革创新启动年、整合资源行动年、项目带动实施年）活动为抓手，实施“巾帼建功·助力乡村振兴跨越发展”八项行动，着力打造“六位一体”（环境好、机制活、载体优、阵地多、组织强、队伍精）的妇联工作格局，全市妇女儿童工作取得新成效，得到全国人大常委会副委员长、全国妇联主席沈跃跃及全国妇联、省人大常委会、省妇联有关领导的肯定。

【妇女思想政治引领】　2018年，泉州市各级妇联坚持把学习宣传习近平新时代中国特色社会主义思想与贯彻中国妇女十二大精神相结合，围绕“巾帼心向党·建功新时代”主题，采取形式多样的方式深入基层开展宣传宣讲活动，推动新思想学习入脑入心，使广大妇女进一步增强“四个意识”，树立“四个自信”，做到“两个维护”。市妇联班子成员走进农村、社区、企业和田间地头，用通俗易懂的语言与镇村妇联执委、女党员、妇女群众进行面对面、心贴心的宣讲与交流。用好“声屏报网微刊”六位一体的宣传矩阵和8000多个“一呼百万好姐妹”微信群，实现与妇女群众的时时“键对键”交流。挖掘村居一线学习新思想典型，组织泉港“红衣女”巾帼十九大宣讲小分队参与福建省“巾帼心向党·万村千居唱起来”展演活动。以改革开放40周年为契机，举办市直机关合唱音乐会、市直机关女性素质提升培训成

2018年1月16日，泉州市妇女第十四次代表大会召开　（图/市妇联）

果汇报演出、主题演讲比赛、主题晚会、主题快闪等活动，弘扬时代主旋律，引领广大妇女坚定不移听党话、跟党走。

【“巾帼建功·助力乡村振兴、跨越发展”八项行动】 2018年，泉州市妇联在全省率先实施“巾帼建功·助力乡村振兴、跨越发展”八项行动77个市县实事项目，《八闽快讯》刊登题为《泉州市发挥好妇联组织优势，服务发展大局》的工作交流专刊。

实施思想引领巾帼行动。开展“巾帼心向党·建功新时代”主题系列宣传活动，发挥13支县级巾帼志愿者宣传小分队、中共十九大女代表、妇联执委、“三八红旗手”、最美家庭等女性群体作用，全市开展线上线下“百千万巾帼大宣讲”853场，总受众人数27万人次，大力传播党的声音和主张，集聚助推实现高质量跨越赶超的巾帼力量。

实施素质提升巾帼行动。举办农村种养实用技术、城乡妇女电商、家政员、女企业家、女大学生创业等各类城乡妇女培训班 426 期3.1万人次，提升妇女自身发展。传承弘扬巾帼工匠精神，联合省妇联举办海峡妇女艺术节暨泉州市第二届巾帼巧匠工艺美术精品展，展出两岸近百位女性工艺美术大师和非遗传承人的200余件艺术作品，活动得到多家央媒、省媒宣传报道。实施“机关女性素质提升工程”，举办健身操、国画等健康向上的培训班，提升机关女性综合素质。完成市女企业家联谊会换届工作，吸纳会员205名，成立女工艺美术师分会，搭建巾帼企业交流成长平台。

实施“脱贫攻坚巾帼行动”。与农商银行（信用联社）开展妇女创业贷款“巧妇贷”推广工作260场，授信176.62亿元，办理妇女创业贷款 6308笔3.32亿元，助力乡村产业振兴。全市创设市级妇女创业就业基地17个，10个较具规模和成效的巾帼众创空间获省级巾帼众创空间命名，260人巾帼创业导师为194个女性创业团队提供服务，8个女大学生就业创业实践基地提供385个就业见习岗位。培育巾帼家政服务机构（企业）8个，获评省级示范性家政服务站11个。组织59个“巾帼文明岗”、117名女企业家、7个机关妇委会与农村结对，捐资94.2万元扶贫助困助学妇女儿童378人。

实施“建设生态家园巾帼行动”。培育巾帼示范基地24个、三八绿色基地1个，营造巾帼林10片295公顷，组建503支巾帼清洁志愿服务队、巾帼护河队，成员6799人，开展活动243场，妇女在绿色经济发展中作用充分发挥。

实施“家庭文明建设巾帼行动”。召开全市家庭工作现场推进会，新培育市级以上“最美家庭”76户，五好家庭62户，打造市级“和谐家庭文化”创建工作成效明显点9个，以家庭创建活动涵养好家风。培育13个市级家教工作实践点，持续开展家教宣传实践活动，举办各类公益讲座188场，受益人数5.3万人。承办全省家庭建设能力提升班，市妇联作典型经验交流发言。开展“书香小芽儿”亲子阅读系列活动40场，参与5万多人次。联合省妇联、晋江市人民政府成功主办国台办重点项目——第五届海峡两岸晋江（围头）七夕返亲节，承办台湾中华妇女总会到泉州考察交流活动，增进两岸妇女和家庭间的交流联谊。

实施建设法治泉州巾帼行动。“两纲”各领域持续健康发展，会同市政府督查室等部门开展“两纲”重难点问题督查调研，市政府常务会议专门听取“两纲”实施情况汇报，全市“两纲”可量化指标100个，其中提前达标的49个，发展平稳预期可达标的43个，提前达标及预期可达标的指标占比达92%。泉州“两纲”工作在全省妇儿工委会议上作经验发言，南安市代表福建省在全国防拐培训班上做工作经验交流。妇女儿童权益有效保障，组织开展平安家庭、禁毒、防艾、反邪、扫黄等各类普法宣传938场次，参与妇女群众17.2万人次，引导妇女及家庭成员尊法学法守法用法。推动源头维权，重点关注和推动反家庭暴力、未成年人性侵、“被负债”、“全面二孩”政策、农村妇女土地权益等问题的解决，晋江市、泉港区妇联依法推动农村集体产权制度改革中的妇女权益保障，确保农村妇女“证上有名、名下有权”。拓展家事审判新模式，与市法院签订《泉州市家事审判援助中心一体化建设框架合作协议》，受理婚姻家庭纠纷案件7883件，结案7109件，调解2162件，撤诉1315件；联合市司法局制定《“妇女援助中心”协同建设方案》，签署《法律服务掌上平台合作协议》，为妇女群众提供“点援制”“互联网+法律援助”的精准法律援助。全年市县两级妇联共受理来信、来访、来电、网络来信651件，排查70户婚姻家庭纠纷并化解。

实施“基层组织建设巾帼行动”。召开泉州市妇女第十四次妇女代表大会，选举产生新一届市妇联领导班子，配备兼职副主席4名，妇女代表大会代表、妇联执委、常委中各族各界、各行各业劳动妇女和知识女性优秀代表比例均提高到70%、60%和40%以上，市县两级妇联已配备来自党政、高校、企事业等基层一线、各个领域的兼挂职副主席31名，一批优秀的妇女人才进入市县两级执委队伍，五名优秀女性党性中国妇女十二大代表，妇联组织的广泛性和代表性进一步凸显。用好用足市委、市政府支持妇联工作“四个政策”，落实男女平等基本国策进入党校主体班次，增强党政领导干部性别主流意识；加大对妇女人才培养力度，联合市委组织部依托省妇女干部学校举办全市妇女干部培训班，42名科级女干部参加培训；推动163个乡镇（街道）落实妇联工作专项经费902万元，破解妇联活动“缺经费”难题；落实1684名符合条件离任村妇代会主任、社区妇联主席养老补助金160多万元，34个镇村妇联和19名镇村妇联主席分别被确定为全省先进乡镇（街道）妇联、优秀妇联主席，基层妇干归属感责任感增强。推进各领域妇联组织覆盖，在新领域新业态新阶层新群体中灵活建立妇女组织，培育晋江市安踏（中国）有限公司妇联、晋江异地商会妇联、泉港区家园义工协会妇联等一批妇联组织，填补组织覆盖“盲区”。全国人大常委会副委员长、全国妇联主席沈跃跃肯定“泉州市妇联工作有特色、有亮点、有成效”。女性进村“两委”工作走前列，联合市委组织部、民政局下发推进女性进村“两委”工作意见，举办全市基层妇女干部培训班暨村级组织换届女性进村“两委”工作培训班，2018年全市村级党组织中女性正职比例达6.81%，位居全省第三，其中惠安县、台商投资区女村支部书记比例超过20%；村委会中女性正职比例达6.28%，居全省第二，夯实了乡村振兴的妇联组织基础。

实施“巾帼关爱行动”。办好两个实事项目，13个“妇女援助中心”受理妇女法律援助案件946件，解答妇女来访咨询1233人次，为妇女免收法律服务费126.35万元，挽回损失1484.14万元。20个“儿童之家”累计开展各类公益服务活动396场次，近6.2万人次的儿童及家长受益。提供个性化家庭服务，成立暑假安全教育志愿者服务队，发挥市妇女儿童活动中心公益功能，定期举办“刺桐花”大讲堂、少儿公益体验课程，常年开展女性素质提升公益培训，年参与人数达7000多人次，深受妇女儿童欢迎。关爱特殊妇女儿童群体，联合国寿公司开展关爱女性健康行动，各级政府出资为贫困妇女购买女性安康保险188万元。启动“点亮微心愿·为贫困母亲圆梦”暨母亲健康1+1公益募捐活动仪式，筹集善款213万元，帮助82名贫困母亲圆梦，救助345名“两癌”贫困妇女；开展“精准扶贫·春蕾圆梦”助学行动，资助学生85名；举办3场“我们和留守流动儿童在一起”关爱活动，发动146名爱心人士与留守流动儿童结对。

泉州市工商业联合会（泉州市总商会）

【概况】 2018年，泉州市工商联成立社会组织行业党委，推进所属协会党员、党务干部等信息统计工作，强化商会党建工作基础。2018年，市工商联所属商会68个，拥有党员474名；其中，成立党组织30个，有3名以上党员的商会组织38个。推进商会组织改革发展，巩固扩大“一个设立、五个有”县级工商联建设成果，推进“五好”工商联、“四好”商会建设工作，确认94家基层商会为“四好”商会。2018年新成立行业商会2个、驻泉异地商会7个。联合市委统战部，开展“爱学会赢闯天下——全面推动习近平新时代中国特色社会主义思想进泉商”全国行活动，引导民营企业家认识新时代、践行新思想、推动新发展。活动覆盖全国258家泉州籍商会和21家市、县两级港澳社团。《中华工商时报》、光明网等主流媒体进行宣传报道，在海内外泉州籍商会和企业界产生极大反响。

【理想信念教育实践活动】 2018年，泉州市工商联与市委统战部联合发文，制定实施方案，开展纪念改革开放40周年系列活动。在非公经济人士中开展以“不忘创业初心，接力改革伟业”为主题的理想信念教育实践活动，通过召开主席（会长）会、常委会、民营企业座谈会和会领导带头下基层宣讲等形式，组织学习习近平总书记在民营企业座谈会上以及庆祝改革开放40周年大会上的一系列重要讲话精神，引导广大非公有制经济人士增进高度的政治认同、思想认同、情感认同，传扬“泉商精神”。组织百名青年闽商到泉州探访学习“晋江经验”。教育实践活动中，市工商联引导企业家围绕“服务企业、服务商会、服务泉州发展”开展大讨论，为泉州社会经济发展建言献策。据不完全统计，全年收集有关泉州发展的重大意见建议21条，其中关于“设立泉商产业发展基金会”的建议还得到市委、市政府的支持。

【调查研究】 2018年，泉州市各级工商联围绕经济发展热点开展调查研究，先后形成《切实重视我市海洋渔业经济发展的几点建议》《关于加大对新兴技术的支持和投入，培育物联网产业发展的建议》等一批报告和提案，为党委、政府产业决策提供依据。

【建言献策】 2018年，泉州市永春县柑橘同业公会为保护行业发展，维护会员利益，主动作为，反映印尼贸易壁垒问题，得到李克强总理重视并得以解决，不仅为永春芦柑出口印度尼西亚畅通渠道，而且为全国果蔬行业出口清除障碍。

【民营企业参与“一带一路”建设】 2018年，泉州市工商联与市外侨办、贸促会、工商理事会及印度驻广州总领事馆联合举办“中国（泉州）—印度贸易投资推介会”，组织企业随团赴伊朗、柬埔寨开展经贸交流活动和参加香港第三届“一带一路高峰论坛”。泉州企业累计赴“海丝”沿线国家投资或设立办事机构63个，投资总额7.5亿元，其中大部分是民营企业。开发区商会组织多家会员企业在世界贸易中心马尼拉成立国外共享办事处，作为产品展示、办公、交流等场所，为企业“走出去”提供便利。

【民营企业发展空间拓展】 2018年，泉州市工商联牵头与市发改、经信、商务、科技等部门建立民营经济发展咨询委员会，为泉州民营经济高质量发展提出前瞻性、战略性的对策建议。市工商联先后组织企业参加第十六届“6·18”省属国有企业与民营企业产销对接暨产品服务推介会、辽宁营口泉州投资说明会和新疆生产建设兵团第六师福建泉州投资环境推介会等，协助组织50多家建材企业参加泉州建材中国行系列推介会昆明专场，接待广西、和田、锦州等6批代表团到泉州考察交流，促进民企交流合作。参与主办泉州经济年会年度峰会、中国继创者聚龙论坛等会议，努力发挥工商联作用，服务泉州企业，助力发展。参与市委“人才港湾”计划，在北京、上海、济南、武汉、西安等地建立人才工作联络站，为企业创新创业提供人才支撑，为200多位泉州籍大学生提供就业服务。2018年11月，泉州市人才工作北京联络站联合维宁体育文化产业、泉州芯时代等单位联合发起“维宁全球文体产业培训中心”战略合作交流会拟定落户南安石井“泉州芯谷”，从而为泉州文体产业发展增加一大亮点。2018年，全市获得非公有制企业专业技术高级职称112人，为民企创新发展提供人才支撑。

【泉州企业家回归创业】 2018年，泉州市工商联围绕“投资项目超百个、投资额超百亿”的目标，深化“回归工程”建设，举办2018年泉商新春座谈会暨回归项目专场对接会，现场签约项目16个，达成投资意向总额75.65亿元，涉及智能制造、商贸物流、教育医疗、文化旅游等产业。配合市政府驻外招商组赴北京、上海、深圳开展项目宣传推介和招商引资对接会，及时跟踪“大小佰岛项目、燃料电池物流车系统运营项目”等一批异地泉商回归项目的落地、服务。2018年，参与、协助促成回归项目，签约75个，合同总额655.12亿元。实施“异地泉商资金回存”行动，探索建立市工商联、市金融局及各在泉银行业金融机构联动工作机制，组建泉州银行等25家在泉银行业金融机构联络员队伍，加强在泉银行业金融机构与异地泉商的交流，发动异地泉商资金回存。南安市工商联配合有关部门、乡镇、园区，实施“拓展乡贤经济”等招商活动，推动南安籍企业家“回归创业”“税源回归”。德化县工商联依托异地商会开展“点对点”招商，推动上海德化商会创业园、深遂蓝陶瓷等一批项目落地。

【“百企帮百村”】 2018年，泉州市工商联联合市扶贫办、农发行出台《泉州市“百企帮百村”计划实施方案》，多次召开专项协调会、推进会等，就帮扶需求、脱贫计划和推进实施进行交流，研究具体措施，增强工作实效。2018年，全市帮扶资金8000多万元（含全国“万企帮万村”台账管理系统之外数据），覆盖1.1万多人。其中根据福建省工商联2018年泉州民营企业需完成新增80家的任务要求，全市推动新增结对帮扶企业109家，结对帮扶115个村，落实到位资金643.28万元，帮扶群众1076人。相关经验做法作为典型在全省“千企帮千村”工作会议上发言。安溪产业特色明显、条件成熟的乡镇组建商会，探索成立“商会+合作社+讲师团+农户”发展模式，助推产业振兴，促进农民增收。

【法治化营商环境打造】 2018年，泉州市工商联开通“12345”民企服务平台，建立民营企业诉求意见处理、反馈、跟踪的长效机制，协调解决民营企业发展中存在的困难和问题。联合市直有关部门出台《关于营造企业家健康成长环境弘扬优秀企业家精神更好发挥企业家作用的实施方案》，打造依法保护企业家合法权益的法治环境，促进企业家公平竞争诚信经营的市场环境以及尊重和激励企业家干事创业的社会氛围。以法律服务为切入点，为企业解决发展中的法律问题，构建“亲”“清”政商关系。与市纪委、市委统战部联合举办“亲清相伴海丝路，同心迈进新时代”主题活动，向全体泉商发出“亲清共融促发展、同心助力新泉州”倡议。联合泉州市检察院、泉州市国税局等部门开展“亲清护企”主题活动启动仪式，发布《“亲清护企”主题行动方案》及“加强产权保护护航民企创新创业12条措施”。与市法院联合开展企业观摩庭审及司法答疑会、与工商局等部门开展品牌保护联盟现场推进会等活动，构建“企业、行政、司法、平台”四位一体的知识产权和品牌保护格局，打造诚信守法的营商环境。丰泽区工商联配合法院、金融办等部门运用“退二进三”、“三旧改造”、产权分割等政策措施，推动困难企业通过资产重组、收缩投资、促转型助发展。市工商联联合市劳动三方四部门分别在丰泽、泉港、石狮、德化、安溪等地做好劳动法律法规宣传咨询和接访活动。洛江区工商联在全区经济支柱产业及经济活动较为活跃的行业中物色10名企业家及企业高管作为商事调解员。

泉州市科学技术协会

【概况】 2018年，泉州市科协制定《泉州市科协市级学会内部管理制度范本》，促进泉州科技社团规范发展。成立全省设区市首个科技工作者维权服务中心，制定《泉州市科协科技工作者维权服务中心管理办法》，为科技工作者提供知识产权保护、劳动权益保障、法律咨询等方面服务。选定鲤城区、石狮市、德化县科协等3个单位作为省级试点，制定“三长制”试点工作方案，推动128名“三长”进入市（县）科协领导机构，196名“三长”进入乡镇（街道）科协领导机构。推动17家高校科协共同组建成立全省首个高校科协联盟。市科协改革方案72项改革任务完成48项，同时指导县级科协同步改革，11个县（市、区）全部以当地党委办名义印发改革方案。

【科协助力创新驱动发展】 2018年，泉州市科协规范院士专家工作站管理。印发《泉州市院士（专家）工作站建设管理规定（暂行）的补充规定》，引入退出机制，规范院士（专家）工作站申报单位的审核认定。首次开展市级院士专家示范工作站评选，有5家院士工作站获评泉州市首批院士示范工作站；推荐2家院士工作站获评“2018年度福建省院士专家示范工作站”。

促进政产学研用结合。推动新组建8家院士工作站，并全部获省级命名；新组建23家专家工作站；新组建3家国家级、6家省级学会创新驱动服务站（分别占全省的23%、20%）；柔性引进院士5名、院士专家创新团队142名，签约院士合作项目8个、专家合作项目24个，总投资1.34亿元，预计为企业新增产值1.38亿元，利税1708万元。开展“院士专家泉州行”活动，邀请41位院士专家深入泉州企业调研考察指导，寻求探讨合作事宜，为泉州经济社会发展把脉问诊，提出专业咨询意见。推动瑞中科技经济文化交流中心与泉州市芹峰淮山食品有限公司签订“保健能量食品”项目合作协议；瑞士瑞华刘氏（福建）科技有限公司与泉州市绿普森生物科技有限公司签订“FCPC萃取技术开发”项目合作协议。

服务企业转型升级。推动新组建企业科协23家，全市累计517家（含园区科协4家），数量居全省首位。发挥枢纽平台作用，组织2家企业的2项创新创业成果到中国创新创业成果交易会参展，为企业提供科技成果转化服务，引导科技人员把智慧和力量转化为企业的专利、标准和创新产品，促进创新成果与产业对接，打通从实验室到产品化和产业化的最后一关。

【学会建设】 2018年，泉州市科协加强学会组织建设。指导成立泉州市工艺美术学会，指导中医药学会等9个学会完成换届工作。加强科技社团党建工作，印发《2018年党建工作要点》及《兼合式党支部管理办法》，规范市级科技社团“兼合式”党支部管理，发挥好各“兼合式”党支部在科技社团中的政治核心、思想引领、组织保障作用。推动新成立20个兼合式党支部，覆盖率提升至88%，提前完成年度目标。

举荐人才。推荐3名科技工作者获评省优秀科技工作者、5名获紫金科技创新奖；推荐6篇科技工作者优秀论文获评省自然科学优秀学术论文；推荐5名科协工作者获评全省科协系统先进工作者。

推进学术交流。指导办好海峡两岸智能纺织品及服饰设计发展研讨会、海峡两岸美丽乡村融合发展研讨会，两岸专家学者围绕“智能纺织·融合创新”“两岸融合发展 共谋乡村振兴”主题进行深入探讨；指导泉州市土木建筑学会与建筑材料工业技术情报研究所联合主办“2018海峡两岸预拌混凝土绿色环保高峰论坛”，缪昌文院士等两岸混凝土行业的领导、专家300余人参会，围绕“绿色、环保、创新、发展”主题展开研讨；举办虚拟现实技术国际会议暨第十六届泉州市科协年会，承办“2018城市地质环境与可持续发展论坛”；指导市土木建筑学会参与承办中国建筑学会年会。

【公众科学素质提升】 2018年，泉州市科协形成科普工作合力。推动丰泽、洛江、石狮、南安、德化等5个县（市、区）参与第二轮全省科普示范县（市、区）创建，实现创建工作全覆盖，数量居全省第一。组织开展第八批科技示范校和科普基地评选。

深化主题科普活动。利用“全国科普日”、“5·30”全国科技工作者日、科技“三下乡”、科技活动周、食品安全活动周等科普节日，围绕健康中国、绿色发展、环境保护、防灾减灾等主题，开展科普活动，弘扬科学精神和科学思想，传播科学知识和方法，倡导科学健康文明的生产生活方式。被中国科协评为2017年科普中国·百城千校万村行动地级市优秀组织单位。获评中国科协“全国科普日”优秀组织单位（连续7年获奖）。

创新科普服务平台。开展2018年度科普中国e站申报与命名工作，全年建设491家“科普中国e站”（占全省的30%）；聘任首批50名刺桐科学传播学者，成为全省首个地市级科学传播学者团队，进一步完善科普社会动员机制；召开“百万大手牵小手”关爱活动“科教与科技培训”工程参与单位联席会议。

促进科普益民惠民。做好“科普中国”优质资源落地应用，实施“社区科普益民计划”，活跃和丰富社区科学文化氛围，提升社区居民科学素质；实施“科普惠农兴村计划”，提升农民科学素质，促进农村经济发展。开展泉州市“十佳农技协”“农村科普带头人”评选活动，加强农村致富技术培训工作，助力乡村振兴战略。

青少年科教再上新台阶。在第16届全省青少年机器人竞赛中，获一等奖21个（含冠军数），获奖总数达85个，冠军队数量、一等奖数量及获奖总数连续三年居全省第一；在第33届全国青少年科技创新大赛中，夺取大赛最高奖——中国科协主席奖（全国仅3个），获一等奖5个、二等奖6个、三等奖6个。发挥好科普阵地作用，举办第三届泉州市青少年机器人竞赛，共有来自全市221支队伍、481人参加5个竞赛项目的角逐。

加强科技馆建设。做好市科技馆常设展厅免费对外开放工作，利用展厅资源，开展防灾减灾、科技嘉年华科普游园等系列活动，推出无人机、机器人等新的互动体验项目，接待公众6.8万人次。组织流动科技馆深入石狮、惠安、泉港等7个县（市、区）12所学校巡展，受众51299人次。推进市科技馆新馆建设，组织赴北京、上海、广东等地科技馆学习布展设计的思路与做法以及智能化系统建设的先进经验，邀请北京、上海等地科技馆建设专家到泉州开展专题讲座，做好新馆建设知识储备。

加强对外宣传，彰显作用作为。与泉州晚报社合作，围绕科协重点工作报道11篇，刊发《科技工作者日》专版、“第十六届泉州市科协年会”专版以及党建专版各1个；与中国网合作报道11条重大新闻；与泉州电视台经济频道合作，专题报道6期；与厦门广电合作在泉州公交移动电视报道16期；编印《科学与文化》4期、《泉州科普报》4期、《泉州科协通讯》4期；在《泉州要讯》上发表6篇；往省科协网站等媒体报送各类信息200余篇；用好泉州科普微信公众号，发布报道36篇，关注人数6427人，最高峰值6540人。

2018年4月15日，第三届泉州市青少年机器人竞赛在市科技馆开幕

（图/市科协）

【科技工作者之家打造】 2018年，泉州市科协办好科技工作者日系列活动。围绕“深入学习贯彻习近平新时代中国特色社会主义思想和中共十九大精神，弘扬中国科学家精神，争做新时代创新先锋，为建设世界科技强国再立新功”主题，开展“八个一”（召开一场座谈会、进行一次走访看望、成立一个维权服务中心、聘任一批科学传播学者、组织一场义诊活动、开展一场考核活动、组织一场科普进校园活动、宣传一批先进楷模）活动，组织科技工作者共同庆祝自己的节日，在全社会营造关心科技工作者、尊重科技工作者，尊重知识、尊重人才的良好氛围。

泉州市归国华侨联合会

【概况】 2018年，泉州市侨联推进组织改革，弘扬华侨精神，凝聚侨心侨力，服务“创新、智造、海丝、美丽、幸福”现代化泉州建设，取得新成绩。配合协调将原市外侨办海外华侨华人社团联谊等职能划转工作。县（市、区）侨联推进机构改革，大多数县级侨联都增加编制，侨联职能进一步拓宽。

【侨益维护】 2018年，泉州市侨联调整法律顾问委员会，增聘3名法官及律师，配合市法院聘请一批涉外涉港澳民商案件调解员，增强涉侨维权专业力量；在全省率先成立市侨联“一带一路”法律服务团，聘请7个国家和地区长期从事法律工作的泉州籍侨胞25名，并举办“海丝投资权益保护”法律论坛，邀请法学专家专题讲座，为侨商侨企“走出去”提供法律服务。做好侨界信访维权工作，全年受理侨界群众咨询126人次，协调办理信访件17件。落实“七五”普法工作，在《泉州乡讯》开设侨法宣传专栏。惠安侨联与县司法局联合成立涉侨维权工作站，并在涂寨、东桥、东岭等乡镇成立镇级涉侨维权站，获长安网宣传报道。

【侨界帮扶】 2018年，泉州市侨联推进“百侨帮百村”活动，争取侨界扶贫专项资金50万元并落实到位；争取福建省黄仲咸教育基金会扶贫款15.8万元帮扶慰问贫困侨界群众316人；做好处级干部挂钩洛江虹山乡10户贫困户脱贫工作，已助帮扶对象脱贫；组织开展第十届“侨青助学”活动，筹集10万元资助贫困学生100名；争取中国华侨公益基金会100万元在泉举办“侨爱心光明行”活动，为白内障患者提供免费治疗服务。团体会员华侨大学泉州校友会筹集资金50万元开展“关爱贫困母亲”活动；南安侨联引导侨商侨领、海外社团献力“万贤扶千户”脱贫攻坚行动；永春侨联设立扶贫基金专款用于扶贫助困反哺侨亲；丰泽侨联开展“关爱归侨侨眷·让爱不孤单”活动，组织侨志愿者走访帮助侨界留守老人和贫困户。

【侨联服务经济社会发展】　2018年，泉州市侨联配合全市外资专场投资洽谈会，邀请海外侨商返乡考察，推动一批项目落地，牵线总投资1亿元的小米生态链创新创业孵化器落地丰泽区。晋江侨联联合有关单位在菲晋总、商总成立全市首个海外招商联络点；惠安侨联通过召开侨代会等机会宣传惠安投资环境，鼓励海外乡亲以各种形式为县域经济发展做贡献；鲤城侨联协助引进福泽医院项目，该院建成后，可弥补泉州生殖医学专科的不足，并有望在周边形成医疗产业集群；安溪侨联引进马来西亚德信集团投资创立佛罗花综合农业科技公司，助力茶产业多元化外向化。加强侨商联络工作，市侨商会与七个海内外社团建立友好合作社团，并与华侨大学经济学院、金融学院分别建立产业论坛、经济论坛，不定期组织会员开展知识更新培训，组织到陕西、河北等地开展商务考察，拓展侨商视野。先后走访七匹狼集团、三远集团、三星电器等企业，鼓励侨企坚守实业，主动拥抱新科技，用开放的思维、先进的技术和高效的人才团队办好企业。洛江侨联深入侨资企业了解企业用工、销售、经营等情况，针对侨企关心的诸如社会治安、征地拆迁等热难点问题，做好协调服务工作。加强市侨界青年联合会建设，启动侨界“十大杰出青年”评选工作，不定期举办“侨智沙龙”活动，组织多场赴海外交流活动，将该会打造成为侨联组织凝聚侨界新生代的重要平台。推动全省两个侨界青年创新创业基地分别落户晋江力豪现代农业和南安清境桃源。

【参政议政】　2018年，泉州市侨联发挥侨界人大代表、政协委员作用，建言献策，参政议政，在各级“两会”上发出侨界声音；办理人大建议、政协提案，完成省市答复13件；开展工作调研，配合做好全国人大华侨委主任王光亚、中国侨联副主席隋军、李波、邵旭军、陈式海和省政协副主席王惠敏到泉州调研工作，获肯定；成立闽侨智库泉州委员会，有20篇侨情专报件获中国侨联、省侨联采用。丰泽侨联侨情专报工作经验在全省作典型介绍。

【信息工作】　2018年，泉州市侨联加强泉州侨联网站建设，办好泉州侨联微信公众号，及时采编及更新工作信息，宣传侨务政策，推送涉侨资讯，讲好侨界故事，一篇综合报道被《中国侨联工作》采用，全年采编315篇。《泉州乡讯》全年编辑12期发往30多个国家和地区，并完成电子书建设，增强阅读功能；扩大信息员队伍，多篇工作信息获中新网、新华网等主流媒体采用。

【侨文化传播】　2018年，泉州华侨历史博物馆举办“华侨华人与改革开放40周年”图片展、座谈会，宣扬老一辈华侨为改革开放做奉献的感人事迹；举办“闽南侨批书法特色”等4场学术讲座；与中国侨联联合在北京中国华侨历史博物馆举办“方寸之间——邮票上的华侨史”展览，这是泉州华侨馆首次进京办展；与市社科联等联合举办“情系‘根、魂、梦’——中华姓氏现代雕塑群相约侨乡古城”展览，展示华侨华人姓氏文化；编辑出版《泉州人在南洋》画册，举办《新加坡华人通史》中国首发式。华侨历史博物馆获评“中国华侨国际文化交流基地”。市侨联、南安侨联支持黄仲咸纪念馆建设开馆，该馆获授“省侨联爱国主义教育基地”；泉港侨联推动在区文化中心建立“侨港澳名人风采馆”。泉州华侨历史学会组织开展“华侨与改革开放”征文活动，编辑出版《华侨史》第十四辑；协力推进源兴信局遗址保护工作；举办“菲律宾华侨华人社团的发展与演变”等学术讲座；配合召开李光前诞辰125周年纪念座谈会，宣传弘扬华侨爱国爱乡情怀。南安侨史学会组织编写《南安华侨故事》，并走出国门与新加坡南安会馆联合编印《南安华侨史料》新加坡专辑，侨史工作在全省作经验介绍；德化侨联成立全市第二家县级侨史学会，融合海丝陶瓷文化开展侨脉传承和侨文化研究工作。

【侨联基层组织建设】　2018年，泉州市侨联坚持党建带侨建，有序推进改革。贯彻侨联基层组织建设工作条例，争取16万元资金补助新成立的基层侨联组织，拓展侨联基

2018年6月4日，泉州市侨商联合会第二届会员大会暨第二届理监事会就职典礼举行　（图/苏田田）

层组织网络；加强对团体会员的工作指导，市侨商会、华侨历史学会完成换届工作；惠安新成立崇武、山霞、东桥、小岞4个镇侨联，实现镇级侨联组织全覆盖；晋江东石镇在全市率先成立镇级侨界青年联合会。2018年，全市有侨联组织1958个，专兼职侨联工作者4000多名，四级侨联网络更加健全，各级侨联组织委员、团体会员以及聘任的顾问等近万人。全市获评省级“侨胞之家”121个，“侨胞之家”示范点20个，数量均居全省第一。全省侨联系统基层组织建设工作现场会在南安市召开，向全省推广“泉州经验”。推进侨情普查工作，40个重点乡镇侨情普查全部验收完成。

【侨联交流服务平台架设】 2018年，泉州市侨联组织开展“2018海外侨胞——泉州行”活动，先后接待菲律宾华商经贸联合会、新加坡国家图书馆、福建古晋公会、印尼印中商务理事会、越南福建商会、北美洲福建社团同乡会、阿根廷中医药学会等数10个团体和施恭旗、陈祖昌等知名侨领，以及越南龚书熊、菲律宾吴旭波、马来西亚黄良杰等侨界新生代。派员赴缅甸、印尼、菲律宾、阿联酋等国家和地区参加乡会庆典及侨务交流活动。安溪侨联与马来西亚安溪会馆联合主办“海丝茶源·华媒原乡行”采风活动；石狮侨联牵头主办第五届“中华情-少年梦”海内外中华青少年儿童文化交流公益活动，广泛拓展新侨联谊。将寻根寻亲服务打造成为联络侨亲的重要服务品牌。集合资源，推进南洋华裔族群寻根谒祖综合服务平台建设，至2018年底收集民间族谱6700多册，争取侨胞认捐慈善资金1600多万元。开通服务热线，关注侨亲寻亲需求，协助新加坡张永安、菲律宾黄年荣等13名侨亲成功寻亲，并协助成功寻亲的泉州籍羽毛球世界名将李宗伟为题材的励志影片《李宗伟：败者为王》在泉首映，获得侨界赞誉。

泉州市台湾同胞联谊会

【概况】 2018年，泉州市台联秉持“两家一家亲”理念，发挥台联组织乡情亲情和人民团体两大优势，以“沟通、联谊、团结、服务”为宗旨，把做好争取台湾民心工作与联谊服务工作结合起来,发挥桥梁纽带作用，推动对台交流。2018年，泉州地区有各级台籍人大代表和政协委员15人，提交人大代表建议和政协委员提案合计31件，建议和提案既突出对台工作的重点，也反映当前社会热点和难点问题。

【台联服务定居台胞】 2018年，泉州市台联开展泉州地区大陆台湾省籍同胞基础数据统计工作，全市有定居台胞1800多户，4800多人，在校台籍大学生99人；全年出具用于定居台胞办理籍贯变更为台湾省的籍贯证明51份，用于中、高考加分照顾的台籍子女证明53份；深入各县（市、区）基层走访台籍企业、台生创业，探望老、弱、病、困台胞，走访慰问“老病困”台胞16人，发放慰问金4万多元；全市有老龄台胞483人、困难台胞4人，2018年发放“老龄补、困难补”专项资金147.73万元。

【对台交流】 2018年，泉州市台联承办第十届海峡论坛“同名村·心连心”联谊活动，组织来自台湾彰化县鹿港镇铺锦巷、嘉义县布袋镇岑海里白沙村及嘉义县溪口乡溪东里等台湾同名村的38位泉州籍宗亲代表及8名大陆宗亲参加活动并返乡省亲；主办“市台联2018年台湾乡亲海丝泉州行”活动，邀请来自台湾嘉义、台中及台南的20多位台湾乡亲参加；主办2018台胞“故地行一家亲”联谊活动，邀请返台定居台胞家庭、两岸婚姻家庭代表共40人到泉州参访，并首次邀请5对陆配家庭参加；举办华侨大学台生迎新同乐汇、华侨大学台生送旧晚会、两岸青年创客参访活动、海丝景点参观等活动，帮助泉州高校台湾师生群体尽快融入泉州；成立由台籍党员组成的台胞宣讲小分队，深入台胞、台商、台企宣讲中共十九大关于对台工作的重大论述、“惠台政策31条”以及如何申领港澳台居民居住证；加强涉台宣传，编辑印发《泉州市第八次台湾同胞代表会议》会刊200份，在全国台联、省台联网站及《台联工作通讯》上，发布主要工作信息近百条，组织参与省台联“我与改革开放40周年”征文投稿21篇,其中发于福建台胞之家网站4篇。

【泉州市第八次台湾同胞代表会议】 2018年3月29—30日，泉州市第八次台湾同胞代表会议召开，来自泉州市各县（市、区）的114名台籍代表出席会议，听取并审议市台联第七届理事会工作报告《不忘初心，继续前行，为谱写台联工作新篇章而努力奋斗》，研究部署新时期的奋斗目标，并选举产生市台联第八届理事会理事、常务理事。会议期间，全国台联、有关省（市）台联，以及高雄市福建同乡会等50多个单位和社团发去贺信、贺电。

泉州市金门同胞联谊会

【概况】 2018年，泉州市金门同胞联谊会（简称金联）立足优势，凝聚金门同胞（简称金胞）力量，拓展与深化“以金联台、以金促台”的工作内涵。组织全市省金联理事及驻会专职干部到济南参加2018年全省金联骨干培训班学习，加强横向联谊，拓宽视野。市金联多次到全市各县（市、区）走访金

2018年4月25日，泉州市金门同胞第八次代表大会召开

（图/泉州市金门同胞联谊会）

胞家庭，重点走访贫困、患病、老年金胞，送去党委和政府的关怀。通过实地走访，了解金胞的实际情况，为“两补”发放工作提供真实数据。2018年，泉州市发放老龄金胞和困难金胞生活补助金（简称“两补”）32.52万元114人次，其中困难金胞9人，老龄金胞105人。

【交流交往】　2018年，泉州市金联围绕巩固深化两岸关系和平发展这一主要任务，坚持把团结广大台湾同胞作为对台工作主线，发挥自身优势，以乡情、亲情为纽带，采取主动“走出去”，热情“迎进来”等各种渠道与金门、台湾各社团进行有效交流，推动两地经贸文化合作，促进两地人员往来，加深两岸同胞情谊。全年接待金门、台湾和东南亚乡亲5团171人次，参与出访1团11人，协助组团出访2团500多人。

【联谊活动】　2018年1月18日，泉州市金联在南安市召开2018年度石狮、晋江、南安片区乡亲联谊工作会，来自石狮、晋江、南安片区的60多位老少乡亲欢聚一堂，畅谈乡情，共商加强乡亲联谊工作等会务发展之计。9月20—21日，由泉州市金联等3家金联共同主办的国台办重点交流项目“2018年两岸金门乡亲中秋联谊”活动在泉州市区举行，市委副书记陈奕辉、省金联会长陈笃彬、台湾金门同乡会总会总会长李台山、金门县政界人士王水彰出席并致词。活动期间，金门乡亲参观山美水库、金鸡拦河闸、龙湖取水泵站、输水管道金井围头入海点等供水工程重要节点，金门乡亲希望以两岸通水为契机，推进两岸各领域合作，共同为家乡金门发展，为两岸关系和平发展贡献力量。10月16日，市金联在市区举行“2018年重阳节老金胞座谈会”，在泉州年满60周岁以上的金门籍乡亲和金胞遗偶90多人参加，除了座谈还安排义诊活动。既弘扬中华民族爱老、敬老、尊老的传统美德，也联络在泉老金门乡亲感情。

【信息宣传】　2018年，泉州市金联编发《金联会讯》9期，向金门乡亲介绍两岸交流、会务工作动态，反映金门政治、社会情况等，内容翔实丰富，多次被省金联报刊《金门乡谊》转载。利用市金联“金胞之家”和“理事”两个微信群，每天发送《金门日报》电子版，让大陆金胞及时全面了解故乡的经济、文化等各方面发展情况。

【泉州市金门同胞第八次代表大会】　2018年4月25—26日，泉州市金门同胞第八次代表大会在市区召开，市委、市政府、市人大、市政协领导，市直有关单位、民主党派、群团领导，全省各兄弟金联以及全市金门同胞代表共110余人出席开幕式。大会通过《第七届理事会工作报告》和《泉州市金门同胞联谊会章程（重新修订草案）》，选举产生第八届理事会。

【闽南童谣大赛】　2018年12月5—7日，由泉州市金联协办的第二届海峡两岸（泉州）闽南童谣大赛在市区举行，金门县代表队以融入乡土教材与特色的作品《印象·金门》获得童谣集体项目小学组一等奖。市金联负责邀请、组织金门县代表队到泉州参赛，并做好比赛期间的联络接待工作。

泉州市文学艺术界联合会

【概况】　2018年，泉州市委出台《泉州市文联深化改革方案》，全市文联系统深化改革推进会召开，部署推进全市文联深化改革工作。市文联坚持“二为”（文艺为人民服务、为社会主义服务）方向、“双百”（百花齐放、百家争鸣）方针和“两创”（创造性转化、创新性发展）方法，突出以人民为中心的工作导向，突出引导推动创作、多出精品多出人才中心任务，突出全面推进文联深化改革，努力开创新时代文艺和文联工作新局面。把握正确文艺导向，引导全市文艺工作者坚持正确创作导向，组织围绕“中国梦”和社会主义核心价值观开展创作和展示活动。泉州市文联第三次代表大会召开。市电视艺术家协会、市曲艺家协会、市国标舞协会、市作家协会、市电影家协会、市校园文学研究会、市南音协会、市美术家协会等8个协会完成换届工作。

2018年，市文联围绕传承发展优秀传统文化和“古泉州（刺桐）史迹”申报世界文化遗产，做好传统文化创作等活动，组织戏曲、书法、南音、传统工艺进校园，举办“新时代 新征程”优秀传统文化进校园——走进惠安荷山中学等活动，营造校园文艺氛围，弘扬中华优秀传统文化，推动海丝文化传承发展。围绕创建文明城市，举办“弘扬雷锋精神 传播道德力量”主题文艺会演暨道德模范故事汇基层巡演，在《泉州文学》月刊刊登社会主义核心价值观公益广告，助力全国文明城市建设。围绕宪法宣传，与市司法局举办“我与宪法”有奖征文比赛、2018宪法法律宣传公益电影放映季。围绕书香泉州建设，联合启动泉州市第十二届“书香泉州”全民读书月活动、“书香家庭 阅读泉州”征文及评选活动颁奖。围绕全国第28个助残日，举办2018“拥抱新时代 共筑新梦想”残疾人艺术作品展暨爱心助残广场活动，弘扬核心价值观。

【文艺创作水平提升】 2018年，泉州市文联推动文艺创作活动。组织文艺创作“五大工程”（括注），组织各协会围绕海洋、海丝题材开展相关艺术门类创作，举办系列名家讲座，开展文学理论或创作专题讲座，举办作品研讨会，组织“新时代 新泉州 新作为”等采风创作活动，和中国网海丝泉州频道开展“泉州文艺家巡礼”网媒展播访谈专题活动。推动雷智华《春风拂过你的脸庞》、曾昆洛《南洋泪》、林筱聆《秘密》、高寒《闽南家园》等4部长篇小说入选福建省作家协会等单位实施的福建作家中长篇小说出版扶持项目，打造中长篇小说精品佳作。举办“海丝情”第四届国际标准舞全国公开赛暨第八届福建省国际标准舞精英赛、2018年泉州市青年歌手电视大赛、第三届福建省曲艺“丹桂奖”少儿大赛泉州赛区选拔赛、福建省第四届“金钟花奖”声乐比赛泉州地区预赛、福建省“全闽共舞、舞动中国梦”广场舞蹈大赛主题活动泉州赛区比赛、首届泉州市少儿街舞大赛颁奖晚会、泉州市首届青少年书画摄影大赛及获奖作品展、“盛世国乐·海丝筝情”古筝大赛、大型原创舞蹈诗《梨园赋》演出活动、2018泉州市原创歌曲展演等展演赛事，推荐优秀作品参加省优秀文学作品榜、音乐“金钟花奖”、舞蹈“百合花奖”、广播电视艺术奖、曲艺“丹桂奖”等全省性文艺评奖。

推动文艺精品生产。加大文艺精品扶持力度，出台系列文艺创作扶持奖励办法。文艺评论、文艺激励不断强化，成立泉州市文艺评论家协会，推动文艺评论的繁荣发展。完善文艺评奖，组织文艺家协会和文艺家申报“五个一工程”创作选题，评选2017年度泉州文学奖、泉州市广播电视艺术优秀作品。文艺创作成果丰硕，庄丽芬凭借南音《海丝航标颂》获第十届“牡丹奖表演奖”，南音《我是泉州海丝小导游》入选中国曲协等单位主办的第八届全国少儿曲艺展演，5个节目获第三届福建省曲艺“丹桂奖”少儿大赛奖项。吴诗亮、罗美珍参演的街舞《黄河》获第十一届中国舞蹈“荷花奖”当代舞奖，舞蹈《我从海边来》获由中国舞协主办的第五届“荷花少年”全国舞蹈展演普通中学组“荷花少年”奖（金奖）。李歆水彩画《丝旅记忆》获文化部主办的第五届丝绸之路国际艺术节——今日丝绸之路国际美术邀请展一等奖，袁峰《秘境》获中国美协主办的第九届“民族百花奖”中国各民族美术作品展（中国画）铜奖，20人作品入选中国美协举办的画展。8人入展中国书协主办的全国第二届行书展等展览，3人学术论文入选中国书法家协会主办的第十一届全国书学讨论会，在“八闽丹青奖”——第二届福建省书法双年展中2人获金奖，9人获金奖提名，占全省的三分之一强。10多篇理论文章在《中国书法》《书法》《书法报》《书法导报》《中国书画报》等专业报刊上发表。4人作品入选第十七届上海国际摄影艺术展，41幅（组）入展“讴歌新时代 共筑中国梦”第26届福建省摄影展。全市作家在《诗刊》《散文》《美文》《散文选刊》《星星》《散文诗》《散文诗世界》《文艺报》《福建文学》等国家级、省级报刊发表作品近300篇（首），另有20多部作品集正式出版。20多位诗人诗作入选各种选本。21个节目获省文联、省电视艺术家协会主办的“福建省广播电视艺术奖”。

【文艺志愿服务与文艺惠民】 2018年，泉州市文联深入基层，扎根人民。开展“扎根生活沃土 服务基层群众”主题实践活动，组织文艺志愿服务队和各协会文艺小分队深入基层开展文艺展演和创作采风等文艺志愿服务活动。举办“新时代 新征程”——福建文艺下基层宣传精神暨文艺惠民演出、“新时代 新征程”——泉州市宣传中共十九大精神文艺志愿服务暨“聚力跨越 攻坚2018”项目一线慰等文艺演出、“新时代 新征程”——泉州市宣传中共十九大精神文艺志愿服务走进南安柳城、德化校园、“新时代 新征程”泉州市宣传中共十九大精神暨“倡导移风易俗 喜迎中秋佳节”文艺志愿服务活动、“推进打黑除恶 深化移风易俗”文艺志愿服务活动等活动。元旦春节组织开展“我们的中国梦——文化进万家活动”“三下乡”“第五届元宵海内外南音大会唱”及“春联进万家 万家挂春联”“党报送祝福 春联抒真情”义务写送春联活动。“5·23”第五个中国文艺志愿者服务日期间举办“向人民汇报”系列文艺活动，表彰一批优秀文艺志愿者。

文艺惠民深入人心。联办“欢乐泉州”基层宣传文化活动，举办“欢乐泉州·走进光前故里”——2018泉州市“身边故事·共同铭记”主题晚会、“欢乐泉州·走进泉惠石化”——泉州市宣传中共十九大精神暨庆祝“五一”国际劳动节文艺演出、“欢乐泉州　走进军营”“欢乐泉州　走进仰恩大学”等，传统节假日期间开展“我们的节日·端午诗会”“我们的节日——重阳节经典诵读活动”等主题活动，组织“一带一路任我行——刘海翔丝路骑行摄影展”、巾帼墨韵——泉州民盟中国书协女会员邀请展、守正出新——2017年泉州市书法家协会新会员优秀作品展、泉州著名艺术家作品展、泉州师范学院美术与设计学院2018年毕业生作品展暨人才推介会、“生态文明·美丽中国”苏佑辉山水画工作室师生作品展、2018泉州市庆祝“六一”国际儿童节文艺演出等文艺为民惠民乐民活动，在小岞设立市文联文艺创作基地，不断满足群众美好文化生活需求。

2018年6月18日，泉州市文学艺术界联合会第三次代表大会开幕

（图/市文联）

【文化艺术交流合作】　2018年，泉州市文联与中国美术家协会、省美术家协会共同主办魏传义艺术作品展，承接中国作家协会庆祝改革开放40周年采风团到泉州交流、中国作协与部分省市自治区作协（文联）“一带一路”工作座谈会、中国摄协“昨天·今天——海上丝绸之路古今对比展”、省第26届摄影展、省“庆祝改革开放40周年”音乐创作采风活动，举办“刺桐点灯红”2018年全国文学名家泉州古城元宵笔会活动、“守望海丝·历史与态度”——2018泉州国际当代艺术展、“印象泉州　海丝艺境”——全国画院院长中国画（丰泽）邀请展、和而不同——福建画家六人展、“借园雅集•第一回”艺术展、海韵初心——甬泉海上丝绸之路美术摄影展、“讲中国故事·第五届全国架上连环画展”（泉州站）、“江海陆·丝路情”三市美术作品交流展、海丝情——华侨大学、台师大及两岸侨界美术书法摄影展、四海拓丝路——2018文化艺术交流周等活动，促进“海丝”题材精品创作。扩大对台对外交流，泉州市电视艺术家协会代表团一行应邀赴台湾地区参加第九届海峡两岸闽南语歌星选拔赛总决赛系列活动。举办“第五届拉美艺术季”客座艺术家交流活动写生作品展，助推中华优秀传统文化的国际传播。

泉州市社会科学界联合会

【概况】　2018年，泉州市社科联围绕党中央治国理政新理念新思想新战略和省、市关于宣传思想工作部署，落实意识形态工作责任制，组织社科界开展理论武装工作。2018年有业务主管的社团45个，联系的高校和社科研究机构22个，指导省、市社科普及基地31个。

【社科研究】　2018年8月，泉州市哲学社会科学研究规划领导小组办公室下发《泉州市社会科学规划项目管理办法》《泉州市哲学社会科学研究规划领导小组办公室关于泉州市社会科学规划项目2018年课题立项的通知》。2018年课题立项105项，其中重大项目1个、委托项目5个、重点项目13个、一般项目39个、青年项目27个、合作项目20个。9月，市财政局、市社科联联合印发《泉州市社会科学规划项目资金管理规定》。12月，市社科规划办下发《泉州市哲学社会科学研究规划领导小组办公室关于泉州市社会科学规划项目2018年第二期课题立项的通知》，共立19项，由市人才工作专项资金列支经费予以资助。2018年，泉州有25个课题获国家社科基金项目立项，其中重大项目2个，重点项目3个、一般项目15个、青年项目5个；有42项课题获福建省社科规划项目立项，其中年度一般项目27个、青年项目10个，后期资助项目5个。

【社科活动】　2018年1月20日，

泉州市社科联与福建省禅文化交流促进会、泉州市弘一大师学术研究会、石狮日报社联合主办纪念弘一大师圆寂75周年专题摄影展。4月7日，市社科联与泉州市孔子学会、晋江市地方志编纂委员会办公室共同举办的“家训家风与现代教育”座谈会。6月24日，市社科联与市教育局、市职业技术教育研究会、泉州市轻工职业学院共同举办两岸职业教育论坛第八次峰会。10月13日，市社科联、市高校马克思主义理论教学研究会联合举办泉州市高校马克思主义理论教学研究会2018年年会暨学术研讨会。12月1日，市社科联举办泉州“企业家精神与互联网创新”论坛。

【学术交流】 2018年10月15—17日，泉州市社科联组织参加第三届全国“一带一路”沿线城市智库联盟大会，泉州师范学院教授林华东在大会分论坛作题为《海丝门户泉州古城文化的复兴与传播：价值与路径》的交流发言。11月9日，市社科联和泉州信息工程学院联合主办泉州服务业“超常规”提速发展战略研讨会。11月30日，市社科联与泉州师院联合举办“一带一路”与泉州全域旅游建设学术研讨会。12月2日，市社科联和安溪县政府、泉州师院共同举办“李光地研究”学术研讨会。12月9—10日，市社科联与黎明职业大学联合举办“高职教育深化产教融合服务区域发展学术论坛”。12月25日，市社科联与黎明职业大学等承办福建省社科界2018年学术年会分论坛——“一带一路”与21世纪海上丝绸之路先行区建设研讨会。

【社科刊物】 2018年，泉州市社科联出版会刊《泉州学林》正刊4期，在编发学术理论文章的同时，结合时政热点推出《学习贯彻党的十九大专栏》《一带一路研究》《红色文化》等专栏，发挥会刊的阵地作用、窗口效应、示范效果。联合相关单位和社团，编辑《家训家风与现代教育》增刊。

中国国际贸易促进委员会泉州市支会

【概况】 2018年，中国国际贸易促进委员会泉州市支会（简称市贸促会）发挥国际、国内两个优势，搭建国际与国内、企业与政府之间两座桥梁，开展民间经济外交，扩大对外开放，促进交流合作，直接服务泉州市外向型企业，促进泉州同世界各国各地区的贸易往来和经济技术合作的发展，产生广泛的影响。为泉州企业“引进来”和“走出去”，开拓国际市场牵线搭桥，发挥优势作用。2018年组织167家企业参加墨西哥服装展、美国拉斯维加斯服装展、越南纺织机械展、波兰贸易展、中国香港茶业展等32个国际展会，参展展位数205个；推动泉州与境外，特别是“一带一路”沿线国家、地区之间的经贸合作，实现经济效益、社会效益共赢互促；协助83家参展企业申报98个展位的省级参展补贴，协助132家参展企业申报186个展位的市级参展补贴，补助金额超400万元，减轻企业参展成本，激发企业参展的积极性。

【泉州品牌推介】 2018年，泉州市贸促会对接泉州打造海丝重要门户城市的战略部署，呼应泉州品牌“境外行”“海丝行”活动，以展览职能为抓手，引导企业拓展国内外市场。展览业务工作在全省贸促工作会议上作典型发言，展览合作项目获得香港贸发局致信称赞。

以“新丝路、新合作、新融合”为主题举办“第四届海丝国际品牌博览会”。展会设置展位544个，展示面积2.6万平方米，共吸引来自37个“海丝”沿线国家和地区的417家企业参展。专门设置“六馆两展区”（即安溪茗茶与藤铁工艺馆、德化瓷器馆、永春香道馆、惠安雕艺馆、泉州商标品牌展馆、智能制造馆，以及泉州“海丝”文化展区和泉州市旅游展区），宣传展示泉州作为“海丝”起点城市同“海丝”沿线国家、地区开展文化和经贸交流的历史传承，以及当代福建、泉州在“海丝”核心区、先行区建设中的新发展、新成就。展会期间到现场参观采购的境内外专业客商、观众51469人次，国内外有70家媒体、150多名记者到会报道，刊发各类原创报道250多篇，各类直播报道共计吸引超过百万名网民参与。同时，由泉州国际商会主办第六届、第七届中国·泉州国际汽车文化贸易博览会、第四届日辉水头国际汽车展示交易会等，指导石狮市贸促会利用品博会影响力，推进福建省进口商品展示中心项目，打造“永不落幕”的进口商品展会，取得初步成效。此外，晋江市贸促会牵头承办“第二十届中国（晋江）国际鞋业暨第三届国际体育产业博览会”和“泉州（晋江）汽车展览会”，取得良好的经济和社会效益。

坚持“量质并举，以质为主”的原则，注重提高展览服务与产业发展、企业需求的匹配度，年初围绕汽配、纺织鞋服、食品等重点产业领域，精心规划74个全球展会、25个重点展会，有的放矢地引导企业拓展国内外市场。8月份组织泉州12家茶产业企业、15个展位参加中国香港国际茶展，参展企业皆与中国香港及国外买家达成合作意向；9月份组织20家企业、20个展位参加福建文化产业金砖国家（俄罗斯）博览会，利用厦门金砖会晤精神的辐射效应，推动泉州白瓷、石雕、影雕等传统文化“走出去”，特别是五洲陶瓷有限公司分别向俄罗斯国家现代历史博物馆和索科利尼基会展中心博物馆捐赠2套国宴餐具做为永久收藏，展示泉州非物质文化

2018年9月30日，第二十四届中国·泉州国际车展在晋江SM国际展览中心开幕　（图/薛　凌　张和琛）

遗产的传承与创新，促进中俄国际艺术交流合作。

【商事法律服务】　2018年，泉州市贸促会探索商事法律服务的应对思路和对策，拓展法律服务领域、提高法律服务质量，为企业开展国际化经营保驾护航。

出证认证。深化“放管服”改革，落实省贸促会要求，推行“单一窗口”审批模式，全面改革企业注册方式及原产地证申报系统，实现“一个平台、一个界面、一点接入、一次申报”，有效缩短审批时限、提高服务效率。同时配套开展宣传推广和网络注册指导工作，2个月时间就有半数企业通过单一窗口办证。注重加快电子化签证进程，推广自主打印项目，基本完成注册企业网上签证系统的印章、签名上传工作，有20家企业实现自主打印。改进货物原产地实地核查方式，由原先的全覆盖核查，改为随机、重点核查，即由市贸促会联合企业所在基层贸促会采取不定期抽查或抽检敏感产品的方式，进一步简化出证认证手续。通过服务的跟进、流程的优化，在对外贸易环境复杂多变的形势下，出证认证工作依然稳中有进、稳中向好，截至12月30日，全市贸促系统为企业签发一般产地证34319份，比上年增长3.3%；优惠产地证6892份，增长37.4%；涉及出口总金额119526万美元；代办领事认证1355份，增长18.3%；办理商事证明2226份，增长15.4%；注册企业175家，增长90.0%。

培训指导。做好新注册企业的“一对一”“面对面”培训指导，带政策、带案例、带方法向企业宣讲各级各部门惠企政策，介绍贸促会的业务范围及出证认证遇到的典型案例，分析企业经营和开展贸易过程中遇到的问题和困难，共同探讨防范风险、增强竞争力的方法和途径，2018年累计培训企业33家、受众110多人次。注重开展专题化、专业化的培训讲座，联合福建省贸促会、必维国际检验集团、南安市贸促会分别举办福建省“涉外商事法律服务八闽行”暨“一带一路”商事法律服务高峰论坛、“鞋服企业如何实现时尚运动潮流引领下的绿色制造”“浅谈贸促会商事法律服务职能及外贸出口风险的防范与应对”等三场培训讲座，共有500多家企业、800多人参加讲座，普及最新法律知识，规避贸易风险。

预警提醒。坚持上下联动、共建共享的信息传递机制，一方面自上而下，利用即时通讯平台、贸促简讯等开展反倾销反补贴信息咨询服务，全年向企业发送经贸摩擦预警信息287条；另一方面向下而上，协同省贸促会在泉州闽发铝业、匹克集团等5家企业设立“福建省经贸摩擦企业监测点”，及时掌握企业反馈的意见和建议，帮助政府尽早掌握国外市场动态和贸易壁垒信息，做到早发现、早预警、早防范。积极做好中美贸易摩擦应对工作，8月份和省贸促会联合举办“涉外商事法律服务八闽行（泉州站）”培训活动，邀请中国贸促会出证认证专家和闽江学院教授，为泉州110多家企业讲授原产地规则判定标准和贸易壁垒应对方法。9月份再次联合中国贸促会法律事务部、中国贸促会知识产权服务中心、市商务局，共同举办“美国301调查暨贸易摩擦应对培训会”，邀请全程参与应对“美国301调查”的专家顾问组成员，现场指导泉州出口企业如何有效进行关税豁免申请，共有泉州涉美出口企业代表等220多人参会，获得企业一致好评。市贸促会应对中美贸易摩擦工作得到中国贸促会法律事务部的表彰。

帮扶援助。坚持因企施策、因案施策，做好使馆认证、商会敦促履约等各项咨询、援助服务，为企业开展国际化贸易铺路搭桥。2018年，争取中国贸促会商事认证中心支持，指导泉州华辉厨具有限公司在20天内完成因参与菲律宾投标项目需要办理的39份使馆认证，促使企业成功中标150万美元的工程项目；通过中国贸促会商事法律服务中心，采取敦促履约程序，帮助泉州蒲源服装有限公司催讨被墨西哥客户拖欠的货款，得到企业赞誉及好评。

【对外联络拓宽商机】　2018年，泉州市贸促会紧跟贸易形势、对接企业需求，深化合作内涵、畅通交流渠道，为企业寻找投资项目和合作伙伴牵线搭桥。

经贸配对。利用“4·18”“5·18”“9·8”等大型经贸活动时机，组织220多家企业参加各种国际经贸推介会、洽谈会、对接会，先后主办或协办中国（泉州）—印度贸易投资推介会、21世纪海上丝绸之路博览会等经贸对接活动8场次，为企业寻找经贸投资项目和洽谈合作搭建平台。注重供需匹配、精准对接，发挥桥梁纽带作用，引荐联创厨卫与世贸中心协会和澳大利亚珀斯、加拿大温尼白世贸中心以及加拿大银行开展洽谈对接，促成世贸中心协会为该企业联系当地主要批发商、开发商、连锁超市与其对接；引荐泛家居“饰家小站”与世贸中心协会沟通，助推双方达成泛家居线上服务平台资源共享合作意向；引荐市港口局与意大利那不勒斯市副市长见面交流，促成双方在助力港口建设等方面建立良好互动关系。指导基层贸促会利用经贸平台开展招商引资工作，永春县贸促会一年招引12家新备案外商投资企业，合计利用外资2.45亿元。

联络交流。先后接待印度驻广州总领事馆总领事唐施恩等9个国内外经贸代表团到泉州考察访问，组织企业与其开展洽谈对接。加强与世界贸易中心协会、琉球经济战略研究会等境外商协会的沟通联络，合作举办“2018丝路中欧投资论坛”等活动，落实合作协议内容，深化友好合作关系；协同省贸促会推动台湾公司半导体生产项目落户南安。

合作共建。主动谋求与国（境）外商协会、经贸机构建立联系沟通，深化常态合作，为泉州企业“走出去”和“引进来”提供良好平台。2018年，市贸促会分别与印尼印中商务理事会、葡萄牙中工商会、琉球经济战略研究会等3家境外商协会签订联络处授权协议书或友好合作备忘录，延伸对外联络的触角。市贸促会作为见证机构，与印中商务理事会和安溪县茶叶协会、安溪县农民讲师团等共同签署《关于联盟合作投资开发茶叶种植、商贸活动及茶文化交流意向书》，助推泉州茶产业企业开拓国际市场。继续保持与35家国境外合作协议单位的常态化联系，不断巩固和提升对外联络成效。

【商会载体建设】 2018年，泉州市贸促会做好商会会员的发展、管理、服务工作，团结凝聚会员企业，把国际商会打造成“会员之家”。按照中国贸促会、福建省贸促会的部署安排，集中市、县两级贸促会力量，下基层、进企业、到园区，全力做好存量会员的信息更新和增量会员的宣传发动工作。2018年发展会员2284名，会员的代表性、覆盖面得到有力增强。注重会员发展工作的规范化和常态化，建立日常发动、阶段汇总、属地管理的工作机制，确保会员发展在平时、管理不断档。指导惠安县贸促会建立“一带一路”大惠安商会联盟，推动企业抱团发力、集群发展，扩大国际商会影响力。

推行商会企业副会长承办活动制，在泉州梅洋塑胶五金制品有限公司举办泉州国际商会会长扩大会议，围绕企业发展、联谊协作、资源共享、商会建设等问题开展交流座谈，并邀请华侨大学张向前教授为与会70多家企业作“《道德经》与企业家卓越领导力”专题讲座，为会员提供联络感情、交流经验的平台。加强与会员企业的日常联络，深入企业实地了解发展情况，收集企业在生产经营及进出口贸易过程中存在的困难问题，有针对性地开展企业帮扶工作。

办好《泉州贸促简讯》，及时向会员企业传递国内外最新经贸形势和预警信息，2018年编发《泉州贸促简讯》12期3600份。深化和主流媒体合作，宣传推介泉州贸促系统良好风貌和商会会员企业风采，联系匹克集团进行专访，在东南快报发表《中国很大，但世界更大》的专访报道，分享国际商会会员企业的成功经验；5月份协助中国贸易报社在泉州成功举办“全国贸促系统特约记者高级研修班”，利用培训机会邀请匹克集团许景南董事长讲授“‘一带一路’品牌战略”，宣传改革开放40周年的“晋江经验”。

泉州市残疾人联合会

【概况】 2018年，泉州市残联健全残疾人社会保障和服务体系，推进残疾人同步小康进程，为加快推进“五个泉州”建设做贡献。全市残联系统22项助残工作列入党委政府为民办实事项目，8.6万残疾人受益。其中：实施2个市级项目，投入1663.84万元，为全市2.11万残疾人发放“一户多残”家庭残疾人生活补贴和4066名低保重度肢体残疾人发放居家养护补助。

【残疾人社会保障与权益维护】 2018年，泉州市2.83万名残疾人纳入城乡最低生活保障范围。贫困残疾人作为重点群体纳入全市脱贫攻坚大盘，围绕“两不愁、三保障”目标，精准实施帮扶工作，投入1825万元扶持创建3个农村残疾人扶贫基地、扶持590户农村困难残疾人就业创业、为600户困难残疾人家庭实施“造福工程”“安居工程”和危房改造项目。落实残疾人参加基本养老保险和基本医疗保险个人缴费资助政策。投入1.25亿元发放残疾人困难生活补贴、重度残疾人护理补贴、“一户多残”家庭残疾人生活补贴、低保重度肢体残疾人居家养护补助、60周岁以下贫困重度残疾人一次性临时价格补贴、为重度残疾人购买居家生活照料服务和救助发生重大疾病或重大变故等临时特殊困难残疾人，13.4万人次残疾人受益。开展关怀困难残疾人家庭温暖过冬行动，帮扶结对挂钩的永春县下洋镇含春村和德化县大铭乡贫困残疾户，元旦、春节、中秋和“全国助残日”期间走访慰问困难残疾人家庭4520户，发放物资500多万元。开展残疾人基本服务状况和需求信息数据动态更新工作，完成16万多名残疾人入户调查工作。贯彻落实《福建省残疾人证管理实施办法》，举办全市残疾评定医师业务培训班，规范残疾人证核发管理。加强残疾人法律救助工作站建设，妥善办理议案提案和残疾人来信来访，没有发生集体越访闹访事件，切实维护残疾人合法权益。

【残疾人康复】 2018年，泉州市投入2700多万元救助1800多名0～14岁听力语言残疾、视力障碍、肢体（脑瘫）、智力残疾或孤独症儿童，为46名听障儿童申请免费人工耳蜗手术，依托市级脑瘫儿童康复基地收治脑瘫患儿近百例。投入94万元扶持13家民办残疾儿童康复机构发展。投入236万元为1378名残疾人提供辅具补贴及服务。投入500多万元为3000多名精神残疾人提供服药补助，促进严重精神障碍患者肇事肇祸问题得到及时妥善解决。在全省率先筹建启用市级残疾人心理咨询室，坚持每月组织开展康复义诊和心理健康辅导“双下乡”服务，满足偏远山区、出行不便残疾人康复需求。市残联联合卫健等部门在电视台录播专题节目、在报纸刊载专版信息、在公交车和居民住宅区宣传预防常识、开展知识问答、义诊活动等，宣传普及残疾预防知识，制作《残疾预防 从我做起》公益动画短片获中残联微视频征集活动一等奖。指导丰泽区做好全国残疾预防综合试验区创建试点工作。

【残疾人就业创业】 2018年，泉州市投入262.32万元落实集中就业、安置就业、灵活就业等扶持残疾人就业创业优惠政策，常态化开展专场招聘、推介指导等工作，搭建残疾人手工艺品网络展销平台，创建3家残疾人辅助性就业机构，举办盲人保健按摩、电子商务、手机维修等技能培训班17期，免费培训残疾人1072人，鼓励推动残疾人积极就业。举办泉州市第五届残疾人职业技能竞赛，组织参加全省第六届残疾人职业技能竞赛，获团体第二名。市残联指导选送优秀残疾人、就业机构工作人员参加竞赛，获第三届“中国创翼”创业创新大赛福建赛第一名、全国残疾人岗位精英职业技能竞赛“拼搏奖”、“全国职业指导模范”等佳绩。19名残疾人获“泉州市高层次人才”“泉州市工艺美术大师”“泉州市技术能手”。全市征收残疾人就业保障金2.5亿元。

【残疾人教育】 2018年，泉州市贯彻落实《残疾人教育条例》，出台《泉州市第二期特殊教育提升计划（2018—2020）实施方案》，修订完善扶助残疾学生和贫困残疾人家庭子女就学工程实施方案，投入340万元资助1775名残疾学生和残疾家庭子女就学及53名残疾儿童接受学前教育。推动发展残疾人职业教育，泉州师院教育科学学院被确定为国家级残疾人职业培训基地。

【残疾人文体宣传】 2018年，泉州市在“全国助残日”“残疾预防日”“国际残疾人日”期间，开展市四套班子领导走访慰问、爱心助残广场活动、慈善捐赠、残疾人文艺会演、艺术作品展览义卖、关爱贫困残疾母亲行动、康复义诊、志愿服务等系列活动和助残服务，营造扶残助残氛围。开展残疾人群众文化体育活动，举办泉州市第五届残疾人运动会，蝉联全省残运会金牌总数和团体总分第一名，并获优秀组织奖和团体体育道德风尚奖。泉州残疾人运动员杨丽婉获2018年雅加达亚残运会和世界残奥田径大奖赛标枪、铅球、铁饼项目冠军。加强“残疾人在线”网站和“泉州市残疾人联合会”微信公众号运营管理，弘扬新时代残疾人事业主旋律和社会扶残助残正能量。

【政府购买助残服务】 2018年，泉州市推进政府职能转变，政府购买助残服务在全市全面铺开，投入292万元购买社会组织助残服务项目23个，内容涵盖残疾人居家托养、赛事承办、心理咨询、婚恋辅导、技能业务培训、广场活动、文艺作品展、法律咨询、媒体宣传、专项调查等，多元化满足残疾人个性需求，4.5万残疾人受益。

【残疾人工作队伍建设】 2018年，

2018年12月4日，泉州市代表团获福建省第八届残疾人运动会金牌数和奖牌数双第一　（图/市残联）

泉州市立足残疾人工作实际，落实全面从严治党主体责任，加强党的政治建设，严肃党内政治生活，完善内部管理制度，主动融入“机关党旗红‘五个泉州’在行动”主题实践活动，实施“不忘初心勇担当，残健携手奔小康”特色党建项目，推进“两学一做”学习教育常态化制度化。贯彻执行民主集中制，树立正确选人用人导向，重视加强干部选拔培养，严格执行干部选拔任用原则、标准、程序，推进干部提拔使用和交流轮岗，激发干部队伍活力，市残联领导班子在市委组织部综合考评中被评为“好”的班子。

泉州市红十字会

【概况】 2018年，泉州市红十字会把解决“民心所向”问题作为红十字会工作开展的出发点，把红十字“人道、博爱、奉献”精神与社会主义核心价值观结合起来，主动讲好红十字会用实际行动贯彻党的路线方针政策，践行人道主义的故事，获福建省“与人道同行”演讲比赛分获个人一、二等奖。创新尝试泉城骑行募捐筹款活动，于5月联合泉州市旅发委、泉州市体育局、丰泽区政府举办“泉州问候”泉城骑行爱心公益活动，取得良好的社会反响。2018年，泉州市无偿献血量名列福建省前茅，并获评全国无偿献血先进市。

【人道救援】 2018年，泉州市红十字会加强市属人道应急志愿服务队伍打造，推动队伍整体建设水平。开展人道救援活动，动员爱心力量守护一方平安。各红十字救援志愿服务队坚持值守巡查，开展水域巡查和安全宣传劝导2000多人次；参与落水人员搜救，施救109人次；参与灾害抢险29次，备勤3次，帮助受灾群众257人。注重树立典型并加强宣传，在中国红十字报刊登了专题报道《危机时刻始终冲锋在前——追记泉州红十字迅捷应急救援队员杨维维》。泉州市红十字迅捷应急救援队整体水平得到质的飞跃，得到中国红十字会总会的认可。3月，中国红十字（福建）水上救援队正式挂牌，成为承担国际人道救援任务的国家级队伍（全国仅有3支同类型队伍）。

【人道救助】 2018年，泉州市红十字会开展“福建爱心公益日”和“博爱送万家”活动，与市总工会、团市委、市妇联、市残联、市志愿者协会联合发起活动倡议，组织各级红十字会和志愿服务队伍，联合真情在线等民间公益团队，先后开展慰问独居老人、困难家庭、器官捐献者家庭等困难对象。2018年，通过红十字救助基金、精准扶贫、结对帮扶、慰问救助等，累计救助困难群体款物价值近60万元，争取上级救助100多万元。泉港刘经文医疗救助基金运行3年来，支出近600万元，救助746人，良好的成效得到群众的赞誉，得到捐赠人的认可并决定再次为项目注资5年共1000万元。

【生命救护】 2018年，泉州市红十字会推进应急救护“六进”（进社区、进农村、进学校、进企业、进机关、进家庭）活动。与卫生计生部门联合，全面铺开应急救护知识“六进”活动，在省红十字会的支持下，先后举办3期“六进”活动专项师资培训班，培训卫生系统救护师资120多人，开办“红十字救护员”培训22期，培训红十字救护员1200多名；开展“防灾避险”“应急救护”“健康关爱”等内容活动20多场次，举办专题讲座80多场次，受益群众1万多人；举办23期“扬水上安全之帆，为生命保驾护航”水安全知识进校园课；继续与泉州市特教学校联合，举办27期“青少年应急救护知识课堂”，受益学生1.7万多人。举办第一届泉州市红十字应急救护知识大赛，组队参加福建省第三届应急救护大赛，获得团体和个人三等奖的好成绩。

【“三献”工作】 2018年，泉州市红十字会加强“三献”（无偿献血、造血干细胞捐献、遗体和人体器官捐献）宣传等志愿服务活动。坚持每周组织志愿者走上街头开展“三献”工作宣传，结合各种节日、纪念日活动常态化宣传“三献”工作，继续依托器官协调员宣传推动、打造信息互通渠道，服务保障人体器官捐献工作，做好接收遗体捐献指导工作。2018年，泉州市无偿献血量名列全省前茅，100%保障了临床用血，实现造血干细胞捐献登记210多份，成功捐献造血干细胞2例；实现成功捐献器官13例，实现遗体捐献5例，居全省 前茅。

泉州市中华职业教育社

【概况】 2018年，泉州市中华职业教育社（简称泉州市职教社）突出“统战性、教育性、民间性”优势和特点，在助力泉州市经济社会建设、推动职业教育研究与实践、开展温暖工程、服务社员发展、深化对外交流合作、加强自身建设等方面着力开展工作。在中华职业教育社（总社）“第六届黄炎培职业教育奖”评选活动中，4名泉州社员榜上有名。泉州市职教社积极参与泉州市统一战线开展的“同心助学松柏成才”行动，资助30名团体社员院校大学生。中共泉州市委人才工作领导小组首次将“黄炎培职业教育奖杰出校长奖”列入《泉州市高层次人才认定规定》第四层次人才认定标准。

【建言献策】 2018年，泉州市职教社把调查研究、建言献策作为履职尽责的重要内容，紧紧围绕泉州市经济社会发展面临的新形势和新挑战，深入调查研究，了解实际情况，积极建言献策。

利用“两会”平台建言献策。据不完全统计，2018年，泉州市职教社通过社员中的各级人大代表、政协委员向“两会”提交30余份的调研报告、提案、议案、建议。泉州市职教社社务委员杨京钟分别在省政协会议上提交4份提案，其中一份提案在人民网等新闻媒体上报道转载；社务委员王鸿燕在市政协会议上提交的提案得到大会好评。

组织专题研讨。民建泉州市委会主委、泉州市中华职教社主任戴仲川参加中共泉州市委实施乡村振兴战略参政调研工作政党协商会并发言，为实施乡村振兴战略献计献策。泉州市职教社参加中共泉州市委统战部开展的“党外人士建言献策活动”，其中《“供给侧改革”视域下高职院校质量保障体系建设》等五篇文章被收录。泉州市职教社参加“深化产教融合，助力‘五个泉州’建设”的主题研讨活动，遴选的《新时代语境下泉州德化陶瓷的传承与发展》等5篇调研论文参加“实施乡村振兴战略”论坛。

参与中华职业教育社（总社）调研活动。6月4日，中华职业教育社（总社）党组书记、总干事方乃纯一行到泉州市职教社团体社员院校闽南理工学院、泉州理工学院，开展“新法新政背景下民办职业院校发展专题调研”活动。泉州市职教社就《中华人民共和国民办教育促进法》及相关政策背景下民办院校发展情况、办学经验和遇到的困难和问题，提出意见和建议。

【温暖工程】 2018年，泉州市职教社广泛动员社会力量，多方募集资金，拓宽工作领域，在开展温暖工程等公益活动方面取得新成效。

参与泉州市统一战线开展的“同心助学 松柏成才”行动。8月21日，在泉州市统一战线“同心助学 松柏成才”首次助学金发放仪式上，泉州市职教社为贫困学生代表发放助学金。9月5日，泉州市职教社将募集的30万元助学金发放到团体社员闽南理工学院、泉州信息工程学院、泉州理工职业学院（现更名为泉州职业技术大学）、泉州华光职业学院、泉州轻工职业学院、黎明职业大学等6所院校30名品学兼优、家境困难的学生手中，每人1万元。

推动团体社员参与社会公益事业。泉州市职教社副主任、闽南理工学院执行董事许栋樑捐赠550万元，支持石狮市发展教育、医疗等慈善事业。泉州市职教社副主任陈荣聪设立“盛荣奖学助学奖教基金”，并为部分困难师生提供20万元资助。团体社员南安职业中专学校11人赴宁夏青铜峡市职业教育中心学习考察，就“一对一”结对帮扶工作开展实地对接。团体社员泉州信息工程学院为安溪大坪乡贫困学生减免未来4年的5万元学杂费用。

【交流合作】 2018年，泉州市职教社以增进同行友谊为纽带推动合作交流。4月，团体社员闽南理工学院举办第七届“石狮杯”全国高校毕业生服装设计大赛，97所高校选送了1079件优秀毕业作品参与交流。6月6日，泉州市职教社组织泉州民办职业教育界代表泉州华光职业技术学院董事长吴其萃、公办职业教育界代表福建经贸学校校长郑乃吉和职教界教师代表福建电力职业技术学院教授高清林等社员赴厦门参加第十届海峡论坛；在两岸职业院校校长对话会上，吴其萃应邀上台与海峡两岸职业教育同仁对话交流。7月2日，泉州市职教社副主任、泉州轻工学院执行董事王树生赴加拿大进行考察，与谢尔丹（Sheridan）学院、威尔弗里德劳里埃（Wilfrid Laurier）大学和布鲁克（Brock）大学等建立联系，就教师培训计划、特殊英语课程等事宜进行初步探讨与计划。8月，泉州华光职业技术学院举办中国台湾同胞青少年“寻根之旅”泉州华光营活动，中国台湾13所高中的16名中学生，感受两岸一家亲。9月，邀请黎明职业大学派员参加中华职业教育社（总社）与中国机械工业联合会举办的全国装备制造业产教融合校企合作现场推进会。

【黄炎培职业教育奖参评组织】 2018年9月，泉州市职教社在社员中推选6个候选对象参加中华职业教育社（总社）第六届黄炎培职业教育奖评选活动。经过中华职业教育社（总社）评审委员会审核评议，泉州信息工程学院、黎明职业大学党委书记王松柏、泉州医学高等专科学校检验预防学院院长王翠玲、黎明大学教授杨京钟分获优秀学校奖、杰出校长奖和杰出教师奖。11月，在泉州市职教社的推动下，市委人才工作领导小组在《泉州市高层次人才认定规定》中，首次将“黄炎培职业教育奖杰出校长奖”列为第四层次人才认定标准。

外事 侨务 港澳台事务

外 事

【概况】 2018年，泉州市参与重大涉外活动，推动国际交往，深化国际友城工作。全年接待重要外宾团组40批401人次、外国驻华使领馆官员22批186人次、外国主流媒体7批186人次。

【交流交往】 2018年，泉州市接待菲律宾前总统、众议长阿罗约，俄罗斯联邦卡累利阿自治共和国副行政长官，巴西联邦共和国体育部副部长安德烈·阿格洛，泰南行政机构主席代表团，印尼专业集团党干部考察团，尼日尔干部考察团，泰国国家立法议会第一副议长素拉猜，乌兹别克斯坦花拉子模州州长艾尔玛诺夫，俄罗斯联邦卡累利阿自治共和国行政长官帕尔芬奇科夫，韩国光州广域市市长李庸燮，纳米比亚人组党副总书记，人组党党校校长马尔科·豪西库，菲律宾仙朝峨市市长陈约瑟，菲律宾达沃市市长萨拉·杜特尔特，新加坡文化、社区及青年部长兼社区事务署主管部长傅海燕等外宾到访泉州；市委书记康涛率团赴巴林开展“申遗”专项工作，市政协主席陈灿辉率团访问日本浦添市，举行两市结好30周年纪念活动。

【国际友城工作】 2018年，泉州市深化国际友城工作，夯实与已有友城友好交流合作基础，泉州市第一个国际友城日本浦添市获全国友协颁发的“对华友好城市交流合作奖”，浦添市市长来华参加在武汉举办的第四届中国国际友好城市大会，并在大会上作经验介绍发言。拓展新友城，与俄罗斯迈克普建立友城关系，与菲律宾怡朗市、韩国光州市签署建立友好城市关系意向书。落实友城交流项目，组团赴日本浦添参加两市结好30周年庆祝活动，赴马来西亚参加古晋南建市30周年，赴德国诺伊施塔特市、日本浦添市开展青少年交流活动。组织赴韩国光州市参加“光州边缘艺术节”，韩国光州市市长率团到泉州出席“郑律成音乐节”。邀请德国诺市人员到泉州市研修；邀请友城官员参加福建省国际友城联络员研修班，德国诺市参加人员的文章在福建省“改革开放40周年”征文比赛中入围获奖；选派医生赴韩国光州研修；组织乡镇主要领导参加日本“乡村振兴与美丽乡村建设干部培训”。晋江与菲律宾达沃市正式建立友好城市关系，晋江与菲律宾卡兰巴市、南安与菲律宾曼达威市签署建立友城关系意向书。

【监督管理】 2018年，泉州市加强外事管理，印发《关于进一步规范国家工作人员因公出国(境)管理工作的通知》，全年办理因公出国（境）团组162批624人次，调整、压缩28批32人次。服务“世中运”和古泉州（刺桐）史迹“申遗”等专项工作出访团组，办理相关出访事项8批28人次；办理学术团组和招才引智团组14批23人次。对52个市直单位开展因公出国（境）专项督查。开展海外安全、领事保护知识宣传“进机关、进企业、进校园、进社区”活动14场，举办“文明旅游，为中国加分”主题晚会暨《泉州市出国（境）旅游指南》首发仪式，制作《泉州市文明安全出国》宣传短片并在泉州主流媒体和公共场所播放。

【出入境服务工作】 2018年，泉州市为企业人员商务出国提供优质服务，全年受理办APEC商务旅行卡82批122人次、发卡185张；在晋江、德化举办2场APEC商务旅行卡推介会。做好外国人到华签证《被授权单位邀请函》更改为《邀请核实单》，受理该事项1030批1834人次。联合印度驻广州总领馆在泉州举办投资贸易投资推介会。

2018年泉州市重要对外交流活动一览表

表11

时间	交流活动内容
1月22—25日	俄罗斯联邦卡累利阿自治共和国副行政长官17人一行访问泉州
2月6—11日	市政府副市长周真平率团赴法国开展“申遗”专项工作
2月27日至3月4日	市政府副市长周真平率团赴意大利开展“申遗”专项工作
3月5—6日	韩国光州市外办代表团一行5人访问泉州，旨在与泉州市洽谈建立友城、邀请泉州市代表团参加“中国文化周”活动和举办医疗观光推介会等事宜。其间，客人一行参观开元寺、建发旅行社、海交馆和清净寺
4月14日（部级）	巴西联邦共和国体育部副部长安德烈·阿格洛、巴西足协国际事务部部长文森特·坎迪多一行10人访问泉州，拜访泉州师院、石狮市和晋江市人民政府。副市长肖汉辉接见客人一行
4月18—22日	第四届中国（泉州）海上丝绸之路国际品牌博览会在泉州石狮举行。博览会以“新丝路、新合作、新融合”为主题，来自全球近40个海丝沿线国家（地区）的参展企业共计318家，参展商近500人参加活动
4月19—22日	第二十届中国（晋江）国际鞋业暨第三届国际体育产业博览会在泉州晋江举行。展会以“魅力体博盛会，丰富晋江经验”为主题
4月27—28日	缅甸克钦邦政府代表团一行10人访问泉州，旨在了解泉州市经济社会发展情况。期间，客人一行参观开元寺和海交馆
5月6—8日	泰南行政机构主席代表团一行14人访问泉州，旨在了解泉州市经济社会发展以及“海丝”建设相关情况。市政府副市长季翔峰在泉州酒店与客人一行餐叙。其间，客人一行赴华侨大学座谈，参观考察开元寺、海交馆、安通控股股份有限公司安踏体育用品有限公司
5月7—9日	印尼专业集团副秘书长弗尔莫尤塔为团长的印尼专业集团党干部考察团一行15人访问泉州市，了解泉州市经济社会发展情况，考察“海丝”历史古迹。在泉州期间，考察团一行参观海交馆、圣墓、清净寺
5月10—12日	德国莱法州德中友协主席波利斯伯爵夫妇一行访问泉州，参观小岞美术馆、泉州木偶剧团，观看木偶表演，拜访花灯制作和锡雕非遗传承人
5月11—12日	文莱青年官员访华团一行5人于5月上旬访华，开展“感知中国”访问活动，于5月11—12日访问泉州市。在泉州期间，访华团走访海交馆、清净寺、圣墓、晋江五店市、安踏集团
5月19—22日	“2018福建省东盟官员暨国际友城联络员研修班”一行20人访问泉州，旨在密切泉州市与东盟政府及国际友城之间的联系，增进对泉州市经济社会发展情况的了解，推动双方友好交流与务实合作。其间，客人一行参观开元寺、木偶剧团、清净寺、少林寺、海交馆、蟳埔蚝壳厝、安踏体育用品有限公司、晋江城市展馆和晋江五店市传统街区，并赴石狮市青商会座谈交流
5月22—25日	联合国教科文组织伊朗专家访问泉州，其间考察老君岩、海交馆、伊斯兰教圣墓、清净寺、开元寺、九日山、洛阳桥、石湖码头、六胜塔和草庵
5月22—23日	俄罗斯鞑靼斯坦共和国驻华经贸代表马尔森访问泉州，参观豪山建材有限公司，与海陆丝绸之路城市联盟工商理事会秘书处座谈
5月23—25日	由中国驻缅甸大使馆、缅中交流合作协会组织的“中缅友好学校”青年教师访华团一行13人在缅甸教育部国际司司长吴登奈的带领下访问泉州市。5月25日，客人一行赴洛江区河市中心小学交流访问，观看该校学生们的精彩演出，并与学校领导深入交流，探讨办学经验，走访聚龙外国语中学、仰恩大学
5月25—26日	马达加斯加《快报》集团总裁、总编辑拉扎芬德拉法依·埃德加（马达加斯加穹顶党原任主席、创始人，上届总统选举候选人）任团长的马达加斯加新闻代表团一行7人到泉州采访，主题为“重走海上丝绸之路”，重点了解海上丝绸之路的历史起源和改革开放40年来的经济社会发展成就，为年内举办的中非合作论坛北京峰会暖场。其间，代表团参观海交馆、少林寺、开元寺、草庵，并考察八马茶业和安踏体育用品有限公司

续表11

时间	交流活动内容
6月4日	意大利—中国新丝绸之路促进会候任会长弗朗西斯科·马林乔在国家发改委国际合作中心项目组顾常超、黄华光的陪同下访问泉州，开展合作对接活动。市政协副主席李冀平与客人一行座谈
6月6—7日	肯尼亚博美郡副议长韦斯利·基普罗蒂奇为团长的肯尼亚博美郡议会代表团一行8人访问泉州市。在泉州期间，客人走访海交馆、安踏集团有限公司、泉州好彩头食品有限公司、开元寺、老君岩
6月12—13日	乌干达驻联合国教科文组织大使、布基纳法索驻联合国教科文组织大使2人访问泉州。12日晚，市委书记康涛、副市长周真平与客人餐叙。期间，客人考察海交馆、圣墓、洛阳桥、开元寺、老君岩和九日山
6月12—14日	黎巴嫩世界遗产专家夫妇2人访问泉州。周真平副市长与客人一行餐叙。期间，客人考察海交馆、圣墓、洛阳桥、开元寺、九日山、老君岩、石湖码头、六胜塔、草庵和磁灶窑
6月20—24日	市人大常委会副主任许文贵率团赴阿联酋访问，参加2018年世界闽南文化节暨阿联酋福建总商会第四届理事会就职典礼
6月21日	福建省政府港澳台及国际顾问组顾问阿洛托·戴克豪森博士和朱望钊博士访问泉州，拜访市委书记康涛，商谈“国际绿色蛋白中心”项目建设以及建立食品营养领域人才培养机构、第二届全球未来食品高峰论坛准备工作、第三届国际竹纤维技术与应用研讨会、与福州大学晋江校区合作共建研发中心等相关事宜
6月23日	来自47个国家和地区的近百名记者负责人和媒体代表组成的国际采访团，走进清净寺、开元寺、海交馆和领SHOW天地采风
6月23日至7月1日	市委书记康涛率团赴巴林参加第42届世界遗产大会，执行古泉州（刺桐）史迹申遗专项工作
6月26—28日	尼日尔争取民主和社会主义党副主席、政府石油部长加多率领的干部考察团一行18人访问泉州。期间，客人参观海交馆、匹克体育用品有限公司
7月3日	泰国国家立法议会第一副议长素拉猜18人访问泉州，参观开元寺、海交馆。市政协副主席李冀平到动车站迎接客人一行
7月5日	印度奥里萨邦教育代表团8人到泉州师院演讲
7月8—9日	由韩国济州道学者及记者组成的“李邦翼漂流路线探访团”一行6人访问泉州，开展朝鲜时期武将李邦翼“中国漂流路线重走”活动。其间，客人参观闽台缘博物馆、洛阳桥、关帝庙、天后宫、府文庙、奎霞巷、老君岩等，了解古代泉州与新罗、高丽、朝鲜友好交流的历史
7月9—12日	菲律宾那牙市市长约翰·波恩加特率代表团一行11人在菲律宾石狮同乡总会理事长蔡明凯一行陪同下访问石狮市和泉州市。其间。代表团一行参观石狮林銮渡、六胜塔、福建通达集团有限公司、祥芝中心渔港、华宝明祥食品有限公司、石狮市博物馆、开元寺、海交馆等
7月11—18日	市人大党组书记陈万里率团赴俄罗斯、突尼斯开展友好访问，受市政府委托代表市政府与俄罗斯迈克普市签订两市建立友好城市关系协议书，拜访突中友协、突尼斯埃斯普利特大学及苏斯市，探讨加强双方合作交流事宜
7月19日	日本冲绳县日中友好协会理事长富山嘉晴等一行10人访问泉州，参观海交馆
7月22—8月3日	市政协副主席王瑞强率团赴菲律宾、马来西亚友好访问，参加泉州市国际友城马来西亚古晋南市建市30周年暨古晋节开幕式互动，进一步深化与古晋南市友好关系，并与菲律宾怡朗市签订建立友好城市关系意向书
7月29—8月11日	“国际军事比赛—2018海上登陆赛”活动在泉州石狮市举行，来自伊朗、俄罗斯、苏丹、委内瑞拉和中国的参赛队伍齐聚将军山赛场同场竞技
8月22日	乌兹别克斯坦花拉子模州州长艾尔玛诺夫一行8人访问泉州，参观海交馆和清净寺，考察古花拉子模州活动家哈之·哈珀·花刺子米墓碑
8月22日	埃克森美孚久安副总裁一行4人访问泉州，市长王永礼会见客人一行

续表11

时间	交流活动内容
9月1—3日	法国经济文化国际发展协会主任阿兰·如弗莱和欧洲摄影师多米尼克·洛瑞访问泉州，进行主题为“丝路之桥”的拍摄采访活动。在泉州期间，摄影师拍摄老君岩、开元寺、清净寺、洛阳桥等“海丝”景点及古城街景，赴海交馆了解泉州的历史文化，并前往泉州木偶剧团观看木偶表演
9月7—9日	阿拉伯工会国际联合会代表团13人到泉州访问交流。其间，客人一行参观清净寺、开元寺、海交馆、圣墓、洛阳桥、特步集团、老君岩等，围绕海丝文化、基层工会组建等主题开展参观考察活动
9月9日	俄罗斯联邦卡累利阿自治共和国行政长官帕尔芬奇科夫一行11人访问泉州市，市委书记康涛与客人一行餐叙。市委常委、副市长杨晓山陪同客人在泉州期间的活动。客人一行参观英良五号和中国花岗岩现板集中采购平台，与南安市石材工业协会和石材企业代表座谈；随团访泉州的俄罗斯REAL RK有限公司与中国花岗岩现板集中采购平台签订合作备忘录
9月9—10日	韩国光州广域市新任市长李庸燮率代表团一行11人访问泉州。市长王永礼在悦华酒店会见客人一行，市政协主席陈灿辉陪同客人一行在梨园剧院观看郑律成音乐会。访泉期间，客人一行还参观海交馆
9月12—19日	市政府市长王永礼率团赴菲律宾、马来西亚、印尼进行友好访问，旨在深化与有关国家经贸合作、友城交往和人文交流，进一步密切泉州市与东南亚泉籍华侨华人联络，加快推进21世纪海上丝绸之路先行区建设
9月13—16日	纳米比亚人组党副总书记、人组党党校校长马尔科·豪西库（正部级）率纳米比亚人组党中央委员考察团一行20人访问泉州，旨在研修“党的组织与干部队伍建设”这一主题，考察泉州市委党校和基层党建，了解中国共产党加强组织和干部队伍建设具体做法。期间，客人一行考察晋江城市展馆、晋江五店市传统街区、海交馆、开元寺、九日山
9月17—20日	泉州与西安、苏州、珠海等作为中国城市代表，参加在西安举办的第三届中法文化论坛活动。泉州市受邀参加的主要活动内容包括中法市长对话、“遇见大师•匠心传承”交流活动、中法教育与创新论坛等系列活动
9月20—27日	市政协主席陈灿辉率团赴日本、韩国友好访问，参加中国泉州•日本浦添结好30周年纪念系列活动，并参加世界泉州青年联谊会日本分会暨日本泉州商会成立庆典，访问韩国光州光域市，与之签订建立友好城市关系意向书
10月11日	菲律宾众议长阿罗约一行10人访问泉州。市委书记康涛，市长王永礼、副市长季翔峰在迎宾馆与客人一行餐叙
10月25日	中马青年互访交流游学代表团访问泉州，旨在增进中马青年之间的相互了解，深化双方的友好交流与合作，推动中马友好关系深入发展。其间，客人一行参观海交馆和清净寺
10月26—27日	首届中菲青年互访交流活动团一行55人访问泉州，参访泉州师范学院，体验太极拳和书法，并赴晋江参观黎刹广场和五店市传统街区
10月26日至11月2日	市委常委、统战部长林万明率团赴斯里兰卡、泰国访问，参加斯里兰卡泉州总商会暨泉州同乡会成立庆典，拜会泰国孔敬市政府，探讨两市开展友好交流事宜，并拜访泰国当地泉籍乡亲，进一步密切与当地泉籍华侨华人的联络联谊
11月9日—10日	菲律宾仙朝峨市市长陈约瑟率领的仙朝峨市代表团一行10人在我驻拉瓦格领事馆馆长、领事王建群的陪同下访问泉州。市政府副市长季翔峰在迎宾馆与客人一行餐叙。期间，客人一行参观海交馆、匹克体育用品有限公司，并参访陈约瑟市长祖籍地晋江市永和镇古厝村
11月12—14日	菲律宾达沃市市长萨拉·杜特尔特率团一行43人访问晋江。达沃市与晋江市于11月13日正式签署缔结友好城市关系协议书
11月14—15日	越南广宁省文化体育厅副厅长陈进勇率广宁省文艺干部培训班一行31人访问泉州，旨在了解泉州市文化艺术发展情况，实地考察泉州市文化艺术遗产。其间，客人一行参观开元寺、海交馆和源和1916文化创意产业园

续表11

时间	交流活动内容
11月15—17日	新加坡驻厦门总领事池兆森一行2人访问泉州，期间，客人一行参观惠安崇武古城、惠安霞飞石雕工艺有限公司、丁马成故居、泉州培元中学、泉州艺术学校、晋江草庵寺、施琅故居、清净寺、开元寺、圣墓、南安诗山凤山寺和林路故居
11月21—23日	德国莱法州职业教育代表团一行4人访问泉州，与市教育局、泉州信息学院座谈，并走访部分校企合作企业
12月2—4日	新加坡文化、社区及青年部长兼社区事务署主管部长傅海燕率政府官员、新加坡泉州青年商会一行31人访问泉州，旨在拜会市主要领导，了解我市经济社会发展情况，探讨双方扩大经贸、文教等领域友好交流与务实合作事宜。市长王永礼在迎宾馆会见客人一行并餐叙。其间，客人一行参观南安诗山凤山寺、南安林路故居、傅海燕部长祖屋和丰泽丁马成故居
12月8—11日	文莱理工大学师生访华团一行13人访问泉州。其间，客人一行参观海交馆、伊斯兰教圣墓、闽台缘博物馆、清源山老君岩和清净寺
12月11—12日	新西兰一带一路促进委员会首席执行官洪承琛、新西兰非物质文化遗产中心主席许自达访问泉州市，与市文广新局、市外侨办座谈，建立相互联系，商谈今后合作的可能性

侨务活动

【概况】 2018年，泉州市侨务部门开展“泉籍精英故乡行”活动，全年接待到访重点人士、重要社团38批、500多人次，邀请菲律宾航空公司董事长陈永栽、菲律宾总统中国特使施恭旗、菲律宾宋庆龄基金会创会会长陈祖昌、安德集团董事长吴聪满，马来西亚IOI集团董事主席李深静，印尼实嘉集团董事长黄世伟、郭文梯家族成员，新加坡宗乡会馆联合总会会长陈奕福等泉籍著名侨领、大财团负责人、重点家族后代回乡访问。市政府市长王永礼、市政协主席陈灿辉和市委常委、统战部部长林万明等率团出访菲律宾、印尼、马来西亚、日本、斯里兰卡、泰国等国，参加社团庆典，开展经贸洽谈、友好交流及侨务访问，密切同海外重点人士、重要社团的联络联谊，巩固和拓展泉州市在“一带一路”沿线国家的侨务联谊工作。

【世界泉州青年联谊会】 2018年，泉州市依托世界泉州青年联谊会平台培养海外友好生力军。组织举办形式多样的主题活动；吸收20多名新成员入会，壮大队伍力量；举办“世界泉籍优秀青年社团工作经验交流会”，邀请20多家海内外社团代表，以及来自24个国家和地区的130多名嘉宾与会，共话合作发展；推动成立“世泉青”新加坡分会暨新加坡泉州青年商会、“世泉青”日本分会暨日本泉州商会，填补两国无泉州市级社团的空白，延伸侨务工作手臂；组织开展捐资助学、植树造林、扶贫济困等多场慈善公益活动，传递社会正能量。

【侨务联谊与招才引智】 2018年，泉州市发挥侨务联谊优势助推招才引智工作，承办“2018年新春座谈会暨泉商回归专场对接会”，邀请20个国家和地区的40余名海外侨商回乡参会；配合福建省侨办做好第十六届“6·18”华侨华人项目成果（厦门）专场对接会筹办工作，发动泉州市企业参会，推动人才及项目对接工作。

【侨务外宣】 2018年，泉州市注重做好侨务外宣工作，寓宣传工作于日常接待、出访活动中，宣传“一带一路”倡议和泉州“海丝”先行区建设，增进海外华侨华人，特别是海外华裔新生代对祖籍国和家乡的了解；会同市委宣传部、文广新局，借助在迪拜举办的“2018世界闽南文化节”，集中展示泉州形象，提升泉州的国际知名度和美誉度。

【华文教育】 2018年，泉州市开展华文教育工作，统筹指导全市海外华裔青少年“中国寻根之旅”夏（冬）令营工作，全年举办39期，1810名海外华裔青少年参加 “中国寻根之旅”夏（冬）令营。选派33位教师赴外任教，其中派往菲律宾27位，印尼4位，厄瓜多尔2位；做好新加坡福建会馆属下学校组团到泉州市开展文化交流活动安排。

表12

2018年泉州市侨务活动情况表

时间	活动内容
1月16日	由泰国石狮同乡总会暨泰国石狮商会会长林嘉南带领的访问团一行6人到泉州参访。市委常委、市政府副市长杨晓山与客人座谈交流，市政府、市委统战部、市外侨办负责人参加座谈
1月26日	世界泉州青年联谊会组团前往南安市向阳乡开展“迎新春，送温暖”公益慈善活动，为当地小学捐物助学，慰问贫困老人
2月2日	被誉为“虾片大王”的印尼实嘉集团董事长黄世伟、泰国福建商会永远荣誉会长陈德启、新加坡华源会会长王泉成等一行16人到泉州访问
2月3日	泉州市举办2018年泉商新春座谈会暨回归项目专场对接会，菲律宾航空公司董事长陈永栽、龙威集团董事长陈祖昌等40多名海外重点侨商应邀参加
2月中旬	菲律宾总统中国特使、上好佳集团董事长施恭旗一行到泉州访问，并考察鲤城区、丰泽区相关项目
2月22日	南部非洲闽南总商会会长朱佳龙一行8人到泉州访问
2月27日	阿联酋福建商会会长施文照等一行7人到泉州访问
3月1日	由世界泉州青年联谊会主办的“世界泉籍优秀青年社团工作经验交流会”在泉州酒店举办，市委常委、统战部部长林万明，市人大副主任张建生、市政协副主席洪川夫及市直相关部门负责人参加活动。同日，“世泉青”召开第七次会长办公会，新吸收20多名理监事成员入会
3月2日	市外侨办负责人与卡塔尔森元服装有限公司总经理周鸿呈、尼日利亚万顺实业有限公司董事长黄建阳等“世泉青”新入会成员一行8人座谈交流
3月19日	旅居马来西亚、祖籍惠安县的世界知名华文作家林月丝（笔名朵拉）一行6人到泉州参访
3月28日	泉州市22名于2017年赴菲律宾外派教师完成工作任务回国
3月31日	新加坡姑苏餐饮协会访闽团一行7人到泉州参访，并与泉州餐饮协会相关负责人座谈交流
3月31日	世界泉州青年联谊会新加坡分会暨新加坡泉州青年商会成立，“世泉青”会长丁水波率庆贺团一行50多人参加成立庆典，并主持召开由总会、新加坡分会、印尼分会、日本分会成员参加的联席会议，探讨“世泉青”会务工作及发展规划
4月1日	新加坡晋江会馆百年庆典在新加坡莱佛士城举行，“世泉青”会长丁水波率庆贺团一行50多人参加庆典
4月2日	南非洲闽南总商会林振生监事长、尼日利亚黄建阳等一行6人到泉州访问
4月3日	菲律宾华商经贸联合会访问团一行33人到泉州访问，参观泉州华侨历史博物馆、南洋华裔族群寻根谒祖综合服务平台
4月4日	澳大利亚福建工商联合总会高明清会长、高金珠常务副会长，世界泉州青年联谊会印尼分会刘伟福会长、澳大利亚闽南同乡会郭淋强监事长、德国福建同乡会郑鹏飞夫妇，以及澳大利亚晋江同乡会访问团等海外侨亲一行20多人到泉州访问
4月7日	世界泉州青年联谊会副会长林志农、北美华人神经创伤学会副主席陈锦辉、南部非洲闽南总商会会长朱佳龙等海外侨领清明期间到泉州祭祖、参访
4月8日	马来西亚IOI集团董事主席丹斯里李深静一行11人到泉州参访，市委书记、市长康涛，市委常委、市委统战部部长林万明与客人座谈交流
4月17日	马来西亚惠胜集团董事主席拿督威拉陈永发率公司高管一行4人到泉州考察访问，先后考察鲤城、惠安等地的数个招商项目
4月18日	德国福建闽商会会长周鸿图带领德国侨商经贸考察团一行15人到泉州参访
4月24日	由麻坡漳泉公会会长拿督黄国华带领的回乡参访团一行30余人到泉州访问

续表12

时间	活动内容
5月8日	德国中德合作中心联络人到泉州黎明大学参访，探讨引入“双元制”办学模式，合作培养高技能职业人才事宜
5月18日	“世泉青”组团赴孟加拉国参加孟加拉国华侨华人联合会庆祝成立一周年庆典暨孟加拉国中国和平统一促进会成立及“华联会”青委会成立庆典
5月22日	越南中国商会福建企业联合会永远创会会长柯尊法、会长龚书熊、常务副会长许维波一行3人到泉州访问
5月21—23日	菲律宾总统中国特使、菲律宾宋庆龄基金会董事长、上好佳集团董事长施恭旗，携菲律宾安泰地产集团董事局主席李青松等知名菲华企业家一行10多人到泉州考察访问。市人大常委会党组书记陈万里、市政府副市长洪自强与客人座谈交流
5月23日	新加坡福建会馆属校海外浸濡交流团到泉州与晋光小学师生交流学习
5月28日	欧洲创新创业会创会主席陈明红、印尼工商会馆中国委员会副秘书长许再山等7人到泉州访问，商洽交流合作事宜
5月28日	世界福建青年联会菲律宾分会访问团一行26人在该会会长王荣忠带领下到泉州参访，参观泉州台商区张坂雕艺街、“海丝”艺术公园、台商区城市规划展馆等景点
5月28日	泉州市27名外派教师启程赴菲律宾开展华文教育工作
5月29—30日	马来西亚沙巴纳闽福联会访问团一行15人到泉州参访，参观泉州博物馆（世界闽南文化展示中心）、华侨历史博物馆、开元寺、源和1916等景点
6月14日	孟加拉国华侨华人联合会副会长、孟家拉国中国和平统一促进会执行会长蔡春雷带领孟加拉国华侨华人联合会青委会一行15人到泉州参访，参观特步集团泉州工厂、张红苹工艺美术馆、开元寺等
6月15日	世界泉州青年联谊会印尼分会刘伟福会长率团到泉州访问，市政协副主席李冀平与客人座谈交流
6月27日	马来西亚雪隆泉州公会会长拿督李万行到泉州参访
7月25日	新加坡华源会王泉成会长以及新加坡丰树集团中国地区首席执行官李沃文一行4人到泉州参访，市政府副市长季翔峰与客人座谈交流
7月27日	马来西亚惠安总会谢国培总会长一行5人到泉州参访，市委常委、统战部部长林万明与客人座谈交流
8月7日	8月7日，印尼已故著名侨领郭文梯之子郭徽章、郭徽庆昆仲率家族成员一行9人到泉州寻根谒祖、参观访问，市委常委、市政府副市长杨晓山与客人座谈交流
8月7—18日	泉州举办2018年海外华裔青少年 “中国寻根之旅”夏令营，40名美籍华裔青少年到泉州学习中国传统文化，寻根谒祖
8月23日	世界泉州青年联谊会副监事长、日本BSL株式会社总经理刘爱平一行3人到泉州访问
9月8日	泉州市邀请菲律宾、马来西亚、泰国、美国、德国等国家和地区的86名客商参加厦门“9·8”中国国际投资贸易洽谈会“泉州市外资专场招商推介会”
9月8日	美国闽南同乡联合总会暨美国闽南商会访问团一行12人到泉州参访
9月12—19日	市政府市长王永礼率泉州市代表团前往菲律宾、印尼、马来西亚开展友好交流和侨务经贸访问
9月29日	第四届世界石狮同乡联谊大会在石狮召开，来自49个国家和地区的近千名石狮籍乡亲出席。省委常委、统战部部长雷春美到会祝贺并讲话。泰国荣泰集团董事长林嘉南当选第四届理事会会长，大会当天募集5亿多元的慈善公益基金
10月10日	受市委书记康涛委托，市长王永礼会见到泉州考察的菲律宾安德集团董事长吴聪满博士一行。此行，吴聪满博士向泉州市慈善总会捐赠善款1000万元支持泉州公益事业建设，市政府副市长季翔峰参加会见

续表12

时间	活动内容
10月16日	市长王永礼会见到泉州考察的马来西亚桂和集团董事长拿督刘梅英一行。在泉州期间，刘梅英雄女士一行前往聚龙小镇、刺桐古港、城东南江滨片区等项目考察
11月12日	马来西亚惠安总商会一行11人在署理会长庄国安带领下到泉州参访
11月12日	缅甸华侨华人青年工商会会长、缅甸—中国友好协会青年会长张维虎带领缅华青年精英团一行16人到泉州参访，前往西人马联合测控（泉州）科技集团公司、安通物流考察，并参观开元寺、华侨历史博物馆等名胜古迹，增进对泉州侨乡历史的了解
11月19日	第十四届世界南安同乡恳亲大会在南京召开，来自世界各地1000多名南安籍乡亲出席盛会。市委常委、统战部部长林万明到会祝贺并讲话，新加坡宗乡总会会长、世界泉州青年联谊会理事长陈奕福代表海内外南安乡亲致辞。南京南安商会会长杨煌购当选新一届世界南安同乡恳亲联谊会主席
11月28日	世界六桂总商会成立庆典大会在石狮万佳国际酒店举行，菲律宾中国商会会长洪及祥当选首届会长
11月30日	世界泉州青年联谊会首个“丝路文化驿站”在泉州木雕艺术研究院挂牌成立
12月1日	世界泉州青年联谊会新加坡分会暨新加坡泉州青年商会一行10多人，在该会会长柯鸿景的带领下到泉州访问。访问团成员包括新加坡宗乡会馆联合总会会长陈奕福等重点人士。访问团参观安通物流、特步集团、恒安集团等泉州市重点企业，并在恒安集团召开交流分享会，恒安集团CEO许连捷为海内外青年分享创业经验
12月12日	菲律宾乐善堂慈善基金会访问团一行9人在菲律宾中国洪门进步党大岷南区支部理事长吴旭波带领下到泉州访问
12月14—23日	泉州市举办2018年海外华裔青少年“中国寻根之旅”冬令营福建泉州营，27名马来西亚华裔青少年到泉州学习传统文化
12月24日	马来西亚吉隆坡福建商会会长刘博文一行20人到泉州寻根谒祖、参观访问

港澳事务

【概况】 2018年，泉州市加强与香港、澳门地区的经贸合作与交流，密切与旅居香港、澳门泉州乡亲社团的交流合作。开展全市港澳乡情普查工作。9月，泉州市人才工作香港联络站在香港挂牌。黄玉山等7位乡贤获得香港特区政府授勋授章荣誉。

【陈明金获澳门金莲花荣誉勋章】 2018年，泉州市乡贤、澳门特别行政区行政会委员、前立法议员陈明金荣获澳门特别行政区颁授的金莲花荣誉勋章，以表彰其对澳门特别行政区的形象、声誉及发展的重大贡献，是此次唯一获颁此殊荣的人士。陈明金长期积极参与澳门本土社会公共事务、志愿工作和公益事业，带领和培养青年投身公共服务，特别专注于教育、弱势社群、长者、救急扶伤等领域的服务工作，贡献卓著。

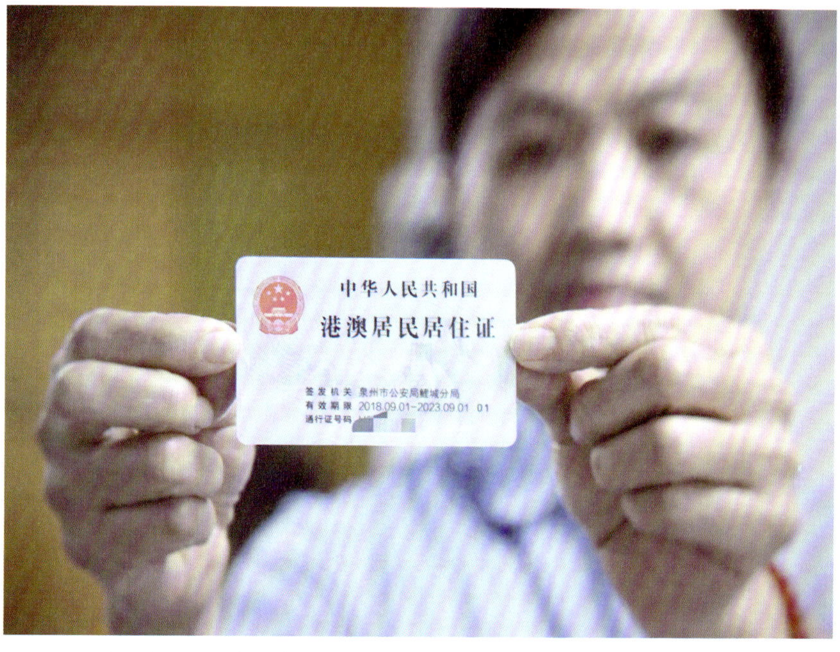

2018年9月13日，泉州市发放的首张港澳居民居住证（图/王丽虹 黄嘉泽）

【泉州乡贤获香港特区政府授勋授章荣誉】 2018年，泉州市7位乡贤获得香港特区政府授勋授章荣誉。分别是：黄玉山获银紫荆星章，柯达权（女）获铜紫荆星章，罗清平、洪少陵、洪连杉获荣誉勋章，蔡黄玲玲（女）、林怀荣获太平绅士。

【泉州市人才工作香港联络站成立】 2018年9月20日，泉州市人才工作香港联络站在香港挂牌，利用香港同胞扩大人才政策宣传广度，加大引智引才力度。

【泉州市开展全市港澳乡情普查】 2018年9月起，泉州市开展全市港澳乡情普查工作。做好侨情与港澳乡情普查工作对融入党和国家大局、做好新时代统战及侨务工作具有重要意义。泉州各级、各相关部门运用试点经验，精心组织，确保普查取得实实在在的效果。

【第三届“海丝情·中国梦”港澳青年精英故乡行活动】 2018年3月29日至4月2日，86名来自港澳28个泉籍、闽籍主要社团的港澳青年精英参加第三届“海丝情·中国梦”港澳青年精英故乡行活动，活动以“回归故里共叙海丝情、创新创业同圆中国梦”为主题，通过泉州、香港、澳门三地青年的联络联谊沙龙，智能制造暨创新创业经验交流分享，中共十九大精神讲座、港湾人才计划推介等活动，增进港澳青年对家乡的了解和感情。省委常委、统战部部长雷春美、泉州市委书记、市长康涛会见访问团成员，中国新闻网、香港凤凰网、澳门日报、福建侨报、泉州晚报社、电视台等海内外媒体进行报道。

【香港公务员内地考察团到访泉州】 2018年4月15—21日香港公务员内地考察团到访泉州，该团组共26人，来自香港特区政府的19个部门。市直12个政府部门与特区政府考察团围绕经科技、文化艺术、交通运输、海上丝绸之路、古城文化等六个方面的内容展开座谈讨论。活动促进泉、港两地政府部门间的互动交往、互学互鉴和交流合作。

涉台事务

【概况】 2018年，泉州市发挥对台独特优势，推进泉州与台湾经贸文化各领域交流交往，泉州与台湾经贸合作成效明显，泉州与台湾各领域交流合作不断深化，泉州与台湾直接往来更加便捷，全市对台工作取得新进展新成效。

【经贸合作】 2018年，泉州市对台经贸合作成效明显，全年新批台资企业92家，投资总额3.51亿美元，其中：合同台资2.15亿美元。截至年底，全市累计批准台资企业1700家，投资总额42.12亿美元，其中：合同台资28.79亿美元。晋华集成电路存储器、矽品、颐和三甲医院等涉台重大项目有效推进；举办第四届（泉州）海上丝绸品牌博览会和第二十一届“海博会”、第二十届“鞋博会”、第十一届“农订会”；落实国务院台办“惠台31条”及福建省“66条措施”，出台并实施《关于促进泉台经济文化交流合作的若干措施》，为推动落实同等待遇、加快对台融合发展营造良好环境。

【对台各领域交流】 2018年，泉州市与台湾各领域交流合作不断深化，举办第十届海峡论坛泉州相关活动；全年组织村镇对接、姓氏宗亲、民间信仰、民俗戏曲、研训等一批小团组赴台交流，共计61个团组286人次；到泉州开展宗亲联谊、族谱对接、互访交流活动30多项、5000多人次；策划实施台湾青年“海丝泉州行”主题参访交流活动，举办第四届海峡两岸大学生记者挑战赛、台湾青少年“寻根之旅”夏令营鲤城营、泉港营、石狮营、晋江营、惠安营、安溪营活动等活动；南安郑成功故里正式获批国家级“海峡两岸交流基地”。

2018年9月1日，台湾同胞在泉州市公安局万安派出所申请办理台湾居民居住证 （图/张九强 蔡紫旻）

【对台交通往来】 2018年，泉州台湾直接往来更加便捷，2018年泉金航线运营2744航次，运送两岸旅客16.32万人次；泉州台湾空中直航飞行898架次，运送两岸旅客10.69

万人次；泉州台湾货运直航货运量53.88万吨。

【民间交流】 2018年，泉州泉台民间交流协会发挥独特民间优势，热心为会员，特别是为在泉州的台商台胞提供服务，开展有关政策法规咨询，协助与当地政府及相关部门沟通，鼓励引导台湾青年参与“五个泉州”的建设，促进对台经济文化交流合作。着重做好台湾青年人的工作，促进“民间、基层、青年”交流，鼓励帮助他们到泉州参访、创业、就业。帮助石狮市闽台两岸青创基地的台青创企业——福建闽台优创商务服务有限公司参加泉州市科技局的众创空间评审，最终该公司通过市级评审，并于年底被省科技厅评为全省37家众创空间之一，予以授牌。推荐台湾青年共青团泉州市委会举办“推荐2017年省级（杰出）青年岗位能手人选”的活动中，一名参选人被推选为省级（杰出）青年能手。联办“我的海丝行·2018台湾青年参访‘刺桐城’”交流活动。

8月14—18日，泉州泉台民间交流协会与福建省新闻出版广电局、泉州广播电视台、台湾中华文化经贸国际交流协会再次联合举办“我的海丝行·2018台湾青年参访‘刺桐城’”交流活动。台湾参访团一行26人，由21名台湾青年学生和5名媒体记者组成，都为“首来族”。他们游览泉州海丝遗存和名胜古迹，感受到海丝重要节点城市和闽南文化发祥地的魅力；参观闽台缘博物馆、余光中纪念馆等，品读乡愁，感受闽台文化的同根同源；走访石狮台商青年创业基地、吉的堡幼稚园、钜闽机械等台资企业，分享台商和台湾创客在泉州的创业心得，体验泉州的创业环境和惠台政策；走进中国香都、匹克体育、泉州领SHOW天地创意产业园等，感受泉州改革开放的发展成果。两岸青年学生还登上清源山，为2017年活动种下的“两岸青年友谊树”培土浇水，在泉州通政巷印记闽南文化驿站（苏廷玉故居）联欢互动。通过多种方式做好两岸基层青年人的交流工作，增进台湾青年的家国认同和文化认同，坚定他们在泉州工作创业的信心。帮助在泉州的台资企业排忧解难。泉州泉台民间交流协会一直注重与台商联谊交流，每逢重大节日，邀请他们参加座谈会，倾听他们的诉求，及时了解他们在泉州生活情况及企业经营状况，帮助他们排忧解难，增强协会凝聚力。

2018年，先后组织到多家在泉州的台资企业走访调研，主要有泉州荣祺食品有限公司、泉州富邦食品有限公司、泉州绿谷台商高科技产业基地、福建钜闽机械有限公司、安溪鑫兴亿鞋业有限公司、旺旺泉州基地、安溪三德酒店及在南安丰州镇开展社区营造工作的南安台南商会。通过走访调研，了解到一些台资企业面临的困难和问题，泉州泉台民间交流协会领导及时向各县（市、区）领导和相关部门反映，并邀台资企业负责人进行面对面协调，解决困难。协会帮助整理丰州历史文化生态环境园区材料递交给市有关部门；主动宣传国家和省、市有利于台资企业发展的新政策和不断完善的投资环境，鼓励台资企业协会带动更多的台商到泉州投资兴业，扎根泉州，为“五个泉州”建设做出贡献。帮助实现泉州籍享有国际声望的人类学大家、台湾“中研院”院士李亦园归葬故乡的遗愿并促使在泉州建立其学术成就陈列室。热情做好台胞到泉州接待工作。泉州泉台民间交流协会以交往为着力点，以热情接待搭建交流平台，密切与台胞的交情，拓展与台胞的联络面。先后接待台湾万海航运、长荣航运一行15人，李亦园女儿李康玲一行，台商王超勇等客人400多人次。通过频繁接待，保持与台湾各界人士经常性往来，加强了解台情民意，并主动宣传泉州改革开放和社会发展，促进相互了解，增进彼此互信。

2018年3月31日，泉州市首家“台湾人才之家”成立。图为工作人员帮助台湾人才熟悉惠台人才政策内容和申请流程 （图/吴宗宝）

法 治

政法委和综治工作

【概况】 2018年，泉州市政法系统坚持以习近平新时代中国特色社会主义思想为指引，严守底线思维，落实重大涉敏感问题党政主要领导负责机制，坚持专群结合、预警与反制并举，坚持重大活动、敏感节点提前谋划、研判分析、制定预案，完成各级“两会”、上合组织青岛峰会、中非合作论坛北京峰会、首届数字中国建设峰会、第二十届“投洽会”以及第五届世界佛教论坛等各项重大安保任务，打赢维稳硬仗，保障泉州社会大局安定稳定。

【扫黑除恶专项斗争部署】 2018年，泉州市政法系统把扫黑除恶专项斗争作为一项重大政治任务，落实党政主导、政府主抓、部门协调联动、齐抓共管的工作责任制。构建“一办五组”组织架构，聚焦重点领域、重点行业、重大项目开展排查核查、精准打击、深挖彻查；建立部门线索摸排、问题线索双向移送反馈、专家咨询、责任倒查、案件联合督办、案件会商“5+1”工作机制；坚持把“拆伞破网”作为主攻方向，作为衡量扫黑除恶专项斗争成效的重要标准，健全落实“打伞”机制，实行“即时移送、同步会商、及时立案、经常沟通”，以“零容忍”态度保持严打黑恶势力高压态势。2018年，全市所有村（居）党组织实现一次性换届成功，扫黑除恶专项斗争工作质效全省排名第一。

【执法司法各项工作推进】 2018年，泉州市政法各部门聚焦执法司法主业，坚持依法履行职责，强化担当作为，力促各项工作上新台阶。市中级人民法院以办案质效为导向，员额法官人均结案302.3件，结案收案比104.7%，两项指标均居全省首位。市检察院推广“亲清护企”检察工作模式，被写入最高人民检察院工作报告，并被中央政法委列入献礼改革开放40周年典型在全国范围内宣传。市公安局紧抓打击犯罪主业，先后组织开展打击整治传销、非法集资等违法犯罪专项活动和互联网金融风险专项治理、P2P网贷机构清理等工作，保持对涉众型、风险型经济犯罪严打的高压态势。市司法局不断延伸法律服务触角，全面建立市县两级“12348”热线平台，实现一村（社区）一法律顾问全覆盖，深化泉州特色公共服务法律服务体系。

【队伍建设持续推进】 2018年，泉州市政法系统把学习宣传贯彻习近平新时代中国特色社会主义思想作为重大政治任务，结合全面贯彻新时代党的建设总要求，坚持政治建警，精心组织开展大学习大调研大培训，推进政法队伍思想政治、纪律作风、业务能力和领导班子建设。注重突出实战、实用、实效导向，先后发动全市政法干警签订扫黑除恶“六不”承诺书，开展政法系统“百日大练兵大比武”活动，评选“全市政法系统标兵”，展示泉州政法干警勇于担当、公正司法、敬业奉献、清正廉洁的优秀形象，表彰一批在政法工作中涌现出来的先进典型，推动全市政法过硬队伍建设再上新水平。

【综治领导责任落实】 2018年，泉州市政法系统坚持以综治领导责任制为龙头，以问题为导向，健全党政领导综治（平安建设）工作责任，推动综治（平安建设）各项工作上新台阶。年初，在市委、省政法委与13个县（市、区）党委、政府逐一签订的综治责任书中，明确各县（市、区）针对存在问题的整改工作责任和要求。市综治委向各单位下达综治责任书，责任单位从66个综治委成员单位扩大到全市120多个市直及省部属驻泉单位，并结合社会治安问题专项治理三年行动，将相关问题的整改工作纳入专项治理的年度计划，与专项治理同步部署、同步治理、同步整改。

【社会治理水平提升】 2018年，泉州市政法系统部署开展“社会化治理活动年”，重点推出18个创新项目，涵盖社会治理社会化多个领域。其中，着力打造新时代“海上枫桥”模式，完善泉州海域的社会治理。整合市海防办、市公安局、泉州海事局、市海洋与渔业局等单位的大数据资源，实现信息互通互联、共享共用；构建海上直调、多元联调等多种调解模式，创新性地在福建海警二支队舰艇上建立海上矛盾纠纷化解中心和调解委员会，可第一时间出海，实现海上纠纷快速调处不上岸，有效节约调解成本。该模式作为全国社会治理“十大课题”的研究成果，被全国“枫桥经验”纪念大会文件所吸收并在全国推广。多个中央级主流媒体均对此项工作进行报道。

【基层平安建设深化】 2018年，泉州市政法系统推进“雪亮工程”升级版建设，市委、市政府持续将视频监控建设列入为民办实事项目，市、县两级财政投入1.34亿元，深化智能感知大数据平台应用。至年底，平台新建整合各类高清视频监控、人像卡口、Wi-Fi采集终端等智能感知设备，智慧型服务型雪亮工程成效日益显现。加快推进综治中心建设，致力打造“数字”型综治中心综合平台。依托该平台，深度融合应用网格化服务管理信息平台，拓展“网格化+职能应用”领域，实现全覆盖、无死角、精准化监管服务。依托省综治诚信信息系统，开展综治诚信信息化工作，汇聚市县两级22个执纪、执法、司法部门各类综治诚信信息80多万条，为实施综治激励惩戒提供信息支撑。

【专项整治推动问题整改】 2018年，泉州市构建“大调解”工作格局，发挥县（市、区）人民调解中心的枢纽作用，加强人民调解与行政调解、司法调解衔接联动，建设多元化行业性调委会。推动县、乡通过政府购买服务形式配齐专职人民调解员，全市共有政府购买服务的专职调解员271名。率先在全省推行人民调解员星级评定工作，在开展星级评定活动的基础上，创新推出“金牌带星牌（1+N）”的人民调解员人才培育新模式（一个金牌调解员结对培养若干名星牌调解员）。强化校园及周边治安防范。推进“护校安园”工作，开展涉校隐患排查、校园及周边治安整治，督促学校加强内部安全防范，开展警校共建活动，开展“做自己的首席安全官——平安校园行”主题宣传活动，提升师生自我保护意识和自防自救能力。

【综治（平安建设）宣传】 2018年，泉州市各级各部门开展常态化综治（平安建设）宣传，推进综治“三率”工作常态化。在全市范围内集中开展“平安建设”宣传活动，重点围绕全面提升群众安全感、知晓率开展系列活动。广泛发动干部、群众关注“平安泉州”微信公众号，全市注册量超过70万人次，在全国、全省政法类微信影响力排行中连续多期名列榜首，先后获评“全省政法新媒体优秀账号”、全省政法系统“十佳”新媒体称号。加强与中央、省级、市级各有关媒体的沟通协作，及时总结报道泉州政法综治建设取得的经验成效，予以推广，受到社会各界高度信任和广泛关注。

地方立法

【概况】 2018年，泉州市人大常委会加强和改进立法工作，以良法促进发展、保障善治迈出坚实步伐。《泉州市中山路骑楼建筑保护条例》由常委会“三审”通过，经省人大常委会批准，于2019年1月1日施行。“立法保护骑楼”入选2018年度泉州十大时政要闻。全国人大常委会委员长栗战书对泉州三部实体法予以肯定，认为“很有特点、很有针对性”。

【立法工作格局完善】 2018年，泉州市人大常委会坚持党对立法工作的领导，对年度立法计划、法规草案、立法中的重要问题，由常委会党组向市委请示报告。发挥人大在立法中的主导作用，加强立法工作统筹协调，认真落实提前介入机制，动态掌握立法进度，协调突破立法难点。发挥市政府在立法中的重要作用，依托政府的专业力量和行业优势有序做好法规草案起草工作，进一步凝聚共识。坚持立法从群众中来、到群众中去，综合运用座谈会、论证会、网络发布等形式，听取代表、专家、社会各界和人民群众的意见建议，确保地方立法符合宪法精神，反映人民意志，得到人民拥护。

【立法实用适用】 2018年，泉州市人大常委会主动适应改革发展需要，在2017－2021年立法规划的基础上，科学确定8个立法计划项目，立法针对性、前瞻性更强。针对骑楼建筑亟须保护而上位法对历史风貌建筑保护没有明确规定的难题，《泉州市中山路骑楼建筑保护条例》探索创制性立法，注意把握和处理好私人权益与公共利益、保护骑楼建筑与保持街区整体风貌、保护从严与合理改善群众居住环境等方面的关系，对解决长期影响骑楼建筑保护的瓶颈问题逐一进行制度设计，对接城市“双修”工作，为守住不可再生的历史文化遗产提供强有力的法治保障。

【立法工作机制健全】 2018年，泉州市人大常委会制定常委会立法评估工作规定、法制委员会议事规则以及开展法规实施情况调研、检查、评估有关时间安排的规定，确保立项评估、统一审议、监督法规实施等重点工作有章可循、有规可依、有据可考。建立基层立法联系点，注重发挥立法顾问和咨询专家“外脑”作用。督促政府及相关部门做好法规的宣传贯彻实施，加强舆论引导，提升法规社会认知度，强化法规贯彻执行力。

法治政府建设

【概况】 2018年，泉州市调整市依法行政工作领导小组，加强对全市依法行政工作的组织领导。制定《泉州市2018年法治政府建设重点工作安排》和《关于贯彻落实〈党政主要负责人履行推进法治建设第一责任人职责规定〉的分工方案》，统筹推进全年的法治政府建设工作。坚持领导干部学法制度，把依法行政教育、法律知识等纳入市政府党组中心组学习制度和培训内容。加强法制工作机构人员培训，举办1期法制工作人员专题培训班和2期政府领导班子法治专题讲座。推动普法依法治理各项工作任务，出台实施意见，制定考评标准，探索引进人大代表、政协委员、普通市民参与考评，推动“谁执法谁普法”责任制落实。在全省率先开展宪法“八进”活动。扎实推进法治文化阵地建设，全市法治文化阵地131个。推进“百千万”计划落实，开展“新媒体法雨行动”，全市累计开展普法活动9105场，惠及群众逾千万人次。

【行政管理体制改革深化】 2018年，泉州市统筹推进审批服务便民化，印发《泉州市深入推进审批服务便民化的实施方案》，提出34项改革举措和23项目标任务，制定有泉州特色、针对性较强的改革措施。调整优化部门权责清单，根据法律法规立改废释和机构职责调整变化情况，调整46个市直部门权责事项410项。探索部门“三定”规定与权责清单有机衔接机制，将权责清单逐步打造成政府部门履职清单。推进相对集中行政许可权改革试点，指导泉州台商投资区率先制定改革试点方案报省政府，并组建行政审批机构，集中各部门现有行政许可和服务事项，原审批部门不再行使审批权，业务重点转移到加强事中事后监管上。深化行政审批“三集中”改革，按照“能进则进、应进必进”原则，推动医保、社保、电信、广电等与企业群众办事紧密相关的30个服务机构新增进驻市行政服务中心，方便企业群众办事。市行政服务中心进驻92个单位、1090项审批服务事项。多措并举推进减税降费，出台进一步降低成本减轻负担促进实体经济企业发展实施意见，落实中央、省减税降费政策，减轻企业负担、降低企业成本各项措施，完善企业融资担保，减轻企业税收负担22.30亿元、非税收入负担3.51亿元，为企业减负36.84亿元，降低企业融资成本3.26亿元；合理降低企业“五险一金”负担5.41亿元；扩大电力直接交易范围和规模，落实一般工商业降价，降低企业用电、用气成本费用，降低企业用地成本2.36亿元。

【法治政府建设全链条各环节打通】 2018年，泉州市做好地方法规、规章的法律意见征求工作和立法工作，及时汇总对《福建省高速铁路安全管理规定（征求意见稿）》等10份文件的法律意见，并向上级政府反馈。根据市政府2018年立法计划安排，确定5个市政府规章立法项目。建立立法咨询专家库，向社会各界选聘51名立法咨询专家，吸纳专家智慧助推立法工作。开展以移风易俗为主的文明行为促进条例调研工作。健全重大行政决策机制，完善政府重大决策的规则和程序。坚持重大行政决策集体讨论制度，落实邀请人大常委会、政协领导列席政府常务会议制度，构建公众参与、专家论证、风险评估、合法性审查和集体讨论决定相结合的行政决策机制，促进决策科学化、民主化。落实重大行政决策合法性审查制度，坚持在作出重大行政决策之前，听取法制机构的审查意见，确保重大行政决策的合法性。参与审查领导批示件、行政合同、PPP合同69件，出具51件法律意见，确保市政府决策的合法性。加强规范性文件监督管理，审查拟以市政府及市政府办名义出台的规范性文件102件，出具法律审核意见51份，确保泉州市出台的规范性文件与政策及上级法律规章的法治统一。开展规范性文件年度和专项清理工作，清理出涉及证明事项665项。做好规范性文件备案审查工作，对各县（市、区）报备的规范性文件备案材料320份进行审查；同时，向省政府、市人大常委会报送95份规范性文件备案材料。

【监督规范行政行为加强】 2018年，泉州市贯彻落实《信息公开条例》《福建省政府信息公开办法》，推进信息公开各项工作。完善依申请公开工作，明确办理流程，规范受理、交办、承办和答复等环节。自觉接受各方监督，建立健全党内监督、人大监督、民主监督、行政监督、司法监督、审计监督、社会监督、舆论监督等综合协调的监督体系，增强监督合力与实效。自觉接受行政监察、审计等专门监督机关的监督，畅通群众投诉举报和舆论监督渠道。坚持向人大常委会报告、向政协通报的工作机制，主动接受人大依法监督和政协民主监督。办理人大代表议案、政协委员提案、建议和意见。坚持建立法治政府建设情况报告制度，年初制定推进依法行政建设法治政府工作要点和绩效评估察访核验评分细则，并加强监督检查；定期向省政府、市委和市人大常委会报告上一年度法治政府建设情况，通过“中国泉州”网站向社会公开；市政府有关部门、各县（市、区）人民政府定期向市政府报告法治政府建设情况。强化检查考评，将依法行政作为全市绩效考评的重要指标之一，对法治政府建设实施情况开展定期督查、专项督查。完善依法行政与检察监督工作互动机制，强化行政执法与刑事司法衔接机制。开展公益诉讼工作，印发《关于深入开展公益诉讼工作的意见》并抓好落实。继续做好行政执法证件的审核和发放工作，共审核发放1128本，创新考试方式，以机考代替纸质考试，组织全市城市行政执法系统综合和专业考试。

【社会和谐稳定维护】 2018年，泉州市推进“法治信访”，印发《泉州市信访矛盾化解攻坚战方案》，成立泉州市信访矛盾化解攻坚战领导小组，排查重点领域信访问题56个、已基本化解52个；重点群体26个、已基本化解20个；重点人员100人，其中，长期重复信访77人、已息访61人；全市交办信访积案95件，已全部息诉息访。建立健全信访违法行为依法处置长效机制，开展信访违法行为集中整治行动经验做法作为全国全省的典型，被中央信访联席会议和省联席办发文推广。在为期半年的集中整治行动中，共刑事立案24件、作出刑事判决7件。优化多元化纠纷解决机制，打造“1+3+N”大调解工作新格局。深化区域性、行业性调委会建设，加强个人调解工作室建设，打造调解员“专家型”品牌。探索开展“访调对接”工作，推动人民调解柔性化解信访矛盾。探索泉州特色“海上枫桥”模式，联合相关部门成立全国首家海上矛盾纠纷调处中心。全市各级调委会受理调处各类民间纠纷17108件，成功率99.6%。严格规范特殊人群教育管控，防止脱、漏管现象发生。积极推进社区矫正中心标准化建设试点工作，总结形成具有泉州特色建设模式。办理行政复议案件，市政府共收到行政复议申请119件，审结79件，保障公民、法人和其他组织合法权益。做好行政应诉工作，直接承办市政府为被告的应诉案件73件，促使案件公正解决。

公 安

【概况】 泉州市公安机关破获刑事案件23128件，抓获犯罪嫌疑人22102名，逮捕8125名、提起公诉14882名。破获各类经济犯罪案件2050件，抓获经济犯罪嫌疑人1392名，挽回经济损失5.48亿元。破获各类毒品案件1154件，抓获毒品犯罪嫌疑人1299人，缴获各类毒品362.9千克。全市打掉黑社会性质犯罪组织14个、恶势力犯罪集团29个、恶势力犯罪团伙41个，破获黑恶九类典型案件1952件，刑拘黑恶犯罪嫌疑人3110名，查封、冻结和扣押涉案财物价值2.1亿元。化解矛盾纠纷，推进“公调对接”，组建社会调解队伍，全市派出所驻所调解室覆盖率100%。年内排查矛盾纠纷40203起、成功化解39222起，有效防止群体性事件427起、民转刑案件456件。深化“放管服”改革，推进审批服务便民化，公布“一趟不用跑”“最多跑一趟”审批服务事项54项，全市所有公安行政审批和服务事项全部进驻网上办事大厅。深化全流程执法规范建设，组织开展执法资格等级考试、加强执法教育培训和法制员队伍建设，推进智慧执法中心建设，全市公安执法办案场所均完成同步录音录像设备升级改造。完成全国“两会”和“青岛峰会”“北京峰会”“进博会”“博鳌论坛”“数字峰会”“投洽会”等重大安保任务，服务保障全市推进高质量发展落实赶超和“五个泉州”建设。

【刑事侦查】 泉州市公安机关共立刑事案件48562件，比上年下降13.39%；破获23128起，破案率达47.81%（全省首位）、比上年上升0.81个百分点；抓获刑事作案成员22102名、移送起诉犯罪嫌疑人16469名，每百起刑事案件抓获犯罪嫌疑人45.5人、移送起诉33.9人，分别比上年增长19.42%、16.1%。中央部署扫黑除恶专项斗争以来，全市公安机关发挥主力军作用，年内，打掉黑社会性质组织15个、恶势力犯罪集团29个、恶势力犯罪团伙41个，破获黑恶9类典型案件1952件，抓获犯罪嫌疑人3110名，查封、冻结和扣押涉案财物价值2.1亿元；判决黑社会性质组织5个、恶势力犯罪集团14个、恶势力犯罪团伙19个，判决数位居全省前列，洛江卢清洋涉黑案作为全省首例判决案件被省厅列为“全省十大典型黑恶案例”。据省厅考核通报，2018年，全市刑侦工作综合绩效名列全省第二，其中扫黑除恶专项斗争绩效名列全省第一，追逃绩效实现“十六连冠”，侦破命案、打击电信网络诈骗、打拐绩效均实现“三连冠”，打击“盗抢骗”、打击网络贩枪、刑事技术工作绩效均居全省前列。

【经济犯罪案件侦查】 2018年，泉州市公安机关立各类经济犯罪案件2323件，涉案总额1118亿元；破案2050件（其中部督案件5件、省督案件10件），抓获犯罪嫌疑人1392名（其中网上逃犯176名，境外逃犯14名），挽回经济损失5.48亿元。其中立组织、领导传销活动案34件，破案21件，抓获犯罪嫌疑人26名；立地下钱庄类非法经营案件20件，破案11件，抓获犯罪嫌疑人16名，冻结资金1.47亿元；立洗钱案件4件，破案4件，抓获犯罪嫌疑人4名，冻结资金90万元；立非法集资案件19件，破案25件，抓获犯罪嫌疑人57名，涉案总值21.77亿元；立虚开、骗税违法犯罪案件74件，破案50件，抓获犯罪嫌疑人35人。发起全国集群战役6起；立银行卡领域案件568件，破案438件，抓获犯罪嫌疑人161名；立信贷领域案件76件，破案44件，抓获犯罪嫌疑人38名；立假币犯罪案7件，破案3件，抓获犯罪嫌疑人4名，缴获假币1.6万张共计982701.5元；立假冒伪劣犯罪案件884件，破案853件（含部督4件、省督6件），抓获犯罪嫌疑人437名；发起打假集群战役7次，涉案金额3亿元。全市公安经侦系统8次受到公安部、省公安厅以及市领导的批示肯定，获得公安部经侦局贺电表扬2次、省厅经侦总队贺电表扬4次。

【禁毒工作】 2018年，泉州市公安机关破获各类毒品案件1154件（含攻克“9·3”跨国制贩毒案等8件部督和10件省督毒品目标案件），抓获毒品犯罪嫌疑人1299人，缴获冰毒、氯胺酮、海洛因等毒品362.9千克，查获吸毒人员2533人次，依法强制隔离戒毒657人，责令社区戒毒760人、社区康复351人。建成市级毒品预防教育示范学校52所、禁毒教育基地54个、林则徐禁毒宣教室249个，邀请泉州籍影视明星龚蓓苾担任禁毒公益形象大使。建成泉州市第三医院、安溪县第三医院、惠安县紫山卫生院、晋江市青阳捷达医院和南安市康复医院等5所戒毒医疗机构并投入运行。加强对易制毒化学品、精麻药品的监管力度，核查易制毒化学品企业、单位651家，核查率100%，核发二、三类易制毒化学品购买备案证明4672份，易制毒化学品运输备案证明1783份。

2018年4月15日，泉州市禁毒宣传形象大使聘请仪式举行，石狮籍影视明星龚蓓苾（左七）受聘成为泉州市禁毒宣传形象大使

（图/市公安局）

【治安管理】 2018年，泉州市公安系统完成市“两会”、元宵灯会、“国际军事比赛”——2018•海上登陆、第十届海峡论坛泉州系列活动、第二十届“鞋博会”、第四届“海博会”、2018环泉州湾国际公路自行车赛、第三届古城徒步活动、2019年央视戏曲春晚录制演出等489场次各类大型活动安保。开展打击整治枪支爆炸物品违法犯罪专项行动，破获各类涉枪涉爆涉危刑事案件42件，查处涉枪涉爆涉刀治安行政案件677件，破获省督涉枪涉爆案件4件、市督案件7件，抓获部督、省督涉枪涉爆在逃人员4人；收缴各类枪支169支、子弹15271发、炸药645千克、黑火药20千克、雷管481枚、导火索255米、管制刀具1119把、仿真枪122支、弩16把等一批非法管制物品器具。组织开展旅馆业实名登记工作专项检查，查处违规旅馆1513起，查处无证旅馆79家，拘留64人，通过旅馆抓获在逃人员543人，抓获率92.4%。深化“护校安园”行动，发现并整改校园治安问题和隐患2313处，排查稳控高危人员837人；配备保安员5799人、专职4067人，安装一键式报警装置2975套，配备防护设备设施12958件、安装技防设备3242套，发动群防群治力量42365人。深化“打四黑除四害”专项行动，共破获“四黑四害”重点领域案件838件，办理部督案件19件、省督案件34件，“打四黑除四害”工作绩效考评连续五年位居全省第一。推进打击赌博违法犯罪专项行动，破获赌博案件5316件，其中行政案件4393件，行政处罚14684人；刑事案件923件，刑事拘留1282人，逮捕453人；打击黄赌工作考评位居全省第一。

【户籍管理】 2018年，泉州市市划分警务网格725个（其中社区警务网格365个、农村警务网格360个），配备警务网格民警847名，专职协勤2080名；组建社会调解队伍，深入推进“公调对接”，全市派出所驻所调解室覆盖率100%。年内排查矛盾纠纷40203件、化解39222件，防止群体性事件427件、民转刑案件456件。推进流动人口居住证制度，大力推行文明窗口简化办事程序、提高办事效率、创新服务方式，全年发放居住证327097本。充分发挥科技信息优势，在晋江市公安局开展智能感知采集试点，推动流动人口服务管理工作机制创新，流动人口和出租房屋信息采集登记覆盖率均有较大提升。全市登记在册流动人口2607386人，排在全省首位。全面落实“以房管人”的管控措施，全方位采集辖区出租房屋和承租人信息，全面摸清辖区出租房屋底数，全年采集出租房信息623480条。贯彻落实国务院《港澳台居民居住证申领发放办法》，做好前期准备工作，确保2018年9月1日全市192个港澳台居民居住证受理点全面顺利启动。全年受理港澳台居民居住证11636张。完成标准地址二维码门牌清理、标注、安装工作，全市清理地址2519976个，安装二维码门牌2210584个、二维码户室牌2390861个，访查登记标准地址593546条、实有房屋4253281处、实有人口7638086人，推出基于二维码门牌的周边便民服务设施查找功能。

【出入境管理】　2018年，泉州市公安机关受理中国公民出国境93万人次，比上年增长17.1%，打击查处“三非”外国人1114人，其中非法入境511人、非法居留196人、非法就业407人，遣送外国人505人。5月1日起，泉州出入境管理部门实行申办护照等出入境证件“只跑一次”制度，向办证群众兑现十项便利措施，获得办证群众的一致好评。9月1日起推行国家移民管理局五项便利措施，与泉州边检站、晋江机场分站，在晋江机场签署并交换《关于国家移民局“放管服”移民和出入境领域便利措施联合推进协议》，将五项便利措施落实到位。响应国务院《关于在全国推开“证照分离”改革的通知》精神，自2018年底起取消因私出入境中介机构资格认定（境外就业除外），清理因私出入境中介机构经营许可证并清退备用金，为因私出入境中介机构减轻负担。

【交通管理】　2018年，泉州市发生适用一般程序处理的道路交通事故3386起，造成645人死亡，死亡人数比上年下降4.59%（减少31人），全市道路交通安全形势持续稳定向好。全年常态化开展交通违法专项整治，查处各类严重违法行为675402起（其中醉驾4863起、酒驾10337起），总量位居全省第一。完成省委、省政府为民办实事项目道路隐患整治116处，完成率100%；全市1332个国省县道农村交叉口全部完成“五有工程”建设。全面推行县级交警大队车管所办理汽车业务，推行安检社会化，实行周六不停休制度，全市33家具有2条（含）以上汽车检测线的安检机构均实现互联网、电话预约办理；启用新能源汽车专用号牌，核发新能源汽车专用号牌4320副。全年中心市区维护交通隔离护栏1012片、反光柱235根，维修信号灯265处次，清理整治地锁、反光柱等障碍物49处104个，清除私划车位5处82个。完成“智能交通”PPP项目云存储建设，智能交通系统初具雏形；接入人脸识别、违停抓拍、高点监控、机动车不礼让行人抓拍等交通管理视频183路；接入全市所有PDT对讲机定位信息，实现上图显示；接入中心市区所有交通信号控制设备，实现联调联控。完成高空视频监控和音频广播系统建设，接入布控球、执法记录仪移动视频、“铁骑”移动视频，实现AR视频全景可视化指挥。交警支队获2018年度交通管理科技“十佳创新应用奖”，为全省交警系统唯一获奖奖项。依托涉车大数据平台和泉州市公共安全视频共享平台，全市交警部门深入开展飙车违法专项整治，查获大功率摩托车562辆，侦破恶性飙车案件3件，抓获涉案人员15名。

【执法规范化建设】　2018年，泉州市公安机关贯彻《关于深化全市公安机关执法规范化建设的实施意见》，加强执法质量考评，落实刑事案件法制部门“统一审核、统一出口”工作机制，执法质量继续位居全省前列。配合监察体制改革，出台《泉州市公安机关支持配合监察机关查办案件工作办法（试行）》，抽调专门人员负责对接监察工作事宜。推进市级跨部门办案平台建设，实现涉案财物、涉案人员等在公检法之间的“有序化”流

2018年11月27日，泉州市公安局出入境管理支队办证窗口在受理业务
（图/市公安局）

转、“一体化”管理、“换押式”移交，为基层民警执法办案减负。完成市局权责清单融合编制工作任务，共融合编制市局权责事项403项，有效压缩自由裁量空间；优化行政审批流程，所有行政审批时限全部压缩到法定时限的35%以内；推行网上办事，全市所有公安行政审批和服务事项全部进驻网上办事大厅，真正实现窗口“不打烊”和群众“少跑腿”。依法开展行政复议、行政诉讼和国家赔偿工作，市局办理行政复议申请307起，办理行政应诉案件203件，办理国家赔偿复议案件4件。开展信访维稳工作，共处理公安信访信息系统中群众来信来访3630件，比上年增长67.2%；办理各级领导批示督办件773件，办结765件，办结率98.9%；受理群众申请复查信访事项6件，全部办结并书面答复信访人；接收处理厅、局长信箱等各类来邮1439件，办结1411件，办结率98%，群众满意率98.9%。

检察

【概况】 2018年，泉州市检察系统坚持民生执法导向，落实好检察环节各项维稳措施，受理审查逮捕各类刑事犯罪案件7349件10201人，人数比上年下降0.81%；经审查，批准逮捕5964件8189人。受理移送审查起诉12712件16908人，人数比上年增长0.43%，经审查，提起公诉12168件14898人。围绕保障人民群众人身安全和“钱袋子”安全，起诉故意杀人、绑架、强奸等严重暴力犯罪254件278人，起诉抢劫、抢夺、盗窃等多发性侵财犯罪2075件2373人，涉毒品犯罪787件1030人，电信网络诈骗犯罪218件404人，危害食品药品安全犯罪89件95人。针对群众关注的“问题疫苗”事件，启动重大敏感案件快速反应机制，加强对食药监管部门在疫苗流通、使用环节管理方面的检察监督。依法保障乡村振兴战略实施，严肃惩治危害农村稳定犯罪209人。出台服务保障村级组织换届选举工作意见，以法治的力量促进基层治理和基层政权建设。

2018年，泉州市检察系统致力培养司法办案“工匠”，常态化开展岗位练兵练赛活动。连续四年开设处长论坛，先后举办全市刑事执行检察、民事行政检察、未成年人检察等各类业务练赛，开展培训班13期，培训干警2500多人次。组织两级院领导、中层干部及检察干警走进“刺桐检阅”直播间，促进提升应用新媒体和在“镜头下”工作能力。市检察院自主研发的1门课程被评定为全国检察教育培训精品课程。全市有4名干警在全省刑事执行检察业务竞赛中获标兵（能手）称号，1名干警获全国刑事执行检察业务竞赛能手。在全省优秀公诉人竞赛中，泉州获团体、个人“双第一”。全市有18人入选全省检察机关案件质量评查人才库，位居全省前列。2个课题获国家级立项，3个课题获省级立项。承办首次由地级市承办的中国犯罪学学会学术研讨会并获得成功。

【立案监督与侦查活动监督】 2018年，泉州市检察系统重视法律职业共同体建设，先后与法院、公安、司法、律协召开联席会议，就加强信息共享、统一执法力度及证据标准等60余项议题达成共识。围绕人民群众反映强烈的违法立案、以罚代刑等问题，依法监督立案49件，督促撤案96件，追捕追诉86人、追漏罪行179件。完善“两法衔接”平台建设，监督行政执法机关移送涉嫌犯罪案件63件。推进审查逮捕诉讼化转型，邀请侦查人员、律师、人大代表、政协委员等参与诉讼化模式办理逮捕案件44件58人。强化派驻基层派出所检察监督工作，提前介入重大疑难案件，书面纠正侦查活动违法79件次，引导侦查活动合法规范。推广侦查活动监督平台，对公安机关200件存在质量问题的案件提出256项具体监督意见，反馈整改117件146项。探索建立刑事拘留监督平台，将公安机关提供的刑拘数据与检察机关统一业务应用系统的办案数据进行对比，实现对刑拘后未报捕未移送审查起诉案件监督工作的常态化。

【刑事审判活动监督】 2018年，泉州市检察系统落实以审判为中心的刑事诉讼制度改革，贯彻证据裁判规则，健全刑事案件自行补充侦查、证人出庭作证和认罪认罚从宽等机制。通过现场复勘、自行取证、证据复核等方式，严格证据标准，自行补充侦查187件次，补查证据315份，均获法院采纳，有效减少无效退补，提升诉讼效率。对自愿认罪认罚的2036名犯罪嫌疑人、被告人依法从宽从快处理，对8605件案件建议适用简易程序，缩短审查起诉周期。晋江市院探索轻刑人员从事社会服务依法适用不起诉机制，让涉嫌故意伤害的犯罪嫌疑人从事助孤、助老、助残等服务，让涉嫌交通肇事、危险驾驶的犯罪嫌疑人从事交通疏导、劝导和宣传服务，有33名犯罪嫌疑人参与社会服务并被依法适用不起诉。强化以抗诉为中心的多元审判监督格局，充分发挥抗诉的刚性监督作用，对认为确有错误的刑事裁判依法抗诉，抗诉刑事案件32件65人，法院改判19件25人，发回重审4件4人。加强与法院的沟通、协调，探索建立“三项规程”衔接机制，就打击黑恶势力犯罪、“醉驾”案件办理出台意见，统一执法标准和尺度。贯彻落实好检察长列席同级审委会制度，两级院检察长列席同级法院审委会40次，共同促进法律统一正确实施。

【刑事执行监督】 2018年，泉州市检察系统依法保障在押人员合法权益，检察出入监管场所在押人员

43976人次。开展羁押必要性审查、刑罚变更执行同步监督，立案审查羁押必要性审查案件679件，提出释放或变更强制措施建议596件，获采纳543件，1件案件入选全国精品案件。探索开展重大案件讯问合法性审查工作，对30名在押人员开展重大案件讯问合法性审查；依法纠正违法违规刑事执行活动218起，并在全国检察机关工作会议上交流推介。审查提请减刑、假释案件1787件，督促纠正不当提请143件，均获采纳。深化财产刑执行检察和集中清理判处实刑罪犯未交付执行刑罚专项检察，监督3446件罚金刑、没收财产刑案件进入执行程序，对115名不积极履行财产刑罪犯从严掌握减刑；清查出判处实刑罪犯未执行刑罚人员101人，督促收监执行39人，暂予监外执行27人。开展暂予监外执行专项检察，监督司法行政机关提出收监建议23人，法院决定收监执行19人。

【民事行政诉讼监督】 2018年，泉州市检察系统受理不服法院生效民事、行政裁判监督申请203件，对生效裁判、调解书提出抗诉、再审检察建议24件，获采纳18件。开展民间借贷、劳动报酬纠纷等领域虚假诉讼监督工作，成功突破2件总案值160万元的虚假调解案件。加强执行活动监督，受理执行监督申请157件，审查后向法院提出检察建议143件，法院采纳124件。开展非诉执行监督专项活动，发出非诉执行监督检察建议99件，其中1件典型案例被高检院民行厅内刊采用，相关工作经验在全省民行工作会议上作主题发言。深入开展人民法庭监督专项活动，发出再审检察建议6件，纠正审判程序违法检察建议27件。

【“亲清护企”新模式打造】 2018年，泉州市检察系统以“亲清护企”泉州检察模式写入高检院2018年工作报告为新起点，先后出台加强产权保护护航民企创新创业12条措施、“亲清护企”行动纲要（2018）、新“民十条”等工作意见，优化完善检察环节安商护商亲商措施。围绕优化投资发展环境，批准逮捕强迫交易、合同诈骗等各类破坏市场经济秩序犯罪嫌疑人661人，提起公诉1149人。丰泽区院办理的黄某、段某职务侵占案被评定为全国检察机关首批涉民营企业司法保护典型案例，系全省检察机关唯一入选案例。围绕保护企业核心竞争力，批准逮捕制假售假案件70人，提起公诉349人。联合统战部、工商联推动厦门大学知识产权研究院与泉州总商会共建“泉州国际品牌评估与研究中心”；牵头建立知识产权快速维权六方协作机制，推动17个泉商品牌入盟阿里巴巴“可信唯一认证投诉渠道”，通过平台有效投诉，促使公安机关成功查获捣毁浙江和山东两处假冒窝点，涉案数额200多万元。更加注重涉企普法，联合税务、工商联开展“亲清护企”主题行动，提级建设泉州（晋江）服务非公经济发展法治教育基地，接待培训企业人员8000多人次。该基地被列入全省五大特色检察展示平台之一，并获评“2017年福建十大信用典型案例”。2018年12月，“亲清护企”泉州检察模式作为全国政法系统四个典型之一，列入中央政法委献礼改革开放40周年典型宣传。

【“三大攻坚战”保障】 2018年，泉州市检察系统参与防范化解重大风险。完善“1+6”等金融检察工作机制，专业化保障金融创新和金融安全。依法惩治假借金融创新名义实施非法集资的犯罪行为，办理“财佰通”涉嫌非法吸收公众存款案、全国首件“金融一体机”诈骗案等涉众型经济犯罪35件84人。打击地下钱庄型非法经营、逃汇、洗钱犯罪，市院联合泉州外管局会签工作意见，形成打击破坏外汇管理秩序犯罪合力。晋江市院起诉全市首件逃汇案，涉案金额近5亿元。坚持办理案件与化解风险并重，促成一件骗取贷款案的银企双方达成和解，化解不良贷款5069万元。牵头与金融机构在石狮建成全省首家金融安全教育防范基地，助推形成

2018年7月19日，福建省首家金融风险警示基地——“泉州市金融安全教育防范基地”启动仪式在工商银行泉州石狮支行举行，此系泉州市人民检察院与工商银行泉州分行2017年建立防范金融风险协作机制以来的创新深化成果

（图/工商银行泉州分行）

防范金融安全社会共识。“1+6”金融检察工作机制获评全省机关体制机制创新优秀案例。保障脱贫攻坚。参与扶贫领域腐败问题专项治理，依法批捕起诉挪用、贪污扶贫资金等职务犯罪。做好检察机关自身承担的扶贫联系点脱贫工作，参与筹资建设德化县上涌镇蔬菜大棚基地，以收益分红的形式持续造血扶贫，结对帮扶的48户100人全部脱贫。将司法救助融入精准脱贫工作，救助陷入生活困境的刑事被害人、未成年人、残疾人39人，发放救助金60.18万元，防止因刑致困、因案致贫。南安市院联合团市委、青商会在全省首创设立“未成年健康成长保障基金”，构建司法救助、法律援助、爱心企业、慈善机构捐助联动的司法救助体系。护航攻坚污染防治。助力打造国家生态试验区“泉州样板”，批准逮捕各类破坏生态环境资源犯罪嫌疑人56人，提起公诉124人。泉港区院提前介入“11•4”化学品泄漏事件，依法从快批捕7名责任人。聚焦民生热点问题，开展集中式饮用水水源地环境保护、严重水土流失督查、打击海上非法采运砂等专项行动，发出检察建议66份，督促查处盗采海砂违法行为19件。市院督促指导安溪县院完成市水土办重点督办件3件，发出检察建议19份，促使安溪县2025产业园等项目的相关建设单位投入1000多万元整治生态环境。探索恢复性司法实践，协同四部门制定《关于在办理破坏生态环境资源违法犯罪案件中开展生态修复工作的实施办法（试行）》，发出修复令3件，督促补植复绿99.07公顷，增殖放流65万多尾，恢复耕地4公顷，修复矿山13个，收缴生态修复基金118万多元。永春县院创新将生态修复情况纳入社区矫正期间表现考核内容，督促8名社区矫正人员修复林地近20公顷，得到省检察院转发推广。发起成立“护卫泉州海岸线生态检察联盟”和“三江”水资源生态保护协作机制，保障泉州“生态连绵带”建设。市院指导惠安县院牵头确立的护卫泉州海岸线生态协作机制被省检察院转发，成为福建海岸线生态检察协作机制的重要借鉴。

【检察系统扫黑除恶专项斗争】 2018年，泉州市检察院成立以检察长为组长的领导小组，组建专业化办案团队，实行捕诉一体工作机制，统一履行涉黑涉恶案件的审查逮捕、审查起诉、出庭公诉和诉讼监督等工作，确保高效办案精准指控，形成震慑效应。市院加强对下指导督导，挂牌督办12件重大涉黑案件，备案审查基层院办理案件146件，确保办案质量。联合公安、法院等部门会签意见加强协作、统一证据指引，依法参与严惩村霸、行霸、地痞以及校园贷、套路贷等违法犯罪。专项斗争开展以来，全市两级检察机关共提前介入涉黑涉恶犯罪案件74件，受理提请批准逮捕涉黑涉恶犯罪案件565人，经审查，批准逮捕508人；受理移送审查起诉486人，提起公诉350人，从严从快办理全省首件侦破的卢某某等31人涉黑案等案件。突出“深挖根治”，结合办案向侦查机关、监察机关移送线索264条；向有关部门发出检察建议18件，推动治根治本。注重舆论宣传，制作扫黑除恶宣传海报，拍摄《迷失的风筝》《以为》等扫黑除恶题材微电影，形成舆论攻势。洛江区院联合河市镇机关党支部在白洋村建立全省首个村级扫黑除恶法治教育基地，营造浓厚宣传氛围。

【检力下沉服务群众】 2018年，泉州市检察系统推进检察监督指导中心再升级，在全省率先把原“12309”职务犯罪举报热线电话升级为“12309”检察服务热线，打造集检察服务、检务公开、检察监督等功能于一体的检察监督指导中心。在全市铺开“网格化+社区检察官”工作模式，聘请专兼职网格员377名，将检察环节社会治安、环境保护、矛盾调处等工作下沉到基层一线，把群众家门口的“检察院”延伸建设到乡、镇、村，努力让群众切实感受到法律服务更加便捷。探索开展检察公开宣告工作，建设规范化检察宣告室，向社会公开宣告案事件决定166件次，通过公开展示司法办案过程、促成刑事和解和矛盾化解、开展社会法治教育，建立社会化普法新阵地。打造新时代“枫桥经验”泉州检察模式，开展矛盾纠纷积案化解专项治理，深化第三方参与化解和律师代理申诉，依法妥善处理群众控告、申诉、举报39件次。完善“检调对接”工作机制，促成轻微刑事案件和解84件112人。

【弱势群体关注支持】 2018年，泉州市检察系统开展春节前农民工讨薪问题专项监督，依法对拒不支付劳动报酬案件提起公诉33人，敦促支付拖欠农民工工资1428万；支持农民工向法院起诉28件，涉案欠薪总额420万余元。坚持未成年人权益特殊、优先保护的核心要求，加大对性侵、拐卖、虐待儿童犯罪的打击力度，批准逮捕侵害未成年人犯罪案件447人，提起公诉523人。协调妥善安置高检院挂牌督办的拖木日初案13名被拐儿童，入选全国检察机关“十大未成年人司法保护典型案（事）例”，央视社会与法频道《守护明天》栏目作专题报道；办理全市首件撤销监护权案件，引起《今日说法》栏目播出关注。加强涉罪未成年人教育感化挽救，“未成年人检企合作观护基地”被确定为“全国未成年人检察工作创新实践基地”。石狮市院会同12家单位成立未成年人保护联盟，泉州市委主要领导批示全市推广；与有关部门会签《石狮市学生校外托管机构管理暂行办法》，联合公安局、教育局出台《教育行业从业人员准入查询工作规定》，建立侵害未成年人权益案件信息库，监督辞退中小学校、幼儿园、托管机构中具有不良记录的工作人员25人。开展法治进校园全市巡讲，“刺桐花”未检工作团队获评全国检察机关九大未检优秀团队。关注家暴问题，德化县院联合公安局、司法局、关心下一代工作委员会、妇女联合会制定《德化县反家庭暴力工作联动机制实施意见》。

【公益诉讼职能依法履行】 2018年，泉州市检察系统开展公益诉讼。市委、市政府联合出台《关于支持检察机关公益诉讼工作的意见》，市人大常委会专题听取审议检察机关公益诉讼工作。借助“外脑”提升监督实效，与华侨大学环境保护设计研究所对接，围绕重点摸排的民事公益诉讼案件线索征求专家对损害后果的评估意见。协同福建师范大学法学院共建全省首个检察机关公益诉讼实践研究基地，共同编写《检察公益诉讼的理论研究与实践探索》，联合举办“绿色发展与各主体责任”主题学术论坛，借力高校资源提高公益诉讼工作专业化水平。把诉前程序和提起诉讼放到同等重要的位置，建立诉前多方会商制度，力求通过多方协商全力解决公益损害问题。全市检察机关共排查公益诉讼案件线索278条，发出诉前检察建议271份，提起公益诉讼8件，法院审结5件，均获胜诉。其中1起诉前程序案件被列为全国检察机关首批十佳“提请公益诉讼试点工作诉前程序典型案例”，3件食药安全领域诉前程序案件入选全省检察机关十件食品安全领域典型案例。

【依法行政支持促进】 2018年，泉州市检察系统坚持当好党委的法治参谋，通过选派检察官受聘为党委政府法律顾问、呈报决策事项涉法分析等，为依法决策提供检察智慧。落实行政执法与检察监督协作配合机制，配合开展行政执法专项检查135场，督促纠正怠于执法、执法不当59件。结合办案，针对行政管理及行政执法中存在的风险漏洞强化预防预测预警，发出行政执法监督检察建议119件，督促有关部门依法履职。深化行政执法与刑事司法衔接机制建设，建议行政执法机关移送涉嫌犯罪案件54件，行政执法机关移送53件，公安机关立案侦查51件，克服一些涉嫌犯罪的案件止步于行政执法环节，法律威慑力不够的难题。

【司法体制综合配套改革推进】 2018年，泉州市检察系统完善检察官、检察辅助人员、司法行政人员分类管理制度，明确检察官办案责任和层级权限。落实领导带头办案要求，两级院77名入额院领导带头办理案件3277件。坚持“放权不放任、用权受监督”，完善随机分案、预警监控、质量评查、绩效考核等机制，评查案件3214件，倒逼案件质量提升。开展内设机构改革，探索“捕诉一体”办案机制，推动高效办案精准指控。

【监察体制改革配合】 2018年，泉州市检察系统在规定时间内按要求完成配合保障监察体制改革阶段性工作，办结转隶遗留案件、线索移送和涉案财物处置，实现零积存。设立职务犯罪检察机构，在全省率先创建统一业务应用系统职检模块，最早统一规范法律文书，适应监察体制改革和办案需要制定的26份职检办案法律文书被省检察院转发。市院被省检察院公诉部门确定为规范办理职务犯罪案件试点单位。与监察委共同完善办案衔接机制，会签相关工作文件8份。提前介入监察机关调查的案件37件，受理监察机关移送案件45件63人，决定逮捕35件42人，提起公诉35件48人，判决23件，支持抗诉1件，法院依法改判。依法办理一件涉案金额4700多万元的“小官巨贪”案件。

【智慧检务建设】 2018年，泉州市检察系统加强检察技术与办案的深度融合，为提升办案质效提供检察技术支撑。办理公诉案件法医学技术性证据审查2062件，发现原鉴定意见存在问题的160份；办理保外就医（监外执行）医学要件审查160件，发现不符合条件的46件；办理文件检验技术性证据审查119件，发现原鉴定意见存在问题的6件。组队参加代表国内最高取证水平的“美亚杯”全国电子数据取证竞赛，取得职业组团体二等奖、个人三等奖的成绩。市院1名文检人员应邀参加全国检察技术办案经验交流座谈会并作发言。坚持科技引领，建设检察监督与管理平台及电子检务工程六大平台，整合远程提讯、远程庭审、智能办案辅助系统等平台，推进案件网上办理、网上监督、网上管理，初步实现“用数据跑腿代替人工跑路”。鲤城区院引入全省首个AI检务机器人及自助服务终端，建成24小时自助检察监督指导中心，实现案件信息查询、量刑咨询、电子卷宗刻录等业务全天候自助办理。

【基层基础建设】 在2018年，泉州市鲤城、南安等地检察部门完成办公用房搬迁、改造等工程，全市检务保障水平持续提升。在全市检察机关部署开展为期一年的“找差距、补短板、真落实”专项活动，走访各部门、代表、委员52次，征求意见建议443条，查找不足和短板146项。院领导走访挂钩下基层调研48次，形成基层调研报告14份，提升对下指导工作成效。深化“一院一亮点”创建评审活动，引导基层检察院探索方式创新、载体创新、机制创新，培育特色。高检院、省检察院肯定推介泉州59项工作经验，《人民日报》等主流媒体刊载推介259项。经上级检察院推荐，全国有52个兄弟省市检察院到泉州检察机关考察交流工作。11个单位获评省级精神文明单位。南安市院被评为全国“模范检察院”，系全省检察机关唯一获此殊荣的单位。

【纪检监察监督】 2018年，泉州市检察系统自觉接受省、市委巡视巡察，自觉接受纪检监察监督，对巡视巡察中发现的问题即知即改，全面整改。在全市检察机关开展为期两个月的“严守规矩、正心自律”专题纪律教育活动，制定《八小时外监督管理规定》，对两级检察机关全体检察人员是否被法院列入失信人员和被执行人员进行全面排查，督促被列入被执行人员名单的基层个别干警配合法院执行。严肃处理基层违纪人员4人。自觉接受人大监督和政协民主监督，主动向两级人大常委会报告12项检察工作，配合开展专题调研和执法检查26次，开展主题检察开放日活动48场，邀请565人次参加专题视察、庭审观摩、公开听证等活动，办理、答复人大代表意见建议439条、人大常委会转交案件和事项18件。完成浙江团、黑龙江团、四川团、台湾团部分全国人大代表，在闽部分全国、省人大代表对泉州检察工作的视察检阅。从民主党派、工商联等代表中聘请97名特约检察员、党风检风监督员，邀请人民监督员评议案件6件。重视舆论监督，发布重要案件信息66条，公开终结性法律文书1.16万份，通过移动平台推送案件程序性信息18万多条，提供律师查阅及刻录光盘3973件，推动案件信息公开工作走向常态化轨道。构建多元化多层次检察新闻传播格局，全市两级检察院实现“两微四端”、新闻发言人、案件信息公开系统及其微信平台的全覆盖。结合群众关注的热点、难点、趣点，推出《刺桐检阅》主题访谈、“鲤检100秒”普法脱口秀等作品84期，视频累计点播点击量超过300万多人次，检察工作不断融入群众“朋友圈”。 策划出版各类宣传作品32个。一批法治作品获得好评，《行走在法治道路上》在全国检察机关新媒体作品展播中捧回“小金人”；《我与宪法》系列宣传视频荣获全省政法系统十佳新媒体作品。市检察院门户网站获评2018年度优秀政法网站。

法 院

【概况】 2018年，泉州市法院受理各类案件21.6万件（其中新收18.7万件，比上年增长4.3%），办结19.6万件；员额法官年人均结案302.3件，居全省各设区市首位，高出全省均值47.5%，丰泽、晋江、南安、惠安法院员额法官年人均结案数为全省基层法院前四名；市中级人民法院受理2.32万件（其中新收2.05万件，比上年增长5.8%），办结2.20万件；最体现审判效率的结案收案比指标，两级法院为103.2%，市中级人民法院为104.7%，分别居全省各设区市、各中级人民法院第一。市中级人民法院在全省中级人民法院执行考评中排名第一。涉诉信访考评质效全省各设区市最好。全市法院26个集体、14名个人受到省级以上表彰。

【法院系统扫黑除恶专项斗争】 2018年，泉州市法院集中力量投入扫黑除恶专项斗争，护航平安泉州建设。建立重大案件多部门会商机制，加强重点行业、重点领域专项整治，严惩黑恶势力“保护伞”。与检察院统一涉黑恶案件诉审衔接程序，全市法院共审结涉黑恶一、二审案件41件，依法审理专项斗争开展以来全省首件侦破的卢某某等31人涉黑案、审理全市首起恶势力“保护伞”王某某徇私枉法案。深入排查民商事、执行生效案件中的涉黑恶犯罪线索，与市金融局、泉州仲裁委等单位建立民间借贷案件信息互通机制，联动打击“套路贷”。为增强震慑效果，全市法院集中公开宣判涉黑恶案件4场36件217人，市扫黑除恶专项斗争首场新闻发布会在市中级人民法院召开。

【“三大攻坚战”服务】 2018年，泉州市法院加大金融债权保护力度，打击恶意逃废债行为，严惩非法集资、金融诈骗等涉众型犯罪，审结涉案金额50亿元的网络传销“沃克”案、金额26亿元的吴某某等人集资诈骗案。推行金融案件一体化办案平台，审结金融案件9630

2018年11月13日，泉州市中级人民法院召开扫黑除恶新闻发布会

（图/市中级人民法院）

件、标的额143亿元，化解担保链、P2P网络借贷等纠纷。构建生态司法保护体系，推广“河湖保护司法服务站”，建立生态环境技术咨询专家制度，完善生态修复司法机制，全市法院审结环境保护案件123件，其中，环境公益诉讼案件6件。聚焦涉农案件审判执行，严惩扶贫领域犯罪，助力脱贫攻坚，市中级人民法院精准扶贫工作在《人民日报》报道。

【法院助推落实赶超目标】 2018年，泉州市法院发挥审判职能，服务保障高质量发展。推进法治护航民营经济，出台保障企业家创新创业的21条具体措施，发布司法服务“晋江经验”工作白皮书，优化法治营商环境。出台《关于为重点项目建设提供司法保障和法律服务的实施方案》，对涉重点项目建设的案件逐案排查督办。健全市场主体退出机制，助推危困企业重生，全市法院受理破产案件62件，破产企业衍生案件203件，推进富贵鸟等企业破产重整。聘请涉外、涉港澳台特邀调解员，开展跨境司法取证、诉讼协助等事务，以侨乡特色审判助建“海丝”先行区。发挥司法保护主导作用，建立知识产权司法保护联络站，全市法院审结知识产权纠纷案件2502件，市中级人民法院民三庭获评全国法院知识产权审判工作先进集体。维护市场交易秩序，遏制虚假诉讼行为，审结买卖、借贷、抵押、担保等合同纠纷案件3.63万件。注重行政诉权保护，完善行政案件跨域管理，促进行政争议实质化解。

【执行工作大格局构建】 2018年，泉州市委市政府在全省设区市率先出台实施意见，支持法院决战执行难，联动单位市教育局限制失信被执行人子女就读高收费民办学校的举措得到社会广泛认可。升级查控系统，在实现对账户、房产和股权等网络查控基础上，加强与公安、交警联动查人找物。推进执行攻坚，开展夏季攻势、夜鹰行动等专项活动120多次，组织执行网络直播15场，逾3000万人在线收看。打击拒执刑事犯罪，审结案件62件71人。用足用好强制措施，拘留被执行人2300多人次，比上年增长76.9%，限制出境6500多人次。全市执行结案7.6万件，执行到位金额143亿元，比上年增长33.8%，有财产可供执行案件法定期限内结案率96.43%。

【民生权益保护】 2018年，泉州市法院践行司法为民宗旨，严惩严重暴力犯罪，严打重判电信诈骗，高压反腐，全市法院审结一审刑事案件1.16万件，判处罪犯1.29万人。妥善审理住房、医疗、养老等涉民生案件，推进物业纠纷速裁调解，探索交通事故纠纷网上一体化处理，加强鞋纺、茶叶等行业领域巡回审判。维护市场交易秩序，遏制虚假诉讼行为。强化涉军维权，将提前办结军队停止有偿服务案件列入“一把手”工程，快速审执结停偿纠纷案件67件，119.9万平方米的房屋和场地全部交付部队。

【特殊群体人权司法保障】 2018年，泉州市法院坚持“教育、感化、挽救”方针，寓教于审，判处涉校园欺凌等未成年犯238人，缓刑率28.1%，帮扶失足青少年复学、就业。与市妇联、关工委等单位合作，深化家事审判“泉州模式”，构建“家+闽南文化”审判机制，有机融合泉州乡情民俗，弘扬中华传统美德，审结婚姻家庭、抚养继承等案件7332件，调解、撤诉率50.2%，鲤城法院获评全国家事审判先进集体。集中清理拖欠农民工工资案件，执行款优先偿付工人工资，市中级人民法院为明恒公司1143名工人追回欠薪602.3万元。

【司法责任全面落实】 2018年，泉州市完成法官员额制改革，组建以院庭长为团队长、员额法官为中心、辅助人员协同办案的新型审判团队339个，推进同类案件专门化办理。推动院庭长一线办案常态化，办结案件8.95万件，占案件总数的45.6%。实行合议庭、独任法官直接签发裁判文书，确保“谁审理、谁裁判、谁负责”，依法独立公正行使审判权的机制逐步确立。强化司法能力建设，市中级人民法院举办业务培训班28期，参训人员2243人次；提高学术水平，市中级人民法院被最高法院授予全国学术讨论会组织工作先进奖。

【诉讼制度改革推进】 2018年，泉州市法院以审判为中心的刑事诉讼制度改革得到检察、公安、司法行政和广大律师的支持，全市侦查人员、鉴定人、证人出庭作证人数比上年增长39%，庭审实质化改革成效显著。全省法院贯彻落实非法证据排除等“三项规程”经验交流推进会在泉州召开。配合监察体制改革，建立与市监察委有机衔接的审判机制。推进民商事诉讼制度改革，弘扬“枫桥经验”，深化诉调对接，构建多元解纷机制，晋江等法院成立“网格化+人民调解”中心，联合基层组织调处矛盾纠纷；市中级人民法院升级商事巡回调解机制，南安法院开展新型“法商联动”，惠安法院完善惠女特色多元解纷机制，永春法院推动法庭、司法所、律师所“135”庭所共建。全市法院民商事调解、撤诉结案数比上年增长12.4%。

【审判管理机制创新】 2018年，泉州市法院应对案件增量压力，采用集约化管理提升办案质效。科学配置审判力量，组建审判团队。构建案由式审判管理制度，深化繁简分流、简案快审、繁案精审的管理机制，平均审理时间周期缩短20.1%，上诉案件卷宗移送速度比上年增长2.6倍。市中级人民法院9个速裁团队集约审理6类速裁案件，人均结案数比上年增长1.8倍；以《民商事案件繁简分流、调解和速裁新机制》中标最高法院司法研究重大课题。采用量化精细化督促办案质效，编制法官每月办案情况汇总表，实行动态管理，强化对团队的办案评估。使用权重和案件折抵两种考核办法，科学配置办案指标，将审判庭、团队和法官任务数、结案数、超岗率、审限及业绩排名情况等列表评比，比学赶超，褒奖先进，审判绩效管理宏观到庭、中观到团队、微观到人，市中级人民法院未结案件数比上年下降56%。

【智慧法院实现高效诉讼服务】 2018年，泉州市法院高度重视信息化建设工作，开通“泉州微法院”小程序、微信缴纳诉讼费、智能送达服务柜等司法服务。建立电子文档中心、司法公开服务网暨律师在线服务平台、金融案件一体化办案平台，随案同步生成电子卷宗，主动公开卷宗材料，提供立案查询等服务，实现网上无纸化办案、诉讼服务等应用。首创法院授权当事人及其代理律师送达机制，构建“网格化+司法送达”平台，通过互联网、电话、短信、微信、法院“12368”热线等多种方式，送达工作可在线一键办理。

【司法公开力度加大】 2018年，泉州市法院开通司法公开服务网、律师在线服务平台，对接裁判文书、审判流程、执行信息、庭审直播四大阳光司法公开平台，庭审直播6748场次，比上年增长2.17倍；公布裁判文书13.9万份，向当事人推送审判执行短信132万条。扩大司法民主，一审普通程序案件人民陪审员参审率83%。落实普法责任制，完善媒体联络、案例通报制度，讲好“法治公开课”，全市举办新闻发布会33场。市中级人民法院和7个基层法院微信公众号挺进最高法院评选的中基层法院官微排行榜前20强。

【巡视巡察和民主监督】 2018年，泉州市法院宣传贯彻宪法修正案，执行党组工作条例，向市委、市人大常委会报告重要事项、司法改革、人事任免等重大工作。树牢“四个意识”，把“两个维护”作为最高政治原则，坚决拥护、主动接受省委、省法院和市委的巡视巡察，以整改实效体现对党绝对忠诚，把市中院班子建设成为坚定贯彻党委重大决策的坚强集体。贯彻执行市十六届人大二次会议决议，落实市人大常委会关于民商事审判工作和执行工作的审议意见，接受满意度测评，获满意等级；向市人大常委会报告以审判为中心的刑事诉讼制度改革及金融犯罪审判工作。接受市政协民主监督，通报法院工作，协助开展课题调研。狠抓督办反馈，办复市人大代表建议11件、政协委员提案14件。定期走访人大代表、政协委员，通过协助调解案件、邀请见证执行、参加重要会议、开设“代表视窗”微信专栏等形式，服务代表、委员监督履职。多批次全国、省人大代表视察泉州法院执行工作、现代诉讼服务体系，给予较高评价。自觉接受、支持配合检察机关诉讼监督，市中级人民法院邀请检察长列席审判委员会讨论刑事抗诉案件28件，受理抗诉案件34件，其中改判20件。市中级人民法院聘任22名人民法院监督员。

司法行政

【普法依法治理】 2018年，泉州市司法行政部门加强普法宣传，推进普法依法治理。

开展宪法学习宣传 在全省率先开展宪法“八进”活动。以“尊崇宪法 学习宪法 遵守宪法 维护宪法 运用宪法”为主题，牵头举办“12·4”国家宪法日主场活动和第一届“宪法宣传周”系列宣传活动。在全市部署开展中心组宪法学习研讨，促进领导干部带头学宪法；加强青少年宪法学习教育，联合开展以“我与宪法”为主题的中小学宪法征文比赛。开展宪法法律宣传公益电影放映季，印制分发《中华人民共和国宪法》单行本到车站、码头、宾馆等人员密集的场

2018年12月4日，泉州市依法治市办、市司法局联合市委宣传部、市人大常委会办公室、市教育局等举行宪法日法治宣传活动。图为工作人员为群众讲解宪法知识 （图/郑玲玲 王志超）

所，推动宪法学习宣传走入基层、贴近群众。

搭建立体普法网络 巩固传统普法阵地，在泉州电视台“法治连线”栏目开设专题访谈栏目，邀请专家学者开讲“法律精品课堂”。参与省级法治文化建设示范点创建活动，在全市培树一批特色鲜明、主题突出的法治文化阵地，推动法治文化阵地精品化、主题化、规模化发展，全市有法治文化阵地154个。利用公交车、出租车、梯视、户外大型广告牌等窗口进行普法宣传。全市共完成“百千万”计划6196场，开展“新媒体法雨行动”839次，惠及群众逾1000万人次。

推进普法依法治理 围绕创建“全国七五普法中期先进城市”工作目标，推动普法依法治理各项工作任务落地见效。组织开展“七五”普法中期督导并做好省级检查迎检工作，得到省检查组组长充分肯定。加强普法依法治理制度建设，制定国家机关“谁执法谁普法”责任制实施意见和“以案释法”制度，公布市直重点单位普法责任清单。将“谁执法谁普法”责任制落实情况纳入“七五”普法中期督导考核，助推普法责任制真正落到实处。

【法制工作】 2018年，泉州市司法行政部门制定减权放权事项监管责任清单，对基层法律服务所设立、变更、注销和香港、澳门律师担任内地律师事务所法律顾问核准初审纳入监管范畴。开展“双随机”抽查工作，将抽查情况及查处结果与评比诚信等级相衔接。健全完善“双随机”抽查工作机制，对“一单、两库、一细则”进行修改完善。组织开展梳理审批服务事项工作，梳理审批服务事项31项，其中行政许可1项，公共服务7项，其他23项。发挥法律顾问职能作用，聘请福建联合信实（泉州）律师事务所作为常年法律顾问，对重大决策、信访、投诉案件处理和答复等方面进行法律把关论证，提出相关意见或建议8件次。

【司法行政改革】 2018年，泉州市司法行政部门推动公证体制改革任务落地见效，探索创建泉州首个合作制公证机构试点——海峡公证处。在鲤城区法院设立“诉讼与公证协同创新工作室”，助力公证服务深度参与司法辅助事务实践。将全市公证执业区域统一调整为全市辖区，试行多点办证，为群众异地办证提供便利。以院援协作为基础，联合泉州市中级人民法院制定出台实施方案，推动部署在除安溪、永春、德化以外地区全面开展刑事案件审判阶段律师辩护全覆盖试点工作。择优挑选446名律师成立法律援助志愿律师库，打造泉州特色值班律师法律帮助模式。推进律师参与化解和代理涉法涉诉信访案件，开展律师参与调解试点工作，建立由136名律师组成的律师调解员名录库，在22家律师所成立律师调解工作室，达成调解协议36份。

【人民调解】 2018年，泉州市司法行政部门构建“以县级人民调解中心为引领，基层人民调委会为主体，行业性专业性人民调解组织为两翼，个人调解室为补充，纠纷信息员为触角”的多层次、宽领域、规范化的新时期人民调解组织网络体系。成立38家涵盖金融、渔业、物业、鉴定、驾校纠纷及商会纠纷等10个系统和领域的调解组织。打造新时代“海上枫桥”模式，在全国率先成立海上矛盾纠纷调处中心，依托海警舰艇建立海警人民调解委员会，实现了海上纠纷快速调处不上岸。建立各类人民调解委员会3009个；设立76个以个人名字命名的“调解工作室”。完善“诉调对接”“检调对接”“公调对接”“医调对接”“交调对接”“访调对接”和“援调对接”等机制。以泉港区为试点探索开展行政争议调解工作，并延伸到该区7个乡镇（街道）设立行政争议调解分中心及调解室；以泉州市委政法委名义下发《关于进一步加强“访调对接”工作的实施意见》全面推开工作；制定全市《关于进一步加强劳动争议人民调解工作的意见》，推动构建劳动争议“五级联调”工作体系。2018年，193个公安派出所调解室共调处纠纷7271件，成功率91.7%；11个县级人民法院调解工作室调解5679件，成功率99.3%；道路交通事故调委会共调处交通事故损害赔偿纠纷10589件，成功率94.9%；医疗纠纷调委会共调解纠纷218件，成功率95.4%。建立健全镇、街道矛盾纠纷排查月例会制度，在“两节”“两会”等重要节点开展矛盾纠纷大排查大调处等专项活动，开展人民调解参与扫黑除恶工作，深入村居、主动搜集情报线索，扩大线索来源渠道。泉州市人大对泉州实施《中华人民共和国人民调解法》情况进行执法检查，肯定了泉州人民调解工作。2018年，全市各级人民调解委员会共排查调处各类矛盾纠纷22581件，成功率99.6%。防止群体性上访事件47件、群体性械斗事件10件、民转刑案件702件。

【安置帮教】 2018年，泉州市司法行政部门推动县级社区矫正中心建设标准化，全省县级社区矫正中心标准化建设现场推进会7月24日在德化县召开，市局和德化县局作经验介绍，工作得到省司法厅领导高度肯定。在全省率先启动监狱戒毒警察延伸社区矫正管理工作，截至年底，全市监狱戒毒单位共派出81人次，参与31批次集中入矫教育活动。推动社区矫正参与力量社会化，推广政府购买社区矫正非执法类项目服务被市委政法委通报2018年全市政法系统6个优秀创新项目之一。2018年，泉州市司法行政部门加强社区矫正基础建设和信息化建设，推进社区矫正中心标准化建设试点工作，总结形成具有泉州特色的建设模式。截至2018年底，全市接收社区服刑人员29906人，解除矫正25225人，在册社区服刑人员4681人；新回归刑满释放人员5449名，安置5416名，帮教5428名。

【公共法律服务】 2018年，泉州市司法行政部门推进公共法律服务平台建设，实体平台实现县、乡、村三级全覆盖。延伸服务触角，推动公共法律服务进村入户，“一村（社区）一法律顾问”及其工作微信群均提前实现全覆盖。市、县两级“12348”热线平台全部建立并落实值班制度。以“互联网+”为引领，全面整合线上公共法律服务资源，依托“泉州司法在线”微信公众号优化集成法律援助、公证、人民调解等网络服务平台，搭建“1+12”市县联动掌上公共法律服务微信公众号矩阵，打造覆盖全业务的公共法律服务“一张网”，实现公共法律服务事项“指尖点”“掌上办”。

【律师管理】 2018年，泉州市有律师事务所151家、律师1738人，全市律师办理各类案件49136件，担任法律顾问4119家，提供公益法律服务5618件次，咨询和代写法律文书9113件，业务创收38722万元。引导律师服务重点项目316个，提供专项法律服务1595件次；成立泉州市律师行业党委，将党建工作内容写入市律协章程，形成以市律师行业党委为核心、市直党总支为枢纽、43个律师所党支部为基点的三级党组织网络；实施涉外法律服务人才培养工程，滚动更新涉外法律人才培养名录库，新增22名律师入库，组织90名律师赴北京大学参加第三期涉外法律服务专题培训，9名律师入选全国涉外法律人才库；与泉州民革台湾同胞法律服务中心、华侨大学、省律协“一带一路”专委会、中台湾律师联盟大陆同胞法律服务中心联合举办“以审判为中心的司法改革探索既‘一带一路’背景下两岸律师实务研讨会”，共有100多名律师参加，增进两岸律师业务交流合作；选派1名女律师前往青海省贵南县参与“1+1”中国法律援助志愿者行动，提供为期一年的志愿服务；联合协调公安、法院等部门出台构建法院与律师良性互动关系、便利律师查询人口信息等文件，为律师执业提供方便；举办第三届全市律师论辩赛，组织两支代表队参加全省律师辩论大赛，分获亚军和季军；举办律师实务交流研讨会，市律协连续四届同时获得省律协优秀组织奖和优质论文组织奖；加强律师办理涉黑恶案件监管指导，收到报备355起；全市“一村（社区）一法律顾问”微信工作群覆盖率100%，确定276个村（社区）作为示范点创建对象，村（居）顾问律师参与修订村（社区）自治组织章程、村规民约等107份，处理群体性纠纷71次，参与调解纠纷303件，举办法治讲座1075场次。

【公证管理】 2018年，泉州市有公证处11家、公证员59人。全年全市公证机构共办理各类公证事项38536件，收费1586.7万元。服务重点项目128个，涉及标的额716052万元，拒绝非法公证，为政府、企事业单位和人民群众挽回经济损失198万元。10月1日起，全市公证机构落实证明材料清单制，明确120个公证事项的证明材料，并统一压缩公证办结时限。对法律关系简单、事实清楚、无争议的76种公证事项全面推行“最多跑一次”，共提供“最多跑一次”服务4708件。

【司法鉴定管理】 2018年，泉州市有司法鉴定机构17家，司法鉴定人121人；承办司法鉴定案件21958件，业务收入2544.8万元。除新成立的机构和不需上报省级资质认定的3家司法鉴定机构，另14家均通过省级资质认定。开展2017年度司法鉴定机构和司法鉴定人年度考核，鉴定机构经考核均评定为合格；评为合格的司法鉴定人108人，因当年度未办理司法鉴定业务不予年度考核的8人。开展2017—2018年度司法鉴定机构行业诚信等级评定活动，16家司法鉴定机构符合条件并参评，评出AAAAA级诚信鉴定机构2家、AAAA级5家、AAA级7家、不授予等级2家。开展司法鉴定行业“规范建设年”活动，要求各机构按照活动方案列出的8方面问题进行核查，并逐一建立整改核查档案。配合省司法厅对6家具有资质的司法鉴定机构开展酒精检测鉴定专项检查，并督促问题整改。成立泉州司法鉴定纠纷人民调解委员会，将人民调解化解方式引入司法鉴定投诉处理中。加强司法鉴定投诉处理工作，收到投诉11件，其中不予受理2件，调解2件。

【法律援助】 2018年，泉州市司法行政部门受理指派法律援助案件7514件，比上年增长24.22%，受援人数7871人次，为受援人挽回经济损失20094.64万元；解答各类法律咨询11879人次。部署开展“法律援助进乡村（社区）”系列活动72场次，发放各类宣传制品55382份，接受法律咨询2803人次；推进刑事案件律师辩护全覆盖试点工作，建立446名律师组成的法律援助志愿律师库，协调泉州市财政局增拨100万元专项办案经费，全市刑事法律援助案件数比上年增长1.13倍；在全市8个看守所、12个法院全部建立法律援助工作站，安排律师值班，为群众答疑解惑，对不服生效判决的当事人进行及时疏导，并改进创新值班方式和提供法律帮助方式；推广“互联网+”法律援助“1234”模式，该工作经验在司法部、省司法厅举办的培训班上作交流介绍，并获省司法厅行文推广，微信公众号粉丝95850人、公众号文章总阅读量205548人次，接受网上咨询、申请1726人次，比上年增长17.7%。

2018年6月，泉州监狱举行服刑人员趣味运动会　（图/泉州监狱）

【法律职业资格考试】　2018年，泉州市司法行政部门以被司法部表彰为国家司法考试工作先进单位为新起点，主动适应改革需求，有效应对首次计算机化考试和主观题异地考区合并等新变化，完成首次国家统一法律职业资格考试考务工作。市司法局及2名工作人员受司法部通报表扬。2018年全市客观题考试报名2362人，参考率78.7%；主观题考试报名1000人，其中泉州考生754人，莆田考生246人，参考率99.3%。

【监狱工作】　2018年，泉州监狱实现监管、队伍、生产、行政持续安全无事故，实现第16个“四无”安全年。开展为期3年以“学新思想、比政治素质、比履职能力、比纪律作风”为主题的“一学三比”大练兵大比武活动，夺得全省系统警体技能大比武第一名。推行“一线工作法”，开展“大调研大问计”“今日我带班”主题实践活动，党委成员带队深入基层调研问计，全年，收集意见建议112条。完善“警情沟通平台”，开通“68861116”警情热线，建立民警和警嫂“双微信群”，构建抓早抓小预防体系。推行离岗培训、后进单位党委约谈制，搭建单位和个人量化积分考核体系，激励民警履职担当。以“扫黑除恶”“整治枪爆”“强化监规纪律、净化改造环境”“大排查、大整治、大评估”四大专项活动为主线，保持狱内打击违规抗改高压态势。建立“精神病犯专管区”，实行精神病犯“三级动态”管控。推行短刑犯“非宽即严”管理，短刑犯违规率比上年下降30.4%。出台《推进法治监狱建设实施意见》，经验做法在“人民网”、《法制日报》等媒体刊载。在全省首次开展罪犯减刑案件庭审互联网直播，视频观看量4万多次，扩大监狱执法公信力。全年，办理减刑、假释、暂予监外执行案件1834件，无一错漏，执法满意率95%。建立以入监宣誓、升旗仪式、出监承诺为主的“3+X”政治改造教育模式。铺开中华传统文化融入罪犯日常改造试点，办好妆糕人、拍胸舞等18个闽南非遗文化培训班，罪犯花灯作品获评泉州市一等奖。推行“高墙枫桥”模式，实现“小事不出分监区，大事不出监区，矛盾就地化解”，罪犯违规率比上年下降23.5%。在全省首家制定“特困犯最低生活保障标准”，全年救助特困罪犯380名，有效减缓特困犯违规抗改行为。推行“每月劳动奖励餐”和“每日营养餐”，激励罪犯用“改造好”换取“吃得好”。全年，罪犯教育落实率、心理健康教育普及率均100%，刑满释放罪犯取得技术资格证书率85%以上。

2018年，洛江监狱制定《年度专项监督检查工作计划》，针对工程建设、物资采购等重点领域和重点环节，定期开展专项监督检查。开展“一地一孝廉”活动，突出反腐蚀和纪律规矩意识教育，在节假日向民警家属寄发《家庭助廉信》，推进党风廉政建设。结合监狱筹建工作实际，以“开讲啦”对话交流、“书香机关·清风朗读”、党员“政治生日”等活动为载体，在全监掀起学习新思想的热潮，打牢民警严守政治纪律、政治规矩、职业操守和职业道德的思想基础；通过监狱微信公众号，

洛江监狱狱政管理楼（2018年拍摄）　（图/陈　荣）

展播民警先进事迹，用身边的人和事教育民警，增强民警队伍对监狱事业的认同感。邀请党委成员开展练兵比武专题辅导，灵活安排队列、擒敌拳、体能等训练内容，在10月份每日进行一小时集中训练；邀请华侨大学、福师大等大学的专家教授进行警务礼仪、心理健康、新闻传播、沟通技巧等内容授课；组织民警前往三明地区开展集中学习培训班，参观学习清流监狱“新垦精神”，通过现场教学提升党员干部的奋斗精神；组织开展“一学三比”基建业务技能比武、理论知识考试等活动，组织民警参加全省监狱系统警体技能大比武，激发民警钻研业务、提升技能的积极性。做好延伸社区矫正监管工作，成立延伸社区矫正专管组，协同惠安县、洛江区、石狮市、晋江市等4个县市司法局开展社矫人员的队列训练、训诫谈话、矫治教育等工作。全年，参加社区矫正教育10次，派警40多人次。建立各单体建筑责任人制度，确保工程项目工程质量。落实安全文明施工，与施工单位签订《安全生产目标责任状》，细化安全责任，定期开展安全生产问题隐患排查整改工作。全年开展安全生产大排查大整治专项检查12次，组织各参建单位参加安全讲座及观看安全类宣教片2次，组织召开节日安全生产、汛期安全等各类安全生产会议11次。行政区标段于11月29日通过竣工验收，12月29日搬迁启用。监区标段工程2019年底完成建设。

【司法强制隔离戒毒工作】 2018年，福建省泉州司法强制隔离戒毒所分阶段开展“安全隐患清零”活动，开展扫黑除恶专项斗争，检举揭发涉黑涉恶案件4人次，转送线索5条。坚持每月一次的戒毒人员集体座谈，把分析研判推进到一线。100%使用诊断评估软件，提高诊断评估工作质量。落实预约探访和远程视频探访。围绕“信心戒毒”，在“燃起、树立、增强、强化、坚定”十个字、五项系列工程下功夫。推进“强语义介入治疗和训练”，开展强化戒毒人员的“身份意识、责任意识、法律意识、文明意识”工作。主动邀请社会人士来所开展帮教，组织东兴实验小学学生来所开展禁毒教育，会同泉州市禁毒办、公安局、共青团、教育局等单位，联合开展为期半个月的青少年毒品预防教育巡讲进校园活动，覆盖全市14所学校。对戒毒食堂进行规划布局，聘请专业营养师指导场所配餐，进行场所建设，开展生活卫生达标。定期组织开展内务卫生和被装管理整治活动，修订各项应急预案并组织演练。严格戒毒人员体检、传染病筛查等制度，开展医疗宣传教育，落实所科队三级卫生防疫体系。

2018年11月5日，由泉州司法强制隔离戒毒所倡议，市禁毒办、市公安局、市教育局和团市委等举行泉州市2018年“健康青春、绿色无毒”青少年毒品预防教育进校园巡讲活动启动　（图/泉州司法强制隔离戒毒所）

军　事

泉州军分区

【概况】　2018年，泉州军分区在习近平强军思想的引领下，贯彻落实军委国防动员部党委、省军区党委决策部署，以高度政治自觉坚定维护核心，以强烈使命担当聚力备战动员，以创新思维理念推进部队建设，以严实标准要求强力正风肃纪，完成各项任务。每季度围绕一个专题安排党委中心组理论学习，打牢官兵、文职人员和职工听党指挥的思想政治根基。贯彻落实军委主席负责制，开展专题教育，确保军委主席负责制在军分区落细做实。分专题成体系开展主题教育，跟进抓好休干机构和军事政策制度两项改革教育，各级党委正副书记带头上课，教育的时代性和感召力不断增强。实施"净网"行动，处置网上涉军负面信息，抓好因私出国（境）证件、参加社会组织及活动清理清查，确保部队集中统一和纯洁巩固。

【备战练兵】　2018年，泉州军分区落实中央军委主席习近平备战打仗要求，从严贯彻主席训令，深入纠治和平积弊，确保备战打仗要求深下去、实起来。大抓备战练兵，落实党委议战议训议动制度，专题开展破除"和平积弊"教育整顿，创新开展群众性练兵比武活动，突出抓好5支骨干队伍训练。规范战备值班秩序，依据《福建省军区战备工作实施细则》和《省军区不同类型单位正规化建设规范》，推进三个层面战备规范化建设，完成省军区依托军分区召开现场观摩会任务，接受国防部部长魏凤和和军委国防动员部部长盛斌调研。加大军情研究力度，开展作战动员重难点问题研讨，推进福建省民兵管理系统试点建设。组织区部两级指挥所全要素演练和民兵应急连轮训备勤，完成省军区赋予泉州市的经济动员课题演练。推进民兵调整改革，精减普通民兵，压缩基干民兵数量规模，专业对口率83%。召开泉州市民兵应急营成立大会，强化教育训练和管理保障，民兵编组和训练做法被军委国防动员部要讯刊用。加强海上民兵分队建设，重视民兵情报信息报送工作，全年上报信息20多万条。高质量完成4.2万名学生军训任务和部队过境和战备拉动保障。

【国防动员】　2018年，泉州军分区按照《国防动员潜力调查指标体系》的要求，核查重点潜力数据。围绕"五率"（报名率、上站率、合格率、择优率、退兵率）考核标准征集兵员，完成新兵员征集任务，大学生比例64.7%，征集数量和大学生比例均超过省赋予的任务指标。出台征兵办公室建设和新兵役前教育训练两个规范，研究提高进疆义务兵优待补助金标准。鲤城区、丰泽区、南安市、晋江市征兵宣传报道成效明显。加强专武干部培训，分两批选送专武干部参加省军区集训，被评为"优胜单位"，4人被评为优秀学员。

【国防教育】　2018年，泉州军分区深化国防教育普及，拓展国防教育平台，全民国防意识增强，双拥共建取得新进展。开展"国防教育宣传月"活动，组织"爱我国防"大学生主题演讲比赛，1名选送选手获全国一等奖。加强市国防教育讲师团建设，设立国防教育和双拥宣传一条街、开办"泉州双拥"公众号，全年全市各类国防教育基地、场所、场馆累计接待34万人次，讲师团授课147课时，受众3.8万人次。2018年，泉州军分区探索"项目拥军"新模式，走开"军队提需求、政府抓建设"的"交钥匙工程"新途径。参与脱贫攻坚，召开驻泉部队参与打赢脱贫攻坚战推进会，建立“三方”推进机制，挖掘双拥工作与扶贫工作捆在一起抓经验做法。落实党管武装制度，召开市委议军会，研究推进林俊德纪念馆建设。构建军人荣誉体系，出台《关于进一步完善军人优待政策，切实增强军人荣誉感的通知》《驻泉部队现役军人随军家属就业安置工作实施意见》。组织民兵参与“国际军事比赛-2018”海上登陆赛保障、惠安黄塘河道溃堤抢险、泉港石化泄油事件处置，军政军民团结进一步巩固。泉州市作为福建省唯一的地市参加东部战区拥军支前推进会并介绍经验。

2018年7月27日，泉州市庆祝中国人民解放军建军91周年文艺演出举行
（图/泉州晚报社）

【后装保障】 2018年，泉州军分区坚持规范建管，狠抓精细服务，提升综合保障质量效益。指导各县（市、区）做好基干民兵通用装备预征预储，指导国动委相关办公室做好经济动员中心、后备修理工厂和维修器材储供点建设，建立应急指挥保障体系。推进停偿工作，驻泉部队和本级停偿项目按要求落实到位。突出武器装备安全管理，完成弹药报废调运任务。加强财经管控，落实首长办公会财务开支通报制度，开展涉地经费专项清理整治活动。加强卫勤保障，坚持医疗保障周巡诊和民兵哨所常用药品更换。科学规划营区建设。

【从严治军】 2018年，泉州军分区贯彻落实军委国防动员部“三个一线”（一线指挥部、一线战斗堡垒、一线带兵人）管理能力集训精神，坚持把从严治军贯穿各项工作始终。开展“学习贯彻新条令，塑造军队好样子”和“百日安全”活动，抓好季节性安全预防、车辆交通规范、废旧弹药调运输送、年度演训任务等方面的安全教育训练和条令条例常态考核。严格战备制度、训练管理、日常工作、生活秩序“四个规范”，落实每季度分析安全形势、每月督查行管工作、每周检查保密办公、每天夜查直属队等制度，专项开展重特大安全风险评估和形势分析。加大查纠问责力度，落实重要敏感时段检查督查，纠治不正常交往、不请假外出、违规开车、违反禁酒令等问题，确保部队安全稳定。加强安防设施建设，配备手机屏蔽柜，更换指纹锁，新增监控摄像头，安装营门智能车辆识别系统，升级民兵武器装备仓库安防设备。

泉州预备役高炮团

【概况】 2018年，泉州预备役高炮团紧扣预备役部队建设转型发展，把政治建设作为统领、摆在首位，完成“像习主席那样抓规范”脚本编撰，“习声嘹亮”一周回顾示范观摩受到时任战区陆军预备役部队临时管理办公室首长“无可挑剔”的评价。开展“传承红色基因、担当强军重任”主题教育，走实思想调查、党委议教、专题辅导、讨论辨析、体会交流等，更新营区政治氛围，举办军官退役仪式，组织“我为军旗添光彩”主题演讲，开展军地共建活动等，强化官兵使命意识，激发责任担当。抓好经常性思想教育，围绕中美贸易战、台海形势、美朝会晤、伊朗危机、叙利亚内战等热点敏感问题，及时开展形势政策教育，帮助官兵认清本质、澄清迷雾。紧贴通报的问题以及官兵现实思想，抓好法纪观、婚恋观、交往观、用网观等经常性教育，开展谈心交心活动，做好“四反”（反渗透、反心战、反策反、反窃密）工作，团队安全稳定，内部纯洁巩固。投入15万元精准帮扶安溪县西坪镇宝潭村8户省定贫困户，先后5次入户帮扶慰问，并与安溪县扶贫办、西坪镇人民政府签订“精准帮扶协议”，建立长效帮扶机制，8户贫困户实现脱贫。做好宣传报道工作，先后在《预备役部队动态》用稿3条，在“东部战区陆军强军网”用稿2篇，在中国网、福建电视台、泉州晚报等用稿6条，展示团队良好面貌和建设成效。

【练兵备战】 2018年，泉州预备役高炮团学习领会习近平关于练兵备战的指示，开展“和平积弊大起底大扫除”活动，通过读书思考、辨析讨论、检视剖析、清理整改等，破除存在的老旧思维和惰性做法，强化“虽然身在预备役、也要随时上战场”的使命意识。落实日常战备制度，紧贴形势任务抓实战备教育，修订完善各类方案（预案），抓好应急处突训练，团作战值班保持良好战备状态。“三基”训练扎实，落实“半工半训”、每周实训2.5天要求，参加师“三基一法”集训考核成绩优良，刘晓东、李东东、卓剑聪代表师参加战区陆军预备役部队临时管理办公室组织的军体运动会，龚叶熠获得临管办组织的参谋尖子比武标图第3名。练兵备战成效明显，围绕抗洪抢险、防抗台风、森林灭火和反恐维稳4个课目，分2批组织100人应急分队训练，编实应急分队，提升遂行任务能力。

【部队管理】 2018年，泉州预备役高炮团依据大纲、条令法规和上级指示，抓好团队建设和安全工作，部队管理更加正规。调整健全各类组织，定期分析团队形势，研究部署推进工作。学习贯彻新条令，开展“行法治、抓从严”安全责任大讨论，组织签订各类责任书、保证书80份，官兵听令守规意识不断强化。开展安全教育整顿，每个阶段突出一两个重点，分类组织隐患排查，完善安全设施，消除一些问题隐患。狠抓安全教育训练，结合形势任务、季节变化、驻地特点常讲常抓，邀请泉州市巡特警教员、市中医院医生进行防爆处突、心肺复苏等示范教学，官兵安全防范意识和处置能力得到提升。突出安全防范重点，开展谈心活动，紧盯重要时节、重点部位，常态落实每日巡查夜查及讲评。注重军地协作防范，定期走访驻地公安、网监等部门，督促全团官兵如实报备个人手机、家庭上网电脑，对辖区内涉军、涉网、涉赌等情况进行了解掌握，掌控辖区民社情动态，进行教育防范。

【服务保障】 2018年，泉州预备役高炮团落实财经管理制度和党委管财“五控法”，凡开支必先报告，大项开支必上会，把经费主要用在战备训练和战斗力建设上。注重保为改革，专题进行部署，专门组织培训，理清资产多年来管理不正规的问题，按要求精准填报经费、资金、资产三类18种表格。落实伙食管理制度，健全伙食管理登记，针对伙食费调整用心搞好伙食调剂，确保落实伙食标准；加强营院设施维护，整修公寓房、添置家具、搭建电动车充电间、清洗水塔等；联系晋江园林局义务整治营区环境。注重保为安全，组织武器弹药和装备器材清仓查库，对团属武器装备及库室逐装逐室逐柜进行清点分类、登记统计，摸清底数，建立档案，规范管理，明确责任，火炮、车辆、雷达等大型装备均保持良好的战技术性能。

【正风肃纪】 2018年，泉州预备役高炮团学习贯彻军纪发〔2017〕311号文件精神和各级新规禁令，传达学习上级正风肃纪重要指示、各类典型案例通报，紧贴实际开展警示教育。抓好党章党规学习教育，严肃党的政治纪律和政治规矩，落实“三会一课”、党费收缴、思想汇报、双重组织生活、支部研究决策重大问题、党务公开、党员发展、会议记录等八项工作。开展“四风”隐形变异问题十个方面专项整治、基层“微腐败”专项清理整治、“正风肃纪减存量遏增量百日攻坚”等活动。从严抓好存量问题自查整改，按照“三自”办法和“四个再过一遍”（自营连向机关查、自现在向以往查、自部队向地方查，逐人对照检查再过一遍、对2013年以来发票逐张再过一遍、对单位所有实物资产逐件再清一遍、对营连地方报销的经费逐个再查一遍）要求，组织2013年以来经费开支自查自纠。贯彻《军队实施党内监督的规定》，综合运用事务公开、日常监管、检查考评、监察督察、畅通民主渠道等方式，采取通报批评、责令检查、党内谈话教育、组织生活帮助等方法，让遵规守纪、慎独慎微成为官兵的行为自觉。

边防支队

【概况】 2018年，泉州边防支队履行稳边固防的政治使命，以“扫黑除恶”专项斗争为牵引，统筹推进“固边系列”“飓风肃毒”等11个专项行动，对“盗抢骗”“黄赌毒”“黑拐枪”等突出治安问题实行精准打击、持续打击，年度发案数比上年下降14.1%。年内，支队各级接处警35963起，立刑事案件3722件、破1498件，查处治安案件7001件，四项数据排名全部位居总队第一，占比分别为29.8%、49.6%、52.3%、39.2%；特别是成立扫黑除恶专班，摸排具有边防特色的6类涉黑涉恶违法犯罪活动，核查涉黑恶违法犯罪线索47条，破获涉恶案件27件，打掉涉恶集团1个、团伙3个，抓获涉恶犯罪嫌疑人29人；破获涉毒刑事案件66件，抓获犯罪嫌疑人88人，查获涉毒行政案件130件，抓获违法行为人156人，缴获毒资180.5万元及各类毒品175.816千克。构筑沿海管防“桥头堡”，开展“刺桐利剑”“靖海固边”打击走私和“清港清湾”专项行动，加强沿海管防力度，特别是侦查队、船艇大队移交海警后，支队迅速调整工作机制，加强侦查队力量，加强与涉海职能部门联勤协作。年内，查获涉私类案件1278件，其中查获无合法手续成品油案件1267件9580.5吨、冻品案3件47.22吨、洋酒案2起348件、台杂货案3起1101件、香烟案2起270件、白糖案1件3.25吨，查扣涉案车辆1105辆、船舶74艘，取缔非法油罐384处615个，总案值约4600万元，查获件数、吨数、案值均位居总队前列。贯彻执行总队加强公安业务和沿海管防两个意见和十条刚性措施，倒逼业务提升，年内，永宁所晋升二级公安派出所，浮山所获评市局“人民满意派出所”，14个边防派出所排名进入驻地公安机关前50%，5个单位长期位列前三。开展标准地址二维码管理工作和沿海基础信息摸排，累计清理核实门牌信息22.7万条、新增船舶渔船民信息数2454条。

【安全稳定】 2018年，泉州边防支队把准改革期间部队管理的热点、难点和重点，坚持挺纪在前、重教严管，确保改革期间队伍高度统一、集中稳定。狠抓新共同条令贯彻执行，部署开展“正规化管理强化月”“安全稳定教育整顿”等活动。紧盯改革期间部队管理重点，专题务虚研究部队安全管理倾向性重大问题，从细从实堵塞部队管理漏洞。进入改革操作阶段后，部署开展联合交叉督察，加大对官兵日常工作生活的管理管控力度。落实边防行政案件网上办理，年内审核成品油案件2063件、船舶案件272件；落实案件“两个统一”制度，组织集体议案11次39件，清理积案1072件、船舶133艘，纠治执法问题542个。推进纪检监督力量整合，压紧党委纪委“两个责任”。分批次组织200名副营职以上明确职务干部到泉州监狱开展警示教育；系统梳理带有泉州边防特点的18个风险点，研究制定19项措施，尤其在缉私领域，出台《预防打击走私职务违法违纪“一案双查”工作规定》。加强经费支出管理，强化预算执行约束，严防浑水摸鱼、侵占资产等违规违纪行为。完成30个单位领导干部经济责任审计和2个单位预算管理与财务收支审计，审计总金额1.04亿元，发现问题214个，提出整改意见95条。组织对前期经费资产清查的暂收暂付款、办案借款、盘盈盘亏资产等债权债务进行集中清理。

【改革强警】 2018年，泉州边防支队开展“全员大谈心”活动，组织谈心谈话3000多次、家访1500多人次，及时查纠思想问题50多个。举办“经常性思想工作漫谈”实操演绎、“追忆、展望”主题分享等活动，掌握和引领官兵思想动态，凝聚改革共识。举办“浓浓警营情 欢乐暑期行”主题夏令营、“相约鹊之桥 遇见橄榄绿”七夕主题等活动，关爱官兵及子女。部署开展寻找身边“最美党员”主题活动和“改革路上当先锋”新闻策划，挖掘部队先进典型，全年138名官兵获各级表彰、3名官兵立二等功，1名干部家庭事迹被《人民公安》杂志、江苏卫视等媒体报道。以刺桐文博苑为平台，举办“我们的传家宝”、高能警体运动会、“改革强军使命领航，拼搏担当再续辉煌”主题分享等活动，通过亮点推介、团体竞技、知识比拼等形式，激发官兵敢打必胜的信心和拼搏进取的斗志。实施“暖心惠警”工程，加强与地方部门沟通，协调解决历史遗留问题，尤其是官兵高度关注的福建边防（闽南）部队营房项目，召开专题会议研究协议条款补充、预选房分房等事宜，主动向市、区两级党委政府汇报工作困难，加快推进周边环境整治、附属配套建设及手续办理。

泉州边检站

【概况】 2018年，泉州边检站在改革大考中秉承模范团队的干劲定力，按照“稳中有为、稳中再进”的工作思路，贯彻上级决策部署，实现保稳定和促发展双丰收，部队迎接改革划转、适应新体制。承接完成全省口岸管控现场会、跨站轮岗和融媒体培训等工作，推动后渚项目实质复工，办结三大营房项目用地手续，新“三重一大”（重大事项决策、重要干部任免、重大项目投资决策、大额资金使用）党委议政决策、纪检监督力量整合、口岸查缉技战法等做法被上级交流推广，口岸通关便利化测评等多项考核评比位居全省第一。全年检查出入境人员1065923人次、出入境交通工具11063架（艘）次，分别比上年增长18.59%和5.65%，查获临重控对象41人，失效证411本，网上在逃人员38人，常控人员18人次，遣返遣送人员39人，查获变换身份入境人员2起，查处案（事）件17件。

【特殊检查与特别事件】 2018年5月3日，泉州边检站运用人脸查控手段，查获一名尼日利亚籍变换身份不准入境人员，这是自生物识别

2018年2月7日，泉州边检站启用石井口岸自助查验通道

（图/泉州边检站）

签证项目启用以来，通过人脸查控查获的首例案件。8月16日，泉州边检站查获首件外轮擅自入境案件，维护口岸出入境管理秩序。8月16—19日，泉州边检站在石湖、晋江机场、石井3个执勤口岸同步开展边检服务品牌集中推介暨警营开放日活动。12月21日，泉金航线新增客轮“百丽”轮跟随“八方”轮驶入石井港区，靠泊石井客运码头2号泊位，标志着“百丽”轮首航成功。截至12月6日，“泉金”航线2018年出入境旅客流量突破15万人次，比上年同期增长20%，这是自2006年“泉金”航线开通以来口岸客流历史新高。截至12月7日下午，泉州边检站2018年安全验放出入境人员数突破百万人次，这是口岸首次年度验放量突破百万大关，再创历史新高。根据改革划转工作部署，12月20日，泉州边检站、肖厝边检站与泉州边防支队在支队机关组织开展台轮工作移交仪式，完成泉州后渚，石狮祥芝、梅林、石湖，晋江深沪、围头、东石，南安石井等8个台轮停泊点的接收工作。

肖厝边检站

【概况】 2018年，肖厝边检站检查出入境（港）船舶1099艘次，人员22539人次，查获违法违规案件5件5人次，船舶验放量连续三年突破1000艘次。推出先进党委班子建设等6个专题报道，深化议政员、学分制、乐活教育、队伍管理品牌，全年，总队部门信息采用量居全省部队前列，网上督察和执法质量季度考评4次位列边检系统前列。

【辖区口岸安全稳固】 2018年，肖厝边检站贯彻落实口岸安全管控工作会议精神，出台措施制作管控架构图，开展“净港3号”专项行动，与码头业主签订责任协议，加固加厚口岸防线。完善业务考评模式和机制，研发边检业务常识APP，建立五项制度，创造连续565天无关键项录入差错纪录，守住口岸管控“三条底线”。编发勤务预警提示，深化人机结合，创新实践六种战法，建立健全六项机制，构建管控体系。推广边检综合管理信息系统，完善综合指挥管控平台，运用“钉钉”等软件，构建扁平化指挥体系。对接“放管服”改革，推进“单一窗口”使用，制定申报手续规范，精简报检材料及流程，实现无纸化报检，优化通关服务。制定口岸诚信管理实施办法，组织召开服务对象意见征求会和勤务改革研讨会，完善中东原油专递、东盟快捷走廊和出口优检通道三条快捷服务专线，服务原油进口累计突破1.9亿吨，成品油出口突破1400万吨，服务满意率始终保持100%。

【队伍管理】 2018年，肖厝边检站研究加强改革期间队伍管理措施和维护稳定措施，依托周教育日，推行教育“学分制”，推出“讲述身边故事”等特色课程，实施素质能力培训，开展大讨论和大谈心活动。通过制作下发警示卡、配发处分条例、观看警示教育片、召开廉政监督员座谈会，狠抓改革纪律规矩执行。组织心理辅导和心理测查，排查官兵心理状况，建立巡检工作机制，制定巡检工作办法，强化执纪、监督和问责力度，部队连续21年未发生案件事故和信访事件。围绕家庭困难、职级套改、战士招录等敏感环节，逐人谈话谈心，跟进做实“一人一事”思想工作。结合政工例会，落实思想动态每月分析讲评制度，掌握官兵思想动态。开展冬（夏）令营、警营开放日和警营文化月活动，组织拍摄军旅纪念片、纪念册。

【对标改革转制】 2018年，肖厝边检站制定正规化建设意见，部署开展条令学习月、正规化管理强化月、军容风纪整肃周、专项教育整顿系列活动，针对人、车、枪、酒、章、密、网等环节和官兵八小时以外管理等重点环节，强化监督管理力度，定期对口岸管控、部队管理情况开展督导检查86次。开展全覆盖、全员额、全过程、全科目大练兵活动，每月通报工作情况。建立岗位“一口清”制度，实施业务文件集中学习、业务知识专题授课、业务经验集体交流的学习模式。组织魔鬼训练月、口岸压力测试和应急演练等活动，应用咕咚软件落实训练管理，实现训练任务、动态、考评实时推送，总队干部体能抽考达标率100%。推行智能化办公管理软件，实现考勤打卡网络定位、车辆派遣、出差申请网上审批、人员状态精准推送、管理报表自主生成，提高管理精准度。运用社会资源，租用地方汽车，最大限度降低派车频率、消减安全隐患、压缩管理成本。

海　警

【概况】 2018年，海警二支队全年舰艇总航程47082海里，航时7988小时。全年查办各类案件228起，查获涉案成品油1.1万吨，侦办福建海警首起海上非法采矿和非法经营成品油刑事案件，刑案立侦数比增222%。核查经营重点线索16条，侦破“2018·8·15”涉黑恶团伙海上非法采矿案，抓捕违法犯罪嫌疑人80人，缴获盗采海砂3.2万吨，涉案金额5.2亿元，在全省海警“扫黑除恶”工作中率先取得零的突破。联合查缉“6·01”特大海上跨国毒品案和“5·04”走私毒品案，查获冰毒1.7吨。办理刑事案件9类29起，查获成品油案件123起、冻品案件4起，成品油11829吨、冻品93吨，总案值5600余万元；立案经营毒品案件3起，1起列为部督案件，联合查缉毒品案2起，查获冰毒1.7吨；加大海上非法采砂打击力度，查办案件20起，查获非法采砂船舶24艘，在辖区形成有力震慑。

【改革转隶】 2018年，海警二支队出台加强党的建设、军事训练、部队管理、后勤保障等4类16项规定和意见，抓好决策贯彻落实，实现中心工作稳步推进。以看齐追随、闻令而动的政治高度，落实军委主席负责制“三项机制”和“三个规范性文件”，完成改革转隶7大专项工作。对标武警部队建设要求，常态化开展首长机关训练、战备等级转换演练等，与地方政府依法对接兵力，任务协同高效顺畅，实现“兵权贵一、军令归一”。实现改革转隶，队伍辖区安全稳定。

【海上综合治理】 2018年，海警二支队强化辖区态势感知，纵深推进海域综合治理，首创全国海警“海上枫桥”模式，被列为泉州市2018年社会综治重点项目。成立海上纠纷调解委员会和矛盾纠纷化解中心，成功调解28起海上矛盾纠纷。

【辖区态势感知强化】 2018年，海警二支队推动“大情报”信息平台建设，坚持“海、陆兼并，采、用齐抓”，更新完善辖区34类数据8265条。紧密结合海域治安热点和各类事故风险，加强情报信息摸排，强化海上态势掌控，通过线索成功劝阻赴敏感海域作业渔船34艘次，各级对辖区态势感知力明显提升。强化与驻军情报、公安国保等10个部门的情报协作，重点攻坚涉台情报信息搜集，工作成效始终走在前列。树立“敏锐维稳，主动治安”意识，加强“7×24”辖区海域全时空管控，统筹开展“碧海”“两打两控”等执法专项行动，保持严打违法犯罪高压态势，缉私、缉毒和打击非法采砂取得全面突破。持续锻造综合执法品牌。推广海上综合执法合署办公模式，石狮办事处正式成立，惠安、北岸两个办事处筹建完成。以海上纠纷“小事不入港，大事不出港”为目标，首推“海上枫桥”模式创建工作，构建从“海上”到“岸上”的全链条矛盾化解体系。

【练兵备战】 2018年，海警二支队以教练舰艇骨干和业务长为主体，成立训练指导组，加强出海舰艇训练指导，抓好执勤期间训练落实。完成个人、整体和应用训练，整体训练合格率100%，优秀率37.5%，个人能力认证合格率93.9%，23人通过舰艇长、部门长全训合格考核，队伍训练水平显著提升，在总队锚地集训比武中取得优异成绩。突出实战实训导向。学习习近平开训动员训令，贯彻落实纠治和平积弊，加强实战化练兵。刚性落实训练监察机制和奖惩制度，将个人训练成绩、单位组训成效纳入月绩效考评，有效端正训风考风。以整建制执行重大勤务为牵引，新编海上勤务相关方案预案3类16项，编发维权执法应知应会手册800余册，狠抓夜航、狭水道航行、编队和单舰艇应急处置等重难点科目训练，提升备战打仗水平。年内，派遣整建制舰艇圆满完成西沙常态化巡逻管控、东海护渔执法、台湾海峡“内部控制线”渔业监管、上海“进博会”安保等重大任务。突出专业力量建设。深入开展冬训工作，加强摩托艇驾驶、游泳等专项训练，强化班骨干集训，突出抓好“6种组训模式”的掌握。深化与武警支队、解放军特战旅联训机制，选送2批38人次官兵开展特勤特战训练，邀请院校专家多次开展舰艇业务、体育体能等授课。

人民防空

【概况】 2018年，市人防系统按照省人防办的创新发展要求和市委市政府的战略部署，推进泉州人民防空全面建设。突出指挥能力和指挥平台两个关键点，推进全市人防指挥通信建设；突出人防综合体和人防专用配套工程建设两个关键点，推进人防工程体系建设；突出以山美水库和惠安中化公司防护方案编制两个关键点，推进重要经济目标防护工作；突出疏散基地全覆盖和人防宣教基地建设两个关键点，推进全市人防疏散体系建设；突出人防警报村级覆盖和全省联网两个关键点，推进人防警报报知体系建设；突出人防队伍建设长效机制和新型人防志愿者队伍管理机制建设两个关键点，推进人民防空人才体系建设；突出平战转换能力提升和平战结合效益提升两个关键点，推进人防平战管理工作；突出两规合编和机动应急能力建设两个关键点，推进全市人防军民融合工作。

【人防核心能力建设】

推进指挥场所建设 2018年，市人防系统统筹推进基本指挥所、地面指挥中心和机动指挥信息处理系统建设。市本级推进基本指挥所升级改造工作，完善地面指挥中心各项功能，实现机动指挥信息处理系统、地下指挥所和地面指挥所融合联通，指挥通畅；南安市人防办加大地下指挥所的整改工作力度，在7月前投入使用，德化县、台商投资区、晋江市地面指挥中心加快推进力度，在年底前投入使用，安溪县、永春县、洛江区加快推进人防指挥所建设的力度，在上半年完成选址和研究性方案编制工作，泉港区基本指挥所抓紧设备安装工作，在投入使用。

市县两级联动指挥机制 建立市县两级指挥所战备值班、定期呼点、联调联试工作机制，市人防办加强对县级人防指挥所的维护管理指导，加强对全市指挥所管理人员培训，提升遂行任务的能力，市机动指挥信息处理系统和地下指挥所利用定期训练时间，开展与已投入使用的县级指挥所联调联试，提升指挥所战备值班水平和指挥保障人员处置任务能力。市人防办抓好跨省、跨市和市域机动演练训练工作，总结训练成果，完善《应急行动方案》，编制训练规程，规范机动指挥维护和训练工作。2018年，市人防办和指挥所已投入使用的县级人防办按照国家人防办“战备值班值勤、战备库室建设、战备行动流程”要求，配合省人防办开展人防战备规范化建设试点工作。

推进县级信息采集车建设　市人防办加大协调力度，争取省人防办统一出台相关政策和技术规范，推动县级人防办开展机动信息采集车建设，形成市县两级联动应急指挥机制，深化人防军事斗争准备应急保障工作，石狮市、晋江市、南安市、惠安县、泉港区、安溪县率先启动项目建设的前期工作，筛选出一批近期建设项目，争取在上半年完成立项报批，其他县（市、区）抓紧筹划前期准备工作，在年底前形成全市应急机动指挥保障网络。

【人防指挥能力和保障能力建设】

加强人防指挥部建设力度　2018年，各县（市、区）按“实案化、实名化”要求调整编实人防指挥部，5月上报市办指挥通信科；市人防办创新演练训练模式，采取理论培训和军事化训练相结合方式，抓紧筹划市级人防指挥部实名化、实案化演练，提升人民防空指挥能力，结合东部战区的检验评估活动开展，全面检查泉州人防指挥部建设成效。

提升人防指挥信息保障水平　各县（市、区）加快推进第三代军用短波电台更新换代工作，全年完成全市无线短波通信网组网工作，市人防办建立全市无线短波网战备值班制度，开展联调联试。

推进相关系统的升级改造与建设　推进省市县人防指挥所IP语音系统建设和视频会议系统互联互通升级改造与建设，建市县两级指挥所加快兼容性改造工作，确保全市视频会议系统融入全省指挥体系、融入军队指挥体系，同时，配合省人防办开展IP语音系统的建设，实现省市县三级人防语音系统联网。按省人防办的统一安排，加快人防战备数据工程建设。

加快警报报知体系建设　加快开展新型警报建设，市本级配合省办开展对接气象预警信息发布系统工作，拓展警报发布新途径，推动全市警报网对接全省警报报知联网。南安市人防办、泉港区人防办、石狮市人防办于7月底前完成警报控制系统改造工作，各县（市、区）紧跟城区扩展，拓展警报音响覆盖面，南安市、安溪县、永春县、德化县、洛江区等地灾多发区域推进警报建设向乡镇延伸，拓展到村，石狮市人防办加快开展警报控制手段多样化探索工作，做好报批和立项工作。

开展应急应战能力检验工作　组织好第21次防空警报试鸣工作，全面检验警报系统可靠性；结合警报试鸣市本级“991”工程管理处组织人防指挥工程工勤保障系统战时转进演练集训活动，提升全体工勤人员备战应急水平；各县（市、区）开展人口疏散演练工作，全面检验方案预案。永春县人防办承担好主场演练任务，创新演练课目和形式，结合已建设的东关疏散基地与鲤城区人防办协作，鲤城区人防办着力研究早期人口疏散演练方案，贴近实战开展好与永春东关疏散基地对接演练活动，全面检验和完善各类疏散方案、计划；晋江市人防办、开发区人防办结合开展企业人口疏散演练，推进人防进企业工作，做好经验总结推广工作，石狮市人防办采用北斗系统控制警报发放试点工作，并开展重点经济目标临战疏散演练，全面检验重点目标防护方案、重点目标监控网络和超短波通信网。其他县（市、区）结合各自特点开展人口疏散演练工作。

【人防防护工程体系建设】

加大结建工程审批管理力度　2018年，市人防系统开展人防工程监理单位、人防工程审图机构从业能力和防护设备企业产品质量“双随机”检查，强化对工程服务中介机构的管理力度，加强人防工程质量监督，把好人防工程建设质量关口。配合省办做好人防工程信息化大普查前期准备工作，晋江市人防办加大力度，开展人防工程建设管理信息系统研发工作试点，推进人防工程建设规范化管理；市县两级人防办重视工程专业人员培训，组织参加全省人防工程建设管理骨干和人防工程质量监督人员业务培训，提高专业素质。

推进单建式工程建设　推动人防医疗救护工程和专业队工程建设，配套人防专项工程，实现人防专项工程总面积持续增长，抓好市第一医院、妇产医院和人民医院医疗救护工程建设，跟进丰泽广场地下停车库的前期工作，同时抓筹划，形成2～3个人防单建式工程储备项目，晋江市人防办大力推进市医院医疗救护工程进度，加快工人文化宫项目建设前期工作；石狮市、南安市、惠安县、洛江区、泉港区、安溪县、永春县人防办加大推进单建式人防工程建设，年底前开展单建式工程建设前期工作，并储备1～2个项目。

开展人防工程平战管理工作　由泉州市人防办抓总协调，丰泽区人防办、鲤城区人防办、洛江区人防办、泉州台商投资区人防办、石狮市人防办利用县级人防办与建设局合署办公的有利条件，根据不同区域发展特点，在配合省人防办《福建省人民防空工程维护管理和使用办法》修订调研工作的同时，启动《泉州市人民防空工程维护管理意见》起草工作，规范全市人防工程的管理维护工作，确保人防工程保持良好战备状态；泉州市人防办抓紧开展防空地下室平战转换试点，落实平战转换要求，完善各项防护功能，实现平时能用好，战时能转换，规范战时转进演练集训，同时探索组建平战转换人防专业志愿队伍，储备战时应急力量；加大平战开发力度，提高效益，市本级加大早期人防工程开发力度、探索结建式人防工程的效益发挥，鲤城区结合旧城区旅游开发，组织力量梳理旧城区早期工程，完善资料，做好开发利用工作，石狮市人防办梳理步行街人防公共工程产权，发挥平时效益，各县（市、区）人防办在单建式工程建设时重视人防工程平战效益的发挥，注重探索人防各类场地设施合建设、集中管理和集约使用。

2018年9月18日，泉州市第21次防空警报试鸣暨人员疏散演练举行。图为鲤城区组织辖区内约300名居民参与演练　（图/陈晋杰）

【重要目标区域和群众防护能力提升】

推进重要经济目标防护　2018年，市人防办梳理总结“十二五”以来重要经济目标防护工作的经验，提升指导重要目标防护工作的水平，各县（市、区）人防办，推动辖区内的重要经济目标单位成立人防工作机构，建立联席会议模式，压实责任，推动防护方案编制和提升工作，8月，各单位把重要目标单位人防兼职负责人名单报市人防办，市人防办将以市带县模式开展重要目标单位人防负责人培训工作；山美水库人防办加大防护工作力度，配合市人防办开展山美水库研究性防护方案编制工作，惠安县人防办推动中化公司人防机构设立和防护方案编制工作；福建炼化公司人防办依托《防护方案》开展演习演练，充实完善各类计划，石狮市人防办在完成重要目标视频监控组网的基础上，探索重要目标防护的规范化工作，争取出经验出典型。

推进疏散基地建设　各县（市、区）借鉴永春东关和台商投资区梅岭疏散基地建设经验，在前期选点的基础上，抓紧组织立项报批工作，年底前实现每个县（市、区）至少建设1个疏散基地的目标；永春县人防办结合全域旅游建设，研究已建东关基地平战效益发挥问题，全力推进五里街人防宣教基地建设，建成集疏散、宣传、教育、训练为一体的新型基地。台商区人防办完善梅岭疏散基地建设，完善人员疏散方案，扩展宣传教育功能，筹划后方指挥所建设，注重平战效益开发，探索以基地养基地模式。

开展重点设防镇规范化建设　市县两级配合省人防办梳理确认全省重点设防乡镇，开展重点设防镇人防规范化建设，设立人防兼职机构和人员，明确人防工作内容和人员职责，推进乡镇人防全面建设。

推进群众自我防护能力提升　市县两级人防办持续不间断地推进人防宣传教育活动，抓好网络、杂志、报刊、新媒介宣传，提升全社会防空意识；2018年，市人防办与泉州电视台协作拍摄泉州人防宣传片，各县（市、区）人防办把工作亮点和人防建设成就展现出来，推介好全市人防建设成果。2018年，重点做好防空防灾宣教进社区工作，提升社区民众防空意识、防灾常识，市人防办参照厦门海沧区东孚街道人防指挥机构建设模式，指导丰泽区和鲤城区各确立一个社区设立人防工作室，开展人防末端指挥机构建设试点，解决人民防空“最后一公里”。

【人防建设融合发展】　2018年，市、县两级人防办加大《人防专项规划》的编制和修编工作，根据城市总体规划调整，相应做好人防建设专项规划调整和地下空间建设规划合编，在城市控制性详规中落实人防建设指标；石狮市人防办抓紧推进《规划》报批和成果落地，晋江市人防办、南安市人防办加大力度形成成果，惠安县、永春县、安溪县、德化县启动专项规划修编工作。抓好人防工程服务民生工作，推进结合城市重大项目建设和旧城改造，因地制宜推进早期人防工程深度开发，重点用于城市停车、交通、仓储、双创旅游文化、夏季纳凉等社会公共服务，推动人防建设融入社会、经济和民生；争取人防工程建设资金多元投入，鼓励社会资金通过PPP、BOT等方式参与建设。探索研究利用人行隧道进行人防宣传展示和兼顾人防建设改造工作，推进大坪山东侧人行隧道研究性开发利用工作；各县（市、区）利用各区域发展特点，推进地下连片的联通道建设，台商投投资区结合开展公共管沟试验段建设研究兼顾人防需求工作。

退役军人事务

责任编辑：吴远鹏

综述

【退役军人事务局成立】 2018年11月29日，泉州市退役军人事务局挂牌；12月14日，局党组成立，领导班子到位，研究局领导临时分工，成立临时办公室，投入工作。一周内完成启用局党组、行政印章；两周内完成公务用车平台、网上信访账户设立；三周内完成政务网设立、机构代码证申领；一个月完成银行开户、采购网接入，基本实现独立办公条件。

【退役军人安置】 2018年，泉州市落实国防和军队改革期间军转干部安置政策，完善“阳光安置”办法，接收安置军转干部318名。完成2017年秋、冬季退役士兵接收工作，全市接收2451人，其中符合政府安排工作条件的退役士兵103人(回原籍74人，易地安置29人)，全部安置上岗并按要求发放地方经济补助金。开展适应退役士兵需求的技能培训和职业培训，全市报名参加培训1053人，培训率43%。落实军休干部的“两个待遇”，做好2018年军休干部移交安置工作，按规定完成移交接收安置军休干部5人，病休士官2人。企业军转干部保持总体稳定。

2018年7月18日，中国海军陆战队在泉州石狮某海域举行“国际军事比赛—2018”“海上登陆”陆战队分队比赛誓师动员大会。图为参赛装备在训练场进行全要素适应性训练 （图/尚文斌）

【国防教育和双拥宣传】 2018年，泉州市依托市爱国主义基地俞大猷公园对中小学生开展爱国主义教育，增强军民国防观念和双拥意识。至年底，全市有全国国防教育特色学校29所、全国国防教育示范学校12所，数量位居全省地级市前列。结合“国际军事比赛—2018”赛事推出军地联欢、赛事文艺演出等各类双拥宣传节目，完成3部赛事宣传片的拍摄制作，各级媒体刊播赛事稿件1000多篇，高水平布展设置“海丝文化部”“古韵泉州”两个展馆，组织5万多名干部群众现场观看军事比赛、军舰和展馆。通过《泉州晚报》、泉州广播电视台和各县（市、区）新闻媒体刊登全国双拥工作领导小组、民政部、军委政治工作部制作的两封《慰问信》，全市发送全国双拥模范单位和个人《慰问信》50份，驻泉部队官兵和优抚对象《慰问信》5万多份。在烈士陵园举行烈士公祭敬献花篮仪式，各级军地领导干部和驻泉部队官兵约400人参加活动。

2018年7月30日—8月1日，“国际军事比赛—2018”海上登陆赛舰艇开放日活动在泉州石湖码头举行。图为市民在舰艇上参观

（图/泉州晚报社）

拥军优属与抚恤

【概况】　2018年1月，泉州市下发《关于进一步完善军人优待政策切实增强军人荣誉感的通知》，推动“十项拥军”举措。推进军民基层共建，制定《关于驻泉部队参与打赢脱贫攻坚战的实施方案》，驻泉部队与12个重点乡镇、24个重点村、62户重点贫困户结对挂钩，助力打赢脱贫攻坚战。深化部门共建，市县两级建立挂钩共建对子900多对，开展拥军办实事活动，投入资金帮助部队建设项目。

【军民共建】　2018年，泉州市深化社区共建，驻市区部队与驻地社区开展挂钩共建，协助社区开展各类创建、治安巡逻、“双拥杯”篮球赛等。深化军企共建，成立各类民营企业拥军协会12个，共有1000多个会员单位。“国际军事比赛—2018”海上登陆比赛在石狮举办，市县两级国防动员和支前保障力量全面跟进，累计投入保障资金5600多万元，完成部队交办的12个方面58个赛事支前保障及地方配套任务，保证赛事举行。

【科技文化拥军】　2018年，泉州市打造科技文化拥军“三四五六”工程，市委、市政府召开科技文化拥军集中现场办公会，投入资金万元援建驻泉部队科技文化拥军项目。深化心理拥军进军营，组织心理健康专家深入驻泉部队开展心理知识讲座、官兵及家属个案咨询活动。深化司法拥军进军营，市委政法委和市直政法各部门密切配合，协调组织法律拥军：市中院创新建立“互联网+维军”新模式，开设“法通泉旅”微信公众号；市检察院为部队开设预防职务犯罪专题讲座，赠送法律书籍；市司法局开展“送法进军营”活动2次，组织法律知识猜谜活动，发放宣传材料2000多份，提供一对一法律咨询200多人次，全市有17个军人军属法律援助工作站，实现县（市、区）全覆盖。

【抚恤补助标准提高】　2018年，泉州市坚持实施重点优抚对象抚恤补助标准自然增长和城乡同一标准制度，年度提标从原来每年10月1日起提前到8月1日起，年度市本级下达1432.73万元，2018年，全市重点优抚对象各类抚恤补助平均高出省定标准40.08%。走访慰问重点优抚对象2万余人次，发放慰问金1000多万元，召开座谈会420场，下拨20万元对存在　“生活难、住房难、医疗难”的优抚对象给予精准补助。建立优抚对象数据核查规范化、常态化工作机制，年度核查完成率157.87%。成立信息采集工作专班，开展退役军人和其他优抚对象信息采集工作。指导优抚事业单位改善设施、环境和条件，更好地发挥作用。

【褒扬纪念】　2018年清明节期间，泉州市通过网站、电视台、广播、报纸等媒体平台宣传烈士精神，组织开展“铭记·2018清明祭扫英烈”活动，引导群众到烈士纪念设施参观、瞻仰、祭扫。相关部门联合泉州微公益等社会组织发起以“缅怀先烈、文明祭扫”为主题的志愿者招募征集令，面向社会招募500多名志愿者，在清明高峰期协助做好文明劝导、维持秩序、问询奉茶、场地清理、宣传讲解、安全提示等志愿服务。活动期间，参加祭扫的企业及社会组织团队达518个，人数近9万人。举行《中华人民共和国英雄烈士保护法》宣传教育活动。9月30日烈士纪念日当天，在泉州革命烈士陵园举行向烈士纪念碑敬献花篮仪式，市、区四套班子领导、驻泉州部队官兵以及老干部、烈属、学校师生代表等社会各界人士参加活动。

应急管理

综述

【安全生产领域改革发展】 2018年，泉州市深化安全生产领域改革发展，着重从落实安全生产责任、建立安全生产监管体系、强化风险管控和隐患排查治理双重预防机制制建设，深化重点领域专项整治，严格安全监管执法检查，夯实安全生产基层基础等方面入手，探索建立完善安全生产的长效机制，推动全市安全生产形势持续稳定向好。2018年，全市各类生产安全事故297起、死亡140人、受伤228人、经济损失1488.67万元，分别比上年下降14.4%、17.6%、21.1%和8.8%，无较大生产安全事故。12月，《泉州市市级机构改革实施方案》出台，设置市应急管理局。

【安全生产责任体系健全】 2018年，泉州市在全省率先将安委会更名为安全生产委员会，作为党委、政府的办事机构，实行“双主任”制度，安委会主任由市委书记、市长共同担任，下设20个安全专项领导小组。市委、市政府主要负责人履行安全生产第一责任人职责。制定出台《泉州市党政领导干部安全生产责任制实施细则》，并强化属地责任，分两轮对6个县级政府开展安全生产巡查，推动县级政府安全生产责任有效落实。

【安全监管执法】 2018年，泉州市推进安全生产执法专项行动，在检查执法过程中，严格落实“四个一律”（对非法生产经营建设和经停产整顿仍未达到要求的，一律关闭取缔；对非法违法生产经营建设的有关单位和责任人，一律按规定上限予以经济处罚；对存在违法生产经营建设行为的单位，一律回责令停产整顿，并严格落实监管措施；对触犯法律的有关单位和人员，一律依法严格追究法律责任）、“五个一批”（依法严惩一批违法违规行为；彻底治理一批重大事故隐患；关闭取缔一批违法违规和不符合安全生产条件的企业；联合惩戒一批严重失信企业；问责曝光一批责任不落实、措施不力的单位和个人），发现治理一大批突出隐患和非法违法行为。2018年，全市监督检查企业3.12万家，查处一般隐患2.16万处，责令停产停业整顿140家、提请关闭企业2家，行政处罚4639.5万元。

【重点领域安全专项整治】 2018年，泉州市集中优势人力物力解决突出问题，开展道路交通、消防火灾（包括开展电动车消防安全、大型城市综合体消防安全、电气火灾等专项整治）、危险化学品、暑期学生安全、煤矿、非煤矿山、特种设备、建筑施工、油气管道、职业卫生防治、汛期等重点行业（领域）专项整治，狠抓隐患排查和治理，并针对暴露出来的问题，从机制层面创造性深化整治，有效巩固整治成效，杜绝类似问题反弹，确保重点行业（领域）安全形势持续稳定。在全省率先制定出台《泉州市尾矿库监管工作库长制（试行）》，明确领导挂钩尾矿库库长，获全省推广。

【双防机制建设】 2018年，泉州市推进安全生产风险分级管控和隐患排查治理双重预防机制建设，将纳入“智慧安监”平台监管的企业，由上年的5000多家扩大到12765家。风险辨识管控方面，全市制定出台安全生产风险分级管控实施细则76个、涵盖82个行业(领域、专业)，完成安全生产风险辨识评估的企业3290家、各类风险点35193个(其中重大风险点255个、较大风险点5332个、一般风险点13369个、低风险点16237个)，统筹创建标杆企业125家。同时，通过公开招投标的形式，投入398万元，委托中国安科院开展城市安全风险评估。隐患排查治理体系建设方面，泉州市被列为全国隐患排查治理体系建设示范试点地区。全年上报隐患数94081处，完成整改93933处，整改率99.84%；监督检查发现隐患28626处，完成整改28476处，整改率99.48%。

【应急救援演练强化】 2018年，泉州市集中开展安全生产应急演练专题活动。举办各类应急演练9842场次，参演人数11万多人次；涉及综合商超、道路运输、市政工程、特种设备、危险化学品、矿山、涉氨制冷等重点行业领域；采取政企联动、部门互动的形式开展，突出无脚本形式，更加贴近实战，检验政府、部门及企业间事故应急协调联动，提高各类应急救援队伍实战能力。

【安全生产社会氛围营造】 2018年，泉州市推进“安全生产月”活动，开通安全生产微信公众号，举办安全发展主题宣讲200多场次，参与人数3万多人次；警示教育300多场次，受教育人数10万多人次；组织发动辖区干部职工、社区居民和企业职工参与国家应急和安全生产知识竞赛活动，取得全省第一名的成绩。强化联合惩戒，将泉州市海信化工有限公司等7家生产经营单位及其有关人员纳入2018年第一批安全生产失信联合惩戒管理，并将这7家企业的信息录入“国家企业信用信息公示系统”。2018年，泉州市的“失信联合惩戒”企业报送数量位居全省第一（全省共9家）。

地震应急管理

【概况】 2018年，泉州市开展新一轮地震应急预案修订工作。9月，20个第二批抗震救灾指挥部成员单位联络员开展地震应急预案编制培训会。结合地震预警信息发布试点

2018年11月27日，泉州市地震现场工作队在安溪县尚卿乡黄岭村开展地震应急演练 （图/市地震局）

工作，加强对各单位预警预案的编制指导，组织编制社区、学校预警预案模版，通过省地震局核准后下发各预警终端接收单位，要求其按照模板要求编制地震预警预案并定期开展演练，提升地震预警应急反应能力。

【地震应急志愿者队伍建设】 2018年，泉州市发挥志愿者在地震应急救援工作中的重要作用，适应新形势下地震应急救援需要，2018年泉州市先后在晋江磁灶镇、永和镇、英林镇和市消防大队开展新配备器材操作使用现场培训，并在英林镇举行地震应急救援志愿者英林中队成立仪式。泉州市地震救援志愿者队伍达到33支，累计投入资金1000多万元，数量和质量均位于全省前列，初步建成“就近反应，协同配合”的灾后应急救援联动机制。

【地震现场工作队建设】 2018年，泉州市地震局投入10多万元采购地震现场工作队装备和设备，配备个人现场工作设备、个人野外生存设备、小组工作装备、便携式移动发电机、便携式卫星电话、救灾帐篷、移动太阳能电源箱等，并开展地震现场工作队实地培训会2次，实地演练1次，提升市县地震部门现场应对地震灾害的能力。

消防应急管理

【概况】 2018年，泉州市贯彻落实《消防安全责任制实施办法》，将消防纳入“大安全”统筹谋划、综合治理。市委、市政府先后召开3次常务会议、4次专题会议研究消防安全工作，逐级下达消防安全责任书。先后2次开展消防工作督查考核，逐年提升消防工作考核分量。出台《泉州市安全生产约谈实施意见》《泉州市党政领导干部安全生产责任制实施细则》，严抓火灾事故问责，有37名党政领导、工作人员被约谈、问责。市消防支队围绕“稳中求进”的总基调，按照“迎改革、保安全、创佳绩”的总目标，着力实现队伍的高度稳定和火情的总体稳定。发挥消防工作联席会议作用，建立消防监督员与行业部门、重点单位、乡镇街道、派出所“四挂钩”责任捆绑机制，推动各地联合开展检查70多次。召开电动自行车、出租屋等现场会、约谈会80余场次，有效推动行业部门落

实消防监管责任。

【消防安全管理】 2018年，泉州市消防支队坚持力度从严去存量、手段从新遏增量，维护队伍安全稳定。开展涉赌涉酒涉密问题整治，深化风险防控，消除一批问题隐患。加大物防技防力度，自主研发“微信管理平台”， 实现线上点名、指尖练兵、无人机直播等功能，丰富管理手段。为全市消防车辆安装360行车记录仪、倒车影像、卫星定位装置，堵塞各类安全漏洞。

【社会化火灾防控体系完善】 2018年，泉州市消防支队紧盯“防大火、控小火”的目标，因地制宜推进“三合一”、文物古建筑等8个专项治理。提请市政府高规格部署消防安全整治大会战，挂牌督办8个市级火灾高风险区域，出台专人脱产办公、专项经费保障、专题预警通报等措施，保持火灾隐患严查严处的高压态势。将火患治理与城市“补短板、惠民生、促转型”的中心工作有机结合，集中整改中山路西街、陈埭镇工贸企业、出租屋集中区、德化陶瓷工业厂房等一批顽症痼疾。推动各级政府部门加大技防物防投入，新增消火栓735个，新建电动自行车集中停放场所1900处，安装独立式火灾报警器1.6万个，简易喷淋3700件套，安装电气火灾监控系统210套，社会火灾防控基础不断夯实。

【社会化消防宣传体系完善】 2018年，泉州市消防支队针对“小火亡人”问题，发动社区（村）居委会、消防志愿者面对面、点对点入户宣传，消防安全知识惠及200多万名群众。打造消防宣传“新阵地”，创新推出消防主题公交车、公交站，邀请奥运冠军林清峰、世锦赛冠军苏达金为消防安全代言，成立“小小消防员志愿服务队”，全民消防安全意识不断增强。

【综合应急救援能力提升】 2018年，泉州市消防支队改进消防队伍训练效能，改革训练内容，改良训练模式，强化信息支撑，先后投入50余万元用于应急通信设施建设，全面落实“直调直报”要求，提升复杂环境下“综合运用多种通信方式、第一时间采集上传灾情信息、辅助领导决策”的能力。建成具有4个中队、202人的石化特勤大队。召开地震救援专业队伍建设现场会，依托特勤、晋江、石狮、台商等单位，初步建成涵盖“高低大化”和地震、水域、山岳等灾害事故类型的综合应急救援队。前置应急力量，推进10个小型消防站建设，协调推动12个县级政府为消防力量薄弱的乡镇建设100个微型消防站，提升“灭小灭早灭初期”能力。整合推动应急联动常态化，每日随机拉动微型消防站，联合公安、环保等部门组织开展化工、隧道演练20余次，全面构建快速反应、统一应急的联动机制。

【消防领域“放管服”改革】 2018年，泉州市消防支队坚持以自我革命的决心和勇气，贯彻落实上级“放管服”有关要求，出台一系列新政策、新举措，支队“放管服”改革呈现良好态势，提升群众获得感、满意度。最大限度降低门槛、简政放权、压缩时限，做到比承诺“快一日”。出台优化营商环境、服务养老机构、学前教育系列等服务举措，在全省率先实现养老机构许可率和整改率“两个百分百”。“擦亮”消防办事窗口，落实“窗口双人在岗”、“三公示”（消防行政许可、行政处罚和重大火灾隐患信用信息公示）、“远程实时监控”工作制度，支队窗口连续两个季度被市行政服务中心评为“优质服务窗口”；对70个重点项目实行全程跟踪。

清源山主景区森林消防及自来水供水管道工程泵站（2018年拍摄） （图/市城市管理局）

自然资源管理

责任编辑：谢晓艺

综 述

【自然资源管理概况】 2018年，泉州市自然资源和规划工作强化陆海统筹、市县统筹、管理统筹，守住生态底线、安全底线、民生底线，加强自然资源综合开发利用，为全市高质量发展落实赶超提供要素保障。全市经国务院及省政府批准农用地转用和土地征收累计173个批次，总面积1100.67公顷；经营性、工业国有建设用地出让576宗，面积1833.33公顷，成交金额571.45亿元；完成矿山生态恢复治理面积228万平方米。国家级、省级地下水监测工程考核满分，“规划一张图”信息平台获评2018年全国地理信息产业优秀工程金奖，案例《泉州市国土资源局不动产登记中心 “外网申报、内网预审”网上办事平台》入选市直机关工委2018年推进体制机制创新优秀案例汇编。12月，《泉州市市级机构改革实施方案》出台，组建市自然资源和规划局。

2018年4月23日，为纪念第49个世界地球日，泉州市国土资源局在德化县举行以“珍惜自然资源呵护美丽国土——讲好我们的地球故事”为主题的宣传活动

（图/市自然资源和规划局）

【建设用地使用权出让】 2018年，泉州市国有建设用地使用权招拍挂出让478宗，出让土地面积1427.93公顷，成交总金额312.42亿元。其中：经营性国有建设用地使用权招拍挂出让152宗，出让土地面积501.21公顷，成交总金额279.01亿元；工业国有建设用地使用权挂牌出让326宗，出让土地面积926.72公顷，成交总金额33.41亿元。

国土资源管理

【农村“三块地”改革试点】 2018年，泉州市基本完成农村“三块地”（农用地、集体经营性建设用地以及宅基地）改革试点任务，形成一些可推广、能复制、利修法的改革成果和特色经验。改革试点工作开展以来实施征地196宗、632.31

公顷，发放征地农民养老金14.66亿元；集体经营性建设用地已入市地块23宗、8.42公顷，总价款4081万元，收取土地增值收益调节金805.2万元；腾退出零星、闲置的宅基地423公顷，办理宅基地和农房抵押贷款3349宗、21.46亿元。

【土地调查】　2018年，泉州市成立第三次全国土地调查领导小组，起草“三调”工作实施方案，明确“三调”工作内容、实施原则、技术路线、职责分工和时间节点。组织召开“三调”工作培训会，进一步提升工作人员业务水平。至年底，收集整理矢量数据库29个、数据量17G，落实三调工作经费4934万元。

【国土信息化建设】　2018年，泉州市2016—2017年度现代基准基础设施更新工程项目、数字泉州地理空间框架平台升级项目、中心市区影像数据处理及更新建库项目等通过验收，夯实信息化建设基础支撑。推进2000国家大地坐标系转换工作。“数字德化”地理空间框架建设项目通过竣工验收并投入使用。

【基础调查】　2018年，泉州市推进农村地籍与房屋调查工作，落实工作经费3.06亿元，完成调查行政村数1358个，调查完成率94%。泉州城市地质调查工作完成专题研究，建成三维可视化地质信息管理服务系统。完成废弃园地认定面积505.17公顷，为全市挖掘耕地后备资源。全市19个监测点地下水质量极差控制比例全部达标，国家级、省级地下水监测工程考核获评满分。

【“大棚房”问题专项清理整治】　2018年，泉州市初步排查发现“大棚房”问题违法项目31个、面积7.56公顷（包括占用耕地和基本农田），整改到位13个，追责问责10人。

2018年9月29日，市国土资源局到安溪县蓝田乡了解该乡土地开发整理项目进展情况和专项资金拨付使用情况　（图/市自然资源和规划局）

【涉地涉矿违法违规行为打击】　2018年，泉州市开展自然资源领域扫黑除恶专项斗争，对排查出的黑恶线索建立台账、登记造册、实时更新，多次组织对相关县（市、区）开展扫黑除恶专项斗争督查，2018年排查上报涉黑涉恶线索113条。土地卫片执法检查方面，1817件违法用地全部查处到位，其中立案查处1538件，非立案查处279件，给予行政处分17人，追究刑事责任1人。违法违规用地问题专项整治方面，475宗、面积71.51公顷已查处整改到位342宗、面积55.11公顷，移送司法机关1人。矿山安全监管方面，开展矿区动态巡查14832次，取缔关闭28处无证矿山，在非法违法采矿易发频发区域架设视频监控终端200多个，确保非法违法采矿行为“发现在初始，解决在萌芽”。

城乡规划

【“生态连绵带”规划建设】2018年，《泉州市生态连绵带统筹实施规划》编制完成，开展中心市区范围内的生态连绵带建设工作，各县（市、区）按市级编制的生态连绵带规划具体实施各辖区范围内示范项目，形成“市—县”联动规划的工作机制，实现全流程的规划建设方案，策划生成中心城区生态连绵带项目库（共87个项目）。其中选定11个启动项目进行建设，落实“做强中心、联动两岸”、重点策划打造东西两个山水田园城市展示面的城建思路要求。　规划区外的安溪、永春、德化等地，在全市的统筹指导下也取得了较大的建设进展。安溪县按照“连绵规划，山线建设，水线改造，门户提升，节点优化，全面整治”的工作思路，推进生态连绵带建设，取得阶段性成效。永春启动北环道路绿化工程等项目。德化启动浐溪两侧景观风貌提升和瓷都大道沿线景观风貌提升等项目。

【城市专项规划】　2018年，《泉州市中心城区消防专项规划（2016—2030年）》《泉州市中心市区内沟河蓝线专项规划》《泉州市中心市区城市公共厕所布局规划》《泉惠石化工业园区安全控制性专项规划》《泉州市中心城区酒店布局专项规划》完成编制及报批工作，专项规划体系进一步完善。《泉州市城乡垃圾处理设施规划》和《泉州市城乡生活污水规划》开展编制工作，并按程序提请泉州市政府研究批复。

【历史文化名城保护规划】 2018年，泉州市规划部门开展《泉州历史文化名城保护规划（修编）》报批工作，已按照省文化厅等省直部门的审查意见进行修改完善后上报省政府审批。组织开展泉州西街、中山路等历史文化街区城市设计，推动洛阳古镇保护与利用规划、崇武历史文化名镇保护规划编制工作，取得中间成果。编制完成《古城传统建筑修缮技术导则》，规范对传统建筑的管理、修缮和改造行为。完成中山路、小山丛竹公园、龙头山文化旅游街区、老范志大厝综合环境整治提升规划设计，编制古城区慢行系统和古城（电瓶车）公交系统提升规划，完成古城地下管网测绘普查工作，推进古城双修“七个一”项目建设。

【城市环境综合整治规划指导】 2018年，泉州市规划部门组织编制《泉州市生态景观提升规划》，策划8个公园、7条进出廊道、4个片区的城市园林绿化提升项目，完成泉州动车站至行政中心、西福高速互通至行政中心等几条城市进出交通廊道的景观提升设计。开展对晋江下游生态整治工程北峰园、动车站站前广场、西湖公园桃花岛等城市公园建设项目设计和“两高”沿线环境综合整治规划设计的审查指导工作。

【县（市）规划指导】 2018年，泉州市规划部门推进各县（市、区）已编及在编重要片区控制性详细规划的整合、提升及梳理工作，加快成果报批。完成南安高新技术产业园区启动区控制性详细规划、石狮学府片区控制性详细规划及城市设计等7项重要片区控制性详细规划编制。指导各县（市、区）进一步深化完善专项规划体系，其中，完成编制晋江市公厕专项规划、晋江市燃气专项规划修编、石狮市养老服务设施专项规划、石狮市河道岸线及河道生态保护蓝线规划、南安石井片区水系及防洪排涝规划等专项规划；推动编制南翼新城综合交通规划、石狮市全域道路工程专项规划、晋江市域中小学、幼教发展布局专项规划中心城区规划图则、惠安县城市景观风貌专项规划、惠安城市地下综合管廊专项规划等20多项重要专项规划并已取得中间成果。督促各县（市、区）加强村镇规划编制工作，开展对泉港区前黄镇凤山村等22个村庄规划、石结构房屋改造修建性详细规划的指导与扶持，下达村镇规划建设专项经费，补助扶持63个村镇规划编制项目。

【规划法规体系完善】 2018年，泉州市城乡规划局为加强泉州市中山路骑楼建筑的保护，展示中山路历史文化街区风貌，继承和弘扬优秀历史文化，组织《泉州中山路骑楼建筑保护条例》的起草工作，并于8月30日经泉州市十六届人大常委会第十五次会议审议通过，11月23日福建省十三届人大常委会第七次会议全票通过关于批准《泉州中山路骑楼建筑保护条例》的决定。该条例的通过实现泉州中山路骑楼建筑保护工作有法可依、有章可循，进入法治化轨道，对泉州历史文化名城的保护具有重要意义。根据新版《福建省城市规划管理技术规定》，结合泉州城市规划管理实际，组织完成《泉州市城市规划管理技术规定》修订工作。9月1日经泉州市政府研究同意的《泉州市城市规划管理技术规定》（2018年版）施行。

【规划审批管理规范】 2018年，泉州市规划部门落实省政府关于推进全省工程建设项目审批制度改革的工作部署，牵头起草《泉州市工程建设许可阶段并联审批实施细则（试行）》，并制定该阶段审批申请表和运行流程图。按照能放则放、能简则简的原则，对权力清单全面梳理，制定出台《关于深入推进“放管服”工作提升营商环境的实施方案》《泉州市城乡规划局行政权力事项和公共服务事项及运行流程图汇总》（2018年版），将主要领导签发事项减少到10%以内。动态修订《泉州市城乡规划局规划审批工作规程》《泉州市城乡规划局建设项目设计方案规划技术审查规程》，分级设定规划审批的审查权

经过景观提升后的市区丰海路（2018年拍摄） （图/市城市管理局）

限、审查标准、审查内容、审查重点等，最大限度降低自由裁量度，促进技术审查规范化、标准化。

【城乡规划服务建设项目】　2018年，泉州市规划部门坚持以单元控制性详细规划为主、以城市设计为辅，做好重大招商项目的规划对接和落地服务工作，重点抓好国际学校、工艺文化产业运营中心、金融小镇、南埔山片区改造等招商引资项目的前期规划服务。同时，在泉州市城市总体规划2980平方千米范围内，以环泉州湾980平方千米为重点，开展土地联合收储地块前期研究，在规划的轨道交通沿线及站点、主要交通节点、港口、重要产业园区、城市中心等重点区域，策划提出7个重点发展片区、6个重要交通节点，提升土地资源配置效率。

【规划信息化建设】　2018年，《“美丽泉州”发展纲要》和《泉州市“多规合一”规划编制技术指引》编制完成，实现统一技术标准；建设完善《泉州市规划编制成果管理一张图》系统，项目参评2018年全国地理信息产业优秀工程获金奖；完成“多规合一”信息管理平台建设并接入泉州市行政服务中心大数据库，有效缩短建设项目前置审批时间；建立“多规合一”平台与“数字城管”平台联动机制，对城市敏感地段（区域）空间界限进行动态管控，实现对建设项目从前端策划选址到违法违章现场勘核的全方位监管。

【规划实施监管】　2018年，泉州市城乡规划局完善城乡规划“两随机一公开”抽查“两单两库”，发挥规划督察对各县（市、区）规划工作的推动作用，组织对各县（市）城乡规划成果质量“双随机”抽查、全市控制性详细规划编制和实施情况专项检查、生态连绵带规划建设专项督察、历史文化名镇名村保护监督检查，及时将检查结果进行公开，规范规划编制、规划实施工作。

2018年5月，住房和城乡建设部检查组到泉州进行城市规划工作检查

（图/市自然资源和规划局）

海域管理

【概况】　2018年，泉州市依据《福建省海洋功能区划（2011—2020年）》，对泉州海域划定的部分功能区进行细化，编制形成泉州市级海洋功能区划，划分为八大类83个功能区，分别是：农渔业区7个；港口航运区26个；工业与城镇用海区15个；矿产与能源区3个；旅游休闲娱乐区7个；海洋保护区2个；特殊利用区17；保留区6个。委托国家海洋局天津海水淡化与综合利用研究所编制《泉州市海水利用专项规划》。该专项规划以《全国海水利用“十三五规划”》《泉州市国民经济和社会发展第十三五规划纲要》，结合泉州市海水利用发展现状，提出未来泉州市发展的总体要求、重点任务和保障措施。

【重点项目用海要素保障】　2018年，泉州市海域资源管理部门推进金门供水海底管道工程用海各项报批工作。8月，市政府批准金门供水海底管道工程用海。10月，自然资源部东海局批复给予金门供水海底管道路由注册备案。新建福州至厦门铁路工程项目在泉州辖区的用海包括湄洲湾（南岸）、泉州湾、安海湾等三座跨海大桥，经过泉州市及相关县（市、区）有关部门的共同努力，省政府于6月批准该项目用海。此外，为支持泉惠石化园区发展，市政府先后批准中化泉州100万吨乙烯及炼油改扩建配套码头工程、泉惠热电联产项目及配套码头工程两个项目用海。按照国家、省的工作部署，泉州市于9月组织开展全市围填海现状调查工作。

民企与泉商

综述

【民营经济概况】 民营经济是泉州最大的特色、最大的优势、最大的品牌、最大的活力源泉，成为泉州经济的代名词。泉州民营经济呈现出“八八九九九”的特征，即贡献八成以上的税收、八成以上的地区生产总值、九成以上的研发创新、九成以上的城镇劳动就业、九成以上的企业数量。2018年，泉州市实现民营经济增加值6951.27亿元，占全市经济总量的82.1%，比上年增长9.5%，增速比全市平均水平高0.6个百分点，对全市经济增长的贡献88.2%。全市规模工业中民营工业企业完成工业增加值3549.20亿元，占全市规模工业的90.7%，比上年增长9.5%，分别高于国有控股企业、全市平均水平3.6个、0.4个百分点，对规上工业增加值增长贡献率达94.4%，拉动全市规上工业增加值增长8.6个百分点。从企业数量来看，至2018年，全市现有私营企业235226家，从业人数达288.998万人。

【泉州出台支持民营企业健康发展行动方案】 2018年11月1日，习近平在民营企业座谈会上发表讲话，为泉州民营经济发展指明方向。随后，泉州市委、市政府迅速贯彻落实，制定出台《进一步支持民营企业健康发展行动方案》（简称“行动方案”），助推民营企业创新发展、转型升级，推动泉州高质量发展落实赶超。行动方案从降低民营企业经营成本、缓解融资难融资贵、营造良好的经营环境、提升民营企业竞争力、构建亲清政商关系五个方面，列出32条实招。

除落实涉企税收优惠和收费减免政策、降低企业用工成本外，行动方案特别针对企业关注的用地问题，提出适当降低工业用地的土地出让价格、妥善处理建设用地历史遗留问题、鼓励合理有效利用土地资源、允许工业用地弹性出让等举措。其中，对泉州市列入省重点项目的工业项目，可按不低于所在地土地等别相对应《全国工业用地出让最低标准》的70%确定土地出让底价。对工业用地在符合规划、不改变原用途的前提下，提高土地利用率和增加容积率的，不再补交土地出让金。工业用地弹性出让年期可分别设定为10年、20年、30年、40年、50年，出让价格按照相应年限通过市场评估，并按法定程序报批后确定。

行动方案明确，完善政策性融资担保体系、盘活困难企业闲置资产等7条具体措施，以缓解企业融资难融资贵问题。加大信贷投放力度，降低企业融资成本。各银行业机构要落实主体责任，确保2019年起全市制造业贷款增速8%。引导各银行业机构帮扶困难民营企业，贯彻落实省政府不减少信贷规模、不釜底抽薪、不提高续贷门槛、不随意抽贷、不随意压贷的“五不”要求，合理控制并不断降低小微企业贷款利率。加强政、银、保联动合作。建立以政府为主导的政银联合审批机制，将“助保贷”贷款规模增至5亿元，高新技术发展基金贷款规模增至30亿元。支持发展股权投资基金。完善市县两级“1+X”产业股权投资基金体系，加快基金投放速度，完善基金管理机构评价体系；培育、引进“果农型”创业投资机构，打造一条覆盖各发展阶段民营企业的政府投资基金链条。化解上市公司流动性风险。支持国有企业与金融机构发起设立总规模30亿元上市公司纾困基金，通过股权、债权等市场化方式为辖内上市公司及主要股东提供流动性支持。

行动方案提出，压缩企业开办时间，2018年底前，实现压缩企业开办时间至5个工作日以内。

鼓励和引导民间资本进入法律法规未明确禁止的行业和领域，出台鼓励支持民营投资项目清单，吸引民间资本投资城乡公共交通、城市公共停车场、防洪排涝、生态保护、通信基础设施等领域补短板项目建设。人才方面，探索“谁用人、谁评价”的高层次人才评价模式，试点31家龙头企业自行制定人才认定方案，并享受泉州市人才政策待遇。招引30家国内外知名人力资源服务机构，做大做强多家人力资源服务产业园区，提供招聘服务、教育培训、咨询服务、业务代理等专业化服务。此外，泉州市还鼓励企业“走出去”、发展跨境电子商务、促进电商聚集发展。对于新获批国家级电商示范基地（园区）及企业的，分别给予一次性不超过100万元、50万元奖励。

提升民企竞争力，行动方案从培育产业龙头企业和高成长企业、提高集群协作配套水平、支持创建企业技术中心、支持企业技术改造、加大民营企业兼并重组的奖励力度、引导中小企业向“专精特新”发展、加强重点创新主体培育、支持民营企业引进高水平的研发机构、鼓励以企业为主体推动产业链与创新链精准对接等方面发力。其中，不少资金奖补比例、额度，在原有基础上再度提高。对企业与高等院校、科研院所共建各级各类研发中心，经认定的国家级、省级和市级企业技术中心，市级财政分别给予150万元、80万元、30万元奖励。企业采用先进适用的新技术、新设备、新工艺和新标准实施技术改造，市级财政按项目设备投资额的不高于7%的比例给予补助，单个企业最高不超过200万元，其中市级产业龙头补助金额最高不超过250万元。对兼并重组市域内危困企业且并购资金规模达2000万元以上的民营企业，按实际发生并购资金规模3%的额度由受益财政给予奖励，奖励金额不超过500万元。

行动方案明确，要构建亲清政商关系，建立党政领导与企业家恳谈会制度，对于恳谈会中反映的意见建议，建立台账限时办理。建立涉企政策咨询委员会制度，在涉企政策的制定前期、执行期和评估期，咨询企业家意见；各相关部门安排专人负责解答涉企政策兑现问题。全市各级各有关部门按照“谁主管、谁负责”“属地管理、分级负责”和“马上就办、真抓实干”的原则，及时向企业反馈办理情况，对不作为、慢作为、乱作为的人员，一查到底，严肃问责。探索建立容错纠错机制，破解“清”而不“亲”、“清”而不为等问题，保护干部为民营企业发展服务的积极性、主动性、创造性。

投资兼并

【安踏牵头财团收购亚玛芬体育】 2018年12月7日，安踏体育牵头，联合方源资本，腾讯以及加拿大富商、lululemon创办人Chip Wilson组成的财团，提出以大约46亿欧元要约收购始祖鸟母公司亚玛芬体育(Amer Sports)，并将其私有化。安踏、方源资本、腾讯及Chip Wilson在财团的应占比例分别为57.95%、15.77%、5.63%及20.65%。这是中国企业2018年在欧洲进行的最大规模对外投资交易。

【南威软件收购太极云软61%股权】 2018年8月，南威软件以2.1亿元对太极云软61%股权的现金收购。太极云软为“新三板”挂牌公司，主营业务为智慧政务应用、智慧民生应用、数据生态产品。交易完成后将进一步增强南威软件在互联网+政务领域的龙头市场地位。

【九牧王与Kitsune France共同投资设立合资公司】 2018年2月15日，九牧王同服装品牌Kitsune France签署《股东合作协议》，在中国共同投资设立合资公司。Kitsune成立于法国巴黎，未来九牧王将与Kitsune在中国内地、香港及澳门地区开展“Maison Kitsuné”品牌及“Kitsuné”品牌服装、配饰、箱包、化妆品和香水产品的经营业务。

【火炬电子收购天极电子60%的股权】 2018年4月，火炬电子以现金4410万元收购广州天极电子科技有限公司60%的股权。天极电子是一家主要专注于单层瓷介电容器的研发、生产、销售及相关服务的高新技术企业，是国内能够生产SLC产品的少数几个厂家之一，处于国内领先地位。此次并购使火炬电子切入微波元器件市场，完善公司的产业链和产品布局。

【恒安附属公司收购声科51%的股权】 2018年4月4日，恒安国际全资附属恒安珍宝收购Sunway Kordis（声科）51%的股权。声科及其附属公司主要在国内从事食物保鲜膜及胶袋的制造，并于当地销售及出口至欧洲、澳洲、北美及亚洲市场。恒安国际认为该并购将进一步提升恒安集团的整体增长，借此扩大家居产品的组合。

商会活动

【“全面推动习近平新时代中国特色社会主义思想进泉商全国行”举行】 2018年9月至10月，由福建省社会主义学院、泉州市委组织部、市委统战部、市工商联、市社会主义学院联合开展的“爱学会赢闯天下——全面推动习近平新时代中国特色社会主义思想进泉商全国行”大型宣讲活动在北京、杭州、银川、深圳等地举行。依托泉籍异地商会，分五大片区对全国257家泉籍商会全覆盖宣讲，引导广大泉商深入学习贯彻习近平新时代中国特色社会主义思想，学习弘扬“晋江经验”，激发奋进新时代的担当作为。

【全国异地泉籍商会会长联谊会举行】　2018年11月7日，2018全国异地泉籍商会会长联谊会暨全国异地泉籍商会秘书长工作和党建工作经验交流会在湖北宜昌举行。活动由泉州市工商联(总商会)主办，宜昌市泉州商会承办。至2018年底，全国异地泉籍商会组织257家，其中冠“泉州”名的异地泉州商会70家，涉及纺织、服装、鞋帽、石材、瓷砖、水暖、卫浴、房地产、食品、粮油、餐饮、茶叶、金融、机电、石化、钢材、建筑装潢、物流贸易等30多个行业领域。多年来，全国各地泉籍商会，凭借强大的沟通能力和资源整合优势，在社会中承担着“承上启下”与“合纵连横”的重要功能，在企业家和党委、政府之间发挥桥梁纽带作用，助推企业抱团发展，支持社会公益慈善事业进步，成为家乡泉州和各泉籍商会所在地经济社会发展的重要力量。

【广东泉州商会换届】　2018年12月1日，广东泉州商会第二届理监事就职典礼在广州市白云国际会议中心召开，会长李振家等商会领导班子成员履职。数百位来自全国各地的嘉宾、代表出席典礼。广东泉州商会于2012年12月成立，拥有会员企业单位1300多家，会员企业涉足各个行业和领域，年产值超过2000亿元。

【第十四届世界南安同乡联谊恳亲大会举行】　2018年12月18—20日，由南京南安商会承办的第十四届世界南安同乡联谊恳亲大会在南京召开。来自海内外的南安侨亲、社团、异地商会1200多名南安乡亲齐聚南京，为家乡发展建言献策谋发展。世界南安同乡恳亲大会自1992年成立以来，连续举办14届。

创新创举

【安踏、闽发铝业入选2018年国家技术创新示范企业名单】　2018年12月，工业和信息化部、财政部公布2018年国家技术创新示范企业名单，全国有68家企业上榜。安踏（中国）有限公司、福建省闽发铝业股份有限公司两家泉州企业入选。据了解，国家技术创新示范企业认定是在深入贯彻实施制造强国战略背景下，根据工信部和财政部制定的相关办法进行审核考察，考核主要从创新投入、人才激励、创新合作、创新队伍建设、创新条件建设、技术积累储备、技术创新产出、技术创新效益等方面着手，对企业进行全面系统的评价。

【匹克推出“态极”跑鞋】　2018年12月5日，匹克体育发布全新匹克自主创新科技——智能自适应鞋中底科技匹克“态极”（PEAK-TAICHI）以及基于“态极”科技平台的第一款跑鞋——“态极”1.0。匹克“态极”是由匹克体育联合国内顶尖高分子智能材料科学家所研发的全新鞋中底科技，可以根据人体运动状态的变化而改变其自身功能属性，带来自适应穿着体验。正常状态下，材料较为柔软；当受到冲击或振动时，又可以在若干毫秒内迅速变为高弹固体；冲击过后，又在若干毫秒内恢复柔软状态。

【福建省中科生物创新绿色农业生产方式】　福建省中科生物股份有限公司打造的植物工厂采用神奇的“光配方”、独特的营养系统、专业的栽培技术，推动果蔬作物实现流水线生产。2018年，公司建设的植物工厂二期项目落成，基于AI人工智能的自动化垂直农业生产系统也正式投入使用。二期厂房占地5000平方米，蔬菜日产量8～10吨，成品率高95%以上；用工由一期的46人减少到4人；水资源利用率由一期的60%提到90%以上。根据测算，单位面积生产效率约是普通种植方式的150倍。

【晋工机械成韩国现代达成全球战略合作】　2018年2月8日，晋工机械与韩国现代建设机械株式会社（简称现代建设机械）举行全球战略合作协议签约仪式。韩国现代集团是世界500强企业，旗下产业涵盖汽车、造船、工程机械等国民经济支柱产业，是“韩国制造”的代表性企业。现代建设机械在中国历经近一年的寻访，考察数家中国工程机械知名制造商，最终选择晋工机械作为其全球合作伙伴，由晋工机械向现代建设机械全球代理商生产供应包括装载机和零部件在内的全系列产品。

【泉州企业入选国家级智能制造试点示范项目】　2018年9月27日，工信部公布2018年智能制造试点示范项目名单，其中晋江市华宇织造的经编智能工厂试点示范项目入选。至此，泉州有5家企业入选智能制造试点示范项目，其他4家为泉州海天材料科技股份有限公司的纺织服装协同制造试点示范项目、福建恒安家庭生活用品有限公司的生活用纸智能制造试点示范项目、九牧集团有限公司的卫浴产品大规模个性化定制试点示范项目、福建柒牌时装科技股份有限公司的西服生产数字化车间试点示范项目。这些项目均处于国内领先或国际先进水平项目并投入运营，在降低运营成本、缩短产品研制周期、提高生产效率、降低产品不良品率、提高能源利用率等方面取得显著成效并持续提升，具有良好的成长性。

慈善公益

【“晋江慈善之夜”接收捐款5.8亿元】　2018年12月18日，是泉州晋江市一年一度的“慈善日”。当晚，海内外泉商慷慨捐资5.8亿元，支持“世中运”筹办和福州大学晋江科教园区等项目建设。大笔捐赠包括恒安集团施文博和许书典家族慈善基金联合捐赠5000万元，宝龙集团捐赠5000万元，安踏集团及丁和木家族慈善基金、赖世贤、王文默联合捐赠5000万元，金龙集团和晋江金龙置业有限公司联合捐赠5000万，利郎（中国）有限公司捐赠3000万等。

【石狮籍企业家在第四届世界石狮同乡联谊大会上捐资5.25亿元】 2018年9月29日，第四届世界石狮同乡联谊大会在石狮举行。来自世界49个国家和地区的海内外石狮乡贤，齐聚一堂畅叙乡情友情、共谋合作发展，并向石狮市公益事业慷慨捐资5.25亿元。其中，世茂集团董事局主席许荣茂向石狮教育事业捐赠2亿元；香港信义集团董事局主席李贤义向石狮公益事业捐赠1亿元，并代表福建信义房地产开发有限公司向石狮教育事业捐赠760万元；世界石狮同乡联谊会永远荣誉会长杨孙西向石狮文化事业捐赠6000万元。

【泉州籍企业家陈发树捐资5亿元助力北大医学发展】 2018年4月28日，发树慈善基金会向北京大学捐赠仪式举行。新华都实业集团创始人兼董事长陈发树宣布捐资5亿元设立“北京大学发树医学发展基金”，助力北大医学教育事业的发展，更好地促进其教学科研和人才培养。

【中骏集团黄朝阳向南安慈善总会捐款5亿元】 2018年2月24日，中骏集团董事局主席黄朝阳宣布向福建南安慈善总会捐款5亿元，该笔款项成为南安史上收到的最大一笔捐款。与此同时，南安慈善总会中骏慈善基金正式成立，基金款项将长期用于慈善公益项目，积极推动教育、扶贫事业等慈善公益事业的发展。

【泉州企业家侯昌财出资3.4亿元捐建学村】 由源昌集团董事长、南安市慈善总会会长侯昌财全额捐建的昌财学村，是近年来南安市慈善公益项目建设的重点项目。2018年12月，规划总用地面积约10.33公顷，总建筑面积10万平方米，总投资3.4亿元的昌财学村移交政府管理。昌财学村的昌财幼儿园、南安市昌财实验小学和南安市昌财实验中学三个校区完成建设投入使用。

泉企峰会

【泉州经济年会年度峰会召开】 2018年3月1日，以“新时代 新发展”为主题的2017泉州经济年会年度峰会暨颁奖盛典举行。该届年会由市委宣传部、市发改委、市经信委、市金融局、市总工会、市工商联（总商会）、市城联社、泉州晚报社等单位联合主办。会上，2017年度泉州“十大年度经济人物”“年度十大市民最喜爱品牌”“年度十大最富工匠精神企业”“企业社会责任奖”“年度十大杰出职业经理人”，各项目在年度峰会上进行展示及颁奖。峰会邀请著名对外经济研究专家赵晋平现场做智慧分享《一带一路背景下的泉州机遇》。

【中国纺织科技成果对接峰会】 2018年6月14日，2018中国纺织科技成果对接峰会暨第五届“中国十大纺织科技”发布会在泉州晋江举办。此次峰会作为“第十六届中国•海峡项目成果交易会”系列活动之一，旨在促进纺织行业科技成果转化，助力泉州纺织服装产业的转型升级。会上颁发年度“中国十大纺织科技”等奖项，获奖项目还与泉州当地企业进行签约仪式，加速推进项目实现产业化。同时举行人工智能与大数据的产业链应用、运用人类工效学提升鞋服设计水平的演讲和4个项目的路演，以及成果推介、现场交流活动。

【泉州民营经济与人力资源服务峰会】 2018年12月13—14日，由泉州市政府主办的“2018泉州民营经济与人力资源服务峰会”举行，这是福建省首次由地级市政府举办的人力资源服务活动。此次峰会吸引

2018年3月1日，2017泉州经济年会年度峰会暨颁奖盛典举行。图为“十大年度经济人物”颁奖
（图/李芸生）

41家国内外知名人力资源服务机构参加。与会来宾围绕“创业泉州•才聚港湾”主题，分享引才良策，献计泉州发展；通过对接人才供需、交流互动，共同探讨人力资源服务机构如何更精准地服务泉州民营经济高质量发展。

【第二十一届中国(晋江)国际鞋业暨第四届国际体育产业博览会举行】 2018年4月19日，第二十一届中国(晋江)国际鞋业暨第四届国际体育产业博览会在福建晋江开幕，吸引来自美国、意大利等30多个国家和地区的客商前来参加。该届鞋博会展览面积6万平方米，设有2200个国际标准展位，参展企业500多家。现场设有“一带一路”品牌馆、台湾鞋机馆、国际流行趋势馆等10多个特色馆，不仅有跑步、足球、冰雪、拖鞋等领域新工艺、新材料的全方位展示，还有电子竞技、健身健美、体育旅游、房车露营等新业态的集中亮相。

【第四届中国(泉州)海上丝绸之路国际品牌博览会暨第二十一届海峡两岸纺织服装博览会】 2018年4月18日，第四届中国(泉州)海上丝绸之路国际品牌博览会(简称海丝品博会)、第二十一届海峡两岸纺织服装博览会(简称海博会)在福建省石狮开幕。此届博览会邀请近40个海丝沿线国家(地区)的参展商进行优质跨境产品展示与交流采购，参展企业318家。

市场拓展

【泉州建材昆明行达成初步意向金额21亿元】 2018年7月13日，“泉州建材中国行”第十站在云南省昆明市举行。来自泉州的水暖、家居、安防、新材料等领域的代表性企业远赴昆明推介拳头产品，开拓市场，丰富西南市场对泉州建材全品类的认识。活动吸引昆明市及周边城市的160多家房地产、建筑、装修、经销及设计单位对接，参加推介活动的昆明、泉州两市各级领导、有关部门人员，建材生产企业人员和建筑、房地产、装饰装修、经销企业及设计单位人员1300多人次。参展企业与客户达成初步意向150多对，初步意向金额21.16亿元。

【九牧品牌入驻约旦】 2018年4月29日，九牧品牌在约旦的“海外展厅”开业。此前的4月8日，九牧品牌在泰国的第一个五星定制展厅在曼谷正式开业。九牧在全球拥有五星定制店超过4000家，5万多个销售网点，聚焦“一带一路”沿线国家，设立欧洲运营中心及北美运营中心。早在2008年九牧就进入阿联酋市场，2010年进入沙特市场，九牧与印度尼西亚、卡塔尔、阿联酋等11个“一带一路”沿线国家建立深度合作关系，并在泰国、缅甸、柬埔寨、越南、菲律宾、蒙古、阿联酋、约旦开设“海外展厅”，为当地用户带去更加健康、智能的厨卫生活。

【恒安集团在俄罗斯和芬兰投资设厂】 2018年2月6日，“恒安（东方）卫生用品有限责任公司”在俄罗斯伏尔加格勒州注册成功，恒安集团董事局主席施文博先生出席签约仪式。恒安（东方）卫生用品有限责任公司由恒安集团、中国中运集团以及俄罗斯东方投资公司合作运营。2018年6月投产，以此覆盖俄罗斯市场，公司生产的首批纸尿裤产品进入俄罗斯市场。2018年4月，恒安集团在芬兰库奥皮奥市投资大型生物纸浆制品厂，该工厂落成后每年为全球市场提供约120万吨北部经漂白软木硫酸盐牛皮纸浆及其他生物制品。

【南安泛家居产业布局“一带一路”建设】 2018年，南安泛家居联盟在全球各个节点国家开设泛家居线下体验店，抱团打响泛家居区域品牌。至年底，南安泛家居产业联盟与印尼、埃及、印度、澳大利亚、约旦、柬埔寨、阿联酋、沙特等30多个国家地区签订一系列采购合作协议。布局海外市场的模式也呈现多样化，其中一种便是“平台+市场”，即以泛家居为平台，采取新建和改建两种方式，布建南安泛家居海外建材市场和海外线下体验中心。截至2018年，南安泛家居联盟建成的海外建材市场有印尼、阿曼、阿联酋建材市场等，建成的海外线下体验中心有约旦馆、印尼馆、阿联酋馆。

【“中国晋江品牌海丝行”在菲律宾马尼拉举行】 2018年5月23—28日，作为2018菲律宾国际食品展的“亮点”对接活动之一，由晋江市委、市政府主推的“中国晋江品牌海丝行——菲晋食品采购对接会”在菲律宾马尼拉举行。此次对接会由晋江市侨联、市商务局、市经信局支持举办，晋江市食品行业协会、福建鑫焱达商务服务有限公司承办。盼盼、金冠、力绿、友诚等25家晋江知名企业参加活动，达成意向交易额超600万美元。对接会上，参会嘉宾积极互动，相互介绍各协会发展情况，并就合作举办2019年菲律宾（海丝）国际食品展、筹建菲律宾食品批发市场及菲律宾中国食品产业园等事宜进行交流讨论。

个体劳动者协会

【概况】 2018年，泉州市个体协劳动者协会（简称个协）坚持“突出服务、增强活力、促进发展、规范管理”的工作要求，把政府关注、社会关心、会员关切的问题作为协会工作的重点，提升服务会员、服务个私经济发展工作水平。截至12月31日，全市个体工商户525378户，从业人员1075923人，注册资金3722016万元。

【会员素质提升】 2018年，泉州市个协组织引导会员学习领会中共十八届四中、五中全会和中共十九大精神，指导企业开展“两学一做”主题教育活动，并贯彻于创业实践中的全过程。同时立足实际，深入学习研讨，创新思想观念、创新管理机制、创新发展理念，拓宽发展思路，挖掘企业的自身潜力，推动地方经济建设。

加强各项优惠政策宣传。向会员宣传解读工商登记制度改革相关政策，引导会员及时了解党的方针、政策，用足用好各项优惠政策，抓住机遇，营造团结奋进、开拓创新的良好氛围，激发投资热情，鼓励创业，带动就业再就业。

组织参加管理培训，助力企业创新转型。市个协与市工商局联合组织会员进行企业网上电子商务经营管理业务培训，支持个体工商户、私营企业吸纳下岗工人再就业。2018年，各县市区协会组织会员进行企业网上电子商务经营管理和SYB公益创业等业务培训36期，为4000多家会员企业开展培训。支持个体工商户，私营企业吸纳下岗工人再就业。举办企业培训280场次，培训学员34157人；举办52场次讲座，参加人员3600人。其中安溪县局协会推进大众创业工程，组织举办SYB公益创业培训班培训学员1300多名，培训后有创业意愿的35%。晋江市局协会组织会员参加高级经济管理创新研修培训，助力提升会员应对国内外经济形势的市场竞争力，驱动会员企业实现智造创新型发展；永春县个协党支部在永春县高校毕业生自主创业（电子商务）孵化基地设立党员服务点，举办电子商务培训班3期，培训110多人次，引导4个大学生团队入驻基地。洛江区局协会利用在当地网站，国、地税等部门设立年报宣传栏，协同乡镇企业办、村（居）委会等基层机构共同督促企业年报，发送提示短信26066条。

【服务水平提升】 2018年，泉州市个协多措并举宣传党和国家支持民营经济发展的方针政策。全市各级协会共设立5个宣传网站，并利用短信群发平台，加大信息宣传力度，及时向会员提供年报、换照等各类信息。所辖惠安县局协会通过咨询窗口为会员提供年报咨询和对已记入异常经营名单如何申请移出等进行宣传指导，发送提醒会员按时参加年报、换照的信息72条计8300多户次。为会员提供信息查询1300多户次、接受咨询2800多户次。特别是安溪县局协会利用个私党委网站，先后开辟“政策咨询”“个私发展”“会员风采”等板块，及时公开个私经济发展政策信息，让人民群众、个私会员及时了解政策走向和发展动态。

开展无偿代理服务工作。协会发挥“会员绿色通道”和“会员服务窗口”的作用，配合工商局做好辖区会员企业的工商登记制度改革的宣传，指派专人现场为会员提供答疑解惑、代理年报等各种无偿、便捷的服务。全市各协会均开通咨询热线，为个体工商户、私营企业咨询服务。特别是惠安县个私协发送提醒会员参加年报、换照的信息29次计5180多户次，为会员提供代理服务1600多户次、接受咨询2780多户次。

化解企业用工难问题。市个协深入企业，了解企业用工信息，帮助企业搭建用工平台，引导企业通过改善软硬件条件，帮助企业解决用工难题。每年利用新春招聘会、高校毕业对接会等，为用人单位与毕业生搭建双向交流平台，促进会员企业与高校应届毕业生用工对接，特别设立创业项目推介区、咨询指导帮扶区以及培训教育服务区。协同晋江市局协会定期免费为会员企业举办用工招聘会，帮助解决员工子女“上学难”等实际困难，营造良好用工环境，切实使人才引得来、留得住、发展好，为企业发展提供强有力的保障。10月，石狮市个协与石狮市人力资源和社会保障局联合，组织会员企业赴西安、武汉等院校揽才，为会员企业用工需求做准备。德化县个私协已举办各种辅导讲座、座谈会等活动2场次，成功介绍就业16人，帮助销售、淮山、生姜等农产品2批2000多千克。搭建“帮困解难”平台，举办党员座谈会，掌握党员的思想动态和利益诉求，引导党员为发生重大安全事故或较大矛盾纠纷的党员群众提供援助和支持，帮助协调解决问题、化解矛盾，先后走访慰问困难党员5名发放慰问金1500元，协调化解矛盾纠纷2起。

【凝心聚力】 2018年，泉州市个协开展慰问困难会员活动，组织会员企业关注弱势群体，参与社会公益慈善事业，饮水思源，回报社会，促进社会和谐。会同安溪县局协会、石狮市局协会联合关工委组织石狮爱心人士赴安溪龙门、金谷实地走访，通过对贫困学生的家庭情况进行调查核实，对达到要求的准大学生现场进行捐助。同时引导会员企业扶贫帮困，71家会员企业参与安溪县“百企联百村帮千户”精准扶贫活动，投入帮困资金409万元。

市个协每年会同市总工会等九个部门联合开展“金秋助学”活动，通过在全市个私协会系统中广泛发动，号召广大个私协会会员用关爱的双手为贫困学生排忧解难，献出一片爱心，托起一个希望，把助学活动叫响做大，更好地推动科学发展，促进社会和谐。市个协在资金紧缺情况下捐资助学，全市各级协会及广大个体工商户、私营企业会员积极响应；永春县个体劳动者协会郑云程、黄阳泽各捐30万元存入湖洋镇奖学奖教基金会，用于奖学奖教活动。石狮市市场监督管理局、石狮市个体私营企业协会组织爱心企业家走进永春、德化山区，开展2018年“金秋助学”走访贫困学子活动，向6名贫困学子捐助12万元。

协会发挥桥梁纽带作用，联合邮储、民生、工行等各大银行，建立多元化融资服务平台，促进个体私营企业与金融机构的对接，为会员贷款牵线搭桥，缓解中小企业和个体工商户会员融资难、资金短缺问题。

经济管理与监督

发展规划管理

【概况】 2018年，泉州市组织开展“十三五”规划中期评估，全面评估规划纲要发展目标、重点任务、政策措施等落实情况，并结合国内外发展环境变化提出改进规划实施的对策建议，推动实施规划提出的各项目标任务，在市第十六届人大常委会第十六次会议审议通过《泉州市国民经济和社会发展第十三个五年规划纲要实施中期评估报告》。制定出台《泉州市实施乡村振兴战略规划（2018—2022年）》《泉州市提升营商环境行动实施细则》《进一步激发民间有效投资活力促进经济持续健康发展工作若干措施》等政策文件，做好政策储备工作。加强经济运行跟踪监测。主动融入全省高质量发展落实赶超大局，制定并推动实施全市赶超发展三年行动计划，加强对“五个一批”（谋划一批、签约一批、开工一批、投产一批、增资一批）项目、投资工程包等跟踪分析，针对重点企业、重点区域、重点项目及事关泉州市经济社会发展重点领域的变化情况，加大对关键性、苗头性和倾向性问题的跟踪分析力度，提出有针对性和可操作的对策措施。

【有效投资扩大】 2018年，泉州市推进“稳投资”各项工作，促进固定资产投资保持平稳健康发展，其中2018年全年固定资产投资比上年增长14.2%，高于全省2.1个百分点，位居全省第2位。贯彻落实省政府关于2018年投资工程包实施方案要求及市委、市政府关于投资工程包的工作部署，突出抓重点、补短板、强弱项，加大关键领域和薄弱环节补短板工作力度，印发《2018年投资工程包实施方案》（泉政办〔2018〕46号），2018年推动33个领域工程包完成投资330亿元，完成年度计划140.6%。激发民间有效投资活力。贯彻落实国家和福建省关于促进民间有效投资的决策部署，研究制定出台《关于进一步激发民间有效投资活力促进经济持续健康发展工作若干措施》（泉政办〔2018〕36号），包括全面落实民间投资平等市场主体待遇、推进“放管服”改革、落实税费减免优惠政策、着力破解民营企业融资难题、着力降低企业成本负担、不断拓展民营企业投资领域、持续拓展民间投资项目、进一步构建“亲”“清”新型政商关系等8条措施。坚持以供给侧结构性改革为主线，推动以民营经济为主体的实体经济振兴发展，得益于此，民间投资实现高速增长，2018年全市民间投资比上年增长18.6%，高于全市同期固定资产投资4.4个百分点。

【产业结构优化升级】 2018年，泉州市促进工业重大项目转型，实施3个区域驻外招商、《泉州市重点发展产业指导目录》（2018年本）。协调推动重大工业项目加快实施，惠安金帝巧克力、泉港聚氨酯、惠安琦峰轻工扩建、南安乔东复合无纺布等一批项目投产；永春九牧智慧制造、攻龙纸业扩建、百宏差别化纤维等一批先进制造业项目开工建设，三安高端半导体、石狮通达三期等高新技术产业项目实现当年建设、当年投产。做好化解产能过剩工作，严防“地条钢”死灰复燃，严控水泥、平板玻璃、电解铝等新增产能。推动服务业扩量提质。开展“第三产业提升年”活动，研究制定《泉州市2018年“第三产业提升年”活动方案》（泉政办〔2018〕18号），提出第三产业各主要行业、主要指标年度发展目标，做好三产指标运行监测分析工作。组织实施全市服务业百大项目，104个服务业重点项目累计完成投资183亿元，超时序进度6个百分点。制定《2018年泉州市第三产业发展工作考评方案》，建立各县（市、区、管委会）和市直有关行业主管部门第三产业工作绩效考评机制。筛选推荐泉州中国水暖城、石狮服装城等2个项目获评2018年省级现代服务业集聚示范区（A类），泉州市累计获评数量位列全省第一。组织评选4个市级现代服务业集聚示范区。开展“2018泉州市服务业企业百强”排序工作，泉州市新增2家营业收入超百亿元服务业企业。参加2018年福建省现代服务业专场对接活动，上省台签约项目和参加省馆展示企业位居全省前列。组织评选2018泉州现代服务业十大创新项目，于2018泉州经济峰会上举办颁奖及资本对接活动。加快农业基础设施建设。推进重大水利项目建设，泉州白濑水利枢纽工程前期工作取得突破性进展。4月，国家发展改革委以发改农经〔2018〕654号文批复泉州白濑水利枢纽工程可行性研究报告，批复工程估算总投资138.6亿元，其中中央预算内资金补助19.1亿元，该项目是泉州市唯一列入国务院部署加快推进的172项节水供水重大水利工程。晋江防洪工程、闽江防洪工程德化段、泉港区南山片区防洪防潮工程等项目加快建设。编制完成《泉州市实施乡村振兴战略规划（2018—2022年）》。

【区域协调发展】 2018年，泉州市加快融入闽西南协同发展区，建立闽西南协同发展区联席会议制度，督促协调各地各部门融入闽西南协同发展区工作。强化规划对接，配合省上做好闽西南协同发展区规划，明确发展的近期目标、中期目标、远期目标，提升区域协调发展的层次和实效。会同厦门发改委开展厦门—泉州科技创新走廊规划前期研究工作。推动重点项目建设。加快推进泉州市19个闽西南协同发展区重大项目（第一批）建设，总投资4805.5亿元。推进易地扶贫搬迁和以工代赈工作。落实《易地扶贫搬迁事中事后监管巡查工作方案》，组织开展搬迁成效自评工作，任务落实率、住房竣工率、搬迁入住率、累计脱贫率均达100%。推进以工代赈项目建设，6个农村基础设施项目获得以工代赈省级财政配套资金补助62万元，资金到付率和项目完工率均达100%。强化扶贫领域监督检查，联合市审计局、扶贫办等部门开展2018年市级第二次扶贫领域联合监督检查工作，对南安市、安溪县易地扶贫搬迁和以工代赈项目进行抽查检查。

【省级特色小镇创建】 2018年6月，泉州市印发2018年特色小镇投资工程包实施方案，全年推动56个项目完成投资135.7亿元，完成年度计划117.3%。突出特色产业投资，确保产业投资达到总投资的70%以上。2018年德化三班瓷都茶具小镇着重推进上寮国际陶瓷产业创意园等4个特色产业项目建设全年完成投资4.7亿元，完成年度计划102.7%。按照政府引导、市场化运作的模式，鼓励以社会资本为主投资建设。如2018年晋江“芯”小镇由晋华集成电路有限公司着重推进晋华存储器集成电路生产线等产业项目；由政府投资对市政道路、幼儿园等配套设施进行保护提升，同时开展古村落保护开发、田园风光农业科技生态园等项目建设，强化产业、文化、旅游三位一体，全年完成投资110.3亿元，完成年度计划124.4%。注重构筑创新创业平台，安溪尚卿藤云小镇，着重推进藤铁工艺创业园、藤云文创园、淘宝村提升工程等创新创业项目建设，全年完成投资6.3亿元，完成年度计划101%。

【重点领域改革】 2018年，泉州市清理整合权责清单，将行政审批精减为市本级权限内的政府投资项目审批（市级政府投资的社会事业项目审批等20个子项）、转报省发改委项目等3大项；行政许可精减为企业投资项目核准[企业投资500千伏（不含）以下非跨设区市的电网工程项目核准等18个子项]、依法必须招标的投资项目招标事项核准等3大项；其他行政权力精减为市级权限内企业境内投资项目备案1项，公共服务事项精减为外商投资项目备案1项。实行网上备案。实行备案制的投资项目，无任何前置条件，项目业主可自行通过投资项目在线审批监管平台依法将相关信息进行申报，实行在线办理，实现“一趟不用跑”。项目备案通过后自动生成项目代码，有项目代码的，即为已通过项目备案，业主单位自行打印备案证明有效。推广互联网+政务。全面推行电子证照应用，及时将证照电子化并上传至公共数据平台共享，不再要求群众提供已纳入电子证照库的资料。深化节能评估。根据国家发改、省发改委、省经信委及《泉州市固定资产项目节能审查实施办法》（泉节能办〔2018〕5号）文件精神，及时更新进行节能审查的项目条件，加速审批流程助力项目审批。根据市委编办《关于市、区两级体制问题落实解决责任分解的通知》，将由县发改部门审批、核准或备案的，且年综合能源消费量3000吨标准煤（含）到5000吨标准煤的固定资产投资项目的节能审查权下放到泉州台商投资区经济科技发展局。推进投资体制改革。持续提升服务能力，践行“马上就办”“一线工作法”，建立项目审批四级协调、挂钩服务项目、项目容缺审批等制度。全面清理整合权责清单，实行网上备案，推广互联网+政务，全面推行电子证照应用。调整完善市发改委行政审批、公共服务权力清单，制定行政审批和许可事项办事、权力运行流程图并向社会公开。贯彻并联审批，压缩审批时限，市发改委进驻行政服务中心并联审批事项82项，占所有审批事项96.5%；实行“一趟不用跑，最多跑一趟”事项总计74项，占所有审批事项86%，其中市级权限内企业境内投资项目备案、外商投资项目备案事项完成全网络办理。《泉州市人民政府办公室关于印发泉州市涉及生态敏感区域项目审批联运机制实施意见（试行）的通知》（泉政办〔2018〕76号）出台，进一步明确生态敏感区域的定义、允许建设项目类型、划定，并规范涉及生态敏感区域项目审批和监管。深化公共资源交易平台建设。2018年公共资源交易中心加大投入、科学管理，全方位提升交易服务软硬件环境，建设“功能健全、流程规范、运作高效、服务标准”的公共资源交易平台体系，为创新公共资源市场化配置方式提供一个公共服务平台。完善各类进场交易项目的全流程电子化工作，以市场化和标准化为路径，推动电子招投标网上工作的深入发展，构建互联互通、集中共享的公共服务平台，为市场交易各方提供公开透明的交易服务。加强对中介机构进行服务指导，建立健全信用评价与服务规范评价机制，确保中介服务发挥招标工作核心作用，提高招标工作质量。与省公共服务平台和省监督平台建立全程在线、实时动态的对接监督通道，为各级监管部门提供协同、共享、高效的监管服务。

【生态文明建设】 2018年，泉州市推进生态文明建设，以加快建设国家生态文明试验区为重要抓手，推进上级试点和泉州特色改革任务。出台《泉州市生态文明建设目标评价考核办法》，市发改委会同市统计局、生态环境局等部门完成2016年度各县（市、区）绿色发展分类指标和公众对环境满意度评价工作。推进制造业转型升级与生态文明建设正向互动研究，初步形成“三全六化”模式特色经验，上报省发改委。开展市级空间规划编制，形成《泉州市空间规划（2018—2030）纲要（初稿）》。完成城市开发边界划定、绿色金融制度体系方案、环保机构监测监察执法垂直管理制度改革等13项改革任务，市河长制、流域补偿、自然资源资产审计、晋江市自然资源确权登记、晋江市自然资源资产负债表、永春县全域生态综合改革、永春县空间规划等多项改革经验获省上乃至中央复制推广。

【社会事业发展】 2018年，泉州加快构建公共教育服务体系。实施学前教育推进工程、基本公共教育服务保障工程、职业教育产业融合发展工程等专项建设规划。争取中央、省预算内补助资金，支持2所公办幼儿园、6所义务教育学校、6所职业院校等项目建设。完善医疗卫生服务体系。实施健康扶贫建设工程、妇幼健康保障工程等专项建设规划。争取中央预算内补助资金，支持2所县级医院、1所妇幼保健机构等卫生领域建设项目。健全文化服务体系。实施公共文化设施、旅游基础设施等专项建设规划。制定旅游文化体育健康养老教育培训等领域消费实施方案、激发社会领域投资活力的实施意见。争取省级预算内补助资金，支持3个乡村旅游项目、1个景区建设项目。加强民政服务体系建设。实施社区老年人日间照料中心建设方案、基层就业和社会保障服务设施建设方案。争取中央、省级预算内补助资金，支持2所敬老院、6个社区老年人日间照料中心、5个乡镇就业和社会保障服等项目建设。构建公共体育服务体系。实施足球场地设施建设规划，联合市体育局、教育局出台足球中长期发展规划（2018—2050年）、足球场地设施建设实施方案（2018—2020年）。争取中央、省级预算内补助资金，支持3个足球场地设施建设。

统 计

【概况】 2018年，泉州市贯彻落实习近平总书记关于防范和惩治统计造假、弄虚作假的重要批示指示精神和中央关于深化统计管理体制改革、完善统计管理体制的总体要求。深化统计普法宣传教育，落实统计“七五”普法规划。市、县两级强化对统计

2018年8月22日，泉州市统计局举行全市第四次经济普查清查摸底培训
（图/市统计局）

普法工作组织领导，保证全市统计“七五”普法工作的顺利实施。市、县两级统计部门加强与同级政府法制办、司法局、依法治市办和宣传部等部门的联系，取得配合与支持，根据当地统计法制工作的特点，把统计普法工作纳入当地“七五”普法工作的重要内容，确保“七五”普法工作有效落实。

【统计执法监督机制完善】 2018年，泉州市加强监督检查落实统计执法“双随机一公开”抽查制度，严格按抽查方法、抽查事项清单及工作细则，强化并规范线索收集、管理、核实处理工作，完善统计数据质量监管责任，健全发现统计违法行为追溯机制。规范数据，确保与省级执法数据平台顺利接轨。对执法平台数据进行规范和完善。按照要素表单要求，补充行政职权数据的要素信息，并根据实际纸质卷宗，完善缺失的电子表单信息，补充已办执法案件的文书信息。公正裁量，让自由裁量权在阳光下运行。严格执行统计行政处罚自由裁量权制度，对自由裁量权配套制度及制约制度、裁量标准和规范情况等进行网上公开，让公众了解执法部门的“权力清单”，做到有权必有责、用权受监督、违法受追究，实现执法依据公开，处罚过程透明，确保统计执法公正公平。文明执法，树立统计阳光执法新形象。公示统计违法行为举报途径，通过书信、电话、传真、电子邮件等多种形式，拓宽监督举报渠道。建章立制，规范行政执法人员行为准则，加强统计执法人员的职业道德教育，制定统计文明执法守则，严格要求统计执法过程的检查用语及工作态度，要求执法人员做到廉洁自律、按章办事。构建统计阳光执法模式，打造统计阳光执法形象。

【统计管理】 2018年，泉州市规范统计调查项目的管理与审批，严格按照国家统计局《关于印发统计调查项目审批管理规定的通知》《福建省统计局关于进一步加强统计调查项目审批和管理工作的通知》《福建省统计局关于建立健全地方统计调查项目审批管理制度的通知》进行统计调查审批管理，修订完善《泉州市统计局部门统计调查项目审批流程》及流程图，并更新挂网，全市统计调查项目的管理逐步规范，形成依法接受管理、依法实施统计调查的氛围和机制。

审 计

【概况】 2018年，泉州市开展审计管理体制改革和机构改革，出台《泉州市贯彻落实关于完善福建省审计制度若干问题的实施意见》《关于构筑审计大格局推进审计全覆盖的实施意见》等制度。制定《进一步推进审计结果整改落实情况跟踪检查管理办法的有关规定》，建立审计与人大、政府、巡视巡察、被审单位及特约审计员“五个联动”督促整改共推举措，推动整改率提升。制定《推进大数据应用构建高效审计的实施意见》，设立大数据审计分析室、组建分析团队。全市审计机关完成审计项目318个，查出违规金额9.97亿元，处理应上缴财政9.65亿元；审计促进整改落实有关问题金额15.35亿元，其中增收节支11.16亿元，挽回（避免）损失0.23亿元；移送处理事项22件5人。出具审计报告和专项审计调查报告385篇，被批示、采用160篇次；提交审计信息1150篇，被批示、采用785篇次。提出审计建议1015条，被采纳803条；推动完善规章制度141项。市本局实施的《安溪县人民政府2016年精准扶贫和城乡医疗救助资金“最后一公里”专项审计》、晋江局实施的《2016年度教育费附加管理使用情况专项审计调查》获省优秀审计项目。

【国家重大政策措施落实情况跟踪审计】 2018年，泉州市审计局围绕供给侧结构性改革重点任务，开展7个政策专题、52个重点建设项目跟踪审计。促进减税降费19.3亿元、清理涉企政府性收费项目44个，盘活国家自主创新示范区等专项资金3128万元；推动多项养老政策出台，在全省率先建立特困（低保）失能老人补助制度，惠及13.13万名高龄老年人；推进省市重点建设项目开工完工10个、加快项目建设进度22个；推动社保“五险”网上申报服务平台整合提效，协调推进便民、惠民各项措施，推进放管服改革。开展泉港、石狮2个重点区（市）政府隐性债务审计，推动建立债务风险预警指标机制，防范化解风险。

【财政审计】 2018年，泉州市审计局聚焦资金使用绩效、财政预算管控、财税体制改革、创新驱动政策、减税降费等重点，对市财政、市政公用、林业、经信等部门开展预算执行审计，促进财政部门补入库预算资金1.75亿元，盘活存量资金0.38亿元，清理往来款36.36亿元，实现预算绩效目标考评覆盖率99.5%，提高财政资金使用效益。关注分级诊疗和医疗联合体建设，推动财政部门提供2168.4万元专项资金用于提升基层服务能力，促进优质健康服务资源下沉。推动多项医保政策出台，提高城镇职工医保待遇水平，降低普通门诊起付线，报销比例提高到55%～75%，每年增加医疗保险基金支出2.68亿元，取得较好社会反响。

【经济责任审计】 2018年，泉州市审计局围绕权力健康运行，统筹推进领导干部经济责任审计和自然资源资产离任审计，推行“一体两翼”领导干部责任审计制度，实施领导干部经济责任和自然资源资产同步审计，全市共对75位领导干部开展经济责任审计，同步开展自然资源资产离任（任中）审计24人，查出违规金额3151万元。探索市、县、乡各层级、全链条的责任监督体系，促进增收节支、问题整改和完善制度“三到位”。

【固定资产投资审计】 2018年，泉州市审计局开展全市保障性安居工程跟踪审计，以腾退、改变租房、调整保障等方式清理违规享受保障性住房320套，督促整改金额9911万元，提出审计建议44条，移送案件线索3条。对重大民生项目医疗卫生系统3个重点建设项目泉州市第一医院城东院区二期及配套工程等的建设管理情况进行审计调查，发现项目代建制管理方面存在问题，推动完善代建制相关规定。开展援疆绩效审计，客观反映援疆三年来取得的成效、不足和问题。

【民生资金（项目）审计】 2018年，泉州市审计局实施扶贫村建档立卡的南安、安溪、永春、德化4个县市精准扶贫审计，促进“一革命四行动”专项资金3778万元及时下拨，促进1898名贫困人员及时享受医疗救助194.7万元，收回不符合条件89户对象扶贫补助资金48.9万元，精准识别、调整扶贫对象93人，移送处理扶贫领域违纪案件线索4条。实施全市医保基金审计，发现较多企业未参保、欠缴医保金等问题，促进完善制度监管。

【企业审计】 2018年，泉州市审计局落实中央、省市关于加强国有企业和国有资本审计监督的意见，开展省五建、市路桥公司等市属重点国企审计，检视国企运营体制、机制、制度缺陷问题，提交的规范联营工程项目管理等专报得到市领导的批示和肯定。

【专项资金审计】 2018年，泉州市审计局加大资源环保审计力度，对5部门10个专项的生态环保政策和资金开展三级联动审计，促进各类生态环保专项资金下达或拨付5845万元、推进生态环保项目完工34个；提交的小流域整治及林地数据与国土数据交叉重叠等问题的专报得到王永礼市长重视并批示相关部门落实整改。推行信息、分析和专报“三个一”做法，加大审计成果转化，全年向市委、市政府提交审计要情专报13份，得到市领导重视和批示，《关于乡镇计生专户资金大量结余有关情况的专题报告》被市长王永礼批示并列为市“两会”的议题。

2018年3月22日，市审计局审计人员到惠安县核对环保审计资料

（图/市审计局）

国有资产监督管理

【概况】 2018年，泉州市国资委和所出资企业抢抓国企改革机遇，重点加快推进市级国资集团公司实体化、市场化运作，国有经济运行持续向好。至年底，市国资委监管企业资产总额1348.38亿元，超额完成2018年市政府工作报告提出的1200亿元目标；归属母公司所有者权益639.30亿元；实现营业收入186.53亿元，比上年增长9.92%；利润总额9.85亿元；上缴税金9.03亿元。企业竞争力不断提升，11家企业营业收入超亿元，泉州晋江国际机场营收比上年增长58.56%；城建集团、文旅集团、交发集团、水务集团、省五建公司、中泉（集团）公司、五矿集团、省集英保安集团等8家企业利润均超千万元，其中，文旅集团和水务集团突破亿元，分别实现利润总额1.09亿元、1.84亿元。

【国有资本结构有序调整】 2018年，泉州市国资委聚焦国企改革热点难点，推进改革改制，优化国有资本结构、产业布局。完善法人治理结构。出台《完善国有企业法人治理结构实施方案》，推进企业建立健全产权清晰、权责明确、政企分开、管理科学的现代企业制度。坚持党的领导与完善法人治理有机结合，推行“双向进入、交叉任职”领导体制，推行党组织书记、董事长由同一人担任，明确党组织研究讨论是董事会、经理层决策重大问题的前置程序。专业化整合。指导5家市级国资集团公司按照资产同质、经营同类、产业关联的原

2018年12月6日，搭乘泉州—金门航线到泉州的旅客

（图/泉州边检站）

则对权属企业业务进行内部二次整合，增强规模效益，减少同质竞争，累计划转、合并、取消一级子公司36家。指导所出资企业制定战略发展规划，明确未来5年内战略定位、发展方向和实施路径。引导所出资企业全面梳理、聚焦主业，每家确认不超过3个主业，提高企业核心竞争力。混合所有制改革。加强与省企、民企战略合作，新成立11家混合所有制公司，吸收民营资本1.14亿元。指导蓝深环保科技、集英守押公司加快上市步伐。牵头制定方案推动市县公交、水务、港口、安保等国企战略性整合。公司制改制。完成37家企业的公司制改制工商变更登记工作，5家市级国资集团的企业100%完成公司制改制。

【国企转型发展推进有效】 2018年，泉州市国资委围绕高质量发展和落实赶超目标，主动融入全市发展大局，在服务经济社会发展中实现融合发展、转型升级。助推企业转型。梳理形成“攻坚2018”城乡建设大会战项目81个，完成年度投资35亿元。城建集团以片区整体改造为抓手推动新城集聚，启动北峰西华洋等片区改造。文旅集团打造“古城文旅核心圈”，完成金鱼巷等街巷改造，策划开展环泉州湾国际公路自行车赛等大型赛事。省五建公司承建的市公共文化中心基本完成，中泉（集团）公司被中国对外承包工程商会认定为2017年度对外劳务合作综合业绩前十企业。助推市政建设。5家市级国资集团公司融资100.23亿元，获批中期票据、永续中票、（超）短期融资券等37亿元。金控集团注资25.45亿元参与晋华集成电路、三安高端半导体等龙头产业投资，与中菊资产公司签订300亿元产业投资基金协议框架，牵头设立泉州市首支军民融合基金。城建集团获评主体信用评级最高等级AAA，泉州市成为全国第三个拥有信用AAA等级国企的非省会和非副省级城市，所发行5亿元短期融资券，创2017年以来全省AAA企业短融利率新低，所发债券每年可节约利息3000万元。助推民生改善。交发集团推进福厦客专、兴泉铁路、厦漳泉城市联盟路等交通基础设施建设，泉州火车站综合交通枢纽提前一年投入运营。古城出行“多彩交通”逐步形成，泉州—金门航线运送旅客突破16万人次。水务集团注重水资源综合利用，形成集原水、供水、制水、排水和治污为一体的大水务格局；全年新建、改造供水管网52.72千米，完成供水1.18亿吨，供水主业首度实现赢利。泉州晋江国际机场全年旅客吞吐量744.31万人次，比上年增长39.37%，增幅全国第一，实现泉州至国内千万级机场全通航。

【国资监管机制完善】 2018年，泉州市国资委按照事前规范制度、事中加强监控、事后强化问责的思

2018年1月20日，泉州晋江国际机场首次开通越南芽庄包机航班。图为首航机组成员

（图/泉州晋江国际机场）

路，调整优化监管方式和手段，完善国资监管体制机制。事前规范制度。出台《市国资委以管资本为主推进职能转变方案》，围绕管好资本布局、规范资本运作、提高资本回报、维护资本安全制定18项监管重点，推进公共职能转移和部分监管事项精简。贯彻市领导在市纪委关于泉州市国有企业监管盲点及对策专题调研报告上的批示精神，制定《关于进一步推进所出资企业完善制度加强内控的工作方案》，督促所出资企业围绕16个方面全面梳理漏洞、完善内控规范。规范委机关议事制度和工作流程，重新修订《市国资委工作规则（试行）》《市国资委机关“三重一大”事项议事决策的实施意见》。事中加强监控。督促企业落实“三重一大”决策月报，深化委领导挂钩联系企业制度，及时掌握企业最新决策、工作动态；建立完善市国资委财务监测管理机制，制定所出资企业债务风险处置预案，严控企业负债规模和资产负债率；规范企业产权变动、投资审核、资产评估等事项，推动市产权交易中心在全省率先实现全流程电子化交易，全年成交项目1157个，成交总价33.12亿元。督促企业落实创城创卫、精神文明、平安建设、安全生产、环境保护等工作。事后强化问责。建立健全重大决策失误和失职、渎职责任追究倒查机制，出台《所出资企业违规经营投资责任追究工作程序（试行）》。通报粮油进出口公司、五矿集团等3起因失职失责被问责等典型问题。强化审计监督，审计金额50.64亿元，发现问题59个，提出建议13条。同时，指导企业实施审计项目43个。

粮食储备与供应

【概况】 2018年，泉州市粮食总消费量270万吨，总产量48.50万吨，粮食自给率不足20%。全市地方储备粮实际到位数47.61万吨（折合原粮），完成省政府下达47万吨储备任务的101.3%，应急储备大米1万吨和食用油4000吨保持常年足额到位。

【粮库建设】 2018年，泉州市为适应粮食储备规模扩大和优化仓储设施布局的需要，进一步改善粮食物流基础设施条件。截止2018年底，市区中心粮库主体工程已基本完成；台商区已完成验收；永春县、晋江一期、南安粮库项目已基本完工，进入验收阶段；惠安、安溪二期项目主体工程完成屋面浇筑封顶，进入装修阶段；晋江二期进入施工阶段。

【粮食加工企业】 2018年，泉州市粮油加工填报企业32家，其中：大米加工企业13家，食用油加工企业5家，小麦粉加工企业9家，副食品加工企业5家。2018年度，全市粮油加工企业完成工业总产值1560088.2万元，主营业收入1541478.9万元，销售收入1562179.4万元，销售成本1383942.3万元，利润总额135228.2万元。2018年度，全市粮油加工企业年处理稻谷量645000吨，年处理小麦997500吨，年处理油料1025000吨，年精炼油脂354750吨，年产主食食品11250吨。

【粮食应急体系】 截至2018年底，泉州市建立粮食应急加工企业23家，其中大米加工企业11家，小麦粉加工企业7家，食用油加工企业3家，其他2家。确认为省级粮食应急加工企业6家，市级粮食（应急）骨干加工企业7家，还有16家为县（市、区）骨干粮油加工企业。建立粮食应急供应网点206个，分布在市、县和重点城镇，基本形成分布合理的粮食加工和供应应急网络体系，增强应对突发事件的处置能力。

【粮食监管】 2018年，泉州市加强对储备粮、政策性用粮、放心粮油质量的监督管理，全年抽检粮油样品300份，粮食系统内原粮卫生指标抽检合格率100%。全年市财政补助资金100万元用于市、县两级粮食质量安全检验监测能力建设，提升市级监测机构检测能力。加强与粮食主产区的沟通协作，全年签订粮食购销协议80万吨，补给粮源缺口。

相关链接：

泉州市粮食行业协会关于认定2018年泉州市“放心粮油经销店”名单的通知

各有关单位：

根据泉州市粮食局、泉州市财政局关于印发《泉州市扶持市级粮食应急（骨干）加工企业、军供定点粮食加工企业、放心粮油经销店实施细则》的通知（泉粮行〔2018〕114号）精神，由企业自愿申报，县级粮食行政管理部门初审推荐，在市粮食局的指导下，市粮食行业协会组织进行材料审核和现场核查的基础上，经研究，现将认定的泉州市2018年“放心粮油经销店”名单通知如下：

泉州市2018年放心粮油经销店名单（4家）

1.福建一亩良田信息科技有限公司丰泽分店

2.晋江市内坑镇吕厝盛杰粮食商行

3.泉州市鸿野农业发展有限公司

4.南安市官桥东街米店

泉州市粮食行业协会

2018年10月16日

消费者权益保护

【概况】 2018年，泉州市消费者权益保护委员会（简称消委会）以“品质消费 美好生活”年主题为主线，推进消费维权宣传、消费教育引导、商品和社会服务监督等各项工作。以“12315”服务平台为依托，协调联动，畅通消费投诉受理、纠纷解决渠道，提高维权效能。2018年，全市各级消委会协同工商“12315”受理消费投诉服务平台，受理消费者投诉1.3万件，结案率98%，为消费者挽回经济损失近3000万元。主动邀请汽车专业、装饰装修行业专业委员会委员参与投诉调解，通过向专家咨询或者邀请专家参与调解的形式调处汽车、装修等疑难投诉5件。加强与行业协会联系，发挥行业优势，促进消费纠纷和解，通过与保险协会的沟通合作，调处保险类投诉2件。

【“3·15”国际消费者权益日活动】 2018年，泉州市工商局、市消委会、市文明办联合在丰泽区侨乡体育馆举办大型宣传咨询主会场活动，近60个职能部门和相关单位参加宣传活动。现场开展法律咨询服务、商品识假辨假、受理消费者现场投诉与举报等活动，活动共发放宣传材料5000多份，展出真假商品100多个品种，现场接受消费咨询800多人次，受理投诉举报10件，现场解决投诉1件，为消费者挽回经济损失1.5万元。“3·15”国际消费者权益日期间，市工商、公安等部门对市场整治中查获的20多吨假冒伪劣物资进行集中销毁，物品案值800多万元，涵盖食品、鞋服、卫生巾等日用品，涉及耐克、PUMA、公牛、味全等20多个品牌。

2018年3月15日，泉州市举行以“品质消费 美好生活”为主题的“3·15”国际消费者权益日纪念活动。图为活动现场 （图/市委文明办）

【消费教育与宣传】 2018年，泉州市消委会联合市工商局、市建筑行业协会装修分会组织80多家企业代表在红星美凯龙举办诚信经营宣传讲座，增强装饰装修行业经营者的责任意识和自律意识。联合丰泽工商分局、丰泽区消委会在东美社区举办“防范和远离老年消费陷阱”为主题的老年人消费维权知识讲座，通过生动的案例，指导老年消费者防范消费陷阱，提高老年人消费维权能力。“3·15”国际消费者权益日期间，泉州市消委会联合市旅游局、泉州出入境检验检疫局等部门提供消费警示并整理成八大消费警示，通过各主流媒体发布。在国庆节、“双十一”等消费高峰期发布消费警示，提醒广大消费者对“购物陷阱”提高警惕，避免在消费过程中遭受侵害。开展“诚信兴商宣传月”活动，全市消委会系统发布各类消费警示20余条，通过各类活动增强市场经营者和公众诚实守信意识，推动社会信用体系建设。

【商品和服务监督】 2018年，泉州市消委会联合市工商局依托泉州电视台、《泉州晚报》及《海峡都市报》等本地主流媒体，在“3·15”国际消费者权益日期间多种渠道、多种途径宣传，发布侵犯消费者权益典型案例10件和维护消费者权益典型案例13件，起到震慑违法经营行为，树立诚信经营榜样的作用。10—12月，市消委会联合市工商局、市快递行业协会在全市范围内联合开展对快递服务行业的消费评议活动，通过科学分析调查数据，发现行业性消费侵权现象，督促快递企业经营者规范经营，全面提升泉州快递服务行业整体形象和服务水平。关注预付式消费投诉，及时组织收集本辖区预付式消费投诉情况及典型案例，配合落实中消协对开展预付式消费专题研究工作提出的任务和要求。

经济开发合作与产业园区

主要经济板块与产业集群

【概况】 2018年，泉州市传统优势产业中，纺织鞋服业规模以上工业产值5348亿元，比上年增长14.96%；建材家居业规模以上工业产值3723亿元，比上年增长17.82%；食品业规模以上工业产值1198亿元，比上年增长13.13%；工艺制品业规模以上工业产值1045亿元，比上年增长19.43%；纸业印刷业规模以上工业产值815亿元；比上年增长16.93%；重化产业中，石油化工业规模以上工业产值2682亿元；比上年增长22.52%，机械装备规模以上工业产值1964亿元，比上年增长19.90%。

【纺织鞋服】 纺织鞋服是泉州市的重要支柱产业，约占全市工业产值的1/3，占全省纺织鞋服产业的半壁江山。2018年，全行业规模以上企业1740家，实现工业增加值1304.32亿元，比上年增长9.7%。其中，纺织业实现工业增加值290.28亿元，增长12.3%；纺织服装、服饰业实现工业增加值469.04亿元，增长9.6%；皮革、毛皮、羽毛及其制品和制鞋业实现工业增加值626.77亿元、增长8.0%。纺织服装产量占全国的10%，运动鞋产量占全国的40%、全球的20%，匹克、安踏等品牌已进入国际市场；获得中国三大男装生产基地之一、中国鞋都、运动休闲产品之都、时尚之都、全国运动鞋服产业知名品牌创建示范区（晋江市）、中国休闲服装名镇（晋江市英林镇）、中国内衣名镇（晋江市深沪镇）、中国童鞋之都（南安市洪濑镇）等称号。

安踏体育用品集团有限公司 2018年实现营收241亿元，较2017年度增长44.40%；市值突破1100亿港元，位居全球行业第三位；集团所做的一系列品牌升级向新零售转型的举措让其在行业持续领先。坚持深耕细分市场，实施多品牌发展战略，从百丽手中收购意大利品牌FILA，定位运动时尚，维持高增长势头，2018年该品牌增速达80%以上，成为安踏发展的强劲引擎之一。安踏、安踏儿童、FILA、FILAKIDS及DESCENTE，不同的品牌定位实现对体育用品市场的细分，覆盖多层级消费增长的需求。

特步(中国)有限公司 2018年营收63.83亿元，比上年增长25%，门店7000家，蝉联中国赞助马拉松赛事最多的体育用品商，蝉联天猫及京东销量最高的运动鞋品牌，电商继续成为其主要增长驱动力之一。

三六一度(中国)有限公司 2018年营收近52亿元，拥有6300多家门店，其童装收益延续强劲势头，是首个赞助奥运会的中国体育品牌。

【建材家居】 建材家居产业是泉州市重要的传统优势产业，2018年全产业累计完成规上工业增加值866.73亿元，比上年增长11.7%，完成规模以上销售收入3644.42亿元。全产业形成南安石材、晋江南安建陶和南安水暖厨卫等三个产业链较为完整、行业集聚度高、竞争力较强的主导优势产业集群，三大主导产业成为全省乃至全国重要的建材产业基地。石材行业已经成为中国乃至东南亚地区规模最大、种类最齐全的石材生产、出口基地和辐射全球的世界级石材生产交易中心，拥有石材业全国仅有的4枚“中国驰名商标”（溪石、南星、宗艺、万隆），《中国·水头石材指数》为全国唯一的石材指数。建陶行业是全国四大建陶生产基地之一，拥有3家上市公司（恒达、万利、华泰）和国家名牌产品16个。外墙砖等一些产品在全国市场份额较高。水暖厨卫行业拥有行业内中国名牌产品7块中的

4块。南安仑苍是中国三大水暖生产基地之一，南安水暖厨卫产业基地为国家新型工业化产业示范基地、国家外贸转型升级示范基地。

九牧集团　2018年，公司拥有5大生产基地，在全球拥有超过4000家专卖店，5万多个销售网点。公司拥有超过2000名研发设计团队，拥有60多个实验室，创立30个研究院、欧洲运营中心及北美运营中心，近3000项产品先进专利，至2018年获得21项红点设计大奖、“中国好设计”金奖。公司品牌价值221.58亿元（2018中国品牌500强），连续7年蝉联卫浴行业第一，成为卫浴行业最具品牌价值的企业。公司荣获中国质量奖提名奖、中国环境标志产品、国家工业设计中心、国家企业技术中心、国家知识产权示范企业、省级智能制造试点示范企业、省服务型制造示范企业等多项荣誉。2018年集团公司实现产值约60亿元，纳税总额3.98亿元。

福建西河卫浴科技有限公司　2018年，公司营销网络基本覆盖全国各省（自治区），产品远销欧美、东南亚、大洋洲等国家和地区。公司获得中国驰名商标、中国名牌产品、中国卫浴行业知名品牌、福建省名牌产品、福建省著名商标等荣誉，通过SGS国际质量体系和环境认证，以及加拿大CSA、CE等认证。公司与东陶（TOTO）、成霖、乐华（箭牌）、美标等企业建立良好合作关系。公司2018年实现产值达5亿元以上，纳税3319万元。

英良集团　英良集团是一家高质及高速发展起来的大型综合性集团企业，业务涉及矿山开采、石材销售及加工、工程装饰、艺术品收藏、文化及传媒产品开发等诸多领域，并迅速发展成石材行业转型升级的标杆企业。英良集团旗下的高端战略品牌“五号仓库”，主营殿堂级石材珍品，推崇石材的极致奢华与时尚，现已收集世界上顶级的、最独特的、最高贵的石材珍品几百款，致力于打造石材界高端产业品牌。

【食品饮料】　2018年，泉州市规模以上食品饮料工业实现工业增加值286.55亿元，增长8.5%，销售产值1168.23亿元，产销率97.5%。其中农副食品加工业实现工业增加值45.17亿元、增长12.8%；食品制造业实现工业增加值154.58亿元，增长5.5%；酒、饮料和精制茶制造业实现工业增加值86.80亿元、增长12.0%。主要产品糖果产量占全国20%，休闲食品制造业占50%，饮料茶叶占20%，水产品加工占近10%，粮油加工业占10%。拥有中国驰名商标17件及“全国食品工业强县”2个（晋江、惠安），安溪县“中国茶都”、中国乌龙茶（名茶）之乡等称号。

福建达利食品集团有限公司　集团专注食品行业，形成食品、饮料两大支柱齐头并进的产业结构。旗下“达利园”糕点类、“好吃点”饼干类、“可比克”薯片类三大品牌，成为公认的中国休闲食品领导品牌，“和其正”凉茶、“达利园”花生牛奶、“乐虎”功能饮料、“豆本豆”豆奶，在各自行业处于领先地位。公司每年投入年销售额的3.5%用于新产品的开发以及生产设备的改造及创新，推出至少不低于20个品种的新产品，每一项都取得的巨大成功，成为同行业中引领新潮流的领航企业。

福建盼盼食品集团有限公司　盼盼食品是以农产品精深加工为主的国家级农业产业化重点龙头企业，主要生产“盼盼”牌麦香系列膨化食品，法式小面包、软面包、蓉香包、丝润面包、小卷包、铜锣烧、瑞士卷、欧咔蛋糕、梅尼耶干蛋糕、软华夫、肉松饼等烘焙食品，以及子品牌“艾比利”膨化系列食品等。集团率先在业内推行品牌整合传播策略，以稳健高效的品牌系统建设赢得市场终端博弈。

【工艺制品】　2018年，泉州市工艺制品规上工业企业产值874.81亿元。形成以德化城关为主的陶瓷工艺产业基地，以安溪城关周边和尚卿等乡镇为主的藤铁工艺产业基地，崇武、山霞、螺阳为主的石雕产业基地，以张坂镇、杏田为主的木雕产业基地，以为丰泽、鲤城、洛江和台商投资区为主的树脂工艺产业基地，打造“中国瓷都•德化”“中国藤铁工艺之乡”“中国石雕之都”“中国树脂工艺之乡”等区域特色品牌和“中国白瓷”“惠安石雕”地理标志，拥有“冠福”“佳美”“磊艺”3个中国驰名商标。

【纸业印刷】　2018年纸业印刷规模以上工业企业产值814.89亿元,比上年增长16.91%。造纸及纸制品业是具有鲜明特色的产业，行业发挥原材料保障、商品销售、物流便捷和产销信息反馈快捷等方面优势，加之泉州是中国大型纸制品交易中心之一，依托当地发达的民营经济，产业转型升级进一步加快。行业涌现出恒安、玖龙、恒利、优兰发等知名企业；恒安集团营业额超200亿元，在全国同行业中名列前茅。泉州是全国最大的卫生用品生产基地和出口基地之一。

【石油化工】　2018年泉州市石化规模以上工业产值2682亿元，规模以上工业增加值659.73亿元，比上年增长5.3%。拥有泉港、泉惠两个石化工业园区和晋江、石狮两个纺织工业石化园区，石化产业形成龙头带动、差别化发展的格局。泉港与泉惠石化工业园区以炼化一体化带动生产大宗化工产品，并以特种树脂、橡胶、工程塑料等为特色差异化发展下游加工产业，为做大福建省合成树脂、合纤原料、合成纤维和合成橡胶产业提供原料支持。晋江与石狮纺织工业区以PTA等原料为产业链源头，互补延伸发展涤纶等化纤原料等，形成纺织化纤产业集群。

福建联合石化公司　先后投资400多亿元，建设炼化一体化项目、炼油乙烯脱瓶颈改造及配套工程，公司具备1400万吨/年炼油、110万吨/年乙烯、80万吨/年芳烃的生产能力。主要产品包括汽油、柴油、煤油、液化石油气、石油焦、硫黄（液体/固体）、轻质燃料油、聚乙烯、聚丙烯、对二甲苯、苯、丁二烯等。

中化泉州石化公司　由中国中化集团投资300亿元，建设1200万吨/年炼油项目，主要生产装置包括常减压蒸馏、渣油加氢、蜡油加氢裂化等18套先进装置及10万吨级配套码头和仓储设施。主要产品为煤油、汽油、柴油、苯、甲苯、混合二甲苯、聚丙烯以及液化气、硫黄、化工轻油等。

石狮市佳龙石化纺纤有限公司　由北京佳龙投资有限公司和新疆华凌工贸（集团）合资建设，建成一期60万吨/年PTA（精对苯二甲酸）项目。

【机械装备】　2018年，泉州市机械装备产业完成规模以上增加值453.1亿元，增长11.4%，完成规模以上工业产值1964亿元。通过实施“数控一代”与智能制造，行业企业全面向数控化、自动化、智能化发展，市场需求稳定，行业整体保持平稳增长态势，增速居各行业前列。

嘉泰数控科技股份公司　2018年，公司专业从事自动化、智能化精密加工设备的研发、生产、销售和服务的高新技术企业，以数字化制造技术为核心，产品渗透到机械加工各个方面，主要面向航天航空、军工、汽车、船舶、轨道交通、风能发电、消费电子、3C通讯、医疗器械、五金及工装模具等行业提供以高速精密 CNC 加工中心机为主的各类高端智能数控装备，并提供整体解决方案和全过程支持服务。先后获“国家数控系统工程技术研究中心泉州分中心”“院士专家工作站”“高新技术企业”“省级企业技术中心”“福建数控机床联合实验室”“福建省战略性新兴产业骨干企业”等60多项称号。公司现为国内知名的高端数控机床及核心功能部件的研发制造中心。

泉州市汉威机械制造有限公司　2018年，公司的主营业务婴儿纸尿裤、成人纸尿裤、妇女卫生巾等数控一体化智能生产线设备，销售网络涵盖国内26个省份和国外多个国家和地区。先后获得“省创新型企业”“市行业技术中心”“企业技术中心”等称号。

福建铁拓机械有限公司　成立于2004年，是专业的沥青搅拌设备及沥青再生设备制造商。沥青混合料热再生组合搅拌设备市场占有率居国内首位，蝉联多届“工程机械TOP50产品”之一，2016年获工信部“制造业单项冠军培育企业”，2017年获福建省经信委首批“服务型制造示范企业”称号。沥青搅拌设备销售一直保持20%的稳步增长。产品销往全国所有省市及欧非亚等全球58个国家和地区，超过1500套设备在全球各地为道路建设行业服务。

2018年5月9日，中化集团下属中化能源科技有限公司针对一船从泉州到新加坡的汽油出口业务，完成区块链应用的出口交易试点

（图/刘　倩　李津凯）

【高新技术产业】　2018年，泉州市以光伏产业、消费类电子产品、软件和信息服务业等为主的新一代信息技术产业整体发展态势良好。是年完成规上工业增加值90.1亿元，比上年增长16.3%，累计销售产值334.54亿元，产销率94.4%。软件企业通过上市实现投融资和完善产业链，中国国际信息技术（福建）产业园数据中心投入使用。安溪湖头光电产业园区一期133.33公顷建设完成，总投资100多亿元，入驻企业16家，基本形成涵盖“衬底—芯片—封装—应用”的光电产业集群，2017年园区实现产值54亿元，纳税1.05亿元。二期于2017年12月份开工建设，规划用地62.7公顷，拟投资21亿元，建设工业标准厂房56.6万平方米，投入使用后，可新增产值50亿元以上。南安光电信息产业基地重点发展太阳能光伏、半导体照明、数字对讲机和电子应用产品等产业，入驻企业85家，投产41家，在建38家。中国国际信息技术（福建）产业园（简称“EC产业园”）是福建省“十二五规划”重点项目，主要以大规模、多等级数据中心为核心，发展云计算、数字媒体、服务外包、电子商务、文化创意等五大产业，建设功

能完善、技术领先、辐射海峡两岸的国际一流信息产业园。EC产业园总规划面积3.3平方千米，其中一期核心区用地100公顷，投资概算100亿元，主要建设“三中心三基地”，即数据中心、信息技术教育实训中心、APEC国际交流中心、服务外包产业基地、惠普聚贤国际数字媒体产业基地和国家级电子商务产业基地。

南威软件股份有限公司　公司成立于2003年，行政总部位于福建泉州，在北京设立运营中心。南威软件是福建省软件信息产业龙头企业、全国软件和信息技术服务业骨干企业、国家规划布局内重点软件企业、国家火炬计划重点高新技术企业、全国电子政务十大杰出IT品牌企业，拥有国家信息系统集成及服务壹级资质、涉及国家秘密的计算机信息系统集成甲级资质、国家建筑智能化系统设计专项甲级资质、电子与智能化工程专业承包壹级、国家安防工程企业设计施工维护能力一级、CMMI-5国际认证等多项业内顶级资质荣誉，综合竞争力处于全国软件业前列水平。2014年12月30日，南威软件在上海证券交易所挂牌上市，股票代码603636，成为福建省首家在上海主板上市的软件和信息技术服务业企业。

福建省晋华集成电路有限公司　2016年3月完成公司设立，注册资本114.45亿元；其中福建省电子信息产业集团认缴57.14%出资份额，晋江市能源投资集团有限公司认缴42.86%出资份额；总用地面积39.6公顷，总投资370亿元（56.5亿美元），晋华公司的目标是建设具有国际半导体主流技术能力和掌握核心知识产权的存储器（DRAM）公司；项目将借助台联电平台整合国际技术团队，建设12英寸32/32Snm IDM存储器晶圆厂，开展存储器关联产品（模块、解决方案）的研发、制造和销售；晋华项目一期主要建设12英寸内存晶圆生产线，产能规模为月产6万片内存晶圆，年产值12亿美元；二期将新增6万片内存晶圆产能规模。厂区全部建设完成后月可产24万片，年产值48亿美元。

阳光中科（福建）能源股份有限公司　公司成立于2010年10月，注册资金2.19亿元，占地23.33公顷，是一家高起点、高标准的专业从事晶体硅太阳电池及组件研发、制造、销售于一体的大型高新技术企业，由阳光大地（福建）新能源有限公司于2015年10月整体改制变更设立，坐落于福建省泉州（南安）光电信息产业基地。公司于2016年8月在新三板挂牌，有16条全自动新型高效多用途智能化太阳电池生产线，年产能1200兆瓦，年产值达到20亿元。

产业园区建设

【概况】　2018年，泉州市省级以上开发区（简称“开发区”）推动改革开放和创新发展，坚持高质量发展落实赶超目标，围绕国家级和省级开发区综合发展水平评价体系，培育产业集聚，促进项目建设，优化管理服务，提升载体建设，推进开发区高质量发展。各开发区结合自身发展实际，不断完善招商机制和措施，推进专业公司化招商。全市开发区实现地区生产总值2904亿元，规模以上工业增加值1900亿元，税收收入296亿元，实际利用外资总额35.8亿元，进出口总额1672亿元。

【发挥集聚效应】　2018年，泉州市各开发区发挥自身优势，拓展上下游配套项目，促进主导产业集群化发展，产生良好的集聚示范效应，带动形成纺织服装、鞋业、石化、机械装备和建筑建材等7个超千亿产业集群，打造一批全国性产业基地。全市开发区实现地区生产总值2904亿元，规模以上工业增加值1900亿元，税收收入296亿元，实际利用外资总额35.8亿元，进出口总额1672亿元，总体经济运行平稳发展、稳中有升，为泉州市经济总量连续20年位居全省首位做出贡献。

【招商引资】　2018年，泉州市各开发区结合自身发展实际，完善招商机制和措施，推进专业公司化招商，同时借助国家、省举办的重大经贸活动平台加大招商引资力度，推进重点项目建设和管理服务优化，全面升级发展新动能。惠安经济开发区引进“中国民企500强”中南高科集团，规划“区中园”项目，打造创智产业谷项目，预计投入运营后，将引进智能制造、人工智能、电子信息等400家企业入驻，实现年产值超25亿元，税收收入2亿元。在2018年“投洽会”上，全市组团成功对接64个项目，投资总额39.59亿美元，拟利用外资22.92亿美元，比上年增长19.6%。其中，合同项目52个，投资总额31.64亿美元，合同外资16.10亿美元，比上年增长26.8%，大部分签约项目均落户开发区内。石狮高新区组织招商小组开展市域内项目挖掘和赴外地项目考察，以龙头企业为平台，先后引进智能产业和海洋科技发展产业链的上下游企业入驻园区，推动园区产业多元化发展。泉州综合保税区对招商项目建立台账管理，加强项目动态跟踪，推进中通速递、三角洲节能环保材料、万科物流等重点项目建设，完成投资2亿元。

【综合功能提升】　2018年，泉州市各开发区深化改革，落实《泉州市提升营商环境计划》，复制推广“1＋3＋7”自贸试验区改革创新成果，打造高水平营商环境，提升开发区总体功能优势。泉州台商投资区建设“一站式”行政服务“超市”，创新项目折叠审批机制，建设“项目管家平台”和“中介超市”平台，探索“审管分离”等行政管理新模式，成功获批省级相对集中行政许可权改革试点单位；泉州综合保税区复制推广“先进区，后报关”、“分送集报”以及“委内加工”等25项自贸试验区中与海关特殊监管区相关的改革试点政策，为企业减轻资金负担和关税成本，盘活区内多家企业的生产产能。

【科技创新水平提升】 2018年，泉州市各开发区为区内企业提供技术创新服务，对区内设立的创业服务和创新研发平台机构给予资金扶持，以创新驱动开发区高质量发展。截至2018年底，开发区内省级以上部门认定的高新技术企业数共265个，实现高新技术企业主营业务收入992亿元，财政对科技的实际投入217亿元，累计建成创新创业平台机构数189个，累计有效发明专利数2171个。各开发区通过政策引导鼓励，促进产学研加快融合，实现创新创造质的提升。泉州开发区深入实施“泉州制造2025”“数控一代”示范工程，引导三星电控、天地星、锐驰等企业开展科技与品牌创新，鼓励企业与产业龙头联合，与尖端品牌战略合作，形成全产业链商业模式。洛江经济开发区创新“产学研用”合作机制，深化与中科院海西研究院、哈工大福建智能研究院、泉州华中科大智能制造研究院等对接合作，发挥现有科研平台和企业作用，加大对企业研发、设计及数控化、智能化等服务支持，不断推进行业技术创新。

【土地集约利用】 2018年，泉州市各开发区重点从严格工业项目准入门槛、创新土地出让方式、盘活存量用地以及减费降负等方面入手，推进土地集约节约利用。全市开发区核定规划面积16246公顷，实际管辖面积47179公顷，建成面积17063公顷，其中建成工业用地面积8047公顷。鲤城高新区抓好存量用地招商、清理盘活闲置厂房楼宇，推进零地招商、技改等工作，盘整利用部分低效用地和厂房，实施“优二进三”，引进各类研发中心、设计中心、新兴产业等，提高土地集约利用水平；泉州经济开发区通过“收、调、转、建、整”五措并举，收储盘活存量空置土地和低效利用厂房资源，盘活空置厂房约13万平方米；惠安城南工业园区实施“腾笼换鸟”，盘活8.2万平方米，正在盘活35万平方米，有效提高土地资源利用率。

【产城融合】 2018年，泉州市各开发区坚持以经营城市的理念建设园区，加快城市配套完善，提升开发区总体功能优势。泉州开发区推进商贸街、商住小区、学校、运动城、医疗机构、休闲场所及绿化工程等一批优质公共服务设施建设，提升园区对外形象；泉州台商投资区以城市建设带动园区发展，重点加快“一园两桥三城”建设，即打造一个泉州特色和台湾元素相结合的海丝艺术公园，筹建两个跨江通道以及推进三大城市片区改造。

【绿色发展】 2018年，泉州市按照“创新、协调、绿色、开放、共享”的发展理念，推进开发区绿色发展，严格督促其按时保质完成规划环评、污水集中处理等环境整治工作。各开发区污水集中处理实现全覆盖，并接入省环保厅实时在线监控系统。省级绿色园区实现100%覆盖，泉州开发区、泉惠石化工业区被确认为第一批“绿色开发区示范区创建单位”，泉州经开区获得联合国工发组织授予绿色园区称号。

2018年泉州市省级及以上开发区一览表

表13

序号	名称	层级	行政区域	主要产业	组成区块(个)	核准面积（平方千米)	规划面积（平方千米）	地区生产总值（万元）	规模以上工业增加值（万元）	税收收入（万元）	进出口总额（万元）	实际利用外资（万元）
1	泉州经济技术开发区	国家级	泉州市	纺织鞋服、电子信息、机械制造、医药食品	2	12.5	31.5	1970248	1682086	167142	2161074	19484
2	泉州台商投资区	国家级	台商投资区	纺织鞋服、机电设备、造纸及纸制品	1	15	200	2918300	1775400	179287	334000	78035
3	泉州综合保税区	国家级	晋江市	保税物流、进出口贸易、加工贸易、航空维修	1	2.0472	4	（未统计）	（未统计）	11730	（未统计）	193

续表13

序号	名称	层级	行政区域	主要产业	组成区块(个)	核准面积(平方千米)	规划面积(平方千米)	地区生产总值(万元)	规模以上工业增加值(万元)	税收收入(万元)	进出口总额(万元)	实际利用外资(万元)
4	泉州高新技术产业开发区(江南园)	国家级	鲤城区	电子信息、纺织鞋服、机械汽配	1	8.0712	9.33	1536438	641400	102411	178962	12489
5	泉州高新技术产业开发区(石狮园)	国家级	石狮市	纺织服装、电子科技、精细化工、五金机械	1		23.47	965547	851947	76044	294736	34607
6	泉州半导体高新技术产业园区	省级	晋江市 南安市 安溪县	化合物半导体、集成电路、光电	3	14.8	39.3	186964	177616	8249	942415	57056
7	泉港石化工业园区	省级	泉港区	石化产业	4	19.1657	29.6	3385805	3061417	941343	3370178	9925
8	泉惠石化工业园区	省级	惠安县	石化产业	1	32.12	33.8	1404524	1278116	297752	6236605	19560
9	晋江经济开发区	省级	晋江市	鞋服纺织、食品饮料、纸制品	3	9.8427	60	3027605	2425884	380100	1765797	68500
10	洛江经济开发区	省级	洛江区	工艺制品、纺织鞋服、机械装备,提升智能装备产业	5	14.367	23.24	1737688	1160416	154884	484859	14555
11	南安经济开发区	省级	南安市	水暖厨卫、消防阀门、日用制品	3	3.2457	23.5448	4209036	1819400	103803	272209	1141
12	惠安经济开发区城南工业园区	省级	惠安县	鞋服包袋、建材机械、食品	1	9.3354	8	1271782	874184	34683	42799.2	25115
13	惠安惠东工业园区	省级	惠安县	纸制品、化纤、食品、机械	1	5.09	5.09	319845	289849	22502	45658	6262
14	安溪经济开发区	省级	安溪县	建材、藤铁工艺、服装鞋帽、茶叶业、轻纺、轻工机械	6	8.2622	123	4361604	1715375	364602	298950	5442.5
15	永春经济开发区	省级	永春县	轻纺鞋服、机械铸造、陶瓷树脂	1	0.3996	10.46	1112820	960393	22000	189212	5202
16	德化陶瓷产业园区	省级	德化县	日用陶瓷、工艺品、树脂	1	1.1334	22.46	630111	289221	97508	106082	236

对外经贸与技术合作

【概况】 2018年，泉州市新批外商投资企业280家，投资总额272.7亿元，合同外资119.8亿元，实际使用外资41.9亿元，比上年增长9.4%。新备案（含增资）投资额超亿美元项目7个，投资总额169.56亿元，合同外资59.74亿元。全市对外贸易总额1853.7亿元，比上年增长18.2%。其中，出口1192.6亿元，比上年增长14%；进口661.1亿元，比上年增长26.7%。

【境外投资快速增长】 2018年，泉州市新批赴境外投资企业20家，投资总额17.94亿美元，比上年增长511.2%。全年完成外经营业额5589万美元，比上年增长11.1%，外派劳务人数6305人次，比上年增长9.8%。

【招商引资】 2018年，泉州市全方位开展招商推介活动，签约对接一批优质项目，在闽商回归对接会成功对接海外闽商投资项目22个，投资总额315亿元；泉商回归对接会现场成功签约项目16个，投资总额75.65亿元；组织参加“5·18”国际资本投资福建对接会，对接34个优质外资项目，投资总额240亿元，拟利用外资121亿元，其中合同项目26个，投资总额208亿元，拟利用外资96亿元；组织参加第二十届中国国际投资贸易洽谈会，对接64个项目，投资总额39.59亿美元，拟利用外资22.92亿美元，其中合同项目52个，投资总额31.64亿美元，合同外资16.1亿美元；在厦门举办“2018年泉州市外资招商推介会”，现场签约20个优质产业项目，投资总额19.13亿美元，拟利用外资11.51亿美元。促进项目落地，第二十届中国国际投资贸易洽谈会期间签约的52个合同项目中，有39个项目履约落地。全市纳入福建省“五个一批”项目动态管理信息系统项目157个，投资总额1547亿元。

对港澳台经贸与技术合作

【概况】 2018年，泉州市立足“以台引台”，明确产业对接重点，做深、做细、做实有投资意向的台商项目工作，引进台湾优势产业、核心技术，突出电子信息、精密机械、新材料、生物科技、食品、文创等重点产业的对接与合作。全市对台招商引资项目41个，投资总额89638万美元。重点推进晋江晋华存储器项目、矽品集成电路封装测试项目和芝奇内存模组及关联项目等集成电路上下游产业、颐和医院及医疗产业项目；引入台湾葳格教育、安溪国宇医院等项目，其中台湾葳格教育总投资25亿元。2018年，泉州市发挥港澳资源优势，深化各类合作协议，提升泉州与港澳经贸合作水平。4月，泉州市与香港贸发局签订《共同建设21世纪海上丝绸之路合作备忘录》，密切双方联系，开展多项活动，合作举办第十届“品牌泉州香江行”活动；联合组织泉州市知名品牌企业高管赴境外开展品牌合作、投资并购等经贸交流活动。

【港澳投资项目】 2018年，泉州市营造泉州与港澳经贸合作氛围，落实相关优惠政策，加强宣传，促进港澳企业家了解政策、掌握政策、用足政策。利用港澳资方面，泉州市引进投资总额33亿美元的世贸蓝色海湾项目、投资总额12亿美元的澳门金龙国际广场项目、投资总额5亿美元的三福纺丝与聚合项目、投资总额5亿美元的嘉森木业增资项目、投资总额5亿美元的远东生态休闲娱乐项目，加强对在谈、在建、在产港澳项目跟踪，协调解决有关问题，做好项目服务工作。

【对港澳贸易】 2018年，泉州市组织企业参加香港国际电子灯饰展、香港礼品展、香港国际茶业展和澳门国际贸易投资展览会等一系列展会，帮助企业开拓市场，密切双方合作交流，促进泉州与港澳贸易发展。开拓葡语系的南美市场同促进

2018年4月18日，泉州市政府与香港贸发局举行经贸对接会，泉州和香港两地企业进行经贸交流对接洽谈 （图/市商务局）

泉州与澳门交流进行有效结合，举办“葡语国家、泉州、澳门经贸合作对接会”等多种形式，为泉州企业开拓葡语系国家、南美市场、欧盟市场搭建交流平台，联合澳门地区共同拓展葡语国家市场。

【对台合作平台】 2018年，泉州市落实鼓励台商投资政策，建设综合性的台商投资区和多个专业园区构成的立体平台，以泉州台商投资区、泉州台湾农业技术交流推广中心、惠安黄塘台商创业基地、惠安台湾农民创业园、泉州石化工业区、泉州船舶港口工业区、泉州（南安）光电信息产业基地、永春生物医药产业园区、泉州软件园、泉州装备制造业基地等等为载体，引进台湾百大及龙头企业进驻，创造一批产业合作集群。鼓励和支持更多的台湾青年到泉州创业就业，有晋江市创意创业创新园（“三创”园）、泉州台商投资区德润产业园等首批10个台湾青年就业创业基地。

泉州软件园（2018年拍摄） （图/王庆生）

【对台经贸活动】 2018年，泉州市举办海峡两岸纺织服装博览会、中国（晋江）国际鞋业（体育产业）博览会、海峡两岸农产品采购订货会以及海峡两岸食品展等涉台经贸活动，拓展泉州与台湾产业对接合作平台渠道。4月18—20日，第四届（泉州）海上丝绸品牌博览会和第二十一届海峡两岸纺织服装博览会在石狮市举办。该届“海丝海博会”总面积6.5万平方米，参展企业638家，有45家台湾企业参展，展出面积243平方米，展团人数97人。4月18日，中国（晋江）国际鞋业（体育产业）博览会在晋江美旗城开幕。展馆面积6万平方米，共设置2200个国际标准展位。台湾制鞋行业同业公会、台湾机械工业同业公会组团参展，展位60多个。

【对台小额贸易】 2018年，泉州市与台湾之间的产业链配套较为紧密，纺织鞋服、陶瓷树脂等传统产业中大量生产用的原辅材料、电子元器件从台湾购买。泉州对台小额贸易发展活跃，全市有南安石井、晋江围头、石狮石湖等3个对台小额贸易点，全市获批对台小额贸易经营权的企业29家，主要购买台湾的鳖卵、鲜槟榔、水产品、五金、机械零配件、化工原料及纺织服装等。2018年，泉州市对台湾小额贸易货物7.8万吨，货值5418万美元，购买量、值均仅次于厦门，列大陆口岸第二位，冰鲜白带鱼、冻鱿鱼、冰鲜午仔鱼等10多个品种从泉州登陆后源源不断输送往各大城市。

山海协作

【概况】 2018年，泉州市向南平市捐赠项目贷款（贴息）和社会事业资金200万元，向三明市捐赠山海协作项目扶持资金及公益事业扶持资金200万元，合计400万元。

【县区协作】 泉州市鲤城区、丰泽区、泉港区、石狮市、晋江市、南安市、惠安县等7个县（市、区）分别对口帮扶三明市明溪县、南平市顺昌县、三明市宁化县、南平市政和县、龙岩市长汀县、宁德市古田县、南平市光泽县，拨付对口帮扶资金10640万元，加快产业园区建设，帮助园区引进企业33家。

对口支援

【概况】 2018年，泉州市对口支援西藏昌都市洛隆县、新疆昌吉州昌吉市和宁夏吴忠市盐池县、同心县、红寺堡区，选派挂职干部人才38人（其中援藏10人、援疆22人、援宁6人），落实对口支援项目资金12283万元（其中援藏3180万元、援疆7103万元、援宁2000万元）和工作经费486万元。通过对口支援，吴忠市盐池县2018年在宁夏回族自治区第一个脱贫摘帽。

【援藏工作】 2018年，泉州市选派韩卫华、吴保忠和柯东阳等10位干部人才开展第八批援藏工作。推进援藏6个项目建设，福建新村夏玉、思梦达（一期）、思梦达（二期）易地搬迁点项目全面建成，布许易地搬迁点项目于12月中旬通过竣工验收，举行入住仪式。藏医院二期建成，国庆节搬迁营业。洛隆县卫生服务中心（人民医院）项目启动、完成主体工程。县交通局乡村公路养护中心项目按时序建设，完成建设任务，具备搬迁办公条件。

推动招商引资，引进的洛隆县易地搬迁安置房分布式光伏扶贫项目进展顺利，汉能集团在孜托镇久玛村试点昌都市首个分布式光伏扶贫项目后，又确定建设其他村的分布式光伏发电扶贫项目。特色农业招商有新突破，泉州毅通食品科技有限公司与洛隆洛宗特色产品有限公司达成合作协议，确定建设米汉堡生产线，每月将生产米汉堡75万个，在泉州销售洛隆县洛宗特色产品开发公司2吨青稞挂面，初步打开福建市场。4月14日，泉州市昌都特色文化产品展示馆在泉州万达公馆隆重开馆，营业面积约200平方米，集中展示西藏特色文化，展示西藏特色产品。

开展结对帮扶，泉州市、县多次前往对接援藏工作，与当地部门确立共建关系，其中丰泽区党政代表团6月下旬前往开展对口援助活动，丰泽区东海街道、东湖街道分别与洛隆县中亦乡、玉西乡结对共建，各提供首期10万元帮扶资金；丰泽区3家爱心企业自发首期捐资30万元，启动设立“泉洛邦锦梅朵助学基金”，专项用于资助洛隆县贫困学生就学。鲤城区代表团6月中旬前往开展考察调研活动，对县初级中学学生浴室供暖工程提供20万元资助。开展“党员干部进村入户、结对认亲交朋友”活动，按照“1+X”结对方式，与建档立卡户结成“一对一、一对多”的帮扶对子，走访慰问建档立卡户对象60多户，帮助解决生产生活上的困难与问题。组织人才培训，加强对洛隆县未就业大中专院校毕业生技能培训，协调沟通南安职业中专学校，选送34名毕业生进行2个月培训，培训结业后有8名毕业生选择在泉州就业，拓展“两后”生的技能和就业渠道。洛隆县第二期教育系统管理干部泉州研修班开班仪式，于12月11日在泉州幼儿高等专科学校举行，24名参训校长（园长）和教师进行为期一个月的专业研修。洛隆县卫生系统第二批专技人员赴泉州培训开班仪式，于12月17日在泉州市正骨医院举行，11名乡镇一线医务人员将进行为期五个月的专业培训。

【援疆工作】 2018年，泉州市选派22位干部人才开展第七批援疆工作。推进项目援建，做好《泉州市“十三五”对口支援新疆昌吉市经济社会发展规划》中期评估，调整新增项目11个，重点向富民安居工程、农牧区困难群体倾斜，做到援疆资金80%用于民生、80%用于基层。2018年实施农牧区贫困户、残疾人危房改造、游牧民定居、佃坝镇中心校学生食堂、市第十一小学教学楼等民生项目20个（其中工程类项目9个、非工程类项目11个），安排援疆资金7103万元，6个项目投入使用，3个项目按时序进度推进，援疆项目资金按进度全部拨付到位；优先安排维稳基础设施建设，重点实施反恐维稳训练中心、基层派出所业务用房、公安医疗室等项目，夯实当地基层维稳基础。对主体工程完工但装修资金没纳入预算的项目，多方争取补齐，让项目尽快发挥效益，争取落实各类计划外资金570万元，全部用于社会事业建设。

坚持把精准扶贫作为援疆工作重要内容，调整援疆资金4000万元用于精准扶贫。实施安居富民工程573户，改善农牧民住房条件。投资450万元实施庙尔沟乡民族手工刺绣示范基地项目和阿什里乡哈萨克民族手工艺品基地建设项目，促进劳动力转移420多人，增加农牧民非农收入。邀请泉州医疗专家团队开展“泉昌情·复明工程”慈善光明行动，医治贫困白内障患者18名。筹资300万元、350万元分别设立“泉昌情·圆梦助学基金”和“泉昌情·生命救助基金”，通过举办“情系牧区暖冬行”“千人圆梦助学行动”，以及纪念“5·8”世界红十字博爱周等活动，发放助学金100多万元资助贫困学生500多人，发放156万元救助大病患者350名。

招商引资带动发展，引进或增资企业27家、投资71.26亿元，带动当地产业发展和扩大就业。加大招商引资优惠政策宣传力度，重点围绕昌吉市生态康养、文化旅游、信息服务、总部经济、金融服务、现代商贸物流等六大产业，梳理汇编优惠政策，依托微信公众平台，点对点推送至相关企业和投资商，发挥“以商招商、商会招商”双向合作平台作用。加强援受两地及疆内外经贸合作交流，主打“绿色招商”品牌，先后组团参加海博会、西洽会、厦洽会、亚欧博览会、惠安雕博会等大型会展活动。全力参与昌吉市承办的“企业家昌吉行—产业援疆与产业发展圆桌会议”活动，邀请疆内外345家知名企业参会，签约项目20个，计划投资199.73亿元，做好项目跟踪对接，架通“一带一路”两个核心区产业发展桥梁。

智力支持提升素质，做好援疆新老专技人才交接，9月底新一批14名专技人才抵达开展智力援疆工作，其中新选派11名、留任3名，通过以老带新，新老衔接尽快适应工作。开展“组团式”医疗援疆，通过结对带交流、项目带人才、人才带团队“三带”模式，在医疗卫生、教学教研等领域发挥明显作用，帮带人才180名，组织开展义诊活动13场次，帮助群众1800多人次，其中腔镜三野食管癌根治术、手汗症治疗、甲状腺和血管超声波检查等3项技术，填补昌吉市人民医院微创胸科手术和市妇幼保健院超声波检查等技术空白。推进“万名教师进疆支教”工作，泉州市24名教师在昌吉、呼图壁等县市开展支教，组织36名学校行政干部、教师骨干赴福州开展集中培训，进一步提升学校管理水平和教师业务素质。

坚持推进泉昌两地交往交流交融，接待党政考察团、专家团队、文化团体、商会企业等46批340多人次，两地交流加深。以泉昌两市对口支援20年为契机，策划组织“泉昌情20年”系列纪念活动，依托昌吉文博中心设立援疆纪念馆、组织开展20年援疆工作成果展、泉州昌吉两地摄影书画诗歌展等15项活动，得到泉州昌吉两地各族干部群众的好评。坚持把援疆培训融入人才培训范畴，分期分批选派部门、乡镇街道、村（社区）三级中青年干部260余人赴福建等地考察培训。组织“丝路缘 泉昌情”2018融情夏令营，80多位师生赴泉州感受体验“海丝”文化。邀请厦门文明办对昌吉创建“全国文明城市”进行现场指导。探索多层次多领域的延伸共建，昌吉国家高新区与泉州台商投资区、昌吉市人民法院与泉州市中级人民法院、昌吉市佃坝镇与石狮市灵秀镇、昌吉市总工会与泉州市总工会、昌吉市电视台与泉州广播电视台、昌吉市人民医院与德化县人民医院、新区医院与泉州市第一医院、昌吉市八小与丰泽区崇德实验小学等16个单位先后结为共建单位，建立密切的合作交流关系。

【援宁工作】 2018年，泉州市选派6位干部开展第十批援宁工作。推动投资增强后劲，通过对接协调，分赴东部发达地区拜访商会及企业家，推介宁夏投资环境和优惠政策，邀请企业家前往考察，向宁夏引进22个项目，引导企业实际投资24.54亿元。其中，盐池县邀请前来考察的企业家代表团6批19人次，引进沣泰食品、琪强菌草、宏达盛农业3个项目，实现盐池县闽籍企业“零的突破”，3家闽籍企业带动39名贫困人口就业，借助东西部扶贫协作平台，引导9家企业在盐池实际投资9.87亿元，通过吸纳就业，带动58名贫困人口脱贫。同心县引进总投资20亿元（完成投资4158万元）的金垚育种科技有限公司、总投资2亿元的闽江服饰有限公司、总投资2亿元的宁夏飞越纺织有限公司、总投资1.2亿元的宁夏鸿宁服装织造有限公司，四个项目辐射带动周边乡镇精准扶贫车间10个以上，解决以建档立卡户为主的就业人口大约2500人，产业集群年产值超8亿元，年纳税1500万元以上。红寺堡区邀请经贸考察团9批80人次，引进海子塘（葡萄酒小镇）现代农业示范园项目、中国西部（红寺堡）物流港项目、博大购物中心和宁萧、瑞琳、兴旺3个闽商服装加工共6个项目，引导企业实际投资9.05亿元，带动893名贫困人口脱贫，其中吸纳就业223名，通过利益联结机制带动670名建档立卡户脱贫。

促进就业帮助脱贫，通过牵线搭桥，加强双方对接，举办劳务招聘活动，引导宁夏建档立卡贫困人口到闽或到其他省份就业，转移务工633人。洛江区47家企业在盐池县就业网站发布6500多个岗位需求信息，出台优惠政策，对盐池县建档立卡贫困人口到闽就业6个月以上的，每人给予补助5000元，促成泉州黄丽家政公司与盐池瀑森劳务公司签订合作协议，通过以上方式转移53名贫困劳动力到福建务工，转移179名贫困劳动力到其他省份就业。永春县举行与同心县劳务协作签约仪式和同心县乡镇村结对帮扶签约仪式，现场签订《永春县同心县2018—2019年闽宁对口扶贫劳务合作框架协议》，围绕“劳务输出单”，组织与石狮通达电器有限公司、通达集团厦门基地、福建厦门电器公司签订劳务协议，促成232名贫困户赴石狮通达电器、通达集团厦门基地、福建厦门电器公司务工。德化县构建双向劳务输出基地和劳务输出登记窗口，组织优秀企业到红寺堡区举办闽宁劳务协作（德化）专场招聘会6场，建立劳务带头人奖励机制，帮助贫困人口实现就业169人，其中帮扶贫困人口到福建省就业18名、帮助贫困人口到其他省份就业151人。

推动双方劳务协作，开展劳动技能培训，解决当地700名贫困人口就业，提升当地就业率。支持盐池县举办劳动技能培训班4期，280名城乡劳动力参加培训，就近转移贫困劳动力就业期250人；投资100万元，建设巨拓、绿林、北塘、春雪、迪葳等扶贫车间5个，实现贫困户家门口就业，解决105名建档立卡贫困户就业问题，年均每人增加3万元收入。同心县与泉州市劳务基地建设、技能培训、就业扶贫、人才交流等进行对接，采取订单式培训方式，先后为时尚同盟民族服饰、腾辉民族服饰、伊德馨服饰培训工人230多人，支持闽江服饰、鸿宁织造、飞越纺织等闽籍企业开展技术改造、扩大生产规模等方面培训300人，举办2018年闽籍企业（闽籍纺织产业园）专场招聘会，现场发放宣传资料600多份，接受政策咨询300多人次，96人达成就业。支持红寺堡区举办种植、养殖、家政、劳务输出、企业用工、扶贫车间等就地就近就业劳动技能培训班13期，培训人数1000人次，其中贫困人口就业培训316人，并对使用建档立卡劳动力的扶贫车间、闽籍和本地企业给予用工补贴，解决499名贫困人口就业。结对帮扶深化感情，泉州市2018年共动员社会各界积极捐款311.95万元，捐物折款805万元。开展结对帮扶工作，洛江区与盐池县新增2对乡镇、8对村开展结对活动，累计有4对乡镇、15对村开展结对帮扶，实现“非深度贫困地区乡镇结对面达到50%”的目标。开展“民企对接帮扶贫困村”活动，两县区签订“民企对接帮扶贫困村”协议书，组织洛江区5家企业结对帮扶盐池县贫困村，“精编”5家企业向盐池县贫困村捐赠发展资金80万元。永春县12个乡镇与同心县12个乡镇签订“携手奔小康”协议，在培育特色产业、加强劳务协作、加强基层党建、协同招商引资等方面给予同心县支持。德化县与红寺堡区实现5对乡镇、11对村、5对部门、4对学校、1对医院的结对共建，开展特色农业、电子商务、乡村振兴、党的建设等方面的互学互帮互助，率先实现乡镇携手奔小康全覆盖；争取到位社会扶贫资金和物质801.95万元，其中德化县医院捐赠2台彩超和教学、安防设备价值700万元，建立“德化B超室”，为贫困户减免检查费用，使1557名患者受益。

市场监督管理

综 述

【市场监督管理部门概况】 2018年，泉州市市场监督管理部门推进商事制度改革，提升市场监管效能，推动质量强市建设，推进机构改革。被国家工商总局通报表彰为“2017年度全国工商和市场监督管理部门广告工作表现突出单位”；在查办利乐集团有关企业滥用市场支配地位行为案件中贡献突出，被国家市场监督管理总局记集体“三等功”；被国家食药监总局和公安部联合表彰为案件查办工作突出单位；被国家市场监督管理总局通报表扬为“全国工商和市场监管部门商事制度改革信息化建设表现突出单位”。“泉州市集群注册登记助推虚拟产业园大发展”“开展‘蓝马甲’直播系列活动提升群众食品安全满意度”2件案例获“推进机制活、建设新福建”全省机关体制机制创新三等奖。

2018年4月13日，市工商局丰泽分局举行“红盾助双创”个体工商户手机微信年报服务活动。图为工作人员教个体工商户使用手机办理工商年报业务 （图/张九强 陈云青）

【质量强市与产业转型升级】 2018年，泉州市加快创建“全国质量强市示范城市”。在南安试点开展质量提升和中小企业质量技术精准服务专项行动。推荐10家企业参评第六届省政府质量奖，组织153家企业160个产品申报2018年度福建名牌产品。全市拥有有效注册商标30万件，位居全国地级市第二位、平均每2.6个市场主体拥有1件注册商标，高于全国平均水平。中国驰名商标156件，新增2件。马德里商标国际注册784件，位居全国地级市第三位。全市地理标志证明商标35件，新增8件。全市商标专用权质押融资总额超过22亿元。深化国家级广告园区创建工作，全市新增各类广告企业5000多家，比上年增长34.94%。新增国家知识产权示范企业1家，国家知识产权优势企业14家。新增73家企业通过贯标认证，数量位居全省首位。率先在全省开展泉州市专利密集型产业现状与发展研究，确定重点企业8家。推动46家企业开展专利权质押融资工作，金额6.98亿元，企业数量和金额均居全省前列。1项专利获中国外观设计银奖，2项专利获中国专利奖优秀奖。运行泉州（晋江）专利技术展示交易中心，服务企业4350家，促成交易项目近40个，总金额4000万元。在全国41个国家知识产权示范城市（地级市）年度考核中位居第6位，创历史新高。网商虚拟产业园新增入驻市场主体2.5万家，总数近4万家。实施分类处置，优化办照服务，引导市场主体办理证照近4万家，比上年增长1倍，与前10个月的平均数高44%。市政府出台支持个体工商户转型升级为企业若干措施，加强引导、指导和政策扶持加大“个转企”工作力度，新增转制企业超1600家。

【商事制度改革】 2018年，泉州市新登记市场主体比上年增长50.97%，平均日增835家，全市各类市场主体近81万家，总量持续位居全省首位。在全省率先实现企业以电子营业执照为介质全程电子化设立登记。在开发区、晋江、丰泽、惠安试点开展个体工商户智能化登记，通过“手机终端”实现自主申报、自动核准、自助打照，成为全省首创，全国领先。“证照分离”和“多证合一”改革推进有力，在原先实行的“31证合一”基础上进行整合实现“35证合一”。市、县全面铺开“进一步压缩企业开办时间”，准入登记时限由原来的5个工作日压缩为3个工作日。下放市一级企业名称核准权限，扩大外商投资企业登记授权。 食品、药品、医疗器械许可审批改革持续深化，所有审批和服务项目承诺时限压缩至法定时限的31%。对小型餐饮食品经营许可试点改为备案，改为即办件。借助微信公众号实现“微预约”和“微申报”，全程网办事项、“一趟不用跑”和“最多跑一趟”事项达到83%。推行“四证合一”改革，对280多家新开办的同时兼营第三类医疗器械、保健食品、预包装食品的药品零售药店实行“四证合一”，从32种减为6种，办理时限从125个工作日缩短为15个工作日。知识产权注册便利化改革持续提速，15个事项的受理进驻市行政服务中心窗口，办理事项1066件，发放各类资助和奖励资金1078.38万元。2018年1—10月，全市专利申请和授权量分别为56275件和28967件，分别比上年同期增长47.84%和54.33%，其中发明专利申请和授权量分别为9086件和2802件。截至2018年11月，每万人发明专利拥有量9.87件，提前完成全年工作目标。商标受理更便捷，国家市场监管总局及国家知识产权局在泉州市设立相应的商标受理窗口，成为全省唯一可受理商标申请、续展、变更、转让、许可备案等24项商标业务的窗口。

2018年7月17日，由市食品安全委员会办公室、市司法局、市食品药品监督管理局主办的食品安全宣传周活动在中心市区举行。图为监管人员向市民介绍食品安全相关知识
（图/泉州晚报社）

市场综合监管

【概况】 2018年，《泉州市推进商场超市行业随机联查综合监管工作方案》出台，开展企业年报信息和相关经营行为的跨部门“双随机一公开”联合抽查，抽查检查企业12354家。建立泉州市国家企业信用信息公示系统（福建）建设工作联席制度，670个市县部门通过国家企业信用信息系统（福建）协同监管平台归集信息64万多条。

【信用惩戒】 2018年，泉州市多部门根据企业失信记录实施联合惩戒。构建跨区域、跨部门执法协作机制，市市场监督管理部门联合检察院、法院、公安、工商联等部门及阿里巴巴公司建立知识产权快速维权六方协作机制，为泉州7家企业开通快速维权通道。与天津市市场和质量监督稽查总队建立“跨省市联合打击网络违法行为”新模式，为泉州品牌企业构建异地便捷高效打假维权的新渠道。组织开展知识产权纠纷人民调解和知识产权纠纷仲裁工作，与泉州仲裁委联合建立知识产权仲裁院。立案查处各类专利案件335件，接收和办理知识产权维权援助与举报投诉案件60件。全年查处商标侵权假冒案件占全省三分之一以上。

【食品监管】 2018年，泉州市推进“餐桌污染”治理和食品安全“一品一码”追溯体系建设，全市完成注册食品生产经营企业8100多家，上传追溯信息1751万条；食用农产品注册2万家，上传赋码追溯信息129万条。推广食用农产品入市检测监督制度，在全市45个主要农产品批发市场、中心市区农贸市场开展试点，共开展快速检测27.6万批次。建立外烩餐饮监管机制。化解食品安全突发事件。深化专项治理，保持打假治劣高压态势，查获各类问题食品59.1吨，责令召回不合格食品73批次，市市场监督管理局联合市公安局破获“5·28”特大生产、销售有毒有害食品案，查处案件数、罚没款数位居全省前列。根据省食安办委托第三方机构调查，泉州市食品安全满意度测评达到77.19分。

2018年“3·15”国际消费者权益保护日期间，全市各地开展形式多样的宣传活动。图为南安市场监督管理局工作人员向群众传授辨别假冒伪劣产品技巧　（图/吕文楷）

【药品监管】　2018年，泉州市强化药品行政许可现场检查、GSP跟踪检查、药械监测、监督抽检、监测评价等监管手段，严控高风险药品市场准入，推进国家药品不良反应监测哨点联盟建设，加快中国医院药物警戒系统（CHPS）部署实施，收集上报药品不良反应报告7111份，医疗器械不良事件报告1362份，化妆品不良反应报告636份，各项指标均有20%以上的增长。开展药品监督抽检1050批次，快检2600批次，检出不合格药品21批次，进行跟踪溯源和依法查处。对严重违法违规的罗裳山制药厂等企业开展全方位体检式监督检查。查获假冒保健品、化妆品等16种产品、胶囊170多万粒，查封设备4台。

【产品质量监管】　2018年，泉州市市场监督管理部门贯彻《泉州市消费品标准和质量提升规划（2016—2020年）》，加大市级专项跟踪抽查力度，前三季度省级监督合格率95.47%，比上年同期提高1.1百分点。组织开展危险化学品、电器产品、消防产品、防爆电气等六类产品质量隐患排查工作，对检查中发现问题责令企业限期整改。开展食品相关产品获证企业质量整治、钢铁水泥产品获证企业的监督检查等，及时消除质量问题和风险隐患。创新“六联排”，上报扫黑除恶专项斗争线索87条；开展“1+N”专项整治，组织开展反不正当竞争、制售假冒伪劣商品、虚假广告、网络传销、无照经营、合同违法等专项整治，办结案件8244件，罚没1364万多元，结案数和罚没款分别比上年同期增长1.57倍和22%。

【价格监管】　2018年，泉州市市场监督管理部门快速处置食品行业拟联合涨价事件，开展快递、商业银行，医疗、殡葬服务等行业，进出口环节、旅游、烟酒、农资、商品房各项价费检查，加强城市供水、供气、供电、电信领域价格监管，查处价格违法案件20件。全市各级“12315”机构受理类消费者咨询、投诉、举报案件99292件，比上年增长5.42%，为消费者挽回经济损失2717.65万元。全面宣传、推广、畅通食品药品投诉举报渠道，依法受理3573件并全部组织核查，转立案127件，做到件件有落实、有反馈；“12358”价格监管平台接到各类价格举报、咨询、意见建议4672件，实施经济制裁金额7.14万元。

财税　金融

财　政

【概况】　2018年，泉州市财政局强化收支管理，落实收入主体责任，强化财税协同协作，加强重点行业、重点税源企业跟踪服务。坚持长短结合、多措并举，培植成长性可持续财源，提高财政收入质量。2018年，泉州市一般公共预算总收入完成861.05亿元，比2017年增加52.86亿元，增长6.5%。2018年，泉州市市本级一般公共预算总收入完成118.05亿元，比2017年增加0.81亿元，增长0.7%。2018年全市一般公共预算收入的税性比重为81%，比上年提升1.4个百分点，一般公共预算总收入的税性比重为89.3%，比上年提升0.7个百分点，两项收入的税性比重均居全省第一。

严格控制一般性支出，集中财力重点保障市委、市政府重大决策部署和重点项目支出。实施积极有效财政政策，促进实体经济转型提质。落实鼓励高新技术和小微企业发展、增值税并档降率、部分行业增值税留抵税额退还等政策，减免税收115亿元。梳理盘活16个市直部门97项惠企专项资金；统筹2.5亿元实施人才“港湾计划”，促进人才与产业融合发展；投入5.64亿元提升城市建设管理，改善城乡交通住房条件。

健全政府债务风险防控机制，严格分类甄别定性，建立债务监测信息系统，实行政府债务穿透式监管，做好规范政府举债融资防控债务风险。加大民生支出保障，加快推进基本公共服务均等化，建立加大民生领域投入常态化机制。2018年全市民生支出484.54亿元，剔除新增地方政府一般债券资金减少46.69亿元后，可比增长7.6%，占一般公共预算支出的76.5%。市级财政投入1.74亿元保障为民办实事项目建设。

推进财政改革，促进财政管理科学化规范化。实施全口径预算管理、支出预算经济分类改革，编制中期财政规划，试点编制政府综合财务报告。完善市级政府预决算公开平台，部门预算公开新增一般公共预算支出经济分类情况表、部门专项资金管理清单目录。推进“放管服”改革，开设项目预算评审“绿色通道”，实施台账化管理，精简环节压缩时限，规范压减自由裁量空间。

【全市预算收支执行情况】　2018年，泉州市一般公共预算总收入完成861.05亿元，比上年增加52.86亿元，增长6.5%。其中：全市一般公共预算收入完成474.16亿元，比上年增加31.87亿元，增长7.2%。全市一般公共预算支出632.38亿元，比上年减少5.42亿元，下降0.9%，其中：民生支出483.68亿元，下降2.7%，占全市一般公共预算支出的76.5%，比上年降低1.5个百分点。全市政府性基金收入360.26亿元，比上年增加200.57亿元，增长125.6%；全市政府性基金支出407.11亿元，比上年增加250.27亿元，增长159.6%。

【本级预算收支执行情况】　2018年，泉州市市本级一般公共预算总收入完成118.05亿元，比2017年增加0.81亿元，增长0.7%。其中：一般公共预算收入完成67.3亿元，比2017年增加0.43亿元，增长0.6%。市本级一般公共预算支出97.21亿元，比2017年增加7.93亿元，增长8.9%。市本级政府性基金收入44.78亿元，比2017年增加25.89亿元，增长137%；市本级政府性基金支出33.22亿元，比2017年增加4.08亿元，增长14%。

2018年泉州市一般公共预算收入情况表

表14 单位：万元

预算科目	泉州市	市本级
一、税收收入	3841041	488100
增值税	1561604	173159
营业税	3075	221
企业所得税	729286	79749
企业所得税退税	—	—
个人所得税	270294	37009
资源税	13028	385
城市维护建设税	244672	37778
房产税	138344	17295
印花税	65429	6901
城镇土地使用税	137481	6526
土地增值税	395873	61920
车船税	50800	8711
耕地占用税	30799	24
契税	196524	57695
烟叶税	—	—
环境保护税	3832	727
其他税收收入	—	—
二、非税收入	900598	184894
专项收入	290738	55261
行政事业性收费收入	141925	40566
罚没收入	194217	23544
国有资本经营收入	9279	8530
国有资源(资产)有偿使用收入	201435	29755
捐赠收入	20906	8005
政府住房基金	8560	6553
其他收入	33538	12680
2018年收入合计	4741639	672994

说明：该表根据2018年度年终决算数填报，市本级不含台商投资区

2018年泉州市一般公共预算支出情况表

表15 单位：万元

预算科目	泉州市	小本级
一、一般公共服务支出	508905	92414
二、外交支出	—	—
三、国防支出	9148	2821
四、公共安全支出	398915	111561
五、教育支出	1480850	154129
六、科学技术支出	146891	20527
七、文化体育与传媒支出	119147	31188
八、社会保障和就业支出	654158	71009
九、医疗卫生与计划生育支出	714223	241977
十、节能环保支出	130519	10856

续表15

预算科目	泉州市	市本级
十一、城乡社区支出	532160	74761
十二、农林水支出	630790	57632
十三、交通运输支出	185810	46477
十四、资源勘探信息等支出	253359	21325
十五、商业服务业等支出	73568	4492
十六、金融支出	8377	2184
十七、援助其他地区支出	3185	2124
十八、国土海洋气象等支出	40188	6001
十九、住房保障支出	106706	4057
二十、粮油物资储备支出	21818	2271
二十一、其他支出	83527	3095
二十二、债务付息支出	220920	11164
其中:地方政府一般债券付息支出	220321	11164
二十三、债务发行费用支出	680	21
2018年支出合计	6323844	972086

注：该表根据2018年度年终决算数填报，市本级不含台商投资区

税　务

【概况】　2018年7月5日，国家税务总局泉州市税务局挂牌成立，由、原泉州市国家税务局、原泉州市地方税务局合并组成。2018年，全市税务系统累计组织各项收入934.93亿元，比上年增长7.3%。税收收入810.69亿元，其中：增值税收入3303454万元，企业所得税收入1902031万元，消费税收入583064万元，个人所得税收入674547万元，土地增值税收入395873万元，契税收入308809万元，城市维护建设税收入265454万元，车辆购置税收入225316万元，土地使用税收入137481万元，房产税收入138344万元，印花税收入65429万元，车船税收入50800万元，耕地占用税收入30799万元，资源税收入13028万元，营业税收入6458万元，环境保护税收入4790万元，利息所得税收入1192万元。

2018年4月16日，国家税务总局泉州市税务局鲤城联合办税服务厅为纳税人举行税务宣传“快闪”表演　　（图/王树帆　蔡冰滢）

【减税免税】　2018年，国家税务总局泉州市税务局落实好党中央、国务院出台的减税政策，完成全年减税目标，缓解企业生产经营困难，支持“六稳”工作推进，累计办理降低增值税税率、统一小规模纳税人标准、执行税收协定优惠等各类税收减免超过110亿元。10月开始实施的个税改革让更多中低收入群体获益，第四季度减轻工薪族个税负担1.2亿元。落实两次提高出口退税率政策，全年办理出口退（免）税181.01亿元，比上年增长36.06%。

【税收风险管理】　2018年，国家税务总局泉州市税务局发挥风险管理在税收征管中的导向作用，开展风险分析，并加强对各县级单位风

险管理工作的指导和协调。一般性的分析识别由县级局开展；专项分析即针对全市较为突出或具有行业普遍性、特定征收管理事项、集团或集团性企业等较大风险问题进行重点解剖和深入分析，由市税务局进行分析识别。市税务局对各单位的分析应对工作进行监控，侧重防虚打骗和具有偷漏税嫌疑企业的审核把关。2018年，推送风险任务1721户，入库税款21902.83万元，加收滞纳金1904.68万元。

【环境保护税开征】 2018年，国家税务总局泉州市税务局做好环境保护税开征工作，出台环保税相关工作方案及配套预案、方案。建立"清单销号、逐户过关"管理制度，加大基础信息采集力度，确保每个纳税人准确填报，提高信息采集质效。建立培训、辅导、模拟"三合一"工作机制，使纳税人懂政策、能计算、会申报。市县两级办税服务厅专门开辟绿色通道，不断优化"线上、线下"环保税纳税服务。制作全国首个《手把手教你申报环保税》辅导视频，新华社、中国政府网等近200家媒体报道泉州环保税开征工作。4月1日，全省首张环保税税票在泉州开出。

【纳税信用体系】 2018年，国家税务总局泉州市税务局贯彻执行总局《纳税信用管理办法（试行）》和《纳税信用评价指标和评价方式（试行）》，开展纳税信用评价工作，主动向社会公告A级纳税人名单，加强守信激励、失信惩戒措施的落实与宣传，试点推进个体工商业户纳税信用评价工作，全面推动社会信用体系建设。加强与银行业等金融机构常态化银税合作，全市税务机构分别与30多家商业银行签订"银税互动"协议，全年在"银税互动"机制下共为3460家企业发放贷款33亿元。

【微信缴税】 2018年，国家税务总局泉州市税务局在全省率先推行微信缴税，针对二手房交易自然人居多、微信缴税需求较强的特点，联合人民银行、腾讯公司制订微信支付缴税方案，从二手房微信缴税入手，逐步覆盖全税种，并作出相应的工作时间安排。2017年12月31日，实现泉州存量房微信缴税。2018年1月31日，微信城市服务及省税务局公众号实现12万个税自行申报、增量房微信缴税。推行微信缴税后，纳税人可随时随地通过手机微信"掌上缴税"，不用再到窗口排队缴税，提高办税效率。7月，全市推行自然人微信代开发票，实现代开票全税种掌上缴税。

2018年泉州市各县（市、区）税收收入情况表

表16 单位：万元

序号	地域	累计入库
1	全市	8106869
2	鲤城	259999
3	丰泽	574519
4	洛江	204600
5	惠安	713205
6	台商投资区	178730
7	晋江	2095877
8	石狮	547669
9	南安	791690
10	安溪	445665
11	永春	175616
12	德化	155785
13	泉港合	1064948
14	开 发 区	162116
15	市直属单位	736451

金融业

【概况】 2018年，泉州市金融工作围绕"五个泉州"战略部署，按照赶超跨越和高质量发展要求，落实"防范金融风险、服务实体经济、深化金融改革"三项任务，保持金融稳中向好、稳中有进势头。12月底，全市各项贷款余额6393.05亿元，比上年同期5.31%，比年初新增313.27亿元，企业上市、发债融资规模144亿元；传统

产业改造升级、战略新兴产业、现代服务业等“三大板块”领域新增贷款占全市新增贷款的67%，绿色贷款余额突破110亿元，新型农业经营主体贷款余额比年初增长17.03%；12月底，全市人民币贷款加权平均利率6.1068%，银行不良贷款率1.99%，比年初降低0.61个百分点，实现实体经济与金融的良性互动、健康发展。

【金融风险防范】 2018年，泉州市抓好信贷风险防范化解，实施“堵入口”“疏出口”“抓帮扶”等风险防范化解方法，深化政司银企保五位一体困难企业协同帮扶制度，完善企业应急周转金、“活解封”转续贷等创新帮扶措施，有效压降不良贷款率。压实责任，落实信贷投放及不良风险双向监测机制，定期排查重点行业、企业风险情况，按月通报各县（市、区）信贷风险防控工作情况，抓实金融风险防范处置。堵住入口，累计召开近百次协调会，发出交办函、商请函80多份，设立16.15亿元的应急金保障周转资金，累计向7041家企业提供“过桥”资金1252.06亿元；帮助253家企业“活解封”转续贷46.71亿元，解决企业资金保障问题。拓宽出口，规范国企接包评估流程，推进接包资产加快处置，累计处置不良贷款255.8亿元。抓专项整治，开展非法集资案件风险处置三年攻坚，依法查处“财佰通”、“梦熙金融”等非法集资案件；完成跨界从事互联网资产业务整治验收，“一户一策”引导4家P2P网贷机构退出市场，实现互联网金融从业机构和业务余额“双下降”。抓上市公司流动性风险应对，出台《支持上市公司化解流动性风险八条措施》，设立总规模30亿元的上市公司纾困基金，争取创建全国示范性产业特色债转股典型经验做法。

【金融资源集聚加快】 2018年，泉州市打造形成金融产业集群，泉州银行、晋江农商行、石狮农商行筹备启动IPO，泉州农商银行完成增资扩股，与省农信联社五年拟开展2500亿元信贷投放战略合作。加快泉州金融研究院运作，建成泉州金融人才信息服务平台。初步建成泉州（东海）金融供应链集中区，晋江金融广场建成招商。泉州金改区获批开展台资企业资本项目管理便利化试点。拓展提升直接融资服务，启动新一轮支持企业改制上市工作。建立产业基金子基金投资进度阶梯督导机制，产业股权投资基金及子基金累计为企业提供融资支持56.83亿元。推进建设“基金小镇”，设立高层次人才创新创业基金，新增创业投资、股权投资企业30家。推进区域资本市场建设，新增“新三板”挂牌企业4家，海峡股权泉州交易中心挂牌企业新增103家，总数达到708家。三是==实施“引资入泉”工程。出台《关于做大存款规模增强银行业机构服务实体经济能力的指导意见》，实施“引资回泉”“留资驻泉”工程，建立银行、异地泉商有效对接渠道，组织常态化的泉商资金回存对接活动，通过财税奖励、产业政策吸引石化、电力等国企、大型民企将各类资金存放本地银行。

【金融服务创新】 2018年，泉州市改进创新模式，鼓励银行业机构顺应数字化趋势，运用互联网思维，做活线上产品，创新申贷模式，加快发展“金融+互联网”服务，加快大数据分析、云计算和互联网技术应用等金融科技在产品研发、信贷模式等领域的创新发展与应用。比如，建设银行泉州分行“小微快贷”累计为全市4460家小微企业授信金额26.5亿元；泉州银行与微众银行合作推出“微粒贷”，截至12月末，与微众银行合作推出“微粒贷”累计已发贷款余额41.37亿元。开展全市首次金融创新产品（项目）评选，评出“原创奖”5个、“创新应用奖”10个。加快重点创新，在全省首创经济组织股权质押贷款融资，在全省率先开展险资直投支农融资试点。品尚电商与国家公共信用信息中心签署信用共享协议，实现泉州市中小微企业信用信息交换共享平台与全国信用信息共享平台的对接。启动建设企业公益性综合信用评价体系。启动设立全国首个社会信用建设公益基金。创新金融监管，建立金融工作议事协调机制，明确对小额贷款公司、融资担保公司、区域性股权市场等7类机构履行地方金融监管职责。推动建立金融监管体系，在新一轮机构改革中，丰泽区、晋江市、石狮市设立金融工作局，南安市在财政局加挂“金融局”牌子。

【服务实体经济成效提升】 2018年，泉州市扩大信贷投放，贯彻落实省金融办《金融服务实体经济进一步缓解融资难融资贵问题的指导意见》，把握央行出台定向降准等系列政策有利时机，争取省行、总行加大对泉州信贷规模倾斜。1—12月，全市银行业机构对泉州市297个重点项目授信额度1857.35亿元，贷款余额553.38亿元，分别比年初增加306.87亿元和140.06亿元。加快供应链金融模式创新，推进中物联、安通、一品嘉等供应链金融平台建设，持有市场、有订单、轻资产企业融资。深化“N+1+N”供应链融资模式，覆盖34家核心企业、563家上下游企业。推广应收账款融资服务，287家企业在中征应收账款融资服务平台融资186.06亿元。提升普惠金融水平，设立“三农”特色支行、事业部40个，推进涉农金融产品增户拓面，深化农村“两权”抵押贷款试点，强化金融支持乡村振兴战略。建立小微企业贷款专营机构235家，推行“442”政银担合作风险分担机制，小微企业信贷覆盖率39.44%。为全市62658名“建档立卡”贫困人员购买政府扶贫救助责任保险，提供风险保障金额37.59亿元。

银行业

【概况】 至2018年末，泉州辖区银行业机构拥有政策性银行、国有商业银行、股份制银行、邮储银行、城商行、外资银行、农村中小金融机构、专营机构和非银行金融机构等9大类47家（其中法人机构19家），营业网点1356个，从业人员2万多人。截至2018年12月末，泉州市银行业金融机构本外币各项存款余额6947.8亿元，比上年增长0.81%；本外币各项贷款余额6393.1亿元，增长5.3%。银行不良贷款率2.0%。截至12月末，全市金融机构人民币各项贷款余额6375.46亿元，比上年增长5.52%，其中：人民币短期贷款余额2522.93亿元，下降7.52%；中长期贷款余额3604.30亿元，增长16.20%；票据融资余额187.2亿元，增长16.42%。全市中小微企业贷款余额2751.99亿元，占全市企业贷款余额的79.09%，比年初减少72.38亿元。其中：中型、小型、微型企业贷款余额分别为1391.67亿元、1220.76亿元和139.5591.5亿元，分别占全市企业贷款余额的39.99%、35.08%和4.01%；中型、小型、微型企业贷款分别比年初减少9.95亿元、减少110.49亿元、增加48.05亿元。

【中国人民银行泉州市中心支行】

提升服务实体经济质效 2018年，中国人民银行泉州市中心支行贯彻稳健中性的货币政策。发挥货币政策工具作用，全年实施四次定向降准，直接释放泉州银行、泉州农村商业银行资金合计17.54亿元。截至2018年12月末，全辖政策性支持再贷款余额146444万元、回购式再贴现余额52173.71万元，调节流动性闸门，保持适度的社会融资规模和合理充裕的流动性。支持辖区8家法人金融机构发行同业存单金额171.7亿元，发行大额存单金额21.65亿元。制定《泉州市金融支持制造业转型升级三年行动（2018—2020）实施方案》，谋划30个制造业融资重点项目。2018年全市银行业机构向新兴产业、高端装备设备和生产性服务业分别发放贷款85.14亿元、74.91亿元和155.07亿元。引导金融资金“脱虚向实”，引导金融机构合理控制好个人住房贷款和综合消费贷款增长，防止信贷资金违规流入房地产市场。截至2018年12月末，全市银行业金融机构个人消费贷款余额1859.05亿元，比年初增加323.18亿元，比上年同期少增108.85亿元。发展普惠金融和绿色金融，印发《泉州市“不忘初心，深耕普惠金融”三年行动（2018—2020年）实施方案》，组织辖区38家金融机构参加专题推进会进行部署落实。做好乡村振兴金融服务，推动辖内金融机构结合晋江农村集体产权制度改革试点，在全省首创农村集体经济组织股权质押贷款，为2个农村集体股份经济联合社授信2亿元。运用扶贫小额担保贷款，支持光伏产业、特色产业、农村电商等产业扶贫模式，“插花”式精准帮扶建档立卡贫困户，帮助贫困人口精准脱贫、稳定脱贫。通过实施专项行动计划、信贷政策执行考核等引导措施推动金融机构建立绿色项目目标客户清单、设立绿色信贷主办支行、实施“环保一票否决制”、创新绿色融资模式等绿色信贷工作机制，加大绿色贷款投放。响应国家提高直接融资比重，发展多层次资本市场战略，宣传推广和运用各类创新型债务融资工具。做好对泉州银行申请发行20亿元小微金融债券的初审工作，优化初审流程、提高初审效率。

维护区域金融稳定大局 加强日常风险监测分析。执行金融风险监测定期报告制度，按季开展银、证、保分行业风险监测排查，执行和落实重大事项报告。加强重点领域金融风险排查。关注富贵鸟企业集团资金链断裂、企业债券违约等风险事件。指导石狮市支行探索建立民营企业投资金融业的定点监测机制。关注财佰通P2P网贷平台风险事件及处置进展情况。做好金融稳定评估系统维护和数据采集工作。采集辖区法人金融机构监测指标数据，做好辖内系统用户管理、机构管理等日常维护工作和数据审核上报工作。加强对金融机构主动管理。开展存款保险早期纠正和风险警示工作，针对辖区2家银行业金融机构存在的经营风险问题，分别发出《风险警示函》并开展现场约谈，督促其积极采取有效措施改善

2018年1月11日，中国农业发展银行福建省分行与晋江市政府签订世界中学生运动会项目金融战略合作协议 （图/中国农业发展银行泉州分行）

经营管理。

提升金融服务和管理水平　推进移动支付便民示范工程建设，全国首创上线公共自行车银联卡感应租车功能，实现银联IC卡与手机闪付非接租车；于永春云河谷景区创新推出全省首个“云闪付等支付渠道线上线下景区售票系统”。参与2018年广东省与福建省ACS业务跨省非现场检查，提升会计核算督查水平。推进银行卡助农服务工作，为助农取款服务点补贴对象核定补贴金额221.93万元，将惠民福利落实到位。推进农村信用体系“惠屿模式”试点、泉州市小微金融服务平台建设等工作有序开展，借力福建省金融综合服务平台推进小微企业信用体系建设。全省首创接入申请答辩，实现征信监管关口前移。创新开发全省首个征信查询数据管理软件，显著提升征信数据管理工作效率。编印《征信业务执法检查工作标准化指引（试行）》，确保执法检查重要节点有序运作。推进央行内部（企业）评级工作，协助汇达资产托管有限责任公司对全省首批6家央行内评初评企业开展实地调查。加大应收账款融资服务平台推广力度，推动九牧厨卫股份有限公司与中征（天津）动产融资登记服务有限责任公司签订《中征应收账款融资服务平台系统对接合作协议》。全省首创破产重整企业信用修复四种渠道，指导安溪县支行在全省率先在征信系统“大事记”中载明安溪铁观音集团破产重组民事裁定内容。做好现金供应工作，2018年1—12月，全市投放472.94亿元（含同业调剂62.6亿元），回笼325.88亿元（含同业调剂62.6亿元）。落实“三反”（反洗钱、反恐怖融资、反逃税）工作意见，强化与相关部门的案件联合会商研判机制，推动以刑法“191条”洗钱罪起诉、宣判，加强对涉税、涉毒、走私、非法集资和恐怖融资以及地下钱庄等犯罪类型的监测。提升经理国库服务水平，在辖内3个县（市）支行试点推广国库县支库示范库，提升基层国库履职能力。加强配合和沟通，上线二代国库信息处理系统和财关库银横向联网系统。提升金融法治和金融消费权益保护工作水平，制定依法行政检查标准方案，开展依法行政交叉检查，举办全辖行政执法案卷互评查，推进依法行政示范点建设。

营造稳定有序涉外经济环境　提升贸易投资便利化水平，支持辖内有条件、有能力企业开展真实合规的对外投资，推动境外投资高质量发展。2018年1—12月，全市办理境外投资外汇登记12笔，汇出境外投资款10693.95万美元；引导辖内2家跨国公司外汇资金集中运营业务企业运用该政策便利化跨境资金管理，办理34笔集中收付汇业务，金额633.28万美元；推进台资企业资本项目管理便利化试点，全市办理52笔试点业务，涉及金额5761.49万美元；引导企业用活全口径跨境融资宏观审慎管理政策拓宽境外融资渠道，全市利用该政策签约借入外债6369.33万美元。防范跨境资金流动风险，构建资本项下资金流动常态化监测机制，及时上报大额监测情况。2018年1—12月，个人购汇54096.40万美元，比上年下降23.64%；外币提钞16308.75万美元，下降17.61%。开展经常项目外汇业务和贸易融资专项核查，全面完成两项专项核查任务，经核查最终确认问题笔数172笔，涉及金额4011.75万美元。组织各银行对境内居民机构与境内非居民个人之间人民币收付款数据开展全面自查及补报；贸易信贷抽样调查方面，将核查重心从非现场转向现场。

【中国工商银行泉州分行】　至2018年末，中国工商银行泉州分行实现拨备前利润11.97亿元。2018年末，全部存款余额689.38亿元，比年初增加101亿元。2018年末各项贷款余额664.12亿元，比年初增加32.86亿元。对接、主动融入泉州国家级“金改区”、省级“综改区”、“海丝先行区”建设，加大对主导产业、战略性新兴产业和传统优势产业等重点领域的信贷投入，其中以50亿元的授信份额作为贷款牵头行组建银团贷款，支持中化泉州石化二期项目，助力泉州经济建设；支持福厦高铁、兴泉铁路、厦漳泉城市联盟等交通体系与城市生活污水处理、泉州绿道工程等惠民项

2018年7月19日，中国工商银行泉州分行在南安支行营业部举行“中国银行业文明规范服务百佳示范单位”揭牌仪式

（图/中国工商银行泉州分行）

目，重点关注泉州城市建设与教育医疗领域。全年实现新增贷款投放62亿元，加大信贷投放力度。

支持重点项目建设，结合省市政府重点建设项目，组织相关部门重新梳理正在营销、储备的项目，及时更新营销进度，跟踪项目审批流程，盯紧项目信贷投放效率，通过紧抓信贷投放全过程，加大对重点项目和优势产业的信贷支持力度，为泉州产业升级和基础设施建设等提供配套金融服务。推进“三个客户库”和“5个100”拓户工程，2018年全行完成重点项目审批20个，审批金额140.30亿元，现实客户库已批未提及在审项目超过350亿元。2018年重点项目和房地产实现贷款新增投放36.75亿元，贷款余额185.60亿元，占比较年初增加6.75个百分点至61.76%。

扶持小微企业发展，在贷款审批和授信管理上，对小微企业贷款实行专项贷款规模管理，并将小微企业融资列为第一支持序列，无须资金规模配置，审批后即可发放贷款，较分行一般法人客户的融资优先。至2018年末，普惠贷款金额16.27亿元，比年初增加4.58亿元，完成全年增量任务数357%；人行口径普惠贷款金额10.29亿元，比年初增加1.96亿元，完成全年增量任务数306%。提升普惠贷款在分行贷款总量的比重，在2018年贷款总量的比重由年初的2.53%提升到3.22%，普惠贷款增量占总贷款增量的10.71%。新业务新产品探索实现突破。2018年办理第一笔票据池质押业务后，累计办理票据池质押融资原业务15笔，金额3563万元；在产业集群方案创新上，德化陶瓷产业集群方案实现客户储备4户，完成1笔提款金额1000万元。

加快创新发展步伐，在2017年和泉州市检察院建立联系通报、案件查处互动、预警教育“三项机制”的基础上，2018年继续深化合作，联动市检察院在工行石狮支行建设全国首家金融犯罪警示教育基地，并向所有金融机构从业人员及企业、个人开放，累计接待2000多人。获批并完成投放泉州某房地产楼盘办理1亿元按揭尾款理财直投项目，实现近年来泉州分行首笔突破，成为福建分行金融资产服务业务复牌以来成功投放的首笔业务。成立渠道管理中心，提前完成网点“五改四”改革任务，严格按照新标准抓好网点装修，智能化网点覆盖率100%。

【中国农业银行泉州分行】 至2018年末，中国农业银行泉州分行本外币各项存款余额959.68亿元，比年初增加70.74亿元，增量“四行”占比26.63%，比上年提升22.81个百分点；日均余额908.11亿元，四行占比30.06%，比上年提升0.07个百分点，日均增量32.51亿元，四行占比31.87%，排“四行”第二。优化“订制金融”服务，对接市政府确定的纺织鞋服、装备制造、建筑建材三大重点领域，助力泉州电子商务业务规模进一步壮大，推动泉州制造融合更多国际前沿科技、掌握更新商业运作模式，向产业链中高端进军，打造令世界刮目相看的泉州“智造”。至2018年12月末，该行本外币各项贷款余额904.1亿元，比年初增加95.26亿元，增长10.72%，增量位居全市金融业首位。其中：个人贷款比年初增加53.96亿元，占全部贷款增量的56.28%。面对严峻的信用风险防控形势，按照上级行“净表计划”的总体安排，主动承担不良贷款管控主体责任，化解信用风险，2018年该行不良贷款余额11.25亿元，比年初减少0.03亿元，不良占比1.24%，比年初下降0.15%，连续三年保持不良“双下降”，信贷资产质量持续向好，贷款不良率远低于全市平均水平。

2018年，中国农业银行泉州分行实现中间业务收入7.06亿元，比上年增加5782万元，增幅8.93%，完成省行年度计划的104.52%；实现营业收入35.29亿元，完成年度计划的101.14%；实现净利润9.32亿元，完成年度计划的146.12%。紧扣泉州农业特色产业特点，利用“惠农e贷”免担保、低利率、自助循环的特点，支持一大批“村干部、村医、村教”。截至2018年末，上线安溪铁观音、永春佛手茶等特色产业“惠农e贷”，“惠农e贷”总量27.03亿元，较年初增加25.95亿元，总量及增量均居全省系统首位，支持1300多户农户生产经营发展。截至2018年末，该行涉农贷款余额590.59亿元，比年初增加59.19亿元，增幅11.14%，为服务乡村振兴注入新动力。探索小微企业金融服务模式，并将成功经验向全省推广。至2018年底，法人小微企业贷款余额7.53亿元，比年初增加5.16亿元，实现“两增两控”监管要求，普惠法人小微三个指标完成值、完成率均居全省系统第一。

【中国银行泉州分行】 至2018年末，全行本外币贷款余额460.80亿元，全行本外币客户存款余额折人民币465.97亿元，实现拨备前利润10.44亿元。2018年，中国银行泉州分行拓展行政事业和民生项目，加强对民生领域、基础设施等重点项目建设，其中，为泉港城乡建设开发有限责任公司提供贷款7亿元；为泉州中泽房地产开发有限公司等多家房地产公司提供贷款7.78亿元；为恒安集团提供贷款7.8亿元；为晋江产业发展投资集团有限公司提供贷款8.64亿元；为晋江学城建设有限公司提供贷款3亿元；为匹克集团提供贷款1.18亿元；为泉州城建集团有限公司提供贷款3亿元；为泉州水务集团有限公司提供中期流贷3亿元；为泉州文化旅游发展集团有限公司提供贷款1.7亿元。国际结算量和跨境人民币结算量持续领航，至2018年年末，全行进出口结算量累计66.21亿美元，外管口径市场份额26.16%。全行完成跨境人民币结算量75.95亿元，全口径市场份额27.22%，核心业务（含经常项目和直投项目），份额为37.62%。推进机构、产品、管理创新，全面金融服务能力。在债券承销业务及非标理财业务均有突破，较上年增幅100%，落地的项目包括晋江城投短融15亿元、晋江城投PPN6.70亿元、恒安中投超短融10亿元、南安南翼非标2亿元。在国内证二级市场业务、保函业务均取得突破，首次办理联行风险参与业务，实现进口类客户和工程类客户营销税款保函、农民工工资保函及工程类保函办理数较去年同期增长58.1%，开立新政后汇总征税保函，完成厦门关区电子汇征税的首发。打造“方便快捷、优质高效、热情周到、保值增值”的现代金融服务品牌，在践行“5S 现场管理”“四步骤服务”“六要素养成”“七部曲服务”的基础上，推行以优化服务资源、提升服务效能、提高客户满意度。同时为提升客户体验，增强网点竞争力，协调推进智能柜台工作，至2018年年末，全辖81家网点全部投产智能柜台，投产智柜新设备124台，P端设备251台，智能柜台网点覆盖面100%。

【建设银行泉州分行】 2018年，建设银行泉州分行一般性存款日均余额661亿元，一般性存款时点余额710亿元，均居同业首位。其中个人存款实现时点余额、时点新增、日均余额、日均新增等指标在系统和同业“八个第一”。至2018年底，各项贷款余额602亿元，其中个人类贷款余额330.48亿元，居同业首位。2018年实现中间业务净收入6.22亿元，净收入总量居全省建行系统及泉州当地同业首位。2018年，全行不良贷款余额4.74亿元，不良贷款率0.79%，全年处置不良贷款16.78亿元。

2018年，建设银行泉州分行持续加大服务实体经济力度。加大对泉州重要基础设施建设、战略性新兴产业、特色优势产业、民生工程、城市化建设和中小企业等领域的支持力度，围绕产业集群特性、区域特色和县域经济特征加大实体经济支持力度。服务民营企业，构建银企命运共同体，推动精准脱贫攻坚，制定脱贫攻坚方案，2018年分行金融精准扶贫贷款增速15.32%。提升风险管控能力，保持资产质量管控高压态势。加强与先进同业的交流与对标比较，敢比善学，密切与建行海外机构联动合作。

聚焦社会痛点、难点，打响普惠金融业务品牌，通过产品推介会、客户沙龙、产品发布会、银政座谈会等多种形式，加大“云税贷”“抵押快贷”“政采云贷”“惠懂你”等产品宣传力度，全行普惠金融贷款余额43.28亿元。深化推进住房租赁战略，在泉州地区率先与政府和房企达成战略合作、率先上线运营平台、率先储备租赁房源，加快实现住房租赁新突破。推进机构业务科技年、同业业务平台等金融科技重点项目建设，住房公积金系统通过住建部“双贯标”验收，上线智慧社区，对接银政、银医、银税等政务金融服务项目。

开展旺季营销存款攻坚战，发挥“95533”在线及E托保保证金功能，争夺重点资金。落实存量客户深耕工作，私人银行客户精细化营销，实现零售客户分级、分层维护。对公存款方面。推动量化考核和过程督导，提升团队和客户经理的营销力度，建立健全客户营销维护机制，深挖客户潜力与增存重点，做好重大投资项目的金融服务对接工作。加大产品创新营销推广力度，实现代理保险、代发工资、代扣代缴、黄金租借、信用卡等重点产品的重点突破。

【交通银行泉州分行】 至2018年12月末，本外币各项存款余额42.2亿元，比年初增加5.52亿元，增幅15.06%。当地同业市场占比0.94%，较年初上升0.12个百分点。本外币各项贷款余额81.82亿元，比年初减少9.65亿元，降幅10.55%，当地同业市场占比1.79%，较年初下降0.27个百分点。交通银行泉州分行加强客群分析，运用产品组合和渠道组合，实现潜力有效客户的精准营销和高效拓展，推动潜力有效客户快速增长；加大重点客户营销力度，优化客户结构；加快重点项目储备，带动有效客户；加深同业客户合作，提升同业合作粘度，同业业务持续发展，在同业存单和代理业务方面寻求突破，实现新增同业客户2户，银银平台签约客户3户。同业存款方面，至年末，同业日均存款31674万元，较年初新增23616万元。同业存单方面，成功营销同业存单5000万元，实现同业存单业务实现零的突破。

【中国农业发展银行泉州分行】 2018年，中国农业发展银行泉州分行各项贷款余额241.09亿元，各项存款余额67.12亿元，信贷资产质量优良。中国农业发展银行泉州分行年初就召开集中推进贷款评审投放会、贯彻省分行存款工作座谈会精神暨市分行一季度“开门红”动员部署会，确定2018年为“高质量发展进步年”，抓住市政府“大干40天•比拼开门红”“项目攻坚2018城乡建设大会战”等活动契机，结合省分行“春天行动”，开展“大干90天•实现开门红”业务推进活动；印发《关于开展“大干90天•实现开门红”业务推进活动的通知》等文件，合力推进。通过呈报《呈阅件》、《关于全力服务乡村振兴战略的报告》、上门当面汇报、召开政银企洽谈会等方式汇报支农成效、推介转型信贷政策、提交服务乡村振兴思路与建议，“量体裁衣”提供融资方案；对照清单逐项目梳理对接、分析跟踪，按成熟度列表跟进，分片区设立4个项目调查评估组，专人负责跟踪评审；组建“客户经理—部门主管—分管领导”优质客户三级营销维护团体，建立长期跟踪维护制度。坚持“转思想、抓来源、控支出、建机制”

2018年2月11日，中国农业发展银行泉州分行召开2018年全市系统支行行长会议 （图/中国农业发展银行泉州分行）

存款工作方针，反复强调转思想，多措并举抓来源，多层严核控支出，奖优罚劣建机制，抓实稳存增存工作。建立督进制度，按周邮件通报、按月上墙展示，传导压力、激发竞争力；对有差距的支行进行重点督导、跟踪帮扶；建立市分行领导挂包支行协调机制，对项目营销评审遇到的问题及时协调解决；抓住晋江承办世中运的有利时机，第一时间推动省分行与晋江市政府签订战略合作协议。2018年，贷款余额最高突破300亿元，达305.4亿元；日均存款余额最高突破80亿元，达82.03亿元；时点存款余额最高99亿元。获批首笔债券承销业务。承销农发行全国系统首笔非金融企业债务融资工具15亿元，增加日均存款3.5亿元，增加利润1410万元、手续费82.5万元。客户主体和贷款品种更加齐全。支持一批优质央企、市属国企和上市公司；获批农村土地流转和规模经营、林业资源开发与保护、生态环境建设与保护等贷款品种。

【兴业银行泉州分行】 至2018年末，兴业银行泉州分行各项贷款余额625亿元，各项存款余额615亿元，在同业中居均第四位，不良贷款实现“双降”。依托兴业银行综合金融集团的平台优势，拓宽信贷资金来源，除最大限度配置基础性信贷资源外，还通过集团内的基金、证券、信托、租赁等子公司加大业务合作和资金投放，争取小微企业、绿色金融等专项信贷资源，拓宽资金来源，为泉州当地的实体经济发展、产业转型升级提供资金保障，2018年新投向实体经济领域信贷资金超过40亿元。泉州分行依托总行优势，打造泉州绿色金融服务名片。与泉州市河长办签署战略合作协议，将在“十三五”期间通过绿色信贷、绿色基金、绿色债券、绿色租赁、绿色信托等多元化金融服务助力生态环境建设，并予以专项资金优先支持。聚焦节能环保等生态领域，为晋江新能源公交车项目、兴业东江环保、南安高嵜山风电、城东和东海污水处理、安溪华电青洋风电场等一批项目提供绿色金融融资支持，较好实现经济与社会效益的统一。至2018年末，该行绿色金融融资余额超40亿元。

提升小微企业信贷资源支持和政策倾斜力度。通过单列信贷计划，为小微企业提供专项贷款额度支持，满足小微客户融资需求。成立“金融创新支持实体经济发展”领导小组，建立“支持实体经济项目论证会制度”，主动对接市场需求，梳理信贷投放拼盘。2018年新发放的普惠型小微企业贷款利率季度环比持续下降。针对企业转贷难转贷贵的问题，提供连连贷、循环贷等产品，为60多家中小企业客户办理“连连贷”；针对企业降低财务成本需要，提供“兴业管家”服务，超过5000家企业成功办理“兴业管家”。加大乡村振兴战略支持力度，在石狮、晋江属地支行全部落地“两权”抵押贷款业务，并不断优化政策，开通绿色通道，有效发挥金融支农、扶贫作用。至2018年末，“两权”抵押贷款余额超6000万元。加大支持农村道路基础建设和小城镇建设力度，至2018年末，融资余额超过50亿元。推进智慧医疗等产品在乡村基层医疗机构的运用，改善乡村医疗环境，提升基层卫生医疗机构的便民健康服务水平，在陈埭卫生院等乡村医疗机构投入使用。

【泉州银行】 至2018年末，泉州银行资产总额1017.85亿元，各项存款637.50亿元，各项贷款450.34亿元，纳税总额3.03亿元。2018年末，存款和贷款在泉州市场占有率皆排名第七。外部评级“稳中有升”，泉州银行主体信用评级由AA上调至AA+。通过创新零售产品、打造社区特色品牌、挖掘网点营销潜能、常态化推进睡眠户激活等措施，巩固线下零售客群基础，并通过完善积分商城与客户权益体系、丰富移动支付与财富渠道、打造“一站式”移动金融服务等方式，引流、培育线上用户，年末零售客群突破百万。小微客户增长迅速。打造“泉行快贷”线上普惠金融品牌，借力第三方大数据、场景嵌入和金融科技等，探索科技赋能，创新推出好税贷、网商贷、便利贷和商品房抵押快贷等产品，凭借其“线上批量获客”和“标准化信贷技术”的突出优势，快速切入市场。

2018年7月3日，美国国泰银行总行首席执行官兼总裁戴斌（右三）一行到泉州银行进行业务交流（图/泉州银行）

推动公司与市场板块业务转型发展，开展债券承销与债权融资计划，其分销量、备案发行量均在全省排名第一。全国首家城商行获得海关汇总征税担保机构业务资格，取得合作远期结售汇资质，并落地行内首笔跨境电商关税保函和首笔海外代付业务等。初步搭建净值型理财产品体系，转型成效在全省银行业排名前列。建设多元化的市场投融资能力，获得利率互换交易资格，成功上线纸电票据交易融合项目。探索金融科技推动业务发展，推动重点数字化项目建设，围绕十三五信息科技战略目标，抢抓时间进度上线“生物识别”与“大数据”两大平台，奠定数字转型根基。运用“项目小组”形式孵化科技创新成果，强化科技与业务深度融合。加强科技安全与基础建设。成功实施同城灾备中心全面切换演练，提升业务连续性保障能力，高质量推进总部数据中心机房建设。

推进信用风险“降旧控新”，资产质量企稳向好，在贷款持续增长背景下，逾期贷款呈下降趋势；逾贷比连续两个季度控制在100%以内。严把授信准入关，提高审批的精细管理和过程管理；推进风控平台建设，提高风险事前监测与防控能力；完善贷后权限管理、评价与风险提示等机制，开展重点区域、行业与客户贷后检查，增强贷后管理能力。通过加大催收力度、加快诉讼进程、运用市场化债权转让、配置资源适度核销、以物抵债等方式，全力化解表内外风险资产。强化重点领域风险管理。完善流动性管理制度、程序与监测指标体系，优化“存贷比”“存款偏离度”等考核机制，并加强流动性风险监测、限额与应急预警管理，提高压力测试频率，年末流动性指标有效优化，完成优质流动性资产充足率80%的监管要求。加强同业与投资业务管理，同业负债比与卖出回购比例持续控制在监管要求内，逐步降低委外资产，并按计划撤回北京、上海宏观政策研究团队，落实监管要求；建立统一授信制度与系统平台，强化投资业务全流程管理。首次开展全行全面业务影响分析，增强全行应急处置、灾备恢复与业务连续性能力。

【泉州市农村信用社 农商银行】
至2018年末，泉州市8家农信社、农商银行各项存款余额1479.29亿元，比年初增加64.44亿元，增幅4.55%；存款市场份额21.39%，比年初上升0.61个百分点，增量市场份额61.52%，总量和增量均居全市银行业金融机构首位。各项贷款余额917.61亿元，比年初增加59.81亿元，贷款实际净投放（剔除核销剥离因素）98.48亿元，新增贷款户数6.05万户，贷款市场份额14.06%，比年初上升0.21个百分点，居全市银行业金融机构第3位。其中，涉农贷款余额773.33亿元，农户贷款565亿元，涉农贷款占比84.28%，三项指标皆位居全市第一；1000万元以下小微企业贷款户数14.67万家，比同期多增2.65万户，贷款余额422.13亿元，比上年增幅11.85%，高于各项贷款增幅4.88个百分点，实现“两增”目标，支农支小成效显著。全年累计纳税9.75亿元，占全市财政总收入的1.13%，助推地方经济发展。同时，在服务乡村振兴、发展普惠金融、支持实体经济等方面工作亮点纷呈。在服务乡村振兴方面，创新构建“一村一品、一镇（乡）一业”，因地制宜推出“优殖贷”“茶三通”“惠渔宝”“香叶贷”“瓷艺贷”等特色信贷产品，并打造“福e购”助农公益电商平台，已有60余家企业入驻，销售商品24.22万件，销售金额733.53万元，支持各乡镇特色产业发展；开展信用工程建设，评定信用户58万户，占辖内目标客户基数70.08%；信用村767个，占辖内行政村总数33.55%；信用乡镇34个，占辖内行政乡镇总数25.19%，对信用乡镇实行批量授信、利率优惠；创新涉农贷款抵押模式，推进农村“两权”抵押贷款，其中农村承包土地经营权抵押贷款余额2.63亿元、农房抵押贷款余额18.22亿元，并全省银行业首创集体经济股权质押贷款“集股贷”，成功授信4亿元；深化金融精准扶贫，累计建立国定、省定贫困户信用档案1.25万户，完成率100%，发放贷款帮扶贫困户6127户、扶贫贷款余额2.88亿元，占全市98%左右。在发展普惠金融方面，打造458个机构网点“乡乡通”，1895个小额支付便民点、1394台ATM/CRS机具、237台自助终端“村村通”，275.3万个手机银行、9.27万户扫码收单“户户通”的“三通”服务格局；推出“精准建档+农e贷+白名单批量授信” 建档、评级、授信、放款“一站式”线上普惠金融服务模式。累计精准建档79.63万户，完成精准建档进度117.05%。“农e贷”累计授信12.09万户、授信总额84.78亿元，用信总额62.96亿元，用信率74.26%。在支持实体经济方面，强化产品创新，对接海峡股权交易中心“福建省青年创业板”推出“青创贷2.0”、服务大众创业推出“创业贷”、针对民营企业实际需求推出“民盈贷”、基于税务工商等企业经营信息推出“税e贷”等多款产品，满足小微、初创企业多元融资需求；推行整体授信，分别授信晋江磁灶镇商会10亿元、晋江“海西建材城”5亿元、晋江拖鞋联盟5亿元、晋江市妇联50亿元、惠安县妇联10亿元、德化“中国茶具城”4000万元等，助力地方龙头产业、优质企业发展壮大；创新还款方式，推广“小微宝”“循环贷”“年审贷”等无还本续贷模式，降低客户融资成本。

【招商银行泉州分行】 2018年，招商银行泉州分行账面税前利润1.49亿元，比上年同期增加19.71亿元。至年末，自营存款余额104.76亿元，对公存款余额64.83亿元，储蓄存款32.34亿元。至年末，全行全折人民币一般性贷款178.64亿元；人民币一般性贷款177.92亿元。至年末，全行不良贷款额5.73亿元，较年初减少3.70亿元；不良率2.98%，较年初下降1.97%。全行不良贷款额、不良率实现双降，并且将不良贷款率控制在3%以内。

零售客群持续增长，至2018年12月净增金葵花客户629户，完成率92.36%，全行排名19位；净增金卡客户3665户，完成率99.54%，全国排名第25位。活跃达标大众客群新增38319户，完成全年任务110%，整体完成率103%，全国排名第33位；非零支付月活率32.4%，全年完成率104%；向上输送完成8098户，全年任务完成率114.1%；信用卡新户拓展20461户，总行任务完成率103.3%，总行排名第18位。代发客户新增30288.94户，全年任务完成率113.86%，提前三个月首家完成全年代发任务。掌上生活绑定用户数19882户，全年任务完成率155.3%，排名全国第9名。信用卡关联还款率76.91%，排名全国第4名；双网交叉销售率83.1%，排名全国第3名。新型移动支付考核用户数66118户，指标完成率201.87%，排名全行第9名。新户首日活跃度达54.6%，全国排名第一；新户首日朝朝盈申购率77.8%，全国排名第二；首日绑卡支付率57.13%，全国排名第一。

提升批发客群专业化，至2018年12月，战略客户存款余额15.42亿元，较年初增长48%，存款日均13.34亿元，较年初增长47%，贷款余额18.71亿元，较年初增长150%，营业收入4697万元，较上年年化增量310万元。同时，2018年落地泉州城建中票、永续债、火炬电子高管股权质押以及恒安集团、火炬电子CBS等重大项目，客户经营再上新台阶。贯彻总行机构客群经营策略，推进客户拓展与经营。继续深耕智慧医疗、智慧校园项目。至2018年12月底，分行智慧项目类9家客户年日均存款3.80亿元，占机构日均存款的34.4%，其中6家智慧医疗类客户日均存款2.30亿元，较年初新增1.36亿元，增长率145%。

提升防范风险的能力，2018年分行以战略客户、国有企业及房地产等为重点主攻方向，为各项业务持续发展奠定坚实基础。2018年分行新批项目49个，授信金额76.11亿元；实现新投放32.81亿元，主要投向国有背景企业、上市公司和分战房地产企业。此外，新批项目支持类业务敞口额度占比44.36%，比年初提升5.74%，有效优化资产结构。固本强基重塑资产结构，名单制制定压降计划，压退龙之族、晟兴隆等风险资产，压缩退出7.16亿元。压缩富永雨具、鼎业进出口及嘉信化工等低风险业务29.08亿元，腾挪信贷规模支持分行重点项目投放需求。抓好授信客户综合效益，实现资产业务“质价”双升。2018年对贷款客户实行“一户一策”，针对不同客户的实际情况，从贷款利率、存款、非息收益、公私联动、敞口压降等维度制定综合效益提升方案，有效引导团队重新审视与规划对客经营策略，重新规划资产配置，实现提收益、降亏损的效益目标。2018年一般性对公贷款余额94.90亿元，平均利率5.75%，较2017年底提升42BPS，位于招行全系统第一，较系统平均水平高出100BPS。

培育轻型发展新动能，立足泉州区域国有企业和上市公司群体，梳理泉州区域AA级以上客户名单、境内外上市企业名单，筛选确定目标客户，通过上门拜访、关注公告等方式持续跟踪，挖掘债券承销、撮合、并购融资等业务机会。2018年落地泉州城投中期票据2期、金额合计15亿元，泉州银行小微企业金融债20亿元，累计为客户提供融资35亿元。利用交易银行产品践行“轻型银行”，利用资金管理标杆产品——跨银行资金管理系统攻城略地，抢占市场，先后在政府、国企、民营上市公司等领域都取得重大突破，合作客户包括泉州公积金中心、当地最大国企泉州城建集团、全国卫生巾行业龙头企业恒安集团，至2018年12月末，分行CBS已落地客户数量达到10家，32家分战客户中已上线CBS系统6家、达成合作意向2家。保持票据业务竞争优势，2018年直贴业务量195.17亿元，比上年增幅49.45%，累计为736家企业开通功能，办理在线贴现98.48亿元，在线贴现量全行排名第8；直贴在泉州当地市场占比达30%以上，稳居泉州当地各家银行首位。

【邮政储蓄银行泉州分行】 至2018年末，中国邮政储蓄银行泉州市分行资产总额281.19亿元。各项贷款余额突破200亿元大关，达202.23亿元，较2018年初增加38.92亿元，增量排名全市金融机构第4位，超额完成泉州市政府下达的180.5亿元年末指导性目标。

围绕打赢三大攻坚战任务，聚焦三农、民企、民生等领域，完成精准扶贫、两增两控、利率管控等社会责任指标，全年建成信用村93个，涉农贷款规模128.62亿元，较年初增加28.59亿元，建成信用村93个，实现信用村贷款结余2.63亿元。泉州市分行分别与惠安县政府、丰泽区政府签署战略合作框架协议，在金融服务、项目建设、民生改善、三农发展等方面开展合作。泉州市分行全年与12个小微平台签订合作协议，预授信金额97.8亿元；与马甲永安村等近百个行政村签订《乡村振兴合作协议》，授信总额超50亿元。对海洋渔业、现代农业、纺织行业、食品饮料行业、软件信息行业、批发零售业等行业发放小微企业贷101.95亿元。

2018年12月10日，中国邮政储蓄银行泉州分行信贷员到石狮鞋服工厂进行贷前调查　（图/中国邮政储蓄银行泉州分行）

开展网点服务类投诉压降活动和员工服务行为提升活动，完善消费者权益保护工作制度，开展金融消费者权益保护日、金融知识进万家等多个消保宣传教育活动。开展“6S”标杆网点建设，打造邮储银行泉州市惠安支行营业部作为全市“6S”标杆网点。发挥网点覆盖广大县域优势，开展“大走访”和“三区一链”营销活动，探索打造泉州“二支+信贷经理”的营销走访模式；深挖区域优势行业，制定差异化授信政策，围绕重点产品、重点行业、重点区域开展调研，出台差异化的客户准入、业务流程、风控措施，促进重点领域批量化开发，助力解决小微企业“融资难融资贵”难题。在利率优惠方面，主动落实小微企业“两增两控”政策，减费让利，2018年三四季度小微企业贷款利率较首季降低0.62个百分点，让利3254万元。

2018年泉州市银行业机构基本情况表

表17

序号	名称	地址
1	华夏银行泉州分行	泉州市鲤城区温陵路81号
2	工商银行泉州分行	丰泽区丰泽街610号
3	建设银行泉州分行	丰泽区丰泽街建行大厦
4	交通银行泉州分行	丰泽区宝洲街浦西万达广场商业综合楼4号-01#
5	泉州银行	丰泽区云鹿路3号
6	广发银行泉州分行	丰泽区津淮街25号燃气大厦A栋1～2层
7	省农信联社泉州办事处	丰泽区宝洲街万达中心写字楼A座4楼
8	泉州农商行	丰泽区东湖街800号
9	农发行泉州分行	丰泽区田安路丰盛写字楼2～5层
10	福建海峡银行泉州分行	丰泽区泉秀路北侧丰盛假日城堡E栋
11	平安银行泉州分行	丰泽区滨海街109号连捷国际中心大厦32层
12	招商银行泉州分行	丰泽区丰泽街煌星大厦
13	中信银行泉州分行	丰泽区丰泽街336号凯祥大厦1～3层
14	上海浦发银行泉州分行	丰泽区丰泽街29号
15	首都银行（中国）泉州分行	丰泽街南益广场13楼
16	厦门国际银行泉州分行	泉州市丰泽区宝洲路288号

续表17

序号	名称	地址
17	光大银行泉州分行	泉州市丰泽区田安路288号青年大厦
18	厦门银行泉州分行	丰泽区湖心街474号
19	恒丰银行泉州分行	丰泽区江滨北路368号中骏天峰4号楼恒丰大楼
20	邮政储蓄银行泉州分行	泉州市九一街160号邮政大楼
21	兴业银行泉州分行	泉州市丰泽区丰泽街兴业银行大厦
22	中国银行泉州分行	丰泽区丰泽街中段南侧中银大厦
23	农业银行泉州分行	丰泽区泉秀路农行大厦
24	民生银行泉州分行	泉州市丰泽区刺桐路689号
25	渤海银行泉州分行	丰泽区泉秀街道宝洲街与田安路交叉口福新商厦

2018年泉州市典当行基本情况表

表18

序号	机构名称	地址
1	泉州市宏基典当行有限责任公司	泉州市鲤城区新门街610号源和1916创意产业园37号楼一层
2	泉州中泰创展典当有限责任公司	福建省泉州市鲤城区新门街南区11号（新门街449号店面）
3	泉州市兆南典当有限责任公司	泉州市鲤城区南环路鲤城科技创业服务中心大楼一楼
4	福建省百源典当有限责任公司	泉州市鲤城区后城巷旧城改造工程7号楼141号（新编门牌号193号）
5	泉州市豪康典当有限公司	泉州市丰泽区丰泽街361号国投大厦8楼
6	泉州市协成典当有限责任公司	泉州市后城旅游文化街7幢142～144号店
7	泉州信和典当有限公司	泉州市丰泽区田安路与丰泽街交叉口东南侧和昌花苑5号楼A-30号店面
8	福建泉州万泰利典当有限公司	丰泽区宝洲路北侧与浦西路交叉处
9	泉州市海城典当有限责任公司	丰泽区田安北路东湖大厦一楼
10	泉州市闽侨实业典当有限公司	丰泽区田安北路闽侨大厦一楼
11	泉州市闽侨实业典当有限公司晋江分公司	晋江市青阳街道办事处泉安中路晋兴国际公寓一楼
12	新联发（泉州）典当有限责任公司	泉州市丰泽区坪山路西侧碧水湾09号13号店
13	泉州诚信典当有限公司	洛江区万兴街大江盛世A区3#106号店面
14	福建省华兴（泉州）典当有限责任公司	泉州市泉港区田里商住小区5幢105～106号
15	泉州恒盛典当有限公司	晋江市安海镇鸿塔小区第B7幢1～3层店1号房
16	福建省晋江市柚兴典当有限公司	晋江市磁瓷市场釉花大厦10号
17	福建信源典当有限公司	晋江市磁灶镇天工陶瓷城
18	福建元亨典当有限公司	晋江市世纪大道华美国际花园
19	晋江金山典当有限公司	晋江市新塘街道占头工业区1～4号
20	福建富邦典当有限公司	晋江市英林镇英龙南路99号
21	泉州同丰典当有限公司	晋江市青阳阳光东路宏伟大厦第5～6号店面
22	福建中美典当有限公司	晋江市梅岭街道双沟社区河滨路中美大厦1楼
23	石狮市达狮雄典当有限责任公司	石狮市八七路2412号达狮雄大厦
24	福建省庆东昇典当行有限公司	石狮市石泉路426号华山K25号楼
25	石狮市富之达典当有限责任公司	石狮市子芳路狮城帝苑11幢H101号店
26	泉州亨顺典当有限公司	福建省泉州市南安市水头镇海联创业园D-1地块瑞发商业大厦1层102号店

续表18

序号	机构名称	地址
27	泉州市广汇典当有限责任公司	惠安县世纪大道吴厝围小区B12幢4～5号店
28	安溪黎昌典当有限责任公司	安溪凤城镇祥云路233号
29	安溪县顺鑫典当有限责任公司	安溪县凤城镇大同路306号
30	福建省银晟典当有限责任公司	安溪县凤城镇河滨北路756～757号
31	泉州市同吉典当有限公司	安溪县凤城镇河滨南路888号9幢19～20店
32	德化县中信典当有限责任公司	德化县龙浔镇瓷都大道6号楼
33	福建聚亿典当有限公司	福建省泉州经济技术开发区德泰路锦绣江南3号楼连接体一层二层
34	泉州经济技术开发区万丰典当有限公司	泉州市清濛经济技术开发区德泰路328号万兴大厦1楼
35	泉州兴源典当有限公司	泉州市泉州台商投资区杏秀路119号

保险业

【概况】 2018年，泉州市保险业实现各项保费收入213.87亿元，比上年增长8.4%。其中，财产保险保费收入63.25亿元，比上年增长1.0%；人寿保险保费收入150.62亿元，增长11.9%。赔款及给付支出64.17亿元，比上年增长7.1%。其中，财产保险赔款及给付支出34.97亿元，比上年增长11.0%；人寿保险赔款及给付支出29.19亿元，增长2.7%。

表19

2018年泉州地区保险系统机构基本情况表

项　目	财产保险公司			人寿保险公司		
	机构数(个)	职工(人)	营销员(人)	机构数(个)	职工(人)	营销员(人)
保险公司合计	179	3594	8990	265	2283	46099
中心支公司(/市级分公司)	25	1946	2580	26	1369	9750
支公司	59	1249	4668	35	552	22319
营销服务部	95	399	1437	204	362	14030

表20

2018泉州地区保险公司业务情况表

	原保险保费收入			赔款支出		
	2017年	2018年	同比	2017年	2018年	同比
财产保险公司合计	625970	632505	1.04%	315178	349740	10.97%
企业财产保险	22682	23584	3.98%	26414	21799	-17.47%
家庭财产保险	6298	7246	15.05%	1801	3247	80.29%
机动车辆保险	507204	491877	-3.02%	236929	265831	12.20%
工程保险	3123	3823	22.41%	770	1720	123.38%
责任保险	17485	21898	25.24%	7717	9346	21.11%
信用保险	23	775	3269.57%	3105	-14	-100.45%
保证保险	22371	28043	25.35%	6297	13895	120.66%
船舶保险	6587	7056	7.12%	6005	4609	-23.25%
货运险	5745	7274	26.61%	5773	6840	18.48%
农业保险	3474	3576	2.94%	3136	2816	-10.20%
意外伤害险	17039	19947	17.07%	6815	8494	24.64%

续表20

	原保险保费收入			赔款支出		
	2017年	2018年	同比	2017年	2018年	同比
健康险	13939	17344	24.43%	10398	11254	8.23%
其他	0	64	-	18	-98	-644.44%
人寿保险公司合计	1346255	1506195	11.88%	284141	291939	2.74%
寿险	1081696	1161156	7.35%	234804	231592	-1.37%
意外伤害险	39570	45865	15.91%	9177	10407	13.40%
健康险	224989	299174	32.97%	40160	49941	24.36%

证券业

【概况】 2018年，泉州市通过证券市场发行、配售股票筹集资金6.6亿元，比上年减少12.1亿元。其中，配股1只，筹集资金6.6亿元，比上年减少7.68亿元。截至2018年末，累计境内上市公司（A、B股）20家，总市值807.73亿元，比上年末下降49.6%；累计境外上市公司84家。

2018年泉州市证券机构基本情况表

表21

证券分公司（4家）

序号	名称	地址
1	兴业证券股份有限公司泉州分公司	福建省泉州市丰泽街361号国投大厦5层
2	华福证券有限责任公司泉州分公司	泉州市丰泽区丰泽街213号兴业银行泉州大厦第13层第A、B、C、D单元
3	东兴证券股份有限公司泉州分公司	泉州市丰泽区东湖街道田安路武夷花园11#中心商场明旺金融中心四层北侧
4	民生证券股份有限公司泉州分公司	泉州市丰泽区津淮街25号燃气大厦A栋11楼

证券营业部（84家）

序号	名称	地址
1	兴业证券股份有限公司安溪中山街证券营业部	安溪县凤城镇新景商业广场中山街87-6、7、8、9、10号店面
2	兴业证券股份有限公司惠安中山南路证券营业部	福建省泉州市惠安县螺城镇中山南路欧景帝苑广场二楼
3	兴业证券股份有限公司晋江崇德路证券营业部	福建省泉州市晋江市青阳街道崇德路金融广场3栋101号1层
4	兴业证券股份有限公司晋江泉安路证券营业部	晋江市安海镇泉安路西畲工业区万兴泰工贸城联泰综合楼A1、2层
5	兴业证券股份有限公司南安新华街证券营业部	福建省南安市新华街成功大厦裙楼一、三、四层
6	兴业证券股份有限公司泉州德泰路证券营业部	福建省泉州经济技术开发区德泰路3-14（A）号地块娱乐城紧挨中信银行一侧
7	兴业证券股份有限公司泉州丰泽街证券营业部	福建省泉州市鲤城区丰泽街361号原财政综合大楼（国投大厦）3、4楼
8	兴业证券股份有限公司石狮八七路证券营业部	福建省泉州市石狮市湖滨街道八七路1279号中天国际1#楼一、三层
9	华福证券有限责任公司安溪民主路证券营业部	福建省泉州市安溪县凤城镇民主路D1、D2幢二层商场3
10	华福证券有限责任公司惠安八二三东路证券营业部	泉州市惠安县螺城镇八二三东路新东街兴业银行惠安支行办公楼3层
11	华福证券有限责任公司晋江崇德路证券营业部	福建省泉州市晋江市青阳街道曾井崇德路271号兴业大厦3层
12	华福证券有限责任公司南安成功街证券营业部	福建省南安市柳城办事处成功街滨江大厦1幢一层商场
13	华福证券有限责任公司泉州丰泽街证券营业部	福建省泉州市丰泽区丰泽街666号南益广场写字楼第26层
14	华福证券有限责任公司泉州湖心街证券营业部	福建省泉州市丰泽区湖心街西段南侧星湖雅苑1号楼办公201、办公202

续表21

序号	名称	地址
15	华福证券有限责任公司泉州田安路证券营业部	泉州市丰泽区田安路外代大厦二层
16	华福证券有限责任公司石狮金林路证券营业部	福建省泉州市石狮市金林路38号（B幢）
17	华福证券有限责任公司永春留安路证券营业部	福建省永春县留安路口建行大厦七层
18	东兴证券股份有限公司德化浔南西路证券营业部	福建省泉州市德化县龙浔镇浔南西路202、204、206
19	东兴证券股份有限公司惠安建设南路证券营业部	惠安县螺城镇中新大厦6号楼1层、4层
20	东兴证券股份有限公司晋江和平路证券营业部	晋江市青阳镇阳光时代广场A1栋6楼
21	东兴证券股份有限公司泉州丰泽街证券营业部	福建省泉州市丰泽区丰泽街666号南益集团大厦首层101单元及23层
22	东兴证券股份有限公司泉州田安路证券营业部	泉州市田安路武夷花园明旺金融中心2层
23	东兴证券股份有限公司石狮濠江路证券营业部	福建省泉州市石狮市濠江路东侧前园段众和国际大厦A座八层
24	东兴证券股份有限公司永春八二三东路证券营业部	泉州市永春县八二三东路189～191号
25	安信证券股份有限公司泉州湖心街证券营业部	福建省泉州市丰泽区湖心街湖心铭典2号楼店面10
26	长城国瑞证券有限公司晋江东华街证券营业部	晋江市东华街北侧福隆商业广场一期1～6幢连接体新街129号
27	长城证券股份有限公司晋江迎宾路证券营业部	福建省泉州市晋江市青阳街道迎宾路新世纪豪园一期7A7
28	长江证券股份有限公司泉州宝洲路证券营业部	泉州市丰泽区宝洲路中段南侧泉州浦西万达广场商业综合体1号建筑（甲级写字楼1A塔）八层A801、A809
29	大同证券有限责任公司泉州丰泽街证券营业部	泉州市丰泽区丰泽街666号南益广场写字楼1401单元
30	东北证券股份有限公司晋江长兴路证券营业部	福建省晋江市青阳街道长兴路明鑫财富中心办公综合楼801单元
31	东北证券股份有限公司泉州丰泽街证券营业部	福建省泉州市丰泽街信息大厦一楼店面及二楼办公楼
32	东方证券股份有限公司泉州津淮街证券营业部	福建省泉州市丰泽区津淮街25号燃气大厦A座502
33	东海证券股份有限公司泉州丰泽街证券营业部	泉州市丰泽街560号保险大厦十四层
34	东海证券股份有限公司石狮宝岛中路证券营业部	福建省泉州市石狮市宝盖镇宝岛中路178号濠江国际二期2幢1层108～109单元
35	东吴证券股份有限公司泉州宝洲路证券营业部	福建省泉州市丰泽区宝洲路万达广场写字楼B3601
36	方正证券股份有限公司泉州津淮街证券营业部	福建省泉州市丰泽区津淮街16号中骏广场1号楼10F03、05单位及负一层商铺179号
37	光大证券股份有限公司泉州田安路证券营业部	福建省泉州市丰泽区田安北路288号青年大厦三楼
38	光大证券股份有限公司石狮濠江路证券营业部	福建省泉州市石狮市濠江路众和国际大厦十楼
39	广发证券股份有限公司晋江长兴路证券营业部	福建省泉州市晋江市青阳街道陈村社区长兴路明鑫广场B栋一层13～14号店面
40	广发证券股份有限公司泉州涂门街证券营业部	福建省泉州市鲤城区涂门街改造工程E1春晖楼二楼及五楼
41	广州证券股份有限公司泉州津淮街证券营业部	泉州市丰泽区刺桐东路与津淮街交叉口东北侧群盛国际华城1#楼店面31、32号
42	国金证券股份有限公司泉州云鹿路证券营业部	福建省泉州市丰泽区云鹿路鲲鹏国际中心7层703、705单元
43	国盛证券有限责任公司泉州津淮街证券营业部	泉州市丰泽区津淮街东段新城花园1号楼06～07号店
44	国泰君安证券股份有限公司晋江长兴路证券营业部	福建省泉州市晋江青阳街道长兴路222号明鑫财富中心第六层601、605单元
45	国泰君安证券股份有限公司南安成功街证券营业部	福建省泉州南安市柳城成功街鑫溢财富中心1～2号楼商业3层18～23、25～31号单元
46	国泰君安证券股份有限公司泉州云鹿路证券营业部	福建省泉州市丰泽区云鹿路仟禧汇大厦1～2层
47	国信证券股份有限公司泉州德泰路证券营业部	泉州经济技术开发区德泰路114～118号建行综合楼四楼
48	海通证券股份有限公司泉州田安路证券营业部	泉州市田安路288号青年大厦四层
49	华安证券股份有限公司泉州宝洲路证券营业部	福建省泉州市丰泽区宝洲路万达中心B座1002～1003
50	华林证券股份有限公司泉州宝洲路证券营业部	福建省泉州市丰泽区宝洲路万达中心B座3003～3005

续表21

序号	名称	地址
51	华泰证券股份有限公司泉州九一街证券营业部	泉州市鲤城区九一街百源大厦四层
52	华鑫证券有限责任公司泉州宝洲路证券营业部	福建省泉州市丰泽区浦西万达广场甲级写字楼1B塔808\809单元
53	华鑫证券有限责任公司泉州南山南路证券营业部	福建省泉州市泉港区南山南路锦绣公园5号楼
54	江海证券有限公司晋江长兴路证券营业部	福建省泉州市晋江市青阳街道长兴路明鑫办公综合楼2205～2206
55	联储证券有限责任公司泉州宝洲路证券营业部	福建省泉州市丰泽区宝洲路东段南侧中骏国金中心5号楼店面37号
56	联讯证券股份有限公司泉州宝洲路证券营业部	福建省泉州市丰泽区宝洲路浦西万达写字楼B座4303、4305室
57	平安证券股份有限公司公司泉州安吉南路证券营业部	泉州市洛江区万安办事处万安开发区Ⅱ期安吉南路东侧恒盛（汽车）商城AB栋第六层
58	申万宏源证券有限公司泉州田安路证券营业部	泉州市丰泽区田安路丰盛商住楼4号店面F02-04
59	申万宏源证券有限公司石狮石龙路证券营业部	福建省泉州石狮市八七路灵秀镇服装城北区百德汇峰广场6栋商铺112-113
60	太平洋证券股份有限公司石狮福辉路证券营业部	福建省泉州市石狮市建德花园二期3号楼101-102室
61	天风证券股份有限公司泉州泉秀路证券营业部	泉州市丰泽区泉秀路巴厘印象1号楼一、二层
62	万和证券股份有限公司石狮石龙路证券营业部	福建省泉州市石狮市灵秀镇百德汇峰广场6幢1706单元
63	西藏东方财富证券股份有限公司泉州田安路证券营业部	福建省泉州市丰泽区丰泽街道田安南路外代大厦一楼
64	西藏东方财富证券股份有限公司晋江长兴路证券营业部	福建省泉州市晋江市青阳街道陈村社区长兴路明鑫广场208-12号
65	信达证券股份有限公司泉州丰泽街证券营业部	福建省泉州市丰泽区丰泽街东方银座21号楼店面102、202
66	招商证券股份有限公司晋江和平中路证券营业部	福建省泉州市晋江市青阳莲屿社区和平中路1号泰兴达大厦六层东北侧A单元
67	浙商证券股份有限公司泉州云鹿路证券营业部	福建省泉州市丰泽区云鹿路鲲鹏国际中心5楼509
68	中国银河证券股份有限公司泉州南俊路证券营业部	福建省泉州市鲤城区开元街道东升社区南俊北路132号
69	中国中投证券有限责任公司晋江迎宾路证券营业部	晋江市青阳迎宾路新世纪豪园一期二层（7B1、7B2、7B3、7B7、7B8、8B1）
70	中国中投证券有限责任公司石狮八七路证券营业部	福建省泉州市石狮市八七路天恒国际中心七楼F0707
71	中航证券有限公司泉州田安路证券营业部	泉州市田安路丰盛大厦15楼
72	中山证券有限责任公司泉州丰海路证券营业部	福建省泉州市丰泽区丰海路海丝国际中心第一号楼第七层07单元
73	中山证券有限责任公司泉州丰泽街证券营业部	福建省泉州市丰泽区丰泽街建设银行大厦17层C7
74	中泰证券股份有限公司泉州宝洲路证券营业部	福建省泉州市丰泽区宝洲路中段南侧泉州浦西万达广场商业综合体1号建筑（甲级写字塔1A塔）A1702、A1703号
75	中泰证券股份有限公司泉州万荣街证券营业部	福建省泉州市洛江区万荣街现代华城科技中心广场1#楼右侧101、102室
76	中信建投证券股份有限公司泉州丰泽街证券营业部	泉州市丰泽区丰泽街中段煌星大厦西区裙楼1楼
77	中信证券股份有限公司晋江长兴路证券营业部	福建省泉州市晋江市青阳街道长兴路222号明鑫办公综合楼7楼708、709室
78	中信证券股份有限公司泉州安吉路证券营业部	泉州市洛江区安吉路28号
79	中信证券股份有限公司泉州宝洲路证券营业部	福建省泉州市丰泽区宝洲路中段南侧泉州浦西万达广场商业综合体1号建筑（甲级写字楼1B塔）B1903单元
80	中银国际证券股份有限公司泉州丰泽街证券营业部	福建省泉州市丰泽区丰泽街中银大厦13楼
81	天风证券股份有限公司泉州丰泽街证券营业部	泉州市丰泽区丰泽街道丰泽街666号南益广场13楼1301室
82	西藏东方财富证券股份有限公司南安江北大道证券营业部	福建省泉州市南安市美林街道江北大道滨江一号1#楼商业用房108
83	长城国瑞证券有限公司泉州通源街证券营业部	泉州市丰泽区通源街194号
84	西藏东方财富证券股份有限公司泉州惠安县南阳路证券营业部	福建省泉州市惠安县螺城镇东南豪苑4号楼一层22号商铺

农业　农村

农村建设

【概况】　2018年，泉州市农林牧渔业总产值比上年增长2.3%，农民人均可支配收入增长9%，达到20277元。全面推进乡村振兴，落实农村人居环境整治取得阶段性成效，乡镇公厕、农村公厕建设任务超额完成，全市2060个行政村生活垃圾治理实现全覆盖。探索开展乡村振兴试点示范项目创建，确定30个乡村振兴基本点和9个乡村振兴示范点，培育“滨海旅游型”“城郊休闲型”“特色产业型”“生态康养型”“村落保护型”5种乡村振兴典型。现代农业提质增效，市级财政安排10550万元扶持特色农业产业发展。完成粮食播种面积8.54万公顷、总产量48.5万吨。提升发展现代茶产业，建设标准化生态茶园802.6公顷，建设设施农业项目20个，建成设施蔬菜大棚66.67公顷，完成投资1.96亿元。扶持37家农业产业化龙头企业，新增国家重点农业龙头企业2家，新增15家涉农上市后备企业，评定28家市级家庭农场示范场，新增农民合作社、家庭农场500家。扶持农业物联网和农村及农产品电子商务项目38个，安溪县创建国家级电子商务进农村综合示范县，评定10个市级休闲农业示范点。推进脱贫攻坚工作，农村建档立卡贫困人口62658人全部达到市定贫困线以上，建档立卡贫困户2018年度人均收入9686.24元，较2017年提高2038.65元，比上年增长26.65%。发展壮大薄弱村集体经济，全市152个村集体经营性收入1万元以下的“空壳村”全部消除，全市181个建档立卡贫困村全部摘帽退出。持续深化农村改革，农村基本经营制度进一步巩固完善，基本完成农村土地承包经营权确权登记颁证工作。全面开展农村集体产权制度改革，在全市范围内启动集体资产清产核资，全市有2445个村（社区）开展清产核资工作，基本完成国有农场改革。

【强农惠农政策】　2018年，泉州市落实12356.77万元强农惠农资金，其中实际下达10422.08万元用于扶持特色现代农业发展，1934.69万元用于扶持农业专项工作，确保粮食生产稳定，推动畜牧业健康发展，做大做强特色产业推动产业集聚发展，提升农产品质量安全水平，培育新型农业经营主体，推进一、二、三产业融合发展，精准开展脱贫攻坚工作，进一步促进现代农业提质增效。

【三农体制改革】　2018年，泉州市农业农村体制改革工作以全面实施乡村振兴战略为总抓手，全面实施乡村振兴战略，制定出台“1+19”实施乡村振兴战略三年行动方案，创建特色现代农业体系，创建1个国家级（安溪）、2个省级（晋江、惠安）、11个市级现代农业产业园，安溪铁观音、永春佛手茶等6个农产品产区被认定为福建特色农产品优势区。巩固完善农村基本经营制度，基本完成农村土地承包经营权确权登记颁证工作。创新农村新型经营主体培育机制，开展“百社百村带千户行动计划”。继续深化供销合作社综合改革，在全省设区市供销社率先实现所辖县级社“三会制度”建设全覆盖，推进基层社分类改造，改造提升基层社20个，建设新型庄稼医院10家。推进农村产权制度改革，在全市范围内启动集体资产清产核资，泉港、晋江、永春全部完成成员界定工作。统筹推进农村土地征收、集体经营性建设用地入市、宅基地制度改革等“三块地”改革试点工作。深化农村水利建设管理体制改革，持续推进“先建后补”机制，同步开展农业水价综合改革。推进农垦改革，完成全市10个农垦国有农场办社会职能的剥离移交和农垦国有土地使用权累计确权登记发证98.1%，落实农垦职工养老保险政策100%的工作目标任务。持续推进林权体制改革，基本完成国有林场改革任务，有序推进永春县重点区位商品林赎买改革试点，完成年度200公顷赎买任务，改造提升80.53公顷。健全乡村振兴投入机制，推进农村“两权”抵押贷款试点，农村信用体系建设成效显著。构建多层次保险保障机制、农村基层保险服务网络，成立“泉州保险服务创新试验中心”，开展安溪茶叶种植保险，发放全省首笔支农融资贷款。“四好农村路”建设方面，石狮市获批交通运输部城乡交通运输一体化示范县第一批创建县，永春县、晋江市同时获评2018年全国“四好农村路”示范县。脱贫攻坚工作取得决定性进展，农村建档立卡贫困人口58559人全部达到市定贫困线以上，村集体经营性收入1万元以下的“空壳村”全面消除。推进基层群众性自治组织特别法人统一社会信用代码赋码工作。

泉州市乡村振兴示范点之一——德化县国宝乡佛岭村（2018年拍摄）

（图/市农业农村局）

【村财监督管理】 2018年，泉州市在全市范围内开展村干部任期和离任经济责任审计，共审计2348个村（社区），审计面99.96%，审计总金额2363352.01万元，举办490场次培训班，有10480人次参训。涉及不合理开支的有175个村、居委会，涉及金额654.44万元，清退162.53万元。农村建档立卡贫困人口62658人全部达到市定贫困线以上，建档立卡贫困户2018年度人均收入9686.24元，较2017年提高2038.65元，比增26.65%。新增扶贫小额信贷3223.24万元，累计发放扶贫小额信贷3.28亿元、扶持6957户贫困户发展生产，改善提升2436户贫困户住房条件，发放各类扶贫助学金11.73万人次、金额1.25亿元。新增雨露计划补助对象367人、造福工程搬迁1443人，分别完成计划任务的109.5%、104.5%。发展壮大薄弱村集体经济，全市152个村集体经营性收入1万元以下的“空壳村” 全部消除，全市181个建档立卡贫困村全部摘帽退出。在全市2445个村（社区）启动集体资产清产核资，并全部完成公示，100%的村完成乡镇校验核对，清查出村级账面资产229.17亿元，经营性资产33.77亿元，720个村社完成成员资格界定，751个村社完成章程制定；确定集体经济组织成员128.18万人，量化资产30.78亿，其中，泉港、晋江、永春全部完成成员界定工作，取得阶段性进展。

【农产品质量安全监管】 2018年，泉州市本地产主要食用农产品质量安全抽检总体合格率达到治理“餐桌污染”任务指标，率先完成县级农业检验检测项目竣工验收，“三品一标”认证数量保持全省前列，全市未发生重大农产品质量安全事件。完成省级农产品质量安全监测抽样、市级专项监督抽检和日常监管抽样监测任务，抽检样品1100个，合格率99.5%。开展市级农产品质量安全风险监测抽样，委托第三方机构进行随机抽样和快速检测，完成抽检样品2000个。督促县、乡开展快检预警，2018年全市完成农（兽）残快检样品近9.4万个。先后组织4个验收组对安溪、惠安、德化、永春等4个县级农业检测体系项目开展竣工验收， 10月底完成所有县级农业检测体系项目竣工验收。建立食用农产品“一品一码”追溯管理工作落实机制。在完成 “三品一标”认证企业和规模以上蛋鸡生产主体、蔬果产后初加工项目主体及关联企业纳入追溯信息平台的基础上，于10月底完成所有登记备案生产主体纳入追溯信息平台。至12月底，全市有1758家单位纳入追溯体系管理平台。完成切块下达2018年市级农产品质量安全可追溯体系建设补助资金300万元。完成农业标准化示范场区300个，完成标准化建设三年任务。累计创建1个国家级（安溪），5个（安溪、晋江、惠安、永春、德化）省级农产品质量安全县。

【实施乡村振兴战略】 2018年，泉州市全面推进乡村振兴，建立领导机构和工作机制，成立由市委书记康涛任组长、市长王永礼任第一副组长的市委实施乡村振兴战略领导小组，领导小组下设办公室和12个专项组，实行市委统一领导、县（市、区）推进落实、乡村组织实施、部门合力共为、责任层层压实的工作机制；市委、市政府出台《关于实施乡村振兴战略的意见》、《乡村振兴战略规划（2018—2022年）》。市直相关部门制定19个实施乡村振兴战略的三年行动方案，以及12个专项小组工作方案，整体推进乡村振兴战略实施。农村人居环境整治取得阶段性成效，乡镇公厕、农村公厕建设任务超额完成，完成20个乡镇镇区、486个行政村生活污水处理设施建设，新建改造三格化粪池80925户，全市2060个行政村生活垃圾治理实现全覆盖，村容村貌提升行动完成投资3.22亿元，超额完成年度计划任务。推进永春省级、晋江市级农房整治试点县（市）建设，“两违”治理“百日拆违行动”完成省下达目标进度155.38%。农村文明建设、乡村管理得到加强。全市移风易俗工作形成上下齐治、左右共治、德法兼治的新格局。进一步加强自治组织建设，完成村委会选举一次性成功率达到95%以上，村“两委”一肩挑比例达35%以上的目标任务。确定30个乡村振兴基本点和9个乡村振兴示范点，培育“滨海旅游型”、“城郊休闲型”、“特色产业型”、“生态康养型”、“村落保护型”等5种乡村振兴典型。

【“美丽乡村”建设】 2018年，泉州市指导各地因地制宜、一村一策制定美丽乡村建设方案，建立“村级自查、镇级复查、县级全覆盖、市级巡查抽查”工作机制，通过技术下乡、服务下乡，精准推进131个省级“千村整治、百村示范”美丽乡村创建，围绕农村生活污水治理、农村生活垃圾治理、裸房整治和农村公厕新建改造等重点难点问题，改善农村人居环境，打造一批美丽乡村和美丽乡村示范村。全年完成投资3.42亿元，占年度计划的109%。全市整治裸房1329栋，硬化村道11.42千米，拆除临时搭盖13.42万平方米，新增村庄绿化面积34.84万平方米，新建集中污水设施56个、污水管网97.99千米，新建改造三格化粪池9271个，新建改造水冲式公厕176座。永春县岵山镇茂霞村入选“福建省美丽乡村建设培训基地”，安溪尚卿乡黄岭村、晋江深沪镇运伙村获2018年省级改善农村人居环境示范村。

【扶持贫困村建设】 2018年，泉州市共投入扶贫专项资金3.23亿元，其中市本级投入扶贫专项资金1.69亿元，较2017年度投入（1.48亿元）增加14%；各县（市、区）投入1.54亿元。实施产业扶贫，市级财政2018年安排1500万元扶贫产业发展专项资金，扶持贫困户利用自然生态资源发展设施农业、特色生态产业和乡村休闲旅游产业；支持贫困户因地制宜发展种养业、手工及服务业和电子商务等项目，全年共扶持3922个贫困户的扶贫项目。老区村帮扶，2018年市级财政共下达老区专项扶持资金1020万元，补助老区社会事业、基础设施建设项目143个，补齐老区发展短板，改善老区村面貌。薄弱村扶持，2018年市级财政安排2500万元扶贫专项资金扶持村集体经济加快发展，通过产业发展、资金统筹、村企共建、股份合作等多种模式引导，不断增强薄弱村自我造血功能，共扶持223个项目，涉及223个村，全市消除经营性收入1万元以下的空壳村。向省级争取全市181个建档立卡贫困村和5个薄弱村纳入省级扶持集体经济发展试点，争取省、市、县扶持资金1.1亿元，每个试点村资金60万元，由市、县两级统筹运营，确保稳定收入。贫困村帮扶，2018年市级财政安排3000万元用于贫困村基础设施建设项目补助，进一步完善贫困村人居环境，并按省级的部署全面落实181个建档立卡贫困村集体经济试点工作，增加贫困村村财收入。泉州市在全国扶贫开发信息系统中2018年建档立卡贫困户人均收入10409.56元，较2017年建档立卡贫困户人均收入提高2761.97元，增长36.12%。经核实确认，71个尚未摘帽退出的贫困村，在2018年底均达到退出标准，摘帽退出的公示公告工作完成，贫困村退出信息全部录入全国扶贫开发信息系统。截至2018年底，全市181个建档立卡贫困村全部摘帽退出。

农业产业化

【概况】 2018年，泉州市一、二、三产业比例为2.4：57.7：39.9，十大特色产业全产业链产值1050亿元，全市农村居民人均可支配收入20277元，连续多年居全省第二位。培育新型农业经营主体，重点扶持农业产业化龙头企业，以加工销售型龙头企业为依托，普遍实行“龙头企业+合作社+基地+农户”的经营模式，采取合同订单、种苗供给、技术指导、保价收购等契约化合作形式，2018年扶持37家农业产业化龙头企业，新增国家重点农业龙头企业2家，新增15家涉农上市后备企业。以园区、功能区、产业带为平台，推动优势特色产业向适宜发展区域集聚，创建1个国家级、2个省级、11个市级现代农业产业园，继续推进2个福建农民创业园、5个示范基地建设。建设现代农业建设项目66个，完成年度投资15.9亿元。安溪县现代农业产业园被认定为首批国家现代农业产业园。

【农业经营主体】 2018年，泉州市鼓励各县（市、区）与金融机构合作，落实加大对新型农业经营主体信贷支持力度。采取动产抵押、仓单质押、土地经营权和收益权质押等多种抵押担保形式，解决新型农业经营主体贷款难的问题。整合各渠道涉农培训资源，对家庭农场主、农村实用人才、合作社理事长等新型农业经营主体的带头人进行专项培训。在提供优惠条件的前提下，鼓励有技术的返乡农民工、大中专毕业生、退伍军人、科技人员等创办领办新型农业经营主体。鼓励科研人员到家庭农场、农民合作社、龙头企业任职兼职，允许科研成果入股到新型农业经营主体，并享有股份分红的权利。全市人才储备足、经营状况好、发展趋势稳的新型经营主体有20家，在全市合作社和家庭农场当中有效发挥模范带头作用。

【休闲农业】 2018年，泉州市继续打造休闲农业“324”工程。以24个承载点为发展重点，打造“休闲农庄、休闲农业园区、休闲茶叶庄园”3条休闲农业体验带，生产基地规模2933公顷，资产总额12亿元，2018年接待人数190万人次，年营业收入27800万元（其中农产品销售收入18300万元），创建以来新增投入3亿元，政府财政扶持0.5亿元。做好休闲农业监测工作，全市休闲农业经营主体293家，比上年增长11%，从业人数12970人，与上年基本持平，带动农户数51662户，比上年增长90%。推荐皇旗尖休闲茶庄园、围头战地文化渔村、御仙庄观赏园、田格里拉生态园、石龙谷、香草世界度假村等6个休闲农业点作为全国休闲农业监测点。引导培育新典型，继续开展休闲农业示范创建活动，评选安溪县德峰茶庄园、泉港区伊思梦湖山庄、晋江市恒丰休闲农庄、南安市大富琅休闲山庄、永春县苏合村、永春县仙阳村、南安市龙潭谷休闲农庄、惠安县凤翔山庄、石狮市金鸡山文化园、南安市贤芳生态休闲农场10个示范点，以奖代补，每个示范点奖励10万元；引导全市休闲农业规范化发展，培育新休闲农业示范点，南安市皇旗尖休闲茶庄园入选为全国精品农庄。继续开展美丽休闲乡村推荐工作，泉港区惠屿村入选2018年“中国美丽休闲乡村”。推荐泉港区秀溪村、德化县涌溪村和永春县埔头村3个村参评福建最美休闲乡村，推动乡村休闲产业发展，培育农业农村经济发展新动能。

【品牌农业】 2018年，泉州市永春芦柑被评为“2018年福建十大农产品区域公用品牌”，裕园铁观音、魏荫铁观音、金水堂永春篾香和明祥烤鱼片等4家企业产品被评为“2018年度年度福建名牌农产品”。2018年新增“三品一标”产品46个，其中无公害29个，绿色食品12个，农产品地理标志登记保护产品5个。制定《泉州市农业品牌奖励实施试行办法》，对新获得农业品牌认证或认定的单位实施一次性奖励，鼓励各县级农业部门出台政策奖励措施，推进农业品牌创建。组织“三品一标”获证企业参加“绿博会”、“农博会”等全国性展会，有6个产品获得金奖，提升农业品牌影响力。

【农民专业合作社】 2018年，泉州市开展“百社百村带千户”创建活动，力争用三年时间通过扶持100家市级合作社（联合社）示范社（以下简称市级示范社），利用当地特色（特产），通过以扶持资金入股等形式来壮大100个村集体经济，鼓励1000户以上农户以土地（滩涂、水面）等资源经营权、自有设施设备，以及折股量化到户的集体资源资产资金和财政支农资金等入股合作社（联合社），实行“保底收益+按股分红”的分配方式来提高收入并发展壮大集体经济。2018年有30家农民合作社申报该项目。开展示范合作社和示范家庭农场评选活动，2018年上报8家农民合作社参评国家级示范社，上报13家农民合作社参评省级示范社，汇总17家农民合作社申报市级示范社。坚持公开、公平、公正的原则，组织各县（市、区）推荐作用发挥较好、诚信经营、市场效益较好的家庭农场评选市级和省级示范家庭农场，共评选28家市级示范家庭农场。开展专项排查活动，针对农民合作社涉嫌非法集资风险隐患，加大对全市范围内所有工商登记注册的农民专业合作社的专项排查工作力度，重点对本地注册异地经营、异地注册本地经营、频繁变更注册地址和高管信息等的排查力度，制定出台长期有效的防范措施，通过着眼于三年攻坚战的长期谋划，完善体制机制，加强监管，建立健全非法集资早防、早识、早治的长效机制。排查合作社150多家，未发现有存在非法集资现象。

【农业安全监管】 2018年，泉州市没有发生道路外农机事故，无因事故死和轻伤，无经济损失，事故指标均控制在市政府、省农机主管部门下达的范围内。各级农机部门共投入农机安全检查人员896人次，组织安全生产检查64组次，开展农机安全执法“双随机、一公开”24次，检查农业机械286台，排查整改安全隐患78个，与农机手签订《安全生产责任书》2685份，培训农机驾驶人6816人次，开展农机安全宣传活动42场次，发放农机安全宣传材料1.35万份，发送农机安全短信约1.68万条。

制定印发《关于做好2018年农村沼气安全生产工作的通知》和《关于加强黑膜（红膜）沼气池安全防范工作的通知》等文件，组织各县（市、区）加强对大中型沼气工程、养殖小区和联户沼气工程、农村户用沼气工程等切实关系人民群众人身安全、财产安全的工程项目进行拉网式全面检查，由分管领导带队，对各地农业部门工作开展情况进行抽查，指出存在问题，督促整改落实到位。

按照“党政同责、一岗双责、齐抓共管、失职追责”要求建立健全农药生产行业安全监管组织体系。下发《遏制农药行业重特大事故工作指南构建双重预防机制实施方案的通知》《关于印发〈泉州市卫生杀虫剂生产企业安全突发事故应急预案〉的通知》等文件，要求县级按照属地管理原则，督促指导农药生产企业落实主体责任，做好安全风险管控和隐患排查治理双重预防工作。大部分企业均制定《企业安全生产风险评估报告书》《企业安全生产风险点名册》，并定期按报告书要求对风险点进行风险评估、隐患排查、限期整治。在属地管理基础上，采取季度定期检查和重大时间节点临时检查相结合的方式，深入农药生产企业，做到全年企业全覆盖，针对农药生产企业安全生产各个领域，逐项排查整改。督促有关县（市、区）农业行政主管部门与辖区内农药企业签订《安全生产责任状》，要求农药企业落实主体责任，开展风险辨识和评估，确定整体安全风险等级，根据安全风险变化情况及时调整。组织开展“双随机一公开”监督抽查，建立农药生产企业名录库、农药生产企业执法人员库，制定年度随机监督抽查方案。明确监督抽查对象、抽查人员、抽查比例、抽查频次、抽查时间，按照市级做到县域全覆盖原则，组织执法人员深入晋江、南安、永春等地4家企业，开展“双随机一公开”监督抽查。建立《泉州市农药使用随机抽查市场主体名录库》，分别到南安、安溪、丰泽对抽查到的企业开展农药使用安全工作检查。

制定《饲料行业粉尘防爆专项整治行动方案》，建立完善动态监管机制。对辖区内的9家饲料和饲料添加剂生产企业分两期进行全覆盖检查，全面摸清安全隐患和薄弱环节，指出存在问题、提出整改意见、明确整改时限，全部完成整改。

督促指导屠宰企业加强屠宰安全生产教育培训，普及安全生产法律法规知识，提高安全生产意识和风险防范能力；强化屠宰从业人员上岗培训，确保规范操作、安全屠宰；在街道、社区张贴、发放“动物防疫法”“兽医卫生宣传重点”“病死畜禽无害化处理宣传单”等安全法规和明白纸，全市屠宰企业共悬挂安全标语80多幅，分发宣传资料约400份，通俗易懂地向社会公众和从业人员传播安全生产理念、措施和行业规范。开展专项执法检查，全市共检查屠宰企业83家次，出动执法人员475人次，排查发现一般隐患42项，要求限期整改完毕，并书面汇报整改情况。

农业科研与服务

【概况】 2018年，泉州市农科所主持承担在研（建）科技计划项目48个，其中，国家级项目3个、省级项目23个、市级项目22个；合作承担省、市科技计划项目8个。各项目研究进展顺利，取得阶段性成效。2018年在全市推广泉州市农科所培育、引进的农作物新品种、新技术项目使用面积4.67万公顷，由农科所创新和引进的各项新成果在省内外累计推广面积16.67万公顷。是年，通过省级科技特派员认定36人、市级科技特派员认定15人，科技特派员挂钩服务范围实现全市各县（市、区）全覆盖，涉及34个乡镇，涌现出一批科技特派员典型案例。强化对台农业科技交流合作，全年共接待来自台湾的专家、企业家12批35人次。

【农村实用人才】 2018年，泉州市实施乡村人才技能培训计划，对具有劳动能力和一定文化素质的农村劳动力、高校毕业生等返乡下乡创业人员开展就业创业创新培训，市本级举办现代创业创新青年特色培训。以农产品市场行情、选种育苗、病虫害防治、种植管理、农机服务和农副产品深加工技术等为重点开展农村实用技术培训。实施农民工创业联盟行动，全市扶持100个农民工创业项目，培育一批新型农业工人。开展“送科技下乡”“送智下乡”等活动，培育一批农业职业经理人、经纪人、电子商务人才、文化能人和非遗传承人等，促进乡村人才振兴。实施农村实用技术远程培训工程，依据农事季节和农民需求定制培训课程，通过网络视频等形式每年培训农民5万人次。开展农村实用人才素质提升工程，选送200名符合条件的学员，采取单列考试入学、免费培训办法，依托福建农业职业技术学院等农业院校免费进行学历教育和技能培训。落实省、市优秀农村实用人才表彰奖励政策，对素质高、能力强、带动好的农村实用人才，优先推荐参加共青团中央、农业农村部组织的“全国农村青年致富带头人”和农业农村部组织的“全国十佳农民”“科技兴村杰出带头人”等评选表彰。

【农业技术推广】 2018年，泉州市在8个基层农技推广补助项目县（市、区）种粮科技示范户推广应用主要粮食作物主导品种和主推技术，全市择优选聘粮食作物产业专家70名、技术指导员242名，培育种粮科技示范户2012户；遴选确定粮食主要作物主导品种53个、主推技术41项，种植示范面积3060万公顷，主要粮食作物主推技术到位率97.75%。

【农业科研】 2018年，泉州市“高淀粉甘薯新品种泉薯9号的选育与应用”项目成果获2017年度福建省科技进步二等奖。6项技术获实用新型专利授权：一种用于马铃薯的等间距播种标定网、一种马铃薯除泥装置、一种马铃薯种植装置、一种番茄爬蔓架、一种西红柿吊蔓支架、一种植物精油提取装置。花生新品种“泉花551”、马铃薯新品种“泉云4号”通过国家品种登记。引进粮油、园艺作物和绿肥种质资源

209份，观察监测水稻、甘薯、马铃薯、大豆、花生、龙眼和柠檬7种作物115份种质3956个性状，选育出一批苗头品系，推荐一批新品系参加多点试验和区试。开展“泉薯19”“桐优039”“泉云4号”“泉豆12号”“泉珍12号”“泉龙104”“泉龙142”等新品种（系）高优栽培配套技术研究，在CN刊物上发表论文13篇。

2018年8月2日，泉州市花生耕种收机械化现场演示会在石狮举行
（图/邱铮溶 詹伟志）

种植业

【概况】 2018年，泉州市重点抓好粮油增产技术措施的落实和高产创建示范片的实施，全年推广优质稻播种面积5.67万公顷，杂交稻播种面积5.33万公顷，旱育秧播种面积3.33万公顷，脱毒早甘薯种植面积0.27万公顷，推广脱毒马铃薯种植面积0.67万公顷。围绕特色现代农业发展主线，主抓茶叶、蔬菜、水果、食用菌产业，推广设施大棚。全市建设800公顷标准化生态茶园，建设一个省级百香果繁育基地，建设设施大棚面积65.33公顷和2个蔬菜育苗基地，建设一条食用菌工厂化生产线，生产能力13吨/日。

【粮食生产】 2018年，泉州市粮食播种面积8.54万公顷，平均公顷产5677.8千克，总产48.5万吨。谷类作物播种面积5.77万公顷，总产34.71万吨，其中春收作物种植面积73.33公顷，总产0.02万吨；夏收作物种植面积2.24万公顷，总产13.43万吨；秋收作物种植面积3.52万公顷，总产21.26万吨。稻谷：播种面积5.63万公顷，占谷类作物97.60%，总产34.00万吨，占谷类作物97.95%。其中早稻播种面积2.14万公顷，总产12.87万吨；中稻播种面积1.31万公顷，总产8.43万吨；晚稻播种面积2.19万公顷，总产12.70万吨。全市水稻播种面积最大是南安市，播种面积2.21万公顷，总产13.27万吨；其次是永春县，播种面积1.18万公顷，总产7.36万吨；其三是安溪县，播种面积0.99万公顷，总产5.37万吨。大小麦：播种面积73.77公顷，总产0.02万吨。以小麦为主，播种面积66.67公顷，占90.91%。主要分布在泉港区。杂粮：播种面积0.13万公顷，总产0.69万吨。以玉米为主，播种面积966.64公顷，其次是高粱6.67公顷。薯类播种面积39.65万亩（2.64万公顷），平均公顷产5050.5千克，总产13.35万吨。甘薯播种面积1.99万公顷，占薯类播种总面积75.33%，总产10.77万吨，占薯类总产80.67%。全市甘薯播种面积最大是惠安县，播种面积0.49万公顷，总产2.28万吨；其次是安溪县0.44万公顷，总产2.03万吨。马铃薯播种面积0.65万公顷，总产2.59万吨，马铃薯播种面积最大是安溪县，播种面积0.31万公顷，总产0.99万吨；其次是德化县，播种面积0.11万公顷，总产0.51万吨。豆类播种面积0.13万公顷，总产0.44万吨。以大豆为主，播种面积953.33公顷，总产0.22万吨。油料作物播种面积1.46万公顷，总产4.47万吨。以花生为主，播种面积1.42万公顷，总产4.34万吨。

【经济作物】 2018年，泉州市主要经济作物有水果、茶叶、蔬菜、中药材和食用菌等。水果：全市水果总面积1.32万公顷，总产量13.17万吨。其中，柑橘面积0.37万公顷，产量6.53万吨；龙眼面积0.46万公顷，产量1.58万吨。茶叶：全市茶树栽种面积5.24万公顷，采摘面积5.19万公顷，产量8.36万吨，毛茶产值58.08亿元。其中：安溪县栽种面积4.4万公顷，产量7.12万吨；永春县栽种面积0.51万公顷，产量0.93万吨。全市乌龙茶产量约占全国乌龙茶产量的26.44%，占全省乌龙茶产量的33.76%。主要在福建省的厦门、福州、泉州销售，省外主要销区为广东、上海、北京等地，全国各大中城市都有安溪铁观音销售。蔬菜：全市蔬菜播种面积4.82万公顷，产量89.86万吨。中药材：全市中药材播种面积350.93公顷，全年产量794吨。食用菌：全市食用菌鲜品产量8.29万吨。

【植物病虫害防控】 2018年，泉州市发布病虫情报111期、11200份，病虫电视预报11期，手机短信36期、4110条，农业信息网发布91条，培训村级植保员187人次、农民4608人次，科学指导农民防治病虫害。

农垦业

【概况】　2018年，泉州市有国有农场10个，分别是：丰泽区的清源农场，洛江区的加锥农场，晋江市的紫帽山农场，安溪县的福前农场，同美农场和芦田茶场，永春县的永春县农场、猛虎柑桔场和天马柑桔场，惠安县的红星农场。2018年，在全市范围内实施农垦国有农场改革工作，全市10个农垦国有农场开展国有土地使用权确权登记发证工作，全市国有农场国有土地总面积0.71万公顷，除个别争议外，确权登记发证（含林权）土地总面积0.69万公顷，下达国有农场土地确权登记发证补助资金121万元。8月，全市10个农场按照要求全部完成国有农场办社会职能移交，下达国有农场办社会职能改革资金139万元。

【特色农业产业】　2018年，泉州市突出发展"一场一品"优势产业，打造农垦"现代农场"。创建以"一场一品"为主题、具有农垦特色的现代农业示范园区。打造现代畜牧养殖示范园区，晋江市紫帽山、永春县农场以发展蛋鸡养殖为主导产业，建设标准化万羽蛋鸡养殖场；安溪福前农场发展以千头生猪生态养殖场；打造现代农业科技示范园区，安溪福前农场、芦田茶场、永春猛虎柑橘场以发展果茶种植为主导产业，安溪芦田茶场和永春猛虎柑桔场申报全国农垦现代农业示范园区；打造休闲观光农业示范园区，丰泽清源农场和晋江紫帽山农场利用城郊优势，发展休闲观光农业。天马农场示范基地在采用传统的黄龙病防控技术基础上，通过采取防护林隔离、无病毒大苗定植、动态更新病树、全园快速灭杀木虱、矮密早丰栽培等五项举措。

林　业

【概况】　2018年，泉州市林业工作以创建"国家森林城市"为主题，巩固提升"全国绿化模范城市"创建成果，深化林业改革，提升森林质量，加大资源保护力度，促进绿色生态产业发展，全市完成植树造林任务7260公顷，占计划5726.8公顷（含国有林场）的126.77%，其中"三带一区"植树造林2234.33公顷、完成其他人工造林更新5025.73公顷；完成森林抚育11834.6公顷、封山育林11551.87公顷。建设森林近自然经营示范基地1049.2公顷。开展全民义务植树活动，全市共设立义务植树基地122个，面积152.53公顷，累计参加义务植树442.84万人次，完成义务植树1435.27万株，义务植树尽责率达99.45%。

【林业经济】　2018年，泉州市林业产业产值1019.69亿元，比2017年增长9.56%。有21家林业企业被确认为2018—2020年度福建省林业产业化龙头企业。组织林业企业参加义乌森林博览会、"6•18"项目成果交易会、厦门国际投资贸易洽谈会、三明林博会、海南首届香展等展会活动，获得金奖产品称号2个。安排市级林下经济项目40个200万元、争取省级资金480万元，新增种植面积100公顷，全市累计林下利用面积9.98万公顷，累计林下经济产值达37.8亿元。

【推进国土绿化】　2018年，泉州市加快造林绿化、提高森林质量，推进生态文明建设和"美丽泉州"建设。全市共完成植树造林面积7260公顷，占省政府下达任务的126.8%。其中：沿海基干林带、生物防火林带、森林生态景观带和重点生态区位修复等"三带一区"造林2234公顷、占任务的104.3%；完成列入省委、省政府为民办实事项目的沿海基干林带建设任务189.53公顷、封山育林555.33公顷，占任务的107.7%和126.2%。持续推进森林科学经营，完成森林抚育1.18万持续推进，占任务的107.8%；完成封山育林1.16万持续推进，占任务的102.5%。主动对接乡村振兴战略，启动以宜居乡村绿化为主要内容的"绿色乡村三年行动"，完

2018年3月12日植树节，全市各地以各种形式开展植树造林活动。图为"青年生态园5期"植树活动现场　　（图/吴宗宝 戴裕厚 吴瑞源）

成110个村庄的绿化建设任务；开展“党建带绿色创建”主题实践活动，建设“机关党旗红 技术当先锋”绿化示范村庄18个。乡村绿化美化工作被省林业局推荐作为全国乡村绿化美化现场会经验介绍材料（全省3个）。巩固森林城市创建成果，推进南安市、惠安县省级森林城市创建工作。开展全民义务植树活动，设立义务植树基地122个。加强古树名木保护，德化美湖乡的古樟树王被全国绿化委、中国林学会遴选为“中国最美古树”。

【林业生态建设】 2018年，泉州市推进中央环保督察有关问题整改，督促加强自然保护区管理，强化森林、湿地资源监管和保护。强化林业有害生物防治，全市共清理各类松枯死木9.05万株，完成防治性采伐改造松林3686.53公顷，综合防治松墨天牛1.95万公顷。开展“服务林业供给侧结构性改革保障进出口林产品安全”专项行动和2018年林业植物检疫执法行动工作。全力抓好森林火灾防控工作。将森林防火工作纳入2018年度市政府对县（市、区）政府绩效考评内容，进一步强化地方政府森林防火责任落实。全市共发生森林火灾5起，受害面积70.3公顷，未发生较大以上森林火灾、未发生人身伤亡及重要设施损失。加强森林资源管理，部署开展森林督查工作，开展全市国家级生态公益林补充区划界定工作，完成补充区划界定面积2.67公顷，省级生态公益林调整为国家级生态公益林面积59.46公顷。加强生态公益林管理，下达省级以上财政补偿金8063.75万元，市级财政补偿金1300万元。做好森林资源动态监测，完成县2017年林地变更、森林资源监测和建档工作，完成全国第九次森林资源清查工作，完成福建省第二次全国重点保护野生植物资源调查。强化依法治林，组织开展“春雷2018”、打击毁林种茶、打击非法加工销售象牙及制品等专项行动，维护林区安定稳定。加强野生动植物、湿地资源及自然保护区保护管理，完成永春牛姆林自然保护区申报省级自然保护区和泉州湾河口湿地自然保护区功能区调整等工作。按时序要求推进中央、省环保督察、“绿盾2017”等“三合一”督察整改销号工作。以督察为契机，进一步完善自然保护区保护管理体制机制。

【发展绿色富民产业】 2018年，泉州市在保护好生态环境的前提下，充分挖掘山的潜力，促进林农增收致富，全市林业总产值995亿元。发展特色现代林业，连续6年安排专项资金，扶持以“设施花卉、现代竹业（油茶）、林下经济、森林人家”为重点的特色现代林业项目。全市花卉苗木种植总面积达0.79万公顷，建设现代竹业（油茶）示范片733.33公顷，林下利用面积累计达9.92万公顷。扶持服务企业发展，搭建服务林业企业平台，推进林业企业微信群、花卉企业微信群等新媒体建设，及时发布政策信息和林业动态，指导企业对接。调查全市林业产业化龙头企业贷款情况，按档次进行贴息补助。德化县获得福建特色农产品（油茶）优势区称号。

【林业品牌创建】 2018年，泉州市扶持农村电商平台、林产品主产区就地加工，推进林业品牌创建。永春县被认定命名为2018年国家永春香产业示范园区称号，德化茶油获得福建省特色农产品优势区称号，福建兴全香业有限公司“金水堂永春蔑香”荣获2018年度福建名牌农产品称号。

畜牧业

【概况】 2018年，泉州市开展重大动物疫病防控、牲畜屠宰管理、病死畜禽无害化处理，推广畜牧“五新”技术，全面推进畜禽标准化规模化养殖和畜禽养殖废弃物综合利用，促进畜牧业生产有序健康发展，保障市场肉、蛋、奶有效供给。

【产业化经营】 2018年，泉州市生猪存栏83.87万头，比上年下降18.60%；出栏133.31万头，下降6.22%。家禽存栏1690.51万羽，比上年下降12.5%，出栏4219.67万羽，增长2.7%；牛存栏5.63万头，先进4.10%，出栏3.23万头，增长7.49%；羊存栏13.01万头，增长4.9%，出栏21.76万头，增长4.6%。全市肉蛋奶总产量26.02万吨，比上年下降4.8%。

【动物疫病防控】 2018年，泉州市及时部署重大动物疫病防控工作，组织开展春季重大动物疫病防控工作情况检查，下达2018年乡镇畜牧兽医站动物防疫补助经费200万元。9月，制定《泉州市2018年度重大动物疫病防控延伸绩效管理实施方案》。11月，组织3个检查组分赴12个县（市、区）对各地重大动物疫病防控延伸绩效管理工作进行检查并现场随机采集畜禽血清及禽棉拭子样品，送市动物疫控中心实验室检测。2018年春防永春县代表福建省接受农业农村部检查、2018年秋防德化县代表泉州市接受省农业厅考核，结果全面符合要求，市级延伸绩效考核总分前三名的是永春县、晋江市、南安市。全年全市免疫禽流感2290.13万羽、牲畜口蹄疫206.1万头、小反刍兽疫25.13万头，应免密度均达100%，群体免疫密度均超过90%。市本级累计下发各县（市、区）禽流感疫苗1929.38万毫升、牲畜口蹄疫疫苗531.73万毫升（其中猪口蹄疫疫苗400万毫升、牛羊口蹄疫疫苗131.73万毫升）、小反刍兽疫活疫苗34.37万头份。全年全市累计监测高致病性禽流感(H5亚型)血清样品22627份，合格数21474份，合格率94.90%。监测H5亚型禽流感病原样品2868份，其中4份样品经国家禽流感参考实验室确诊为H5N6阳性，其余结果均阴性。监测禽流感H7亚型血清样品15361份，合格数14143份，免疫合格率92.07%。监测病原学样品2850份，其中1份经国家禽流感参考实验室确诊为H7N9流感病毒阳性，其余结果为阴性。监测O型口蹄疫猪牛羊血清样品11616份，合格数10396份，合格率89.5%。监测口蹄疫病原样品713份，结果均阴性；亚洲Ⅰ型牛羊血清样品1931份，合格数1769份，合格率91.61%。监测小反刍兽疫血清样品4982份，合格数4260份，合格率85.51%。监测小反刍兽疫病原样品1400份，结果均阴性。按时完成动物疫病流行病学调查，全年累计向省动物疫控中心等采送各类样品6166份，其中拭子样品2948份、血清样品2273份、全血210份、组织样品135份、种蛋600枚。推进强制免疫“先打后补”试点工作，全市8个县（市）18个养殖场（8家猪场、10家蛋鸡场）参加“先打后补”试点工作，共计发放“先打后补”补助经费400634元（其中蛋鸡279900元，猪120734元）。种畜禽动物疫病净化工作，2018年1月，石狮市水禽遗传资源保护研究中心，通过“福建省鸭瘟免疫净化场”首次评估认证（证书编号：FJYBJH-2017-001），并获得省级免疫净化补助经费40万元。9月，省农业厅组织专家组对南安市诗山小五台养殖有限公司进行“猪伪狂犬病免疫净化场”现场评估认证，结果为整改后通过。动物疫病技术培训，8月，组织动物检疫员、动物疫病防治员两支代表队参加全省农业行业职业技能竞赛。非洲猪瘟防控工作，9月10日，市政府召开专题会议，对全市非洲猪瘟等动物疫病防控工作进行紧急部署，会议强调要加强应急指挥管理，加强调运环节监管，开展一次联合检查，做好应急准备。要求各地、各部门履行属地管理职责，加强对防控工作的组织领导，逐级压紧压实动物防疫责任，做到守土有责、守土尽责。11月8日，泉州市动物疫控中心参加全省非洲猪瘟检测比对试验，6份全部符合。11月10日至12月30日，市本级开展非洲猪瘟病原学检测累计检测样品377份，其中5份猪脑样品经国家外来动物疫病诊断中心确诊为非洲猪瘟病原学阳性，其余样品均为阴性。

【动物卫生监督】 2018年，泉州市加强动物检疫工作，推进动物检疫电子出证工作进程，全市各个检疫申报点全部实现电子出证。全市产地检疫生猪128.88万头、牛羊1.55万头、家禽79.71万羽，屠宰检疫生猪283.04万头、牛羊1.95万头、家禽18.18万羽。加强动物卫生监督执法，落实动物卫生监督定期检查制度，做到监督管理常态化，监督检查记录统一化。5月底，组织开展执法案件督导检查。10月初，对各地动物卫生案件办理进度进行通报督导。全市立案231件，其中11件移送公安，1件移送食药监局，案件涉及动物防疫、牲畜屠宰、检疫、动物诊疗等类型。加强“瘦肉精”抽检监督，制定开展养殖环节、屠宰环节“瘦肉精”抽检专项行动，抽检屠宰环节牲畜尿样21796份，其中生猪尿样19631份，牛尿样1654份，羊尿样511份；抽检生猪饲养场115家、肉牛户8家、肉羊场8家，抽检尿样1129份，其中猪1067份、牛31份、羊31份。采购下拨一批“瘦肉精”快速测试卡，市、县两级农业部门全面落实动物养殖、屠宰环节“瘦肉精”监督抽检工作，对猪牛羊均进行监测抽检。全市在养殖、屠宰环节共监督抽检尿液97773批次，进行快速检测盐酸克伦特罗、莱克多巴胺和沙丁胺醇，结果均为阴性。开展生猪屠宰专项整治“扫雷行动”，组织部署生猪屠宰监管，全市农业部门出动执法人员3222人次，开展执法759次，联合执法120次，开出责令整改通知书31起，接报46起，查实41起，立案51件，罚没37.7万元，捣毁私屠滥宰窝点25个，移送公安机关查处11起。

【饲料行业监管】 2018年，泉州市组织饲料生产企业开展安全管理规范实施工作，加强全市饲料质量安全监督管理，开展饲料和饲料添加剂生产企业安全生产专项整治，对辖区内的9家饲料和饲料添加剂生产企业进行全覆盖检查。晋江奇美礼品宠物工业有限公司通过市级审核并成为市级示范企业。

【畜禽屠宰监管】 2018年，泉州市加强畜禽屠宰监管，4月，市政府出台《泉州市牲畜屠宰行业发展规划（2016—2020年）》，总体规划设置牲畜屠宰厂23家，并要求各地在2018年底前，关闭所有不合格的生猪定点屠宰（场）点。推进屠宰企业合理建设布局，推进大中型屠宰企业建设。坚持“关停和新建”并举，石狮新建集屠宰、分割、冷藏、加工、配送一体化的现代化牲畜屠宰厂。晋江、南安、永春、台商区等地正在推进中。严格执行畜禽屠宰企业设立标准，推进生猪定点屠宰企业审核评估和清理工作，评估转化一批合格定点屠宰点，政府办下文公布南安、惠安、永春、安溪上报的14家整改合格生猪定点屠宰企业，下文取消南安、永春、惠安上报5家不合格的生猪定点屠宰企业资格。全市有49家牲畜屠宰企业（18家屠宰场，31个屠宰点）。推荐泉州市洛江区副食品有限公司、德化县裕盛牲畜屠宰公司进行标准化建设。组织开展生猪屠宰监管“扫雷行动”，坚持专项整治与日常监管相结合，严厉打击收购和屠宰病死畜禽、生猪私屠滥宰、注水注物等违法行为。申报2017年7月—2018年4月屠宰环节病死猪无害化处理财政补贴103头。督促指导兽药、屠宰企业落实好安全生产责任，健全完善安全生产相关制度和应急预案，全面排查安全隐患。强化兽医实验室生物安全监管，开展动物病原微生物实验室生物安全专项检查，规范高致病性动物病原微生物实验活动，严防病原微生物失窃、泄露等事件发生。开展宣传教育活动14次，参与人数1611人次，发放宣传资料3856份，安全生产隐患排查情况，出动执法人员201人次，检查屠宰企业46家，查并整改安全隐患数30处；出动执法人员172人次，检查动物病原微生物实验室9家，排查并整改安全隐患数5处；兽医领域其他重点工作安全生产，出动执法人员170人次，检查场所65家，排查并整改安全隐患数17处；对各地安全生产检查工作的开展情况进行督查，及时发现问题，不留隐患，并对检查情况进行汇总上报。加强官方兽医、执业兽医和乡村兽医的管理；全市有官方兽医303人、诊疗机构51家，执业兽医82人和乡村兽医234人。

【畜禽无害化处理】 2018年，泉州市有病死畜禽无害化处理设施259处，全市无害化处理病死猪35110头、牛12头、羊43头、禽1.20万羽。其中核实上报病死猪无害化处理补助24382头。加强《中华人民共和国动物防疫法》等有关法律法规的宣传，全市累计张贴宣传挂图814张、宣传标语100条，编制公开信、明白纸等宣传资料91种，发放材料592次，发放《关于动物卫生监督工作致广大畜禽养殖业主的公开信》等宣传资料12283份，刊登报纸专版10篇，案例宣讲3次，召开管理相对人专题会议28次，培训管理相对人604人次。全市共开展专项行动143次，出动监督执法人员528人次，检查262个次养殖场、184个次屠宰场、26个次病死畜禽集中处理单位，现场发现并监督指导无害化处理病死畜禽176头（只）。对发现在养殖、屠宰加工等重点环节非法经营、屠宰病死畜禽等各类违法行为，依法严肃处理。强化与公安、食品药品监管等部门的沟通协作，全市配合公安、食药监等部门开展联合执法8次，出动监督执法人员30人次。加强日常监督检查，全市开展动物卫生监督执法日常巡查819次，出动监督检查人员2613人次，检查568个次养殖场、425个次屠宰场（点），检查中监督指导无害化处理病死畜禽525头（只）。

海洋与渔业

【概况】 2018年，泉州市海洋与渔业各项工作取得良好的成效，全市水产品总产量107.83万吨，比上年增长1.8%；渔业经济总产值351.13亿元增长7%；渔民人均纯收入26355元，增长9.6%。渔业互保排名全省第一，近岸海域水质位居全省第二，安全生产考评位居全省第二。

【海洋经济】 2018年，泉州市水产品总产量107.83万吨，比增1.8%；渔业经济总产值351.13亿元，比增7%；渔民人均纯收入26355元，比增9.6%。完成第一次全国海洋经济调查（泉州地区）涉海单位清查、产业调查工作，县级海洋经济调查工作通过验收，为科学谋划海洋经济长远发展、实现海洋强市建设目标奠定基础。投入3800万元海洋专项资金扶持涉海产业，壮大海洋经济，协调推动国家级海洋经济创新发展区域示范项目加快实施进度，完成3个项目总体完工验收。加快涉海产业融合发展，投资2.4亿元推进渔港经济区建设。市级财政安排700万元专项资金支持渔业项目建设，62个项目获补助资金支持，补助范围涵盖标准化池塘改造，工厂化养殖设施建设、苗种场建设、“三品一标”认证、水产品加工、互联网+渔业、水产品质量可追溯以及品牌建设等。

【渔业惠民政策】 2018年，泉州市实施中央渔业油价补助政策，中央下达泉州市渔业油价补助资金2.89亿元，3094艘捕捞渔船享受油补政策，兑现补助资金2.35亿元；利用中央渔业油价补助资金转移支付项目，推动渔船更新改造和捕捞渔民减船转产，年度兑现捕捞渔民减船转产补助资金1.45亿元（900艘），兑现渔船更新改造补助资金2200万元（50艘）；市级财政安排700万元专项资金支持渔业项目建设，62个项目获补助资金支持，补助范围涵盖标准化池塘改造，工厂化养殖设施建设、苗种场建设、三品一标认证、水产品加工，互联网+渔业、水产品质量可追溯以及品牌建设等。

2018年8月16日，历时3个半月的南海伏季休渔期结束，渔船队从石狮市祥芝国家中心渔港驶向大海，开始捕鱼　　（图/张九强 陈英杰）

【水产养殖业】　2018年，泉州市推广稻田综合生态养殖，德化上涌镇利用人工新建的稻鱼共生关系，开展稻田养鱼53.33公顷，达到水稻增产鱼丰收的目的，解决闲置稻田的综合利用，拓展稻鱼共生文化，增进村民收入；广泛开展渔业新技术新品种试验，台商区、德化、安溪等地充分挖掘小山塘、小水库功能，进行挖土改造，采用南美白对虾、黄鳍鲷、黑鳍鲷、鲻鱼等多品种混养技术开展养殖试验；晋江福大鲍鱼水产有限公司与厦门大学鲍鱼育种技术团队合作开展鲍鱼新品种培育及亲鲍循环水养殖系统技术产业化项目、开展耐高温鲍新品种高效繁育技术产业化项目获得成功；晋江市瑞晟水产养殖有限公司开展鲍鱼生态化育苗技术研发，构建“光照—微藻—微生态制剂—鲍苗”复合生态体系，提升养殖质量和效益；开展标准化池塘改造、扶持陆基工厂化循环水养殖和优质苗种繁育，全市完成标准化池塘改造项目4个，改造面积19.73公顷，扩（改）建工厂化养殖场项目建设9个，建设面积53155平方米，总投资3000万元，新建工厂化循环水养殖场6个，建设面积14000平方米，总投资1600万元。

【远洋捕捞】　2018年，泉州市深沪远洋渔业通关码头通过海关等联检单位验收正式投入使用；港顺远洋渔业公司在浙江建设的2艘3000吨级远洋运输船建成投产，有效缓解远洋渔获物海上运输压力；远洋船队规模有新突破，全市累计投产远洋渔船59艘，作业区域覆盖太平洋、印度洋公海及朝鲜北部湾海域。继续实施中央渔业油价补助政策，中央下达泉州市渔业油价补助资金2.89亿元，3094艘捕捞渔船享受油补政策，兑现补助资金2.35亿元；推动渔船更新改造和捕捞渔民减船转产，年度兑现捕捞渔民减船转产补助资金1.45亿元（900艘），兑现渔船更新改造补助资金2200万元（50艘）。

【水产加工业】　2018年，泉州市拥有水产加工企业145家，水产冷库104座，日冻结能力2903吨，冷藏能力25823吨/次，全市水产品加工总量58万吨，加工产值117亿元。

【渔业交流】　2018年，泉州市力绿食品公司、美味强食品公司、安海三源食品公司、深沪湾海洋科技有限公司等10多家水产品加工企业，参加在台湾高雄举办的首届台湾国际渔业博览会，学习借鉴台湾及其他地区在捕捞技术、养殖技术、水产品加工、渔业服务业等方面的先进技术、经验，寻求泉台渔业交流合作新机遇。晋江力绿食品有限公司投资52.9万元向台湾台南市甲云翔机械有限公司购买紫菜调味设备2台，进一步提升公司生产水平。晋江南星海水产食品有限公司策划两岸冷链物流产业合作项目。

【渔业品牌建设】　2018年，泉州市在晋江金井举办泉州市鲍鱼节，融合鲍鱼美食品鉴、观赏、文化展示等宣传鲍鱼产业、普及鲍鱼产业知识。“华宝明祥烤鱼片”“阿一波紫菜”入选省级著名农产品称号，“安海土笋冻”入选省级十大渔业品牌，“晋江紫菜”获国家地理标志注册商标认定。

【渔业安全体系】　2018年，泉州市严格养殖水产品源头质量监管，全年开展水产品快检594批次，合格率100%。加强海区织纹螺采捕监控和安全警示教育。推动水产品“一品一码”追溯体系建设，召开专题培训班2期，参训人员超300人次。举办渔业“安全生产月”宣传和应急演练活动，开展渔船安全宣传教育32场次。构建泉州新时代海上“枫桥”模式，成立港岸矛盾纠纷化解中心。提升渔业船员专业水平，考试、考核发证3047本。加强重点海域作业渔船管控，拆解涉渔“三无”船舶69艘。推进全市海洋与渔业系统扫黑除恶专项斗争，移交涉黑涉恶线索27条。加强渔船安全应急值班和海事救助工作，组织海事救助32起，救回船员458人，挽回经济损失2.247亿元。

【海洋渔业综合执法】　2018年，泉州市开展“蓝剑2018”、“中国渔政亮剑2018”、打击海上非法采砂百日行动和泉金海域等专项执法活动，整治海域非法采砂行为，联合市检察院开展破坏沙滩岸线专项整治行动督察，联合市公安局、泉州海事局开展打击违法采运砂专项整治行动，查处海域非法采砂案件22件。加强渔政监管，共清理整治违规网具1382张（顶）。强化船检质量把关，50艘样船入选全省第二批渔船标准船型（占全省57.7%）。300吨级“中国渔政35301”船下水入列，海上执法能力得到进一步提升。全年开展海岸线巡查751车次、行程4.42万千米，组织海域巡航326航次、航程6665海里；办结海洋行政处罚案件23件、收缴罚款 2602.63万元，办结渔业行政处罚案件54件、收缴罚没款48.11万元，移送涉嫌犯罪案件线索7条。

【海洋环境综合整治】　2018年，泉州市开展重点流域（含近岸海域）水环境综合整治，投入23.5亿元，实施城镇生活污水处理设施及配套管网建设、农村生活污水垃圾整治、流域综合治理等各类涉水项目110个，近岸海域汇水区域内11座城镇污水处理厂完成一级A提标改造，中心市区宝洲、北峰、城东、东海污水处理厂出水水质进一步提升至类Ⅳ类标准。治理海漂垃圾，市政府印发《泉州市海漂垃圾治理方案》，进一步完善海漂垃圾日常清理机制，属地负责、部门协作、资金保障和考评奖惩机制，沿海各地积极探索符合当地实际的治理模式，石狮市、晋江市沿海各镇

2018年6月8日，泉州市2018年放鱼活动在惠安县崇武中心渔港举行。图为活动现场 （图/陈晓东）

海漂垃圾治理工作引入市场机制，通过招投标，委托第三方保洁公司负责；台商投资区统筹建立海岸带环境卫生保洁队伍，合理分配保洁人力物力，提高治理效率。修复保护海岸带资源环境，实施惠屿岛大澳沙滩修复整治工程。完成滩面整理及垃圾清运、底层砂回填、表层砂回填，补砂7.3万立方米，修复后大澳沙滩滩肩岸线长240米，修复沙滩施工滩肩宽度45米。东岭镇湖边村沙滩修复工程完成清运建筑垃圾1.5万立方米，恢复沙滩2.45万平方米。养护渔业资源， 6月8日全国“放鱼日”，市委、市政府主要领导和60多名海洋环保志愿者一起在泉州湾放流黑鲷鱼苗20多万尾。全年，全市共投入渔业资源增殖放流资金606万元，开展渔业资源增殖放流37批次，在主要海湾和内陆水域放流鱼虾贝苗种4.8亿尾，促进渔业资源可持续利用。打击海洋环境违法行为。2018年市县两级海洋与渔业执法机构深入开展“蓝剑2018”、“中国渔政亮剑2018”和联合打击违法采运砂专项整治等专项行动，办结海洋行政处罚案件23起、收缴罚款2602.632万元，办结渔业行政处罚案件54起、收缴罚没款48.1125万元，移送涉嫌犯罪案件线索7起。推进“警渔”合署办公，联合边防、海事、海警开展海上联合执法行动，推动海上一体管理格局，有力打击海上违法违规行为。

水 利

【概况】 2018年，泉州市创新流域保护管理机制，出台《泉州市全面推行湖长制实施方案》，构建“三级五层双河长”组织体系，设立“区域河长、流域河长、区域河长办、流域河长办、河道专管员”五层管理架构，层层落实责任。推进河长制“法制化、社会化、信息化、标准化”建设，完善以“协调推进、督导检查、监测监控、执法联动、考核评比、宣传引导”为总体框架的河湖长制工作体系，做到“巡查更细、整治更实、督导更紧、统筹更强、机制更活”，促进河湖生态环境改善提升。河湖长制工作做法获中央改革办专文总结推广。市委书记康涛应邀在中组部、水利部举办的全国河长制研究班上作专题讲座，市政府副市长肖汉辉应邀到山东省作河长制专题讲座。2018年，全省河长制工作综合考评中，泉州蝉联全省第一。

【水资源管理】 2018年，泉州市落实最严格水资源管理制度，建立以用水总量控制为核心的水资源开发利用红线制度、以节水管理为核心的用水效率红线制度、以断面水质控制管理为核心的水功能区限制纳污红线制度。2018年，全市用水总量为29.67亿立方米，万元工业增加值用水量32立方米，万元国内生产总值用水量35立方米，农田灌溉水有效利用系数0.556，主要水功能区水质达标率87.9%，均达到水资源管理“三条红线”控制目标值要求。

【水利工程建设】 2018年，泉州市加强重大项目和民生水利工程建设与管理。白濑水利枢纽工程可行性研究报告获国家发改委批复，福建向金门供水工程正式通水，彭村水库、八峰水库下闸蓄水，七库连通工程惠女至菱溪段全面开工建设，北渠潭美倒虹吸工程开工建设，永春马跳水库工程初步设计获省水利厅批复。完成农村饮水安全巩固提升工程受益人口10.38万人，发展高效节水灌溉面积666.67公顷，建成高标准农田节水灌溉面积1866.67公顷，农业水价综合改革同步推进；加固水库3座，加固中型水闸3座、治理河道41千米；建设安全生态水系83千米。在全省率先全面推行水利工程电子招投标，健全完善水利工程质量监管体系，推广运用工程质量监督平台和水利工程信息（信用）管理系统，实行水利建设质量工作和项目质量综合考核，加强质量监管，加强行政执法，提升水利建设质量工作水平。全面筑牢防汛抗旱安全线、城乡供水保障生命线、水生态文明建设保护线和行业安全运行联防线，安全生产实现零事故。在全省水利建设质量考核中连续2个年度（2016—2017年度和2017—2018年度）名列第一。

工 业

综 述

【工业经济概况】 2018年，泉州市规模以上工业实现增加值3911.97亿元，比上年增长9.1%，增速比2017年加快0.8个百分点，与全省持平，居全省九设区市第三位。工业经济总体保持平稳运行，生产结构持续优化，企业效益继续改善，工业经济高质量发展基础进一步夯实。

【工业经济运行】 2018年，泉州市工业经济总体保持平稳运行，多数行业实现增长，全市规模以上工业37个行业大类中有35个行业实现增长，占94.6%，比2017年提高13.5个百分点，其中实现两位数以上增长的行业有15个。增加值总量前10位的行业中5个行业高于全市平均水平，分别为非金属矿物制品业（增长13.0%）、纺织服装服饰业（增长9.6%）、纺织业（增长12.3%）、文教工美体育和娱乐用品制造业（增长13.7%）、通用设备制造业（增长14.3%），分别高出3.9个、0.5个、3.2个、4.6个和5.2个百分点；超六成产品产量比上年增长，2018年，全市列入统计的186种产品中有128种产品产量比上年增长，增长面达68.8%，有55种产品增速超过20%，占全部监测产品的29.6%。装备类产品中，建筑工程用机械增长25.3%，阀门增长24.3%，铸铁件增长21.4%；一般消费类产品中，膨化食品增长30.7%，针织服装增长14.0%，布增长34.0%，纱增长29.4%；工业产销衔接水平提升，2018年，全市规模以上工业企业产品销售率96.4%，为年内最高水平，比2017年提高0.5个百分点。其中，小微企业表现良好，产销率97.5%，高于全市平均水平1.1个百分点，高于大中型企业1.8个百分点；亿元企业稳步增加，至12月底，全市产值超亿元工业企业有2692家，比2017年增加169家，累计完成产值15637.69亿元，现价增长19.9%，占全市规模以上工业总产值的94.2%，比2017年提高1.2个百分点。分产值段看，全市亿元企业中10亿元以上281家，累计完成产值7939.65亿元，现价增长19.8%；5亿～10亿元447家，累计完成产值3049.35亿元，现价增长19.9%；2亿～5亿元1033家，累计完成产值3299.07亿元，现价增长21.1%；1亿～2亿元931家，累计完成产值1349.62亿元，现价增长17.3%；民营工业发展向好，2018年，全市规模以上工业中民营企业完成增加值3549.20亿元，占规模以上工业增加值的比重90.7%，比上年增长9.5%，增幅比2017年提高0.9个百分点，高于全市平均水平0.4个百分点，对全市规模以上工业增加值增长贡献率94.4%，拉动规模以上工业增长8.6个百分点，比2017年提高0.7个百分点；工业投资快速增长，2018年，全市工业固定资产投资比上年增长33.3%，增幅比2017年提高13.7个百分点，高于全市固定资产投资平均水平19.1个百分点，对全市投资增长的贡献率63.4%。分行业看，计算机通信和其他电子设备制造业、石油煤炭及其他燃料加工业、非金属矿制品业、纺织业、造纸及纸制品业等主要行业投资实现较快增长，分别比上年增长45.2%、42.2%、31.3%、36.2%和83.5%。

【工业经济结构】 2018年，泉州市工业结构呈现积极变化，高新技术产业占比提高，2018年，全市规模以上高新技术产业实现增加值637.39亿元，占规模以上工业增加值的比重16.3%，占比较2017年提高1.3个百分点；机械装备产业增速加快，2018年，全市规模以上机械装备产业实现增加值453.10亿元，比上年增长11.4%，增速快于全市平均水平2.3个百分点，比2017年快0.8个百分点；新一代信息产业保持较快增长，2018年，全市规模以上新一代信息技术产业实现增加值90.10亿元，比上年增长16.3%，保持着两位数的较快增长，增速快于全市平均水平7.2个百分点。

【工业经济效益】 2018年，泉州市企业经济效益稳步提高，转型升级持续推进，利润结构优化，2018年，全市规模以上工业企业实现利润总额1284.98亿元，比上年增长19.2%，增幅比2017年提高1.6个百分点，其中，规模以上机械装备产业实现利润总额172.86亿元，增长33.1%，增幅比规模以上工业平均水平高13.9个百分点；高新技术产业实现利润总额248.95亿元，增长23.8%，增幅比规模以上工业平均水平高4.6个百分点；六大高耗能行业合计实现利润总额344.50 亿元，增长17.3%，增幅比规模以上平均水平低1.9个百分点；企业经营效率提高，运行质量改善，资金周转效率改善，2018年，全市规模以上工业企业总资产周转天数188.8天，比上年快19.5天；产成品存货周转天数11.9天，比上年快0.9天；应收账款平均回收期26.1天，比上年快3.2天；产出效率提高，2018年，全市规模以上工业企业每百元资产实现的年主营业务收入190.66元，比上年增加17.8元；人均年主营业务收入111.80万元，增加18.2万元。

2018年规模以上工业企业主要经济指标

表22

指标名称	企业单位数（个）	工业销售产值（当年价格）（万元）	出口交货值（万元）	资产总计（万元）	负债合计（万元）	主营业务收入（万元）	利润总额（万元）	利税总额（万元）	平均用工人数（万人）	工业增加值（万元）
总计	4643	159947863	25906785	86721805	37143418	153298837	12849841	17872230	129.77	39119732
煤炭开采和洗选业	3	58247	0	85236	20739	66986	14118	24340	0.26	43749
采盐	1	3224	65	262606	17856	2265	631	762	0.11	4126
制造业	4543	152523319	25906720	81553674	34966050	148849433	12425019	17322146	128.06	37544096
按三大板块分	—	—	—	—	—	—	—	—	—	—
传统产业	3457	107286973	18435212	56540206	22610517	104249000	8849036	11534430	102.35	26211662
重化产业	979	44195919	4758160	25351274	12334903	43432813	3719420	5922260	21.85	11128298
高新技术产业	593	28180471	2599589	17950715	8054246	27143186	2489522	3158659	18.08	6373926
按“十三五”规划重点产业分	—	—	—	—	—	—	—	—		
主导产业	3739	124296435	21264867	65438762	28670079	121653373	10052409	14339006	105.85	31141299
纺织鞋服	1740	51606449	10553052	26649518	10888933	50227392	3922716	5209501	59.23	13043170
#纺织服装	1179	30637286	7446340	16426414	6370064	29797327	2187549	2893700	33.62	7593151
鞋业	561	20969163	3106713	10223104	4518869	20430064	1735167	2315801	25.61	5450019
石油化工	341	25206644	2948891	14853115	7764568	24755092	1990833	3803749	7.66	6597307
机械装备	638	18989275	1809269	10498159	4570335	18677721	1728587	2118511	14.19	4530990
建材家居	1269	36444219	6462922	18143356	7359361	35865199	3184638	4165377	29.83	8667289
特色产业	831	29453982	6064142	15505167	6095236	28220126	2588491	3200464	25.65	7092290
食品饮料	257	11682344	1115043	7124463	1842490	11602979	1236151	1501710	8.83	2865495
工艺制品	383	10217678	4644905	3757835	1733013	10063717	846809	1040911	12.35	2591087
纸业印刷	191	7553961	304194	4622869	2519734	6553430	505531	657844	4.47	1635709
新兴产业：新一代信息技术	78	3345434	267679	1504766	661054	3362438	316180	383950	2.80	901040

续表22

指标名称	企业单位数（个）	工业销售产值（当年价格）（万元）	出口交货值（万元）	资产总计（万元）	负债合计（万元）	主营业务收入（万元）	利润总额（万元）	利税总额（万元）	平均用工人数（万人）	工业增加值（万元）
新兴产业：生物医药	14	519628	14679	459921	175170	549866	59596	71574	0.71	128101
农副食品加工业	49	2768585	458544	1330217	649776	2752991	149035	184148	0.91	451712
食品制造业	102	6217424	581509	4333645	927814	6181844	769791	923650	4.70	1545832
盐加工	1	6218	0	12999	11888	6252	-300	-651	0.01	1075
酒、饮料和精制茶制造业	106	2696335	74991	1460601	264899	2668144	317325	393912	3.22	867951
纺织业	294	11460521	870459	6090292	2767997	11237937	744857	990376	8.71	2902762
纺织服装、服饰业	885	19176766	6575880	10336122	3602067	18559390	1442692	1903324	24.91	4690389
皮革、毛皮、羽毛及其制品和制鞋业	743	24596707	4729096	12069499	5417324	24101683	1991464	2666305	29.49	6267685
木材加工和木、竹、藤、棕、草制品业	16	355872	811	139247	27732	344146	31784	41469	0.30	99778
家具制造业	43	1213093	322195	739397	429655	1178357	119097	139974	0.99	315517
造纸和纸制品业	123	5982071	238659	4009086	2251314	5022091	393504	507448	3.21	1344043
印刷和记录媒介复制业	68	1571890	65535	613783	268420	1531339	112027	150395	1.25	291666
文教、工美、体育和娱乐用品制造业	271	7301067	3177005	2611289	1057516	7296898	685948	814387	6.50	1617312
石油、煤炭及其他燃料加工业	6	13047799	2146441	7494251	3993255	12961279	1164519	2706159	0.45	4209281
化学原料和化学制品制造业	100	4354944	151500	2567610	1386290	4325048	293831	392762	1.71	754950
医药制造业	12	394948	14679	403518	170601	416152	46000	57470	0.64	113807
化学纤维制造业	47	3230755	99971	2490951	1442068	2981100	163194	214567	1.55	601673
橡胶和塑料制品业	188	4573147	550980	2300303	942954	4487665	369289	490262	3.96	1031403
非金属矿物制品业	742	18735413	3172717	9443053	3843716	18374985	1328376	1910265	17.56	4809076
黑色金属冶炼和压延加工业	9	2453259	0	1053881	455408	2349237	380093	469135	0.45	465927
有色金属冶炼和压延加工业	14	1096745	35943	385158	100759	1092486	41685	56620	0.47	159890
金属制品业	115	2969110	278705	1078744	394084	2918862	251312	317748	1.95	583346
通用设备制造业	148	5011335	359163	2803656	1250032	4904045	453861	544045	3.28	1158982
专用设备制造业	145	3537799	220835	2026917	885517	3445396	340257	408324	2.72	804839
汽车制造业	76	1104846	173312	570501	230938	1029913	74173	103128	1.18	232103
铁路、船舶、航空航天和其他运输设备制造业	12	430525	175810	254134	194790	422381	17697	32009	0.23	86510

续表22

指标名称	企业单位数（个）	工业销售产值（当年价格）（万元）	出口交货值（万元）	资产总计（万元）	负债合计（万元）	主营业务收入（万元）	利润总额（万元）	利税总额（万元）	平均用工人数（万人）	工业增加值（万元）
电气机械和器材制造业	63	2385418	128958	2240488	949673	2389879	270584	324784	2.02	692657
计算机、通信和其他电子设备制造业	65	3157887	255760	1407785	629014	3174518	303003	367485	2.54	873492
仪器仪表制造业	13	187548	11919	96981	32040	187920	13177	16465	0.26	27548
其他制造业	82	2035340	830538	1121120	364936	2038484	138605	176024	2.85	455346
废弃资源综合利用业	5	271365	0	62491	31214	270457	13318	14984	0.06	17104
金属制品、机械和设备修理业	1	204808	204808	18954	4248	204808	4523	4523	0.01	71513

煤炭业

【概况】 2018年，泉州市辖区内有煤矿企业8家，采矿许可证12本，保有储量4574.69万吨，矿井12处，生产能力159万吨/年。其中，省属国有煤矿企业天湖山能源实业有限公司（以下称天湖山能源公司）有采矿许可证2本，保有储量2192.40万吨，矿井2处、核定总产能45万吨/年，均为生产矿井；乡镇煤矿企业7家，采矿许可证10本，保有储量2382.29万吨，矿井10处、设计总产能114万吨/年，其中设计产能9万吨/年6处、15万吨/年4处，均为在建未投产矿井。是年，泉州市煤矿实现安全生产。

【煤炭生产销售】 2018年，泉州市乡镇煤矿均处于在建未投产阶段，分别进行煤炭资源整合或改扩建，全年仅掘进出煤38吨，销售34吨。是年，省属煤矿企业天湖山能源公司实际生产原煤35.03万吨，销售43.59万吨；企业实现营业收入30772.88万元，实现利润5526.02万元，纳税5679.83万元。

【基本建设与技术改造】 2018年，泉州市经核准立项的乡镇煤矿建设项目10个(其中整合项目7个，扩建项目3个)，设计总生产能力114万吨/年，设计井巷工程量24746.9米，设计总投资9746.13万元。至年底，9个获准开工建设项目累计完成井巷工程量3693米，累计完成投资2573.28万元。2018年，天湖山能源公司筹集资金完成含春煤矿含三采区提升运输系统优化工程，完成井巷工程量1205米，累计投入技改资金432.3万元（其中省财政补助200万元，自筹232.3万元）。

【国有企业经营管理与改革】 2018年，泉州市天湖山能源公司深化企业改革，精简内设机构，降低管理成本，提高管理效率；落实“十三五”减员目标，降低矿井万吨用人率，推进减员提效改革；推进煤炭汽车运输业务市场化经营，完成医院剥离移交工作，推进公务用车制度改革，推进经营方式改革；完善成本内控体系，强化成本管控，生产成本比预算下降79.25元/吨；不断优化生产组织，采掘点位比上年下降11.2%，掘进班时利用率提高2.6%，采煤班时利用率提高2.3%。优化产量构成，回采煤结构比例比上年上升17.6%，块煤率累计占比30.57%。采取“合理走量、适时调节”的灵活营销策略，抓稳量增效益，抓提价优客户，原煤综合单价比预算提高30.04元/吨。实施项目攻坚，重点工程项目建设、棚户区改造工程、绿色矿山建设和关闭矿井生态环境恢复治理工作、矿井土地复垦开发、水电增效扩容改造项目等五大攻坚战役全面推进。

【煤矿安全生产】 2018年，泉州市推进安全生产风险分级管控体系建设，全市11处煤矿通过对冒顶片帮等9个方面开展风险点排查，按照重大风险、较大风险、一般风险和低风险进行等级开展安全风险辨识，绘制“红、橙、黄、蓝”四色安全生产风险空间分布图，形成“一企一册”评估报告，并经专家审查确认。永春县煤管局组织对辖区内所有煤矿企业的安全生产风险开展综合分析评估，汇总建立县级煤矿安全生产风险数据库，形成“一县一行业一册”评估报告。落实企业安全生产主体责任，泉州市各类煤矿企业结合各自实际，建立健全安全生产责任制，全年累计投入安全生产费用1395.5万元（其中省属煤矿538.5万元，乡镇煤矿857万元），用于改善井下生产系统和安全避险六大系统，提升矿井安全标准化水平。天湖山能源公司建立矿区动态抽查联动和安全信息共享机制，落实安全风险分级管控及风险清单、重大隐患整改和重大专项工作安全盯守责任，突出落实重点面、生产过程、班末“三个盯守”，推进现场管理的责任落实。是年，各煤矿企业深入开展“安全生产月”系列活动，注重职业病危害防治管理，推进职业健康执法年相关工作。安全生产宣传教育培训活动，泉州市全方位、多层次开展煤矿从业人员安全培训，全年培训（含新训和复训）主要负责人10人，安全管理人员116人，特种作业人员69人，班组长104人，以及职工岗位18595人次。市、县煤管部门先后举办多场专题培训会，组织学习宣贯《煤矿安全培训规定》《煤矿作业场所职业病危害防治规定》《瓦斯等级鉴定办法》《地方党政领导干部安全生产责任制规定》等。6月15日，市、县煤管部门和天湖山能源公司、人民财产保险永春支公司联合在省属含春煤矿举办煤矿安全生产知识竞赛活动，有7支代表队参赛。6月16日，在矿区现场开展安全生产宣传咨询日活动，张贴安全标语，分发《安全生产月宣传手册》，组织专家到场接受安全咨询；专业救援人员现场传授和示范应急救援技能；举行安全生产知识、安全谜语有奖竞猜；组织观看煤矿事故案例警示教育片等。煤矿新技术推广使用，是年，泉州市在15万吨/年以上煤矿推广使用挖掘式装岩机，弥补煤矿“科技强安”工作短板。天湖山能源公司购置2台ZWY-60/15型挖掘式装岩机，配至所属2处生产矿井使用。永春县铅坑煤矿、长汀煤矿分别购置1台ZWY-80/8.5L型和ZWY-80/18.5L型挖掘式装载机用于井下掘进作业。是年，天湖山能源公司2处生产矿井，按照规程和煤矿安全生产标准化要求，完成井下应急广播系统、直通电话建设。应急救援队伍建设，泉州矿山救护小队和天湖山能源公司救护队分别开展日常演练和单兵比武，提高救护队伍抢险救灾的综合实战能力和质量标准化水平，全年累计开展综合演练38队次，参与抢险救灾1次，参与煤矿安全生产检查471人次。6月20日，在天湖山能源公司含春煤矿开展煤矿生产安全事故（水灾）应急预案演练。10月10日，泉州矿山救护小队指派6名队员配合三泉矿山救护公司，接受华东区矿山救护协作网检查组的质量标准化核查，各项检查总评84.8分，评定等级为二级队。煤矿安全监管，泉州市立足查大系统、控大风险、除大隐患、制定煤矿分类监管情况表，全市12处煤矿中，纳入一般执法检查和重点执法检查管理各6处；对辖区内所有煤矿实施分类监管，细化对不同类型矿井，突出对水、火和瓦斯等三种重点灾害因素管控和重大违法违规行为的防控，遏制重特大事故。是年，泉州市组织开展煤矿“一通三防”、安全管理制度、水害防治、职业健康、提升运输、安全培训和超能力生产、建设项目等7个专项监管监察执法；结合强化责任落实遏制煤矿重特大事故等专项工作开展打非治违行动，采用市级季度部门联合督查、县级月度“全覆盖”等方式开展检查；对防控措施落实不到位的、排查治理不到位的，坚决停产整顿（改），并依法依规立案查处。煤矿汛期安全生产工作，泉州市落实水害排查制度，执行水患调查分析和核实、论证制度，建立健全水害防治有疑停产撤人制度和水害防治报告奖励制度。永春县建立暴雨天气预警机制，利用商务领航平台、微信工作群等，及时将警示信息、气象动态发送给煤矿相关人员，并督促企业加强巡查排查，做好值班值守，全年发送预警短信、信息154次。举办煤矿汛期水害防治专项培训11场次，参训1078人次。

制造业

【概况】 2018年，泉州市工业实现增加值4346.46亿元，比上年增长8.9%，工业对经济增长的贡献率53.2%。其中规模以上工业增加值3911.97亿元，比上年增长9.1%。全年规模以上工业实现销售产值15994.79亿元，其中出口交货值2590.68亿元，比上年增长18.7%。拥有超亿元企业2692家，比2017年增加169家，其中超10亿元企业281家，比2017年增加35家。规模以上工业企业经济效益综合指数为336.4，比2017年上升35.6点，其中总资产贡献率23.2%，上升2.1个百分点；资本保值增值率110.9%，上升7.8个百分点；资产负债率42.8%，降低1.7个百分点；全员劳动生产率30.45万元/人，提高4.50万元/人；流动资产周转率3.4次，提高0.3次；工业产品销售率96.4%，提高0.5个百分点。全年规模以上工业企业实现利润总额1284.98亿元，比2017年增长19.2%，其中外商及港澳台商投资企业、股份制企业和股份合作制企业利润分别增长13.5%、24.7%和6.6%。规模以上工业亏损企业亏损额9.17亿元，减亏1.65亿元。全市工业用电量339.65亿千瓦时，比上年增长5.7%。

【“制造强市”建设】 2018年，泉州市加速“制造强市”发展，制造业投资全省第一。围绕传统、高新、重化三大板块，加快产业龙头和配套项目落地建设，促进产业链条延伸补齐。“五个一批”中制造业项目1480个，总投资1.14万亿元，投资额全省最大，分别占“五个一批”项目的41.3%、36.2%。其中，传统优势板块项目603个，总投资1965.2亿元，分别占制造业项目的40.7%、17.2%；高新板块项目575个，总投资4773.5亿元，分别占制造业项目的38.9%、41.8%；重化板块项目302个，总投资4679.8亿元，分别占制造业项目的20.4%、41%。三安高端半导体、安踏一体化、通达三期等项目建成或部分建成，HDT高效太阳能电池、国脉生物科技、美的智慧家居等项目开工，中化化纤、“三一”建筑科技产业园、电咖新能源汽车等项目签约落地。是年，全市工业投资增长33.3%，传统、高新、重化产业产值比例为59∶16∶25。推进制造业数控化智能化改造。推广应用数字化生产线127条、智能装备和工业机器人1330台（套），新增国家级智能制造项目3个、服务型制造示范项目4个，被授予国家级服务型制造示范城市。成立军民融合产业投资基金，新增“民参军”企业30家。

全年全市制造业实现增加值4346.46亿元，比上年增长8.9%，对经济增长的贡献率53.2%。其中规模以上工业增加值3911.97亿元，比上年增长9.1%。全年规模以上工业实现销售产值15994.79亿元，其中出口交货值2590.68亿元，比上年增长18.7%。规模以上制造业企业经济效益综合指数为336.4，比上年上升35.6点，其中总资产贡献率23.2%，上升2.1个百分点；资本保值增值率110.9%，上升7.8个百分点；资产负债率42.8%，下降1.7个百分点；全员劳动生产率30.45万元/人，提高4.50万元/人；流动资产周转率3.4次，提高0.3次；工业产品销售率96.4%，提高0.5个百分点。全年规模以上工业企业实现利润总额1284.98亿元，比上年增长19.2%，其中外商及港澳台商投资企业、股份制企业和股份合作制企业利润分别比上年增长13.5%、24.7%和6.6%。规模以上工业亏损企业亏损额9.17亿元，减亏1.65亿元。

全市产值超亿元制造业企业有2692家，比上年增加169家，累计完成产值15637.69亿元，现价增长19.9%，占全市规模以上工业总产值的94.2%，比上年提高1.2个百分点。分产值段看，全市亿元企业中10亿元以上281家，累计完成产值7939.65亿元，现价增长19.8%；5亿元～10亿元447家，累计完成产值3049.35亿元，现价增长19.9%；2亿元～5亿元1033家，累计完成产值3299.07亿元，现价增长21.1%；1亿元～2亿元931家，累计完成产值1349.62亿元，现价增长17.3%。

【纺织鞋服业】 纺织鞋服是泉州的重要支柱产业，约占全市工业产值的1/3，占全省纺织鞋服产业的半壁江山。2018年，泉州市纺织鞋服全行业规上企业1740家，实现工业增加值1304.32亿元，比上年增长9.7%，销售产值5160.64亿元，产销率96.5%。其中，纺织业实现工业增加值290.27亿元、比上年增长12.3%；纺织服装、服饰业实现工业增加值469.03亿元，增长9.6%；皮革、毛皮、羽毛及其制品和制鞋业实现工业增加值626.76亿元，增长8.0%。纺织服装产量占全国的10%，运动鞋产量占全国的40%、全球的20%，安踏、匹克、361度、特步等品牌进入国际市场；获得中国三大男装生产基地之一、中国鞋都、运动休闲产品之都、时尚之都、全国运动鞋服产业知名品牌创建示范区（晋江市）、中国休闲服装名镇（晋江市英林镇）、中国内衣名镇（晋江市深沪镇）、中国童鞋之都（南安市洪濑镇）等称号。

【食品业】 食品产业是泉州的特色产业，各地区立足本地的优势资源，发展特色食品工业，如安溪乌龙茶等依托生态资源优势发展山区资源型食品工业；泉港、石狮、惠安等地发挥临港优势，发展水产品加工、食用油加工、啤酒酿造等临港食品工业；晋江、惠安等地依靠创新能力和电商优势，发展“两头在外”的休闲食州休闲食品加工集聚区。2018年，全市257家规模以上食品工业实现工业增加值286.55亿元，比上年增长8.5%，销售产值1168.23亿元，产销率97.5%。其中农副食品加工业实现工业增加值45.17亿元，比上年增长12.8%；食品制造业实现工业增加值154.58亿元，增长5.5%；酒、饮料和精制茶制造业实现工业增加值86.79亿元，增长12%。食品制造业，形成泉州主要产品糖果产量占全国20%，饮料茶叶占20%，水产品加工占近10%，粮油加工业占10%。拥有中国驰名商标17件及“全国食品工业强县”2个（晋江、惠安），安溪县“中国茶都”、中国乌龙茶（名茶）之乡等称号。

【造纸及纸制品业】 泉州是中国大型纸制品交易中心之一，造纸及纸制品业是具有鲜明特色的产业。行业发挥原材料保障、商品销售、物流便捷和产销信息反馈快捷等方面优势，依托当地发达的民营经济，产业转型升级进一步加快，集中度逐步提高；随着国家人口计生政策的改变，以纸尿裤为重点的卫生用品业步入快速上升周期，产品品种日益丰富，产品质量向高端化发展，新产品、新品牌、新规格层出不穷。2018年，行业继续保持着平稳发展态势，全行业规上企业123家，年产值超亿元企业77家，约占全部规上产值的96.4%，行业规上企业增加值134.40亿元，比上年增长6.5%。

【建材家居产业】 建材家居产业主要包括建陶、石材、水暖厨卫、水泥、钢材、新型墙体材料、消防安防设备、滕铁、铝型材、涂料、家俱等行业，是泉州市第五个千亿元产业集群。2018年，泉州市建材家居产业累计完成规上工业增加值866.73亿元，比上年增长11.7%；完成规模以上工业销售产值3644.42亿元，产品产销率97.9%。泉州市建材家居产业集群发展成为全国乃至全球的重要产业基地，产业规模较大，产业集聚度较高、产业竞争力较强。其中，泉州南安石材集中加工区是中国乃至东南亚地区规模最大、种类最齐全的石材生产、出口基地，石材进出口量分别占全国的60%和55%，是辐射全球的世界级石材生产交易中心；晋江市磁灶镇、内坑镇和南安市水头镇、官桥镇为主的建陶产业集群是全国四大建陶生产基地之一，建陶产品年产量占全国的25%，外墙砖在全国市场中占主导地位；以南安为核心的水暖卫浴产区，是企业品牌最多、市场占有率最大、生产规模最大、产业链最完善的国内三大水暖卫浴产区之一。

【机械装备产业】 2018年，泉州市机械装备产业完成规模以上增加值453.1亿元，比上年增长11.4%，完成规模以上工业产值1964亿元。细分领域占国内较大市场份额，泉州工程机械中的路面机械、装载挖掘机械，专用设备中的砌块机械、石材机械和金刚石工具、陶瓷机械、纺织机械、制鞋机械，通用设备中的轴承、阀门、电动工具、空气压缩机等均占有较大的国内市场份额，其中圆盘针织机（大圆机）、砌块机械、石材机械和金刚石工具等产品产量居全国首位；培育一批单项冠军企业（产品）。福建泉工股份有限公司、福建铁拓机械有限公司获评为国家级制造业单项冠军示范（培育）企业，福建晋工机械有限公司、福建盛达机器股份公司、福建信龙机械科技有限公司等企业获评省级制造业单项冠军企业（产品），获评省级首台（套）重大技术装备（含智能制造装备）产品达21项；通过实施“数控一代”与智能制造，行业企业全面向数控化、自动化、智能化发展，近年来泉州机械装备产业以年均10%以上的速度增长，增速居各行业前列，产值达2000亿元；泉州机械装备产业涉及8个大类、47个中类、111个小类，其中通用设备、专用设备、金属制品、电气机械和器材及计算机、通信和其他电子设备等5个大类的产值均超百亿元。

【石化产业】 2018年，泉州市石化产业规模持续扩大，全市规上石化企业实现产值2681亿元，规上工业增加值659.73亿元，比上年增长5.3%。重点打造五条石化产业链，以联合石化、中化为上游，为下游产业链发展提供烯烃原料支撑，打造烯烃原料产业链；以百宏化纤、佳龙石化为上游，为纺织服装产业提供优质原料，打造合成纤维产业链；以联合石化、中化、福橡化工等企业为主生产专用合成树脂，为下游发展各类功能性塑料制品提供支持，打造塑料橡胶制品（建材、包装材料、薄膜等）产业链；以邦丽达、中仑塑业等企业为主，为汽车、家电和一次性卫生用品等提供原料和生产高性能塑料合金材料，打造工程塑料等化工新材料产业链；以联合石化、中化、湄洲湾氯碱、钟山化工等企业为主，为环保高性能轻纺助剂、水性油墨、水性及粉末涂料、水性高固分高强度黏合剂、聚羧酸减水剂等产品提供支撑，打造专用精细化学品产业链；围绕产业链延伸环节，持续抓好项目招商和筹备，重点抓好中化乙烯、天骄化学、百宏石化等重点项目建设，确保项目按序时进度推进，中化泉州乙烯及炼油改扩建项目建设乙烯裂解、甲醇制烯烃、煤气化等17套装置及配套设施，炼油项目脱瓶颈扩能至1500万吨。新开工项目有百宏石化250万/年吨精对苯二甲酸（PTA）、中海油服新材料生产基地建设、佑达精细电子化学新材料等3个，总投资61.18亿元。围绕化工原料进行深度延伸产业链，培育经济新增长点，进一步扩大烯烃、芳烃产能，重点提高PX生产能力，扩大环氧乙烷/乙二醇生产能力，开辟发展苯乙烯，填补省内空白，构筑PX—PTA—PET—长短纤的产品链条和苯—CPL—PA6（尼龙6）产品链条，为下游锦纶纤维、氨纶纤维、涤纶纤维、改性塑料、合成革提供原料，为下游纺织、服装、鞋业等产业发展提供原料。

【生物医药业】 生物医药是泉州市的五大新兴产业之一，处于起步阶段，产业规模相对较小。随着传统中药、精准医疗、海洋生物行业的深度发展和转型升级，产业进入规模快速发展阶段。2018年底，全市规上生物医药企业14家，全年完成工业增加值12.81亿元，比上年增长11.8%，累计销售产值51.96亿元，产销率93.7%；其中年产值超亿元企业10家，约占全部规上产值95.1%。

【新一代信息技术产业】 2018年，泉州市以光伏产业、消费类电子产品、软件和信息服务业等为主的新一代信息技术产业整体发展态势良好。是年完成规上工业增加值90.1亿元，比上年增长16.3%，累计销售产值334.54亿元，产销率达94.4%。软件企业通过上市实现投融资和完善产业链，中国国际信息技术（福建）产业园数据中心投入使用。

盐 业

【概况】 2018年，泉州盐务局省内盐产品实现销售总量61293吨，完成福建省公司计划61350吨的99.91%，比上年减销2202吨，减幅3.46%。小包装食盐实现销售24391吨，完成福建省公司计划23850吨的102.27%，比上年减销959吨，减幅3.8%。其中，多品种盐实现销售8620吨，完成福建省公司计划8135吨的105.97%。比上年减少561吨，减幅6.1%；大包装盐实现销售36902吨，完成福建省公司计划37500吨的98.41%，比上年减销1203吨，减幅3.16%。其中，食品加工用盐实现销售33612吨，比上年减销972吨，减幅2.81%；小工业盐实现销售3290吨，比上年减销232吨，减幅6.57%。是年，实现利润总额1887.02万元(其中财政拨补2017年比照事业盐政人员费用611万元)，比2017年同期1591.59万元增加295.43万元，完成预算1370万元（年度计划）137.74%。

2018年，泉州盐务局通过开展全员劳动竞赛活动、客户经理销售竞赛活动、经销商销售竞赛活动，激发职工、客户经理、闽盐经销商在各自岗位上履职尽责、苦干实干，勇于创新，营造你追我赶的氛围，促进销量和效益上台阶。年内，泉州盐务局以全面落实企业安全生产主体责任为主题，组织开展“安全生产月”活动，开展安全生产大检查，通过学习宣传、制定方案，落实工作内容、自查自纠、消除隐患等工作，突出抓好消防、出租房产专项整治，明确责任，落实到位，做到安全工作有布置、有检查、有落实，树立安全工作红线意识，提升安全工作水平。

【“闽盐”产品影响力提升】 2018年，泉州盐务局及各地盐务局主动联合当地卫生、疾控、食药监等部门，组织人员在市区、校园、社区、乡村等地开展防治碘缺乏病日系列宣传、咨询活动，开展新《食盐专营办法》的学习宣传活动。提高公众对碘缺乏病防治工作的认识，推广闽盐消费的健康理念，取得良好的宣传效果。全年举办200场次宣传活动，参加人员1000多人次，发放宣传资料30000份，碘盐25000包，锻炼盐业职工队伍，提升闽盐品牌的知名度。

【抢盐风波应对平息】 受泉港区福建东港石油化工实业有限公司码头化学品泄漏事件影响，自2018年11月6日起，泉州市泉港区、惠安县、泉州市区、晋江、南安等区域出现部分群众抢购食盐的现象。泉州盐务公司立即向福建省盐业集团公司和泉州市经信委汇报，迅速启动应急预案，及时采取有效措施，保障供给，维护食盐市场平稳。截至2018年11月16日，投放市场小包装食盐4061吨（其中抢盐紧张的7日、8日每天投放食盐1000多吨），市场供需矛盾得到控制，各地食盐市场供应基本平衡，市场价格稳定，部分区域抢购食盐风波基本平息，群众购买情绪趋于理性，秩序井然。

【食盐批发许可证换证验收】 2018年，泉州盐务局根据食盐批发许可证换证验收工作对“软件、硬件”的要求，对照验收标准逐条逐项进行整改，对管理制度和有关申报材料进行收集补充修改完善整理，建立一整套食盐经营许可的质量管理体系，确保申报材料的真实性、规范性、完整性；按照食药监部门的要求执行食盐“一品一码”，先进先出；重新梳理客户关系，完善客户资料；对批发窗口物流配送中心的仓储、办公、环境等设施进行改造修缮，适应规范要求，从而使食盐产品的质量安全得到有效保障。

【食盐监管体制改革】 2018年，泉州盐务局落实《福建省食盐监管体制改革方案》和《福建省食盐监管体制改革人员分流安置方案》文件精神，全市35名盐政辅助执法人员年初全部确认到位，盐政辅助执法机构设置一个盐政管理支队，下设5个盐政管理大队（其中晋江、南安、惠安盐政大队各设两个盐政中队）。泉州市食品药品监管局牵头召开多次协调会议，研究协调泉州市食盐监管体制改革衔接工作，下发《关于泉州市食盐质量安全监管体制改革衔接工作协调会议纪要》，泉州盐务系统完成监管职能移交对接，确保食盐质量安全监管职责调整后，监管力量不削弱、工作不断档。

【食盐市场监管】 2018年，泉州盐务局加强市场巡查力度，维护盐业市场秩序。坚持做到“有店必进，有违必纠”，对存在轻微违规违法行为的，下发责令改正通知书和食盐规范经营告知书，并督促经营者当场销毁违规经营的食盐。发现存在重大食盐质量安全违法线索立即进行前期取证后移交当地市场监管部门处理或上报市食品药品执法支队，由市食品药品执法支队依法组织查处。通过食盐违法案件的处罚，打击一个，震慑一方，教育一片，净化规范盐业市场秩序。

城镇集体工业

【概况】 2018年，泉州市有城镇集体企业102家、职工约9500人，其中，市属企业46家，职工约3500人。全市规模以上工艺制品企业销售产值首次突破千亿元大关，达1021.77亿元，增加值259.11亿元，比上年增长13.2%，出口交货值464.49亿元，各项指标均占全省一半以上。截至年底，全市有工艺美术企业6000多家，从业人员40多万人，其中，中国工艺美术大师8名、福建省工艺美术大师195名、福建省工艺美术名人225名、泉州市工艺美术大师169名。

【工艺美术业】 2018年，泉州市构建工艺美术产业发展服务平台，推动泉州市人民政府与中国轻工业联合会建立战略合作关系，签订框架协议，为产业发展提供良好发展平台。市政府印发《泉州市传统工艺美术保护发展规定》，为推动工艺美术保护传承与创新发展提供政策保障。巩固提升“华夏匠人”工艺美术交易与公共服务平台，并与南平市建阳区签订战略合作框架协议。平台入驻大师、匠人400多名、消费用户1万多人，APP装机用户50多万人，平台获得中共福建省委文明办“改革开放40周年‘福建影响力’”提名奖。塑造工艺文化品牌。将“中国工艺美术之都•泉州”内容融入泉州工艺美术宣传片和专题栏目。市城镇集体工业联合社与泉州广播电视台联合制作“名师名匠大家荟”栏目，播出30期。福建振昌集团、永春达埔彬达制香厂、晋江艺达木雕等3家工艺美术企业获“泉州十大最富工匠精神企业”表彰。

【工艺美术人才】 2018年，泉州市构建工艺美术大师梯队，加强产业人才培养及大师管理，市城镇集体工业联合社推介指导王经民、陈明良、连紫华、赖礼同大师参评第七届中国工艺美术大师，4人全部获评，为历史最好成绩。开展第三届泉州市工艺美术大师评选工作，打破学历、工龄、职称资历限制，将现场创作考评列为申报泉州市工艺美术大师的前置条件。全市申报参评第三届泉州市工艺美术现场创作考评的技艺人员448名，经审核符合条件的370名。市城镇集体工业联合社会同团市委、文广新局等部门通过现场大赛，评选出全市10名杰出青年传承人和20名优秀青年传承人，鼓励青年工艺美术者传承创新。

【工艺美术作品展评和行业交流】 2018年，泉州市组织全市367家工艺美术企业、数万件作品参加全国工艺品交易会、第13届中国（莆田）海峡工艺品博览会、第十九届中国工艺美术大师作品暨手工艺术精品博览会、第十一届厦门文博会、福建省工艺美术创新设计大赛以及福建省工艺美术“百花奖”等知名展览、展评会，获评金奖178件、银奖205件、铜奖231件。举行第二届巾帼巧匠工艺美术精品展，全市近百名女大师和优秀技艺人员参加，共计200多件作品参展，评选出30件“我最喜爱的作品”。组织8位技艺人员和3个文创企业赴迪拜参加“2018世界闽南文化节”，参展作品1000多件，8位大师进行现场技艺表演。在世界石雕之都展示中心举行泉州籍中国工艺美术大师精品展，展示大师作品31件。

【泉州市获评“中国工艺美术之都·泉州”特色区域称号】 2018年，泉州市将该项工作列入市政府工作报告，城镇集体工业联合社按照《中国轻工业特色区域和产业集群共建管理办法》的要求开展创建工作。7月10日，中国轻工业联合会下发文件授名，10月30日，中国轻工业联合会在泉州举行授牌仪式，成为全国首个获此殊荣的地级市，为泉州再添一张靓丽的城市名片。

【中国工艺美术大师工作委员会成立大会】 2018年10月30日，中国轻工业联合在泉州举办中国工艺美术大师工作委员会成立大会，全国30个多省份近200名中国工艺美术大师代表出席会议。会议期间举行“中国工艺美术之都·泉州”授牌仪式和《泉州市人民政府、中国轻工业联合会战略合作框架协议》签订仪式，进一步提高泉州知名度，促进工艺美术行业交流合作。

2018年9月21日，由省妇联、市委人才工作领导小组办公室、中国闽台缘博物馆、市文广新局、市城镇集体工业联合社、市总工会、市妇联、台湾“中华妇女会总会”主办的海峡妇女艺术节暨泉州市第二届巾帼巧匠工艺美术精品展在中国闽台缘博物馆开幕（图/吴寿民）

【大师经济带动】 2018年，泉州市命名30个工艺美术大师工作室、补助创建资金30万元。市城镇集体工业联合社会同市人社局、财政局落实2018年度带徒补贴资金207.6万元，支持全市154名大师带徒448名。市城镇集体工业联合社会同华侨大学、泉州工艺美术职业学院分别举办海丝（泉州）工艺美术创新发展高级研修班和工艺美术创新设计专题讲座，全市近300名省、市工艺美术大师、工艺美术名人及优秀技艺人员参加，引导工艺美术企业和大师重视创作创新。市城镇集体工业联合社加强产业人才培养及大师管理，修改完善《关于加强工艺美术大师服务管理的实施意见》，呈报市政府研究印发，服务大师经济带动发展。

【城镇集体企业】 2018年，泉州市城镇集体工业联合社推动城镇企业管理和改造，盘活集体资产。创新集体资产运营管理模式，组织起草城镇集体企业委托管理制度，指导市二轻联社做好企业人员退休后委托管理工作，试点开展皮件三厂托管工作。加强集体资产运营监督，提高资产收益。

【集体资产运营】 2018年，泉州市城镇集体工业联合社强化资产运营工作，筹备利用市区花巷旧工艺大院建设泉州市工艺美术中心，成立项目筹建团队，完成泉州市工艺美术中心项目规划设计方案，与市古城办和市规划局等部门沟通征求意见，对项目规划设计方案进行修改提升。

电力工业

【概况】 2018年，国网泉州供电公司坚持“服务党和国家工作大局，服务发电企业，服务电力客户，服务社会发展”的宗旨，弘扬“努力超越、追求卓越”的企业精神，加快建设坚强智能电网，全面提升企业可持续发展能力和水平，致力服务泉州现代化建设；围绕推进改革发展稳定、优化电力营商环境、泛在电力物联网建设等，以安全运营为基础，以市场为导向，以客户为中心，推动“双轮驱动”实施落地，筑牢“五块底板”，努力争先进位，推进公司和电网高质量发展。是年，泉州市境内有发电厂685座，装机容量8947.82兆瓦。（福建省公司管辖电厂9座，装机容量分别为晋江热电厂100兆瓦，云顶风电96.4兆瓦，福建炼化312兆瓦，南埔电厂1940兆瓦，晋江石圳燃气1592兆瓦，鸿山一期1200兆瓦，五堡电厂2000兆瓦，双格风电68.2兆瓦，尖峰风电46兆瓦，总计7354.6兆瓦，其余为泉州地调管辖电站，装机1593.22兆瓦，其中水电装机容量为894.80兆瓦，占地区各类电源56.11%；垃圾电厂装机容量132兆瓦，占地区各类电源8.29%；风电装机容量44兆瓦，占地区各类电源2.76%；分布式光伏电站装机容量241.42兆瓦，占地区各类电源15.15%；其他包括热电厂、企业自备发电装机容量281兆瓦，占各类电源17.64%。

【发电】 2018年，泉州地区非统调机组年发电量61.64亿千瓦时，比上年下降0.84%。其中，水电23.06亿千瓦时，比上年下降20.93%；火电23.58亿千瓦时，比上年增长9.45%；光伏发电2.87亿千瓦时，增长152.58%；风电4.68亿千瓦时，增长43.77%；垃圾发电7.45亿千瓦时，增长5.51%。

【社会用电】 2018年，泉州市社会用电量500.7亿千瓦时，比上年增长6.5%，增长率下降0.7个百分点。其中，工业用电量339.7亿千瓦时，比上年增长5.7%，增长率提高1.3个百分点。最高负荷799.1万千瓦，比上年增长7.5%，增长率提高2.6个百分点。第一产业用电量1.5亿千瓦时，比上年增长23.1%，增长率提高3个百分点。第二产业用电量343.7亿千瓦时，比上年增长6.2%，增长率下降0.6个百分点。第三产业用电量60.0亿千瓦时，比上年增长11.1%，增长率与2017年同期持平。城乡居民生活用电量95.6亿千瓦时，比上年增长4.6%，增长率下降1.8个百分点。

【电网建设】 2018年，泉州市完成电网建设投资27.2亿元，完成年度计划的100%。建成35千伏及以上变电站7座、线路238.9千米；新建及改造10千伏线路714千米，新增配电容量138万千伏安；中心市区配网自动化百分百覆盖建设，故障自愈平均时长降至1分钟，配电网供电可靠性和电压质量显著提升。至年底，泉州有500千伏变电站4座、容量820万千伏安，线路567千米；220千伏变电站39座、容量1390万千伏安、线路1992千米；110千伏变电站172座、容量1547.6万千伏安、线路3143千米。地区配网10千伏馈线3434条，其中公用馈线2939条，10千伏线路总长度25664千米，其中电缆8766千米。公用配电变压器31435台，总容量1356万千伏安。专变配电变压器49011台，总容量1775万千伏安。

2018年泉州市全社会用电量及工业用电量统计表

表23

分区名称	全社会用电量（万千瓦时）	比上年增长（%）	工业用电量（万千瓦时）	比上年增长（%）
泉州市	5007371	6.46	3396524	5.70
晋江市	1618674	9.26	1260653	9.28
南安市	790696	11.19	536712	12.38
石狮市	394483	3.92	237403	3.41
惠安县	450620	5.59	280896	4.54
安溪县	414725	9.49	270184	8.56
德化县	175842	14.24	131600	14.62
永春县	138364	12.73	75946	14.96
直供区及其它	1023967	-2.40	603131	-7.81
全市合计	5007371	6.46	3396524	5.70

信 息 业

综 述

【概况】 2018年，泉州市58家企业通过工信部信息产业监测平台（软件业）填报2018年年报数据，实现营收25.11亿元，利润1.7亿元，完成税金1288万元。24家软件企业营收超过1000万元，比上年增长21%。从产业结构看，在云计算、大数据、移动互联网等新兴信息技术蓬勃发展，以及“互联网+”战略和建设“智慧城市”的驱动下，信息系统集成服务仍是泉州市软件和信息技术服务业的主要业务类型，伴随集成电路产业的发展，嵌入式系统软件收入快速增长。从资本市场看，软件企业通过上市实现投融资和完善产业链，全市9家软件企业上市（含“新三板”）。制定《关于加快泉州市数字经济发展七条措施》，支持软件和信息技术服务业、工业互联网、动漫、物联网、集成电路等产业发展。

【软件和信息业发展】 2018年，泉州市推动软件和信息技术服务业发展，突出项目带动，筛选出20个投资金额较大、具有带动作用的项目；组织全市软件企业和泉州软件园申报软件企业享受用电政策；部署实施“泉企上云”试点行动，围绕泉州纺织鞋服、建材家居、机械装备、石油化工、食品饮料、纸品印刷、工艺制品、电子信息等实体行业，推动企业基础设施、平台系统和业务应用上云。

【工业互联网】 2018年，泉州市立足产业基础和县域特色经济，以行业龙头等为主要依托，培育一批面向特定行业、特定集群的行业级平台标杆，促进企业互联、数据整合、资源共享、产业协同。重点打造“互联网+鞋业”、“互联网+家居”和“互联网+陶瓷”平台，加强上下游产业资源优势互补，形成比较完整的配套供给。

【动漫产业】 2018年，泉州市推动动漫产业与传统产业深度融合，动漫产业发挥泉州纺织服装、鞋业、箱包、食品等轻工产业发达的优势，探索出有泉州特色的动漫产业与传统产业结合路子。以“功夫动漫”为代表，推动传统产业链与创意产业链向融合，帮助更多传统企业复制“产业动漫模式”，推动传统产业加快转型升级，带动第二产业的整体提升。

【专项资金项目】 2018年，泉州市实施省级工信发展专项转移支付资金软件产业发展专项的申报工作，全市补助15个项目，下达资金441.69万元。

数字泉州

【概况】 2018年，泉州市数字泉州建设办公室发挥信息技术优势，着重服务“五个泉州”建设，完善政务网络平台建设，推进数据互联互通；做好电子政务建设管理各项工作，提升服务水平；制定《泉州市电子政务云平台应用管理暂行规定》，规范泉州市电子政务云平台的管理和使用，保障政务云平台安全稳定、有序、高效运行。

【政务网络平台建设】 2018年，泉州市完善政务网络平台建设，推进数据互联互通，加强泉州市电子政务信息网和泉州市电子政务外网的运行维护，保障市级各政务部门非涉密公文信息的传递、业务流转，满足各政务部门部署面向社会管理、公共服务等各类业务应用的需求，为各单位政务网络应用提供安全、稳定、高效的运行环境。推进

"互联网+政务服务"实施，泉州市电子政务外网云平台升级扩容项目2018年4月完成建设并投入试运行，7月完成项目终验，10月上线运行，提升泉州市电子政务信息化建设和运行维护的专业化服务水平。加快泉州市政务信息网云平台建设，2018年3月启动项目，先后完成需求调研、可研报告与初设方案制作、项目报批等工作，泉州市政务信息网云平台进入招投标阶段，推进部门信息化应用系统整合部署。推动泉州市数据中心整合迁移工作，开展政务信息资源调查，对各县（市、区）及市直各部门的资源情况进行全方位调查，从系统软件、应用软件、资源使用情况以及对云平台资源的需求情况等方面进行摸底、梳理、分析；制定数据中心整合迁移技术方案，组织技术人员走访有关部门，现场解答相关问题，协助有关部门制定应用系统迁移整合技术方案；分批实施数据中心整合迁移工作，根据各部门应用需求情况，市直部门报送需完成迁移的应用系统60个，完成46个应用系统的迁移（其中有33个应用系统正式上线运行、有13个应用系统基本部署完成，试运行及备案）。

【电子政务服务】 2018年，泉州市政务信息网新增接入单位35个，市数字泉州建设办公室具体负责接入审核服务工作，发挥技术优势，帮助接入单位解决网络使用过程中产生的各类软、硬件故障，提升服务水平。服务政务云平台，泉州市电子政务外网数据中心2018年完成升级扩容，为政府部门提供基础政务设施服务，部署市政府办的"政务网站群""泉州市智慧安监信息管理平台""泉州市食品安全信息追溯平台"等35个重要政务应用系统。全年平台运行平稳、高效。服务视频会议，利用政务网络平台召开视频会议，是政务信息网的一项重要应用。做好视频会议系统的常规调试、会前调试、会中保障，并对每场视频会议全过程进行刻录存储，全年召开国家、省、市视频会议148场次，主动故障率为零。指导各县（市、区）分会场开展工作，提升视频会议的稳定性和高效性。服务市应急视频会商指挥系统做好省应急视频会议系统在市级多点控制单元（MCU）硬件的维护管理工作，在台风期间，做好系统本级MCU硬件的保障工作，提高防灾减灾的指挥决策和快速反应能力。服务行政决策，做好政务信息网内容更新、日常监控和信息审核工作，每天从国内和本地主流媒体采集重要时政、经济、社会信息，及时在政务信息网更新发布，服务市领导及市直各部们行政决策。2018年，完成政务信息更新7795条，用户访问量86万多人次。

【政务云平台运行维护管理】 2018年，泉州市制定《泉州市电子政务云平台应用管理暂行规定》，规范泉州市电子政务云平台的管理和使用，保障政务云平台安全稳定、有序、高效运行，为电子政务云平台应用管理提供制度保障。做好政务网络、云平台的日常运维和安全管理工作，定期对网络核心层、汇聚层设备以及政务云平台进行巡检，对设备的使用情况、除尘情况和损坏情况等逐项检查记录，综合分析，避免发生故障，保证政务网络和云平台的正常运行。制定《机房管理制度》，实行机房出入登记，要求申请接入网络和云平台的单位签订《安全保密责任书》，按照"谁使用、谁负责"的原则，明确安全保密事项和责任。做好"泉州市项目信息管理系统"管理工作，市数字泉州建设办公室负责"泉州市重点项目管理系统"的日常运行维护，实现全市重点项目、赶超计划重大项目、"五个一批"等项目申报及月度跟踪的在线信息管理，促进市、县（区）两级及各部门之间项目信息互联互通和资源共享。指导各县（市、区）重点办、各项目建设单位开展信息管理工作，提供信息方面的技术指导和咨询，实现项目信息规范化、系统化管理。

无线电管理

【概况】 2018年，泉州市无线电管理局强化服务意识，合理配置和利用各项无线电管理资源，规范无线电台站审批与管理，加大执法监

2018年，泉州无线电管理局召开军地用频协调会

（图/泉州无线电管理局）

督检查力度，加快技术设施建设步伐，做好无线电安全保障，维护空中电波秩序，推进无线电管理各项工作。

【频率台站管理规范】　2018年，泉州市无线电管理局加强频率台站管理，全年受理行政审批103件，核发电台执照3090份，换发电台执照3份，变更电台执照4641份，注销电台执照23份，转报频率申请4份，指配超短波频率27个，登记31家销售单位，备案型号235种。优化窗口服务，缩短审批时限、审批环节，简化流程，提高效率，编制行政审批标准，确定办事规范标准，推进行政服务标准化建设，规范权力运行，公开服务承诺，增强办事透明度，受理的行政审批件，全部提前办结，单位测评满意率100%；合理分类台站，科学管理，对三大运营商新建基站数据进行审核并入库，核查清理5G频段卫星地球站；开展设台单位走访检查，坚持台站管理与服务并重；实地核查在用无线电发射设备，宣传新政策，了解用频需求，征求意见建议。

【对讲机产业发展】　2018年，泉州市无线电管理局引导和支持泉州对讲机产业发展。组织召开无线电发射设备生产与销售企业座谈会，宣讲政策，答疑解惑并征求企业的意见建议；与对讲机行业协会合作推动公众对讲机频率重新规划，以期疏通对讲机模转数关键节点，解决企业和市场实际困难；与相关高校对接，探讨政校企合作，推动对讲机产业发展。

【行政执法检查】　2018年，泉州市无线电管理局开展执法行动42次，派出执法人员189人次，检查设台单位（个人）55家，抽查发射设备169台，开出责令改正通知书8份，立案1件，罚款5000元，受理及排查干扰投诉4起，查处“伪基站”2起，“黑广播”4起，在考试保障中查获作弊案件2件。与市工商和市质监局联合签发《关于建立泉州市无线电发射设备生产、销售行为长效监管机制的通知》，发挥部门职能优势，加强对生产、销售无线电对讲机、微波等无线电发射设备的监督检查；规范开展“双随机”执法检查，做好“12345”便民服务热线工作，组织执法人员对抽到的7家设台单位开展监督检查，出动执法人员87人次，抽查169台设备，通过现场台站资料比对，设备检测和咨询，完成执法任务；制定出台“12345”便民服务平台诉求件办理暂行规定，建立分工明确、运行规范、监管有力的工作机制，受理办结11起，办结率100%。

【无线电安全保障】　2018年，泉州市无线电管理局强化保障无线电安全，完成“国际军事比赛—2018”“海上登陆”活动无线电安全保障工作。活动于7月29日至8月11日在石狮将军山举行，泉州市无线电管理局局发挥在无线电安全保障军地协作方面的优势，联合福建省专业建制的预备役电磁频谱管理大队和各地市无线电管理局技术力量，与赛事现役部队开展军民深入融合作战。来自泉州、厦门、莆田市无线电管理局和预备役电磁频谱管理大队的专业保障人员30人，现役频谱管控部队官兵10人，启用固定和可搬移监测站10台（套）、无线电监测车4辆、便携监测设备8套、公网和集群对讲设备14台、远程视频监控设备4套，出动保障人员160人，保障车辆40车辆，监测时长240小时。保障队伍冒着高温酷暑，清理赛场周边非法设台多起、查处集群对讲系统干扰一起，完成赛事开幕式、障碍赛、求生赛、接力赛和闭幕式等各项活动的频谱管控任务。完成2018环泉州湾国际公路自行车赛无线电安全保障任务，比赛于11月9—11日在泉州举行，赛事以“海丝”和“环湾”为主题，央视进行赛事直播，泉州市无线电管理局作为赛事组委会成员单位，主动服务、周密部署、高效服务竞赛的安保、媒体和通信等部门，派出保障人员34人次，移动监测车10辆次，使用各类监测设备20台套，完成赛事无线电安全保障任务。做好2018年春节和“两会”期间无线电安全保障工作，泉州市无线电管理局加强无线电监听监测，开展无线电监督检查，加强设备维护，落实24小时值班制度。“两会”期间，泉州市无线电管理局使用固定监测站、小型监测站和移动监测车等各种技术设施开展无线电监测计2032小时，未发现明显干扰信号。做好重要考试保障，维护考试公平公正。泉州市无线电管理局启用新型无线电数字作弊信号自动监测系统参与考试无线电防作弊保障任务，分别在2018年全国一级建造师执业资格考试、2018年全国执业药师资格考试中，查处2起利用无线电通信设备进行作弊的行为，维护考试的公平与公正。全年完成各类无线电考试保障15起，包括2018年员录用考试公共科目笔试、2018年全国普通高校招生统一考试、2018年全国卫生专业技术资格考试、福建省二级建造师执业资格考试、2018年全国普通高校招生统一考试等，涉及67个考场7万多名考生。累计出动保障人员293人次，保障车辆53辆次，无线电监测设备84台（套），保障时间约52小时。

【信息宣传】　2018年，泉州市无线电管理局规范信息编辑和报送，完善信息编审和报送制度，严格信息公开，提高信息质量，2018年，编辑《简报》15期，撰写信息50篇，在泉州主流媒体刊登信息3篇，被《国家无线电管理通讯》及《中国无线电》采用14条，《泉州要讯》采编9条；多渠道多形式开展宣传活动，通过在考试、重大活动无线电安全保障现场摆放宣传展板和主流媒体刊登宣传信息的形式，全面普及新条例的法律法规和无线电科普知识；深入无线电发射设备生产和研发企业，开展新条例宣贯活动；举办无线电管理宣传月系列活动，9月20日在泉州市西湖公园临湖广场，参与举办“创新引领时代，智慧点亮生活”全国科普日主题宣传活动，通过现场播放宣传视频、摆放宣传展板、展示查处的“黑广播”“伪基站”设备、接受现场咨询、发放宣传资料等多种形式，向广大群众普及无线电科普知识，针对“黑广播”“伪基站”等违法设台行为，结合现实案例，提高广大市民防诈骗能力，扩大无线电管理的影响力，提升公众对无线电管理工作的认知度，达到预期目的；9月19日，在丰泽区东凤社区内设置咨询台、摆放宣传展板、展示查处的“黑广播”、“伪基站”设备、发放无线电宣传资料，向附近居民宣传无线电管理法律法规，科普无线电知识；通过召开2018年无线电管理工作座谈会，向相关部门及重点设台单位宣传《中华人民共和国无线电管理条例》和新修订的《福建省无线电管理条例》，加强无线电频率使用管理和设台行为规范。

【无线电监测检测】 2018年，泉州市无线电管理局利用监测固定站4个，小型站20个，可搬移监测站1个，移动监测车1部开展日常监测、专项监测和无线电安全保障，累计有效开机监测时间69106小时，其中移动监测1360小时。按时完成超短波频谱的监测任务，监测重点频段，记录信号电平和带宽，统计频段占用度，分析监测数据，排查不明信号；根据工信部有关通知要求，按时完成频谱监测任务；按时完成每月边境（界）电磁环境测试的专项监测任务并记录监测结果和每周四预备役频谱战备周报任务，提交监测数据月报。开展频谱评估数据采集。成立工作小组，制定实施方案，克服泉州面积大、地形复杂的困难，提前规划移动监测路线和测试时间，制作合理线路图册，发现问题，与省监测站和厂家沟通协调解决，完成相关数据采集工作，在8个工作日内完成辖区内13个县（市、区）频谱数据采集，测试里程达1000千米。抓好技术设施建设和维护，推进石狮灵秀山监测固定站监测系统改造及相关配套项目建设，推进项目招标、合同签订、到货验收、安装调试、系统试运行及技术终验等工作，正式投入使用；开展技术设施项目建设研究并按时上报建设计划，申报2019年度技术设施项目5个，包括一类边海无线电固定监测站建设、考试无线电安全保障系统、无线电监测数据中心项目、泉州市南安石鼓山固定监测站升级改造项目以及移动监测车升级改造，申报预算资金计1835万元；完成技术设施维护服务和计算机网络维护服务外包。缓解泉州局技术人员不足，设施维护不到位的现象，提高设备和计算机网络的运行稳定和故障排除效率；完成故障设备维修和系统恢复，全年完成18台（套）设备维修任务，涉及南安石鼓山站、市区大坪山站等四个监测固定站、五个小型监测站、一个可搬移监测站、一部移动监测车和两台检测仪器，保障无线电技术设施的正常运行。

通信业

【中国电信泉州分公司】 2018年，中国电信泉州分公司下辖12个县（市、区）分公司和126个电信分局，有全口径员工5826人，各类服务网点1602家，有45个基层党组织（其中党委1个、党总支部3个、党支部41个）、党员1106名。公司有固定资产原值137亿元。2018年，全业务收入规模32.70亿元，拥有4G用户209万户、光宽带用户205万户、天翼高清电视用户118万户、物联网用户248万户（各类用户合计780万户）。

互联网基础网络。2018年，中国电信泉州分公司建成功能齐全、技术先进的互联网基础网络，移动网络方面，LTE总载扇到4.3万个，占全省电信总量22.3%，规模排名全省第一；聚焦“五高”场景，新增基站1260个，完成新小区室分覆盖145个、高流量小区疏忙扩容815个；宽带网络方面，FTTH资源能力保持全省第一，总光端口数354.62万个，10GPON端口数占光宽用户近90%，规模及覆盖率均排名全省第一；物联网方面，建成覆盖全市的窄带物联网（NB-IOT），在全市率先开启NB-IoT网络商用；推进“云网融合”，拥有2个数据中心，IDC机柜突破900个，IDC出口带宽3880G，占全网80%以上。2018年，泉州移动端到端感知优良率、宽带端到端感知优良率均为全省电信地市公司排名第一。

智慧城市建设。2018年，泉州市推动智慧城市建设，深化“互联网+”，中国电信泉州分公司整合资源，通过“智慧城市”建设，推动数字经济与实体经济深度融合，通过加快建设工业互联网平台，构建面向全市重点产业和中小微企业对接机制，承建政务外网云平台、各县区教育城域网、居民健康信息系统平台、九牧企业系统“上云”等项目，促进泉州市城市转型与产业结构进一步调整与优化，形成智能应用带动产业转型升级，产业转型升级促进智能应用创新的跨越式发展格局，服务泉州经济发展和网络强国建设。

网信服务与保障。2018年，中国电信泉州分公司以客户为中心，构建“全方位、全过程、全员”的“三全”服务体系，做好服务工作。是年百万用户有效申诉量59件/月，在管控值范围以内，比上年压降超10%；宽带“当日装、当日修、慢必赔”工作持续推进；营业厅等候时长较年初压降67.22%；落实提速降费要求，全面取消国内手机流量漫游费，夯实宽带网络基础，截至2018年底宽带平均速率达95.87M，全省第一；加强网信保障，完成国际军事比赛、环湾赛、元宵灯会等通信保障任务；强化网信安全工作责任制，加强用户个人信息安全保护，全年未发生用户个人信息重大泄露事件。

助力扶贫工作。2018年，中国电信泉州分公司围绕脱贫攻坚，开展党建扶贫行动，公司党委定期研究扶贫工作，听取扶贫相关工作汇报，开展要求基层党支部结对共建扶贫，全市共有扶贫共建党支部4个，结对共建贫困村6个；开展网络扶贫，根据当地扶贫需求，及时做好网络资源能力保障工作，实现全市181个贫困村光纤宽带、4G覆盖率均达100%；通信业务扶贫，组织扶贫专场活动近300场，政策宣传超3万户，累计为6307户村委会认定的贫困户家庭提供通信扶贫优惠业务；信息应用与产业扶贫，推进信息进村入户，完成全市810个益农信息站建设，提供云桌面、专属网站及农产品网店等技术解决方案，发挥电子商务对破解“三农”问题作用，促进农村经济新一轮发展；公益扶贫，2018年组织员工参与公益性扶贫项目捐款，共参与3482人次，捐款22.4万元。

【中国移动泉州分公司】　2018年，中国移动泉州分公司全年实现通信服务收入近51.03亿元，净利润14.84亿元，收入规模在全省移动系统及本地通信运营商中排第一位；上缴各类税收1.08亿元，自公司运营以来，累计上缴税收超100亿元，税收贡献居本地国有企业前列；至2018年底，公司移动客户规模超600万户，区域市场份额达65%，其中家庭宽带、电视客户突破200万户，持续保持通信市场领先地位。

移动网络建设。2018年，中国移动泉州分公司移动网络品质和能力储备实现突破，网络质量得到大幅度提升。网络建设方面，4G基站总数1.68万个，新增4G站点1536个，新增FDD点位2263个，网络覆盖广度和深度进一步提高。宽带运维方面，全年宽带小区总端口数244万个，宽带建设投资3678万元，新增端口50.2万个。响应“宽带中国”发展战略，加大偏远农村光纤覆盖力度，实现城市光纤到户覆盖率100%，固定宽带市场份额32%；用户平均接入能力城市地区100M以上，为市民提供内容更丰富、图像更高清的互联网电视产品。服务品质方面，优化宽带故障投诉处理流程，年末光猫离线客户日均投诉量，较全年平均值下降约15%。规范预约流程，客户回访满意度94%以上。全年网络质量投诉率月均比上年下降25.9%，不明扣费率月均下降21.8%。公司获评“全国用户满意企业”荣誉。

2018年，泉州移动通过大数据挖掘和人工智能技术，助力鲤城区检察院开发成功首台智能普法机器人——“小鲤”　（图/中国移动泉州分公司）

助力“智慧城市”。2018年，中国移动泉州分公司移动信息化助力“智慧城市”再上台阶，公司依托自身技术、资源优势，打造产业生态圈，加快推进“智慧安全城市”的建设和应用。通过搭建“4G远程医疗”“24小时智慧检务”等一系列便民便企的信息化平台，参与全国首个智慧农业平台试点项目——安溪茶叶云平台、晋江“人像大数据平台”、南安“智慧化城市管理平台”等项目合作支撑，助力食品安全保障、政务云、生态保护、中小学平安工程等在内的城市智能化建设，并联合华为、清华大学公共安全研究院、西人马等生态合作伙伴，进一步整合通信产业链资源，为泉州智慧城市体系构建提供支撑服务。

应急通信保障。2018年，中国移动泉州分公司做好元宵花灯、晋江鞋博会、海军“国际军事比赛—2018”、福建向金门地区通水仪式、海丝文化节等地方重大活动的通信保障工作，全年完成40多场政务通信保障活动；完成汛期台风抗灾、重大会议等重大通信保障任务。全年进行重大活动通信保障35次，累计投入人数400人次、应急通信车67辆次，确保各类突发话务有效吸收，提升客户满意度。提高应急通信保障能力，引入京信卫星球机、鑫诺便携式卫星设备、450M指挥调度系统等先进设备，在汛期、台风等极端灾害天气下，保障地方的党政军工作以及内部指挥调度通信需求。引入超级基站、应急卫星通信车等先进设备，在汛期、台风等极端灾害天气下，保障地方的党政军工作以及全市生产生活通信需求。

2018年8月2日，泉州移动为“国际军事比赛—2018”海上登陆赛提供通信保障 （图/中国移动泉州分公司）

骚扰电话整治。2018年，中国移动泉州分公司推进骚扰电话整治，协助泉州市公安局、泉州无线电管理局强化打击“伪基站”通信技术诈骗犯罪。通过建立防诈短信宣传机制，定期向全市移动用户发送防范通信信息诈骗警示类短信，月均发送量40万条，提醒彩印（防诈骗来电号码提示服务）对福建移动用户累计投递提醒2.26亿条，保障市民的通信安全。

【中国联通泉州分公司】 2018年，中国联通泉州分公司全业务经营收入12.24亿元，其中固网业务收入3.13亿元，移动业务收入9.11亿元。联通用户年度净增11.3万户，总数141.7万户，其中4G用户总数114.6万户。宽带用户年度（含无线宽带）净增1.99万户，总数20.84万户。

移动网络保障。2018年，中国联通泉州分公司加强移动网络保障。移动网络方面，持续聚焦4G网络建设，全面做优做强4G网络覆盖，4G网络覆盖率98%，做好流量激增网络容量保障，为全市手机用户提供快速、流畅的网络体验，客户口碑值全省第一。在家庭宽带方面，推进光纤入户、宽带免费提速，实现家庭宽带“千兆引领，200M主流，100M普及”。

通信服务保障。2018年，中国联通泉州分公司加强通信服务保障，完成元宵节、环泉州湾国际公路自行车赛、大学生体育联合会亚洲杯足球赛、央视戏曲春晚泉州分会场等各项重大社会事务的通信保障；陆续完成智慧丰泽、平安丰泽、县级河长制平台搭建及泉州城安系统等重要项目建设；担负全国CBA联赛、福建省水利厅汛期防汛视频监控、全国各大金融系统等重要通信保障。

通信技术创新。2018年，中国联通泉州分公司进行FDD Massive MIMO技术和NB-IoT定位技术等全国领先课题的研究，取得较多的科研成果，多名技术骨干被中国联通集团总部评为全国专家人才。泉州联通顺应移动互联网的发展，运用互联网思维进行大数据分析、探索人工智能在运维中的应用， 2018年获福建省总工会组织的百万职工“五小”创新大赛二等奖；2016至2018年连续三年获得中国通信企业协会颁发的“通信行业优秀质量管理小组”。

5G智慧城市建设。2018年12月5日，泉州联通召开“数智引航、引领未来”信息化峰会，推动互联网、大数据、人工智能与各行业应用深度融合，助力泉州数字经济发展，共建5G引领的智慧生活。在5G布局上，泉州联通以行业应用为牵引，探索5G创新业务，利用5G网络带来的高带宽、低时延、巨连接等新能力，结合云计算、大数据、物联网、人工智能等新技术，为政务、民生、交通、医卫、教育、生态等众多行业提供多样化、智能化、高效化的解决方案。在5G建设上开展5G资源普查并启动网络改造工作，在泉州部分地区开展Pre5G小规模组网试点等技术落地测试，为5G建设做好资源储备和技术储备。是年，泉州联通通过与政府、产业链伙伴等加强合作，助力党政、生态环境、教育、医疗等行业的信息化建设，践行运营商社会责任感。泉州联通推动泉州率先在“海丝”先行区建成智慧型城市，为现代信息服务业发展和产业转型升级贡献力量。

邮政业

【概况】 2018年，泉州市邮政行业业务总量完成210亿元，比上年增长32%；业务收入完成88亿元，增长30%；快递业务量完成9.72亿件，增长31%，占福建省比重46%，居全国第十位；业务收入完成78亿元，增长33%。四项指标均居福建省首位。2018年邮政业带动社会消费品零售总额突破1500亿元。

【邮政公司】 2018年，泉州市提供邮政普遍服务的营业场所220处，服务半径为4.2千米。平均服务人口4.16万人，电子化营业场所有181处，邮筒（箱）540个，村村通邮率100%，村邮站171个，三农服务站16个，便民服务站2057个，邮政专用标识车辆151部，新建住宅小区信报箱配置率100%。

【快递企业】 2018年，泉州市登记备案的快递企业及网点1500家（其中法人企业130家），涵盖国内主要快递品牌和 FedEx、DHL 等国际品牌超20个，其中6家业务量超过1亿件，4家业务收入超过10亿元的快递品牌。泉州市省一级快件分拨处理中心11个。

【行业发展】　2018年，《泉州市政府办公室关于贯彻落实福建省推进电子商务与快递物流协同发展实施方案的通知》等6份扶持行业发展政策出台。产业联动持续深入，全市有仓配一体化项目11个，面积28万平方米，全年产生快递业务量近3000万件，服务制造业产值超过36亿元。安溪茶叶入选国家局快递服务现代农业示范项目，全年产生茶叶快件2885万件，业务收入1.5亿元，支撑产值超过15.8亿元。全市快递业9套全自动化分拣设备上线运行。

【行业服务】　2018年，泉州市形成“人工为主、智能为辅”的城市末端综合服务多元格局，全市建成智能快件箱（智能信包箱）21.58万个格口。智能信包箱改造纳入晋江市2018年为民办实事项目。快递车辆通行经验获瞩目，电动三轮车交通安全培训常态化，中心市区及晋江共有741辆快递三轮车上路行驶。全市建成邮政农村电商服务点3512个，在助力农特产品进城，实现精准扶贫方面，服务更加靠前、模式更加全面。“邮政在乡”“快递下乡”工程深入推进，快递网点乡镇覆盖率100%和建制村直接通邮率100%，“双百”成效不断巩固。“放管服”改革更加深化，快递末端网点备案工作大力推进，全市备案网点981个（全省第一）。全市主要品牌快递企业全面推广使用可循环中转袋。

【安全监管】　2018年，泉州市督促企业全面落实实名收寄，实现综合实名率（保持99%以上）全省稳居第一，散件实名率不断提升的效果；督促全面落实过机安检，至年底全市安检机94台（全省最多），具备可联网条件的75台安检机（全省最多，占比30%）全部实现联网。推进邮政业安全生产分级管控和隐患排查治理双重预防机制建设，该项工作得到省邮政管理局转发推广。

泉州市从事跨境电商发货的某物流企业（2018年拍摄）　（图/王宇静　洪宝森）

交 通

交通建设

【概况】 2018年，泉州市拥有营运车辆67811辆。其中客运汽车4910辆，营运载货汽车62901辆。高级客车1174辆，占客车总量（不含出租汽车）的53.6%。全市拥有营运船舶228艘（其中货船227艘、客船1艘），货船载重吨301.89万载重吨，比上年增长12.39%，总量居全省第二。全市227艘营运货船集装箱箱位155400标箱，比上年增长16.92%；单船平均吨位13299载重吨，增长7.94%；万吨以上营运货船128艘246.55万载重吨，分别占全市营运货船总数的56.39%和81.67%。

【公路运输场站枢纽】 2018年，泉州市交通场站建设完成投资5.07亿元。其中，泉州综合交通枢纽站完成年度投资4.34亿元，项目主体工程完工，枢纽客运站和集散匝道率先投入试运营，比原先计划工期提前14个月，是泉州市第一个集客运、公交、出租车、火车、轨道交通等各种出行方式于一体的客运枢纽；晋江陆地港二期完成年度投资7000万元，占年度计划的233.3%；公交枢纽站、首末站布局进一步优化，建成晋江深沪、金井、磁灶公交枢纽站和张坂下宫村、华侨大学首末站。

【城乡客运一体化】 2018年，泉州市组织各县（市、区）交通运输主管部门开展辖区城乡道路客运一体化发展水平自评工作，2018年度泉州市90%县（市、区）城乡道路一体化评价达到4A及以上等级。晋江、石狮、惠安实现城乡公交一体化运行。实施“村村通客车工程”，2018年，更新农村客运车辆10辆，完成投资311万元，全市从事农村客运企业18家，开通农村客运班线109条，运行班车370辆，通客车建制村数达2020个，通客车率98.1%。其中，1684个建制村以公交班车形式开通，366个建制村以预约车形式开通。县、乡、村三级农村物流网络体系规划编制完成，建成永春岵山、吾峰等7个农村公路多功能停靠驿站和301个乡镇、村级、城区便民电商服务站，农村物流发展试点县建设逐步展开，安溪县获批成为泉州市级农村物流示范县，农村客货运输“最先一公里”和“最后一公里”进一步打通。乡镇综合运输服务站建设稳步推进，永春县蓬壶、德化县赤水乡镇综合运输服务站改造完成，泉港涂岭镇综合运输服务站完成主体建筑。客运试点范围由1家企业扩大至全市所有企业，探索车辆小型化、需求个性化、服务“门到门”的客运服务模式，大力发展旅游包车客运，配合旅游市场需求，转移中心城区过剩班车运力，提高运力资源利用率。

【网约车管理】 2018年，泉州市11家网约车平台公司取得经营许可证，4224辆网约车实现合规化，其中纯电动网约车1444辆，11076人取得网约车从业资格。

【城市公交】 2018年，泉州市新增公交线路20条，优化公交线路27条，完成新增更新公交车辆350辆，分别完成年度计划的400%、337.5%、291.67%。全市共有公交企业18家，公交车辆3556辆，营运线路280条，公交驾驶员2809名。

中心市区公交 围绕古城提质、新城集聚的部署，打造公交“小蓝”“小白”，畅通古城交通微循环，新增优化线路联通新城各片区，中心市区公交站点的500米半径覆盖率99.5%，中心市区清洁能源、新能源公交车所占比例

66.23%。中心市区公交企业3家，公交车1774辆，营运线路84条，其中泉州公交发展有限公司1582辆，线路70条，泉州市第二公共交通运输发展有限公司177辆，线路11条，泉州开发区公交公司15辆，线路3条。中心市区公交综合停车场8个，总用地面积18万平方米，公交首末站87个，其中自有首末站9个。公交支付方式实现多元化，支付宝、银联卡、泉城通APP等支付方式在市区公交上得到推广。

社区巴士　2018年，选用100辆“小白”二代参与古城改造提升，开通山线、水线周末休闲定制线路及古城旅游专线。根据市民需求优化调整班次，增加13:00—22:00运行班次12班；增加天后宫、源和堂1916、文化宫、外国语中学、开元盛世、西湖公园6个小白休息站点；增加小白在名胜古迹周边到站语音提示、名胜古迹语音简要介绍的车载设备功能。

【港口建设】　2018年泉州港（不包括湄洲湾南岸的港区）港口水运工程在建项目5个，实际完成投资158002万元，完成年度投资计划的100%。石湖作业区5～6号泊位工程项目进展顺利；石井作业区16～17号泊位、锦尚作业区2号泊位扩建及4号泊位因阻工等问题进度滞后；梅林码头改扩建工程因出资方暂停投资五月底起工程全面停工；晋江东石良兴码头二期工程于10月份完成交工验收；石井作业区18～19号泊位工程于10月通过初步设计审查；石井航道二期工程因项目的疏浚物无合适纳泥区，施工图设计暂未获批，无法按计划开工建设。

【航线航班】　2018年，泉州晋江国际机场快速发展，航线网络结构和布局日趋优化完善，共有22家航空公司在本场运营客货航线57条，其中国内航线48条，国际（地区）航线9条，新开长春、淮安、泸州、烟台、永州、运城、湛江、兴义、衡阳、桂林、无锡、曼谷、达沃等13个城市，每天进出港航班200架次，实现航线辐射范围更广，通达性更强。

交通运输

【铁路运输】　2018年，泉州市辖区内铁路运营里程约360千米，其中货运铁路为漳泉肖铁路（330.85千米）、湄洲湾南岸铁路支线（26千米）、中化泉州石化专用线（3.15千米），2018年货运总量951.11万吨；客运铁路为福厦铁路（86.97千米），2018年客运总量为13442713人，其中泉州站9232988人，晋江站3473798人，惠安站735927人。

2018年泉州铁路有限责任公司主要指标完成情况表

表24

项　目	单位	实绩	预算	完成预算计划率(%)
货物发送量	万吨	410.26	394	104.13
货物周转量	万吨千米	120355.3	117000	102.87
货运收入	万元	31592.64	29476	107.18
提供服务收入	万元	6693.15	5904	113.37
运输收入	万元	38285.79	35380	108.21

【道路运输】　2018年，泉州市完成公路客运量4898.46万人次，客运周转量36亿人千米，完成公路货运量17426.83万吨、货物周转量151.65亿吨千米，公路运输总周转量比上年增长6.1%，全省排名第一位。

【甩挂运输】　2018年，泉州市甩挂运输完成投资2012.2万元，占年度投资计划的201.2%，新增（更新）牵引车31辆，完成年度计划的155%；新增挂车63辆，完成年度计划的157.5%。

【水路运输】　2018年，泉州市水运企业60家，其中国内水路运输企业59家，海峡两岸直航客运企业1家。拥有国内船舶管理企业23家，国内船舶代理和货物运输代理企业53家，无船承运企业8家；拥有国际船舶管理企业2家，国际船舶代理企业20家，与上年同期持平。2018年完成水路货运量12737.05万吨，货运周转量2037.12亿吨千米。水路总周转量比上年增长14.64%，增幅位居全省第一位。泉州—台湾集装箱班轮运输航线运营132航次，运载集装箱15464标箱，分别比上年增长26.92%和2.12%。水路客运量完成16.32万人次，比上年下降16.04%。其中外贸货物吞吐量479.55万吨，比上年下降1.50%，进口378.52万吨，出口101.04万吨；外贸集装箱完成10.58万标箱、比上年下降21.26%，进口5.47万标箱、出口5.11万标箱。对台湾货运量完成96.94万吨，比上年增长3.69%。泉州—金门客运航线接送旅客163181

2018年12月27日，台湾籍客轮“百丽”轮参与泉州—金门航线运营

（图/市交通运输局）

人次，比上年增长16.04%，创历史新高，其中进港80170人次，出港83011人次。辖区港口全年新增内贸集装箱航线6条、外贸航线2条。

政策支持　2018年1月24日，泉州交通运输委员会联合泉州市财政局印发《泉州港直航台湾本岛集装箱班轮运输财政补助资金管理办法》（泉交委运〔2018〕8号），继续扶持泉台集装箱班轮运输航线。12月27日正式印发《泉州市人民政府关于加快泉州港口集装箱运输发展的若干意见》（泉政文〔2018〕142号），从扶持集装箱码头建设、鼓励货源从泉州港口进出、鼓励开展集装箱运输业务等方面对加快泉州港口集装箱运输发展给予政策扶持。

海丝航线　2018年4月20日，泉州港开通“围头—香港—南沙—胡志明”外贸航线，拓宽“一带一路”出海通道，促进更多“泉州货走泉州港”。

泉州—金门航线　2018年，泉州—金门航线开通个人网上购票，与开通的组团旅行网上购票组成全面的“互联网+出行”体验。同年，泉海公司实施重组，至年底，重组三方签订合作协议，完成新建造船舶的招投标工作。12月27日，台湾籍客轮“百丽”轮参与泉州—金门航线运营。

【航空运输】　2018年，泉州晋江国际机场年旅客吞吐量首次突破700万人次，生产指标均创历史新高。2018年完成航班起降5.83万架次、旅客吞吐量744.31万人次、货邮吞吐量6.38万吨，在全国235个民用航空机场中分别位列第51位、第42位和第34位，分别比上年增长32.8%、39.4%、7.7%。国际（地区）航班快速增长，新增加密“一带一路”沿线航班航线，完成国际（地区）航班起降7204架次，旅客吞吐量832949人次，分别比上年增长23.2%，24.3%。

【旅客吞吐量突破700万人次】2018年，泉州晋江国际机场找准民航运输与旺盛市场需求的结合点，发挥航线和航班网络的辐射和带动作用，发力供给侧结构性改革，完善国内航点布局，实现全国省会、主要城市及旅游城市全覆盖；新开、加密“一带一路”沿线东南亚、东北亚等国际和地区航线航班，开辟对外空中新通道，成为泉州连接世界的桥梁纽带和发展的动力引擎。10月21日，年旅客吞吐量突破600万人次。12月7日，年旅客吞吐量突破700万人次。

2018年12月7日，泉州晋江国际机场旅客吞吐量突破700万人次。图为机场员工为第700万位旅客送上鲜花

（图/泉州晋江国际机场）

商贸流通服务业

责任编辑：陈建强

批发和零售业

【概况】 2018年，泉州市限额以上批发零售业法人企业2826家，比上年增加206家，实现商品销售总额5975.52亿元，增长27.1%；其中商品零售额1337.40亿元，增长13.5%。

【产品批发及零售】

农畜产品批发及零售 2018年，泉州市限额以上农、林、牧、渔产品批发业法人企业13家，从业人员257人，年销售总额19.92亿元。

食品饮料批发及零售 2018年，泉州市限额以上食品饮料批发及零售业法人企业418家，从业人员20662人，年销售总额432.73亿元。

纺织、服装及日用品批发及零售 2018年，泉州市限额以上纺织、服装及日用品批发及零售业法人企业854家，从业人员15316人，年销售总额1798.33亿元。

农畜产品批发及零售 2018年，泉州市限额以上文化、体育用品及器材批发及零售业法人企业67家，从业人员1251人，年销售总额102.44亿元。

医药及医疗器材批发及零售 2018年，泉州市限额以上医药及医疗器材批发及零售法人企业63家，从业人员4148人，年销售总额98.22亿元。

矿产品、建材及化工产品批发 2018年，泉州市限额以上矿产品、建材及化工产品批发业法人企业395家，从业人员7286人，年销售总额2202.71亿元。

机械设备、五金交电及电子产品批发 2018年，泉州市限额以上机械设备、五金交电及电子产品批发法人企业82家，从业人员2615人，年销售总额89.38亿元。

汽车、摩托车、燃料及零配件零售 2018年，泉州市限额以上汽车、摩托车、燃料及零配件零售法人企业315家，从业人员14315人，年销售总额571.65亿元。

烟草批发及零售 2018年，泉州市限额以上烟草批发及零售法人企业2家，年末从业人员1666人，年销售总额123.67亿元。

2018年4月28日—5月2日，第23届泉州（晋江）国际车展在晋江SM国际展览中心举行。图为车展现场（图/薛 凌 张和琛）

【供销社批发及零售】 2018年，泉州市供销合作社系统商品销售总额171.72亿元，比上年增长12.77%；实现利润总额7874.37万元，增长0.16%，经济运行稳中有进，综合实力和为农服务能力持续增强。

住宿餐饮业

【概况】 2018年，泉州市限额以上住宿餐饮业法人企业实现营业额55.30亿元，比上年增长16.3%；实现餐费收入和商品销售额收入37.48亿元，增长21.6%。

【旅游饭店】 2018年，泉州市限额以上旅游饭店法人企业108家，从业人员15512人，年营业额30.99亿元。

【星级酒店】 2018年，泉州市新增四星级旅游饭店1家，加大星级饭店监管力度，对5家对硬件设施不达标、安全管理不到位、服务质量偏低的三星级饭店给予撤销星级饭店称号的处罚。至年底，全市拥有星级饭店73家，其中：五星级酒店13家，四星级酒店33家，三星级酒店27家。拥有客房总数10849间，床位数17621床。

【一般旅馆】 2018年，泉州市限额以上一般旅馆法人企业70家，从业人员2948人，年营业额6.17亿元。

【餐饮服务】 2018年，泉州市限额以上餐饮业法人企业96家，从业人员5324人，年营业额16.91亿元。

会展业

【概况】 2018年，泉州市注重提高展览服务与产业发展、企业需求的匹配度，年初围绕汽配、纺织鞋

2019年1月13日，由泉州晚报社、丰泽区文体旅游新闻出版局主办的“泉州餐饮名店”评选活动颁奖仪式在市区星光耀广场举行

（图/泉州晚报社）

服、食品等重点产业领域，规划74个全球展会、25个重点展会，引导企业拓展国内外市场。全年先后组织167家企业参加墨西哥服装展、美国拉斯维加斯服装展、越南纺织机械展、波兰贸易展等32个国际展会，组织参加市级境外重点展会61个，推动泉州与境外，特别是“一带一路”沿线国家、地区之间的经贸合作。

【办展组展功能增强】 2018年，泉州市贸促系统对接泉州打造海丝重要门户城市的战略部署，呼应泉州品牌“境外行”“海丝行”活动，以展览职能为抓手，引导企业拓展国内外市场。

举办第四届海丝国际品牌博览会 在中国贸促会、中国国际商会、福建省贸促会的指导支持下，以“新丝路、新合作、新融合”为主题，市贸促会成功举办“第四届海丝国际品牌博览会”。展会设置展位544个，展示面积2.6万平方米，吸引来自37个“海丝”沿线国家和地区的417家企业参展。按照副市长季翔峰关于“立足全市角度，突出县域特色”的批示精神，专门设置“六馆两展区”（安溪茗茶与藤铁工艺馆、德化瓷器馆、永春香道馆、惠安雕艺馆、泉州商标品牌展馆、智能制造馆，以及泉州“海丝”文化展区和泉州市旅游展区），宣传展示泉州作为“海丝”起点城市积极同“海丝”沿线国家、地区开展文化和经贸交流的历史传承，以及当代福建、泉州在“海丝”核心区、先行区建设中的新发展、新成就。展会期间到现场参观采购的境内外专业客商、观众人数51469人次，境内外有70家媒体、150多名记者到会报道，刊发各类原创报道250多篇，各类直播报道吸引超过百万名网民参与。

坚持需求导向组织参展 8月，组织泉州市12家茶产业企业、15个展位参加香港国际茶展，参展企业皆与中国香港及国外买家达成合作意向；9月，组织20家企业、20个展位参加福建文化产业金砖国家（俄罗斯）博览会，利用厦门金砖会晤精神的辐射效应，推动泉州市白瓷、石雕、影雕等传统文化“走出去”，特别是五洲陶瓷有限公司分别向俄罗斯国家现代历史博物馆和索科利尼基会展中心博物馆捐赠2套国宴餐具作为永久收藏，展示泉州非物质文化遗产的传承与创新，

促进中俄国际艺术交流合作。

激励引导企业参展　出台《泉州市贸促会　泉州国际商会展览业务管理制度》，修订《泉州市贸促会境外重点展会参展补助专项资金管理实施细则》，强化业务管控，优化补助流程，提升展览业务的规范化、制度化建设。建立常态化的宣传发动机制，相继走访同兴齿轮、三和集团、新鹏飞等50多家企业，了解企业市场布局，针对性地做好参展指导。注重发挥政策激励作用，按阶段、按标准、按归口及时兑现企业参展补助，协助83家参展企业申报98个展位的省级参展补贴，协助132家参展企业申报186个展位的市级参展补贴，补助金额超400万元，减轻企业参展成本，激发企业参展的积极性。

【会展企业服务保障】　2018年，泉州市贸促系统跟进贸易摩擦发展态势，探索商事法律服务的应对思路和对策，拓展法律服务领域、提高法律服务质量，为企业开展国际化经营保驾护航。

便捷高效出证认证　落实省贸促会要求，推行“单一窗口”审批模式，改革企业注册方式及原产地证申报系统，实现“一个平台、一个界面、一点接入、一次申报”，缩短审批时限、提高服务效率。同时配套开展宣传推广和网络注册指导工作，仅2个月时间就有半数企业通过单一窗口办证。注重加快电子化签证进程，推广自主打印项目，基本完成注册企业网上签证系统的印章、签名上传工作，有20家企业实现自主打印。改进货物原产地实地核查方式，由原先的全覆盖核查，改为随机、重点核查，即由市贸促会联合企业所在基层贸促会采取不定期抽查或抽检敏感产品的方式，简化出证认证手续。通过服务的跟进、流程的优化，在对外贸易环境复杂多变的形势下，出证认证工作稳中向好。至12月30日，全市贸促系统为企业签发一般产地证34319份，比上年增长3.3%；优惠产地证6892份，增长37.4%；涉及出口总金额119526万美元；代办领事认证1355份，增长18.3%；办理商事证明2226份，增长15.4%；注册企业175家，增长90.0%。

培训指导工作　做好新注册企业的“一对一”“面对面”培训指导，带政策、带案例、带方法向企业宣讲各级各部门惠企政策，介绍贸促会的业务范围及出证认证遇到的典型案例，分析企业经营和开展贸易过程中遇到的问题和困难，共同探讨防范风险、增强竞争力的方法和途径，全年培训企业33家、受众110多人次。注重开展专题化、专业化的培训讲座，联合福建省贸促会、必维国际检验集团、南安市贸促会分别举办福建省“涉外商事法律服务八闽行”暨“一带一路”商事法律服务高峰论坛、“鞋服企业如何实现时尚运动潮流引领下的绿色制造”“浅谈贸促会商事法律服务职能及外贸出口风险的防范与应对”等三场培训讲座，共有500多家企业、800多人参加讲座，帮助企业了解最新法律知识，规避贸易风险。

提升预警提醒时效　利用即时通讯平台、贸促简讯等开展反倾销反补贴信息咨询服务，全年向企业发送经贸摩擦预警信息287条；协同省贸促会在泉州市闽发铝业、匹克集团等5家企业设立“福建省经贸摩擦企业监测点”，掌握企业反馈的意见和建议，帮助政府尽早掌握国外市场动态和贸易壁垒信息，做到早发现、早预警、早防范。做好中美贸易摩擦应对工作，8月，和省贸促会联合举办“涉外商事法律服务八闽行（泉州站）”培训活动，邀请中国贸促会出证认证专家和闽江学院教授，为泉州市110多家企业讲授原产地规则判定标准和贸易壁垒应对方法。9月，再次联合中国贸促会法律事务部、中国贸促会知识产权服务中心、市商务局，共同举办“美国301调查暨贸易摩擦应对培训会”，邀请全程参与应对“美国301调查”的专家顾问组成员，现场指导泉州市出口企业如何有效进行关税豁免申请，泉州市涉美出口企业代表等220多人参会。

帮扶援助工作　争取中国贸促会商事认证中心支持，指导泉州华辉厨具有限公司在20天内完成因参与菲律宾投标项目需要办理的39份使馆认证，促使企业成功中标150万美元的工程项目；通过中国贸促会商事法律服务中心，采取敦促履约程序，帮助泉州蒲源服装有限公司催讨被墨西哥客户恶意拖欠的货款。

【国际化经营】　2018年，泉州市贸促系统紧跟贸易形势、对接企业需求，深化合作内涵、畅通交流渠道，为企业寻找投资项目和合作伙伴牵线搭桥。

加速经贸配对　利用大型经贸活动时机，组织220多家企业参加各种国际经贸推介会、洽谈会、对接会，先后主办或协办“中国（泉州）—印度贸易投资推介会”“21世纪海上丝绸之路博览会暨第20届海峡两岸经贸交易会”等经贸对接活动8场次，为企业寻找经贸投资项目和洽谈合作搭建平台。注重供需匹配、精准对接，发挥桥梁纽带作用，引荐联创厨卫与世贸中心协会和澳大利亚珀斯、加拿大温尼白世贸中心以及加拿大银行开展洽谈对接，促成世贸中心协会为该企业联系当地主要批发商、开发商、连锁超市与其对接；引荐泛家居“饰家小站”与世贸中心协会沟通，助推双方达成泛家居线上服务平台资源共享合作意向；引荐市港口局与意大利那不勒斯市副市长见面交流，促成双方在助力港口建设等方面建立良好互动关系。指导基层贸促会利用经贸平台开展招商引资工作。

加强联络找寻商机　接待印度驻广州总领事馆总领事唐施恩等9个国内外经贸代表团到泉州考察访问，组织企业与其开展洽谈对接，力促合作。协同省贸促会，与南安市贸促会共同促成泉州市知名品牌、泛家居产业联盟龙头企业九牧厨卫股份有限公司正式入驻约旦安曼泛家居产业联盟体验中心；加强与世界贸易中心协会、琉球经济战略研究会等境外商协会的沟通联络，合作举办“2018丝路中欧投资论坛”等活动，落实合作协议内容，深化友好合作关系。

提升对外联络成效　主动谋求与国（境）外商协会、经贸机构建立联系沟通，深化常态合作，为泉州市企业“走出去”和“引进来”提供良好平台。市贸促会分别与印尼印中商务理事会、葡萄牙中工商会、琉球经济战略研究会等3家境外商协会签订联络处授权协议书或友好合作备忘录，延伸对外联络的触角。市贸促会作为见证机构，与印中商务理事会和安溪县茶叶协会、安溪县农民讲师团等共同签署《关于联盟合作投资开发茶叶种植、商贸活动及茶文化交流意向书》，助推泉州市茶产业企业开拓国际市场。保持与35家国境外合作协议单位的常态化联系，巩固和提升对外联络成效。

【商会会员服务】 2018年，泉州市贸促系统做好商会会员的发展、管理、服务工作，团结凝聚会员企业，把国际商会打造成“会员之家”。全年发展会员2284名，完成任务数的152.3%，会员的代表性、覆盖面得到有力增强。注重会员发展工作的规范化和常态化，建立日常发动、阶段汇总、属地管理的工作机制，确保会员发展在平时、管理不断档。指导惠安县贸促会建立“一带一路”大惠安商会联盟，推动企业抱团发力、集群发展，扩大国际商会影响力。推行商会企业副会长承办活动制，在泉州梅洋塑胶五金制品有限公司举办泉州国际商会会长扩大会议，围绕企业发展、联谊协作、资源共享、商会建设等问题开展交流座谈，并邀请华侨大学教授为与会70多家企业作专题讲座，为会员提供一个联络感情、交流经验的平台。加强与会员企业的日常联络，由会主要领导亲自带队，到副会长企业了解企业发展情况，收集企业在生产经营及进出口贸易过程中存在的困难问题，有针对性地开展企业帮扶工作。结合应对贸易摩擦，在国际商会会员企业中建立联系点，由会领导分别挂钩联系若干有代表性的外贸性企业，推进精准帮扶。

2018年泉州市贸促会组织企业参加的展会情况表

表25

序号	展会名称
1	2018年1月，墨西哥国际服装及面料博览会
2	2018年1月，香港国际文具展
3	2018年1月，德国慕尼黑体育户外用品展
4	2018年2月，德国柏林亚洲服装及配饰博览会
5	2018年2月，美国拉斯维加斯服装展
6	2018年3月，俄罗斯联邦莫斯科国际轻纺博览会
7	2018年3月，乌兹别克斯坦国际鞋材展
8	2018年3月，印度尼西亚雅加达国际交通及运输展
9	2018年4月，越南西贡纺织及制衣工业展览会
10	2018年4月，比利时布鲁塞尔水产展
11	2018年4月，日本国际外食产业展
12	2018年5月，中国波兰贸易博览会
13	2018年5月，泰国国际食品展
14	2018年7月，新加坡礼品与赠品展
15	2018年7月，墨西哥国际服装及面料博览会
16	2018年7月，美国纽约国际面辅料博览会
17	2018年7月，巴西圣保罗国际时尚服装及面料展
18	2018年8月，香港食品展暨香港茶叶展
19	2018年8月，日本东京国际海产品及技术展览会
20	2018年8月，美国拉斯维加斯鞋服展
21	2018年9月，俄罗斯联邦莫斯科国际轻纺博览会
22	2018年9月，孟加拉纺织面料、纺织机械及纱线博览会
23	2018年9月，福建文化产业金砖国家（俄罗斯）博览会

续表25

序号	展会名称
24	2018年9月，一带一路东盟（泰国）贸易采购展览会
25	2018年9月，秋季日本东京国际礼品展
26	2018年9月，巴黎国际服装服饰采购展览会
27	2018年9月，俄罗斯圣彼得堡水产品
28	2018年11月，越南国际体育用品及运动时尚贸易博览会
29	2018年11月，越南西贡纺织及制衣工业展览会
30	2018年11月，韩国釜山水产贸易展览会
31	2018年12月，巴基斯坦卡拉奇国际建筑建材与石材展览会
32	2018年12月，埃及国际汽车配件展

2018年泉州市级境外重点展会情况一览表

表26

序号	展会名称	展会时间	展会地点	展品范围
1	菲律宾国际建筑建材及工程机械展	1月6—9日	马尼拉	工程机械、建材机械等
2	意大利加答国际鞋展	1月13—16日	加达	鞋类
3	巴基斯坦汽车摩托车及配件展	3月2—4日	拉合尔	汽车摩托车及配件等
4	俄罗斯莫斯科国际鞋类、鞋材及鞋机展暨俄罗斯国际箱包及时尚配饰展	3月13—16日 9月11—14日	莫斯科	鞋、鞋机、箱包等
5	尼泊尔中国商品展	3月16—21日	加德满都	工艺品、建材等
6	印尼国际汽车零部件展览会	3月22—24日	雅加达	汽车零部件等
7	俄罗斯体育用品展	3月27—29日	莫斯科	体育用品、运动服装等
8	俄罗斯石材展	4月3—6日	莫斯科	石材、金刚石工具等
9	法国国际工程机械与建材机械展	4月23—28日	巴黎	工程机械、建材机械等
10	土耳其国际皮革机械设备及鞋类博览会	5月9—12日	伊斯坦布尔	鞋、皮革等
11	泰国曼谷国际亚洲世界食品展览会	5月29日至6月2日	曼谷	食品、包装等
12	哥伦比亚国际食品展	6月5—8日	波哥大	食品、包装等
13	泰国亚洲纸业和世界卫生纸展览会	6月6—8日	曼谷	纸制品、卫生用品、机械设备等
14	中国（波兰）贸易博览会	6月6—8日	华沙	面料、建材、礼品等
15	越南通讯电子展	6月7—9日	西贡	通讯电子等
16	中国（墨西哥）贸易博览会	6月12—14日	墨西哥城	家居用品、家用纺织品等
17	中国品牌箱包欧洲展	6月20—21日	德国奥芬巴赫	箱包等
18	马来西亚国际食品与饮料展览会	6月27—29日	吉隆坡	食品、饮料等
19	坦桑尼亚达累斯萨拉姆国际贸易博览会	6月28日至7月8日	达累斯萨拉姆	通讯电子、鞋服、食品等
20	德国法兰克福秋季国际消费品博览会	6月30日至7月3日	法兰克福	礼品及节庆用品等
21	美国亚特兰大国际礼品及家庭用品展	7月13—17日	亚特兰大	礼品、玩具、文具等
22	澳大利亚国际家居礼品展览会	7月19—22日	墨尔本	家居礼品、纺织品等
23	中国纺织品服装贸易展览会（纽约）暨美国服装面料及家纺采购展	7月23—25日	纽约	服装、面料等
24	印尼国际玩具及婴童用品展	7月26—28日	雅加达	玩具及婴童用品等
25	孟加拉国际鞋业及皮革技术展	7月26—28日	达卡	鞋、皮革等
26	美国拉斯维加斯国际消费品及礼品博览会	7月29日至8月1日	拉斯维加斯	鞋服、消费品等
27	巴西圣保罗国际时尚服装及面料展览会	7月	圣保罗	服装、面料等

续表26

序号	展会名称	展会时间	展会地点	展品范围
28	印度新德里国际鞋业皮革博览会	8月3—5日	新德里	鞋类、皮革、箱包等
29	美国拉斯维加斯国际鞋、服装及面料展览会	8月12—15日	拉斯维加斯	服装、面料、鞋、皮革等
30	中国品牌出口商品加拿大展	8月20—22日	多伦多	礼品、园艺、玩具等
31	加拿大服装纺织品采购展	8月20—22日	多伦多	服装、鞋、包袋、面料等
32	斯里兰卡国际建材及建筑工程机械展	8月24—26日	科伦坡	建材及建筑工程机械等
33	波兰（波兹南）国际服装及鞋类博览会	8月27—29日	波兹南	服装、鞋、面料等
34	德国科隆国际体育用品、露营设备及园林生活用品	9月2—4日	科隆	体育用品、园林等
35	中国品牌出口商品欧洲展	9月2—5日	伯明翰	礼品、园艺、文具等
36	日本东京国际礼品展	9月4—7日	东京	礼品等
37	土耳其国际食品及加工技术展	9月5—8日	伊斯坦布尔	食品及加工技术等
38	泰国国际工程机械展	9月6—8日	曼谷	建筑机械、工程机械等
39	希腊萨洛尼卡国际博览会	9月8—16日	萨洛尼卡	服装、鞋等
40	西班牙马德里国际礼品展	9月12—16日	马德里	礼品、园艺、厨房用品等
41	米兰国际家居及消费品展	9月15—18日	米兰	家居用品、礼品、家具等
42	柬埔寨国际食品饮料展	9月19—21日	金边	食品饮料、加工设备等
43	中国品牌商品波兰展	9月15—17日	华沙	建材、纺织服装、食品等
44	意大利石材展	9月26—29日	维罗纳	石材、工具等
45	越南胡志明建材展	9月26—30日	西贡	建筑材料、厨卫等
46	中亚国际纺织技术与纺织机械展览会	9月	塔什干	纺织服装面料、纺织机械等
47	乌兹别克斯坦国际鞋及鞋材展	10月9—11日	塔什干	鞋及鞋材等
48	菲律宾马尼拉国际家居及饰品、时尚产品展	10月16—19日	马尼拉	礼品、文具、玩具等
49	日本东京时尚世界服装配饰及鞋包展览会	10月22—24日	东京	服装、鞋、包袋等
50	印度尼西亚国际通讯展	10月24—26日	雅加达	通信器材等
51	哈萨克食品、加工及包装机械展	10月31日至11月2日	阿拉木图	食品、加工及包装机械等
52	斯里兰卡酒店用品及食品展	11月1—3日	斯里兰卡国际会展中心	酒店用品
53	尼日利亚中国商品展	11月6—9日	拉各斯	酒店用品及食品等
54	（非洲）中国商品和装备制造展	11月7—10日	拉各斯	消费品、工艺品、机械等
55	越南食品饮料及包装机械展览会	11月7—10日	河内	食品饮料、包装机械等
56	菲律宾国际建筑建材及工程机械展	11月8—11日	马尼拉	建筑建材及工程机械等
57	澳大利亚中国纺织服装服饰及鞋类展	11月15—18日	悉尼	纺织服装、鞋等
58	南非中国纺织精品及鞋类展	11月20—22日	开普敦	纺织、鞋等
59	SIAL印尼食品展	11月21—24日	雅加达	食品等
60	巴黎一亚洲博览会	11月27—29日	巴黎	礼品及赠品等
61	俄罗斯机械工业展	11月	莫斯科	工程机械、建材机械等

旅　游　业

责任编辑：刘楷彬

综　述

【旅游业实绩】　2018年，泉州市围绕建设“世界海丝文化休闲旅游目的地”，推动转型升级，完善公共配套，提升服务品质，唱响“海丝”品牌，拓宽客源市场，构建“亮点在古城、厚度在山海、空间在生态连绵带”的全域旅游发展格局。全市接待国内外游客6659.88万人次，比2017年增长21.7%。其中，国内游客6481.84万人次，比上年增长21.6%；境外游客178.04万次，增长22.6%。全年实现旅游总收入1089.68亿元，比上年增长29.1%，位列全省前三。其中，国内旅游收入971.62亿元，比上年增长29.1%；旅游创汇17.84亿美元，增长32%。

【旅游行业机构改革】　2018年4月，经福建省政府批复同意，泉州市政府将泉州市旅游局更名为泉州市旅游发展委员会，印发《泉州市旅游发展委员会委员单位及其工作职责》，明确41个市直相关部门涉旅工作职责和目标，加强综合协调，提升旅游引领和统筹能力，为旅游业高质量发展奠定机制保障。12月，市委办、市政府办印发《泉州市市级机构改革实施方案》。组建市文化广电和旅游局。将市文化广电新闻出版局（市文物局）的文化、文物、广播电视管理职责和市旅游发展委员会的职责整合，组建市文化广电和旅游局，不再保留市旅游发展委员会。

2018年“五一”小长假期间，泉州各大公园和景点游人如织。图为海上丝绸之路艺术公园·亚洲园盛况　（图/陈英杰）

【旅游专项课题研究】　2018年，泉州市旅游部门开展《泉州市水上旅游线路概念性规划研究》《泉州市核心文化遗产与旅游融合可持续发展研究》《推动文化旅游融合发展，增强泉州文化软实力》《泉州市住宿业发展现状和趋势》等多个专项课题研究，其中《泉州刺桐古港文化旅游综合体策划及概念性规划》等多个课题已有初步成果，准备转化成项目或政策措施，推动落地，提升旅游规划的统筹引领能力。

【智慧旅游平台】　2018年，泉州市旅游部门加快智慧旅游云平台建设，游客端进入试运行阶段，可在古城范围内为游客提供智能语音导游、自定义行程规划、旅游资源展示、线上咨询投诉等服务，为实现“一机在手、玩转泉州”打牢基础。

【导游教育培训】 2018年，泉州市旅游部门把优质服务作为推进优质旅游的重要抓手，举办2018导游年度培训、古城讲解员等培训班3期，参训人员400多人，选送一批优秀导游参加“全省千名导游在职提升教育培训计划”；选派5名一线导游参加福建省2018年“金牌导游”及“金牌讲解员”大赛，经过笔试、现场考核等环节的角逐，3名导游在比赛中脱颖而出，分获“金牌导游”“金牌讲解员”称号。

2018年夏，泉州古城讲解员在市区西街为游客服务 （图/庄丽祥）

旅游景区建设

【概况】 2018年，泉州市20个纳入省市重点在建旅游项目投资45.55亿元，完成年度计划115.61%；永春全域旅游建设、德化全域旅游配套工程2个项目纳入全省全域旅游基础设施与公共服务投资工程包，完成投资1.35亿元，完成年度投资计划122.73%。永春天沐温泉、南安冰雪大世界等一批休闲度假旅游项目相继落地建设。台商投资区八仙过海大型滨海旅游项目增资至80亿并动工建设。晋江七匹狼男装博物馆获评国家AAA级旅游景区，永春云河谷景区、惠安惠女风情园等4家获评AA级旅游景区。

【旅游道路交通标志建设】 2018年，泉州市旅游部门联合交通部门推动新增6家AAAA级以上景区标识标牌建设，该项目被列为2018年市委、市政府为民办实事项目，已全部完成。

【旅游“厕所革命”】 2018年，泉州市旅游部门研究制定《泉州市旅游厕所建设管理新三年行动计划（2018—2020）实施方案》，以A级景区、乡村旅游“百镇千村”和自驾车营地为重点，推进旅游“厕所革命”，新（改）建旅游厕所76座。

旅游行业管理

【概况】 2018年，泉州市旅游部门印发《2018年度旅游安全工作要点》《关于下达2018年旅游安全管理目标责任的通知》，推动安全生产责任层层落实。加强旅游安全应急演练，全行业开展应急演练58场。加强安全生产风险分级管控和隐患排查体系建设，采取日常检查和“黄金周”“极端天气”等重要节点检查相结合的方式，强化旅游安全防范和隐患排查，遏制旅游安全事故发生。开展“利剑行动”等旅游市场综合整治活动，检查旅游团队230个、旅游经营单位316家、导游人员286人次，责令下架涉嫌不合理低价游宣传品1500多份，查获涉嫌违规案件18起，其中责令整改经营单位14家，劝导注销旅行社2家，责令停业户外运动俱乐部1家，罚款处罚旅游分公司1家，罚款金额2万元。受理投诉32件，办结率100%，为游客挽回经济损失4.1万元。

【文明旅游宣传引导】 2018年，泉州市旅游部门开展行业精神文明创建活动，开展示范点标准化服务建设。开展文明旅游志愿服务，弘扬“奉献、友爱、互助、进步”的志愿者精神，以点滴行动让文明旅游意识更加深入人心。推进诚信建设，配合市信用办做好联合惩戒工作，推进失信被执行人信用监督、警示和惩戒机制建设；举办全市旅行社诚信经营和应急管理培训班，督促和引导旅行社诚信经营。深化全国文明城市创建，加强文明旅游宣传，开展“志愿情·泉州红”“传播绿色文明·创建生态旅游”“文明骑游·绿色出行”“文明旅游，为中国加分主题晚会”等主题活动，制作《泉州市文明安全出国》宣传片，印发2万本《文明旅游安全出行》宣传手册，引导市民树立出境文明旅游和安全出行意识。

【星级饭店扶持与管理】 2018年，泉州市旅游部门引导酒店提升服务质量，促进提档升级，指导新评1家四星级旅游饭店。加大星级饭店监管力度，对5家对硬件设施不达标、安全管理不到位、服务质量偏低的三星级饭店给予撤销星级饭店称号的处罚。

【旅行社地接业务奖励报批】 2018年，泉州市旅游部门逐一审核旅行社申请地接奖励的审计报告，抽查旅行社申请材料，务求申报材料准确；对旅行社2017年度地接业务奖励共计193.7万元。

旅游市场开发

【概况】 2018年，泉州旅游部门落实“旅游项目攻坚2018”，策划生成41个重点旅游招商项目，借助泉商新春座谈会暨回归项目专场对接会、“9·8”外资专场招商推介会等活动进行招商推介，搭建资源、项目和资本有效对接的平台，把泉州优质旅游资源推向市场。泉州市旅游招商取得明显成效，泉州刺桐古港和泉州古城海丝文化旅游区、德化世界瓷都旅游休闲综合开发项目、泉港惠屿岛生态休闲渔村游岛玩海旅游项目3个项目入选全省首批标志性旅游产品项目。全市25个旅游项目签订合同、意向或框架协议，总投资273.62亿元。

【旅游宣传】 2018年，泉州旅游部门对接国内外主流媒体，借助新媒体、高铁等平台，发出泉州声音，提高“海丝泉州”曝光度。“做一回泉州人”“古城人居体验”双话题阅读量超2.7亿人次。“半城烟火半城仙”宣传片掀起网络热潮，仅市旅发委微信公众号24小时单篇阅读量就超过50万人次。泉州市入选由新浪微博、新浪旅游主办的2017新浪旅游年度盛典“2018最值得期待的目的地”。

【旅游推介】 2018年，泉州市旅游部门组织旅游企业到广东、江苏、河南、北京、天津、台湾、香港、澳门等地，以及新西兰、澳大利亚进行宣传推介，组团参加第十四届海峡旅博会、第四届海丝品博会、海峡两岸台北夏季旅展、台北观光博览会等展会活动，全市组织对外推介活动70多场，“海丝泉州”品牌影响力进一步扩大。同时邀请宁夏、内蒙古等地旅游部门到泉州交流，通过“走出去”“请进来”相结合的方式，多举措开展宣传营销，全方位拓展客源市场。

2018年11月18日，第三届泉州海丝古城徒步穿越活动现场举行。图为活动现场 （图/张九强）

【文旅活动】 2018年，泉州市文旅活动有声有色，“小白”免费游古城、第二届泉州“骑游攻略赛”、旅游推介PPT大赛、2018国际高山徒步大赛、“海丝达人秀”等主题活动吸引众多游客参与。国庆期间，“闽南美好生活嘉年华”60多项170多场活动陆续举行，为市民及游客献上文旅盛宴。举办第三届泉州海丝古城徒步穿越活动，吸引5000多人参与，活动品牌影响力进一步扩大。各县办节水平不断提高，南安樱花文化旅游节、“海丝·蟳埔”民俗文化旅游节、虹山油菜花文化节等热度逐年攀升，“一县一节庆”品牌效应逐步形成。

【泉州市入选“2018畅游中国100城”】 2018年4月13—15日，宁夏回族自治区政府主办的2018中国西北旅游营销大会在宁夏银川国展中心举行。大会由西北地区“丝绸之路”沿线5个省级旅游委（局）联合举办，是各省区市旅游部门共同参与的全国性春季旅游促销与供需交流交易盛会。大会以“西北牵手全国·丝路联通世界”为主题，在征集游客和旅行社意愿的基础上，评选出广受关注的“2018畅游中国100城”榜单，海上丝绸之路福州、泉州、厦门、广州等城市和陆上丝绸之路西安、兰州、酒泉、银川等城市均入选。

【古城春节免费游活动】 2018年春节期间，为推动古城游发展，提升古城游体验，同时了解游客需求，为下一步工作服务，泉州市旅游局开展古城免费游活动。活动设定单一线路：天后宫—德济门遗址—清净寺—文庙—钟楼—西街—1915艺术空间—开元寺，定向古城内四家重点星级酒店游客。活动参与酒店通过网络、总台、值班经理等多种渠道向游客发布、介绍古城免费游。据统计显示：从游客属地情况看，江浙一带人数最多，超过50%，其次是上海、山东的客人，北京、天津、河南也有不少游客喜欢泉州古城，参加古城免费游的还有少量欧美游客。从游客到泉州组团方式看，参与古城免费游的都是通过网络订房的自助游客人，以家庭组团或亲朋好友组团的形式到泉州。从游客到泉州目的来看，探亲访友、商务活动等不再一枝独秀，参加古城免费游的不少客人都是单纯以旅游为目的，春节期间他们呼朋唤友把泉州作为旅游目的地。从游客游后感受来看，市井文化、闽南建筑等让他们印象最深，游客对偶遇免费游古城活动感到幸运，对游览过程及泉州文化感到满意。

2018年3月15日，“海丝·蟳埔”民俗文化旅游节在市区真武庙开幕。图为文化节民俗表演现场 （图/李芸生）

特色旅游

【概况】 2018年，泉州市旅游部门加快“泉州古城”旅游业态聚集，完善服务配套，丰富游览体验，营造良好氛围，推动古城旅游持续升温，成为泉州旅游消费新热点。“五一”假期金鱼巷客流近10万人次，“非遗”项目体验890次，泉州特色小吃出现供不应求现象；国庆假期，西街和金鱼巷人流量51.87万人次，其中接待游客9.6万人次，实现旅游收入6982.34万元。石牛山景区提升建设有序推进，永春牛姆林、德化云龙谷重新开放；安溪志闽等2家单位获评省级体育旅游休闲基地，洛江紫榅山庄等3家单位获评省级养生旅游休闲基地，2家单位获评省级露营公园。培育和推进南安九都滑翔基地等新业态发展，加强旅游线路策划和开发，开辟“海丝起点·行走闽南——福建泉州、厦门研学之旅6日游”“旅游+家风”等新线路。

2018年4月15日，由泉州市旅游局、永春县政府主办的第四届映山红文化旅游节暨波彩永春高山星空艺术节在永春县呈祥乡开幕。图为书法家现场即兴题字 （图/陈英杰 林劲峰）

【乡村旅游】 2018年，泉州市旅游部门制定并印发《泉州市乡村旅游提质升级助推乡村振兴三年行动方案》，推动乡村完善公共配套，提升旅游品质，创建一批省级乡村旅游休闲集镇、旅游村。永春岵山镇获评省级四星级乡村旅游休闲集镇，晋江金井镇围头村、永春五里街镇大羽村获评四星级乡村旅游村，德化南埕镇获评省级三星级乡村旅游休闲集镇，安溪尚卿乡尤俊村等4个村获评三星级乡村旅游村。安溪志闽等2家单位获评省级体育旅游休闲基地，洛江紫榅山庄等3家单位获评省级养生旅游休闲基地。新增2家省级露营公园。惠安县崇武镇大岞村入选第一批全国乡村旅游重点村名录。晋江市围头村、永春县大羽村、德化县佛岭村列入福建省首批“金牌旅游村”宣传对象。

【购物旅游】 2018年，泉州市旅游部门搭建平台、挖掘创意、提升内涵，推动泉州旅游特色商品创新发展，为购物旅游发展奠定基础。通过举办泉州旅游商品设计创作大赛、“泉州伴手礼”认定等活动，挖掘一批特色鲜明、广受认可的创意旅游商品。泉州市旅游商品在2018年中国特色旅游商品大赛上获1金2铜，成绩全省最佳。

口岸综合管理

综 述

【港口及航线】 2018年，泉州港有生产性码头泊位91个，其中万吨级以上泊位25个（最大泊位为30万吨级专用油码头）。泉州港口岸辖区海岸线427千米，由肖厝、斗尾、泉州湾、围头湾和深沪湾五大开放港区组成，对外开放码头泊位44个。泉州港开通航线130多条，外贸航线30多条，其中外贸集装箱航线20多条，与菲律宾等国家通航；泉州至金门客运航线1条。2018年，泉州港口岸外贸进出口吞吐量完成4026.4595万吨，集装箱进出口完成105818标箱，泉州—金门客运航线运送两岸旅客163181人次。泉州晋江国际机场有国内外13家航空公司进场运营，开通国际（地区）、国内客货运航线40条，每周进出港航班约420班次。2018年泉州晋江国际机场航空口岸完成6751架次，出入境旅客800927人次。

泉州石湖港（2018年拍摄） （图/市商务局）

【泉州晋江陆地港】 泉州晋江陆地港位于晋江内坑，距泉州晋江国际机场15千米，距厦门港80千米、福州江阴港144千米、台湾高雄港165千米。总规划面积167公顷，总投资70亿元。汇集交易、保税、集拼、中转、仓储、加工、配载、配送、商业配套等“一条龙”物流服务，是全国唯一集国际陆港、保税物流、国际快件、跨境电商四大平台功能为一体的多式联运国际陆港。泉州晋江陆地港主要出口产品以服装、鞋帽、陶瓷等工业产品为主，主要进口产品以泉州生产企业所需的原材料和消费品为主，包括棉花、棉纱、牛皮、葡萄酒等。港区已吸引百余家贸易企业和中介服务企业。2018年，泉州晋江陆地港贸易额近55亿美元，集装箱吞吐量超32万标箱，进出货物量160万吨。

2018年泉州市指定口岸/查验场统计表

表27

指定口岸/指定查验场名称	口岸类别(空运、海运、内河、公路、铁路等)	类别	批复时间	备注
晋江机场航空口岸	客运	进口食用水生动物指定口岸	2016.8.5	检验检疫部门批准

续表27

指定口岸/指定查验场名称	口岸类别(空运、海运、内河、公路、铁路等)	类别	批复时间	备注
肖厝作业区	海运	进口粮谷指定口岸	2015.12.25	检验检疫部门批准
石湖作业区	海运	进口肉类指定口岸	2018.3.9	检验检疫部门批准
石井作业区	—	进口冰鲜指定口岸	2014.12.22	—

【地区贸易】 2018年，泉州市外贸进出口总值1853.66亿元，占全省外贸总值的15.0%，比上年增长18.2%，增速居全省第一。其中出口1192.6亿元，比上年增长14.0%；进口661.1亿元，增长26.7%，外贸顺差531.5亿元。进出口值、出口值及进口值增速分别高于全省平均水平11.6个、6.9个和20.9个百分点。主要出口市场为东盟、欧盟、美国，进口市场沙特阿拉伯一枝独秀，南非、欧盟、美国、日本、东盟等主要进口市场快速增长；出口仍以传统劳动密集型产品、机电产品出口为主。其中纺织品、服装、家具、箱包、鞋类、塑料制品、玩具七大类传统劳动密集型产品787亿元，比上年增长17.5%，占出口总值的66.0%；主要进口商品以原油、机电产品、高新技术产品、大豆、初级形状的塑料、纸浆等原料型商品为主，进口原油293.6亿元，比上年增长20.9%，占同期泉州外贸进口总值的44.4%。

海关监管

【概况】 2018年3月，根据全国人大审议的国务院机构改革方案，将国家质量监督检验检疫总局的出入境检验检疫管理职责和队伍划入海关总署。4月20日，泉州关区现场业务优化整合启动。原泉州出入境检验检疫局统一以泉州海关名义对外开展工作，口岸一线旅检、查验和窗口岗位实现统一上岗、统一着海关制服、统一佩戴关衔。2018年，泉州海关监管进出口货物4172.6万吨，比上年增长7.4%；进出口货值255.6亿美元，增长16.2%。监管进出境集装箱200558标准箱，比上年下降7.4%。监管进出境运输工具14068万艘（架）次，比上年增长2.4%。监管进出境旅客965028人次，比上年增长20.9%。检验检疫出入境货物27458批、货值172.72亿美元，比上年增长2.03%、25.36%。

2018年8月5日，泉州海关现场指导晋江向金门供水项目联网申报事宜（图/泉州海关）

2018年，泉州海关推进通关流程“减繁琐”。实现“一个窗口”对外办理关务、检务、行政审批和原产地证签发等事项，实现全面取消《入出境货物通关单》、全面实施检验检疫单证电子化，实现旅检、快件、货物查验领域“查检合一”，推进稽核查等后续监管领域“多查合一”。全年进出口整体通关时间分别较2017年压缩38.54%和70.27%。参与“促进项目落地、帮扶企业发展”活动。支持中化炼化一体化二期、晋华存储器集成电路等重特大项目设备进口；提前介入对泉州“芯谷”开展调研和指导、组织专人跟踪帮扶，帮助企业用足用好减免税等优惠政策；扶持玖龙纸业成为厦门关区第一家固废加工高级认证企业，推动匹克体育成功入选海关总署“龙腾”行动知识产权保护重点企业，助推企业更好地享受海关政策红利。支持石狮服装城市场采购贸易方式试点项目筹备、申报、获批设立，成为全省唯一获批的国家级市场采购贸易方式试点；指导泉州国际邮件互换局监管作业场所规划和建设，推动完成设立审批并即将开始运作；推动晋江向金门供水业务顺利开展，支持泉州—柬埔寨金边客运航线顺利运营，指导石湖港进口肉类指定口岸、肖厝港进口粮食指定口岸扩项、石狮万弘公司进口肉类冷链查验与储存一体化设施建设并获海关总署批准。免费对企业实施出口备案前指导，关区优质一般认证企业比率79.78%。实施“部门联动”“即查即卸即放”模式，压缩时长，促进原油、煤炭等从肖厝口岸进口，肖厝口岸已成为全国第六大原油进口口岸、全省最大对外能源贸易口岸、全省最大危险化学品进口口岸。助推晋江陆地港与福州、厦门、广州、深圳等五个国际机场业务无缝衔接，实现入境快件和跨境直购业务分拨移场常态化，助力陆地港国际快件监管中心业务持续快速增长。助推泉州综保区发展，创新开展“境内外维修”、航空“周转件”业务，拓宽企业国内市场发展渠道，降低企业成本，全年监管国内航空维修业务进出口货值37.68亿元，比上年增长1.78倍，“境内外维修”项目被海关总署发布《综合保税区适合入区项目指引》评选为十大成功入区项目案例之一。

【通关监管】 2018年，泉州海关审核报关单92762份，比上年下降5.9%。其中进口21965份，下降11.9%；出口70797份、下降3.9%。监管集装箱载货量208.1万吨，下降19.3%。全年办理加工贸易电子手册备案250份，比上年下降18%，备案金额10.41亿美元，比上年下降65.78%。全年签发各类原产地证46851份、18.15亿美元，比上年分别增长2.46%、15.37%，为企业减少税收成本6591万美元。

2018年泉州地区出境大宗产品检验检疫业务分布一览表

表28

商品总类		批数	货值(万美元)	比上年同期增长(%)		占出口总额比例(%)	
				货值	批数	货值	批数
出口	成品油	199	331918	13.71	37.40	1.05	77.12
	动物水产品	2884	41816	23.51	41.98	15.17	9.72
	家具及竹木藤草制品	6346	15513	11.49	6.34	33.37	3.60
	糖果	3883	12680	17.10	12.50	20.42	2.95
	水果	1398	7425	149.20	154.28	7.35	1.73
合计		14710	409352	21.78	36.54	77.36	95.11

2018年泉州地区入境大宗产品检验检疫业务分布一览表

表29

商品总类		批数	货值(万美元)	比上年同期增长(%)		占进口总额比例(%)	
				货值	批数	货值	批数
进口	原油	130	1114065	-12.16	39.05	1.54	85.91
	危险化学品	142	50961	-63.02	-21.49	1.68	3.93
	石材	3342	39381	-1.33	1.96	39.59	3.04
	大豆	86	42552	-43.05	-42.83	1.02	3.28
	煤	66	22139	-31.96	-27.73	0.78	1.71
	动物皮张	725	7020	-14.61	-40.70	8.59	0.54
	动物水产品	559	5108	-18.16	23.03	6.62	0.39
合计		5050	1281226	-11.39	24.90	59.82	98.80

【行邮监管】 2018年，泉州海关监管进出境飞机6787架次，比上年增长20.2%；监管船舶7281艘次，比上年下降10%。监管泉州晋江机场进出境航班6751架次、旅客801847人次，比上年分别增长19.57%、21.97%。全年监管进出境快件578.9万件，比上年增长88.8%。

【税收征管】 2018年，泉州海关完成税收入库148.51亿元，比上年增长30.84%，其中关税4.19亿元，比上年下降10.28%。进口环节税144.32亿元、比上年增长32.61%。全年审批减免税证明299份，比上年增长32.9%，审批减免税额9173.7万元，比上年增长43.9%。

【检验检疫】 2018年，泉州市检验检疫出境货物19016批、货值43.04亿美元，比上年增长14.16%、36.56%；入境货物8442批、货值129.68亿美元，比上年下降17.98%、增长22.35%。检出不合格86批、货值2.65亿美元，分别下降91.33%、88.91%。其中，入境86批、货值2.65亿美元，分别下降89.71%、78.77%，批次不合格率0.31%、货值不合格率1.53%；出境为0批。全年截获进境植物有害生物267种、3650种次，比上年下降19.58%、47.61%，其中检疫性有害生物25种、325种次，比上年下降16.67%、48.25%，包括全国首次截获一般性有害生物茶铗盾蚧、毛翅小蠹木蕈甲，原福建局首次截获检疫性有害生物杧果蚜蚧。全年开展出入境人员检疫1093109人次，比上年增长17.56%。其中，出境546201人次，比上年增长18.67%；入境546908人次，比上年增长16.46%；在口岸上发现有症状人员388例，比上年下降47.07%。出入境人员监测体检8489人次、艾滋病监测8489人次，比上年增长8.21%、8.21%；预防接种8593人次，比上年下降19.32%；检出各类疾病3629例，比上年增长35.82%。

【打私工作】 2018年，泉州海关推动“国门利剑2018”专项行动，打击走私“洋垃圾”、农产品、资源性产品、重点涉税商品、涉枪涉毒等，整治非设关地、流通领域走私违法活动；严控严查重点航线和重点企业，提升稽查效能。全年开展稽查作业97起，稽查有效率76%，补税5783万元。查获各类走私违规案件322件，案值9.55亿元，涉税1.03亿元，罚没收入1137.9万元。其中，查获走私大麻油毒品案件1件，走私国家一级保护动物鹦鹉螺壳案件1件。

海事

【概况】 2018年，泉州辖区船舶进出港46308艘次，其中国际航行船舶进出口岸6798艘次。辖区港口货物吞吐量1.15亿吨，连续第七年突破亿吨大关。其中外贸货物3378万吨、危险货物6229万吨、集装箱215.6万标箱，超大型油轮进出港162艘次，接卸原油2029万吨；泉州—金门航线直航客船安全运营3202航次，运送两岸旅客人次比上年增长14.2%，创历史新高。完成海上巡航1699航次，巡航里程51693.2海里。接收船舶报告43406艘次，信息服务29765次，有效避免险情30起。保障超大型油轮进出港176艘次、LNG专用船舶进出港104艘次。实施船舶安全检查850艘次，比上年增长23.9%。港口建设费征收2.54亿元，比上年增长0.14%；港务监督管理费294万元，比上年增长78.18%。

【海上安全监管】 2018年，泉州市海事局出台《泉州海事局关于全面推进海事监管重点难点治理工作指导意见》，以“防、评、查、引、控、扣、检、驱、跟、管”十字要领为抓手，健全工作机制，四大类海事监管重点难点治理的针对性显著提升。推动安全监管从“防事故”向“防风险”转变，加强风险源动态跟踪管理，实现《双重预防工作指南》的动态完善。主动对接泉州市城市安全风险评估工作，开展泉州海域风险评估，形成“一图一表”，并纳入全市安全风险防控总盘。牵头编制《泉州市船舶污染物接收、转运及处置监管联单制度》，构建船舶污染物多部门共治新格局。坚持高压严打，狠抓现场监管，组织泉州市海上非法采运砂百日联合执法行动，遏制非法采运砂船活动猖獗的态势。

【搜救应急保障】 2018年，泉州市船舶交通管理中心（VTS）扩建工程正式运行，形成“八站一中心”规模，实现辖区重点水域VTS全覆盖。开展“VTS规范提升年”活动，推进值班应急标准化、科学化。加强海上搜救应急培训和演练，组织泉州市2018年海上防污染综合应急演习，锻炼应急队伍。扶持海岸救援等社会力量，有效应对游客被困礁石、下海游泳、海钓等非传统类型险情。《泉州市防污应急能力建设规划》的落实情况纳入地方党政领导干部目标考核范畴，国家级溢油应急设备库运行管理持续加强，迎接全国人大海洋环境保护执法检查组检查。全年接到海上船舶遇险真报警60次，组织搜救行动60次，成功救助146人，成功救助船舶20艘，人员救助成功率达100%。

【港航经济服务】 2018年，泉州市海事局出台海事服务工作10项创新举措，推行“一趟不用跑”“最多跑一趟”办事清单。推行船舶证书“三合一”并联办理等自贸区先进经验，试点运行国际贸易“单一窗口”标准版，推进口岸通关效率有效提升。全年受理海事行政许可29056件次，邮寄送达1906件，办结率100%，满意率99.6%。率先实行定点联系人制度，为航运公司提供点对点的安全管理指导和咨询。帮助企业解决经营中的痛点难点问题，解决围头湾危险品集装箱船过境问题，支持辖区船员培训机构开展值班水手和值班机工的培训，缓解供需矛盾。促成福建辖区首家中外合资的海员外派机构落户泉州，推动辖区新增6家航运公司，新增船舶26艘。辖区安全诚信公司、安全诚信船舶、安全诚信船长数量持续保持前列。出台《泉州海事局关于进一步加强水上水下活动安全监管与服务的工作意见》，创新“挂图作业”监管与服务机制，靠前服务湄洲湾航道三期工程（Ⅱ阶段）、金门供水工程、福厦客专安海湾特大桥和泉州湾特大桥、泉厦城市联盟路安海湾特大桥、石湖5、6号泊位等一批重点工程建设。

城乡建设

重点工程

【概况】 2018年，泉州市安排交通、能源、水利、城建环保、工业园区等基础设施项目216个，总投资4952.3亿元，其中，在建交通项目32个，总投资572.7亿元，年度计划投资101亿元，预备交通项目23个，总投资527.7亿元；在建能源项目11个，总投资103.8亿元，年度计划投资20.3亿元，预备能源项目4个，总投资9亿元；在建水利项目10个，总投资226.6亿元，年度计划投资29.9亿元，预备水利项目4个，总投资289.8亿元；在建城建环保项目65个，总投资1141.5亿元，年度计划投资143.2亿元，预备城建环保项目28个，总投资940.9亿元；在建工业园区项目33个，总投资815.4亿元，年度计划投资117.3亿元，预备工业园区项目6个，总投资324.8亿元。

【在建重点项目】 2018年，泉州市交通、能源、水利、城建环保、工业园区等在建基础设施项目全年完成投资474.4亿元，完成年度计划的115.25%，其中，在建交通项目完成投资103.8亿元，完成年度计划的102.77%；在建能源项目完成投资24.6亿元，完成年度计划的120.98%；在建水利项目完成投资21.9亿元，完成年度计划的73.36%；在建城建环保项目完成投资161.3亿元，完成年度计划的112.65%；在建工业园区项目完成投资162.9亿元，完成年度计划的138.84%。交通方面，国省干线纵三线南安省新至梅山公路、纵二线晋江紫帽塘头至磁灶井边段改造工程等项目建成通车；泉州市火车站综合交通枢纽PPP项目枢纽站一期基本完成装修工程，部分投入使用。晋江快速通道东石连接线工程、石狮市锦江外线等项目开工建设。国高网泉南线永春互通至汤城枢纽段改扩建工程、国高网厦沙高速公路汤城枢纽至德化段改扩建工程加快推进前期工作。能源方面，晋江市晋南片区次高压天然气管网项目、国网福建泉州供电公司充电站二期等项目竣工投产。福能晋南热电联产项目、海西天然气管网工程德化支线对接建设等项目开工建设。水利方面，德化彭村水库枢纽工程完工验收，并获福建省“重点建设项

建设中的泉州动车站交通枢纽站（2018年拍摄） （图/李芸生）

目优胜奖”；泉港南山片区水利项目全面建成投入使用。泉州市七库连通工程惠女水库至菱溪水库段、晋江金门供水应急水源工程等项目开工建设。泉州白濑水利枢纽工程于2018年4月获国家发改委批复可行性研究报告，配套工程先行开工建设。城建环保方面，洛江区西环路、泉港南山片区桥溪路等区间道路建设项目等市政道路建成通车；泉州江南新区高山片区危旧房改造项目、丰泽华大片区棚户区改造项目等保障性安居工程建成竣工；泉州金鸡水厂、安溪县自来水厂三期工程等给排水项目竣工投产；晋江下游生态整治工程（一期）、晋江市安全生态水系建设等内河治理项目部分建成；泉州工业废物综合处置中心PPP项目、南安市农村生活污水二级处理设施建设工程等危废及污水处理项目竣工投入使用。石狮海岸带沿海景观整治提升项目、泉州台商投资区白沙片区棚户区改造项目、晋江东石滞洪区建设项目、南安市柳湖水系连通综合整治工程、安溪县垃圾焚烧发电改扩建三期项目、丰泽宝洲城市污水处理厂提标改造项目、泉州山线绿道二期（景观提升）工程等项目开工建设。工业园区方面，泉州台商投资区中熙产业园项目（三期）竣工，引进部分企业；晋江集成电路产业园基础设施建设项目智造大道建成通车。安溪高端装备制造产业园、德化城东陶瓷园区配套基础设施四期等项目开工建设。

城市建设

【概况】 2018年，泉州市坚持“创新、协调、绿色、开放、共享”的发展理念，打造“创新、智造、海丝、美丽、幸福”现代化泉州。中心城区围绕“环湾、向湾、同城”，城市建设“提挡”“加速”，驶上“快车道”，古城新城齐头并进、焕发新颜。全市城镇化率66.7%，环湾建成区面积226平方千米，中心城市环湾向湾框架形成，组团式城市格局日渐成型，城市品质不断丰富，城市宜居度、居民获得感快速提升。开展“攻坚2018”城乡建设大会战活动，启动西华洋、后埔、后渚、城东南江滨等“九大片区”建设，实施项目621个，全年完成投资480亿，着力打造古城提质、海丝新城、城市经济、创新中心、山水田园、文明友好“六个城市展示面”。晋江下游生态整治工程一期项目“五区十园”开放9个园，改造提升浦西园；东海大厦10月交付使用，市公共文化中心基本完工，城东至北峰快速通道及两侧片区石结构改造除隧道外的其他路段基本完工，东星小学教学楼完工，配套综合楼、体育馆封顶。

【城乡民生基础设施建设】 2018年，泉州市实施交通畅通、水环境治理、供水安全、防洪排涝、城乡洁净、管网建设、景观提升、配套服务、智慧城市等9大民生基础设施建设工程。全年实施项目923个，全年完成投资693.31亿元。城市道路新增839.77千米；新建城乡公共停车场5192个；国、省干线和农村公路新增236.23千米；实施城市污水治理项目53个，完成投资10.94亿元，农村污水治理项目105个，完成投资8.43亿元；实施供水安全工程39个，完成投资10.44亿元；实施防洪排涝工程108个，完成投资18.16亿元；实施城乡洁净工程82个，完成投资4.14亿元；实施管网建设工程18个，完成投资12.47亿元，地下管网新增178.6千米；实施配套服务工程21个，完成投资12.95亿元。

【中心市区交通提升行动】 2018年，泉州市推进中心市区交通提升三年行动，重点实施组团间通道及干道建设工程、干道及堵点疏解工程、断头路打通及片区交通整治工程、停车设施建设工程、慢行系统提升工程、公交综合提升等六项工程45个项目，完成投资63亿元。福厦客专、兴泉铁路、厦漳泉城市联盟路、泉州火车站综合交通枢纽项目等加快推进；南环路、笋江路、津淮街与坪山路交叉口等主要交通节点通行能力进一步提升；打通爱国路、奎霞巷等一批“断头路”；实施城乡公共停车场项目41个，建成停车位6959个，翻倍完成福建省下达任务，完成投资3.6亿元；“小黄、小白、小蓝、小红”多彩公共交通出行体系逐步形成，市民出行更加便捷。

【城市智慧汽车基础设施和机制建设试点】 2018年7月，住建部明确将泉州市列为开展城市智慧汽车基础设施和机制建设试点城市。泉州市推进智能网联汽车多场景应用及研产用一体化发展试点，统筹推进试点任务实施，把交通工具的智慧化升级与智慧道路结合起来统筹考虑，推进公交信息化，探索并试行公交按需出行的路子，确立的“一个提升、两个体验”（电动自行车智能管理提升，无人摆渡车体验、智慧公交提升体验）的工作思路。由市交警支队负责的电动自行车智能管理提升试点方案，由市交发集团负责的无人驾驶摆渡车海丝公园场景应用工作试点方案，由市公交集团负责的智慧公交提升体验试点方案，综合推进试点工作。

【高速高铁及城乡重要通道沿线环境综合整治】 2018年，泉州市推进全市高铁高速及城乡重要通道环境综合整治，针对福厦铁路、沈海高速公路泉州段，8条中心市区重要通道29条城乡重要通道，同步启动、分阶段推进环境综合整治，实现红线两侧至100米范围内“八无四有”（“八无”为无杂乱搭盖、无破弃建筑、无乱堆物料、无垃圾渣土、无黄土裸露、无破旧广告、

泉港区高铁站附近经过整治后的民房融入闽南传统民居特色元素（2018年拍摄）　（图/李序挚）

无水体漂浮物、无不协调房屋，“四有”即有绿色廊道，有青山净水，有田园风光，有风貌建筑）；1000米可视范围内沿线建筑物和村庄形成安全有序、整洁美观、自然协调、富有特色的景观廊道。整治工作按照“不等不靠、能动则动、能快则快”的思路，以“拆、清、整、绿”为重点，重塑区域风貌。房屋整治方面，重点要拆除“两高”用地红线内的违法建筑和沿线红线两侧1000米可视范围内的杂乱搭盖、简破厂棚和废弃建筑；对两侧可视范围内不协调的建筑立面进行提升改造，注重融入闽南传统民居特色元素；加强建房管控，遏制新增违建和裸房。绿化美化方面，结合“生态连绵带”建设，“两高”沿线两侧绿化宜林则林、宜绿则绿、宜花则花——城区段要通过新建绿地、拆墙透绿、拆违还绿、破硬复绿、见缝插绿等途径扩大绿地面积，非城区段做好1000米范围内的农田林网、荒山荒坡、乡镇村街的绿化美化，形成绿色屏障。卫生治理方面，重点清理沿线红线两侧1000米可视范围内的垃圾污水，加强规模禽畜、渔业养殖场场区的卫生综合治理。安全保障方面，路地双方要严厉打击超载、超限、超速和非法封路堵路等违法行为，整治盘活高架桥下空间资源等。

村镇建设

【概况】 2018年，泉州市推进特色小（城）镇建设、培育发展特色村镇、美丽乡村建设、传统村落保护发展、历史文化名镇名村改善提升、石结构房屋改造、农村危房改造等村镇建设，统筹推进城乡生活污水处理设施建设，加快融合城乡发展。实施《泉州市深化农村人居环境整治三年行动方案》，推动“一革命四行动”，农发行利用抵押补充贷款资金支持农村人居环境整治工作金融政策，择优捆绑3个PPP农村人居环境整治项目，推荐永春县列入省级试点县，晋江市为市级试点县，永春县呈祥乡呈祥村为省级农村人居环境整治试点村，洛江区虹山乡苏山村等11个村为市级农村人居环境整治试点村。实施打通城镇建成区污水“断头管”专项行动，配套建设污水收集处理项目108个，完成投资18.9亿元，建设污水管网212千米。开展全市重点区域周边生活污水治理攻坚行动，完成20个乡镇生活污水治理、建成486个村庄生活污水深度处理设施新建、改造65385户三格化粪池，年度落地泉港区、洛江区、石狮市、晋江市、台商投资区等5个PPP工程包，南安市1个第三方运维工程包。印发《泉州市2018年农村危房改造实施方案》，完成全部5758户改造对象和12379户建档立卡贫困户的房屋安全检查工作，下达中央补助资金449.82万元、省级补助资金155.3万元，市级补助资金549万元，缓解贫困户危房改造经济负担。2018年省上农村危房改造任务346户新建项目，竣工371户，超额完成25户。

【特色小城镇建设】 2018年，泉州市编制《泉州市特色村镇扶持创建导则（暂行）》及评价指标体系，建立特色村镇创建联审会议，推动试点探索“产业+、文创+、旅游+”等运作模式，规范“预备考察、扶持创建、考核验收”特色村镇创建程序，提出补助资金、用地保障等具体扶持政策措施，推动农村产业融合发展。编制《首批特色村镇扶持创建试点简介》《规划设计成果汇编》《培育发展特色村镇资料汇编》，加强顶层设计。加强专项资金使用绩效监控及自评，分批次下达市级专项资金1200万元，扶持创建8个特色小镇、3个特色乡村。印发《2018年全市新型城镇化改革工作要点》，探索实施《泉州市小城市培育试点考核办法（2017—2020）》《泉州市市级新型城镇化建设专项资金管理办法（试行）》，规范专项资金的使用和管理，编制2018年度专项资金安排使用方案，分批次下达新型城镇化建设专项资金2500万元，推进22个试点镇城市的内涵提升和外延拓展。全年实施项目633个，完成投资433亿元，占年度计划的119.1%。22个试点镇2018年财政总收入101.7亿元，较2016年增长31.8%。

【历史文化名镇名村、传统村落保护】 2018年，泉州市开展传统村落摸底调查，完善全市传统村落名录，组织申报省级历史文化名镇名村，建立“双随机”监管监测机制，推动传统建筑挂牌保护。2018年重点扶持永春县五里街镇西安村和德化县杨梅乡云溪村等2个省级历史名镇名村，组织实施保护发展项目，完成投资2589万元。争取中国传统村落中央财政支持，德化县龙门滩镇碧坑村获得中央奖补资金300万元。永春岵山镇率先完成市级中国传统村落数字博物馆建设。全市2个镇3个村入选第七批国家级历史文化名镇名村，23个村庄入选第五批中国传统村落公示名单，1个镇4个村列入第六批省级历史文化名镇名村公示名单。至2018年，全市有9个国家级、省级历史文化名镇，7个国家级、省级历史文化名村，19个中国传统村落，52个福建省传统村落。

【老区村建设】 2018年，泉州市老促会开展扶持老区村建设，共投入100万元，扶持13个老区村发展光伏发电、旅游开发和现代农业等生产项目及村道建设和村路翻修等民生项目，经验收，全部完成预定目标。

城市管理

【概况】 2018年，泉州市城市管理行政执法部门探索城市精细化管理措施，建立长效管理机制，开展“两违”综合治理，推进人居环境整治，搭建管理服务平台，提高城市宜居性、宜业性，助推“五个泉州”建设。落实《泉州市区内河沟管理条例》和城乡环境综合整治等工作部署，推进内沟河、海丝申遗点、校园周边等重要节点市容环境专项整治，推动城市整洁安全有序。全市清理违规广告牌35194块、不规范店招36236块、布条横幅28969处；查处占道经营211239起，清理“牛皮癣”365万多张，“创卫”“创城”“海丝申遗”等城市创建成果巩固提升。

【城市污染监管】 2018年，泉州市落实泉州“XIN”行动，强化城市污染监管，开展建筑运输车辆不文明行车整治、建筑工地施工噪声“零点行动”和中心市区建筑工地围挡专项整治，建立渣土车车企台账、工地台账，各工地出入口设置视频监控点，以渣土车管控平台为依托，实时监控渣土车运行轨迹，2018年全市查纠施工工地135个，查处建筑施工噪声2137起、渣土车“滴洒漏”2673件，暂扣车辆2072辆次。组织“秋季清摊”专项行动，对辖区内所有夜市摊群点、夜市大排档油烟烧烤进行拉网式全覆盖排查和集中整治，全市清理路边烧烤、夜市大排档16278摊。

【城市管理进社区】 2018年，泉州市推进“社区营造”项目化，制定《深化推进泉州市中心市区城市管理社区营造项目落实工作方案》，围绕打造“红色龙岭、温雅松林、和美宝秀、美好万福”，指导社区组建城市管理志愿者服务队，完成“社造”项目66个，总投资200万元，逐步建成“多元参与、多元治理、多元服务、多元宣传”的新型社区模式。依托“12319便民服务热线”、“110”联动举报电话和城市卫生管理“有奖举报”，鼓励群众举报城市管理问题，参与日常整治，受理群众投诉案件3398件。开展“城管体验日”“城校共建”“城市管理进社区（小区）”试点，推进“大手拉小手”和业主自治。

【“两违”治理】 2018年，泉州市出台《泉州市中心市区防控新增“两违”的实施意见》，启动中心市区每月卫片影像比对，运用图斑及时发现、处置新增“两违”。开展“百日拆违行动”，围绕“六个结合”（与重点项目落地相结合、与高速和高铁沿线以及通道环境整治相结合、与环保督查整改以及集中饮用水源保护和“2018绿盾行动”相结合、与古城“双修”和内沟河整治相结合、与新城片区和生态连绵带建设相结合），抓好“十二个”重点区域的“两违”清理。2018年全市治理“两违”面积610.5万平方米，腾退土地523.4万平方米，利用336.5万平方米，利用率64.3%。

市政建设

【概况】 2018年，泉州市持续推进城市管理体制机制创新，完善市政设施配套，开展“两违”综合治理，提升园林景观风貌，实施人居环境整治，科学搭建管理服务平台，有效提高城市宜居性、宜业性，助推“五个泉州”建设。

【市政公用设施建设】 2018年，泉州市推进市政生态景观建设，完善市政公用设施。

生态景观建设。完成东海法石片区绿化整治和提升、双垵街北侧、丰海路西侧坡地绿化、滨海公园示范段改造工程等10个项目，完成新建和改造绿地面积约17万平方米。项目注重花化、彩化和丰富绿化植物品种，提升城市“绿量”和绿化建设水平，城市道路园林绿化景观焕然一新。利用中心市区闲置的空地、杂地，采取拆墙增绿、拆违建绿、破硬复绿等形式，根据市区道路节点实际情况，结合行道树补植、花箱更新、时花摆放等工作，秉持“投入小、见效好、实用强”的理念，实施通港西街原赖氨酸厂址拆墙建绿、丰海路后渚大桥南端路侧扩绿、主干道路沿线交通渠化岛绿化改造等25个提升项目，进一步提升城市道路美化、花化、彩化，丰富景观视觉感受。

公园建设。市区各公园综合景观提升工程。工程主要建设内容包括对东湖公园戏波茶社周边绿化、园路等进行景观提升，改造提升面

2018年6月完工的中山公园塑胶跑道　（图/市城市管理局）

积约2000平方米；对芳草园南大门东西两侧原“水沟”周边、崇正书屋和儿童游乐区周边进行绿化景观提升，改造提升面积约11000平方米；郑成功公园后山入口增加山门1座，对上山砼道路进行“白改黑”改造及建设樱花大道景观绿化工程，面积约2000平方米，工程于2018年5月开工，11月底完工。通过实施绿化景观提升、道路美化及园景整治等项目，增强公园服务功能，全方位提升公园品位。中山公园塑胶跑道及“中山文化”长廊建设工程。工程于2018年3月开工，6月完工。主要建设内容：中山公园塑胶跑道改造提级，面积约5000平方米；“中山文化”长廊建设。在原“旗台”周边，威远楼后，结合“中山文化”以古建形式建设宣传栏，打造具有“中山文化”的主题公园。

内河整治。浦西滞洪区二期工程（高速桥下宝洲路至江滨北路段）。工程主要是利用泉厦高速公路沉洲特大桥 45 号墩与 54 号墩之间的土地（总长268米），开挖形成滞洪区，并与已建设完成的坪山路高架桥下滞洪区贯通连接。建成后增加滞洪面积约1.3公顷，增加滞洪库容26000立方米，总投资概算1358.89万元，中标施工合同价266.19万元。项目勘察单位为福建泉州勘测设计院有限公司，设计单位为中国市政工程中南设计研究总院有限公司，施工单位为泉州福兴建筑工程有限责任公司，监理单位为中建富林集团有限公司。项目于2018年8月完工。平原渠与滞洪区一期和滞洪区二期连通水闸工程。主要建设内容包括改造滞洪区一期1#水闸，新建滞洪区二期连通渠2#水闸。设计水闸两座，项目投资1050万元。项目于2018年11月竣工。

【垃圾、污水处理及设施建设】

2018年，泉州市推进垃圾、污水处理及设施建设，完善市政基础设施。

城市垃圾分类。先后制定印发《2018年泉州市垃圾分类工作意见》，落实出台大件垃圾、园林垃圾管理规定（试行）；设立微信微博公众号，通过宣传手册、公益广告等多方宣传，提高群众分类参与率、准确率；配套专项资金910万元，扩大垃圾分类处理试点范围，市直党政机关和事业单位全面开展、鲤城区和丰泽区增加9000户（达2万户）、泉州开发区实现全覆盖，鲤城区、丰泽区、洛江区共有57个单位（小区）落实试点，其余县（市、区）党政机关大院和1个居民小区落实试点；建立奖惩制度，制定考评标准和奖惩办法，于2018年8月份开展全覆盖考评并通报；完成大件垃圾处理厂提升改造和丰州苗圃园林绿化废弃物综合处理厂建设。

农村垃圾治理。泉州市将农村生活垃圾治理工作纳入挂牌督办项目和泉州首批十大“XIN”行动重要内容，按照“先建机制、后建工程”的思路，加快推进农村垃圾治理工作。2018年完成630个村庄生活垃圾治理常态机制建设，实现泉州市2060个村庄（含5个村改居）建立生活垃圾治理常态机制，所有行政村生活垃圾得到有效治理；全市建成12座乡镇垃圾转运站，争取到生活垃圾转运系统建设省级“以奖代补”资金924万元，健全“村收集、镇转运、县处理”城乡一体化收运处置体系。

中心市区垃圾量。2018年泉州中心市区垃圾处理总量489219吨，其

室仔前生活垃圾卫生填埋场渗滤液处理系统改扩建工程（2018年拍摄）（图/市城市管理局）

中外运焚烧处理316664.25吨，室仔前填埋场填埋处理172554.75吨，无害化处理率100%。

室仔前生活垃圾填埋场气体收集发电。主要建设内容包括导气管的采购安装、负压收集预处理系统、发电系统、电力并网系统、简易厂房等，总投资2000万元，项目于2018年11月20日实现并网发电，运行满负荷三台机组，日最大填埋气处理能力3.3万立方米，正常年发电量1615万千瓦时，年均处理垃圾填埋气1220万立方米。

室仔前生活垃圾卫生填埋场渗滤液处理系统改扩建工程。项目是泉州市环卫处第一个采用PPP模式建设运营的项目。建设内容包括日处理渗滤液400吨及日处理库区地下水导排系统排放水1000吨两套系统，总投资约7921.35万元，通过ROT的建设运营模式向社会公开招商，合作运行年限为20年。项目于2018年12月21日完成竣工环保验收。

中心市区污水管网养护管理。污水管网日常巡查维护和抢修，对日常养护、设施管理、数据采集等实行精细化管理：全年巡查583次，发现处理井盖缺损、污水冒溢等设施病害问题312件；完成湖心街、东西大道、金庄街、体育街等清疏管道3105米、清淤检查井1173座、更换检查井盖137套、井盖（框）各227个、安装防坠网335个；改造管道36米。先后组织对义全街（南环城河）污水管、宝洲污水处理厂DN1200尾水管、东海二号泵站DN450出水压力管、南北大道和省道307线污水管、少林路齐云路口污水管以及见龙亭污水泵站出水压力管进行抢修，确保排水设施的安全运行，杜绝公共安全事故的发生。做好污水管网移交，对拟移交排污设施的工程项目进行内业核查、现场勘察，对存在问题提出整改意见并形成报告，督促其及时整改，2018年移交新增东海组团丰海路污水管道1730米。

中心市区污水处理厂运行监管。通过规范市区污水处理厂的监管监测，进一步确保运营方规范运营、达标排放。2018年宝洲厂日均处理水量12.9万吨；北峰厂日均处理水量3.6万吨；城东厂日均处理水量3.9万吨，东海厂日均处理水量1.7万吨。做好中心市区污泥处置的监管工作，督促运输方及时清运污泥，并制定污泥应急处置实施方案。督促各污水处理厂运营方加强对污泥应急处置全程的跟踪监督，确保安全、规范地进行污泥应急处置。2018年1至6月，石狮市鸿峰环保生物工程有限公司累计焚烧处置中心市区宝洲、北峰、城东、东海污水处理厂污泥1.13万吨；6至12月，漳州市云盛新型建材有限公司应急处置污泥1.76万吨。

中心市区四座污水处理厂提标改造项目完工。落实中央环保督察整改工作，严格督促BOT运营商全力推进提标改造建设任务，按环保督察整改任务要求在6月30日前将出水水质提升至一级A排放标准，全部于11月30日前通过竣工验收，出水水质达到更高一级的类地表Ⅳ类标准并稳定达标排放。

污水处理配套设施项目建设。中心市区污水管网普查发现的管道缺陷第三批改造工程，2018年完成投资额616.04万元，建设规模包括对324国道、体育街、金庄街等46处污水管道缺陷进行改造。工程于2018年5月20日完工，10月26日通过竣工验收。完成管道内衬修复456米，开挖换管修复391米，清淤864米，重做检查井29座。刺桐泵站压力管改建工程，2018年完成投资额250万元，建设内容包括刺桐泵站出水DN800压力管约400米改造。工程于1月15日开工，5月24日完工，11月27日通过竣工验收。东海污水厂现状配套管网改造工程，2018年完成投资额为230万元，建设内容包括对丰海路部分排污口进行改造，工程1月23日开工，5月22日完工，7月20日通过竣工验收。泉州市污水管网实时在线监测系统（城东一期）工程，工程总投资额1552.19万元，6月10日开工建设，通过建设8处在线自动监测点、6处水文监测点、3处雨量监测点，对城东片区系统管线内的流量、水位及水质等信息进行在线监测，12月9日完工。该工程实施实现对管网运行数据及现状设施的可视化信息管理，并对管网运行故障进行实时报警、预警及问题分析，弥补原有污水管网人工采样监测存在不即时、不全面、不连续、反应滞后和人为误差等问题，为污水管网安全运行管理提供科学依据。

中心市区污水管网普查发现的管道缺陷第四批改造工程，项目计划总投资额728.82万元，2018年完成投资额200万元，建设内容包括对北峰及东海片区49处污水管道缺陷改造。2018年12月开工。北峰片区过河污水管渗漏改造工程，项目计划总投资额534.95万元，2018年完成投资额200万元，建设内容包括北峰片区西湖街、新华北路、丰顺路、丰惠路等五处过河污水管维修改造。2018年12月开工。

【公用事业】 2018年，泉州市推进城市供水设施建设，做好城市供水和燃气供应工作，公用事业稳步发展。城市供水设施建设。完成中升雅园、嘉琳广场、祥远路、崇福路供水设施建设等“为民办实事”项目，实施中心城区供水旧管网改造及水质优化工程，结合“古城双修”、“XIN”行动的契机，新增多个造福居民的改造工程，累计改造给水管道约25.7千米（管径DN75以上），完成投资约2243万元；新建城东片区东星路、洛江区恒泰路、台商投资区东经二路北延伸段等供水管道约27千米，完成投资2602万，占年度投资额的104%；推进台商投资区“村村通”给水管道工程，累计完成投资1400万元，推进台商投资区“户户通”自来水工程，保障农村饮水安全；推进省重点项目金鸡水厂建设，实现试运行，2018年度完成投资约28824万元，主体建筑施工进度完成100%（总构建筑物22个完成封顶22个），一期工程于2018年12月底实现试运行。

城市节水工作。2018年，泉州市参与国家节水型城市创建，以第26届“世界水日”、第31届“中国水周”等为契机，强化节水宣传，提高全民节水意识；推进水平衡测试及节水型企业（单位）、居民小区的创建、考评、验收，完成水平衡测试204家，其中184家单位分别获得节水型企业（单位）、小区称号；根据《泉州市创建国家节水型城市工作实施方案》分解任务，做好迎检工作。

城市燃气。2018年，泉州市液化天然气（LNG）项目共完成投资28.12亿元，建设城市天然气门站5座（泉州门站、晋江门站、惠安门站、泉港门站、霞美门站），LNG储配站7座（泉州储配站、磁灶储配站、普莲路储配站、德化储配站、永春储配站、永春苏坑站、安溪储配站），高中压调压站8座，汽车加气站18座；建设燃气管网3861千米；发展居民用户78.5万户，已通气的居民用户33.8万户，工商业用户4400多家，日均用气量约405万立方米。2018年，泉州市有液化石油气企业35家，分别是中心市区3家，泉港6家，晋江8家，石狮2家，南安9家，惠安2家，安溪2家，永春2家，德化1家。

【城市园林绿化彩化花化工程建设】2018年，泉州市推进中心市区及进出城道路沿线花化彩化工程，完成站前南北大道草花工程、江滨北路沿线渠化岛花化彩化时花种植工程、东海法石片区绿化整治和提升工程、江滨北路草花工程、丰海路法石水闸段草花工程、安吉路中分带端头草花工程、丰海路中级人民法院门口草花直播工程、东滨大道路和纬五路及周边绿化工程、双垵街丰海路交叉口绿地花化彩化工程、滨海公园示范段改造提升工程、原赖氨酸厂拆墙见绿、后渚大桥北星寸路口时花种植工程等12个花化彩化项目。其中，东海法石片区绿化整治和提升工程为泉州市“攻坚2018”城乡建设大会战项目之一，绿化建设面积约7万平方米，通过清理空地杂乱植物和垃圾，更换、回填种植土，新增喷灌系统、碎石园路，增种开花植物，形成片花片林的景观效果，绿化种植施工总面积10万平方米，其中喷播油菜花、金鱼草等花籽面积72381平方米。打造“滨海•花海”主题系列活动，油菜花观赏区、硫华菊花海，以大片式、带状式花海吸引大批市民、游客游览观赏。全年泉州市中心市区累计种植、直播冰岛虞美人、向日葵、油菜花、金鱼草、硫华菊、百日草、一串红、孔雀草、矮牵牛等约142000平方米。

滨海公园花海（2018年拍摄） （图/市城市管理局）

【风景名胜区管理】 2018年，泉州市完善清源山风景名胜区配套建设，主景区森林消防及自来水供水管道工程，项目建设内容包括接城区自来水，主管沿齐云路加压布设，延伸至核心景区各个景点，总长约13千米，工程2018年完成供水管道施工、电力管线排管铺设和箱变的安装、四座泵房和五个水箱的建设及供水设备安装工作；清源山旅游公厕新、改建工程，按3A级旅游厕所的标准改建厕所3座，新建AAA级旅游厕所4座；齐云路绿化景观提升工程，项目包括绿化种植及养护、生态挡土墙等，项目于2018年11月通过竣工验收。

风景名胜区管理与资源保护。强化景区管理，营造优美、整洁、有序的游览环境。优化人员配置，加强清源山风景名胜资源保护管理。设置老君、千手、齐云、南台、圣墓等5个执勤所，隶属清源山景区管理行政执法大队管理，强化日常巡查和监管，有效地查处和打击景区内的违法、违规活动。加大景区宣传力度，指导旅游投资公司做好旅游节庆宣传活动，突出节日主题，营造景区的节日氛围，增加景区的游客量和人气。根据景区文化特色，参与组织“施腊八粥公益活动”“迎新春送春联”“遇见清源山——春节民俗活动”“太上老君圣诞庆典”“情定清源山520活动”“爸气端午——寻味清源”“激情世界杯，欢乐清源山”等多场游客互动活动，吸引各界人士的参与，得到广大游客的赞誉。

风景名胜区综合整治。针对住

建部城建司遥感动态监测发现的14处变化图斑，督促各相关责任单位严格依法依规抓紧对违规项目进行整改。截至2018年12月31日，14处变化图斑完成整改9处（含5号、6号、7号、12号），其中南安市负责的2号、4号已拆除，市住建局负责的11号图斑已作罚款25万元处罚，市民政局负责的14号图斑已拆除，清源山管委会负责的8号图斑（2幢共4500平方米临时搭盖铁皮屋）已拆除。推进其余5处图斑整改工作。

推进“两违治理”，始终保持对违建的高压态势，对景区新增违法建设发现一起，查处一起。按照《泉州市“两违”治理“百日行动”方案》要求，采取有效措施攻坚突破，确保“两违”治理取得实际成效。做好二、三级保护区结合部“两违”巡查，对确属三级区范围的6起违建行为及时函告属地执法局，共同合力推进清源山“两违”整治工作。组织开展殡葬领域突出问题专项整治行动，制定《清源山风景名胜区开展违法建坟专项整治工作方案》，成立专项整治领导小组，依法严厉打击新增坟墓和旧墓翻新等违法违规行为。切实加大对伊斯兰圣墓及其周边环境的管理保护力度，联合丰泽区政府、市文广新局等单位建立巡查监管机制，按照分类处置意见，对丰泽区政府排查登记的2012年以来的6座违建墓葬进行查处。

强化景区安全管理。加强旅游秩序和交通安全整治，制定《清源山景区旅游开展为期3个月的整治行动，针对市民违规占道停车、部分村民强收停车费及“黑摩的”等非法营运车辆载客逃漏票等影响旅游秩序的乱象进行整治，营造安全有序的旅游环境；联合丰泽区工商、食药监督等部门召开主景区餐饮业安全工作会，督促各餐饮、休闲茶庄经营户业主要加强食品卫生、环境卫生和消防安全，全年整治流动摊点18处。

【市政设施建设和管理】 2018年，泉州市加强市政设施建设管理，改善市容市貌。宝洲街浦西万达前人行通道工程。该工程位于宝洲街闽南茶都前，建设横跨宝洲街的人行天桥，其中主桥全长32.5米，宽6米，采用钢箱梁结构，天桥两侧各设1:4梯道及螺旋梯与主桥相连，并且增设相关排水设施、照明设施、遮雨棚及立体绿化等。项目总投资概算为1431.87万元，中标施工合同价586.61万元。项目参建单位：勘察设计单位为福建省林业勘察设计院，施工单位为福建中联建工有限公司，监理单位为泉州市工程建设监理事务所。项目于2018年4月15日完工。

隧道养护管理。对大坪山隧道、东海隧道漏水进行整治，整治隧道漏水约369米。完成大坪山隧道紧急电话线路改造2.6千米，更换对讲机40台；更换东海隧道DLP背投屏LED液晶屏。对山海路北山隧道及两个明洞的照明进行LED改造，将原有1286盏双光源58瓦+58瓦的荧光灯改造为350盏100瓦的LED灯，改造后加上按昼夜亮灯模式，共节能131.68瓦。

泉州市区城市桥梁检测维修加固。对黄龙大桥、刺桐大桥主桥及北引桥、田安大桥主桥、坪山路2#桥(北渠桥)、西贤路北低渠桥等城市桥梁开展结构检测及静荷载试验，并对黄龙大桥、刺桐大桥及田安大桥主桥水中墩水下部分结构开展水下探摸排查。对市区68座城市桥梁开展常规定期检测，对市区90座城市桥梁开展经常性检查。对城东街北渠南北桥、后渚立交主线桥西幅及B匝道桥、江滨北路法石水闸桥、云鹿路东干渠桥、温陵南路田安渠涵、观桥、中芸洲中部拼宽桥、中芸洲东桥、沉洲水闸外港桥、北低渠桥一、通淮桥（涵）等13座城市桥梁露筋、梁体底部空洞、结构裂缝等病害进行维修加固。对田安大桥、黄龙大桥、坪山高架、泉州大桥南立交等桥梁钢护栏锈蚀病害处理，约11000平方米。累计处理完成田安大桥、黄龙大桥、泉州大桥南立交、东海大街人行天桥等桥梁钢护栏锈蚀病害约17000平方米。

路灯夜景维修改造。累计更换LED灯具3188套、镇流器262只、触发器103只、控制器36只、灯泡502只、LED软灯条3087米、防水开关电源184只、空气开关32只、电力电线1182米，排查电缆故障119次，修复损坏电缆19261米，电缆头终端制作1696个，修复灯杆检查门1742个。对市区金帝文化广场、金帝商厦、胡礼勘图书馆、东华园、鲤城大厦、津淮街裕达小区6号楼、东淮花苑、丰泽街道办事处等大楼夜景进行大修。累计更换LED线条灯、LED点光源、LED模块灯等各种夜景灯具2308套。站前东西大道及普贤路道路改造拆除路灯57根；因省道307改造建设需要，拆除南安段路灯100根；八卦沟路灯灯杆腐朽改造8根；泉秀路及涂门街路灯景观部分老化，拆除夜景灯191盏；中山中路道路改造拆除路灯23根；刺桐北路道路改造拆除路灯24根；江滨北路慢车道增设照明加装灯叉灯具30套；对宝洲路、南北大道等桥梁下照度不够增设LED投光灯22套；因南环路、笋江路改造需要，移交南环路、笋江路路灯及附属设施。

下穿设施更换改造。更换山海路车行下穿止回阀3个、泵机3台；更换浔埔人行通道泵机1台；更换滨海街3号人行通道泵机1台；更换省道307线车行下穿泵机4台；修复滨海街2号人行通道进线电缆160米；修复滨海街3号人行通道进线电缆62米；更换滨海街车行下穿电缆860米；修复东海大街人行下穿照明跳闸问题，增设泵房照明56套；增设法石人行下穿照明4套；修复站前大道车行下穿板材20平方米，修复栏杆5榀。更换省道307线车行下穿和朵莲寺等下穿老化、破损出水管道。

市区积水节点改造。对巡查发现的市区部分市级道路积水节点进行改造，项目总投资50万元，完成体育街雍景台段、瑞泰街、泉秀东街仟禧汇门口等积水节点改造45处，管道改造2.2千米，雨水口改造161个。

市政设施日常管养。通过日常巡查，结合市民群众投诉举报、考评中心和数字城管监督通报等方式，开展市政设施维修维护，修复沥青（砼）路面2.6万平方米，修复各类人行道3.3万平方米；修缮、调整、安装台阶路缘石近2.0千米；更换检查井173套，更换雨水口296套；设置修复障碍墩56根，清除杂草41759平方米，清理雨水口4.2万个次，清理排水沟2402米，清淤1.5万立方米。

交通建设

【概况】　2018年，泉州市完成交通基础设施投资102.6亿元（不含铁路），其中高速公路13.2亿元、普通公路50亿元、港航25.5亿元、场站建设及运输装备7.5亿元。全市公路通车总里程达到17696千米，较2017年增加38千米，公路密度达到160.9千米/百平方千米；高速公路通车总里程达652千米，高速公路密度达到5.9千米/百平方千米。

【续建泉厦漳城市联盟路泉州段】　2018年，泉厦漳城市联盟路泉州段项目被交通运输部列为施工班组规范化管理攻关行动试点项目，全省高速公路建设观摩会在该项目召开，以项目为试点创新“工地党建”模式在全省推广。项目起于晋江市永和镇福田村，设福田枢纽互通接已建成通车的晋石高速围头疏港支线，经晋江永和镇、安海镇、东石镇，跨安海湾后进入南安石井镇，设促进枢纽互通接已建成通车的南石高速公路，终于石井镇坂头村，与厦门海翔大道相接。全线采用高速公路标准建设，设计速度100千米/小时，双向六车道，路基宽度33.5米，设福田（枢纽）、永和、东石、促进（枢纽）、院前5处互通式立交。路线全长27.32千米，概算总投资47.08亿元。2018年完成年度投资13亿元，累计完成投资36.1亿元，预计2020年建成通车。

【普通国省干线公路建设】　2018年，泉州市建成G324晋江紫帽塘头至磁灶井边段改造工程，建设G355安溪南翼新城过境段工程等9个项目，累计新改建92.3千米，完成投资11.41亿元，公路密度进一步延伸。开展专项治理，打造安溪南翼新城、晋江东石连接线等品质工程和绿色公路省、市示范项目。

【农村公路建设】　2018年，泉州市启动2018—2020年“三年集中攻坚”行动，将农村公路建设管理纳入市、县两级绩效考核体系，全市建立覆盖县、乡、村三级的路长组织体系，招募432名乡村道专管员到岗履职。是年，农村公路建设完成年度投资10.5亿元，其中，建设与改造农村路网360千米，完成投资9.13亿元；实施公路安全生命防护工程533千米，完成投资6381万元；改造危病桥33座，完成投资7993万元；新建农村公路生态示范路67千米，在建120千米。2017年、2018年农村公路建设完成投资额超过“十二五”期间五年累计投资的总和。全市选择树立晋江市内坑镇等10个“四好农村路”示范乡镇。永春县、晋江市获评全国“四好农村路”示范县，示范县数量占全省半数。全省“四好农村路”建设现场推进会在泉州市召开。

【公路养护】　2018年福建省泉州市公路局负责全市1359.29千米国省干线公路的建设、养护、管理工作，代养重要县乡道里程959.64千米。全年投入专养公路建设及养护资金6.81亿元（含地方政府投资），实现年平均综合好路率95.77%、年平均国道好路率97.94%、年平均省道好路率93.29%，年平均PQI值（注：路面使用性能指数）87.728。

【省补养护专项工程】　2018年，泉州市实施路面改建工程471643平方米/24.3千米，投资20311万元。实施公路安全生命防护工程189千米，投资687.9万元。实施绿化提升工程41.9千米，投资193万元。实施公路站标准化改造3个，拆除重建1处，新建1处，投资1020.7万元。

2018年1月3日，泉州市公路局南安分局对南安洪濑大桥进行测量检查
（图/市公路局）

2018年5月，建设中的快速通道城东高架桥 （图/李芸生）

实施排水系统整治工程68.3千米，投资577万元。省道215线（原省道206线）设置停车休息区1处，占地11636平方米，投资163.7万元。实施省道217线（原省道206线）、省道312线（原省道308线）3座隧道整治工程，投资156万元。实施3座危桥改造工程，投资380万元。实施省道215线（原省道203线、原省道206线）部分路段集镇整治工程，投资116.7万元。

建筑业

【概况】 2018年，泉州市建筑业健康快速发展，各项经济指标持续创新高，全市建筑业企业完成建筑业总产值1783.53亿元，比上年增长17.03%；实现建筑业增加值540.45亿元，现价增长13.97%，可比增长8.9%，占全市GDP的6.38%；完成省外产值1003.95亿元，比上年增长18.54%；一级及以上企业完成产值1078.84亿元，占全市总产值的60.49%。按照“扶优扶强、做专做精”的原则，引导和帮扶建筑企业提升资质等级，对接7个拟升特级企业，实施点对点帮扶，有4家企业（公路一公司、惠东、泉发、东霖）通过省厅技术中心验收，福建路港（集团）有限公司获批房屋建筑工程总承包特级资质。全市建筑业总承包、专业承包企业发展到1308家，其中特级总承包企业3家，一级总承包、专业承包企业152家。企业经营领域不断拓宽。在巩固房屋建筑、市政基础设施、装饰装修、建筑幕墙、古建筑传统专业的同时，向公路、水利、港航、通信、隧道、智能化、钢结构等专业拓展，逐步形成优势专业突出、各专业齐备的建筑业格局。

【装配式建筑基地建设】 2018年，泉州市推动装配式建筑基地建设，泉州市首条装配式建筑自动化PC(混凝土预制件)生产线项目在惠安的福建省经发物联网科技公司福建生产基地投产。方圆建设集团与三一集团、泉州城建集团在洛江区合作成立的泉州市建筑产业化有限责任公司，投资建设的泉州绿色建筑产业园，一期工程项目如期竣工，二期工程开工，洛江PC生产基地10月投产，年产能7万立方米PC构件。全市有预制混凝土（PC）构件生产基地4家（建惠产业现代化生产基地、泉州城建洛江PC生产基地、福建经发装配式建筑产业基地、高时泉州PC加工基地），设计年产能30万立方米，有规模的内隔墙板基地有3家（泉州三角洲陶粒建材、泉州绿保科技，泉州固正新材），墙板年产能700万平方米以上。

【试点项目建设】 2018年，泉州市推动试点项目建设，出台《关于装配式建筑应用推广期间房屋建筑工程招投标有关问题的通知》，在商品住宅项目外，推动学校、医养、训练基地、标准化厂房、公共文化建筑、展示展览馆等政府投融资项目的装配式建筑试点，完成建筑产业化工程包投资达5.3亿，占福建省下达任务3.7亿的143%；通过设计阶段认定的项目约83万平方米。惠安“世界石雕”展示馆投用、泉州公共文化中心图书馆基本完工。

【工程总承包试点】 2018年，泉州市推进工程总承包试点，公布安溪县综合档案馆项目等6个房屋建筑和市政基础设施工程总承包试点项目，总投资额13.16亿元，均采用初步设计审批后的工程总承包模式。全市总承包试点项目13个，项目总投资25.66亿元。

房地产业

【概况】 2018年，泉州市坚持中央“房子是用来住的，不是用来炒的”定位，围绕控房价、稳市场的主要任务，落实国家、福建省关于稳定房地产市场的决策部署，因城施策，精准调控，房地产市场持续平稳健康发展。房地产投资持续增长，全市完成房地产开发投资791.41亿元，比上年增长13.0%，逆转2017年的下降趋势；商品房销售稳健增长，全市商品房销售1415.77万平方米，比上年增长13.8%。商品房供需关系合理，全市商品房供应1733.96万平方米，比上年增长73.1%，与同期销售量比为1.22:1；其中商品住房供应1414.16万平方米，比上年增长89.4%；房地产税收增长明显，2018年全市实现房地产税收143.57亿元，比上年增长13.57%，占税收总收入19.2%；房地产业作用显现，全市实现房地产业增加值406.95亿元，比上年增长7.0%，占GDP比重为4.8%，比2017年上升0.7个百分点。

【房地产市场稳定发展长效机制建立】　2018年，泉州市探索建立长效机制，出台《泉州市促进房地产市场持续健康稳定发展若干意见（2018—2025年）》，立足未来8年，建立促进房地产市场平稳健康发展长效机制：统筹区域和片区“两层调控”，建立多层次房价调控评价单元，强化分片区精准调控；实施在前端源头和后端风险预警“两端施策”，在前端优化土地供后监管、购地资金审查，净化市场秩序，在后端做好市场预警并适时启动相应的响应措施；确保供给侧和需求侧“两侧平衡”。创新房价备案机制，按照“总体有目标，片区有控价，楼盘有系数”原则，细化定价办法：商品住房均价保持在2016年10月份水平，涨幅严格控制；按市场销售价格相近和行政区划不同划分若干片区，并对各片区进行最高控价；以片区上一年度成交均价为基准，对项目楼面单价、容积率等进行量化计算，并由住建、财政、资源、物价等部门进行会商，确定备案价格。分批申请办理预售许可的项目，半年内再次办理预售许可的不予上调备案均价，半年以上的上调幅度不得超过3%。将住宅配套的车位、车库纳入调控范围，进行最高限价，并实行与住宅一致的调价时间和幅度限制。精准实施市场管控，建立房地产用地供应会商机制，各县（市、区）在供地前提出方案，报经市国土局、住建局会商核准后，用“限房价，竞地价”方式进行出让，防止高地价推高房价，稳定市场预期。限制非本市户籍居民在市区和部分县（市）仅能新购一套住房，且应在购房前在本市缴满一年个税或社保，或办理居住证一年以上。限制新购买的住房需取得不动产权证满2年方可转让，其中非本市户籍居民到本市及本市户籍居民跨区域购房需满5年方可转让，有效抑制投资性购房。扩大市场有效供给，科学编制三年房地产用地供应计划及年度项目清单，明确到供地规模、结构、节奏和时序。2018年全市完成供地504.6公顷，比2017年增长127.2%，可建商品房约1500万平方米，可供一年消化。对2000年以来已签订出让合同或划拨决定书的房地产用地进行逐宗过细排查，逐宗制定处置方案，限时督促用地企业加快开工建设，2018年列入整治计划95宗，完成整治26宗。督促达到预售条件的商品住房项目及时办理预售许可并对外销售，加快项目推盘上市。实行公证摇号售房，要求新批准预售许可的商品住房项目均应实行公证摇号公开销售，摇号由公证机构主导，住建、工商、物价等部门及认筹人对认筹、摇号、选房实行全程跟踪监管，要求登记认筹人、摇号选房人、合同签订人必须一致，否则不予办理合同网签备案手续，防止炒卖房号，做到公开、公平、公正。在每次公证摇号销售中都安排60%的套数，专供首套房购房者摇号购买。实行摇号销售后，既封堵开发企业违规操作空间，又确保群众有均等机会购房，社会反应良好。

【存量房交易】　2018年，泉州市存量房交易回归理性，全市存量房交易459.94万平方米，比上年下降10.2%，其中存量住房交易355.75万平方米，下降11.0%。

【商品房价格】　2018年，泉州市商品房价格稳中略升，全市商品房均价8379元/平方米，比上年上涨7.0%；其中商品住房均价8015元/平方米，比上年上涨8.3%，新建商品

2018年5月，建设中的泉州公共文化中心　（图/李芸生）

住宅价格指数稳定居于全国70个大中城市中后段位。

【商品房库存】 2018年，泉州市商品房库存合理可控，至年底，全市商品房库存面积1280.4万平方米，去化周期16.9个月，其中商品住房库存面积789.06万平方米，去化周期12.5个月；非住宅库存491.34万平方米，去化周期39.2个月。

【物业服务】 2018年，泉州市物业服务水平稳步提升，全市共有975个小区实施物业管理，实施物业管理房屋面积10619.42万平方米，物业管理覆盖率90.6%。

水 务

【概况】 2018年，泉州市自来水有限公司拥有4个全资子公司，1个合作公司，2个合资公司，4座水厂，设计供水能力50万吨/日，供水区域约300多平方千米，服务人口近180万人，供水普及率98%以上，出厂水水质综合合格率99.5%，达到国家先进企业水质标准。用水总户324383户，供水管线总长度4260千米，完成供水量11893.25万吨，比上年下降4.2%；售水量9150.51万吨，增长5.69%。

【供水设施建设】 2018年，泉州市自来水有限公司结合“为民办实事”项目，全年投资约6245万元，改造中升雅园、嘉琳广场等区域给水管网25.7千米，新建城东东星路、洛江恒泰路等区域供水管道27千米，推进台商投资区“村村通”给水管道工程。全年投资32024万元，完成福建省重点项目金鸡水厂主体建筑、一期工程和洛江区重点项目洛江供水调度中心主体建设。初步完成建立中心市区二次供水设施基本档案，完成382个小区共684套设备建档及用水户数量统计。

【供水服务水平提升】 2018年，泉州市自来水有限公司深化便民供水服务事项流程改革，优化自来水业务办理流程，用户缴费期延长6日。完善“968812”水务热线，为用户提供专业、及时的用水咨询和服务。在市行政服务中心设置自来水服务窗口，实现同城同办、就近办理。

【国家节水型城市创建】 2018年，泉州市自来水有限公司根据《泉州市创建国家节水型城市工作实施方案》及任务分解，全面开展创建工作，协助完成2018年国家级节水型城市考核验收工作。以第26届“世界水日”、第31届“中国水周”等为契机，强化节水宣传，提高全民节水意识。推进水平衡测试及节水型企业（单位）、居民小区的创建、考评、验收，完成水平衡测试204家，其中184家单位分别获得节水型企业（单位）、小区称号。严格执行计划管理制度，处理用户申请单227单，新增计划管理用户117户，全年纳入计划管理用户4059户，计划管理率95%。

2018年3月22日，市委文明办、市河长办、市水利局等开展第二十六个“世界水日”系列宣传活动。图为活动现场 （图/许文明）

生 态 环 境

责任编辑：吴远鹏

综 述

【气候】 2018年，泉州市气候总体平稳，年景较好。全市年平均气温20.9℃，比常年高0.5℃；其中惠安21.3℃，与2002年并列为历史最高；年降水量1536.5毫米，较常年偏少33.2毫米；年日照时数1976.8小时，较常年多154.6小时。气候特点：冬季降雨偏多，出现冬汛。春季气温偏高，日照异常偏多，夏季局地短时强降雨强度大，台风季台风影响偏轻。综合分析，主要有以下气候特点：冬季降雨偏多，1月出现冬汛，降雨异常偏多，永春破历史同期纪录；2月多地出现严寒天气，多地破同期当地低温极值。春季气温偏高，日照异常偏多；5月各地均破历史平均温度极值。出现高温日期早，5月2日即以出现高温天气，为历史最早。降雨极端，短时降雨破纪录，7月一次午后对流，德化小时降雨破建站最大极值纪录。影响台风个数少，整体影响偏弱。为近年来最平稳的一个台风季节。全市出现春夏连旱。气象干旱开始于3月下旬，结束于8月下旬，其中惠安、晋江、南安出现气象特旱，导致水库水位下降、农田受旱，粮食作物受灾程度较重。

经过矿山治理修复，在多年前因采石而遗留下的石窟点上修建起来的石狮市宝盖山石窟公园（2018年拍摄） （图/市自然资源和规划局）

气温 2018年全市年平均气温20.9℃，比常年偏高0.5℃；其中惠安21.3℃，与2002年并列为历史最高。各县（市）年平均气温在18.4℃（德化）至21.8℃（安溪）之间，气温距平为0.1℃（德化）至1.2℃（惠安），异常度为0.1（德化）至2.2（惠安），晋江、南安、德化正常，安溪偏高，永春显著偏高，惠安异常偏高。年极端最高气温，除德化出现在5月外其余均出现在7月、8月，分别为惠安34℃（8月12日）、晋江36.2℃（8月5日）、南安37.8℃（7月29日）、安溪38.0℃（7月31日）、永春36.6℃（7月4日）、德化34℃（5月18日）。年极端最低气温，主要出现在2月6日，分别为：惠安4.1℃（2月5日）、晋江1.4℃、南安0.6℃、安溪0.5℃、永春-1.4℃、德化

-3.0℃。全年≥35℃高温日数，分别为晋江10天、南安42天、安溪44天、永春32天。

降水　2018年全市平均年降水量为1536.5毫米，比常年少33.2毫米，比2017年多293.9毫米。各县（市）年降水量在1126.1（晋江）至2029.1毫米（德化）之间，降水距平为-212.4毫米（晋江）至205.3毫米（德化），降水距平百分率为-16%（晋江）至11%（德化），晋江偏少、德化偏多、其余正常。出现大雨及以上的日数分别为惠安14天、晋江13天、南安29天、安溪23天、永春22天、德化29天。其中暴雨日数分别为惠安7天、晋江4天、南安10天、安溪11天、永春7天、德化7天，大暴雨日数分别为惠安2天、晋江1天、安溪2天。日最大雨量，沿海主要出现在8月29日（受热带辐合带和南风急流影响，普降暴雨到大暴雨），山区出现时间分散。分别为惠安111.0毫米（8月29日）、晋江133.8毫米（8月29日）、南安90.2毫米（9月8日）、安溪124.8毫米（9月8日）、永春99.6毫米（5月27日）、德化90.1毫米（7月13日）。前汛期从5月1日（较常年偏晚2天）开始，6月24日结束（偏早2天），历时55天。汛期降水相对集中时段为：3月14～20日、5月27～30日、6月18～23日、7月11～13日、8月23～30日。其中：7月13日午后至傍晚部分乡镇有强对流发展，并伴有短时强降水，其中德化浔中镇小时降雨量达82.6毫米破历史纪录，泉港区涂岭镇前欧村小时降雨量93.5毫米；8月下旬受热带辐合带影响，泉州市出现持续性暴雨过程，全市直接经济总损失7411.45万元。

日照　全市平均年日照时数为1976.8小时，比常年偏多154.6小时，比2017年少97.8小时。各县（市）年日照时数在1740.7小时（安溪）至2369.3小时（惠安）之间，日照时数距平为75.0小时（南安）至370.9小时（惠安），异常度为0.5（南安、德化）至2.4（惠安）。其中：惠安异常偏多，永春偏多，其余正常。

【水文】　2018年，泉州市平均降水量1657.3毫米，折合年水量186.284亿立方米，比2017年多23.2%，比多年平均多2.2%，属平水年。全市最大点降水量为南安市向阳乡巷仔站2251.5毫米；最小点降水量为晋江市安海镇安海站981.0毫米。全市地表水资源量78.320亿立方米，地下水资源量23.130亿立方米，地表水和地下水不重复量0.19亿立方米，水资源总量78.510亿立方米，人均拥有水资源量为902立方米，全市出境水量24.771亿立方米。

【海洋】　2018年，在泉州市海域布设海水水质站位101个，春、夏、秋、冬四个季节进行海水质量监测，监测要素包括溶解氧、无机氮、活性磷酸盐、石油类、汞、铜、铅、镉、砷等。监测结果表明：泉州市海域海水质量有所上升，第一、二、三、四和劣四类海水水质海域面积比例分别为81.7%、15.0%、0.5%、1.1%和1.7%。第四和劣四类海水水质海域主要分布在泉州湾和安海湾，主要超标因子为无机氮和活性磷酸盐。与2016年和2017年相比，总体而言劣四类、四类和三类水质海域面积均有所减少，第一、二类海水水质海域面积逐年递增。

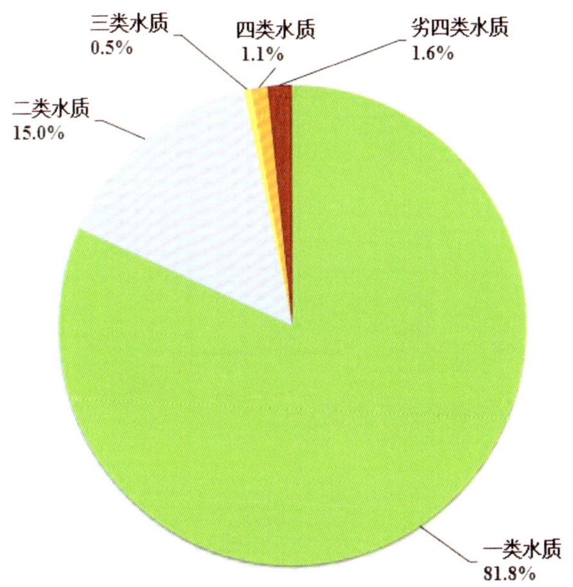

图1　泉州海域各类水质面积比例图

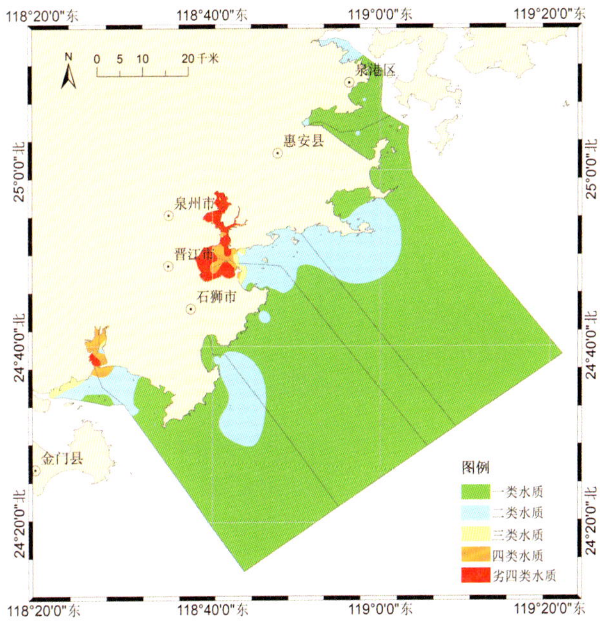

图2　泉州海域水质等级分布示意图

2016—2018年泉州海域各类水质面积比例表

表30

年份	一类或二类水质海域面积占比	三类水质海域面积占比	四类水质海域面积占比	劣四类水质海域面积占比
2018年	96.7%	0.5%	1.1%	1.7%
2017年	94.3%	0.8%	0.9%	4.0%
2016年	94.2%	1.1%	3.8%	0.9%

水体富营养化状况。2018年，泉州市海域水体富营养化问题主要分布在泉州湾和安海湾，泉州湾呈中度或重度富营养化，安海湾呈中度或轻度富营养化，围头湾呈轻度或无富营养化，其他海湾主要以无富营养化为主。

富营养化等级判定标准表

表31

富营养化等级	富营养化指数（E）	颜色	式样
无富营养化	E<1	蓝色	
轻度富营养化	1≤E≤3	黄色	
中度富营养化	3<E≤9	橙色	
重度富营养化	E>9	红色	

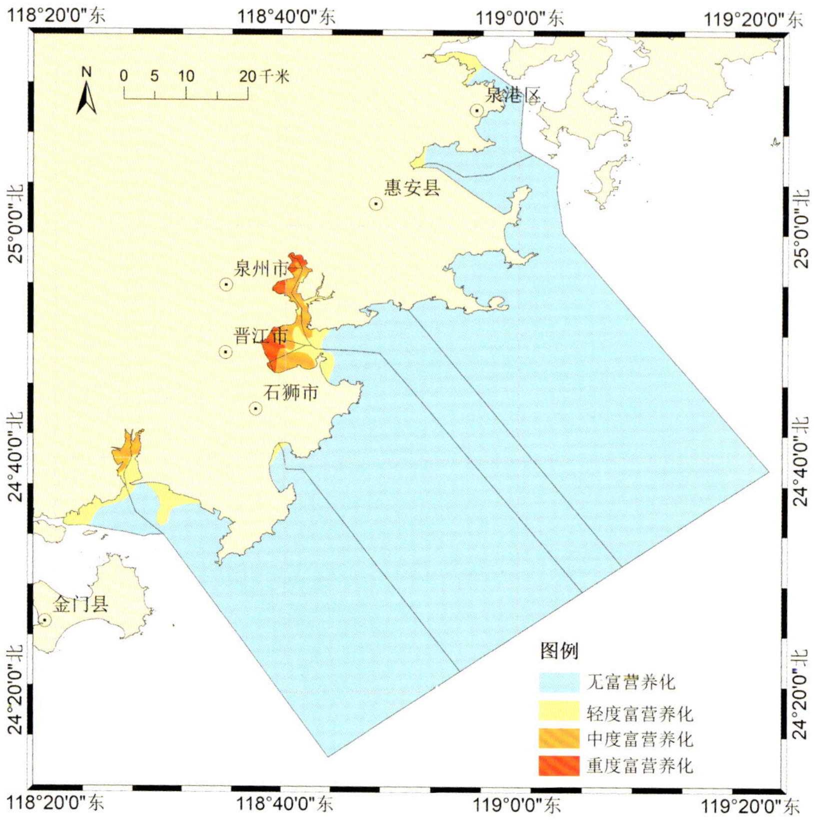

图3 泉州海域水体富营养化等级分布示意图

主要海湾海水环境状况。2018年，对湄洲湾、大港湾、泉州湾、深沪湾、围头湾、安海湾等6个典型海湾的环境质量状况进行监测。结果表明：湄洲湾、大港湾、泉州湾外湾、深沪湾和围头湾水质较好，以第一类和第二类海水水质为主；泉州湾内湾、安海湾水质较差，泉州湾内湾以第四类和劣四类海水水质为主，安海湾以第四类海水水质为主，主要超标因子为无机氮和活性磷酸盐。与2016年和2017年相比，泉州湾海水水质略有好转，其他海湾海水水质变化不大。

县（市、区）海域水质。2018年，泉州市大部分沿海县（市、区）和泉州台商投资区海域海水水质较2016年和2017年均有所改善。

沿海各县（市、区）、泉州台商投资区一、二类海水面积比例表

表32 单位:%

类别 \ 县别 \ 年份		丰泽区	洛江区	泉港区	石狮市	晋江市	南安市	惠安县	台商投资区
第一、二类水质面积比例	2018年	—	—	95.8%	96.7%	95.7%	85.7%	99.4%	91.5%
	2017年	—	—	88.2%	95.7%	95.4%	85.6%	99.9%	92.3%
	2016年	—	—	87.2%	95.7%	93.3%	82.0%	99.8%	88.9%

注：丰泽区和洛江区不纳入一、二类海水面积比例考核

沉积物。泉州市海域布设沉积物站位29个，监测要素包括汞、铜、铅、镉、砷、石油类、硫化物和有机碳。监测结果表明，泉州市海域沉积物质量总体良好，所有海湾各监测要素均符合第一类海洋沉积物质量标准。

海洋贝类。2018年，对泉州市近岸海域的牡蛎进行监测，共采样17个，监测要素包括：铜、铅、锌、镉、铬、总汞、砷、石油烃和粪大肠菌群。结果表明：海洋贝类质量总体良好，所有贝类样品铅、镉、铬、总汞、砷、石油烃和粪大肠菌群含量符合第一类或第二类海洋生物质量标准，部分贝类样品铜和锌含量劣于第三类海洋生物质量标准。

海洋生物多样性。2018年5月和8月，在泉州市海域布设8个站位，开展浮游生物和浅海大型底栖生物的生物多样性监测，鉴定生物种类222种。监测结果表明，监测海域浮游生物和浅海大型底栖生物种类较丰富，群落结构较稳定。

浮游生物：鉴定出浮游植物2门94种，平均细胞密度3.87×104个/升。主要组成为硅藻，主要优势种有旋链角毛藻、中肋骨条藻和派格棍形藻等；其次是甲藻。平均生物多样性指数2.97，浮游植物群落结构较稳定。鉴定出浮游动物（含浮游幼虫）11门114种（类），平均密度653.0个/立方米，平均生物量为80.7毫克/立方米。主要组成为浮游幼虫，主要优势种有蔓足类无节幼体、桡足类桡足幼体和短尾类溞状幼体等；其次为节肢动物门桡足类，主要优势种有强额孔雀水蚤、红纺锤水蚤和太平洋纺锤水蚤等。平均生物多样性指数2.47，浮游动物种类丰富，群落结构稳定。

底栖生物：鉴定出底栖生物3门14种，平均栖息密度75个/平方米，平均生物量2.03克/平方米。主要组成为多毛类，主要优势种有沙蚕和中蚓虫虫等；其次为甲壳动物和软体动物，主要优势种有刺螯鼓虾、锯眼泥蟹、淡水泥蟹和獭蛤等。平均生物多样性指数1.92，底栖生物总体群落结构较稳定。

主要入海污染物及排污口邻近海域环境质量：入海排污口排污状况。2018年3月、5月、8月、10月和11月对泉州市1个重点入海排污口和2个一般入海排污口排放的污水进行监测；监测的3个入海排污口污水年排放总量为2.56亿吨，污染物排放总量为3.61万吨，其中化学需氧物质14026.3吨、悬浮物19976.3吨、氨氮1902.6吨、总磷161.3吨、石油类4.7吨、重金属（含砷）2.7吨，其他污染物（氰化物和挥发酚）0.2吨。与2017年相比，3个入海排污口污水年排放总量基本持平，污染物排放总量明显减少，其中化学需氧物质、氨氮、总磷、重金属（含砷）和其他污染物（苯胺、氰化物、挥发性酚）变化不大，悬浮物和石油类明显减少。

排污口级别分类表

表33

等级	警示颜色标识	对邻近海域环境的危害程度
A	红色	对海域环境造成的危害或潜在危害最大
B	橙色	对海域环境造成的危害或潜在危害较大

续表33

等级	警示颜色标识	对邻近海域环境的危害程度
C	黄色	对海域环境有一定的危害或潜在危害
D	蓝色	对海域环境造成的危害或潜在危害较小
E	绿色	对海域环境基本未造成危害或潜在危害很小

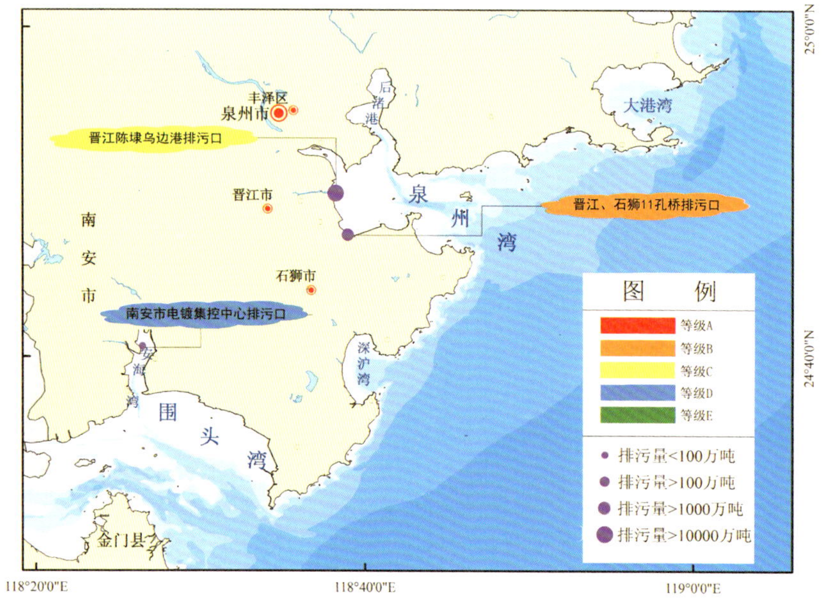

图4　泉州市重点入海排污口分布、污水年排放量及评价等级图

重点入海排污口邻近海域环境状况。晋江、石狮十一孔桥重点排污口邻近海域环境监测结果表明：5月和8月排污口邻近海域海水水质为劣四类，不满足所在功能区水质要求。超标污染物主要为无机氮、活性磷酸盐、化学需氧量和石油类等。排污口邻近海域沉积物质量处于劣三类海洋沉积物质量标准，不满足所在功能区要求，超标污染物主要为粪大肠菌群。

海洋功能区环境质量：海水养殖区。2018年6—9月，对泉州市泉港肖厝、惠安大港湾、石狮永宁和晋江围头4个传统养殖集中区海水的pH值、溶解氧、化学需氧量、无机氮和活性磷酸盐等指标进行监测。根据《海水增养殖区环境监测与评价技术规程》（试行）水质评价要求，采用《海水水质标准》（GB 3097—1997）的第二类海水水质标准进行评价，结果表明：4个传统养殖区水质状况总体良好，海水的pH值、溶解氧和化学需氧量均符合养殖区水质标准，石狮永宁养殖区无机氮和活性磷酸盐个别月份超出第二类海水水质标准。

海洋倾倒区。2018年，湄洲湾倾倒区疏浚物倾倒量46.45万立方米；泉州湾倾倒区无疏浚物倾倒。监测结果表明：倾倒区及其邻近海域的水质、沉积物质量保持良好，满足所属海洋功能区要求，未发现倾倒物的迁移扩散对邻近海域的生态环境造成明显影响。

海洋保护区。深沪湾海底古森林遗迹国家级自然保护区，保护区面积约31平方千米，主要保护对象为距今7500多年的海底古森林遗迹、距今9000～25000年的古牡蛎礁遗迹和深沪湾典型海岸带地质地貌。2018年保护区海洋生态环境保持良好状态，海水pH、石油类、溶解氧和悬浮物含量均符合第一类海水水质标准，与2017年相比，保护区海水水质基本持平。

福建崇武国家级海洋公园，公园面积13.55平方千米，大陆岸线长度19.2千米，主要保护对象为海洋生态旅游资源与人文景观。2018年公园海水水质总体优良，无机氮、

崇武海滨（2018年拍摄）　　（图/吴寿民）

活性磷酸盐、化学需氧量、石油类、铜、铅、锌、镉、铬、汞和砷含量均符合第一类海水水质标准，符合海洋公园管理要求。公园已成为泉州滨海旅游的热点之一，海洋公园的经济、社会、生态效益日益显现。

泉州湾河口湿地省级自然保护区，保护区面积71平方千米，主要保护对象为入海河口湿地生态系统、红树林、珍稀鸟类和水生野生动物等。2018年，保护区海水无机氮和活性磷酸盐含量超标，其他各项监测要素含量均符合海水水质第一类标准；沉积物有机碳、硫化物、石油类和重金属含量均符合海洋沉积物质量第一类标准。与2017年相比，保护区海域水质和沉积物状况基本持平。保护区主要保护对象入海河口湿地生态系统保持稳定，红树林面积约447公顷，品种以秋茄、桐花树、白骨壤为主；观测统计，在保护区栖息或停留的鸟类种类193种3.8万只，种类和数量保持稳定，2018年在保护区外围的海域多次发现中华白海豚。

【地质】　2018年，泉州市推进农业地质调查，实施安溪县、德化县农业地质调查。土壤测试指标包括酸碱度、有机质、碱解氮、速效磷、速效钾、全氮、全磷、全钾、硫、钙、镁、锌、铜、硼、钼、锰、硒、砷、镉、铬、汞、铅、镍、氯、铁，共25项。生物样测试指标包括铅、镉、汞、砷（稻米测无机砷）、铬、硒、锌、钼，共8项。为从地球化学的角度指导土壤利用方向、土壤污染防治、永久基本农田划定提供科学依据。对全市所有生产矿山进行矿山土壤环境调查评估。全市79家矿山有74家提交调查评估报告，另4家新设矿山按照规定将于投产1年以后提交评估报告。从调查评估结果看，未发现与矿山关联的明显土壤污染异常区域。全面完成城市规划区包括水土地球化学、地下水、地壳稳定性评价等6项专题研究并提交总报告，建成泉州城市规划区三维可视化地质信息管理服务系统。城市地质调查成果2018年10月通过中国地质调查局南京地调中心、省国土资源厅的验收。

【环境质量】　2018年，泉州市环境质量状况总体良好。中心市区空气质量达标天数比例为94.8%，各县（市、区）空气质量保持优良水平，全市平均达标天数比例95.9%。主要河流及实际供水的13个县级及以上集中式饮用水水源地水质达标率均为100%，小流域水质稳中向好。城市声环境功能区、区域及道路交通的声环境质量总体保持较好水平。

环境空气质量。2018年，按照《环境空气质量标准》（GB3095—2012）评价，泉州市中心市区空气质量持续保持优良水平，达标天数比例94.8%；可吸入颗粒物（PM_{10}）和细颗粒物（$PM_{2.5}$）年均浓度达二级标准，二氧化硫（SO_2）和二氧化氮（NO_2）年均浓度达一级标准，一氧化碳（CO）日均值的第95百分位数和臭氧（O_3）日最大8小时平均值的第90百分位数均达到年评价指标要求。全市11个县（市、区）环境空气质量达标天数比例范围89.0%～98.4%，平均达标天数比例95.9%，较2017年下降低0.3个百分点。根据《城市环境空气质量排名技术规定》，按空气质量综合指数从小到大排序，全市环境空气质量排名依次为永春县、德化县、泉港区、鲤城区、安溪县、石狮市、晋江市、惠安县、丰泽区、南安市、洛江区。

降水。2018年，全市降水pH均值为6.00，与2017年持平，pH值范围在5.21～6.46之间，酸雨频率范围在0～33.3%之间。石狮市区属轻酸雨区，中心市区、晋江市区、南安市区、泉港区、德化县、惠安县、安溪县和永春县属非酸雨区。

水环境质量。2018年，泉州市水环境质量总体保持良好。晋江水系水质为优。实际供水的 13 个县级及以上集中式饮用水水源地水质达标率均为 100%。山美水库和惠女水库总体为Ⅲ类水质，水体均呈中营养状态。省重点考核小流域水质稳中向好。近岸海域一、二类水质比例 87.5%。

主要河流水质。2018年，泉州市主要河流晋江水质状况为优，13个国、省控监测断面的功能区（Ⅲ类）水质达标率为100%，其中，Ⅰ～Ⅱ类水质比例为 38.5%。

集中式饮用水水源地水质。2018年，泉州市实际供水的县级及以上集中式生活饮用水水源地13个，Ⅲ类水质达标率100%，与2017年持平。

水库水质。2018年，按照《地表水环境质量标准》（GB3838—2002）评价，山美水库总体为Ⅲ类水质，参考指标粪大肠菌群达Ⅰ类水质标准，总氮仍劣于Ⅴ类水质标准。按综合营养状态指数评价，山美水库处于中营养状态，营养状态指数为44.2。惠女水库总体为Ⅲ类水质标准，参考指标粪大肠菌群达Ⅰ类水质标准，总氮达Ⅲ类水质标准。按综合营养状态指数评价，惠女水库处于中营养状态，营养状态指数40.9。

小流域水质。2018年，泉州市纳入省重点考核的52条小流域的59个监测断面Ⅰ～Ⅲ类水质比例为81.4%（48个），Ⅳ类水质比例为3.4%（2个），Ⅴ类水质比例为15.3%（9个）。

近岸海域水质。2018年，泉州市近岸海域水质监测点位16个，包括评价点15个，远岸点1个。按点位比例评价，2018 年泉州市近岸海域一、二类水质比例87.5%，较2017年降低6.3个百分点。按功能区类别评价，水质达标率86.7%，较2017年降低6.6个百分点，其中泉州湾（晋江口）和泉州东部海区均未能达到功能区目标要求。按面积比例评价，全市近岸海域优良水质（第一、二类水质）比例97.1%。第四类和劣四类海水水质海域主要分布在泉州湾内湾和安海湾，主要超标因子为无机氮和活性磷酸盐。

声环境质量。2018年，泉州市各城市（县城）声环境功能区、区域及道路交通声环境质量总体保持较好水平。

城市声环境功能区声环境质量。中心市区昼间声环境功能区质量达标率为100%，与2017年持平；夜间达标率75%，较2017年上升12.5个百分点，超标出现在4类声环境功能区。晋江市区昼间达标率100%，与2017年持平；夜间达标率为0%，较2017年降低16.7个百分点。石狮市区和南安市区的昼间、夜间声环境功能区质量达标率均为100%，均与2017年持平。

城市区域声环境质量。全市各城市（县城）区域声环境质量总体较好。其中，南安市区和德化县城昼间区域声环境质量达二级水平（较好），其余的城市（县城）均为三级水平（一般）；永春县和德化县夜间区域声环境质量达二级水平（较好），石狮为四级水平（较差），其余的城市（县城）均为三级水平（一般）。

城市道路交通声环境质量。昼间道路交通声环境质量中，中心市区、泉港区、惠安县城的噪声强度等级为二级水平（较好），晋江市区和石狮市区的噪声强度等级为三级水平（一般），其余地区的噪声强度等级均为一级水平（好）。夜间道路交通声环境质量中，德化县城的噪声强度等级为二级水平（较好），南安市区的噪声强度等级为三级水平（一般），中心市区的噪声强度等级为四级水平（较差），石狮市区和泉港区的噪声强度等级为五级水平（差），其余地区的噪声强度等级均为一级水平（好）。

固体废物状况。2018年，泉州市工业固体废物综合利用率、医疗废物处置率和中心市区生活垃圾无害化处理率较高。其中，工业危险废物处置利用率94.65%，医疗废物处置率100%，城市生活垃圾无害化处理率100%。

主要灾害

【气象灾害】　2018年气象灾害总体较轻。主要灾害性天气有：台风、暴雨、强对流天气、大雾、高温、干旱，以台风和暴雨造成的气象灾情为重。据市防汛办统计，2018年主要气象灾害造成泉州市71273人受灾，直接经济损失22854.58万元。

【风灾及水灾】　2018年有4次台风和1次热带低压影响泉州市，分别是第8号台风“玛莉亚”、9号台风“山神”、22号台风“山竹”、26号台风“玉兔”，其中“玛莉亚”台风和8月28—30日的热带低压扰动带来较明显的风雨影响，全年8次启动或调整防暴雨应急响应（其中6次Ⅳ级，2次Ⅲ级）、9次启动或调整防台风应急响应（其中1次Ⅰ级、3次Ⅲ级、5次Ⅳ级），及时处置6月23日强降雨引发的惠安县黄塘镇吴厝溪险情，市、县两级出动武警部队、市级抢险救援机动大队、防汛抗旱救援中心与镇、村干部200多人，经过近3小时抢险，避免农田受淹。受8号台风“玛莉亚”影响，7月10日下午开始，泉州市出现大雨到暴雨、局部大暴雨天气，全市过程平均雨量44.1毫米，共有45个乡镇过程雨量超过50毫米，其中5个乡镇超过100毫米，最大为德化水口镇128.1毫米；共有44个站出现7级以上大风，其中16个乡镇风力大于8级，最大为11日11—12时惠安大竹岛20.7米/秒（8级）；7月10—11日沿海出现1.3～3.5米中到大浪，7月11日8时崇武沿海出现114厘米的风暴增水；全市20座大中型水库共增加水量约5200万立方米（其中山美水库增加2800万立方米）。8月28—30日的热带低压扰动，全市132个乡镇降水达到50毫米以上，其中91个乡镇100毫米以上，5个县（泉港、惠安、台商、晋江、石狮）14个乡镇达250毫米以上，其中：台商区张坂镇355.6毫米为最大、东园镇349.5毫米次之，惠安县螺阳镇315.3毫米第三。强降雨导致晋江、石狮、南安水头、霞美镇、鲤城江南片区、丰泽城东片区、惠安等地低洼地带发生内涝积水，龙门滩四级、笋塔和涌口3座中型水库开闸泄

2018年7月10日，泉港区沙格边防所官兵帮助渔民加固船舶、渔排、网箱，转移物资，做好防台风工作　（图/陈晓东 林弘棂）

洪，107座小型水库自然溢洪，各大中型水库预排预泄水量1.15亿立方米，其中：山美水库4782万立方米，龙门滩水库862万立方米、龙门滩四级2885万立方米、兰田水库519万立方米、笋塔水库295万立方米、涌口水库550万立方米。

2018年全市平均降雨量1626.4毫米，共发生13场较明显降雨过程，比2017年同期（1308.8毫米）相比偏多24.3%，比多年同期平均（1566.3毫米）偏多3.8%。统计全市各雨量站点，降水量最大为南安市的巷仔站2222.5毫米，最小为晋江市的安海站975.0毫米，超过2000毫米的有13个站点，位于1800～2000毫米的有31个站点，位于1500～1800毫米的有46个站点，位于1200～1500毫米的有28个站点。全市降雨地区分布不均，由沿海向山区递增。

2018年，全市有13个县（市、区）152个乡镇71273人受灾，紧急转移人口3.57万人，倒塌房屋23间，农作物受灾面积1234.2公顷，停产工矿企业18个，公路中断33条次，供电中断64条次，通讯中断11条次，损坏水利设施343处，直接经济损失22854万元（其中农林牧渔业直接经济损失7824.53万元，工业交通运输业直接经济损失3603.5万元，水利设施直接经济损失4867.5万元）。

【地质灾害】 2018年，泉州市查明地质灾害点1688处，房前屋后高陡边坡8085处，有1.66万户7.11万人的生命受到威胁。地质灾害点和高陡边坡点主要分部在安溪县、永春县、德化县、南安市西北部和洛江区北部。是年全市地质灾害防治工作整体平稳，发生地质灾害9起，直接经济损失18万元，未造成人员伤亡。

【海洋灾害 】

台风风暴潮 2018年，台风或热带风暴未正面登陆泉州沿海，因此对泉州影响不大。

赤潮 2018年，泉州市近岸海域发生1次赤潮灾害，赤潮过程时间累计6天，面积累计6.7平方千米，优势种为链状裸甲藻，可产生麻痹性贝毒。

海水入侵 2018年4月，在泉港区后龙镇和界山镇垂直海岸线布设2条断面开展海水入侵监测。结果表明：后龙镇和界山镇断面地下水的氯度均处于淡水水质分类范围，矿化度含量均处于微咸水水质分类范围，入侵程度为无入侵。

海洋环境突发事故 2018年11月4日凌晨，泉港区东港石油化工实业有限公司码头在装船时发生化学品泄漏事故，共泄漏裂解碳九69.1吨。事发后，当地政府立即启动预案开展应急处置，4日当天下午海面油污基本完成清理，14日完成事发海域及附着渔排、礁石、岸滩的残留油污清理。省、市海洋环境监测机构对事发海域开展海洋环境跟踪监测，当日事发海域海水石油类为劣四类，特征有机污染物0.1884毫克/升。8日起海水石油类等常规指标基本恢复至一、二类水质标准，29日起未检出特征有机污染物。

【农业灾害】 2018年，泉州市农作物病虫害为中等发生年份，个别病虫害偏重发生。全市各种农作物病虫害发生23.46万公顷次，防治34.69万公顷次，挽回粮食损失21225.2吨。其中主要水稻病虫发生5.26万公顷次，防治7.16万公顷次。甘薯病虫发生1.40万公顷次，防治1.31万公顷次。花生病虫发生2.15万公顷次，防治2.37万公顷次。果树病虫发生3.73万公顷次，防治4.53万公顷次。蔬菜病虫发生5.10万公顷次，防治6.86万公顷次。茶树病虫发生5.52万公顷次，防治12.19万公顷次。

【林业灾害】 2018年，泉州市林业有害生物发生面积34933.33公顷（其中：松材线虫病3589.93公顷，松突圆蚧19960公顷，马尾松毛虫2933.33公顷，木毒蛾120公顷，黑翅土白蚁220公顷，松墨天牛7553.33公顷，马尾松吉松叶蜂、竹节虫、桉树枝瘿姬小蜂、油桐尺蛾等其他病虫害566.66公顷），防治面积34933.33公顷（其中：松材线虫病及其媒介昆虫——松墨天牛11143.27公顷，其他林业有害生物23790.07公顷）。全市成灾面积568.66公顷，成灾率0.9‰。

【渔业灾害】 2018年，泉州市未发

2018年5月30日，中心市区防洪排涝应急演练举行 （图/李芸生）

生较大影响的渔业灾害。

【动物灾害】 2018年，泉州市未发生区域性重大动物疫情。

【森林火灾】 2018年，泉州市发生森林火灾3起，森林火灾发生率0.46次/十万公顷，过火面积20.7公顷，受害森林面积10.8公顷，森林火灾受害率0.02‰，受害率未突破省控0.8‰指标。

环境整治

【大气污染防治】 2018年，泉州市加强大气污染防治，执行国务院“大气十条”和福建省实施方案，落实泉州市大气污染防治行动计划、环境质量提升整改方案、臭氧污染防治攻坚实施方案、大气轻中度污染控制方案等。落实各地大气污染防治目标责任，推进大气污染防治工作；严把产业准入关，优化调整能源结构；推进燃煤电厂、钢铁、建陶和挥发性有机物等重点工业污染源整治；加强移动源污染、扬尘污染管控等综合治理力度；完善轻微污染天气应对机制，完善空气质量会商、污染天气预警等制度；完成臭氧成因和防治对策课题研究，指导臭氧污染防控；重点督导泉港、晋江、石狮、南安、惠安、安溪等县(市、区)，确保《大气环境质量限期达标和改善方案》落实到位。

【水环境综合整治】 2018年，泉州市水环境综合整治成效明显，执行国务院“水十条”、省、市水污染防治行动计划工作方案及市十六届人大一次会议《关于进一步加强全市流域水环境保护的决议》，全面推行河长制，推进各项流域水环境保护工作。实施饮用水源地保护、城镇生活污水处理设施及配套管网建设、农村生活污水垃圾整治、流域综合治理等各类涉水项目110个，累计完成投资23.45亿元。制定实施清新小流域提升整治方案，重点推进菱溪、坝头溪、九十九溪、林辋溪等15条小流域综合整治。完成市、县两级饮用水水源保护区环境问题排查，制定出台饮用水源保护区环境问题限期整改方案，跟踪督促相关地区做好后续整治工作。完成近岸海域汇水区域内11 座城镇污水处理厂的一级A提标改造。有序推进泉州市加油站（私营）地下油罐防渗改造工作。印发实施排污源清理整改工作方案，分类管控各类污染源。

【土壤污染防治】 2018年，泉州市推进土壤污染防治，完成农用地土壤污染状况详查点位样品的采集与流转工作。启动重点行业企业用地基础信息采集及风险筛查工作。完成4 个疑似污染地块的场地调查评估报告。按要求推进泉州市涉镉等重金属重点行业企业排查工作。加强危险废物规范化管理，制定实施《2018年度泉州市危险废物规范化管理督查考核工作方案》，每季度组织对各地和产废企业进行现场督查考核，开展危险废物存量清理专项行动和“2018 清废行动”，打击固体废物及危险废物非法转移倾倒处置行为。推进危险废物处置设施建设，建成4 个危险废物处置项目。从严控制废塑料、废纸等固体废物的进口量，全年进口审查上报量，比2017 年下降60%。

环评服务与环境安全

【环评审批服务】 2018年，泉州市优化环评审批服务，严格执行环评审批制度，把好环保准入关口。优化提升服务，保障重点项目落地，做好重点项目管理台账，定期调度全市重点项目环评进展情况，及时协调推进项目环评审批工作。推进简政放权，落实“放管服”改革工作要求，规范窗口服务行为，优化环评审批流程，制定行政许可及公共服务事项审查工作规范，规范入海排污口设置备案工作，强化建设项目环境影响评价事中事后监管，严格执行泉州市环评机构考核、通报制度，提高环评机构服务水平。强化规划环评导向作用，督促、指导湄洲湾（泉港、泉惠）石化基地、福建半导体高新技术产业开发区等园区做好规划环评的修编和落实，引导优化产业布局。

【环境安全与应急能力建设】 2018年，泉州市组织开展环境安全隐患大排查工作，做到对环境安全隐患问题和违法问题排查不到位不放过、查处不到位不放过、整改不到位不放过，全年通报督促66 家问题企业落实整改。加强应急能力建设，完成《泉州市突发环境事件应急预案》《泉州市城市重污染天气应急预案》的修订工作；完成136家企业环境应急预案完成修编备案。组织开展2018年度环境应急演练，及时补充更新环境应急物资。加强核与辐射安全监管，推广使用放射源“一源一码”管理系统，防范辐射安全风险。

环境监测

【概况】 2018年，泉州市完成全市水、大气、土壤和声环境等生态环境质量监测。通过监督性监测和企业自行监测相结合、手工监测与自动在线监测相配套的方式，履行环境保护监管职责和企业环保主体责任。推进重点污染源监督性监测。全年完成重点污染源常规废水企业监督性监测108家次，达标率99.1%；常规废气企业监督性监测

71家次，达标率98.6%；城镇生活处理厂监督性监测84家次，达标率100%；危险废物废气企业监督性监测71 家次，达标率98.6%；重金属废水企业监督性监测15家次，达标率100%。开展污染源在线自动监控设备比对监测。全年共完成废水COD和氨氮自动监测设备比对监测各100台次和92台次，合格率均为100%；废气SO2和NOx在线自动监测设备比对监测各61台次和60台次，合格率均为100%。推行重点排污单位自行监测，督促相关排污单位按自行监测方案按时开展排污自行监测。按照信息公开管理办法，对污染源监督性监测和企业自行监测信息予以公开，落实企业信息公开主体责任，保障公众知情权，接受社会监督。

【环境监测能力建设】 2018年，泉州市加强环境监测能力建设，根据《检验检测机构资质认定评审准则》的要求和实际工作范围，建立适应的管理体系对影响监测质量的各因素和所有活动进行控制和管理。加强应急监测能力建设，开展突发环境事件应急监测，提高应急监测技术水平。提升监测科研能力，深化大气臭氧源解析、大气污染源排放清单编制、环境空气质量预警预报系统研究成果应用。提高土壤环境监测水平。完善水质自动监测网络，建立健全以自动监测为主、手工监测为辅的地表水环境质量监测体系，全面提升水质监测预警能力。2018 年全市6 座国家地表水水质自动监测站一次性通过生态环境部专家评审，成为全省首批全面完成建设并通过验收的地级市。

2018年7月18日，泉港区“海洋志愿服务队”在狮东村海尾沙滩开展“保护美丽海洋、共建和谐家园”主题环保活动 （图/陈晓东 刘泽阳）

环境监察

【概况】 2018年，泉州市加强环境监察执法，坚持勤查重罚，严厉打击环境违法行为。全市出动环境执法人员57985 人次，检查企业24547家次，立案处罚企业854 家，累计罚款7921 万元。开展年度环境执法大练兵，紧扣年度重点工作，依托“清水蓝天”环保专项执法行动、“绿盾2018”自然保护区监督检查专项行动、饮用水水源地专项督查、固定污染源废气挥发性有机物专项执法检查、重点区域大气污染综合治理专项行动、ODS专项测管联动、跨境流域交叉执法、工业园区环保专项执法检查及配合开展排污许可证专项检查等专项执法行动，结合重点污染源双随机抽查、错时执法、移动执法等日常环境监察工作，突出五类重大环境违法案件的查办。推进环境网格化监管，组织开展环境监察稽查。

【环境监察能力建设】 2018年，泉州市加强环境监察能力建设，建立健全移动执法系统“全覆盖”、稽查工作“全覆盖”等工作机制，加强执法人员业务培训，规范执法行为，推进执法行为标准化和规范化，提高执法效能和办案质量。扩大重点污染源企业在线监控设施安装联网范围，推行污染源自动监控设施专业化运维，实现对企业污染物排放24小时实时监控。打击环境自动监控监测数据弄虚作假行为，查处篡改伪造自动监控数据及自动监控设施不正常运行案件4件。推行信访档案电子化，做好环境信访投诉，查处群众投诉问题，不断完善现有信访制度和办理流程，规范环境信访工作。开展企业环境信用评价，引导企业加强自我管理、自我约束、自我监督机制，增强企业依法治污、依法排污意识，推动企业自证守法工作。

教　育

责任编辑：刘楷彬

综 述

【教育概况】 2018年，泉州市教育经费总投入208.14亿元，比上年增长9.59%，其中公共财政预算安排的教育经费162.55亿元，增长9.36%。全年争取省上扶持资金10.45亿元（不含转移支付），比上年增长4.5%。全市通过公开招聘、专项考核、遴选优秀教师、调动等方式补充教师5916人（其中编内教师1476名、编外合同教师4440名），编内教师岗位中50%的岗位用于补充农村教师。针对编制形势日趋严峻的现状，市直、鲤城、丰泽、洛江、泉港、石狮、晋江、惠安、安溪、永春、德化、台商区、开发区均通过聘用编外合同教师缓解编制紧缺现状。2017—2018学年度，全市有高等学校19所，其中本科高校6所、高职高专院校12所、成人高校1所，招生41276人，在校生130296人；中等职业教育学校32所（含技工学校3所），招生33348人，在校生80090人；普通中学330所，招生149469人，在校生424704人；小学1338所，招生144179人，在校生772584人；幼儿园1541所，招生141375人，在园幼儿396885人。全市各级各类学校教职工121630人，其中专任教师96997人；普通高等学校教职工10743人，其中专任教师7222人；中等职业教育学校（含技工学校）教职工3466人，其中专任教师2995人；普通中学教职工36857人，其中专任教师32583人；小学教职工35370人，其中专任教师33695人；幼儿园教职工35194人，其中专任教师20502人。

【完善城乡义务教育经费保障机制】 2018年，泉州市落实省政府进一步完善城乡义务教育经费保障机制的实施意见，全市义务教育公办学校生均公用经费按省定基准定额或高于省定基准定额拨款，其中小学750元、初中950元，泉州市本级高于省定标准250元；对公办寄宿制学校学生，按每生每年400元标准增加安排公用经费，足额落实对寄宿制学

2018年6月26日，由泉州市教育局和泉州晚报社主办的2018年高校招生志愿填报咨询会在泉州晚报大厦举行。图为咨询会现场　（图/吴炯雯）

校和小规模学校增加公用经费的规定；特殊教育学校生均公用经费按普通初中生均公用经费8倍标准安排7600元。

【校舍建设】 2018年，泉州市新改扩建幼儿园77所，建成后可新增学位2.2万个，争取省级资金7368万元，市级下达补助资金2000万元。其中20所被列入市委、市政府为民办实事项目，当年开工面积10.2万平方米，竣工4个，完成投资1.35亿元，完成年度计划的103.85%；25所被列入省委、省政府为民办实事项目和幼儿园建设工程包，当年施工面积13.45万平方米，已竣工7所，完成投资1.48亿元，完成年度计划的105.7%。校安工程开工建设项目31个（规划38个），争取省级资金1.8769亿元，开工面积17.39万平方米，当年竣工项目11个，完成投资2.61亿元。

【助学与教育扶贫】 2018年，泉州市安排学生资助资金3.44亿元，惠及学生331.13万人次，覆盖各个教育阶段。全年办理生源地助学贷款1.45万笔，支付助学生源地贷款贴息455.93万元。市本级及12个县（区、市）的学生资助中心全部通过省级标准化评估验收，合格率100%。2018年，泉州市安排扶贫专项资金407万元，对市定扶贫村、建档立卡贫困村所在122所小学（含教学点）进行扶持，受益学生1.66万人。

【教育督导】 2018年，泉州市有3个县（市、区）创建“全国中小学校责任督学挂牌督导创新县”，晋江市、南安市通过省级评估，鲤城区于11月接受国家核查。2018年，鲤城区和丰泽区的教育“两项督导”和“教育强县”创建工作被省政府确认为“优秀”等级和全省首批“教育强区”。2018年，市政府教育督导室组织对晋江、石狮、洛江、惠安、永春、台商投资区的教育“两项督导”以及晋江、石狮的“教育强市”创建工作开展市级核查。除台商投资区外，其他5个县（市、区）均已接受省级督导评估，晋江、石狮、永春的“两项督导”获得“优秀”等级，洛江、惠安为“良好”等级；晋江、石狮被确认表彰为全省第二批“教育强县”。

【招生考试】 2018年，泉州市有6721人参加硕士研究生入学考试。9983人报考高职招考，其中面向高中生类6159人、面向中职生类3824人。41533人报考普通高考，比2017年增加3501人，增长9.2%。11682人报考各类成人高校，比2017年增加2829人，增长31.96%。24700人报考自学考试。34140人报名全国计算机等级考试。62193人参加全国大学英语四、六级考试，其中四级43416人、六级18777人。13667人参加高等学校英语应用能力考试。12640人报名参加福建省新增教师编制公开招聘考试。3069人报名中小学幼儿园教师申报（一级）职称教育教学能力水平考试。分别有31889人、11108人报名参加全国中小学幼儿园教师资格笔试与面试。3259人参加专升本考试，比2017年增加1096人。

民办教育

【概况】 2018年，泉州市鼓励引导社会力量兴办民办教育，培育一批高质量有特色的民办学校，打造泉州市民办教育品牌，推动教育事业又好又快发展。截至秋季，全市有民办中小学、幼儿园1092所，其中民办中职学校8所，占全市25%，民办中职学生数1.74万人，占全市21.75%；民办高中14所，占全市11.97%，民办高中学生数1.41万人，占全市10.27%；民办初中13所，占全市6.1%，民办初中学生数3.07万人，占全市10.68%；民办小学28所，占全市2.10%，民办小学学生数2.43万人，占全市3.14%；民办幼儿园1029所，占全市66.77%，民办幼儿园学生数21.9万人，占全市55.18%。2017年9月以来，新增民办学校51所，其中民办中学4所、民办幼儿园47所。全市有有证非学历教育培训机构226所，其中在教育部门办理办学许可证的145所；无证非学历教育培训机构560所，其中限期整改的教育机构447所，依法被取缔的无证教育机构113所。1所民办高中通过省三级达标高中验收，6所民办园被评为“福建省示范园”，16所民办园被评为“泉州市示范园”。

【社会力量办学】 2018年，泉州市第三实验小学与鲤城区第二实验小学合作办学，发挥各自优势，开展合作办学有关活动，扩大泉州市优质教育资源。中国红十字会总会事业发展中心和伟冠集团兴办创办晋江市拔萃双语学校，规划占地10.4公顷，总投资6亿元，建筑面积11万平方米，是一所集幼儿园、小学、初中、高中和国际部于一体的现代化、国际化寄宿制学校。福建达利集团创办惠安县亮亮中学，规划占地21.33公顷，总投资10亿元，建筑面积20万平方米，规划高中90班、初中60班的民办完全中学。引进台资在泉州台商投资区创办泉州葳格学校，该项目于6月底签约，总投资25亿元，规划占地24.58公顷，按照十五年一贯制教育模式进行营运管理。泉州外国语学校洛江校区和泉州实验中学鲤城附属学校2018年秋季开始招生。

【民办学校办学特色】 2018年，泉州民办学校在长期办学中先行先试，以校为本探索办学特色，满足社会的不同需求。如泉州实验中学探索拔尖学生培养模式，在高中开设“特优班”，并实行小班化教育；推进新课程改革，试行以“课程有特色，学生有特长”的实验班教学模式。泉州外国语中学以外语学科为龙头，打造外语教学、综艺发展、国际交流三大特色品牌。泉州现代中学打造特色品牌，强化信息技术、数学、物理、机器人等学科竞赛优势，代表中国参加世界机器人大赛。泉州南少林国际学校坚持武术特色教育，学生参加各级各类体育和武术赛事，获得多枚奖牌和多项冠军，为泉州争得荣誉。

【仰恩大学】 2018年，仰恩大学占地面积1217550平方米，建筑面积415484平方米，教学行政用房面积152815平方米，实验室、实习场所面积51339平方米，运动场馆面积118885平方米。设有8个学院、22个专业。有专任教师333人，外聘教师95人。硕士及以上学位教师约占66.40%，高级职称教师约占24.90%。3人入选“福建省高校杰出青年科研人才培育计划”；5人获评泉州市高层次人才。年内下达专升本和普通本科招生计划1600人，实际录取1600人，学生报到率97.90%。全日制在校生5928人。

教学与科研　落实《普通高等学校本科专业类教学质量国家标准》，以此为依据制定仰恩大学各专业教学质量标准，做好对标检查和专业特色培育工作。2月，文化创意产业专业群、金融服务业专业群获评福建省示范性应用型专业群。《盘活存量　聚焦转型　构建开放共享　动态组合式特色专业群——文化创意产业专业群建设》入选《福建本科高校应用型建设案例》。《商业银行虚拟仿真经营管理实验教学项目》获批2018年省级虚拟仿真实验教学项目。“经济类实践课程群教学团队”“文化产业品牌建设与传播课程群教学团队”入选省级教学团队。制定并实施2018版人才培养方案，按照专业教学质量国家标准要求，厘清各专业素质要求，降低总学分，调整课程结构，强化通识教育，推进专业课程整合和建设，提高人才培养质量。完善毕业论文管理制度，制定《仰恩大学本科生毕业论文（设计）盲审实施细则（试行）》，坚持毕业论文（设计）100%查重（重复率），严肃处理毕业论文（设计）抄袭、伪造、篡改、代写、买卖等学术不端及违纪行为，严把毕业出口关。教师申报各类科研项目178项，包括市级及以上各类项目126个、校级项目51个、横向项目1个。公开发表学术论文134篇，其中EI收录1篇、核心期刊收录11篇。教师专利授权21项，其中实用新型专利16项、外观设计专利5项。省级教育教学研究与改革项目立项5个，其中《服务区域品牌文化建设的“文创”人才培养研究》获立省级重大教改项目。“民营经济与品牌研究中心”获批建设福建省高校人文社科研究基地。

创新创业教育　在第八届全国大学生电子商务“创新、创意及创业”挑战赛福建省选拔赛中，获1个二等奖和2个三等奖；第三届“易木杯”全国供应链创新设计大赛中1项作品获三等奖。新增大学生创新创业训练计划项目国家级5个、省级30个。学生公开发表学术论文4篇，授权专利91项，其中实用新型专利89项、外观设计专利2项。获省级以上学科和技能竞赛奖项共计63项，其中国家级36项。创业园总面积4370平方米，累计59个项目入驻，其中22个项目完成工商登记注册（含15个有限责任公司和7个个体工商户），在园孵化项目21个。

校际交流合作　44名师生（教师4人、学生40人，不含闽台师资项目）到中国台湾地区高校交流、访学。与4所境外高校签订合作协议或备忘录，30多位境外校方领导和学者到访交流、座谈、讲座。会计学院引进英国阿伯泰大学会计专业优质课程，国际化课程初步落地。

表34

2018年泉州市民办高校基本情况表

学校＼项目		在校生数（人）	招生数（人）	毕业生就业情况（至2018年10月）	
				毕业生数（人）	就业率（%）
仰恩大学		5905	1567	1593	99.1
福建师范大学闽南科技学院		7021	2193	2105	98.5
闽南理工学院		14890	4231	3859	98.6
泉州信息工程学院	本科	8361	2836	686	100
	专科	1024	225	1124	98.2
泉州纺织服装职业学院		2298	845	510	100
泉州理工职业学院		6011	2479	1504	99.5
泉州华光职业学院		5700	1843	1173	98.6
泉州轻工职业学院		4393	1432	1356	100

续表34

学校＼项目	在校生数（人）	招生数（人）	毕业生就业情况（至2018年10月）	
			毕业生数（人）	就业率（%）
泉州海洋职业学院	2622	987	578	97.4
泉州工程职业技术学院	242	14	171	97.0
合　计	58467	18652	14659	98.8

学前教育

【概况】　2018年，泉州市加快发展学前教育，推动各县（市、区）加大财政投入。全市一半以上的县（市、区）每年已超过300元/生标准（其中市本级和丰泽区每年标准达700元/生及650元/生）。落实政府购买普惠性民办幼儿园服务机制。培育首批56所学前教育保教改革建设幼儿园（保教指在托幼园所、社会福利机构及其他保育机构中对婴幼儿进行保健、养育和教育），40所被确认为省“保教改革建设幼儿园”。市教育局通过多渠道培训，促进泉州市学前教育保教水平的提升。组织开展学前教育“发展内涵 提升质量”专题培训活动，举行泉州市第七个学前教育宣传月启动仪式暨省级示范幼儿园开放活动，举办2018年泉州市幼儿园卫生保健知识培训班，组织第十期园长跟班学习活动，组织11所省级示范性幼儿园面向全市开展开放活动。是年，全市有独立幼儿园1541所，其中公办性质幼儿园512所（公办305所、集体办207所），民办幼儿园1029所（其中普惠性民办园506所）；小学附设学前班（幼儿班）524个点。在园幼儿数39.68万人，其中外来工子女11.76万人，占在园幼儿总数的29.63%。学前三年入园率98.12%。

【普惠性学前教育】　2018年，泉州市教育局启动实施第三期学前教育行动计划。在2017年在全省率先实现政府购买普惠性民办幼儿园服务县域全覆盖的基础上，完善落实以县为单位的普惠性民办幼儿园政府购买服务机制。督促各县落实2017年省级奖补资金（6310万元）分发到幼儿园。完成制定2018年省级奖补资金（4417万元）分配方案，争取市财政1000万元用于提高普惠性、集体办幼儿园和小学附设学前班非在编持教师证上岗的专任教师工资待遇（每人每年奖补2000元，补助568.2万元、惠及2841人）和对创建省市县级示范园分别给予20万元、15万元、10万元的奖励（补助805万元）。新增普惠性民办园192所、幼儿4.3万人，普惠性幼儿园在园幼儿数占比达75%，比2017年提高10.86个百分点。制定《关于进一步支持普惠性民办幼儿园提升师资素质的实施方案》，通过公办与普惠性民办幼儿园间帮扶共建、师资交流、支教、挂职、协同教研等方式，健全普惠性民办幼儿园教师的保障和培训培养机制，提升泉州市普惠性民办幼儿教师队伍素质，为普惠性民办幼儿园的建设和发展提供支持。

【各级示范园创建】　2018年，泉州市分别有5所、8所幼儿园被确认为省、市级示范性幼儿园（其中省级有：晋江市第二实验幼儿园、晋江市第四实验幼儿园、石狮市第三实验幼儿园、德化县金锁幼儿园、泉州经济技术开发区实验幼儿园；市级有：晋江市第二实验幼儿

2018年5月23日，丰泽幼儿园举行第七个学前教育宣传月启动仪式暨省级示范幼儿园开放活动。图为小朋友们在语言区创编故事

（图/泉州晚报社）

园、晋江市第八实验幼儿园、泉港区第二实验幼儿园、泉州市泉秀幼儿园、丰泽区第四中心幼儿园、惠安县张坂中心幼儿园、石狮市湖滨中心幼儿园、石狮市宝盖镇中心幼儿园），全市有357所示范园（其中省级45所、市级55所、县级257所），有33.95%的幼儿在各级示范园就读。

【幼儿园办园行为专项督导】 2018年，泉州市教育局启动实施5年一周期的幼儿园办园行为督导评估工作。各地根据省实施方案的要求，按照《泉州市教育局泉州市人民政府教育督导室关于开展幼儿园办园行为督导评估的通知》的评估标准，在幼儿园自评的基础上开展县级督导评估，加强对幼儿园的分类指导和监督管理，规范幼儿园办园行为，提高保育与教育质量。

2018年泉州市幼儿适龄人口入园分县（市、区）情况表

表35

地区	园内外适龄幼儿数（3～5岁）（人）		在园内适龄幼儿数（3～5岁）（人）		入园率（%）	在园幼儿数（人）	毛入园率（%）
	小计	其中：女	小计	其中：女			
合计	398777	171054	391119	167542	98.08	396885	99.53
鲤城区	20165	9011	20161	9011	99.98	20161	99.98
丰泽区	23386	10226	23381	10225	99.98	24411	104.38
洛江区	10963	4695	10834	4641	98.82	10966	100.03
泉港区	22800	10590	21745	9815	95.37	21855	95.86
惠安县	31397	13252	30416	12837	96.88	30504	97.16
安溪县	49755	20814	48277	20448	97.03	49102	98.69
永春县	18092	7647	17768	7510	98.21	17881	98.83
德化县	18833	7804	18424	7559	97.83	19269	102.32
石狮市	34008	14513	33410	14257	98.24	33832	99.48
晋江市	87004	37478	85864	36987	98.69	87166	100.19
南安市	71179	29918	69898	29365	98.20	70676	99.29
台商区	11195	5106	10941	4887	97.73	11062	98.81

义务教育

【概况】 2018年，泉州市推动义务教育均衡发展，全市179所中小学通过“义务教育管理标准化学校”市级评估。培育首批和第二批省级义务教育教改示范性建设学校171所（初中39所、小学132所）。全市城乡义务教育阶段免学杂费及提高生均公用经费8.08亿元，受益学生101万人。是年，全市有普通初中324所（其中初级中学188所、完全中学106所、十二年一贯制学校5所、九年一贯制学校25所）；初中一年级招生104577人，在校生287417人，毕业生79281人，初中学龄人口入学率98.57%，毛入学率107.08%。全市小学1338所，一年级招生144178人，全市小学1338所，在校生772583人，适龄儿童入学率100%。小学18281个班级，56～65人班级670个，大班额占比0.37%，比上年1175个减少505个。

【办学机制体制改革】 2018年，泉州市教育局深化实施义务教育城区“小片区”管理和农村薄弱校“委托管理”改革，促进优质教育资源共享。全市城区义务教育阶段“小片区管理”城区“小片区”83个（初中20个、小学63个），参加小片区管理学校数336所（初中73所、小学263所），片区内教师交流总数2359人（初中1664人、小学695人）；义务教育阶段农村薄弱学校“委托管理”承担托管学校数66所（初中17所、小学49所），受托方84所（初中20所、小学64所）；集团16个（初中8个、小学8个），集团内成员校33个（初中19个、小学14个）。贯彻基础教育教学成果奖励制度，组织参加优质课、学科优质课程等评选。泉州市在2018年基础教育省级教学成果奖评选中获20项教学成果奖（中学9项、小学7项、特教1项、幼儿园3项），其中特等奖2项（占全省22.2%）、一等奖8项（占全省22.2%）、二等奖10项（占全省17%），8个项目被福建省推荐参评2018年基础教育国家级教学成果奖（全省推荐39项），获奖总数和送全国参评数均居全省首位，获奖率70%，创历史新高。

【义务教育管理标准化学校建设】 2018年，泉州市教育局 坚持“以评促建”原则，成熟一所创建一所评估一所，召开小学、普通初中“义务教育管理标准化学校”建设与评估工作推进会，组织开展市级评估，以“义务教育管理标准化学校”创建评估为抓手，深化义务教育学校管理改革，促进学校依法办学与科学管理，推动学校内涵发展与质量提升。2018年，泉州市报送省级确认通过率96.65%，173所（初中45所、小学128所）学校被省教育厅确认为“福建省义务教育管理标准化学校”。至年底，泉州市有“福建省义务教育管理标准化学校”376所（初中133所、小学243所），创建率22.66%。

【进城务工人员随迁子女就学】 2018年，泉州市教育局坚持“平等、融入、成才”理念，保障进城务工人员随迁子女平等接受教育。结合户籍政策改革等要求，修订进城务工人员随迁子女小学入学条件。2018年，入读中心市区公办小学的条件为居住证和务工证均达一年及以上。秋季全市小学随迁子女27.85万人，占总在校生数的36.04%；普通初中外来工子女10.21万人，占在校生35.52%。

【小升初免试就近入学】 2018年，泉州市教育局贯彻落实国家教育法律法规与政策，科学制定泉州市小升初招生入学政策，坚持单校划片、对口直升和多校划片、随机派位相结合的初中招生办法，依法招生、阳光招生、规范招生。

2018年泉州市小学教育普及分县（市、区）基本情况表

表36

地区	校内外学龄人口总数（人）	在校学龄人口总数（人）	学龄入学率（%）	在校学生数（人）	毛入学率（%）
合计	763931	763931	100	772583	101.13
鲤城区	49206	49206	100	49253	100.10
丰泽区	40270	40270	100	40553	100.70
洛江区	17877	17877	100	18002	100.70
泉港区	31294	31294	100	31476	100.58
惠安县	62822	62822	100	62936	100.18
安溪县	111135	111135	100	114167	102.73
永春县	37591	37591	100	37776	100.49
德化县	24388	24388	100	24494	100.43
石狮市	63895	63895	100	64629	101.15
晋江市	180920	180920	100	183711	101.54
南安市	126206	126206	100	126988	100.62
台商区	18327	18327	100	18598	101.48

2018年泉州市初中教育普及分县（市、区）基本情况表

表37

地区	校内外学龄人口总数（人）	在校学龄人口总数（人）		学龄入学率（%）	在校学生数（人）		毛入学率（%）
		数量	其中：普通初中		数量	其中：普通初中	
合计	268415	264587	264587	98.57	287417	287417	107.08
鲤城区	24870	24869	24869	100	25964	25964	104.4
丰泽区	13235	13219	13219	99.88	15571	15571	117.65
洛江区	6850	6757	6757	98.64	7178	7178	104.79
泉港区	10083	10083	10083	100	10410	10410	103.24
惠安县	19618	19555	19555	99.68	21520	21520	109.7
安溪县	39570	36602	36602	92.5	41747	41747	105.5
永春县	14545	14507	14507	99.74	14882	14882	102.32

续表37

地区	校内外学龄人口总数（人）	在校学龄人口总数（人）		学龄入学率（%）	在校学生数（人）		毛入学率（%）
		数量	其中：普通初中		数量	其中：普通初中	
德化县	9884	9819	9819	99.34	10105	10105	102.24
石狮市	22457	22450	22450	99.97	23973	23973	106.75
晋江市	59243	59236	59236	99.99	65359	65359	110.32
南安市	42050	41480	41480	98.64	44159	44159	105.02
台商区	6010	6010	6010	100	6549	6549	108.97

普通高中教育

【概况】 2018年，泉州市推动高中教育多样化发展，开展省达标高中复查工作，11所学校通过首批省一级达标高中复查。组织对5所二、三级达标高中进行市级复查，指导16所一级达标高中做好迎接省复查。加强对20所省、市“普通高中课程改革基地校”培育指导，安排500万元资金支持10个学科教学联盟基地校与58个联盟校建设。全市各县（市、区）都建立公办普通高中生均公用经费拨款标准（500～900元不等），其中市本级从每年700元/生提高到1200元/生，超过省定的每年900元/生标准。是年，全市有普通高中116所（其中高级中学6所、完中106所、十二年一贯制5所），普通高中招生44892人，在校生137287人，其中进城务工人员随迁子女在校生42695人，毕业生43533人。全市有省级达标高中89所。全市普通高中在校生中有87.8%在省达标高中学校就读，48.2%在省一级达标高中学校就读。高考文科成绩持续全省走前列，理科成绩中上稳中有进；泉州市高考文科最高分获全省第一名，理科最高分获全省第三名；全市36名学子考上北大、清华，居全省第二；文科全省前50名、理科全省前100名合计28名，居全省第二位。

【高中招生录取】 2018年，泉州市教育局做好初中毕业升学考试组织工作，全市8.8万名考生报名参加初二年会考，7.2万名考生报名参加初中毕业升学考试。完善统招、定向、保送、自主招生等多元化的高中录取办法，引导各县（市、区）省一级达标高中在招生计划中按不低于50%的比例划出部分招生名额作为定向生指标，合理分配到区域内各初中校（含完全中学初中部）。

【普通高中建设与发展】 2018年，泉州市教育局开展省普通高中达标建设，以评促建、评建结合，加强达标复查的过程性指导，推动学校对标整改、依法办学、提升内涵，组织对65所省达标高中的市级复查工作。晋江紫峰中学、永春美岭中学被省教育厅确认为“福建省二级达标高中”，德化三中被省教育厅确认为“福建省三级达标高中”。2018年，泉州市11所普通高中被省教育厅确认为“福建省示范性普通高中建设学校”，5所被省教育厅确认为第二批“福建省普通高中课程改革基地建设学校”。全市省级课程改革基地校10所，省市级课程改革基地校20所。确认20所泉州市特色普通高中，涵盖综合特色类、科技教育特色类、艺体特色类、人文特色类、外语特色类，鼓励与引导学校科学定位、办出特色。

【教学教研】 2018年，泉州市教育局完善行政主导与教研引领的协同推进机制，加强毕业班复习备考工作精准研究与指导。成立泉州市

2018年6月7—8日，2018年福建省普通高考举行，泉州市41533人报考。图为考生走出泉州实验中学考点 （图/张九强）

普通高中课程教学指导委员会，提高高中课程教学建设专业化水平。组织开展高中毕业班教学视导，提高毕业班备考质量。举办泉州市优质高中建设暨2018届高中毕业班教学工作培训班，推进优质高中建设，深化高中课程改革。召开普通高中教育质量提升工作会，组织开展高考综合改革背景下的质量提升工作研讨；组织“一师一优课，一课一名师”评选，提高信息技术与学科教学深度融合水平。加强普通高中新课程方案、学科课程标准的研训，开展20场新课程教学管理和学科教学研训活动。发挥学科教学教研指导组专业引领作用，借助名师工作室、学科教学联盟基地校和联盟校、学科教研基地校、送教（研）下乡、教学开放周等多种载体，加强区域教研和教学开放工作，全市35所优质高中面向全市开展教学公开活动1517节。

【拔尖创新人才培养】 2018年，泉州市教育局加强对学科教学联盟基地校的培育指导，安排500万元资金支持建设。发挥学科教学联盟10所基地校与58所联盟校的示范、辐射与引领作用，重视培养学生创新精神和实践能力，抓实学生高中五项学科竞赛、青少年科技创新大赛、青少年机器人竞赛、中小学生电脑制作、青少年科学调查体验等活动的有效组织。组织开展2018年高中学科竞赛骨干指导教师培训、泉州市青少年电脑制作和科学影像制作指导教师培训。学科竞赛、科技创新比赛成绩斐然，在全国中学生数学、物理、化学、生物四项学科竞赛中获省一等奖62项，居全省首位。在福建省青少年科技创新大赛中，6个项目入围全国赛、获20项金牌，均居全省首位；在福建省青少年机器人竞赛中，获85项奖牌，其中4项冠军、21项一等奖，均居全省首位。

【高考综合改革】 2018年，泉州市教育局结合省示范性普通高中建设、达标高中评估复查、中考中招改革、质量提升经费奖补等政策机制，督促县（市、区）优化普通高中教育资源配置，提高实施新高考、新课程的基础能力。加强高考综合改革专题研训，举办泉州市普通高中学生综合素质评价业务培训班，推进省级管理系统在泉州市的有效应用；举办新高考、新课程、新课标教育教学管理与学科教学培训班，促进普通高中教育教学质量的提升。组织“新高考与自主招生——2018年中学校长公益论坛”，加强考试招生制度改革部署。

2018年泉州市普通高中分县（市、区）学生基本情况表

表38 单位：人

地区	毕业生数	招生数	在校生数				
			合计	其中：女	一年级	二年级	三年级
合计	43533	44892	137287	68329	44910	45000	47377
鲤城区	5569	5342	16554	7788	5344	5263	5947
丰泽区	2541	2327	7183	3275	2327	2243	2613
洛江区	1113	1273	3973	1781	1274	1288	1411
泉港区	1678	1908	5876	2969	1911	1960	2005
惠安县	3966	4103	12964	6321	4109	4304	4551
安溪县	4459	4791	14412	7160	4793	4698	4921
永春县	2677	2472	7920	4033	2472	2660	2788
德化县	1709	1796	5464	2732	1796	1832	1836
石狮市	3258	3903	11737	5788	3903	4060	3774
晋江市	8708	8977	26747	13455	8977	8776	8994
南安市	6976	7035	21342	11479	7038	6884	7420
台商区	879	965	3115	1548	966	1032	1117

高等教育

【概况】 2018年，泉州市推动高校分类发展。华侨大学入选省一流大学建设高校，泉州师范学院入选省一流学科建设高校和省示范性应用型本科高校；泉州师范学院、闽南理工学院入选硕士授予点培育项目单位；黎明职业大学、泉州幼儿师范高等专科学校、泉州医学高等专科学校、泉州轻工职业学院为省级示范性现代职业院校建设培育项目院校。是年，全市有全日制本科高校6所（公办2所、民办4所）、在校生约8万人，全日制高职高专院校12所（公办6所、民办6所）、在校

生4.9万人；另有福建农林大学安溪茶学院、福州大学石油化工学院在泉州办学。截至12月，全市高校毕业生3.6万名，就业率97.1%，其中在福建就业约占78.3%、在泉州就业约占34.5%，毕业生的社会认可度不断提高，成为推进泉州市现代产业体系建设的重要生力军。

【高校综合实力提升】 2018年，泉州市教育教学改革成效显著，获国家高等职业教育教学成果奖二等奖3项，获福建省高等教育省级教学成果奖特等奖2项、一等奖3项、二等奖3项，获福建省高等职业教育教学成果奖特等奖2项、一等奖7项、二等奖9项。发挥优质高职院校引领作用，组建1个省级和6个市级（汽车、文化创意、纺织服装、智能制造、学前教育、财贸）职业院校联盟，推动中高职协调发展。

【专业设置与产业发展对接】 2018年，泉州市实施服务产业特色专业（群）建设工程，全市高校共有省级高峰学科、高原学科、服务产业特色专业群、产教融合示范专业点等各类对接产业的学科专业类质量工作项目164个，位居全省前列，初步形成覆盖重要产业链的专业布局。建立职业院校专业设置“正面清单”，将纺织鞋服、石化、印刷、食品、海洋、文创等产业急需、相对艰苦但生源不足的21个专业列为“正面清单”，完善与区域产业发展联动的专业动态调整机制，并对所招收的高职学生实施学费减免（每生每学年6000元），2016—2018年投入5181.1万元，惠及学生3521名，相关专业录取率逐年攀升。

【校企合作】 2018年，泉州市高校与2052家企业建立校企合作关系，其中年产值亿元以上企业560家。校企共建10个职教集团，共有353家行业企业参与；2017—2018学年，集团内开展订单培养1379人、校企联合开展技术攻关项目50个、培训职工5.9万人次。获批26个省级“二元制”试点（全省最多）、73个省级现代学徒制试点，试点专业基本覆盖全市主要产业，培养学生2000多人，黎明职业大学、泉州工艺美术职业学院、泉州轻工职业学院入选国家级现代学徒制试点单位。校企共建研发平台57个（国家级4个、省级22个），2018年度联合开展科研项目284个、获专利432个，技术服务收入3375.1万元，在2018年第十六届中国•海峡项目成果交易会上，全市职业院校共有539项最新科技成果和授权专利技术参展，签约项目金额7000多万元。福建省大学生创新创业基地（泉州）揭牌。

【学生综合素质增强】 2018年，泉州市通过以赛促教、以赛促学，以赛促训，提升学生职业技能水平。泉州市高职院校获2018年职业院校技能大赛国赛一等奖3项、二等奖4项、三等奖5项，省赛一等奖15项、二等奖56项、三等奖81项。促进大学生创新创业。2017—2018学年，全市高校创新创业教育投入3927.2万元；已建设校内外创新创业实践基地17.1万平方米，市级以上创业孵化基地34个、省级以上创业培训基地22个；学生获省级以上创新创业赛事活动奖励396项。同时，市政府与省教育厅共建福建省大学生创新创业基地（泉州），为大学生创业提供高水平、全方位服务，基地揭牌运营并精选13个项目入驻。

【师资队伍建设】 2018年，泉州市实施“桐江学者奖励计划”，新引进“桐江学者”特聘教授10人。依托职业院校联盟，组织职业院校校长、学科带头人、骨干教师到广东、苏州、湖南等职业教育先进地区考察学习，提高职业院校校长院校治理能力和师资教育教学水平。实施职业教育名师“百人计划”培育项目和职业教育技能名师工作室建设工程，形成一批以名师为核心的高层次教学团队和专家型教师群体，遴选培育高校中青年学科（专业）带头人培养对象58名、培育建设高等职业教育名师工作室10个。

2018年泉州市本科高校基本情况表

表39

学校＼项目		在校生数（人）	招生数（人）	毕业生就业情况（至2017年10月）		办学性质（人）
				毕业生数（人）	就业率（%）	
华侨大学		25993	6587	5867	99.5	公办
仰恩大学		5928	1560	1577	99.1	民办
泉州师范学院		16599	4150	4878	97.8	公办
福建师范大学闽南科技学院		7021	2188	2105	98.6	民办
闽南理工学院		14900	4228	3853	98.5	民办
泉州信息工程学院	本科	8361	2836	686	100	民办
	专科	25993	6587	5867	99.5	
合　计		104795	28136	24833	99	—

【华侨大学】 2018年，华侨大学设有泉州和厦门两个校区，占地面积214.78万平方米，建筑面积107.3万平方米。有28个教学学院，94个本科专业。有27个一级学科硕士点、2个二级学科硕士点，20个专业学位硕士点，8个一级学科博士点、2个二级学科博士点，5个博士后流动站。有12个学科门类。有国家重点学科、省部级重点学科41个，福建省高峰高原学科17个，工程学、材料科学、化学3个学科进入ESI全球排名前1%。有教职工2672名，其中专任教师1792名。有双聘院士6人；有国家领军人才入选者、“国家杰出青年科学基金”获得者、国家“百千万人才工程”入选者、全国文化名家暨“四个一批”人才入选者、国家高端外国专家项目入选者、教育部“新世纪优秀人才支持计划”入选者等各类高端人才近400人次；拥有科技部“创新人才推进计划”重点领域创新团队和教育部“长江学者和创新团队发展计划”创新团队。有全日制普通本科生25551人，研究生5953人，有50多个国家和地区的华侨华人和外国学生4969人。

本科人才培养 开展专业认证工作，1个专业通过住建部评估，2个专业通过工程教育认证实地考评，1个专业完成IEET认证实地访评。加强课程建设，获立项国家级精品在线开放课程2门，省级精品在线开放课程建设项目16门、培育项目5门，建成7间智慧教室，评选出56门“百门优质课程”，遴选通识教育选修课13门。加强教学能力建设，6个团队获评省级本科教学团队。推动教育教学改革，获福建省教学改革成果奖一等奖3项、二等奖1项，获福建省本科高校教育教学改革研究立项17项，1项成果入选全国学校体育教学、训练、竞赛及条件保障体系建设优秀改革成果，1个项目被认定为国家级新工科研究与实践项目。全年获全国各类学科竞赛一等奖22项、二等奖70项，蝉联全国大学生英语竞赛福建省赛区总决赛A、B类组别第一名。

研究生培养 新增24名博导、114名硕导、190名校外实践导师。调整研究生培养指导委员会，遴选出省级博士生导师团队4个、硕士生导师团队7个，入选省级研究生教育教学改革项目5个。实施研究生承志英才培育计划，举办80场各类学术论坛及讲座，26人获学术交流活动资助，36人获学科竞赛奖励，立项资助36个学术论坛、2本学术期刊和1115个科研创新能力培育计划项目。研究生学科竞赛获奖总数、省级以上学科竞赛获奖数均位列全省第二，在中国研究生数学建模竞赛中总成绩位居福建高校第一。新增16家研究生工作站，首次在日本、泰国、马来西亚等国设立10个海外研究生工作站，选派近30名研究生到工作站实习。

科研工作 实施“科技创新能力提升计划”及其配套计划，完成“科技创新团队和领军人才支持计划”15个建设项目的验收考核，遴选第6批次“中青年教师科技创新资助计划”入选者17人，3个团队入选福建省教育厅高等学校创新团队。加强科研平台建设，新获批国家外专局高等学校学科创新引智基地（111计划）培育项目1个、国家地方联合工程研究中心1个、省公共服务平台1个、省产学研合作示范基地1个。立项各级各类科技项目387个，经费9543.26万元，其中国家自然科学基金项目60个。获国家科技进步二等奖1项、教育部高等学校科学研究优秀成果奖科技进步二等奖1项、吴文俊人工智能科技进步一等奖1项、福建省科学技术奖3项、厦门市科学技术奖2项、泉州市科学技术奖7项，被SCI、EI、CPCI-S等三大检索收录论文达824篇，比上年增长6.05%。深化科技成果转化与产业体制机制改革，闽台青创被评为国家级众创空间，华创园竣工开园并获评省级科技企业孵化器。开展科技成果宣传，推介展示科技成果450多项，获第二十届中国国际高新技术成果交易会优秀产品奖1项，2018红点设计概念大奖1项。获专利授权302件，转让发明专利4项。

社会服务 深化校地合作，与集美汽车小镇领导小组、海翼集团共建“汽车小镇”产学研基地，与晋江市委党校等签订战略合作协

2018年9月11日，由泉州市经信委指导、泉州市工业设计协会主办的“2018礼好·泉州海峡两岸工业礼品设计大赛”在线发布会在华侨大学美术学院举行。图为发布会现场 （图/王宇静）

议。助推企业技术创新，组织学校科研团队对接走访芯光润泽、华南重工、三一重工、华懋科技等龙头企业60多家，协助企业科技创新。3000余名师生参与福建新农村建设及“省运会”“世中会”等志愿服务工作。

国际化办学　召开全英文专业建设研讨会。成立中教国际师资培训基地，制定“中国教师国际化培养方案”。遴选新增全英文授课教师31名，开设全英文国际课程82门。全年选派413名学生到境外47所高校交流学习，接收8个国家48名交流生到校学习。《中美人才培养计划》121双学位项目学生派出规模蝉联全国第一。

交流合作　加强海外引智工作，引进长短期外籍专家265人，入选国家级外国文教专家项目16个、高校重点外国文教专家项目2个。接待18个国家的37个访问团组。举办美国文化周等10多场文化体验活动及中国—东盟旅游安全峰会、第12届亚洲设计文化学会国际研究发表大会等国际学术活动。与意大利、立陶宛等12个国家和地区的23所高校和教育机构建立合作关系。

【泉州师范学院】　2018年，泉州师范学院有东海、诗山和江南三个校区，占地121公顷。下设二级学院16个，本科招生专业58个。有教职工1400多人，其中专任教师1100多人，台湾全职教师20多人。拥有享受国务院政府特殊津贴专家4名，中组部国家特聘专家3名，教育部“新世纪优秀人才支持计划”人选1人，教育部教学指导委员会委员2人，福建省闽江学者、福建省百千万人才工程人选、福建省高校领军人才、福建省特殊支持高层次人才“双百计划”人选等省级高层次人才101人，福建省高等学校科技创新团队2个。2018年，面向全国29个省（自治区、直辖市）录取新生4269人。全日制在校本科生、研究生近1.8万人。2018届本科毕业生就业率97.76%。

本科人才培养　获国家级教学成果二等奖1项，省级教学成果特等奖4项、二等奖2项。获第四届全国高校青年教师教学竞赛理科组一等奖。获批2018年度国家虚拟仿真实验教学项目1项。获第四届全省高校青年教师教学竞赛特等奖、一等奖、二等奖各1项。获批教育部产学合作协同育人项目13个。获批2018年福建省本科教学团队4个。获泉州市第二批高等职业教育“技能名师工作室”建设立项2项。获批2018年省级教学改革研究项目12个，其中省级重大教改项目2个、一般教改项目10个。获批2018年省级“思政课程”“课程思政”教育教学改革精品项目7个。新获批省级精品在线开放课程立项建设14门。牵头组建福建省应用型教师教育专业类教学联盟。成立教师教育学院，推进师范类专业认证工作，小学教育专业纳入福建省首批师范类专业第二级认证试点，接受认证专家进校考查。组织学生参加各级各类学科专业赛事，获省级以上奖项共计483项。获批国家级大学生创新创业项目24个、省级项目45个；获第二届福建省黄炎培职业教育奖创新创业大赛金奖1项；获泉州市2018年大学生创新创意作品大赛5项。

研究生教育　服务国家特殊需求人才培养项目（艺术硕士）通过国家验收。音乐与舞蹈学获批福建省一流学科。新增5个艺术硕士研究生招生方向，录取研究生39名。获批面向中国香港、澳门、台湾地区招收硕士研究生资格。推进研究生招生培养模式改革，与福州大学、福建师范大学、福建农林大学联合培养硕士研究生39人。艺术硕士（南音方向）专业学位研究生导师团队获批省级研究生导师团队。

科研工作　获批国家自然科学基金项目6个、国家社科基金项目4个、国家社科重大项目子课题1项、省部级项目145个、市级项目47个。获批教育部第一批中华优秀传统文化传承基地。省级“2011南音文化传承与发展协同创新中心”终期绩效评估获评优秀等次。民营经济发展研究院获批福建省高校特色新型智库。海丝视觉文化艺术研究中心获批福建省高校人文社科研究基地。云计算物联网电子商务智能福建省高校工程研究中心评估获评优秀等次。化工纳米技术福建省高校重点实验室通过验收。获评第十二届福建省社科成果奖一等奖1项、二等奖2项、三等奖2项。入选福建省高等学校科技创新团队2个。

社会服务　承担《福建省“十三五”体育事业发展专项规划中期评估报告》《泉州市“十三五”规划中期评估》《“健康泉州2030”行动规划编制工作》

2018年12月1日，泉州师范学院建校六十周年纪念大会举行

（图/泉州师范学院）

等项目。发布《泉州经济社会发展报告》蓝皮书（2018）。与丰泽区政府签订校地战略合作框架协议；与丰泽区政府合作共建第二附属小学并正式挂牌，选派1名教学校长、1名科技校长参与第二附属小学管理工作；丰泽区教育发展基金会捐赠100万元支持学校建设发展。与鲤城区政府开展区域教育发展合作。与中化泉州能源科技有限公司签订校企合作协议。与浪潮集团合作共建“数字福建智能制造大数据研究所”。与福建省特种设备检验研究院、库卡机器人（上海）有限公司合作共建智能制造技能培训中心。与东华大学建立长期合作关系。与石狮市政府共建“泉州师范学院（石狮）生态智能织物产业工程技术研究院”。

交流合作　设立国际学生奖学金，招收密克罗尼西亚学历生、国际船员和各类留学生80人。新增10个国（境）外签约高校和机构。近300名专家、学者、青年到校交流。设立学生境外交流学习奖助金，选派600多名师生到国（境）外交流、学习和参加学术活动。承办2018年菲律宾华裔学生学中文夏令营活动、欧洲华裔青少年“中国寻根之旅”夏令营、马来西亚华裔青少年“中国寻根之旅”冬令营和丝路国家青年感知中国冬令营，培训营员200人。22名学生入选国家汉办国际汉语教师志愿者和国侨办外派教师项目，到菲律宾、马来西亚、泰国、柬埔寨、缅甸等国家任教。与法国里昂商学院、泉州市企业和企业家联合会签订三方合作备忘录；与巴西体育部、巴西足协、巴西沙滩足协在足球文化推广、青少年足球培训等方面达成合作意向；与波兰克拉科夫音乐学院合作，举办“南音——波兰传统音乐的对话”专场演出。

职业教育与成人教育

【概况】　2018年，泉州市推动职业教育融合发展，强化政府统筹，市级职业教育改革发展专项资金由8000万元提高到9000万元。全市15所职业院校入选省级示范性现代职业院校，是入选院校数最多的地市（全省68所，泉州市占22%）。实施服务产业特色专业（群）建设工程，全市高校现有省级各类对接产业的学科专业类质量工作项目131个，位居全省前列。完善职业院校专业设置“正面清单”，对21个产业急需、相对艰苦但生源不足专业的高职学生实施学费减免，首批共计3704人次、2222.4万元。是年，全市有招生资格的职业中专学校29所，其中公办学校22所、民办学校7所；教育部评定的“国家级改革发展示范性中等职业学校”3所，省教育厅评定的“省改革发展示范性中等职业学校”4所；省教育厅立项建设的 “示范性现代中等职业学校”11所，均为A级。10所泉州市中职特色校建设取得阶段性成果。在29所职业中专学校中，规范化及以上等级学校占62.1%；提前完成省教育厅规定的“到2020年，各设区市规范化及以上等级学校不少于50%”的要求。全市中职学校设置102个专业，其中属于第一产业的有6个专业、第二产业的有22个专业、第三产业的有74个专业。全市中等职业学校招生33348人，在校生80090人。

【职业教育改革发展】　2018年，泉州市市、县两级职业教育联席会议制度有效运作，印发《2018年泉州市提升职业教育服务产业发展能力工作要点》，统筹推动职业教育改革发展。市级职业教育改革发展专项资金提升到9000万元，推动职教集团、职业院校联盟、公共实训基地、师资培训等重点项目建设，并引入第三方开展专项资金绩效评价工作，提高资金使用效益。

【产教融合】　2018年，泉州市获批26个省级“二元制”试点、39个省级现代学徒制试点。建设4个市级公共实训基地。9所高校与32家企业共建24个产业学院。在2018年第十六届中国·海峡项目成果交易会上，泉州市高校共有539项最新科技成果和授权专利技术参展，签约项目金额7000多万元。全市高校面向社会开展职业技能培训、技能鉴定近8万人次。

【中等职业教育质量提升】　2018年，泉州市实现29所中等职业学校达标校全覆盖。下达“泉州市中职特色校建设工程”培育校项目建设规划及任务书，开展建设进度年度评估。评选泉州市第二批中等职业学校专业带头人和名师工作室，确认第二批名师工作室2个、专业带头人17名。编制完成2018年泉州市中等职业教育质量年度报告。

【技能赛事获奖】　2018年，泉州市23所中职学校297名学生参加福建省职业院校技能大赛，24个项目32人获一等奖，47个项目66人获二等奖，45个项目70人获三等奖。在全国职业院校技能大赛中，泉州市4人（2个项目）获一等奖，3人（3个项目）获二等奖，32人（17个项目）获三等奖。在福建省职业院校信息化教学大赛中，参赛作品获一等奖10件、二等奖11件、三等奖21件。在2018年福建省中等职业学校教师教学技能暨班主任基本功竞赛中，共44件作品参赛，获一等奖4件、二等奖7件、三等奖8件。

2018年泉州市高职高专院校基本情况表

表40

学校 \ 项目	在校生数（人）	招生数（人）	毕业生就业情况（至2018年10月）		办学性质
			毕业生数（人）	就业率（%）	
黎明职业大学	9254	3540	2854	100	公办
泉州幼儿师范高等专科学校	6136	2293	1686	98.6	公办
泉州医学高等专科学校	8048	3026	2606	99.6	公办
泉州经贸职业技术学院	4385	1690	1707	99.9	公办
泉州工艺美术职业学院	2206	941	598	97.5	公办
福建电力职业技术学院	1678	716	692	100	公办
泉州纺织服装职业学院	2298	845	510	100	民办
泉州理工职业学院	6011	2479	1504	99.5	民办
泉州华光职业学院	5700	1843	1173	98.6	民办
泉州轻工职业学院	4393	1432	1356	100	民办
泉州海洋职业学院	2622	987	578	97.4	民办
泉州工程职业技术学院	242	14	171	97.0	民办
合计	52973	19806	15435	99	—

2018年泉州市中职学校基本情况表（一）

表41

全日制招生人数（人）	校内（专业）实训基地数（个）	校外实训基地数（个）	教师总人数（人）	全日制毕业生情况				
				应毕业人数（人）	实毕业人数（人）	升学人数（人）	直接业人数（人）	对口业人数（人）
18158	293	697	3907	14730	13436	2411	11709	11563

2018年泉州市中职学校基本情况表（二）

表42

产业类别	专业大类	2017—2018学年	
		专业数量（个）	在校生数量（人）
第一产业	农林牧渔类	243	2545
第二产业	资源环境类	2	74
	土木水利类	136	3812
	加工制造类	82	4380
	石油化工类	1	78
	轻纺食品类	16	2461
第三产业	交通运输类	274	5769
	信息技术类	229	8314
	医药卫生类	5	1372
	休闲保健类	6	532
	财经商贸类	305	14469
	旅游服务类	104	4753
	文化艺术类	443	5011
	体育与健身类	2	336
	教育类	479	8884
	司法服务类	0	0
	社会管理与服务类	4	204

【泉州黎明职业大学】 2018年，泉州黎明职业大学占地面积43.4公顷，建筑面积268763平方米，鲤城校区0.68公顷，建筑面积1.1万平方米。有馆藏纸质图书92.7万册、电子图书65万册。设有12个学院、39个专业，形成以应用工科、现代生产性服务业为主的专业布局。有教职员工674人，其中高级职称教师233人（含正高职称23人）、博硕教师418人，学历教育在校生10000多人，双师素质教师占92.6%。有招生专业38个（包括2个中美合作项目和2个闽台合作项目），实际录取3740人，报到人数3540人。毕业生就业率100%，用人单位的满意度96%以上。入选全国职业院校实习管理50强，实现全省高职高专院校发展潜力综合排名第一名“三连冠”。

专业课程建设　拥有国家级重点专业2个，通过国际认证专业3个，参与教育部高职专业教学资源库13个，主持备选库1个，省级示范专业9个，精品专业7个，省服务产业特色专业群5个，国家级现代学徒制试点项目1个，省级现代学徒制试点项目6个，“二元制”技术技能人才培养改革试点项目9个，省级精品在线开放课程20门，省级专业教学资源库2个，专业群实训基地4个，产教融合示范专业点4个，省级创新创业教育改革试点专业4个、创新创业教育精品资源共享课程6门，国家级教学成果奖1项，省级教学成果奖12项，中高职衔接专业指导性人才培养方案开发项目5个，多元投资主体职教集团培育建设项目1个。设有技能鉴定站，可开展25个工种技能鉴定。对接“泉州制造2025”，开设“工业机器人技术”等专业，成为教育部与华航唯实、ABB、新时达工业机器人领域职业教育合作项目院校。

科研与社会服务　技术服务收入1578.59万元。45项纵向课题获立项，到账经费83.3万元；180件专利获授权，其中发明专利6件，计算机软件著作权10件；专利权转移5项，成交金额14万元；1项成果获全国高职高专校长联席年会技术研发与应用“优秀成果奖”；承接横向课题84项，到账经费278.68万元。全年学校教职工发表论文253篇，其中北大中文核心期刊14篇、SCI收录1篇、EI收录1篇、出版专著1部。论文成果获国家级奖项14项，省级奖项19项，市级奖项10项。

2018年10月15日，中国航发贵州黎阳航空动力有限公司航空发动机设备揭幕仪式在黎明职业大学举行　（图/黎明职业大学）

交流合作　组织4个出访团到韩国、美国、泰国、马来西亚、印度尼西亚、斯里兰卡、乌克兰等国开展教育交流合作，组织黎明职业大学辩论队到马来西亚吉隆坡参加第二届中马国际辩论交流赛。与福建省教育国际交流协会、厦门吉思达教育有限公司发起成立“海上丝绸之路”职业教育国际化联盟，实现“引进来与走出去”双向发展；接待马来西亚、澳大利亚、印度尼西亚、韩国、德国等8个国（境）际教育机构或组织到校交流，与15个国家（地区）的28所院校及科研单位建立合作关系；首次自主招收大专学历层次的国际学生和非学历教育的国际预科生，实现国际化办学方面的突破；承办2次由国侨办主办的海外华裔青少年中国寻根之旅活动，接待美国、德国的100名华裔青少年开展短期寻根游学活动。

技能竞赛　弘扬工匠精神、锻造职业精英，坚持把职业素质、职业能力培养作为人才培养的重点。全年在各级各类技能竞赛中获奖358项，其中国家级103项，获全国高职院校技能大赛建筑识图赛项一等奖；学校参加全国、全省职业院校技能大赛成绩分别在全省排名分别为第5、第7，较2017年分别上升3位、10位。

【福建广播电视大学泉州分校】 2018年，福建广播电视大学泉州分校辖鲤城、南安、石狮、晋江、惠安、安溪、永春、德化、泉港9个工作站（学院）。本部占地0.33公顷，建筑面积5050平方米。有教职员工46人，其中副高以上职称11人，中级职称12人。外聘兼职教师40多人。

改革提升　为适应新时代高校现代化远程教育新理念，学校将2018年定为“学校改革年”，从管理制度、业务能力、人才队伍、工作作风、校园文化五方面提出深化改革举措，深化教育教学改革。

招生工作　在实施“助力计划”“一村一名大学生”“退伍士兵”“学前教育”“圆梦行动”等项目的基础上，拓展“辅助警务人员学历提升计划”“乡村振兴人才学历提升计划”“军校合作共建”“民办幼儿园教师素质提升工程”等合作办学项目。2018年全市电大招生3274人。

教务教学　在教学过程中，注重创新，把学历教育与“领导讲堂”“专家讲堂”相结合，组织学员到企业现场教学，引进“战士论坛”“学员论坛”“专题讲座”，搭建交流平台，在全省电大教学中起到一定示范作用。

继续教育　2018年，继续教育参训人数2.3万人，其中面授培训总人数近万人。拓展丰泽区教育系统、清濛开发区、华光职业学院、幼高专、泉州轻工职业学院等单位的面授培训。与市经信委联系，获得市经信委授权组建泉州电大商学院，搭建完成泉州电大商学院平台，设有《电子政务》《电子商务》《成本会计》《中小企业管理》等19门课程，供企业家专题研修班学员学习。

社区教育　在丰泽社区开展音乐、木兰扇、柔力球初级、柔力球中级、气功保健、交谊舞六个面授教学班。联合丰泽区文体局、区老人协会举行第二届社区教育教学成果展示活动，组织社区居民1000多人次，组成10个方阵开展交谊舞、健身气功表演等教学展示。举办大型讲座4次、小型讲座12次。加强与市总工会的合作，新拓展社区教育共建单位，与市总工会工人文化宫共建社区教育基地。开展“职工文化大讲堂”活动。举行“端午文艺晚会”。与泉州经济开发区社会事业局、泉州晚报社、黎明大学等单位一起开展文化进企业活动。申报的课程《漫游刺桐胜境　解读海丝密码》（闽南文化系列）入围省教育厅第二批继续教育网络课程。

【泉州医学高等专科学校】　2018年，泉州医学高等专科学校有洛江、清源、北门街三个校区，占地面积32.68公顷，建筑面积203797.26平方米。馆藏图书总量55.06万册。拥有7所附属医院（含直属1家）及分布在全省各地的教学实习医院、实习药企234家。设有11个教学教辅院部、中心、馆。设有20个专业。有教职员工598人，专任教师409人，其中副高以上职称127人，享受国务院特殊津贴专家1名，省级高校教学名师2名，泉州市“桐江学者”特聘教授1名。“双师型”教师占专业教师总数76.07%。有全日制大专在校生8048人。

专业建设　组织开展专业调研和人才培养方案修订工作，对接职业标准，服务地方和行业发展需求，将惠世医学人文教育、产教融合、校企合作落实到人才培养过程。开展第三方专业评估（认证），促进专业内涵发展，提高专业建设水平和人才培养质量。医学技术类专业群获福建省职业院校服务产业特色专业群建设项目立项。

课程与教学改革　出台《泉州医学高等专科学校关于推进信息化教学应用工作实施意见（试行）》等文件，规范信息化教学活动，推进慕课、微课课程建设，探索翻转课堂建设，完善网络教学平台建设，打造智慧教室，推动教学方法改革。开展2018年“教学活动月”系列活动，举办教授、名师示范观摩课、教师信息化教学设计等活动。评选2018年校级教学成果奖获奖项目3个，学校“助产专业核心课程‘立体化’建设与实践”和“三阶梯三平台医教协同，提升超声医学人才培养质量和技术技能积累作用”项目获2018年省级教学成果奖一等奖，“高职护理专业复合型人才培养模式探索与实践”项目获2018年省级教学成果奖二等奖。获批福建省首批“课程思政”教育教学改革精品项目1个，第三批精品在线开放课程建设项目3个。

科研工作　完成50项国家发明专利和实用新型专利的申请，20项实用新型专利获授权；市级以上立项科研项目48项，其中泉州市科技计划项目立项18项，泉州市科技计划项目（第一批）高层次人次创新创业项目立项2项，福建省自然基金项目立项2项，向省科技厅推荐申报2019年度福建省科技计划项目8个。

产教融合　推动学校与行业企业合作育人、合作发展，建立6个名师工作室。创新合作育人模式，推进二元制、现代学徒制办学，与惠安县医院、东南医院合作开设二元制班，与龙岩慈爱医院合作开设康复治疗技术专业现代学徒制班；建立多维综合评价机制，与企业联合建立技能考核、岗位实习表现等多元评价体系。加快推进市级泉州医高专—领航亚全能干细胞应用研发中心、泉州本草馆及数据中心升级建设，推进校级胎儿医学应用技术工程中心、医学人文应用研究中心、老年健康促进与照护应用文科研究中心等科研平台建设。

技能竞赛　在国家级技能竞赛中，获一等奖2个、二等奖1个；在省级技能竞赛中获一等2个、二等奖6个；国家行业协会技能竞赛中获一等奖1个、二等奖4个。

【泉州幼儿师范高等专科学校】
2018年，泉州幼儿师范高等专科学校占地面积35.47公顷，其中东海校区20公顷、永春校区15.47公顷，建筑面积14.76万平方米，实训基地建筑面积4.8万平方米，图书馆藏书55.32万册，校内实训基地29个，校外实训基地148个，校内外创业实践基地14个。建有万兆核心万兆骨干校园网络，标准恒温游泳馆1座、标准400米塑胶跑道2个、标准田径场2个、综合体育馆1座、综合技能训练馆1座。设16个专业。有教职员工421人，专任教师261人，硕士学位以上教师166人，副高以上教师112人，双师素质教师205人。2018年度招收新生2467人，全日制在校生6136人。2018届毕业生1686人，就业率98.64%，对口率97.1%，其中在泉州就业40.04%、福建省内就业98.66%。

办学体制机制　从基础教育师资培养供给侧改革入手，创新“政行园校”四方联动的办学体制机制，

2018年11月23日，泉州市学前教育职业院校联盟成立大会在泉州幼儿师范高等专科学校举行　（图/泉州幼儿师范高等专科学校）

健全人才共育、师资共享、基地共管和质量共评的“四共同”管理运行机制。探索基础教育师资培养新路径，“校—地—园”深度合作，通过泉州幼教集团平台、师范类现代学徒制（二元制）人才培养平台、“校中园”“园中校”育人平台、泉州学前教育职业院校联盟平台搭建协同育人新载体，推进产教协同育人，实现人才培养与岗位需求衔接，提高人才培养质量，打造幼教人才培养高地，推动学校实现内涵发展、特色发展、创新发展。

示范校建设　以28A、2B的成绩通过第二轮人才培养工作评估，推进“福建省示范性现代职业院校建设工程”项目建设。全方位推进学前教育、艺术教育和小学教育专业为核心的3大专业集群建设，初步形成旅游专业集群，艺术教育、小学教育专业群获批为福建省服务产业特色专业群建设项目，学前教育专业群等5个项目获评2018年省级职业教育重点建设项目，“学前儿童语言教育与活动指导”等3个项目通过省级职业教育精品在线开放课程建设项目验收。引入48门优质慕课资源，校本数字化核心课程资源累计建成121门，其中3门通过省级验收，另有3门获省级立项；累计编写“双证融通”特色教材45本；开发创新创业课程12门。引进台湾籍博士3名，4名教师入选省级职业院校专业带头人培养人选，1名教师入选省级职业院校名师培养人选，1人入选省级职业院校名校长培养人选，新申报泉州市高层次人才11名。教师参加全省职业院校信息化教学大赛获一等奖、二等奖各1项，获省级教学成果奖一等奖2项，二等奖1项。学生获全国技能大赛二等奖1项、三等奖2项，获全省技能大赛与行业技能大赛一等奖2项、二等奖8项、三等奖8项。

社会服务　培训幼儿园与小学教师13251人次，职业技能鉴定2236人次，为行业（企业）提供技术服务项目105个，校行（企）对接科研成果项目16个，主持省市级科研项目36个，获实用新型专利5项，技术推广5项。“校—园”共建培训中心2个，开发区域合作项目13个，辐射受益人数2899人次；面向7个县区实施送教下乡活动13场，惠及2487人次，助力精准扶贫。承担闽宁、闽藏对口帮扶，派出4人次到宁夏幼高专做专题讲座以及开展说课、公开课等系列活动，接受宁夏幼高专3批15人次到校开展跟岗学习，为西藏洛隆县培训中小学校长和管理骨干25名。接受9省（区）25批132人参访学习，其中省外11批50人。帮扶15所幼儿园发展，开展“校—地—园”共研课题项目16个，引领幼儿园教师成长，促进幼儿园提升办学质量。

【泉州经贸职业技术学院】　2018年，泉州经贸职业技术学院占地33.47公顷，建筑面积11.73万平方米，馆藏纸质图书49万多册，电子图书资源3.6万GB。设有8个教学系（部）和慈山分院（二级分院），开设27个专业。在编教职工295人，专任教师206人，具有高、中级职称教师占专任教师80%以上，博士、硕士研究生学历（学位）教师占50%以上，“双师型”“双师素质”教师占90%以上。全日制在校生4321人。

实践教学　重视实践教学在人才培养工作中的突出作用，筹措资金，加大投入，改善实践教学条件，强化和改进实践教学。拥有财税一体化实验室等功能齐全的校内实验实训室66个；与泉州汽运集团、福建双喜集团、新华都有限公司、厦门布塔信息技术股份有限公司、泉州宏兴记账有限公司、中国邮政集团公司泉州分公司、湖头光电产业园等企业建立校企合作关系，推行“订单培养”“二元制”“现代学徒制”等人才培养模式，共建校外实习基地101个，实验、实训的开出率100%，基本满足各专业实践教学的需要。注重培养和提高学生的专业技能，实行阶段实习见习+为期半年的毕业顶岗实习制度、“双证书”和“课岗证融通”制度，毕业生双证书率、初次就业率均达95%。重视学生技能的培养和锻炼，推行“以赛促教”“以赛促练”“以赛促提”，促进学生专业核心技能与职业核心能力的提高，人才培养质量稳步提升。

科研工作　设有科技协会、县域与产业发展研究中心、地方文化研究中心等20多家科研机构；省、市级立项课题12项，主编教材或出版专著5部，在CSSCI、本科学报以及其他各级各类CN刊物上发表论文

180多篇，获实用新型专利7项、计算机软件著作权登记1项。在2018年福建省职业教育与终身教育重点建设项目评审中，学院“现代商务专业群”被确定为2018年福建省职业院校服务产业特色专业群建设项目，4个专业被确定为福建省第四批现代学徒制试点项目，3门课程被确定为福建省第三批职业教育精品在线开放课程。

社会服务　发挥职业技能鉴定站工种较为齐全的优势，提供会计、电子商务、物流管理、国际商务、市场营销等专业的职业技能、职业资格证书、专业技术职称等的培训和技能鉴定。开展校内外职业技能鉴定3240人次，为地方经济发展培养培训急需紧缺人才。利用教学资源优势，与市财政局、泉州市人事考试中心合作，开办福建省会计从业资格考试和泉州市国家公务员考试等常设考点，提供相关服务。组织50876人次参加会计从业资格考试、公务员考试、事业单位招考、经济师考试、二级建造师考试、卫生专业技术资格考试等。主动向企业和兄弟院校提供职业核心能力等各项培训1772人次，受到社会各界好评。此外，在市教育局指导下，牵头联合19所优质中职学校，组建泉州市财贸职业院校联盟，遵循“以联盟为平台，以行业为依托，以市场为导向，以项目为纽带，加快人才培养，服务泉州产业创新发展”的宗旨，发挥“政、行、企、校、研”各自的优势，加强区域内校企合作和校际合作，优化教育资源配置，推动职业学校和企业优势互补、共同发展，促进专业建设、职工培训、技术服务、实训基地建设和就业工作，提高人才培养质量。

【泉州工艺美术职业学院】　2018年，泉州工艺美术职业学院总建筑面积7.72万平方米。设有10个党政管理机构、6个教学机构和2个教学辅助机构，设置23个全日制专业和8个成人教育专业。拥有一支综合素质好、专业技术水平高、专兼结合的教师队伍，其中教授3人、副教授36人，“双师型”教师94人，省级优秀教学团队1个、省级教学名师3人、省级专业带头人3人，省级工艺美术大师7人、省级陶瓷艺术大师9人、福建省工艺美术名人4人、高级工艺美术师14人，另有外聘兼职教授、行业大师40多人，教师作品获省级以上专业奖项100多项。

特色办学　坚持产教融合、校企合作，工学结合、知行合一，构建服务工艺美术全产业链、技术链、创新链三大专业群，其中，工艺美术专业群服务传统工艺美术传承与发展，文化创意专业群服务现代艺术设计和文化创意产业，“工艺商贸+”专业群服务工艺美术产业的下游产业链。有2个“中央财政支持高等职业学校提升专业服务产业发展能力”的重点建设专业、1个国家艺术基金资助人才培养项目、1个省级应用技术协同创新中心、7个省级现代学徒制试点专业、3个省级服务产业特色专业群、5个省级服务产业特色专业群实训基地、3个省级示范专业、4个省级创新创业教育改革试点专业、3个省级“二元制”人才培养模式改革试点专业、5门省级精品在线开放课程和精品共享课。探索“二元制”“大师班”“‘大师+名师’工作室”“跨界培养”等现代学徒制人才培养模式，获国家级教学成果奖二等奖1项，省级教学成果奖特等奖1项、一等奖1项、二等奖3项。

社会服务　传承传统工艺美术文化，发展现代工艺美术创意产业，与60多家大型工艺美术企业建立长期合作关系，建设60多个校内外实训基地。建设成为福建省陶瓷产业技术开发基地、陶瓷新材料应用技术工程中心、陶瓷产品质量检测中心、陶瓷行业职业技能培训与考核中心、福建省高级技师培养基地。主持或参与国家、省、市科研项目80个，国家教学资源库项目4项，合作企业研发技术项目17个，研发陶瓷釉水110多种，出版著作10多部，校本教材20多种。

交流合作　坚持开放合作创新，主动融入“一带一路”建设，成为中国国际电子商务中心培训学院泉州分院、商务部援外培训项目承训学校、清华大学美术学院教学实习基地、阿里巴巴跨境电商人才培育基地，组建“泉州市文化创意职业院校联盟”，开展对外交流与合作，有100多个国家的2000多名外国友人到学院体验学习陶瓷文化。

2018年12月21日，由泉州工艺美术职业学院、福建省陶瓷行业协会等主办的“廉心·中国白”2018年陶瓷设计大赛作品展暨颁奖仪式举行。图为颁奖仪式

（图/泉州工艺美术职业学院）

科学技术

综述

【科技政策及计划】　2018年，泉州市出台多项政策，围绕福厦泉国家自主创新示范区改革任务，实施42项首创创新举措，其中7项被列入省第二批复制推广清单（厦门7项、福州6项）。泉州片区在福厦泉国家自主创新示范区三片区考核评估中，创新政策和建设任务两项指标得分第一。出台全市加强全社会研发投入三年行动计划，落实企业研发经费投入分段补助和加计扣除等扶持政策，组织297家企业申报2017年度补助（清算），131家企业申请2018年度预补助。全市财政科技支出14.69亿元，占全市一般公共预算支出2.32%。全市新增科技小巨人领军企业132家，截至年底全市有科技小巨人领军企业493家，数量居全省第一。确定42家瞪羚计划入库企业，累计培育瞪羚企业100家。引进10个高层次人才团队，106项高层次人才创新创业项目获立，扶持资金1580万元。1人入选2017年度科技创新创业人才。选认省、市级科技特派员406名，团队（法人）科技特派员21家。3家单位被评为省级技术转移机构、1家企业被评为全省首批科技成果产业化基地、1家科研机构被评为全省首批产学研合作示范基地。新建国家、省、市星创天地24家，累计培育国家、省、市星创天地33家，其中国家13家。是年，泉州市被科技部、国家发展改革委列入国家创新型城市建设名单。

【科技人才】　2018年，泉州市科技局落实人才“港湾计划”，推进人才体制机制改革，强化政策落实，营造有利于人才创新创业和价值实现的环境。制定《“人才分类评价改革”、“人才总量倍增”和“深化泉台人才交流合作”三个专项行动方案》，实施“人才+团队+项目”的精准引才模式，引进高层次人才团队10个，资助经费1550万元；高层次人才创新创业项目立项106个，扶持资金1580万元。发挥泉州市人才创新共享联盟聚才效应、开放共享创新资源，聚集研发人员460人，开放共享仪器设备200多件，承担各类科技项目200多个，获发明专利200多项。1人入选

2018年11月28日，在泉州市人才港湾计划·3D打印创新创业大赛人才对接签约仪式上，意大利设计师与泉州企业签约合作　（图/泉州晚报社）

2017年度科技创新创业人才。举办2018年泉州市人才港湾计划•3D打印创新创业大赛，征集16个国家参赛作品1127件。举办3期泉州市“港湾计划”科技人才沙龙暨泉台人才交流活动。

科技成果与奖励

【概况】 2018年，泉州市科技局做好科技成果奖励推荐及评审工作。开展推荐2018年度福建省科技奖提名工作，收到52个申报项目，经过专家评审，向省科技厅推荐39个申报项目。全年全市认定登记技术合同81项，合同成交金额9917.83万元。

【泉州市国家科学技术进步奖项目】 2018年1月1日，华侨大学参与完成的“超高层建筑钢骨高强混凝土结构体系抗震关键技术及其应用”获2017年度国家科学技术进步奖二等奖。

【泉州市福建省科学技术奖和专利奖项目】 2018年10月24日，福建省政府表彰2017年度福建省科学技术奖和专利奖。泉州市（含驻泉州单位）24项成果获2017年度福建省科学技术奖，其中技术发明奖二等奖1项、三等奖1项；科技进步奖一等奖2项、二等奖7项、三等奖13项。5项专利获2017年度福建省专利奖三等奖。

【泉州市科学技术奖与泉州市政府企业创新奖】 2018年2月1日，泉州市政府通报表彰2017年度泉州市科学技术奖与泉州市政府企业创新奖，授予泉州华祥纸业有限公司泉州市科技重大贡献奖；授予嘉泰数控科技股份公司等11家企业泉州市科技创业奖；授予“基于过渡金属促进的自由基参与的碳碳键的活化研究”等9个项目自然科学奖；授予“高端机制砂生产装备关键技术研究及产业化”等56个项目科技进步奖；授予南威软件股份有限公司等3家企业泉州市政府企业创新奖。

科技交流与合作

【概况】 2018年，泉州市科技局加大科技交流合作力度，推进政产学研融合。实施“燎原计划2.0”产学研合作计划，支持科研机构和高等院所与泉州市企业开展的产学研合作项目。支持泉州市企事业单位开展对外科技交流合作。推荐泉州市企事业单位项目申报省级对外合作项目6个（产业化项目3个，一般合作项目3个）。深化校地产学研合作，与南京大学合作共建“国家技术转移示范机构—南京大学技术转移（泉州）中心”。

【国内科技交流合作】 2018年，泉州市科技局组织泉州企业、科研院所到香港参加应用科学研究院2018年科创峰会，推动两地的科技合作与交流。香港物联网商会会长庄毅坚等到泉州考察，就泉州科技创新、产业科创环境以及泉州和香港两地科技创新合作交流等情况开展调研，双方就搭建泉州物联网协会、开展两地科技及人才培养合作等达成初步共识。组织泉州企业参加国内各类科技展会。组织相关企业参加海峡两岸人工智能与光电产业人才项目合作对接会、中国西安国际科学技术产业博览会、“6·18”中国·海峡项目成果交易会、“9·8”中国国际投资贸易洽谈会、中国国际高新技术成果交易会等各类展会、科技成果推介会与论坛10多场。

科学普及与宣传

【概况】 2018年，泉州市科技局加大科学普及与宣传力度，加大对科技重点工作和政策的宣传力度，并向市委办、市政府办报送信息。通过《科技日报》《泉州晚报》等主流媒体陆续刊发多条重要信息、专题报道、政策解读，集中展示泉州各项科技工作进展情况、取得的成效。发挥泉州市科技信息网科技门户网站及微信公众号的作用，加强科技信息宣传工作。

【科技报刊出版】 2018年，泉州市科技局编辑出版《侨乡科技报》50期，国内发行20多万份，与菲律宾《商报》合作编印出版《侨乡科技报》海外版52期，海外发行50多万份。2件作品分获第三十一届（2017年度）科技报系统优秀作品二、三等奖。编发《科技信息参考》34期（其中动态版19期及专题版15期），供市领导参阅。编印《泉州科技信息参考（2016.12—2018.7）》合辑。

【2018年泉州市科技·人才活动周】 2018年5月，以“科技创新、强国富民”为主题的2018年泉州市科技·人才活动周在全市各地举办。5月8日，在泉州市区文庙广场举行2018年“5·12”防震减灾宣传活动。5月23日，在洛江区河市镇邮电局门口，组织10个成员单位20名科技人员和科普志愿者参加科普广场活动，开展卫生保健、计生、环保、法律、地震、农业、林业、妇女权益、知识产权、防灾减灾等知识宣传和咨询，赠送科普图书200多册，发放宣传资料400多份，接受咨询人数100多人次。5月25日，在永春县香都广场举办科技夜市，开展科技咨询活动，展出防震减灾、节能减排、法律宣传、卫生知识、食品安全等方面展板20多块，发放专利基础知识、防震减灾、消防知识、优生优育优教等宣传资料2000份。5月17日和23日，鲤城区科技和知识产权局邀请北京知识产权专家韩龙老师在泉州经贸学院、泉州师范学院软件学院举行2场主题为“让知识拥有产权，用创新引领世界”的知识

产权专题讲座，1000多名师生参加。活动周期间，永春县科技局、县农业局、县林业局等组织或者邀请专家在蓬壶镇、玉斗镇、苏坑镇、吾峰镇、东关镇、湖洋镇举办茶叶无公害生产、食用菌病虫害防治、油茶丰产栽培技术、果树管理技术、芦柑种植技术、夏季葡萄病害防治等实用技术讲座6场。

科技服务

【概况】 2018年，泉州市完善科技创新服务体系，加快重点科技创新平台建设，提高科技金融服务创新创业水平，推进科技成果转移转化。加快建设中科院海西研究院泉州装备制造研究所、泉州华中科技大学智能制造研究院、福建（泉州）哈工大工程技术研究院、南京大学技术转移（泉州）中心等一批重大科研平台，对接中国科学院国家授时中心建设“海上丝绸之路时间中心”、天津大学、福建工程学院等一批高端平台，引进产学研合作和科研成果转化落地。

【新型研发机构建设】 2018年，泉州市科技局按照“一院一策”“政府引导、实体办院、市场运作、专业运营”等方式鼓励建设新型科研机构，加强市级新型研发机构分类管理，推动新型研发机构加强创新共享，提质增效。2018年，全市新增省级新型科研机构5个；截至年底，全市有工程技术中心国家级1个、省级85个，行业技术中心国家级10个、省级65个；省重点实验室13个；省级新型科研机构12个。

【众创空间和孵化器建设】 2018年，泉州市科技局按照“城市众创、农村星创”的发展思路，发展培育众创空间、孵化器，营造全市创新创业氛围。全市新增省级孵化器2个、省级众创空间5家、市级众创空间2家。

泉州市领SHOW众创空间里的童界创客空间（2018年拍摄）

（图/陈起拓）

截至年底，全市有市级及以上企业孵化器35个，其中国家级2个、省级21个，市级及以上众创空间达52家，其中国家级众创空间7家、省级众创空间31家、市级众创空间45家。

【科技成果转移转化】 2018年，泉州市科技局研究制定《泉州市促进科技成果转移转化的若干意见》。建设“一库一平台”，升级“泉州科技成果转化服务网络平台”，实现人才智力自由流转、自由交易。实施“燎原计划2.0”产学研合作项目和对外合作项目，2017—2018年实施38个，给予770万元经费补助。与南京大学合作共建“国家技术转移示范机构—南京大学技术转移（泉州）中心”。主动融入国家技术转移“2+N”体系。泉州市3家单位被评为省级技术转移机构、1家企业被评为全省首批科技成果产业化基地、1家科研机构被评为全省首批产学研合作示范基地。依托泉州市陶瓷科技研究所建成全省首家“陶瓷中试服务平台”。截至年底，泉州市拥有国家技术转移海峡中心分中心3家、国家技术转移人才培养（泉州）基地1个，高校国家技术转移示范机构1家、省级技术转移机构4家；科技成果产业化基地1个，产学研合作示范基地1个。

农业科技示范建设

【概况】 2018年，泉州市科技局落实国家、省、市关于加强科技特派员工作部署，制定《泉州市科技特派员创新创业三年行动方案》（2018—2020年），被列入泉州市实施乡村振兴战略19个行动计划之一。组织召开全市推进科技特派员工作视频会议，总结交流全市科技特派员工作并部署下阶段工作。开展科技特派员工作调研，组织科技特派员网上登记，填报调查问卷。按照供需对接、双向选择的原则，引导和支持科技特派员服务农村和企业，新认定市级科技特派员83名、法人科技特派员4家，新选认省级科技特派员159名、团队科技特派员3家、法人科技特派员14家，下达市级科技特派员工作经费103万元、省级科技特派员工作经费282万元，立项支持市级科技特派员后补助项目21个、经费230万元，争取省级科技特派员后补助项目10个、经费120万元。全市选认科技特派员674人次、团队(法人)科技特派员22家，科技特派员覆盖全市的所有县（市、区），乡镇覆盖率82.71%。

建立省、市级科技特派员示范基地208个，引进、示范、推广新技术、新品种、新成果170多项，服务乡村（企业、农户）10000多家。

【国家农业科技园区建设】　2018年，泉州市科技局组织认定第三批泉州国家农业科技园区示范基地（企业）41家，开展国家农业科技园区创新能力监测评价，推广应用园区虚拟展馆及电商平台，实施园区建设创新专项29项。园区入驻企业数量比上年增长17%，研发人员增长13.4%，授权发明专利增长76.3%。组织完成国家级星创天地2017年度创新能力数据采集工作，开展2018年国家、省、市级星创天地申报认定工作，新建省级星创天地4家、市级星创天地20家，累计培育国家、省、市星创天地33家，其中国家级13家，占全省入选数的28%，集聚创业团队360个，创业导师185名，服务初创企业338个，举办创新创业活动384场次，开展创业培训352场次。争取省级星创天地科技创新平台认定补助项目5个，补助经费188万元。泉州星创天地工作被省科技厅列入在线访谈专题。推进国家茶叶质量安全工程技术研究中心建设，中心以88.64高分通过科技部专家验收。

【科技帮扶】　2018年，泉州市科技局组织召开科技帮扶工作协调会，制定结对帮扶工作实施方案、科技扶贫宣传培训工作方案。落实科技帮扶计划项目8个，下达帮扶经费50万元。组织开展科技扶贫项目调研检查，将科技扶贫项目列入双随机抽查。组织到对口帮扶单位安溪县湖上乡处级干部结对帮扶乡和泉港区山腰街道钟厝畲族村挂钩帮扶民族村调研摸底，组织到局干部挂职帮扶村德化县浔中镇祖厝村、永春县一都镇黄田村考察，与所在地村委干部进行座谈，了解驻村干部主要工作，驻村工作困难和问题，帮助贫困人口脱贫采取举措，研究科技帮扶项目，开展科技培训，探讨下一步的扶贫工作计划；对2016—2018年市科技局安排下达的科技扶贫项目进行调研检查。

知识产权

【概况】　2018年，泉州市专利申请量和授权量分别为61803件和39914件，分别比上年增长31%和56.37%，其中发明专利申请量和授权量分别为10643件和3443件。每万人发明专利拥有量9.99件。1项专利获第二十届中国外观设计银奖，1项专利获中国外观设计优秀奖；3项专利获中国专利奖优秀奖；5项专利获2017年度福建省专利奖三等奖。全市知识产权局系统立案查处各类专利案件335件，其中假冒专利案件272件、专利侵权纠纷案件63件。泉州市知识产权维权援助中心接收和办理知识产权维权援助与举报投诉案件60件。与泉州仲裁委联合建立知识产权仲裁院。率先在全省开展泉州市专利密集型产业现状与发展研究，印发《泉州市专利密集型产业现状与发展研究研究报告》，出台《泉州市专利密集型企业管理办法》，确定泉州市专利密集型产业重点企业8家。新增各级知识产权试点示范和优势企业29家，其中国家知识产权示范企业1家、国家知识产权优势企业14家；福建省知识产权优势企业14家。7家企业通过福建省知识产权优势企业复核。推动46家企业开展专利权质押融资工作，金额6.98亿元，企业数量和金额均位居全省前列。全市新增73家企业通过贯标认证，数量位居全省首位。

【国家知识产权示范城市建设】　2018年，泉州市推进新一轮国家知识产权示范城市建设，制定并实施《2018年推进泉州市新一轮国家知识产权示范城市工作计划》。5月，市人大组织对泉州市国家知识产权示范城市工作进行专题调研。泉州市在全国41个国家知识产权示范城市（地级市）2017年度工作考核中排名第6位，比2017年上升3个位次，创历史新高。

【知识产权创造】　2018年，泉州市知识产权局开展“知识产权入园进企”、发明专利“清零”与“倍增”专项服务行动，宣传专利政策，引导企业加大发明创造。2018年泉州市知识产权发展专项资金1300万元，其中发放各类奖励资金1078.38万元，对专利申请、密集型企业、专利权质押贷款、通过《企业知识产权管理规范》认证、专利中介机构等按规定给予资助和奖励。根据国家、省知识产权局的部署和要求，开展落实专利质量专项督导，及时部署有关工作，查摆泉州市专利质量存在的主要问题。组织认定首批泉州市专利密集型产业重点企业8家。在全省率先开展专利密集型产业研究，编制并印发《泉州市专利密集型产业现状与发展研究研究报告》，明确未来3～5年内泉州市培育专利密集型产业发展方向和发展路径。

【专利执法】　2018年，泉州市知识产权局组织开展专利行政执法维权工作及电子商务领域“雷霆”专项行动，打击各类专利违法行为。每月定期到有关县（市、区）开展专利行政执法联合行动。推动鲤城、丰泽、洛江、泉港、石狮、晋江、南安、德化8个县（市、区）科技和知识产权局独立查处假冒专利案件249件。在鞋博会、品博会、海博会、石博会期间进驻展会，开展知识产权宣传咨询服务和联合专利执法检查。制定《泉州市专利行政执法随机抽查工作实施方案》，组织开展专利假冒专利行为和代理机构随机抽查工作7次，发现涉嫌假冒专利产品43件，及时向社会公布抽查情况，依法依规对抽查发现的涉嫌假冒专利行为予以立案处理，并按要求录入全市统一的信用信息共享平台。与市工商局等部门制定印发《2018年全市企业年报信息和经营行为跨部门“双随机一公开”联合抽查工作实施方案》，开展跨部门“双随机一公开”检查3次。发挥泉州市知识产权纠纷人民调解委员会的优势和作用，促成1件外观设计专利侵权纠纷当事人签订调解协议书；推动开展知识产权仲裁调解工作，与泉州仲裁委联合成立泉州仲裁委员会知识产权仲裁院，向社会征集知识产权纠纷仲裁员，推动通过仲裁方式化解1件专利侵权纠纷案件。通过多种手段，形成知识产权纠纷处理中行政执法、仲裁、调解等各个链条和不同保护手段之间优势互补、有机衔接的联动机制。推动晋江等有关地区加强鞋业知识产权保护和筹备申报鞋业知识产权快速维权中心，协调推动德化建立省级陶瓷产业知识产权综合保护中心。泉州市知识产权维权援助中心接收维权援助与举报投诉案件60件，其中维权援助26件，符合受援条件的25件；举报投诉34件，符合立案条件并移送举报投诉案件31件，奖励举报假冒专利行为1件、奖励金额500元。开展重点行业知识产权维权援助服务工作，设立中国（泉州）知识产权维权援助中心石狮纺织服装产业联盟工作站、无线电对讲机行业工作站。新培育专利代理机构4家、办事机构1家，新增执业代理人14名。全市有专利代理机构13家、办事机构12家。对新设立的6家专利代理机构、代理机构代理本市授权发明专利809件、通过专利代理人资格考试的30人予以扶持和奖励，发放资金91.34万元。依法查处非法专利代理行为，处理1件非法从事专利代理服务的案件，没收违法所得1500元，并处罚款3000元。

【知识产权运用】 2018年，泉州（晋江）专利技术展示交易中心新增技术成果近7000项，服务企业4350家，提供供需对接1500次，全年促成交易项目近40个，总金额4000万元。印发《关于征集企业知识产权工作需求的函》，向有关银行推荐有专利权质押融资需求的企业55家。开展专利权质押贷款贴息补助，推荐32家企业申报省级专利权质押贷款贴息补助；发放市级专利权质押贷款贴息3家71.04万元。通过举办企业知识产权贯标专题培训班和政策激励等措施，推动企业贯彻执行《企业知识产权管理规范》。对通过贯标的44家企业进行补助，发放补助资金352万元。

【知识产权宣传培训】 2018年，泉州市知识产权局组织开展2018年度“知识产权宣传周”“中国专利周”活动，到学校、企业、社区开展知识产权宣传活动；发布知识产权发展与保护状况白皮书；举办“与艺术同行，传‘民族记忆’”知识产权进校园活动和女性创新创造活动、知识产权志愿者服务等一系列活动。与人民网、《中国知识产权报》、福建电视台、《泉州晚报》、泉州电视台、《东南早报》等媒体合作，利用泉州市知识产权局微信公众号，及时宣传泉州知识产权工作动态及工作成效。开展知识产权志愿服务活动6次。组织举办“专利价值分析评估中级研修班”“企业知识产权贯标实务”“专利法律法规知识及维权援助实务”“专利信息分析利用实务”“培育高价值专利”等培训班。全市知识产权局系统举办培训班51期，参训人数9200多人（次）。依托福建省知识产权远程教育平台泉州分站，在泉州轻工学院、仰恩大学开设知识产权课程，推动在校学生学习知识产权知识。全年开设知识产权教育远程培训8期，学习人数19800人次。

循环经济（节约型经济）

【概况】 2018年，泉州市结合区域特点和产业特色，组织实施循环经济示范工程，推进循环经济发展。拥有泉港石化园区、凤竹纺织科技公司2家国家级循环经济试点单位，百川资源再生公司、百宏聚纤公司等13家省级循环经济示范企业。同时创建一批国家级循环经济示范试点单位，如德化陶瓷产业园区、泉港石化工业区、福建海西再生资源产业园“城市矿产”示范基地、石狮市国家循环经济示范城市（县）。

【绿色制造】 2018年，泉州市推进绿色制造建设，拥有百川科技、信泰科技2个国家级绿色制造系统集成项目，闽华电源、玖龙纸业2家国家级绿色工厂，三六一°（中国）等13家省级绿色工厂，九牧厨卫一款国家级绿色设计产品。

【泉港石化工业园区连续6年蝉联中国化工园区20强】 泉港石化工业园区是《福建省湄洲湾石化基地发展规划》确定的湄洲湾石化基地先导区。2012年3月，福建省政府批复园区升格为省级经济开发区，并被国家发改委和财政部确定为2014年国家级循环化改造示范点园区。泉港石化工业园区秉承“大项目—产业链—产业群—产业基地”的发展理念，以1400万吨/年炼油和110万吨/年乙烯的炼化一体化项目为龙头，形成巨大的石化原料优势。2018年5月24—25日，由中国石油和化学工业联合会联合主办的2018中国化工园区与产业发展论坛在广东珠海举办，论坛上发布2018中国化工园区综合评价暨园区30强榜单。泉港石化工业园区成为福建省唯一入选园区，位居第16位，自2013年以来连续6年蝉联中国化工园区20强。

高新技术产业

【概况】 2018年，泉州市认定国家高新技术企业218家，全市高新技术企业达508家，比上年增长30.3%，超额完成市委、市政府提出的新增目标任务。省级高新技术企业入库企业188家，省级高新技术企业出库127家。2017年度，157家高新技术企业申报享受高新技术企业税收优惠，减免所得税6.3亿元。兴业银行泉州分行向50家高新技术企业授信4.6亿元，向100家高新技术企业放贷5.3亿元；农业银行泉州分行向14家高新技术企业授信1.4亿元，向10家高新技术企业放贷0.72亿元。泉州高新技术产业开发区（简称泉州高新区）实现工业总产值1960亿元，比上年增长15%，在全国157个国家高新区中综合排名上升到第75位。

【国家自主创新示范区建设】 2018年，泉州市推进国家自主创新示范区与国家级金改区、综改区、“海丝”先行区、生态文明试验区的多区联动发展，加强科技创新的制度设计和政策持续供给，出台以《关于实施创新驱动发展战略建设国家自主创新示范区的意见》为主体的21份政策文件，形成自主创新“1+X”政策体系。围绕海峡两岸协同创新、科技创新重大平台建设、人才团队引进、创新创业服务体系建设等国家赋予的七大改革任务，推出42项全国、全省首创的创新举措。设立每年3亿元的自主创新示范区建设专项资金，主要投向高新区创新能力建设。

【新兴产业】 2018年，泉州市集中培育集成电路、光电、数字微波通信、纺织鞋服、新一代信息技术等主导产业和新兴产业，优化产业结构，提升产业层级，实现集群发展。建设半导体高新园区，以存储器制造和化合物半导体制造为支柱，推动全产业链集聚；光电产业形成“衬底—芯片—封装—应用”的完整产业链条，蓝宝石衬底产量位居亚洲首位；数字微波通信产业集群是第二批国家创新型产业集群试点之一、数字微波通信产业技术创新战略联盟是福建省首个国家级联盟；纺织鞋服产业形成比较完善的生产、销售、配套服务体系及行业组织体系，在全国乃至全球市场具有较高知名度，拥有安踏、361°、特步、七匹狼、九牧王、柒牌等一批全国知名企业；新一代信息技术产业发展迅速，建成国际最高等级（T4）数据中心，投产标准机柜4600个，可容纳15万台服务器，搭建新华云、渲染云、寻根云、政务云、中小企业云等多个大数据云平台。实施“数控一代”示范工程，在传统制造业中推广智能装备、机器换工、智能服务，推动“泉州制造2025”成为产业转型升级新动力。泉州高新区有近百家企业进行数控和智能制造技术的创新应用试点示范，建设30多个数字车间、智能工厂和自动化生产线。打造10多个数控技术公共服务平台，集“应用研究—技术开发—产业化应用—企业孵化”于一体，为全区乃至全市产业转型升级提供技术支撑和人才保障。支持大企业技术创新、并购重组、上市融资，加快培育高成长性科技中小型企业，建立高新技术企业梯度培育机制，实施“瞪羚企业”和科技小巨人培育计划，打造创新型企业群落。泉州高新区新增高新技术企业37家，总数182家，省级科技小巨人领军企业73家，各类上市挂牌企业58家；建设产业技术创新战略联盟9个（其中国家级1个）、企业技术中心62家（其中国家级1家）、教育部工程研究中心3家。

【创新创业生态优化】 2018年，泉州市引进国内高校、科研院所设立高端科技创新平台16个，集聚上千名高层次人才，实施产学研合作项目近300个。引导民营优势企业联合重点高校、科研院所通过“政府引导、实体办院、市场化运作、专业化运营”和“以项目为核心组建创新团队”等创新方式，建设36家新型研发机构。实施人才“港湾计划”，创新“人才+团队+项目”的引才育才办法，从完善人才培养机制、实行开放的引才机制、健全人才评价和流动机制等方面，强化对人才发展和创新创业支持。新引进高层次人才团队10个，支持106个高层次人才创新创业项目。截至年底，泉州高新区建有科技企业孵化器8个（其中国家级1个）、众创空间10家（其中省级4家）。设立800万元大众创业发展基金；与泉州银行联合设立“创业贷”项目，授信总额度1亿元。举办人才港湾计划•3D打印创新创业大赛、海峡杯福建（晋江）创新创业大赛等大型活动，组织创新创业论坛、“IT拼客”高校征集令、创客成长集训营等形式多样的创新创业活动。泉州高新区科技金融服务中心入驻各类金融服务单位50家，帮助中小企业实现融资超过10亿元。设立1亿元的科技型企业贷款风险补偿资金池，发挥政府增信资金的效用，引导金融机构加大对科技型企业的纯信用贷款投放，为区内34家科技企业提供授信金额3亿元。应用贷款贴息补助扶持高成长性科技企业，补助42家瞪羚企业1533.9万元。

2018年泉州市高新技术产业主要经济指标表

表43 单位：万元

工业销售产值（当年价格）	出口交货值	负债合计	主营业务收入	利润总额	利税总额	平均用工人数（万人）	工业增加值
28180471	2599589	8054246	27143186	2489522	3158659.3	18.08	6373926

社会科学

综述

【社科概况】 2018年，泉州市社科联业务主管的社团有45个，联系的高校和社科研究机构22个，指导省、市社科普及基地31个。泉州市社科联召开四届五次全委（扩大）会议。回顾总结2017年全市社科工作的情况，部署2018年社科工作。市社科规划办修订并下发《泉州市社会科学规划项目管理办法》；下发《泉州市哲学社会科学研究规划领导小组办公室关于泉州市社会科学规划项目2018年课题立项的通知》，共105个，其中重大项目1个、委托项目5个、重点项目13个、一般项目39个、青年项目27个、合作项目20个；下发《泉州市哲学社会科学研究规划领导小组办公室关于泉州市社会科学规划项目2018年第二期课题立项的通知》，共19个，由市人才工作专项资金列支经费予以资助。市财政局、市社科联制订印发《泉州市社会科学规划项目资金管理规定》。经专家组评审并公示，泉州市2018年社科活动评出资助项目18个，其中学术交流类10个、宣传普及类8个。

【社科研究与学术动态】 2018年，泉州市25个课题获国家社科基金项目立项，其中重大项目2个、重点项目3个、一般项目15个、青年项目5个。全市42个课题获福建省社科规划项目立项，其中年度一般项目27个、青年项目10个，后期资助项目5个。

学术活动

【概况】 2018年1月11日，由泉州市委党校、市方志委、市社科联主办的学习贯彻中共十九大精神暨第十届泉州市情论坛在市委党校举办。1月29日，由市委宣传部、市委文明办、市社科联等主办的2018年泉州市文化科技卫生“三下乡”启动仪式暨春节慰问演出在永春县湖洋镇卧龙湾小区文化广场举行。5月18日，由市侨联、市社科联、市外事侨办主办的《新加坡华人通史》中国首发式在泉州华侨历史博物馆举行，此系首部中文版记录新加坡华人历史的通史，从1819年之前的古新加坡追溯到现代，内容涵盖政治、经济、文化等各领域。6月23日至7月4日，由市社科联和黎明职业大学国际交流学院、科技处、文化传播学院主办的美国华裔青少年“中国寻根之旅”夏令营海丝非遗文化体验营在黎明大学举办，“面向海外华裔，讲好海丝故事”主题贯穿夏令营全程活动中。7月9日，市社科联和中国闽台缘博物馆开展“台湾少数民族干栏式建筑”体验活动，让更多青少年了解台湾少数民族文化，感受闽台关系的历史渊源。7月23日，由市社科联和市图书馆主办的泉州市“馨声”公益绘本讲读活动在泉州梨园百姓书房举行。10月16日，由市社科联、市侨联主办的“情系‘根·魂·梦’——中华姓氏现代雕塑群相约侨乡古城”系列活动在泉州华侨历史博物馆开幕。10月16日，由市社科联、泉州经贸学院主办的“农产品电商物流配送一体化”主题分享会在泉州经贸学院举行。10月24日，由福建省生态文明建设促进会和市社科联主办、泉州理工学院承办的福建省第三届生态文明建设论坛在泉州理工学院举办。10月20日，由市委宣传部、市社科联、鲤城区委宣传部、区社科联主办的泉州市2018年社会科学普及宣传周启动仪式在市区府文庙举行。10月28日，“特殊儿童融合艺术活动”在泉州师范学院举行，活动延续关注特殊儿童的主题，提出“用艺术促进融合教育的发展”的口号。11月27日，由市社科联、永春县市场监督管理局、国家燃香类产品质量监督检验中心(福建)、县社科联主办的“‘一带一路’之香缘”研讨活动在永春举行。12月12日，市社科联与泉州黎明职业大学举行梁披云研究系列 活动。

【社科学术交流合作】 2018年6月7日，连云港市社科联党组书记、主席杨东升一行，到泉州开展“‘一带一路’建设研究”课题调研，市社科联组织召开座谈会。10月15—17日，第三届全国“一带一路”沿线城市智库联盟大会在浙江宁波举行。泉州市社科联参加会议，泉州师范学院原副院长林华东教授在大会分论坛作题为《海丝门户泉州古城文化的复兴与传播：价值与路径》的交流发言。11月9日，由市社科联和泉州信息工程学院主办的泉州服务业“超常规”提速发展战略研讨会在泉州信息工程学院举行。11月30日，由市社科联和泉州师范学院科研处、文学与传播学院主办的“一带一路”与泉州全域旅游建设学术研讨会在泉州师范学院举行。12月2日，由市社科联和安溪县政府、泉州师范学院主办的“李光地研究”学术研讨会在泉州师范学院举行。12月9—10日，由市社科联与黎明职业大学主办的高职教育深化产教融合服务区域发展学术论坛在泉州黎明职业大学举办。12月25日，由省社科联主办，市社科联、福建省对外经济关系研究会、福建社科院中国与海上丝绸之路研究中心、黎明职业大学承办的福建省社科界2018年学术年会分论坛——“一带一路”与21世纪海上丝绸之路先行区建设研讨会在泉州黎明职业大学举行。

泉州学研究

【概况】 2018年泉州学研究所以研究、弘扬泉州文化和闽南文化为主要任务，发挥组织、联络、协调、服务作用，推进“泉州学”研究及办好《闽南》杂志。做好《泉州学与21世纪海上丝绸之路》审稿校对出版相关工作。继续开展“泉州学讲堂”系列科普公益讲座活动。泉州学讲堂是泉州学研究所主办的公益讲座系列活动。该活动通过开放式讲堂的形式，邀请专家学者围绕泉州学研究领域的各个方面开展宣讲，通过泉州学进机关、进课堂、进社区，宣传和弘扬泉州学，带动泉州学和泉州文化的研究热潮，提升泉州的城市知名度和美誉度。全年举办五次活动，得到热心市民、学生响应。召开泉州学与21世纪海上丝绸之路研讨会，吸引全国各地及泉州本地地方学学者参加，会议通过学术交流互动，为地方学研究、“一带一路”倡议贡献学术智慧。

【泉州学研究成果】 2018年泉州学研究成果斐然，文物研究、华侨华人研究、泉州港与海上丝绸之路研究、方言研究等方面的研究成果推陈出新。泉州市2018年哲学社会科学研究规划结项课题与泉州学有关的有：《“一带一路”视阈下东南亚华裔新生代文化传承及对中国认知比较研究》《泉州海丝文化元素的数字动漫化设计与实践》《基于乡愁文化理念的泉州美丽乡村建设研究》《泉州花灯技艺进入地方高校美术教育的可行性与途径研究》《“海丝泉州”之惠安女形象变迁中的女性主体意识研究》《泉州地区丧葬仪式传统舞蹈研究》《闽南地区南洋华裔族群谱牒文献研究》《闽南朱子文化保护和推广研究》《宗教文化场所声景观形态及评价研究——以泉州开元寺为例》《泉州南音“指套”〈趁赏花灯〉“唱念法”研究》《“一带一路”视阈下闽台民间信仰与两岸关系互动》《基于数字化建设的惠女服饰文化保护与传承》《古泉州（刺桐）史迹的德育价值及实现路径研究》《语言景观视阈下泉州的“海丝”公示语研究》《闽南武术文化生态建设研究》《南音洞箫的历史与现状研究》《泉州沿海古城镇的保护与开发研究》《泉州历史名人人生设计与大学生职业生涯规划指导研究》《海丝战略背景下侨批文献资源建设与利用研究》《城市历史景观方法下的泉州海丝遗迹保护研究》《生态视角下的泉州古城保护研究》《泉州抗倭斗争与民间信仰》《“海上丝绸之路”之德化陶瓷工艺品审美研究》《华文教育与中华优秀传统文化传承——晋江华文教育考察与研究》等。

【泉州学学术活动】 2018年“一带一路”与泉州全域旅游建设学术研讨会、2018年泉州窑工艺传承与创新学术研讨会、福建省社科界2018年学术年会分论坛、“一带一路”与21世纪海上丝绸之路先行区建设研讨会、“终极的觉醒：从文化先驱到一代宗师”学术研讨会、泉州学与21世纪海上丝绸之路研讨会等泉州学、地方学、闽南文化相关学术活动相继举行，取得丰硕的学术成果。

文化 体育

综 述

【文化系统概况】 2018年，泉州市文化系统以建设“文化强市”为目标，围绕坚持高质量发展落实赶超和“五个泉州”建设的战略部署，不断提升泉州文化影响力。截至2018年末，泉州市有各类艺术表演团体12个、影（剧）院69个、群众艺术馆1个、文化馆12个、博物馆（纪念馆）12个、乡镇文化站164个、公共图书馆11个。图书馆藏书总量506.37万册，电子图书601.70万册。文化系统专业艺术表演团体艺术演出1967场，观众94.15万人次；剧场、影剧院演（映）出75.97万场次。

【文化体制建设】 2018年，泉州市制定《2018年泉州市深化文化体制改革工作要点》《泉州市2018年文化改革发展工作要点及分工安排》，确定30项改革任务。4月28日召开泉州市文化体制改革专项工作小组联络员会议，部署全年文化体制改革专项工作。出台《泉州市文化类“山寨社团”清理整顿工作方案》《关于进一步深化全市文化市场综合执法改革的实施意见》《泉州市文联深化改革方案》，规范文化类社会组织活动，推动建设文化综合执法机构“同城一支队伍”。探索宣传经营分离的领导体制和运营机制，出台《泉州晚报社、泉州广播电视台深化干部人事制度改革工作方案》。实施“一报一台一网（端）”建设工程，打造泉州晚报社“泉州通”、泉州广播电视台“无线泉州”APP及旗下各媒体官方微博微信、微商城组成的新媒体矩阵，新媒体用户（粉丝）数突破500万人次，居全省地市前列。泉州晚报社完成融媒体“中央厨房”项目一期建设，泉州网与人民日报客户端、腾讯客户端等合作开展直播业务，提升网络直播影响力。泉州广播电视台制定高清电视发展三年行动方案，加强闽南语频道频率建设，改版升级“无线泉州”移动客户端，建设“无线泉州”中央云厨房。抓住中宣部推动县级融媒体中心建设的契机，推动全市所有县（市、区）挂牌成立县级融媒体中心，其中晋江市纳入中宣部县级融媒体中心试点。市文广新局深化文化市场综合执法改革，经验做法获中央、省委改革办肯定，并在省委改革办《福建改革情况》刊发推广。公共文化机构法人治理结构改革试点工作逐步推动，市文广新局联合发改委、财政局、教育局出台图书馆总分馆制实施方案，推进各县（市、区）图书馆总分馆制建设。

【文化公共服务体系建设】 2018年，泉州市取得第四批国家公共文化服务体系示范区创建资格。9月7日，全市创建工作动员大会召开，对创建工作进行部署。泉州市成立市创建办推进创建工作，11月6日召开工作会，对各工作小组及相关单位进行任务分解再布置。同时，印发泉州市《国家公共文化服务体系示范区建设方案》《创建国家公共文化服务体系示范区实施方案》《泉州市创建国家公共文化服务体系示范区工作定期例会制度》等系列文件。

【文化产业发展】 2018年，泉州市强化政策扶持，出台《泉州市文化产业重点园区管理暂行规定》，评选认定安溪家居工艺产业园、源和1916创意产业园、晋江市五店市传统文化旅游区、新门片区“三创园”4家市级重点园区，每个园区奖励50万元。开展2018年泉州市市级文化产业发展专项资金申报工作，下达1400万元扶持20个项目，推荐19个文化产业项目申报并获2018年福建省文化产业发展专项资金844.52万元扶持。强化龙头带动，建立年产值亿元以上的文化企业名录库，培育一批规模大、效益好、带动强的市级文化产业龙头企业。泉州市顺美集团、龙鹏集团、佳美集团、艾派集团4家企业被认定为2017—2018年度国家文化出口重点企业公示，5家文化企业入选“2017—2018年度福建省文化出口重点培育企业”。泉州欣欣文化传媒股份有限公司、福建纸匠文化科技股份有限公司被授予2018年度省“最具成长性文化企业”称号。6家文化企业被列为2018年省重点上市后备文化企业。南安金霞园林在新三板挂牌上市。开展2017—2018年泉州市文化产业优秀人才评选，评选出10位文化产业优秀人才。强化项目建设，对全市招商项目进行全面摸底，策划生成46个招商项目，并建立泉州市重大文化产业项目数据库。推动纳入文创产业路线图跟踪管理的33个项目按序时进度推进。组织举办“坚定文化自信，推动文化产业发展”专题培训班（南京）、文化产业统计业务培训班等，提升文化产业发展能力。参与福建文创奖评选活动，推选近300件文化产品参评福建文创奖五大类，获1枚金牌、4枚银牌、1枚铜牌，市文改办被组委会授予“组织促进奖”。鼓励发动泉州文化企业参加深圳文博会、厦门文博会，精准招商引资。

【文化交流与合作】

对港澳台文化交流　2018年，泉州市策划开展7个对港澳台文化交流项目。选派文化艺术交流团参加外交部驻港公署庆祝改革开放40周年公众开放日活动、2018香港东区文化节——福建高甲戏汇演、香港震福同乡会庆典活动、2018台湾南投灯会等。泉州市博物馆承办第四届两岸大学生聚落文化与传统建筑调查夏令营。深挖闽南文化资源，打造《唐山过台湾》《咱厝人》《闽南茶馆》等十档闽南语电视节目及《三通俱乐部》《安安时间》两档广播节目，通过魅力中国网络电视台等平台在台湾落地播出。举办海峡两岸中秋博状元电视大奖赛、海峡两岸闽南语歌星选拔赛总决赛、海峡两岸（泉州）闽南童谣大赛、泉•澎“乞龟”、郑成功文化节、安海端午文化节、闽台对渡文化节等活动，促进海峡两岸文化交流。

对外文化交流　全年组织策划25团342人次到13个国家和地区开展文化交流，邀请8团236人次到泉州交流。完成文化和旅游部下达的到马耳他、黑山、保加利亚和泰国进行“欢乐春节”文化交流的任务。国家艺术基金资助项目“泉州提线木偶数字人偶交互表演与推广”到美国交流展示。泉州市木偶剧团到埃及参加第六届阿斯旺国际民间文化艺术节系列演出活动。市申遗办到法国巴黎联合国教科文组织总部举行10—14世纪阿拉伯侨民在中国展。泉州市闽南民间歌舞传承中心到阿尔巴尼亚参加第十届“奥隆那”国际民间交流艺术节。组织泉州市艺术团到阿联酋举办2018世界闽南文化节，系世界闽南文化节第一次走出海峡两岸、走出东南亚。组织泉州市艺术团出访韩国、日本，参加中国驻韩国光州领事馆庆祝中华人民共和国建国69周年国庆招待会、韩国光州边缘艺术节、纪念中日友好协议40周年纪念—世界青联联谊会日本分会暨日本泉州商会成立大会、泉州—浦添两市结好30周年纪念庆典大会4项演出活动。泉州市木偶戏传承保护中心到韩国交流演出。泉州市高甲戏传承中心到法国参加第八届巴黎中国传统戏曲节。

“东亚文化之都”间交流合作　策划开展8个“东亚文化之都”交流项目。选派木偶、南音、舞蹈等到日本横滨、韩国光州进行文化交流。邀请韩国光州在泉州举行2场“郑律成音乐会”。邀请日本横滨和韩国光州、清州、济州美术家到泉州参加“东亚文化之都”•中日韩城市美术作品邀请展，中日韩三国30多位知名艺术家展出美术作品近百幅。

海外合作办报　加强与海外华文媒体法国《欧洲时报》、美国《侨报》、澳大利亚《大洋日报》的合作办报，全年刊发泉州专版120个版面、报道600多篇；与菲律宾《商报》同步发行《泉州晚报•海外版》，每周5期，全年刊发250个版面，约计新闻稿1550篇、新闻图片750幅。

海外传播平台拓展　加强与汉雅星空魅力中国网络电视台（IPTV）合作，通过50多个频道在北美、欧洲、大洋洲和东南亚等地播出闽南语电视节目10多档。在美国斯科拉卫星电视台开设《中国泉州》栏目，全年播出泉州外宣专题片50多部。策划筹建菲律宾菲中电视台综合频道，播出泉州广播电视台制作的闽南语节目、纪录片、专题片、艺术片、情景剧等节目。泉州市广播影视协会、晋江市广播电视台合作在泰国BTU卫星电视台、泰国中央电视台开设常态化栏目《丝路•晋江》，播出57期节目。

【文化活动】　2018年，泉州市举办多场文化活动，丰富群众文化生活。

“文化进万家”活动　2018年春节、元宵期间，泉州市开展各类展览、展示、展演、展播及文体活动2000多场，其中开展“春联进万家　万家挂春联”活动350多场，赠送春联17.6万幅。

2018年元宵泉州灯会　展出花灯1333盏（座），其中座灯48座、挂灯1285盏。参观人数近240　万人次。灯会以“宣传贯彻党的十九大精神，弘扬海丝文化、闽南文化，展现泉州元宵传统习俗”为主题，紧扣中共十九大精神，融入社会主义核心价值观，营造欢乐祥和、文明和谐的节庆氛围。新门街展区

2018年5月23日，由泉州市委宣传部、市文联和泉州广播电视台主办的“向人民汇报”——2018泉州市“中国文艺志愿者服务日”主题晚会在泉州广播电视台演播厅举行。图为晚会现场 （图/市文联）

设立“中国梦”主题座灯，海丝艺术公园展区座灯设置“不忘初心”“清风启航”等宣传主题，展示“五个泉州”建设所取得的成果。中央电视台、福建电视台、东南卫视、厦门卫视、泉州广播电视台等各级主流媒体均对灯会进行宣传报道。

文艺志愿服务活动 市委宣传部组织泉州市文艺小分队，到农村、机关、企业、项目一线、军营、学校等开展“新时代 新征程”——泉州市宣传中共十九大精神文艺志愿服务活动30多场，用艺术形式宣传中共十九大精神。举办“向人民汇报”——2018泉州市“中国文艺志愿者服务日”主题晚会。

“三下乡”“欢乐泉州”等文化惠民活动 市委宣传部举办2018年泉州市文化科技卫生“三下乡”集中服务活动24场，送去物资、项目和资金250多万元，捐赠图书2000多册，受惠群众达6万人次。组织“欢乐泉州”活动到湖洋、泉惠石化、泉州台商投资区、安溪一中、梅山光前故里、仰恩大学等地开展文艺演出，影响广泛。

公益性文艺演出 2018年，泉州市12个文艺院团举办公益性文艺演出934场，其中市公益性演出376场、省公益性演出558场，平均每场观众近400人。梨园、木偶、高甲、南音、歌舞剧团等剧种剧团和民间文艺演出团体开展公益性惠民演出316场，近11万观众观看演出。木偶体验馆每周二、四、六、日下午四点定期开展公益性演出、体验活动，全面展示泉州提线木偶戏和掌中木偶艺术，演出183场，接待近2万名市民和游客。

“百姓大舞台”公共文化示范工程 “百姓大舞台”以“放歌新时代 你我一起来”为主题，致力于打造成政府主导、群众组织积极参与管理，国有文艺院团和民间表演团体共同演出服务的公益性公共文化服务新平台，2018年举办50多期。

2018年泉州市“文化和自然遗产日”主题活动 包括泉州《南音记录工程》成果展示、“非遗”展示展演等活动。启动仪式上，泉州北管《欢乐北管》、施厝扁担拳、舞蹈《渔家姑娘在海边》、罗家枪法、泉州南音《风打梨》等先后上演，现场展示“泉州南音记录工程”成果，展示泉州市非物质文化遗产的魅力。

泉州市第28届中小学生南音比赛 8月2—3日，泉州市第28届中小学生南音比赛在晋江市祖昌音乐厅举行。比赛设小学组演唱、中学组演唱和中小学演奏三个项目，各县（市、区）几十所学校的近百名南音新秀参赛。比赛邀请南音国家级非物质文化遗产代表性传承人和各地南音界代表组成评委团队。参赛选手整体水平高，较好地体现泉州市南音传承教育的最新成果。经过角逐，决出小学演唱组一等奖4名、二等奖9名、三等奖12名；中学演唱组一等奖2名、二等奖5名、三等奖8名；中小学演奏组一等奖2名、二等奖2名、三等奖3名；优秀组织奖7名。

第29届“威远楼之夏”戏剧节 8月11日至9月9日，第29届“威远楼之夏”戏剧节在市区威远楼广场举行，为市民群众带来梨园戏、高甲戏、掌中木偶、越剧、南音演唱和群众性歌舞表演等演出20多场。评出优秀演出奖1个、演出奖1个和纪念奖2个。

2019年央视春节戏曲晚会泉州分会场活动 2018年12月21日，2019年央视春节戏曲晚会泉州分会场在泉州府文庙门外广场录制。泉州分会场共有8个节目，时长40分钟，其中泉州5个节目，分别是开场舞《春潮涌动》、南音+交响《千家罗绮管弦乐》、梨园戏《踢球舞》、高甲戏《高甲献艺》、戏歌《春满梨园》。泉州广播电视台两名主持人担任主持。泉州分会场还设置民俗展示区，展示活动分为民俗表演、特色小吃、非遗展示三大类。火鼎公婆、大鼓凉伞、李尧宝刻纸、花灯、江加走木偶雕刻、锡雕、肉粽、牛肉羹、海蛎煎等泉州特色集体亮相戏曲春晚，全面展现泉州年俗文化特色。

社会文化

【概况】　2018年，泉州市改造提升完成第二批24个村（社区）综合性文化服务中心示范点，“泉州文化云”项目启动，“读者点读平台”运行，市直新建成开放“百姓书房”德济门、笋江公园阅读点，全市百姓书房总数达73家。全市开展文艺精品公益性演出1623场，完成农村电影放映24957场。推动“非遗”项目活态传承展示和生产性保护。建成29个市级“非遗”生产性保护示范基地，分别有15人和29人被授予第五批国家级和第四批省级“非遗”代表性传承人。

【城乡“百姓书房”建设】　2018年，泉州市区新建成德济门阅读点，全市百姓书房数量达73家。“百姓书房”布局在人口密集、交通便利的区域，实行公益性无偿服务，采用图书馆总分馆建设模式，按照“藏、借、阅、乐”一体的设计理念，具备书报刊阅览、外借、电子文献及网络服务、文化休闲等功能；利用物联网和大数据等新技术，实现图书自助借阅、数字资源共享等功能。

【村（社区）综合性文化服务中心示范点改造提升】　2018年，泉州市坚持试点先行和普及发展相结合，在11个县（市、区）和泉州台商投资区改造提升24个村（社区）综合性文化服务中心示范点，该项目列为2018年市级为民办实事项目，市级投入240万元，每个示范点均按标准配有宣传栏、图书室、多功能室、文体活动室、文体设备、文艺器材等设施设备。

【县级文化馆图书馆总分馆制建设】　2018年，泉州市文广新局与市发改委、市财政局、市体育局印发推进县级文化馆图书馆总分馆制建设的实施方案的通知，解决县级馆服务能力不强、县域内公共文化资源缺乏整合、城乡公共文化发展不均衡等问题，发挥公共文化馆图书馆在县域公共文化服务体系建设中的应有作用。

【乡村文化振兴】　2018年，泉州市文广新局贯彻落实《公共文化服务保障法》、省市《关于实施乡村振兴战略的实施意见》，按照省文化和旅游厅关于乡村文化振兴的工作部署，结合创建国家公共文化服务体系示范区，坚持公共文化事业重心下移、资源下移、服务下移，推进乡村文化振兴工作。建立乡村文化振兴工作推进机制。组织专门小组制定并印发《泉州市推进乡村文化振兴工作方案》。

【非物质文化遗产代表性项目代表性传承人保护工作】　2018年，泉州市15人被授予第五批国家级非物质文化遗产代表性项目代表性传承人，占全省44.1%。15人分别是：陈练（南音）、庄明加（泉州北管）、陈娟娟（高甲戏）、姚道成（高甲戏）、欧阳燕清（高甲戏）、李胜奕（晋江布袋木偶戏）、黄丽凤（泉州李尧宝刻纸）、江碧峰（江加走木偶头雕刻）、许谦慎（泉州花灯）、陈清河（安溪竹藤编）、周文虎（永春纸织画）、陈明良（德化瓷烧制技艺）、许瑞峰（德化瓷烧制技艺）、黄宗财（水密隔舱福船制造技艺）、蒋钦全（闽南传统民居营造技艺）。另有29人被授予第四批福建省非物质文化遗产代表性项目代表性传承人。

【特色版乡村综合文化中心建设】　2018年，泉州市德化县泰峰瓷坊、惠安尚艺古建筑工程有限公司、泉港涂岭红茶叶合作社入选省级首批非遗生产性保护重点单位，并与3个乡村共建“乡村文化传习所”（德化县泰峰瓷坊与德化县国宝乡佛岭村、惠安尚艺古建筑与惠安县崇武镇溪底村、泉港涂岭红茶叶合作社与泉港区涂岭镇涂型村）。按照《全省基层文化服务中心示范建设资金以奖代补实施方案》要求确定建设28家“乡村文化传习所”。

文学艺术

【概况】　2018年，泉州市举办第33届戏剧会演，推荐11个优秀剧目参加第七届福建艺术节展演，其中梨园戏《陈仲子》、音乐舞蹈史诗《向大海》、高甲戏《浮海孤臣》《李光地》获一等奖，梨园戏《太后贺寿》、高甲戏《柯贤溪》、南音与交响《晋水向海流》、布袋木偶小戏专场获二等奖，高甲戏《清客》、掌中木偶戏《洛阳桥传说》、提线木偶小戏专场获三等奖，此外还获单项一等奖18个，创历史最好成绩，质量数量居全省首位。晋江高甲柯派表演艺术中心庄伟国选调参加中共中央国务院春节团拜会文艺演出。中央电视台在泉州府文庙设置戏曲春晚分会场，在晋江录制《唱响新时代》专场。木偶戏剧团、歌舞剧团分别受邀参加凤凰卫视2019华侨华人春节大联欢、2019福建电视台春节联欢晚会演出录制。完成“国际军事比赛——2018海上登陆”开、闭幕式及“八一”文艺晚会等演出任务。实施“百姓大舞台”公共文化示范工程，在府文庙开展“放歌新时代　你我一起来”主题演出52场，全市开展文艺精品公益性演出1623场。

【音乐】

音乐活动　2018年1月16日，泉州市钢琴文艺志愿者服务公益活动——2018“倾听爱的声音”钢琴独奏音乐会举行。4月29日，著名演奏家王中山古筝独奏音乐会举行。6月24日，“心弦——邢璐个人专

场音乐会”在泉州师范学院举行。6月29日，新时代•新征程——泉州市宣传中共十九大精神文艺志愿服务南音音乐会举行。9月24日，“洛阳桥畔望明月”戊戌中秋泉州弦管大会举行，泉州市及深圳市刺桐福建南音协会等300位艺术家参加活动。11月29日，2018泉州市原创歌曲展演举行。12月11—14日，由省委宣传部、省文联主办，省音协、市文联承办的“庆祝改革开放40周年”音乐创作采风活动在泉州举行。12月，第二届泉州市钢琴艺术节举办，活动内容包括中央音乐学院王笑晗教授“师生情”音乐会、中央音乐学院王笑晗教授钢琴大师班、海峡两岸钢琴邀请赛暨中国（博鳌）钢琴艺术节优秀青少年钢琴艺术盛典选拔赛泉州赛区比赛。

艺术交流 3月29日，维也纳音乐与艺术大学钢琴系教授汝拉马古利斯大师班讲座举行。3月31日，汝拉马古利斯钢琴独奏音乐会举行。4月20—23日，由福建省艺术研究院与泉州师范学院主办的当代音乐创作与中华文化传统研讨会举行，中国音协副主席、著名作曲家张千一等国内一线作曲家参加。9月，“晋江水，海峡情”两岸中秋合唱音乐会在晋江市文化中心祖昌音乐厅举行，晋江合唱团及台湾三支优秀合唱团参加。10月17日，市南音协会组队参加澳门中华妈祖文化旅游节，与澳门南音社进行艺术交流。11月8日，泉州师范学院音乐与舞蹈学院、市音协主办澳大利亚西奥大学音乐学院钢琴系主任格雷姆•吉灵教授钢琴讲座与大师班。

赛事活动 7月8日，省第四届金钟花声乐比赛泉州市预赛活动在泉州市艺术馆举行，选送6位选手参加福建省的复赛和决赛。8月，由市文联、泉州广播电视台主办，市秦韵文化传播有限公司承办的“盛世国乐•海丝筝情”古筝大赛举行。12月27日，由市委宣传部、市文联和泉州广播电视台主办的2018泉州市青年歌手电视大赛举行。

【戏剧】 2018年，泉州市在梨园古典剧院、泉州南音艺苑、泉州木偶剧院、泉州高甲传承中心剧场、泉州艺术中心等文化场所举行低票价公益演出。市委宣传部、市教育局、市财政局、市文广新局、市文联启动泉州“戏曲进校园工程”。创排大型音乐舞蹈史诗《向大海》、梨园戏《陈仲子》、现代偶戏三题《铁窗蝴蝶》《慈母曲》《赴宴斗鸠山》、高甲戏《浮海孤臣》、南音与交响《晋水向海流》等12台剧目，并在泉州市第33届戏剧会演、第七届福建省艺术节公开展演。10月，推荐高甲戏《柯贤溪》、提线木偶戏《卢俊义》申报第七届中国戏剧奖•曹禺剧本奖，推荐晋江市高甲柯派表演艺术中心庄伟国申报第七届中国戏剧奖•梅花奖。

2018年10月15日，泉州市大型音乐舞蹈史诗《向大海》参演第七届福建艺术节 （图/泉州晚报社）

【文学】

文学创作 2018年，泉州市作家在《诗刊》《散文》《美文》《散文选刊》《星星》《散文诗》《散文诗世界》《文艺报》《福建文学》《中国纪检监察报》等国家级、省级报刊发表作品近300篇（首），20多部作品集出版。20多位诗人诗作入选各种选本。雷智华《春风拂过你的脸庞》（中国华侨出版社）、曾昆洛《南洋泪》（中国华侨出版社）、林筱聆《秘密》（中国华侨出版社）、高寒《闽南家园》（中国华侨出版社）入选福建作家中长篇小说出版扶持项目。王松柏、苏天才、姚雅丽、雷智华、廖伏树5人加入中国作家协会。

文学活动 1月28日，“西海岸文化平台2017—2018年度十佳校园文学创作之星”评选活动颁奖。4月20日，市文联与市依法治市办、市司法局、市教育局、团市委开展“我与宪法”有奖征文比赛。4月22日，第三届“小城故事会”杯征文比赛颁奖仪式在泉州华侨新村举行。5月23日，“初心不泯，经典诵读”朗读分享交流会举行。5月26日，“仰恩杯”泉州市第三届高校十佳写手大赛在仰恩大学揭晓，华侨大学彭奕诗等10名参赛者获泉州高校“十佳写手”称号。5月27日，邀请省文联副主席、省作家协会主席杨少衡作《读者之眼》专题讲座。6月15日，由市委宣传部、市文联主办的“我们的节日•端午诗会”在洛阳桥举行。6月30日，

由市作家协会主办的首届泉州作家手稿展暨泉州作家手稿展览馆揭牌仪式在温陵书院举行。6—12月，市委宣传部、市文联举行“亲历·见证——庆祝改革开放40周年征文大赛”。7月2日，中国台湾诗人、美国耶鲁大学教授郑愁予文坛讲座《乡愁——与醒狮共吼》举行。8月4日，2017年度泉州文学奖颁奖仪式在南安市举行，10位作者的作品获2017年度泉州文学奖。10月17日，由市文联等主办的“我们的节日——重阳节经典诵读活动”在闽南文化交流中心（源和1916）举行。10月28日，“书香家庭 阅读泉州”征文及评选活动颁奖，10个家庭获颁泉州市“书香家庭”称号。

文学交流 3月1—4日，“刺桐点灯红”2018年全国文学名家泉州古城元宵笔会活动举行，鲁迅文学奖获奖作家王祥夫、任林举，作家出版社原总编辑张陵，香港作家联会会长潘耀明等，以及来自《人民日报》《光明日报》《文艺报》《诗刊》等报刊的海内外20多位知名作家受邀参加。6月18日，余光中妻子范我存携女儿余佩珊和台湾文化名流到永春县，指导余光中文学馆建设及捐赠文物、资料。7月22日，中国作家协会庆祝改革开放40周年采风团到泉州交流。8月19日，加拿大华裔作家协会会长陈浩泉到泉州与作家座谈。12月18—21日，由中国作家协会外联部和省文联主办、省作协会和市文联承办的中国作协与部分省（直辖市、自治区）作协（文联）“一带一路”工作座谈会在泉州召开。

【美术】

展览交流活动 2018年1月1日，“和而不同——福建画家六人展”在华侨历史博物馆桑莲居艺术馆举行。1月18日，“借园雅集•第一回”艺术展在晋江泰华宸美术馆开展。3月10日，“守望海丝·历史与态度——2018泉州国际当代艺术展”在泉州台商投资区洛阳镇海丝两岸青年三创基地举行。3月26日至4月20日，泉州师范学院美术与设计学院2018年毕业生作品展暨人才推介会举行。4月14—22日，由市文联合等主办的“印象泉州 海丝艺境——全国画院院长中国画（丰泽）邀请展”在盛世典藏艺术馆举行。4月27日至5月6日，“生态文明·美丽中国”苏佑辉山水画工作室师生作品展在泉州台商投资区海丝艺术公园红房子举行。5月21日，文化和旅游部外联局主办的“第五届拉美艺术季”客座艺术家交流活动写生作品展在惠安小岞美术馆举行。5月20—23日，“绽放青春——2018泉州市青年美术作品展”在泉州海交馆举行。6月10日，由中国美术家协会主办的“讲中国故事·第五届全国架上连环画展”（泉州站）在泉州海外交通史博物馆开幕。11月19日至12月3日，由文化和旅游部国际交流与合作局指导，中央美术学院、市政府主办的“东亚文化之都·中日韩城市美术作品邀请展暨相约刺桐古城——中国油画名家泉州写生活动”在泉州举行。12月6—12日，由华侨大学、省美协等主办的“海丝情——华大、台师大及两岸侨界美术书法摄影展”在泉州海交馆举行。12月28日，由泉州、镇江、乌鲁木齐三市市委宣传部、市文广新局、市文联主办的“江海陆丝路情”美术作品交流展第三站在泉州市举行。

艺术讲座 1月5日，市美协和泉州画院举办大型公益文化系列讲座，邀请中国艺术研究院建筑与艺术史学者王明贤作题为《城市中的自然与诗意——中国当代建筑与艺术杂谈》的讲座。3月19日，华侨大学原艺术系主任江松教授作题为《中国山水画技法与欣赏》的讲座。

【书法】

文化惠民助民活动 2018年元旦、春节期间，泉州市书协组织1200多名书法家到乡村、社区开展义务写春联活动350多场次，送出春联17.6万副；市老年书画研究会举办写春联活动70多场，送出春联3万多对。市书协举办“千家万福迎春送福”活动，邀请10位知名书法家同书“福”字，并每人选出一个“福”字，进行批量印刷后分送市民。

书法展览 3月1日，2018年共学中共十九大、喜迎改革开放四十周年暨《古韵泉州·军警民共筑海丝情》现代刻字艺术作品展在泉州威远楼开幕。3月7日，民盟泉州市委会、市文联、市妇联、市书协在泉州青少年宫举办“巾帼墨韵”——泉州民盟中国书协女会员邀请展。4月28日，泉州市首届青少年书画摄影大赛获奖作品展在泉州市青少年宫开幕，展出119幅青少年书画摄影作品。5月26日，市文联和市书协主办的“守正出新——2017年泉州市书法家协会新会员优秀作品展”在龙虎文化名家艺术馆开幕。6月，“沉情味古”泉州师范学院文学与传播学院2014级书法学专业毕业作品展举行。7月1—5日，庆祝中国共产党成立97周年和改革开放四十周年“走进新时代”泉州市老年书画展举行，展出作品314幅。9月30日至10月6日，市纪委、市委组织部、市直机关工委、市总工会、市文联举行“不忘初心 牢记使命”——泉州市直机关庆祝中华人民共和国成立69周年书法邀请展。10月9—14日，“赞颂新时代，赋彩红夕阳”泉州市老年书画摄影展在市老年活动中心举行。

【摄影】

2018年1月2—5日，中共泉州市委宣传部、市委人才办、市文联在泉州梨园古典剧院一楼展厅举行“学习十九大 人才展风采”——高层次人才翰墨摄影展。1月21—28日，由泉州市文联和宁波市文联、泉州市工商联、宁波市福建商会主办的“海韵初心——甬泉海上丝绸之路美术摄影展”在宁波美术馆举行。2月28日，“一带一路任我行”——刘海翔丝路骑行摄影展在泉州海上丝绸之路艺术展览馆开幕。3月18日，第十四届泉州市摄影艺术节在南安市举办。3月，“发现永春”全国摄影大展举办。7月，中共南安市委宣传部、福建省摄影家协会、中国摄影报社启动“新时代•新南安”全国摄影大展。10月，“文化宫印记”老照片征集活动举行。11月，“最美快递人”摄影大赛举行。12月26日，由福建省摄影家协会、市委宣传部主办的“讴歌新时代 共筑中国梦”——第26届福建省摄影展在南安市中骏•世界城开幕。12月27日，由中国摄影家协会主办的“一带一路——21世纪海上丝绸之路”摄影季在中国闽台缘博物馆举办。

【舞蹈】 2018年1月27日，由泉州市文联、泉州广播电视台主办的首届泉州市少儿街舞大赛颁奖仪式在泉州市艺术馆举行。5月13日，“新时代 新征程”泉州市宣传中共十九大精神文艺志愿服务国标舞专场演出在泉州市工人文化宫文艺广场举行。6月10日，由市文广新局、市文联、泉州广播电视台主办的2018泉州市街舞大赛在泉州府文庙广场举行。6月15日，由市文联等主办的福建省“全闽共舞、舞动中国梦”广场舞蹈大赛主题活动泉州赛区比赛启动。7月21—22日，由市文联等主办的2018中国•泉州“海丝情”第四届国际标准舞全国公开赛暨第八届福建省国际标准舞精英赛、省队选拔赛在石狮市体育馆举行。

新闻出版

【概况】 2018年，泉州市落实意识形态工作责任制，推进新闻出版、版权、印刷业、“扫黄打非”等各项工作，新闻出版（版权）行业呈现出体量快增、质量提升、健康有序的态势。截至年底，全市有书店465家，具有网上经营许可的69家。全市建成中心城区自助图书馆11座、百姓书房73家、农家书屋2349个，所有行政村实现“村村有书屋”。全市版权作品登记量37524件，继续保持全省前列。3家印刷业企业入选“2018中国印刷包装企业100强排行榜”。

【出版发行】 2018年，泉州市规范内部资料性出版物管理，召开期刊内资管理工作会议，对内部资料性出版物、期刊等审批、印刷等环节进行明确和规范。加大出版物发行市场监管力度，根据出版物发行业实际情况，完善考评标准，建立健全新型监管机制。组织全市发行单位年度核验工作，通过全国发行单位年度核验信息系统和福建省印刷发行行业管理系统的填报、管理和应用，提升行业监管水平和产业发展研判能力。开展出版物网上发行治理，对泉州市新增网上书店备案情况进行核查，落实网上书店实名制，规范网上书店的经营活动。加强对全市各类读书会、研讨会、讲座、沙龙等活动的管理，按照“谁主办、谁负责”的原则，对活动内容、人员严格把关，压实发行单位主体责任。

【全民阅读活动】 2018年，泉州市政府召开专门会议，决定位于中山公园的地下人防设施（泉州书城经营场所）以相对低租继续作为图书经营场所，保留中心城区有一个大型实体书店，满足市民和中小学生阅读需求。组织一系列读书活动。举办“世界读书日”全民阅读宣传活动，包括启动仪式、经典诵读、新书首发、捐赠图书及优秀出版物展示展销等环节；开展“书香泉州”全民读书月活动，通过对“书香之家”获奖家庭授牌，表彰年度泉州市双优诚信书店和出版发行工作先进个人，通过向农家书屋、中小学生赠阅图书、优惠售书等形式，营造全民阅读氛围。推广“大馆带小屋”，推动农家书屋建设。市县图书馆建立总分馆体系和大馆带小屋机制。2018年泉州市图书馆建成包括少儿分馆、泉州艺校分馆、江南颐养院分馆、少林社区图书流动点等40多个分馆及图书流动点、11座24小时自助图书馆在内的图书馆流通网络，全市各县（市、区）也相应开展总分馆制建设。

2018年9月29日，泉州市第十二届“书香泉州”全民读书月活动启动
（图/潘焱艳）

【版权保护】 2018年，泉州市开展北京2022年冬奥会会徽和冬残奥会会徽版权专项保护工作。制定涉奥会徽版权保护工作方案和应急预案，提出明确工作目标、执法计划、监管措施，建立应急队伍。加强与辖区内大型集贸市场、商品集散地、图书批发市场、著名旅游景点、电子商务平台的沟通联系，推动相关单位主动搜集涉会徽侵权线索并及时向版权行政执法部门举报。健全涉奥版权快速处理机制，形成执法监管工作合力，打压违法犯罪分子活动空间。开展打击网络侵权盗版“剑网行动”。通过集中整治和引导规范，运用分类监管、约谈整改、行政处罚、刑事打击等多种措施，集中整治网络转载、短视频、动漫等领域侵权盗版多发态势，重点规范网络直播、知识分享、有声读物等平台版权传播秩序，巩固网络影视、网络音乐、电子商务平台、应用商店、网络云存储空间等领域专项整治成果。开展版权普法宣传工作。组织专家讲解《工艺品企业如何加强著作权保护》，提升企业懂法、用法水平。设计制作版权知识小卡片、小册子和宣传单等材料，在出版物市场、工艺美术品市场、版权相关企业、人流密集地区、院校广泛张贴、发放。巩固使用正版软件成果。贯彻落实省版权局、财政厅、审计厅《关于进一步加强计算机软硬件采购源头管理的通知》，加强预算资金管理、政府采购管理，加强监督检查，确保政府机关软件正版化工作规范化、常态化、制度化。制定《泉州市2018年推进使用正版软件工作实施方案》，发挥市、县两级使用正版软件工作领导小组作用，指导全市各县（市、区）、各部门按照国家版权局《正版软件管理工作指南》，推进市、县两级机关加强软件正版化工作制度建设，完善职责分工、软件采购、软件管理、督促检查、考核监督等软件正版化工作关键环节相关制度，从制度层面保障软件正版化工作常态化。

【印刷业监管】 2018年，泉州市加强日常监管，确保印刷市场健康有序。组织开展泉州市印刷业年度报告和管理工作培训，部署阶段工作重点，解读行业政策法规，传播产业发展资讯，增强全市印刷业法律法规意识。定期开展抽查，通报国家局印刷复制“内资”亮剑督查情况，指导印刷企业对标找差，补足短板。对检查中发现的违规企业，及时跟踪约谈，提出整改要求，督促执法支队依法依规处理，提高印刷行业从业人员遵规守纪的自觉性。紧抓项目督查，确保扶持资金落实到位。督促已获中央文化产业发展专项资金的泉州市4家单位开展项目自查、更新、填报，做好改革发展项目库督查意见反馈工作。开展印刷企业转型升级扶持资金专项检查，督促指导相关企业按时完成自查工作，报送监督检查情况表和监督检查报告。助推转型升级，促进印刷产业繁荣发展。推进印刷产业转型升级平台建设，与北京印刷学院合作共建“北京印刷学院绿色印刷包装产业技术研究院泉州分院”，核拨工作经费20万元，并招聘专职工作人员1名。组织泉州市印刷企业参加2018中国（厦门）国际印刷包装展览会、福建省包装印刷产品质量评比颁奖大会、印刷行业VOC污染治理现场观摩会及数字印刷、绿色印刷、智能印刷发展论坛等展会活动，了解行业新技术、新设备、新趋势，推进印刷企业转型升级。突出解决传统印刷共性技术研究难题。

档案

【概况】 2018年，作为全省唯一被同级党委、政府纳入实施乡村振兴战略工作领导小组成员单位的设区市档案部门，泉州市档案局（馆）联合市方志委在全省范围内率先启动“乡村记忆文化项目建设三年行动”，计划在三年内创建50个试点村，助力全市实施乡村振兴战略和“美丽乡村”建设。同时，围绕乡村振兴战略，泉州市档案局（馆）联合市纪委监委，在全市12个县（市、区）的35个乡镇开展“传承优秀家风 助推乡村振兴”主题档案文化展。印发《关于征集“改革开放40周年”专题档案资料的通告》，向社会公开征集反映泉州40年改革开放建设成就和历史变迁过程的档案资料；从馆藏照片中甄选出近300张反映泉州改革开放40年面貌变迁的照片，举办《图说泉州改革开放40周年图片展》，展示40年来泉州经济社会各项事业发展的巨大成就和百姓民生发生的巨大变化。联合晋江市档案馆及有关部门，开展征集“晋江经验”相关档案和资料活动，征集并整理出一批珍贵档案文件、影像资料和照片图册，为宣传和弘扬“晋江经验”提供有力档案支撑。指导泉州台商投资区探索全区档案集约化管理和信息资源共建共享的“大档案”管理体制，推动该区党工委、管委会出台国家档案资源整合工作实施方案，在全省首创“大档案”档案工作管理体制，“区域大档案管理新模式探索”课题入选国家档案局科技项目计划，成为全省仅有的两项获批课题之一和唯一的设区市级课题。与市农业局开展土地确权档案专项督查活动，督促各县（市、区）按时做好规范建档、专项验收工作，及时完整移交进馆。联合市委组织部下发《泉州市中国共产党党员档案管理规定（试行）》，在全省率先加强党员档案管理工作，提升新时代党员教育管理工作水平。

【侨批档案】 2018年，泉州市档案局（馆）作为世界记忆遗产——侨批档案的官方主要收藏单位，在侨批档案资源建设、开发研究方面继续加大力度，并取得显著成效。主动参与由省委宣传部指导，省委网信办、文明办、福建日报社主办的在全省开展的“改革开放40周年福建影响力案例征集”活动，泉州市档案局（馆）报送的《侨批中的中国记忆：泉州侨批档案的开发与保护》案例，从全省九市一区报送的218个案例中脱颖而出，入选全省44个优秀案例，成为全省档案部门唯一获评案例和泉州市仅有的2个获评案例之一。从市档案馆馆藏的“世界记忆遗产——侨批档案”中挖掘、筛选出一批特色侨批档案，在全市各县举办侨批家风主题文化巡回展，在南安市眉山乡设立全省首条“世界记忆遗产·侨批档案展示长廊”，在永春县设立全省首个“民间侨批档案展示点”，吸引大量村民和游客参观。泉州市档案局（馆）联合省、县档案局，到晋江市、永春县、南安市三个侨批富集的侨乡侨村（社区）开展包涵侨批口述、征集、宣传等内容的“民间侨批探访”活动，进村入户探访挖掘珍稀侨批收藏，为侨批档案保留更多的史料。

【档案馆功能建设】 2018年，泉州市档案新馆完成项目框架设计和省局专家评审，推进项目初设和项目土地出让前期手续；丰泽、安溪档案新馆开工建设，泉港新馆启动项目建设前期工作，台商投资区等档案过渡库房投入使用。石狮市数字档案馆平台建设软硬件全部到位，机房和环境自动控制系统建设完成，并通过建设初验；晋江市数字档案馆按序时推进各项前期工作。同时，布局推进数字档案共享，探索贯彻落实《福建省数字档案共享管理办法》的办法和途径，成立领导小组，开展数字档案共享建设规划和任务分解，加大共享制度建设和系统软件建设，指导推动泉州台商投资区成为全省仅有的两个数字档案共享项目建设试点之一，实现社会公众一站式共享利用数字档案。泉州市档案馆与福州市档案馆签订《档案跨馆服务利用协议》，启动数字档案跨馆服务利用工作。坚定实施“存量数字化、增量电子化”战略，加快馆藏传统载体档案数字化工作，新接收档案同步接收数字化副本，为数字档案馆建设及数字档案远程共享工作夯实基础。截至年底，泉州市馆目录总数达144万条，录入比例100%；馆藏档案全文扫描达1307万页，其中文书档案实现100%数字化，实现馆藏档案全面数字化，数字化比率和数量均居全省前列。

【档案宣传】 2018年，泉州市档案局（馆）拓展深化档案文化、信息、法制、科普宣传“四合一”的大宣传新模式。“6·9”国际档案日期间，泉州市、县两级档案馆开展50多项宣传周活动，邀请市民、学生和新闻媒体到档案馆，进行查档体验、档案咨询、技术展示、动手裱糊、聆听讲座等，提升社会档案意识。开展“为你手中宝贝安个家”档案征集、“档案见证 改革开放”图片展和珍贵档案专项征集等活动，征集到162册泉州老志书手稿、11部珍贵古籍（电子版）、上百件工艺美术书法大师（含数名国家级大师）代表作品、若干改革开放初期珍贵荣誉证书和清末泉州籍侨领个人档案等。通过组织档案普法“三下乡”，参加社科普及周和“国家宪法日”等活动，到市中心社区和永春、南安等乡村，开展档案法治宣传工作，推动档案宣传工作贴近社会、走向公众。3月，泉州市档案局（馆）创新普法形式，联合市林业局、妇联等部门开展主题为“法安天下、德润人心”综合普法活动。“6·9”国际档案日宣传周期间，泉州市档案局（馆）在全省首次借力公交移动传媒，在市区2000多辆公交车上滚动播放档案专题宣传片，受众200多万人次；泉州市档案局（馆）联合鲤城区档案局、丰泽区档案局到鲤城区新峰社区、丰泽区圣湖社区开展档案普法活动；各县（市、区）局均到社区、广场或学校开展档案法治宣传活动。联合银行单位，利用营业厅人流密集场所优势，举办《泉城记忆》老照片展，受众量达历史之最。联合市老龄办、泉州晚报社等部门，通过微信公众号推出《金星闪耀刺桐城》系列宣传专栏，展示泉州红色景点，宣扬先辈革命精神，使更多市民从档案中接受红色教育。

【档案执法监管】 2018年，泉州市档案局下发开展依法接收档案执法检查及档案安全保密检查两份通知，健全完善档案收集制度，督促各县（市、区）馆及市直各单位做好档案依法接收、移交和档案安全保密工作，做到应交尽交、应收尽收。泉州市档案馆制定《2018年泉州市档案馆接收计划》，启动新一轮到期档案接收计划，将接收年限前推到2005年。在全市开展依法移交档案和依法接收档案执法检查，并将检查重点放在涉及党委和政府重大活动、重大项目、重大事件，以及改善民生、维护人民群众合法权益等方面档案的移交和接收上。泉州市档案局联合市民政局制定《关于进一步加强全市民政档案工作的通知》文件，提高全市民政档案的规范化管理和有效利用水平，使民生档案更好地为民服务。联合市环保局出台《泉州市环保机构监测监察执法垂直管理制度改革档案处置方案》，对全市垂直管理制度改革中市县两级环保机构的各类档案处置工作进行具体规范和部署。

【档案安全管理】 2018年，泉州市、县两级档案部门注重加强对干部的教育管理，以文件、责任书、集中学习等形式，增强干部档案安全意识，牢记“档案工作姓党”，树立红线意识和底线思维。泉州市档案局（馆）组织开展保密专题教育、观看保密宣传教育视频，全体干部签订保密承诺书，提升档案安全保密意识。按照《关于进一步加强档案安全工作的意见》，抽取11个单位开展档案安全检查工作，加强对各个工作环节的监管，确保在档案“收、管、存、用”各个环节的安全。按照福建省档案局统一部署，各馆组织开展档案汛期安全检查，确保汛期档案安全。泉港区档案馆对库房消防装置进行升级改造；洛江区档案局对各乡（镇）、街道的汛期档案安全保管工作进行检查；石狮、惠安档案馆开展消防检查和演练，对检查和演练中发现问题及时进行整改，消除安全隐患。按照《档案信息系统安全等级保护基本要求》及国家保密法律法规要求，加强档案信息系统管理，完善档案信息公开发布保密审查程序，杜绝档案信息安全事故。对网站、微信公众号等发布内容进行严格把关和筛选，严防泄密事件发生。

地方志

【概况】　2018年，泉州市方志部门统筹做好史志征研、志鉴编纂、开发利用等工作。《泉州市志》完成评议稿，并组织专家补充修订。《泉州年鉴2018》及分册《泉州日记》按年度编纂出版。编纂出版《泉州家风家训》《泉州乡规民约》等地情书籍。提高《泉州月志》编纂时效，进行全新改版。联合市档案局推出实施泉州市“乡村记忆文化”项目建设三年行动方案，确定首批12个、第二批38个泉州市“乡村记忆文化”项目建设试点村（社区），制定下发《泉州市“乡村记忆文化”项目建设测评标准》。在泉州地情数据库基础上，建设泉州市历史文献资料共享数据平台，初建成库并测试运行。

【二轮修志推进】　2018年，泉州市方志部门根据市政府工作报告“2018年完成《泉州市志》第二轮修编”的要求，在完成市志初稿基础上，将近1000万字初稿打磨形成600万字左右的评议稿并召开志稿评议会，评议会后组织专家再次补充修订志稿，修订稿完成过半。在推进市志编纂的同时，加强对县（市、区）及部门修志工作的指导服务，《安溪县志》《南安县志》《德化县志》出版，《石狮市志》《晋江市志》提交出版，《泉州开发区志》完成初审工作，其余县区志均完稿并进入后期修改完善中；部门志出版30部，完稿7部。

【精品年鉴打造】　2018年，泉州市方志部门以打造精品年鉴为目标，对《泉州年鉴2018》内容框架、部类设置进行调整优化。《泉州年鉴2018》及分册《泉州日记》按年度编纂出版。2018年全省年鉴精品工程候选单位（10家）泉州市占6家，组织选送参评全国地方志优秀成果（年鉴类）的晋江年鉴、德化年鉴分获县区级特等奖、二等奖。在福建省方志委对2017年优秀年鉴的通报表扬中，《泉州年鉴2017》获评一等年鉴、《泉港年鉴2017》获评二等年鉴、《安溪年鉴2017》获评优秀年鉴。全市年鉴工作形成创先争优、比学赶超的氛围。

【地情开发研究】　2018年，泉州市方志部门编纂出版《泉州家风家训》《泉州乡规民约》，完成《泉州海洋文化系列丛书》编辑及初排工作。提高《泉州月志》编纂时效，提升办刊水平，进行全新改版，提升知识性、可读性。多次为“泉州古城保护与提升工程”提供参考资料和意见建议。完成泉州古城文化丛书撰稿任务，派员协助完成《泉州古城老口味》等7本地情书的编纂出版工作。

2018年10月26日，泉州市精品年鉴评审培训会召开　（图/吴寿民）

【“乡村记忆文化”项目】　2018年，泉州市方志部门围绕全市乡村振兴战略目标要求，推行系列举措。联合市档案局推出实施泉州市“乡村记忆文化”项目建设三年行动方案，通过调研初选50个村为示范村（社区），从中确定12个首批泉州市“乡村记忆文化”项目建设试点村（社区），拨付首批补助资金48万元，并制定下发《泉州市“乡村记忆文化”项目建设测评标准》。召开首批“乡村记忆文化”项目建设工作会议，推进首批“乡村记忆文化”项目建设试点工作，确保完成试点建设任务并通过验收。11月，通过专项调研和考察以及“乡村记忆文化”项目建设领导小组研究，确定第二批38个试点村（社区）名单。会同晋江市共同做好围头村全省地方志服务乡村振兴战略试点村建设工作。指导晋江市围头村承办全省地方志服务乡村振兴工作现场会并在会上作典型发言。

【城市“双修”工作】 2018年，泉州市方志部门牵头启动全市文史资料征集和泉州市历史文献资料共享数据平台筹建工作。该项目借助原市方志委数据平台建设，为财政节省资金100多万元。从原市方志委“方志书库”、市政协文史委、文史专家、旧书店和社会人士处征集或购买地情书500余册及数据，包括《内沟河志》《中山路志》等，加工形成电子版；完成清乾隆初刻版《泉州府志》（76卷，48册）点校工作以及《清源文献》整理工作。为古城办提供小山丛竹、内沟河、中山路等“双修”项目历史文献参考资料。

文 物

【概况】 2018年，泉州市拥有各级文物保护单位909处，其中包括31处全国重点文物保护单位、103处省级文物保护单位和775处市（县）级文物保护单位，16处全国重点文物保护单位列入古泉州（刺桐）史迹申报世界文化遗产遗产点；涉台文物保护单位281处，革命文物153处。经过第一次全国可移动文物普查工作的调查，全市共有41986件可移动文物，其中39249件套为博物馆馆藏文物，包括珍贵文物7094件（含一级文物184件、二级文物379件、三级文物6531件）。

【考古调查】 2018年，泉州市文物局组织考古队对泉州旧车站、泉州旧人民医院、泉州东海通道工程用地范围、小山丛竹周边区域范围、沈海高速公路福厦段扩容二期工程泉州段项目、泉州市工人文化宫改建项目、鲤城区站前大道西侧棚户区（石结构房屋）改造及基础设施建设项目等进行文物调查勘探工作，推动古城“双修”试点工作。

【文物保护管理】 2018年，泉州市文物局组织实施崇武城墙、洛阳桥蔡襄祠、郑成功墓、蔡氏古民居、李光地宅和祠、南安中宪第等13项国保单位修缮、安防等保护项目。配合省文物局组织开展对南安蔡氏古民居、石狮永宁城隍庙、晋江安海龙山寺、惠安孔庙等文物保护修缮工程的竣工技术验收。会同公安消防部门对辖区内存在消防隐患的83处国保、省保和15家备案博物馆开展安全大排查，将所有排查安全隐患清单列表通报各县（市、区）政府，明确时限责令整改。开展泉州城区文化安全执法巡查市区两级联合专项行动，拉网式检查，明确清单，督促整改。全市开展全国重点文物保护单位安防、消防、防雷建设工程40个，其中通过竣工验收3处，方案编制获批19处，方案编制完成尚未批复13处。组织参加第八批全国重点文物保护单位申报遴选，开展第八批市级文物保护单位申报遴选，拟推荐48处申报点。

【古泉州（刺桐）史迹申报世界文化遗产】 2018年，泉州市委、市政府坚持“保护是根本、申遗是手段”的理念，对照世界文化遗产保护标准，做好遗产保护管理工作，推进古泉州（刺桐）史迹申报世界文化遗产工作，主要从提升管理水平、强化监测预警体系、加强历史风貌建筑保护、推进文化项目建设、平衡旅游发展、提升景观环境、加强对外宣传交流等方面开展相关工作。按照《保护世界文化和自然遗产公约》要求，健全文物修缮、遗产地综合治理、社区管理等工作机制，建立综合执法，实现安全联动，推动社会参与。6月29日，第42届世界遗产委员会在巴林首都麦纳麦召开，会议审议中国申报的“古泉州（刺桐）史迹”文化遗产项目。多个委员国在讨论中肯定该项目具有列入《世界遗产名录》所需的“突出普遍价值”。会议上，委员会未采纳评估机构此前作出的“不予列入”的建议，一致决定将该项目“发还待议”，即缔约国需要补充有关信息后重新提交申请并接受审议。古泉州（刺桐）史迹申遗从“不予列入”升档为“要求补报”，为列入世界遗产奠定基础。

【历史文化名城（镇、村）保护管理】 2018年，泉州市文物局联合市民宗局、民政局、发改委、住建局、城乡规划局、旅发委、方志委分别开展“福建省地名文化遗产千年古镇（古村落）”认定、历史文化名镇名村和传统村落保护管理“双随机”抽查、宗教活动场所火灾防控等工作，做好泉州市文化遗产保护和活化利用工作，助推泉州市文物保护利用再上新台阶。

【交流合作】 2018年元宵节期间，第十届泉•澎“乞龟”民俗文化活动在天后宫举行。发挥府文庙、威远楼优势，加强府文庙、威远楼与金门、台南等地的文化交流活动。全市16家备案在册博物馆（不含中国闽台缘博物馆）参观人次总数达240万。其中国内交流展览12场次，国际交流展览2场次。参与“第四届中国海丝国际品牌博览会”等活动。海外交通史博物馆、泉州市博物馆、石狮市博物馆和福建省印象五号石文化博物馆四家单位亮相在福州举办的第八届中国博物馆及相关产品与技术博览会，在为期4天的博览会期间展示泉州市博物馆领域的新发展、新成就。

博物馆

【概况】 截至2018年底，泉州市

登记备案的国有博物馆有16家（不含中国闽台缘博物馆），市属博物馆3家（福建省泉州海外交通史博物馆、泉州市博物馆和泉州华侨历史博物馆），各县（市、区）博物馆13家。有国家一级博物馆1家、二级博物馆3家、三级博物馆3家。全市博物馆总建筑面积10万多平方米，库房面积5000多平方米，常设展厅37个，临时展厅19个。海外交通史博物馆通过年度国家一级博物馆运行评估，南安市博物馆通过国家三级博物馆的定级评估，全市国家三级以上博物馆的数量达到7座。围绕“超级连接的博物馆：新方法、新公众”国际博物馆日主题，全市博物馆推出36项活动，涵盖志愿者周年庆、闽南文化体验、亲子体验、馆藏珍品展、免费鉴宝、新书中国首发式等。2018年，全市博物馆展览总数达146场次。

【中国闽台缘博物馆】 2018年，中国闽台缘博物馆按照《国家一级博物馆运行评估指标》要求，做好博物馆收藏、研究、展示、交流和服务等工作。全年接待观众126.45万人次，其中台湾同胞2.23万人次。推进全面改造提升工作，完善细化《中国闽台缘博物馆改造提升工作实施方案》，完成馆舍维修改造及内外围配套设施设计方案和室外展区初步设计方案，配合做好夜景工程的设计方案论证。加强藏品征集与管理，新增藏品400件/套，完成《馆藏可移动文物预防性保护》（一期工程）结项验收并做好二期工程方案报批工作，做好旧馆移交文物保护和文物库房藏品档案整理、文物出入库安全管理工作，全年文物安全零事故。拓展对台对外交流，引进和原创“墨·如此多娇——华人艺术家作品邀请展”等各类临时展览10场，主办“朱子之路——闽台书院联谊之旅”等两岸青年交流活动。开展谱牒文献资料的征集、利用和闽台族谱对接和咨询服务，新增谱牒文献资料10种28册，接待族谱咨询43批次104人次。推进学术研究与交流，做好《闽台缘》刊号转正，完成《深化闽台民间文化交流的研究》的子课题调研报告，参与主办“修行方式与指向——第四届宗教人类学工作坊”和“民间信仰与跨境网络：东南与西南研究经验工作坊”等。扩大社会影响，推出“情系闽台缘——流动的博物馆”系列教育活动160多场次。发挥全国试点单位的示范作用，开发生产《根》等7大系列闽台缘特色文创产品，并获第五届福建文创奖文博创意产品类银奖。

2018年12月3—9日，中国闽台缘博物馆举办“朱子之路——闽台书院联谊之旅”活动

（图/中国闽台缘博物馆）

【泉州市博物馆】 2018年，泉州市博物馆承担全市范围大部分野外（水下）发掘、勘探与调查工作，完成东门窑抢救性考古调查与勘探、德化原始瓷野外调查、旧人民医院考古发掘、小山丛竹考古发掘等项目。派员参加西沙海域水下考古调查、一带一路国际水下考古培训班、辽宁庄河经远舰水下考古调查、应急潜水员培训。同时做好泉州顺济桥水下考古调查筹备工作，完成国家、省、市分配的各项考古工作任务。举办“5·18”国际博物馆日、“6·9”文化遗产日、2018泉州窑陶瓷工艺传承与创新学术研讨会、“2018第四届两岸大学生聚落文化与传统建筑调查夏令营暨学术研讨会”等专题活动，组织策划到内蒙古鄂尔多斯、包头及新疆伊犁举办“漫漫丝路 泽遗百代——草原、海上丝绸之路文物精品展”“海丝古戏——泉州木偶文物展”等专题展览。

【泉州海外交通史博物馆】 2018年，泉州海外交通史博物馆整合馆内外文物资源，举办19场展览，其中原创临时展览3场、国内巡展4场、引进国内巡展3场、境外展览3场、引进境外1场，以及5场书画艺术展览。全年接待海内外游客96万人次，境内人数66万人次占总人数69%，境外人数30万人次占31%，其中未成年28万人次，为游客提供1013批次讲解服务（不包含志愿者讲解），其中为未成年人群体提供523场讲解服务，人数达到4万人。配合各类展览、节假日组织策划 47个主题112场次宣教活动，参加人数1.5万人次。全年征集到文物及普通藏品482件/套。接受捐赠的陶瓷器、铜镜、手炉、熨斗、铜提梁壶、石秤砣、砚台、练功石等400件，瓷板浮雕壁挂“飞天”1套6件，菲律宾船模1艘，“闽南传统眠床”1张。

【泉州华侨历史博物馆】 2018年，泉州华侨历史博物馆通过自创、引进来、走出去等方式，举办11个临时展览及活动，其中包括“5·18”国际博物馆日推出的获泉州市社科活动重点项目资助的“《新加坡华人通史》中国首发式”系列活动；举办“铸梦中华——泉籍华侨华人与改革开放四十年”展览、“情系‘根·魂·梦’——中华姓氏现代雕塑相约侨乡古城展览”等；首次到北京办展，与泉州市侨联、中国华侨历史博物馆举办“方寸世界——邮票上的华侨史”展览。全年接待海内外观众10万多人次。推进南洋华裔族群寻根谒祖综合服务平台建设，征集扫描族谱1400多册，开展项目招标前期工作。编辑出版《泉州人在南洋》图册；与泉州师范学院教授麦青龠合作完成馆藏侨批释文项目500件；举办专题讲座和座谈会4场，包括邀请台湾史前文化博物馆前馆长张善楠博士做讲座。开展文物、图书资料征集、整理、入库工作，较重要的有：从漳州民间征集到一批闽南地区侨批资料、涉侨银行金融证券、华侨家族地契、出国证件等约1600件；杰出侨领王汉杰珍贵的手稿、勋章、证书实物等。

【南建筑博物馆】 2018年，南建筑博物馆与市古城公司对东海后埔片区、西华洋滞洪片区等改造项目中的闽南传统建筑遗存情况进行摸底调查，并组织专家多次到洛江、龙兴二期、惠安黄塘等项目拆迁现场踏勘，对较有历史价值的闽南传统建筑构件进行保护利用。配合北滨江公园景观建设，在白水营公园内布设闽南传统建筑石构件，弘扬闽南传统建筑文化，提升公园品质。出版《温陵稽古录（续）》等宣传闽南传统建筑文化的著作。与泉州博物馆举办“茶马古道海丝情——林则徐在新疆文物展”和“昔日涛声的记忆——泉州海上丝绸之路史迹图片实物展”。

报刊

【概况】 2018年，泉州市公开发行的报纸有7种，分别是《泉州晚报》《东南早报》《泉州广播电视报》《海峡都市报•闽南版》《晋江经济报》《石狮日报》《海丝商报》。其中，《泉州晚报》是中共泉州市委机关报；《东南早报》属泉州晚报社旗下子报，是一份综合性市民生活报；《泉州广播电视报》是由泉州广播电视台主办的报纸。另外，《海峡都市报•闽南版》《晋江经济报》《石狮日报》《海丝商报》4份报纸属福建日报报业集团旗下子报，由福建日报报业集团负责管理。

【《泉州晚报》】 2018年，泉州晚报社履行市委机关报职责，开设“大学习”专栏，全方位、多层次宣传习近平新时代中国特色社会主义思想。做好改革开放40周年、人才港湾、巡视整改、落实扶持民企发展精神、探索创新古城、扫黑除恶、市委全会、“马上就办 真抓实干”、移风易俗等重大主题宣传报道。做好民生服务新闻报道，履行媒体职责开展公益活动，围绕中心创作刊登公益广告。突出文化，深挖资源，讲好泉州文史故事；创新形式借助“动漫+传统文化”，做好泉州传统文化的宣传，并探索借助抖音等其他平台做好自宣。《直播泉州》集合泉州网和新媒体中心的优势资源，首次在省外实现多机位视频直播。加强海外合作办报，与其他媒体合作宣传地方特色产业。利用网络优势，联合人民日报客户端、新华社现场云、央视新闻移动网、腾讯客户端、新浪等网络平台对“2018泉州元宵网络灯会”进行直播。全年经泉州网刊发的泉州晚报社原创报道，有5000多篇被人民网、中国网、新浪、腾讯、今日头条等1781家各级各类媒体转发，转载次数达40342次。完成“中央厨房”第一期项目，6个系统基本投入使用，媒体云平台完成全面升级。泉州通客户端的下载安装量超50万，入驻“泉州通”客户端泉州号的企事业单位达74家。报社旗下“两微一端”（微信、微博，客户端）新媒体矩阵总用户数300多万，居全省地市报首位。泉州网协助市直部门、县（市、区）网络宣传，承接40多个部门网站和微信公众号的代运营和技术维护，还与全市11个县（市、区）宣传部建立网站建设、内容服务的战略合作。瞄准广告客户需求，以活动策划为抓手拉动广告经营，发挥党报资源优势对接政务服务，开发创意服务业务推进多元经营，以融媒体的创新思维和手段，多渠道拓展，并强化广告款项监管保障账款安全。全年经营总收入3.02亿元，比上年增长6.3%；纳税1680万元，增长3%。

【《侨乡科技报》】 2018年，《侨乡科技报》进一步做好对外科技宣传工作。推出《科技新生活·2018》特刊。围绕泉州市科技工作重点，聚焦泉州市传统产业转型升级和战略性新兴产业发展，在科技报推出战略性新兴产业分析系列报道。开设“泉州市‘人才港湾’计划：科技创新人才”专栏和“科技政策解读”专栏，采访刊载24名高层人才和11个团队。全年编辑出版《侨乡科技报》49期，国内发行20多万份，与菲律宾《商报》合作编印出版《侨乡科技报》专版52期，海外发行100多万份。4件作品分获第三十一届（2017年度）科技报系统优秀作品奖，其中一等奖1项、二等奖1项、三等奖2项。《侨乡科技报》被中国科技新闻学会评为全国优秀科技报。7月13日，承办2018年泉州科技夏令营活动。组织《侨乡科技报》小记者团的小记者与市科技局系统干部职工子女等到泉州市机器人领域首家建成并运行的研发机构——福建（泉州）哈工大工程技术研究院，以及省内规模最大的机器人教育中心——泉州市飞米创客教育科技有限公司，近距离接触工业、娱乐机器人，通过探访机器人在社会各领域的应用和发展，拓宽孩子的视野，增强孩子对机器人、科学知识的兴趣。近80名营员参加夏令营。

【《泉州文学》】 2018年，泉州市文联按期编辑出版《泉州文学》12期，刊物总印数24000册。刊登小说、散文、散文诗、诗歌、文学评论体裁文学作品286篇。为扶持文学新人，策划“特别推荐”，刊登新人作品，并邀请名家撰写评论，共推荐3人，刊登校园文学作品18篇。设置新栏目“微散文”2期刊登10篇。策划女作者作品专号，组稿30篇；策划青年作家作品专号，组稿28篇；策划“校园文学专辑”栏目，组稿8篇。与鲤城区文联等举办第三届“小城故事会”杯“古城叙事”征文比赛评奖征文颁奖仪式，开展第四届“小城故事会”杯“古厝情怀”征文比赛。与惠安县崇武镇潮乐村党委会、村委会开展结对共建工作，发挥泉州文学院职能和优势，立足文学的实践性和文化惠民精神，通过文化下乡、志愿服务、结对帮扶等形式，与潮乐村党委会、村委会相互配合，共同挖掘、传承、弘扬“水关文化”，举办第三届水关诗吟雅会活动，取得促进泉州文学院“接地气”的文学教研与文学创作发展和潮乐村渔家文化游事业发展的双赢成效。举办“我们的节日·端午诗会”、重阳节经典诵读等文学活动。

【《闽南》杂志】 2018年，《闽南》杂志社创新办刊理念，广泛组稿约稿，提高编印质量。全年按计划、按时、按质完成年度出版任务，编辑出版6期《闽南》杂志。加强编辑力量，提高编辑水平，做好策划、组稿、校对等工作；完善作者群和专家审稿队伍，提升稿件质量和审稿水平；加强图片选择，做到文字图片的有机结合；做好与读者的互动；以刊会友，吸收各界建议，吸收编辑同行的先进经验。除延续原有的通过邮局邮寄等免费赠阅方式、借助各种交流团、访问团等访问台湾的契机，随访入台，在两岸共同举办的大型活动、研讨会等现场分发，借助热心的台湾学者，扩大杂志在台湾高校、科研机构中的影响力等宣传渠道外，还通过邮局邮寄给新加坡、马来西亚、印度尼西亚、澳大利亚、日本、美国、英国等国家侨领，扩大杂志在海外的宣传和影响，及通过互联网、微信订阅号等网上发行，全文上网，方便读者上网阅读、检索，扩大杂志普及面。

广播电视

【概况】 截至2018年末，泉州市有广播电视台9家，调频转播发射台9座，电视转播发射台9座，广播节目12套，广播综合覆盖率98.55%，电视节目12套，电视综合覆盖率98.51%。全市有线广播电视覆盖用户235.49万户，实际用户140.05万户，有线广播电视传输干线总长44829.99千米。

【主题宣传】 2018年，泉州市文广新局紧扣中共十九大和中共十九届三中全会精神这条宣传主线，指导泉州市各级广电媒体开展习近平新时代中国特色社会主义思想和十九大精神的宣传报道，开设《在习近平新时代中国特色社会主义思想指引下——新时代新作为新篇章》《我奋斗 我幸福》等专栏，做好主题宣传。围绕市委、市政府中心工作，组织策划“项目攻坚2018”主题报道，推出“大干40天 比拼开门红”和“转型攻坚 聚力跨越”系列报道专栏。做好“两会”“2018年全国防灾减灾日”“全民禁毒宣传月”等宣传工作。开设专栏，推出专题，形成宣传合力，完成重大主题、重大活动的宣传报道任务，营造舆论氛围。

【精品创作】 2018年，石狮市广播电视台的《镜鹭之语》、福建皇品文化传播股份公司的《雪域歌谣》获国家广电总局扶持，还有四部作品获省级扶持。泉州欣欣传媒股份有限公司的《旅行的味道》被国家广电总局评为少儿节目精品发展专项资金扶持栏目。泉州市原创文化传播有限公司的《爱，别等待》入选全国敬老养老助老公益广告扶持项目。南安市广播电视台的《分家家书背后的故事》《林友达：用心“雕琢”追求完美》，安溪县广播电视台《茶球联姻“王”者荣耀》《世界安溪乡亲联谊会宣传片》获全国市县电视台推优展播评选活动一等奖。

【对外和对台交流】 2018年，晋江市广播电视台节目进入泰国传播，在泰国BTU 卫星电视台、泰国中央电视台开设常态化栏目《丝路·晋江》，通过专题片、纪录片、微电影等节目宣传展示晋江的城市形象与人文和经济社会建设成果，促进泉州市与东盟国家广播电视媒体的交流合作。泉州广播电视台在加强与中国电视新闻直播联盟、中国广播联盟、央视新闻移动网、“一带一路”纪录片全媒体国际传播平台等权威平台，以及凤凰台、黄河台、菲律宾菲中电视台、汉雅星空“魅力中国”网络电视台等外宣平台合作交流的基础上，发挥中国国际广播电台“泉州多媒体制作中心”平台作用，作好全景式报道。泉州广播电视台举办第九届海峡两岸闽南语歌星选拔赛总决赛、两岸

2018年3月16日，闽台方志万祥馆在石狮揭牌　　（图/吴寿民）

闽南人春晚、中秋博状元电视大奖赛、第二届台湾青年学生“我的海丝行”文化交流活动；联合台湾媒体举办“全球欢喜来卡拉”闽南语演唱大赛。

图书馆

【概况】 截至2018年底，泉州市共有市、区、县公共图书馆11家（丰泽、洛江尚未建馆），其中一级馆7家（泉州、晋江、南安、石狮、南安李成智、鲤城、永春）、二级馆4家（惠安、德化、安溪、泉港）。泉州市图书馆建筑面积7310平方米，馆藏总量113.6万册，电子图书72万种，数字资源总量60TB。流通总册次206万，少儿图书册次139万，街区自助图书馆16万册次，百姓书房16万册次。全年投入300万元文献购置经费，完成12.5万册图书的采访、编目、加工、入库工作；完成1406种刊报的订购、登到、上架流通工作；搜集到地方图书近千册；提供专题资料检索11个，下载论文2000多篇。采集20000条政府公开信息建库，完成《泉州地方旧报纸数据库》，数字化5.5万页地方图书。全年举办各种读书活动214次，各种专题的图片展、书展16次。

【泉州市第二届古诗文大赛】 2018年4月21日，作为泉州市图书馆“4·23”世界读书日系列活动之一的泉州市第二届古诗文大赛举行决赛，从初赛近500名选手中选出的10名优秀选手参与“状元”角逐。决赛由华侨大学文学院原院长王建设教授、华侨大学文学院副教授苗民和黄立一担任点评嘉宾。经过争先赛、争霸赛、附加题加赛和夺魁大战，最终由李思玥、吴梓彧和汪梓桐获得前三甲。

【泉州市获评七个“一级图书馆”】 2018年8月，文化和旅游部公布第六次全国县级以上公共图书馆评估定级上等级图书馆名单。全省有32个公共图书馆被评为“一级图书馆”，其中泉州市七个，包括泉州市图书馆、泉州市鲤城区图书馆、石狮市图书馆、晋江市图书馆、南安市图书馆、南安市李成智公众图书馆和永春县图书馆，另外泉港区图书馆、惠安县图书馆、安溪县沼涛图书馆和德化县图书馆获评“二级图书馆”。

【闽台方志万祥馆揭牌】 2018年3月16日，福建省地方志编纂委员会在石狮举行闽台方志万祥馆揭牌仪式暨闽台方志文化交流座谈会。闽台方志万祥馆是全省首个闽台方志馆，也是省方志委首次与民营企业合作共建的方志文化服务平台，该馆藏有全省各市、县志书及地情文化丛书约1800册。

【泉州市图书馆“百姓书房德济门阅读点”建成开放】 2018年6月，泉州市图书馆“百姓书房”德济门阅读点建成开放。德济门阅读点面积150平方米，藏书量1.2万册，采用集阅览、借阅、休闲于一体的自助服务模式。截至2018年12月31日，德济门阅读点接待读者3万人次，图书借阅量4.5万册次，办理借阅证828本。

【泉州市图书馆学会2018年学术年会】 2018年12月20—21日，泉州市图书馆学会2018年学术年会在福州大学晋江科教园举行。年会主题紧扣时代，研讨题目为“依法治馆、创新发展”，100多名公共图书馆、高校图书馆、中小学图书馆的会员参与研讨会，收到论文63篇。学会还组织会议代表到战斗英雄安业民所在部队交流，捐赠图书580册。

体 育

【概况】 2018年，第十六届省运会泉州市代表团参加青少部全部28个竞技项目的比赛，获196枚金牌、163枚银牌、130.5枚铜牌，总分5567分，金牌数和总分均位居全省第三，6人次6个项目打破省纪录。全市市、县、镇、村四级举办各类全民健身活动3500多项，参与人数200多万人。泉州市体育局加大全民健身设施建设力度，争取省、市两级财政投入资金5700多万元，建设省级城市社区全民健身设施项目31个（含14个省级社区多功能运动场、6个室内健身房、8个笼式足球场、3个门球场），建设市级为民办实事项目85个（含60条全民健身路径、15座多功能运动场、10座老年人体育活动中心）。完善体育社会组织网络体系，推动体育组织的实体化进程。截至年底，全市各县（市、区）全部成立体育总会，市级单项体育协会34个，全市含各县（市、区）共有社会体育组织与团体338个、健身站点663个。

【竞技体育】 2018年，泉州市体育局协调争取国家攀岩基地落户安溪县中国信息产业园区，并组织福建攀岩队参加2018年中国攀岩联赛，获年度总决赛团体亚军、个人女子第一名和男子第三名。推荐47名优秀教练员参加7个项目的省级教练员培训班，同时结合全年泉州市少儿比赛，组织各项目的教练员裁判员学习相关专业知识，强化教练员、裁判员队伍建设。配合市发改委起草《泉州市足球发展中长期规划》《泉州市足球场地设施建设规划》。推动泉州市一批公共足球场地设施建设，推荐上报30个项目入选福建省2018—2020年公共足球场地设施建设储备库，5个项目列入2018年省级补助项目。协同教育部门开展校园足球，通过体育课、足球俱乐部、兴趣小组、文化节、邀请赛、校园联赛等形式开展足球特色活动，培养更多专业足球人才，夯实青少年足球基础，建立健全校园足球发展的长效机制。

【群众体育】 2018年，泉州市体育局以全民健身品牌赛事健身工程为抓手，培育出百队千场广场篮球赛、高山徒步大赛、海丝古城徒步穿越等全民健身品牌赛事活动；同时，以“一区（县、市）多品”“一街（镇）一特色”“一行一品牌”为切入点，举办全国沙滩排球锦标赛、厦漳泉网球公开赛、晋江国际马拉松比赛、南安市“郑成功杯”篮球邀请赛、石狮市象棋锦标赛等品牌赛事，激发群众参与全民健身的热情。健全市、县区、乡镇、社区四级体育组织网络，为市民健身提供科学指导和服务，全年举办2期二级社会体育指导员培训班，培训骨干人员292人。截至年底，全市有社会体育指导员15471名，其中国家级79人、一级384人、二级3256人、三级11752人。举办田径、篮球、排球、举重、射箭、跆拳道、乒乓球、足球、网球等17项市少年儿童锦标赛，从中发现一批优秀的体育后备人才。与市教育局举办泉州市中小学生篮球、足球、排球、乒乓球、羽毛球、田径、啦啦操、五祖拳操等市级联赛，吸引4000多名学生参加。做好省级以上体育传统特色项目学校年度体育工作考评，夯实学校体育的软、硬件设施水平。全市3所中小学校被评定为国家级体育传统项目学校、58所中小学校被评定为省级体育传统特色项目学校。

【体育产业】 2018年，泉州市体育局编制《泉州市加快发展健身休闲产业实施方案》，并以市政府办名义印发实施，全面推进泉州市健身休闲产业的发展。同时，利用往年剩余省级体育产业发展专项资金240万元对32个小型健身休闲和部分市直体育社团进行扶持；推荐33个体育产业项目申报2018年省级体育产业发展专项资金。做好产业优选项目和体博会参展项目推荐工作，晋江安踏物流园和南安清境桃源2个项目获评全国体育产业优选项目，在资金上得到六大银行优先支持。联合市旅发委，推荐永春雪山风雅颂、安溪志闽生态旅游区、德化桃仙溪、德化云龙谷、洛江石龙谷、泉港绿笛山庄6家单位申报2018年省级体育旅游休闲基地。2018环泉州湾国际公路自行车赛吸引到18支国内外高水平职业车队参赛。鼓励民间资金投资举办体育赛事，相关体育企业举办2018年ITF国际网联女子巡回赛泉州站、“贺岁杯”第二届海峡两岸青少年足球邀请赛、第22届“元宵杯”国际元老足球邀请赛、福建南安第二届“明超酒店杯”汽车场地越野全国精英赛等体育赛事，对传统的政府办赛的模式进行丰富和补充，带动泉州旅游、餐饮、交通等产业发展，扩大城市影响力。完善泉州城市体育服务平台建设，将全市公共体育场馆纳入平台，鼓励社会资本建设的体育场馆进入平台，全市有40多家体育场馆在平台接受群众预订。体育彩票销售稳居全省前列，全年销售体育彩票17.5亿元。

【体育交流合作】 2018年，泉州市体育局利用传统节日，开展汇集体育健身与竞技娱乐的民俗活动，挖掘和传承闽南传统体育文化，加强民族民间民俗传统体育保护和推广，打造特色体育节庆活动。石狮市举行的闽台对渡文化节暨蚶江海上泼水节、晋江市安海镇的水上捉鸭子活动已成为两岸端午民俗主要活动。永春县借助永春白鹤拳传统体育优势，引导民间资本拍摄白鹤拳电影《擎天画卷》、《极品师徒》和白鹤拳动漫《五色羽传奇》，并组织永春武术爱好者到东南亚、美国、欧洲进行武术交流等体育参访活动，展示泉州传统体育文化形象，推动闽南传统体育文化走向世界。发挥泉州“海上丝绸之路起点”的品牌影响力，加强泉州对外体育交流与合作，举办亚洲大体联足球亚洲杯、国际网球巡回赛、2018首届中国帆船公开赛、国际军事比赛文体活动等国内外赛事（活动），拓展泉州体育的对外交流平台，密切交流交往，形成全方位、多渠道的体育对外交流新格局。

卫生和计划生育

医疗卫生

【概况】 2018年，泉州市推进医疗卫生体制改革，稳步推进分级诊疗制度，提升县级医院综合服务能力，持续推进公立医院能力建设，稳步推进现代医院管理制度建设，推进医疗、医药、医保“三医”联动，提升医疗质量，加强基层医疗卫生服务体系建设，推进基层医疗服务环境和能力提升，推进国家基本公共卫生和妇幼重大公共卫生服务项目。是年，全市有医疗卫生计生机构4867家，其中：医院130家、社区卫生服务中心（站）250家、乡镇卫生院126家，疾病预防控制中心12家，妇幼保健院（所）10家，急救中心及采供血机构各1家，门诊部127家、诊所833家、医务所（室）69家、村卫生所（室）3221家，计生服务机构61家。全市床位数38859张，卫技人员（含计生）44389人，每千人均床位数4.47张、每千人均卫技人员5.10人。全市总诊疗人数3385.19万人次，门诊、急诊人数3575.09万人次，入院人数1055288人次，出院人数1054438人次。泉州市医疗服务总体满意度位居全省前列，基本公共卫生服务工作绩效考核连续三年保持全省前三名。晋江市新农合工作率先在全省实现跨省异地结报。晋江市获国家级和省级“妇幼健康优质服务示范县（市、区）”，石狮市获省级“妇幼健康优质服务示范县（市、区）”。

【医疗卫生体制改革】 2018年，泉州市推进分级诊疗制度，坚持权责利一致，筹建市第一医院医疗集团。形成《泉州市第一医院医疗集团工作方案（送审稿）》，通过统筹集团医疗资源，发挥集约优势作用，打造若干专科专病共同体，做强集团；建立临床科室“双主任”制，做强基层；提升效率、效益，按照人才、技术、管理投入程度和利益分享比例，分成核心型、紧密型、协作联合型三种管理模式。坚持辐射带动，形成专科特色医疗联盟。上联方面，着力拓展渠道，搭桥牵线，借枝攀高。创建国家、省、市重点专科，获得3个国家级重点专科，20个省级重点专科，创建市级重点专科41个，市卫健委下属医院30个临床科室与北京、上海、广州等地“国家队”一流临床重点学科协作。下联方面，注重突出市级医疗资源优势，力推下沉，辐射带动。建立中医康复联盟，市中医院针灸康复科与石狮、鲤城等地社区卫生服务中心形成康复专科联盟，定期派专家到基层坐诊、查房等，通过中医康复协作诊疗平台，实现康复治疗数据在线共享、双向转诊。建立新生儿危急重症救治联盟，市儿童医院通过24小时应急响应、专用急救车接诊等形式，与基层医疗机构建立新生儿危急重症转诊绿色通道。

提升县级医院综合服务能力，坚持资源下沉，推进县级综合医院服务能力建设。发挥县级医院龙头作用，建设县级综合医院五大临床薄弱学科（新生儿科、精神科、康复科、血液透析科、重症监护等）和五大核心临床专科（内科、外科、妇产科、儿科、急诊科）。晋江市医院深化与树兰医疗集团合作，石狮市医院建立上海长海医院泌尿外科孙颖浩院士站。2018年，县级公立医院出院病人数比上年增长3.63%，Ⅲ、Ⅳ手术占比22%，比2017年提高7.6%；全市二级以上公立医院收治由下级医疗机构转诊住院人数36117人，向下转诊的住院人数7008人，分别占总住院量的5.97%、1.16%，分别比上年增加2.12、0.28个百分点；全市基层医疗机构总诊疗量933.13万人次，增长9.95%，13家县级二级以上综合医院均达到国家县级综合医院基本标准，其中推荐标准占23.08%，分级诊疗建设取得初步成效。推进县域六大中心（消毒供应中心、心电诊断中心、临床检验中心、医学影像中心、病理检验中心、远程会诊中心）建设，全面提升县域医疗服务能力。全市9个县（市、区）投入9990万元，建成22个中心，正在建设18个，准备启动建设14个。

推进公立医院能力建设和现代医院管理制度建设，确定泉州市第一医院、泉州市中医院，石狮市总医院、永春县总医院等7家医院为2018年全市现代医院管理制度建设试点单位。制定《建立现代医院制度流程图》和《公立医院制定章程简要》，出台《泉州市现代医院管理制度实施方案》，明确医院章程等14项医院管理制度的建设进度。推行“一院一目标”，合理制定市属公立医院院长年度绩效考核目标，合理制定市属6家公立医院院长年度绩效5类42项考核指标；17家县级以上公立医院全面落实院长年薪制、任期目标管理责任制，考核结果与院长薪酬、任免、奖惩等挂钩，院长年薪全部纳入财政预算并及时拨付。推行公立医院工资总额管理，合理核定医院工资总额，医生、护士和行政后勤团队分别占工资总额的50%、40%、10%，科学合理核定6家市属公立医院工资总额9.36亿元。

推进医疗、医药、医保“三医”联动，与医保局部门对接联系，优化诊察费、护理费、手术费等医918项疗服务价格，约增加医务性收入1.5亿元。组织市卫健委下属公立医院参与单病种付费测算，确认按病种收付费的270病种，达66740例数，入围率11.02%，各级医疗机构约增加收入1.09亿元。2018年，全市26家二级以上公立医院药占比27.22%，比上年降低0.83个百分点，减少群众药品费用9.1亿元。药品耗材收入占比38.17%，比上年降低0.56个百分点，检查化验收入占比27.49%，降低1.12个百分点，医疗服务收入占比32.82%，提升1.47个百分点，公立医院收入结构趋于合理。

提升医疗质量，规范医疗质量控制中心管理，从组织建设、申报与审核、人员配置、考评与奖惩和保障措施等方面提出具体措施，制定挂靠单位、中心和质控人员考核标准，建立退出机制。新增脑卒中等14个市级医疗质量控制中心，全市有28个市级医疗质量控制中心。

建立22个医疗质量监测指标，举办21个专业质控培训班，开展18项医疗质量核心制度飞行检查，发出18份通报，约谈两家医疗机构。2018年，7家三级医院接受省卫计委年度综合评价，泉州市第一医院再次获得优秀，组织辖区内33家二级医院(公立医院18家，民营医院15家)年度评价。撰写《泉州市2018年度医疗质量控制分析报告》，对二级以上医疗机构医疗服务效率与质量安全进行多维度分析。规范医疗废物管理，全市“小箱进大箱”管理医疗机构4297家，收集处置医疗废物4340吨，集中处置率100%。全省首家制备并供应临床浓缩血小板，全年全市无偿献血58613人，共90832单位，全市千人口献血率12.2‰，首次获“全国无偿献血先进市”。启动泉州市智慧医疗急救系统建设，建成覆盖市县两级的胸痛中心、卒中中心，签署“厦漳泉三地跨区域突发重大事件紧急医学救援合作协议”。2018年，有效出车14510辆次，抢救病人14654人次。开展多轮太平间、“黑救护车”、“黑护工”等整治，停止三家医院开展殡仪服务，全市统一备案管理护工208人。

【基层医疗卫生服务体系建设】 2018年，泉州市加快乡村医疗发展，补齐基层医疗卫生服务体系短板，出台实施方案，启动全市基层医疗卫生服务能力提升工程三年（2018—2020年）行动，推进基层医疗服务环境和能力提升，作为泉州市乡村振兴战略的配套政策之一；加强基层医疗卫生机构能力建设，举办院长（主任）培训班，加强医疗、院感、基公卫、财务管理、绩效管理、精细化管理和乡村一体化管理等内涵建设和医改推进综合管理服务能力，推进卫生院等级评价评审和医院综合管理工作，全市有9家卫生院评审为二级医院等级；继续争创群众满意的乡镇

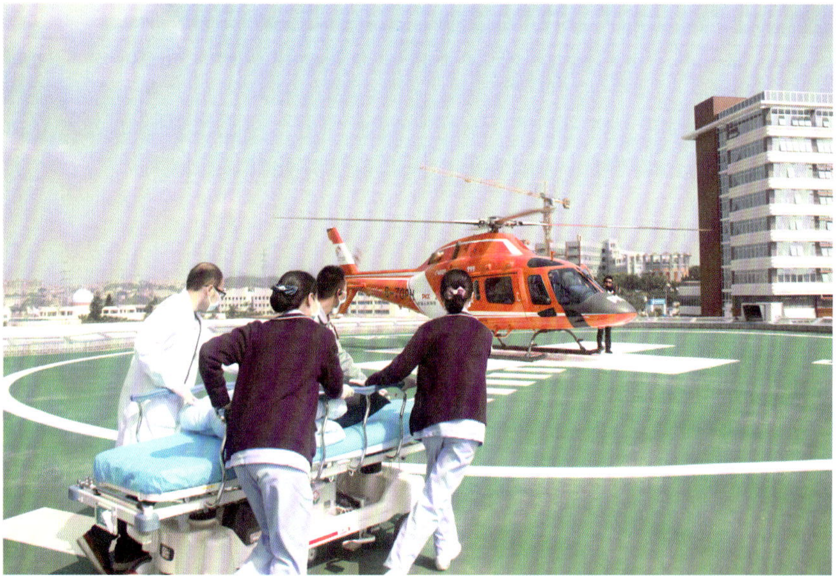

2018年3月27日，福建医科大学附属第二医院利用直升机转运病患
（图/泉州晚报社）

卫生院、优质服务示范社区卫生服务中心、百强社区卫生服务中心，全市国家级“群众满意的乡镇卫生院”29家、优质服务示范社区卫生服务中心5家；加快基层医疗卫生机构新一轮的设施、设备双达标建设，召开全市乡村卫生服务一体化管理现场会，推进一体化村卫生所建设进度，全市165家基层医疗机构中，用房面积达标140家（占87.5%）、基本设施设备达标120家（占72.7%）；全市规划设置一体化村卫生所1956家，投入经费6443.88万元，其中，已完成建设集体所有村卫生所511家；全市行政村2060家，设立村卫生所3897家，有2884家村卫生所用房面积及设施和基本设备达标（占74.0%）。

做实“家庭医生签约服务”工作，试点区重点推进开设家庭医生签约服务VIP工作室（健康小屋），为签约对象提供“一站式”服务，全面推进家庭医生签约服务，常住人口签约310.25万人，其中，重点人群签约人数139.5万人，覆盖率分别为35.8%、63.3%；“两病”签约41.3万人。建档立卡贫困人口49552人，签约人数47933人，基本实现应签尽签；实现信息化签约，推进手机APP和WEB版家签软件在签约服务中的应用，开展市、县、乡三级家签软件培训班，实现家签团队软件培训全覆盖。至12月底，运用家签软件签约98.3万人；创新扶贫家签工作，出台单病种精准家庭医生签约服务工作，实现“13种大病”按病种签约并有县级专科医生履约，截至12月底，全市建档立卡扶贫对象中“13种大病”救治对象签约367人，参加“大病”签约专科医生100人。

推进国家基本公共卫生和妇幼重大公共卫生服务项目，开展基本公共卫生服务项目宣传月暨以“家庭医生：我承诺、我服务”为主题的“世界家庭医生日”宣传活动；落实基本公共卫生14个项目，截至12月，为城乡居民建立健康电子档案756.82万份（建档率87.49%），65岁以上老年人、高血压患者、2型糖尿病患者健康管理分别为42.21万人、31.85万人、11.1万人。

落实市委、市政府为民办实事项目，2018年，全市100家示范村卫生所，13家中心卫生院均完成建设双达标建设。村卫生所业务用房不少于60平方米，卫生院“健康自测小屋”设备配备齐全。落实泉州市健康扶贫工程实施方案，泉州市卫生和计划生育委员会与泉州市扶贫开发领导小组办公室联合印发《泉州市健康扶贫工程实施方案》，推进健康扶贫工作。

【卫生监督体系建设】　2018年，泉州市加强卫生监督执法，累计监督检查各类公共卫生经营单位1.1万多户次，立案查处536件，罚没款610多万元，获评国家优秀典型案例1件。完成食品安全风险监测1250份、市政供水监测833份，合格率分别为94.7%、95.9%。重拳打击“两非”违法行为，结案356件，其中重大案件47件。开展检查医疗机构3091家次，查处医疗机构违法违规行为案件66件，吊销执业许可证1家；无证行医黑名单公示11期，查处无证行医行为223起，移送公安机关9件。

【医政管理与行风建设】　2018年，泉州市推行“暖心服务”，市委、市政府召开“暖心服务”专题会议，研究部署“暖心服务”三年行动工作。各县（市、区）相继成立机构、制定方案。围绕“有限目标、明确目标、落实目标”，实施方案从加强党的建设、美化医院舒适观感、树立员工形象等12方面提升医院管理服务水平；统筹推动，构建“四个机制”，通过深入一线推动、联络宣传、有限督导、绩效考核评估等工作机制，组建68人“暖心服务”宣传工作微信群，通过泉州电视台、晚报社等多家媒体多种形式宣传报道130多条，营造深厚“暖心”氛围，市委督查室、市政府督查室、效能办、卫健部门建立联合督导机制，组织4次联合督导，召开15场座谈会，发现83个问题，全部整改到位，最终将全省满意度调查排名结果纳入院长年薪目标考核，建立公立医院综合改革重点指标监测、分析、约谈、通报制度；通过建立医院内部宣传发动、组织领导、量化考核等工作机制，组织医院职工学习市委、市政府实施“暖心服务”相关文件，查找医院服务环境、流程、内涵、空间、宣传等方面存在问题，对标就医需求侧与医院供给侧、纵向和横向上的差距。全市26家二级以上公立医院共梳理问题清单1869条，整改1538条，完成率82.29%，运用PDCA质量管理工具，有效形成闭环管理。全市二级以上公立医院总体满意度保持全省设区市第一名，实现“三连冠”。狠抓卫计系统行业不正之风，注重预防为先，全面加强职工培训医德医风教育活动，开展先进典型宣传，讲好院内卫生健康故事。2018年，开展行风培训教育情况262场；开展“首届中国医师节”，以“尊医重卫，共享健康”主题开展座谈、义诊、表彰、慰问、竞赛、表演等形式多样的庆祝活动，制作以“尊医重卫，共享健康”为主题的庆祝首个“中国医师节”公益宣传广告；健全重点部门、关键环节管理机制，重新梳理规范医院药品和医用耗材院内管理制度，建立制约和监督机制，对关键科室、关键岗位、关键人员进行重点监管，分别从采购原则、备案、流程和议价等促进采购规范化、制度化和程序化；强化考核评价结果运用，严格追责问责，全市退还、上交患者“红包”590人次，退还、上交患者“红包”金额44.276万元，查处红包问题2个，涉及金额1.17万元，4人次因收受红包问题受到绩效和通报处理，3人次因院外购药受到扣罚3个月绩效和停业1个月处理，因不正之风问题受党纪政纪处分和其他处理的4人次。在全省二级以上医院满意度调查中“治理收受红包回扣”群众满意度分数93.54分，较2017年提升1.23分。全省二级以上医院满意度总体满意率位居全省设区市第一名。

【疾病预防控制】 2018年，泉州市提升疾控机构检验检测能力，下达市级为民办实事项目经费596万元，补助市、县两级疾控机构更新、添置仪器设备57台，采购完成率100%；强化重大传染病防控，科学有效处置登革热、猪链球菌等疫情和血铅事件，全市甲、乙类传染病报告发病率比上年下降26.7%，疫情相对平稳，新登记活动性肺结核3568例，活动性病人治疗成功率84.8%；完成全国第三轮艾滋病综合防治城市示范区终期考核，18项指标均达到考核要求，艾滋病防治任务在全省年度考核中获满分。规范预防接种服务，全市通过规范化复核168家，以乡、镇（街道）为单位适龄儿童免疫规划疫苗接种率保持在95%以上；做好长春长生疫苗接种者的跟踪观察、咨询服务和补种续种工作，接受318人次询问，补种续种149人次。强化慢性病综合防控，创建鲤城、晋江、石狮三个省级示范区。在全市推行严重精神障碍患者网格化服务管理，严重精神障碍患者救治管理“七率”均达到或优于国家指标要求。

【医疗救助】 2018年，泉州市开展健康扶贫，抓好健康扶贫动态信息系统管理，不断提高健康扶贫对象信息准确率；全面落实家庭医生签约服务，全市签约家庭医生服务建档立卡农村贫困人口49573人，实现应签尽签；建档立卡贫困户签约医生831人，平均每位医生签约58人，签约“大病扶贫对象”13种367人；落实“先诊疗，后付费”，允许市二级以上公立医院开展建档立卡农村贫困人口大病病种救治，各定点医院救治332人次；落实“光明扶贫工程”，为国定建档立卡贫困白内障患者提供免费救治，确定17家市、县两级大病专项定点救治医院；组织市直卫健系统25名处级干部两次集中到安溪县长坑乡走访慰问结对帮扶对象，为46户帮扶象送去慰问金23万元，平均每户5000元，帮扶贫困户脱贫致富。

【卫生应急】 2018年，泉州市完善卫生应急处置体系，做好卫生应急预案汇编，对泉州市突发公共卫生事件应急预案、突发事件紧急医学救援应急预案等17个正在实施的综合和专项应急预案进行汇编，并编印成册2000本分发到各级公立医疗卫生机构。各级医疗卫生机构组织医务人员学习各应急预案的处置流程、响应级别、防范措施等，确保能及时、有效、科学应对各类突发公共卫生事件。加强卫生应急队伍建设，市卫健委指导市第一医院继续加强承建的省级卫生应急队伍建设，与龙岩、漳州、三明建立区域间卫生应急队伍联动机制，开展四地市第一次联合拉动应急演练；组建市、县级卫生应急队伍，依托市第一医院、市疾控中心、市卫计执法支队、市第三医院组建突发急性传染病防控、紧急医学救援、突发中毒事件卫生应急处置、核和辐射事故卫生应急救援、心理干预救援等5支市级卫生应急队伍共111人。市、县两级举办36场综合性或专项卫生应急演练，参演人数1578人次；开展传染病防控、卫生应急管理等培训班101场次，参训人数15540人次。

完善卫生应急物资储备和队伍装备，全市储备达菲或奥司他韦4万盒、防护服9000多套、N95口罩1.6万个、喷雾器573台（其中电动式128台）；制定下发市、县卫生应急队伍装备参考目录，指导各地做好卫生应急队伍装备储备，市本级购置应急队员个人服装、生活携行物资及人身意外伤害保险等，筹集资金配备队伍装备。强化卫生应急扩充能力建设，按照计划完成623张卫生应急扩充床位建设，其中市本级150张（含泉州医高专附属人民医院）、县级473张，每张预备床位均安装生命支持系统，做好相应数量的急救仪器设备、病床设施、医疗器械等应急物资储备及调剂配套方案，确保应急状态时能迅速扩充，以提高医院紧急收治大量重症伤病员的能力，提升卫生应急能力。推进卫生应急知识“六进”活动持续深入开展，派出师资5000多人次，培训医务人员2万人次、培训社会人员15.6万人次。科学处置突发公共卫生事件，处置南安市霞美镇长福村、玉田村村民血铅事件、洛江区猪链球菌疫情、晋江市登革热疫情、永春县乙脑死亡事件及鲤城区、丰泽区、晋江市、惠安县、安溪县学校诺如病毒感染性腹泻、流行性腮腺炎、流感疫情等10起突发公共卫生事件及相关信息，未造成疫情的进一步扩散和蔓延；协调多起食物中毒事件、交通事故、化学中毒事件等医疗救治和信息报送工作，强化节假日和大型活动期间、防汛防台风、高温天气防暑降温卫生应急工作，开展防灾减灾宣传、自查活动。

【卫生人才队伍建设】 2018年，泉州市加强卫生人力资源储备，落实人才“港湾计划”， 围绕补齐卫生短板，持续抓好卫生系统“新百千万人才”培养工程，倾斜支持紧缺薄弱学科精准引才，卫生人才队伍建设不断向前推动；医疗卫生行业入选泉州市高层次人才849人，比上年增长44.88%，占全市入选人数的23.72%，其中前三层次人才增加19人，第一层次人才实现零突破；2018年全市新增卫技人员3046人，卫技人员数达到4.42万人，其中执业（助理）医师16678人，注册护士19428人，新增执业（助理）医师1195人，注册护士1784人，新增高级职称431人，硕士、博士193人。实施政府特殊岗位补贴，对低年资医师、基层高学历卫技人员、紧缺薄弱学科岗位医务人员给予财政补助，在市第一医院试行高层次人才补助政策，对新招聘、引进的医学博士最高补助40万元。2018年，市县两级财政投入卫生人才经费4390.63万元，补助4936人次。落实公立医院用人自主权，实施公立医院自主招聘，组织公立医院赴医学院校开展专题招聘、现场签约。经市委组织部、市人社局同意，确定泉州市第一医院和泉州市颐和医院为首批卫生人才分类评价改革试点单位。鼓励台湾医护人员来泉就业创业，在闽就业台湾医师由聘任医院根据其申请及医院实际需要，参照省卫健委、省人社厅和省台办《关于做好在闽就业台湾医师聘任工作的通知》文件规定的聘任基本条件和要求，直接认定其专业技术水平，自主聘任相应专业技术职务，并报同级卫健和人社部门备案。做好职称评审与资格考试工作，通过卫技人员正高级职称评审37人、副高级职称评审345人；通过卫技人员基层正高级职称评审11人、基层副高级职称评审38人；参加全国卫生技术人员初中级职称考试6715人，参加全国执业护士资格考试1956人，卫技人员整体素质进一步提高。

【医学教研】　2018年，泉州市组织市级卫生健康科研资助项目申报，支持县级符合功能定位的医疗卫生单位卫技人员开展科研工作，重点扶持一批县级科研项目。2018年度市卫健委预算资金30万元，开展市卫生计生科研资助项目申报推荐工作，择优资助课题近50项，县级医疗卫生机构获得22个，占全市科研课题近50%。推荐上报省卫生健康科研人才培养项目，组织各县（市、区）医疗单位申报2019年省卫生健康科研人才培养项目，除部分项目需三级医院等限制条件外，均优先向县级医疗卫生机构倾斜。加强临床重点专科建设，出台《泉州市临床重点专科建设项目管理办法》《泉州市高水平临床重点专科建设指导意见》，每年评选若干个市（县）级重点专科。全市评选41个重点专科，其中县级重点专科18个，并给予一定经费补助，推动基层医疗技术人才的培养和基地建设，进一步完善重点专科的建设。

【妇幼保健】　2018年，泉州市落实省委为民办实事项目“推进产科和儿科补短板项目建设”，产科补短板项目，县级医疗机构完成产科病床建设140张（完成率100%）；落实市委、市政府为民办实事项目“继续实施呵护母婴健康工程”，农村适龄妇女免费提供宫颈癌、乳腺癌筛查项目，完成宫颈癌筛查20000人（完成率100%）、乳腺癌筛查20000人（完成率100%）；孕妇免费产前筛查诊断项目，完成血清学检查10000人（完成率100%）、超声检查1万人（完成率100%）。提升妇幼健康服务能力，实施母婴安全工程，完善孕产期保健服务分级诊疗模式、出台生育全程基本医疗保健服务意见和卫生院产科规范化建设指导意见，孕产期保健分级诊疗格局初步打造，县域正常分娩率不断提高；继续完善危重症孕产妇救治工作，修订完善全市危重症孕产妇救治转诊网络实施方案，推进母婴安全；加强围产保健工作，提高围产保健工作质量，截至2018年底，孕产妇死亡率7.99/10万、婴儿死亡率2.47‰；推进儿童早期发展工作，召开全市儿童早期发展工作推进会，参观国家级示范基地，以示范基地创建推进儿早项目在全市推广。落实妇幼重大公共卫生服务项目，全年完成农村妇女孕前和孕早期增补叶酸57613人，任务完成率119.90 %；完成地中海贫血防控试点项目筛查22153对，任务完成率100.70%；完成农村妇女产前血清学筛查16685例，任务完成率100.51%，完成产前超声筛查16736例，任务完成率100.82%；完成农村妇女和城市已婚低保妇女宫颈癌检查24400人，任务完成率100%；完成农村妇女和城市已婚低保妇女乳腺癌检查24400人，任务完成率100%。服务全面两孩”补医疗保健资源短板，下达2018年年度计划任务，合理调整扩增妇产科床位资源，全年全市产科、儿科床位数分别增加325张、505张。组织一期助产人员理论考试工作，符合条件报考人员488人，提前完成年度助产人员理论考试任务；全市34家中心卫生院全部并提前开设妇产科，出台中心卫生院产科标准化建设指导意见，推进卫生院产科规范化建设。推进全市三级、二级综合医院妇产科床位数分别要占到总床位数15%、10%以上，妇产科床位数在三级及二级综合医院实际占比分别达到11.04%、18.29%；启动“同心工程”产科建设项目，全市19家乡镇中心卫生院为主的建设单位产科规范化建设正常推进，全部完成妇产科病区独立设置，大部分单位重新装修和增配设备。加强妇幼保健机构建设，推进规范化达标建设，加强市、县两级妇幼保健机构业务用房和基本设施设备建设，两级13家妇幼保健院，用房面积已达标5家，其他县、市主要是“提标”而未达标，全部做好规划，通过改扩建和争取中央增投资金，在二年内全部达标，纳入计生考核指标同步推进基本设施设备标准化建设；支持市儿童医院儿童早期发展示范基地建设，经过三轮竞争和现场考核，市妇幼保健院•儿童医院获得国家级“儿童早期发展示范基地”称号，晋江市和石狮市两级妇幼保健院获省级“儿早”示范基地称号；推进妇幼保健机构向临床和保健相结合方向转型，在全市务虚会上推广石狮市妇幼保健院“大部制”改革做法，建设科室设置科学、功能完整、服务高效的新型妇幼保健机构；抓紧妇幼保健机构“上等达标”工作，全市通过妇幼保健机构等级评审，二级5家、一级3家、未评级4家（鲤城、丰泽、德化、台商区妇幼保健院）。组织开展病残儿鉴定工作，8月组织开展病、残儿医学鉴定，共鉴定58人，认定属病、残儿49人。

【中医中药】 2018年，泉州市加强基层中医馆建设，制定下发《2018年市委 市政府为民办实事项目“建设基层医疗机构‘中医馆’”工作实施方案》，明确各县（市、区）任务分解，在全市建设40家中医馆。继续加强基层中医药服务能力建设，已建和在建中医馆156家，基层医疗卫生机构中医药服务量占基层总服务量达33.7%。加强中医药传承与发展，建设“名医名药名科名院”，苏稼夫、刘德桓、郭为汀等3人被评为第二届省名中医。累计各级名老中医学术传承人46位、传承工作室6个。市卫健委与市旅发委联合遴选永春牛姆林、德化九仙山、洛江紫楹山庄、安溪花千谷、泉港综合福利中心等5家单位申报创建2018年省级养生旅游休闲基地。全市11个县（市、区）全部通过全国基层中医药工作先进单位国家级评审。

【爱国卫生运动】 2018年，泉州市推进“厕所革命”和农村户厕三格化粪池新建改造工作。2018年度农村新建、改造三格化粪池式户厕1.7万户，投资3400万元，完工率100%。开展爱国卫生月及爱国卫生活动，动员群众踊跃开展家庭和社区卫生大扫除，彻底清除卫生死角，翻盆倒罐，铲除蚊虫滋生条件，共同维护家园清洁。开展第30个“爱国卫生月”，主题是“关注小环境，共享大健康”，活动期间全市参与部门636个，参与人数62500人次，设立宣传点1068个，宣传板报635期，出动宣传车379次，宣传展板641个，发放宣传材料286166份，设置咨询台851个，接受咨询人数20725人次，开展“推进厕所革命，共享清新健康家园”活动2个，覆盖学生3500人。活动期间全市清除垃圾15257.96吨，清理卫生死角和四害滋生地29750个，疏通河道2161.15千米，治理脏乱差道路1441.87千米，清除乱贴乱画30130张。开展病媒防制，投入鼠药30.16吨，灭蟑药8.01吨，开展灭蚊活动592次，投入灭蚊、蝇药20.97吨。

开展创建卫生城镇，晋江市西滨镇通过国家卫生乡镇暗访、技术评估、公示等环节，上报全国爱卫办确认待命名；晋江和石狮启动创建国家卫生城市工作。推荐丰泽、泉港、晋江、南安20个村、5个社区为省级卫生镇、村（社区），巩固国家级卫生城市成果。指导永春国家卫生县城和惠安县崇武国家卫生乡镇复审落实情况。2018年，用于除“四害”和省级卫生村镇创建共补助专项资金100.07万元。开展城乡环境卫生整洁行动，2018年，全市统筹资金17667.57万元兑现农村生活垃圾改造和污水处理等惠民政策；下达2018年城乡公厕建设市级“以奖代补”资金1341万元；在年度泉州市本级投资在建项目年度计划中安排资金1703万元，用于中心市区公共自行车建设投入，加快推进网点建设，推动群众健康出行、绿色出行；支持环境资源生态修复，安排重点流域水资源综合整治专项资金2000万元、“两江”上游水资源保护补偿专项资金1392万元。

【义务献血与血站管理】 2018年，泉州市中心血站于5月全省首家制备并供应临床浓缩血小板，解决泉州市血小板供应紧张局面，供应浓缩血小板2887.5单位，大量的危重病人得到及时救治。8月举办的“全省血液管理培训班”，推广浓缩血小板制备新技术，来自省内采供血机构、全市80多家临床用血医院技术骨干共250余人参加。全面取消互助献血，全市各医院各时段血液供应平稳，全市全年无偿献血58613人，共90832单位。其中，采集全血56325人，献血量87335单位；采集单采血小板2288人，共计3497治疗量，比上年增长1.6%。为全市提供临床用血17.35吨，其中，红细胞类16.68吨，供单采血小板3563治疗量，血浆56518单位，浓缩血小板2887.5单位，冷沉淀5302.28单位。无偿献血和血液供应量逐年持续增长，全年血液供应充足，获“2016—2017年度全国无偿献血先进城市”称号。

计划生育

【概况】 据计生统计报表反映，2018年计生统计年度（2017年10月1日至2018年9月30日），泉州市常住人口766.95万人，出生人口10.90万人，出生率14.30‰，政策符合率93.77%，出生性别比114.31；全面两孩目标人群自2016年以来累计生育人数约13.95万人，占目标人群总数的28.07%，全面两孩政策实施效果基本符合预期。

【计生奖扶政策措施落实】 2018年，泉州市确认城乡计生家庭奖扶对象、特扶对象和农村贡献奖励对象、农村二女节育奖励对象等合计15.6691万人，市级下拨计生奖扶专项补助资金2947.5万元。市县两级投入1.2亿元实施关爱女孩“五项工程”（安居、成才、致富、保障、亲情），帮扶贫困计生女孩家庭39.97万人（户）次。

【基层计生队伍转型】 2018年，泉州市推进基层计生队伍转型发展，注重融合发展，将健康理念融入计生服务，在全省率先提出以人口健康助理员推动基层计生网络队伍转型，6月召开全市村级人口健康助理员经验交流现场会，人口健康助理员在全市12个县（市、区）全面推行，人数达2800多名，占全市计生管理员的50%，涵盖140个乡镇的1600多个村（社区），开展基本公共卫生服务达68万多人次，兑现绩效待遇200多万元，提高基本公共卫生计生服务的可及性和群众的获得感。

【计划生育指标监测】 2018年，泉州市按月对全市50多万名全面两孩目标人群的孕育情况进行监测，对全市计划生育主要指标运行情况、出生人口统计情况进行通报，指导、督促各地跟踪、落实相关指标。

【流动人口均等化服务】 2018年，泉州市推进流动人口均等化服务，下发《关于开展流动人口基本公共卫生计生服务均等化示范县（市、区） 创建工作的通知》，全市创建65个示范点，申报24个示范点参评，其中15家企业（学校）获评“全国第二批流动人口健康促进示范企业和示范学校”。推荐参评全国首批流动人口基本公共卫生计生服务均等化示范县（市、区）。2018年全国评选出53个，其中福建省3个，泉州市晋江和鲤城入选。

2018年1月26日，2018泉州市“把健康带回家”流动人口卫计关怀关爱专项行动启动仪式在洛江区双阳街道嘉泰数控公司举行。图为部分企业员工领到行动中赠送的礼物 （图/胡祖原）

【计划生育协会】 2018年，泉州市计生协会围绕服务“全面两孩”政策、落实十九大提出的“幼有所育”以及中国计生协会实施优生优育促进行动等工作要求，联合相关部门下发《关于开展儿童早期发展工作的实施意见》《关于开展儿童早期发展育婴员师资培训的通知》等，通过召开现场工作推进会，推广永春“家园互助小组”模式，丰泽的区、街道、社区三级服务体系和南安“政府与第三方机构良性合作机制”等工作经验。

2018年5月24日，泉州市纪念中国计生协会成立38周年暨全国计生协会第20个“会员活动日”主题活动举行。图为活动中的少儿武术表演 （图/黄欣怡）

民生及社会保障

居民生活

【概况】 2018年，泉州市聚焦如期全面小康，推动新增财力优先保障基本公共服务，让改革发展成果更多更公平地惠及全体人民。倒排补齐公共服务短板，突出保基本、兜底线、补短板，深入实施“四心工程”、XIN行动。优先发展教育事业，新增公办幼儿园学位1.1万个、中小学学位1万个，在全省率先实现政府购买普惠性民办幼儿园服务县域全覆盖，深入开展城区义务教育学校“小片区管理”、农村薄弱学校“委托管理”、集团化办学等行动。推进“健康泉州”建设，市妇产医院一期开诊，老年医院完工，全市新增医疗机构床位数2550张；深化医药卫生体制改革，启动组建市第一医院医疗集团，7家三级医院试点建立现代医院管理制；实施新一轮提升城乡医疗服务三年行动，创建国家级群众满意乡镇卫生院29家、优质服务示范社区卫生服务中心5个；开展医疗“暖心服务”行动，医疗服务总体满意度位居全省前列。完善社会保障体系，全市新增城镇就业12.7万人，全民参保计划全面实施，城乡低保标准和补助水平进一步提高，城乡居民医疗报销水平提高9个百分点。加强老龄、老干部工作，基本实现一县一福利中心、一乡镇一敬老院。制定实施促进房地产市场持续健康稳定发展八年规划，住房价格保持合理平稳，有力保障住房刚需，实现房地产健康发展、实体转型升级、市民住房改善“三赢”。

【居民收支】 2018年，泉州市居民人均可支配收入36088元，比2017年增长8.5%；人均消费支出23273元，增长8.1%；人均住房建筑面积72.2平方米。按常住地分，全市城镇居民人均可支配收入46111元，比2017年增长8.0%，人均消费支出28193元，增长8.3%，人均住房建筑面积70.5平方米；农村居民人均可支配收入20277元，增长9.0%，人均消费支出15511元，增长6.6%，人均住房建筑面积75.0平方米。城乡居民家庭恩格尔系数分别为32.1%和40.8%。

2018年1月25日泉州市区主要生活必需品零售价格表

表44

商品名称	规格等级	计价单位	本期价格	与上旬同期比			与2017年同期比		
				上期价格	涨跌(元)	涨跌幅(%)	2017年同期价格	涨跌(元)	涨跌幅(%)
早籼米	标一	元/500克	2.80	2.80	—	—	2.60	0.20	7.69
花生油	鲁花一级桶装5升	元/桶	139.90	139.90	—	—	139.90	—	—
鲜猪肉	中段肉	元/500克	14.00	14.00	—	—	15.00	-1.00	-6.67
鲜猪肉	精瘦肉	元/500克	17.00	17.00	—	—	18.00	-1.00	-5.56
鲜猪肉	腿肉	元/500克	13.00	13.00	—	—	15.00	-2.00	-13.33
鲜猪肉	排骨	元/500克	30.00	30.00	—	—	29.00	1.00	3.45

续表44

商品名称	规格等级	计价单位	本期价格	与上旬同期比			与2017年同期比		
				上期价格	涨跌(元)	涨跌幅(%)	2017年同期价格	涨跌(元)	涨跌幅(%)
鲜牛肉	新鲜去骨	元/500克	33.00	33.00	—	—	32.00	1.00	3.13
鲜羊肉	新鲜带骨	元/500克	35.00	35.00	—	—	30.00	5.00	16.67
活鸡	活肉鸡1-1.5公斤	元/500克	15.00	15.00	—	—	15.00	—	—
活鸭	中等毛鸭	元/500克	25.00	25.00	—	—	25.00	—	—
鸡肉	白条鸡、开膛、上等	元/500克	15.00	15.00	—	—	14.00	1.00	7.14
鸡蛋	新鲜完整	元/500克	5.50	6.00	-0.50	-8.33	5.00	0.50	10.00
鸭蛋	新鲜完整	元/500克	6.80	6.80			6.00	0.80	13.33
草鱼	活750克左右	元/500克	8.50	9.00	-0.50	-5.56	8.00	0.50	6.25
鲢鱼	活750克左右	元/500克	6.00	6.00	—	—	6.00	—	—
带鱼	鲜250克左右	元/500克	25.00	25.00	—	—	20.00	5.00	25.00
大白菜	新鲜一级	元/500克	1.50	1.50	—	—	2.00	-0.50	-25.00
小白菜	新鲜一级	元/500克	3.00	3.50	-0.50	-14.29	3.00	—	—
西红柿	新鲜一级	元/500克	3.00	3.00	—	—	5.00	-2.00	-40.00
上海青	新鲜一级	元/500克	2.50	3.00	-0.50	-16.67	2.50	—	—
空心菜	新鲜一级	元/500克	4.00	5.00	-1.00	-20.00	4.00	—	—
菜花	新鲜一级	元/500克	2.80	3.00	-0.20	-6.67	3.50	-0.70	-20.00

2018年12月25日泉州市区主要生活必需品零售价格表

表45

商品名称	规格等级	计价单位	本期价格	与上旬同期比			与2017年同期比		
				上期价格	涨跌(元)	涨跌幅(%)	2017年同期价格	涨跌(元)	涨跌幅(%)
早籼米	标一	元/500克	2.80	2.80	—	—	2.80	—	—
花生油	鲁花一级桶装5升	元/桶	139.90	139.90	—	—	139.90	—	—
鲜猪肉	中段肉	元/500克	14.00	13.00	1.00	7.69	14.00	0.00	0.00
鲜猪肉	精瘦肉	元/500克	18.00	18.00			17.00	1.00	5.88
鲜猪肉	腿肉	元/500克	14.00	13.00	1.00	7.69	13.00	—	—
鲜猪肉	排骨	元/500克	29.00	29.00	—	—	30.00	-1.00	-3.33
鲜牛肉	新鲜去骨	元/500克	36.00	36.00	—	—	33.00	3.00	9.09
鲜羊肉	新鲜带骨	元/500克	42.00	42.00	—	—	35.00	7.00	20.00
活鸡	活肉鸡1-1.5公斤	元/500克	15.00	15.00	—	—	15.00	—	—
活鸭	中等毛鸭	元/500克	25.00	25.00	—	—	25.00	—	—
鸡肉	白条鸡、开膛、上等	元/500克	14.00	14.00	—	—	15.00	-1.00	-6.67
鸡蛋	新鲜完整	元/500克	4.80	5.00	-0.20	-4.00	5.80	-1.00	-17.24
鸭蛋	新鲜完整	元/500克	6.50	6.50	—	—	6.80	-0.30	-4.41
草鱼	活750克左右	元/500克	8.00	8.00	—	—	9.00	-1.00	-11.11
鲢鱼	活750克左右	元/500克	6.00	6.00	—	—	6.00	—	—
带鱼	鲜250克左右	元/500克	23.00	23.00	—	—	25.00	-2.00	-8.00
大白菜	新鲜一级	元/500克	1.80	1.80	—	—	1.50	0.30	20.00
小白菜	新鲜一级	元/500克	3.50	3.50	—	—	3.00	0.50	16.67

续表45

商品名称	规格等级	计价单位	本期价格	与上旬同期比			与2017年同期比		
				上期价格	涨跌(元)	涨跌幅(%)	2017年同期价格	涨跌(元)	涨跌幅(%)
西红柿	新鲜一级	元/500克	4.00	4.00	—	—	3.00	1.00	33.33
上海青	新鲜一级	元/500克	3.00	2.50	0.50	20.00	2.50	0.50	20.00
空心菜	新鲜一级	元/500克	4.50	4.50	—	—	5.00	-0.50	-10.00
菜花	新鲜一级	元/500克	2.50	2.50	—	—	3.00	-0.50	-16.67

【居民家庭耐用消费品拥有量】 2018年末，泉州市城镇每百户家庭拥有彩色电视机110.7台、洗衣机85.5台、电冰箱（柜）111.2台、空调190.2台、计算机84.4台、家用汽车57.1辆、移动电话289.9部。年末农村百户家庭拥有彩色电视机109.4台、摩托车92.8辆、家用汽车16.1辆、洗衣机67.4台、空调110.2台、移动电话250.6部。

民 政

【概况】 2018年，泉州市践行“民政为民、民政爱民”工作理念，紧盯“兜底线、补短板、抓提升、保稳定”目标任务，推进民政工作取得新进展。坚持服务经济社会发展大局，完成5项省级为民办实事项目、7项市级为民办实事项目。脱贫攻坚方面，落实低保兜底等扶贫措施，进一步提高城乡低保标准，实现城乡低保标准一体化，实施低保安居工程；加大老区扶建力度，主动对接老区优惠政策；引导社会组织参与精准扶贫；乡村振兴方面，出台《推进农村基层自治组织建设三年行动方案（2018—2020年）》，推进健全自治为基、法治为本、德治为先“三治”结合的乡村治理格局，推动社会治理和服务中心向基层下沉，提升农村基本公共服务水平；深化殡葬改革，推进移风易俗；城乡民生基础设施建设方面，加快推进社会福利机构等公共场所无障碍设施建设改造；人才“港湾计划”方面，发挥社会工作专业人才培训基地作用，抓好社会工作人才培养，建立社工人才信息库，研究制定社会工作人才岗位开发和人才激励保障机制办法。社会救助水平得到提升，稳步推进低保工作，全面实现城乡低保标准一体化，持续加强特困人员救助供养工作，落实临时救助制度，全市救助困难群众14186人次。实施农村低保安居房建设项目。推进养老补短板，打好老区脱贫攻坚战，落实革命“五老”人员待遇，福利慈善事业加快发展，加强农村留守儿童实名制登记管理，开展慈善助困、慈善助学、慈善助医、慈善助残、慈善助老、慈善公益等资助活动；加强和完善城乡社区治理，实施乡村振兴战略，推进农村基层自治组织建设，提高基层社区治理水平。开展扫黑除恶专项斗争、“村霸”问题专项整治，全面完成村（居）委会换届选举。严格社会组织管理，把党建工作纳入社会组织成立登记、年检年报、等级评估、变更登记四个环节，确保社会组织实现党的组织和党的工作“两个全覆盖”。落实困难群众基本殡葬服务费减免制度。加强婚姻、收养规范化建设。

【社区建设与服务】 2018年，泉州市加强和完善城乡社区治理，以巩固基层政权、完善基层民主制度、健全乡村治理体系、加强社区治理体系建设为重点，实现新时代城乡社区治理；创新社区治理机制，印发《泉州市民政局推进农村基层自治组织建设三年行动方案（2018—2020年）》，健全自治为基、法治

2018年10月1日，2018“相约海丝·缘定今生”集体婚礼在泉州台商投资区海丝艺术公园水镜广场举行 （图/黄雅珊 吴志勇）

为本、德治为先“三治”结合的乡村治理格局；下拨市级补助资金300万元开展30个“共建共享”新型示范社区建设，下达福利彩票公益金200万元建设40个市级农村社区建设示范点建设，开展24个城乡社区协商示范点创建活动，开展7个省级农村幸福社区星级评定工作，开展民主法治示范村（社区）评选，20个村（社区）被命名为省级“民主法治示范村（社区）”；提升社区服务水平，市级财政补助资金150万元建设10个社区服务站，加强社区服务站规范化建设，增强城乡社区服务功能，总结提炼社区工作法，丰泽区丰泽社区和晋江市梅庭社区入选福建省第一批优秀社区工作法；优化社区人才队伍，招募和培养30名高校毕业生服务社区安溪、永春、德化的城市社区，招募549人专职从事城市基层党建工作，推荐社区工作者参评2018年践行社会主义核心价值观基层“最美人物”，泉港区山腰街道锦塔社区党支部书记、主任庄碧凤获评最美社区工作者，晋江市青阳街道永福里社区党支部书记、主任伍婷婷获评最美社区工作者提名奖；完成全市2508个村（居）委会换届选举工作，村（社区）主干“一肩挑”比例41%；完成村（居）务监督委员会推选、基层群众性自治组织特别法人统一社会信用代码赋码、岗前岗位培训等后续工作，村（居）委会换届选举工作与扫黑除恶专项斗争紧密结合，净化农村社区社会风气，巩固基层政权，推进乡村振兴战略。

【社会组织管理】 2018年，泉州市强化社会组织管理，从2017年度年检结果为不合格和未参检市级社会组织名录库中随机抽取35家社会组织进行检查，对检查中存在问题的32家社会组织，发出限期整改通知书；加强社会组织诚信建设，出台《泉州市社会组织异常名录和失信黑名单管理办法》，社会组织诚信建设体系初步搭建， 73家市级社会组织被公布列入异常名录；开展专项整治工作，依法依规清理“僵尸社会组织”，梳理出连续2年及2年以上未参加年检社会组织143家，并就整改事宜和有关要求致函各业务主管单位，督促落实整改，推进柔性执法，推动45家异常社会组织办理注销手续；打击整治非法社会组织，全市取缔（劝散）非法社会组织22个；加强社会组织党建工作，泉州市民政局作为党建指导的社会组织有146个，成立党的组织50个，覆盖61个社会组织，其中单独组建1个，兼合式党支部49个。加强社会工作人才队伍建设，引导和鼓励社会工作从业人员参加社工职业水平考试，推动其逐步向专业社工过渡，全年439人通过考试取得社会工作者职业水平证书，全市登记成立社工机构59家（其中市级社工机构14家），从事社会工作服务的工作者1.26万人，取得职业资格认证的社会工作者2078人（其中助理社会工作师1319人，中级社会工作师759人），拥有省级优秀社工6名、市级优秀社工30名，第三层次人才5名、第五层次人才20名。社工资格考试通过率比上年增长51%，持证社工占全省15%，首次扶持5家民办社工服务机构，扶持资金35万元。推进志愿服务工作，标识志愿服务组织13个，全国志愿服务信息系统注册志愿者101万多人，记录志愿服务时间98万多小时。

【婚姻登记管理】 2018年，泉州市办理婚姻（结婚、离婚和补领）登记80218对，其中内地（大陆）结婚登记53865对、离婚登记14360对、补领登记11049对，涉中国港澳台结婚登记276对、离婚登记51对、补领登记399对，涉外结婚登记189对、离婚登记11对、补领登记18对。

【儿童收养与儿童福利院】 2018年，泉州市办理内地（大陆）收养登记82件，涉中国香港、中国澳门、中国台湾、华侨华人收养登记6件。泉州市有儿童福利机构10家（含综合福利院儿童部），床位515张，在院抚养儿童292人。

【老年福利院与“五老”供养】 2018年，泉州市有各类老年福利机构106家（含福利院、福利中心、敬老院、老年公寓、村级敬老院等），床位35859张（含日间照料室床位），年平均入住床位1186.1张。泉州市健在“五老”人员342人，2018年发放市级配套“五老”生活补助金79.6万元，各县（市、区）定期补助标准全部高于省定标准。80周岁以上高龄“五老”人员286人，每人发放高龄补贴500元，共5.72万元；特困“五老”人员145人，每人发放特困补助1000元，共5.8万元。“五老”人员全部免费纳入新型农村合作医疗，每人每年享受600元医疗补助，共发放市级配套资金4.09万元，住院“五老”人员医药费在新农合报销后，基本实现实报实销。泉州市本级安排30万元“两节”慰问金，县、乡配套，保证每个“五老”人员“两节”都能得到慰问。

【老区建设】 2018年，泉州市争取福建省老区办扶持资金330万元，下达市级老区专项扶持资金1020万元，扶持143个项目，其中对安溪、南安、永春、德化四县补助899万元，123个项目，资金占比88.1%，改善老区村面貌。市民政局与泉州市老促会、泉州市扶贫协会到老区村慰问革命“五老”人员及困难群众，市民政局与泉州市老科技工作协会、泉州市泉南经济技术开发协会开展“助力革命老区扶贫义诊”活动4场。

【赈灾与救济】 2018年，泉州市加强防灾减灾基础设施建设，将改造提升100个自然灾害避灾点列入市委、市政府为民办实事项目，每个项目补助5万元，共补助500万元，向省民政厅争取补助13个避灾示范点项目，每个5万元，继续推进各地救灾仓库建设；推动防灾减灾宣传教育，做好第十个“5•12”防灾减灾宣传教育工作，5月11日，市减灾委主办，人保财险泉州分公司协办，惠安县减灾委、泉州市海西社工事业发展中心承办的“5•12”全国防灾减灾日宣传活动在惠安县禹州城市广场举行，现场设置展板区、宣传资料发放区、咨询台等，向广大群众宣传各类自然灾害的预防、预警、预报和逃生方法，人员安全转移、撤离路线选择等防灾减灾知识，讲解各类防灾减灾知识和避灾自救技能，并向群众发放《防汛抗旱宣传手册》《山洪灾害防御基本知识》《家庭防震减灾常识》《农民防震减灾工程手册》等宣传资料；推进防灾减灾救灾，及时启动应急预案，做好受灾人员转移安置工作，及时跟踪灾情发展，积极查灾核灾，做好灾后救助工作，及时下拨自然灾害生活补助资金及冬春灾民生活救助资金560万元；完善农房保险和自然灾害公众责任保险制度，投入149.94万元（其中2017年预拨129.02万元），补助农户购买政策型农村住房保险，每户最高理赔金额3万元，建立自然灾害公众责任保险制度，市级补助247.56万元为辖区内人口购买自然灾害公众责任保险，每人最高理赔金额10万元，完善泉州市农村住房保险和自然灾害公众责任保险政策，支持受灾群众重建家园；创建全国综合减灾示范社区，市民政局与市地震局、气象局联合开展综合减灾示范社区创建工作，在提高示范社区的标准化、规范化、实用化上下功夫，创建具有一定特色的社区防灾减灾模式，指导惠安县螺阳镇霞光村社区、晋江市新塘街道梧林社区、晋江市罗山街道兰峰社区、石狮市湖滨街道长福社区4个社区申报全国综合减灾示范社区，全部获评。

【地名与边界线管理】 2018年，泉州市行政区划工作开展大泉州行政区划调整的前期基础准备工作，进行有关撤镇设街道和撤乡设镇等有关基础材料收集和调研工作，加强各县（市、区）村镇行政区划调整业务指导，支持条件成熟的村设立社区居委会、新设社区居委会等工作，全市撤销4个村委会、设立4个社区居委会，新设立14个社区居委会，全市共设18个社区居委会（鲤城区新设1个社区居委会；丰泽区新设2个社区居委会；石狮市新设1个社区居委会；晋江市新设1个社区居委会；南安市撤4个村委会，设4个社区居委会；安溪县新设9个社区居委会），鲤城区开元街道调整北山、西湖社区居委会管辖范围；石狮市湖滨街道曾坑社区居委会拆分为曾坑、金曾2个社区居委会。

地名管理工作，开展全市地名的命名、更名和地名标志设置调研和指导工作，全市共命名小区和建筑物6个、新命名50多条街路；进行《中华人民共和国标准地名词典》（第一部分）词条泉州市部分的审校、补充、完善和上报工作；开展《中华人民共和国地名志》词条泉州市部分的初审和上报工作；开展《中华人民共和国标准地名词典》（第二至八部分）词目泉州市部分的上报工作；进行市间跨县界48个、市内跨县界95个自然地理实体属性作息数据整合上报工作，开展“福建省地名文化遗产千年古镇（古村落）”南安市丰州镇（千年古镇）和千年古村落丰州镇桃源村的审核和上报工作。11月，为服务即将在晋江市举办的第18届中学生运动会，下达《关于做好泉州市路名牌双语标识设置工作的方案》，规范路名牌设置标准和范围；开展全市第二次全国地名普查补查、补更的督导自查、全面核查和迎接省民政厅验收工作，进行全市地名“二普”补查自查、核查和上报复检工作，全市第二次全国地名普查补查整改、补充光盘全部上报省民政厅，并转报国家“二普”办统一进行复检。2018年11月，全市报送的第二次全国地名普查补查成果已全部通过国家“二普”办全面审核和入库验收。

界线管理工作，进行2018—2022年全市县乡两级行政区域界线联检工作计划安排，4月26—27日，在德化县召开泉州与福州行政区域界线联合检查工作暨平安边界创建活动第一次联席会议。布置泉州与福州市间县级界线内业、外业联检的时间和工作任务。至10月底，全市全面完成1条市间县级界线、3条市内县级界线和61乡级界线联检工作；开展“平安边界”创建活动；结合界线联检工作，开展泉州与福州两市市间县级行政区域界线“平安边界”创建活动，要求有联检任务的县（区、市），利用界线联检时机，修复损毁界桩。

【救助】 2018年，泉州市推进特困人员救助供养工作，明确特困人员救助供养标准由基本生活标准、照料护理标准两部分组成，其中，基本生活标准原则上按当地城市低保标准的130%确定，照料护理标准按全自理、半自理、全护理三种分别参照当地最低工资标准10%、25%、40%确定。特困人员救助供养标准得到大幅提高，2018年特困人员救助供养标准提高至每人每月最低870元、最高1752元。至2018年12月，全市城乡特困人员5707人，其中城乡特困人员分别为579、5128人，累计发放救助供养资金7461.97万元。

临时救助。各县（市、区）按照户籍人口每人每年7元的标准筹集临时救助资金， 2018年全市共救助城乡困难群众14186人次，发放临时救助金3330.53万元。

流浪乞讨人员救助。 2018年，泉州市救助受助人员 5473人次，其中男性5116人次，女性357人次；流浪未成年人77人，60周岁以上老年人161人；残疾人129人，智障人员64人，精神病受助人员113

人；提供返乡乘车凭证1399张，护送140人（其中省内101人，省外39人），提供医疗救助19人，安置7人。不定期对托养机构托养人员的DNA进行采集，使用公安部门的人脸识别技术全年核实长期滞留受助人员身份信息并护送返乡。推进“寒冬送温暖”、“炎热送清凉”专项行动，按照环卫工、义工、社工一体的“三工”联动流浪乞讨人员街面救助模式，做好受助人员的站内救助、寄养机构的安全生产及回访和街头流浪乞讨人员的主动救助劝导工作。市民政局与公安部门建立“警务大数据+救助寻亲”合作机制，加入公安部门组建的寻亲工作微信群，在微信群内发布寻亲人员信息，由110指挥中心统一协调，利用警务刑侦技术，对寻亲人员进行比对查找，由“今日头条”等新媒体向寻亲人员走失区域及疑似寻亲人员户籍地所在地精准推送寻亲信息，发动社会大众提供信息线索。2018年底泉州市各级救助管理机构共有滞留受助对象142人，帮助65名滞留人员寻亲成功，成功率接近45%，解决30名长期滞留受助人员落户工作。

救急救难。2018年，泉州市泉港区、晋江市分别被确定为全国和全省救急救难综合试点单位。福建省确定泉州市为“救急难”市级试点单位，深化“救急难”综合试点工作，加强泉州市社会救助管理，提高社会救助工作水平，完善层次分明的社会救助制度，解决群众生活中遭遇的突发性、临时性、紧迫性困难问题。出台《泉州市深化“救急难”综合试点工作实施方案》，落实为民办实事“救急难”项目。

【福利彩票发行与资金管理】 2018年，泉州市有电脑福利彩票投注站1092家，中福在线销售厅10家，即开型彩票刮刮乐销售点1092家；全年发行福利彩票12.28亿元（其中电脑票9.15亿元，即开型彩票刮刮乐0.83亿元，中福在线视频型彩票2.3亿元），比上年增加0.34亿元，增幅2.8%。上缴公益金3.69亿元（其中中央级1.85亿元，省级0.82亿元，市、县级1.02亿元）。

民族与宗教事务

【概况】 2018年，泉州市民族与宗教事务落实民族工作“五项工程”和宗教工作“五大专项行动”，少数民族脱贫攻坚工作取得实效，民族乡村经济社会事业全面发展，推进民族团结进步事业，宗教工作法治化建设成效显著，推动宗教活动场所规范化管理，提升民间信仰管理水平，宗教界自身建设得到加强，宗教积极作用充分发挥，全市民族宗教领域总体保持民族团结、宗教和顺的和谐稳定良好局面。

【少数民族脱贫攻坚】 2018年，泉州市少数民族脱贫攻坚工作取得实效。加强民族地区发展顶层设计，市政府印发《关于促进民族地区发展的实施意见》，解决制约少数民族和民族乡村的突出短板民薄弱环节，促进少数民族事业全面发展。加大对民族乡村财政支持力度，下达各级民族补助款972万元，其中中央发展资金332万元、省级民族补助资金180万元、市级民族补助资金460万元，推进民族乡村经济快速发展，实现收入持续增长。市民族与宗教事务局联合市财政局修订印发《泉州市市级少数民族补助资金管理规定》《关于民族补助资金检查相关工作的通知》，进一步规范少数民族补助资金使用；参与市扶贫资金联合监督检查，督促市、县（市、区）两级联合监督检查中少数民族补助资金存在问题的整改落实。推进挂钩帮扶民族村工作，市直各挂钩帮扶单位每年安排专项帮扶资金不少于5万无，帮助民族村（社区）完善基础设施，增强“造血功能”。全年落实帮扶项目40多个，帮扶资金达200多万元。

【民族乡村经济社会发展】 2018年，泉州市民族乡村经济社会事业全面发展，少数民族特色村寨建设成效明显，市人大、政协专题调研少数民族特色村寨保护与发展情况，实地察看4个命名挂牌的“中国少数民族特色村寨”和2个少数民族特色村寨建设试点村，市政府专题汇报工作情

2018年12月24日，泉州银行与泉州市民族与宗教事务局举行战略合作协议签约仪式，助力泉州市民族宗教事务发展　　（图/泉州银行）

况，并形成调研报告，推进特色村寨建设。少数民族培训班形式多样，举办全市少数民族村主干培训班，加大民族政策和发展壮大民族村集体经济培训；组织参加全省第三期少数民族月嫂培训班、福建省少数民族农民实用技术（畜医畜药）培训班和全省建档立卡民族贫困村村主干第二期培训班等，提升民族乡村负责人的致富能力。少数民族社会事业有序开展，配合省政协调研全市民族乡村卫生事业发展，完成从业人员调查统计。引导宗教界资助45名少数民族贫困大学生，发放助学金20.5万元。组织排练2个节目参加福建省第五届少数民族文艺调演，选送的高山族舞蹈《花辰月夕》获得一等奖并参与汇报演出、选送的回族歌曲《心灵之歌》获得三等奖；组织泉州代表团参加福建省第九届少数民族传统体育运动会，取得竞赛项目7金6银6铜，表演项目2个金奖1个银奖的成绩，金牌总数和奖牌总数均居全省第二。市民宗局和市体育局被授予“优秀组织奖”，市代表团及8位运动员被授予“体育道德风尚奖”。

【民族团结进步事业】 2018年，泉州市推进民族团结进步事业，民族团结进步宣传活动丰富多彩，围绕“团结奋斗铸牢中华民族共同体意识”主题，在惠安县涂寨镇举行全市第十一个民族团结进步宣传月活动启动仪式。各县市区、有关街道、民族村、民族中学相继开展丰富多样的宣传月系列活动，如台商区举办第二届少数民族文化节、白崎边防派出所组织开展宣传月活动暨“送温暖、保平安”警地共建活动；晋江金井钞岱回族村举办民族团结进步宣传月气排球邀请赛、陈埭民族中学举行宣传月主题活动暨民族文艺会演；安溪县在盛富畲族村举行宣传月主题活动暨首届“中国农民丰收节”、“移风易俗”系列活动等。宣传月期间，全市各县（市、区）累计举办少数民族文艺汇演、普法、义诊等活动28场次。深入开展少数民族流动人口服务管理工作，协同市委统战部做好外来少数民族务工人员相对集中的企业的调查摸底工作，先后实地走访洛江和诚鞋业有限公司、晋江宇踏鞋业有限公司等企业，了解少数民族务工人员的生产生活情况，到泉州农校、泉州华侨职校关心慰问西藏班学生，完善城市少数民族的服务管理工作。发挥民族团结进步典型示范作用，基层单位在民族团结进步创建工作中涌现出一批先进典型，发挥示范表率作用，谱写各民族共同团结奋斗、共同繁荣发展的新篇章。经择优推荐的晋江市被国家民委命名为第六批县级及以下全国民族团结进步创建示范区（单位）；推荐的丰泽区源淮社区被省民族宗教厅确定为第二批少数民族流动人口服务管理联系点。

【宗教工作法治化】 2018年，泉州市推进宗教工作法治化建设，宣传培训方面，组织全市105名民族宗教干部、统战委员参加省民宗厅在厦门举办的新修订《宗教事务条例》闽南片区培训班，组织1名宗教干部参加省民宗厅举办的专题学习班，组织3名宗教界人士参加“宗教与社会心态暨新时代福建民族宗教”工作坊，组织参加全省新修订《宗教事务条例》知识竞赛；组织举办全市民族宗教系统信息工作会议，对信息工作进行培训和部署。举行全市宗教工作干部培训班，提升从事宗教工作的能力和水平。有效推进依法行政，按照新修订《宗教事务条例》，重新梳理泉州市民宗局权力清单和责任清单，按照市行政中心的要求推进审批提速和服务优化工作，全年共办结审批事项24件。

【宗教活动场所管理】 2018年，泉州市推动宗教活动场所规范化管理。制定下发《泉州市规范宗教活动场所管理工作方案》；召开全市安全工作会议并组织安全培训1次，制定下发场所安全工作相关文件11份；开展安全检查4次，检查130家场所，整治安全隐患约200处，完成安全风险管控体系596家。完成全市892家宗教活动场所社会统一信用代码赋码管理和新版宗教活动场所登记证换发工作。组织各县（市、区）对辖区内宗教活动场所财务工作进行全面检查，重点检查宗教和民间信仰活动场所联系点开户情况。提升民间信仰管理水平，开展民间信仰“两个专项”工作，泉州北门街通天宫等9处场所被纳入第二批福建省民间信仰备案登记管理场所，泉州泉郡富美宫、南安寮洋宫等2处场所被纳入福建省民间信仰活动场所联系点。

【宗教界人士自身建设】 2018年，泉州市宗教界自身建设得到加强，坚持宗教中国化方向，强化宗教思想建设，组织宗教界学习传达贯彻党和政府重要精神、重大决策指示，确保团体班子成员政治上可靠，始终团结在党和政府周围。引导宗教团体、宗教活动场所开展“四进宗教活动场所”活动。加强宗教文化建设，配合第五届世界佛教论坛各项工作，做好泉州佛教祖庭名刹研究工作各个环节的组织、协调工作，撰写泉州市佛教祖庭名刹子课题调研报告。泉州市有9处佛教代表性场所入选《福建佛教祖庭名刹文化概览》。完善宗教团体工作机制，制定《泉州市宗教工作重大事项和重大问题督办、检查、反馈、问责制度》，草拟《泉州市全市性宗教团体重大事项报备制度》及《全市性宗教团体负责人年度述职考核制度》。依法加强宗教工作管理，促进宗教工作规范化。

【宗教积极作用发挥】 2018年，泉州市发挥宗教积极作用，打造宗教公益慈善品牌，组织开展“泉州宗教齐助力 百家场所帮百村”活动，筹集资金超过3000万元。宗教界参与创城创卫工作，制定《泉州宗教界移风易俗倡议书》、《泉州市宗教界人士移风易俗自律承诺书》。

社会保障

【概况】 2018年，泉州市参加职工基本养老、失业、工伤保险分别增至163.8万人、68万人、116.1万人；城乡居民养老保险参保366.8万人、参保率99.4%，缴费257.1万人、缴费率95.1%，继续位居全省前列，是全省唯一连续7年缴费率均达94%以上的设区市。

【住房公积金】 2018年，泉州市住房公积金管理中心发挥住房消费平台作用，促进全市房地产市场平稳健康发展。11月，启动泉州中心公积金管理新系统上线工作，组织多轮人员培训，开展数据切换、初始化、清理、核对和系统测试等大量前期准备工作。是年，全市住房公积金注入房地产市场资金95.29亿元，支持购建房面积128.99万平方米。全市新增归集单位22686个，新增归集职工10.17万人，完成全年新增归集职工数计划的203.4%；新增归集公积金79.87亿元，完成年度计划的117.46%；新增批准提取公积金56.33亿元，完成年度计划的125.18%；新增发放个人住房贷款10849户、48.23亿元，完成年度计划的100.48%，个贷使用率116.07%。全市实现增值收益2.52亿元，比上年增长15.07%；业务收入8.31亿元，增长28.44%。

推进住房公积金归集扩面。2018年，泉州市住房公积金管理中心持续推进归集扩面。市政府分管领导与各县（市、区、管委会）分管领导签署《归集扩面工作目标责任书》，明确扩面重点，健全联动机制。加强宣传，开展以“住房公积金•筑梦人才港湾•服务幸福泉州”为主题的宣传月活动，确保“人才港湾计划”惠及落地。出台新政，制定关于在内地（大陆）就业的港澳台同胞享有住房公积金待遇的具体实施办法，为在港澳台籍职工提供同等、高效、便捷的住房公积金服务。规范缴存，出台规范改进住房公积金缴存提取政策，通过规范缴存基数上限、延续缴存比例浮动区间、提高降缓缴审批效率、规范改进提取政策、优化提取审核流程、实施失信联合惩戒和一人多账户清理等，降低实体经济成本，减轻企业非税负担。

发挥消费平台作用。泉州市住房公积金管理中心发挥消费平台作用，8月起先后在市区及石狮、晋江建行试点开展贴息贷款业务，受理2081笔93244.9万元，拓宽贷款资金来源，降低个贷使用率；加强信息披露，在《泉州晚报》、泉州广播电视台及中国泉州和公积金官网、微信等主流媒体全方位发布公积金年度报告，深入解读分析，正面引导舆论；继续开展低收入家庭职工住房公积金贷款贴息工作，发放2017年度公积金贷款贴息资金3笔6935.61元。

统筹资金使用。泉州市住房公积金管理中心科学统筹资金使用，做好银行结算数据应用系统接入工作，与承办银行签订支付结算业务合作协议，以代理平台方式接入，满足实时结算业务需要；依据每月业务和资金情况，科学制定贷款发放及资金使用计划，并在使用外部融资资金的同时合理调度资金，2018年厘清部分跨管理部资金拆借7笔1.15亿元，跨管理部资金调剂24笔4.5亿元，管理部内部跨银行资金调剂65笔9.16亿元，保证资金安全高效使用，有效缓解供需矛盾。

深化“放管服”改革。泉州市住房公积金管理中心深化“放管服”改革，简化材料，对业务流程和材料进行再压缩再简化，取消缴存登记、个人账户开立纸质材料、简化个人账户并户操作、死亡提取证明材料、按揭项目备案材料等，修改完善贷款申请新表，提升服务效率；便捷服务，为拓宽“互联网+政务”的内涵，市管理中心将“最多跑一趟”所有事项的办事指南制作成二维码放置服务大厅醒目位置，只需通过手机进行扫描，就能详细了解各项业务办事指南，为办事职工提供更便捷、高效的服务。出台《关于贯彻落实〈福建省弘扬“马上就办、真抓实干”优良传统作风若干规定〉的实施方案》，着眼于提升营商环境、高质量赶超、精准脱贫等重点工作，更加突出问题导向，推动作风建设常态化、制度化、长效化，让“马上就办、真抓实干”蔚然成风；强化监督，推广随机抽查规范事中事后监管，建立“双随机”抽查机制，督促各管理部每季度做好“双随机”抽查工作，做到全程留痕，实现责任可追溯；实施管理部、科室二级绩效考评，做好省网上办事大厅绩效工作，为实现“一网登录、一口办理”和网上办事大厅与实体大厅服务融合发展打好基础；加强监督，强化效能和信访管理工作，全年共收到12345咨询投诉件102件，省信访信息平台信访件及群众来信15件，均按时逐一进行答复办理。

【最低生活保障】 2018年，泉州市建立低保标准动态调整机制，推动城乡低保标准一体化，综合考虑精准扶贫和缩小城乡差距需要，对农村最低生活保障标准进行大幅提高，2018年12月，城乡低保对象人数67990人，其中城市低保对象9194人，农村低保对象58796人，共发放城乡低保金28194.78万元；完善城乡最低生活保障制度，将无法通过开发性扶贫措施实现脱贫的贫困人口符合低保条件的全部纳入低保给予兜底保障，做到应保尽保，建立农村低保对象与扶贫开发对象比对机制，开展排查比对工作，至2018年6月，泉州市有建档立卡贫困人口38562人，其中享受低保的建档立卡贫困人口12978人，及时纳入低保范围，做到精准救助、应保尽保，市民政局出台《关于贯彻落实〈福建省民政领域脱贫攻坚战三年行动实施方案（2018—2020年）〉的意见》，为打赢脱贫攻坚战发挥应有作用；加大社会救助监管力度，开展市级第二次扶贫领域联合监督检查，抽查南安市、泉港区、安溪县，了解资金是否下拨及时、足额，低保对象是否符合低保条件。

【医疗保障】 2018年1月1日，泉州市整合优化城镇居民医保和新型农村合作医疗两项医疗保障制度，实施统一的城乡居民基本医保制度。全市基本建成覆盖全民、城乡统筹、保障适度、可持续的多层次医疗保障体系。2018年全市参保人数723.03万人（其中：职工医保参保人员114.46万人，城乡居民医保参保人员608.57万人），位居全省第一。2018年城乡居民医保筹资水平670元/人，其中：各级政府补助490元/人，个人缴费180元/人，人均筹资比2017年增加70元，政府补助比例达73%以上。

医疗保障待遇。泉州市职工医保范围内住院报销比为86.06%，实际报销比为75.69%，城乡居民医保范围内住院报销比为66.47%，实际报销比为54.75%。完善城乡居民基本医保普通门诊报销政策，参保居民到定点基层医疗卫生机构普通门诊就诊，报销不设起付线，政策范围内费用按70%报销，全年累计最高支付限额由400元提高到600元。提高城镇职工医保普通门诊待遇水平，起付线由3000元降低到1000元。完善大病保障制度，突破按费用进行补偿的大病保险单一模式，实行“按病种”和“按费用”并行保障制度，将21类重大疾病保障对象扩大到所有参保城乡居民，定点救治、定额支付，实际医疗费用报销比例达70%以上。在全省率先将恶性肿瘤中医药治疗纳入门诊特殊病种和治疗项目，门诊特殊病种数和诊疗项目由原来的22种增加到39种。将心脏、肝脏、肺脏和胰腺器官移植等4个器官移植治疗的住院医疗费用纳入医保报销范围。对2017年度全市参保对象住院医疗费用（含特殊门诊）10万元以上的大病患者实施大病医保二次补偿，进一步缓解大病患者医疗费用的负担。提高精神类疾病患者、尿毒症透析患者医保待遇水平，在全省率先对疫苗不良反应相关疾病患者的后续治疗实施医疗保障待遇。

医保扶贫。3月1日，泉州市实行全市统一的城乡居民医疗救助政策，基金实行市级统筹管理，2018年救助39万人次，救助金额8468.68万元。在基本医保、大病医保、医疗救助和省级精准扶贫医疗叠加保险政策的基础上，实施市级精准扶贫医保补充补助政策，使保障对象的报销比例达到泉州市辖区内一级医院及社区卫生服务中心98%，二级医院95%，三级医院90%。集中救助的13种大病保障对象医疗费用个人负担部分的补助比例由90%提高到98%。全年受益36163人次，补助金额264.38万元。通过多重医疗保障政策，国定、省定农村贫困人口实际报销比例达到90%（其中13种大病患者实际报销比例达到99%以上）。

药品耗材采供改革。泉州市开展以医保支付结算价为基础的联合限价阳光采购改革，巩固泉州市药品阳光采购联盟作用，通过“抱团”带量采购，2018年，药品采购资金再节省1.8亿元。加强药品生产流通领域供应履约情况监管，保障药品供应。全市医疗机构药品线上采购金额38.63亿元，发货金额34.01亿元，入库金额33.87亿元，发货入库率99.58%，整体稳定且维持在相对较高的水平。在首批34家县级以上医疗机构的基础上，将全市170家基层全部纳入药品货款统一结算，2018年结算金额达27.14亿元，累计结算率达81.47%。

医疗服务价格改革。泉州市实施以按病种收付费为重点的支付方式改革，分两批次遴选270个诊断明确、技术成熟、并发症少、疗效确切的病种，科学制定病种收费价格和医保支付标准，激发医疗机构控制成本的内生动力，推动医疗机构转变运行机制。优化部分医疗服务项目价格，在确保医疗机构良性运行、医保基金可承受、群众负担总体不增加的前提下，调整公立医院3级及以上手术类815个项目价格，提高公立医院普通门诊诊查费6个项目价格，降低75项检查、检验类项目价格。支持鼓励医疗机构发展新技术，制定出台82个新增医疗服务项目价格，规范16个医疗服务项目价格，逐步理顺不同级别医疗服务项目的比价关系，加强医疗服务价格、医保支付、医疗控费、分级诊疗等政策的统筹衔接。实行医疗服务价格分类管理，完善医疗服务价格形成机制，对18个特需医疗服务项目及其他市场竞争比较充分、个性化需求比较强的70个医疗服务项目放开价格，实行市场调节价管理。

【养老、失业、工伤保险】 2018年，泉州市实施全民参保计划；加快机关事业单位工作人员养老保险制度改革；推进居民保参保扩面8.5万人；推动建筑业按项目参加工伤保险专项扩面行动，企业职工养老保险、工伤保险扩面分别比上年增长2.7%、2.6%，新开工项目参保率100%；推进社保费征管职责划转工作。提升养老保险待遇水平，机关事业单位和企业退休人员待遇水平总体提升5%；全市于9月底完成城乡居民养老保险基础养老金提标工作，惠及老年居民91万人。出台城乡居民养老保险扶贫代缴政策，将建档立卡贫困人口、低保对象、特困人员纳入代缴范围，为符合条件的4.1万名贫困人员代缴保费344万元。出台社保卡服务管理工作六条措施，新卡制发实行全市通办并免收补换卡费用，新增“立等可取”窗口95个，实现“最多跑一趟”。推广城乡居民养老保险智能缴费，全市通过智能缴费的参保人员、缴纳金额占全省比例超四成，居全省首位。继续阶段性降低失业保险和工伤保险费率，分别减负0.98亿元、1.04亿元，惠及企业4万多家、参保职工67万人和7.9万家、参保职工116万人；发放稳岗补贴1211万元，惠及企业261家。

【保险基金发放与管理】 2018年，泉州市成立市社会保险经办风险管理专项行动领导小组，组织开展为期两年的社会保险经办风险管理专项行动、工伤保险内部控制专项检查，坚持问题导向，查找风险点和薄弱环节，从完善政策、制度和流程入手，抓好问题整改，健全规章制度，完善经办流程，规范权力运行，真正做到补短板、堵漏洞、控风险。组织开展养老保险重点指专项核查工作，全市共追回重复领取、死亡继续领取待遇人数4183人，追回基金金额1417.57万元。

劳动就业

【概况】 2018年，泉州市把构建和谐劳动关系情况纳入考核体系，加强对劳动关系领域风险防控工作研究，制定具体实施意见，建立劳动关系预警、挂钩帮扶、部门联动等三项工作机制，加强劳动关系运行情况监测预警，关注经济形势发展、企业经营状况变化中出现的新情况、新问题，做好主动预防和妥善处理。落实劳动合同制度，开展非公有制经济组织落实劳动合同制度专项行动，提高非公企业劳动合同签订率。

【就业服务】 2018年，泉州市城镇新增就业12.7万人，失业人员再就业2630人，其中就业困难人员再就业913人，分别完成省定任务的102.8%、105.2%和114.1%；城镇登记失业率1.3%，低于省定任务0.7个百分点。出台进一步做好当前和今后一段时期就业创业、创业担保

2018年2月19日，永春县在县工业园区举行企业招工现场会。图为求职者到场咨询 （图/姚德纯）

贷款、一次性创业补贴发放实施细则、保障“两节”生产稳定运行等政策，加强就业创业培训扶持奖补，强化企业招工引才服务，力促更高质量更充分就业。全年使用就业资金1.1亿元。全市采集省定扶贫地区农村贫困人员信息并录入就业扶贫信息数据库39631人，完成省下达任务。扶持创业孵化基地建设，泉州“领SHOW天地”文创园入选首批省级创业孵化示范基地，泉州市大学生电子商务创业孵化基地入选省级创业孵化基地，资助大中专毕业生创业省、市级项目51个、164万元。全年组织举办招聘会252场，参会企业9340家次，达成就业意向6万多人。完成城乡居民养老和医疗保险村级便民信息化平台建设、扶持高校毕业生就业创业等2个福建省为民办实事项目，其中投入财政资金1098万元，在全省率先建成城乡居民养老和医疗保险村级便民信息化平台1394个，超出省下达任务的65%；派遣“三支一扶”（指大学生在毕业后到农村基层从事支农、支教、支医和扶贫工作）高校毕业生107人，发放高校毕业生就业见习补贴465万元、688人。

【职业培训】 2018年，泉州市落实《关于加强职业培训提升产业工人队伍素质的十七条措施》，继续组织实施农民工技能素质提升培训等培训。全市培训各类劳动者25万人次，其中完成“春潮行动”农民工职业技能提升培训3.83人次。举办“工业制造大数据国家级高级研修班”，举办11个省级高研班、9个中级研修班、24个普通培训班，共有3.4万名专业技术人员参加学习培训，完成验证3.1万人次。

【职业资格与技能考评】 2018年，泉州市面向产业发展需要和劳动者职业需求，创新开展多元化技能人才评价工作，在全省率先开展焊工准入类职业（工种）统一职业技能鉴定工作，率先开展电子商务专项职业能力考核，职业技能鉴定工作持续开展。全市组织鉴定4.7万人次，其中职业资格鉴定33292人，计算机高新技术考试13931人、专项职业能力考核219人。全市新增高级工3784人，技师、高级技师1022人，完成省人社厅下达的高级工3000人、技师以上300人任务的126%、340.6%。加强鉴定队伍建设，组织461名职业技能鉴定考评员、计算机信息高新技术考试考评员参加在线培训平台继续教育学

习，不断提升业务素质；组织10名人员参加质量督导员培训班，增强质量督导力量。

【工资监管和指导】 2018年，泉州市深化国企薪酬制度改革，组织开展第八次企业薪酬调查，加强工资宏观调控。加强企业工资分配，落实最低工资标准制度，发布2018年企业工资指导线，确定企业货币工资增长上线为13%，基准线为8%，下线为3%，发布建筑业、批发零售业、住宿餐饮业、交通运输仓储和邮政业等四个重点行业的工资指导线。规范津补贴发放，抓好“违规发放津补贴问题”巡视整改项目整改落实，开展市直机关事业单位“1+X”津补贴专项督查，确保津补贴规范发放。完成机关事业单位工作人员基本工资标准调整和离休人员离休费调增工作，市直共涉及调标对象2.51万人。

养老事业

【概况】 2018年，泉州市完成163个乡镇（街道）配备1名养老救助协理员的招聘工作，专门从事镇（街道）养老、救助等民政工作，基层民政服务能力得到进一步提高;持续推进养老服务业发展，新增养老床位3840张，每千名老人拥有养老床位35.33张；完善城乡养老服务体系，加快发展养老服务业，投入省级补助资金850万元完成50个农村幸福院建设；推进农村养老服务设施建设，满足农村老年人居家养老服务需求，泉州市、县两级投入补助资金2250万元建设完成150个农村居家养老服务中心（站）；城市社区居家养老服务中心（站）实现全覆盖；整合资源，逐步形成符合各县（市、区）实际的居家养老专业化组织落地模式，实现对各乡镇、街道办事处的养老服务全覆盖；泉州市、县（市、区）两级政府共投入1391.2万元用于为老年人购买居家养老专业化服务；2018年培训养老服务从业人员2292人；出台非营利性养老机构一次性开办补助和床位运营补贴标准等相关政策，有19家民办养老机构得到省级补助131.2万元，得到市级补助39.56万元；有2家民办居家养老服务照料中心得到省级护理补贴1.53万元，得到市级补贴3080元；鼓励社会资本办医，优先支持社会资本举办康复、养老等专科特色明显的医疗服务机构，引导非公立医疗机构走差异化发展路子，与公立医院形成功能互补、良性有序的市场竞争格局，让老年人在养老机构享受便捷高效的医疗服务；省卫计委、民政厅确定泉州德诚医院等单位为泉州市医养结合“四个一”试点并已开始运行，以点带面，进一步推动泉州市医养结合养老服务业发展。

【退休干部职工】 2018年，泉州市落实退休人员“两项”待遇，至年底，办理市直机关事业单位工作人员退休审批手续223人（不含党群、教育系统和事业单位工勤人员），办理处级领导改发退休费32人。重新核对养老制度改革时间节点2014年10月以来“中人”退休相关信息，完成1300多名“中人”退休费变动审批工作，确保养老金足额有序发放。完成机关事业单位离休人员离休费调整提高工作，市直共涉及离休人员（含“5•12”干部和中华人民共和国成立前老工人、企业离休干部）205人。为2200多名市直机关事业单位退休处级干部和高级职称专业技术人员赠订《福建老年报》。联合市委组织部、老干部局、市财政局下发《关于重大节日慰问离退休人员有关事项的通知》；根据市委常委会会议纪要精神，联合市委文明办、老干部局、市财政局明确从2017年起对市本级离退休人员分别按单位获评等级相对应的标准发放文明单位奖金。“两节”期间，慰问困难退休干部职工和特困人员、住院人员和当年牺牲、病故干部职工遗属565人。企业职工基本养老金按时足额100%社会化发放，基本养老保险待遇连续九年大幅增长，月人均养老金从2005年底591元增至2018年的2401.22元，增幅306.3%。

【老年教育及文娱活动】 2018年，泉州市已办各级老年大学（学校）2509所，开通老年远程教育收视点2467个，市、县、乡三级建校率达100%，村级建校率92.6%，在校学员30万多人，占全市老年人总数29.7%，普及率、入学率继续居全省、全国前列。

全市各级老教委、老年大学（学校）把学习宣传贯彻习近平新时代中国特色社会主义思想和中共十九大精神作为学校思想政治教育和课堂教学的重要内容，通过举办专题讲座、辅导报告、读书班、培训班和编写辅导教材、发放学习资料等形式，帮助老年学员学懂弄通中共十九大精神，搭建平台开展“学习贯彻十九大，助力‘五个泉州’建设”主题活动，组织发动各级老年教育讲师团和广大老年学员进校园、进社区、进家庭，宣讲习近平新时代中国特色社会主义思想和中共十九大精神，在全社会营造浓郁学习氛围。

强化时政教育。泉州老年大学加强“时政讲堂”学习教育，全年举办专题时政报告、讲座26场次；继续办好时政系（班），全年完成32课时教学任务，组织到洛江、惠安、永春等地进行现场教学，参观工农业生产、美丽乡村建设等；成立时政系临时党支部，为增加老党员学习活动的新平台。

落实全国、全省、全市《老年教育发展规划》。实施泉州老年大学提升工程，按时序建设新校舍；发展“互联网+”老年教育，拓展老年远程教育云平台的功能；建设泉州市老年教育队伍培训基地，提升基层老年学校领导班子、工作人员、任课教师、学会骨干的能力素质和工作水平；在全市养老机构内开始普及开展老年教育学习活动，探索养教结合模式；继续开展示范校、精品课程创建活动，引领基层老年学校科学发展；加强教师队伍建设，推动教学质量不断提高；拓展泉台民间文化、教育交流合作，继续办好海外班，为在泉工作和到泉游学的台胞提供学习培训；加强老年教育志愿者队伍建设，为老有所为搭建平台。

提升老年大学基础能力。继续实施老年大学教学场所提升工程，2018年市财政按计划投入4000万元，推进泉州老年大学新校舍项目建设，7月份主体工程全面封顶，年底外装修、内装修完成30%；不断提升教学现代化管理水平，泉州老年大学按照“规范、优化、创新、提升”总体思路，加大投入，装备智能化水平较高的教学管理系统，提高工作效率。

提升基层老年学校办学水平。加大对基层老年学校办学指导帮扶，2018年市老教委先后在鲤城区老年大学、晋江市老年大学、泉州老年大学举办全市老年大学交谊舞教学观摩暨师资（讲师团）培训班、全市老年教育学习活动团队暨志愿者队伍带头人培训班、第三期全市基层老年学校校长培训班暨第二届基层老年学校文艺会演，对各县（市、区）开展专题调研，查找存在问题，研究解决方法，督促各地老年教育稳步发展；发掘特色课程，创新基层办学模式，德化县乡镇、村两级老校根据传统文化和当地特色，因地制宜设置课程，开设陶瓷技艺、德化梨、德化黑鸡、黄花菜、高甲戏、山歌、剪纸、大鼓凉伞、三通鼓等特色课程，形成“一校一特色一精品”格局，根据“大城关”布局，深入探索解决进城老年人就近入学问题，杨梅乡老校率先在城关设立分校，为进城老年人搭建“学乐为”平台，南安市卫计局每周从保健教育专家库中选派一名专家到老年大学授课，教育局、文化馆、电视台等单位也选派人员开展支教活动，满足老年学员的学习需求。

开展示范校创建活动。开展全市第三轮市一级、第七轮市级示范校验收评审工作，新申报的乡镇老年学校有12所被评为2016—2018年度市一级示范校、20所乡镇老年学校被评为2016—2018年度市级示范校。截至2018年底，全市有45所市一级示范校，32所市级示范校，基本完成《泉州市老年教育“十三五”发展规划》提出的示范校创建目标。

2018年4月21日，永春县举行老年人健步走活动（图/姚德纯 叶国强）

加强老年远程教育云平台建设。加强基层老年远程教育收视点建设，截止2018年底，全市开通老年远程教育收视点2467个，建点率98.3%，其中开通泉州老年远程教育云平台独立收视点1856个，市老教委与福建广电网络集团泉州分公司商定如何扩展云平台功能、合作开发微课堂，研究解决基层收视点播放存在问题等，继续加强资源库建设，2018年泉州老年大学和晋江、石狮两个老年远程教育课件制作基地，制作76课时的时政、灯谜、音乐、广场舞、西医等高质量教学视频教材以及《成语养生法》《纪念改革开放四十周年》微课件，购买浙江老年电视大学16课时优质视频教材，丰富学习内容，市老教委编印《常见疾病的穴位按摩治疗》远程教育配套教材，赠送基层老年学校使用；配合福建老年教育新媒体电视平台推广工作，在新媒体平台上传远程教育课件，与市电信公司研究推广举措和优惠办法。

加强全国老年远程教育实验区建设。全市9个全国老年远程教育实验区完成自评工作，市老教委推荐石狮、晋江申报第二批全国老年远程教育示范区，台商投资区申报第五批全国老年远程教育实验区，通过中国老年大学协会远程教育工作委员会的评审验收。泉州老年大学选送的视频教材《成语养生法》被中国老年大学协会评为第五批全国老年远程教育优秀微课，石狮市老教委选送的《讲好中国故事、展望伟大复兴》获特色视频教材；晋江、德化老教委撰写的老年远程教育论文获第三批全国老年远程教育研究课题三等奖，7人撰写的老年远程教育论文获优秀奖。2018年3月，泉州市作为全国老年远程教育唯一代表在中国老年大学协会第五届会员代表大会上作经验介绍。

开展丰富多彩的校园文化活动。泉州老年大学先后在“元旦、

七一、国庆、老年节”等重大节日开展20多场以“我们的节日”为主题的校园文化活动，期末举办为期一个月的校园文化艺术节活动，近20场丰富多彩的学习成果汇报演出和联欢，参与人数3000多人次。丰泽、石狮、晋江、惠安、安溪等地老年大学也举办校园文化艺术节，组织书画摄影展、南音汇唱、舞会、诗词咏诵会、谜语竞猜、班级联欢等丰富多彩的活动，为老年学员们搭建文化交流、自我展示的平台，营造积极向上、健康文明的校园文化氛围。

引导正能量的发挥。2018年是中国改革开放40周年，各县（市、区）老年大学举办纪念改革开放40周年大型文艺演出活动，开展座谈会、摄影诗词书画展、征文等系列活动，畅谈改革开放40年来取得新成就新变化，展示当代老年人积极向上的阳光心态和爱党爱国之情；泉州老年大学在府文庙广场举办“辉煌四十年•筑梦新时代”——泉州市离退休干部纪念改革开放40周年文艺演出，上千名观众观看，泉州网进行现场直播，点击量20600多次；各老年大学继续开展“泉州市老年大学文化惠民下基层”等各种增添正能量活动；泉州老年大学参与市委、市政府和有关部门举办的各类演出活动30多场次，组织学校临时党支部、艺术团、老年志愿服务队等走进泉州江南老年颐乐园、兴贤老年养老康复护理中心等地开展10多场“文化惠民下基层”活动，前往鲤城区金山社区、丰泽区社会福利中心、洛江区河市镇、安溪县丽山村等地开展40多场志愿服务活动；各县（市、区）老年大学配合党委、政府开展的“移风易俗”、“扫黑除恶”活动，深入到社区，农村、部队、企业，举办100多场次演出活动。

慈善事业

【概况】　2018年，泉州市慈善总会接收慈善款物10613.8万元，支出慈善款物10657万元（包括定向慈善资金支出），新增冠名慈善基金9个，认捐善款4480万元；在12个县（市、区）开展“慈善助困、慈善助学、慈善助医、慈善助残、慈善助老、慈善公益”等六大品牌的慈善活动。

【慈善助困】　2018年，泉州市慈善总会慈善助困投入103万元，立足社会保障扶贫，资助18户低保户建设安居房，开展“慈善情暖万家”活动，春节走访慰问108户困难家庭。

【慈善助学】　2018年，泉州市慈善总会慈善助学投入69万元，立足发展教育扶贫，建立一次性资助与四学年资助相结合的新模式，资助185名应届贫困大学生入学，其中对20名家庭特别贫困的优秀学生实行四年制资助，慰问泉州市特殊教育学校贫困学子。

【慈善助医】　2018年，泉州市慈善总会慈善助医投入1522万元（含物资折价），承接中华慈善总会格列卫、达希纳、爱必妥药品援助项目，援助患者476人次，承接中华慈善总会拜科奇援助项目，资助患者13人次，与泉南协会合作，下乡义诊送医送药，与华大医学院合作远赴新疆昌吉市为18名贫困白内障患者实施复明工程。

【慈善助残】　2018年，泉州市慈善总会慈善助残投入16万元，立足助残脱贫，资助老区贫困残疾人安装假肢，资助贫困聋儿佩戴助听器；慈善助老投入5万元，资助老年大学在贫困地区实施远程教育项目。

【慈善公益】　2018年，泉州市慈善总会慈善公益投入8942万元，冠名慈善基金定向资助慈善公益项目8942万元，其中通过主动服务、搭建平台，引导社会力量参与脱贫攻坚，投入近3000万元，占冠名基金定向支出30%以上。

2018年8月21日，由泉州市慈善总会与泉州晚报社主办的“共同托起他们的理想2018行动”助学金发放仪式举行。图为参加助学活动的企业家代表发言

（图/泉州网）

县（市、区）

鲤城区

【区情概况】　鲤城区是泉州市中心城区之一，因古城形似鲤鱼得名，陆域面积53.74平方千米，介于东经118°29′～118°37′，北纬24°52′～24°56′之间，地势西高东低，平坦开阔，晋江穿越全境，气候温和，有“温陵”之美誉。五代时，环城遍植刺桐树，以“刺桐城”“刺桐港”扬名天下。1300年来，长期作为晋江流域的政治、文化、经济中心。1985年12月，实行市管县体制，设立泉州市（地级市），原辖区域改设鲤城区，隶属泉州市；1997年6月，原鲤城区行政区划调整为鲤城、丰泽、洛江3个市辖区，今域延称鲤城区，2018年辖开元、鲤中、海滨、临江、江南、浮桥、金龙、常泰8个街道和泉州高新技术产业园区（江南园），81个社区。常住人口40.1万人，自然增长率2.4‰、性别比109.08。2018年，鲤城区获2017年度流动人口基本公共卫生计生服务均等化示范区；获得福建省首批“教育强区”称号。

2018年2月，在全市“项目攻坚2018”第一季度集中开竣工活动中竣工投用的鲤城百脑汇　（图/吴寿民）

【经济发展】　2018年，鲤城区开展“项目攻坚2018”，实施产业升级路线图、第三产业提升年活动，优化主导产业业态，壮大新经济体量。是年，全区生产总值346.8亿元，比上年增长9.1%。其中：第一产业增加值0.13亿元，比上年下降11.5%；第二产业增加值137.49亿元，增长8.0%；第三产业增加值209.18亿元，增长10.0%。人均地区生产总值86917元，比上年增长8.2%。农林牧渔业总产值0.26亿元，比上年下降12.6%。固定资产投资48.59亿元，比上年下降36.5%。社会消费品零售总额386.35亿元，比上年增长12.5%。实际利用外资1.25亿元（验资口径）。一般公共预算总收入20.4亿元，比上年增长2.7%；其中地方一般公共预算收入10.6亿元，增长1.5%。城镇居民人均可支配收入44382元，比上年增长8%。规模以上工业产值406.69亿元，比上年增长12.0%；规模以上工业增加值101.56亿元、增长8.9%；规模以上工业三大支柱行业累计完成产值 347.85亿元，增长11.9 %，纺织鞋服、机械汽配、电子信息分别完成产值194.16 亿元、46.23亿元和107.45亿元，分别增长11.8%、2.6 %和16.6%。5家上市企业完成产值 86.62 亿元；4家挂牌工业企业完成产值15.89亿元、比上年增长17.5%。产值超亿元企业达95家，实现总产值 356.93亿元、比上年增长14.2%。高新技术产业实现产值173.24亿元、比上年增长18%，占规上工业产值比重42.6%。泉州鸿荣轻工有限公司、福建铂阳精工设备有限公司列入“2018年福建省工业和信息化省级龙头企业”名单；全区38家企业被确定为“2018年泉州市级产业龙头企业”，其中纺织鞋服11家、石油化工3家、机械装备7家、建材家居2家、工艺制品4家、新一代信息技术4家、新能源4家、节能环保2家、现代服务业1家。

【城市管理与建设】 2018年，鲤城区聚焦城市民生基础设施建设薄弱环节，开展“生态修复”“城市修补”“攻坚2018”城乡建设大会战累计完成投资额25.92亿元；新开工项目22个，建成（或部分建成）项目16个。推进34个古城“双修”项目，其中中山中路（示范段）综合环境提升等项目初见成效，打通爱国路、奎霞巷等交通节点。建成七中沟边、七星街等4个街头口袋公园，实施池峰路与江南大街交叉口等交通提升改造工程，新延路基本建成，南环路道路提前4个月通车，8个道路拓改配套管网工程按序时推进。铭湖花园、中山花园等老旧小区提升工程实施。借鉴厦门“共同缔造”理念，完成井亭巷等15个老城区背街小巷改造项目，升级15座城区公厕。完成社区营造活动决选，“触井生情”等五个项目获得持续推进的项目资金支持。公共自行车租赁系统二期工程完工，市民慢行系统得到完善。配合市级部门实施城市规划工作，组织编制泉州市鲤城区笋浯金山单元控制性详细规划、历史文化名城保护规划修编、西街历史街区保护规划、中山路历史街区保护规划等保护规划和城市设计。配合市人大做好《泉州市中山路骑楼建筑保护条例》立法工作。创建“无违建区”，深入开展百日拆违行动，治理“两违”建筑近38万平方米，完成市里下达年度任务的145.8%。

【生态环境】 2018年，鲤城区实施重点水体整治，完成人民沟、南北二路渠等13个整治工程。完成98家工业企业废气治理。全区危废品转运处置率93.86%，市控断面和饮用水源地水质100%万平方米，拆除率162.7%；累计投资3.74亿元，投资率160.1%。

【社会事业】 2018年，鲤城区推进社会事业补短板专项工程，稳步解决供需矛盾突出、塔尖资源不足、老城新区不均等问题。完成 26个为民办实事项目，实现投资1.87亿元。新增就业9000多人，城镇登记失业率控制在0.92%以内。完成全民参保登记试点工作，参保登记入库率100%。职工基本养老、城镇居民养老、失业、工伤等参保人数分别为9.66万、4.25万、4.23万和6.83万人。提高最低生活保障标准、特困人员供养标准和残疾人“两项”补贴。创新编制调剂、正向激励、合作办学等模式，有效增加教师总量，加快建设教育优质项目，完成2所小学“薄改扩容”项目，鲤城区二实小建成招生，新增中小学及幼儿园学位3060个，教育优质资源更加均衡。2018年基本公共卫生服务经费投入标准为人均55元，经费总投入2278.34万元，其中区级配套投入1091.75万元。全区建立居民健康档案334895人，电子健康档案建档率84.36%；按报告地区网络报告传染病病例数7557例，按现住址网络报告传染病病例数3232例，传染病疫情报告率100%；报告突发公共卫生事件相关信息2件，信息报告率100%。推进省级慢病综合防控示范区建设，完善分级诊疗服务，建设4个医疗卫生项目，神和医院、市妇产医院一期顺利投用，新增床位290个。投入309万元，添置医疗卫生设备，升级基层医疗卫生机构设备建设，新招聘25名卫生专业技术人才，鼓励和引导上级医院执业医师到鲤城区基层医疗卫生机构执业，推进基层医师跟班学习，带动、帮扶薄弱科室建设，返聘业务精湛、具有中高级职称的退休医务人员和自主招聘编外卫生技术人员，持续充实、优化全区卫生专业技术人才队伍结构。

【文化事业】 2018年，鲤城区建成6个“百姓书房”，安装4个免费借阅的24小时自助图书馆。市、区两级政府投入40万元提升东鲁、金洲社区综合文化服务示范点。投资100多万元，在区文化馆建成鲤城区闽南文化生态保护区影音展示馆，总面积200多平方米，通过运用3D全息展示手段，建设非遗数字化互动体验空间。实施“万千百十”文化惠民服务工程，深入开展文化下基层、进社区、进校园活动和文化关爱工程，春节、元宵等传统节庆开展形式多样的文化活动。区文化馆每周开馆时长为63小时，常设展览、阅览、培训等免费服务项目13个；区图书馆实现图书馆总分馆制建设工作，基本实现部分图书的通借通还；区电影公司开展流动电影放映102场；举办2018年鲤城区直机关迎新春趣味运动会，承接2018年环泉州湾国际公路自行车赛（鲤城赛段）安保等各项组织工作，举办2018年鲤城区全民健身运动会暨移风易俗•社区篮球联赛。

【政风建设】 2018年，鲤城区修改完善行政审批标准172项，推进“一窗受理、集成服务”，压缩审批时限34个工作日。完善“互联网+政务服务”，实现企业登记全程电子化，企业开办时间压缩至5个工作日，85%事项实现“一趟不用跑”“最多跑一趟”，群众满意率达99%。持续强化作风建设，加大效能督查力度，坚决整治“为官不为”“庸懒散拖”等问题。组织20次重点督查，通报批评10个单位，效能问责处理7人次。建立健全国有资本监督制度，试点开展领导干部自然资源资产离任审计。

【巡察工作】 2018年，鲤城区组织3轮6批次巡察，覆盖22个区直单位和4个街道（延伸覆盖44个社区党组织），占鲤城区巡察对象的29.9%（全区已巡察单位占比66.7%）。巡察发现问题223个，问题线索82条，违反“六项纪律”方面问题18个。办结巡察移交的问题线索130条，其中立案18人，办结18人，党纪政务处分18人，诫勉谈话12人，因整改不力通报1个单位，提醒谈话49人；牵头成立市委生态环保领域扫黑除恶交叉专项巡察工作鲤城联络组，制定具体巡察方案，以区委文件通报巡察组进驻有关事项，协调做好各项文件材料的收集、整理、初核把关和报送工作，以及巡察组实地走访察看和移交的信访件的办理和转办工作；建立、健全区委书记听取巡察情况汇报材料向上级报备等报备、报告制度，修订《中共鲤城区委巡察工作实施办法》，完善巡察组工作多项规范性文件。建立巡察工作与纪检监察、组织、宣传、政法、审计、文明等领域工作协作配合机制，将落实意识形态工作责任制、落实中央扫黑除恶专项斗争和落实移风易俗工作等纳入巡察内容；责令被巡察单位对反馈的问题建立整改台账，制定责任清单和整改措施，全年完成4轮5批次整改，反馈问题289个，整改落实到位249个，整改率86.2%，退回违规发放补贴104.1万元。

【文化传承与建设】 2018年，鲤城区实施“万千百十”文化惠民服务工程，开展文化下基层、进社区、进校园活动和文化关爱工程，以春节、元宵等传统节庆为主题开展形式多样的文化活动。在新门街举办鲤城区第二十届元宵花灯展活动，展出花灯805盏，吸引三十几万市民到现场观灯。举办“刺桐文化广场•芳草园”系列公益性文艺演出活动。在源和1916举办“纪念改革开放四十周年——开放与创新青年传统工艺邀请展”，展示泉州锡雕、泉州（李尧宝）刻纸、江加走木偶头雕刻等传统工艺。在“2018泉州市青年歌手电视大赛”中鲤城代表队获团体组银奖，队员李纬芳获民族唱法组金奖，曾根莹获美声唱法组铜奖。举办8期“古城大讲堂”讲座活动，11场“古韵鲤城•公益文化分享会”，邀请泉州市区文史界专家、草根文化达人与热爱古城文化的市民群众尤其是年轻人一起分享、讨论节俗演进、海丝文化、社区营造、古城保护等方面内容。鲤城区入选“2018年度全国32个非遗保护传承观察点”名单；江加走木偶头雕刻项目入选“第一批国家传统工艺振兴目录”项目；有4人入选国家级非物质文化遗产代表性项目代表性传承人、3人入选省级非物质文化遗产代表性项目代表性传承人，有25名非遗传承人被认定为泉州市高层次人才。开展传统文化进校园，10月，中国民主促进会泉州市委员会、泉州市新海路闽南文化保护中心与泉州市泉中职业中专学校联办“泉州方言吟唱古诗进校园开班仪式”，邀请泉州民俗专家，泉州歌诀传承人傅孙义举办《泉州方言吟唱古诗讲座》。11月，泉中职业中专学校承办“泉州市泉中职业中专学校闽南非物质文化遗产‘金苍绣’开班仪式”。

【高层次人才引进与服务】 2018年，鲤城区落实“三大专项行动”，牵头制定“人才分类评价改革”“人才总量倍增”两个行动落实方案及抓好贯彻落实，“人才总量倍增”完成预期目标增量11244人，年底达86244人。拓展各层次人才的涵盖范围，将高层次人才认定标准延伸至第六、七层次；指导鲤城区火炬、汉威两家企业制定开展人才自主评价认定标准；3月10日，在华侨大厦举办“鲤城区第七届公益性中高级人才招聘洽谈会”，有48家区属规模以上企业参加，提供年薪6万元以上的中高级职位500余个。参会人员500余人，达成招聘意向121人；组织泉州市铁通电子设备有限公司申报获评省级“2018年新设立博士后创新实践基地”。做好进站博士后津贴补贴兑现工作。发动鲤城区2家企业10人申报“青年工科类人才”项目，6人获评；鲤城区8家企业11人入选年度“泉州市智能制造产业集群高端人才”；正域跨境电子商务公司车达伟入选“福建省互联网经济优秀人才创业启动支持计划沿海地市优秀项目”（全市仅2名），获省级新增互联网经济引导资金50万元创业资金支持；对“人才港湾计划”中的高层次人才进行申报审核，282人次申报，53人通过认定；组织泉州云牧科技有限公司的张晓峰博士申报获评福建省引进高层次人才国内引进B类人才，并获得50万元资金支持。

【标准引领工程】 2018年，鲤城区发动企业参与标准化工作，引导企业参与标准制修订工作，新增4个企业参与7项国家标准的制订、修订，4个企业参与6项行业标准的制订、修订，2个企业参与2项地方标准的制订、修订；公示企业产品执行标准70项，对在省质监局开展的企业产品标准监督检查中存在问题的4个企业作出相应标准修改建议，加强对企业产品标准声明公开的事中、事后监管；配合上级部门整合精简地方标准，就省质监局拟废止部分福建省地方标准公开征求意见；向辖区企业征集2018年度国家级服务业标准化试点项目，发动相关企业申报2018年中国标准创新贡献奖评选活动和2018年福建省标准贡献奖

2018年鲤城区经济和社会发展主要指标一览表

表46

指标名称	单位	实绩	比上年增长（%）
地区生产总值（快报数）	亿元	346.80	9.1
固定资产投资（快报数）	亿元	—	-36.5
农业总产值	亿元	0.34	-2.5
规上工业总产值（快报数）	亿元	406.69	12.0
社会消费品零售总额（快报数）	亿元	386.35	12.5
居民人均可支配收入	元	44382	8.0

备选项目；支持企业申报标准化资金补助。组织相关企业申报2018年福建省第一批标准化工作专项资金4个8项；协调辖区政府落实标准化激励政策，鲤城区政府奖励参与国家标准、行业标准、地方标准的6个企业95万元。

【职工帮扶活动】 2018年，鲤城区慰问各类困难职工152人，送出慰问金22.5万元。在王宫工业区、友谊超市、万祥商城开展2018年“春送岗位”新春招聘会。现场百余个大中小企业入场招聘，提供针织鞋服、机械加工、电子电器、家政服务、文化传媒等岗位3000余个。在“鲤城工会”微信公众号开设“工仔职介”专栏，广泛发布“招工信息二维码”，为职工就业和企业招工提供便利。高温期间为重点项目、交巡警、环卫工等5782名高温作业人员送去价值18.5万元的防暑降温物资，设立44个爱心饮水点。为37名困难职工子女，发放助学金13.25万元。承办第五届“我们是一家人”与环卫工同吃年夜饭活动，为800余名环卫工送上暖心的年夜饭和精彩的慰问演出，表彰146名鲤城区市容环卫系统先进工作者和优秀环卫工人。

丰泽区

【区情概况】 2018年，丰泽区辖区总面积129.6平方千米，常住人口58.3万人，户籍人口272218人，下辖8个街道、80个社区。包含泉州中心城市规划中的北峰、东海、城东组团及中心组团部分，辖区内有泉州市行政中心、泉州市行政服务中心、泉州市金融中心、泉州海峡体育中心、泉州侨乡体育馆、泉州海交馆、泉州华侨历史博物馆、闽台缘博物馆、泉州动车站、泉州西湖、东湖、刺桐公园、华侨大学、泉州师院、泉州信息工程学院、黎明大学、泉州一院（新院）、泉州二院（新院）等泉州市政公共设施。系泉州市中心城市核心区。

【经济发展】 2018年，丰泽区全年完成地区生产总值660.4亿元，比上年增长8.9%；规模以上工业产值409.3亿元，增长4.2%；一般公共预算总收入39.5亿元，增长12.3%；一般公共预算收入22.4亿元，增长8.2%；固定资产投资增长18.4%；社会消费品零售总额277.3亿元，增长12.6%。居民人均可支配收入54471元，比上年增长8.2%；实际利用外资（验资口径）2.15亿元；海关出口商品总值81.3亿元，增长4.4%。三次产业比重调整为0.3:29.8:69.9。

丰泽区多管齐下稳增长，全力帮扶企业，出台激发民间有效投资等配套政策8项，帮助争取、兑现扶持资金2.96亿元，完善调度帮扶机制，落实“领导干部一线办公”，开展“春风行动”“就业援助月”等活动44场，达成用工意向9570人次，缓解用工难题。防控金融风险，充实企业应急保障周转专项资金，帮助企业应急转贷14亿元、化解不良贷款15亿元，不良贷款率控制在2.5%以内。做强项目支撑，全区92个在建重点项目完成投资198亿元，完成年度计划的105%，其中，30个市级项目完成投资92.9亿元，完成年度计划的109%。27个项目开工建设，25个项目建成（或部分建成），4个项目回迁安置。组团式、成建制征迁成效明显，完成项目征迁32个，征收土地153.33公顷、房屋27万平方米；后埔、西华洋、刺桐古港、南滨江国际社区四大片区征迁前期工作有序推进。全方位招商引资，成立北京丰泽商会，组织参加“5•18”“9•8”等重大招商活动，全年新签约项目106个，总投资282.3亿元，超亿元项目44个；新设外商投资项目28个，实际利用外资2.2亿元。激发内需活力，东海湾城市综合体、中骏世界城等都市商圈繁荣发展，津淮街、湖心街等特色街区加快转型，星光耀万达广场即将开业，个性化、全天候消费生态环境逐渐成形。改造提升农贸市场3个，新设核心地段便民摊点2处，全面布局社区商业，打造“15分钟生活圈”。推出“闽南美好生活嘉年华”“南方熏衣草节”等特色消费活动，新增限上商贸企业46家，26家年零售额超亿元企业实现零售额110亿元，增长13%。总部楼宇经济发展态势良好，南威软件科技园、东海泰禾广场楼宇招商入驻率分别达90%、70%，万科中心、上实大厦启动招商，5家企业总部大楼建成，全区税收超3000万元楼宇7幢。

致力转变发展方式，结构持续向优，深化“第三产业提升年”活动，三次产业结构由0.3:32.2:67.5调整为0.3:29.8:69.9，第三产业增加值突破400亿元，25家企业入列市级服务业百强。实施技改项目13个、“两化”融合项目18个，新增市级龙头企业31家，高新技术产业实现产值147亿元。服务型制造阔步前行，培育国家、省级服务型制造示范平台（企业）5家，认定数居全省前列。效益持续向好。规上工业企业“好中差”格局由32:40:28转化为44:24:32，正增长80家。华侨大学创新创业园正式运营，在孵企业93家、项目25个，被确定为省级科技企业孵化器和市级人才之家，年产值5亿元。育成基地新引进富创管理、睿趣科技等优质企业6家，年产值2.7亿元。泉州软件园主打产业稳健增长，营业收入5.8亿元，比上年增长59%。海西国家广告产业园区（泉州园）入驻企业455家，营业收入12.2亿元。7家企业被确定为省重点上市后备企业，10家企业被确定为市重点上市及场外挂牌后备企业。业态持续向新，大健康产业加速布局，悦程妇幼医院正式运营，昊宇健康产业园开工建设，生成沃丰中心健康产业基地等一批项目。网商（虚拟）产业园、华大电商园、东海跨境生态圈集聚电商企业2000多家，带动限上电商企业实现销售额30亿元，比上年增长35%；讯网网络获评“国家级电子商务示范企业”，4家企业获评“2017年度市级电商十佳企业”。现代物流业快速发展，丰泽智慧物流园入驻企业120家，丰泽轮船公司获评3A物流企业，新增市级十佳物流企业2家。安通物流入选国家第三批多式联运示范工程项目名单。

加快推进改革开放，实施8大类52项改革重点任务，推进机构改革。深化“放管服”改革，取消和调整行政审批事项261项，公布保留区直部门权责清单2493项。推行“多证合一”“两证整合”，推进个体工商户微信智能化登记。国企改革取得突破，组建“城建”“国投”两大区属国企，完成清源国有农场农垦改革任务。启动农村集体产权制度改革，完成“村改居”社区的“三资”清产核资。扩大对外交流合作，组织企业参加广交会、华交会、泉州品牌“中国行”“境外行”等活动，外贸出口额保持平稳增长，新增外贸主体20家，海关商品出口总值79亿元。投入1400万元，推动山海协作和对口支援取得新成效。“双创”工作纵深拓展，举办2018年“创响中国”泉州丰泽站暨海上丝绸之路国际数字商业创新节，汇聚海丝沿线30个国家和地区的300多个创业项目；丰泽区“双创”项目获得中央补助5000万元。科技要素加速聚集，南京大学环保产业研究院落户，哈工大工程技术研究院被确定为省级新型研发机构，3家企业被授予“国家级中小企业公共服务示范平台”，新增省级高新技术企业（科技小巨人领军企业）21家、市级高新企业5家，每万人口发明专利拥有量16.56件。致力打造人才港湾“第一码头”，建立5000万元人才专项资金和10个人才工作联系点，搭建市级以上人才平台131个，新增省市高层次人才166人、“泉州工匠”2名，人才资源总量占常住人口总数17.2%。全社会创业热情高，新增各类市场主体3.6万家、市级众创空间8家，27个项目获得省、市创业补助。时尚元素加速集聚。启动浦西时尚商业街区一期招商，紧盯金融服务、科技创新、文化创意等前沿业态，意向入驻企业120多家；连续举办两届伯勒小镇时尚文化周，盛世典藏艺术馆、融媒体中心、文创引擎研习社、时尚丰泽电视云平台等各类时尚展示平台竞相绽放；第六届丰泽购物节专注时尚消费，涵盖4大板块、3大商圈、20个主题活动，实现销售额4亿元。重塑国家级童装名城风采，举办首届丰泽国际儿童时尚周。匹克、虎都等鞋服龙头企业率先开展个性化定制，传统产业融入更多时尚因子。

【城乡建设】 2018年，丰泽区城市建设加快推进，城市核心区形象日益显现。改善城区形象，投入3000万元，深化“美丽社区”“社区营造”创建；实施“城市双修”项目7个、污水收集处理设施项目3个，整治排放口136个，铺设污水管道4.3千米，完成宝洲城市污水处理厂提标、仁风工业区内涝、少林路与温陵路交叉口积水改造；开展街巷破损修补“XIN”行动，提级改造道路3条，完成238个老旧小区天然气改造，改造石结构房屋45.2万平方米。新建公共自行车租赁站点50个、充电桩16处，改造提升公厕20座。扩大生活垃圾分类试点范围，加大道路机械保洁、主次干道清洗和洒水降尘力度，开展占道经营、施工噪音等专项整治。组织实

2018年3月15日，丰泽区首届“海丝·蟳埔”民俗文化旅游节开幕。图为祭海祈福仪式 （图/丰泽区委史志研究室）

2018年丰泽区经济和社会发展主要指标一览表

表47

指标名称	单位	实绩	比上年增长（%）
地区生产总值	亿元	660	8.9
固定资产投资	亿元	—	18.4
财政总收入	亿元	39．5	12.3
地方一般预算收入	亿元	22．4	8.2
地方财政支出	亿元	22．32	-1.26
农业总产值	亿元	3．4	7.1
全部工业总产值	亿元	409．3	4.2
社会消费零售额	亿元	277．3	12.6
出口商品总值（海关口径）	亿元	81．3	4.4
实际利用外资（验资口径）	亿元	2．15	—
城镇居民人均可支配收入	元	54471	8.2

施“铁腕治违”“百日拆违”攻坚行动，创建“无违建”试点11个，拆除“两违”建筑面积32.5万平方米。完善社区治理体系，完成社区换届，开展“三社联动”社会工作试点。狠抓中央和省级环保督察反馈问题整改销号，完成泉州湾河口湿地保护区海水养殖清退和浔美渠黑臭水体整治。重拳推进水环境治理，深化“河长制”“湖长制”，开展“清源霹雳”行动，加强东干渠、义成沟等内沟河水质整治和北渠饮用水水源地环保问题整改，晋江蟳埔入海口国控断面退潮期水质连续三个月达III类标准，北渠饮用水源水质III类达标率100%。实施节能减排项目3个，治理餐饮油烟、道路扬尘，空气质量超标天数比上年下降40%。推进高速公路高速铁路及重要通道沿线环境综合整治，新建口袋公园2个，新增绿地9.3万平方米，完成造林绿化和森林经营任务27.33公顷。启动省级文明城区（六连冠）创建，新建志愿服务示范驿站4个、未成年人文体活动场所10个。开展群众性精神文明活动，社会主义核心价值观深入人心。移风易俗三年行动深入开展，婚事新办、丧事简办渐成各方行动自觉。加大文化遗产保护力度，举办首届“海丝•蟳埔”民俗文化旅游节，完成海丝史迹真武庙、江口码头等文物修缮。实施“都市型乡村振兴战略”方案，在蟳埔社区开展“乡村记忆文化”工作。

【社会事业】 2018年，丰泽区全年民生支出占一般公共预算总支出的比重达75%。落实积极就业政策，开展职业技能培训1.96万人次，新增就业1.1万人，城镇登记失业率控制在0.83%，居民人均可支配收入54105元，比上年增长7.5%。社会保障体系不断完善，累计完成各类社会保险41.4万人次，城镇居民养老保险参保率99.9%，提高城镇居民基本养老保险基础养老金和被征地养老保障金；落实低保标准、特困人员救助标准自然增长机制，发放各类社会救助金1432万元、“关爱女孩”五项工程资金1251万元，建设保障性住房1005套。推进教学改革，9所学校被确认为“省教育教学改革示范校”，13所幼儿园被确认为“省级保教改革建设园”，泉州九中被确认为“福建省高中课改基地校”。执行区人大《关于进一步加快丰泽区学前教育发展的决议》，落实“全面改薄”，完成城东中学体育馆等7个项目，推进二实小东海校区等7个项目建设，三实小城东校区竣工落成，新建公办幼儿园3所，建成市级示范园2所，普惠性幼儿园覆盖率76.8%，义务教育学校管理标准化建设水平居全市之首。深化医改工作，实行公立医院院长聘任制、年薪制，完善基层奖励性增量制度。正骨医院北峰院区和区疾控中心妇幼保健院新址动工，正骨医院通过三级甲等中医骨伤科医院复评，全国基层名老中医工作室投入运作；人均基本公共卫生服务经费提高至55元，家庭医生签约服务和医联体协作有序推进；新建提升各类社区居家养老服务站点13个，在26个社区设置助老员。智慧丰泽一期投入运行，政务、综治、教育、社区治理等民生领域智慧应用更广泛。公共文化设施持续完善，建成社区综合性文化服务中心示范点6个、百姓书房4个；全民健身活动蓬勃开展，新建运动场地6个、体育健身路径52条，举办2018环泉州湾国际公路自行车赛丰泽赛段、海峡两岸暨港澳地区群众网球赛等赛事。社会面总体稳定可控，“平安丰泽”建设深入推进，开展扫黑除恶专项斗争，实施“雪亮工程”，建成智慧丰泽综治管控中心，安装视频监控探头6000路，为辖区近11万户居民购买综治平安保险，群众安全感稳步提升。推进安全生产风险分级管控和隐患排查治理体系双重预防机制建设，排查整改隐患1万多处，未发生较大以上安全生产事故，防汛抗旱、森林防火、动植物疫情防治态势平稳。食品药品安全网格化监管实现全覆盖，领SHOW天地被确定为“省级食品安全示范街”。加强对各类重点人员管控，开展禁毒人民战争，建成毒品预防教育社会实践基地。落实领导干部定期接访和信访包案制度，矛盾纠纷排查调处成功率99.9%。开展第四次全国经济普查，档案、保密、方志、民族宗教、老龄老干、侨台外事、国防动员、民兵预备役、工会、青少年、妇女儿童、残疾人等工作取得新成效。

【园区建设】 2018年，丰泽区园区西区领SHOW核心区计划总投资4.5亿元，完成投资4.4亿元。改造完成42幢旧厂房，建设面积19.8万平方米，其中写字楼19幢（办公区域面积10.8万平方米）、商业休闲综合楼19幢（区域面积6.9万平方米），配套休闲街、停车场（区域面积2.1万平方米）等专门功能区域。其中停车场可提供车位600余个。入驻企业总数318家，配套商户166家，注册资金总额168047万元，广告产业及直接关联产业企业注册资本总额占园区企业注册资本总额的90.99%。东区保留改造区占地面积6.93公顷，改造面积约20万平方米，涉及25幢旧厂房（其中一期17幢）。东区业主自发成立“泉州市成洲物业管理有限公司（以下简称业主公司）作为东区改造建设的主体。东区改造一期17幢业主全部与管委会及物业公司签订《改造协议》，签约率100%，签约面积14万多平方米。11月22日，东区宝龙大厦改造项目作为“领秀•上东区”的首栋改造建筑进行动工建设。东区已有10栋旧厂房提交申请改造建设，获批3栋，其中完成改造1栋，其余2栋正在改造中。华创园正式运营，在孵企业93家、项目25个，被确定为省级科技企业孵化器和市级人才之家。泉州软件园主打产业稳健增长，营业收入5.8亿元，比上年增长59%。海西国家广告产业园区（泉州园）入驻企业455家，营业收入12.2亿元。7家企业被确定为省重点上市后备企业，10家企业被确定为市重点上市及场外挂牌后备企业。网商（虚拟）产业园、华大电商园、东海跨境生态圈集聚电商企业2000多家，丰泽智慧物流园入驻企业120家，丰泽轮船公司获评3A物流企业，新增市级十佳物流企业2家。

【“双创”工作拓展】 丰泽区为全国第二批“大众创业，万众创新”示范基地。2018年6月22—23日，丰泽区举办2018年“创响中国”泉州丰泽站暨海上丝绸之路国际数字商业创新节，汇聚海丝沿线30个国家和地区的300多个创业项目，500多位知名专家、业内人士，在福建海西国家广告产业园区（泉州园），围绕海丝文化、智能制造等主题展开对话、发表主题演讲，推动创新创业工作。

【“海丝•蟳埔”民俗文化旅游节】 2018年3月15—18日，丰泽区首届“海丝•蟳埔”民俗文化旅游节在真武庙启动，开幕式上，用艺术表演形式通过“祀海祈祥”、“祭海纳福”、“海风旌旗”三个环节展现祭海的场景，再现宋元时期古泉州祭海祈福仪式，展示传统祭祀典礼与具有海洋文化内涵的传统文化，表达海路祈安的主题，体现祈福的礼仪文化。16日，一年一度的蟳埔妈祖巡香活动在蟳埔社区举办；活动期间“寻海丝遗韵，展蟳埔风情”美术摄影展、国家非遗项目蟳埔女习俗的多种展示、福船船模展示，各种民俗表演与戏剧歌舞专场从不同侧面展现海丝丰泽的风采神韵与蟳埔女习俗的独特魅力。

洛江区

【区情概况】 洛江区位于泉州市中心城区东北部。2018年辖2个街道3个镇1个乡。土地面积374.81平方千米。年末户籍人口20.2万人，常住人口21.8万人。人口自然增长率7.7‰。耕地面积0.36万公顷，粮食播种面积0.32万公顷，粮食产量1.13万吨。林地面积2.42万公顷，森林覆盖率64.45%，活立木蓄积量90.2万立方米。重要矿产资源有高岭土、花岗岩、辉绿岩、紫色岩等。主要旅游景点有洛阳古桥、国家AAAA级景区仙公山、蔡襄祠、俞大猷公园、施琅将军陵、仰恩湖、海丝野生动物园、罗溪省级森林公园、虹山瀑布等。

【经济发展】 2018年，洛江区全区生产总值200.56亿元，比上年增长9.6%。其中：第一产业增加值4.14亿元，比上年增长1.6%；第二产业增加值145.23亿元，增长10.7%；工业增加值129.9亿元，增长10.9%；规模以上工业增加值122.49亿元，增长11%。第三产业增加值51.19亿元，比上年增长6.7%。人均地区生产总值92639元，比上年增长7.7%。规模以上工业总产值519.2亿元，比上年增长15.3%。农林牧渔业总产值8.04亿元，比上年增长1.02%。固定资产投资比上年增长17.5%。社会消费品零售总额51.7亿元，比上年增长13.3%。外贸出口额46.7亿元，比上年增长23.6%；实际利用外资14555万元，增长29.6%。一般公共预算总收入21.04亿元，比上年增长16%；其中地方一般公共预算收入11.7亿元，增长15.3%。城镇居民人均可支配收入29354元，比上年增长8.8%；农村居民人均可支配收入17196元，增长9.5%。

新型工业集聚化发展，洛江区出台支持民营企业健康发展、激发民间有效投资、鼓励物联网产业发展、扶持氧化锆陶瓷及3D玻璃等新材料龙头企业做大做强等系列措施。2018年智能装备制造加快聚集发展，机器人检测试验研发中心、微柏机器人等项目陆续投产运营，铁拓机械、精镁机械、维盾电气等项目新建、扩建，中力机电、众锦源精密机械、伍峰机械等一批项目落地，21项产品列入泉州市“数控一代”示范项目产品，智能装备制造产业产值突破100亿元。高端传感器、氧化锆新材料、石墨烯生产及应用3条新兴产业链加速发展。加大科技型、创新型、成长型企业培育力度，新增高新技术企业5家、入库科技型中小企业15家；组织申报市级以上科技项目22个，信和新材料“工程机械涂料”通过福建省制造业单项冠军产品认定；新增授权专利907件，万人发明专利拥有量

洛阳江河口湿地（2018年拍摄） （图/苏德辉）

达9.21件；新获认定一批国家级、省级服务型制造示范企业（项目）和院士模范工作站、博士后科研工作站、博士后创新实践基地；获评全国科技创新百强区。实施和诚鞋业KuKA机器人全自动生产线等11个省市重点技改项目，推进传统产业生产线智能化、数字化改造，工艺制品、卫生用品行业产值分别比上年增长26.2%、29.3%。

现代服务业多元化发展，扶持大型商超业态升级，培育发展新零售，社会消费品零售额比上年增长13.3%，限额以上汽车销售额增长19.3%。电商发展势头良好，网上销售额超50亿元。德邦东南总部（泉州）项目、新宜泉州枢纽物流中心等重点物流项目相继落地，8家企业入驻洛江工业产业集群物流配送中心。落实房地产调控组合拳，新开工房地产56万平方米、竣工32万平方米，房地产量价平稳。虹山全域旅游、仙公山风景区综合提升、泉州植物园等加快建设，虹山石龙谷、海丝野生动物世界等带动效应增强，全区接待游客数、旅游总收入分别比上年增长29%、31%。

特色农业产业化发展，完成省级畜牧业标准化示范场改造项目、现代花卉示范区标准化栽培示范基地建设，获批省市农林业产业化龙头企业24家。创新“森林r发展模式，壮大油茶、花卉、石斛等特色产业，林下经济面积0.21万公顷，实现产值1.1亿元。八峰水库下闸蓄水，保障周边农田灌溉和北部乡镇饮用水源。投资1.25亿元实施生态水系、小型农田水利、山围塘除险加固等项目，建设高标准农田200公顷。

【城乡建设】 2018年，洛江区开展“攻坚2018”城乡建设大会战，57个项目完成投资12．13亿元。洛江区西环路河市至马甲段、阳江路、沈海复线罗溪连接线完成建设，洛江小总部产业园、河市西片区等一批市政道路加速推进，西环路双阳段、洛滨北路等项目启动建设。实施“4G+网络升级’’通信工程，新建100个站点、60个千兆小区。新建、优化电力线路8 3公里，完成103个配变台区建设。聘请中国建筑设计研究院院士团队编制阳江片区、洛江小总部产业园城市设计方案，启动片区市政路网、水系和阳江学园建设前期工作。深化“城市双修”“XIN”行动，持续推进城区道路“白改黑”工程，打通万荣街等一批城市断头路，整治2.4万平方米背街小巷，改造提升6个老旧住宅小区，新建27个公共自行车租赁站点，启动城市垃圾分类处理试点工作。开展城市绿化提升三年行动，推进“一廊三环四带”城市生态连绵体系建设，完成植树造林和森林经营面积300公顷。推进城乡环境综合整治和“百日拆违行动”，推动杂物清理，完成裸房立面整治140栋、植树8万平方米，拆除“两违”317宗、39万平方米。乡村振兴有序推进，投入2200多万元实施乡村振兴战略、推进美丽乡村建设、兑现涉农补贴政策等。坚持规划先行、项目运作、示范引领，推动洋坑、洪四等乡村振兴示范点、绿色村庄和特色村镇培育试点建设，打造河市镇山边村一新告村等4条美丽乡村生态旅游路线和马甲镇潘内田园疗养村。实施发展壮大薄弱村集体经济三年行动，全面消除7个“空壳村”。深入开展农村“一革命四行动”，落实“千村整治、百村示范”项目，农村公厕、生活垃圾常态化治理、污水处理设施等方面建设均超额完成年度任务。建立“路长制”，推进“四好农村路”建设，完成提级改造25千米。

【社会事业】 2018年，洛江区实施57个为民办实事项目和52个民生补短板项目。投入1.45亿元完成6所中小学（幼儿园）校舍及配套设施建设，闽南师大洛江附小正式招生，市实小洛江校区扩建工程、洛江实小第二校区启动建设，支持泉州外国语学校洛江校区办学，持续扩充优质教育资源；完善师资补充、培养机制，出台“三名”工程实施方案，坚持“同工同酬”，率先在全市制定实施合同制教师管理办法；教育“两项督导”高标准通过省、市验收。投入400多万元提升基层医疗设施设备，区妇幼疾控综合业务用房大楼动工建设；区医院与泉州市第一医院建立紧密型医联体、联合办医，在全省首创村医网格化管理服务“重精”患者新模式；获评全国基层中医药工作先进单位。启动创建国家公共文化服务体系示范区工作，新建一批全民健身路径、多功能运动场和百姓书屋、“家+文化”阵地，完成17个村（社区）综合文化服务中心示范点改造提升，区公共文化馆、图书馆加快建设。服务推进机构养老建设，引进专业机构参与区社会福利中心经营，新建10个农村幸福院（居家养老服务站）、3个医养结合试点单位。社会保障广覆盖。落实创业就业政策，城镇新增就业4695人。实施城乡低保一体化，补助标准提高至每月630元／人。落实城乡居民社会养老保险制度，发放养老金5200万元。健全全民医保体系，投入5700万元补助城乡居民基本医疗保险。新建农村低保户、贫困计生女孩家庭安居房25户，完成387户、12.1万平方米石结构房屋和危房改造。动态管理295户、820名建档立卡贫困户，延长落实住房保障、“3+1”医疗保险等脱贫措施，确保贫困人口稳定脱贫、不返贫。开展“扫黑除恶”专项斗争，抓好“社会治理活动年”和社会治安问题专项治理五个专项行动，建成高清视频监控探头2300路，实现城乡社区网格化服务管理和社会治安综合保险全覆盖。

2018年洛江区主要经济指标完成情况

表48

指标名称	单位	实绩	增长(%)
洛江区生产总值	万元	2005630	9.6
第一产业	万元	41435	1.6
第二产业	万元	1452279	10.7
第三产业	万元	511915	6.7
工业增加值	万元	1299089	10.9
工业总产值(按季度统计)	万元	5443903	15.1
#规模以上工业产值	万元	5191988	15.3
农业总产值(按季度统计)	万元	80391	1.2
全区进出口商品总值（海关口径）	亿元	48.97	21.7
#出口商品总值	亿元	46.7	23.6
新批三资企业项目数	家	2	—
增资企业数	家	1	—
合同利用外资	万元	19658	—
实际利用外资（验资口径）	万元	14555	29.6
一般公共预算总收入	万元	210379	16.0
#一般公共预算收入	万元	117009	15.3
一般公共预算支出	万元	158732	9.0
社会消费品零售总额	万元	517045	13.3
固定资产投资（不含农户）	万元	—	17.5
居民人均可支配收入（按季度统计）	元	29354	8.8
全社会用电量	万千瓦时	98955	8.1
#工业用电量	万千瓦时	44486	10.5

【生态环境建设】 2018年，洛江区推进污染防治攻坚战，落实环保督察问题整改。完善并落实“河（湖）长制”，科学划定洛阳江、晋江东溪罗溪河道岸线和生态保护蓝线，投入1.2亿元实施22个重点流域水环境综合整治项目；开展三个月水环境问题整治专项行动，普查清淤修复管网60千米，新建污水管网15.6千米，基本完成22个突出生态环境问题整治，区域水质稳定达标；组织实施洛江区污水管网配套工程PPP项目。开展大气污染防控百日攻坚行动，分析查证影响空气质量的污染源，推进工业企业、餐饮服务业、扬尘污染、交通运输等领域大气污染治理。编制土壤污染治理与修复规划，启动重点行业企业土壤污染地块调查，落实危险废物管理机制，治理水土流失133.33公顷。

【首届洛江虹山全域游微拍活动】 2018年3月17日，“我和春天有个约会”首届洛江虹山全域游微拍活动暨2018虹山油菜花文化节开幕。油菜花节将全域微拍和油菜花文化节结合在一起，全方位展现虹山乡的生态美、自然美、人文美、全域旅游之美。除上百亩的油菜花田，有石龙谷森林公园、彩虹瀑布、古松林、茶园梯田、九品莲花等景点景观，活动吸引2万名游客及20多家主流媒体记者现场参观体验。

【香港公务员内地专题考察团到洛江参访】 2018年4月18日，由国务院港澳办组织的香港公务员内地专题考察团一行28人到洛江区参观嘉泰数控科技股份有限公司。参访团实地参观嘉泰数控公司车间，了解“中国制造”，增强香港公务员对洛江区经济社会发展情况和推进新旧动能转换、供给侧结构性改革方面的做法的了解，促进洛港交流。

泉港区

【区情概况】　2018年，泉港区面积441.4平方千米，其中陆域面积321平方千米、海域面积119.6平方千米（其中潮间带以上滩涂面积47.68平方千米）。辖南埔、界山、后龙、峰尾、前黄、涂岭6个镇，以及山腰街道和1个国营盐场，下辖92个行政村和9个居委会。总人口42.07万人，常住人口33.6万人，以汉族为主，兼有回族、畲族、蒙古族等少数民族。是著名的侨乡和台胞祖籍地之一，共有旅居海内外华侨、华人和港澳台同胞37万多人。获全国首批义务教育发展均衡区、第二批义务教育教师队伍“县管校聘”管理体制改革示范区、全国科技创新百强区、科技进步先进区、科普示范区、青少年普法教育示范区、法治先进区、长寿之乡、海港文化之乡、北管音乐文化之乡、水密隔舱福船文化之乡、海盐文化之乡，以及福建森林县城、平安区、双拥模范城“五连冠”、团结进步示范区、文明城区等一系列荣誉称号。2018年，被全国普法办公室授予“第四批全国法治县（市、区）创建活动先进单位”荣誉称号。

2018年，泉港区9个村入选市级乡村振兴示范点和绿色乡村项目。图为入选市级乡村振兴示范点的涂岭镇前欧村一角　（图/市农业农村局）

【经济发展】　2018年，泉港区实现地区生产总值654.11亿元，比上年增长8.6%。其中：第一产业11.46亿元，比上年增长2%；第二产业511.19亿元，增长8.2%；第三产业131.46亿万，增长10.3%，；工业增加值461.96亿元，增长7.9%；规模以上工业增加值460.77亿元，增长7.9%。人均地区生产总值19.53万元，比上年增长7.5%。农林牧渔业总产值22.02亿元，比上年增长2.0%。固定资产投资比上年增长15.7%。社会消费品零售总额107.61亿元，比上年增长8.4%。外贸出口额10.7亿元，比上年增长48.7%；实际利用外资2.15亿元，下降28.7%。一般公共预算总收入35.16亿元，比上年增长8.4%；其中地方一般公共预算收入35.78亿元，增长3.7%。城镇居民人均可支配收入19681元，比上年增长8.3%；农村居民人均纯收入14831元，增长6.4%。主导石化产业加速集聚，立亚特种陶瓷、钟山化工二期等6个项目新开工建设，新华福聚氨酯、天骄化学一期等4个项目建成投产，实现石化产值960亿元，石化园区连续6年入选中国化工园区前20强。港口物流业稳步发展，“一基地五中心”加快建设，肖厝作业区5～6号泊位完成征迁扫尾，港口吞吐量4598万吨。完成粮油食品产业园区总体规划编制，启动高新区规划编制，福海粮油四期开工建设，食品饮料、建筑建材产业分别实现产值183亿元、84亿元。实施“文化旅游发展年”活动，全年实现旅游总收入20.5亿元、比上年增长20%。现代农业发展壮大，创建省市创业基地项目4个，完成农林牧渔业总产值18.36亿元。开展“大干40天、比拼开门红”“项目攻坚2018”活动，249个区级重点项目完成投资266亿元，比上年增长8.6%，获全省项目综合评比第7名和全市“项目攻坚2018”活动真抓实干成效明显综合优秀集体。推进项目攻坚，新谋划生成项目60个、招商签约60个，新开工72个，竣工投产45个，完成技改增资13亿元，新增开工项目数、产业招商项目数、项目总投资均位居全市前列；签订征地协议88.67公顷，清理盘活批而未供用地93.2公顷、闲置土地面积62.13公顷，获全市征迁优秀集体称号；获批用林指标129.07公顷，为历年之最。全面对接市人才“港湾计划”，实施“双创泉港”人才发展战略，修订完善高层次人才认定标准和享受工作生活待遇规定，建立人才编制“周转池”，100人入选市级高层次人才库，新增省级以上高层次人才19人次。新增省级高新技术企业3家、科技小巨人企业4家、省级众创空间1家，入选省级“两化融合”重点项目13个，22家企业认定为省市龙头企业，每万人发明专利拥有量8.65件、比上年增长1.05倍。石化学院二期和环境友好高分子材料创新中心等加快建设，石化科技众创园、电子精细化学新材料中心建设基本完成前期工作。开展工业企业服务月活动，常态化推行企业接待日、政银企对接、厂地联席会等做法，帮助29家企业获得贷款授信77.51亿元，解决招工、用地等问题235个。开展企业重整重组，防范和打击恶意逃废债、非法集资行为，新引进恒丰银行，推动农业银行、建设银行入驻总部经济区，帮助企业办理贷款转续贷20笔、1.86亿元。

2018年泉港区国民经济主要指标

表49

指标	单位	实绩	比上年增长(%)
指标	单位	本月止累计	增长(%)
地区生产总值	亿元	654.11	8.6
农林牧渔业总产值	亿元	22.02	2.0
工业增加值	亿元	461.96	7.9
规模以上工业产值	亿元	1790.48	12.0
社会消费品零售总额	亿元	107.08	14.0
一般公共预算总收入	亿元	106.86	-4.0
一般公共预算收入	亿元	35.16	8.4
一般公共预算支出	亿元	35.78	3.7
进出口总额（海关数）	亿元	45.81	9.2
实际利用外资（验资口径）	亿元	2.15	-28.7
城镇居民人均可支配收入	元	35259	8.3
农村居民人均可支配收入	元	19681	8.9

【城乡建设】 2018年，泉港区推进“多规合一”，完成“十三五”规划中期评估和国家产城融合示范区、智慧城市规划、城市总规修编、石化安全控制区利用概念性规划编制，开展福厦高铁站前区控规、城市景观风貌、历史文化名村和传统村落保护等规划编制，城乡发展蓝图更加清晰。实施170个城乡建设项目、63个小城镇建设项目，分别完成投资103.2亿元、26亿元。加快推进36个总施工面积超250万平方米的房地产项目建设，城市建成区面积扩大5%、城镇化率提高2.5个百分点。投入20.3亿元推进路网、水利等宜居建设项目102个，七镇连通、湿地公园等一批重大项目开工建设，双溪水库、小农水重点县、坝头溪生态水系一期等补短板项目如期完工；开工建设南北七路、惠屿岛陆岛交通码头，投放新能源公交车120辆，完成公共自行车二期建设。开展施工噪音、海漂垃圾、渣土车“滴洒漏”等专项整治，市容环卫、市政维护、园林绿化等运作机制逐步完善。坝头溪、菱溪流域实现消灭劣Ⅴ类目标，河长制工作作为全省典型接受国家级考核。遏制新增“两违”，完成年度拆违任务178.76%，居全市首位；全区审批个人建房1500宗，完成危房改造51户。实施12个生态连绵带项目，高标准推进“两高一重”两侧沿线拆违、裸房整治、绿化提升、卫生整治；环泉州湾国际公路自行车赛“海”线首次在泉港举行。打响污染防治攻坚战，污水处理厂、生活垃圾填埋场渗滤液处理站完成改造并投入运行，通过国家节水型城市验收；空气质量优良率97.8%，环境空气质量改善幅度排名全市第一。开展农村人居环境整治三年行动，实施农村生活污水治理、厕所革命、垃圾分类处理等专项行动，建成美丽乡村“六大提升工程”建设项目34个，3个村获评省级旅游特色村，9个村入选市级乡村振兴示范点和绿色乡村项目。

【社会事业】 2018年，泉港区完成8项31个为民办实事项目，全年民生支出26.76亿元、占一般公共预算总支出的75.55%。实施扶贫开发“五项工程”，建档立卡贫困户实现稳定脱贫。拓展“救急难”服务范围，提高城乡低保、临时救助、残疾人补贴标准。加强对高校毕业生、征迁劳动力等群体就业帮扶，新增城镇就业5703人、农村劳动力转移就业6051人。抓好6140套保障性安居工程建设管理，落实石结构危房改造95万平方米。推进“四好农村路”建设，新改建农村公路20千米，完成安全生命防护工程35千米，投保里程616千米。投入1.6亿元，实施中小学（幼儿园）新改扩建项目19个，新增学位4140个；深化教师“区管校聘”管理体制改革，建立“一管两聘三考评”管理机制，推进竞岗试点工作；落实高中免学费、学前教育政府购买服务政策，惠及学生1.38万人，庄重文实小获评全国中小学中华优秀文化艺术传承学校和国防教育特色学校，泉港一中成为全省普通高中课程改革基地建设学校。以“医联体”建设为突破口，组建区域共同体，推进分级诊疗工作；实施名医带徒工程，开设周末名医工作室，完成界山镇卫生院整体搬迁和全区基层医院中医馆建设；开展医养结合工作，拓展家庭医生签约服务内涵，后龙镇卫生院获评全国“年度群众满意的乡镇卫生院”。计生工作考核获全市第二名。新建村级老年服务中心5个、居家养老服务站8个，镇级敬老院采取“公建民营”模式连锁运作。打好打赢扫黑除恶专项斗争，破获九类黑恶典型案件49件，抓获涉黑涉恶犯罪嫌疑人193人。推进雪亮工程二期和城市安全信息系统建设，开展打击成品油走私“利剑2018”专项行动，构建治安立体防控体系。建立安全专家常驻、智慧安监管理、“两重点一重大”企业主体责任落实、安全生产约谈等制度，开展安全生产大检查、双重预防体系建设，完成61项安全生产领域改革任务；落实“双随机一公开”，食品药品安全实现网格化监管；地震监测、防震减灾工作考核分别获全市第一名、第三名。加强信访化解、安置帮教工作，排查各类矛盾纠纷1643件，调处成功率99.94%，区司法局获评全国人民调解工作先进集体。完成101个村级组织换届选举工作，工青妇儿、外事侨务、海防、支前、供销等工作取得新成效。出台诚信“红黑榜”发布制度，形成“一处失信、处处受限”的信用生态环境。启动国家公共文化服务体系示范区创建，出台移风易俗总体方案和12项配套文件，新建文创基地6个，新增文明礼堂6个、百姓书房5个，区图书馆被评为国家二级馆、全国家庭亲子阅读体验基地，方志馆建设代表福建省在全国作典型发言。泉港广播电视台获批设立。

【泉港推进石化安控区项目建设】　2018年，泉港区推进石化安控区项目建设，通过压实任务清单、营造征迁氛围、重点强抓突破、优化服务运行、加强房价管控、维护稳定局面等举措，分层级、差别化制定各片区年度任务清单，至年底完成签订房屋征迁协议9631栋318万平方米，占征迁总量的69.5%；腾空房屋4072栋，拆除3440栋；丈量土地145.5万平方米，迁移坟墓258座。

【泉港被确定为国家第二批义务教育教师队伍“县（区）管校聘”管理体制改革示范区】　2018年，泉港区被确定为国家第二批义务教育教师“县管校聘”管理体制改革示范区，为全省唯一入选县区。通过建立“一管理两竞聘三考评”（区级统一管理、职称和岗位两个竞聘与学校办学质量、校长履职、教师工作绩效三项考评）管理机制，完善教师激励机制，优化教师队伍结构，推进教师队伍管理体制改革。

石狮市

【市情概况】　石狮市陆地面积17842.07平方千米，海岸线长64.06千米，海域面积968平方千米。2018年辖2个街道7个镇。年末户籍人口34.61万人，常住人口40.95万人。人口自然增长率16.00‰。耕地面积2372.98公顷，粮食播种面积0.11万公顷，粮食产量0.49万吨。林地面积1314公顷，主要旅游资源有万寿塔、六胜塔、石湖码头、峡谷旅游路、红塔湾、古浮湾，景点有宝盖山风景区、永宁古卫城、黄金海岸、石狮服装城、茂险王主题乐园。

【经济发展】　2018年，石狮市生产总值836亿元，比上年增长9.1%，其中：第一产业增加值25.5亿元，比上年增长0.3%；第二产业增加值412.5亿元，增长9.2%；工业增加值365.5亿元，增长9.5%；第三产业增加值 398亿元，增长9.6%。人均地区生产总值120809元，比上年增长7.8%。固定资产投资558.9亿元，比上年增长13.7%。社会消费品零售总额494.8亿元，比上年增长11.6%。外贸出口额1591000万元；实际利用外资57594万元，比上年增长9.6%。一般公共预算总收入65亿元，比上年增长6%。；其中地方一般公共预算收入41.8亿元，增长0.5%。规模以上工业增加值 265.9亿元，比上年增长9.7%。城镇居民人均可支配收入58930元，比上年增长8.2%；农村居民人均可支配收入24970元，增长9.5%。经济综合实力保持全国中小城市百强第16位。全年引进实业项目118个、总投资525.8亿元；年度280个重点项目完成投资197.2亿元，102个项目建成投入使用。获批全省首个国家级市场采购贸易方式试点。完成58家印染企业分级评定，完成技改投资11亿元。实现规上产值577.6亿元、比上年增长8.9%。对接引进佳龙新材料、九牧智能家居、建新轮胎等项目27个、总投资71.2亿元，通达三期、飞通北斗等项目基本建成，智能制造产业实现规上产值140.2亿元、比上年增长31.9%。举办第4届海丝品博会、第21届海博会和2018石狮国际时装周，石狮服装城入选第三批省级现代服务业集聚示范区和福建百大重点商圈，青创城入选国家小型微型企业创业创新示范基地。灵秀镇、宝盖镇、蚶江镇入选中国淘宝镇，22个村入选中国淘宝村，实现社会消费品零售总额494.8亿元、比上年增长11.6%。引进安通、和安等7个总投资近50亿元的现代物流项目，卡宾狮子湾、国际海运快件监管服务中心、石材交易市场等项目建成投入运营，进口肉类指定口岸

石狮服装城（2018年拍摄）　　（图/吴寿民）

通过验收，港口货物吞吐量3969.1万吨、比上年增长13.8%，集装箱吞吐量188.2万标箱、增长15.8%。渔港经济区建设列入全国沿海渔港建设规划。在厦门设立2个离岸孵化器，15家企业入选省级高新技术企业培育库，新增省科技小巨人领军培育企业13家。引进佳龙文旅、禾禾沂家影视产业基地、海洋生物博物馆等文旅项目，推出10条常规精品线路，接待游客561万人次、实现收入138亿元，分别比上年增长22%、23%。组建国有资本运营公司，为小微企业新增贷款50亿元。建成全省首个县级公共信用信息平台，全年化解不良贷款51.3亿元，信贷不良率下降至2.4%，实现“三连降”。

2018年石狮市经济和社会发展主要指标一览表

表50

指标名称	单位	实绩	比上年增长（%）
地区生产总值	亿元	836	9.1
固定资产投资	亿元	558.9	13.7
财政总收入	亿元	65	6
地方一般预算收入	亿元	41.8	0.5
地方财政支出	亿元	54.3005	2.3
农业总产值	亿元	50.4	0.3
全部工业总产值	亿元	1212.8	12.3
社会消费品零售额	亿元	494.8	11.6
出口商品总值（海关口径）	亿元	159.1	21.1
实际利用外资（验资口径）	亿元	5.7594	9.6
城镇居民人均可支配收入	元	58930	8.2
农村居民人均可支配收入	元	24970	9.5

【城乡建设】 2018年，石狮市完成征地面积800公顷、房屋拆迁面积61.9万平方米，开展海岸带生态综合整治，共富路、峡谷旅游路、红塔湾旅游路等32个道路基础设施项目完成投资9.3亿元，打通金相路南段、花园路钞坑段、回兴路塘后段等“断头路”。在全省率先完成实景化农村公路信息普查，“路长制”长效机制基本建立。推进灵秀山森林公园、红塔湾海岸公园、沿海大通道生态廊道等30个景观提升项目，完成造林绿化140公顷、废弃石窟生态治理16万平方米。环湾生态公园、宝盖山石窟公园、学府公园、花海谷公园等项目建成对外开放。出台创城工作常态化实施方案和考评细则，启用文明天气图管理平台。实施5个老旧小区修缮提升项目，完成老旧小区天然气管道安装改造1000户。“两违”整治拆除违建面积38.4万平方米，腾出土地面积50.4万平方米。改造垃圾中转站4座，实施农村生活污水治理PPP工程，推进将军山存量垃圾处理、梧垵溪等跨境流域综合整治，规范处置历年积存的27万吨“飞灰”固化物。推行“河（湖）长制”，推进18个水系环境综合治理项目。

【社会事业】 2018年，石狮市抓好7件30项为民办实事项目，全年民生支出占一般公共预算支出的70%。建成村（社区）环境综合整治项目52个、美丽城镇建设项目4个；21个集体经营性收入低于5万元的薄弱村全部得到转化。29个教育事业补短板项目顺利推进，建成公办幼儿园3所，新增普惠性幼儿园10所，增加学前教育学位3000个。实施基层学校市直管改革，规范编外合同教师管理，完成首批“名校长、名教师、名班主任”认定，高考本科上线人数再创新高，本一、本二上线率分别居泉州各县市第2位、第3位。成立“未成年人保护联盟”，规范学生校外托管机构管理，在全省率先全面推行小学生课后服务。建成启用市医院新院，通过全国基层中医药工作先进单位考核验收，组建市总医院，引进中国工程院院士孙颖浩专家团队设立石狮工作站。市社会福利中心“公建民营”养老院投入运营，建成湖滨街道居家养老照料服务中心，村（社区）居家养老服务中心、农村幸福院覆盖率78.1%。举办国际龙狮公开赛、第三届国际旅游城市篮球邀请赛、第五届中华灯谜文化节、第八届市运会、“丝路狮缘”故宫博物院珍宝展等一系列文体活动，新建百姓书房10个、老年人体育场所8个，改扩建村级综合文化服务中心35个。启动人力资源服务产业园建设，落实积极创业就业政策，新市民积分管理入选国家发改委“中小城市综合改革典型经验案例”，宝盖鞋业工业园区获评全国模范劳动关系和谐工业园区。新建保障性住房292套、配租配售6950套，改造石结构住房27.5万平方米，完成安置房办证40万平方米。将外来务工人员纳入临时救助范围，落实残疾人“两项补贴”、农村留守儿童关爱保护等救助措施，发放各类救助金1374.6万元。开展扫黑除恶专项斗争，推进“禁毒2018两打两控”“飓风肃毒2018”专项行动，创新“海上枫桥”祥芝样本多元调解模式，建立治安“三级巡防”机制，综治“三率”创历史新高。

【福厦高铁石狮境内主体工程开工】 2018年1月4日，福厦高铁石狮境内主体工程打下第一桩。福厦客专（高铁）项目石狮段全长10.4千米，其中海上部分约6千米，经灵秀、宝盖、蚶江三镇，在灵秀山西侧新建“泉州南”站。根据规划，项目工期5年。

【石狮峡谷旅游路通车】 2018年4月4日，全长4千米的石狮峡谷旅游路主路面完工通车，道路两侧的景观提升工程、学府公园、花海谷公园基本建成。该道路起于学府路、终点接石永二路，是石狮第一条观光旅游路。

【石狮服装城市场采购贸易方式试点启动】 2018年11月15日，泉州石狮服装城市场采购贸易方式试点启动。这是继义乌小商品城等8地之后的第四批国家级市场采购试点，系福建省首个获批市场采购贸易方式试点的区域。

晋江市

【市情概况】 晋江市地处福建东南沿海，晋江下游南岸。周边东濒台湾海峡，南与金门县隔海相望，西和南安市接壤，北同鲤城、丰泽区毗邻，东北紧邻石狮市。三面临海，陆地面积649平方千米。海岸线长121千米。晋江市重要矿产资源有土、砂、石等12种。优势矿产主要是饰面用花岗岩、建筑用石材、玻璃用砂和铸型用砂四种。重要海洋资源有江瑶柱、石斑鱼、锯缘青蟹等10多种海珍品，海产资源有200多种。2018年有户籍人口117.63万人，常住人口211.1万人，是全国著名侨乡和台湾汉族同胞祖籍地之一，祖籍晋江的华侨华人和港澳台同胞300多万人。晋江古港（安海湾）还是"海上丝绸之路"的重要起点之一。晋江历史悠久，唐开元六年（718年）析南安东部置晋江县，因地处晋江下游而得名。宋太平兴国六年（982年）析晋江县东北部置惠安县，新中国成立后行政区域几经析变。1951年划出县城及近郊设立县级市泉州市，晋江县治南迁青阳镇；1971年划出晋北（罗溪、马甲、河市、双阳）归泉州市管辖；1988年又划出晋江东南部（石狮、蚶江、祥芝、永宁）4个乡镇设立石狮市。1992年3月，经国务院批准撤县设市。2003年11月经福建省批准撤销青阳、罗山两个镇建制，划磁灶镇、安海镇、陈埭镇部分村（居），设立青阳、梅岭、西园、罗山、灵源、新塘6个街道。2018年，全市共辖13个镇、6个街道、293个行政村和102个社区。主要旅游景点有五店市传统文化旅游区、安平桥（五里桥）景区、围头战地文化渔村、灵源山风景区、七匹狼中国男装博物馆、紫帽山风景区、深沪湾海底古森林遗迹国家级自然保护区、施琅纪念馆、陈埭丁氏宗祠、安海龙山寺、草庵、南天寺、磁灶窑系金交椅山窑址、西资岩等。晋江市被列为福建省中等城市，是福建省民营经济发展最快、实力最强和最具活力的地区。2018年，晋江市县域经济基本竞争力跃升至全国第四位，在"全国投资潜力百强县""全国科技创新百强县""全国综合实力百强县""全国新型城镇化质量百强县"排名中分别位居第三、第五、第八、第十。综合经济实力连续25年居全省县域首位。2018年，晋江获得2019—2025年连续4届国际大学生体育联合会世界杯举办权，成为全国首个承办大型国际综合赛事的县级城市。在晋江市与意大利库内奥省缔结首座国际友城后，又与菲律宾达沃市缔结友城，对外交流合作空间不断拓展。

近年来，晋江还获得2020年第18届世界中学生运动会举办权。相继获全国文明城市、国家生态市、国家园林城市、国家级海洋生态文明示范区、全国双拥模范城、全国科技先进市、中国爱心城市、七星级慈善城市、全国平安建设先进市、全国民族团结进步创建示范区。2018年获得的全国性荣誉称号："四好农村路"全国示范县、全国民族团结进步创建示范区、全国平安渔业示范县、全国消费品工业"三品"战略示范城市、全国知名品牌创建示范区、流动人口基本公共卫生计生服务均等化示范县、全国农村创业创新典型县、中国鞋都•拖鞋名镇。

2018年2月2日，晋江市获得2019至2025年连续4届的国际大体联世界杯举办权，并获得2027至2031年共3届的优先举办权 （图/晋江市委史志研究室）

【经济发展】 2018年，晋江市传承弘扬"晋江经验"，保持经济社会平稳健康发展，县域经济基本竞争力跃升至全国第4位，县域经济实力连续25年居全省县域首位。

产业结构持续优化，转型升级持续推进。全年实现地区生产总值2229.00亿元，比上年增长9.0%，总量分别占全省、泉州市的6.2%和26.3%。经济总量和增幅分别居全国十强县第5位和2位。其中，第一产业增加值20.30亿元，比上年增长0.9%；第二产业增加值1333.69亿元，增长8.0%，对经济增长的贡献率为54.2%，拉动GDP增长4.9个百分点；第三产业增加值875.01亿元，增长11.0%，对经济增长的贡献率为45.7%，拉动GDP增长4.1个百分点。三次产业结构所占比例调整为0.9∶59.8∶39.3。按常住人口计算，人均地区生产总值突破10万元大关达105790元（折合15987美元），比上年增长8.6%。

农业生产基本稳定。全年全市农林牧渔业总产值38.84亿元，比上年增长1.0%。其中：农业产值6.80亿元，比上年增长7.0%；林业产值472万元，增长19.4%；牧业产值2.71亿元，下降14.2%；渔业产值27.64亿元，增长1.2%；农林牧渔服务业产值1.65亿元，增长5.9%。全年完成粮食播种面积3666.67公顷，比上年增长3.0%，产量2.33万吨，增长8.8%；蔬菜种植面积7726.67公顷，增长2.4%，产量16.55万吨，增长5.3%；食用菌产量8325吨，增长14.8%；水果产量4221吨，增长26.3%。肉蛋奶总产量1.32万吨，比上年下降16.5%。水产品产量25.09万吨，比上年增长1.4%。造林绿化438.4公顷。

工业经济稳中有升。全年工业总产值5399.07亿元，比上年增长12.2%，其中，1638家规模以上工业企业（指年主营业务收入2000万元及以上企业，下同）完成产值5030.33亿元，增长12.7%。经济面总体向好，全市32个行业大类中有29个行业产值实现正增长，增长面达90.6%；规模以上工业产品销售率96.0%，比上年提升0.6个百分点。在规模以上工业中：分经济类型看，外商及港澳台投资企业完成产值2436.04亿元，比上年增长11.5%；股份制企业完成产值2480.59亿元，增长13.5%；股份合作制企业完成产值1.24亿元，下降20.9%；其他经济类型企业完成产值12.47亿元，增长46.3%；龙头企业带动作用突出，分企业规模看，产值超亿元工业企业达899家，比上年增加85家，实现工业产值4663.84亿元，增长15.1%，其中，年产值超10亿元的企业95家，完成产值211.24亿元，增长12.3%；产值在5亿～10亿元的企业151家，完成产值1033.88亿元，增长16.8%；产值在2亿～5亿元的企业335家，完成产值1064.56亿元，增长18.5%；产值在1亿～2亿元的企业318家，完成产值452.99亿元，增长17.3%；转型升级步伐加快，五大新兴产业实现规上产值590.78亿元，增长20.4%，增幅比五大传统优势产业高出8.0个百分点；占规上产值的比重为11.7%，比上年提升0.6个百分点。全市高新技术企业实现产值1001.62亿元、比上年增长12.9%，增速比全部规上企业高出0.2个百分点，占规上产值的比重达19.9%；分行业情况看，纺织服装业产值1330.20亿元，增长12.8%；制鞋业产值1260.01亿元，增长11.1%；建材陶瓷业产值542.70亿元，增长14.1%；食品饮料业产值486.80亿元，增长13.5%；纸制品及包装印刷业产值261.28亿元，增长11.4%；新材料业产值268.86亿元，增长17.5%；智能装备及机械制造业产值182.82亿元，增长24.9%；海洋生物业产值50.03亿元，增长18.6%；光伏电子业产值48.90亿元，增长20.7%；汽车制造及零部件业产值30.69亿元，增长14.1%。节能降耗成效显著，从能耗情况看，全市规模以上工业企业综合能源消费量403.73万吨标准煤，比上年下降2.3%；单位增加值能耗下降9.6%。全年规模以上工业企业实现销售产值4829.70亿元，比上年增长13.4%，产销率96.0%，比上年提升0.6个百分点；实现主营业务收入4581.82亿元，增长15.2%；实现利润总额298.83亿元，增长11.6%，主营业务收入利润率6.5%；资产负债率41.5%，比上年降低1.4个百分点；“两金”占比（应收账款和产成品库存占流动资产比重）37.0%，比上年降低1.0个百分点。全年全市用电量161.87亿千瓦时，比上年增长9.3%，其中，工业用电量126.07亿千瓦时，增长9.3%。全年全社会建筑业增加值85.06亿元，比上年增长7.6%。全市年末本地资质建筑业企业227家（含劳务分包企业、工业性企业、一体化企业），比上年增加56家，完成建筑总产值81.44亿元，增长29.4%。

第三产业加速跃升，全年第三产业增加值比上年增长11.0%，自2013年以来，第三产业增加值连续6年实现两位数增长，且增幅均超过GDP和工业；第三产业增加值占GDP的比重提升到39.3%，对GDP的贡献度达45.7%，拉动GDP增长4.1个百分点。营利性服务业快速增长，得益于互联网、信息技术和商务服务业的快速发展，营利性服务业实现增加值261.58亿元，比上年增长32.2%，拉动第三产业增加值增长8.0个百分点，成为第三产业增长的重要支撑点；商贸业不断壮大，全市限上批发零售业销售额突破2000亿元大关达2428.29亿元，比上年增长22.0%。销售额超亿元企业数373家，比上年增加91家，实现销售额2218.1亿元，增长27.8%，对限额以上销售额增长的贡献率达110.3%，拉动限额以上批发零售业销售额增长24.3个百分点。

全市一般公共预算总收入230.01亿元，比上年增长8.4%，其中，一般公共预算收入135.20亿元，增长6.6%。国税部门组织收入125.64亿元，增长5.7%；地税部门组织收入80.19亿元，增长8.4%；公共财政预算支出135.57亿元，下降7.0%。服务实体经济，实施支持民营经济健康发展26条措施，降低企业成本，出台企业增资扩营、闲置厂房二次招商、优化出口退税等惠企政策，盘活低效用地504.2公顷，全年兑现政策资金15.3亿元，通过减税降费、调整电价等措施，为企业减负14亿元，全力推动产业转型升级，三次产业比例调整为0.9：59.9：39.2。实施智能制造、“互联网+”、服务型制造等专项行动，培育“专精特新”企业14家，267个重点技改项目投产，晋江市获评工信部消费品工业“三品”战略示范城市。恒安特色阿米巴模式变革成效显现，市场份额稳居全国首位。安踏获评国家技术创新示范企业。百宏列入工信部制造业与互联网融合试点。实施高新企业培育工程，高新技术企业达123家，集成电路龙头企业项目部分投产，矽品主厂房封顶，创电、HDT（5GW）高效太阳能电池、6英寸半导体石墨烯芯片等项目相继落地。深化“三产跃升年”活动，实施155个三产重点项目，开展无车承运人、专业市场主体培育等试点，新增限额以上、规模以上服务业企业186家，有力支撑三产增长。加快集聚创新要素，引进中国制浆造纸研究院，“国字号”科研机构增至9家，中科院泉州装备研究所投用。举办创新主题系列活动，引进“海峡”团队23个，认定各级高层次人才827人，国家“千人计划”人才增至7人。实施96个产学研项目，专利申请量、授权量分别突破10000件、5700件，万人发明专利拥有量8件，入选全国首批创新型县市建设名单。激发社会投资潜力，深化“项目攻坚突围年”活动，实施“五个一批”项目553个，总投资4588.9亿元。499个在建重点项目超额完成投资计划，全年开工106个项目、建成投产98个项目、新引进71个项目。有效防范处置风险，积极应对贸易摩擦影响，全力推动外贸出口，培育自营出口企业100家，建成国际邮件互换局，国际快件量增长50%。支持企业拓展多元市场，成功举办首届家装建材博览会，体博会、食交会交易额再创新高。常态化开展银企对接活动，全年新增贷款150亿元，企业金融风险有序化解，不良贷款率控制在较低水平。稳健转型升级步伐，强势推进转型攻坚，大力营造人才生态，实体经济稳中向好，龙头企业加快高质量增资扩营，一批“专精特新”中小企业茁壮成长，集成电路、石墨烯等高新技术产业集群成形成势，重塑“晋江制造”新价值新印象。接续弘扬“晋江经验”，高举改革旗帜，集成推进22项国家级改革试点，完成农村土地制度改革、自然资源统一确权登记、林地占补平衡等试点任务，“放管服”、国企实体化运作等改革取得突破。商务创新获国务院通报表扬。“晋江经验”成为中宣部“壮阔东方潮、奋进新时代——庆祝改革开放40周年”大型主题宣传活动的重要篇章。

【城乡建设】 2018年，晋江市推进新型城镇化试点建设，城市彰显品牌魅力。按照“以赛兴城、以赛促产、以赛惠民”的要求，推进16个城市专项行动计划，国际化创新型品质城市展现新局，投资潜力位居全国中小城市第三位。加快城市功能建设和活力营造，抢抓世界中学生运动会、国际大体联足球世界杯等重大赛事筹办举办战略机遇，统筹“办城市”和“办赛事”，持续提升城市品质和赛事保障能力。完成14个场馆建设改造，晋江第二体育中心、晋江少体校、晋江足球公园等场馆加快建设，筹办工作顺利通过国际中体联第一次赛前考察。举办“晋江慈善之夜”暨世界中学生运动会倒计时活动，募集善款超5.8亿元，凝聚起磅礴的“晋江力量”。举办2018年世界沙排巡回赛(晋江站)、2018特步晋江国际马拉松赛、晋江市第十三届运动会等赛事，系统检验场馆、酒店、交通等服务保障能力。加快完善城市配套，统筹推进六个新增长区域建设，高效完成福厦客运专线和高铁新区征迁，刷新和谐征迁“晋江速度”。实施119个片区开发项目，建成11个现代小区，新增城市绿地56.67公顷，15个安置房项目回迁。国际人才社区、国际酒吧街基本建成。新增226个汽车充电桩，投放780个公共停车泊位，磁灶、金井公交枢纽投用。晋江机场国际航线增至9条，通航城市达54个，旅客吞吐量突破700万人次。持续改善人居环境，推进“三拆一清”，拆除“两违”建筑70万平方米、违规广告牌446宗。实施“两高”及重要通道沿线环境整治，基本完成安海镇下洪村、紫帽镇紫星村示范段景观建设。开展爱国卫生运动，推行垃圾分类试点，新建改造公厕120座，农贸市场、背街小巷“脏乱差”得到进一步整治。推进城市精细管理专项行动，有效治理占道摆摊、违章停车等乱象。加强生态环境保护。推进中央、省环保督察反馈问题整改，实施垃圾焚烧发电厂技改，淘汰燃煤锅炉144台，回潮石材企业全面清退，禁养区、禁建区生猪养殖场全部关闭。全面推行河湖长制，开展污染源整治霹雳行动，关停“小散乱污”企业509家，整治河道52千米，93个村（社区）完成农村生活污水治理工程建设，12条河流截污主干管闭合。梧垵溪、缺塘溪等流域水质明显改善，晋江流域监测水质保持III类标准，南高干渠等市级饮用水源地水质全部达标。推动深沪湾海底古森林遗迹、泉州湾河口湿地等生态敏感区域整治修复。推进生态连绵带建设，全年造林面积1133.33公顷，晋江下游（南岸）整治、九十九溪田园风光等重点生态项目加快实施。推进乡村振兴战略。整合涉农资金，兑现强农惠农政策7.88亿元，投入14.13亿元支持生态修复、环境治理以及“美丽乡村”建设。发展特色现代农业，认定新型职业农民557人，省级以上农业产业化龙头企业增至34家，“晋江紫菜”通过农业部农产品地理标志登记保护，晋江渔港经

2018年晋江市经济和社会发展主要指标一览表

表51

指标名称	单位	实绩	比上年增长（%）
地区生产总值	亿元	2229.00	9.0
固定资产投资	亿元	—	16.0
财政总收入	亿元	230.01	8.4
地方一般预算收入	亿元	135.20	6.6
地方财政支出	亿元	135.57	-7.0
农业总产值	亿元	38.84	1.0
全部工业总产值	亿元	5399.07	12.2
社会消费品零售额	亿元	710.53	9.7
出口商品总值（海关口径）	亿元	527.59	10.1
实际利用外资（验资口径）	亿元	13.96	3.0
城镇居民人均可支配收入	元	49719	8.4
农村居民人均可支配收入	元	23781	8.7

济区纳入国家沿海渔港建设规划。重点扶持20个集体增收项目，消除经营性收入5万元以下薄弱村。加快基础设施向农村延伸覆盖，获评全国“四好农村路”示范县。开展农村“五微”营造，安海瑶前、金井围头入选第五批中国传统村落名录。改善城乡人居环境。

【社会事业】 2018年，晋江市保障和改善民生，坚持以人民为中心的发展思想，坚持政策托底，持续加大民生投入，民生举措更加暖心，稳步提高基本民生保障水平，提高投入民生资金84.25亿元，比上年增长12.9%，占一般公共预算支出70.33%，推进民生补短板，持续做大优质资源。投入5.82亿元支持办好32件为民实事和200件“民生微实事”，建成121个补短板项目。社会保障投入14.61亿元（含上级补助），各类保障提标扩面，支持打好脱贫攻坚战，深化“四帮四扶”，288户贫困家庭脱贫解困，3400多户困难家庭通过“四帮四扶”、慈善救助、志愿服务等得到暖心帮扶。教育总投入37.5亿元（含社保缴费、上级补助、政府债券投入），提高生均人用经费标准及合同老师薪酬待遇，支持实施112个教育补短板项目，新增优质学位1.5万个，普惠性幼儿园覆盖率88.1%。福大科教园迎来首批研究生，泉州理工学院升格为“本科层次职业学校”。晋江学子揽获高考全省文科、泉州理科第一名。实施21个医疗卫生项目，新增病床位945张。深化与树兰医疗合作，院士工作站、名医工作室入驻人数增至17人。中医院成为全省首家县级三甲中医院。为70岁以上老人购买意外伤害和长期照护保险，社会福利中心一期启动运营，一批镇村养老设施建成投用，新增养老床位250张。完善保障性住房配租政策，改造石结构危房6000宗。二轮修志交付出版单位，清道光版《晋江县志》点校再版。开展扫黑除恶专项斗争，治安管控、安全生产、信访维稳形势保持稳定。加强粮食安全和食品安全工作，全市各类学校“明厨亮灶”全覆盖。引水第二通道全线贯通，向金门供水工程正式通水。深化“平安晋江”建设、平安创建以及城安系统、食品安全、防灾减灾救灾等公共安全体系建设，促进民生福祉提档增质。

【晋江获连续4届国际大体联世界杯举办权】 2018年2月2日，国际大学生体育联合会（简称国际大体联）、全国青少年校园足球工作领导小组办公室、中国大学生体育协会与晋江市人民政府联合在北京人民大会堂举行新闻发布会宣布：“经国际大体联执委会批准，晋江获得2019至2025年连续4届的国际大体联世界杯举办权，并获得2027至2031年共3届的优先举办权”。经亚洲大体联执委会批准，晋江还将连续承办2018年、2020年、2022年及2024年共4届亚洲大体联亚洲杯赛，该赛事每两年举办一届，作为国际大体联世界杯的预选赛。该系列赛事与晋江2017年经过激烈竞争获得举办权的2020年世界中学生运动会一起，助推晋江体育城市建设步伐。

【亚洲大体联足球亚洲杯举办】 2018年10月29日—11月11日，2018亚洲大体联足球亚洲杯在晋江举行，来自亚洲14个国家和地区的运动员齐聚晋江、共享足球盛会，共有23支球队参赛，其中男子组16支、女子组7支。在此之前，8月17日—25日，2018年亚洲大体联亚洲杯中国大学生足球选拔赛在晋江举行。参加男子组比赛的球队共有8支，女子组4支队伍，共12支全国各大高校的足球队在晋江展开角逐。2018年亚洲大体联亚洲杯中国大学生足球选拔赛由中国大学生体育协会主办，晋江市人民政府承办，是亚洲大体联亚洲杯足球赛预选赛区之一。

【福州大学晋江科教园建成投用】 2018年4月27日，福州大学晋江科教园揭幕。福州大学党委书记陈永正、福州大学校长付贤智、福建省教育厅副厅长陈国龙、晋江市委书记刘文儒、泉州市教育局局长廖伏树、晋江市政协主席林仁达等共同为福州大学晋江科教园揭幕。首批270名研究生入住福大晋江科教园区，主要是福州大学经济与管理学院和土木工程学院研究生一、二年级的学生。10月17日，福州大学晋江科教园举行2018年秋季研究生开学典礼，来自机械学院、电气学院、材料学院、土木学院、经管学院、法学院6个学院及福建省空间信息工程研究中心600名研究生入驻，包括研究生一年级至三年级学生。福州大学晋江科教园将为福建、泉州、晋江产业转型升级提供强大的人才支撑。2015年11月，福州大学与晋江市委市政府签约共建福州大学晋江科教园。

【“晋江慈善之夜”暨世界中学生运动会倒计时活动】 2018年12月18日，是晋江一年一度的“慈善日”。为助力世界中学生运动会等重大赛事筹办和福州大学晋江科教园等重大项目建设，当晚，晋江举行“晋江慈善之夜”暨世界中学生运动会倒计时活动。世界中学生运动会举办时间、口号、会徽和比赛项目发布。世界中学生运动会计划在2020年10月18—23日举行，设18个比赛项目。世界中学生运动会入围的10个吉祥物和10首主题歌正式发布并开启投票通道。福建省副省长郑建闽，全国工商联原专职副主席、中国民营经济研究会会长庄聪生，泉州市委书记康涛，教育部体卫艺司司长王登峰，国际中体联副主席、教育部学生体育协会联合秘书处秘书长薛彦青，泉州市委常委、统战部部长林万明，泉州市委常委、晋江市委书记刘文儒，泉州市副市长季翔峰，晋江市市长张文贤等参加活动。慈善捐赠仪式上，恒安集团、施文博先生、许书典家族慈善基金，宝龙集团，安踏集团、丁和木家族慈善基金、赖世贤、王文默，金龙集团晋江金龙置业有限公司各捐赠5000万元助力世界中学生运动会，共募集善款超6亿元。

【首届中国（晋江）家装建材博览会】 2018年4月1—3日，由中国建筑卫生陶瓷协会主办，晋江市建材陶瓷行业协会、福建荟源国际展览有限公司承办的首届中国（晋江）家装建材博览会(以下简称“晋江家博会”)。为期四天的展会期间，位于磁灶镇海西家居建材城的主展区累计接待参观客商50228人次，164家企业完成现场签约，意向成交金额103.9亿元。全国工商联原副主席、中国民营经济研究会会长庄聪生、中国建筑卫生陶瓷协会会长叶向阳、晋江市政协原主席周伯恭、泉州市商务局调研员洪良泉、晋江市人民政府副市长李自力、晋江市政协副主席叶荣宗、住建部《中国建筑装饰装修》杂志总编华敬友、全国建筑卫生陶瓷标准化技术委员会秘书长王博等嘉宾受邀出席本次展会。晋江家博会是一场办在市场中的展会，设海西家居建材城1个主展区和海峡国际五金机电城、天工陶瓷城、顺丰物流园、世华商城、东山建材市场5个分展区，总展览面积30多万平方米，汇聚1800多家家居建材、五金和陶瓷企业和商家，产品覆盖瓷砖、陶板、五金、卫浴、橱柜、定制家居、家具、饰品、新材料、机械等全产业链，全面展示国内外家居建材行业新产品、新技术、新趋势。展会期间还配套举办五金机电行业商贸对接会、高端地产商对接活动、泉州市农产品电商冷链物流对接会、家装建材出口跨境电商研讨会、家居卖场渠道商贸对接会、设计师及房地产“样板房”商贸对接会等多场高端论坛和技术对接会，展示最新研发成果；依托展会平台，搭建对台对接交流平台，邀请台湾地区高雄代表团和莺歌镇代表团参会，拓展海峡两岸陶瓷文创产业合作空间。

南安市

【市情概况】 南安市位于福建省南部、泉州市西南部，面积2036平方千米，海域面积61.6平方千米，海岸线长32.8千米。2018年辖23个乡镇、3个街道、2个省级经济开发区。年末户籍人口165.52万人，常住人口201.99万人。人口自然增长率12.22‰。耕地面积3万公顷，粮食播种面积2.53万公顷，粮食产量14.97万吨。林地面积10.99万公顷，森林覆盖率52.7%，活立木蓄积量0.04亿立方米。重要矿产资源有铁锰矿、钼矿、钨矿、泥炭、饰面用花岗岩、饰面用闪长岩、工艺用辉绿岩、建筑用花岗岩、建筑用凝灰岩、建筑用砂、陶瓷土、高岭土、绢云母、伊利石、叶蜡石。主要旅游景点有九日山风景旅游区、郑成功文化旅游区、蔡氏古民居建筑群、五里桥、凤山寺风景区、灵应寺风景旅游区、天柱山休闲旅游区、雪峰寺、黄巢山自然风景区、山美湖风景区、光前学村等。2018年，南安市获得全国性荣誉称号：综合实力位居全国中小城市综合实力百强第29位、最具投资潜力百强第11位、新型城镇化质量百强第31位、科技创新百强第31位和工业百强第23位，并居全面小康指数百强第73位、福布斯中国大陆最佳县级城市30强第4位。

【经济发展】 2018年，南安市实现生产总值1067.82亿元，比上年增长8.4%。其中：第一产业增加值27.49亿元，比上年增长2.4%；第二产业增加值612.81亿元，增长9.2%；第三产业增加值427.52亿元，增长7.3%；工业增加值560.30亿元，增长9.5%。规模以上工业总产值2407.51亿元，比上年增长13.5%。农业总产值48.60亿元，比上年增长2.3%。固定资产投资增长19.7%。社会消费品零售总额514.21亿元，比上年增长12.4%。外贸出口额157175万美元，比上年增长23%；实际利用外资5072万美元，增长71.2%。一般公共预算总收入79.96亿元，比上年增长11.4%；其中地方一般公共预算收入45.99亿元，增长11.9%。城镇居民人均可支配收入46048元，比上年增长8.2%；农村居民人均可支配收入21631元，增长8.9%。

规模以上工业企业806家，产

值超亿元企业440家。563个重点项目开工率98%，完成投资560多亿元，299个项目建成或部分建成。升级版“泛家居”活动周线上垂直平台实现交易额20亿元，拓展线下体验馆；石材产业展示运营中心入驻企业72家，石材业发展纳入省千亿产业集群推进计划；水暖厨卫业迈入智能化、定制化新阶段。南部“芯谷”三安高端半导体系列项目实现部分投产；中部“智谷”绿色泛家居建材展贸项目、美的智慧家居科创项目落地开工。

成立农业科技创新联盟，推进9个现代农业产业园建设，新增省级农业产业化龙头企业2家，农民合作社59家、家庭农场7家，创建省级农民专业合作社4家、泉州市级以上星创天地5家，“蓬华脐橙”获认国家农产品地理标志，“向阳好货”项目获评全国优秀创新创业项目。“梅山经验”入选中组部《发展壮大村级集体经济案例选》。创建和谐村（社区）50个，新增3个省级乡村旅游特色村，21个村入选省级“千村整治、百村示范”美丽乡村建设工程名单。眉山皇旗尖获评全国百个休闲农业和乡村旅游精品景点线路，乐峰印山林场列为国家森林康养基地试点单位，英都良山村入选“福建传统村落”，康美福铁村入选“福建最美乡村”。成立首家民营性质林木林权收储公司。

第三产业新增物流企业58家，安鑫智能电商及冷链物流产业园项目落地建设，海西石材物流园成为省级示范园区，天地汇公路港年货运量超500万吨。布伦达电商产业园落地，全市电商交易额285亿元。完成服务业项目投资106.6亿元，第三产业比上年增长9.5%。获评6家省级服务型制造示范企业，中国水暖城获评省级现代服务业集聚示范区。水暖泵阀交易会、农订会、石博会等链接“一带一路”。五大国有集团完成清产核资，资产总额360亿元。全年接待游客715万人次，比上年增长23.6%。

2018年2月18—20日，第十四届中国（南安）国际水暖泵阀暨消防器材交易会在南安市福建成功国际会展中心举行。图为交易会现场

（图/吴嘉晓　蔡紫旻）

新增1家国家智能制造试点示范企业、1个工信部智能制造综合标准化与新模式应用项目、3个省级智能制造重点项目；承办中国移动对讲通信产业大会，签订采购协议2.5亿元，启动中国移动“和对讲”产业园。国家建材检验检测中心落户，新增1个国家级博士后科研工作站。新认定高层次人才2400多人。158个技改项目完成投资93.4亿元，新增国家高新企业15家、省级科技型创新企业26家、科技“小巨人”领军企业34家。新增授权专利6600多件。霞美“文创智造小镇”入选泉州市首批特色小镇。

全市区域规划基本形成，推进康雪洪组团、梅罗组团等区域协调发展规划，全年完成5项镇总体规划、7项专项规划、15项详细规划。城市总体规划正式获批实施，基本编制完成“多规合一”一张图。推进兴泉铁路、福厦客专、厦漳泉城市联盟路南安段及联十一线水头路段、江滨南路一期、茂盛路等重大线性工程，纵三线省新至梅山公路、石井成功大道正式通车，改造完成创意大道一期、国道228线石井段，基本完成南洪公路市区至铁路桥段、南金公路市区至省新段市政化改造，推进向乐、英翔等镇镇镇有干线项目，提级改造农村公路70千米。投入52亿元实施43个城建项目，市民中心公检法技术用房主体落成，“五馆一校一场”完成前期工作，城市向北拓展建成区面积34.94平方千米。

【生态建设】　2018年，南安市推进“两溪一湾”安全生态水系综合整治工程，完成陈塘示范段主体工程，五里桥畔休闲慢道景观逐步成型。创新实行河道巡查管护购买服务，新建17.4千米污水主管网，累计建成273座污水二级处理设施、1.3万个三格化粪池，整治生态流域59.8千米。关停污染企业610多家、畜禽养殖场790多家。全年空气优良率97.6%，空气质量综合指数比上年提升0.05%，空气质量6项指标均达国家二级标准。启动城乡环卫全市域一体化PPP模式运作，行政村垃圾治理实现全覆盖。实施12个门户绿化提升工程，推进“两高”和城镇重要通道沿线环境整治、滨江休闲景观带建设。完成植树造林1186.67公顷，治理水土流失5866.67公顷。创新碳排放贷款模式，加快淘汰落后产能，规上工业增加值能耗比上

2018年南安市经济和社会发展主要指标一览表

表52

指标名称	单位	实绩	比上年增长（%）
地区生产总值	亿元	1067.82	8.4
财政总收入	亿元	79.96	11.4
地方一般预算收入	亿元	45.99	11.9
地方财政支出	亿元	69.15	-1.2
农业总产值	亿元	48.6	2.3
全部工业总产值	亿元	2407.51	13.5
社会消费品零售额	亿元	514.21	12.4
出口商品总值（海关口径）	亿元	103.84	19.8
实际利用外资（验资口径）	亿元	3.3	71.2
城镇居民人均可支配收入	元	46048	8.2
农村居民人均可支配收入	元	21631	8.9

年下降3.9%。

【社会民生保障】 2018年，南安市全市新增城镇就业1.94万人，全体居民人均可支配收入超3.4万元，登2018年中国县级全市全面小康指数百强榜第73位，实施全民参保计划，“城乡低保”标准实现一体化，城乡医疗、养老保险待遇水平上升，“救急难”等社会救助制度惠及11.4万人次。慈善事业健康发展，连续25年侨捐超亿元，最大单笔认捐款5亿元。全年80%以上的本级财力用于民生改善，完成12件48项为民办实事项目。建成3所乡镇公办幼儿园，第六小学、昌财学村建成招生，新增公办幼儿园学位1350个、中小学学位3165个，中、高考成绩提升，6人被北大、清华录取；获评国家级农村职业教育和成人教育示范县、国家三类城市语言文字工作评估达标城市。市医院新院区开工建设，童昌综合医院获批设置，4所乡镇卫生院完成改造提升，基层中医馆实现全覆盖，新增床位320张；开展医疗“暖心服务”行动，拓展家庭医生签约服务内容，270家村卫生所完成标准化建设。新建省级农村幸福院12个、农村居家养老服务站35个、医养结合试点26个。发展壮大村级集体经济“五种模式”，消除空壳村，解决“薄弱村”问题，“梅山经验”成为全省唯一入选中组部《发展壮大村级集体经济案例选》。打掉黑恶组织（团伙）11个63人，摸排涉黑涉恶问题线索36条43人，处分处理18人，保护伞问题4人，移送司法机关4人，通报2批5起。

【文体事业】 2018年，南安市开展第三届“美德少年”评选表彰活动、“家+文化”和“身边故事、共同铭记”活动，建成3个家风建设阵地，梅山芙蓉李氏家风家训教育基地获评“福建省家风家训乡贤文化馆示范点“称号。建成星级“百姓书房”10家、综合性文化服务中心示范点2个，举办公益性演出120场；新增5处省级文物保护单位，市博物馆获评国家三级馆，市高甲戏剧团代表泉州市赴韩参演。国家篮球训练馆、激流回旋训练基地一期工程竣工，南安健儿获得省级以上各类竞技比赛金牌75枚、奖牌156枚。推进官桥温泉童话小镇、海丝冰雪世界、郑成功文化产业园等一批重大文旅项目。

【第十四届中国（南安）国际水暖泵阀暨消防器材交易会】 2018年2月18—20日，第十四届中国（南安）国际水暖泵阀暨消防器材交易会在成功国际会展中心举办。展会集产品展览、技术交流、专题研讨、经贸洽谈活动于一体，以“智能质造、慧及全球”为主题，分10个主展区，设有国际标准展位1418个，展示面积3.4万平方米，参展企业800多家。交易会对接招商项目58个，计划投资443.718亿元，其中外资项目5个，拟利用外资6.15亿美元。现场签约项目13个，计划投资291.5亿元，其中外资项目2个，拟利用外资2.7亿美元。

【第十一届海峡两岸（泉州）农产品采购订货会】 2018年9月7—9日，第十一届海峡两岸（泉州）农产品采购订货会在南安市成功国际会展中心举办。订货会设800个国际标准展位，其中台湾地区精品展区400个展位，邀请陕西、甘肃、江苏、江西、广东、四川、重庆、新疆等13个大陆省市、港澳台地区以及泰国、马来西亚、越南、缅甸、印度尼西亚、斯里兰卡、尼泊尔等12个境外国家逾470家企业客商参会，达成协议合作意向343笔、意向金额12.43亿元，比上届增长17%；展会人流量超14.2万人次，其中专业采购商3639人，现场销售额4200万元，增长40%。

【第三届海丝（国际）泛家居主题活动周】 2018年11月4—11日，第三届中国（南安）泛家居主题活动周暨首届中国（南安）泛家居产业博览会在南安成功国际会展中心举办。博览会展出面积4万平方米，设置1200多个标准展位，涉及陶瓷、卫浴、门窗、家具、灯饰照明、智慧家居等各类展品。活动周以“绿色、跨界、创新、共享”为主题，吸引30多个内地（大陆）省市、中国港澳台地区以及10个国家，客流量突破15万人次，1000多家企业客商参展，达成意向投资及采购金额160亿元。

【第十九届中国（南安）水头国际石材博览会】 2018年11月8—11日，第十九届中国（南安）水头国际石材博览会在南安市石材产业展示中心举办，博览会设9个展区，包括1个主展区以及8个常年展区，总展示面积达92.3万平方米，是国内石材展会中展位数量最多、办展规模最大的国际性石材盛会，专业参观人员10万多人次。本届石博会达成购销意向2017宗，比上届增长8%；贸易总额123.9亿元，增长9%；签订外贸订单4.62亿美元，占比30.2%，增长4%。

【南安经济总量迈入千亿城市行列】 2018年，南安经济总量迈入千亿城市行列，完成地区生产总值1075.34亿元、比上年增长8.7%。

【南安郑成功故里获批“海峡两岸交流基地”】 2018年6月27日，国台办召开新闻发布会，宣布批准南安市郑成功故里为海峡两岸交流基地。

【南安两个泛家居项目同时动工】 2018年11月9日，投资130亿元的“南安市绿色泛家居建材展贸项目”和投资260亿元的“南安美的智慧家居科创项目”在南安实现奠基动工，并双双列入福建省“五个一批”谋划项目库和2018年参照省重点项目，标志着南安市向构建“双谷”，加快产业迈向中高端的动能转换，拉开新兴产业格局踏上新征程。

惠安县

【县情概况】 惠安，取义于“以惠安民”，自北宋太平兴国六年（981年）置县以来，已有1038年历史。全县依山临海，与台湾隔海相望，是福建省著名侨乡和台湾汉族同胞祖籍地之一。1996年7月，惠安南埔、后龙、山腰、涂岭、埭港等5个镇和国有山腰盐场正式委托肖厝管委会管理；2000年4月经国务院批准同意肖厝管委会托管的区域设立泉港区；2010年6月，惠安洛阳、东园、张坂、百崎回族乡等4个乡镇和省级惠南工业园区正式委托泉州台商投资区管理。2018年，全县陆域面积（不含泉州台商投资区，下同）489.42平方千米，海域面积1725平方千米，下辖12个镇、218个村（社区），人口约80万人，素有“石雕之乡”“建筑之乡”“渔业强县”之美誉。

【经济发展】 2018年，惠安县实现生产总值（不含泉州台商投资区，下同）802.7亿元，比上年增长9.8%，其中：第一产业增加值26.35亿元，第二产业增加值532.44亿元，第三产业增加值243.91亿元。完成一般公共预算总收入74.30亿元、比上年增长8.8%，一般公共预算收入39.44亿元、增长11.7%。全体居民人均可支配收入32667元、比上年增长8.5%。县域经济综合实力居全国中小城市“百强”第35位、全省“十强”第6位。工业经济，主动对接泉州“传统、重化、高新”三大板块，举办2018年中国（惠安）国际雕刻艺术品博览会，获“全国雕塑创研基地”称号，惠安石雕入选首批国家传统工艺振兴目录。成立闽南古建筑研究院专家工作站，2个建筑产业现代化基地建成投产，建筑企业完成施工产值560亿元，回乡缴纳所得税4亿元。达利、回头客等一批龙头企业创新步伐进一步加快，麦王食品顺利投产，“智造”程度不断提升。举办中国校园服饰产业基地（惠安）投资洽谈暨2018年校服新产品发布会、第二届校服设计大赛，获“中国校园服饰产业基地”称号。泉惠石化园区进入中国化工潜力园区“十强”行列，14个基础设施及公用工程配套项目加快建设；中化乙烯项目全面攻坚施工，中化炼化一体化二期项目启动用地回填，中化泉惠石化专属园区引进“林德空分”等一批重大项目。引进国际高尖端项目团队，与集美大学共建人工智能研究院，联合中南高科集团启动城南工业园区133.33公顷创智产业谷建设，中医智能舌诊、智慧居家养老等9个人工智能项目成功注册孵化。出台乡村旅游提质升级三年行动计划，持续推进一批设施农业和休闲农业项目，农家乐、民宿等业态加快发展，获评“2018百佳深呼吸小城”，全年接待游客人次、实

2018年6月16日，市委书记、市长康涛（右三）到惠安县调研党委主责主业和跨越发展落实情况 （图/陈起拓）

现旅游收入分别比上年增长20%和21%。农业经济，兑现各类涉农补贴1425.1万元，实现农林牧渔业总产值49.88亿元、比上年增长5%。实施省级农民创业示范项目5个，创建农业标准化生产基地12个，新增省级现代蔬菜产业示范园区1家、设施大棚面积36.67公顷、“三品一标”产品4个，新改扩建水产工厂化养殖设施4476平方米，新增钢（玻璃钢）质渔船102艘。出台全面推进乡村振兴战略实施意见，启动扶持村集体经济发展三年行动计划，“空壳村”“薄弱村”全部消除，完成农村集体资产清产核资。

【城乡建设】 2018年，惠安县深入开展城乡建设大会战，禹洲城市广场等29个重点城市项目完成投资25.6亿元，涂寨镇区综合体等82个重点城镇项目完成投资68.2亿元。开展创建全国文明城市全面攻坚年行动，建立完善市容市貌网格化监管机制，持续开展第三方测评，实施创城提升项目29个。联三线黄塘至虎窟段、兴泉铁路等一批在建工程加快推进，启动县镇村三级“路长制”，推进农村公路工程包项目和“四好”农村路建设，开展高速高铁沿线环境综合整治。新增110部新能源公交车和5个公交首末站，公交线路38条，基本实现公交一体化目标。城乡供水管网加快延伸覆盖，电网改造提升工程完成投资1.23亿元，分别完成供水供电“一户一表”改造4752户和14631户。深化“两违”综合治理，拆除“两违”建筑38万平方米。推进“千村整治、百村示范”，建成1个特色示范片、9个特色示范村、13个省级创建村和2条旅游景观带，螺城镇、崇武镇入选全国综合实力千强镇，小岞镇入选市级特色小镇创建镇。

【生态保护】 2018年，惠安县以系统思维治山治水，狠抓生态保护，获评“全国绿色发展百强县”。开展大气污染防控百日攻坚行动，整治工业废气、建筑扬尘、餐饮油烟和臭氧污染，深入推进“石粉尘”综合整治，关闭取缔“小而散”石雕企业535家，启动山霞雕艺循环产业园规划招商。推进“四绿”工程，新增“四旁”绿化示范村7个，完成造林绿化面积253.13公顷，城区人均公园绿地面积13.4平方米。实行“河长制”“湖长制”全覆盖，实施4个重点流域、2个重点水体整治项目，综合整治河道13.9千米，建成东港溪“清新流域”样板工程。完成县污水处理厂提标改造工程和净峰污水处理站建设，加快推进污水管网工程9个，完成41个村庄生活污水治理和3.8万户农村三格化粪池新改建任务。推进崇武西沙湾海岸带综合整治，近岸海域水质优良面积比例98%以上。

【社会事业】 2018年，惠安县以“XIN”行动和“四民”工程为抓手，优先把76.9%本级财力用于保障和改善民生，实施47件为民办实事项目。实施积极的就业政策，成立镇村劳务公司132家，新增城镇就业超1万人、转移农村劳动力1758人。城乡居民养老待遇标准“八连涨”，城乡低保标准并轨提高到每人每月600元。推进32个教育基础设施建设工程包项目，新增公办幼儿园3所、普惠性民办幼儿园45所，新增12所义务教育管理标准化学校。加快实施16个医疗基础设施工程包项目，建成25家一体化管理卫生所，新增病床位300张。新建6所镇级敬老院、23所村级居家养老服务站，新增13个村级综合文化服务中心示范点、15个“科山小读”书屋和36条健身路径。开展“扫黑除恶”专项斗争和社会治安问题专项治理三年行动，加快安全生产领域改革发展，开展风险分级管控和隐患排查治理，构筑双重预防机制，社会保持和谐稳定。

【中国校园服饰产业基地（惠安）投资洽谈会系列活动】 2018年2月27—28日，中国校园服饰产业基地（惠安）投资洽谈暨2018年校服新品发布会在惠安县举行，吸引全国各地行业主管部门、生产企业、配套企业等共600多人参加。中国教育装备行业协会负责人向惠安县颁授“中国校园服饰产业基地”牌匾，并举行中国校园服饰产业基地（惠安）项目投资意向签约仪式，业界专家学者、行业主管部门、部分企业代表就“中国校园服饰产业基地建设”进行研讨，共同探讨校服行业的现状和未来。会议期间，还举行校服企业2018新品发布会、中国校园服饰产业基地（惠安）项目开工仪式、全国学生装面料研发中心、东华大学•海丝新梦园时尚校服研发中心揭牌仪式等相关活动。

安溪县

【县情概况】 安溪县位于福建省东南部。2018年辖24个镇476个村（社区）。土地面积3057.28平方千米。年末户籍人口 121.95万人，常住人口102.5万人。人口自然增长率6.0‰。主要旅游景点有清水岩、李光地故居、洪恩岩、云中山等。2018年获得的全国性荣誉称号：首批国家现代农业产业园、美丽中国十佳典范城市、2018中国茶业品牌影响力全国十强县（市）。

【经济发展】 2018年，安溪县全县生产总值 574.38亿元，比上年增长8.9%。其中：第一产业增加值44.41亿元，比上年增长2.2%；第二产业增加值286.29亿元，增长9.1%；工业增加值247.79亿元，增长9.5%；第三产业增加值243.68亿元，增长10.1%。人均地区生产总值56202元，比上年增长8.1%。规模以上工业总产值 840.61亿元，比上年增长13.6%。农林牧渔业总产值 72.88亿元，比上年增长2.5%。固定资产投资比上年增长16.9%。社会消费品零售总额310.81亿元，比上年增长16.3%。外贸出口额36.35亿元，比上年增长20.9 %；实际利用外资0.95亿元。一般公共预算总收入50.12亿元，比上年增长21.2%；其中地方一般公共预算收入30.44亿元，增长14.6%。规模以上工业增加值 225.90亿元，比上年增长9.6%。城镇居民人均可支配收入31957元，比上年增长7.4%；农村居民人均可支配收入16521元，增长9.1%。粮食播种面积1.79万公顷，粮食产量 8.52万吨。林地面积21.96万公顷，森林面积19.69万公顷，森林覆盖率65.77%。

2018年，安溪县推进“项目攻坚2018”活动，对重大招商项目实行“一企一策”“一事一议”，给予政策优惠，在全省率先推行“审批官”制度，全面提升行政服务效能，实施387个县级重点项目、完成投资327亿元，49个市级重点项目完成投资107亿元，获评泉州市“大干40天、比拼开门红”优秀集体，“五个一批”正向激励考评排名全省第六。全年新引进165个产业项目，总投资310.32亿元，其中超亿元项目75个，铨丰超大碳纤维、臻璟氮化铝、中合联绿色食品产业园、恒佳铜业等大项目纷纷落地。招商数量、体量、质量再创新高。白濑水利枢纽工程获国家批复，全面启动项目初步设计工作，剑斗新集镇中小学、幼儿园、医院等4个先行工程动工建设。兴泉铁路安溪段全线开工、快速推进；完成安溪至厦门翔安机场高速连接线、官桥至桃舟高速公路工程可行性报告编制。

安溪县在9个现代专业园区（湖头光电产业园、EC产业园、湖里园、思明园、安溪2025产业园、南方水产城、卫浴新城、弘桥智谷电商园、藤云工艺园）基础设施建设累计投资近30多亿元，园区的规划定位、产业布局、管理体制机制等不断完善，以现代专业园区为依托，光电、信息技术、生物科技、高端装备制造等产业蓬勃发展，迈向产业高端。9大现代专业园区入驻企业168家，其中，高端装备制造产业园，入驻企业35家、开工16家、试投产或部分投产5家；在产业园中规划建设大成智能区，带动13家上下游企业入驻，开创“组团式全产业链”发展新模式；引进超大碳纤维、国际汽车轻量化研究中心等未来产业项目，成为引领复合材料应用及产业化发展的重要基地。园区承载能力的不断提升，引导民营企业向集群化、规模化发展，逐步成为安溪县新一轮发展的重要增长极。

2018年7月15日，安台青年交流中心和安溪县台湾青年就业创业服务中心授牌　（图/林钦固）

出台“新安十条”、支持企业上市等扶企惠企政策，落实各类奖补资金近2亿元。全省率先试点首席审批官委派制度，推行“一人办结”“一审一核”制，窗口即办结率提升至85.3%；强化“马上办、网上办、就近办、一次办”，实现“一趟不用跑”“最多跑一趟”事项占审批事项达95.3%；推进“一号一窗一网”工作，入驻中心事项全部实现“一窗受理”“无差别全科受理”，为群众、企业办事节省一半以上时间。引导金融服务民营企业，2018年全县各项贷款余额达426亿元，比上年增长16.42%，贷款投放增速连续三年全市第一，其中新增贷款（62.6亿元）有70%流向实体企业，为民营经济发展提供资金保障。在全市率先成立2025 产业发展基金，成功募集30亿元基金，扶持高新技术产业和高端装备制造业发展，健全完善防控金融风险联席会议和预警机制，通过破产重组、清算等方式加快推进风险企业不良贷款及万城壹号等烂尾工程处置，帮助20家（次）企业解决过桥资金2.5亿元，全县不良贷款贷款率0.84%（排名全市第二低）。设立人才工作专项经费（每年1000万元）、创新奖励方式（固定津贴、个税奖励等）、创优生活条件（住房保障、安排就学等），推行“一站式”精准服务，构建人才生态链条，建成高校毕业生就业见习基地10个、劳务基地46个。整合社会资源，支持社会化培训机构开展人才培训，输送各类人才1000多名，为民营企业发展提供强有力的人才服务和技术支持。

涉茶总产值175亿元，连续10年位列全国重点产茶县首位，入选“2018中国茶业品牌影响力全国十强县（市）”，安溪铁观音品牌价值连续三年位居中国茶叶类第一位，入选“中国十大茶叶区域公用品牌”，被农业农村部评定为首批国家现代农业产业园（全省唯一）。开创中国茶界先河，在故宫举办中国茶文化传承传播活动，引得业界侧目、媒体聚焦。多次服务茶叙外交，得到多国元首的交口称赞。总结提出“供给侧和需求侧两端发力”的茶业发展新思路，既全面提升茶叶品质优供给，又注重挖掘潜力拓市场，举办第二届安溪铁观音大师赛，弘扬“工匠”精神，倡导传统技艺。建成高标准生态茶园940公顷、修复茶山生态1073.33公顷，全面取缔压茶机、禁用除草剂，强化茶叶质量安全管控，茶叶质价齐升，春茶、秋茶价格分别上浮20%和30%，市场加速回暖。依托现代农业产业园载体，打造云岭茶庄园等一批精品示范项目，成为茶产业“二次腾飞”的强力支撑。

【城乡建设】 2018年，安溪县中心城区安溪一中南校门片区完成改造，沼涛实小、三安大桥东侧、三安大桥西侧、解放路西侧、祥云路等片区改造有序推进。建成双安浦口大桥、江兴大桥、石狮岩隧道左洞、东西大道、自来水厂三期等项目。凤山书院开工建设；绿道北线示范段全线贯通。实施城区夜景亮化提升、城关中心（后楼）市场改造和河滨北路静心亭-岩岭隧道拓宽改造工程，推进高速安溪出口连接线和金火中学-芹坑口路段“白改黑”工程建设。规划建设4条生态连绵带、6个口袋公园，新改建8个城区公厕。两大新城湖头环城路、美坂大道和国道355线南翼新城过境段、莲苑大道、培文大桥等项目加快建设。湖头站前路片区改造、三安幸福小镇二期和龙门国家攀岩基地、厦门特房综合体等项目扎实推进，新城配套不断完善。乡村振兴方面，深化农村集体产权制度改革，推进农垦改革和农村土地确权登记颁证工作。启动农村金融服务三年行动。推动福田芦柑、湖头米粉注册地理标志证明商标。实施13个村饮水安全提升工程，建成高标准农田节水灌溉面积666.67公顷。实施25个省级美丽乡村建设；开展农村生活污水垃圾治理三年行动，完成147个行政村污水治理任务。藤云小镇、洞天茶都艺术小镇、蓝田茶田花海等项目加快推进。农村公路改造提升工程开工600千米、建成400千米，改造危桥15座，建设农村公路安全生命防护工程153千米，“四好农村路”建设成为全省先进典型。湖头山都、城厢经兜、尚卿黄岭获评全市乡村振兴示范村。

【生态环境】 2018年，安溪县率先推行山长制，深入推进河（湖）长制，共建绿化基地56个，造林绿化面积0.26万公顷，森林覆盖率稳定在65.77%；建成高标准生态茶园面积940公顷、修复茶山生态面积1073.33公顷；治理水土流失面积0.64万公顷，湖头山都小流域治理项目获评国家级水土保持生态文明示范工程；建设安全生态水系13千米、晋江防洪工程4.2千米，率先全面启动小水电站退出计划，推进重点流域综合整治，出境断面水质达标率100%。围绕河长制六大中心任务，全年投入资金6.8亿元，实施整治项目156个。县乡两级河长巡河共计5167次，发现问题589个，完成整改588个。集中开展畜禽养殖污染整治行动，集中关闭拆除行动45次，依法关闭拆除生猪养殖135户削减存栏2847头，关闭拆除家禽养殖412户削减存栏4841只，拆除违规畜禽棚舍1.43万平方米。拆除涉河违章建筑8604平方米、清除弃土弃渣5509立方米、打捞河漂垃圾1040立方米、打捞水葫芦50多吨等。实施147个行政村生活污水治理及14700户三格化粪池新建和改造任务。查处违法行为7起、现场制止并强制拆除机具设备2处、拆除管道300多米，其中，立案查处4起、处行政罚款8万元。

【社会民生】 2018年，安溪县推进“教育惠民、健康利民、养老暖民、宜居便民”四大行动及“XIN”行动计划，年度财政民生支出51.84亿元，比上年增长12.8%。实施19项学校新改扩建工程，新增学位1.8万个。加快10个卫生项目建设，全县床位数增至3929张；医疗改革工作走在全市前列。新建养老服务站点135个。80周岁以上老年人高龄津贴实现全覆盖，7400名失能老年人享受政府购买居家养老服务。推行“先诊疗后付费”，医疗服务更加便民暖心。针对精准帮扶贫困线边缘群体，在全市率先启动因病因灾致贫返贫对象帮扶工程。积极推行“借力央企，助力脱贫”新模式，携手中化集团在全市率先建设新农村综合服务点。实施发展壮大村集体经济三年行动，建档立卡贫困村全部退出，“空壳村”全面消除。纵深推进扫黑除恶专项斗争，开展赴境外诈骗窝点作案人员流出地专项整治，深化综治平安建设，营造清朗社会环境。强化重点领域安全生产专项整治，安全生产事故“四项指数”全面下降。完善突发公共事件应急处置机制和突发事件预警信息发布中心。民事宗教、侨台外事、国防动员、地震、科普、档案及工青妇、老龄、残疾人等工作取得新成绩。

【白濑水利枢纽工程移民工程开工】 2018年6月29日，白濑水利枢纽工程移民安置先行工程正式开工。工程包括安溪一中剑斗分校、安溪县医院剑斗分院、剑斗镇中心小学等项目，均已完成勘察设计、林地土地报批、土地征用、环评水保批复、工程施工招标等施工前期准备工作。白濑水利枢纽工程是国务院部署加快推进的172项节水供水重大水利工程项目之一，列入国家发改委《赣闽粤原中央苏区振兴发展规划》加快水利设施建设项目。该项目以供水为主，结合防洪，兼顾发电，对于保障泉州市中远期水资源供给、提升安溪南安城区防洪能力，促进泉州经济社会可持续发展具有重要意义。白濑水利枢纽工程项目可行性研究报告于2018年4月28日正式获得国家发改委批复实施。工程建设征地涉及安溪、永春2县5个乡镇22个行政村以及2个集镇，需永久征收土地1712.26公顷，移民安置38857人；改复建等级公路54.7千米、铁路26.2千米；淹没影响区内政府机关、学校医院、公路、铁路等专业项目需进行改复建；工程总投资约138.6亿元。

【“香茗共享、匠心传承”中国茶文化传承传播活动在故宫博物院举办】 2018年11月16日，开创中国茶界先河，在故宫博物院举办主题为“香茗共享、匠心传承”中国茶文化传承传播活动。活动由安溪县茶业管理委员会、福建农林大学安溪茶学院、安溪铁观音集团股份有限公司联合主办，福建康正隆庆茶文化产业有限公司协办，旨在推进“四心四化”安溪茶产业发展目标，传播“安溪铁观音好喝一身轻”健康茶饮理念，加快安溪铁观音二次腾飞，深入实施乡村振兴战略，引得业界侧目、媒体聚焦。

【超大碳纤维增强复合材料产业等项目举行】 2018年11月23日，举行超大碳纤维增强复合材料产业项目、汽车产业化项目签约仪式和国际汽车轻量化研发中心启动仪式。汽车产业化项目由尚邑汽车有限公司投资2亿元以上进行建设，用地面积2.33公顷。项目达产后预计年产值可达4亿元以上，年纳税可达2000万元以上。该项目计划总投资5亿元以上，用地约11.87公顷，分三期进行建设，达产后预计年产值可达8亿元以上，年纳税可达5000万元以上，将加快推进安溪乃至中国复合材料应用及产业化技术发展。国际汽车轻量化研发中心项目落户安溪“2025”产业园，将有效整合资源，引进人才、技术，推动科研成果落地、产业转型升级，加快高端装备智造产业形成集群效应，进一步增强县域综合实力。

永春县

【县情概况】 永春县地处福建省东南部，晋江东溪上游，面积1456.87平方千米，辖22个乡（镇）、236个村（社区），户籍人口60.55万人。2018年，永春县围绕“奋力谱写永春绿色崛起新篇”的奋斗目标，坚持高质量发展落实赶超，经济社会持续协调健康发展。全年实现地区生产总值419.46亿元，比上年增长8.7%；一般公共预算总收入20.21亿元，增长191.1%；一般公共预算收入12.27亿元，增长10.5%；全体居民人均可支配收入24993元，增长8.5%。是年，永春县获评国家生态文明建设示范县、“四好农村路”全国示范县等称号。

【经济发展】 2018年，永春县实现农林牧渔业总产值40.24亿元，比上年增长3%。全县粮食播种面积2.42万公顷，粮食总产量8.7万吨。实施园区农业、品牌农业、生态农业、数字农业、创意休闲农业等“五个农业”建设，推进省级农民创业园、“324”现代农业产业园建设（即建设现代农业产业园省级3个、市级2个、县级4个），新增农民专业合作社101家、家庭农场55家、地理标志证明商标2个、绿色食品认证1个、省品牌农产品1个。永春芦柑获评“绿博会”金奖，永春芦柑、佛手茶区域公用品牌价值分别达32.95亿元、16.2亿元。获评全国农村集体产权制度改革试点单位，基本完成农村承包土地经营权确权登记颁证工作，发放抵押贷款9.86亿元。获批全国农村改革试验区深化集体林权制度改革拓展试点县，开展新型林业经营主体创建、林下经济项目建设、重点生态区位商品林赎买试点等工作。深化“清新桃源•宜居永春”三年行动，列入全省农村人居环境整治提升试点县，实施22个“千村整治、百村示范美丽乡村建设村，新培育10个县级美丽乡村示范村、5个精品村；推出4条精品乡村旅游线路，签约13个美丽乡村经营项目，举办首届“农民丰收节”。落实乡村振兴战略，出台《实施意见》及系列配套三年行动计划，推进3个市级乡村振兴示范点和5个基本点建设，全省实施乡村振兴战略现场推进会在永春县召开。

完成全部工业增加值213.63亿

2018年10月30日，泉州市党内政治生活体验馆在永春县开馆

（图/永春县委史志研究室）

元，比上年增长10.2%；规模以上工业增加值205.22亿元，增长10.3%。出台《关于继续推进香产业发展的八条措施》《关于促进永春老醋产业加快发展的十条措施》《关于促进陶瓷产业加快发展的八条措施》等惠企政策，香都小镇建设有序推进，国家燃香类产品质量监督检验中心（福建）竣工投用，获评国家永春香产业示范区；规划老醋产业园，福泉春公司完成股份改制；富通、博言坊、新福美等5家陶瓷企业投产，介福陶瓷OEM生产一条街、苏坑陶瓷电商园等一批项目投用。出台扶持大型（龙头）企业政策，设立首期5000万元产业引导基金，与西人马联合测控科技公司合作创立子基金，初步达成5个意向。九牧智慧制造产业园一期完成主体工程；博纯材料完成股份改制，新增多种电子混合气体产品；永燠制药增补进入省药品联合限价阳光采购目录；中梯科技总部落户永春，福睿健合金丝及光电器件生产项目投产，外山风电并网运行。支持23家规下企业纳入转规上企业预备项目库，117家企业列入“专精特新”项目库。全年兑现企业增产增效用电奖励29家次118.18万元，帮助企业办理资金转贷63笔、4.72亿元。

开展国家全域旅游示范区创建，编制《永春县全域旅游发展规划》、全域旅游“I+V”配套政策，投资50亿元的永春白鹤拳特色小镇、投资40亿的启迪鸿星冰雪世界和投资15亿元的七匹狼高端度假酒店等一批大项目推进有序，天沐温泉度假区温泉公寓完成基础施工、牛姆林景区完成修复重建，恢复修缮侯龙书院。全年接待境内外游客454.28万人次，比上年增长14.8%；旅游总收入49.47亿元，增长18.9%。完善基础设施建设，完成35千伏及以上输变电项目1.95亿元，开工建设35千伏以上线路106.78千米，新建农村电网55.8千米，改造低压线路168.3千米。建成留安山公园、九福山公园、万星公园等9个快充站56个充电桩。改造建设城乡公路69.4千米、危桥8座、安保工程113千米。全年全县公路客运量310.56万人次，客运周转量2.28亿人千米；货运量2265.49万吨，货物周转量19.71亿吨千米。全年实现社会消费品零售总额102.07亿元，比上年增长13.2%。新增限上商贸企业40家。电商产业园发展成为集办公、仓储、物流、培训、展示销售、永春特色产业馆、创客空间为一体的综合性多功能电商综合体，入住企业54家，日均发货量1.07万单，获批“省级高校毕业生创业孵化基地”“泉州市现代服务业集聚示范区”等称号，有357种永春当地特色产品在京东商城开设的“中国特产•永春馆”上行运营，香产业成为永春县第一个产业链电商全覆盖。实施县级重点项目184个（子项目316个），完成投资220亿元。建成投产投用（部分建成投产投用）项目151个，其中骏发机械一期、科莱德特种玻璃、成信实业等16个工业项目建成投产或部分投产，53个工业技改项目实现当年技改当年投产。全面治水试点乡镇完成安全生态水系综合治理河道19千米。一都岱山岩森林公园、横口福鼎红色旅游项目、五里街万春寨至大羽村风景名胜区建设项目、外山风电露营地等全域旅游项目建设取得实效。

2018年永春县经济和社会发展主要指标一览表

表53

指标名称	单位	实绩	比上年增长（%）
地区生产总值	亿元	419.46	8.7
财政总收入	亿元	20.21	18.1
地方一般预算收入	亿元	12.27	10.5
地方财政支出	亿元	33.00	2.9
农业总产值	亿元	40.24	3.0
全部工业总产值	亿元	694.90	14.2
社会消费品零售额	亿元	102.07	13.2
出口商品总值（海关口径）	亿元	27.37	39.1
实际利用外资（验资口径）	亿元	0.52	0.4
城镇居民人均可支配收入	元	32031	7.5
农村居民人均可支配收入	元	15815	9.3
农村居民人均可支配收入	元	14476	7.1

【城乡建设】　2018年，永春县推进精神文明建设，被确定为全国文明城市提名城市。启动县城总体规划中期评估，完善13个城市专项规划和东平、岵山等片区控制性详细规划。空间规划试点编制成果通过省级评审。实施城东街立面改造和县城中心主干道两侧拆墙透绿、外凸防盗网规范整治。完成北环路道路绿化工程、岵山和东平高速出口及沿线景观提升工程。启动刘太格规划作品馆、科技馆布馆工作，修缮恢复梅峰书院等一批具有永春乡愁记忆的老建筑，完成世永联大厦主体工程建设和侨联酒店提档升级。

【生态环境】　2018年，永春县在城区15个社区推广“垃圾不落地”试点，开展扬尘、餐饮污染治理，实施城区烧烤摊点无烟净化设施改造，全年空气优良率97.5%。完成水土流失综合治理面积5113公顷，规划整治各类污染企业32家，拆除违规生猪养殖场（户）61家。县污水处理厂二期试运行，垃圾填埋场渗滤液提标改造工程投用，集中式饮用水源地III类水质达标率100%。开展“两违”综合治理和百日拆违行动，拆除“两违”26.5万平方米。建成东平镇偏远山区搬迁集中安居工程，天湖山棚户区搬迁集中安居工程，天湖山棚户区完成改造面积3.13万平方米。加大人居环境整治工作力度，完成新房美化面积41.81万平方米，裸房装修面积105.59万平方米，古厝修缮面积11.43万平方米，搭盖拆除面积20.96万平方米，违章清理面积20.99万平方米，创建2个无裸房乡镇、4个无裸房镇区和一批无裸房村。

【社会事业】 2018年，永春县坚持保基本、兜底线、补短版，实施县级为民办实事项目48个，完成投资16.17亿元，占年度计划102.6%。全年民生投入25.76亿元，占财政支出80.07%。深化精准脱贫，出台稳定脱贫实施意见，全县实现稳定脱贫2481户7817人。落实各类扶贫惠民资金1.7亿元，实施省级财政扶持村集体经济发展试点村45个，消除空壳村16个。教育事业稳步发展，通过省政府教育“两项督导”评估，美岭中学被确认为省二级达标高中，普通高考本科上线率66.99%，2人录取清华、北大。医疗服务不断加强，实施医联体和分级诊疗制度建设，与福建医大附属一院建立医联体协作关系，县域紧密型医共体建设有序推进。县妇幼保健院、疾控中心、中医院等改扩建项目主体工程基本完成。社会保障持续完善，基本医疗保险参保率99.54%，城乡居民养老保险参保率99.63%、续保率97.09%，城乡低保供养标准分别提高到每人每月560元、460元，新建居家养老服务站20个、农村幸福院11个，实施安居工程77户，城镇新增就业7108人。募集慈善资金5748.9万元，慈善救助5560.75万元。文体事业繁荣发展，承办2018环泉州湾国际公路自行车赛（永春赛段）、国际高山徒步大赛，省运会摘获6金8银4铜，省老运会获得3金1银，白鹤拳电影《极品师徒》获休斯顿国际电影节最佳编剧奖，新增4个省级文物保护单位。社会治安和谐稳定，开展扫黑除恶专项斗争，破获涉恶九类典型案件89起，打掉1个黑社会性质组织、2个恶势力犯罪集团、4个恶势力犯罪团伙。推进雪亮工程建设，健全立体化社会治安防控体系。县禁毒委获评全省社区戒毒社区康复工作示范单位。“七五”普法通过市级中期督导检查。建立人民法院、派出所、司法所、律师所庭所共建机制和为群众解难，为政府排忧的访调对接机制，加强社会矛盾纠纷排查化解。落实安全生产责任制，深化隐患排查治理，安全生产持续保持稳定态势。

【泉州市党内政治生活体验馆在永春建成开馆】 2018年10月30日，泉州市党内政治生活体验馆在永春建成开馆。体验馆突出“体验式、情景式、互动式”，注重与现代多媒体、高科技相融合，把严肃的党内政治生活具体化、形象化、生活化，是全国首座以党内政治生活为主题的体验馆。体验馆在建筑外观突出党建元素，融和闽南建筑风格，正中间墙体悬挂党徽、左右墙体融入红旗元素，建筑面积1921平方米，正面主体楼高7.1米，将建党时间蕴含在建筑里；正面墙体两侧大型壁雕分别为《灯塔》《旗帜》，融入建党以后一些重大历史事件和泉州元素。体验馆功能布局突出体验互动，一楼是序言厅和展陈区，以时间为经，展示党内政治生活的发展脉络，以体验为纬，布设40多个体验项目，通过小场景、声光电、多媒体等形式，让党员身临其境接受党性教育。二楼活动室设置砺心书吧、初心唤醒室、对照检查室、人民公仆通道、红色家风长廊、党员心声亭、体验感悟室、心灵对白室、红刺桐党支部、树下党小组等，让党员在这里就能严肃认真过好组织生活。体验馆设计布展突出品质品位，注重主题提炼和故事叙述，综合使用VR、全息成象、通电玻璃等现代展陈技术，集中展示党内政治生活的历史沿革与发展脉络，重点展现十八大召开以后党中央推进全面从严治党落地生根的做法成效。开馆后，体验馆全力打造“不忘初心、牢记使命”主题教育的实践基地和党员开展政治体验、锻炼党性的生动课堂。开馆第一个月，中共泉州市委常委班子民主生活会在体验馆召开，接待来自内蒙古、宁夏、河南、山东、广东、江苏、湖北、湖南、江西等各地党员1万多人次。

德化县

【县情概况】 德化县位于福建省中部，泉州市西北部。2018年辖12个镇6个乡。土地面积2232.16平方千米。年末户籍人口34.8644万人，常住人口29.5万人。人口自然增长率25.32‰（2017年总人数：341318人；2018年总人数：348644人；2018年出生人数：9487人；2018年死亡人数：845人）。

【经济发展】 2018年，德化县全县生产总值246.23亿元，比上年增长9%。其中：第一产业增加值12.23亿元，比上年增长2.8%；第二产业增加值138.11亿元，增长9.9%；工业增加值105.53亿元，增长10.4%；第三产业增加值95.89亿元，增长8.1%。人均地区生产总值8.32元。规模以上工业总产值309.57亿元，比上年增长13.3%。规模以上工业增加值85.36亿元，比上年增长10.9%。农林牧渔业总产值19.47亿元，比上年增长2.5%。固定资产投资比上年增长16%。社会消费品零售总额78.24亿元，比上年增长13.3%。外贸出口额32461万美元，比上年增长23.15%；实际利用外资259万美元，下降38.2%。一般公共预算总收入18.26亿元，比上年增长

8.2%；其中地方一般公共预算收入11.83亿元，增长7.3%。城镇居民人均可支配收入33863元，比上年增长8.1%；农村居民人均纯收入15465元，增长8.5%。

【城乡建设】 2018年，德化县实施城市品位提升行动，投入27.5亿元，实施46个市政提升工程，完成城区绿化、夜景及瓷都大道、浐溪两侧景观风貌提升工程，八中人行天桥、车碓岭道路改造建成投用，新改建城区道路25.5千米、供水供气和污水管网36.28千米，改造电网302千米，城区沥青加铺2.5万平方米，建成区新增绿地50多万平方米，人均公园绿地达13.82平方米，城区垃圾无害化处理率达99%，新增公交线路2条、公交车20部，新建停车场3个、公园2个，完成年初制定的目标任务。拆除违建15.72万平方米。投入10.7亿元，加快推进兴泉铁路德化段和国省干线、通乡镇公路建设，德化至永泰嵩口高速公路完成工程可行性研究报告文本编制，待省发改委审查，厦沙高速公路汤城枢纽至德化段（泉三高速公路德化连接线）列入交通运输部“十三五”建设规划修编。乡村振兴有序推进，投入6750万元，开展37个村“一清二整三美化”，提级改造农村公路40千米、安保工程88千米，建设乡村振兴试点示范村6个、基本点3个，培育特色农业休闲观光带9条，完成54个村生活垃圾、58个村生活污水治理，实现全县农村生活垃圾常态化治理，国宝乡佛岭村进入第一批市级特色乡村扶持创建试点名单，龙塔畲族村列入省少数民族特色村寨试点村，涌溪村入选省库区移民环境综合整治试点村，杨梅乡云溪村列入省传统村落改善和提升重点村，新增中国传统村落13个。巩固脱贫攻坚成果，农村建档立卡贫困人口稳定脱贫，32个建档立卡贫困村全部摘帽退出，52个“空壳村”全部消除。

【社会事业】 2018年，德化县实施社会民生提升行动，县财政民生支出21.09亿元，占一般公共预算支出比重达81.5%。居民人均可支配收入28500元，比上年增长7.1%。教育方面，投入3.7亿元，推进32个教育项目建设，新增校舍面积4.85万平方米、学位4730个，成立县教育发展基金会并筹资6197.6万元，中、高考质量持续向好，一中、职校分别入选省示范性高中建设学校、省示范性现代职业院校建设工程A类培育项目校；创建市级示范老年学校9所，提前完成全县老年教育十三五发展规划目标任务。医疗卫生方面，投入6300万元，推进县医院医技楼、县第三医院、县妇幼保健院建设，“三平台”“六大中心”建设，县域心电诊断中心、县域医学影像中心、县域临床检验中心、县域消毒供应中心、县域病理诊断中心建成投用，开展县级公立医疗机构“暖心服务”三年行动，举办第13届中国泉州-东南亚中医药学术研讨会，县中医院、县医院分别获国家节能型示范单位、全国综合医院中医药工作示范单位，获评全国基层中医药先进工作县。社会保障方面，新增城镇就业5180人，落实全民参保登记计划，城乡居民养老保险参保率99%，创建农村居家养老服务示范点30个，社会救助和保障体系更加完善。开工建设棚户区改造安置房2288套，完成城东、宝美进城务工人员安居工程，改造石结构房屋2万平方米、农村危房26户，完成市下达的任务。投入3060万元，抓好城市安全信息系统、“雪亮工程”等项目建设。开展扫黑除恶专项斗争，做好矛盾纠纷排查调处，全县信访形势持续改善，设立公共法律服务中心和县乡村三级综治中心，县级社区矫正中心标准化建设走在全省前列，综治平安“三率”水平位居全市前列，南埕镇、杨梅乡分别获评全国、全省无邪创建示范乡镇，浔中镇凤池社区列入全国第一期青少年零犯罪零受害社区试点单位。全面推进安全风险分级管控和隐患排查治理双重预防机制，安全生产态势平稳。开展“食品安全提升年”活动，食品安全满意度测评二、三季度位居全市第一。提级改造县图书馆，建设村级基层综合性文化服务中心示范点2个，新增百姓书房6个、社区文化室7个；

2018年8月8日，由中宣部组织的“一带一路”集中调研采访走访德化县各地，探寻“以瓷为媒”的德化如何融入“一带一路”，扩大对外交流的“朋友圈” （图/林书修）

德化窑申报第一批省级考古遗址公园，新增省级文保单位4处、省级以上非物质文化遗产传承人4人、市级以上文化产业示范基地4家，德化瓷烧制技艺入选第一批国家传统工艺振兴名录。在全省率先建设县融媒体中心，县广播电视台获改革开放四十周年全国百佳县级广播电视台。出版《德化县志（1988—2007）》，《浔中镇志》列入中国名镇志。获全国“五一”劳动奖章、入选“福建好人”榜各1人。双拥、武装、统计、档案、科普、外事侨台、防震减灾、妇女儿童、残疾人等工作也取得新成效。

2018年德化县经济和社会发展主要指标一览表

表54

指标名称	单位	实绩	比上年增长（%）
地区生产总值	亿元	246.23	9.0
财政总收入	亿元	18.26	8.2
地方一般预算收入	亿元	11.83	7.3
地方财政支出	亿元	27.62	3.1
农业总产值	亿元	21.78	2.5
全部工业总产值	亿元	330.18	13.1
社会消费品零售额	亿元	78.24	13.3
出口商品总值（海关口径）	亿元	21.52	19.6
实际利用外资（验资口径）	亿元	0.17	-40.0
城镇居民人均可支配收入	元	33863	8.1
农村居民人均可支配收入	元	15465	8.5

【德化“放管服”改革深化】 2018年，德化县深化“放管服”改革，实施“多证合一”“证照分离”，企业开办登记由原来7个工作日压缩至3个工作日内；在全省创新推出“一区通办”、购买图审服务、便民服务专窗，在全市首创“全县通办”模式，建立开放式24小时自助行政服务平台，财政性投资项目从立项到竣工审批总时限压缩至36个工作日内，行政审批服务事项按期办结率、当日办结率、提前办结率分别为100%、97.1%、99.2%。

【德化陶瓷在香港大公交易所上市】 2018年5月，德化陶瓷在香港大公交易所上市，实现电子化交易零的突破。

【第一届中国（德化）茶具文化产业博览会举办】 2018年12月，第一届中国（德化）茶具文化产业博览会在德化县中国茶具城开幕。博览会展出全国29个产瓷区、600多家企业的茶具、茶配套产品。博览会为期3天，向各界人士开放参观和采购。

【德化陶瓷产业创新发展研究院成立】 2018年4月，德化陶瓷产业创新发展研究院成立，启动“中国白”未来共享、全球推广、创新提升三项计划，建设中瓷网络科技“互联网+陶瓷”平台，“后金砖”品牌效应逐步显现，入选国家用瓷生产企业2家。

【德化县“恋南山黄花远志茶”接连获奖】 2018年，德化县恋南山农林场选送参评的“恋南山黄花远志茶”接连获第六届成都国际都市现代农业博览会金奖、海峡两岸最受欢迎伴手礼奖，台湾山樱花获评第十届海峡两岸现代农业博览会暨第二十届海峡两岸花卉博览会金奖等奖项。

泉州经济技术开发区

【区情概况】 泉州经济技术开发区地处泉州南大门，是泉州南翼新城的重要组成部分，于1996年12月开始开发建设，2010年6月升格为国家级经济技术开发区。经国务院批准纳入国家级开发区范围的面积12.5平方千米（含综合保税区3平方千米）；与晋江市合作开发的泉州特种汽车基地4平方千米；与南安市政府合作开发的官桥园区15平方千米。2018年，全区有各类市场主体11000家，拥有产值超亿元企业46家；税收超亿元企业3家，超千万元企业23家；上市企业8家，挂牌企业15家；拥有中国驰名商标12件、省著名商标42件，作为主要起草单位参与国家行业标准制定企业17家。形成纺织鞋服、电子信息、机械制造、医药食品等四个主导产业。是全省首个被联合国工发组织授予的“绿色开发区”。年末户籍人口3879人；常住人口4.9万人。

【经济发展】 2018年，泉州经济技术开发区实现GDP 179.97亿元，比上年增长10.2%；工业增加值156.85亿元，增长9.4%；第三产业增加值22.33亿元，增长17%；一般公共预算总收入16.47亿元；一般公共预算收入7.89亿元，增长7.1%；全社会固定资产投资增长24.5%；社会消费品零售额69.66亿元，增长18%；出口商品总值39.3亿元，增长9.9%；实际利用外资（验资口径）1.93亿元，增长20.2%。全区GDP、第三产业增加值、全社会固定资产投资、社会消费品零售总额增幅位居全市第一。

【项目建设】 2018年，泉州经济技术开发区实行“一个项目、一套班子、一拼到底”，挂图作战、台账管理，抢时间、拼进度、争一流，实现进度赶在时序前、完成任务超计划。22个市级在建重点项目完成投资23.58亿元，完成年度计划115.05%；“5个一批”谋划任务超时序进度27个百分点，签约年度任务提前超额完成。实施“四控二罚”工程管理机制，实现重点项目建设进度提速、质量优质，所有国有投资工程项目，均超时序进度提前完成，吉泰路及A区慢行道综合提升项目工期均缩短1/3工期，确保开发区全社会固定资产投资增幅连续3年蝉联全市第一。

【社会民生】 2018年，泉州经济技术开发区优化教育品质，实施全省最优惠的教育人才引育和激励办法，确定31名教育人才，成立4个名师工作室。推进市二实小开发区校区建设，扩容开发区实验学校，新增学位2400个。加快中科院幼儿园建设步伐，推进实验幼儿园争创省级示范性幼儿园，公办幼儿园和普惠性民办园总量占比72%。深化医疗改革，加大医联体建设力度，启动中医馆运营，开设针灸康复、中医妇科和中医内科等科室，医疗服务水平不断提升。建立健康档案13500份，完善家庭医生签约16811人次，基本公共免费服务覆盖率100%。美化园区颜值，围绕“住在公园里的开发区”实施清濛园区景观提升行动，对道路景观、公园绿地、夜景照明进行全方位改造，推进园区五个主入口景观提升工程，高效高质完成吉泰路提档工程及A区慢行道综合改造项目，园区面貌焕然一新。抓好中央环保督察问题的整改落实，严格按要求完成清濛污水厂提标改造工程、建筑垃圾收纳场建设、雨污分流整改、管网清淤修复等工作，城市品位持续提升。净化社会环境。把握维护社会治安主动权，推进“扫黑除恶”“三打击一整治”“飓风肃毒2018”等专项行动，保持对各类违法犯罪的严打高压态势，社会治安环境有效净化，群众安全感和满意度持续提升。做好信访维稳工作，处置涉稳事态，开发区成为全市唯一一个没有赴省进京上访的方块。开展安全生产大排查、大整治、大检查，全区安全生产形势总体平稳，实现开发区工商贸行业（领域）生产安全事故零死亡目标。

【营商环境优化】 2018年，泉州经济技术开发区创造典型经验，为深入推进“最多跑一趟”和“一趟不用跑”改革，按照“一个门、一个窗、一次光”的工作理念，及时发现和解决企业群众办事的痛点、难点、堵点，在全省率先设立“跑一趟办不成投诉中心”，凡企业、群众到管委会办事跑一次没办成的，均可投诉，有效倒逼相关部门第一时间采取有力措施对有关事项进行妥善处置。这一创新做法在全市推广，并作为典型经验上报国务院督查组。勇担试点改革，被列为全省19个“证照分离”改革试点地区之一，开展个体工商户全程电子化登记试点工作，推行手机终端智能化登记，全国领先、全省率先发放首批“微信智能化登记”营业执照，实现自助打照一年365天每天24小时不打烊。推进小餐饮备案试点，率先发出全省首张小餐饮备案材料确认通知书，破解“准入不准营”的难题。开启“企业申报、税务征收、税务与环保联合辅导、信息共享”的新征管模式，在全市率先开出第一张环保税发票。加大企业帮扶，推进金改“三个平台”建设，实现挂牌企业672家，开展排污权交易业务18场次，累计成交1.11万吨，累计成交额3.2亿元。制定出台《2018年促进外贸出口平稳增长若干措施》《关于支持龙头企业加快发展的若干措施》《建贸供应链公司扶持政策》《关于进一步完善扶持建筑业发展壮大有关政策》等政策，促进企业持续健康发展。抓好信贷风险监测预警，通过应急周转资金帮扶11家困难企业“过桥”转贷，涉及金额2.4亿元；促进银企对接，对区内规上工业企业、限上商贸企业开展融资需求调查，筛选推荐16家优质企业与银行对接。

【招商引资强化】 2018年，泉州经济技术开发区坚持外资、民资、国资三资并举，三次产业齐头并进，招大引强，推进招商引资向招商选资转变，重点引进投资强度高、产出效益高、科技含量高、产业关联度高的“四高”项目，2.5产业园引进安记“大健康”、中成会“高新之家”等多个高新项目。组团参加第二届世界闽籍侨商对接会、“5•18”国际资本投资福建对接会、“9•8”投资贸易洽谈会，签约投资总额约4520万美元、合同利用外资4520万美元的诺奇研发升级项目，对接安记食品饮料研发合同项目和荣耀商务创业园二期意向项目，实际利用外资增速20.2%。对接入库13个民企项目，合同总投资额20.4亿元，超额完成市里下达的15

2018年泉州经济技术开发区经济和社会发展主要指标一览表

表55

指标名称	单位	实绩	比上年增长（%）
地区生产总值	亿元	179.97	10.2
财政总收入	亿元	16.47	-3.8
地方一般预算收入	亿元	7.89	7.1
财政支出	亿元	10.38	0.4
工业增加值	亿元	156.85	9.4
第三产业增加值	亿元	22.33	17
社会消费品零售额	亿元	69.66	18
出口商品总值（海关口径）	亿元	39.3	9.9
实际利用外资（海关口径）	亿元	1.93	20.2

亿元民企对接任务，完成率136%。

【转型升级促进】 2018年，泉州经济技术开发区推进绿色集约发展，持续放大“绿色开发区”优势，抓好园区清洁生产、节能减排、污染防治、安全生产、应急管理等工作，全面提升园区基础设施。园区绿化率40.5%，全区规模以上能耗总量比上年下降14.4%，生活污染物总削减率88.9%，垃圾无害化处理率100%，开发区被福建省住建厅确定为泉州市全域开展垃圾分类的试点区，中心市区卫生考评连续7年全市第一名。推进“腾笼换鸟”深度开发，成功盘活土地面积34.13公顷，占全区可开发利用土地面积的5.25%，占全区工业用地面积的12.4%；成功盘活厂房面积65.93万平方米，占全区厂房面积的8.7%，引进投资上亿元合同项目9个，总投资62.1亿元。推进产业转型升级，把产业升级作为经济增长的“动力源”，对接泉州市“1234”现代产业体系，围绕“结构调优、产业调高”目标，注重传统产业与新兴产业“双促进”。建设海丝智能机器人小镇、智能产业园、圣弗兰产业综合体、网商虚拟产业园等创新创业平台，引进集聚1765家互联网经济、工业设计、检验检测、创新金融、文化创意等新型业态，打造生产性服务业集聚区。实施“泉州制造2025”和“数控一代”示范工程，九牧王服装个性化服装智能生产线自动化率65%以上。

泉州台商投资区

【区情概况】 泉州台商投资区位于泉州市东部，辖洛阳镇、东园镇、张坂镇、百崎回族乡等4个乡镇，土地面积218平方千米，户籍人口22.4万人，常住人口25.8万人，人口自然增长率10.64‰。全区森林覆盖率20.6%，拥有3大流域（洛阳江、百崎湖、月亮湖）及3条独流入海河流（小柘溪、百崎排淡沟、九曲溪），主要景点有洛阳桥、海上丝绸之路艺术公园•亚洲园、张坂上塘雕艺街、月亮湾、百崎回族史馆等。2018年，获评“全国老体协工作先进单位”“全国老年远程教育实验区”“全省民政系统先进单位”称号，营商环境指数综合考评全市排名第一，在人民日报社《民生周刊》杂志社等联合主办的第六届中国民生发展论坛上，台商区拆迁维护群众利益工程被评为“2018年中国民生示范 工程”。

【经济发展】 2018年，泉州台商投资区全年完成地区生产总值291.83亿元、比上年增长9.6%，规上工业增加值增长8.0%，一般公共预算总收入完成17.28亿元、增长29.1%，一般公共预算收入完成10.01亿元、增长21.2%，两项收入增幅均位居全市第一，固定资产投资增长14.4%，社会消费品零售总额增长15.4%，出口商品总额增长14.7%，实际利用外资6.30亿元，建筑业增加值增长14%，房地产行业新增投资46亿元，增长71.24%，商品房累计销售面积49.17万平方米，增长70.02%。区级重点项目完成180.64亿元，市级重点项目完成97.91亿元。全区11项主要经济指标有9项高于全市水平、7项位居全市前列。

【城乡建设】 2018年，泉州台商投资区重点加快“一园两桥三城”建设，一园为亚艺园周边百崎湖核心区域，以海丝艺术公园亚洲园为核心，发挥百崎湖资源优势，推动城市片区分步、分期、分项实施建设，在城市规划建设上坚持“闽风台韵”，突出闽南风格，融合台湾元素，力争打造城市建设典范。两桥为金屿、百崎两个跨江通道，加快推进金屿、百崎两个跨江通道前期工作。三城为湖东片区、白沙片区、蓝色培育区三大城市片区。投资7亿元建设后渚大桥东互通，解决高峰期往返泉州市区后渚大桥拥堵问题；投资72亿建设海湾大道，打造泉州版最美“环岛路”。执行“2017年1月1日后的新增违建零补偿”政策，做到一把尺子量到底、一碗水端平，拆除“两违”面积62.65万平方米，拆违进度189.85%，位居全市第一。

【社会事业】 2018年，泉州台商投资区实施“教育强区”战略，加大教育投入。教育“两项”督导市级核查取得双优秀。首个涉台教育项目泉州葳格国际学校落户台商投资区，开启海峡两岸教育合作新篇章。实施中小学提升工程，总投资1.87亿元，总建筑面积5.7万平方米。5所小学被省教育厅确认为义务教育教改示范校。举办廷水秀琴伉俪教育基金颁奖大会，发放奖教奖学金220多万元。制定高层次人才子女入学规定。医疗卫生方面为辖区居民免费提供14类基本公共卫生服务项目，建立居民健康电子档案23.87万份，电子建档率93.24%。国家免疫规划疫苗接种率95%以上。投资近5亿元推动区医院创建三乙医院，深度嫁接市第一医院优质医疗资源，引进上海长征医院、上海九院、中国人民解放军南部战区总医院等医院专家建立“谢渭芬名医工作室、上海九院骨科名医工作室、孙维峰名医工作室”。养老服务方面实施“银龄安康工程”，扩大“互联网+居家养老服务”覆盖面，为全区5000名80周岁以上老年人统一购买意外伤害综合保险。推进养老服务载体建设，新建农村居家养老服务站10个、新增医养结合试点3个，盘活启用区内3所乡镇敬老院，引进台湾海峡两岸医事基金会“彩蝶湾”项目。深化扫黑除恶专项斗争，共破获涉恶类案件98件，摧毁恶势力集团、团伙7个。全区刑事案件持续下降，立案数比上年下降11.8%，破案数下降13.6%。在全市率先兑现“平安村”3个10%奖励，全区群众安全感达到99.12%，

2018年泉州台商投资区经济和社会发展主要指标一览表

表56

指标名称	单位	实绩	比上年增长（%）
地区生产总值	亿元	291.83	9.6
财政总收入	亿元	17.28	29.1
地方一般预算收入	亿元	10.01	21.2
地方财政支出	亿元	13.21	0.1
农业总产值	亿元	8.99	0.4
规上工业总产值	亿元	728.47	12.4
社会消费品零售额	亿元	85.11	15.4
出口商品总值（海关口径）	亿元	22.12	14.7
实际利用外资（验资口径）	亿元	6.30	465.9
城镇居民人均可支配收入	元	43373	7.8
农村居民人均可支配收入	元	20668	8.7

排名全市第三，全省第17。推进“七五”普法，开展法治宣传活动188场，台商投资区获全省第三批法治先进（县市）区。

【生态环境】 2018年，泉州台商投资区打好蓝天、绿水、青山保卫战，全年空气质量位居全市第二，达标率达93.7%；垃圾无害化处理100%；全区环境卫生考评连续4年、连续43个月在全市排名第一；提前完成3年黄标车淘汰任务，进度全市第二。

【城市片区建设加快】 2018年，泉州台商投资区加快三大城市片区建设，湖东片区依托海丝艺术公园、湖东实验学园，推动片区整体开发，引进金茂、世茂两个城市建设项目，10万平方米的世茂星河城城市综合体计划于2020年7月实现满铺开业，打造成湖东片区商业新城、高品质生活圈；蓝色培育区在世茂蓝色海湾项目的基础上，将沿海一带的八仙过海大型旅游、百崎民族特色小镇等项目整合串连起来，推动蓝色海岸带城市整体开发；白沙片区引进中建集团投资300亿建设白沙片区，邀请国内规划大师、中国工程院院士吴志强进行城市规划设计，力争用5～10年时间打造现代化高端国际社区、洛阳江畔城市建设典范。

金门县

【县情概况】 根据金门县政府主计室数据，金门县总面积153.056平方千米（含代管乌坵2.6平方千米，不含大小嶝、角屿）。总人口139273人，男性69494人，女性69779人。全县可耕地面积2145.48公顷，主要农作物为高粱、小麦、芋头、地瓜和花生及部分蔬果栽培，高粱、小麦由政府保价收购，供酿造高粱酒之用。渔业发展以近海捕捞及养殖为主，内陆养殖为辅。县设有畜产试验所、动植物防疫所以及梅花鹿野放场附设休闲游乐设施。有森林总面积5141.98公顷，占全岛陆地面积的34.35%，森林蓄积量58.38万立方米。全县以旅游业等为支柱产业，全年“小三通”来往旅客1907992人次，比上年增长8.76%，创下开通以来最高纪录。

【台金医疗专机试飞成功】 2018年5月1日、3日、4日，PHENOM —300型医疗专机从台北飞抵金门尚义机场试航，成功降落，机舱舱压稳定，有利病人转送，从金门飞到台北只需40至50分钟。6月可进驻金门，执行紧急医疗护送赴台及病危乡亲返金任务。

【2018金门平安祈福季】 2018年5月10日，金门县长陈福海、县民意代表洪丽萍共同主持金门年度最大宗教盛事——2018金门平安祈福季启动仪式。活动以关圣帝君为主题神祇，共有来自关庙之祖的山西解州关帝祖庙及厦、漳、泉等地35间宫庙1000多人参加祈福盛会。

【大担岛开放旅游】 2018年7月26日，金门大担岛开放旅游。初期采取预约制，每日登岛游客限制300人。为带动烈屿乡旅游发展，开放后将以九宫码头为进出通道，并规划游客需夜宿烈屿乡合法旅馆至少一夜。大担岛面积0.79平方千米，距离金门岛约12千米，距离厦门岛4.4千米，在两岸对峙时期，被视为前线中的前线，战略地位十分重要。岛上旅游资源丰富，包括大担勒石、北安寺、神泉井等21处景点。

【陈建民任金门大学校长】 2018年8月1日，金门大学举行第三任校长就职典礼，陈建民博士正式上任。

【金门举办两岸通水仪式】 2018年8月5日，金门县政府在田埔受水调节池举办两岸通水仪式，金门县长陈福海、民意代表杨镇浯、副县长吴成典及各乡镇长、历任水厂厂长等在3000多位乡亲见证下，共同转动水闸门，宣告两岸通水启用。

【机场新停车场动工】 2018年10月31日，金门县长陈福海主持机场公共停车场新建工程动工仪式。金门机场是金门对外的重要门户，为改善机场周边停车问题，县政府争取预算建造公共停车场，预计2019年2月底完工，完工后可提供小车停车位222个、摩托车停车位132个，以缓解停车位不足问题。

荣誉　人物

荣　誉

地方荣誉

2018年泉州市获得全国荣誉称号名表

表57

荣誉名称	颁发机构	授予时间
中国工艺美术之都	中国轻工业联合会	7月
两岸冷链物流产业合作城市（区）	商务部、国台办	9月
服务型制造示范城市	工业和信息化部	9月
全国基层中医药工作先进单位	国家中医药管理局	12月

先进单位

2018年泉州市获得国家部委表彰的先进单位名表

表58

单位名称	荣誉名称	颁发机构
泉州市档案局（馆）	全国档案系统先进集体	人社部、国家档案局
泉州市司法局	国家司法考试工作先进单位	司法部
泉州市城镇集体工业联合社	“中国工艺美术之都·泉州”特色区域称号	中国轻工业联合会
泉州市侨联	全国侨联系统先进集体	人力资源社会保障部、中国侨联
泉州中院诉讼服务中心	全国法院先进集体	最高人民法院
惠安县城镇集体工业联合社	全国轻工行业先进集体	人社部、中国轻工业联合会
德化县供销合作社	全国供销合作社系统先进集体	人社部、中华全国供销合作总社
福建省天湖山能源实业有限公司含春矿掘进一队	全国煤矿工业先进集体	人社部、中国煤炭工业协会
泉港区涂岭镇黄田村	全国文明村镇	中央文明办

续表58

单位名称	荣誉名称	颁发机构
泉港区司法局	全国人民调解工作先进集体	司法部
泉港区南埔镇惠屿村	中国美丽休闲乡村	农业农村部
泉港区南埔镇惠屿海水养殖专业合作社	国家农民合作社示范社	农业农村部
福建风竹集团公司人力资源部工会小组	全国模范职工小家	中华全国总工会
泉州市公路局安溪分局彭亭公路站	全国模范职工小家	中华全国总工会
福建省鸿山热电有限公司工会委员会	模范职工之家	中华全国总工会
国网福建石狮市供电有限公司蚶江镇供电所工会小组	模范职工之小家	中华全国总工会
九牧集团有限公司五金事业部龙头厂管件部焊加科数控组	全国工人先锋号	中华全国总工会
中国邮政集团公司泉州市分公司天湖邮局	全国工人先锋号	中华全国总工会
晋江市工商业联合会	全国工商联系统先进集体	人力资源和社会保障部、中华全国工商业联合会
晋江市人民检察院	全国检察文化建设示范院	最高人民检察院
南安市检察院	全国模范检察院	人社部、最高人民检察院
南安市司法局	全国人民调解工作先进集体	司法部
南安市侨联	全国侨联系统先进组织	中国侨联
永春桃城镇中心小学	中小学国防教育示范学校	教育部
永春县医院	全国综合医院中医药工作示范单位	国家中医药管理局、国家卫生计生委、中央军委后勤保障部卫生局
永春桃城建设工程有限公司工会委员会	全国模范职工之家	中华全国总工会
德化县供销社	全国供销合作社系统先进集体	人社部、全国供销总社

2018年泉州市获得省委、省政府表彰的先进单位名表

表59

单位名称	荣誉名称	颁发机构
洛江区马甲镇	2015—2017年度省级文明镇	福建省委、省政府
泉港区峰尾镇	2015—2017年度省级文明镇	福建省委、省政府
泉港区后龙镇	2015—2017年度省级文明镇	福建省委、省政府
石狮市鸿山镇	2015—2017年度省级文明镇	福建省委、省政府
石狮市宝盖镇	2015—2017年度省级文明镇	福建省委、省政府
石狮市蚶江镇	2015—2017年度省级文明镇	福建省委、省政府
晋江市深沪镇	2015—2017年度省级文明镇	福建省委、省政府
晋江市西滨镇	2015—2017年度省级文明镇	福建省委、省政府
南安市梅山镇	2015—2017年度省级文明镇	福建省委、省政府
南安市英都镇	2015—2017年度省级文明镇	福建省委、省政府
南安市罗东镇	2015—2017年度省级文明镇	福建省委、省政府
南安市九都镇	2015—2017年度省级文明镇	福建省委、省政府
南安市码头镇	2015—2017年度省级文明镇	福建省委、省政府
南安市眉山乡	2015—2017年度省级文明镇	福建省委、省政府
惠安县山霞镇	2015—2017年度省级文明镇	福建省委、省政府
惠安县螺城镇	2015—2017年度省级文明镇	福建省委、省政府
惠安县黄塘镇	2015—2017年度省级文明镇	福建省委、省政府
惠安县小岞镇	2015—2017年度省级文明镇	福建省委、省政府
安溪县凤城镇	2015—2017年度省级文明镇	福建省委、省政府

续表59

单位名称	荣誉名称	颁发机构
安溪县蓬莱镇	2015—2017年度省级文明镇	福建省委、省政府
安溪县虎邱镇	2015—2017年度省级文明镇	福建省委、省政府
安溪县参内乡	2015—2017年度省级文明镇	福建省委、省政府
永春县桃城镇	2015—2017年度省级文明镇	福建省委、省政府
永春县东关镇	2015—2017年度省级文明镇	福建省委、省政府
永春县湖洋镇	2015—2017年度省级文明镇	福建省委、省政府
永春县呈祥乡	2015—2017年度省级文明镇	福建省委、省政府
永春县蓬壶镇	2015—2017年度省级文明镇	福建省委、省政府
永春县岵山镇	2015—2017年度省级文明镇	福建省委、省政府
永春县石鼓镇	2015—2017年度省级文明镇	福建省委、省政府
德化县美湖镇	2015—2017年度省级文明镇	福建省委、省政府
鲤城区江南街道明光社区	2015—2017年度省级文明社区	福建省委、省政府
鲤城区鲤中街道新峰社区	2015—2017年度省级文明社区	福建省委、省政府
鲤城区海滨街道新门社区	2015—2017年度省级文明社区	福建省委、省政府
鲤城区开元街道刺桐社区	2015—2017年度省级文明社区	福建省委、省政府
丰泽区东湖街道少林社区	2015—2017年度省级文明社区	福建省委、省政府
丰泽区东湖街道圣湖社区	2015—2017年度省级文明社区	福建省委、省政府
丰泽区丰泽街道迎津社区	2015—2017年度省级文明社区	福建省委、省政府
丰泽区清源街道普明社区	2015—2017年度省级文明社区	福建省委、省政府
丰泽区泉秀街道华丰社区	2015—2017年度省级文明社区	福建省委、省政府
石狮市湖滨街道花园城社区	2015—2017年度省级文明社区	福建省委、省政府
石狮市凤里街道新华社区	2015—2017年度省级文明社区	福建省委、省政府
石狮市湖滨街道新湖社区	2015—2017年度省级文明社区	福建省委、省政府
石狮市凤里街道后花社区	2015—2017年度省级文明社区	福建省委、省政府
石狮市宝盖镇宝源社区	2015—2017年度省级文明社区	福建省委、省政府
晋江市梅岭街道竹园社区	2015—2017年度省级文明社区	福建省委、省政府
晋江市东石镇第二社区	2015—2017年度省级文明社区	福建省委、省政府
晋江市青阳街道阳光社区	2015—2017年度省级文明社区	福建省委、省政府
晋江市梅岭街道梅庭社区	2015—2017年度省级文明社区	福建省委、省政府
晋江市青阳街道青华社区	2015—2017年度省级文明社区	福建省委、省政府
晋江市罗山街道华泰社区	2015—2017年度省级文明社区	福建省委、省政府
南安市溪美街道湖新社区	2015—2017年度省级文明社区	福建省委、省政府
南安市水头镇世纪新城社区	2015—2017年度省级文明社区	福建省委、省政府
惠安县黄塘镇聚龙社区	2015—2017年度省级文明社区	福建省委、省政府

先进个人

2018年泉州市获得全国五一劳动奖章名表

表60

姓 名	工作单位	荣誉称号	颁发机构
许福忠	国网福建省电力有限公司泉州供电公司	全国五一劳动奖章	中华全国总工会
徐志刚	福建省德化第一中学	全国五一劳动奖章	中华全国总工会
谢灵水	石狮市华联服装配件企业有限公司	全国五一劳动奖章	中华全国总工会

2018年泉州市获得国家部委表彰的先进个人名表

表61

姓 名	工作单位	荣誉称号	颁发机构
刘俊强	泉州市交通综合行政执法支队	全国交通运输行业精神文明建设先进工作者	交通运输部
庄丽芬	泉州南音传承中心	第十届中国曲艺“牡丹奖表演奖”	中国文联、中国曲艺家协会
陈庆友	泉港区界山镇东张村	全国优秀工会工作者	中华全国总工会
朱启平	中共石狮市委	全国优秀工会之友	中华全国总工会
林顺建	石狮通达集团	全国优秀工会积极分子	中华全国总工会
王雄海	泉港区税务局	全国五好家庭	全国妇联
王允澄、蔡琼芬家庭	石狮市湖滨街道花园城社区	全国五好家庭	全国妇联
杨德标、潘慧英家庭	石狮市锦尚镇厝上村	全国最美家庭	全国妇联
许天坑、曾文娟家庭	石狮市教育中心	全国最美家庭	全国妇联
林丽娜	石狮市湖滨街道玉湖社区	全国三八红旗手	全国妇联
颜建民、康桂月家庭	永春县桃城镇桃东社区	全国最美家庭	全国妇联
吴联文	永春县煤炭管理局	安全生产监管监察先进个人	国家安全生产监督管理总局、国家煤矿安全监察局
郑志民	永春县侨联	全国侨联系统先进个人	中国侨联
张少波	永春县侨联青年委员会	全国归侨侨眷先进个人	中国侨联

2018年泉州市获得省委、省政府表彰的先进个人名表

表62

姓名	工作单位	荣誉名称	颁发机构
蔡沧洋	泉州梅洋塑胶五金制品有限公司	福建省劳动模范	福建省委、省政府
王映芳	泉州金星大酒店有限公司	福建省劳动模范	福建省委、省政府
柯燕芹	泉州市丰泽区东湖街道铭湖社区居委会	福建省劳动模范	福建省委、省政府
戴增俭	泉州市一鸣交通电器有限公司	福建省劳动模范	福建省委、省政府
胡建林	信和新材料股份有限公司	福建省劳动模范	福建省委、省政府
杜清洁	百福花卉研究所	福建省劳动模范	福建省委、省政府
苏文连	后龙镇环卫站	福建省劳动模范	福建省委、省政府
刘俊辉	泉港区后龙镇东山村	福建省劳动模范	福建省委、省政府
张如庆	泉港区后龙镇上西村	福建省劳动模范	福建省委、省政府
龚国兴	国网石狮市供电公司	福建省劳动模范	福建省委、省政府
黄世波	灵秀镇塘园村	福建省劳动模范	福建省委、省政府
曾江勇	福建冠兴皮革有限公司	福建省劳动模范	福建省委、省政府
林金盾	石狮市协盈农机专业合作社	福建省劳动模范	福建省委、省政府
郑美娟	福建连港物业有限责任公司鸿山热电项目部	福建省劳动模范	福建省委、省政府
张志勤	晋江市磁灶镇五龙村	福建省劳动模范	福建省委、省政府
侯国建	福建柒牌时装科技股份有限公司	福建省劳动模范	福建省委、省政府
陈岚波	福建华泰集团股份有限公司	福建省劳动模范	福建省委、省政府
樊凌云	贵人鸟股份有限公司	福建省劳动模范	福建省委、省政府
任达树	晋江市信龙机械工业有限公司	福建省劳动模范	福建省委、省政府
王金聪	青阳街道阳光社区	福建省劳动模范	福建省委、省政府
陈孟建	磁灶镇前尾村	福建省劳动模范	福建省委、省政府
陈茂界	晋江市深沪镇后山社区	福建省劳动模范	福建省委、省政府
洪水平	晋江市金井镇围头村	福建省劳动模范	福建省委、省政府

续表62

姓名	工作单位	荣誉名称	颁发机构
蔡志颖	福建敏捷机械有限公司	福建省劳动模范	福建省委、省政府
卓坪辉	南安市邮政英都支局	福建省劳动模范	福建省委、省政府
黄钢水	国网福建南安市供电有限公司	福建省劳动模范	福建省委、省政府
黄锦富	福建省南安市第五建设有限公司	福建省劳动模范	福建省委、省政府
林孝发	九牧集团有限公司	福建省劳动模范	福建省委、省政府
吴金笔	南安市省新镇省身村	福建省劳动模范	福建省委、省政府
黄瑞谦	南安市洪梅镇山溪村	福建省劳动模范	福建省委、省政府
徐　明	福建南安市万家美针织有限公司	福建省劳动模范	福建省委、省政府
陈怀民	福建燕京惠泉啤酒股份有限公司	福建省劳动模范	福建省委、省政府
张文山	福建泉州无匠堂创意工艺制品有限公司	福建省劳动模范	福建省委、省政府
张建奎	福建惠安振昌石制品有限公司	福建省劳动模范	福建省委、省政府
曾少杰	泉州晨艺园林古建有限公司	福建省劳动模范	福建省委、省政府
曾志辉	泉州市星艺石雕装饰有限公司	福建省劳动模范	福建省委、省政府
陈加友	福建佳友茶叶机械智能科技股份有限公司	福建省劳动模范	福建省委、省政府
邵　军	福建安溪富华工艺品有限公司	福建省劳动模范	福建省委、省政府
魏贵林	中闽魏氏茶业股份公司	福建省劳动模范	福建省委、省政府
苏定土	安溪县坤发茶林果开发有限公司	福建省劳动模范	福建省委、省政府
陈清元	安溪县感德铁观音制作技术研究会	福建省劳动模范	福建省委、省政府
许万居	安溪县湖头镇美坂村	福建省劳动模范	福建省委、省政府
陈秀珠	凤山社区居委会	福建省劳动模范	福建省委、省政府
徐翊翔	福建晶安光电有限公司	福建省劳动模范	福建省委、省政府
陈建华	永春县岵山镇茂霞村	福建省劳动模范	福建省委、省政府
苏天恭	永春县蓬壶镇仙岭村	福建省劳动模范	福建省委、省政府
颜娜丽	福建省永春水力发电有限公司	福建省劳动模范	福建省委、省政府
颜贞明	福建省桃城建设工程有限公司	福建省劳动模范	福建省委、省政府
陈仁海	福建省德化县中国白陶瓷有限责任公司	福建省劳动模范	福建省委、省政府
李青艺	福建省德化县腾艺陶瓷有限公司	福建省劳动模范	福建省委、省政府
李金贵	德化县英山珍贵淮山农民合作社	福建省劳动模范	福建省委、省政府
谢利英	福建省佳美集团公司	福建省劳动模范	福建省委、省政府
沈来勇	福建三宏再生资源科技有限公司	福建省劳动模范	福建省委、省政府
吴阿宁	福建万龙金刚石工具有限公司	福建省劳动模范	福建省委、省政府
王新武	福建省三星电气股份有限公司	福建省劳动模范	福建省委、省政府
王适阳	泉州台商投资区洛阳镇梅岭村	福建省劳动模范	福建省委、省政府
张红林	福建隆盛轻工有限公司	福建省劳动模范	福建省委、省政府
黄小滨	福建联合石油化工有限公司	福建省劳动模范	福建省委、省政府
王启联	日春股份公司	福建省劳动模范	福建省委、省政府
许佳庆	中国邮政集团公司泉州市分公司	福建省劳动模范	福建省委、省政府
樊宗书	福建泉州市华远电讯有限公司	福建省劳动模范	福建省委、省政府
陈晓红	福建高速公路永春（码头）征管所	福建省劳动模范	福建省委、省政府
陈巧妮	中国农业银行泉州丰泽支行	福建省劳动模范	福建省委、省政府
林雪清	中国银行泉州分行	福建省劳动模范	福建省委、省政府
陈锡清	中国移动通信集团福建有限公司泉州分公司	福建省劳动模范	福建省委、省政府

续表62

姓名	工作单位	荣誉名称	颁发机构
曾清华	福建省泉运实业集团有限公司站务分公司	福建省劳动模范	福建省委、省政府
吴鸿荣	中共泉州市委组织部	福建省劳动模范	福建省委、省政府
洪志双	鲤城区财政局	福建省先进工作者	福建省委、省政府
许志国	泉州市公安局交通警察支队丰泽大队	福建省先进工作者	福建省委、省政府
林　劼	泉州市丰泽区人民法院	福建省先进工作者	福建省委、省政府
陈光营	泉港区人民法院	福建省先进工作者	福建省委、省政府
黄文敬	石狮市公安局凤里派出所	福建省先进工作者	福建省委、省政府
刘建民	福建省晋江市地方税务局	福建省先进工作者	福建省委、省政府
何秀凤	晋江市第二实验幼儿园	福建省先进工作者	福建省委、省政府
柯小华	南安市地方税务局计划财务股	福建省先进工作者	福建省委、省政府
陈秀凤	南安市医院	福建省先进工作者	福建省委、省政府
郑文杰	福建省永春第一中学	福建省先进工作者	福建省委、省政府
郑素萍	福建省德化第一中学	福建省先进工作者	福建省委、省政府
张国文	泉州市公安局交通警察支队台商投资区大队	福建省先进工作者	福建省委、省政府
肖美添	华侨大学化工学院	福建省先进工作者	福建省委、省政府
郑玉珍	泉州市城市管理行政执法局	福建省先进工作者	福建省委、省政府
庄丽芬	泉州市南音传承中心	福建省先进工作者	福建省委、省政府
陈剑洪	泉州市农业科学研究所	福建省先进工作者	福建省委、省政府
黄西洋	泉州市发展和改革委员会	福建省先进工作者	福建省委、省政府
许重富	泉州市山美水库管理处	福建省先进工作者	福建省委、省政府
苏智军	泉州市第一医院	福建省先进工作者	福建省委、省政府
何君虹	泉州市第二实验小学	福建省先进工作者	福建省委、省政府
黄碧丽	泉州市市政公用局总工办	福建省先进工作者	福建省委、省政府

2018年泉州市获得福建省“五一劳动奖章”个人名表

表63

姓名	工作单位	荣誉名称	颁发机构
陈逸思	中国电信泉州分公司	福建省五一劳动奖章	福建省总工会
罗海燕	福建省第五建筑工程公司	福建省五一劳动奖章	福建省总工会
夏　进	石狮市雅致花艺店	福建省五一劳动奖章	福建省总工会
林煜豪	中国移动福建通信集团泉州分公司	福建省五一劳动奖章	福建省总工会
连华贵	福建省德化县莲语窑工作室	福建省五一劳动奖章	福建省总工会
陈劲晓	中国农业银业股份有限公司泉州分行	福建省五一劳动奖章	福建省总工会
将祖立	国网泉州供电公司	福建省五一劳动奖章	福建省总工会
谢建新	惠安县博艺轩玉雕工作室	福建省五一劳动奖章	福建省总工会

2018年泉州市劳动模范、先进工作者名表

表64

姓 名	工作单位及职务	荣誉称号	颁发机构
余　超	泉州市东南医药连锁有限公司总经理助理	泉州市劳动模范	泉州市委、市政府
王成华	泉州市路易斯针织服饰有限公司男装车工工会主席	泉州市劳动模范	泉州市委、市政府

续表64

姓 名	工作单位及职务	荣誉称号	颁发机构
陈文裕	福建鸿星尔克体育用品有限公司工会主席	泉州市劳动模范	泉州市委、市政府
陈晓玲	泉州华硕实业有限公司车间主任	泉州市劳动模范	泉州市委、市政府
郑国兴	七星电气股份有限公司施工队长	泉州市劳动模范	泉州市委、市政府
赖永花	泉州滨海大酒店有限公司餐饮部经理	泉州市劳动模范	泉州市委、市政府
丁文欢	南方路面机械有限公司装配车间主任	泉州市劳动模范	泉州市委、市政府
林文佳	福建讯网网络科技股份有限公司总经理	泉州市劳动模范	泉州市委、市政府
李少婷	泉州市宜家装饰工程有限公司董事长、法人	泉州市劳动模范	泉州市委、市政府
梁继进	福建省泉州市天成进出口贸易有限公司董事长、法人	泉州市劳动模范	泉州市委、市政府
聂泳忠	西人马联合测控（泉州）科技有限公司董事长兼首席技术官	泉州市劳动模范	泉州市委、市政府
周　敏	方圆建设集团有限公司综合部经理	泉州市劳动模范	泉州市委、市政府
魏理俊	泉州市琪祥电子科技有限公司研发部设计师	泉州市劳动模范	泉州市委、市政府
张廷英	永欣体育用品有限公司车间主任	泉州市劳动模范	泉州市委、市政府
黄水扬	洪岩花卉农民专业合作社负责人	泉州市劳动模范	泉州市委、市政府
杜天瑞	福建荣盛钢结构实业有限公司工程技术研究中心主任	泉州市劳动模范	泉州市委、市政府
王辉良	福建省东鑫石油化工有限公司安全工程师	泉州市劳动模范	泉州市委、市政府
陈其龙	泉州市泉港兴通船务有限公司总经理	泉州市劳动模范	泉州市委、市政府
林锦祥	泉港区后龙镇栖霞社区党支部书记	泉州市劳动模范	泉州市委、市政府
陈志成	泉港区界山镇东张村党支部书记	泉州市劳动模范	泉州市委、市政府
陈伟聪	泉港区涂岭镇黄田村党支部书记	泉州市劳动模范	泉州市委、市政府
林志成	石狮市青创城电子商务园区有限责任公司董事长	泉州市劳动模范	泉州市委、市政府
吴章建	石狮市凤里街道华南社区党支部书记	泉州市劳动模范	泉州市委、市政府
柳志锚	福建省供水股份有限公司水务建设工程公司副经理	泉州市劳动模范	泉州市委、市政府
张君平	石狮市龙兴降染织实业有限公司项目研发中心主任	泉州市劳动模范	泉州市委、市政府
张　丽	中纺协检验（泉州）技术服务有限公司董事会秘书、项目研发总监	泉州市劳动模范	泉州市委、市政府
邱梅芳	石狮市三益织造染整有限公司管理专员	泉州市劳动模范	泉州市委、市政府
叶立锋	福建金苑服饰有限公司技术工程师	泉州市劳动模范	泉州市委、市政府
蔡鹏泽	石狮祥芝美丽海岸志愿者协会支部书记	泉州市劳动模范	泉州市委、市政府
王东育	石狮市志愿者联合会会长	泉州市劳动模范	泉州市委、市政府
蔡普及	石狮市绿清果蔬种植专业合作社理事长	泉州市劳动模范	泉州市委、市政府
胡牛崽	福建七匹狼实业股份有限公司晋江分公司打样中心技术指导师	泉州市劳动模范	泉州市委、市政府
王　丰	福建晋江天然气发电有限公司发电部副经理	泉州市劳动模范	泉州市委、市政府
谢小凤	安踏（中国）有限公司助理技转工程师	泉州市劳动模范	泉州市委、市政府
林丽芳	福建省晋江福源食品有限公司（盼盼食品）人力资源高级经理	泉州市劳动模范	泉州市委、市政府
范金兴	晋江劲霸男装有限公司人资行政总监	泉州市劳动模范	泉州市委、市政府
吴孝烟	晋江市美胜陶瓷实业有限公司财务部会计	泉州市劳动模范	泉州市委、市政府
程文淦	福建浔兴拉链科技股份有限公司项目组长	泉州市劳动模范	泉州市委、市政府
吴超峰	晋江市天泽农业开发有限公司总经理	泉州市劳动模范	泉州市委、市政府

续表64

姓 名	工作单位及职务	荣誉称号	颁发机构
郭卓君	福建省卓展信息科技股份公司董事长	泉州市劳动模范	泉州市委、市政府
段力民	中国皮革和制鞋工业研究院（晋江）有限公司董事长	泉州市劳动模范	泉州市委、市政府
许锦芳	晋江市深沪镇运伙村党支部书记	泉州市劳动模范	泉州市委、市政府
王礼海	晋江市永和镇玉溪村党支部书记	泉州市劳动模范	泉州市委、市政府
苏连枸	晋江市绿誉声泉蔬菜专业合作社种植专业户	泉州市劳动模范	泉州市委、市政府
李锦成	晋江市磁灶镇李锦成农场，种植专业户	泉州市劳动模范	泉州市委、市政府
范春美	晋江市安鼎体育用品有限公司总经理	泉州市劳动模范	泉州市委、市政府
吴凡凡	福建申利卡铝业发展有限公司出纳	泉州市劳动模范	泉州市委、市政府
陈锦源	福建省南安市第一建设有限公司施工员	泉州市劳动模范	泉州市委、市政府
王桂鸿	福建海丝石业有限公司车间主任	泉州市劳动模范	泉州市委、市政府
吕晓芳	福建省泉州市日升石业有限公司财务主管	泉州市劳动模范	泉州市委、市政府
苏清全	南安市康美商会会长	泉州市劳动模范	泉州市委、市政府
郑友套	南安市远大卫生用品厂总经理	泉州市劳动模范	泉州市委、市政府
戴嘉添	福建南安市顺昌鞋业有限公司副总经理	泉州市劳动模范	泉州市委、市政府
叶美丽	南安市隆美家庭农场农民	泉州市劳动模范	泉州市委、市政府
吴刺莲	福建省南安市都山生态农业专业合作社理事	泉州市劳动模范	泉州市委、市政府
傅辉耀	南安市绿芳农业综合专业合作社理事	泉州市劳动模范	泉州市委、市政府
陈琪仁	南安市溪美街道莲塘村委会主任	泉州市劳动模范	泉州市委、市政府
黄江川	中共南安市梅山镇灯光村党支部书记	泉州市劳动模范	泉州市委、市政府
刘泉发	中共南安市罗东镇新明村支部委员会书记	泉州市劳动模范	泉州市委、市政府
陈助庆	中共南安市东田镇东田村支部委员会书记	泉州市劳动模范	泉州市委、市政府
潘建华	中共南安市乐峰镇湖内村党支部书记	泉州市劳动模范	泉州市委、市政府
陈阳山	泉州市惠东女创意有限公司艺术总监	泉州市劳动模范	泉州市委、市政府
王烈阳	惠安县螺阳艺兴工艺厂工人	泉州市劳动模范	泉州市委、市政府
黎晓芳	福建起步儿童用品有限公司总经理秘书	泉州市劳动模范	泉州市委、市政府
蒋杰雄	福建日晟园林古建工程有限公司董事长	泉州市劳动模范	泉州市委、市政府
杨嘉红	福建省中嘉建设工程有限公司董事长	泉州市劳动模范	泉州市委、市政府
郑培忠	惠安县家兴家庭农场经营者	泉州市劳动模范	泉州市委、市政府
陈少东	惠安新东方雕塑艺术创作中心工作人员	泉州市劳动模范	泉州市委、市政府
曾丽琼	惠安县涂寨镇曾厝村党支部书记	泉州市劳动模范	泉州市委、市政府
卢怡玉	惠安县螺城镇北关社区党总支书记	泉州市劳动模范	泉州市委、市政府
吴美珠	安溪县英发家具装饰有限公司设计人员	泉州市劳动模范	泉州市委、市政府
龚化勤	福建省中科生物股份有限公司高级工程师	泉州市劳动模范	泉州市委、市政府
谢连强	中国农业银行股份有限公司安溪县支行工会主席	泉州市劳动模范	泉州市委、市政府
黄文元	国网福建安溪县供电公司总经理、党委副书记	泉州市劳动模范	泉州市委、市政府
成建华	旺旺集团泉州瑞麦食品有限公司副总厂长	泉州市劳动模范	泉州市委、市政府
林培养	安溪县龙门镇茭白产业协会会长	泉州市劳动模范	泉州市委、市政府
陈延林	安溪县国公山种植专业合作社理事长	泉州市劳动模范	泉州市委、市政府
陈树全	安溪全香蔬菜有限公司负责人	泉州市劳动模范	泉州市委、市政府
李金登	香都茶叶专业合作社理事长、正秋茶叶专业合作社负责人	泉州市劳动模范	泉州市委、市政府
王清海	福建省闽州浓韵汇茶业有限公司技术总监	泉州市劳动模范	泉州市委、市政府

续表64

姓 名	工作单位及职务	荣誉称号	颁发机构
温文溪	安溪县中顿茶叶专业合作社理事长	泉州市劳动模范	泉州市委、市政府
林紘洋	福建天电光电有限公司研发经理	泉州市劳动模范	泉州市委、市政府
曾建全	永春县达埔彬达制香厂有限公司董事长	泉州市劳动模范	泉州市委、市政府
叶长城	福建省八闽建设工程有限公司技术员	泉州市劳动模范	泉州市委、市政府
苏荣德	永春竹兴麻竹种植带头人兼吾江村党支部书记	泉州市劳动模范	泉州市委、市政府
张奕银	永春县下洋镇下洋村村委会主任	泉州市劳动模范	泉州市委、市政府
王秋玲	中共美岭村委员会委员	泉州市劳动模范	泉州市委、市政府
郭志煌	永春田多多养殖带头人兼龙水村党支部书记	泉州市劳动模范	泉州市委、市政府
林国泰	永春妃凡卓越家庭农场水果种植户	泉州市劳动模范	泉州市委、市政府
郑雄文	福建省德化县山花陶瓷有限公司艺术总监	泉州市劳动模范	泉州市委、市政府
赖作伟	泉州市龙鹏集团设计师	泉州市劳动模范	泉州市委、市政府
陈继宝	德化县戴云花卉苗木农民合作社理事长	泉州市劳动模范	泉州市委、市政府
陈丽玉	德化县丽玉生态农林专业合作社理事长	泉州市劳动模范	泉州市委、市政府
曾丽春	福建省德化县绿园农业综合专业合作社理事长	泉州市劳动模范	泉州市委、市政府
魏腾雄	泉州天地星电子有限公司董事长兼总经理	泉州市劳动模范	泉州市委、市政府
姚明兴	特步（中国）有限公司行政中心总监	泉州市劳动模范	泉州市委、市政府
李美凤	福建省锐驰电子科技有限公司综合办公室职员	泉州市劳动模范	泉州市委、市政府
黄达平	力达（中国）机电有限公司董事长	泉州市劳动模范	泉州市委、市政府
孙晓东	泉州台商投资区孙文勇艺术馆工艺技师	泉州市劳动模范	泉州市委、市政府
黄温清	泉州台商投资区张坂镇崧山村党支部书记	泉州市劳动模范	泉州市委、市政府
陈主明	泉州市牧恩旅游生态示范农业合作社社员	泉州市劳动模范	泉州市委、市政府
洪顺泉	泉州市第二公共交通运输发展有限公司副经理	泉州市劳动模范	泉州市委、市政府
蔡萍娜	泉州晋江国际机场股份有限公司安检员	泉州市劳动模范	泉州市委、市政府
吴良江	福建联合石化公司生产部能源管理	泉州市劳动模范	泉州市委、市政府
魏　斌	中化泉州石化有限公司加氢裂化装置班长	泉州市劳动模范	泉州市委、市政府
王鼎鹿	中国邮政储蓄银行股份有限公司泉州市分行党委书记、行长	泉州市劳动模范	泉州市委、市政府
周灿森	中国工商银行泉州分行党委书记、行长	泉州市劳动模范	泉州市委、市政府
苏美琴	福建电信技术发展公司泉州分公司客服管理	泉州市劳动模范	泉州市委、市政府
张文会	泉州市燃气有限公司总经理	泉州市劳动模范	泉州市委、市政府
谢宗彬	国网泉州供电公司洛江中心供电所副所长	泉州市劳动模范	泉州市委、市政府
万国清	中国联合网络通信有限公司泉州市分公司党委书记、总经理	泉州市劳动模范	泉州市委、市政府
陈超群	福建省集英保安集团有限公司党委副书记、总经理	泉州市劳动模范	泉州市委、市政府
郑志明	鲤城区教师进修学校副校长	泉州市先进工作者	泉州市委、市政府
陈劲竹	鲤城区环卫所市容环境卫生督导队队长	泉州市先进工作者	泉州市委、市政府
陈福林	鲤城区浮桥街道城区建设管理站站长	泉州市先进工作者	泉州市委、市政府
傅仰林	鲤城区海滨街道办事处城管办主任	泉州市先进工作者	泉州市委、市政府
彭秀兰	泉州市丰泽区第三实验小学校长	泉州市先进工作者	泉州市委、市政府
颜巧兰	泉州九中副校长	泉州市先进工作者	泉州市委、市政府
吴赞强	泉州市丰泽区审计局副局长、主任科员	泉州市先进工作者	泉州市委、市政府
赖艺艺	洛江区双阳中心幼儿园园长	泉州市先进工作者	泉州市委、市政府

续表64

姓 名	工作单位及职务	荣誉称号	颁发机构
林淑柑	洛江区马甲中心小学教师	泉州市先进工作者	泉州市委、市政府
吴珍梅	泉港庄重文实验小学校长	泉州市先进工作者	泉州市委、市政府
黄一喜	泉港区前黄镇创卫办主任	泉州市先进工作者	泉州市委、市政府
庄婉瑜	泉州幼儿师范学校附属幼儿园石狮校区农村园支教教师	泉州市先进工作者	泉州市委、市政府
朱丹红	中共晋江市委办主任科员，市委综合系统党委书记	泉州市先进工作者	泉州市委、市政府
施金象	晋江市季延中学校长	泉州市先进工作者	泉州市委、市政府
张清江	晋江市青少年宫主任	泉州市先进工作者	泉州市委、市政府
曾朝阳	晋江市公安局党委委员、副局长、陈埭派出所所长	泉州市先进工作者	泉州市委、市政府
蔡长久	晋江市安海镇企业党委专职副书记	泉州市先进工作者	泉州市委、市政府
张天载	晋江市环境保护监测站站长	泉州市先进工作者	泉州市委、市政府
郭世文	梅岭街道办事处发展服务中心主任、企业服务中心主任、安办主任、首席统计	泉州市先进工作者	泉州市委、市政府
王　聪	晋江市安海医院医务科科长、骨科主治医师	泉州市先进工作者	泉州市委、市政府
吴丽霜	中共南安市委办公室、正科级干部	泉州市先进工作者	泉州市委、市政府
林茂森	南安市委编办主任	泉州市先进工作者	泉州市委、市政府
杨凯红	南安市教师进修学校教师	泉州市先进工作者	泉州市委、市政府
洪瑞菊	南安市妇幼保健院儿童保健科科长	泉州市先进工作者	泉州市委、市政府
洪珍辉	福建省泉州市公路局南安分局养护工	泉州市先进工作者	泉州市委、市政府
陈加松	中共南安市委宣传部宣传科科长	泉州市先进工作者	泉州市委、市政府
吕凌晖	南安市市场监督管理系统工会主席	泉州市先进工作者	泉州市委、市政府
康少阳	惠安县地方税务局信息技术股股长	泉州市先进工作者	泉州市委、市政府
陈华南	惠安县人民检察院公诉副科长	泉州市先进工作者	泉州市委、市政府
钟泽鑫	惠安县医院中医科医生、党支部书记	泉州市先进工作者	泉州市委、市政府
孙建泉	福建省惠安第一中学教师	泉州市先进工作者	泉州市委、市政府
汪春花	安溪县地税局副局长	泉州市先进工作者	泉州市委、市政府
黄伟游	安溪沼涛中学美术教研组长	泉州市先进工作者	泉州市委、市政府
王祥端	安溪县市政公用事业管理局安溪县环境卫生管理处车队负责人	泉州市先进工作者	泉州市委、市政府
叶月彬	安溪县医院主管护师	泉州市先进工作者	泉州市委、市政府
吴海虹	福建省泉州市公路局永春分局局长	泉州市先进工作者	泉州市委、市政府
陈国强	永春县项目推进办干部	泉州市先进工作者	泉州市委、市政府
林智能	中国人民银行永春县支行办公室主任兼监察室主任	泉州市先进工作者	泉州市委、市政府
陈伟雄	永春县公安局科员	泉州市先进工作者	泉州市委、市政府
曾少凤	德化残疾人康复中心工作人员	泉州市先进工作者	泉州市委、市政府
苏秀芬	德化县实验小学教师	泉州市先进工作者	泉州市委、市政府
曾云燕	福建省德化职业技术学校教师	泉州市先进工作者	泉州市委、市政府
苏剑水	德化县公安局森林分局汤头森林派出所副教导员	泉州市先进工作者	泉州市委、市政府
林　萍	泉州经济技术开发区实验幼儿园园长	泉州市先进工作者	泉州市委、市政府
何子荣	泉州台商投资区环境与国土资源局房屋征收中心主任	泉州市先进工作者	泉州市委、市政府
兰　章	华侨大学材料科学与工程学院教师	泉州市先进工作者	泉州市委、市政府

续表64

姓 名	工作单位及职务	荣誉称号	颁发机构
蔡向群	泉州市人大常委会办公室秘书科科长	泉州市先进工作者	泉州市委、市政府
王沥萍	中共泉州市委市直机关工作委员会信息管理员	泉州市先进工作者	泉州市委、市政府
俞建辉	中共泉州市委党校机关党委专职副书记	泉州市先进工作者	泉州市委、市政府
徐端琼	泉州市食品药品检验所中药室主任	泉州市先进工作者	泉州市委、市政府
陈惠仁	中共泉州市委办公室职工	泉州市先进工作者	泉州市委、市政府
陆明明	市效能办督查科科长	泉州市先进工作者	泉州市委、市政府
林家强	泉州市审计局办公室主任	泉州市先进工作者	泉州市委、市政府
温金水	泉州市老干部活动中心电工	泉州市先进工作者	泉州市委、市政府
刘伟宏	泉州市妇联办公室主任	泉州市先进工作者	泉州市委、市政府
黄月瑜	市总工会机关党委专职副书记	泉州市先进工作者	泉州市委、市政府
王　波	泉州市体工队击剑教练	泉州市先进工作者	泉州市委、市政府
郭飞跃	泉州市艺术馆馆长、党支部书记	泉州市先进工作者	泉州市委、市政府
黄德聪	泉州市人民政府外事侨务办公室出国管理科科长	泉州市先进工作者	泉州市委、市政府
吴美满	市检察院金融与知识产权犯罪检察部主任	泉州市先进工作者	泉州市委、市政府
陈艺美	泉州市国家安全局主任科员	泉州市先进工作者	泉州市委、市政府
黄维真	泉州市公安局交通警察支队机动大队机动中队中队长	泉州市先进工作者	泉州市委、市政府
李　克	泉州市公安局户政管理支队科员	泉州市先进工作者	泉州市委、市政府
杨明涌	泉州市人力资源和社会保障局办公室主任	泉州市先进工作者	泉州市委、市政府
王明东	泉州市统计局能源监测统计中心科员	泉州市先进工作者	泉州市委、市政府
庄景秀	福建经贸学校办公室主任	泉州市先进工作者	泉州市委、市政府
林建龙	泉州市经济和信息化委员会科长	泉州市先进工作者	泉州市委、市政府
庄庆章	泉州市财政局国库科科长	泉州市先进工作者	泉州市委、市政府
刘一谊	泉州市住房和城乡建设局职工	泉州市先进工作者	泉州市委、市政府
林　萍	泉州市建设工程质量监督站监督员	泉州市先进工作者	泉州市委、市政府
刘立新	泉州市农业局科技与产业发展科科长	泉州市先进工作者	泉州市委、市政府
张先动	福建省德化葛坑国有林场综合股股长	泉州市先进工作者	泉州市委、市政府
肖彩虹	泉州市交通综合行政执法支队财务审计科科长	泉州市先进工作者	泉州市委、市政府
胡远扬	泉州市急救指挥中心急救科副科长团支部书记	泉州市先进工作者	泉州市委、市政府
苏海燕	泉州市第三医院护士长	泉州市先进工作者	泉州市委、市政府
许月云	泉州师范学院体育学院院长	泉州市先进工作者	泉州市委、市政府
蔡景灿	泉州市特殊教育学校校长、书记	泉州市先进工作者	泉州市委、市政府
何玉珊	泉州市丰泽幼儿园 园长、书记、工会主席	泉州市先进工作者	泉州市委、市政府
陈志雄	福建省泉州华侨职业中专学校党总支书记、校长	泉州市先进工作者	泉州市委、市政府
林方亮	泉州市水利局河长办河务专员	泉州市先进工作者	泉州市委、市政府
林鸿美	泉州市晋江河道堤防管理处高级工程师	泉州市先进工作者	泉州市委、市政府
吴春毅	泉州市环境卫生管理处驾驶员	泉州市先进工作者	泉州市委、市政府
王雅玲	泉州市公园管理中心党务干部	泉州市先进工作者	泉州市委、市政府
苏大庆	泉州市国资委政治部副主任	泉州市先进工作者	泉州市委、市政府
张明瑜	中国银行业监督管理委员会泉州监管分局科长	泉州市先进工作者	泉州市委、市政府
吴舒迪	泉州市金融发展服务中心职员	泉州市先进工作者	泉州市委、市政府

续表64

姓 名	工作单位及职务	荣誉称号	颁发机构
苏秀真	泉州市地方税务局稽查局副局长	泉州市先进工作者	泉州市委、市政府
曾奕明	福建医科大学附属第二医院院长、党委书记	泉州市先进工作者	泉州市委、市政府
林　岳	福建省泉州监狱三监区科员	泉州市先进工作者	泉州市委、市政府
郑清伟	福建省197地质大队高级工程师	泉州市先进工作者	泉州市委、市政府

2018年泉州市获得省、市见义勇为英雄模范及先进个人名表

表65

姓名	工作单位或住址	荣誉称号
林长春	鲤城公安分局常泰派出所	福建省见义勇为模范
李利昌	南安市供电公司	福建省见义勇为模范
郑华文	晋江国际荣誉酒店	福建省见义勇为模范
郭成进	石狮市一轩船务有限公司	福建省见义勇为模范
郭　团	石狮市一轩船务有限公司	福建省见义勇为模范
郭国防	石狮市一轩船务有限公司	福建省见义勇为模范
林长春	鲤城公安分局常泰派出所	泉州市见义勇为模范
李利昌	南安市供电公司	泉州市见义勇为模范
陈建劳	晋江市金井镇溜江村溪尾区12号（住址）	泉州市见义勇为模范
郑华文	晋江国际荣誉酒店	泉州市见义勇为模范
党国华	石狮市华林酒店	泉州市见义勇为模范
郭成进	石狮市一轩船务有限公司	泉州市见义勇为模范
郭　团	石狮市一轩船务有限公司	泉州市见义勇为模范
郭国防	石狮市一轩船务有限公司	泉州市见义勇为模范
张谋富	惠安县崇武镇大岞村大岞1466号（住址）	泉州市见义勇为模范
张国平	鲤城区聚宝街1号（住址）	泉州市见义勇为先进个人
何圳峰	晋江壹米滴答物流公司	泉州市见义勇为先进个人
张鹏鹏	中化泉州石化有限公司	泉州市见义勇为先进个人
杜自强	泉州市公安局马甲派出所	泉州市见义勇为先进个人
郭顺章	泉港区蜂尾镇五里海沙老兵大排档	泉州市见义勇为先进个人
王跃辉	晋江市罗山街道许坑宝马蚊香厂	泉州市见义勇为先进个人
谢良森	南安市梅山镇水口村长埕51号（住址）	泉州市见义勇为先进个人
萧冬雄	晋江市安海镇安平中中二路10号（住址）	泉州市见义勇为先进个人
张添增	龙湖镇服装加工厂	泉州市见义勇为先进个人
蔡文琛	石狮市一轩船务有限公司	泉州市见义勇为先进个人
郭增吟	石狮市一轩船务有限公司	泉州市见义勇为先进个人
郭精民	石狮市一轩船务有限公司	泉州市见义勇为先进个人
黄永峰	南安市武荣公园观光自行车服务点	泉州市见义勇为先进个人
张永平	惠安县崇武镇大岞村街仔99号	泉州市见义勇为先进个人
郭宝元	南安市蓬华镇山城村坑美林50号（住址）	泉州市见义勇为先进个人
林泽章	安溪县魁斗镇镇奇观村小路8号（住址）	泉州市见义勇为先进个人
许青福	安溪县城厢镇光德村下土楼85号（住址）	泉州市见义勇为先进个人
赖礼国	德化县龙浔镇供电公司	泉州市见义勇为先进个人

人物

2018年与泉州企业共建合作院士

姚穆　1930年出生于江苏南通。纺织材料专家。1952年毕业于国立西北工学院。曾任陕西省科学技术协会副主席。现任西安工程大学（原西北纺织工学院）名誉校长。长期从事该领域科研和教学，曾提出基于中国人体皮肤感觉神经系统特点，综合反映皮肤生理学、心理学、物理学、工程学的着装舒适性模型和透过织物的能量流与物质流的接触界面阻抗理论，开拓人体着装舒适性研究新领域，为特种功能服装研制奠定理论基础。开展纯化纤仿真技术理论研究和工程技术攻关，参与设计、研制新型化纤多异多重复合变形长丝—军港纶及其加工技术，产品用于部门制服及民用服装。主持和指导中长绒陆地棉品种筛选及其加工技术研究，有益于巩固中国棉纺产品在国际市场的地位。研制纺织仪器16种，起草多项国家标准和军用标准。获国家科技进步一等奖、三等奖各1项，省部级奖多项。主编、参编及翻译出版著作18本，主编《纺织材料学》高校教科书，发表学术论文百余篇，为国家培养博士18名、硕士43名及大批科技骨干。2001年当选中国工程院院士。

戴尅戎　1934年出生。骨科学和骨科生物力学专家。中国工程院院士，法国国家医学科学院外籍通信院士。1955年毕业于上海第一医学院，1983—1984年于美国Mayo Clinic任客座研究员。曾任上海第二医科大学附属第九人民医院院长及骨科主任，现任上海市创伤骨科与骨关节疾病临床医学中心首席科学家、上海交通大学医学院骨与关节研究所主任、上海交大医学3D打印创新研究中心主任、数字医学临床转化教育部工程研究中心主任、上海交通大学转化医学研究院干细胞与再生医学转化基地主任。在国际上首先将形状记忆合金制品用于人体内部。在步态和人体平衡功能定量评定、内固定的应力遮挡效应、骨质疏松性骨折、人工关节的基础研究与定制型人工关节、干细胞移植与基因治疗促进骨再生、3D打印技术的医学应用等方面获创新性成果，因而获国家发明二等奖、国家科技进步奖二、三等奖和部、市级一、二、三等奖45项，获授权专利40余项。发表论文500余篇，主编、参编专著59本。2003年当选中国工程院院士。

谢华安　1941年出生于福建龙岩。植物遗传育种学家。1959年毕业于福建省龙岩农业学校。现为福建省农业科学院研究员。曾任福建省农业科学院院长。主要从事三系杂交稻和超级杂交稻育种研究，在“恢复系亲本的选择技术”“测交配组技术”“抗瘟性筛选育种程序”和“杂交水稻中稻制种技术”等方面有重要研究成果，育成中国杂交水稻亲本遗传贡献最大的恢复系“明恢63”。主持育成中国稻作史上种植面积最大的水稻良种“汕优63”，到2010年推广6300万公顷，增产粮食700多亿公斤，新增社会经济效益700多亿元。1988年获国家科技进步一等奖，1999年获中国科学院陈嘉庚农业科学奖，2003年获福建省科学技术突出贡献奖，2003年获何梁何利基金科学与技术成就奖，2012年获国家科技进步奖二等奖等科技成果奖励。2007年当选中国科学院院士。

高从堦　1942年出生于山东即墨。化学工程专家。1965年毕业于山东海洋学院（现中国海洋大学），1982—1984年在加拿大滑铁卢大学作为访问学者进修。曾任国家海洋局杭州水处理中心副主任和总工程师。现任浙江工业大学海洋学院院长，中国膜工业协会、浙江省膜学会和中国海水淡化与水再利用学会的名誉理事长；国际膜科学杂志（Journal of Membrane Science）名誉顾问，国际脱盐协会（IDA）中国代表。长期从事膜分离和水处理的研究开发工作。1967—1969年参加过全国海水淡化会战，参加、组织、承担并完成国家、浙江省和国家海洋局重点项目十多项，对国家的不对称和复合膜（反渗透、纳滤、超滤和离子交换等）及组器的研制和工程技术开发与应用等做出突出贡献。培养博士、硕士研究生100余名，在浙江省内组建多支科技创新团队，向社会输送一批在此领域的创新创业人才。1992年作为第一完成人获国家科技进步一等奖1项，1993年获国家有突出贡献中青年专家称号，1998年获何梁何利科技奖。1995年当选中国工程院院士。

励建安　1952年出生。主任医师。美国医学科学院国际院士。南京医科大学康复医学院院长，第一附属医院康复医学中心主任。1983年获南京医科大学运动医学硕士学位。1988年—2001年分别在澳大利亚、美国学习。担任国际物理医学与康复医学学会前任主席、中华医学会物理医学与康复医学分会主委、中国非公立医疗机构协会康复医学专委会主委、中国老年医学会副会长、华夏医学科技奖理事会副理事长、中国科协第八届委员、江苏省康复医学会名誉会长、中国康复医学杂志主编。擅长心血管康复、神经瘫痪康复（脊髓损伤、脑瘫、脑损伤）、运动分析和运动控制障碍。主持国家自然科学基金4项，国家十一五课题子课题2项，国家十二五支撑项目子课题1项，国际合作项目6项，江苏省科技支撑项目课题2项，1项教学课题，1项科普课题。获中华医学奖三等奖1项、江苏省科技进步二等奖2项和三等奖1项、江苏医学奖二等奖和三等奖各1项。2010年获中国科协科技先进工作者称号，2014年获第九届中国医师奖。

陈纯　1955年出生于浙江象山。计算机应用专家。1982年毕业于厦门大学数学系，1990年获浙江大学计算机应用专业博士学位。曾任浙江大学计算机科学与技术学院院长、浙江大学软件学院院长，现为浙江大学计算机科学与技术学院教授，浙江大学信息学部主任，国家数码喷印工程技术研究中心首席科学家，国家新一代人工智能战略咨询委员会委员。长期从事计算机应用领域的前沿研究工作，在著名国际学术期刊和会议发表论文近220篇，出版著作3部，授权发明专利65多项，致力于将高水平的研究与产业应用相结合，主持研制完成“计算机丝绸印染花样设计分色处理及制版自动化系统”“纺织品数码喷印系统”等多个工程系统，得到全面推广应用，取得一系列成果，获国家技术发明奖二等奖1项、国家科技进步奖二等奖2项、省部级科学技术一等奖6项。率领科研团队对大数据、人工智能和区块链等技术和系统进行重点研发，有关成果在相关应用领域得到全面推广。2015年当选中国工程院院士。

瞿金平　1957年出生于湖北黄梅。轻工机械工程专家。1981年毕业于华南理工大学化工机械系。1987年获华南理工大学轻工机械硕士学位，1996年在职获四川大学高分子材料博士学位。国家杰出青年科学基金获得者、教育部“长江学者奖励计划”首批特聘教授、全国先进工作者（1995年全国劳动模范）。现任华南理工大学聚合物新型成型装备国家工程研究中心和聚合物成型加工工程教育部重点实验室主任、教授，兼任中国轻工机械协会副理事长、广东省机械工程学会理事长；曾任两届华南理工大学副校长。长期从事高分子材料加工成型装备技术与理论研究，提出振动剪切形变和体积拉伸形变动态塑化输运方法及原理、系统发展高分子材料加工成型理论、发明并研制成功一系列聚合物及其复合材料加工成型新装备。获中国发明专利20多项、国际发明专利3项；发表SCI和EI收录论文150余篇、出版学术著作5部。获国家技术发明二等奖2项、国家科学技术进步二等奖1项、省部级科技奖励特等奖1项和一等奖4项；获中国专利金奖2项、优秀奖1项；获香港蒋氏科技成就奖；获何梁何利基金科学与技术创新奖。2011年当选中国工程院院士。

孙颖浩　1961年出生于山东乳山。泌尿外科学专家。1983年大学本科毕业于第一军医大学，2000年于第二军医大学获医学博士学位。现任海军军医大学（第二军医大学）校长、亚洲泌尿外科学会前任主席。在国内率先开展解剖性前列腺癌根治术，结合中国人特点，创新多项关键技术。首次提出中国人与欧美人群不同的前列腺癌诊断策略。首次发现2个中国人前列腺癌高度相关多态性位点，以此建立具有中国人特征的遗传风险评分，发现中国人前列腺癌特异的融合基因等多个早期诊断指标并进行临床转化。首次描绘中国人前列腺癌的基因组特征，并揭示SPOP、PLXNA1等蛋白在前列腺癌进展中的分子机理。首创经皮肾镜大功率钬激光治疗复杂性肾结石，发明自有知识产权的“孙氏输尿管肾镜”，获国家医疗器械注册认证并上市销售。主持“973”、国家杰出青年基金、教育部“创新团队”等科研项目26项；以第一完成人获国家科技进步奖一等奖、二等奖、科普奖各1项；以第一或通讯作者在SCI收录期刊上发表论文159篇；主编专著14部；获国家发明和实用新型专利共44项。2015年当选中国工程院院士。

杰出人物

许连捷　1953年出生于晋江。恒安集团有限公司董事局副主席、CEO。恒安集团始创于1985年，是最早进入中国卫生巾市场的企业之一，也是国内最大的妇幼卫生产品和生活用纸企业。许连捷带领恒安进行三次管理革命，遵循绿色低碳和可持续发展理念，以“追求健康，你我一起成长”为使命，创造价值，回馈社会。仅上市20年来，恒安集团上缴税收超250亿元，给股东带来的回报超过50倍。许连捷多年来慷慨行善，个人捐款超5亿元，恒安集团及其主要股东捐款超13亿元，热心于社会公益和慈善事业。2018年10月24日，入选由中央统战部、全国工商联推荐宣传的“改革开放40年百名杰出民营企业家”名单。

庄丽芬　1981年出生于惠安北部（今属泉港）。国家一级演员，福建省曲艺家协会副主席、省曲艺家协会青年艺委会主任，泉州市南音传承中心国家一级演员，泉州市非物质文化遗产南音项目传承人。庄丽芬从事南音艺术20多年，不仅积淀了扎实的传统根基，同时又探索南音的新时代性，受到海内外南音弦友的赞赏。先后获多项全国、全省曲艺专业奖项，并多次随团到欧洲及新加坡、菲律宾、马来西亚等东南亚国家交流。2018年10月7日，凭借南音《海丝航标颂》的表演获第十届中国曲艺牡丹奖“牡丹奖表演奖”，是该届曲艺牡丹奖福建省唯一获奖者，也成为福建省最年轻的“牡丹奖”获得者。

逝世人物

罗豪才（1934—2018）　民国23年（1934年）出生于安溪。著名归侨、法学家、教育家和社会活动家。1951年4月至1952年7月在新加坡被英国殖民当局监禁。1952—1956年广东省广州知用中学、江苏省无锡市第一中学学习。1956—1960年北京大学法律系学习。1960—1984年北京大学法律系助教、讲师、系副主任。1984—1985年到美国哥伦比亚大学进修。1985—1986年北京大学法律系副主任、副教授。1986—1992年北京大学副校长、教授，北京市侨联主席，中国侨联副主席，北京市人大常委会委员。1992—1993年致公党中央副主席，中国侨联副主席，中国法学会副会长，北京市人大常委会委员，北京大学副校长，北京市侨联主席。1993—1995年致公党中央副主席，全国政协副秘书长，中国侨联副主席，中国法学会副会长，北京市人大常委会委员，北京大学副校长。1995—1996年致公党中央副主席，最高人民法院副院长、审判委员会委员，全国政协副秘书长，中国侨联副主席，中国法学会副会长。1996—1997年致公党中央副主席，最高人民法院副院长、审判委员会委员，中国侨联副主席，中国法学会副会长。1997—1998年致公党中央主席，最高人民法院副院长、审判委员会委员，中国侨联副主席，中国法学会副会长。1998—1999年全国政协副主席，致公党中央主席，最高人民法院副院长、审判委员会委员，中国侨联副主席，中国法学会副会长。1999—2000年全国政协副主席，致公党中央主席，最高人民法院副院长、审判委员会委员，中国和平统一促进会会长，中国法学会副会长。2000年任全国政协副主席，致公党中央主席(至2007年12月)，中国和平统一促进会会长，中国法学会副会长。2003年3月在全国政协十届一次会议上当选第十届全国政协副主席。2007年5月10日当选中国人权研究会会长。罗豪才于2018年2月12日逝世，享年83岁。

吴永年（1927—2018）　民国16年（1927年）出生于晋江市英林镇英林村，祖籍晋江市深沪镇东华村，初中文化，职业商人。吴永年原姓洪，12岁过继深沪东华东后村旅菲华商吴均梯为子。民国30年（1941年）冬奉父命往菲协助经营菜馆。抗日战争胜利后，开设金光入口商行、石泉矿业。20世纪50年代与友人合股经营铁钉店、镜店、原木采伐，事业获迅速发展。任大洋洲桤木有限公司、GLD集团、金光五金进口商行董事长，在菲律宾和中国香港、深圳等地有10家企业，主营五金、房地产、木业，兼营投资、畜牧业。投资东华影剧院75万元、东华宾馆100万元、东华村侨办服装厂50万元。他热心社会活动，曾任菲律宾洪门进步党监事长、马尼拉建筑原料同业公会理事长。后任菲律宾晋江同乡总会常务顾问、菲华商联总会咨询委员、菲律宾洪门进步党总部常务顾问、菲华志愿消防总会常务委员等职。他热心家乡公益事业，1978—2004年累计捐资晋江市公益事业1033.5万元，其中：捐资595万元建东华小学校舍；捐资东华村310.5万元建老友大楼、村委会办公楼、迎宾楼、村路；捐资60万元支持深沪侨联购办公用车、会费、助残；捐资60万元建南侨中学教师宿舍一座。此外他还于1983年捐资泉州六中体育馆20万元；对1997年华东水灾亦捐资10万元。吴先生曾两次获颁省政府金质奖章，并于2005年获“福建省捐赠公益事业突出贡献奖”。吴永年于2018年4月30日逝世，享年92岁。

庄杰文（1926—2018）　民国15年（1926年）生于祖籍地晋江三光天，中学文化，解放前往菲律宾，入菲律宾国籍。庄杰文经营的主要项目有木材、纱衫，曾任菲律宾晋江同乡总会第二届理事长，世界晋江同乡总会副会长、名誉会长，旅菲庄氏宗亲总会理事长，菲律宾商总参议员，亚虞山菲华商会理事长等职。庄杰文自1980—2003年捐赠家乡教育及各项公益事业总金额365.1万元，其中捐赠311.3万元建平山中学校舍。1986年捐赠7万元给平山小学作为学校的奖教、奖学金，之后每年均捐赠0.5万元给平山小学作为学校的奖教、教学金。庄杰文于2018年6月9日逝世，享年93岁。

郑少坚（1933—2018）　又名侨志，英文名GEORGE S.K.TY,民国22年（1933年）出生于原籍永春县仙夹乡夹际村，菲律宾籍华人，菲华六大班之一。以总资产50亿美元列《CAPITAL资本》杂志“2002世界华人富豪榜”第42名。郑少坚12岁赴菲，毕业于麻枝大学，曾随其父郑崇仰经营崇仰公司和面粉厂。在其父支持下创立菲首都银行，持有80%以上股权。该银行为菲律宾最大私营银行，总资产突破10亿美元，为菲第三大上市公司，被国际《金融家》杂志列为全世界500家大银行之一。首都银行在全菲各地有350多家分行。在菲主要附属机构有泛菲人寿保险公司、菲租赁金融公司、UNIBANCARD集团、首都银行汇款中心、第一首都租赁公司和THOMAS COOK PLIL.INC等，与母公司构成实力更为雄厚的首都银行集团。该银行有13家分行分布在纽约、洛杉矶、旧金山、东京、关岛、新加坡、首尔、伦敦和中国香港、上海、台北、高雄、台中。郑氏在菲律宾还持有菲第43大上市公司菲律宾储蓄银行，拥有5家房地产公司和10多幢豪华大厦及丰田汽车（菲律宾）公司控股权，持有菲半球银行40%股份和SUMLGIN首都投资公司30%股权，以及PLASTIC（塑料）集团大部分股权。主营业务为金融服务，集团业务横跨银行，汽车组装、进口和经销，发电，房地产开发，以及寿险和非寿险市场。郑少坚以上亿元菲币创设首都银行基金会和慈善机构崇仰总医院，该医院附设护理学院、文理学院和医学研究所。郑氏捐资家乡修建公路及其他公益事业总金额229万元。郑少坚于2018年11月23日在菲律宾逝世，享年86岁。

附　录

市委常委会工作报告

——在中共泉州市委十二届八次全体会议上

中共泉州市委书记　康　涛

（2018年12月29日）

持续兴起习近平新时代中国特色社会主义思想“大学习”热潮

坚持把学习习近平新时代中国特色社会主义思想作为长期的首要政治任务，精心组织多轮、多形式学习宣传贯彻活动，推动一轮比一轮深入、一轮比一轮更加联系实际，确保往深里走、往实里走、往心里走。

聚焦学懂弄通做实要求。从市委班子做起，认真落实省委“学出忠诚、学出信仰、学出理论思维、学出责任、学出宗旨、学出本领”要求，树牢“四个意识”，坚决维护习近平总书记党中央的核心、全党的核心地位，坚决维护党中央权威和集中统一领导，持续强化对习总书记的政治认同、思想认同、情感认同。坚持常学常新、常讲常新，先后召开市委全会、市委常委会会议等学习贯彻，市委中心组每月开展专题学习，每周常委会均安排学习议题。今年来，围绕新思想和十九大精神主题开展中心组学习22场次，围绕新修订宪法、践行“晋江经验”等主题研讨5场次，交流学习《习近平谈治国理政》（第一、二卷）、《习近平新时代中国特色社会主义思想三十讲》等重要读本心得体会。举办深入学习贯彻习近平新时代中国特色社会主义思想厅级领导干部专题研讨班、全市专题研讨班，市委主要领导作辅导报告。坚持跟进学、联系实际学，对习总书记的每次重要讲话、重要指示，市委常委会都第一时间认真传达学习贯彻。坚持学思用贯通、知信行统一，从新思想中找方向、找方法、找路子，细化专题研究，推动转化为经济社会发展和管党治党的规划计划、思路举措。

拓展“大学习”广度深度。召开市委“大学习”汇报会，总结交流学习宣传贯彻的体会和成效，有计划、分步骤、大力度地组织“大学习”活动，推动形成深入学、长期学、持久学的长效机制和浓厚氛围。举办五期市管干部和乡镇（街道）党政主要领导干部“深入学习贯彻习近平新时代中国特色社会主义思想”专题研讨班，各级党组织举办新思想培训2120班次、培训党员12.8万人次。组织开展对象化、分众化、互动化宣讲，组建农民、民企、渔排、台胞、“五老”等10支小分队+文艺宣传小分队+N支各地特色宣讲小分队，推动全市各个领域、各条战线、各行各业“大学习”，确保新思想在泉州落地生根、开花结果。今年来，全市累计宣讲1万多场次，听众80多万人次。

精心组织庆祝改革开放40周年活动和“晋江经验”宣传报道。深入学习领会习总书记在庆祝改革开放40周年大会的重要讲话精神，贯彻落实省委十届七次全会精神，始终高举改革开放旗帜，常委会多次学习贯彻中央、省委关于改革开放新部署新要求，展现好新时代改革开放精神风貌。主动对接中宣部组织“壮阔东方潮 奋进新时代—庆祝改革开放40年”大型主题采访，积极配合中央和地方30多家主流媒体开展“晋江经验”集中采访，人民日报、新华社、中央电视台等陆续推出系列报道1200多篇（条）。市里开设“壮阔东方潮 奋进新时代—庆祝改革开放40年”“将改革开放进行到底”等专题宣传，推出“新老图片看泉州”“古城文创秀”短视频展播等系列报道，全方位多角度讲好改革开放的泉州故事。

动员部署冲刺高质量发展落实赶超

深入贯彻省委十届六次全会精神，对接落实省委“七个着力”重点部署和“十项行动”重点任务，吹响决战决胜高质量发展落实赶超冲锋号。

开展系列专题调研。提前跟进省委省政府工作部署，研究冲刺赶超的重点专项、工作抓手。召开全市务虚会，以及行业龙头企业、留学人员联谊会、青年企业家协会、青年商会等座谈会，多轮组织产业、城市、政企互动、担当作为、人才创新等专题研究，集思广益，做足思想和组织动员。

召开市委十二届七次全会。紧紧把握坚持高质量发展落实赶超这一鲜明主线和根本战略，提出作答三个时代命题，部署打好“五个转型组合拳”，即进军新价值制造、拉开新产业板块、汇聚新平台经济、升级新载体空间和探索政企互动新模式；建好“六个城市展示面”，即古城提质、海丝新城、城市经济、创新中心、山水田园、文明友好；造好“三个活力大环境”，即激励干部担当作为、建设一流营商环境、实施人才“港湾计划”，出台《关于深入贯彻习近平总书记重要指示精神坚持高质量发展落实赶超的意见》，组织实施7个专项行动。

专项化组织推进。按照边谋划边收账，把决战决胜高质量赶超部署，细化为打造全国重要半导体产业基地、巩固提升传统产业领先优势、大力发展工业互联网、建设泉州科技城、促进人才与发展相匹配等10个重点专项，设定“有限目标、明确目标、落实目标”，由市领导牵头，一刻不停抓落地见效，确保为2020年实现赶超作贡献。

激发干部担当作为。坚决贯彻省委“马上就办、真抓实干”《若干规定》，逐条细化《实施方案》，督促63个单位承诺305条“马上就办”具体措施，并由市纪委监委、效能办督促落实。召开新时代激励干部新担当新作为动员会，全面贯彻落实新时代党的组织路线，出台落实关心关爱基层干部市委“十条意见”，公开表扬考核为“好”的班子和干部，通报提醒“差”的市管干部，并限期整改到位。成立激励干部担当作为领导小组，出台进一步落实党委（党组）干部培养主体责任《意见》，健全干部日常考核、非领导职务干部管理、容错纠错机制等，激励干部一线建功。

突出打好转型升级组合拳

深入贯彻新发展理念，坚持稳中求进工作总基调，落实“六稳”工作要求，坚守实体经济根基，多措并举强化运行调度，经济走出低谷，步入良性轨道，回升态势持续优化。1—11月，多项经济指标好于年度预期，GDP增长9.1%、居全省第1位，企业“好中差”产值比例从2017年12月末的6.8:2.1:1.1演化为7.5:1.7:0.8。

推动民营经济创新发展。深入学习贯彻习总书记在民营企业座谈会上的重要讲话精神，出台进一步支持民营企业健康发展《行动方案》及系列配套措施。深化构建“亲”“清”新型政商关系，创新政企互动新模式，建立企业家恳谈会、重点民营企业直接联系服务等制度，设立民营经济发展顾问、涉企政策咨询委员会等，开设民营企业服务热线和诉求受理服务窗口。切实强化政策帮扶，叠加落实中央、省政策，出台鼓励用电、扶持产业龙头和高新高成长企业、鼓励未分配利润再投资、研发费用税前加计扣除等针对性措施。

加快三大板块成形成势。把握结构调整窗口期，抓紧传统产业智能化高端化、高新技术产业链贯通发展、重化精细化延伸，展示泉州制造新印象。加快进军新价值制造，推动实施“中国制造2025”、促进工业稳增长和转型升级方面成效明显，获国务院通报表扬。深化“机器换工”“数控一代”应用，完成智能化改造“个十百千万”工程，出台智能装备制造、数字经济发展等专项政策，大力扶持高端装备、工业机器人、新型材料、高端面料开发，建成恒安、安踏、九牧等智能生产一体化项目。加快新产业板块发展，以福厦泉国家自主创新示范区建设为抓手，集成电路产业链基本覆盖设计、制造、封测、终端应用，三安高端半导体进展顺利，落地高科技纤维材料、涂料、储能与动力电池等领域石墨烯项目6个、总投资185亿元。创新石化项目和园区运作模式，联合中化推进专属园区建设招商，中化炼化一体化加快推进，精细化工、化工新材料等中下游产业链集聚发展。

大抓服务制造融合。深化“第三产业提升年”活动，加快推进百大项目建设。入选工信部服务型制造示范城市，第二届中国服务制造大会在泉州召开，大力扶持第三方第四方平台，出台主辅分离发展服务型制造《实施意见》和4个配套措施，全市拥有国家级服务型制造示范平台4个、国家级工业设计中心5个。文化旅游加快聚人气、赚效益，出台加快“六大旅游产品”培育三年实施方案，全市旅游总人数和总收入分别增长21%、26%。

持续防范化解金融风险。完善市场化处置机制，堵入口、疏出口、增分母，银行不良率逐步压降、回落到2.34%。出台支持上市公司化解流动性风险八条措施，推动设立总规模30亿元纾困基金。严厉打击恶意逃废

债、集资诈骗等非法金融活动，抓好互联网金融清理整顿，进一步健全政府债务风险防控机制。

战役式推进项目攻坚

掐紧赶超节点，组织重点项目、城乡建设、招商引资大会战。1—11月，全市新增“五个一批”项目1763个、总投资1.6万亿元、增长178.5%，其中产业项目1326个、占75.2%，总投资1.1万亿元、占69.8%。全省“五个一批”正向激励考评中，泉州二季度排名第2、三季度第3。

保持长年攻坚气势和热度。开展市县“单兵教练”，与县（市、区）主官逐一项目对表、核实赶超支撑。每季度召开项目攻坚部署会，分级分类抓好重大项目协调调度，开展“大干40天、比拼开门红”和年底“百日攻坚”等，形成项目攻坚浓厚氛围。制定一线工作法，每季度分主题开展“促进项目落地、帮扶企业发展”活动周，专业小组提前摸排，市级领导带着问题清单到企业、项目现场办公，今年来协调问题334个、解决253个。采取“自主申报+专业抽查+综合评比”，定期考评晾晒，公开表扬先进集体和个人，通报进度慢、不作为的项目和单位，市委主要领导逐一约谈后3名的方块主官。紧密跟进国家加大基础设施补短板政策，及早梳理74个重大项目、总投资5200亿元，主动赴京对接争取。

专项破解项目建设“卡脖子”问题。开展春节前“拔钉清障”，攻坚啃下37个拖延多年的最后“1%”难啃硬骨头。清明借助乡贤返乡之机，尊重民风民俗，组织迁坟1.6万座，相当去年全年70%。针对跨县区、线性工程等难点，分季节下达攻坚任务，敲定节点计划，采取工地党建引领、成建制大兵团突破、法律顾问全程跟进、“一把钥匙开一把锁”包户攻坚等，多措并举破除制约。集中突破法石、龙头山片区和昌盛渔业等一批历史遗留老大难问题。开展为期两月的审批服务攻坚月，全面梳理审批服务及前期工作存在问题，分清市县两级、相关部门责任，挂牌督办“清零”。

强化大招商招大商。坚持“常年对接、持续推进”，突出“一把手”抓招商，开展招商活动月、招商突破专项行动。建立“三个三”工作机制，三位副市长负责重化、化合物半导体、集成电路三条产业链招商。组织开展央企、民企、外资专场招商，“五个一批”新签约项目402个、增长71.8%，总投资3908亿元、增长112.5%，包括总投资33亿元的电咖汽车、125亿元的HDT高效太阳能、230亿元的美的智能制造小镇。

加快提升城市格局功能颜值

深入实施国家生态修复城市修补试点，加快规划蓝图落地，古城新城齐头并进、焕发新颜，环湾建成区面积226平方公里，城镇化率66.7%。

全力以赴做好“古泉州（刺桐）史迹”申遗。坚持“保护是根本、申遗是手段”理念，健全完善“古泉州（刺桐）史迹”保护管理和周边环境优化提升长效机制，常态化开展巡查监测。高标准高质量完成16个遗产点文物修缮、环境整治、遗产展示、监测档案系统和标识体系建设，顺利通过文本递交、资格审查、现场评估、专业对话等步骤环节。“古泉州（刺桐）史迹”申遗从四档“不予列入”提升到二档“发回待议”，突出普遍价值得到第42届世界遗产委员会20个委员国充分肯定，争取了最好结果。

统筹共聚环湾组团发展。坚持环湾、向湾、同城化，强化战略、规划、重大平台、基础设施“四个统筹”，同心同向规划、拼图作业。福厦客专、兴泉铁路、厦漳泉城市联盟路、城东至北峰快速通道等加快实施，火车站交通枢纽基本建成，东海、金屿、百崎、武荣等跨江通道前期有序推进。树牢“一盘棋”思想，主动融入闽西南协同发展区，积极对接R1线、泉州芯谷等重大项目，充实“同城化+山海协作”内容，共同推动高新技术带连片发展。

推进古城提质新城集聚。坚持原真性保护、活态化利用、功能性提升、生态型修复，实施“一园一区一河一街一路一厝一站”七个一示范工程，完成金鱼巷等街巷改造，开工小山丛竹公园、中山路整治提升示范工程，基本建成“东亚之窗”文创园、泉州美食城，挂牌保护669幢传统历史建筑。持续开展“美丽古城、家园共造”活动，常态化举办“润物无声”系列主题展览、古城徒步穿越活动。实施海丝新城建设三年行动，全面开展六大专项攻坚，策划项目129个、总投资1389亿元。聚焦晋江洛阳江入海口区域，联动建设晋江两岸城市新中心，启动西华洋、后埔、后渚、城东南江滨等九大片区改造，既建好城市，又发展现代服务业，带出商务办公、金融、会展、休闲体育等服务业态。

打造山水田园城市。顺应城市天然组团格局，依托现有山水脉络，以田园风光和生态绿地衔接各组团，打造“都市田园、万亩碧浪、稻荷花海”样板。推进“一环一湾十廊道”建设，从“市民常走、客人常到”门户廊道入手，策划生态连绵带项目87个、近期倒排推进19个，打造山线绿道精品示范段4公里，建成开放白水营、笋江、石笋等9个水线公园，以及城东片区口袋公园群、法石“百亩花田”等，动工建设西湖公园桃花岛、桂屿公园等。坚决打好改变城市形象“翻身仗”，以“拆、清、整、绿”为重点，全速推进高铁高速和城乡重要通道沿线整治，市委市政府主要领导带队赴外考察和实地检查指导，市县成立指挥部，各级“一把手”压上去，突出抓阶段性成果，完成拆违21.4万平方米、占87%，启动裸房整治1920宗、占34%，“百日拆违”完成139%。

坚定不移深化改革扩大开放

深入贯彻落实中央和省委关于

深化改革的重要部署，主动融入国家“一带一路”和省海丝核心区建设，坚定不移地把改革开放推向深入。

压茬推进重点领域改革。召开13次市深改领导小组会议，认真贯彻习总书记关于新型城镇化、社会事业、农业农村、林权、金融、国企、群团等领域改革的重要论述，市县两级抓好47项重点改革项目，逐一明确责任单位、节点安排、具体抓手，落实跟踪督查。召开全市人才工作专题会，深入实施人才“港湾计划”，推进人才总量倍增专项行动，修订高层次人才认定标准，在全省率先推出企业自主评价人才试点，探索建立人才住房、子女教育、医疗保健等公共服务资源共享机制，设立市级人才创新创业投资基金。推进产教深度融合，全年新增市级以上高层次人才1368人，福州大学晋江科教园建成投用，南京大学泉州环保产业研究院正式揭牌。周密组织推进机构改革，成立市委工作协调小组，市委主要领导担任“施工队长”，召开常委会会议、专题会、推进会和集体约谈会等，制定实施《泉州市机构改革方案》，市县统筹推进，严明纪律规矩，做到思想不乱、工作不断、干劲不减。

优化提升营商环境。出台《实施意见》《实施细则》，落实一把手抓营商环境责任制。以新行政服务中心搬迁为契机，导入厦航“双引擎四系统”质量管理模式，推行“人性化服务、规范化管理”。推广“一门一号一窗一网”、窗口办事台账记录，加快“互联网+政务”服务一体化平台建设，24小时自助行政服务平台覆盖中心市区，实现网上申报事项占比超九成。推行审批服务标准化改革，全力打造规范行政审批自由裁量权“泉州标准”，把体制外、有余地的环节变成刚性规范、“不能商量”。持续深化商事制度改革，实施“住所申报制”“简易注销”“多证合一”等便利化举措，全市市场主体突破80万户。

着力拓展开放新空间。出台应对中美经贸摩擦工作《指导意见》和稳外贸稳外资《若干措施》。举办海丝国际品牌博览会，组织泉州品牌“境外行”“海丝行”等展会64场，主动复制推广自贸区制度创新203项，石狮服装城获批国家市场采购贸易方式试点，晋江践行“晋江经验”推进商务创新发展获国务院办公厅通报表扬。1—11月，与海丝国家地区实现贸易总额835亿元、增长28.9%。组织参加世界闽南文化节、第三届中法文化论坛等，与俄罗斯迈科普市建立友城关系。全力筹办世中运等系列重大赛事，圆满举办亚洲大体联足球亚洲杯、环泉州湾国际公路自行车赛、国际女子网球巡回赛。南洋华裔寻根谒祖服务平台加快建设，征集、扫描族谱6200多册，涵盖85个姓氏。1—11月，泉州晋江国际机场旅客吞吐量684万人次、增长43%，港口吞吐量1.18亿吨，集装箱吞吐量219.4万标箱。

积极发展社会主义民主政治

坚持党的领导、人民当家作主、依法治国有机统一，积极稳妥推进社会主义民主政治制度化、规范化、程序化，支持人大、政协和统一战线履行职能、开展工作、发挥作用，巩固和发展生动活泼、安定团结的政治局面。

完善党委领导人大工作机制。召开市委人大工作会议，出台《关于进一步做好新时代人大工作的若干意见》，得到中央政治局常委、全国人大常委会委员长栗战书同志的充分肯定。坚持把人大工作纳入总体工作布局，支持市人大及其常委会依法行使立法、监督、决定、任免等职权，注重发挥代表主体作用。发挥人大立法主导作用，科学确定8个年度立法计划项目，《泉州市中山路骑楼建筑保护条例》将于2019年1月1日正式施行。

扎实做好新时代人民政协工作。深入贯彻中办《关于加强新时代人民政协党的建设工作的若干意见》，发挥人民政协作为协商民主重要渠道和专门协商机构作用，市委、市政府主要领导带头与基层委员零距离对话、面对面交流。支持政协改进民主监督工作，围绕军民融合发展、城市建设与产业提升、乡村振兴、民生补短板等开展专题协商、视察调研、建言献策。支持完善委员履职量化考评管理，加强委员培训，提升履职水平。

巩固和发展爱国统一战线。坚持用习近平新时代中国特色社会主义思想教育引领广大统一战线成员，多形式、多渠道举办专题讲座、观摩学习、主题教育、宣讲活动等，开展“新思想进泉商全国行”大型宣讲活动，覆盖全国泉籍商会257家、港澳社团21家。深入践行新型政党制度，多党合作制度效能不断提升。依法妥善解决宗教领域突出问题，推动宗教活动场所规范化管理，引导与社会主义社会相适应。构建完善党外知识分子和新的社会阶层人士联谊组织。积极拓展港澳台和海外联络联谊，扎实抓好华侨华人新生代工作。持续深化同心“3+2”系列工程，活动开展以来全市统一战线成员累计捐赠超19亿元。完成市工会、妇联、共青团、科协、侨联、文联、残联等换届工作，支持各人民团体依法按照各自章程积极开展工作、履行职责。

扎实做好
意识形态工作和宣传思想文化工作

认真贯彻全国、全省宣传思想工作会议精神，举旗帜、聚民心、育新人、兴文化、展形象，加强对宣传思想文化阵地的有效管理，推动全市广大党员、干部群众在理想信念、价值理念、道德观念上紧紧团结在一起，牢牢掌握意识形态工作的领导权和主导权。

加强思想理论武装。落实各级党委（党组）中心组学习通报制度，加强督促检查，把理论学习的“软”任务变成“硬”指标。市委班子带头学，突出抓好党员领导干部这一“关键少数”的理论学习，发挥党校、行政学院主渠道主阵地作用，通过中心组学习、“华大讲堂”“东海干部学堂”、思想政治建设专题培训班、学习网站等，多渠道、多层次、多形式轮训干部，用共同理想凝聚广大党员干部共识。

严格落实意识形态工作责任制。严肃抓好意识形态中央巡视反馈整改，常委会会议多次专题研究意识形态工作，推动“六个纳入”落细落实，层层压实工作责任制，意识形态领域总体保持平稳。规范各类阵地建设管理，建立健全意识形态领域综合分析、舆情监测研判机制，严格落实主管主办和属地管理，抓好高校及社科社团研讨会、报告会、讲座、论坛等管理。出台落实《关于在突发事件敏感舆情应对处置中落实意识形态工作责任制的工作方案》，组织针对性专题学习，建立重大突发敏感事件舆情、网上网下一体化快速应对处置机制。

落细落小落实社会主义核心价值观。深入实施公民道德建设工程，加强和改进思想政治工作。召开推进全国文明城市创建常态化工作会议，出台专项工作实施意见，修订建制区、市直部门文明城市创建考核办法等。采取宣讲、辅导和讲故事等方式，积极讴歌先进人物和感人事迹，深入开展“家+文化”建设、“身边故事、共同铭记”活动，组织“情满旅途”“春暖泉州红”等主题志愿服务，实施“诚信经营示范街区”创建，弘扬好时代新风正气。抓好关心下一代工作，开展青少年党史国情教育，建好用好儿童之家、心理健康辅导站（室）、青少年社会教育活动中心等。

全面推开移风易俗三年行动。多次召开全市专题会部署推进，组织实施“一县一方案”“一地一品”，通过建章立制、党员带头厉行、乡规民约规范、红白理事会倡导等，农村婚丧民俗等活动花费减少一半以上，经济负担、人情消费大为减轻，群众支持率、满意率分别提高到99.6%、99.5%。中央主流媒体集中宣传推广泉州典型做法。

持续提升舆论引导水平。召开全市网络安全和信息化工作会议暨数字泉州建设推进会，严格落实网络意识形态和网络安全工作责任制，深入开展打击整治网络违法犯罪、打击网络政治谣言和有害信息等专项行动，进一步清朗网络空间。坚持党管媒体，实施“一报一台一网（端）”建设工程，加快推进县级融媒体中心建设，做好差异化、分众化、精准化传播。围绕高质量发展落实赶超、扫黑除恶专项斗争、项目攻坚2018、安全生产等主题，积极争取中央和省级主要媒体来泉采访，组织市直媒体策划专题宣传、节点造势，调动氛围士气，营造社会正能量。

抓好文化惠民乐民工程。获批创建国家公共文化服务体系示范区，建成“百姓书房”近百家，改造提升24个村（社区）综合性文化服务中心示范点。广泛开展文化进万家、“欢乐泉州”、“三下乡”等系列活动，开展各类展览、展示、展演、展播及文体活动，让市民就近享受文化福利。全面加强文化遗产保护利用和传承发展，组织寻访泉州好家风，深化开展闽南传统优秀文化进校园、进课堂，推动健全长效机制。加快文化事业和文化产业发展，一批文艺精品在全国、全省获奖，建设“文化泉州云”平台，实现文化资源的合理配置和精准配送，满足群众日益增长的多元文化消费需求。

深入实施乡村振兴战略

按照“产业兴旺、生态宜居、乡风文明、治理有效、生活富裕”要求，拎出具体抓手，调动资源力量，加快推进乡村振兴和脱贫攻坚各项工作。

系统谋划组织。成立市委实施乡村振兴战略领导小组，实行市委统一领导、县（市、区）推进落实、乡村组织实施、部门合力共为、责任层层压实的工作机制。召开全市农村工作会、实施乡村振兴战略暨脱贫攻坚工作会和脱贫攻坚工作推进视频会，突出规划先行、因地制宜、示范引路，研究编制乡村振兴战略五年规划，制定具体实施意见，实施19个专项三年行动方案，并逐项细化到具体项目、配套措施和年度计划，抓出阶段性成效。全省实施乡村振兴战略现场推进会在永春召开。

盯紧节点推进。全面铺开农村产权制度改革，基本完成农村土地承包经营权确权登记颁证工作和国有农场改革。聚焦特色农业发展，创建一批国家级现代农业产业园和农业产业化龙头企业，示范推广新技术新品种新成果170多项。实施农村人居环境整治、“一革命四行动”，建设省级“千村整治、百村示范”美丽乡村131个，77.3%行政村覆盖生活污水处理设施，所有乡镇建成生活垃圾转运系统，所有行政村实现生活垃圾常态化治理，完成农村路网建设与改造338公里。

精准发力脱贫攻坚。全市共有62658人农村建档立卡贫困户收入达贫困线以上，181个建档立卡贫困村全部退出。市级财政扶贫资金共投入1.78亿元，用于产业发展、教育补助、危房改造以及老区村、少数民族村改善提升等方面扶贫开发建设，加强贫困线边缘群体产业扶持、劳动培训。深入实施“三百”工程，发动社会各界参与精准扶贫，落实帮扶资金2312万元。实施壮大薄弱村集体经济“三年行动计划”，“一村一策”推进，全市152个“空壳村”全部消除。造福工程搬迁1438人，改造改善2436户贫困户住房条件，扶贫小额信贷累计放贷3.28亿元。

着力保障改善民生和维护社会稳定

聚焦如期全面小康，推动新增财力优先保障基本公共服务，让改革发展成果更多更公平地惠及全体人民。

倒排补齐公共服务短板。突出保基本、兜底线、补短板，深入实施“四心工程”、XIN行动。优先发展教育事业，新增公办幼儿园学位1.1万个、中小学学位1万个，在全省率先实现政府购买普惠性民办幼儿园服务县域全覆盖，深入开展城区义务教育学校“小片区管理”、农村薄弱学校“委托管理”、集团化办学等行动。推进“健康泉州”建设，市妇产医院一期开诊，老年医院完工，全市新增医疗机构床位数2550张；深化医药卫生体制改革，启动组建市第一医院医疗集团，7家三级医院试点建立现代医院管理制；实施新一轮提升城乡医疗服务三年行动，创建国家级群众满意乡镇卫生院29家、优质服务示范社区卫生服务中心5个；开展医疗“暖心服务”行动，医疗服务总体满意度位居全省前列。完善社会保障体系，全市新增城镇就业12.7万人，全民参保计划全面实施，城乡低保标准和补助水平进一步提高，城乡居民医疗报销水平提高9个百分点。加强老龄、老干部工作，基本实现一县一福利中心、一乡镇一敬老院，全市新增养老床位3840张。制定实施促进房地产市场持续健康稳定发展八年规划，住房价格保持合理平稳，有力保障住房刚需，实现房地产健康发展、实体转型升级、市民住房改善“三赢”。

开展扫黑除恶专项斗争。多次召开常委会会议、领导小组会议、专题会议研究部署，党政主要领导靠前协调、督办，不折不扣抓好中央、省委督导反馈问题整改。建立完善“五个一批”滚动机制和高效联动机制，突破了一批典型案件，形成强大的震慑效应。目前，全市打掉黑社会性质犯罪组织11个、恶势力犯罪集团30个、恶势力犯罪团伙37个；破获公安部确定的黑恶九类典型案件1760起，刑事拘留黑恶犯罪嫌疑人2861名，查封、冻结和扣押涉案财物价值2.1亿元。市委、市纪委、市委政法委“三个书记”直接盯“拆伞破网”，既铲除直接护黑护恶的“硬保护伞”，又严厉处置纵黑纵恶的“软保护伞”。全省首个市县两级“打伞”清零，侦破、宣判全省首起黑社会性质犯罪组织案。全市涉黑涉恶立案54件72人，其中“保护伞”立案23件37人。坚持有黑扫黑、有恶除恶、有乱治乱，猛药治疴重典治乱，市县联手打击整治电信诈骗，聚焦“村霸”“沙霸”“行霸”“市霸”“套路贷”，以及破坏生态环境和“保健品”“护工”“救护车”等突出问题，组织开展各类专项打击整治，深化综合治理、标本兼治，着力铲除黑恶势力滋生土壤，社会治安秩序持续好转，群众安全感和满意度进一步提升。

维护社会安定稳定。加强党委对政法综治、公共安全工作的领导，召开常委会会议听取汇报、分析形势、部署工作，现场办公解决实际困难。加强和创新社会治理，开展“社会化治理活动年”，深化“雪亮工程”实战应用，规范提升网格化服务管理，探索创新公安“互联网+警媒寻人”、检察院“亲清护企”、法院“家+闽南文化”家事审判、“数字”型综治中心等模式。打造新时代“海上枫桥”，推进自治、法治、德治“三治融合”，扎实做好矛盾纠纷排查化解，开展信访违法行为集中整治行动经验做法被中央信访联席会议推广。制定《党政领导干部安全生产责任制实施细则》，绷紧拉紧安全生产“党政同责、一岗双责、齐抓共管、失职追责”链条，有效处置泉港化学品泄漏事故，在全市范围开展警示教育，进一步开展隐患排查专项行动，狠抓监管责任、主体责任落实，加强应急管理能力建设，健全联动机制，提升突发事件舆情应对能力。扎实做好防灾减灾工作，有效防范应对12场强降水和“玛莉亚”“山竹”台风。推进食品安全“一品一码”全过程追溯体系建设，有效管控食品药品安全风险。重视加强党管武装工作，严格落实双重领导、党委议军和现场办公等制度，进一步完善军人优待政策，积极落实“十项拥军”举措。深化军民融合创新发展。配合海军成功举办国际海上登陆赛。

深化泉台交流交往

贯彻落实中央“惠台31条”及省“惠台66条”，制定实施促进泉台经济文化交流合作“73条”，稳妥有序发放港澳台居民居住证，发挥祖地文化优势，积极搭建载体平台，促进互惠互利。

经贸合作有效提升。全市新批台资企业76家，成功引入台湾葳格教育、台中产业小镇、安溪国宇医院等项目。深化对台经贸活动，第二十一届“海博会”、第二十届“鞋博会”、第十一届“农订会”等成功举办。

泉台交流深入拓展。打造一批国家级、省级对台交流基地，举办郑成功文化节、台湾青年“海丝泉州行”、海峡两岸高校文化与创意论坛等系列交流活动，促进台湾民众对泉州根、祖、脉的认识。拓展民俗文化、村镇对接和宗亲联谊，积极开展联络工作，组织对口交流67团4865人。实施深化泉台人才交流合作专项行动，成立泉州市台湾青年就业创业服务中心，吸引台湾青年来泉创业就业实习实训915人。

直接往来更加便捷。历时23年的向金门供水工程正式通水，专题研究供水安全保障工作，严把供水各环节质量关，确保水质优良、水量充足。1—11月，泉金航线运营2588航次，运送两岸旅客14.8万人次；泉台空中直航飞行818架次，运送两岸旅客9.8万人次；泉台货运直航货运量51.4万吨。

持续推进生态文明建设

召开全市生态环境保护大会暨国家生态文明试验区建设推进会，坚决担负起生态文明建设政治责任，把生态环保工作作为硬指标、硬任务，保持生态环境质量持续向好。

层层压实“党政同责、一岗双责”。年初与各地签订党政责任书，市党政主要领导多次带队开展“四不两直”环保检查，通报生态环境质量和存在突出问题整改情况。出台《泉州市生态文明建设目标评价考核办法》和《泉州市党政领导生态环境保护目标责任书考核办法》，严格落实生态环境保护工作职责规定，将环保工作目标、职责纳入市、县两级年度绩效管理，进一步健全“管发展、管行业、管生产经营必须管环保”的工作格局。

狠抓环保督察反馈问题整改。市委市政府多次召开专题约谈、整改推进会，集中攻坚中央、省级环保督察整改滞后项目，挂牌督办突出生态环境问题，一件一件盯紧抓实。30项中央环保督察整改任务按序时推进、已完成整改18项，125项省级环保督察整改任务已完成91项，党政领导生态环保目标责任书、省委省政府挂牌督办、“三合一”督察、市级饮用水源地反馈问题整改有序有力推进。开展环保督察“回头看”自查及推行环保督察整改举一反三“五步七法”，得到上级批示肯定。

深化生态文明试验区建设。完成污染物排海总量控制、用能权有偿使用交易、城市开发边界划定等13项改革任务。完善国土空间开发保护制度，编制《泉州市空间规划（2018—2030）》，全面完成永久基本农田划定工作。建立多元化生态保护补偿机制，累计下达资金14.9亿元，带动两江流域地区投入流域整治资金160多亿元。健全环境治理和生态保护市场体系，完成排污权交易2066笔、2.6亿元。完善绿色发展绩效评价考核体系，出台《生态文明建设目标评价考核办法》。

动真碰硬打好污染防治攻坚战。实施大气污染防治行动计划、环境质量提升整改方案，强化燃煤锅炉、燃煤电厂、建陶业和挥发性有机物工业污染源整治及扬尘污染管控，中心市区空气质量改善幅度全省首位。全面执行最严格水资源管理制度，统筹山水林田湖草系统治理，持续推进小流域综合整治，完成植树造林10.9万亩、水土流失治理40.1万亩、矿山生态修复208万平方米，县级以上集中式饮用水水源地和主要流域水质达标率保持100%。建成4个危险废物处置项目，开展“清废行动”，完成固废存量清查、源头排查、能力调查。深化环保设施与能力建设“大会战”，已完成投资45.9亿元，完成工程包1个、项目55个。

全面实施河湖长制。建立完善治水长效机制和责任体系，创新协调推进、督导检查、监测监控、执法联动、考核评比和宣传引导“六项机制”，以河长制促进“河长治”。推进重点流域攻坚治理，流域生态环境有效提升。河湖长制工作经验获中央改革办总结推广，先后应邀到全国河长制专题研究班作经验介绍、到山东省作河长制专题授课。

推动全面从严治党向纵深发展

全面落实新时代党的建设总要求，认真学习贯彻中央纪委、省纪委全会精神，按照省委“八个坚定不移”要求，层层压实管党治党责任，把从严管理贯彻落实到领导班子和干部队伍建设的全过程，以永远在路上的执着把全面从严治党引向深入。

坚持把政治建设摆在首位。市委坚决贯彻《中共中央政治局关于加强和维护党中央集中统一领导的若干规定》，把“两个维护”作为最高政治原则、根本政治规矩、严肃政治纪律，教育引导各级党组织和党员干部树牢“四个意识”、坚定“四个自信”，始终在政治立场、政治方向、政治原则、政治道路上同以习近平同志为核心的党中央保持高度一致，不折不扣贯彻落实党中央各项决策部署。严格落实全面从严治党主体责任，严肃抓好省委责任制检查整改，15个整改项目全部落实，32个具体问题基本整改到位；市委常委和党员副市长带队到各地开展责任制落实情况检查，突出政治纪律和“关键少数”，强化压力传导。严格执行新形势下党内政治生活若干准则，坚持民主集中制，充分发挥集体领导作用。建设泉州市党内政治生活体验馆，营造初心唤醒室、树下党小组等10多种组织生活场景，把党内政治生活具体化、形象化、生活化。

提升基层组织组织力。高质量圆满完成村级组织换届，市委先后4次专题部署，市县主要领导全程盯紧抓牢，“一村一策”推进。全市2508个村（社区）“两委”全部完成换届工作，一次性成功率100%，村（社区）主干“一肩挑”比例达41%，新一届村（社区）“两委”成员平均年龄43岁，大专以上学历占23.4%，班子结构得到进一步优化。深入实施“领头雁”培养工程，市委主要领导给新一届村党组织书记上党课，举办村干部培训班361期、培训3.3万人次。持续深化党员“三诺”活动，全市27万多名党员作出公开承诺，领办具体项目62万多件。推动非公党建工作法定化制度化，3000多家非公企业探索推行党建工作要求写入公司章程。建立市城市基层党建工作联席会议，推行在职党员到社区报到、党员志愿服务制度。

着力建设高素质干部队伍。开展系列干部教育培训，突出思想政治教育重点，举办县处级和乡科级干部主体培训班、中青年干部培训班、专业化能力提升专题培训班等。全面推行量化考评，突出“担当作为”“政治生态”等内容，坚持“两个优先”原则，以干部信息的分类精准化、管理科学化确保干部选准用好。从严从实加强干部教育管理监督，推动管好关键人、管到关键处、管住关键事、管在关键时，建立完善市管干部日常监督管理信息库。严格执行领导干部任期经济责任审计、因公因私出国（境）管理等制度，认真开展领导

干部有关事项报告抽查核实、巩固“三超两乱”整治成果。

驰而不息正风肃纪。严格落实中央八项规定及实施细则精神，制定出台我市《实施办法》，深化开展“1+X”专项督查，共查处违反中央八项规定精神问题190个、处理240人，给予党纪政务处分149人、处级干部8人，实名通报61批127起典型案例。组织开展形式主义、官僚主义问题综合整治，严查严处不作为、慢作为、乱作为和群众反映强烈的问题，查处68起、处理145人，其中党纪政务处分60人、处级干部11人，实名通报13批17起典型案例。大力传承和弘扬“四下基层”“马上就办、真抓实干”等优良作风，坚决反对特权思想和特权现象。深化运用监督执纪“四种形态”，完善经常性提醒、函询、诫勉和警示教育，约谈全市各级党委、政府、纪委“一把手”，与县（市、区）“五人小组”、市直各部门“一把手”开展廉政谈话。各级党员领导干部在本单位党委常委会（或党组）扩大会议上述责述廉、接受评议，并于一个月内开展整改、报告反馈。

保持惩治腐败高压态势。从严抓好新修订的《中国共产党纪律处分条例》学习宣传和贯彻执行。坚持精准有力惩治腐败，加大纪律审查力度，全市共处置问题线索5098件，立案1441件，查处1137人。坚持受贿行贿一起查，追逃防逃两手抓，立案调查涉嫌行贿人员32人，追回在逃人员21人、赃款838万元。持续深化监察体制改革，完成市县机构组建、人员转隶、挂牌运转，促进职能、人员、工作深度融合，推进纪法贯通、法法衔接，实现对所有行使公权力的公职人员监督全覆盖，依法使用留置措施39件。强化派驻监督“探头”作用，在全省率先开展市直派驻纪检组绩效考评，率先将经费预算、后勤保障、工资福利、档案管理等全部纳入市纪委管理。推进乡镇纪委“五统一”规范化建设，组织全员业务培训，提升乡镇纪委处置问题线索工作能力。修订巡察工作五年规划，市县两级均开展5轮以上巡察，完成对1699个党组织巡察，发现问题7781个、移交线索1519条，立案审查310人，党纪政务处分235人，移送司法机关处理37人，推动建立健全1470多项制度。扎实开展各类专项治理行动，查处扶贫领域问题64个、处理112人，党纪政务处分48人；民生领域问题134个、处理171人，党纪政务处分78人；党员干部大操大办婚丧喜庆等问题32起、处理33人，党纪政务处分21人，形成有效警示震慑。

扎实做好巡视整改“后半篇文章”

深入学习贯彻习总书记关于巡视工作重要论述，自觉、诚恳接受中央巡视、省委巡视监督检查，全力支持配合巡视组开展工作。对中央巡视反馈涉及泉州的问题、省委巡视二组反馈的意见，市委坚决拥护、诚恳接受、照单全收，以最坚决的态度、最有力的措施、最严格的要求立即整改、全面整改，全力以赴推动巡视整改见真章、动真格、求实效。

坚决扛起巡视整改重大政治责任。成立市委巡视整改工作领导小组，召开市委常委会会议、市委巡视整改工作领导小组会议、专题会议等19次，逐条逐项研究细化整改措施，及时协调解决重点难点问题，一体推进中央巡视反馈问题、省委巡视发现问题、上轮巡视整改不到位问题整改。召开市委常委班子巡视整改专题民主生活会，进一步明确整改方向和主要措施。市委主要领导认真履行第一责任人责任，直接负责一半以上的整改项目，带动督促全市各级各部门坚决抓好整改。市四套班子成员主动认领、先改实改，具体研究、协调推进各自责任领域整改工作。在市委的要求和带动下，全市各级党委（党组）及其书记切实担负起主体责任、第一责任人责任，迅速定方案、定措施开展整改。

严深细实推动整改落地见效。严格对照中央、省委巡视组反馈问题和整改要求，分别制定《整改任务分解方案》《巡视整改任务细化措施》，建立巡视整改组织领导、责任落实、工作推进、督促检查等四项机制，列出问题清单、责任清单、任务清单，每项整改任务都由至少一名市领导担任责任人。坚持“赶前不赶后”推进整改工作，每周至少召开一次会议研究推进，严格落实“一周一报告”制度，强化台账跟踪督办，一个个问题击破、销号，推动集中整改取得阶段性成果。中央巡视反馈涉及泉州的4方面16个整改问题，逐一分解细化为108条具体措施，已完成93条，其余15条纳入省委巡视整改一体推进。对省委巡视二组反馈泉州7方面59个问题，研究细化形成271条具体整改措施，已整改完成125条，基本完成111条，涉及中长期整改的持续加快推进。

着力推进整改常态长效。坚持把落实巡视整改和深化标本兼治结合起来，长期抓、持续抓、深入抓，坚决杜绝“过关思想”，推动形成整改常态化、长效化机制。坚持举一反三、做深一步，把抓好巡视整改与解决全面从严治党要求不相符的各类问题相结合，与破解历史遗留问题、民生短板问题相结合，从源头上补齐短板、建章立制，推动整改更深入、更全面、更彻底。着力扎紧制度笼子，强化刚性约束，严格监督执行，加快构建不敢腐、不能腐、不想腐的体制机制，确保整改工作不断取得新成效。

人大常委会工作报告

——在泉州市第十六届人民代表大会第四次会议上

泉州市人大常委会代理主任　朱团能

（2019年1月9日）

过去一年的主要工作

一年来，在中共泉州市委的坚强领导下，市人大常委会高举习近平新时代中国特色社会主义思想伟大旗帜，全面贯彻落实党的十九大精神和习近平总书记关于坚持和完善人民代表大会制度的重要思想，坚持党的领导、人民当家作主、依法治国有机统一，围绕中心，服务大局，忠实履行宪法和法律赋予的职责，为促进全市经济社会发展和民主法治建设作出了积极贡献。

坚持以习近平新时代中国特色社会主义思想为统领，人大工作的政治优势得到进一步彰显

常委会把深学笃用新思想作为首要政治任务，精心组织大学习、大调研、大走访、大实践“四大行动”，进一步强化重要政治机关的属性，确保人大工作始终保持正确的政治方向。

旗帜鲜明加强政治建设。进一步树牢“四个意识”，坚定“四个自信”，坚决做到“两个维护”，始终在政治立场、政治方向、政治原则、政治道路上同以习近平同志为核心的党中央保持高度一致。常委会党组充分发挥把方向、管大局、保落实的作用，及时组织学习贯彻习近平总书记在第十三届全国人大一次会议、庆祝改革开放40周年大会等重要会议和活动上发表的重要讲话精神，恪守全国人大常委会关于做好新时代人大工作“五个牢牢把握”基本遵循，严格执行省委“八个坚定不移”要求，制定新时代加强人大机关党的政治建设实施意见，深化落实全面从严治党主体责任和意识形态工作责任，主动配合省委巡视组开展巡视工作，从严从实做好巡视反馈问题整改，全力支持派驻人大机关纪检监察组履行监督职责，积极营造地方国家权力机关风清气正的政治生态。

毫不动摇坚持党的领导。市委对人大工作高度重视，党的十九大后在全省率先召开市委人大工作会议，出台《关于加强新时代人大工作的若干意见》，得到全国人大常委会栗战书委员长的充分肯定。常委会坚决维护市委统揽全局、协调各方的领导地位，不折不扣贯彻落实市委重大决策部署。定期向市委汇报常委会党组工作情况，先后27次就人大工作中的重大事项及时向市委请示报告。紧扣市委“转型攻坚、聚力跨越”工作主线谋划人大工作，及时对市县两级人大作答“再创‘晋江经验’新辉煌、蹚好转型升级‘后半场’、勇当高质量赶超主力军”三个时代命题进行动员部署。深入总结以“晋江经验”推动人大工作实践的做法与成效，在全省人大系统纪念改革开放40周年研讨会上作典型介绍。聚焦市委工作重点，依法行使重大事项决定权，在全省人大系统率先作出《关于依法推动打好防范化解重大风险、精准脱贫、污染防治三大攻坚战的决定》。牵头完成市委重点课题《推进泉州经济高质量发展的重点与路径研究》。认真贯彻市委人大工作会议精神，出台《关于发挥“两个机关”作用助力“五个泉州”建设的意见》，省人大常委会党组主要领导将该意见批转全省各设区市人大常委会和平潭综合实验区人大工委；推动各县（市、区）党委、人大召开专题会议，出台加强新时代人大工作意见。坚持党管干部与人大依法任免相统一，及时召开市十六届人大三次会议，补选市人民政府市长；先后召开常委会，决定市第十六届人大常委会代理主任、市监察委员会代理主任人选，补选3名省第十三届人大代表，依法任免地方国家机关工作人员66人次，确保了省委、市委人事意图圆满实现。

坚定不移维护宪法权威。深刻领会和准确把握宪法修正案的核心要义和精神实质，切实肩负起人大在深入推进宪法宣传教育和贯彻实施中的重要使命，及时作出决定，号召全市人民、国家公职人员特别是领导干部树牢宪法意识，坚定宪法自信，维护宪法权威。进一步丰富和发展宪法实施实践，精心组织做好第一个“宪法宣传周”和第五个“国家宪法日”活动，组织人大及其常委会选任的33名国家机关工作人员进行宪法宣誓。切实发挥执法检查“法律巡视”功能，开展执法检查3次，配合全国人大常委会、省人大常委会开展执法检查9次，努力纠正有法不依、执法不严、违法不究现象。扎实开展规范性文件备案审查工作，先后对市政府报送的1件规章和87件规范性文件进行备案审查，切实维护国家法制统一。

坚持以服务发展、保障民生为目的，监督工作的针对性和实效性得到进一步增强

常委会紧紧围绕经济社会发展

中的重点问题、改革创新中的难点问题和群众反映集中的热点问题，实施正确监督、有效监督。一年来，共听取和审议“一府两院”专项工作报告18项，开展专题询问1次、综题询问1次、工作评议2次、满意度测评15次，组织专题调研47次。

着力促进赶超发展。及时召开民营企业界人大代表座谈会，学习习近平总书记在民营企业座谈会上的重要讲话精神，强调真正把民营企业和民营企业家当作自己人，确保民营经济在高质量发展落实赶超中发挥更大支撑作用。听取和审议我市国民经济和社会发展计划执行情况、“十三五”规划实施情况的中期评估、全面深化改革、国有企业发展、建设新型研发机构等情况报告，开展企业国有资产法执法检查，调研检查我市信贷风险和互联网金融风险防控、国家知识产权示范城市建设、发展花卉产业等情况，跟踪督促常委会关于深化“放管服”审议意见落实情况，强调深入贯彻落实新发展理念，有为应对中美贸易摩擦，不断放大“五区”叠加效应，加快推动经济发展质量变革、效率变革、动力变革。对发挥泉州“申遗”效应打造特色文化旅游品牌、实施城市“双修”促进古城保护发展、实施“海丝”史迹保护条例和我市三类语言城市达标创建情况进行调研检查，综题询问环湾城市规划建设管理情况，积极推动古城提质新城集聚。密切关注我市海外华文教育、华侨权益和台资企业权益保护等工作情况，促进我市开放平台更加完善、泉台合作更加拓展。

着力增进民生福祉。听取和审议市政府2018年为民办实事项目进展情况专项报告，推动项目加快落地，确保实事办实。对市农业局精准扶贫、市教育局新改扩建幼儿园工作进行专项评议，督促实行最严格的考核评估制度，确保如期做到脱真贫、真脱贫；更加重视学前教育工作，真正落实城镇新建小区配套幼儿园建设“三同步”，努力破解群众高度重视的“入园难、入园贵”问题。对我市深化医疗制度改革情况进行专题询问，督促进一步落实政府办医责任，坚决破除公立医院逐利机制，扎实推进“三医”联动改革，确保群众看得起病、看得好病。把做好人大信访工作作为听民声、解民忧的重要渠道，一年来办理群众来信来访565件（次），促使群众合法诉求得到有效解决。对我市少数民族特色村寨发展与保护、白濑水利枢纽工程建设、革命老区发展、灾后重建、教师法执法检查审议意见落实等情况进行调研检查，交办、督办民生类代表建议298件，努力让人民群众在共建共享发展中拥有更多获得感。

着力推动生态建设。对本届人大一次会议作出的《关于加快全市垃圾分类处理利用的决议》《关于进一步加强全市流域水环境保护的决议》的执行情况进行视察，督促加快建立政府管理、市场运行、社会参与的垃圾分类处理体系，坚持控源、截污、清淤、调水和管理“多管齐下”，垃圾分类处理利用和全市流域水环境保护取得阶段性成效。听取和审议2017年度全市环境状况和环境保护目标完成情况报告，开展水土保持法执法检查，督促统筹推进大气和水污染防治、土壤污染管控和修复、农村人居环境整治，扎实做好水土流失预防保护和综合治理工作，有力推动天蓝地绿水清气净的“美丽泉州”建设。

着力强化预算监督。正式开通人大预算联网监督系统。按照全口径审查和全过程监管要求，加强对预算特别是支出预算的审查监督，推动预算管理规范透明、标准科学、约束有力。听取2017年预算执行和2018年预算编制的汇报，对预算执行情况报告及本级预算初步方案进行审查。审查批准市政府关于2018年市本级政府性基金预算和地方政府债券转贷收支市本级预算调整方案。听取和审议2017年市本级决算草案报告、2017年市本级预算执行和其他财政收支的审计工作报告，改进审计查出突出问题整改情况向人大报告机制，对市市政公用事业管理局整改情况进行满意度测评。听取和审议2018年1-7月预算执行情况报告，督促进一步拓宽财源渠道、严格预算约束、增强绩效意识、健全监督机制。

着力深化司法监督。听取和审议市法院关于推进以审判为中心的刑事诉讼制度改革及金融诈骗审判工作情况报告，要求主动配合扫黑除恶专项斗争，统一黑恶势力犯罪案件证据标准，确保有效打击黑恶势力犯罪；密切关注金融领域新型犯罪，进一步增强调查研判和司法应对能力，切实维护我市金融秩序和安全。听取和审议市检察院公益诉讼情况专项报告，要求坚持以保护公益为核心，加大办案力度，切实维护国家和社会公共利益。开展人民调解法执法检查，督促加强对人民调解工作的支持和保障，努力将民间纠纷和社会矛盾化解在基层，解决在萌芽状态。跟踪检查市法院、市检察院研究处理市人大常委会关于执行工作、民商事审判工作、反渎职侵权工作情况等审议意见情况，并进行满意度测评，有力地促进社会公平正义。

着力增强监督实效。执法检查采取人大检查与政府部门自查、分组检查与集中座谈、全面检查与随机抽查、明查与暗访、市人大检查与委托县（市、区）人大检查等“五个相结合”，形成“组合式”监督；坚持在深入开展调研、听取专项工作报告的基础上进行专（综）题询问，并对一府两院及相关部门研究处理常委会询问意见情况进行满意度测评，构建“链条式”监督；紧扣群众反映的热点问题，综合运用专题询问、执法检查、工作评议等方式，开展“聚焦式”监督；对跨届跨年度的重大监督事项紧盯不放，锲而不舍促整改，不达目的不罢休，强化“跟踪

式”监督。目前人大监督已经实现被动监督向主动监督、事后监督向全程监督、年度监督向持续跟踪监督有效转变。

坚持以科学立法、民主立法为遵循，地方立法的质量和效力得到进一步提升

常委会切实加强和改进立法工作，以良法促进发展、保障善治迈出坚实步伐。《泉州市中山路骑楼建筑保护条例》由常委会“三审”通过，经省人大常委会批准，于2019年1月1日正式施行。“立法保护骑楼”入选2018年度泉州十大时政要闻。全国人大常委会栗战书委员长对泉州已立三部实体法予以肯定，认为“很有特点、很有针对性”。

立法工作格局逐步完善。始终坚持党对立法工作的领导，对年度立法计划、法规草案、立法中的重要问题，由常委会党组向市委请示报告。充分发挥人大在立法中的主导作用，加强立法工作统筹协调，认真落实提前介入机制，动态掌握立法进度，协调突破立法难点。积极发挥市政府在立法中的重要作用，依托政府的专业力量和行业优势有序做好法规草案起草工作，进一步凝聚共识。坚持立法从群众中来、到群众中去，综合运用座谈会、论证会、网络发布等形式，充分听取代表、专家、社会各界和人民群众的意见建议，确保地方立法符合宪法精神，反映人民意志，得到人民拥护。

立法务实管用更加突出。主动适应改革发展需要，在2017—2021年立法规划的基础上，科学确定8个立法计划项目，立法针对性、前瞻性更强。针对骑楼建筑亟需保护而上位法对历史风貌建筑保护没有明确规定的难题，《泉州市中山路骑楼建筑保护条例》探索创制性立法，注意把握和处理好私人权益与公共利益、保护骑楼建筑与保持街区整体风貌、保护从严与合理改善群众居住环境等方面的关系，广泛征求意见，深入开展调研，反复修改论证，对解决长期影响骑楼建筑保护的瓶颈问题逐一进行制度设计，有效对接城市“双修”工作，为守住不可再生的历史文化遗产提供强有力的法治保障。

立法工作机制不断健全。制定常委会立法评估工作规定、法制委员会议事规则以及开展法规实施情况调研、检查、评估有关时间安排的规定，确保立项评估、统一审议、监督法规实施等重点工作有章可循、有规可依、有据可考。建立基层立法联系点，注重发挥立法顾问和咨询专家“外脑”作用。督促政府及相关部门做好法规的宣传贯彻实施，加强舆论引导，提升法规社会认知度，强化法规贯彻执行力。

坚持以强化服务、搭建平台为保障，人大代表的主体作用得到进一步发挥

尊重代表权利就是尊重人民权利，保障代表依法履职就是保证人民当家作主。常委会不断创新举措、完善机制，较好地发挥代表了解民情、反映民意、集中民智的独特作用。

强力推进平台建设。把加快建设人大代表联系群众平台作为重点，力促打通代表联系群众的“最后一公里”。目前，各县（市、区）均建立“代表之家”，全市共设立“人大代表网上联络站”241个，163个乡镇（街道）均建立“人大代表联系群众活动室”，并延伸到385个村（社区）及部分工业园区、高校、居住小区。在此基础上，将全市五级人大代表混合编组，就近编入活动室定期开展活动。一年来，全市各级人大代表通过履职平台参加学习交流、法制宣传、接待选民、述职评议等活动11909人（次），收到群众提出的意见建议3893条，已落实反馈3255条，有效架起党和政府联系群众的“连心桥”。全省“人大代表联系群众活动室”建设推进会在我市召开，会上推广了我市的典型做法和经验。

认真督办代表建议。会同市政府召开代表建议交办会，迅速将本届人大二次会议代表提出的452件建议交由91个单位办理。加强跟踪督办，及时将建议内容及办理情况在泉州人大门户网站进行公开公布。筛选“严格控制、减量使用农药”“加强基层全科医生队伍建设”等11件事关民生的建议进行重点督办。通过常委会领导领衔督办、各工委对口督办，以及开展代表建议办理专题调研、集中视察和“回头看”，推动老旧小区天然气管道建设、加强外卖快餐食品监管、壮大村集体经济、传统特点村镇建设、加快城中村改造、政府购买普惠性民办幼儿园服务和严打恶意贷款、关爱青少年成长等方面工作取得明显成效。代表对建议办理的答复表示“满意”（含“基本满意”）达100%。

加强代表履职保障。精心制定代表五年培训计划，首次采取“走出去”的方式，组织120名市人大代表到厦门国家会计学院进行履职培训。拓展闭会期间代表活动，组织代表围绕构筑“1234”现代产业体系、推进民生事业“补短板”、打好防范化解金融风险攻坚战等开展年中专题调研和年底视察活动，先后邀请297名代表列席常委会会议、参加常委会和专委会组织的调研视察、专项评议、执法检查等活动，进一步扩大代表参与常委会监督、立法工作的广度和深度。

规范代表监督管理。制定市人大代表向原选举单位报告履职情况暂行规定，促进市人大代表自觉接受原选举单位的监督。严格执行代表请假制度，及时通报代表参加代表大会、列席常委会会议情况。完善代表履职登记，将市人大代表的履职情况全部录入“福建省三级人大代表履职服务

平台”，并在代表所在活动室进行公开，接受群众监督。

坚持以激情干事、勇于担当为导向，常委会和人大机关自身建设得到进一步加强

深入学习贯彻中办《关于进一步激励广大干部新时代新担当新作为的意见》，以政治引领、素质支撑、制度规范、考核激励、高效管理为抓手，切实打牢履职尽责根基。

增强履职能力。积极响应习总书记“全党来一个大学习”的号召，举办市县乡三级人大学习新思想交流会、中心组学习和专题讲座等活动49次，特别是把学习贯彻习近平总书记关于坚持和完善人民代表大会制度的重要思想作为首要任务，在学懂弄通做实上下功夫。锲而不舍推进“五型”机关和“五型”队伍创建活动，促使能力建设由“过得去”向“过得硬”转变。

切实改进作风。加强党风廉政建设，贯彻落实中央八项规定精神和省、市实施办法。大兴调查研究之风，围绕增强泉州综合竞争力、社会创新力、文化软实力、风险管控力、环境营造力、法治公信力深入开展重点课题调研。大力弘扬“马上就办、真抓实干”优良传统作风，积极参与一线办公“活动周”、“项目攻坚年”等重点工作，深入挂钩乡村、重点企业和在建重点项目，推动一批问题得到妥善解决。健全上下联动工作机制，注重发挥县（市、区）人大常委会参与地方立法、联动开展监督等作用，增强人大工作合力。

完善机制保障。适应形势发展需要，对常委会组成人员参加会议、开展调研、联系代表等严格规范。全面修订常委会及机关工作规章制度，新制定出台常委会关于加强作风建设、缔结友好城市工作暂行规定等7项制度。深化绩效考评工作，健全人大机关干部日常教育监督管理制度，常委会各项工作规范、顺畅、高效开展。

致力宣传研究。坚持正确舆论导向，讲好人大故事，《泉州人大》杂志、泉州人大网站和公众号、《人大在线》访谈节目的影响力不断提升，我市人大宣传工作经验在全省人大新闻舆论工作培训会上作典型介绍。结合回顾改革开放40周年人大工作的探索与实践，深入开展人大理论研究，10篇调研文章荣获全省人大系统优秀调研成果奖。

新一年的主要任务

2019年是新中国成立70周年，也是全面建成小康社会关键之年。市人大常委会工作总体要求是，高举中国特色社会主义伟大旗帜，全面学习贯彻习近平新时代中国特色社会主义思想和党的十九大精神，坚持党的领导、人民当家作主、依法治国有机统一，按照省委十届七次全会和市委十二届七次、八次全会的决策部署，依法行使职权，勇于担当作为，充分发挥“两个机关”作用，为作答时代命题、聚力赶超攻坚，加快建设现代化泉州作出积极贡献。

突出政治引领，在兴起“大学习”热潮上取得新成效

把坚持党的领导作为履职行权的首要政治原则，树牢“四个意识”，坚定“四个自信”，坚决做到“两个维护”，在思想上政治上行动上同以习近平同志为核心的党中央保持高度一致。坚持把学习宣传贯彻新思想作为长期的根本政治任务，结合“不忘初心、牢记使命”主题教育，推动“大学习”往深里走、往实里走、往心里走。深刻领悟习近平新时代中国特色社会主义思想的强大真理力量、人格力量、精神力量，真正学出忠诚、学出信仰、学出责任、学出宗旨、学出本领。准确把握习近平总书记关于坚持和完善人民代表大会制度的重要思想，深刻认识其时代意义、理论意义、实践意义，自觉用以指导和推进新时代人大工作。深入学习领会习近平总书记在庆祝改革开放40周年大会上的重要讲话，认真落实省、市委全会部署，把新时代改革开放的旗帜举得更高更稳。

突出聚焦重点，在服务高质量赶超大局上展现新作为

坚持新发展理念，牢牢把握重要战略机遇期，围绕高质量发展落实赶超，紧扣转型难点、民生焦点、社会热点、推进重点，依法履职，有效作为。

聚焦改革发展。充分发挥人大职能作用，推动闽西南协同发展区建设。紧扣打好转型组合拳、建好城市展示面、造好活力大环境，找准站位，精准发力，促进泉州改革开放走前列。围绕深化供给侧结构性改革、实施创新驱动发展战略、打造现代产业体系、建设海丝重要门户城市、营造一流营商环境、实施人才“港湾计划”等方面工作开展监督。加强对国民经济和社会发展计划、预算执行情况的监督。开展地方政府性债务管理、国有资产管理、推进军民融合快速发展、行政审批提质提速等专题调研。开展扶持民营经济发展政策措施落实情况综题询问。对市政府研究处理市人大常委会关于2018年市本级预算执行和其他财政收支审计查出问题整改、国有企业发展情况、环湾城市规划建设管理工作综题询问等审议意见的情况进行跟踪督查，并开展满意度测评。抓住改革发展中的全局性、根本性、可持续性的重大问题，适时作出决议决定，把市委的重大决策部署转化为全市人民的共同意志。坚持党管干部原则和人大依法任免有机统一，为全市改革发展提供有力的组织保障。

聚焦民生福祉。坚持以人民

为中心，紧扣实施市委“四心”工程、民生“XIN”行动，综合运用各种监督手段，督促加快补齐民生短板，不断提升百姓的获得感、幸福感和安全感。听取和审议市政府对《市人大常委会关于依法推动打好防范化解重大风险、精准脱贫、污染防治三大攻坚战的决定》的执行情况，以及2018年度全市环境状况和环境保护目标完成情况等专项报告。开展全市流域水环境保护工作专题询问。对市政府关于我市石化园区环境保护工作情况进行专项评议。组织教师法、水污染防治法、传染病防治法等法律实施情况检查。开展壮大村集体经济、精准扶贫措施落实、推进宗教工作三级网络两级责任制落实、居家养老服务体系建设、妇女儿童发展纲要实施等情况专题调研。对市政府研究处理市人大常委会关于我市深化医改工作专题询问审议意见、关于水土保持法实施情况审议意见的情况进行跟踪督查，并开展满意度测评。持续跟踪检查加快全市垃圾分类处理利用、食品安全监督管理等议案决议落实情况。

聚焦法治建设。站位法治一线，有效行使职权，全面推进法治泉州建设。深入开展宪法宣传教育，进一步树牢宪法意识，增强宪法自觉，保障宪法实施，维护宪法权威。坚持科学立法、民主立法、依法立法，进一步健全完善立法工作机制，推动立法工作规范化制度化。做好《泉州市晋江洛阳江流域水环境保护条例（草案）》《泉州市沿海沙滩保护管理办法（草案）》《泉州市露天烧烤管理办法（草案）》的修改、论证和审议工作。督促市政府做好5个立法预备项目的起草工作。坚持“每年必督、一督几年”，加强对已颁布的3部实体法实施情况的督查。加强对“一府一委两院”的法律监督和工作监督，促进依法行政、依法监察、公正司法。听取和审议市政府开展扫黑除恶专项斗争、法院审判监督、检察院刑事执行检察等工作情况的专项报告。对市政府研究处理市人大常委会关于人民调解法实施情况检查的审议意见、市法院研究处理市人大常委会关于推进以审判为中心的刑事诉讼制度改革及金融犯罪审判工作的审议意见、市检察院研究处理市人大常委会关于公益诉讼工作的审议意见的情况进行跟踪检查，并开展满意度测评。加强规范性文件备案审查工作，着力维护法制统一。畅通信访渠道，推动群众信访问题依法及时处理。

突出服务保障，在代表工作机制创新上迈出新步伐

实施代表年度培训计划，采取走出去、请进来、现场观摩、经验交流等多种方式，增强代表培训工作的系统性、针对性、实效性。认真贯彻落实中央和省、市委有关文件精神，加强代表履职监督管理，健全代表履职登记、履职报告、代表信息和履职情况公开、履职请假等工作制度，进一步规范代表履职行为。坚持和深化“双联”工作，着力提升乡镇（街道）“人大代表联系群众活动室”建设水平，切实发挥“活动室”、“代表之家”和代表履职网络平台作用。组织好闭会期间代表活动，坚持邀请同级人大代表列席常委会会议，参加执法检查、专题调研等活动，拓展代表参与常委会、专委会工作的广度和深度。强化服务保障，积极为代表履职创造条件。进一步完善代表议案、建议督办方式，做好代表建议办理情况公开和满意度测评工作，改进代表满意度反馈机制，着力提升代表建议办理质量。

突出自身建设，在增强依法履职能力上实现新提升

坚持以政治建设为统领，进一步加强思想、组织、作风、纪律和制度建设，不断提高履职能力和水平。充分发挥常委会组成人员作用，注重发挥各专委会职能作用。按照省委“八个坚定不移”要求，全面落实从严治党主体责任，扎实推进“两学一做”学习教育常态化制度化。抓好省委巡视反馈意见整改，支持派驻人大机关纪检监察组开展工作。驰而不息改进作风，践行“马上就办、真抓实干”精神，提高工作效率。全面贯彻新时代党的组织路线，严把德才标准，坚持公正用人，激励干部积极性，努力造就忠诚干净担当的高素质干部队伍。组织开展地方人大设立常委会40周年纪念活动。加强对人大制度理论和实践问题研讨，探索新时代人大工作的特点和规律，推动地方人大工作与时俱进、完善发展。综合利用传统媒体和新媒体，改进宣传方式，加大宣传力度，讲好人大故事，扩大人大影响。进一步落实中央和省、市委有关文件精神，按照市委人大工作会议的部署要求，推动我市人大工作再上新台阶。加强对县（市、区）人大工作的联系与指导，完善联动工作机制，形成上下联动、协同推进的整体效应。

政府工作报告

——在泉州市第十六届人民代表大会第四次会议上

泉州市人民政府市长　王永礼

（2019年1月8日）

2018年政府工作回顾

过去一年，在中共泉州市委领导下，市人民政府深入学习贯彻习近平新时代中国特色社会主义思想和党的十九大精神，全面落实中央、省和市委决策部署，认真执行市人大及其常委会决议决定，坚持稳中求进，落实新发展理念，传承弘扬“晋江经验”，深化供给侧结构性改革，制定实施赶超三年行动计划，打好三大攻坚战，做好“六稳”工作，全力推进产业升级、城乡统筹、民生改善。全市实现生产总值8458亿元、增长8.9%（预计，下同），规模以上工业增加值3860亿元、增长9.1%，一般公共预算总收入861.1亿元、增长6.5%，一般公共预算收入474.2亿元、增长7.2%，居民人均可支配收入36080元、增长8.5%，完成市十六届人大二次会议确定的主要目标任务，高质量赶超迈出坚实一步。一年来主要工作和成效是：

全力稳增长
经济运行稳中向好

战役式推进“项目攻坚2018”。分主题连续开展“大干40天、比拼开门红”、审批服务月、招商突破行动、年底的“百日大会战”等活动。列入省“五个一批”项目3580个、总投资3.2万亿元，居全省第一；新签约产业项目356个、总投资3662亿元。423个在建重点项目完成投资1579亿元。全市固定资产投资增长13.1%。精准帮扶企业。出台稳定外资外贸、稳定工业、奖励工业用电等扶持政策，深入开展“领导干部一线办公”活动周，建立企业诉求“周收集、旬解决、月反馈”制度，兑现企业扶持资金47亿元，落实税收减免115亿元，“清费减负”40亿元。稳妥应对中美经贸摩擦影响，精心举办泉州商品博览会等系列展销活动，全年出口完成1180亿元、增长13%。坚决打好防范化解重大风险攻坚战。健全政府债务风险防控机制，加强增量债务控制和存量债务化解。完善不良贷款市场化处置机制，稳妥化解重点大户资金链、担保链风险，严厉打击恶意逃废债、非法集资等行为，深入开展互联网金融风险专项整治，实现不良贷款率“三连降”。

发力供给侧
产业转型步伐加快

推进“三大板块”成形成势。全市工业投资增长28%，150个制造业龙头项目完成投资600亿元，安踏一体化、晶安光电三期、通达三期等建成或部分建成，中化乙烯、九牧智慧制造等加快推进，三安高端半导体、美的智慧家居等顺利开工，HDT高效太阳能电池、国脉生物科技等签约落地。传统、高新、重化产业产值比例为59：16：25。推进国家自主创新示范区建设。实施42项创新举措，新认定高新技术企业218家、科技小巨人领军企业132家。深入实施人才“港湾计划”，开展企业人才自主评价试点，修订高层次人才认定办法，新认定高层次人才1087人；入选国家“万人计划”、国务院特殊津贴各4人。推进制造业数控化智能化改造。推广应用数字化生产线127条、智能装备和工业机器人1330台（套），新增国家级智能制造项目3个、服务型制造示范项目4个，被授予国家级服务型制造示范城市。成立军民融合产业投资基金，新增“民参军”企业30家。推进“第三产业提升年”活动。服务业百大项目完成投资182亿元，新增服务业营收超百亿企业2家、限额以上商贸企业290家。完成快递业务量9.6亿件、增长30%，新增3A级以上物流企业14家，国际邮政互换局投入试运营。网商产业园新增入驻市场主体3.5万个。全市接待游客6613万人次、旅游收入1063亿元，分别增长20.8%、26%。推进特色现代农业提质增效。完成农林牧渔业总产值358亿元，划定水稻生产功能区59.8万亩。实施现代农业建设项目66个，完成年度投资15.9亿元。新增国家级农业龙头企业2家、“三品一标”认证46个，新建农业标准化示范基地300个，培育农业物联网示范企业19家。基本完成农村土地承包经营权的确权登记和国有农场改革。

系统推改革
营商环境不断优化

推进41项国家级改革试点任务，落实打造一流营商环境的意见及细则。深化“放管服”改革。推进证照分离、相对集中行政许可权改革试点，实行个体工商户全程智能化登记。企业开办登记压缩至5个工作日内，全年市场主体增长57%，平均每天新增874户。新行政服务中心投用，92个单位进驻，医保、社保、燃气、水、电等1090个便民服务事项全部纳入；推行“一门一号一窗一网”改革，梳理发布“一趟不用跑”“最多跑一趟”清单；深入开展规范行政服务自由裁量权改革，形成市县对接的标准体系。推动民营经济高质量发展。制定支持民营企业健康发展行动方案及配套措施，出台加大信贷投放、无还本续贷管理、政策性融资担保机构绩效考核等举措，全市贷款余额增长5.3%；通过工业用地弹性出让、失业保险金支持企业稳岗等，降低企业用地用工成本；发布鼓励民营企业投资项目清单，支持民营企业未分配利润再投资，引导社会资本参与政府项目，累计落地PPP项目43个、总投资520.7亿元。推进国资国企改革。市级国资集团公司加快实体化、市场化运作，资产总额突破1300亿元。加快海丝先行区建设。对接外资项目262个、总投资267.5亿元，实际利用外资41.9亿元、增长9.4%，与海丝沿线国家和地区贸易额达911亿元，荣膺“一带一路”建设案例城市。获批国家级市场采购贸易方式试点。泉州晋江国际机场新增国际及地区航线5条，全年旅客吞吐量744.3万人次、增长39.4%；港口货物吞吐量1.3亿吨、集装箱239万标箱。举办联合国教科文总部“远方的故乡”阿拉伯文化展览、2018世界闽南文化节（迪拜）等对外文化交流活动24场，与俄罗斯迈科普市结为友好城市。出台促进泉台经济文化交流合作73条措施，金门供水工程顺利通水，泉金航线运送旅客突破16万人次。密切与港澳侨合作，“泉籍青年精英故乡行”成为品牌，海外重点侨社、侨领联络联谊得到拓展，侨务工作基础更加扎实。

注重宜居度
城市面貌明显改善

环湾建成区面积达226平方公里，城镇化率达66.7%。加快古城提质。深入开展国家生态修复、城市修补试点，实施古城“七个一”示范工程；完成金鱼巷整治，开工小山丛竹公园、中山路保护提升示范工程，基本建成“东亚之窗”文创园、泉州美食城。常态化举办“润物无声”系列主题展览。推进新城集聚。全面启动东海后埔、台商区白沙、晋东新区等片区建设。福厦客专、兴泉铁路、厦漳泉城市联盟路、城东至北峰快速通道等加快推进，泉州火车站综合交通枢纽、市公共文化中心春节前可正式投用。开展高速铁路、高速公路沿线环境综合整治，37条城乡重要通道景观提升有序推进，水线9个公园陆续建成开放。加强城市治理。规范中心市区共享单车管理，开展内沟河、工地文明施工、渣土车文明行车、老旧小区等综合整治。实施浦西滞洪区二期等内涝治理项目18个，改造中心市区易积水点45处。执行市人大《关于加快全市垃圾分类处理利用的决议》取得初步成效，中心市区大件垃圾、园林垃圾初步实现“大分流”，泉州开发区、市直单位实现生活垃圾分类全覆盖，中心市区参与居民约2.4万户，各县（市、区）试点也扎实推进。开展国家“智慧汽车基础设施和机制建设试点”。实施“百日拆违行动”，全年拆除“两违”594万平方米。

突出补短板
人民得到更多实惠

认真实施市委“四心”工程、民生“XIN”行动，顺利完成36件为民办实事项目。落实乡村振兴战略。组织实施19个专项行动方案。开展“千村整治、百村示范”美丽乡村建设131个；新增486个行政村建设1个以上生活污水深度处理设施，新改建三格化粪池8.1万户；所有乡镇建成生活垃圾转运系统，所有行政村实现生活垃圾常态化治理。改建农村路网355.3公里、公路安全生命防护工程530公里。全力打好脱贫攻坚战，农村建档立卡贫困人口实现稳定脱贫，152个“空壳村”全部消除，2436户贫困户住房条件得到改善，造福工程搬迁1443人。优先发展教育事业。新增公办幼儿园学位1.1万个，普惠性幼儿园覆盖率达75%。基本完成全面改薄五年规划，深入开展城区义务教育学校“小片区管理”、农村薄弱学校“委托管理”、集团化办学，推进教师“县管校聘”改革，新增中小学学位1万个。支持4所应用型本科高校和23所优质职业院校发展，福州大学晋江科教园投用。鲤城、丰泽获评教育强区。抓好关心下一代工作，强化青少年社会教育活动中心校外阵地作用。推进健康泉州建设。市妇产医院一期开诊，老年医院完工，全市新增医疗机构床位2550张。组建市第一医院医疗集团，在石狮、永春、德化试点建设县域紧密型医共体，7家三级医院建立现代医院管理制度。创建国家级基层卫生机构34家。开展医疗“暖心服务”三年行动，医疗服务总体满意度居全省前列。荣获全国基层中医药工作先进单位。新建基层老年体育活动中心10个。提升文化实力。“古泉州（刺桐）史迹”申遗取得阶段性成果。深入实施“万千百十”文化惠民服务，建成“百姓书房”73个、村（社区）综合性文化服务中心示范点24个，举办公益性专业剧团演出1332场，启动“文化泉州云”项目，获批创建国家公共文化服务体系示范区。新增国家级非物质文化遗产传承人15名，获评中国工艺美术之都。成功举办国际大体联亚洲杯、环泉州湾国际公路自行车赛。第十六届省运会收获金牌208枚。完善社会保障体系。新增城镇就业12.7万人。建立全市统一的城乡医疗救助制度，城乡居民基本医保住院实际报销比率提高9个百分点。实现城乡低保标准一体化，低保标准和补助水平进一步提高。城市、农村社区居家养老设施覆盖率分别达100%和57%，新增养老床位3840张。老龄、老干部工作得到加强，慈善事业稳步发展。制定实施促进房地产市场持续健康稳定发展八年规划，基本建成保障性安居工程1.5万套，安置房办证历史遗留问题有序解决，住房价格保持平稳。打好污染防治攻坚战。贯彻落实国家大气、水、土壤“十条”及省、市实施方案，认真执行市人大《关于进一步加强全市流域水环境保护的决议》。集中攻坚中央、省环保督察整改项目，石狮和晋江飞灰填埋场、城镇生活污水处理厂提标改造等一批重难点项目顺利完工。完成污染物排海总量控制、城市开发边界划定等13项改革任务。河湖长制工作经验获中央改革办总结推广，县级以上集中式饮用水水源地和主要流域水质达标率保持100%，建设安全生态水系49公里，基本建成流域环境生态样板工程7个，彭村水库建成投用。加大海漂垃圾综合治理，近岸海域优良水质面积比例达97.1%。深化环保设施与能力建设大会战，完成投资54.8亿元，市工业废物综合处置中心投入试运行。持续开展生猪养殖和农业面源污染整治。完成植树造林8万亩、水土流失治理40.7万亩、矿山生态修复228万平方米。永春成为国家生态文明建设示范县。维护社会安全稳定。扎实开展扫黑除恶专项斗争，推进电信网络犯罪综合整治，做好矛盾纠纷排查调处，信访违法行为集中整治经验被中央信访联席会议推广。加强食品药品监管，建设食品安全“一品一码”全过程追溯体系。完善安全生产风险分级管控和隐患排查治理双重预防机制，安全生产形势总体稳定。推动双拥工作迈上新台阶。健全军人优待政策，完善十项拥军举措，着力解决驻泉部队军改需求和军人“三后”问题。圆满完成“国际军事比赛—2018海上登陆赛”支前保障工作。民族宗教、统计、粮食、物价、方志、档案、人防、海防、气象、地震以及妇女儿童、青少年、残疾人、红十字会、工会等工作都取得新成效。

坚持转作风
从严理政更为扎实

在政府系统兴起“大学习”热潮。落实中央八项规定及实施细则精神和省、市实施办法，弘扬“马上就办、真抓实干”优良作风，驰而不息纠正“四风”，坚决整治“为官不为”“庸懒散拖”等问题，狠抓巡视巡察发现问题整改。自觉接受市人大及其常委会监督，落实政府重大决策出台前向人大报告制度，主动配合市人大依法履职，认真办理人大代表建议444件。支持市政协履行职能，主动接受民主监督，加快协商成果转化落实，认真办理政协提案668件。扎实推进依法行政，稳妥实施政府机构改革。加大审计监督力度，政府廉政建设深入推进。

2019年工作目标任务

2019年是新中国成立70周年，是全面建成小康社会关键之年，是三年赶超承上启下重要一年。做好今年政府工作：必须以习近平新时代中国特色社会主义思想为指导，全面贯彻党的十九大和十九届二中、三中全会精神，坚持稳中求进工作总基调，坚持新发展理念，坚持高质量发展落实赶超，坚持以供给侧结构性改革为主线，坚持深化市场化改革、扩大高水平开放，继续打好三大攻坚战，进一步落实“六稳”工作，围绕市委“作答时代命题、聚力赶超攻坚”要求，呼应泉州人民新关切、新期盼，打好转型组合拳，建好城市展示面，造好活力大环境，努力开创“五个泉州”建设新局面，勇当“新福建”建设主力军。

今年经济社会发展主要预期目标是：全市生产总值增长8.5%—8.7%，农林牧渔业总产值增长2%—2.5%，工业增加值增长8%—8.5%，第三产业增加值增长10.1%—10.4%；一般公共预算总收入增长4.5%，一般公共预算收入增长3.5%；固定资产投资增长10%—13%；实际利用外资增长5%，出口增长2%；社会消费品零售总额增长11%，居民消费价格涨幅控制在3%左右；居民收入增长要实现和经济增长基本同步；完成节能减排降碳任务。

着力赋能实体经济
推动高质量发展落实赶超

泉州是靠实体经济起家的，也要靠实体经济走向未来。必须大力挖掘传统产业新价值，发展新制造、新经济，加快新旧动能转换，建设“1234”现代产业体系。

坚定不移建设制造强市。紧抓传统、高新、重化“三大板块”，塑造泉州制造新形象。一是致力打造全国领先的民生消费品制造基地。立足纺织服装、鞋业、建材家居、食品饮料等千亿产业集群，注重利用技术创新和规模效应形成新的竞争优势。完善产业生态圈。实施龙头成长计划，支持增资扩营、建设总部、完善配套，抓好重大传统产业项目52个，认定产业龙头企业300家以上；大力发展标准代工、高端代工，引导龙头企业将技术标准、质量体系、管理模式向供应链上下游中小企业移植，培育省级以上制造业单项冠军10家、“专精特新”中小企业30家以上；突出在细分领域、重要工序开展“机器换工”，实施重点技改项目200个以上，推广数字化、智能化生产线100条以上，培育智能化标杆工厂、数字化车间等示范项目15个以上。争创全国质量强市示范城市。突破核心技术瓶颈制约。支持组建产业创新联盟，开展印染、后整理等关键材料和工艺的联合攻关，组织智能制鞋喷胶生产线、陶瓷阀芯组装机等重大专项研发，抢占价值链高端环节。实施消费品科技赋能计划。顺应“个性、定制、智能”消费趋势，引导企业植入现代科技和商业模式，既卖产品，又卖体验、卖服务。二是致力打造全国重要的半导体产业基地。全市域统筹布局产业链招商项目，围绕三安高端半导体、西人马等龙头，加快矽品、信达光电二期等配套项目投建步伐，培育壮大集成电路、化合物半导体、石墨烯等产业。三是致力打造全国一流的绿色石化基地。统筹泉港、泉惠园区发展，发挥联合石化、中化等“油头”带动效应，加快推进中化乙烯等23个石化产业重点项目建设，铸链发展石化新材料和精细化工，着力拉长“化尾”。

深入实施创新驱动战略。以国家自主创新示范区建设为抓手，集聚科技创新全要素，力争研发经费支出增长30%以上。突出企业主体地位，鼓励全市工业500强企业设立研发机构（团队）、开展研发活动；落实研发费用税前加计扣除政策，完善高新技术企业梯度培育和奖补机制，加强知识产权保护和运用，新增入库瞪羚企业40家，新培育高新技术企业140家以上。加快规划建设“泉州科技城”，一院一策引进“国字号”研发机构，支持中科院大学落地建设智能制造学院，提高产学研合作实效。创新推行科技特派员制度。认真落实人才“港湾计划”，完善以“用”为导向的人才评价机制，支持31家龙头企业自主认定高层次人才、享受同等政策待遇，引进产业发展急需的本科及以上人才1万人。

大力发展新产业新经济。紧抓“产业数字化”转型和“数字产业化”培育，抓好中国国际信息技术（福建）产业园、泉州软件园等重点载体建设，大力发展软件、集成电路设计、物联网、云计算、大数据等产业。推动人工智能与产业融合发展，争取在智能工业机器人、智能芯片等方面取得突破。加快发展工业互联网，抓好晋江“互联网+鞋业”、南安“互联网+泛家居”、德化“互联网+陶瓷”等省级链条化试点项目，打造3个以上行业领域工业互联网示范平台。培育壮大军民融合产业，支持企业承接“军转民”科技成果转化，参与军品研发生产，力争在传感器、卫星导航、新材料等领域实现突破。

加快现代服务业提质扩量。持续开展“第三产业提升年”活动。制造服务将立足生产基地优势，整合提升专业市场、物流园区，发展智慧物流、智慧仓储，培育第三方、第四方物流，确保3A级以上物流企业超百家；扶持建设创意孵化、工业设计、垂直电商、供应链管理、检验检测认证等示范平台，建设国家级服务型制造示范城市。消费服务将突出培育体验经济、全渠道经营、新零售等新业态，推动物业管理、家政服务行业规范化、标准化发展，新增限上商贸企业200家；落实好个人所得税专项附加扣除政策，增强消费能力，改善消费环境。文旅服务将按照“亮点在古城、厚度在山海、空间在生态连绵带”全域旅游发展思路，抓好“一社一游一点”三大提升工程，讲好泉州故事，发展六大旅游产品，培育“泉州伴手礼”品牌，力争接待游客、旅游收入均增长20%，打造海丝文化休闲旅游目的地。

做实高质量赶超的项目支撑。开展“项目攻坚2019”，进一步充实赶超项目库，加快“五个一批”项目梯度转化。实施在建重点项目460个、总投资7991亿元，力争开工项目75个、竣工75个。强化大招商、招大商“一把手”工程，完善“三个三”招商工作机制，充分发挥县域招商主体作用，探索在泉州开发区、台商投资区成立招商公司，突出以商招商、产业链招商和专业化招商，力促重大产业项目接续落地。

着力推进乡村振兴
提升农业农村现代化水平

泉州全面建成小康社会，农村不能丢，农业要有特色，农民要有获得感。我们将注重质量，从容建设，推动乡村振兴战略落实落地。

建设现代农业。落实粮食安全行政首长责任制，加强粮食流通调控，推广“优质粮食工程”。推动传统农业转型升级，实施农业产业振兴建设项目工程包，启动农业龙头企业、农产品标准化基地、农产品初加工中心、“三品一标”认证农产品、特色产业村等“五百示范项目”，培育发展茶叶、水产、蔬果菌、花卉苗木等特色优势产业，建好安溪国家现代农业产业园。培育壮大乡村旅游业。完善水利基础设施，开工建设白濑水利枢纽主体工程，加快推进永春马跳水库、山美水库至惠女水库连通工程等项目，抓好清新流域、农村饮水、安全生态水系等民生水利项目。加强水土保持，深化重点区域水土流失综合治理。扎实做好防灾减灾工作。

建设美丽乡村。深化农村人居环境整治，扎实推进“一革命四行动”。继续实施农村厕所革命，新建乡镇公厕61座、农村公厕143座。实施农村垃圾治理行动，完善“户分类、村收集、镇中转、县处理”的城乡一体化垃圾处理模式，开展农村生活垃圾干湿分离试点。实施农村污水治理行动，新增467个行政村建设1个以上生活污水深度处理设施，新改建三格化粪池5.8万户，加强污水设施运营管理，持续提升污水处理率。实施农房整治行动，开展农房“平改坡”改造和裸房整治试点，有效解决农民违规建房、私搭乱建等问题。实施村容村貌提升行动，推进村庄“三边三清”，改造公共照明，整治杆线“蜘蛛网”；全面落实路长制，加快农村公路“单改双”，深入实施县、乡道安全生命防护工程，建设“四好农村路”。充分发挥农民主体作用，深化村民依法自治实践，建立村民评议干部制度，修订完善村民自治章程和村规民约，让村民自己“说事、议事、主事”。

建设殷实乡村。开展农民工创业联盟行动，加强新型职业农民培训，支持农民就地就近就业创业。推广扶贫“三百”工程，多渠道扶持壮大薄弱村集体经济。支持推动原中央苏区、革命老区、少数民族乡村加快发展。把保障稳定脱贫、提高脱贫质量放在首位，坚持“一

个延伸”，将结对帮扶贫困户的时限及各项扶贫政策延伸至2020年，落实一个茶果菜园、一栏家禽家畜、一人实现就业“三个一”措施，做到生产扶持、建房补贴、医疗援助、就业引导、就学补助“五个到户”，有效防止返贫致贫。

着力践行“晋江经验”
推动改革开放再出发

“晋江经验”是泉州历史荣誉的光环，更是未来前行的航标。我们将围绕重点领域和关键环节，大胆地试、勇敢地改，全力再创“晋江经验”新辉煌。

推动民营经济做大做强。帮民营企业就是帮自己人。始终坚持“两个毫不动摇”，弘扬企业家精神，发挥企业家作用。深入实施支持民营企业健康发展行动方案，加大对企业特别是中小企业的帮扶力度，把更大规模的减税降费、清理拖欠民企账款、灵活确定工业用地出让年限、处理产权历史遗留问题等工作，一件一件办好办实。落实党政领导与企业家恳谈会、涉企政策咨询委员会制度，完善“12345”企业服务热线，建立民营企业诉求受理处置反馈机制，实行“一对一”精准服务，打通政策落地“最后一公里”，构建“亲”“清”新型政商关系。

推动重大改革落细落地。深化营商环境提升行动，落实审批服务“马上办、网上办、就近办、一次办”，深化“材料瘦身”“减证便民”专项行动，全面推开“证照分离”改革，加强跨部门联合随机抽查综合监管；提升市行政服务中心“一站式”功能，加强县乡行政服务标准化建设，打造覆盖市、县、乡、村四级的一体化网上政务服务平台。深化金融服务实体经济改革，推动银行业机构落实小微企业贷款“两增两控”目标，提高政策性融资担保机构、产业投资基金、政府风险补偿基金等运作实效，推广实施“银税互动”，支持做大“无间贷”“助保贷”“科创贷”等产品规模，大力发展供应链金融，力争全市制造业贷款增速达到GDP增速水平；鼓励推动企业改制上市、登陆科创板，探索民营龙头企业实施市场化“债转股”，推进海峡股权泉州交易中心设立“股改板”；加大不良贷款处置力度，维护良好金融生态。全面加强预算绩效管理，处理好规范政府举债与保障赶超发展资金需求的关系，统筹使用预算建设资金，综合运用地方政府债券、PPP、国有资产运营等方式，提高资金使用效益。深化国资国企改革，加快实现从管企业向管资本转变，支持国有企业参股收购上市公司，建设运营小微工业园。创新产业园区管理机制，实行市场化、专业化运作，推动经营性用地、园区物业、基础配套设施资产化。深化农村集体产权、林权制度改革。完成第四次经济普查工作。

推动全面开放走深走实。扎实推进海丝先行区建设，形成更多可视性成果。开展“外资攻坚年”活动，推动100个重点外资合同项目到资落地，深化与2—3家台湾百大企业合作。实施外贸经营主体培育“双十、双百、双千”工程，办好海丝国际品牌博览会和泉州品牌“境外行”“海丝行”活动，支持企业全球化布局。用好石狮市场采购贸易方式试点，规划建设进口贸易促进创新示范区，发挥综合保税区、陆地港等平台优势，促进跨境电商、市场采购、保税加工融合发展，提升国际贸易便利化水平。稳妥推进泉州开发区扩区。提高台商投资区综合发展水平，力争在引进台资项目上取得重大突破；落实惠台惠企措施，加强对台民间交流交往，完善互联互通机制。密切与港澳侨双向交流合作，用好南洋华裔族群寻根谒祖综合服务平台，加强“四有”“三新”人士联络联谊，规划建设侨商总部，更好发挥侨资侨力侨智的作用。

推动区域发展协同协作。主动融入闽西南协同发展区，推进厦漳泉同城化建设。突出重大交通基础设施快捷联通，加快打造“协同区2小时、都市区1小时”交通圈。推动台商投资区、泉州“芯谷”与厦门园区对接，扩大思明园、湖里园、长汀园等合作实效。加强区域医疗卫生、教育、文体、旅游、环保等方面协同协作，促进共建共享。

着力提升品位品质
建设现代环湾中心城市

泉州人对自己的城市爱之深、责之切。我们将开展“城市建设提速年”活动，外塑形象，内炼品质，加快提升综合承载力和宜居度，实现城产人融合发展。

发挥规划引领作用。启动新一轮城市总体规划修编，加强环湾新城核心区的整体谋划和重点塑造，抓好晋江下游两岸及入海口景观风貌、洛阳江流域整治等专项规划，开展重点片区城市设计。发挥新城建设统筹委员会作用，加强对重大规划、重大平台、重大设施和产业布局的总体把控。全面实施“多规合一”。稳妥推进行政区划调整。

优化城市功能布局。打造古城保护样板。深化国家生态修复、城市修补试点，抓好64个古城重点项目，全面推开“七个一”示范工程。科学布局文创产业、精品酒店、研学旅游、非遗展示等业态，持续办好古城徒步穿越活动。提高新城集聚效应。聚焦165平方公里新城陆域范围，实施106个新城重点项目，集中力量推进东海后埔、后渚、台商区白沙、晋东新区等片区开发改造，努力把“两江”入海口打造为城市形象高地。大力发展都市型产业，加快建设东海总部区，培育楼宇经济，完善环湾区域的居住、商务、酒店、文教、医疗等功能配套。高标准打造南北翼。加快泉州“芯谷”南安园区开发，推进泉港石化工业园安全控制区建设。立足城乡统筹，建好22个“镇级小城市”、13个特色小镇。

完善城市基础设施。建成城东至北峰快速通道，做好东海、金屿、百崎、武荣等跨江跨海通道前期，加

快打通两重环湾、两重环城路网，完善环湾交通体系。推进兴泉铁路、福厦客专、厦漳泉城市联盟路等项目建设，抓好厦漳泉城际铁路R1线等项目前期，加快石湖、石井等口岸泊位建设，实施泉州晋江机场改扩建工程，完善泉州对外连接通道。加快给排水、供电、供气等老旧管网改造，全线开工海西天然气管网德化支线工程。加强住宅小区幼儿园、居家养老、社区服务等公益性配套用房的规划建设管理。

提升城市景观风貌。围绕打造山水田园城市，落实“一环一湾十廊道”规划，组织实施百崎湖、九十九溪等19个生态连绵带项目。抓好“市民常走、客人常走”道路景观建设，完成“两高”沿线整治，建成桃花山至观音山绿廊、大坪山步行环线、绿道二期工程，持续提升37条城乡重要通道的景观风貌。以城市摄影师视角，结合“四山两江”自然风光、标志性建筑，建设一批城市观景台。

加强城市精细管理。认真执行市人大《关于加快全市垃圾分类处理利用的决议》，完善分类收集转运处理链条，加快垃圾“大分流、小分类”，全面推进垃圾分类进校园。紧盯市民最期待的“关键小事”，抓好住宅加装电梯、老旧社区整治、公共交通、过街天桥、停车场、防洪排涝等项目，开展人行道净化和自行车专用道建设。加强城市公共安全及风险防范。出台规范线路敷设和用电行为指导意见，解决建筑表内电气火灾高发问题。深化城市执法体制改革，拓展“数字城管”平台功能，完成国家“智慧汽车基础设施和机制建设试点”。深化“两违”综合治理。

着力传承历史文脉 打造泉州共同精神家园

千年海丝文化、闽南文化是泉州人骨子里的骄傲。我们将把握复兴城市文化的历史际遇，以文化人、以文塑城、以文惠民，让城市有根有魂、形神兼备。

提升城市文明程度。弘扬和践行社会主义核心价值观，深化“传家训、立家规、扬家风”“身边故事、共同铭记”等活动，推动全国文明城市创建常态化机制化。深化全国农村移风易俗工作试点，开展婚丧礼俗整治，持续推进“助力新泉州、建功新时代”志愿服务行动。构建联合惩戒工作机制，提高全社会诚信水平。

弘扬传承历史文化。坚持不懈推进“古泉州（刺桐）史迹”申遗，做好第八批国保申报工作。依法保护利用物质文化和非物质文化遗产，落实文物保护和安全“五纳入”，实现国保单位监测预警平台全覆盖。实施闽南文化保护示范工程，办好第四届海上丝绸之路国际艺术节，筹建海上丝绸之路博物馆，开工建设闽南教育基地，建成非物质文化遗产馆。编制实施历史文化名镇名村和传统村落保护规划，促进原有形态、生活方式延续传承，留住美丽乡愁。

完善公共文化服务。加快创建国家公共文化服务体系示范区，持续提升基层公共文化设施，建成投用歌舞剧院、“文化泉州云”项目，加快美术馆、“百姓书房”建设步伐，深化文艺精品创作工程。大力开展全民健身活动，认真筹备世界中学生运动会，办好国际大体联世界杯、2019环泉州湾国际公路自行车赛、第十一届市运会等赛事。推进国家体育产业联系点城市建设，培育发展竞赛表演、场馆运营、健身休闲等体育服务。

着力守护绿水青山 加大生态文明建设力度

喝上干净的水，呼吸新鲜空气，头顶一片蓝天，是泉州老百姓的基本权利，更是政府的不懈追求。必须以最坚决的态度、最有力的举措，打赢污染防治攻坚战。

推进生态环境治理。实施大气减排治理项目40个，强化臭氧污染防控，抓好工业烟粉尘、道路和建筑施工扬尘、餐饮油烟等污染源整治，建成机动车尾气遥感监测系统。认真执行市人大《关于进一步加强全市流域水环境保护的决议》，严格落实河湖长制，强化以流域为单元的系统治理，实现小流域III类以上水质比例达86%以上。加大土壤污染管控和修复力度，实行危废信息化全过程监管。深化环保设施与能力建设攻坚，加快推进垃圾焚烧设施和餐厨垃圾、建筑垃圾处理设施建设。加强应急物资储备，提升环境应急能力，守住环境安全底线。

推进生态文明试验。完善制造业转型升级与生态文明建设正向互动机制，实施绿色制造工程，推动绿色产品、绿色工厂、绿色园区和绿色供应链发展。落实生态环境保护工作职责，坚决抓好环保督察、海洋督察反馈问题整改。完成综合性生态保护补偿试点、自然资源产权制度等7项改革任务。

推进节约循环发展。落实环保倒逼机制，加快淘汰落后工艺和过剩产能；增强服务意识，帮助企业制定环境治理解决方案。开展重点企业能耗、水耗、物耗、污染物排放对标改造行动，建好德化陶瓷、泉港石化等国家级循环经济园区。实施森林质量提升工程。有效盘活闲置厂房，依法清理闲置土地。发展钢结构等装配式建筑，推动建筑业转型升级。

着力增进民生福祉 不断实现人民对美好生活的向往

市委“四心”工程、民生“XIN”行动和为民办实事项目深得人心，我们必须高标准扎实抓好，逐步把泉州人民的烦心事一件一件解决好，让人民的生活随着经济发展一年比一年好。

办好人民满意的教育。新增公办

幼儿园学位1.3万个，确保普惠性幼儿园覆盖率达80%。持续推动义务教育优质均衡发展，创建一批义务教育管理标准化学校。支持乡村小规模学校和乡镇寄宿制学校建设。深入实施消除义务教育阶段大班额专项规划。开展小学课后服务试点。推进“双一流”、应用型本科高校和省示范性现代职业院校建设，抓好首批23个产教融合实训基地，争创国家产教融合型试点城市。

统筹实施教育“领航团队”培养工程、乡村教师素质提升工程，落实提高乡村教师生活补助政策，探索推进编外合同教师择优入编。抓好老年教育，办好继续教育、特殊教育。加强未成年人思想道德建设和心理健康服务，精准关爱下一代。

建设公平普惠的健康泉州。加快发展、合理布局优质医疗卫生资源，抓好市一院二期、医高专附属人民医院、妇产医院二期、颐和医院等14个重点医疗项目，支持华侨大学建设附属医院，鼓励支持社会办医，全市新增床位3500张。深化医改工作，县级以上二级公立医院实行院长年薪制和目标考核制，三级医院全面建立现代医院管理制度，深入推进市第一医院医疗集团和石狮、永春、德化县域紧密型医共体建设。实施高端人才和实用型人才培养工程，重点培养引进儿科、产科、重症医学、精神卫生等紧缺薄弱学科的人才，加强全科医生队伍建设。提高家庭医生签约服务质量。推进乡村卫生服务一体化管理。深入开展“暖心服务”行动，进一步加强医风医德建设。抓好公共卫生服务管理，提升疾病防控能力，创建一批老年人健身康乐家园。完善基层妇幼健康体系，服务好全面两孩政策。发挥好计生协会作用。健全食品药品安全风险隐患排查制度，巩固深化食品药品网格化监管，毫不松懈抓好非洲猪瘟防控，争创国家食品安全示范城市。

完善多层次的社会保障体系。实施就业优先政策，支持企业稳定岗位，促进高校毕业生、退役军人、就业困难人员、农民工更高质量更充分就业创业。继续实施全民参保计划，完善大病医保制度，优化医疗救助政策。优先发展居家社区养老服务，支持12个街道和重点乡镇建设照料中心、139个村建设养老服务站，推广智慧养老服务。加快推进医养结合，力争护理型养老床位达40%，养老机构医养结合率100%。培育孵化专业化服务组织，支持社会力量兴办养老机构。持续开展“救急难”工作。坚持房子是用来住的、不是用来炒的定位，完善住房市场体系和住房保障体系，持续推进棚户区、农村危房、石结构房屋改造，建立稳定房价长效机制。认真实施妇女儿童发展纲要，关爱留守老人、留守儿童，发展好残疾人事业、社会福利和慈善事业。

构建现代化治理体系。夯实公安基层基础，推进“城安系统”建设，纵深开展扫黑除恶专项斗争，加强电信网络犯罪综合整治，抓好信访法治化建设，打造更高水平“平安泉州”。落实地方党政领导干部安全生产责任制及省、市实施细则，坚持安全生产“四个一定”，突出隐患零容忍、预案实战化、处置专业化，营造安全发展环境。支持工会、共青团、妇联等人民团体发挥更大作用。深入开展民族团结进步创建活动，落实宗教工作三级网络、两级责任制。深化双拥共建，服务驻泉部队深化国防和军队改革，抓好民兵综合训练基地项目，维护军人军属和退役军人合法权益，落实军人荣誉体系建设，巩固发展军政军民团结良好局面。

加强政府自身建设

提高政治站位，更自觉更坚定。把政治建设放在政府自身建设的首位，把党的领导贯穿政府工作全过程各方面，树牢“四个意识”，坚定“四个自信”，坚决做到“两个维护”。贯彻执行中央方针政策，认真落实省委、省政府和市委决策部署。以最坚决的态度、最严格的要求，抓好中央、省委巡视反馈问题的整改。落实意识形态工作责任制。

强化责任担当，马上干务实干。围绕高质量发展落实赶超，敢于担当，善于作为，细化、量化、实化政府工作，层层传导压力、层层压实责任。大力倡导“马上就办、真抓实干”，建立主要任务工作台账，实行清单化、项目化管理，做到一个专项、一套方案、一抓到底，全面提升行政效能。坚持激励和严管并举，注重在一线繁重岗位锤炼政府干部队伍，营造干事创业浓厚氛围。

严格依法行政，讲规矩讲法治。开展“法治政府建设年”活动，实施“七五”普法规划，提升宪法意识，坚持用法治思维和法治方式深化改革、推动发展、化解矛盾、维护稳定。落实政府机构改革，优化职能配置。加快政府规章制定，推行行政执法三项制度，推进政务公开，完善政府法律顾问制度。严格执行市人大及其常委会决议决定，自觉接受市人大法律监督和工作监督，主动接受市政协民主监督，高质量办理建议提案。认真听取各民主党派、工商联、无党派人士和人民团体意见建议。深化府院委联动互动。

加强廉洁自律，筑防线守底线。坚定不移推进政府系统党风廉政建设，加大正风肃纪、反腐惩恶力度。严格落实中央八项规定及实施细则精神和省、市实施办法，持之以恒纠正形式主义、官僚主义新表现。凡是群众反映强烈的问题都严肃认真对待，凡是损害群众利益的行为都坚决纠正，以政府的“清廉指数”提升人民的“满意指数”。

政协工作报告

——在政协第十二届泉州市委员会第三次会议上

泉州市政协党组书记 李转生

（2019年1月7日）

2018年工作回顾

过去一年，市政协常委会坚持以习近平新时代中国特色社会主义思想和中共十九大精神为指导，深入学习贯彻习近平总书记关于加强和改进人民政协工作的重要思想，在中共泉州市委坚强领导下，准确把握新时代人民政协性质定位，突出政治引领、突出围绕大局、突出以人为本、突出党的建设，扎实推进政协各项工作，为泉州经济和社会发展作出了积极贡献。

旗帜鲜明讲政治 牢牢把握正确履职方向

*坚持党对政协的坚强领导。*始终把坚持中国共产党领导作为人民政协必须恪守的根本政治原则，积极推动参加政协的各党派团体和各族各界人士不断增强对中国共产党和中国特色社会主义的政治认同、思想认同、理论认同、情感认同，树牢“四个意识”，坚定“四个自信”，践行“两个维护”。自觉把市政协各项工作置于中共泉州市委的领导之下，坚持向市委请示报告制度，定期汇报政协党组和常委会工作情况，坚决贯彻落实市委各项决策部署。深入贯彻执行中办《关于加强新时代人民政协党的建设工作的若干意见》，压实全面从严治党政治责任，建立健全党组主体责任、纪检组监督责任、党组书记第一责任、班子成员“一岗双责”的协同机制；修订完善《中共泉州市政协党组工作规则（试行）》，发挥好政协党组把方向、管大局、保落实的重要作用；成立党组巡视整改工作领导小组，坚决扛起巡视整改政治责任，确保政协工作坚定正确的政治方向。

*坚持以新思想武装头脑。*高度重视思想建设和政治引领，以习近平新时代中国特色社会主义思想和中共十九大精神为重点，组织全市各级政协组织和广大政协委员深入开展大学习活动。落实参加市委中心组、市政协党组学习中心组、机关党委、各党支部、党小组理论学习制度；举办专题辅导、组织界别小组活动，切实把委员纳入大学习活动之中，形成了分层次、多形式、全覆盖、常态化的学习格局。按照全国政协和省政协的部署要求，组织全市政协系统深入开展习近平总书记关于加强和改进人民政协工作的重要思想理论研讨，探索交流新时代政协履职新成果新途径新方法。市政协以《发挥优势、突出特色，扎实做好政协同港澳台同胞和海外侨胞团结联谊工作》为题，在省政协理论研讨会上作交流发言。坚持把学习新思想与学习新修订的《宪法》《中国共产党章程》《政协章程》结合起来，与学习中央和省委、市委重大决策部署结合起来，与政协的履职实际结合起来，把讲政治融入广大政协委员和政协干部的思想认识和履职实践中，在事关道路、制度、旗帜、方向等根本问题上，立场坚定、旗帜鲜明。

*坚持求真务实提质增效。*按照政协工作高质量履职要求，坚持务实创新，把学习成效体现在政治担当、服务大局、转变作风上。全市广大政协委员、政协机关干部牢牢把握新时代政协工作根本遵循，按照“项目化”运作模式推动履职工作落实，不断提高履职水平，提案工作更重质量，调研视察更加扎实，协商建言更有成效，反映社情民意更加客观真实。去年以来，市政协共收到提案791件、调研报告120多篇、社情民意信息300多件；省、市领导在政协报送的《政协专报》《重要提案摘报》《发言摘报》以及调研报告上作出批示110多件次，许多履职成果进入党政决策视野，得到转化应用。《人民日报》《人民政协报》等中央媒体70多次报道我市政协工作的做法和成效。

围绕大局勤作为 建言资政助推落实赶超

*助力转型升级产城联动。*深入学习贯彻习近平总书记在民营企业座谈会上的重要讲话精神，按照市委要求，市政协领导带队深入民营企业宣传政策措施，了解困难诉求。召开民营企业政协委员座谈会，围绕弘扬“晋江经验”、加快转型升级、勇当高质量发展主力军等主题，听取意见建议，共商发展“良方”。及时反馈减轻企业税费负担、精准落实帮扶政策、妥善处理用地、产权历史遗留问题等民营企业反映强烈问题，专报件得到市委主要领导批示。围绕产业转型升级和经济高质量发展，组织开展“加快高新产业发展”“实施独角兽企业培育工程”“扶持文化创意产业”等调研视察、对口协商，委员提出深化“互联网+放管服”改革、完善人才港湾计划、创新中小微企业融资获得率、加快推进物联

网产业健康发展等意见建议，市委市政府领导批示有关部门认真研究吸纳。围绕古城提质、新城集聚和产城融合发展，组织督办《以“双修”试点驱动古城提质和转型发展的建议》《关于做好海丝泉州城市营销工作的建议》重点提案，组织委员围绕“推动泉州创新转型与产城融合发展”“加强城市公共基础设施建设”等课题深入调研分析，提出意见建议，推动相关工作。

助力军民深度融合发展。把推动我市军民融合发展作为履职重点，着力破解发展难题。发动全市政协系统就“围绕赶超战略，加快军民融合产业发展”议题，深入企业、高校、科研单位实地调研，组织政协委员、专家学者、企业家组成课题组，先后到长沙、绵阳、西安等地考察，学习先进、深入研讨、对接项目，形成27篇调研报告。

助力实施乡村振兴战略。贯彻落实中央和省、市乡村振兴决策部署，开展“实施乡村振兴战略，提升农村文化事业发展水平”专题调研，市县两级政协组织党派委员、专家学者、基层干部，深入100多个具有代表性的特色乡村调查研究、召开10多场调研座谈会，提交调研报告28篇。召开市委、市政协专题协商会议，提出树立乡村文化品牌、构建文化共建共享机制、激发古城名镇活力、创新金融服务乡村文化建设等100多条建议，市委主要领导到会听取委员建言，充分肯定协商成果。创新少数民族村帮扶工作，按照打造一个可借鉴、可复制的乡村振兴案例要求，协调市直有关部门、有关宗教团体、重点民间信仰场所筹措资金，深入洛江区马甲镇的两个畲族自然村，帮助规划建设六大公建工程，着力打造集“农业、旅游、养老、民宿”于一体的田园综合体，通过市、区、镇、村各级共同努力，推动充满活力、生态优美、功能完备、富有特色的少数民族村建设。

履职为民有情怀
协商监督增进民生福祉

协力优化民生环境。按照坚决打好污染防治攻坚战要求，围绕“推进石化园区环境治理”议题，多次深入泉港、泉惠两个石化园区开展专题调研视察，紧盯引发环境污染各个环节，深入查找问题原因，形成《泉州石化园区环境治理》主题报告和《湄洲湾石化园区对近海生态的影响》子报告。与市政府召开民主监督专题协商会，委员们围绕落实企业主体责任和政府监管责任、加强监测监管和应急处理能力建设、加快石化安全控制区建设等提出意见建议。市政府出台《关于加强石化工业园区环境保护工作的通知》，要求相关部门和属地政府及时抓好转化落实。组织委员听取市纪委监委、市中级人民法院、市人民检察院工作情况通报，围绕党风廉政建设和反腐败工作、强化法律监督、维护公平正义等议题建言献策。组织引导委员参与全市扫黑除恶专项斗争和移风易俗工作，为推进法治泉州和文明泉州建设献计出力。组织开展“执行难”多元破解机制建设专题调研，部分调研成果被市委市政府出台的《关于进一步支持法院决胜“基本解决执行难”的实施意见》吸纳，中央媒体刊发《福建泉州市政协建言“执行难”，让正义在“最后一公里”提速》，取得良好社会反响。发挥社情民意信息在民主监督方面的作用，《加快推进福建省殡葬管理规定立法的建议》《破解棚改资金来源困难的几点建议》等30多件专报件得到全国政协采用和省市领导批示。

协力补齐民生短板。针对大病患者报销比例较低、医疗费用居高不下、因病致贫返贫等群众期盼解决的实际问题，组织政协委员深入有关部门、医院、患者家庭，开展“实施卫生健康暖心工程、探索大病统筹解决途径”专题调研，察实情、听民意，掌握第一手资料。在民主监督专题协商会上，围绕加强医保控费、避免大病过度医疗、健全多层次大病医疗保险体系、建立大病救助长效机制等方面提出对策建议，报送《关于城乡居民大病统筹解决途径的建议》专报件，市委市政府主要领导批示有关部门认真研究采纳。积极回应人民群众对美好生活的新期待，召开“居家社区养老服务”提案办理协商会，助推养老补短板贴心工程。紧紧围绕教育均衡发展、城区交通拥堵、社区物业管理等群众普遍关注的热点问题，通过调研视察、协商座谈、反映社情民意等履职活动提出意见，《关于加快泉州市民办幼儿园和早教机构等学前教育机构改革的建议》等一批民生建言得到市委市政府领导批示办理。

协力破解民生难题。积极帮助人民群众解决生产生活中的实际问题，通过看得见、摸得着的履职为民实践，提升人民群众的获得感幸福感安全感。组织委员围绕为民办实事项目进展情况、进一步发挥博物馆作用、公安信息化建设、地下管网数字建档与管理等议题开展视察调研，提出监督意见。针对群众反映强烈的安置房办证难题，组织开展“加快推进我市安置房不动产登记办证工作”对口协商，就进一步完善政策措施、加强联动协调、构建一体化信息共享平台等方面提出意见建议，促进工作落实。针对“电梯安全监管”“健康泉州建设”等涉及民生的重点提案，市政府、市政协领导领衔督办，有力推动相关问题解决。加大《提升殡葬服务品质的建议》提案督办力度，市政府主要领导批示和督促办理，相关部门出台《泉州市殡葬领域突出问题专项整治行动实施方案》，在全市范围开展专项整治，受到群众欢迎。组织发动政协委员、社会力量开展对口帮扶，筹措资金慰问少数民族困难家庭、帮扶困难大学生、慰问孤残儿童。组织医卫界、基督教“两会”义诊队深入贫困山区和企业开展义诊施药活动，为基层群众送温暖。

团结民主促和谐
凝聚改革发展强大力量

加强与党派团体合作。充分发挥人民政协在坚持和发展新型政党制度中的重要作用，健全合作共事工作机制，拓宽知情明政渠道，确保各民主党派、工商联和无党派人士在政协履职有平台、优势能发挥、意见受重视。落实挂钩联系制度，市政协领导带头走访党派、界别、常委和委员，深化沟通协商，广泛凝聚共识；搭建履职活动平台，通过安排大会发言、联合开展调研、督办重点提案等，为各参加单位参政议政、发挥作用创造条件、提供便利。一年来，各党派团体提交发言材料48篇，提出集体提案197件，反映社情民意信息100多件。《在稳金融上下功夫，不断提升金融市场创新力》《加快我国建筑垃圾资源化再利用的建议》《让社交媒体成为网络教育的前沿阵地》等30多件党派委员参政议政成果得到转化，充分展现了党派团体在政协舞台奋发有为、履职尽责的良好形象。

深化海内外联谊交往。组织部分港澳委员赴外地学习考察，开展互动学习交流，探索合作创业渠道。组团参加港澳地区泉籍社团的庆典活动，鼓励港澳委员支持特区政府依法行政，在关系国家核心利益问题上发挥作用。广泛接洽海外重要社团和侨亲，增进乡亲情谊。开展《做好华侨新生代工作，服务海丝先行区建设》课题调研，助推海外新生代参与“一带一路”建设。组织华侨大学境外新生开展“看海丝·爱泉州”活动，激发他们对祖国的向心力和凝聚力。坚持走访侨资和台资企业，关注生产经营情况，协调解决实际困难。开展“推动泉台农业交流合作”对口协商，组织参与全国“海峡论坛—两岸基层治理研讨”，配合《人民政协报》来泉开展“两岸青年走进福建”主题活动，增进两岸交流与合作。充分发挥泉台民间交流协会作用，为来泉考察访问、投资兴业、寻根谒祖的台湾同胞提供帮助。倾听台湾各界人士呼声，及时收集和反映涉台信息，《建议为台湾同胞建立中国“数字公民”身份证申领和体验平台》等专报件被全国政协采用。

广泛凝聚发展正能量。坚持走访重点宗教活动场所和民族宗教界代表人士，宣传解读相关政策法规，加强团结教育和服务引导。配合省政协开展“福建祖庭名刹文化研究”专题调研，完成泉州开元寺、承天寺等9个佛寺概览资料的编撰工作。组织开展“少数民族乡村卫生事业发展情况”“少数民族特色村寨建设情况”“新修订《宗教事务条例》贯彻落实情况”等视察调研，关注民族宗教界利益诉求，促进民族团结、宗教和睦。充分发挥泉商发展促进会的作用，组织召开“回归家乡投资创业”为主题的异地商会座谈会，宣传优惠政策、开展项目推介、引导回归创业。发挥政协文史资料“存史、资政、团结、育人”作用，出版发行《泉州市政协志》，编辑出版《刺桐博物》文史资料，组织对历年《泉州文史资料》进行电子扫描和数字化加工存档，配合省政协完成《亲历福建改革开放40年》史料征编任务。开展“中医药事业发展”课题调研，完成编修《新编泉州本草》，助力我市打造“闽南中医药名城”。围绕“庆祝泉州改革开放40周年”等主题， 联合举办书法、征文、征联和诗词吟诵活动，主办兰州、泉州“一带一路”主题文化交流和“丝路情怀·翰墨同心”兰泉书画笔会，共同营造扩大改革开放的良好氛围。

强基固本树形象
着力提升履职能力水平

重视委员履职服务管理。进一步修订完善委员履职情况量化考评管理规定，提高委员队伍管理水平。强化“委员主体、服务至上”意识，坚持为委员订阅履职相关的报刊杂志，定期编发学习资料，及时向委员传递政协的重要活动、重点工作，引导委员加强学习、拓宽视野，提高履职能力。组织委员听取市政府及有关部门工作情况通报，为委员知情明政创造条件。建立完善协商会议、调研视察、专题座谈、民主监督、提案办理等工作机制，为委员参政议政搭建平台，有效激发委员履职积极性、主动性和创造性。一年来，委员参加各种履职活动3000多人次，履职考评优秀率达85.7%。

重视专委会和界别建设。注重发挥专委会的基础作用，密切专委会与有关部门的工作交流，不断增强工作活力、提升工作实效。提高专委会服务委员的频率和水平，切实把专委会建设成为政协委员发挥作用的平台、加强联系的纽带、开展活动的阵地。依托专委会设置界别委员活动组，发挥各自优势开展调研视察、座谈协商、学习联谊等活动。引导委员密切与界别群众的联系，强化界别纽带作用，通过政协履职平台反映界别声音、表达界别诉求。一年来，各专委会组织界别委员分别围绕“大数据应用”“生态环保建设”“民办教育发展”“海丝史迹保护”等10多个议题，开展20多场次界别协商、对口协商，协力推动相关事业发展。

重视改进政协机关作风。坚持全面从严治党，落实省委“八个坚定不移”要求，大力推进政协机关党建工作向纵深发展。驰而不息改进作风，严守中央八项规定精神实施细则和省委、市委实施办法，坚决反对“四风”。认真落实意识形态工作责任制，抓好政协意识形态阵地建设。支持派驻市政协机关纪检组履行纪检监察职责，组织机关党员干部开展廉政警示教育活动，扎实推进党风廉政建设和反腐败工作。健全完善机关各项规章制度，强化绩效管理，狠抓制度落实。加强机关干部队伍建设，进一步强化担当作为意识、增强主动服务观念、提振干事创业精气神。加强与《人民政协报》《中国政协》和省、市主流媒体的联系沟通，做好推进政协事业发展的宣传报道。办好《泉州政协》期刊、泉州政协网站，加强政协工作和广大委员履职宣传，不断提高政协社会影响力。积极开展绩效考评、文明单位、平安单位创建等活动，市政协机关继续荣获省级文明单位、市直绩效考评先进单位和平安单位称号。

2019年工作思路

坚持理论武装 为加强政治建设夯实定力

坚持政治引领，深入开展习近平新时代中国特色社会主义思想大学习活动，深入学习贯彻习近平总书记关于加强和改进人民政协工作的重要思想，引导参加人民政协的各党派团体和各族各界人士，更加紧密地团结在以习近平同志为核心的中共中央周围，旗帜鲜明地把维护习近平总书记的核心地位、维护中共中央权威和集中统一领导作为最高政治原则和根本政治规矩，坚定不移走中国特色社会主义政治发展道路，巩固和发展共同思想政治基础。自觉服从和接受市委的领导，发挥政协党组在政协组织中的领导核心作用，把市委重大决策和工作部署贯彻到政协全部工作中去，确保市委市政府政令畅通、令行禁止，彰显政协组织的政治定力、政治自觉和政治担当。

坚持围绕中心 为推动泉州发展献计出力

着力服务全市发展大局，贯彻落实市委在更高起点上推动新时代改革开放再出发的决策部署，紧紧围绕再创"晋江经验"新辉煌、踢好转型升级"后半场"、勇当高质量赶超主力军三个时代命题，精准对标打好转型组合拳、建好城市展示面、造好活力大环境工作部署，认真谋划和推进政协工作，通过常委会议、专题协商会等形式广泛开展协商议政活动，通过政协提案、大会发言、调研报告、意见建议等形式多献创新之策、多谋务实之举、多出助推之力。围绕"民营经济高质量发展""第三产业提质扩量"等议题，深入开展调查研究，努力增强协商建言的主动性、针对性、务实性，为党委政府提高决策科学性和施政有效性提供参考。发挥政协民主监督作用，围绕市委市政府重要工作、重点项目推进情况及社会关注的热点难点问题开展民主监督，助推工作落实。

坚持真情惠民 为推动民生改善添智助力

始终坚持以人民为中心的发展思想，把保障和改善民生作为履职的出发点和落脚点，着眼人民群众最关心、最直接、最现实的利益问题履职建言。围绕精准脱贫、交通教育、养老事业、医疗服务、社会保障、生态环境、普法宣传等民生热点话题，组织开展议事商量与协商式监督，达成更多民众共识，推动各项民生政策落实。注重提高提案质量，坚持市政府、市政协领导联合领衔督办重点提案制度，进一步加大提案办理力度，提高提案办理实效。认真做好社情民意工作，及时反映群众诉求、回应群众关切。组织政协各参加单位和广大政协委员积极参与助残济弱、扶危帮困、捐资助学等社会公益事业，在满足人民日益增长的美好生活需要中，体现政协情怀，发挥政协作用。

坚持团结联谊 为促进和谐稳定汇聚合力

充分发挥人民政协作为统一战线组织的重要作用，畅通各界意愿反映的渠道，更加广泛地凝聚共识，努力画出新时代最大同心圆。加强党派团结合作，为各民主党派、工商联和无党派人士参政议政创造更好条件。全面贯彻党的民族宗教政策，继续开展少数民族村帮扶活动，助力宗教人才队伍建设。充分发挥泉州独特优势，加强与港澳台侨同胞的联系，汇聚各方合力，服务"一带一路"建设和祖国和平统一大业。加强与异地泉籍商会的联络交流，鼓励支持他们回归创业，推进民营企业新发展。组织"庆祝中华人民共和国成立70周年""纪念人民政协成立70周年"书画活动，营造良好的社会氛围。

坚持从严从实 为加强自身建设激发活力

加强新时代政协党的建设，落实全面从严治党主体责任，切实提高党组、主席会议和常委会的政治把握能力和总揽政协工作全局的能力。持续抓好委员队伍建设，关心委员的工作生活情况，强化委员学习培训，优化委员服务管理，严格委员履职考核，更好发挥委员主体作用。坚持注重质量、提高效率、规范程序，推进政协机关工作科学化规范化程序化，提高机关干部队伍干事创业的精气神，更好地发挥参谋助手、综合协调、服务保障作用。主动接受省政协的工作指导，加强与县（市、区）政协的联络沟通，促进市、县政协工作协同联动。弘扬求真务实的优良传统，坚持政协履职高质量要求，以求真的态度了解民情、掌握实情，以务实的作风开展调研、提出建议。加强机关党风廉政建设，严格落实中央八项规定精神，持之以恒转作风、强队伍、树形象。

2018年泉州市国民经济和社会发展统计公报[1]

泉州市统计局
国家统计局泉州调查队
（2018年3月30日）

一、综合

初步核算，全年全市实现地区生产总值（GDP）[2]8467.98亿元，按可比价格计算，比上年增长8.9%，经济总量连续20年保持全省第一。其中，第一产业增加值201.80亿元，增长2.3%；第二产业增加值 4885.01亿元，增长8.7%；第三产业增加值3381.16亿元，增长9.5%。第一、二、三产业对GDP增长的贡献率分别为0.6%、57.9%和41.5%，分别拉动GDP增长0.1个、5.1个和3.7个百分点。三次产业比例为2.4 :57.7:39.9。按常住人口计算，人均地区生产总值97614元（按年平均汇率折合14751美元），比上年增长8.1%。

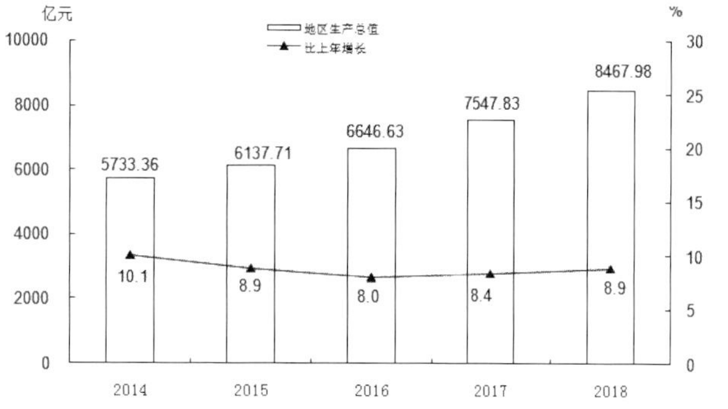

图5 2014—2018年地区生产总值及其增长速度

2018年年末常住人口数及其构成

表66

指标	年末数(万人)	比重(%)
常住人口	870	100
其中：城镇	579.4	66.6
农村	290.6	33.4
其中：男性	442.8	50.9
女性	427.2	49.1
其中：0～14岁	166.2	19.1
15～64岁	631.6	72.6
65岁及以上	72.2	8.3

年末全市常住人口870万人，比上年末增加5万人。65岁及以上老年人口占8.3%。人口出生率为12.1‰，死亡率为6.7‰，自然增长率为5.4‰，常住人口城镇化率为66.6%。年末全市户籍人口755.12万人。

全年全市城镇新增就业人员12.65万人，有913名就业困难人员实现了再就业；全年培训各类劳动者25万人，转移就业3.42万人。年末城镇登记失业率为1.29%。

全年市区居民消费价格总水平比上年上涨1.5%，其中，消费品价格同比上涨1.0%，服务项目价格同比上涨2.2%。全年全市工业生产者出厂价格同比上涨3.8%。12月份，全市新建商品住宅销售价格同比上涨1.5%，二手住宅交易价格同比上涨1.8%。

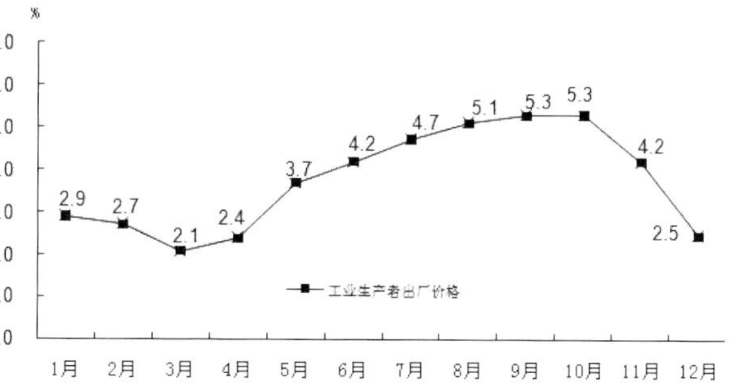

图6 2018年工业生产者出厂价格月度同比涨跌幅度

全市一般公共预算收入474.16亿元，比上年增收31.87亿元，增长7.2%，加上上划中央“三税”收入386.89亿元，全市一般公共预算总收入合计完成861.05亿元，比上年增收52.86亿元，增长6.5%。一般公共预算支出632.38亿元，比上年减少5.42亿元，下降0.9%。其中，教育支出148.09亿元，增长7.2%。政府性基金收入360.26亿元，政府性基金支出407.11亿元。税务部门组织各项收入955亿元，比上年增长10%，其中，税收收入810.7亿元，增长6.7%。海关代征税收收入144.3亿元，增长32.6%。

2018年市区居民消费价格比上年涨跌幅度（%）

表67

指标	市区
居民消费价格总水平	1.5
一、食品烟酒	1.3
粮食	1.8
鲜菜	10.9
畜肉	-6.9
水产品	3.1
蛋	16.2
鲜果	0.7
二、衣着	-2.8
三、居住	2.4
四、生活用品及服务	1.7
五、交通和通信	1.2
六、教育文化和娱乐	3.0
七、医疗保健	2.1
八、其他用品和服务	0.7

二、农业

全年全市农林牧渔业完成总产值 364.23亿元[3]，比上年增长2.3%。粮食种植面积128.13万亩，比上年减少1.27万亩，下降1.0%；其中稻谷面积84.52万亩，减少3.23万亩；烟叶种植面积0.03万亩，增加53亩；油料种植面积21.86万亩，增加0.39万亩；蔬菜种植面积71.47万亩，增加3.39万亩。粮食总产量48.50吨，比上年增加0.97万吨，增长2.0%，其中稻谷34.0万吨，减少0.53万吨，下降1.5%。

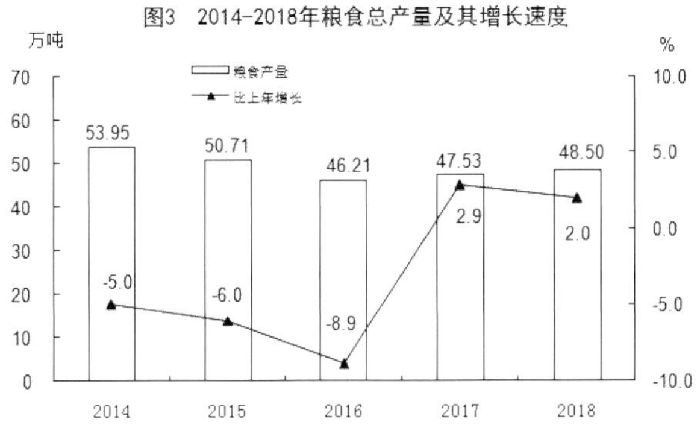

图7 2014—2018年粮食总产量及其增长速度

全年全市植树造林总面积10.89万亩，占总任务8.59万亩的126.8%。其中，人工荒山造林2.17万亩，人工迹地更新5.18万亩，人工促进天然更新0.8万亩，低产低效林改造3.62万亩，林冠下造林0.03万亩。全年完成幼林抚育作业面积5.38万亩。年末实有封山（沙）育林面积17.33万亩。全年商品材产量43.52万立方米，增长8%。

2018年主要农产品产量

表68

产品名称	产量(万吨)	比上年增长(%)
粮食	48.50	2.0
春收	3.79	28.5
夏收	13.62	-8.0
秋收	31.09	4.4
油料	4.47	22.7
其中：花生	4.34	22.4
油菜籽	0.13	38.1
糖料	1.21	-59.8
其中：甘蔗	1.21	-59.8
茶叶	8.36	3.4
水果	13.17	12.51
蔬菜	89.56	6.8
食用菌	8.71	6.7

全年全市肉蛋奶总产量26.02万吨，下降4.8%。其中，肉类总产量18.22万吨，下降3.1%；禽蛋7.29万吨，下降8.6%。肉猪出栏数133.31万头，下降6.2%，年末生猪存栏数83.87万头，下降18.6%。

全年全市水产品总产量107.83万吨，比上年增长1.8%。其中，淡水产品产量1.49万吨，增长1.6%；海水产品产量106.34万吨，增长1.8%，其中，海洋捕捞72.39万吨，增长1.8%；海水养殖33.95万吨，增长1.8%。

年末全市拥有国家级、省级农业产业化龙头企业9家和107家；无公害农产品446个、绿色食品142个、有机食品12个，农产品地理标志产品13个；福建十大农产品区域公用品牌2个，有效期内福建名牌农产品11个。

三、工业和建筑业

全年全市工业实现增加值4346.46亿元，增长8.9%，工业对经济增长的贡献率达53.2%。其中规模以上工业增加值3911.97亿元，增长9.1%。全年规模以上工业实现销售产值15994.79亿元，其中出口交货值2590.68亿元，增长18.7%。拥有超亿元企业2692家，比上年增加169家，其中超10亿元企业281家，比上年增加35家。

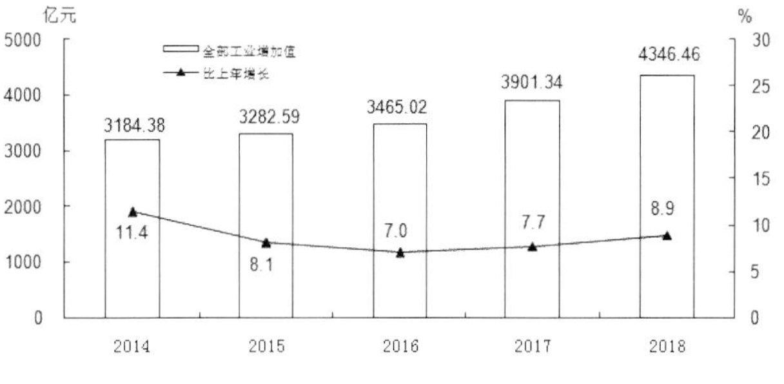

图8 2014—2018年全部工业增加值及增长速度

2018年规模以上工业增加值主要分类情况

表69

指　标	绝对数(亿元)	比上年增长(%)
规模以上工业增加值	3911.97	9.1
其中：国有控股企业	303.57	5.9
其中：国有企业	7.74	3.1
集体企业	1.60	-5.9
股份合作制企业	13.94	16.6
股份制企业	2083.11	10.4
外商及港澳台投资企业	1764.67	7.5
其他经济类型企业	40.91	13.9
其中：私营企业	1148.37	11.6
其中：轻工业	2412.94	8.7
重工业	1499.04	9.7
其中：采矿业	26.33	13.3
制造业	3754.41	9.1
电力、热力、燃气及水的生产和供应业	131.23	7.5

规模以上工业企业经济效益综合指数为336.4，比上年上升35.6点，其中总资产贡献率23.2%，上升2.1个百分点；资本保值增值率110.9%，上升7.8个百分点；资产负债率42.8%，下降1.7个百分点；全员劳动生产率30.45万元/人，提高4.50万元/人；流动资产周转率3.4次，提高0.3次；工业产品销售率96.4%，提高0.5个百分点。全年规模以上工业企业实现利润总额1284.98亿元，比上年增长19.2%，其中外商及港澳台商投资企业、股份制企业和股份合作制企业利润分别增长13.5%、24.7%和6.6%。规模以上工业亏损企业亏损额9.17亿元，减亏1.65亿元。

2018年规模以上工业中部分重点产业增加值

表70

指　标	绝对数(亿元)	比上年增长(%)
规模以上工业增加值	3911.97	9.1
按三大板块分	—	—
传统产业	2621.17	10.1
重化产业	1112.83	7.8
高新技术产业	637.39	9.2
按“十三五”规划重点产业分	—	—
主导产业	3114.13	9.7
#纺织鞋服	1304.32	9.7
#纺织服装	759.32	10.6
鞋业	545.00	8.5
石油化工	659.73	5.3
机械装备	453.10	11.4
建材家居	866.73	11.7
特色产业	709.23	9.9
#食品饮料	286.55	8.5
工艺制品	259.11	13.2
纸业印刷	163.57	7.2
新兴产业	—	—
#新一代信息技术	90.10	16.3
生物医药	12.81	11.8

注：上表中重点产业分类并非标准分类，存在小范围交叉

2018年规模以上工业企业主要工业产品产量

表71

产品名称	单位	绝对数	比上年增长(%)
原煤	万吨	79.01	1.1
发电量	亿千瓦时	380.91	8.9
罐头	万吨	26.14	-1.1
化学纤维	万吨	182.00	13.1
纱	万吨	108.87	29.4
布	亿米	75.78	34.0
服装	亿件	41.33	9.8
皮鞋	亿双	12.16	2.7
机制纸及纸板	万吨	156.57	-1.3
原油加工量	万吨	2139.89	2.7
烧碱	万吨	9.33	1.7
塑料制品	万吨	100.33	12.4
花岗石板材	万平方米	4994.59	4.7
钢材	万吨	600.61	13.4
饮料	万吨	133.63	21.4
精制茶	吨	108095.95	12.2
中成药	吨	2058.93	-38.0
水泥	万吨	894.45	24.1
陶瓷砖	亿平方米	23.61	11.0
卫生陶瓷制品	万件	285.47	19.6
建筑工程用机械	台	7709	25.3
金属切削机床	台	1835	-12.0
太阳能电池（光伏电池）	万千瓦	81.64	18.3
光电子器件	万只（片、套）	6470.26	-7.3

全市建筑业实现增加值540.45亿元，比上年增长6.8%。全市资质等级以上的建筑企业有719个，完成建筑业总产

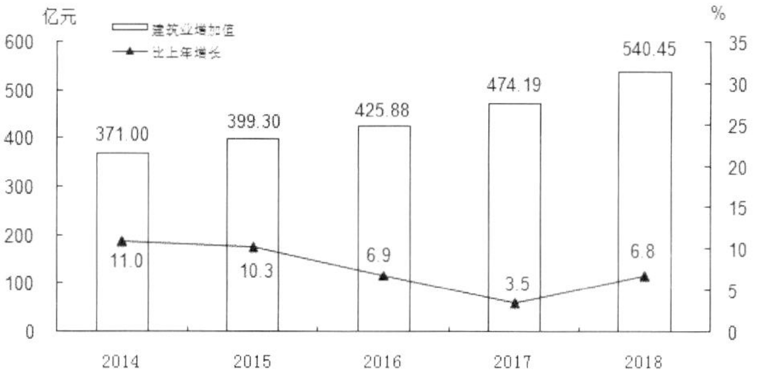

图9 2014—2018建筑业增加值及其增长速度

值1783.53亿元，现价增长17.0%。全市建筑房屋施工面积9264.94万平方米，增长3.8%；房屋竣工面积3044.71万平方米，增长0.6%。全市建筑业总产值达到亿元及以上的企业179家，其中5亿元及以上的企业62家。

四、固定资产投资

全年固定资产投资比上年增长14.2%。其中，项目投资增长12.5%，房地产开发投资增长13.0%。固定资产投资按三次产业分，第一产业投资增长43.5%；第二产业投资增长34.2%；第三产业投资增长6.1%。工业投资增长33.3%，占固定资产投资的比重为31.6%。基础设施投资增长8.7%，占固定资产投资的比重为24.1%。先进制造业投资增长39.3%，占固定资产投资的比重为13.3%。

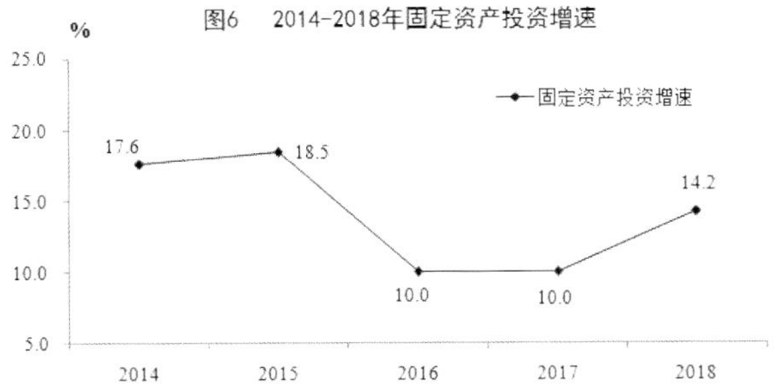

图10 2014—2018固定资产投资及增长速度

2018年固定资产投资情况

表72

指 标	投资额(亿元)	比上年增长(%)
固定资产投资（不含农户）	14.2	10.0
按构成分	—	17.2
项目投资	12.5	—
其中：国有及国有控股	4.4	18.0
房地产开发投资	13.0	3.6
按产业分	—	—
第一产业	43.5	60.5
第二产业	34.2	18.0
第三产业	6.1	5.0

2018年分行业固定资产投资情况

表73

行 业	比上年增长(%)
总 计	14.2
农、林、牧、渔业	45.0
采矿业	-15.4
制造业	34.9
其中：食品制造业	13.0
纺织业	36.2
纺织服装和服饰业	4.8
皮革、毛皮、羽毛(绒)及其制品业	30.2
化学原料及化学制品制造业	80.0
非金属矿制品业	31.3
金属制品业	110.7
通用设备制造业	65.9
专用设备制造业	9.8
计算机、通信和其他电子设备制造业	45.2
电力、热力、燃气及水的生产和供应业	17.3
建筑业	212.2
批发和零售业	-45.5
交通运输、仓储和邮政业	-33.7
住宿和餐饮业	11.3
信息传输、软件和信息技术服务业	29.5
金融业	32.8
房地产业	6.6
租赁和商务服务业	-24.3
科学研究和技术服务业	-37.8
水利、环境和公共设施管理业	49.6
居民服务、修理和其他服务业	-59.6
教育	19.9
卫生和社会工作	66.4
文化、体育和娱乐业	93.2
公共管理、社会保障和社会组织	-25.6

房地产开发投资额791.41亿元，按工程用途分，商品住宅投资569.62亿元，增长29.4%；办公楼投资26.87亿元，下降37.2%；商业营业用房投资80.65亿元，下降19.1%。商品房销售面积1415.77万平方米，增长13.8%。商品房销售额1227.39亿元，增长30.5%。

2018年房地产开发和销售主要指标完成情况

表74

指 标	单位	绝对数	比上年增长(%)
	亿元	791.41	13.0
其中：住宅	亿元	569.62	29.4
其中：土地购置费	亿元	200.72	60.7
房屋施工面积	万平方米	6878.78	7.8

续表74

指　标	单位	绝对数	比上上年增长(%)
其中：住宅	万平方米	4595.72	11.9
房屋新开工面积	万平方米	1856.47	51.4
其中：住宅	万平方米	1422.78	65.5
房屋竣工面积	万平方米	721.93	-6.3
其中：住宅	万平方米	442.79	-12.4
房屋销售面积	万平方米	1415.77	13.8
其中：住宅	万平方米	1187.17	15.8
本年资金来源	亿元	1622.99	8.7
其中：国内贷款	亿元	179.82	139.5
其中：个人按揭贷款	亿元	273.33	-4.0
本年购置土地面积	万平方米	149.03	18.1
本年土地成交价款	亿元	94.07	75.8

五、国内贸易

全年全市社会消费品零售总额3407.89亿元，比上年增长12.3%。按构成分，限额以上消费品零售额1488.5亿元，增长17.2%；限额以下消费品零售额1919.39亿元，增长8.8%。

在限额以上批发零售企业商品零售额中，建筑及装潢材料类比上年增长18.3%，五金、电料类增长22.2%，中西药品类增长35.4%，服装鞋帽、针、纺织品类增长25.4%，家用电器和音像器材类增长28.6%，体育、娱乐用品类增长24.2%，汽车类增长13.1%，粮油、食品类增长12.0%，石油及制品类增长12.6%。全市限额以上批发和零售业企业通过互联网实现商品零售额228.68亿元，比上年增长29.7%。

图11　2014—2018年社会消费品零售总额及其增长速度

2018年进出口主要分类情况

表75

指　标	绝对数（万美元）	比上年增长（%）
进出口总额	18537000	18.2
出口额	11926000	14.0
其中：一般贸易	10833181	16.8
加工贸易	777025	-12.4
其中：机电产品	820278	2.8
其中：高新技术产品	2530613	5.0
进口额	6611000	26.7
其中：一般贸易	5529021	24.8
加工贸易	447316	20.1
其中：机电产品	824702	311.6
其中：高新技术产品	1699352	130.0

2018年对主要国家和地区进出口情况

表76

国家和地区	出口额（万美元）	比上年增长（%）	进口额（万美元）	比上年增长（%）
亚洲地区	883321	22.7	668151	31.0
香港地区	138872	14.4	2006	59.0
台湾地区	43559	51.7	54459	31.6
日本	43784	16.4	50778	321.6
韩国	28685	28.4	16473	29.1
东盟	422518	34.4	51092	22.7
欧盟	316473	10.9	73861	49.2
俄罗斯	26997	-8.0	32011	58.0
美国	289775	27.4	66022	17.1
非洲	110239	26.8	97192	41.3

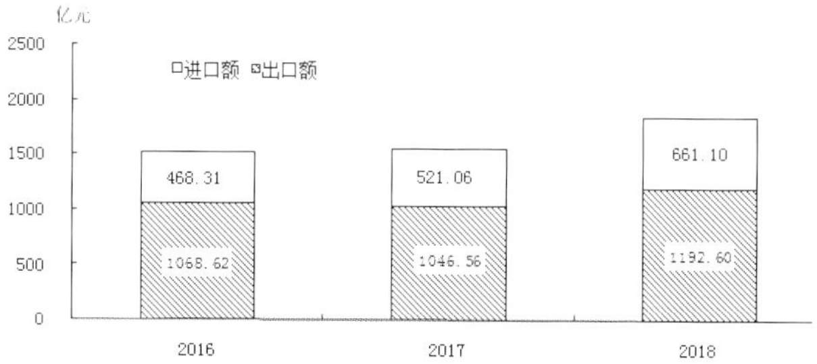

图12　2016—2018年货物进出口总额

六、对外经济

全年全市进出口总额达1853.7亿元，比上年增长18.2%。其中，出口1192.6亿元，增长14.0%；进口661.1亿元，增长26.7%。进出口顺差531.5亿元，比上年增加5.5亿元。

全年全市新签外商直接投资合同项目280项，比上年增长42.9%，投资总额41.32亿美元，比上年增长158.2%；合同外资金额18.16亿美元，增长164%；按验资口径，实际利用外资6.35亿美元，增长12.4%。新批外商投资超千万美元（含增资）的项目由上年的30家增长到50家。在新签利用外资合同中，投向第二产业的合同金额13.61亿美元，增长214.3%，投向第三产业的合同金额4.35亿美元，增长83.5%。外商投资企业当年累计开业投产164家。

2018年外商直接投资分行业情况

表77

行业名称	新批合同项目（个）	合同金额（万美元）	实际使用外资（验资口径）（万美元）
总　　计	280	181596	63504
农、林、牧、渔业	13	1914	95
制造业	72	90768	51850
电力、燃气及水的生产和供应业	0	-240	454
建筑业	3	623	379
交通运输、仓储和邮政业	8	12303	3677
信息传输、计算机服务和软件业	12	40285	27
批发和零售业	98	13634	566
住宿和餐饮业	12	733	128
金融业	0	563	89
房地产业	11	9013	4615
租赁和商务服务业	19	6109	352
科学研究、技术服务业	22	3594	1152
水利、环境和公共设施管理业	0	—	60
居民服务、修理和其他服务业	3	2176	7
卫生和社会工作	1	47	0
文化、体育和娱乐业	6	74	53

全年共签订对外经济技术合作合同金额6821.76万美元，比上年下降38%；完成营业额5589万美元，增长11.1%。全年派出劳务人员6305人，年末在外劳务人员共有4816人。全年批准境外投资企业20家，境外投资金额17.94亿美元。

七、交通、邮电和旅游

全年全市交通运输、仓储和邮政业实现增加值540.41亿元，增长7.7%。全年全市共新建、改建公路364公里。年末公路通车总里程达17696公里，比上年增加39公里。其中，二级及二级以上高级公路里程2819公里，高速公路里程652公里。公路密度达160.87公里/百平方公里。全市铁路总里程360公里，其中高铁里程86.97公里。

全年全市货物运输量31259.35万吨，增长8.8%；客运量7030.07万人次，下降8.4%。全市港口完成货物吞吐量12832.37万吨，比上年下降1.2%，其中外贸货物吞吐量3889.89万吨，增长0.6%；集装箱吞吐量240.39万标箱，增长7.2%。

年末，全市民用汽车保有量达到143.92万辆（含三轮汽车和低速货车），比上年末增长13.0 %；其中私人汽车保有量129.89万辆，增长11.4%。全市民用轿车保有量92.24万辆，增长13.1%；其中私人轿车保有量86.29万辆，增长11.7%。全市共有营运汽车总数71353辆，其中客运车辆8452辆（含客运班车1605辆，旅游客车292辆，包车客车295辆，公交车3542辆，出租车2718辆），货运汽车62901辆（含普通货车51199辆，牵引车4975辆，挂车6727辆）。拥有省际运输船舶227艘，总载重301.89万吨。全市公交运营线路长度5097.6公里，全年公交客运量17519.2万人次。

全年完成邮电业务总量675.72亿元，增长87.5%。其中，邮政业务总量210.17亿元，增长32.2%；电信业务总量465.54亿元，增长131.1%。全市电话用户总数1166.99万户，其中：固定电话用户159.19万户；移动电话用户1007.80万户，其中4G电话用户818.75万户，净增111.33万户，移动宽带用户普及率为102.22%，比上年提高13.65个百分点。全市电话普及率为134.1%，其中：固定电话普及率18.30%，移动电话普及率115.84%。全市互联网用户1205.14万户，增加133.54万户，其中：固定宽带用户351.18万户，增加59.15万户，固定

2018年各种运输方式完成货物运输量情况

表78

指　标	单位	绝对数	比上年增长(%)
货运量	万吨	31259.35	8.8
铁路	万吨	1089.09	15.1
公路	万吨	17426.83	5.4
水运	万吨	12737.05	13.3
民航	万吨	6.38	7.7
货物运输周转量	亿吨公里	—	—
铁路	亿吨公里	—	—
公路	亿吨公里	151.65	6.6
水运	亿吨公里	2037.12	14.6
民航	亿吨公里	— —	

2018年各种运输方式完成旅客运输量情况

表79

指标	单位	绝对数	比上年增长(%)
客运量	万人	7030.07	-8.4
铁路	万人	1371.11	3.7
公路	万人	4898.46	-15.6
水运	万人	16.19	15.2
民航	万人	744.31	39.4
旅客运输周转量	亿人公里	—	—
铁路	亿人公里	—	—
公路	亿人公里	36.01	-13.0
水运	亿人公里	0.0659	15.2
民航	亿人公里	—	—

图13 2014—2018年末电话用户数

宽带家庭普及率为116.65%，比上年提高36.67个百分点；移动互联网用户853.96万户，增加74.39万户。

全年共接待国内外游客6659.88万人次，比上年增长21.7%。其中，国内游客6481.84万人次，增长21.6%；境外游客178.04万人次，增长22.6%。全年实现旅游总收入1089.68亿元，增长29.1%。其中，国内旅游收入971.62亿元，增长29.1%；旅游创汇17.84亿美元，增长32.0%。

八、金融

年末全市金融机构本外币各项存款余额6947.84亿元，比上年末增长0.8%，其中人民币各项存款余额6867.04亿元，比上年末增长1.3%。人民币存款中，住户存款余额3779.73亿元，比上年末增长7.6%；企业存款1833.8亿元，比上年末下降3.8%。全市金融机构本外币各项贷款余额6393.05亿元，比上年末增长5.3%，其中人民币各项贷款余额6375.46亿元，比上年末增长5.5%。人民币贷款中，个人消费贷款余额1858.91亿元，当年新增323.16亿元，其中住房贷款余额1422.37亿元，当年新增287.77亿元。

2018年末金融机构本外币存贷款情况

表80

指标	年末数(亿元)	比上年末增长(%)
各项存款余额	6947.84	0.8
其中：人民币存款	6867.04	1.3
其中：非金融企业存款	1833.80	-3.8
住户存款	3779.73	7.6
各项贷款余额	6393.05	5.3
其中：人民币贷款	6375.46	5.5
其中：短期贷款	2522.93	-7.5
中长期贷款	3604.30	16.2

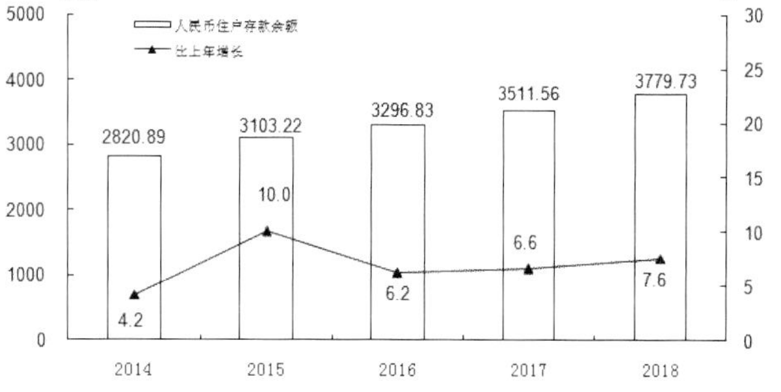

图14 2014—2018年人民币住户存款余额及其增长速度

全年全市通过证券市场发行、配售股票共筹集资金6.6亿元，比上年减少12.1亿元。其中，配股1只，筹集资金6.6亿元，比上年减少7.68亿元。截至2018年末，累计境内上市公司（A、B股）20家，总市值807.73亿元，比上年末减少49.6%；累计境外上市公司84家。

全年全市保险业实现各项保费收入213.87亿元，比上年增长8.4%。其中，财产保险保费收入63.25亿元，增长1.0%；人寿保险保费收入150.62亿元，增长11.9%。赔款及给付支出64.17亿元，增长7.1%。其中，财产保险赔款及给付支出34.97亿元，增长11.0%；人寿保险赔款及给付支出29.19亿元，增长2.7%。

九、人民生活与社会保障

全年全市居民人均可支配收入36088元，比上年增长8.5%；人均消费支出23273元，增长8.1%；人均住房建筑面积72.2平方米。按常住地分，全市城镇居民人均可支配收入46111元，增长8.0%，人均消费支出28193元，增长8.3%，人均住房建筑面积70.5平方米；农村居民人均可支配收入20277元，增长9.0%，人均消费支出15511元，增长6.6%，人均住房建筑面积75.0平方米。城乡居民家庭恩格尔系数分别为32.1%和40.8%。

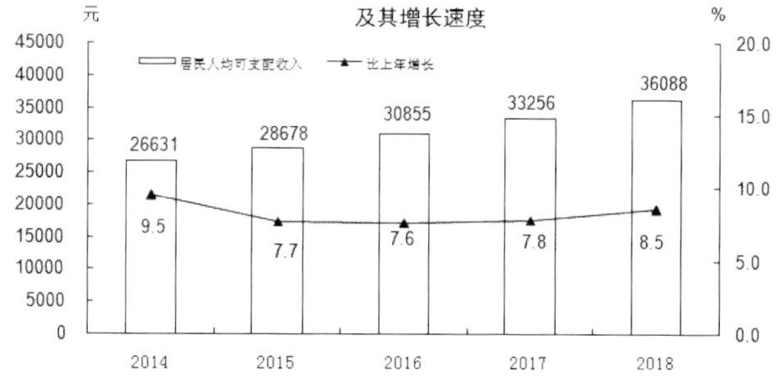

图15 2014—2018年居民人均可支配收入及其增长速度

年末城镇每百户家庭拥有彩色电视机110.7台、洗衣机85.5台、电冰箱（柜）111.2台、空调190.2台、计算机84.4台、家用汽车57.1辆、移动电话289.9部。年末农村百户家庭拥有彩色电视机109.4台、摩托车92.8辆、家用汽车16.1辆、洗衣机67.4台、空调110.2台、移动电话250.6部。

全市年末参加养老保险人数530.49万人，比上年新增6.55万人。其中：参加企业养老保险人数143.76万人，比上年新增4.2万人，参加机关事业单位养老保险人数19.97万人，比上年新增0.21万人，参加城乡居民社会养老保险人数

366.76万人，比上年新增2.14万人。年末企业离退休人员领取基本养老保险金人数10.64万人，全部实现养老金按时足额发放。年末全市参加失业保险人数68.02万人，领取失业保险金人数0.56万人；参加工伤保险人数为116.13万人；参加生育保险人数为95.34万人；参加职工基本医疗保险人数114.46万人；参加城乡居民基本医疗保险人数608.57万人，参保率98%。

年末全市收养性社会福利单位有469个。其中，儿童收养性福利机构12个，床位575张，年末在院人数318人；城镇老年收养性福利机构22个，全市养老服务床位23525张。全市社区服务机构和设施2363个，其中社区服务中心31个，社区服务站1832个，未登记的农村特困人员救助供养机构43个，社区养老机构和设施233个，社区互助型养老设施159个，其他社区服务机构和设施65个。城市有9196人享受到最低生活保障救助，比上年减少1178人；农村有58856人享受到最低生活保障救助，比上年减少1995人。全年销售社会福利彩票12.6亿元，直接接收社会捐赠款9907万元。

全年全市创建30个乡村振兴基本点、9个乡村振兴示范点，投入实际扶持资金2450万元。34个省级扶贫开发帮扶村共争取各类资金达1.13亿元，实施帮扶项目272个。组织实施“造福工程”，落实搬迁安置1443人。

十、教育和科学技术

全市拥有高等院校18所，其中本科高校6所，独立学院1所，高职高专12所。研究生在校生4999人，招生1620人，毕业生1052人。普通高校本专科在校生13.03万人，招生4.13万人，毕业生3.52万人。全市中等职业学校35所（含技工学校3所），普通高中117所。高中阶段在校生23万人；招生8.01万人，其中普通高中4.48万人、中等专业学校3.33万人、技工学校0.19万人。全市普通初中213所，初中在校生28.74万人，招生10.46万人，其中招收外来务工人员子女3.73万人。全市小学1338所，在校学生77.26万人，招生14.42万人，其中招收外来务工人员子女4.87万人。全市幼儿园1541所，在园幼儿39.69万人，招生14.14万人，学前三年入园率98.08%。全市特殊教育学校10所，特殊教育在校生2303人。在泉就读进城务工

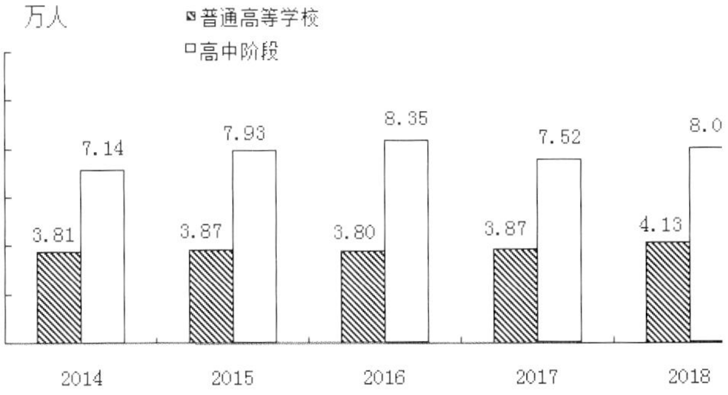

图16 2014—2018年各类学校招生人数

人员随迁子女义务教育阶段30.61万人。

年末全市企事业单位共有各类专业技术人员（不含退休及非公有制企业从业人员）11.13万人，其中高级职称1.33万人，中级职称4.68万人，初级职称4.09万人，未评职称1.03万人。共设立了20个企业博士后科研工作站，累计引进博士后研究人员256人（次），目前在站博士后56人。

年末，全市拥有国家高新技术企业508家，省级高新技术企业189家，拥有省级、市级工程技术研究中心分别达85个和201个，228家企业被评为福建省创新型企业。全年共实施国家、省、市各级各类科技计划项目352项，其中省级24项、市级328项。全年专利申请61803件，授权39914件，2012年以来累计专利授权量达150741件。其中，本年新增发明专利授权量3443件，2012年以来累计发明专利授权量达9743件，年末每万人口发明专利拥有量达9.99件。全年共签订各类技术合同81项，合同金额9917.83万元。

年末共有产品检测机构8个，其中国家检测中心6个。全市共有法定计量技术机构9个，全年强制检定计量器具15.6万台（件），非强检计量器具2.3万台（件）。全年监督抽查1803家生产企业的产品2835批次，合格率达96.19%。

全年新增获工商总局认定全国驰名商标2件 ，年末累计156件。年末全市拥有省政府质量奖4个、市政府质量奖16个，福建省名牌产品304项。全市累计拥有11个全国农业标准化示范区项目，23个福建农业标准化示范区。

全年全市新增完成2项国际标准研制，126项国家标准制修订，106项行业标准制修订，24项地方标准制修订。全市累计获批独立承担或联合承担19个专标委秘书处和工作组。

年末全市共有国家级地面气象观测站7个，其中国家基准气候站1个、国家基本气象站1个、国家一般气象站5个；拥有天气雷达观测站1个，风廓线雷达站2个，区域气象自动站258个。全市共有地震前兆台站20个，前兆测项43个，测震台站17个，烈度速报台站148个，强震动观测台站11个，GPS观测基准台6个。

十一、文化、卫生和体育

年末全市共有各类艺术表演团体12个，影（剧）院69个，群众艺术馆1个，文化馆12个，博物馆（纪念馆）12个，乡镇文化站164个，公共图书馆11个。图书馆藏书总量506.37万册，电子图书601.70万册。文化系统专业艺术表演团体艺术演出1967场，观众94.15万人次；剧场、影剧院演（映）出75.97万场次。年末全市有广播电视台9座，调频、电视转播发射台9座，广播节目12套，广播综合人口覆盖率为98.55%；电视节目12套，电视综合人口覆盖率为98.51%。全市有线广播电视覆盖用户235.49万户，实际用户140.05万户，有线广播电视传输干线总长44829.99公里。

年末全市共有各类卫生机构（不含村卫生室）1647个，其中医院131个，卫生院126个，预防保健机构（含妇幼所、院）99个。年末共有卫生技术人员45724人，其中医生17114人，注册护士20235人。卫生机构拥有编制病床35728张，开放床位40463张。全市农村100%行政村有医疗点，乡村医生和卫生员5335人。

全年共报告法定甲乙类传染病病例16159例，报告发病率186.81/10万。县级以上医疗机构疫情报告网络直报覆盖率为100%，乡镇卫生院覆盖率为100%，儿童预防接种四苗接种率99.66%；乙肝疫苗接种率99.78%。

全年全市运动员取得2项7人次亚洲冠军，10项42人次全国冠军。全年全市共新建“全民健身工程”点116个。成功举办泉州市第十届全民健身节。全年销售体育彩票19.9亿元。

十二、资源、环境和安全生产

年末环湾建成区面积达226平方公里，比上年末增加6平方公里；其中，中心市区建成区面积达154.5平方公里，比上年末增加3.5平方公里。中心市区建成区新增园林绿地241.8公顷，总绿地面积达9107.8公顷，绿化覆盖面积9763.2公顷，绿化覆盖率为43.2%，人均公园绿地面积为14.6平方米。

全年全市自来水供水总量52723.51万立方米，其中居民家庭自来水用水量18980万立方米，家庭自来水用户107万户。全年共铺装天然气管道528公里，年末天然气管道累计达3861公里；天然气用户数34万户。全年全市城市生活垃圾无害化处理率100%；城市污水处理率93.23%。

全年辖区内除洛江区外其他各城市、县城空气质量均达到国家二级标准，泉州市区空气质量一、二级优良天数346天，占总天数的94.8%；市区饮用水源达标率为100%，晋江流域水质监测省控断面III类水质达标率为100%。全年农村饮水安全受益人口10.38万人。

泉州市本级和10个县（市、区）先后建成国家生态市、县、区并获命名；德化县、永春县获评国家生态文明建设示范县。全市建成111个国家级生态乡镇，1659个市级以上生态村。

全市拥有省级以上林业自然保护区4个，其中国家级自然保护区1个；林业自然保护区面积4.29万公顷，占国土面积的3.91%。另有福建深沪湾海底古森林遗迹国家级自然保护区，面积31平方公里。全市拥有森林公园38个，其中国家级1个、省级22个，森林公园总面积3.95万公顷，占国土面积的3.58%。全市森林面积64.1万公顷，森林覆盖率为58.7%，活立木总蓄积量4157.02万立方米，森林蓄积量为4017.74万立方米。

全年发生森林火灾5起，过火面积70.9公顷，因森林火灾造成受害森林面积70.3公顷，损失林木2858立方米、幼树2.6万株。

全年因主要气象灾害造成的直接经济损失2.29亿元，比上年减少15.8%；全年农作物受灾面积1657.73公顷。

全年全市共发生生产安全事故329起，比上年下降12.7%，其中工矿企业（含消防火灾、建筑行业等）30起、道路交通287起、铁路交通12起；死亡165人，下降10.8%，其中工矿企业（含消防火灾、建筑行业等）29人、道路交通127人、铁路交通9人；受伤246人，下降21.9%，其中工矿企业（含消防火灾、建筑行业等）4人、道路交通239人、铁路交通3人；经济损失1579.27万元，下降2.4%，其中工矿企业（含消防火灾、建筑行业等）1038.46万元、道路交通533.31万元、铁路交通7.5万元。各类较大事故0起。亿元生产总值生产安全事故死亡人数0.017人，比上年下降26.1%；煤矿百万吨死亡人数为0；火灾十万人口死亡人数0.276人，比上年上升137.9%。

注释：

[1]本公报中数据均为初步统计数。各项统计数据均未包括金门县。部分数据因四舍五入的原因，存在着与分项合计数不等的情况。

[2]地区生产总值、各产业增加值绝对数按现价计算，增长速度按可比价格计算。

[3]根据2016年农业普查结果，市农普办对2007—2017年农林牧渔业总产值及农业、畜牧业、渔业相关数据进行调整和修订，凡以前我局发布过的相关数据与本公报不一致的，均以本公报为准。

2018年泉州市重点课题调研成果选登

新时代践行“晋江经验”增创泉州改革开放新优势的研究

□ 泉州市委政研室 泉州市政府发展研究中心课题组

2002年，时任福建省省长的习近平同志亲自总结提炼了以“六个始终坚持”和“正确处理好五大关系”为主要内涵的“晋江经验”，源于实践又指导实践，是泉州的巨大财富。省委于伟国书记接受《求是》记者专访谈到，“晋江经验”既为创造晋江奇迹提供“金钥匙”，也为实现转型升级提供“助推器”，更为引领改革开放提供“导航仪”。站在改革开放40周年的历史节点，对“晋江经验”最好的传承和弘扬，就是要以习近平新时代中国特色社会主义思想和党的十九大精神为指导，在新的伟大实践中增创改革开放新优势，勇当高质量赶超主力军，为全国全省改革开放大局作出泉州的新贡献。

一、泉州践行“晋江经验”实现新跨越

十六年来，在习总书记的前瞻指导下，泉州始终把“六个始终坚持”“正确处理好五大关系”要求融入推进高质量发展的全过程和各环节，实现了“五个跨越”，“晋江经验”也在实践、认识到再实践、再认识的多次往复中不断丰富发展。

1.经济实力的跨越。全市GDP从2002年的1081亿元，到2007年突破2000亿元、2011年突破4000亿元、2017年突破7500亿元，近五年仍保持年均增长9.4%，经济总量连续19年保持全省首位；人均GDP达8.8万元。2018年前三季度，全市GDP比增9.1%，位居全省第一，其他主要经济指标好于预期，呈现持续上升态势。“晋江经验”加快复制推广，县域经济从一枝独秀到多点开花，晋江、石狮、南安、惠安、安溪5个县域进入全国百强县，晋江稳定在全国第5位，安溪2011年从国家级贫困县跻身百强县，2017年提升到第65名。

2.产业结构的跨越。从小企业、轻工业为主，加快迈向大企业、现代集群。2017年，全市制造业规模达1.45万亿，拥有上市企业104家、产值亿元以上企业2523家、中国驰名商标155件，形成纺织服装、鞋业、石化、机械装备、建材家居、食品6个千亿产业集群。重化产业从小到大，由炼油向精细化工延伸，高新产业从无到有，集成电路、化合物半导体由大项目落地到全产业链拓展，以消费类工业为主的结构格局即将得到根本性改变。“三去一降一补”有序推进，规上企业中“好中差”（即产值两位数增长、个位数增长、减停产）从2015年底的5.1:2.4:2.5演化为目前的6.9:1.8:1.3。获批福厦泉国家自主创新示范区、中国制造2025城市试点示范。

3.城镇一体的跨越。从乡村工业化、重点镇、中心镇到大规模城市建设、统筹推进美丽乡村建设，再到实施生态修复城市修补国家试点。中心市区加快环湾、向湾发展，建成区面积从2002年不足70平方公里，发展到当前220平方公里，全市城镇化率从41.9%上升到65.3%。2014年5月习总书记专门就晋江新型城镇化试点工作作出重要批示（眼睛不要只盯着大城市，中国更宜多发展中小城市及城镇，要总结这方面的经验，积极培育推广先进经验），我们坚持差异化、多元化发展路子，探索城市现代化、产城融合、大城关、特色新市镇、美丽乡村等五种发展模式，晋江、石狮分别列入国家新型城镇化综合试点、国家中小城市综合改革试点。

4.开放文明的跨越。主动融入国家“一带一路”和福建海丝“核心区”建设，当选首届“东亚文化之都”，承办亚洲艺术节、海丝国际艺术节、金砖国家治国理政研讨会等，赢得2020年世界中学生运动会举办权；2017年与海丝沿线国家地区贸易额720亿元，占全市贸易的一半；2018年前三季度，全市实现进出口总额1429亿元，增长26.8%。着力培育贸易新业态新模式，五年来电商销售年均增长30~40%，2017年电商交易额达4000亿元，快递业务量占全省近半，获批国家级市场采购贸易方式试点。自觉追求“绿水青山就是金山银山”，点线面铺开生态治理，从90年代开始强力推进建陶行业“拔烟囱”、集控区建设、跨县流域治理、上下游生态补偿，到主动融入全省国家生态文明

试验区建设、构建生态连绵带。近年来，荣获或保持全国文明城市、环保模范城市、卫生城市、生态市、园林城市、森林城市等称号。

5.民生福祉的跨越。2017年城镇居民、农村居民可支配收入分别为4.27万元、1.86万元，分别比2002年增长369%、285%。加快构建“兜底性、基础性、普惠性”民生体系，实现基本公共服务全覆盖，日益满足多样化需求。坚持七成以上财力用于民生事业，每年滚动实施一批为民办实事项目，仅近五年就新增中小学学位8.6万个、公办幼儿园学位3.9万个、医疗机构床位1.2万张，城乡医疗保险、养老保险实现全覆盖，绝大部分贫困人口收入达到市定贫困线之上，实现县域义务教育发展基本均衡。

二、泉州发展依然不平衡不充分

进入新时代，社会主要矛盾已经转化为人民日益增长的美好生活需要和不平衡不充分的发展之间的矛盾，经济已由高速增长阶段转向高质量发展阶段。从“有没有”向“好不好”、从“铺摊子”向“上台阶”的转变，泉州发展中不平衡不充分的一些突出问题尚未解决。

1.实现高质量赶超目标与经济增长后劲不足的矛盾。尽管总量全省第一，距离GDP万亿俱乐部越来越近，经济L型增长态势初步形成，但对标国内先进城市和赶超目标，发展依然处于“不充分”状态，增长后劲已显不足。从外因来看，国内经济运行面临下行压力，国际外部环境复杂严峻，中美贸易摩擦将导致中长期不利影响。目前2500亿美元增税直接影响出口约100亿元，主要波及家居建材、箱包及机械装备等行业，更大的冲击还包括上下游企业冲击、企业信心受抑、产能境外转移等连锁反应。10月底美国商务部对晋华采取限制出口措施，更直接打击了我市新兴产业的培育。从内因来看，占制造业近70%的传统产业尚处于结构调整时期，简单规模扩张、低端竞争难以为继。新的增长动力和发展优势仍未成型，重特大项目接续不足，基础设施投资增速回落明显，第三产业增长缺乏细分行业支撑，作为新动能代表的上市企业后续短缺，如2017年泉州新增上市企业3家，而厦门、福州均新增11家，宁波新增20家。

2.建设现代化经济体系与经济结构不优的矛盾。消费升级大背景下，产品升级和业态更迭成为企业应对市场竞争的必然选项，但泉州“不平衡”的经济结构难以适应市场需求。从三大产业板块来看，2018年前三季度，传统、重化、高新实现增加值比增分别为10.6%、6.6%、9.6%，传统产业依然为主体。高新技术产业产值占规上工业比重仅为16.7%，而与泉州GDP总量相当的南通（7734.6亿元）、东莞（7580亿元）、烟台（7339亿元）分别达50.3%、39%、42.5%。从产业价值链来看，长期贴着中低端制造业、“汗水型经济”的标签，品牌溢价有限，企业的附加值、盈利水平偏弱（2017年工业增加值率25.7%，发达国家在35%以上），百元GDP税收低于全国全省（2017年泉州为4.67%，苏州9.84%、嘉兴9.46%）。产业链上下游配套价值不高，精品工厂较少，缺乏如申洲国际的顶级制造工厂，无法满足龙头领军企业的配套要求，不少龙头企业纷纷到外地寻找代工配套，如安踏旗下高端品牌FILA选择在广东、山东、江苏等地代工生产。

3.转变经济发展方式与创新驱动能力不强的矛盾。近年来，我国加速制造升级，创新日益成为第一动力。但泉州无论是传统产业还是新兴产业，所需的高端装备、关键零部件、关键材料受制于进口依赖，创新驱动能力相对不足。从创新投入看，2017年规模以上工业企业中仅18.6%有开展研发活动。R&D投入占GDP比重1.08%，低于全省、全国平均水平，而南通、东莞、烟台、福州分别达2.69%、2.5%、2.6%、2.18%。从创新资源看，高等院校、科研院所、高新企业和科创人才都比较缺乏，省级新型研发机构仅12家（福州27家），高新技术企业数量只有福州的一半、不到厦门的1/3。光电、半导体、信息技术、人工智能等重点产业高层次人才和高技能人才缺口超10万人。

4.提升区域全要素支撑力与资源不足配置不优的矛盾。现代竞争已成为区域之间的综合较量，企业对城市软硬环境的要求、城乡居民对公共服务的要求都越来越高，但泉州城市和区域发展“不充分不平衡”。从城乡格局看，“全域工业化、就地城镇化”的传统发展模式，日益显现出资源碎片化、力量分散化、平台低端化等局限，在成就经济总量的同时，也拖累了城市发展，“组团”间分工协作不足，中心城市对县域、县城对乡镇、乡镇对农村的辐射带动都相对不足。从群众需求看，优质教育、医疗、养老等资源过于集中，供给相对不足，无法满足群众多样化、个性化、高端化的期待，也跟不上人口人才集聚的需要，难以让高端人才安家安心。如每千人医疗机构床位数4.4张、每千人拥有执业医师数1.8人，均低于全省平均水平。普惠性学前教育资源紧缺，区域性学位缺口较大，国际双语学校、高端学前教育及社区教育等教育资源偏少。

三、推进“晋江经验”再出发，增创泉州改革开放新优势的路径思考

总的思路是，以习近平新时代

中国特色社会主义思想和党的十九大精神为指导，坚持党对一切工作的领导，坚持统筹推进“五位一体”总体布局、协调推进“四个全面”战略布局，坚持稳中求进工作总基调，坚持新发展理念，以供给侧结构性改革为主线，紧紧围绕高质量发展落实赶超，进一步解放思想、勇于创新，以新担当新作为，作答再创“晋江经验”新辉煌、打好转型升级“后半场”、勇当高质量赶超主力军三个时代命题，努力打好转型组合拳，建好城市展示面，选好活力大环境，加快建设“创新、智造、海丝、美丽、幸福”的现代化泉州，努力成为综合改革试验田、转型升级主战场，打造海丝重要门户城市、品质生活美好家园，为全国全省改革开放大局作出泉州新的贡献。

（一）**成为综合改革的试验田**。重燃“敢拼、爱拼、善拼”的改革激情，用“归零”和“重启”的心态重整行装再出发，抢抓改革试点机遇，持续在重点领域和关键环节改革先行先试，不断赋予“晋江经验”新的时代内涵。

1.进一步增强民营经济新优势。深入贯彻习总书记在民营企业座谈会重要精神，始终坚持“两个毫不动摇”“三个没有变”，最大限度激发各类市场主体活力。坚定不移支持民营经济越过“转型坎”，实施好进一步支持民营企业健康发展行动方案，致力构建“亲”“清”政商关系，创新政企互动新模式，保护好“有义、有根、有智、有梦”的泉商特质，积极投身高质量发展大局。坚定不移推进国有企业混合所有制改革，推动市县国有资本战略性整合、专业化重组，支持国有企业参与上市公司纾困，发挥国有资本在重大区域开发、重大战略资源整合、重大产业集群建设的平台作用。坚定不移深化军民融合发展，发挥市军民融合产业投资基金的撬动作用，支持企业承接涉军科技成果、专利技术转化，参与军品研发生产，力争在芯片、传感器、卫星导航、新材料等领域实现突破。

2.持续打造一流营商环境。践行“马上就办”，落实持续打造一流营商环境的实施意见，聚焦企业所忧所需、群众所想所盼，坚持体系化构建与个性化探索相结合，深化“放管服”改革，让企业和群众真正有“感”。致力推进审批标准化、服务便民化、政务智慧化“三个化”，以自由裁量权为突破，挤压“商量空间”，建立“泉州标准”；以“互联网+政务服务”为抓手，加快“技术+制度”集成创新，推进重点领域和高频审批事项提速增效。致力完善产权保护、执法监管、社会信用等“三个体系”，妥善解决不动产历史遗留问题，推进跨部门联合监管，以提高政府公信力为核心引领社会诚信建设。致力提升金融与实体经济、人才与产业发展、开放与贸易投资等“三个匹配度”，进一步降低企业成本、减轻企业负担，造好产业根植发展的生态环境。

3.深入推进要素市场化改革。坚持使市场在配置资源中起决定性作用，促进要素自由流动和优化配置。深化国家“金改区”建设，持续“引金入泉”，开展台资企业资本项目管理便利化试点，引导金融更好服务中小微、科创型企业；把握上交所科创板和注册制新机遇，推进新一轮企业改制上市和并购重组；加强政银保联动，探索民营企业市场化“债转股”，支持海峡股权泉州交易中心设立“股改板”。全力推进人才“港湾计划”，坚持人才跟着产业走、不拼财力拼创业，创新后备人才、储备人才市场化供给机制，探索分类建立专业技术人才、企业经营管理人才、高技能人才等各类人才评价指标体系。推进农村集体产权、林权制度改革，逐步构建全民所有自然资源资产有偿出让制度，推进生态产品市场化改革。

（二）**成为转型升级的主战场**。坚守实体经济根基，培育新增长点、形成新动能，积极创建国家级服务型制造示范城市，构建市场机制高效、主体活力强劲的现代经济体系，重塑“泉州造”新印象、新价值、新引擎、新格局。

1.加速推进制造业“三大板块”成形成势。抢抓技术迭代周期机遇，巩固传统产业领先优势，加快重化产业、高新技术产业规模化集群化，打造行业领先、根植性强、粘合度高、大中小企业紧密协作的现代产业集群。向智能制造争空间，实施科技赋能计划，深化“数控一代”“机器换工”，持续开展制造业数字化、网络化、智能化改造，实现高质效、高附加值、低成本制造，打造全国重要的民生消费品制造基地。向集群生态争空间，优化企业、产业、社会三重生态圈，实施龙头企业成长计划，创新“一对一”服务模式，支持龙头企业搭建垂直供应链平台、全流程整合，促进大中小企业紧密分工协作，形成全产业链协同效应。向跨界融合争空间，推进先进制造业与现代服务业、数字经济与实体经济、文化产业与相关产业融合发展，重点在集成电路设计、软件、动漫、物联网、工业互联网、大数据等领域求突破，开拓新经济版图，引领转型、迈向高端。

2.深入实施创新驱动发展战略。坚持创新是第一动力，以国家创新型城市、国家自主创新示范区建设为抓手，高起点规划建设创新中心，加快集聚科技创新全要素和创新资源，打造创新发展“引领极”。突出企业主体地位，推进高新技术企业、瞪羚企业、科技小巨人企业和科技型初创企业培育计划；发挥协会联盟、创业大赛、产业投资基金等渠道作用，发现和培育一批“高新特”种子项目。大力建设高水平创新平台，“一院一策”引进更多“国字号”研发机构，支持龙头企业与科研院所、高校紧密合作，建设一批产业创新服务综合体、制造业创新中心。优化创新发展空间载体，凸显中心市区“创新中心”地位，高起点布局“环清源山”科创走廊，高水平规划建设“泉州科技城”，实施开发区、特色小镇、孵化器升级行动，打造开放性创新生态。

3.推进现代服务业扩量提质。立足制造大市、消费大市、文化大市优势，顺应制造业服务化和居民生活品质化趋势，以制造服务、消费服务、文旅服务为主攻方向，力争到2020年第三产业增加值占GDP比重达40%。制造服务业突出加减并重，深化“生产基地＋物流＋互联网”，鼓励以龙头企业为核心的供应链金融创新；稳步推进主辅分离，重点发展垂直电商、供应链管理、外贸综合服务、第三方第四方物流、开放式检验检测中心等。消费服务业突出增存并举，培育发展体验经济、全渠道经营、“新零售”、智慧养老等新业态。文旅服务业突出融合并驱，构建“亮点在古城、厚度在山海、空间在生态连绵态”的全域旅游发展格局，擦亮“海丝泉州”品牌，建设世界海丝文化休闲旅游目的地。

（三）**打造海丝重要门户城市**。把握闽西南协同发展区、城市文化复兴的历史机遇，以全面提升城市能级和品质为重点，突出区域协同、市域统筹、城乡协调，重塑城市的内在气质、开放格局、结构功能、形象颜值，加快推进城市现代化、国际化。

1.全面融入闽西南协同发展区。强化战略思维，提高全局站位，把优势做足、特色做响、短板补上，推动协同发展、融合发展、共赢发展。要在重大基础设施投融资平台合作上求突破，推进跨区域城际轨道、地铁、快速等交通衔接，建立厦门、泉州机场空域管理衔接机制，探索泉厦港口差异化发展模式，共建“丝路海运”。要在重大产业集群共建上求突破，建立跨区域创新合作和利益共享机制，统筹布局“三南高科技产业带”，共建福厦泉科创走廊、产业合作园。要在创新政策复制推广上求突破，积极对接自贸区、跨境电商综合试验区等政策辐射，争取纳入福建自贸区扩区范围。要在公共管理事务一体化均等化上求突破，争取在跨区域建设医联体、集团办学、人才交流等有更大突破，探索行政审批和公共服务事项“跨城通办”，共享优质生活圈。要在生态流域补偿制度建设上求突破，推进生态环保联防联控联治，借助环戴云山生态保护司法协作联盟、海洋环境联动执法等机制，合力打造“闽南蓝”。

2.统筹共聚环泉州湾大城市格局。延续“一湾、两翼、三带、多支点”城市格局，凝聚古城提质、新城集聚共识，坚持环湾向湾同城化发展，做强中心、联动两岸、连接组团、贯通两翼，打造“两江一湾”城市核心圈，探索更加高效紧密的“拥江向湾组团式”发展模式。强化市级统筹引领，发挥县域主观能动，在重大战略规划、重大基础设施、重大平台建设、重大产业布局等方面，统一设计、标准和时序节奏，加速环湾从“拼合”向“整合”演进。强化组团人口调控和功能优化，探索TOD城市开发模式，植入都市型产业和高等级公共服务，促进预算平衡、职住均衡。强化古泉州（刺桐）史迹的时代价值，结合“生态修复城市修补”，加强文物保护利用，实施文城相融、文产互促，保留最传统、拥抱最现代，让海丝基因在这座千年古城焕发新的光芒。

3.推进全域城乡统筹协调发展。深入贯彻习总书记关于晋江新型城镇化的重要批示精神，延展“五种模式”建设，致力打造中小城市和城镇协调发展的中国样板。强化试点引领、全域聚合，总结并推广晋江国家新型城镇化综合试点、石狮国家中小城市综合改革试点改革成果，推进其他县域和南北翼新城扩容提质、城产人融合。强化城乡融合、一体发展，全面深化小城镇综合改革和环境综合整治，增强小城镇服务“三农”功能，实施好19个专项行动，以更大的决心、超常的举措实施乡村振兴战略。持续提升乡村规划建设管理水平，深化农村环境综合整治，做到“留白”“留绿”“留旧”“留文”“留魂”。深化农业供给侧结构性改革，重点培育智慧农业、品牌农业、园区农业，大力发展田园综合体，培育壮大渔港经济区，率先全面消除集体经济相对薄弱村。始终把脱贫攻坚作为重要政治任务，实施特色帮扶，激活“造血”功能，积极探索相对贫困人口帮扶，确保如期脱贫、稳定脱贫。

4.开拓海丝先行区建设新格局。旗帜鲜明地将“海丝”作为泉州的“城市IP”，充分发挥中央赋予的“21世纪海上丝绸之路先行区”“海上合作战略支点”“市场采购贸易方式试点”等开放平台载体，打造层次更高、领域更广、辐射更强的开放型经济新高地。致力布局建设更高能级开放平台，推进港口一体化整合，拓展国际贸易“单一窗口”应用，更好发挥海关特殊监管功能，扩大区港联动和资源整合，培育发展“互联网+外贸+产业链”等贸易新业态新模式，建好7个国家级外贸转型升级示范基地，打造全省进口商品集散地。致力拓展国际合作“泉州空间”，鼓励海外泉籍社团回泉设立侨商总部，支持企业开创跨国经营新格局，依托海内外泉籍社团、联合国海陆丝绸之路城市联盟工商理事会等平台，打造对接东南亚、南亚、中东、非洲的“一带一路”商贸枢纽中心、产业合作中心。致力巩固“泉港澳台侨”交流合作机制，主动融入闽港澳合作机制，推进民间交往与官方合作并举，争取在创新科技、公共服务等领域合作取得突破性进展；深化“泉籍精英故乡行”等行动，建好用好南洋华裔族群寻根谒祖综合服务平台，凝聚侨心汇聚侨力；突出对台前沿平台，擦亮“共筑精神家园”“共续血脉亲缘”“共促交流融合”对台交流品牌，以更大力度吸引台湾人才来泉创新创业和就业实习，率先推进在泉台胞台企享受同等待遇，为推进两岸关系和平发展、服务祖国统一大业作出更大贡献。

（四）打造品质生活美好家园。始终把人民利益摆在至高无上的地位，突出全民共建共治共享，着力加快补齐民生短板，完善城乡一体的公共服务体系，持续提升城乡居民生活品质和幸福指数。

1.完善社会事业发展机制。深入推进补短板“四心”工程，滚动实施“XIN”行动，发动社会和市场力量参与公共服务供给，持续优化公共服务供给体系和供给结构。把办好人民满意的教育放在优先位置，推进城乡义务教育一体化，推进普高教育优质、特色、多样化发展，规范民办教育，深化产教融合，促进在泉高校更好更快发展。深化医药卫生体制改革，以“医联体”等改革为突破口，推进医疗资源整合共享、分级诊疗等基础性工程，实施医疗“暖心服务”三年行动，提升优质医疗资源总量和可获得性，完善多层次差异化的养老服务体系。推进现代公共文化服务与优秀传统文化传承融合发展，深化文化惠民工程，建设国家公共文化服务体系示范区。推进“体育+城市”互动融合发展，办好2020年世界中学生运动会等赛事，营造“有温度”“国际范”的现代城市风貌。

2.提升就业质量和社会保障水平。坚持就业优先战略，创新公共就业创业服务机制，精准推动高校毕业生等目标人群实现更高质量、更充分就业。坚持织牢兜底“安全网”，实施全民参保计划，全面建成覆盖全民的多层次可持续社会保障体系；完善城乡社会救助机制，推广泉港区“救急难”改革试点经验，统筹推进社会福利、慈善事业和优抚安置。坚持“房住不炒”定位，探索建立促进房地产市场平稳健康发展长效机制，推进棚户区、危房、石结构房屋改造惠及更多群众，完善住房保障体系。

3.持续提升生态文明试验区建设水平。以“生态+民生”打好污染防治攻坚战，以解决中央、省环保督察等突出环保问题为导向，加强源头保护和垂直管控，全面落实河（湖）长制，健全生态保护、水资源和土地资源三条红线制度，完善“两江”流域生态保护补偿机制。以“生态+产业”推进绿色发展，推动产业生态化、生态产业化，促进制造业转型升级与生态文明建设正向互动。以“生态+城乡”构建山水田园城市，坚持生态连绵带总牵引，落实“一环、一湾、十廊道”规划，分时序推进生态屏障区、生态廊道区、生态体验区建设，加快构建蓝绿交织、清新明亮、水城共融、多组团集约紧凑发展的生态城市布局；加快“两高”整治成效的延伸，深化两江沿岸景观环境整治，全面推进乡村人居环境整治，再现山清水秀、天蓝地绿、村美人和的美丽画卷。

4.创新社会治理体制机制。坚持发展新时代“枫桥经验”，加强党建引领下的基层自治和社区共治，建设符合泉州特点和发展规律的社会治理体系。以网络化管理、社会化服务为方向，打造“一纵三横”E治理新格局，推动社会治理体系架构改革、机制创新和流程再造，提高社会治理法治化、社会化、智能化、专业化水平。以完善安全生产责任制为核心，健全防灾减灾救灾机制，构建社会协同、公众参与的社会安全体系，打好打赢防范化解重大风险攻坚战，坚决打赢扫黑除恶专项斗争，确保人民安居乐业、社会安定有序。以实施“家园共造”行动为抓手，推进社区、社会组织、社会工作“三社联动”，更好发挥社会组织在社会治理中的作用，实现社会和谐“善治”。

课题指导：康 涛 翁祖根
课题负责：廖良结 胡毅雄
课题组成员：许友烈 刘荣添 杨华阳 巫锡柱 施铭鑫 庄翰鑫 黄惠敏 曾金沙 王修运

基于泉州经济结构转型的混合所有制改革研究
——泉州文旅集团混合所有制改革的实践与探索

□ 泉州市政府发展研究中心、泉州文旅集团联合课题组

十九大报告指出“深化国有企业改革，发展混合所有制经济”。推进混合所有制经济改革（以下简称“混改”）是党的十九大确定的重大任务，也是深化国有企业改革的重要举措。进行“混改”，推动国有资本与各类社会资本有机结合，能有效激发不同所有制的优势，优化股权结构，完善现代企业制度，推动国有企业高质量发展。为更好地推进“混改”，泉州文旅集团立足泉州经济结构转型的背景，结合“混改”实施推进的基本情况，针对存在的问题，提出深化“混改”的路径选择。

一、泉州经济结构转型为“混改”提供有利条件

在经济新常态背景下，我市经济结构进入转型的关键时期，一方面民营经济进入跨界多元化经营的新阶段，另一方面国有经济进入整合重组的新时期。二者都迫切需要通过不同所有制合作，实现互补共赢，赢得新的发展机遇和获得新的竞争优势，这为开展“混改”创造良好的条件。

（一）**泉州民营经济转型升级成为“混改”的重要动力**。我市民营经济经过改革开放40年的发展，经历从“草根”创业起步、质量管理、品牌运作、改制上市等里程碑的跨越，取得瞩目的成效，民营经济占全市经济总量八成以上，创造著名的“晋江经验”，为“混改”奠定重要基础。在供给侧结构性改革的背景下，我市民营经济开启新一轮的转型升级，企业主动顺应技术变革、消费行为变化、产业融合等经济发展新趋势，进入跨界多元化经营的新阶段。如七匹狼积极进军文化产业，参与晋江五店市、新门街传统文化街区的运营，通过整合历史文化、传统建筑、民间艺术等元素，引入文化创意新兴业态，打造文化旅游消费产业链。“混改”为泉州民营经济跨界多元化经营提供新的投资空间和领域，满足民营企业跨界发展的投资需求。

（二）**泉州国有经济新一轮整合重组为“混改”提供广阔作为空间**。国有经济是地方政府实施宏观调控的重要手段，做大做强国有企业有利于扩充市本级财力来源、拉动项目投资、强化民生保障，更好服务“五个泉州”发展大局。由于历史原因，我市的国有企业体量较小、布局分散，使得国有企业较难承担应有的经济和社会责任。为推动国有经济跨越转型，我市开启新一轮的国企整合重组，成立城建、文旅、金控、水务和交通五大集团，适度集中和优化配置国有资本，着力打造具有较强竞争力的国有大型企业集团。要实现这一目标，最重要的是要通过体制改革，激发企业发展的深层动力，一方面需要通过引入更加多元化的投资主体，完善公司治理结构，建立科学、高效现代企业制度；另一方面需要引入民营资本先进技术、经营理念、管理制度、优秀人才等要素，提升企业经营管理水平。

二、“混改”实践的主要模式和成效

泉州文旅集团抓住国家、省推进“混改”有利的政策机遇，结合我市推进“混改”优势条件，积极进行相关的探索和实践。目前，文旅集团及其下属“混改”企业20家（占企业总数比例为32.25 %），其中国企控股10家，民企控股3家。“混改”企业经营较为平稳，取得初步的成效。

（一）**主要模式**。一是民企控股，民企负责经营管理。这种模式主要是文旅集团与民间资本组建合资轻资产运营公司，由民间资本控股，按照民营企业或外资企业管理模式进行运作。比如，泉州文旅集团公司与七匹狼集团公司旗下泉州新门旅游文化发展有限公司合资成立泉州古城新门文旅产业有限公司，双方股比为49:51。泉州文旅集团与马来西亚银河高科集团公司合资成立泉州云旅旅游开发有限公司，双方股比为40:60。这种合作类型主要由国有投资方和民间投资方共同组建董事会，董事长、总经理由民间投资方选派，监事长、财务副总（总监）由国有方选派，民间投资方组建经营团队负责公司日常经营管理。二是国有控股，民企负责经营管理。这种类型主要是文旅集团下属的中侨集团与民间资本组建合资轻资产运营公司，中侨集团控股、民企负责日常运营。源和1916、东亚之窗、泉州美食城、大寺逅等文创园区项目中，以51:49的股权结构方式引进民营投资方（国

企投资方占股比例为51%），合作成立运营公司。这种类型的混合所有制企业由中侨集团派出董事长、财务副总（总监），民营资本派出总经理，其他经营团队成员由合资企业进行招聘。

（二）**主要成效**。一是盘活旧厂房等闲置资产。源和1916、东亚之窗、泉州美食城、大寺近等文创园区项目都通过"混改"组建合资运营公司，对旧厂房进行盘活改造，赋予其文化内涵和创意元素，形成新的增长点。如东亚之窗通过改造中侨旧机床厂，布置中国、日本、韩国等国家主题文化馆，打造高质量、有特色的文化创意休闲空间，带动闲置资产转型升级和国有资产保值增值。该项目总投资3亿元多元，已初步确定园区一期80%以上商家入驻。二是提升企业运作水平。"混改"后的合资企业，可以发挥民资、外资的经营管理优势。如泉州美食城项目引入领秀文旅作为运营合作商后，引进专业策划团队，跳出传统美食城经营固有思维，通过全新的主题定位和运营企划，将美食城项目打造成为以文化为背景、以美食为载体、以城市为依托的泉州多元文化体验中心。三是引入新兴文创业态。"混改"后的文旅合资企业都积极引入新业态，形成新的盈利模式。如泉州古城新门文旅产业有限公司，着力开展新型业态招商，引进200多家文化创意相关的商家入驻。新门街从原有鞋服、家纺、小超市向工艺品、创意书屋、非遗产品等特色文创业态转型。四是构建行业高端交流平台。"混改"企业可以利用民间资本方在该行业积累的人脉资源优势，通过举办交流峰会活动，打造项目对接、资源共享、产业孵化等行业高端交流平台。如东亚之窗举办"文创产业交流会"邀请知名文创企业、行业高端人士进行对话交流，其中周国平爱智书院落户东亚之窗，有力扩大企业影响力和知名度。

三、"混改"存在问题探析

"混改"的企业运营较为有序，基本按照《公司法》的要求，架设董事会、管理层、监事会分立的法人治理结构。调研发现，非国有控股的混合所有制企业，其公司基本参照民营企业或外资企业原有较为成熟、灵活的管理模式进行，国有方主要通过派出财务副总（总监）对其财务进行管控，目前管理机制较为顺畅。国有控股混合所有制的国有方作为控股股东，主导企业决策方向，而民企方负责经营管理，由于双方不同所有制管理模式存在差异，目前仍然处于磨合期。

（一）**企业运作的市场化程度不高**。调研中发现，国有控股混合所有制企业仍不同程度存在"老体制管新体制"问题，行政性管理色彩较浓，民营企业灵活高效的运营机制优势较难发挥出来。决策审批方面，个别运营公司超过1万元的经费支出需要经过董事长审批，而对处于起步阶段的运营公司，前期的广告、策划、营销等造势活动较多，且费用大多超过1万元，造成了决策过程相对冗长。财务制度方面，国有控股混合所有制企业需严格执行有关的财务规定，审批程序多、手续较为繁杂，造成规范有余而效率不足。此外，部分财务制度执行标准较低，难以操作，如个别企业出差住宿标准仅为200元/天。

（二）**合作过程不够顺畅**。由于国有企业和民营企业因资本属性不同，企业文化和管理模式存有差异，双方在企业经营理念、运作方式、工作作风等方面存在分歧。如国企作为美食城项目主要投资方，更加注重项目投资风险、成本控制和投资收益率，而民企认为运营公司初期需要大量资金投入用于引流量、打品牌，短期内无法产出明显效益，与国有方运营成本控制要求差异较大。

（三）**决策权和经营权不协调**。国有控股的混合所有制企业，国有方委派董事长作为法人代表，总经理及经营班子主要由民营方搭建。股东双方所推荐的董事会成员在经营方向和决策目标出现不一致时，由于控股方不参与经营，只主导经营决策，容易导致决策与经营的脱节，企业经营目标、任务较难执行。同时，持股51%的法人代表承担经营过程中可能产生的一切经营风险和安全责任，而又把经营权交给持股49%的民企方，易出现责、权、利不统一的现象。

（四）**文旅行业人才较为缺乏**。企业普遍反映，作为文旅行业的经营管理、资本运作、创意创作、技术开发等方面人才都面临引进难、留住难的问题。文旅行业属于资本、技术密集型企业，依赖人才创造价值，行业对高端人才需求十分强烈，互挖墙角的现象较为严重，人才对薪资待遇、生活配套服务的要求水涨船高，而人才在行业间流动性较大。

四、深化"混改"的路径选择

习近平总书记强调，"积极发展混合所有制经济，是新形势下坚持公有制主体地位，增强国有经济活力、控制力、影响力的一个有效途径和必然选择。"混合所有制经济已成为建立现代经济体系重要举措和激发新时代经济新动能的重要抓手。深入推动"混改"要整合国企、民企的优秀基因，充分发挥市场机制作用，通过"混改"引资本、注资源、转机制、增活力，从根本上解决影响和制约国企发展壮大的深层次问题，使混合所有制企业成为真正的市场主体，与民营企业互融共赢。

（一）分类推进“混改”。根据企业业务类型、盈利能力和发展定位，实施区别化、差异化的“混改”方案，提高国有资本配置和运行效率。一是推进优质型资源战略性“混改”。对经营效益较好、增长潜力较强的国有企业要围绕做优做强主业，在市场、技术、管理、资源等要素方面引入优势互补性强的民间资本，形成融合互补、协同放大。比如，文旅集团借助马来西亚银河高科集团在智慧旅游平台方面的先进经验和技术优势，成立合资公司，弥补泉州智慧旅游的短板。二是推进平庸型资源重组性“混改”。对效益一般、后续发展乏力、竞争力不强的国有企业，要推进内部资源整合，通过国有股减持、转让等改制重组方式引入战略投资者，从不具有竞争优势的业态中有序退出或只保留参股权，加快处置一批长期亏损、低效无效资产，拓展企业发展新空间。

（二）积极推进股权结构多元化。构建运转高效规范的股权结构是推动“混改”的前提基础和根本保障。一是设置科学合理的股权结构。针对“混改”中，国有控股企业普遍存在“国企与民营股比51:49”，经营权和决策权不协调的情况，探索推行“国企+民企+民企”、“国企+民企+基金”、“民企+国企+骨干员工”等更多元投资主体，采用相对控股、参股等更加高效灵活、方式多样的股权设置模式。比如，2016年东航物流有限公司进行“混改”，形成国有资本、非国有资本和核心员工持股比例为45%：45%：10%的股权结构。“混改”后，2017年该企业营业收入和利润分别增长31.7%、72.8%。二是建立股权结构动态调整机制。发展混合所有制，不能“一混了之”，要对完成“混改”企业进行阶段性战略评估，根据“混改”效果是否达到预期，设置更加合理的股权结构。对“混改”效果不理想的要通过调整国有资本在混合所有制企业中的股权、变更合作伙伴或者终止经营合作等方式，推动“混改”企业重构性再“混改”。

（三）建立市场化经营管理体制。发展混合所有制就是要打破原来国有企业不适应市场发展的经营管理制度，引入民企市场化的管理机制，构建高效和规范有机统一的运营管控模式，有效提升混合所有制企业运营效率和风险控制能力。一是建立高效协同的法人治理结构。要明确混合所有制企业董事会、监事会、经理层和党组织权责边界，健全“三重一大”决策制度和各项工作规则。董事会定期对企业战略规划、重大投资、人事、财务预决算等重大事项进行研究，不干预经营层的日常经营管理活动。国有控股混合所有制企业董事会参照国有非控股企业的运营机制，授权运营公司总经理自主经营权、自主组阁管理团队和相应的决策权，开展经营管理具体工作。董事会与经理层之间做到既权责分明、互不干预，又相互支持、高效协同，形成决策机构、监督机构和管理层之间权责明确、运作规范的相互协调和相互制衡的法人治理结构。二是建立灵活的选人用人机制。完善国有控股混合所有制企业董事长选人标准，推荐人选不仅要有较强的业务能力，还应具备改革创新、敢于担当等领导素质。建立职业经理人管理制度，实施职业经理人任期制、契约化管理，同时建立科学合理、市场化的激励约束、责任追究与退出机制，实现职业经理人能上能下、能进能出，最大限度发挥职业经理人专业化管理才能。比如，福建省旅游发展集团自2017年7月全面推行职业经理人制度以来，企业营业收入增长30%，利润增长87%。三是推行全面预算管理机制。建立完善市场化的预算管理制度，对“混改”企业高管人员车辆使用、通信、差旅、商务接待等业务支出参照市场标准合理确定年度预算额度、消费标准，限额据实报销。建立健全企业高管人员履职待遇和业务支出预算方案执行的动态监测、调整和约束机制，将预算管理落实到位。建立预算执行结果与企业高管人员业绩考核奖励挂钩机制，提高决策执行效率。如泉州古城新门文旅产业有限公司借鉴七匹狼集团成熟的全面预算管理制度，将财务预算细化到月度，超过预算需董事会审批，且每年预算调整幅度不得超过10%，预算执行结果与经理人业绩考核奖励挂钩，既简化审批流程，又最大程度实现财务成本管控精细化。

（四）大力培育文旅人才队伍。一是加大政策扶持力度。加大对现有文旅人才政策的落实力度，积极研究人才支撑体系方面的问题和不足，推进我市文旅人才扶持体系的不断完善。建立文旅人才评估与管理制度，组建文旅人才评估专家委员会，建立各类人才认定标准，使各类文旅人才都能够享受相应的优惠政策。二是探索实施企业骨干股权激励。探索面向高管层和业务骨干持股计划，通过股权激励使企业文旅人才“留得住”。采取股票期权、限制性股票、股票增值权等中长期激励方式，建立持股、分红、退出等可操作性强的制度规范，将高管层和业务骨干与企业利益紧密结合，形成连股连心连利制度。对紧缺急需的高层次、高技能人才，探索推行协议工资、项目工资和特殊奖励等分配方式，最大限度释放人才红利。三是加强高级管理人才培养。实施“引进来”、“走出去”战略，加强与国内外知名高校、文创机构合作，组织企业相关人才组团进行培训，强化企业内部管理人才梯队建设。推行“重大项目+高端团队”、“创新人才+创业项目”引才模式，着力引进培养一批具有国际视野、会经营、善管理、懂文创的企业高管。

2018年泉州市重点建设竣工项目

（一）交通项目

1. 国省干线纵三线南安省新至梅山公路
2. 纵二线晋江紫帽塘头至磁灶井边段改造工程
3. 安溪东二环石狮岩隧道左洞工程

（二）能源项目

1. 晋江市晋南片区次高压天然气管网项目
2. 国网福建泉州供电公司充电站项目二期

（三）农林水利项目

1. 泉港南山片区水利项目
2. 德化高效生态循环旅游农业示范园
3. 丰泽渔人码头
4. 泉港区诚峰一级渔港工程

（四）社会事业项目

1. 泉州东海工人文化宫
2. 泉州图书馆
3. 泉州科技与规划馆
4. 泉州大剧院
5. 泉州市市民广场（含地下公建）
6. 泉州外国语中学洛江学校
7. 石狮市医院新院
8. 福建医科大学附属第二医院东海分院
9. 晋江市八仙山全民健身中心
10. 福建省洛江监狱

（五）城乡建设与生态环保项目

1. 洛江区西环路
2. 泉港南山片区桥溪路等区间道路建设项目
3. 安溪参洋东西大道建设工程
4. 泉州江南新区高山片区危旧房改造项目
5. 丰泽华大片区棚户区改造项目
6. 安溪一中南校门片区改造建设项目
7. 鲤城延陵安置区（东片区）
8. 鲤城旧浮桥街片区改造工程
9. 德化县乐陶安置房（陶源新居）
10. 德化县王厝山棚户区改造安置房
11. 永春二中片区改造
12. 泉州金鸡水厂
13. 安溪县自来水厂三期工程
14. 泉州台商投资区储备粮库
15. 泉州工业废物综合处置中心PPP项目
16. 南安市农村生活污水二级处理设施建设工程

（六）服务业项目

1. 泉州江南新区商贸物流中心（一期）
2. 泉州开发区黑猩猩智慧物流园
3. 安溪闽光智能物流园项目
4. 泉州“东亚之窗”文化创意产业园
5. 石狮四端堂文化馆
6. 永春美丽乡村建设项目
7. 东海大厦
8. 石狮市农商银行总部大楼
9. 丰泽泰禾洲际酒店
10. 丰泽东海泰禾广场
11. 晋江百宏·御璟天下
12. 南安河滨商贸中心
13. 惠安华诚国际
14. 泉州浦西万达广场
15. 泉州东海影城文化中心
16. 泉州恒大御景湾
17. 晋江百捷·中央名门
18. 丰泽星光耀万达广场
19. 晋江惠风第一城

（七）制造业项目

1. 南安乔东复合无纺布生产项目
2. 泉港聚氨酯生产项目
3. 晋江成达齿轮变速箱齿轮技改二期项目
4. 南安华茂机械四轮一带机械产品及链轨节数控镗钻一体机项目
5. 南安天辉钢结构设备生产项目
6. 南安蓉中电气设备生产项目
7. 安溪晶安光电三期项目
8. 泉州开发区海丝智能机器人小镇
9. 泉州台商投资区鑫鸿海科技项目
10. 石狮通达三期项目
11. 洛江机器人检测试验研发中心
12. 晋江晋华存储器生产线配套大宗气站一期项目
13. 泉州台商投资区坦帕（福建）电气生产项目
14. 泉州开发区时刻安防电子生产项目
15. 泉州台商投资区嘉德利二期项目
16. 泉州开发区舒柏锐橱柜生产项目
17. 泉州台商投资区舒华健身器材及体育用品展架生产项目（二期）
18. 惠安金帝巧克力项目
19. 惠安麦王食品项目
20. 晋江嘉士柏食品生产项目
21. 晋江金顺发高档糖果生产项目
22. 惠安琦峰轻工扩建项目
23. 泉州开发区壳氏环保科技项目
24. 晋江陆兴纸制品项目
25. 泉州开发区长龙模具项目
26. 泉州开发区腾笼换鸟示范项目
27. 泉州台商投资区中熙产业园项目（三期）
28. 泉州台商投资区孵化基地项目

2018年泉州地区新出版的著作

2018年泉州地区自然科学类著作

表81

书名	编著者	出版单位
中医药之路	蔡捷恩著	科学技术文献出版社
泉州本草彩色图谱	周礼达编著	天津科学技术出版社

2018年泉州地区哲学社会科学类著作

表82

书名	编著者	出版单位
中国共产党福建省泉州市历史第二卷（1949—1978）	中共泉州市委党史研究室著	中共党史出版社
陈鹏鹏文史类稿	陈鹏鹏著；泉州历史文化中心编	福建人民出版社
泉州践行“晋江经验”的新发展新启示	中国社会科学院“‘晋江经验’新发展新启示”课题组著	中国社会科学出版社
泉州人在南洋	泉州华侨历史博物馆编	华文出版社
半个世纪的人生：泉州知青上山德化50周年纪念文集	泉州德化知青联络处编	海峡文艺出版社
泉州文化杂谈	张明著	九州出版社
泉州市图书馆学会第十六届学术研讨会论文集：依法治馆 创新发展	许兆恺、杨文东主编	泉州市图书馆学会
蔡氏九儒书	蔡安定编辑	福州明朗文化传播有限公司
铁骨铮铮 丹心映日——朱汉膺同志诞辰110周年纪念文集	泉州市闽浙赣边区革命史研究会、中共惠安县委党史研究室、中共泉港区党史研究室编	厦门大学出版社
圣歌未曾止息——莫耶传	叶茂樟编	新华出版社
朱子新探——朱子学与泉州文化研究	林振礼编	商务印书馆
“一带一路”倡议下海外华侨华人与中国企业“走出去”战略研究	张向前编	红旗出版社
新加坡华人通史	柯木林编	福建人民出版社
标志与VI设计	王正君编	江西美术出版社
建筑工程施工组织与管理（第二版）	蔡加强、唐荣明编	吉林大学出版社
网店运营	罗素珍编	中国商业出版社
跨境电子商务	罗素珍编	上海交通大学出版社
连锁经营与管理	苏玉娜编	辽宁大学出版社
消费者行为学	李艳珍编	中国商业出版社
企业管理实务	李艳珍编	中国商业出版社
仓储管理实务	叶雅雅编	上海交通大学出版社
物流基础实务	叶雅雅编	上海交通大学出版社
统计学	庄跃峰编	中国海洋大学出版社
消费者行为学	庄跃峰编	同济大学出版社

续表82

书名	编著者	出版单位
市场营销项目教程	庄跃峰编	上海交通大学出版社
跨境电子商务	庄跃峰编	上海交通大学出版社
网店美工	王源庆编	吉林大学出版社
网店运营	吴岚萍编	湖南师范大学出版社
财务管理	洪巧丽编	四川大学出版社
电气控制与PLC	何燕阳编	哈尔滨工程大学出版社

2018年泉州地区文博方志类著作

表83

书名	编著者	出版单位
泉州年鉴2018	泉州市地方志编纂委员会编	方志出版社
泉州年鉴2018·泉州日记	泉州市地方志编纂委员会编	方志出版社
泉州家训	中共泉州市纪律检查委员会、中共泉州市委精神文明建设办公室、泉州市地方志编纂委员会、泉州市妇女联合会、泉州晚报社编	海峡书局
泉州乡规民约	中共泉州市纪律检查委员会、中共泉州市委精神文明建设办公室、泉州市地方志编纂委员会、泉州市妇女联合会、泉州晚报社编	海峡书局
晋江市道路交通管理志	晋江市公安局交通警察大队编	福建人民出版社
石狮大事记2013.01—2016.12	江芳玲主编；中共石狮市委党史研究室编	中国华侨出版社
石狮文史资料第二十一辑：不忘初心　砥砺奋进——石狮建市30周年回眸	林自育主编；石狮市政协文史学宣委员会编	山东大学出版社
道光惠安县续志	（清）娄云修纂；刘晓平点校	福建人民出版社
泉州古城文化丛书：老城池	泉州古城保护发展协调组主编	九州出版社
泉州古城文化丛书：老街巷	泉州古城保护发展协调组主编	九州出版社
泉州古城文化丛书：老习俗	泉州古城保护发展协调组主编	九州出版社
泉州古城文化丛书：老建筑	泉州古城保护发展协调组主编	九州出版社
梯航百货万国商：海上丝绸之路货币与贸易（泉州）	李冀平主编	社会科学文献出版社
“海丝”名城说泉州	陈桂炳著	海峡文艺出版社
泉州学续论	陈桂炳著	吉林大学出版社
蔡其矫研究第三辑	李伟才主编	海峡文艺出版社
蔡其矫研究第四辑	李伟才主编	海峡文艺出版社
古城文物的保护与实践：泉州市文物保护科学技术协会学术年会论文集	陈建中主编	文化艺术出版社
海丝神韵：泉州古代宗教造像	陈鲤健编著	九州出版社
孙经世集	（清）孙经世著；孙怀伟点校；泉州文库整理出版委员会编	商务印书馆

2018年泉州地区文学类著作

表84

书名	编著者	出版单位
当我们谈论小说时，我们在谈论什么	洪辉煌、许谋清著	九州出版社
翠山斋诗文稿	庄聪生著	海峡文艺出版社
卧人歌赋	黄诚法著	团结出版社
泉州当代词选	泉州诗词学会编	海峡文艺出版社
喆龕八十岁后诗	陈祥耀著	海峡书局
事权自话	林世铨著	海峡文艺出版社
天赐剧稿	康天赐著	中国戏剧出版社
伦敦星光不散场	吕亦涵著	湖南文艺出版社
走过山山水水	郑亚鸿著	团结出版社
桥西旧梦	黄长安著	团结出版社
爱的港湾	唐永泉著	团结出版社
海丝起点的张望	蔡飞跃著	中国文联出版社
中外散文诗精品解读	陈志泽著	作家出版社
任越抒情诗选	林长青著	中国人民美术出版社
半居斋漫笔	林长青著	飞天文艺出版社
事权自话	林世铨著	海峡文艺出版社
边城听风	谢美永著	团结出版社
倾城91小时	高寒著	海峡出版社
甦生	邱婷婷著	海峡文艺出版社
我在石狮等你	叶忠惠著	海峡文艺出版社
凭海听涛	杨朝楼著	海峡文艺出版社
跟着音乐去旅行	蔡白萍著	海峡文艺出版社
穿越时空的隧道	吴顺天著	海峡文艺出版社

2018年泉州地区艺术类著作

表85

书名	编著者	出版单位
泉州书法史略	林英明著	九州出版社
台上台下：泉州明清戏曲文本的历史民俗学解读	陈桂炳著	吉林大学出版社
海峡两岸共同记忆中的闽南戏曲文化图景	王伟著	九州出版社
五洲炎黄齐欢庆——李秀丽创作歌曲快板集	李秀丽著	海天出版社
海丝情——华大、台师大及两岸侨界美术、书法、摄影作品集	华侨大学金程斌主编	安徽美术出版社
物象·自象观/建筑风景写生技法	姚波著	广西美术出版社
图说福建传统手工艺与闽台文化	宋武、李艳、吴荻帆著	海峡文艺出版社
心浴阳光——王雅君绘画作品集	王雅君著	中国文艺学术出版社
画苑小品——李伟才美术评论作品选	李伟才著	海峡文艺出版社
古刺桐手记	吴东弓著	海峡文艺出版社

领导名录

中共泉州市委员会

书　记　郑新聪（至2018年3月）
康　涛（2018年3月任）
副书记　康　涛（至2018年3月）
王永礼（2018年6月任）
陈奕辉（至2018年9月）
张永宁（2018年12月任）
常　委　翁祖根
温惠榕（至2018年9月）
孔繁军
游宇飞（2018年9月任）
林万明
陈铁晗（至2018年10月）
林锦明
杨晓山
刘建军
刘文儒（2018年9月任）
秘书长　翁祖根
副秘书长　陈文聪
张荣宝（至2018年11月）
郑建清
吴达平
简国正
廖良结（2018年11月任）
郑少波
杨建辉
郭从容

办公室
主　任　陈文聪
副主任　管东辉
黄万成（2018年12月任）
林吟啸
杨德生
卢新建
纪检组长　郑兴波
系统党委
书　记　陈文聪
专职副书记　郭建鹏

市委组织部
部　长　孔繁军
副部长　张翼翔
陈晓蓉
杨远志
陈恬波（2018年11月任）
纪检组长　廖丽芬
市直党群系统党委
专职副书记　王小寅
市委非公企业工委
专职副书记　施晓瑛

市委宣传部
部　长　陈铁晗（至2018年10月）
张永宁（2018年12月任）
常务副部长　郑国防
副部长　郭丹红
林炯泉
叶燕民
许旭明
吴建生
纪检组长　杨春煌
市直宣传系统党委
党委书记　郑国防
专职副书记　庄仁哲

市委统战部
部　长　林万明
常务副部长　黄碧煌
副部长　王庆祥（至2018年9月）
庄绍进
陈　晖
纪检组长　陈少青
市直统战系统党委
专职副书记　黄子榕

市委政法委员会
书　记　林锦明
常务副书记　曾焕楷
副书记　徐义平
张少前（2018年12月任）
纪检组长　吕春香
政治部主任　谢晓章
市直政法系统党委
专职副书记　汪祖培

市委改革办
主　任　廖良结（2018年12月任）
副主任　许友烈（2018年12月任）
陈辉煌（2018年12月任）

市委政研室
主　任　廖良结（2018年11月任）
副主任　许友烈
陈辉煌

市委机构编制委员会办公室
主　任　赖畅水
副主任　黄振良
叶舒城
邱志民

市委军民融合办
主　任　柯跃峰（2018年12月任）
副主任　吴福荣（2018年12月任）
方向明（2018年12月任）
吴连金（2018年12月任）
陈洪生（2018年12月任）
洪小明（2018年12月任）

市委台港澳工作办公室
主　任　黄振奋（2018年12月任）
副主任　郑志强（2018年12月任）
黄兴顺（2018年12月任）
李朝晖（2018年12月任）
许颖颖（2018年12月任）

市委市直机关工作委员会
书　记　陈奕辉（至2018年12月）
张永宁（2018年12月任）

常务副书记 黄黎波
副书记 郑天文
陈炯仁
委 员 王志强
苏文笔
吴志宏
谢江山
庄 禾
潘向前
纪工委书记 苏文笔

市委巡查办、巡察组
主 任 张荣宝
巡察一组组长 吴清水（至2018年11月）
巡察三组组长 李元巍（至2018年3月）
巡察办副主任 王洪龙
李进京
巡察组副组长 刘毓颂
卓树从

市委老干部局
局 长 周文心（至2018年11月）
陈恬波（2018年11月任）
副局长 林丽燕
陈政实（至2018年11月）
周中华

市委文明办
主 任 林炯泉
副主任 吕宝贝
陈庆宗

市委党校
校 长 孔繁军
常务副校长 黄世界（至2018年11月）
苏延辉（2018年11月任）
副校长 陈毅生
黄雄彪
詹碧英

市委党史和地方志研究室
主 任 张惠评（2018年12月任）
正处长级干部 尤剑国（2018年12月任）
副主任 叶芬蓉（2018年12月任）
高友士（2018年12月任）
林龙海（2018年12月任）
许晓松（2018年12月任）

市档案局（市档案馆）
局 长 夏丽清
副局长 黄跃进（至2018年3月）
陈若波

市接待办
主 任 吴达平
副主任 庄玉龙
黄雪玲
李 强（2018年10月任）

市委讲师团
团 长 朱林果

市事业单位登记管理局
局 长 王淑绵

泉州市人民代表大会及其常委会

党组书记 陈万里（至2018年11月）
陈灿辉（2018年11月任）
代理主任 朱团能（2018年8月任）
副主任 张建生
朱团能
曾 巍
许文贵
吴友才
蔡思红
秘书长 欧阳秋虹
副秘书长 谢立新
专职委员 兰 菁
副秘书长 庄丽雅
蔡碧毓

办公室
主 任 谢立新
副主任 王文郴
黄克松

研究室
主 任 王伟明
副主任 叶睿葆

人事代表工委
主 任 谢丽华
副主任 戴小平
财经工委
主 任 傅天富
副主任 陈云毅
内司工委
主 任 齐清秀
副主任 郭少梅
环城工委
主 任 王卫红
副主任 叶朝阳
农工委
主 任 庄金平
副主任 卓国明
教科文卫工委
主 任 张育凯
副主任 胡佩玉
侨台民宗工委
主 任 何志辉
副主任 徐晓燕
法工委
主 任 李小兴
副主任 黄少鸿
机关党委
书 记 欧阳秋虹
纪检组
组 长 傅蔚茹
常务副组长 张青阳

泉州市人民政府

市 长 康 涛（至2018年7月）
王永礼（2018年8月任）
副市长 张永宁
杨晓山
周真平
卢炳椿（至2018年7月）
季翔峰
李伙金（2018年10月任）
洪自强
吕 刚
肖汉辉
李宏绪
党组成员 高 宏

秘书长　廖国文
副秘书长　黄文捷
林晋炼
林　强
郑宏谋（2018年12月任）
杨永裕
张文卫
廖良结（至2018年12月）
王克思
张志铭（2018年12月任）

办公室
主　任　黄文捷
副主任　黄文成
洪冬青
郑志勇
林清伏

纪检组
组　长　谢　斌
常务副组长　汪白露

系统党委
书　记　苏文雅
专职副书记　张希伴

市发展和改革委员会
主　任　陈文堃
副主任　林合龙
陈小宝
陈招平
李毓文
纪检组长　涂志斌
副主任　傅少明
系统党委
专职副书记　周明星

市教育局
局　长　廖伏树（至2018年11月）
黄世界（2018年11月任）
副局长　陈少华
王瑞钦
毛伟雄
纪检组长　陈进兴
副局长　刘殊芳
督导室主任　徐昌裕
副局长　蔡琦瑜
陈军宣

系统党委
专职副书记　胡建军

市科技局
局　长　李文生
纪检组长　刘舒蓉
副局长　陈建兴
黄珍霞
党组成员　黄丹萍
局长助理　张劲松（2018年11月任）

市工业和信息化局
局　长　黄国富（2018年12月任）

市民族与宗教事务局
局　长　黄景生
副局长　兰德志
陈　鸿

市公安局
局　长　卢炳椿（至2018年7月）
李伙金（2018年10月任）
副局长　柳新群
曾志敏
纪检组长　林　冰
副局长　卓庆忠
王连生
党委委员　陈建新
马运根
庄文斌
陈文荣
庄金山
陈爱民
李森建
总工程师　王仙龙

市打私办
主　任　曾志敏
副主任　马运根

市直公安系统党委
党委书记　卢炳椿
专职副书记　黄建民

办公室
主　任　陈建新

政治部
主　任　李森建
部务会成员　林忠民

警务督察支队
支队长　陈俊杰

警务保障处
处　长　郑庆奎

指挥情报中心
主　任　陈泉斌

国内安全保卫支队
支队长　蔡永义
政　委　陈　健（至2018年6月）

治安支队
支队长　傅庆生
政　委　陈山东

刑事侦查支队
支队长　林元益

经济犯罪侦查支队
支队长　方贞群
政　委　吴志锋

技术侦察支队
支队长　白建胜

禁毒支队
支队长　肖珍怀
政　委　李　群（至2018年5月）

公共信息网络安全监察支队
支队长　林起煌
政　委　吴天进

巡特警察支队
支队长　王艺彬
政　委　吴志伟

交通警察支队
支队长　庄金山
政　委　谢希圣

户政管理支队
政　委　黄进乐

反恐怖支队
支队长　陈少贤
工会主席　李　宏

泉州看守所
所　长　李锦林

经济技术开发区分局
局　长　庄飞鹏

油城分局
局　长　王洪杰
政　委　李园春

晋江机场分局
局　长　王卫东

市民政局
局　长　杜朴生
副局长　周振强
　蔡永升
副局长　何志宏
纪检组长　宋小峰

市司法局
党组书记　林培新（至2018年12月）
　黄继业（2018年12月任）
局　长　林培新

市财政局
局　长　李清景
副局长　肖惠中
　任秀斌
　庄尧森
总会计师　林文革
副局长　王小阳
纪检组长　赖发泽

市人力资源和社会保障局
局　长　刘曙庆
副局长　张庭侠
　陈学东
　骆靖宇
　颜细财
　李锦枝（至2018年12月）
纪检组长　何国平

市自然资源和规划局
局　长　刘文发（2018年12月任）

市生态环境局
局　长　李国坤（2018年12月任）

市住房和城乡建设局
局　长　钟文成
党委书记　苏庆福
副局长　张春权
　王惠萍
　张志铭（至2018年12月）
　庄绍宁
　陈　希
总工程师　蔡海鸿

系统党委
专职副书记　郑葆飞

市交通运输局
党组书记　刘德旺（2018年12月任）

市农业农村局
局　长　刘锦川（2018年12月任）

市林业局
局　长　林华伟
党组副书记　李丽玲
纪检组长　傅伟林
副局长　刘必成（2018年12月任）

市水利局
局　长　傅春添
副局长　苏杭生（至2018年10月）
系统党委
专职副书记　郑耀忠（至2018年10月）
副局长　黄桂元
总工程师　王逸民
纪检组长　林志彬

市商务局
局　长　丁　峰
党组副书记　张　良
副局长　黄金跛
　郑金福
　黄庭瑜
　粘学清
　简国红
党组成员　洪良泉

市文化广电和旅游局
党组书记　李伯群（2018年12月任）
局　长　陈惠平（2018年12月任）

市卫生健康委员会
主　任　叶一帆（2018年12月任）

市退役军人事务局
局　长　陈金忠（2018年12月任）
副局长　薛文新（2018年12月任）
　李锦枝（2018年12月任）

市应急管理局
局　长　刘烨明（2018年12月任）

市审计局
局　长　骆振军
总审计师　李锦忠
副局长　黄清安
　李小玲

市国资委
党委书记　陈劲松
主　任　王洪海（至2018年12月）
副主任　刘海祥
政治部主任　汪亚彬
总会计师　李维芳
党委委员　周俊杰

市海洋与渔业局
局　长　李建芳
副局长　庄　慧
　黄前程（至2018年12月）
　郑碧钦
　王松青
党组成员　王金健
　杜先华

市市场监管局
党组书记　陈开基（2018年12月任）
局　长　蔡天守（2018年12月任）

市体育局
局　长　王家声
副局长　吴永江
　谢文华
　汪国庆
党组成员　张延龄

市统计局
局　长　李跃民
副局长　李植聪
　施能宗
　纪华宗

市外事侨务办公室
主　任　温锦辉

副主任　郑志强
倪景云

市人防办
主　任　林琪伟
副主任　崔　健
蔡永生
谢文生
张铭芳

市医疗保障局
党组书记　庄冰心（2018年12月任）

市地方金融监督管理局
局　长　陈德庆（2018年12月任）

市信访局
局　长　林　强

市城市管理局
局　长　王天祥（2018年12月任）

市数字办
主　任　施国宾（2018年12月任）
副主任　吴彧寰（2018年12月任）

市行政服务中心管理处
主　任　李德雄
副主任　谢秀玲
许玉斌
苏永清

清源山管委会
党工委书记、管委会主任　邱达敏

市政府驻北京联络处
主　任　吴炳煌
副主任　王秀也

市政府驻上海联络处
主　任　张宁滨

市政府驻深圳办事处
主　任　王志明

市政府驻福州办事处
主　任　陈万全

市政府驻厦门办事处
主　任　陈金鑫

市政府发展研究中心
主　任　胡毅雄
副主任　张照绿

市地震局
局　长　林田平
副局长　叶　威

市城镇集体工业联合社
主　任　郑文良（至2018年10月）
王洪海（2018年12月任）
副主任　余碧海
蔡文雄

市供销合作社
主　任　郑显章
副主任　林宗清
吴开元
陈锦忠

市住房公积金管理中心
主　任　张兴水
党总支书记　郭希纯

市库区移民开发局
局　长　陈能语

市公路局
局　长　郭根才

市道路运输管理处
处　长　林达贤（至2018年8月）

市水路运输管理处
处　长　黄克良

市农机总站
站　长　黄振辉

市森林公安局
局　长　林建真

政　委　陈自力

市龙门滩引水工程管理处
主　任　苏荣薰
书　记　颜建东

市山美水库管理处
主　任　郭明德
书　记　颜沧波

市海洋与渔业执法支队
政　委　吴长益

市卫生计生执法支队
支队长　吴志服（至2018年10月）
政　委　陈丹青

市国土资源监察支队
支队长　何　伟
政　委　李启泽

市农科所
书　记　魏　毅

政协泉州市委员会

党组书记　李转生（2018年9月任）
副主席　骆沙鸣
陈铭福
王祖耀
李冀平
王瑞强
陈　益
洪川夫
林志建
秘书长　陈伟平
副秘书长　方建生
李金鼠
专职常委　陈志勇
李德志
周炳忠

办公室
主　任　方建生
副主任　陈小民

研究室
主　任　　侯守水
副主任　　陈洋锋
提案委
主　任　　梁云南
专职副主任　　郑瑞鑫
经济委
主　任　　杨文龙
社会和法制委
主　任　　张继红
专职副主任　　王木生
教科文卫体委
主　任　　黄聪吟
专职副主任　　王忠华
港澳台侨和外事委
主　任　　林鸿扬
专职副主任　　张月娥
民族宗教委
主　任　　郑云梅
专职副主任　　吴绶莹
人口资源环境委
主　任　　洪南福
专职副主任　　黄捍卫
文史和学宣委
主　任　　王小良
专职副主任　　黄丽红
机关党委
专职副书记　　黄阳辉
委员工作室
主　任　　孙丽珠

中共泉州市纪律检查委员会

书　记　　温惠榕（至2018年9月）
　　　　　游宇飞（2018年9月任）
副书记　　邓安娜
　　　　　许锦聪
　　　　　苏双喜
常　委　　林开通
　　　　　许振煌
　　　　　洪进星
常委、秘书长　　郭　宁
常委、组织部部长
　　　　　王团结
宣传部部长　　林国章
党风政风监督室主任
　　　　　梅　永
信访室主任　　朱仁雄
案件监督管理室主任
　　　　　林添盛
副处长级干部、主持
第三纪检监察室工作
　　　　　林　娜（2018年6月任）
第六纪检监察室主任
　　　　　黄荣峰
第七纪检监察室主任
　　　　　潘自力
第八纪检监察室主任
　　　　　陈守林
第九纪检监察室主任
　　　　　钟志锋
纪检监察干部监督室主任
　　　　　郑燕飞
机关党委
书　记　　郭　宁
专职副书记　　戴卓华

泉州市监察委员会

副主任、代理主任
　　　　　游宇飞（2018年10月任）
副主任　　邓安娜（2018年1月任）
　　　　　许锦聪（2018年1月任）
　　　　　苏双喜（2018年1月任）
委　员　　张维劲（2018年1月任）
　　　　　许振煌（2018年1月任）
　　　　　洪进星（2018年1月任）
　　　　　黄志强（2018年1月任）
　　　　　郭　宁（2018年1月任）

法院、检察院

市中级人民法院
院　长　　陈　明
副院长　　沈毅青
　　　　　高智辉
　　　　　陈慧瑛
　　　　　韩天明
　　　　　潘丰源
纪检组长　　苏子凡
执行局局长　　谢希鹏
专职审委　　洪完明
政治部主任　　江振平
专职审委　　胡金琪
　　　　　胡志南
　　　　　李瑞阳

市人民检察院
检察长　　高扬捷
党组副书记　　叶少风
副检察长　　樊美清
　　　　　黄灿平
纪检组长　　赵永奇
政治部主任　　齐丹璇
副检察长　　陈世炎
副检察长　　孙志平
　　　　　林明宇
党组成员　　刘锡杰
　　　　　邱仲华（至2018年5月）
专职检委　　陈建强
　　　　　朱永峰
　　　　　陈凤华
　　　　　林建平

民主党派、社会团体

中国国民党革命委员会泉州市委员会
主　委　　樊美清
专职副主委　　陈海鹏

中国民主同盟泉州市委员会
主　委　　陈建通
专职副主委　　余嘉容

中国民主建国会泉州市委员会
主　委　　戴仲川
专职副主委　　黄军红

中国民主促进会泉州市委员会
主　委　　庄宝玲

中国农工民主党泉州市委员会
主　委　　陈　益
专职副主委　　谢承华

中国致公党泉州市委员会
主　委　　陈铭福

专职副主委 林丽华

九三学社泉州市委员会

主 委 王祖耀

专职副主委 李长江

台湾民主自治同盟泉州市委员会

主 委 苏耿聪

专职副主委 张 敏

泉州市总工会

主 席 孔繁军

常务副主席 王茂泉

副主席 江永清

王毅扬

陈宝芳

陈坤生

潘孝铭

共青团泉州市委员会

书 记 杨凤翔

副书记 徐 悦（2018年12月任）

吴艺晖

林少青（2018年12月任）

陈永洁（2018年12月任）

泉州市妇女联合会

主 席 庄灿霞

副主席 丁为华

黄宝玲

副主席 庄泓鸿

泉州市归国华侨联合会

主 席 陈晓玉

副主席 王巧丽

泉州市台湾同胞联谊会

会 长 陈严辉

泉州市科学技术协会

主 席 骆沙鸣

党组书记、副主席

章金良

副主席 魏隆福

郑华生

王建生

泉州市工商业联合会

主 席 周少雄

党组书记、副主席

陈 晖

专职副主席 黄振骞

傅玉波

黄珍红

泉州市文学艺术界联合会

主 席 许旭明

副主席 肖一鸣

泉州市社会科学界联合会

主 席 李培德

泉州市残疾人联合会

理事长 白碧英

副理事长 郑 虹

黄长春

陈纳新

泉州市计划生育协会

党组书记、常务专职副会长

张艺斌

专职副会长 黄凤南

赵文详

中国国际贸易促进会泉州市支会

会 长 黄岩平

副会长 廖雅滨

喻青松

国家部委、省直驻泉机构

中国闽台缘博物馆

书 记 黄籴问

馆 长 林建春

副馆长 陈健鹰

粘秋生

泉州市税务局

局 长 沈家骏（2018年6月任）

副局长 符夷杰（2018年6月任）

朱国彬（2018年6月任）

黄松青（2018年6月任）

颜伟宏（2018年6月任）

王跃进（2018年6月任）

周志望（2018年6月任）

林丽珠（2018年6月任）

何卫东（2018年6月任）

黄育文（2018年6月任）

纪检组组长 王 焱（2018年6月任）

总会计师 黄 强（2018年6月任）

总经济师 庄稼仁（2018年6月任）

总审计师 张 民（2018年6月任）

泉州海关

关 长 顾红梅

副关长 欧阳钦芬（2018年12月任）

黄 榕

陈元俊（2018年12月任）

李 炎

张美景

赖永伟（至2018年12月）

杨志雄

泉州海事局

局 长 李志强

政 委 吴清平

副局长 郑乃龙

王明强

张志坚

晋江海事处处长 许增智

市港口管理局

局 长 蒋少怀

副局长 阮其如

陈培焕

陈 诚

纪委书记 张逢桂

国家统计局泉州调查队

队 长 潘诗耀

副队长 林秋元

洪幼松

何惠忠

纪检组长 张俊飞

泉州气象局

局 长 李棠华（至2018年10月任）

洪荣若（2018年10月任）
副局长 李宏图
纪检组长 许德福
副局长 叶宾宾

邮政管理局
局　长 薛军军（2018年5月任）

泉州烟草专卖局
局长、经理 游文忠
副局长 张　军
副经理 李春发
纪检组长 徐家忠
副局长 施鸿程

国网泉州供电公司
总经理 王智敏（至2018年3月）
林国新（2018年3月任）
党委书记 蒋木春
副总经理 罗　斌（至2018年5月）
梁捷生（2018年5月任）
总会计师 陈鸿金
纪委书记 王晓彬
副总经理 李清良
工会主席 郑皆得（至2018年5月）
颜宝塔（2018年5月任）
总工程师 王连辉（至2018年6月）
副总经理 王连辉（2018年6月任）
林建昌（2018年6月任）

泉州水文水资源勘测分中心
局　长 廖立伟
书　记 陈丽辉

泉州市盐务局
局　长 曾立新
副局长 姚锦渊
颜平源

泉州监狱
监狱长 黄全瑜
政委 张生闽
纪委书记 陈志强
副监狱长 范群武
政治处主任 俞太洪
副监狱长 陈国书

洛江监狱
党委书记 杜心彬
党委委员 黄金磷
刘新晶
范宗芳
林泗水

泉州司法强制隔离戒毒所
所　长 杜心得
政　委 李香平
政治处主任 张爱民
纪委书记 林　青

无线电管理局
局　长 林　源

人民银行泉州市中心支行
行　长 阮玉盼
副行长 陈东方
谢仲庆
工会主任 蒋培娜
副行长 苏志鑫
行长助理 李高亮

泉州银保监局
局　长 刘水祥（2018年12月任）
副局长 方良川（2018年12月任）
林育新（2018年12月任）
林　敏（2018年12月任）
纪委书记 陈伟凌（2018年12月任）

市直新闻单位

泉州晚报社
社　长 叶燕民
总编辑 林耀平
副社长 黄　强
副总编辑 郭培明
邱志坚
王家声
彭耕耘

泉州广播电视台
台　长 吴建生
党委书记 沈文锋（至2018年12月）
副书记 张伟宏
副台长 高栋梁
杨旭东
苏兴秋

各县（市、区）

鲤城区

区　委
书　记 黄阳春
副书记 许宏程
林荣川
常　委 陈恬波（至2018年11月）
黄天凯
陈伟群
陈燕飞
洪金城
黄向阳
曾朝阳
颜建安（至2018年8月）
张应辉
周兴良（2018年7月任）
许顺达（2018年11月任）

区人大常委会
主　任 郑进发
副主任 黄绍芒
陈财水
王白瑜
黄志煌

区政府
区　长 许宏程
常务副区长 黄向阳
副区长 苏毅君
张刺治
陈爱民
王江涛
吴振强
吴碧林
谢　淘（2018年11月任）

区政协
主　席 郭成宗

副主席 高云飞
潘永生
王锦延

区法院
院 长 李清坝

区检察院
检察长 王文龙

高新区管委会
书 记 吴保忠（至2018年12月）
伍伯伟（2018年12月任）
主 任 万顺灿（至2018年11月）
吴振法（2018年12月任）

丰泽区

区 委
书 记 黄景春
副书记 杨国昕
蔡龙群
仁青达瓦（至2018年12月）
常 委 苏延辉（至2018年11月）
廖春园
吴毓舟
许勤荣
骆 红
陈政实（2018年11月任）
周顺安
胡祥辉
张圣忠（至2018年7月）
刘进春（2018年7月任）
洪武强

区人大常委会
主 任 林建扬
副主任 林世川
张维斌
曾国家（至2018年12月）
蔡宁波
叶春泉（2018年12月任）

区政府
区 长 杨国昕
副区长 吴毓舟
洪武强
韩卫华
朱长沙
洪奕蓉
邱朝阳
施逢勃（至2018年9月）
黄琪金
曾国家（2018年12月任）

区政协
主 席 上官蓝波
副主席 戴在平
高炳州
李木火
王远曦
许志达

区法院
院 长 杨武能

区检察院 许金约

洛江区

区 委
书 记 洪飞跃
副书记 苏汉庭
颜丽明
常 委 黄清凯
王明元
金玲珊
杜韶山
徐情恨
郑进锡
廖晓凌
古领华
陈天年

区人大常委会
主 任 蔡永生
副主任 林新平
林少槐
林坤聚
何雄峰

区政府
区 长 苏汉庭
常务副区长 王明元
副区长 陈天年
廖启明
杨文格
陈逢生
谢卫东
陈 倩
李奉恒
马瑞英
董俊凯

区政协
主 席 王伊景
副主席 王诗榕
王 蔚
庄怀璇

区法院
院 长 洪志强

区检察院
检察长 林志铭

泉港区

区 委
书 记 吴礼源（至2018年10月）
梁炳辉（2018年12月任）
副书记 颜朝晖
苏松炎
常 委 吕火渠
王晓莺
陈相成（至2018年12月）
陈龙津
刘 刚
施有良
陈沙龙
彭垂鼎
陈明聪

区人大常委会
主 任 陈守川
副主任 赵琼花
黄胜富
邱彬侨
王国明

区政府

区　长　颜朝晖

党组副书记　刘敏坚

副区长　陈明聪

傅文星

郭荣华

庄一鸣（2018年9月任）

黄玉真

黄建辉

王志强

陈清拥

马立华（至2018年2月）

谢梓骞（2018年8月任）

刘阳青（2018年10月任）

党组成员　陈国才

柯东阳

区政协

主　席　朱云鹏

副主席　钟海平

庄一鸣（至2018年9月）

陈庆堂

邱金谋

区法院

院　长　郑　敏

区检察院

检察长　黄清源

泉港石化园区

党工委书记　吴礼源（至2018年10月）

梁炳辉（2018年12月任）

管委会主任　刘敏坚

副主任　张剑辉

杨新智

蔡寅鸣

陈宗旗

陈剑锋

石狮市

市　委

书　记　朱启平

副书记　黄春辉

庄玉海

常　委　林天虎

林振海

陈元生

张鸰翔

林希妍

陈拥军

方章成

杨德才

吴传茂（2018年7月任）

陈　宏

市人大常委会

主　任　上官跃进

副主任　施心新

吴清木

许赞成

林进全

市政府

市　长　黄春辉

副市长　陈　宏

张永安

施汉杰

李　斌

张汉杰

林志鹃

邱永丰（2018年9月任）

马　坤（至2018年2月）

孙　斌（2018年9月任）

市政协

主　席　林自育

副主席　郭丽莲

陈贤明

丁东福

陈东华

市法院

院　长　林明容

市检察院

检察长　陈　林

石狮高新区管委会

书　记　朱　贤

主　任　洪志扬

晋江市

市　委

书　记　刘文儒

副书记　张文贤

陈晋永

常　委　林惠玲

许仰东

李自力（2018年8月任）

黄文福

潘子良

吴忠刘

陈长义

刘文成

党组成员　陈志雄

市人大常委会

主　任　洪于权

副主任　郭鸿荣

曾献礼

连泉富

姚志强

市政府

市　长　张文贤

副市长　李自力

张淑语

黄少伟

李志强

庄天怀

王文晖

市政协

主　席　林仕达

副主席　林庆峰

叶荣宗

洪元程

洪忠信

市法院

院　长　陈水深

市检察院

检察长　甘泽阳

福建深沪湾海底古森林遗迹自然保护区

管理处主任　苏文伟

南安市

市　委

书　记　王春金

副书记　林荣忠

　　　　张桂森

常　委　吴跃达

　　　　吴忠溪

　　　　张瑞平

　　　　张小红

　　　　黄景阳（2018年9月任）

　　　　李岩华

　　　　黄辉灿

　　　　王连赞

　　　　张纪伟

　　　　袁有成

市人大常委会

主　任　黄永俊（至2018年12月）

　　　　洪顺昌（2018年12月任）

副主任　林建辉

　　　　丁瑞金

　　　　叶维新

　　　　陈文举

市政府

市　长　林荣忠

常务副市长　黄景阳（2018年9月任）

副市长　薛建明

　　　　王端峰（2018年9月任）

　　　　庄国阳（2018年11月任）

　　　　王昭昭

　　　　洪永佳

　　　　李少敏（至2018年7月）

　　　　陈洪春

　　　　许自霖

　　　　黄爱喜（至2018年11月）

党组成员　陈巧英

　　　　陈江虹

　　　　林　峰

市政协

主　席　洪顺昌（至2018年12月）

　　　　黄华强（2018年12月任）

副主席　张国进

　　　　谢连树

　　　　黄文佳

　　　　黄春艺（2018年12月任）

市法院

院　长　林德育

市检察院

检察长　曾宏闽

惠安县

县　委

书　记　黄文胜

副书记　赖清正

　　　　蒋向群

常　委　许贞丽

　　　　吕建成

　　　　苏少波

　　　　陈国栋

　　　　许长春

　　　　林育伟

　　　　王春雷

　　　　王志明

县人大常委会

主　任　张培坤

副主任　黄泉福

　　　　骆育敏

　　　　黄少山

　　　　黄育聪

县政府

县　长　赖清正

常务副县长　吕建成

副县长　汪水永

　　　　王也夫

　　　　刘东升

　　　　黄丽琼

　　　　李育杯

　　　　周鹏飞（2018年10月任）

党组成员　辜惠钦

　　　　黄松友

　　　　刘建兴

县政协

主　席　蔡荣清

副主席　张其聪

　　　　陈锦满

　　　　刘宗斌

　　　　康丽红

县法院

院　长　吴泰雄

县检察院

检察长　许金标

泉惠石化工业园区

主　任　刘建兴

副主任　陈朝阳

纪工委书记　王金星

副主任　庄金良

安溪县

县　委

书　记　高向荣

副书记　刘林霜

常　委　许锦青

　　　　林荣超

　　　　史思泉

　　　　陈剑宾

　　　　陈友爱（2018年12月任）

　　　　叶文德

　　　　林文超

　　　　邱忠民（至2018年4月）

　　　　赵超群（2018年7月任）

县人大常委会

主　任　廖皆明

副主任　苏志雄

　　　　黄明哲

　　　　叶海强

　　　　林志煌（至2018年5月）

　　　　汪礼才（2018年12月任）

县政府

县　长　刘林霜

副县长　林毅敏

　　　　肖印章

　　　　丁建铭

王礼藕
潘华培
吴志朴
洪　龙（至2018年2月）
叶松景
保善科（2018年5月任）
王晓杰（2018年7月任）
科技副县长　庄凯融（2018年8月任）

县政协
主　席　梁金良
副主席　陈春买
袁霖辉
许文风
王文礼

县法院
院　长　许良才

县检察院
院　长　胡激洋

永春县

县　委
书　记　蔡萌芽
副书记　庄永智
高金全
常　委　林海鸥（至2018年12月）
余金南
汪　渊
张金发
王超万
骆春玲
徐联生（至2018年7月）
杜明星
方有欣
郑川辉

县人大常委会
主　任　林金电（至2018年12月）
康思坚（2018年12月任）
副主任　余永坚
陈发源
颜松龄
郭美西

县政府
县　长　庄永智
常务副县长　余金南
副县长　颜一鹏
周少华（至2018年7月）
刘永强
郑永璘
陈佩芳
康　峰（至2018年4月）
余庆新（2018年9月任）
郭浪滔（2018年9月任）
方有欣
杨晓娟（2018年5月任）

县政协
主　席　康思坚（至2018年12月）
林海鸥（2018年12月任）
副主席　梁文光
张敏辉
李江源
汤若狮

县法院
院　长　王志伟

县检察院
检察长　施文凭

德化县

县　委
书　记　梁玉华
副书记　刘德旺（至2018年12月）
黄文捷（2018年12月任）
陈金忠
常　委　吴顺情
王志安
刘惠煌
林祖传
林明义
陈坚宏
林明义
黄晓东
石渊文
杨志东（2018年5月任）

县人大常委会
主　任　王传敬
副主任　徐明侃
连继续
苏惠生
郑荣尊

县政府
县　长　刘德旺（至2018年12月）
代县长　黄文捷（2018年12月任）
常务副县长　吴顺情
副县长　陈祥端
张秋英
苏锡培
陈维启
赖有为
蒋文强
尚自刚（至2018年2月）
陈志奋
苏达志（2018年3月任）
党组成员　张佳棠（2018年6月任）

县政协
主　席　温文英
副主席　刘志阳
张晓文
林文昌
颜鸿琪

县法院
院　长　苏益铮

县检察院
检察长　王声典

福建戴云山国家级自然保护区管理局
局　长　涂青云

泉州开发区（出口加工区）

党工委
书　记　梁炳辉（至2018年12月）
委　员　黄华强
连志富
傅国明
陈　斌

卢 锋

管委会

副主任 连志富

吴福来

闫丽霞（2018年5月任）

纪工委

书 记 黄华强

党务工作部

部 长 卢 锋

泉州出口加工区管委会

主 任 薛宗炎

泉州台商投资区

党工委

书 记 吴汉宗

副书记 刘志平

林清泉

委 员 杨昌文

陈家强

丁尚光

赖丽水

管委会

主 任 刘志平

副主任 杨昌文

丁尚光

赖丽水

纪工委

书 记 陈家强

党群工作部

部 长 陈友爱（至2018年12月）

2018年因机构改革撤销、更名或重新设置前的部分机构

原市监察局

局 长 邓安娜（至2018年1月）

副局长 林振约（至2018年1月）

苏耿聪（至2018年1月）

黄志强（至2018年1月）

原市委台湾工作办公室

主 任 黄振奋（至2018年12月）

副主任 黄兴顺（至2018年12月）

李朝晖（至2018年12月）

许颖颖（至2018年12月）

原市委610办

主 任 张少前（至2018年12月）

副主任 陈家祥（至2018年12月）

原市综治办

主 任 徐义平（至2018年12月）

副主任 刘红生（至2018年12月）

原市委党史研究室

主 任 尤剑国（至2018年12月）

副主任 叶芬蓉（至2018年12月）

高友土（至2018年12月）

原市支前办

主 任 许礼哲

副主任 吴连金

陈洪生

原市经济和信息化委员会

主 任 黄国富（至2018年12月）

副主任 吴金埔

王春阳

纪检组长 黄俊荣

总工程师 施金洋（至2018年10月）

副主任 林曙铭

系统党委

专职副书记 曾钟远

原市国土资源局

局 长 赖开族（至2018年12月）

副局长 戴全福

吴河安

总规划师 苏远红

副局长 郑建南

王 珏

原市城乡规划局

党组书记 刘文发

副局长 刘克华

黄三多

徐宏艳

原市市政公用事业管理局

局 长 王天祥（至2018年12月）

副局长 陈大庆

吴家琅

系统党委

专职副书记 康景彪

原市城市管理行政执法局

局 长 陈进平（至2018年12月）

副局长 卢章雄

王作彪

党组成员 龙西国

原市交通委

主 任 潘新雅（至2018年9月）

交战办主任 吴福荣（至2018年12月）

纪检组组长 庄木才（至2018年12月）

副主任 黄俊杰（至2018年12月）

杨琦伟（至2018年12月）

总工程师 傅远辉

副局长 薛军军

（2018年9月任至12月）

系统党委

专职副书记 吴福铭（至2018年12月）

交战办副主任 方向明（至2018年12月）

洪小明（至2018年12月）

纪检组

常务副组长 洪鹫菅（至2018年12月）

原市农业局

局 长 刘锦川

党委书记 黄双九（至2018年2月）

副局长 吴晓雄

杨文普

陈振荣

钱瑞峰（至2018年12月）

纪检组长 蔡正确

副局长 万文伟

总畜牧兽医师 陈德利

系统党委专职副书记

傅旺隆

纪检组常务副组长

李安安

原市文化广电新闻出版局

局 长 陈惠平（至2018年12月）

副局长 林育毅

出宝阳
吕秀家
丁毓玲
党组成员 周梁升

原市卫计委
主　任 叶一帆（至2018年12月）
副主任 曾奕民（至2018年12月）
吴宗桥（至2018年12月）
苏培聪（至2018年12月）
吴达辉（至2018年12月）
吴鹭阳（至2018年12月）
纪检组长 张永忠（至2018年12月）
系统党委
专职副书记 邱　龙（至2018年12月）
党组成员 苏智军（至2018年12月）

原市环保局
局　长 李国坤（至2018年12月）
总工程师 林榕加
副局长 黄　华
纪检组长 廖德信
副局长 连益梅（至2018年5月）
郑天助

原市物价局
局　长 施国宾（至2018年12月）
总经济师 黄巧丽
副局长 黄明土
王宗锋
刘建军

原市旅游局
局　长 李伯群（至2018年6月）
副局长 苏　悦（至2018年6月）
陈庆凤（至2018年6月）
孙少磊（至2018年6月）

原市旅发委
主　任 李伯群
（2018年6月任至12月）
副主任 苏　悦（2018年6月任）
陈庆凤（2018年6月任）
孙少磊（2018年6月任）

市粮食局
副局长 陈锦霞（至2018年12月）
郑华江（至2018年12月）

原市安全生产监督管理局
局　长 刘烨明（至2018年12月）
副局长 杨良木
纪检组长 倪怡方（至2018年7月）
副局长 王夏阳
黄婉清
张树武

原市金融工作局
局　长 陈德庆（至2018年12月）
副局长 徐　悦（至2018年10月）
黄培群
金融分析师 陈丽蓉
副局长 朱　亮

原市食品药品监督管理局
局　长 蔡天守（至2018年12月）
副局长 吴艺阳
郑云超
食品安全总监 肖朝晖

原市工商行政管理局
局　长 陈开基（至2018年12月）
副局长 王新新（至2018年10月）
林梓杰
苏秀梅
欧阳其满
李　隽
党组成员 李雪芬（至2018年12月）

原市质量技术监督局
局　长 庄冰心
副局长 郑乙全
林志良
江景灿

原市地方志编纂委员会
常务副主任 张惠评
副主任 林龙海
许晓松

原市老龄办
副主任 商黎霖（至2018年12月）
李国松（至2018年12月）

原市医疗保障管理局
局　长 李清景
副局长 肖惠中

原市知识产权局
局　长 黄丹萍

原泉州市国家税务局
局　长 沈家骏（至2018年6月）
副局长 朱国彬（至2018年6月）
纪检组组长 何卫东（至2018年6月）
副局长 黄育文（至2018年6月）
总会计师 王庆福（至2018年6月）
总经济师 庄稼仁（至2018年6月）

原泉州市地方税务局
局　长 符夷杰（至2018年6月）
副局长 黄松青（至2018年6月）
颜伟宏（至2018年6月）
周志望（至2018年6月）
林丽珠（至2018年6月）
纪检组长 王　焱（至2018年6月）
总会计师 黄　强（至2018年6月）
总审计师 张　民（至2018年6月）

原泉州银监局
局　长 刘水祥（至2018年12月）
副局长 方良川（至2018年12月）
副局长 林育新（至2018年12月）
副局长 林　敏（至2018年12月）
纪委书记 陈伟凌（至2018年12月）

新闻报道选载

2017泉州经济年会年度峰会举行 多个推选项目颁奖

昨日下午2时30分，泉州万达文华酒店，2017泉州经济年会年度峰会如期举行。政企研各界数百位精英汇聚一堂，共同把脉泉州2017经济脉搏，展望2018新商机。

本届年会围绕主题“新时代 新发展”展开由点及面的纵深交流。“泉州企业要深掘海丝基因、立足制造业优势，借助一带一路东风，快速起航，迎接全球新机遇。”国务院发展研究中心对外经济研究部研究员、博导赵晋平带来“一带一路背景下的泉州机遇”主题演讲，引导更多泉企拓展全球视野。中经汇通董事长柯宗耀、金观诚东南区域总监诸舟王分享未来新财富观念。在高峰论坛环节，魏腾雄、郑鹏飞和王书传等泉州知名企业家与赵晋平和诸舟王，就“泉州智造与一带一路”主题进行深度交流，从产业推进智造升级、全球战略布局等方面分享经验与收获。在颁奖环节上，“年度经济人物”“年度十大市民最喜爱品牌”“企业社会责任奖”“年度十大最富工匠精神企业”“年度十大杰出职业经理人”“年度优秀泉属异地商会榜单”“十佳报社合作单位”七大项目当选企业、机构及个人依次登台领奖。大会还同步发布了“海峡两岸100新锐设计师暨2017十佳设计师”获奖名单。

2017泉州经济年会圆满落幕，2018的奋斗蓝图已经展开，新一年的征程上，泉州产业将继续谱写新的传奇。本届年会由市委宣传部、市发改委、市经信委、市金融局、市总工会、市工商联（总商会）、市城联社、泉州晚报社等单位联合主办。

（本文转载自2018年3月2日《泉州晚报》）

泉州获“中国工艺美术之都”称号

泉州再添一张国家级名片——昨日记者从泉州市城镇集体工业联合社获悉，7月10日，中国轻工业联合会正式下发文件，授予泉州“中国工艺美术之都·泉州”荣誉称号。据悉，该“国字号”荣誉将有助于泉州打造工艺美术品牌、扩大泉州工艺美术的知名度和影响力、助力工艺美术产业转型升级。

目前成绩
37项技艺品种 销售产值超855亿元

“泉州传统工艺美术历史悠久，品类繁多，技艺精湛。”泉州市城镇集体工业联合社负责人告诉记者，全市现有陶瓷、石雕、玉雕、木根雕、藤铁、香制品、树脂、珠宝首饰、漆线雕、刻纸花灯、木偶头雕刻、锡雕、纸织画、漆篮等37项技艺品种。其中，德化陶瓷、江加走木偶头等10项工艺美术技艺入选国家非物质文化遗产保护名录，惠安木雕、杨式锡雕等23项技艺入选福建省非物质文化遗产保护名录。可以说，泉州传统工艺美术的发展史就是一部浓缩闽南文化的传承史，是一代代泉州艺人集体智慧和精湛技艺的结晶，更是海峡两岸文人艺术同根同源的历史见证。

泉州市委、市政府历来重视发展工艺美术产业，并将其列为全市五大传统产业和十大经济支柱产业之一，采取多项有力措施，深入实施项目带动和品牌战略，鼓励企业开展技术创新和艺术创新，工艺美术产业呈现平稳较快增长态势。2017年，全市有工艺美术企业4000多家，从业人员40多万人，规模以上企业实现销售产值855.56亿元，占全国约7%，出口交货值398.58亿元，占全国约16%，成为福建省乃至全国工艺美术的重点产区和出口基地。

据介绍，创建“中国工艺美术之都”，对于提高泉州知名度和美誉度，发展区域特色经济，弘扬闽南优秀传统文化具有十分重要的意义。去年下半年以来，泉州就在推动“中国工艺美术之都”的创建工作，今年还把“争创中国工艺美术之都”写入《政府工作报告》，专门成立了泉州市申报“中国工艺美术之都”工作领导小组，按照《中国轻工业特色区域和产业集群共建管理办法》的要求全力推动申报工作。

下步计划
搭建公共服务平台 争创一批
国内外知名品牌

今年6月，中国轻工业联合会

组织考评专家深入泉州的惠安、安溪、永春、德化等工艺美术主产区的重点企业、公共平台、产业园区、专业市场、检测中心、教育培训、大师工作室等进行实地考察，专家组充分肯定了泉州工艺美术产业所取得的成绩。根据《中国轻工业特色区域和产业集群共建管理办法（修订版）》有关规定，专家组认为泉州市已具备授予中国工艺美术行业特色区域荣誉称号的条件，一致同意向中国轻工业联合会推荐，建议授予泉州市“中国工艺美术之都·泉州”荣誉称号。

“下阶段，我们将以此‘国字号’为新的起点，紧紧围绕市委市政府赶超跨越目标，进一步聚焦工艺美术产业发展急需的人才、平台、空间等关键要素，全力做好引导、扶持、保障等。”泉州市城镇集体工业联合社负责人说，未来泉州工艺美术产业发展将围绕工艺制品产业转型升级路线图，落实一批公共服务平台，建设一批特色产业示范基地，扶持一批带动能力强的龙头企业，争创一批国内外知名品牌，培养一支优秀人才队伍，力争2020年，全市规模以上工艺美术企业销售产值超1100亿元，努力将泉州建成名副其实、内涵深厚的中国工艺美术之都和最具有影响力的工艺美术产业集群。

（本文转载自2018年7月16日《泉州晚报》）

23年终圆梦 共饮晋江水 福建向金门供水工程昨日通水

历经23年，金门同胞终于喝到了甘甜优质的晋江水。昨日上午，福建向金门供水工程通水现场会在泉州晋江的龙湖水库金门供水泵站举行。随着现场供水启动按钮被按下，从工程取水点龙湖水库抽取的水，通过绵长的管道，源源不断流向金门。两岸实现共饮一江水的夙愿。

福建向金门供水工程设计流量为日供水3.4万立方米，远期为日供水5.5万立方米。工程由取水泵站、陆地输水管道和跨海输水管道三部分组成，输水线路总长27.935公里。取自泉州晋江流域的甘甜优质水源，经由金鸡拦河闸引至晋江的龙湖水库，通过水泵站加压，输送至晋江金井镇出海口管道，从海底管道穿过围头湾，送抵金门的田埔水库。

自1995年以来，应金门县政府的请求，两岸有关部门和单位克服种种困难，历经多次工作和商务技术商谈，终于取得突破性进展。2015年，大陆段工程率先开工；2016年和2017年先后实现陆地输水管道和海底管道全线贯通；今年5月，双方进行联合测试，水量达到设计能力，具备通水条件。

昨日上午10时整，现场按下供水启动按钮后，在场共同见证的两岸同胞，纷纷屏住呼吸，翘首以待着汩汩流淌的水流，早点抵达金门那端。大约2分钟后，现场大屏幕显示，在金门受水池的管道口，来自大陆的水喷涌而出。全场立刻响起掌声与欢呼声。

同日，在金门的田埔水库，也举行了两岸通水见证仪式。数千名金门乡亲到场，围绕在受水池周边，一起见证这一历史时刻。

（本文转载自2018年8月6日《泉州晚报》）

泉州通报碳九泄漏事件处理结果 7人已被批捕

泉州市政府11月25日下午召开新闻发布会，通报泉港裂解碳九泄漏事件处置和事故调查最新情况。通报表示，经调查，泉港化学品泄漏事故主要是企业生产管理责任不落实引发的，共造成69.1吨化学品泄漏。目前，7名直接责任人员已被批捕。此外，湄洲湾港口管理局、泉州市交通运输委、泉港区等有关地方政府和部门的相关人员也受到处理。

泉州市市长王永礼通报表示，经调查，2018年11月3日下午16时左右，宁波舟山通州船务有限公司的“天桐1号”油轮靠泊泉港东港石化公司码头，拟接运东港石化公司工业用裂解碳九。当晚18时30分左右，岸上人员开始对东港石化码头输油管道进行裂解碳九装船作业的准备工作。在码头吊机长期处于故障状态下，操作员违规操作，人工拖拽，用输油软管把岸上和船舶连接起来，并用绳索固定软管。晚上19时12分，后方油库通过库区专用装船泵向“天桐1号”货船输送裂解碳九物料。11月4日凌晨，随着潮位降低、船重增加，船体不断下沉，连接岸、船的软管也随之不断下拉，由于连接岸、船的软管两端都被绳索固定，致使下拉的长度受限；0时58分许，强大拉力将软管拉裂，裂解碳九从管壁破裂处外泄。1时13分，码头作业人员发现泄漏，立即采取停泵关阀措施；1时21分，油品停止泄漏；同时，企业立即组织对围油栏内油污进行回收，使用吸油毡吸起了大部分泄漏物。

调查发现，涉事企业安全生产意识薄弱、管理无序、主体责任不落实：一是码头装船操作员工与“天桐1号”船舶作业人员违规操作，根本未按照《油船油码头安全作业规程》进行操作，且现场值守巡查不到位。二是东港石化公司没有及时开展隐患排查治理，对处于故障状态的吊机没有及时修复。三是故意将软管破裂报告成法兰垫片老化、破损。调查组认定，泉港化学品泄漏事故主要是企业生产管理责任不落实引发的。

通报表示，事故发生后，东港石化公司依据商检机构（第三方）装船储罐前检尺及储罐后检尺对比进行计算，得出的泄漏量为6.97吨。调查发现，东港石化公司一开始就刻意隐瞒事实、恶意串通、伪造证据、瞒报数量，性质十分恶劣。

王永礼表示，事故的发生，主要是企业严重违反有关法律法规、主体责任不落实导致的，也有有关地方政府和部门履职不到位的问题。

调查组认定，东港石化公司、“天桐1号”油轮公司无视有关法律法规规定，没有履行企业安全生产的主体责任，是造成事故发生的主要责任、直接责任单位。公安机关以涉嫌“重大责任事故罪”，对东港石化公司包括法定代表人黄某仁在内的6名企业人员和“天桐1号”油轮包括值班水手长叶某彪在内的4名操作人员，采取刑事强制措施，目前已批捕黄某仁等7名直接责任人员。

关于属地责任，调查组认定，泉港区党委、政府没有按应急预案分工组织实施，个别部门履职不到位，安全生产属地管理责任不落实。经泉州市委研究，已责令临时主持泉港区委工作的区委副书记、区长颜朝晖向泉州市委、市政府作深刻检查，待进一步查清事故责任后再作处理；给予泉港区委常委陈相成免职处理，建议按照法律规定免去其副区长的职务；责令泉港区给予区交通运输局局长朱辉阳、区安监局临时负责局务工作的主任科员刘建康停职检查处理，待进一步查清责任后再作处理。

关于行业监管责任。调查组认定，辖区湄洲湾港口管理机构存在行业安全监管意识淡薄、安全生产责任制落实不到位、日常安全检查走过场，以及履职不积极、报告不及时、监管不到位等问题。湄洲湾港口管理局主持工作的副局长陈文雄已被责令停职检查，待进一步查清责任后再作处理；湄洲湾港口管理局肖厝港务站站长李庆社已被责令停职检查，待进一步查清责任后再作处理；湄洲湾港口管理局肖厝港务管理站副站长连建兴已被免职处理。

鉴于泉州市交通运输委对辖区内船舶运输安全工作也负有监管职责，泉州市委还决定，给予临时主持泉州市交通运输委工作的党组成员吴福荣诫勉。

泉州市通报表示，此次事件泄漏的69.1吨裂解碳九，除清理打捞约40吨外，大部分已自然挥发。为评估此次泄漏事故对环境的影响程度，事故调查组和生态环境部华南科学研究所专家团队，根据事发当时气候条件、潮流潮速等情况进行推算和反演，认为此次裂解碳九泄漏对周边村庄大气环境的影响有限。

（2018年11月25日新华社电）

立足泉州产业优势 打通项目人才“入口”
2018泉州电商创意创新创业大赛落幕

核心提示

聚产业优势，创电商强市。12月2日，由泉州市商务局、泉州市委人才办等部门联合主办的“2018泉州人才港湾计划·电商创意创新创业大赛”落幕，为期近5个月的电商“三创”大赛划上句号。

本届大赛内容拓展为创意创新创业，并首次叠加人才港湾政策，参赛项目数量大增50%。电商“三创”大赛，已成为泉州电商产业招引人才、发掘优质项目的“入口”。

优秀外地项目扎根泉州 真正实现为产业“造血”

立足泉州产业，放眼全球资源。进入电商时代下半场，优质人才、优质项目成为各个产业城市争夺的重点。

今年7月，2018泉州电商创意创新创业大赛（以下简称电商“三创”大赛）正式拉开序幕。在去年首届泉州电商创业创新大赛举办、并成功引进4个外地获奖项目落地发展的基础上，今年的电商大赛增加了“创意”内容，吸引全球共450多个项目报名参赛，项目数量较去年增长50%以上。

通过上届电商“双创”大赛的举办，泉州已成功吸引一大批优质项目前来落地。据主办方泉州市商务局相关负责人透露，上届金奖项目钱来乐以及临临期、希柚果园、95来呗等外地获奖项目均已落地泉州。多个项目获得多轮融资，如钱来乐拿到4轮融资金额3000多万元，估值1.8亿元；95来呗融资额达12亿元，估值约50亿。此外，通过专家评委的点评、指导，参赛项目的水平都得到不同程度的提升。

在上届大赛对接、落地、发展效果逐渐显现的基础之上，本届大赛覆盖面大大拓宽，足迹遍布福建、上海、浙江、江苏、四川、湖北、河南等多个省市，并囊括了香港、台湾等地区项目参与到赛事角逐中来。

值得关注的是，2018泉州电商“三创”大赛首次被纳入2018泉州人才港湾计划。人才政策的首次叠加，意味着赛事规格的提升，也为后续项目的落地做足做好服务保障，大大提升了大赛对外地项目的吸引力。

泉州市商务局副局长粘学清表示，泉州电商产业的发展成果成绩喜人，而“三创”大赛的举办，发现和遴选一批优秀的电商创新创业项目，起到了实质性地推动作用。

参赛项目量质齐升 紧密贴合产业发展需求

历经初赛、复赛、赛前培训、尽职调查、决赛等程序，层层筛选，最终诞生了泉州2018电商创意创新创业大赛金银铜及优秀奖项目，宝石鉴定手持式差分拉曼光谱仪、优家丰泰项目分别获得初创组、成长组金奖。

“不仅是数量上的增长，我们更欣喜地看到，本届项目在整体质量上也有明显提升。”连续两年担任大赛评委的浙江大学经济学院国际经济系教授王东表示。

首次担任大赛评委、见证项目成长的中国国际电子商务中心研究院院长李鸣涛，在现场点评中感叹道，没想到泉州这样一个二三线城市能涌现出这么多优秀的项目，并且几乎所有的项目都围绕着本地产业需求、百姓日常生活消费需求展开。

本届大赛的成功举办，不仅是创投项目展示创业创新成效的舞台，更是选手们互相交流切磋的机会。为了更好地对接电商项目资源、促进商业资源有利循环，本届大赛除主论坛之外，还新增设了电商项目资源对接会环节，为项目、企业和创投人提供了一个交流互动的平台。

比赛环节注重实际对接，参赛项目紧贴泉州纺织、服装、鞋业、建材、家居、机械、食品等传统优势行业，落地性强，能够起到为产业城市添加助燃剂、树立电子商务竞争新优势的作用。大赛紧密结合产业的模式，令众多评委印象深刻。

近年来，泉州市先后出台《泉州市电子商务产业发展路线图》、《泉州市电子商务发展三年行动方案》、《泉州市推动电子商务发展若干措施》等一系列文件，泉州市级财政每年投入专项资金支持电子商务发展。全市电商主体持续壮大，目前已拥有电商企业超过11万家，店铺数量达到25.85万个，从业人数73.59万人。电商产业活跃度高，发展氛围浓厚，泉州成为培育电商创意创新创业的优质土壤。

市商务局相关负责人表示，相关部门将在大赛结束后继续做好项目的落地跟踪，推动项目对接优质资本、产业，同时邀请创业导师为落地项目做好升级，助推优秀项目在泉州产业优势的起点上，创造新的成绩。

（本文转载自2018年12月6日《泉州晚报》）

《泉州年鉴》相关名词解释

“四个意识”：增强政治意识、大局意识、核心意识、看齐意识。

“四个自信”：中国特色社会主义道路自信、理论自信、制度自信和文化自信。

“两个维护”：坚决维护习近平总书记党中央的核心、全党的核心地位，坚决维护党中央权威和集中统一领导。

“五位一体”总体布局：中共十八大报告对推进中国特色社会主义事业作出经济建设、政治建设、文化建设、社会建设、生态文明建设“五位一体”总体布局。

“四个全面”战略布局：即全面建成小康社会、全面深化改革、全面依法治国、全面从严治党。

“六个精准”要求：2013年10月，习近平到湖南湘西考察时，首次提出“精准扶贫”概念。2015年6月，习近平在贵州考察时，提出“六个精准”概念，即“对象要精准、项目安排要精准、资金使用要精准、措施到位要精准、因村派人要精准、脱贫成效要精准”。

三大攻坚战：即打好防范化解重大风险攻坚战、脱贫攻坚战、污染防治攻坚战。

六稳：2018年7月31日，中共中央政治局召开会议，分析研究经济形势，部署下半年经济工作，提出要做好稳就业、稳金融、稳外贸、稳外资、稳投资、稳预期工作。

“五个泉州”：即创新泉州、智造泉州、“海丝”泉州、美丽泉州、幸福泉州。

市委“三大战略”：即“打造泉州经济升级版、改革创新示范区、生态宜居幸福城”三大战略。

“1234”现代产业体系：力争到2020年构建“1234”现代产业体系，“1”是1万亿元GDP，“2”是2万亿元工业总产值，“3”是形成传统、重化、高新“三大板块”三足鼎立格局，“4”是服务业占比超40%。

三大板块：即传统优势产业、重化产业、高新技术产业“三大板块”。

晋江经验：2002年6月，时任福建省省长的习近平到泉州调研，总结了“六个始终坚持”和“处理好五大关系”的“晋江经验”。即始终坚持以发展社会生产力为改革和发展的根本方向，始终坚持以市场为导向发展经济，始终坚持在顽强拼搏中取胜，始终坚持以诚信促进市场经济的健康发展，始终坚持立足本地优势和选择符合自身条件的最佳方式加快经济发展，始终坚持加强政府对市场经济的引导和服务；处理好有形通道和无形通道的关系，处理好发展中小企业和大企业之间的关系，处理好发展高新技术产业和传统产业的关系，处理好工业化和城市化的关系，处理好发展市场经济与建设新型服务型政府之间的关系。

PPP：英文Public-Private Partnership的缩写，即政府和社会资本合作。PPP模式是在基础设施及公共服务领域建立的一种长期合作关系。通常模式是由社会资本承担设计、建设、运营、维护基础设施的大部分工作，并通过“使用者付费”及必要的“政府付费”获得合理投资回报；政府部门负责基础设施及公共服务价格和质量监管，以保证公共利益最大化。

“放管服”改革：“简政放权、放管结合、优化服务”改革的简称。

“多规合一”：在一级政府一级事权下，强化国民经济和社会发展规划、城乡规划、土地利用规划、环境保护、文物保护、林地与耕地保护、综合交通、水资源、文化与生态旅游资源、社会事业规划等各类规划的衔接，确保“多规”确定的保护性空间、开发边界、城市规模等重要空间参数一致，并在统一的空间信息平台上建立控制线体系，以实现优化空间布局、有效配置土地资源、提高政府空间管控水平和治理能力的目标。

“一环一湾十廊道”生态连绵带：“一环”即环城山林田园绿带。“一湾”即环泉州湾生态连绵带，依托滨海带自然和人文要素，打造不同特色、主题的城市蓝绿空间走廊。位于环湾中心片区与外围片区的交界处，是城市的“绿色项链”。“十廊道”即十条廊道型生态连绵带，包括洛阳江生态廊道、晋江生态廊道、主城生态廊道、尖公山—百崎湖生态廊道、将军山—文笔山生态廊道、马鞍山—九十九溪生态廊道、灵秀山—龙湖—围头湾生态廊道、泉港区—湄洲湾生态廊道、宝盖山生态廊道、安海湾生态廊道，构建形成联通山海、体现城市组团特色的蓝绿通廊。

海丝：海上丝绸之路。

非遗：非物质文化遗产。

文物保护和安全“五纳入”：即将文物保护和安全纳入领导班子和领导干部政绩综合考核评价体系，督促有关方面履职尽责；纳入各级每年财政预算，保障文物安全经费投入；纳入社会综合治理和平安单位建设；纳入文明城市（县城、城区）和文明乡镇创建考评体系；纳入干部教育体系，充分发挥党校（行政学院）、党委（党组）中心组等阵地载体作用，组织开展文物保护法律法规等文物保护利用常识的教育培训，增强干部文物保护利用意识。

政产学研：政府、企业、学校、科研院所。

“生态连绵带”：是城市规划建设的创新型思路，它将依托泉州自然山水脉络，用绿道串起山林、水体、湿地、田园等自然资源，形成连绵成片的生态体系，让好山好水好风光融入城市之中，满足群众对城镇生态空间的需求，在全国属首创之举。

山线水线：“山线”即山线绿道工程。起点位于西湖公园北大门，经清源山、南少林寺、圣墓、大坪山、桃花山、森林公园等风景区，终点止于东海滨海公园，全长约22.5千米。“水线”即晋江下游生态整治工程（一期）。位于中心市区晋江北岸，北起黄龙大桥，南至滨海公园，全长约16.5千米，总面积约226公顷。建成后命名为“北滨江公园”，设四区十园：野趣水岸区（北峰园、白水营园）、文化水岸区（笋江园、石笋园、笋浯园）、乐活水岸区（田安园、浦西园）、湿地水岸区（沉洲园、汀洲园、滨海园），已建成6园，成为休闲健身滨水绿廊和滨江亮丽风景线。

市委“四心”工程：市委十二届四次全会提出，实施教育舒心工程，卫生与健康暖心工程，养老贴心工程和民生基础设施安心工程。

民生“XIN”行动：为推动解决民生热难点问题，市委、市政府决定于2017—2019年开展为期三年的民生“XIN”行动。聚焦群众反映强烈、历史遗留、存在体制机制障碍、涉及多部门多地区、需要2—3年才能做成的民生实事，首批推出10项具体计划，包括提升便民服务水平；服务全面二孩，加大教育、医疗资源配置；中心城区防洪排涝；内沟河整治提升；老城区背街小巷破损修补；城区部分集贸市场提升改造；工程文明施工与文明行车；小区物业管理逐步规范；安置房不动产权办证；农村生活污水垃圾治理等。2018年民生“XIN”行动十大项目，共安排66个子项目。

“1+X”政策体系：“1”是主体，即《中共泉州市委 泉州市人民政府关于实施创新驱动发展战略建设国家自主创新示范区的意见》；“X”为系列配套文件（动态更新），已出台配套政策14份。重点在促进科技成果转移转化、为科研人员“松绑+激励”、科技金融结合、人才团队引进等方面开展先行试点，以科技创新促进全面创新。

“人才港湾”计划：2017年2月，市委、市政府出台《关于实施人才“港湾计划”的若干意见》，主要围绕推动人才工作由“服务支撑产业”向“引领产业发展”升级，提出坚持“两个规律”（社会主义市场经济规律、人才成长规律）、突出“两个主体”（用人主体、人才主体）、深化“两个创新”（体制创新、机制创新），聚焦人才管理、引进、培养、使用、激励、服务等关键环节，精准推出27条改革动向鲜明的政策措施，打造人才“引得进、留得住、过得好”的梦想港湾、事业港湾、生活港湾。

“百千5311”工程：即推广应用数字化生产线100条以上，生产、销售国产工业机器人1000台以上，推广应用国产数控系统5000台（套）以上，打造智能制造示范生产线3条，培养一批智能制造技术人才，培育一家新型研发机构。

农业“一区两园”：“一区”指国家现代农业示范区；“两园”指台湾农民创业园和农民创业园（示范基地）。

三品一标：即无公害农产品、绿色食品、有机农产品、地理标志农产品。

供应链融资模式：即“N+1+N”，是对原有“1+N”模式的升级，突出对产业供应链上下游小微企业提供融资服务，“1”是产业供应链龙头企业，两个“N”分别是产业供应链两头的小微企业。截至2017年12月末，共建链42条，通过支持58家核心企业带动644家上下游企业实现融资，贷款余额49.68亿元。

小微企业贷款“两增两控”：“两增”，即单户授信总额1000万元以下（含）小微企业贷款同比增速不低于各项贷款同比增速，有贷款余额的户数不低于上年同期水平。“两控”，即合理控制小微企业贷款资产质量水平和贷款综合成本水平。

银税互动：指在依法合规的基础上，由税务部门、银监会派出机构和银行业金融机构通过协商，共享区域内小微企业纳税信用评价结果，助力小微企业健康发展。

无间贷：泉州银行“无间贷”是对传统的续贷审批流程进行前置和优化，对符合条件的小微企业，在原贷款到期时无须归还贷款本金，重新签订合同即可完成续贷，解决小微企业贷款期限与实际经营周期不匹配问题，避免企业借助高成本“搭桥”资金续贷造成融资成本上升。2017年11月，“无间贷”业务在全国小微企业金融服务电视电话会议上推广。

助保贷：2013年12月，市政府与中国建设银行泉州分行签订小微企业助保贷合作协议，由政府设立1000万元专项风险补偿金进行增信分险。在总结经验的基础上对该业务进行优化调整，打破单一银行合作模式，引入考评机制，取消原有对企业2%的助保金要求，小微企业提供的抵押物比例降至30%；政策性融资担保机构承担不低于50%的担保责任，担保费率不高于2%；剩余贷款本金风险由银行和政府风险补偿资金按1:1比例分担；银行按风险补偿金放大15倍发放贷款。

科创贷：2016年以来，市政府在兴业银行泉州分行和中国农业银行泉州分行分别设立3000万元的高新技术企业发展基金，重点扶持泉州地区有发展潜力的高新科技企业。企业缴纳1%的助保金，银行按风险补偿金放大15倍发放贷款。单户企业“科创贷”最高贷款额度为3000万元。该业务已进行优化调整，打破固定银行合作模式，并引入考评机制。

债转股：指由金融资产管理公司作为投资的主体，将商业银行原有的不良信贷资产，也就是将企业的债务转为金融资产管理公司对企业的股权。

股改板：是海峡股权交易中心展示板、股改板、交易板三大功能板块之一，主要为根据《公司法》规定改制设立为股份公司的中小微企业提供股权登记托管、融资、线下转让等服务。

外贸经营主体“双十、双百、双千”工程：即培育“双十”外贸龙头企业，力争实现出口超8000万美元的贸易型龙头企业10家，出口超6000万美元的外贸生产型龙头企业10家；做大“双百”外贸重点企业，确定100家贸易型、100家外贸生产型重点企业，从产品创新、品牌培育、市场拓展、通关便利等方面进行重点服务；助力“双千”成长型企业发展，确定1000家贸易型、1000家外贸生产型重点企业，实行市县联动，实施“助力千企成长”外贸辅导计划，辅导、推动外贸企业发展。

多证合一：在全面实施企业、农民专业合作社工商营业执照、组织机构代码证、税务登记证、社会保险登记证、统计登记证“五证合一、一照一码”登记制度改革和个体工商户工商营业执照、税务登记证“两证整合”的基础上，将涉及企业（包括个体工商户、农民专业合作社）登记、备案等有关事项进一步整合到营业执照上，被整合证照不再发放，实行“多证合一、一照一码”，大幅度缩短企业从筹备开办到进入市场的时间。

证照分离：“证照分离”改革是国务院为破解“办照容易办证难”“准入不准营”等突出问题，加快营造稳定公平透明可预期的营商环境而进行的一项改革。此项改革先在上海浦东首推，2018年11月10日起，在全国范围内对第一批106项涉企行政审批事项分别按照直接取消审批、审批改为备案、实行告知承诺、优化准入服务四种方式实施改革，同时加强事中事后监管，建立部门间信息共享、协同监管和联合惩戒机制，形成全过程监管体系。

“双随机”抽查：建立检查对象库和执法人员库，通过摇号等方式随机抽取检查对象、随机选派执法检查人员，推进监管执法的科学性、公正性。

联合国“绿色开发区”：即联合国工业发展组织支持的“绿色丝绸之路——绿色工业园区项目”，评定条件涵盖环境管理体系、清洁生产、生态效率、健康与安全、应急响应等方面内容。全国仅有泉州经济技术开发区、烟台经济技术开发区、连云港徐圩新区、张掖经济技术开发区、乌鲁木齐经济技术开发区5个国家级开发区被联合国工发组织授予“绿色开发区”。

古城“七个一”示范工程：即一园一区一河一街一路一厝一站“七个一”示范工程。一园，就是小山丛竹公园。一区，就是龙头山旅游街区。一河，就是八卦沟综合整治提升。一街，就是西街综合整治。一路，就是中山路整治提升。一厝，就是老范志古大厝修缮。一站，就是旧车站旅游集散改造提升。

社区营造：即以政府引导、群众参与、自下而上、协会帮扶、共建共管为主要形式，以决策共谋、发展共建、建设共管、效果共评、成果共享为主要特点，最终达到群众深度参与社区建设管理，完成自组织、自治理和自发展的过程。

社会扶贫“三百”工程：由市委统战部、市侨联、市工商联发起，倡导“扶贫不分地域、守望相助行善举”，实施百企帮百村（组织100家企业与人均可支配收入较低、贫困面较大、基础设施薄弱的贫困村开展村企挂钩帮扶工作）、百会扶百村（发动百家商会、协会结对帮扶100个贫困村，采取创业指导、就业培训、农产品销售等帮扶方式）、百侨助百村（发动各级侨联挂钩帮扶贫困村）扶贫工程。

限房价竞地价：是指政府在土地使用权出让前，事先限定将来房屋销售的最高价格，由参与竞买的房地产开发企业竞拍按出价最高者获得的土地出让方式。该土地出让方式能够稳定市场预期，防止出让价格异常特别是异常高价地出现。

雪亮工程：以县、乡、村三级综治中心为指挥平台，以综治信息化为支撑，以网格化管理为基础，以公共安全视频监控联网应用为重点的“群众性治安防控工程”。通过三级综治中心建设把治安防范措施延伸到群众身边，发动社会力量和群众共同监看视频监控，共同参与治安防范，从而实现治安防控“全覆盖、无死角”。因为“群众的眼睛是雪亮的”，所以称之为“雪亮工程”。

“一社一游一点”三大提升工程：一社即旅行社，一游即导游，一点即景点。

“六大旅游产品”培育计划：即培育十大特色文化旅游示范基地，十大旅游特色街区，十大旅游休闲集镇，十大旅游特色村（3星级以上乡村旅游特色村），十大特色旅游风景道，十大旅游度假区。

五个一批：指“谋划一批、签约一批、开工一批、投产一批、增资一批”，包含项目全过程的五个阶段。

“三个三”招商工作机制：即由三位市政府领导相对固定对接京津冀、长三角、珠三角等地，成立三个招商小组常驻北京、上海、深圳，重点抓重化、集成电路、化合物半导体三条产业链的招商选资。

农村土地“三权分置”：指形成农村土地所有权、承包权、经营权三权分置、经营权流转的格局。

空壳村：指村集体经营性收入1万元以下的村。

农业“五百示范项目”：到2022年全市培育120个以上省级农业产业化龙头企业；支持建设100个优质农产品标准化示范基地；建成100个农产品初加工中心；新增100个“三品一标”认证农产品；培育100个特色产业示范村。

农房“平改坡”：指在建筑结构许可条件下，将多层住宅平屋面改建成坡屋顶，并对外立面进行整修粉饰，达到改善住宅性能和建筑物外观视觉效果的房屋修缮行为。

村庄“三边三清”：即屋边清理杂草杂物、路边清理乱堆乱放、沟边清理淤泥垃圾。

四好农村路：指农村公路“建好、管好、护好、运营好”。

社会扶贫“三百”工程：由市委统战部、市侨联、市工商联发起，倡导“扶贫不分地域、守望相助行善举”，实施百企帮百村（组织100家企业与人均可支配收入较低、贫困面较大、基础设施薄弱的贫困村开展村企挂钩帮扶工作）、百会扶百村（发动百家商会、协会结对帮扶100个贫困村，采取创业指导、就业培训、农产品销售等帮扶方式）、百侨助百村（发动各级侨联挂钩帮扶贫困村）扶贫工程。

侨务“三新”工程：以新华侨华人、华裔新生代、社团新力量为重点开展侨务联谊和服务工作。

厕所革命：国家旅游局2015年在全国范围内发动一场旅游厕所革命，制定《全国旅游厕所建设管理三年行动计划》，提出实现“数量充足、干净无味、实用免费、管理有效”的目标。习近平多次对“厕所革命”作出指示。

全面改薄：全面改善贫困地区义务教育薄弱学校基本办学条件的简称。

义务教育学校“小片区管理”：指将设区市所辖区及县（市）城区义务教育的服务区划分为若干个小片区，以片区内的优质校为龙头捆绑周边一般校，实行“师资互派、资源共享、统一教学、捆绑考核”的管理模式，有效整合片区内义务教育学校资源，提高片区内薄弱学校的办学水平。

农村薄弱学校“委托管理”：指城乡学校校际“联姻”，县（市、区）教育局选择若干所优质中小学，授权其作为托管方学校，对域内指定的农村薄弱学校实行“职责授权、资源统调、多元扶持、分年评估”的委托管理模式，通过2—3年的努力，使受托方农村薄弱学校的整体管理水平和教育质量得到明显提高。

教师“县管校聘”：指中小学校长教师归县级政府统一管理，各学校根据需求对这些教师进行聘任。目的是加强公办中小学教师的统筹管理，打破教师交流轮岗的管理体制障碍，引导校长教师树立由“学校人”转变为“系统人”的大局意识，促进学校间教师的合理流动，优化师资配置，增强教师队伍活力，促进教育优质均衡发展。

“万千百十”文化惠民服务：即每年送万场戏、千场文艺培训辅导、百场展览、十批次图书下乡，满足群众的精神文化需求。

文化泉州云：平台主要建设内容包括前台应用门户网站、APP客户端、后台管理系统、文化直播系统等。通过整合全市文化活动、文化设施、文化产品等零散的、孤立的资源及信息，构建数字云平台，运用网站、手机、线下多媒体终端等多渠道形式，为群众提供触手可及的一站式数字文化服务。

智慧天网：即各级公安机关视频图像信息传输网为基础，以物联网技术为支撑，以数据感知、采集、传输为目标的数字化传输网络，通过各级公安机关联接各种数据采集设备，实现对社会面各类动态数据的采集、传输、汇聚，为公安机关日常工作及政府决策提供数据支撑。因为“天网恢恢、疏而不漏”，所以称为“智慧天网”。

一门一号一窗一网：“一门”，指“一门”服务，即打破上下层级、部门行政界限，将行政审批和公共服务事项归于集中服务大厅办理，实现服务无界限、行政无缝隙、标准无差异。“一号”，指“一号”申请，即以居民身份证及法人社会信用代码作为唯一标识，建设电子证照库及基本信息专属服务空间，实现企业群众办事“一号”申请。“一窗”指按业务相近原则整合为几类业务审批分厅，在中心内按区域分别设置，如工商注册登记类分厅、基础建设审批类分厅等，每个业务审批分厅按受审分离原则设置统一咨询窗口、受理窗口、发证窗口，不再按部门设置窗口。“一网” ，指“一网”通办，即建设市、县、乡、村四级一体化政务服务平台，构建统一政务服务门户网站，实现群众网上办事一次认证、多点互联、“一网”通办。

关检“监管互认”：对海关和检验检疫局双方都需要查验（检验）的部分货物，海关和检验检疫局一方根据规范要求查验（检验）并记录，双方可共享、互认查验结果和数据。

食品安全“一品一码”：即一个批次的食品（食用农产品）有唯一的质量安全追溯码。

《泉州年鉴》参编单位及审、撰（供）稿人名单

单位	审稿人	撰（供）稿人
市委办	林吟啸	卢春庆
市人大研究室	王伟明	陈意鸣
市政府办	林清伏	黄景顺
市政协研究室	侯守水	杜加立
市纪委办（监察局）	郭　宁	陈　筠
市委组织部	陈晓蓉	郑寒凝
市委宣传部	郑国防 唐春晓 许旭明 蔡英殿	洪伟明 史凌怡 张爱斌 朱添洪 蔡文吉 雷秀婷 石　恒
市委统战部	黄碧煌 张丽玲	陈姝琳
市委政法委	吴贵德	邱冬凌
市委政研室	廖良结	黄小寅
市委网信办	陈清如	胡志春
市委编委办	徐　炜 邱志民	吴真真
市委军民融合办	吴连金 陈洪生	赵建军
市委台港澳办	林国江	林千煌
市委市直机关工委	黄黎波	吴金辉
市委巡察办	王洪龙	李志宇
市委老干局	陈恬波	林志彬
市委文明办	叶长青	卢远远
市委保密局	黄万成	黄长胜
市委党校	郑燕波	苏展辉
市档案局	陈若波	黄金泽

单位	审稿人	撰（供）稿人
市发改委	陈文堃	肖　鹏
市教育局	林贵福	钱　畅
市科技局	李文生 李成思	林峰龙
市工业和信息化局	林坚栋	陈　佳
市民族与宗教事务局	黄景生	廖祥年
市公安局	陈建新	陈鹏程
市民政局	何志宏	傅温典
市司法局	曾伟程	段雯瑾
市财政局	任秀斌	郭智勇 陈敬平
市人力资源和社会保障局	杨明涌 郑　强	阮崇文
市自然资源和规划局	黄龙腾	戴丽红
市生态环境局	郭建华	张　意
市住房和城乡建设局	刘海明	林聪海
市交通运输局	黄俊杰	林真真
市农业农村局	陈振荣	张迎芳
市林业局	陈华文	陈秧发
市水利局	黄建洪	陈文贵
市商务局	陈祖阳	叶冠庆
市文化广电和旅游局	洪其铮	谢芳泽
市卫生健康委员会	叶一帆	蒋　力
市退役军人事务局	李锦枝	徐福树
市应急管理局	杨良木	黄教宗 黄　凯
市审计局	骆振军	张志文
市国资委	陈瑞典	张镜宇
市海洋与渔业局	李建芳	朱丹华

单位	审稿人	撰（供）稿人
市市场监督管理局	许煌灯	柯　翔
市体育局	高向阳	潘　腾
市统计局	李植聪 施能宗 纪华宗	丁庆裕 郑致洲 姚艳蓉 黄银杏 汪江洋 曾开灶 王志辉
市人防办	林琪伟	陈秀聪
市医保局	翁哲伟	盛玲玲
市地方金融监督管理局	朱　亮	蔡毅峰
市信访局	庄谓聪	张雪萍
市城市管理局	李永刚	蔡俊强
市数字办	蒋舒翔	陈小珊
市行政服务中心	林灿荣	林　清
清源山风景名胜区管委会	邱达敏 陈江海	林辉荣 庄一凰 吴慧兰 纵　纬
市发展研究中心	张照绿	江春平
市地震局	叶　威	刘蔚蔚
市城镇集体工业联合社	蔡文雄	许思思
市供销社	傅建南	潘　茜
市住房公积金管理中心	郑杰毅	陈　卉
市公路局	郭根才	黄水来
市中级人民法院	李永铭	曾惠勇
市检察院	孙志平	林复旺
泉州军分区	谢祥宁	彭俊强 王伟韬
市消防支队	马　勇	陈志忆
泉州边检站	杨清波	龚元章
海警泉州大队	叶　昇	黄文杰
民革泉州市委会	谢凤娟	谢凤娟
民盟泉州市委会	余嘉容	王锦斌
民建泉州市委会	史海康	陈滨林

单位	审稿人	撰（供）稿人
民进泉州市委会	庄宝玲	黄景顺
农工党泉州市委会	杨西治	张　颖
致公党泉州市委会	林丽华	庄从福
九三学社泉州市委会	李长江	张章录
台盟泉州市委会	苏耿聪	孙媛媛
市总工会	杨晓明	何筱璐
团市委	傅　漪	孙华堂
市妇联	丁为华	苏度法
市侨联	钟文玲	林　微
市台联	陈严辉	张少滨
市科协	陈永镇	王思颖
市工商联（总商会）	傅玉波	郭舒维
市文联	许旭明	詹敏芬
市社科联	李培德	朱燕玉 洪　旭
市残联	陈纳新	陈劲平
市金门同胞联谊会	张亚轮 林　荣	林子旭 许燕松
市计生协会	刘友水	郑小茹
市贸促会	廖雅滨	吴伟莉
市红十字会	陈忠顺	郭杰民
市中华职教社	卓晨雷	叶　斌
市关工委	蓝荣田	孙雪萍
市个体劳动者协会	李宝红	高振斌
市消费者权益保护委员会	高　峰	刘晓旭
市老年大学	柳小燕	余清梅 叶岩春
中国闽台缘博物馆	林建春	徐春阳
国家税务总局泉州市税务局	王秋玲	陈文德
泉州海关	谢树贵	何斌士
泉州海事局	李志强	胡鹏飞
市港口管理局	陈舒颜	黄　锦
国家统计局泉州调查队	黄晓丹	栾佳蓉
泉州气象局	吴远志	蔡巧晖 童华君

单位	审稿人	撰（供）稿人
泉州邮政管理局	陈古森	许志煌
泉州烟草公司	张志荣	陈常林
泉州电业局	何后裕	郑日铃
泉州水文局	廖立伟	陈　欣
泉州盐务局	曾立新	庄赞尔
泉州监狱	张生闽	王锦源
洛江监狱	黄金磷	林振焕
泉州司法强制隔离戒毒所	李香平	林建星
泉州无线电管理局	林　源	危雪儿
泉州晚报社	杨　杰	黄连茂
泉州商报	王一航	杨　翚
华侨大学	沈剑云	陈　星
泉州师范学院	王　锋	胡俊梅
仰恩大学	康　龙	余玉婷
泉州黎明职业大学	陈延民	谢小芳
泉州广播电视台	杨旭东	林惠坤
泉州医学高等专科学校	陈旭东	陈洁琼
泉州幼儿师范高等专科学校	林清泉 陈金通	尤寅灵
泉州经贸职业技术学院	杜朝运	李文辉
泉州工艺美术职业学院	林月伯	黄　焰
中国人民银行泉州市中心支行	郑再生	颜建源
泉州银保监局	王恺恬	柯志生
泉州银行	王奎章	袁　佼
中国农业发展银行泉州分行	洪丽娟	赖秀你
中国工商银行泉州分行	骆敏毅	陈　辉
中国农业银行泉州分行	吴云翔	陈佳锟
中国银行泉州分行	郭艺涛	叶建川
中国建设银行泉州分行	张华锋	王　艳

单位	审稿人	撰（供）稿人
交通银行泉州分行	连华英	杨祖杰
兴业银行泉州分行	王　琳	陈来标
民生银行泉州分行	张毅斌	朱肇一
招商银行泉州分行	陈　伟	魏柳菁
邮政储蓄银行泉州分行	柯清娜	徐清锋
市农村信用社　泉州农商银行	黄智星	谢绵绵
中信银行泉州分行	苏如兰	郑依瑜
晋江机场	陈火斌	叶　扬
中国电信泉州分公司	杨旭升	江中杰
中国移动泉州分公司	陈晓彤	柯锦煌
中国联通泉州分公司	孔令焰	陈江燕
泉州铁路公司	周　衡	丁一新
市自来水公司	杜清辉 陈建泉	出婷婷
市公交公司	洪景峰	林文雄
泉州学研究所	林丽珍 王　磊	尤丹萍 何　捷
鲤城区	吴英明	陈乐怀
丰泽区	李美泽	卢承志
洛江区	陈永泽	赖云鹏
泉港区	林进辉	陈小燕
石狮市	林秀钦	江芳玲
晋江市	陈伟荣	林荣国
南安市	陈欣欣	林雪铌
惠安县	刘书艺	杨开炜
安溪县	白世杰	王秋霞
永春县	林良金	陈东升 颜志嘉
德化县	甘建安	林礼彪
泉州开发区	苏金波	徐勤友
泉州台商投资区	陈志煌	李圣炜 许诗旭

拼音检索

说明

一、本索引采用主题词分析法，按主题词首字汉语拼音字母顺序排列。

二、栏目、分目标题用黑体字。“大事记”“专记”“市情概况”“荣誉 人物”“附录”“《泉州年鉴》相关名词解释”“《泉州年鉴》参编单位及审、撰稿人名单”内容不作索引。

三、索引主题词后的数字表示页码，数字后的 a、b、c 表示栏别左中右。

四、空一字起排的款目为上一主题的“附见”。

A

B

C

E

F

H

J

K

L

T

Y

Z